瀋陽年鑒

SHENYANG YEARBOOK

2020

中共沈阳市委党史研究室
（沈阳市人民政府地方志办公室） 编

沈阳出版发行集团
沈阳出版社

《沈阳年鉴》2020 卷编辑人员

主　　审　李　强

主　　编　李向来

副 主 编　袁国华　刘　瑛　魏冬梅

执行主编　刘　瑛

执行副主编　陈　伟　董长利

编　　辑　李　琳　孙　玥　田　聃

图片编辑　董长利

编辑说明

一、《沈阳年鉴》2020卷是由中共沈阳市委党史研究室（沈阳市人民政府地方志办公室）主持编纂出版，系统记述沈阳自然、政治、经济、文化、社会的年度资料性文献，为沈阳市地方综合年鉴2012年创刊以来，连续出版的第9卷。

二、本卷年鉴以习近平新时代中国特色社会主义思想为指导，全面贯彻党的十九大精神，认真落实习近平总书记在深入推进东北振兴座谈会和在辽宁考察的重要讲话精神，客观记述沈阳市2019年政治经济文化社会生态等方面的大事、要事、新事，为海内外各界人士了解沈阳、研究沈阳提供全面翔实资料，为宣传沈阳、讲好沈阳故事、推动沈阳走向世界提供真实准确信息。

三、本卷年鉴记述时限为2019年1月1日至12月31日，为参照之需和记述之完整，一些条目内容或统计表中的数据亦反映2019年之前及2020年初的情况。

四、本卷年鉴卷首设特载、党和国家领导人在沈活动、重点聚焦、营商环境、民生关注、大事记、沈阳概貌；卷中以中文序号标示的栏目有40个：中国共产党沈阳市委员会、沈阳市人民代表大会、沈阳市人民政府、中国人民政治协商会议沈阳市委员会、中国共产党沈阳市纪律检查委员会 沈阳市监察委员会、民主党派与工商联、人民团体、法治、外事·侨务·港澳台事务、军事、经济管理、公共安全、农业、工业、建筑业、房地产业、商贸、中国（辽宁）自由贸易试验区沈阳片区、旅游业、金融业、交通·邮政、信息业、城乡建设、环境保护、开发区、民营经济、经济合作交流、教育、科学技术、文化、卫生健康、体育、社会保障、社会生活、人物、先进集体、区县（市）、街道（乡、镇）、社区（村）、企事业单位信息。每一栏目一般按“栏目—分目—条目”三级结构层次；卷末有法规、附录、索引。

五、本卷年鉴以条目为主要信息载体和基本撰稿方式。除单一条目外，栏目、分目之首根据需要分设“综述”“概况”综合条目，反映各行业、各类事物的总体情况，记述基本固定的要素，以保持各年度间相关资料的延续性。个别条目会有重复，但记述角度并不相同。卷中栏目列321个分目、1210个条目（包括资料条目22条）。本卷年鉴收录统计表55张。本年鉴有图片121幅。

六、本卷年鉴主要统计数据，以沈阳市统计局和国家统计局沈阳调查队公布的《2019年沈阳市国民经济和社会发展统计公报》为准。其余数据由各承编单位提供。

七、本卷年鉴常用词语以《现代汉语词典》为准，标点符号遵照《标点符号用法》（GB/T 15834—2011）；数字使用遵照《出版物上数字用法》（GB/T 15835—2011）；除涉农等内容保留“亩”的计量单位外，其他计量单位遵照《量和单位》（GB3100—3102—93）。

八、本卷年鉴的索引，主要采用主题分析索引法。索引使用方法详见索引说明。

九、本卷年鉴所载资料由全市各区县（市）、市直部委办局、社会团体、企事业单位、驻沈部队等160余个承编单位、400余名撰稿人提供。

沈阳市地图
内蒙古自治区
康平县
法库县
新民市
沈北新区
于洪区
皇姑区
大东区
沈河区
和平区
铁西区
浑南区
苏家屯区
辽中区
省政府
市政府
阜新市
铁岭市
抚顺市
本溪市
辽阳市
鞍山市
锦州市
盘锦市
图例
省级行政中心
市级行政中心
区、县（市）级行政中心
乡、镇、街道办驻地
行政村（村改社区）
世界文化遗产
旅游景区
机场
省级界线
地市级界线
区县（市）级界线
铁路及车站
高速铁路及车站
高速公路及编号
城市快速路
国道及编号
省道
县道
城市街区路
河流、湖泊
比例尺 1:570 000
沈阳市勘察测绘研究院有限公司 编制

沈阳城区图
至通辽市
京沈高速铁路
沈山线
兴隆镇
陆家
新义
白辛台
北三台子
二台子
王家
平罗街道
上蒲河
辽宁大学
正良街道
沈阳师范
白家
四台子街
北四台子
中国医大（沈北
陈台
新
兴隆堡镇
于
东甸子
后辛台
门台
金大牛
大林
静安
造化
马三家街道
曹台
江造化街道
西江街
民
宴海营子
双程堡
洪
岔路
援工
刘家
丁香湖
北陵街
王家河套
光辉
红旗台
诺木珲
七公台
明廉街道
兴隆桥
东民
市
大昂邦牛
铁西区
前民
铁西区森林公园
万达广场
杜板牛
沈阳西
迎宾路街道
重工街道
于洪区
李家套
法哈牛镇
胡台镇
如意湖
沙岭街道
张士
兴华街道
凌空街道
四方甸
地铁一号线
侯三家子
十三号街
沈阳世纪高尔夫俱乐部
宁官
南阳湖街道
城东湖街道
兴盛堡
沈阳经济技术开发区
沈阳化工大学
翟家街道
长大铁桥
南阳湖桥
金禅寺
浑河站西街道
大青中朝友谊街道
沈阳工业大学
林台
谟家堡
中央大街跨浑河桥
浑河闸桥
铁
马贝
翟家
金宝台
满融
大潘街道
大楔金
浑河西峡谷
胡家甸
中兴街道
华晨宝马铁西工厂
西苏堡浑河特大桥
解放街道
苏家屯区
沈阳国际展览中心
张当堡
苏家屯
沈水街道
民主街道
代古家子
拉他泡
苏
家
屯
区
苏家屯南
八一红菱街道
大庄科
八家子
四方台
官屯
至大连市
沈阳市区缩略图
康平县
法库县
新民市
沈阳城区图
沈北新区
皇姑区
于洪区
大东区
沈河区
和平区
浑南区
铁西区
苏家屯区
沈阳市
辽中区

铁岭市
至哈尔滨市
尖台子
董楼子
湾沟
沈北新区
京哈高速铁路
京哈线
虎石台街道
双楼子
八王寺饮料公司
市勘察测绘研究院有限公司沈北分公司
蒲河
辉山街道
沈阳北方软件信息职业技术学院
沈阳辉山乳业公司
大志
沈北新区
南沟水库
树园宾馆
棋盘山水库
观音阁
棋盘山国际风景旅游区
上寺水库
中和
上木
苇塘
抚
至梅河口市
大
木匠
大洼
朱尔屯
朱尔屯水库
王家沟
满堂街道
荒地
抚顺西
长岭子
东沟
世博园
二道
晓仁境
顺
仁境
沈吉线
文官街道
沈阳职业技术学院
辉山水库
沈阳植物园
高坎街道
沈阳东
陵东街道
前进街道
关帝庙
东
兴隆
赛特奥莱
华晨宝马汽车有限公司
东陵公园
清福陵
伯官大桥
高坎桥
苏抚线
田屯街道
市
东站街道
上园街道
二台子街道
沈阳农业大学
鸟岛公园
东陵
东陵街道
马官桥街道
东陵桥
省沈抚新区管委会
大东区
万泉街道
区
汪家街道
沈河区
长安街道
河
榆树屯苗圃
新立堡桥
石庙子
长安桥
东靠山
万莲街道
泉园街道
深井子街道
金得胜
刘山水库
东塔桥
民家
龙红
沈
沈阳出口加工区
古城子
长青桥
中华寺
国公寨
富民桥
建筑大学
长青南街
沈阳建筑大学
东湖街道
尖山子
兴隆大奥莱
李相
五三街道
沈阳理工大学
朝阳山风景区
荒地沟
长青街
市气象局
浑
南
区
张沙布
王宝石寨
收兵台
龙三家子
王滨街道
东八家子
沈阳全运路
地铁二号线
保和
柏叶基地
佟家峪
富家
魏家
浑南新城
省特殊教育职业学院
永安
自由贸易区政务服务中心
南岭
市政府
桃仙街道
草子山公园
李麦峪
桃仙
高力井子
王士兰
沈阳桃仙国际机场
李相街道
三家寨
富家
古陨石科普基地
桃木
佟沟街道
至丹东市
沈丹线
图　例
省政府
市政府
区政府
镇、街道办事处
行政村（农村社区）
机关事业单位
学校
医院
商场、超市
宾馆、大厦
一般单位
世界遗产
旅游景点
机场
地级市界
县级界
地铁
沈阳南站
高速铁路及车站
沈阳站
铁路及车站
高速公路及立交桥
快速路及立交桥
主干路
次干路
比例尺　1:160 000
沈阳市勘察测绘研究院有限公司　编制
本图界线权威，因比例尺原因不做实地划界依据。

浑河风光
（张文魁摄）

Hilton

沈城鸟瞰

（张文魁摄）

沈阳世博园秋色

（张文魁摄）

2019年11月8日，中国共产党沈阳市第十三届委员会第十一次全体会议召开　（靳军摄）

2019年1月8—10日，沈阳市第十六届人民代表大会第二次会议召开　（市人大供）

2019年8月6日，沈阳市人民政府第二十届三次全体（扩大）会议召开　　　　（市政府办供）

2019年1月7—10日，中国人民政治协商会议沈阳市第十五届委员会第二次会议召开　（靳军摄）

2019年11月14日，省委常委、市委书记张雷调研食品安全工作　（靳军摄）

2019年12月21日，市长姜有为视察秋实农业科技公司　（市供销社供）

2019年5月28日，市人大常委会主任潘利国视察“菜篮子”工程建设与发展情况　（市人大供）

2019年12月12日，市政协主席韩东太视察东北科技大市场　（市政协供）

2019年4月12日，中国航发燃气轮机有限公司合作项目签约仪式在沈阳举行　　（新军摄）

2019年4月26日，华晨宝马汽车有限公司产品升级项目（大东厂区）奠基仪式在沈阳举行
（新军摄）

2019年5月15日，沈阳市人民政府与大连万达集团股份有限公司举行战略合作框架协议签约仪式

（新军摄）

2019年6月15日，沈阳市人民政府与恒大集团签署战略合作协议 （新军摄）

2019年7月30日，省委常委、市委书记张雷，市长姜有为出席浑南区2019年下半年重点项目集中开工仪式
（靳军摄）

2019年8月19日，省委常委、市委书记张雷，市长姜有为出席铁西区（经开区、中德园）2019年下半年重点项目集中开工仪式暨恒大动力科技集团电机项目开工仪式，并为项目培土奠基
（靳军摄）

2019年12月16日，“芯源微”成为沈阳首家科创板上市企业　（市大数据局供）

2019年8月16日，中车沈阳机车车辆有限公司顺利完成50辆GQ70型轻油罐车生产订单

（中车沈阳公司供）

沈鼓集团为中海油惠州炼化设计制造的120吨（年）乙烯装置裂解气压缩机组 （沈鼓集团供）

2019年9月20—23日，第十九届沈阳国际农业博览会举行

东北冷鲜港　　（沈阳副食集团供）

（市农业农村局供）

东北制药集团生产车间　　（东药集团供）

禾丰牧业畜禽加工厂　　（市农业农村局供）

塔湾·兴顺夜市　　（市副食集团供）

辽中区牛心坨镇果农收获寒富苹果　　（王天文摄）

无人机喷洒农药 （市农业农村局供）

沈阳新松公司研发的5G智能巡检机器人 （张文魁摄）

工业互联网全球峰会

2019年10月18日，2019工业互联网全球峰会开幕式举行集中签约仪式　　（市大数据局供）

工业互联网峰会创新成果对接活动　　（市大数据局供）

社会剪影

2019年11月4日，中央宣讲团到多福社区调研宣讲　（沈河区供）

大东区上园街道高教社区扎实开展家教家风建设活动　（张文魁摄）

2019年3月7日，浑南区五三街道举办“聚美五三传统服饰展演活动”　（浑南区供）

沈阳老旧小区住宅楼加装电梯方便居民出行　（张文魁摄）

文化映象

2019年4月29日，沈北新区“红色经典润校园，快乐阅读伴成长”读书季活动开幕（沈北新区供）

2019年5月，在意大利举行的第三届和平之声国际合唱节上，沈阳日报童声合唱团获国际金奖和最佳指挥奖（沈阳日报社供）

2019年12月20日，辽宁大学举办“爱我辽大”新年音乐会　（王恒摄）

2019年中国赛艇大师赛——第二届沈阳国际赛艇公开赛暨第九届盛京龙舟大赛　（张文魁摄）

全国重点文物保护单位

辽宁省中共满洲省委旧址入选全国重点文物保护单位

（市文旅广电局供）

北大营营房旧址入选全国重点文物保护单位　　（市文旅广电局供）

沈阳审判日本战犯特别军事法庭旧址入选全国重点文物保护单位（市文旅广电局供）

永安石桥入选全国重点文物保护单位（于洪区供）

2019沈阳浑南激光秀　　（浑南区供）

浑南莫子山炫彩跑道　　（浑南区供）

城建拾珠

2019年5月25日，沈阳地铁九号线通车运营　　（张文魁摄）

2019年12月31日，长青街快速路主线通车　　（张文魁摄）

人　物

2019年度感动沈阳人物

全国“最美家庭”——王蕾蕾家庭　　　　　　（市妇联供）

全国“最美家庭”——关健

（张文魁摄）

（市妇联供）

全国“最美家庭”——王义华家庭　　（市妇联供）

首届中国旗袍文化节

2019年5月24日，首届中国旗袍文化节暨“盛京1636”第三届沈阳国际旗袍文化节开幕

（张文魁摄）

2019年9月26日，中车沈阳机车车辆有限公司举行庆祝中华人民共和国成立70周年“我和我的祖国”升旗仪式 （中车公司供）

沈北新区锡伯龙地
（稻梦空间）
（沈北新区供）

2019年10月1日，沈飞公司在办公楼前举行升旗仪式，庆祝中华人民共和国成立70周年
（沈飞公司供）

数读沈阳·2019

国土面积12860平方千米
年平均气温9.4℃
年降水量824.1毫米
年日照时数2459.6小时
空气质量优良天数284天
常住人口832.2万人
户籍人口756.4人
人口自然增长率0.04‰
地区生产总值6470.3亿元
第一产业增加值284亿元
第二产业增加值2178.6亿元
第三产业增加值4007.6亿元
一般公共预算收入730.3亿元
一般公共预算支出1048.2亿元
社会消费品零售额 4051.2亿元
外贸进出口总额1072.8亿元
新签利用外商资项目（合同）218个
实际利用外资16.5亿美元
旅游总收入875.0亿元
接待国内外旅游者9510.0万人次
接待国内旅游者9424.4万人次
接待国际旅游者（入境）85.6万人次
城建投资额290.7亿元
万吨以上城市污水处理厂34座
房地产开发投资1174.8亿元
农林牧渔业总产值575.2亿元
农作物播种面积68.0万公顷
粮食总产量418.3万吨
规模以上工业企业利税总额595.9亿元
建筑业总产值1445.5亿元
货物运输总量19388万吨
其中，铁路422万吨
公路18958万吨
民用航空7.4万吨
邮电业务总量766.2亿元
银行机构及网点1500余家
金融机构本外币存款余额18869.5亿元
金融机构本外币贷款余额16811.9亿元
人均储蓄100188元
证券交易额28875亿元
保险机构及网点437家
保费收入378.3亿元
城市公交运营线路320条
城市公交运营线路长度5162.7千米
城市公交运营车辆5967台
公共交通客运总量11亿人次
地铁一号、二号、九号线运营里程及客运量950.9万列千米、36765.3万乘次
浑南有轨电车运营里程及客运量296.1万列千米、1077.7万人次
出租汽车21839辆
卫生机构（不含村级卫生组织）2828个
各类卫生技术人员81731人
普惠性幼儿园1130所
小学及在校生279所、40.4万人
普通中学及在校生303所、 29.1万人
中专职业学校及在校生78所、7.3万人
技工学校及在校生14所、1.7万人
普通高等院校及在校生47所（含独立学院4所）、42.4万人
专利申请25754件
专利授权14587件
市级以上重点实验室331个
城镇居民人均可支配收入46786元
农村居民人均可支配收入18124元
城镇非私营单位在岗职工平均工资87696元
城镇非私营单位从业人员平均工资84845元
城镇基本养老保险434.7万人
城乡居民社会养老保险119.1万人
城镇职工医疗保险345.9万人
城镇居民医疗保险224.5万人
新型农村合作医疗参合145.7万人
企业退休人员基本养老金人均每月2760元
城镇新增就业11.89万人
新认定高层次人才1218人
城镇登记失业人员9.6万人
城镇登记失业率2.9%
民营经济市场主体存量82.3万户

目 录
CONTENTS

特 载
Special Report

党和国家领导人在沈活动
Party and State Leaders Are in Shenyang

重点聚焦
Focus In

营商环境
Business Environment

民生关注
People’s Livelihood Concerns

大事记
Chronicle of Events

沈阳概貌
Survey of Shenyang

一、中国共产党沈阳市委员会
Shenyang Committee of the CPC

二、沈阳市人民代表大会
Shenyang People's Congress

三、沈阳市人民政府
Shenyang Municipal Government

四、中国人民政治协商会议沈阳市委员会

Shenyang Committee of People's Political Consultative Conference

五、中国共产党沈阳市纪律检查委员会 沈阳市监察委员会

Shenyang City Commission for Discipline Inspection of the Communist Party of China, Shenyang Supervisory Committee

六、民主党派与工商联

Democratic Parties and the Federation of Industry and Commerce

七、人民团体

Mass Organizations

八、法　治

Judicial

九、外事·侨务·港澳台事务

Foreign Affairs·Overseas Chinese Affairs·Hong Kong, Macao and Taiwan Affairs

十、军 事

Military

十一、经济管理

Economy Management

十二、公共安全
Public Security

十三、农 业
Agriculture

十四、工　业
Industry

十五、建筑业

Construction

十六、房地产业

Real Estate

十七、商　贸

Commerce

十八、中国（辽宁）自由贸易试验区沈阳片区

Shenyang Section of China (Liaoning) Free Trade Pilot Area

十九、旅游业

Tourism

二十、金融业

Financial Industry

二十一、交通·邮政

Traffic·Post Office

二十二、信息业

Information Industry

二十三、城乡建设

Urban and Rural Construction and Administration

二十四、环境保护
Environmental Protection

二十五、开发区
Open Economic Zone

二十六、民营经济
Private Sector of Economy

二十七、经济合作交流
Economic Cooperation and Exchange

二十八、教 育
Education

二十九、科学技术
Science and Technology

三十、文 化
Culture

三十一、卫生健康

Public Health

三十二、体　育

Sports

三十三、社会保障

Social Security

三十四、社会生活
Society and Life

三十五、人 物

Character

三十六、先进集体
Advanced Collective

三十七、区县（市）
District and County(City)

三十八、街道（乡、镇）
Streets(Township, Town)

三十九、社区（村）
Community (Village)

四十、企事业单位信息

Enterprises and Institutions Information

法 规

Laws and Regulations

附　录

Appendix

索　引

Index

特　载

习近平主席致2019工业互联网全球峰会的贺信

值此2019工业互联网全球峰会开幕之际，我谨向峰会的召开表示热烈的祝贺！当前全球新一轮科技革命和产业革命加速发展，工业互联网技术不断突破，为各国经济创新发展注入了新动能，也为促进全球产业融合发展提供了新机遇。中国高度重视工业互联网创新发展，愿同国际社会一道持续提升工业互联网创新能力，推动工业化和信息化在更广范围，更深程度，更高水平上实现融合发展。

希望与会代表围绕“赋能高质量·打造新动能”这一主题，增进共识，深化合作，为推动工业互联网发展贡献智慧和力量，预祝大会圆满成功！

中华人民共和国主席　习近平

2019年10月18日

国家发展改革委关于新建沈阳至白河高速铁路可行性研究报告的批复

发改基础〔2019〕1961号

中国国家铁路集团有限公司，辽宁省、吉林省发展改革委：

中国国家铁路集团有限公司和辽宁省、吉林省人民政府《关于报送新建沈阳至白河高速铁路可行性研究报告的函》（铁总发改函〔2019〕408号）收悉。经研究，现批复如下。

一、为贯彻落实振兴东北战略，完善区域快速客运网，带动沿线旅游等资源开发，促进区域经济高质量发展，同意新建沈阳至白河高速铁路（项目代码：2019-000052-53-01-000095）。

二、主要建设内容和技术标准

（一）主要建设内容。新建沈阳至白河高速铁路自沈阳北站引出，经辽宁省沈阳市、抚顺市，吉林省通化市、白山市、延边自治州，引入在建敦化至白河铁路长白山站。正线全长428.8公里。同步实施沈山甲线大成至沈阳北段复线、沈阳南动车所补强工程及通化地区既有梅集线、通灌线部分区段外迁工程，改建沈阳北站，增建沈阳站至沈阳南站动车组走行单线。

（二）主要技术标准。铁路等级：高速铁路。正线数目：双线。设计速度目标值：350公里／小时。最小曲线半径：7000米（困难地段5500米）。最大坡度：20‰（困难地段25‰）。牵引种类：电力牵引。到发线有效长度：650米。列车运行控制方式：自动控制。调度指挥方式：调度集中。其他技术标准执行《高速铁路设计规范》（TB10621-2014）。

规划远景年输送能力：双向

6000万人／年。

三、投资估算、资金来源及建设安排

项目总投资为722.91亿元，其中通化地区改移既有线投资25.03亿元由通化市政府承担，剩余主体工程投资697.88亿元。主体工程资本金约488.52亿元：其中国铁集团出资187.88亿元，由企业自筹解决（中央预算内投资另行研究确定）；其余资本金300.64亿元（含征地拆迁费用112.75亿元），辽宁省承担151.48亿元、吉林省承担149.16亿元，地方出资由相关省及沿线地方按照有关规定要求使用财政资金等出资。征地拆迁费用依照国家及地方政府有关规定，经出资各方认可后计入项目地方股份。资本金以外资金使用国内银行贷款解决。

本项目辽宁段由中国国家铁路集团有限公司与辽宁省对丹大铁路公司增资扩股，吉林段由中国国家铁路集团有限公司与吉林省对长吉城际公司增资扩股。项目建设工期4.5年。

四、下一步工作要求

（一）严格按照批复要求落实各方出资。涉及地方政府财政资金支出的，应分年度纳入地方财政预算支出计划，建立持续稳定的机制，确保项目资金及时足额到位。项目筹资模式、资金来源不得随意调整，切实防范地方政府债务风险。

（二）深化方案研究。做好本项目与在建敦化至白河铁路等周边路网对接，加强与沿线机场的衔接，统筹城市公交换乘设施建设，实现铁路客站与城市建成区及其他重要枢纽之间的快速连接、便捷直达，提高综合交通整体效率。

（三）严格落实生态环境保护要求。做好本项目建设涉及的水源保护区、自然保护区、风景名胜区等环境敏感点的防护和水土保持防治措施。进一步优化工程措施，有效预防或控制不良环境影响。尽快办理相关行政许可手续及专项认证，坚持主体工程和环保工程同步实施。

（四）深入分析项目建设对集中居住区等环境敏感区的影响，辽宁省、吉林省承担好属地主体责任，主动作为，做好群众工作，防范化解社会稳定风险。

（五）合理确定铁路客站周边开发建设规模、边界和功能定位，做好规划预留和控制，突出产城融合、站城一体，规范有序推进开发建设。

五、请国家电网公司同步安排外部电源电力工程，确保与本项目同步建成。请工业和信息化部、军委联合参谋部在通讯迁改等方面给予支持配合。

六、如需对本项目审批文件所确定的内容进行调整，请及时以书面形式向我委报告，并按照有关规定办理。

附件：招标投标事项核准意见

国家发展改革委

2019年12月20日

关于沈阳市创建国家卫生城市评审结果的通报

辽爱卫办函（2019）2号

沈阳市人民政府：

近日，经全国爱卫会批准，你市正式被命名为国家卫生城市，获得卫生创建的至高荣誉，这是你市多年来持续坚守、接续奋进的结果，是艰辛付出、众志成城的写照，更是全市人民共同期盼的美好愿景。在此向你市表示祝贺！

近年来，沈阳市市委市政府高度重视创建国家卫生城市工作，把创卫工作作为提高城市治理体系和治理能力现代化的重要抓手，全面、协调、深入开展，高质量、高水平、高标准推进，措施得力，成效显著，先后顺利通过暗访、技术评估、综合评审、社会公示等评审程序，人居环境明显提升、城市治理能力明显提高、人民群众幸福感获得感明显增强，凝聚了人心、振奋了士气、锤炼了队伍，创造了副省级城市创卫实践的典型经验。

请你市继续保持和发展创卫工作作风，发挥好省会城市示范引领作用，坚持“五个不变”，巩固创卫成果，全面开展健康城市建设，向全国健康城市示范市迈进，带动全省国家卫生城镇创建工作水平的提高和健康城市建设工作的深入开展。

附件：全国爱卫会关于命名国家卫生城市（区）的决定

辽宁省爱国卫生运动委员会办公室

2019年3月22日

党和国家领导人在沈活动

【李斌到沈调研】 4月16日，全国政协副主席李斌率队到沈开展推动传统制造业在升级改造中实现绿色发展专题调研。调研组分成两个组，分别到东北制药集团股份有限公司、沈阳远大智能工业集团股份有限公司、华晨宝马汽车有限公司、沈阳鼓风机集团股份有限公司、沈阳三生制药有限责任公司、沈阳精新再制造有限公司、沈阳化工股份有限公司、中航沈飞民用飞机有限责任公司进行实地调研，详细了解企业生产经营情况，并听取企业在推动升级改造中实现绿色发展的有关工作情况汇报。

【武维华、邵鸿到沈调研】 5月7日，全国人大常委会副委员长、九三学社中央主席武维华率九三学社中央调研组到沈，围绕“促进科技型民营企业高质量发展”开展调研。全国政协副主席、九三学社中央常务副主席邵鸿一同调研。 调研组先后到沈阳拓荆科技有限公司、沈阳新松机器人自动化股份有限公司、东软集团等企业实地调研，与企业人员面对面交流，详细了解沈阳科技型民营企业经济运行现状及市场发展前景，了解政策落实情况，以及企业在实施创新驱动发展战略过程中面临的问题和困难等。武维华、邵鸿对上述企业多年来坚持不懈自主创新、加快企业战略转型升级等予以肯定。

【刘新成到沈调研】 5月13—14日，民进中央在沈阳召开“加强农村基本公共文化服务建设”调研座谈会和2019年基础教育改革座谈会。全国政协副主席、民进中央常务副主席刘新成出席会议并讲话。刘新成指出，公共文化服务建设是关系国家经济、政治、文化、社会、生态建设全局的基础性工作，是政府的基本职责和国家治理体系的基本任务，也是新时代人民群众对美好生活向往的基本组成部分。加强农村基本公共文化服务建设需要适应农村的变化，更需要提高文化管理能力，要加强对基层文化管理干部的培训，建立相应的评价机制，使优秀的文化管理干部脱颖而出。刘新成强调，理顺政府与学校、学校与社会的关系，落实各级各类学校的办学自主权，是实现教育治理体系现代化的题中应有之义。在义务教育阶段学校软硬件配置不断标准化的基础上，提供多样化、特色化的教育服务，必须依靠落实中小学办学自主权，发挥学校的主体作用，通过改革完善中小学管理体制，完善中小学内部管理和激励机制，激发学校、教师的活力和创造力。

【马培华到沈出席中国（辽宁）国企合作与发展论坛】 6月17日，2019中国（辽宁）国企合作与发展论坛在沈阳举行。全国政协副主席马培华出席论坛并致辞。马培华在致辞中说，辽宁有规模庞大、数量众多的国有企业，为国家建设和辽宁创新发展发挥了不可磨灭的作用。他希望辽宁进一步推进国企改革，在国企改革过程中始终坚持党的领导；继续把混合所有制改革作为辽宁深化新一轮国企改革的重要突破口；发挥大型国有企业龙头和示范作用，推进国民经济优质高效可持续发展。（志　闻）

【赵乐际到沈调研】 6月21日，中共中央政治局常委、中央纪委书记赵乐际到沈阳市纪委监委机关调研指导正风肃纪监督和大数据监督工作，并主持召开座谈会。市委常委、市纪委书记、市监委主任王冬石汇报沈阳市正风肃纪监督和大数据监督工作情况。赵乐际听取汇报后作了讲话，对沈阳市纪委监委的工作给予充分肯定，认为大数据监督体系建设走在全国前列，在主动监督中发挥了重要作用。

（市纪委）

【万鄂湘考察调研沈阳民革党员之家】 8月29—30日，全国人大常委会副委员长、民革中央主席万鄂湘率民革中央调研组赴沈阳，就“不忘合作初心、继续携手前进”主题教育活动作专题调研。调研期间，万鄂湘出席民革辽宁省委员会“不忘合作初心、继续携手前进”主题教育活动专题座谈会并讲话。8月29日，万鄂湘一行到沈阳民革党员之家考察调研，并为党员之家揭牌。民革沈阳市委向万鄂湘汇报沈阳民革党员之家的建设情况。沈阳民革党员之家是沈阳民革党员培训、交流、学习，进行思想政治引领、革命传统教育的主阵地。

（杨潇音）

【黄坤明到辽宁调研】 11月11—12日，中共中央政治局委员、中宣部部长黄坤明在辽宁调研时强调，学习宣传贯彻党的十九届四中全会精神，是宣传思想战线必须抓好抓实的重大政治任务。要增强政治责任感和使命感，切实把全会精神宣传工作做扎实、做深入，更好统一全党全社会的思想和行动，推动全会确定的各项目标任务落地生根。调研期间，黄坤明到辽宁沈阳、抚顺等地，深入企业、社区、学校和宣传文化单位，了解学习宣传全会精神有关情况，听取基层干部群众意见建议。（志　闻）

重点聚焦

2019工业互联网全球峰会

10月18—20日，由工业和信息化部、中国科学技术协会指导，辽宁省政府主办，沈阳市政府和中国工业互联网研究院共同承办的2019工业互联网全球峰会（简称“峰会”）在沈阳举办，习近平总书记向峰会致贺信，掀起全市发展工业互联网热潮。

峰会以“赋能高质量·打造新动能”为主题，包括大会和13场专题会议、创新成果对接活动以及“专家看沈阳”“浑南夜话”等特色活动，举行系列签约活动和报告发布。峰会期间有万余人次参会，参加开幕式约700人，参会企业1851户，进行洽谈对接活动300余次，实现项目签约34个，签约金额48亿元，中央电视台、人民网等主流媒体和新媒体进行广泛报道。

峰会成为国内外有重要影响力的国际盛会。习近平总书记向本届峰会致贺信，这是总书记向以“工业互联网”冠名会议发送的第一封贺信。美国、德国等国家的重要嘉宾99人发表主题演讲；微软、西门子、艾默生等100余户国内外行业领军企业参与系列重要活动；中央电视台《新闻联播》、人民网、新华网等近100家知名媒体进行全面的采访报道，规模盛大、气氛热烈、反响强烈。

峰会成为推动工业互联网领域深入交流合作的专业平台。峰会汇集美国、德国、日本等国际顶级专家学者，以及中国工程院院士等国内一流专家学者和行业精英。会议场次多、话题广、内容丰富，是一场智慧碰撞、观点凝结的思想盛宴。

峰会成为开启辽宁沈阳老工业基地高质量发展的重要契机。沈阳市有9个项目签约，涉及工业互联网、5G、大数据中心等领域。峰会发布“新松工业软件&控制平台”等项目，启动国家百万企业上云城市辽宁行等活动。一批重大项目成功签约落地，有力促进沈阳市乃至全省的工业互联网创新发展。

峰会成为全方位展示辽宁沈阳振兴发展良好态势的崭新窗口。峰会期间，举办“专家看沈阳”“浑南夜话”等活动，37户本地企业接受专业诊断，104户本地企业与外埠专家进行面对面交流，搭建起经贸交流合作的舞台，与会专家共话“辽宁工业”“沈阳印象”，充分展现建国70年间辽宁省经济发展成就。

（殷　丹）

沈阳市“不忘初心、牢记使命”主题教育综述

按照党中央部署，在省委的坚强领导下、中央第七指导组（巡回督导组）以及省委第一指导组（巡回指导组）的有力指导下，从2019年6月开始，沈阳市自上而下分两批开展“不忘初心、牢记使命”主题教育，到12月底基本结束。沈阳市2.3万个基层党组织、52.8万名党员以高度的思想自觉、政治自觉、行动自觉积极参与，其中县处级以上领导班子991个、党员领导干部1.1万名。沈阳市委牢牢把握“守初心、担使命，找差距、抓落实”的总要求，切实做到思想认识到位、检视问题到位、整改落实到位、组织领导到位，实现预期目标，取得显著成效。两批主题教育单位测评中，总体评价为“好”的占比达到98%以上。中央第七指导组（巡回督导组）以及省委第一指导组（巡回指导组）对沈阳市开展主题教育取得的成效给予充分肯定。《人民日报》《光明日报》、中央电视台、新华社等中央主流媒体宣传报道沈阳市主题教育的经验做法。

沈阳市委把主题教育作为首要政治任务，第一时间成立由省委常委、市委书记张雷为组长的市委主题教育领导小组，制定全市总实施意见及宣传、调研和专项整治等10余个工作方案，并针对第二批层级下移，基层组织和党员数量大、类型多的特点，制定区县（市）机关、市属高校、村、社区、非公有制经济组织和社会组织5个分领域方案，把准主题教育着力点，分级分类、科学合理作出安排。在两批主题教育中，分别成立10个督导组和7个指导组进行督促指导，各区县（市）委派出122个指导组，紧盯突出问题，及时纠正偏差、督促整改，确保主题教育不虚不偏，扎实有效推进。

沈阳市各级领导班子主动扛起政治责任，带头发挥关键作用，推进全市形成上行下效、整体联动的生动局面。市级领导班子率先举办读书班，30余位领导围绕“传承红色基因，牢记初心使命”等5个专题开展交流研讨。市级领导班子及成员对照党章党规，聚焦党的政治建设、思想建设、作风建设等方面，深挖思想根源，深刻检视问题，扎实推进整改。市委常委会在民主生活会后总结梳理问题，研究制定《中共沈阳市委常委班子“不忘初心、牢记使命”专题民主生活会整改落实方案》，常委个人研究制定整改措施，高标准、高效率推进整改工作。

坚持把学习贯彻习近平新时代中国特色社会主义思想作为主线贯穿始终，不划阶段、不分环节，把四项重点措施有机融合、一体推进，真正做到学做结合、查改贯通。全市累计4071人次参加专题读书班，举办专题宣讲6300余场，并对1万余名基层党组织书记进行全员轮训。各级党员领导干部围绕助力高质量发展、优化营商环境等方面，形成调研成果5700余个，解决问题1.7万余个。各级领导班子和领导成员对照党章党规、围绕“18个是否”检视问题7.8万余个，明确具体措施，强力推进整改。同时，集中整顿软弱涣散村党组织198个，社区党组织9个，非公企业和社会组织党组织17个，全面加强各领域基层党组织建设，更好发挥基层党组织战斗堡垒作用。

沈阳市委坚持把整改落实工作作为确保主题教育取得实效的关键，对调研发现的问题和检视查摆的问题，现场解决6900余个。同时，为着力解决影响和制约沈阳市高质量发展的痛点、堵点、难点问题，在“8+2”专项整治基础上，增加开展“影响高质量发展问题专项整治”。结合中央巡视、生态环保督察、扫黑除恶督导、脱贫攻坚督查等整改落实工作，深入开展“8+2+1”专项整治，全市各级党组织确定整治内容4905个，提出整改措施8535条，完成整治内容4886个。针对第二批主题教育单位梳理查找的基层公务员力量不足等9个“表现在基层、根子在上面”问题，市直部门主动认领、合力解决。

沈阳市各级党组织和党员坚持沉下去、俯下身，深入到村、社区、学校、医院、企业的基层群众中去，瞄准群众需求，广泛征求群众意见，深入开展“共产党员当先锋、为民服务解难题”活动，切实做到知民情、解民忧、纾民怨、暖民心，累计为群众办好事7.9万余件，交出一份有“温度”的民生答卷，老百姓的获得感、幸福感、安全感明显增强。（市委组织部）

首届中国旗袍文化节

5月24—31日，由中国民间文艺家协会、中共沈阳市委宣传部共同主办、多家单位承办的首届中国旗袍文化节暨“盛京1636”第三届沈阳国际旗袍文化节圆满完成。围绕旗袍这一主题，在沈阳故宫、中国工业博物馆、辽宁美术馆、五爱服装城、大学校园等近20个地点，先后举办首届中国旗袍文化节暨“盛京1636”第三届沈阳国际旗袍文化节开幕式、百家媒体沈阳行、中国旗袍定制艺术大赏、旗袍文化主题摄影展、中国旗袍时尚文化创新发展研讨会、中国满绣最美绣娘评选、清代宫廷旗袍展、民国旗袍秀、精品旗袍展贸会、旗袍宣传画展、媒体沙龙等30余项活动。

旗袍文化节成为沈阳一张极具特色的城市名片。首届中国旗袍文化节暨“盛京1636”第三届沈阳国际旗袍文化节开幕式以时光为轴线，将观众带入“时光之旅”，300多名中外模特展示1200套不同风格的旗袍，并将满绣、苏绣、绘画、古诗词等中国传统文化融入其中，使之成为“穿在身上的中国”的一次完美的集体亮相。此次旗袍节得到200余家中央媒体，省直和市属媒体，国外媒体，网络媒体的极大关注，刊转稿件3500余篇，刊转视频、图集等1000余条，网络转发、阅读量累计达到近1亿次。

旗袍文化节全面展示沈阳深厚的历史文化底蕴。旗袍文化节期间，故宫和帅府推出穿旗袍免票参观活动，7天有2.2万余名市民穿着旗袍参加“旗袍丽人”活动。“清代宫廷旗袍展”“民国旗袍展示”将旗袍的历史文化内涵展现得淋漓尽致；“中国满绣文化论坛”“最美绣娘评选”等活动推进中国满绣文化的传承与创新发展。旗袍文化诗歌、歌词作品征集活动在短短3周时间里征集作品万余首，作品数量之多，直观地反映出本届旗袍节的社会认知度和影响力。

旗袍文化节充分展示沈阳开放包容自信时尚的城市形象。中国旗袍定制艺术大赏是国内首次以定制为主题的旗袍秀，邀请11位全国著名旗袍设计师携代表作齐聚旗袍故都，在中国工业博物馆打造一场“旗袍艺术的精品汇聚，旗袍霓裳的时尚共舞”，将工业文化与时尚文化结合，让来宾在感受“旗袍故都”浓郁文化气息的同时，品味旗袍时尚之美。

旗袍文化节进一步助推旗袍产业发展。五爱旗袍产业展贸会围绕旗袍文化，以搭建产业载体为目标，汇集旗袍文旅、辅料、文创等参展商近20余家，会场参观人数达万余人，实现产业、文化、旅游等多项发展融合，为消费者和旗袍商家搭建起沟通交流的良好平台。旗袍文化节期间，五爱服装城引进华服新品牌15个、旗袍高端新品300余件，客流量增长5%、交易额增长6%。沈阳故宫和张氏帅府的游客人数大幅增加，增长53.17%和21%。

（志　闻）

市法院审理北方重工集团有限公司重整案

沈阳市中级人民法院积极落实贯彻新发展理念、建设现代化经济体系的要求，紧紧围绕高质量发展主线，服务和保障供给侧结构性改革，充分发挥破产审判工作在完善市场经济主体拯救和退出机制中的积极作用，为沈阳全面振兴、全方位振兴提供强有力的司法保障。北方重工集团有限公司（简称“北方重工”）重整案，经市法院历时近10个月的审理圆满落幕，裁定批准北方重工的重整计划并终止重整程序。该案以92%的平均通过率创造全国大型国有企业重整案件的高票纪录，特别是职工债权组和税收债权组均全票通过重整计划草案和职工安置方案。

法院助力北方重工重生

北方重工是由沈矿集团与沈重集团合并重组的大型国有控股企业，是中国重型机械设备制造行业的龙头企业，也是中国品牌和制造业500强企业。受经济环境、机制体制、历史包袱、信贷收紧等因素影响，北方重工2017年陷入严重的经营危机和财务危机。2018年6月，市法院裁定受理债权人对北方重工提出的重整申请，北方重工正式进入重整程序。

北方重工的解危纾困和改革发展受到市委、市政府高度重视，要求积极稳妥、兼顾各方、快进快出完成重整工作。2018年6月，市法院正式裁定受理北方重工破产重整案件的当日，便指定清算组担任北方重工管理人。先后有2224家债权人向管理人申报债权，经审查确认金额合计180余亿元，及时准确完成北方重工债权申报审查工作。合议庭先后许可管理人6批次3000余份合同的继续履行申请，在保证企业正常运营的基础上，兼顾利益相关方权益，社会效果良好。

市法院解封近60个银行账号，解除298次查封，解除并回转查封资金3100万元，解除价值约400万元货物的扣押，解除9处房产（标的总额1.8亿元）和10辆汽车（标的总额200万余元）的查封，协助解除4亿余元应收账款保全措施。重整期间，追收近3亿元资金。财产解除查封及对外催收债权，有力地保障了企业正常的生产经营活动。重整期间，北方重工生产经营稳定，2018年6月至2019年3月，完成工业总产值约12.7亿元，实现主营业收入约9.9亿元，市场营销工作稳步推进。

府院联动实现各方共赢

首先，市法院始终坚持党的领导下的府院联动工作机制，从案件的受理审查，到指定管理人后的债权审查、审计评估、战略投资人招募、债权人会议召开、重整计划草案起草、重整计划执行等各个环节，充分发挥府院联动机制优势，确保重整程序按市场法治化路径开展。院领导和主审法官会同政府相关部门负责人经常深入北方重工走访调研，听取企业司法需求，并指导设计解决方案，对企业生产经营现状实时掌握，为案件顺利审结奠定坚实基础。

其次，为保证重整期间企业经营稳定和效率，合议庭审慎批准北方重工于重整期间在管理人监督下自行管理财产和营业事务，要求管理人制定管理人与企业的职责分工、财务管理制度、印章管理制度、监督制度和汇报检查制度，并对上述制度文件进行逐一审核把关，为重整工作的后续开展铺平道路。

重整后的北方重工法人主体资格继续存续，公司类型保持有限责任公司不变，由国有控股变为由方大集团和金融债权人共同持股。经过战略投资人的出资以及制定一系列改革发展措施，北方重工资产获得全面整合和优化，正在力争获得持续经营能力和盈利能力，企业正在逐步走向优良化的生产经营。

（《沈阳日报》刊文，有删改）

营商环境

营商环境建设综述

2019年，沈阳市营商环境建设局（市行政审批局）以习近平新时代中国特色社会主义思想为指导，全面贯彻党的十九届四中全会精神及习近平总书记在辽宁考察时和在深入推进东北振兴座谈会上重要讲话精神，按照中央决策部署及省委和市委要求，坚持“以优化营商环境为基础，全面深化改革”的工作思路，全力推进“放管服”改革工作，加快构建“亲”“清”政商关系，努力打造营商环境一流城市。

深化“放管服”改革。建立沈阳政务服务标准化体系，取消下放调整417项行政职权事项。深入推进“一事一网一门一次”改革，全市108项政务服务事项实现“全市通办”、136个高频事项实现“最多跑一次”，形成102个市级、50个区级“一件事”办理流程。建设运行一体化在线政务服务平台，完善企业开办链条，扩大便民应用事项，整合9095个事项的网上入口，日均访问量2.5万次，网办率达90%。深入推进工程建设项目审批改革，建立交互运行评价机制，印发《沈阳市继续深入推进工程建设项目审批制度改革实施方案》《沈阳市工程建设项目联合审批管理办法（试行）》。全面清理工程建设项目审批事项，围绕4条主线，划分4个阶段，细分12类审批流程，总体审批时限控制在57个工作日以内。

持续开展营商环境专项整治。印发《沈阳市2019年优化营商环境专项整治行动方案》，组织各责任单位围绕政府失信、办事难、乱收费乱罚款乱检查、跨区拉税源、企业配套不健全等方面开展专项整治。在政府失信整治方面，清理偿还政府拖欠工程款，完成全年还款目标；解决招商承诺不兑现问题，超额完成全年计划。在“办事难”整治方面，对全市窗口单位开展明察暗访，在各级政务服务中心建立“好差评”制度，有效解决企业和群众办事排长队、来回问、多次跑、跑多门等问题。在跨区拉税源整治方面，印发企业跨区迁移管理细则，建立企业有序流动长效机制，协调企业跨区迁移工作。在企业配套不健全专项整治方面，排查农业龙头企业、规上工业企业、重点商贸流通企业的基础设施配套问题。

制定优化营商环境政策措施。制定《沈阳市优化营商环境85条政策措施》，针对开办企业、办理建筑许可、跨境贸易、政务服务等指标，减环节、减材料、减时间、减成本，提升企业办事便利度。畅通企业群众诉求渠道。修订完善《沈阳市营商环境投诉办理实施细则》，规范涉企案件受理流程。在全市开展营商案件办理“清底行动”。完成12345热线与8890平台对接整合工作，定期分析梳理群众诉求及行业焦点，组织相关部门和地区有效解决供热供水、物业管理、城市管理、噪音扰民等热点难点民生问题。（市营商局）

“万人进万企”主题活动

2019年，组织全市10026名机关干部与10497户企业深入对接服务，宣传讲解政策措施，提供各类咨询服务，帮助企业协调解决实际问题，做好“信息员”“联络员”“协调员”和“服务员”，联系企业6.93万人次，实地走访1.99万人次，对接率100%。建立政策落实机制，编印《沈阳市支持民营经济政策汇编》，建立促进民营企业发展“政策库”，组建5个重点行业和14个区县微信群，搭建线上政企交流平台，及时发布政策信息，开展9次政策集中培训，5200名机关干部和企业代表参与。开展“营商下午茶”活动，通过与企业进行面对面的直接对话和互动交流，加快构建“亲”“清”新型政商关系。搭建“民企直通车”企业诉求平台，建立5大工作专班，全市累计受理企业诉求4702件，办结3913件，办结率83.22%。首创“@沈阳营商”移动微服务平台，打造惠企便民“服务名片”，全面公开市、区、街道三级营商服务单位和服务干部信息，整合汇聚24类203条惠企便民政策，提供点对点服务，被国家电子政务理事会评为“2019年微服务卓越奖”。发挥营商载体正面导向作用，举办“营商新政讲堂”，开展“企业服务日”活动，为企业提供精准政策推送服务；组织“企业评、群众议”调查问卷活动；利用广播、电视、报刊等载体播放营商专栏节目，增进政企互联感知度，形成“有事找我”营商文化理念，实现人人、事事、时时、处处都是营商环境。（市营商局）

沈阳市优化营商环境85条政策措施

4月9日，市政府印发《沈阳市优化营商环境85条政策措施》，激发市场主体活力，营造“亲商、安商、富商”的浓厚氛围，充分展示“亲”“清”新型政商关系，形成人人都是环境、处处都是环境、事事都是环境的良好局面，使沈阳市在国家营商环境评价中位居前列。

（一）开办企业：1. 企业开办“一次不用跑”。2. 企业开办“一分不用花”。3. 企业开办“一天不用等”。4. 优化办理企业注销程序。

（二）办理建筑许可：5. 优化项目审批流程。6. 深化重点环节改革。7. 推行行政审批与技术审查分离改革。8. 实行施工许可豁免清单制度。9. 推行城市基础设施建设工程收费优惠政策。10. 规范工程建设项目中介收费。11. 缩减商品房预售许可证办结时限。12. 银行保函抵顶商品房预售监管资金。13. 建设工程企业资质类审批全程网上办。14. 优化建筑物楼门牌号审批流程。15. 全面清理规范涉企保证金。16. 优化水电气热外线接入施工审批。

（三）获得电力：17. 压减合并工程项目办电环节。18. 压缩报装办理时限。19. 节省接电成本。20. 提升供电可靠性。21. 扩大电力市场交易规模。

（四）获得用水用气：22. 压缩用水用气报装环节时限。23. 降低用水用气接入成本。24. 实行燃气预付费动态调整。25. 实行水务业务网上办理。

（五）登记财产：26. 优化不动产登记服务。27. 推行“互联网+公积金”3.0版。28. 优化公积金贷款服务。

（六）纳税：29. 优化纳税服务。30. 规范税务行政处罚。

（七）跨境贸易：31. 压缩通关时间。32. 降低口岸综合成本。33. 推动通关便利化。34. 推广应用“提前申报”模式。35. 优化出口退税流程。36. 压缩审批时限及降低抽检率。

（八）办理破产：37. 加强破产工作体系建设。

（九）获得信贷：38. 完善资本市场梯度培育机制。39. 鼓励引导银行机构增加信贷投放。40. 推动融资租赁机构建设。41. 开展应收账款融资试点。42. 降低“应急转贷”日费率。43. 设立民营企业票据贴现“绿色窗口”。44. 建立无还本续贷制度。45. 利用保险增信获得银行贷款。

（十）保护中小投资者：46. 加强信息披露透明度。47. 保护中小股东权利。

（十一）执行合同：48. 实现立案环节“最多跑一次”。49. 保障民营企业胜诉权益。50. 推进审判环节智能化管理。51. 建设多元商事纠纷解决机制。

（十二）劳动力市场监管：52. 构建劳动人事争议仲裁法律援助体系。53. 完善人力资源市场监管与服务制度。

（十三）政府采购：54. 强化政府采购监管。55. 加大政府采购支持力度。

（十四）招标投标：56. 加强招标投标管理。57. 强化招标投标监管。

（十五）政务服务：58. 推行政务服务事项标准化。59. 运行全市一体化在线政务服务平台。60. 推行群众办事“全市通办”。61. 推行综合受理服务模式。62. 推动政策落实落地。

（十六）知识产权创造、保护和运用：63. 提升专利人均占有量。64. 完善侵权损害赔偿制度。65. 强化科技成果转化能力。

（十七）市场监管：66. 积极探索包容审慎监管。67. 加强信用体系建设。

（十八）包容普惠创新：68. 提升科技服务能力。69. 培育壮大创新创业孵化链条。70. 提升科技型企业规模和质量。71. 实施企业上云计划。72. 优化身份证和居住证办理服务。73. 缩短赴港澳商务活动备案时限。74. 简化外籍人员工作签证手续。75. 实行就业手续“一网通办”。76. 落实市场准入负面清单。77. 实施公平竞争审查制度。78. 规范市场准入程序。79. 着力改善养老服务质量。80. 优化医疗卫生服务体系。81. 提供优质教育服务。82. 加强园林绿化精细化管理。83. 持续改善生态环境。84. 强化黑臭水体治理。85. 完善城市交通体系。

（志　闻）

民生关注

【沈阳首个加装电梯试点小区】 12月10日，位于沈河区的小西小区97-2号楼的四部电梯全部验收完毕并开始试运行。小西小区是沈阳首个加装电梯的试点小区，小区内老年人占比接近六成，加装电梯的意愿比较强烈。6月，小区居民签字同意加装电梯，9月17日，电梯陆续到货进场，不到半年的时间，电梯开始试运行。四部电梯采用透明玻璃外墙设计。每部电梯的费用是39.5万元，其中政府补贴18万元，剩下的由小区居民分摊。根据相关规定，一二楼的居民不用掏电梯费，三楼以上的居民分摊的费用呈阶梯状逐层递增。如此次加装的电梯，三楼居民分摊1万多元，往上每层楼多加6000—7000元。除了安装电梯的费用，电梯的后续保养和电费，也需要每户居民分摊。电梯每年的维护费用约为4000元／部，年电费约为1200元／部。这部分花费需要3层以上业主均摊，每户每年需要支付520元，平均每个月40多元。

【弃管小区电力设施改造】 3月，沈阳将2019年电力弃管小区改造工作列入年度政府绩效考核指标，并下发《沈阳市既有住宅小区电力公共配套设施改造工作方案》。为保证居民用电稳定可靠，国网沈阳供电公司积极履行社会责任，承担起电力弃管小区改造的相关事宜。6月末，沈阳市房产局、城乡建设局和沈阳供电公司联合下发《沈阳市2019—2021年电力弃管小区电力公共配套设施改造实施方案》。供电公司负责电力弃管小区的电力配套设施改造工作，制定电力弃管小区改造标准，参与竣工验收工作，配合办理临时电转正式电的手续，以及工程接收后的养护维护工作。沈阳确定365个电力弃管小区，并计划用三年时间完成改造。2019年改造任务为100个，涉及沈阳市10个区县。为保障施工进度，国网沈阳供电公司和市政府各部门密切配合，抢抓时间、倒排工期，挂图作战，按照时间节点进行推进。同时制定周密计划，对弃管小区电力设施移交改造的工作目标、资金筹集、职责与分工、招标采购管理、监督考核等方面作出规定，一环扣一环高效高质完成任务。此外，还建立质量及安全包保责任制度，任务层层分解，落实到人，对发现的问题及时上报整改，并责成专人跟踪督办。改造后，这些小区的公共配套设施的日常维修、维护工作将由供电公司负责，沈阳供电公司的管理范围也将扩大至住户电表。2019年，国网沈阳供电公司对100个电力弃管小区进行电力设施改造，约6.9万户居民受益。

（志　闻）

大事记

1月

1月1日　结合“万人进万企”主题活动，市公安局制定出台涵盖公安服务、公共管理、安全防范、公正执法等方面的20条新举措。

1月2日　市委召开经济工作会议。会议的主要任务是，以习近平新时代中国特色社会主义思想为指导，全面贯彻中央及省委经济工作会议精神，总结2018年全市经济工作，分析当前经济形势，部署2019年经济工作。

1月4日　市委常委会召开第137次会议，听取市人大常委会、市政府、市政协、市法院、市检察院党组和市直各党工委、市总工会、团市委、市妇联党组2018年工作以及履行全面从严治党主体责任情况汇报。

1月8日　市长姜有为主持召开全市“大棚房”问题专项整治工作会议，深入贯彻落实习近平总书记重要指示精神，认真落实中央和省委、省政府决策部署。

1月9日　市政府组织收听收看全国安全生产电视电话会议，并对下一步安全生产工作进行部署。市长姜有为在辽宁省分会场参加会议。

1月7—10日　中国人民政治协商会议沈阳市第十五届委员会第二次会议在辽宁会堂举行。

1月8—10日　沈阳市第十六届人民代表大会第二次会议在辽宁人民会堂举行。

1月13日　市长姜有为到于洪区光辉街道门台村、于洪街道红旗台村等部分农业园区、设施农业基地，实地查看“大棚房”问题整治情况。

1月16日　中国（辽宁）中东欧16国国家馆启动仪式在位于铁西区金谷的中国沈阳人力资源服务产业园举行。

1月17日　市城乡建设局发布2019年沈阳城建规划。

1月18日　在中国软件行业协会举办的2019年中国软件产业年会上，沈阳国际软件园与中关村软件园、上海浦东软件园、厦门软件园等园区一同获“2018年中国最具活力软件园”称号。

1月19日　沈阳市组织收听收看全省安全生产电视电话会议。市长姜有为在沈阳分会场参加会议。

1月22日　全市基层党建和人才工作述职评议会议在市委218会议室召开。

1月23日　市委常委会召开第138次会议，传达学习贯彻省“两会”精神，研究部署沈阳市贯彻落实工作，省委常委、市委书记张雷主持会议并讲话。

同日　市十六届人大常委会举行第十三次主任会议，传达学习市委常委会会议精神，听取相关工作汇报。市人大常委会主任潘利国主持会议并讲话。

1月24日　市委全面依法治市委员会召开第一次会议，传达学习习近平总书记在中央全面依法治国委员会第一次会议上重要讲话精神和省委全面依法治省委员会第一次会议精神，研究部署全面依法治市工作。

同日　“2018年度感动沈阳人物”颁奖典礼在盛京大剧院举行。新松科技团队、付一晴、周雨杉、何晓霞、赵永久、李尚恒、杨璞武峰夫妇、王岩、吕品、刘开周获评2018年度十大感动沈阳人物。

1月20—25日　市长姜有为率市政府代表团赴上海及江苏省泰州、苏州开展招商考察。

1月25日　省委常委、市委书记张雷参加指导沈河区委常委班子2018年度民主生活会。

1月29日　市长姜有为主持召开市政府第二十届第28次常务会议，研究讨论政府系统正风肃纪监督、安全生产重大事故隐患挂牌督办、保障农民工工资支付等重点工作。

1月30日　市委常委会召开第139会议，传达学习省纪委十二届四次全会和辽宁省脱贫攻坚大会精神，研究部署沈阳市贯彻落实工作。

2月

2月2日　市委常委班子召开2018年度民主生活会。

2月12日　中国共产党沈阳市第十三届纪律检查委员会第四次全体会议召开。

2月14日　市委军民融合发展委员会召开第一次会议，深入学习贯彻习近平总书记关于军民融合发展的重要指示精神，研究部署全市军民融合发展工作。

2月18日　航空工业沈飞民机公司生产的第100架波音777尾翼翼尖，成功交付给波音公司。

2月19日　市委理论学习中心组召开专题学习会议，深入学习贯彻习近平总书记在中共中央政治局第十二次集体学习时的重要讲话精神。

同日　沈阳法库“智慧机场”5G网络应用正式启动。沈阳法库通用航空产业基地成为东北地区首个实现5G网络信号覆盖的通用航空机场。

2月21日　市委常委会召开会议，传达学习《中共中央关于加强党的政治建设的意见》《中国共产党重大事项请示报告条例》《中国共产党农村基层组织工作条例》《中国共产党政法工作条例》，以及全国、全省统战部长会议精神，研究部署沈阳市贯彻落实工作。

同日　市政协召开十五届十六次主席会议，审议通过市政协十五届二次会议重点提案。

2月22日　市委召开政法工作会议。省委常委、市委书记张雷出席会议并讲话。

同日　辽宁省科技助力民营企业创新发展工作会议在沈阳举行。辽宁省《科技助力民营企业创新发展若干政策措施》《辽宁省民营科技企业梯度培育工程实施方案》发布。

同日　中国高等教育学会发布2014—2018年中国高校创新人才培养暨学科竞赛评估结果。东北大学在2014—2018年全国普通高校竞赛评估结果（本科）TOP300排名中排名第九，在2014—2018年理工类本科院校学科竞赛评估结果（本科）TOP20排名中位居第六，2014—2018年计入统计的奖项数量为412项，获奖项目数量位列全国高校第二。

2月17—26日　市长姜有为率沈阳市经贸代表团赴德国、英国、日本进行友好访问和经贸洽谈。

2月26日　市十六届人大常委会举行第九次会议。会议审议通过沈阳市人大常委会2019年工作要点和关于补充调整沈阳市第十六届人民代表大会常务委员会代表资格审查委员会组成人员的决定等。

同日　辽宁省科学技术奖励大会在沈阳召开。沈阳市有97个项目获2018年度辽宁省科学技术奖，占全省授奖总数的48.5%。其中，获一等奖12项（占总数的60%）。

2月28日　市委常委会召开扩大会议，深入学习贯彻习近平总书记在省部级主要领导干部专题研讨班上的重要讲话精神以及全省市厅级和县（市、区）主要领导干部专题研讨班精神，研究部署沈阳市防范化解重大风险工作。

3月

3月1日　《沈阳市道路车辆管理办法》正式施行。

3月2日　市扶贫开发领导小组工作会议在法库县召开。

3月12日　省委常委、市委书记张雷主持召开部分市属国有企业座谈会。城投集团、副食集团、中兴集团等企业负责人汇报企业总体情况和改革进展情况。

3月13日　沈阳警备区举行沈阳市“征兵形象大使”聘任仪式，全国“最美退役军人”周晓东被聘任为沈阳市2019年度“征兵形象大使”。

3月14日　市委宣传部召开2019年度第一批“最美沈阳人”命名表彰会，陆国斌、陈广生等23名个人和沈阳市皇姑区明廉街道赤水社区志愿服务队、沈阳市浑南区五三街道慧缘社区联合工会志愿者服务队2个集体获“最美沈阳人”称号。

3月19日　市委常委会召开会议，传达学习贯彻全国两会精神、《关于解决形式主义突出问题为基层减负的通知》精神，以及全省统筹开展党中央重大决策部署贯彻落实情况督导督查动员部署大会精神、省长唐一军在沈阳调研时的讲话精神，研究部署全市贯彻落实工作。

同日　市政协召开十五届十七次主席会议。会议传达全国政协十三届二次会议精神；讨论通过《政协沈阳市委员会委员履职考核评价实施细则》等。

3月20日　市长姜有为主持召开市政府第二十届第30次常务会议，就落实全国两会精神及省长唐一军关于国资国企改革有关要求进行部署。

3月21日　市长姜有为到沈河区，实地考察盛京皇城规划建设、5A级景区创建、高品位步行街建设及重点项目推进情况，听取相关工作汇报，现场协调解决项目建设中遇到的问题。

3月20—22日　省委常委、市委书记张雷赴上海、杭州考察部分企业，洽谈推进项目。

3月25日　省委常委、副省长陈向群到沈阳检查危化企业安全生产工作，先后到沈阳石蜡化工有限公司、沈阳美狮化工有限公司详细了解企业安全生产工作情况。

3月26日　华晨宝马2019年供应商大会在沈阳召开。

3月27日　市政府党组书记、市长姜有为主持召开市政府党组理论学习中心组集中学习会，学习贯彻《中共中央关于加强党的政治建设的意见》等中央有关文件精神，书面学习贯彻外商投资法、公务员法、《中国共产党农村基层组织工作条例》和《党政领导干部选拔任用工作条例》等法律法规。

3月28日　市长姜有为在省分会场参加国务院召开的全国工程建设项目审批制度改革工作电视电话会议，并作经验交流发言。

3月29日　市委常委会召开会议，传达学习习近平总书记对江苏响水“3·21”爆炸事故作出的重要指示精神和关于信访工作的重要批示精神；传达学习全国扫黑除恶专项斗争视频会议和全省扫黑除恶专项斗争领导小组会议精神，以及《党政领导干部选拔任用工作条例》，研究沈阳市贯彻落实意见。

4月

4月1日　市委教育工作领导小组召开第一次会议，市委教育工作领导小组组长、市长姜有为主持会议并讲话。

4月2日　市人大常委会举行聘任仪式，为100名受聘的市人大常委会咨询专家和10家咨询机构颁发聘书、牌匾。

同日　沈阳海关驻沈阳地区4个新设隶属海关——沈阳邮局海关、铁西海关、浑南海关、辽中海关正式揭牌。

4月3日　市委常委会召开会议，传达学习习近平总书记在中共中央政治局第十三次集体学习时重要讲话精神，研究部署沈阳市贯彻落实工作。会议审议《沈阳建设“一带一路”东北亚枢纽行动方案》《沈阳市毒品问题严重地区责任考评办法实施细则》。

同日　《盛京医院5G智慧医院暨5G智能物联网创新研究院合作协议》正式签署，标志着东北地区首家5G智慧医院正式落户盛京医院，沈阳5G应用示范区智慧医疗领域的试点示范工作也正式启动。

4月4日　第六批10位在韩中国人民志愿军烈士遗骸安葬仪式在沈阳抗美援朝烈士陵园举行。

4月10日　沈阳市开展全民义务植树活动。省委书记、省人大常委会主任陈求发、省长唐一军，市长姜有为等省市领导到于洪区丁香东湖公园，与机关干部、部队官兵一起参加义务植树活动。

4月11日　铁西区（经开区、中德园）2019年重点项目暨瑞士布克哈德·沈阳远大压缩机新工厂集中开工。

4月12日　中国航发燃气轮机有限公司合作项目签约仪式在沈阳举行。

4月16日　全国政协副主席李斌率队到沈开展推动传统制造业在升级改造中实现绿色发展专题调研。

同日　长青街快速路重要节

点工程——长青街快速路与二环互通立交工程、长青街快速路与浑南大道互通立交工程开始进行基础施工。

4月17日　全省基层党建工作会议在沈阳召开。

4月19日　沈阳市“红色乡村”第一书记集市在欧亚联营开市。参展的第一批特色农副产品来自新民、辽中、法库、康平及近郊的12个村，涵盖米、面、油、酒、蛋、菜、蜂蜜7个大类40个品种。

4月21日　沈阳城市学院代表队在“2019RoboCup机器人世界杯中国赛”决赛中以4比1战胜浙江大学队，蝉联冠军。同时，获参加7月在悉尼举行的世界杯总决赛资格。

4月22日　沈阳市第十一届全民读书季活动启动仪式在沈阳玖伍文化城举行。

4月24日　沈阳市为烈属、军属和退役军人家庭悬挂光荣牌启动仪式举行。

4月25日　省委常委、市委书记张雷，市长姜有为会见万达集团董事长王健林一行。

同日　市十六届人大常委会举行第十一次会议。

4月26日　华晨宝马汽车有限公司产品升级项目（大东厂区）开工奠基仪式在沈举行。

4月28日　中国航发燃气轮机有限公司在沈阳成立。

同日　沈阳市召开庆祝“五一”国际劳动节暨沈阳五一劳动奖和沈阳工人先锋号表彰大会。

4月30日　市人大常委会主任潘利国、市政协主席韩东太参加东北育才学校70年校庆。

同日　辽宁省实验中学举行“七十逐梦，实验辉煌”纪念建校70周年庆典活动。

5月

5月1日　《沈阳市城市机动车停车条例》开始施行。

5月1—4日　第三届和平之声国际合唱节在意大利佩鲁贾举行。沈阳日报童声合唱团以23.92分和23分的成绩，分别获童声G1组和民谣F组两项金奖。沈阳日报童声合唱团指挥宋扬获最佳指挥奖。

5月4日　三一重装国际控股有限公司自主研发新一代矿用宽体自卸车SKT90在沈阳首发上市。

5月9日　北京市与沈阳市对口合作座谈会在北京举行。

5月13—14日　民进中央在沈阳召开“加强农村基本公共文化服务建设”调研座谈会和2019年基础教育改革座谈会。

同日　省、市人大常委会对沈阳市实施水污染防治法情况开展联合执法检查。

5月14日　市委常委会召开会议，传达学习习近平总书记在全国公安工作会议上的重要讲话精神，研究沈阳市贯彻落实意见。

5月15日　沈阳市政府和万达集团签订全面战略合作协议。万达集团在完成投资250亿元的基础上，在沈阳再投资800亿元，建设世界一流的大型文化旅游项目、世界一流的国际医院、世界一流的国际学校和5个万达广场。

5月16日　市委常委会召开会议，研究部署中央环保督察“回头看”督察意见整改工作。

5月17日　《沈阳市促进金融业发展若干政策措施》正式发布。

同日　第二届沈阳新能源汽车展览会暨2019沈阳新能源汽车发展高峰论坛在沈阳开幕，同时沈阳新能源汽车交易中心正式落成。

同日　第八届中国（沈阳）国际现代建筑产业博览会暨辽宁省新中国成立70周年城乡建设成就展在沈阳国际展览中心正式开幕。

5月18日　故宫博物院与沈阳故宫博物院合作举办签约暨揭牌仪式，正式成立故宫学院（沈阳）。

同日　辽宁中置盛京老年病医院正式挂牌沈阳市第十二人民医院。该院成为沈阳市首家“入列”市属“人民医院”的社会办医疗机构。

5月23日　以“融通、交流、合作”为主题的第十六届中国沈阳韩国周在新世界博览馆开幕。

5月24日　首届中国旗袍文化节暨“盛京1636”第三届沈阳国际旗袍文化节开幕。

同日　新一线城市研究所在上海发布《2019城市商业魅力排行榜》，评出15座新一线城市，沈阳成为东北地区唯一入围的新一线城市。

5月25日　由中国医科大学牵头、全国33家医学院校和媒体共同发起的“传承红色基因，服务立德树人”红医精神教育联盟成立大会在沈阳举行。

同日　沈阳地铁九号线通车仪式在长白南站举行。沈阳地铁由“十字”时代跨入线网时代。

5月26日　中国航油东北公司沈阳桃仙国际机场航油保税仓库

启动，沈阳桃仙国际机场正式成为东北首家开展航油保税业务的机场。

5月27日　工信部评选出首批“专精特新”小巨人企业248户，沈阳顺风新材料有限公司、沈阳芯源微电子设备有限公司、北方智能装备有限公司入选。

5月28日　2019年沈阳市科技成果转化对接会在创新天地举行。

5月29日　市委常委会召开会议，传达学习全省公务员工作会议精神，研究沈阳市贯彻落实意见；审议《沈阳市生活垃圾分类工作行动方案（2019—2020年）》《沈阳市推广海城市农村综合改革试点经验工作方案》《沈阳市加快推进全市国资国企重点领域和关键环节改革专项工作方案》《沈阳市2019年推进国有企业改革发展工作方案》。

6月

6月3日　市委常委会召开会议，传达学习贯彻习近平总书记在“不忘初心、牢记使命”主题教育工作会议上重要讲话精神以及全省主题教育工作会议精神，研究部署沈阳市贯彻落实意见。

6月4日　沈阳市“不忘初心、牢记使命”主题教育工作会议召开。

6月5日　沈阳市与英国格拉斯哥市签署建立友好合作关系协议书。

6月7日　2019年全国高考开考，沈阳33665名考生参加高考。

6月11日　市人大常委会对持续优化营商环境特别是民营企业发展环境，分组到大东区行政审批服务中心、老龙口酒厂、沈阳晶创孵化基地等地进行视察。

同日　市政协主席韩东太前往卫工进水闸、丁香湖进行实地巡查，了解水资源保护、水污染防治、水环境治理、水生态修复以及执法监管等方面的工作。

6月12日　沈阳市政府与深圳市腾讯计算机系统有限公司签署合作框架协议，双方将携手建设“数字沈阳”。

6月14日　毛丰美先进事迹报告会在沈阳举行。

同日　沈阳新松研发的港口移动机器人进驻全球最大中转枢纽港——新加坡港。

6月15日　沈阳市政府与恒大集团在沈阳签署战略合作协议。根据协议，恒大集团将投资1200亿元建设轮毂电机、新能源汽车、新能源电池、水世界、养生谷等重大项目。

同日　“跃动沈阳”第二届沈阳市民运动会暨首届沈阳市全民健身国际徒步节在沈阳和平杯世界足球公园启幕。

同日　沈阳急救首例“空中120”成功直飞北京。

6月17日　2019中国（辽宁）国企合作与发展论坛在沈阳举行。

6月20日　中德（沈阳）高端装备制造高峰论坛暨创新委员会成立大会在沈阳举行。

同日　沈阳市召开深化全国文明城市创建工作动员会议，市创建全国文明城市指挥部办公室制定“创城十大文明行动”“创建宣传发动工作方案”“创建督查考核工作实施方案”等，推动2019年文明城市创建工作。

同日　沈阳故宫举办的“百姓最喜爱的三件文物”活动结果揭晓。清太宗皇太极御用鹿角椅、清金漆九龙“紫气东来”匾、清乾隆掐丝珐琅甪（lù）端三件文物，成为沈阳故宫里最受百姓喜爱的三件文物。

6月22日　康平卧龙湖生态项目之一的沈阳卧龙湖湿地科普馆正式开馆。由法国开发署提供贷款的卧龙湖生态项目用时5年全部建成，成为法国开发署对中国生态援助项目的典范工程。

同日　沈阳至通辽的G8132次高铁旅游列车从沈阳北站正式发车，经新（民）通（辽）高铁前往内蒙古自治区东部重要城市通辽。这趟专列被称作“沈铁国旅·沈阳晚报号”，是新通高铁开通以来首次开进内蒙古草原的高铁旅游列车。

6月25—27日　省委常委、市委书记张雷赴新疆维吾尔自治区塔城地区塔城市推进对口支援工作，并出席沈阳市与塔城市对口支援工作座谈会。

6月28日　皇姑区举行首府科创园云创中心开放暨智慧产业生态圈战略合作发布会，阿里云创新中心、国家知识产权大数据产业研究应用基地东北中心、万科海尔“智慧城市·智慧社区”试点项目正式揭牌。

6月29日　沈阳市政府与红星美凯龙控股集团有限公司举行战略合作框架协议签约仪式。按照此次战略合作框架协议，红星美凯龙控股集团将投资300亿元，重点建设沈北爱琴海购物公园和浑南世博园“梦沈阳”、爱琴海购物公园、高端酒店及居家生活广场项目。

同日　全市中考顺利开考，52774名初三考生分赴13个考区、75个考点、1769个考场参加考试，8000余名考试工作人员保驾护航。

6月30日　为期3天的第十六届沈阳法库国际陶瓷交易博览会暨“好陶瓷·法库造”全球采购商大会在法库国际陶瓷会展中心闭幕。大会接待海内外客商3.5万余人次。

7月

7月2日　全市召开援藏干部人才座谈会，欢迎第八批援藏干部返沈，欢送第九批援藏干部启程赴藏。

同日　由人民日报社《环球时报》主办的“2019中国国际化营商环境高峰论坛暨《中国城市营商环境投资评估报告》发布会”在人民日报社B座报告厅举行。会上发布中国城市营商环境榜单，沈阳市入选“中国营商环境质量十佳城市”。

7月3日　辽宁省沈阳生态环境监测中心正式挂牌成立。实行省以下生态环境机构监测监察执法垂直管理。

7月4日　市长姜有为主持召开市政府第二十届第36次常务会议，研究部署中央环保督察“回头看”反馈意见整改、防汛抗旱等重点工作。

7月5日　市委召开县域经济暨农业农村工作会议。

同日　市委常委会召开会议，传达学习全省“不忘初心、牢记使命”主题教育工作座谈会精神，研究沈阳市贯彻落实意见。

同日　沈阳首批10个“家门口的车管所”即社区“警医邮”车驾管服务站在和平区保安寺社区揭牌。

7月6日　市长姜有为出席全市生活垃圾分类工作部署会议并讲话。

7月10日　沈阳市残疾人联合会第七次代表大会召开。

同日　中国医科大学与浑南区政府签订共建中国医科大学沈阳科技成果转化基地的框架协议。

同日　皇姑区发布消息：经市政府批复，皇姑区完成12个街道办事处建制调整，成立四台子、鸭绿江街道并调整陵东、辽河、北塔、新乐4个街道行政管辖范围；撤销三洞桥街道，原三洞桥街道行政管辖区域并入华山街道；撤销寿泉街道，原寿泉街道行政管辖区域并入明廉街道；迁移华山、明廉、舍利塔、辽河、陵东、塔湾6个街道办事处驻地。

7月15日　市长姜有为主持召开第三次市长—大学校长联席会议，围绕校地共建与在沈高校负责人座谈，共商加快沈阳创新发展大计。

7月17日　市委召开主题教育专项整治工作推进会，深入学习贯彻习近平总书记在中央政治局第十五次集体学习时的重要讲话精神和在内蒙古考察并指导开展主题教育时的重要讲话精神，听取11项专项整治进展情况汇报，研究部署下步工作。

7月19日　市委常委会召开会议，听取市人大常委会、市政府、市政协、市法院、市检察院党组2019年上半年工作情况汇报。

7月22日　共青团沈阳市第十六次代表大会开幕。省委常委、市委书记张雷出席开幕式并讲话。

7月23日　沈阳汽车城通过省级生态工业园区验收。

同日　国内首个核医学应用物流智能机器人在中国医科大学附属第一医院上岗。

7月25日　第五届“浑河之夏”文化艺术季（浑南区）开幕式晚会在浑南区中央公园举行，炫彩音乐喷泉正式启动。为沈阳地区最大的水上音乐喷泉景观。

7月26日　市委书记张雷，市委副书记、市长姜有为率团到北部战区机关走访慰问。北部战区司令员李桥铭、政委范骁骏与慰问团成员座谈。

7月29日　省委常委、市委书记张雷会见由新加坡环境及水资源部部长、回教事务部长、新辽经贸理事会新方联合主席马善高，新加坡外交部兼社会及家庭发展部政务部长陈振泉率队的新加坡政府及企业代表团一行。

8月

8月1日　沈阳保护中心一次性通过国家知识产权局验收评估，成为东北地区唯一一家国家级知识产权保护中心。

8月2日　市委“不忘初心、牢记使命”主题教育领导小组组长张雷围绕“不忘初心、不辱使命、不负时代”讲专题党课。辽宁省委“不忘初心、牢记使命”主题教育第一巡回指导组组长何焕秋一行到会指导。

8月2—3日　2019世界田径锦标赛选拔赛在沈阳奥体中心举行。沈阳市运动员郑小倩在1500米比赛中以4分16秒85的成绩夺冠。

8月4日　第七届《王者荣耀》城市赛省赛沈阳站比赛在中国工业博物馆举行。锦州渊境战队夺冠将代表辽宁参加全国赛。

8月5日　市委召开十三届十次全体会议，市委常委会主持会议，省委常委、市委书记张雷代表市委常委会作工作报告。

同日　由韩国斗山机床和沈阳聚星机床有限公司合作建设的高精度数控机床项目正式签约落户于洪区。

8月8日　沈阳市政府与华为技术有限公司签署合作协议。

8月9日　2018年度沈阳市民营企业“科技创新百强”授牌仪式暨“科技创新百强”企业座谈会在市科学技术局举行。

同日　首届俄罗斯风情文化节在和平区南市场的八卦街开幕。

8月10日　沈阳市组织收听收看全省9号台风“利奇马”防御工作部署视频会议，并随后召开全市视频会议，贯彻落实全省会议精神，对全市全力做好9号台风“利奇马”防御工作进行部署。

8月13日　塔城市党政代表团到沈阳市考察，与沈阳市共同研究推进对口支援帮扶工作。

8月15日　沈阳市政府与绿地控股集团有限公司举行战略合作框架协议签约暨沈阳城市建设集团揭牌仪式。

8月16日　17时30分到18时55分，全市出现短时强降水天气。截至23时最大降水出现在和平区沈水湾公园气象观测站，总降水量123.2毫米，最强降水时段为17时55分至18时55分，降水量100.8毫米，为1951年沈阳有完整气象资料以来最强小时雨强，列历史第一位。

8月16—18日　第八届沈阳法库国际飞行大会暨2019沈阳国际航空产业发展大会在法库财湖机场举行。市长姜有为宣布开幕。中国航空学会理事长林左鸣参加活动。大会接待客商3000多人次，吸引游客10余万人次。

8月18日　沈阳市道路施工有史以来最大的路上吊车（1200吨）在东一环、长青街交叉路口进行施工作业。这次吊装的长青街的匝道钢箱梁，最重一片81吨，高度15.5米。

8月21日　沈阳环境科学研究院和韩国NEH生态环境研究所合作成立的“中韩土壤修复与改良应用技术研究所”揭牌。

8月21—22日　沈阳市工会第十七次代表大会召开。大会听取并审议通过沈阳市工会第十六届委员会工作报告，选举产生沈阳市工会第十七届委员会。

8月26日　沈阳市沈北新区人民法院通过“中国移动微法院”系统在大连市中山区人民法院立案。沈阳首例跨域立案案件15分钟完成。

8月27日　“2019智见·沈阳产投大会”暨新商业巡展（沈阳站）举行，产业创新赋能型平台——智见产业加速器正式落户和平区三好街同方广场。

8月27—28日　市十六届人大常委会举行第十三次会议。会议听取审议市政府关于沈阳市2018年财政决算的报告等。会议表决通过，决定任命范宏利为副市长。

8月28日　亚金协第二届产业金融国际会议在沈阳市召开。

同日　地铁二号线南延线工程正式开始施工建设。

8月30日至9月1日　2019第四届中国沈阳国际机器人大会在沈阳新世界博览馆举行。此届展览国际化参展比例近30%，服务类机器人参展占比达73.33%。

9月

9月1日　以“智能制造与东北振兴”为主题的第十八届中国国际装备制造业博览会在沈阳国际展览中心开幕。

同日　第四届制造强国高峰论坛暨工业强基创新发展论坛举行。

9月2日　沈阳首路“定制班车”F001号正式上线运营。F001号为长白街道办事处至和平区委之间的定制班车，周一至周五开行，每天7时从长白街道办事处站始发，17时30分从和平区委站返程。

9月3日　国际基因组学大会第二届眼科大会暨基因精准防控近视公益项目启动仪式在沈举行。

同日　“庆祝新中国成立70周年——‘文史风华’首届全国市级文史研究馆文化交流系列活动”启动仪式暨书画展开幕式在市文史研究馆举行。

9月4日　辽宁省高速公路首个全部完成ETC车道改造建设收费站完工仪式在浑南新城西收费站举行。

同日　市总工会在沈阳劳模纪念馆举行盛京工匠学院揭牌暨钳工专业工匠培训班开班仪式，盛京工匠学院正式启动。

9月6日　受市长姜有为指派，市政府副秘书长刘阳春到和平区新华街道办事处，为不顾个人安危只身救火的沈阳小伙苗钰颁发市长奖奖章和证书。

9月7日 “工商银行杯”2019中国赛艇大师赛·沈阳站第二届沈阳国际赛艇公开赛2019年沈阳市第九届龙舟大奖赛，在奥林匹克公园开幕，国内外44支赛艇代表队、15支龙舟代表队欢聚沈阳，竞渡浑河。

9月8日 “我与祖国共奔跑”盛京银行2019沈阳国际马拉松赛鸣枪起跑。

9月10日 为庆祝新中国成立70周年和人民政协成立70周年，《大道同行——从“五一口号”到协商建国重要史事回顾展》在中国工业博物馆开展。

9月11日 沈阳市“不忘初心、牢记使命”主题教育第一批总结暨第二批部署会议召开。

同日 中航沈飞民用飞机有限责任公司承制的新舟700项目首架机身后段交付仪式在航空工业沈飞民机A01厂房举行。

9月16日 2019辽宁民营企业百强发布会暨推进民营企业发展23条措施落实情况会议在沈阳召开。

9月19日 沈鼓集团第100台长输管线压缩机和第150台125吨大推力往复式压缩机出厂并移交客户。

同日 全国首个营商移动微服务平台——“@沈阳营商”上线运行。

9月20日 顺应产业转型升级和高质量发展形势需要，以服务于中小企业为宗旨的非营利组织——沈阳市产业转型升级服务联盟成立。

9月21日 沈阳首次启用直升机参与交通事故救援。沈阳交警启动警保联动空中救援体系，将在京哈线新民市柳河沟镇曹屯村路段发生交通事故的伤者紧急运送至沈阳积水潭医院进行救治。

9月22日 全市在盛京大剧院举行《辉煌的历程》沈阳市庆祝新中国成立70周年文艺汇演。

9月20—23日 第十一届辽宁国际农业博览会暨第十九届沈阳国际农业博览会召开。观展人数累计35.8万人次。采购商大会有17个项目签约，其中亿元以上签约项目4个，总签约额8.3亿元。

9月26日 沈阳市政府与正威国际集团举行合作签约仪式。

同日 华为云VR创新应用高峰会议暨华为（沈阳）VR云创新中心上线仪式在和平区举行，全国首个华为VR云创新中心落户和平区。

9月29日 退役军人事务部在沈阳抗美援朝烈士陵园举行中国人民志愿军烈士认亲仪式。

9月30日 辽宁省暨沈阳市向抗美援朝烈士敬献花篮仪式在沈阳举行。

10月

10月1日 沈阳第一架保税航油航班全日空航空公司NH926航班启航离境，沈阳桃仙国际机场保税航油业务实现全流程贯通。

10月7日 市政府召开全市推进“飞地经济”工作会议，贯彻落实全省“飞地经济”现场会精神，对下步工作进行部署。

10月8日 大东区和法库县在法库县签署《沈阳汽车城辽河产业园合作协议》《陶瓷文化产业拓展区合作协议》。“沈阳汽车城辽河产业园”正式揭牌。

10月9日 市委常委会召开（扩大）会议，传达学习习近平总书记在庆祝中华人民共和国成立70周年大会上的重要讲话精神，研究部署沈阳市贯彻落实工作。

10月10日 第十八届国际制造会议暨第十六届沈阳科学学术年会举行。

10月11日 市人大常委会视察市东部地区生态林业建设情况，实地考察棋盘山和沈阳市植物园（沈阳世博园）。

同日 受市长姜有为委托，市政府党组成员曹鹏到皇姑区舍利塔街道办事处，为在西北旅行途中于高速公路上连救12人的沈阳市民卜庆平颁发市长奖奖章和证书。

10月16日 在第十五届“振兴杯”全国青年职业技能大赛中沈阳选手龚志强、华成祥、郑闯分别获计算机程序员项目第1名、钳工项目第1名、电工项目第1名。

同日 首届东北三省青年创新创业成果博览会在沈阳开幕。

同日 沈阳永安石桥、中共满洲省委旧址、北大营营房旧址、审判日本战犯特别军事法庭旧址4处遗址入选全国重点文物保护单位。

10月17日 中国（沈阳）知识产权保护中心正式揭牌。

10月18日 由工业和信息化部、中国科学技术协会为指导单位，辽宁省政府主办的2019工业互联网全球峰会在沈阳开幕。

10月19日 沈阳市政府与中国健康养老集团签署城企联动普惠养老专项行动战略合作协议。

10月21日 沈阳东一环快速路工程建设全面竣工，形成高架主线双向6车道+地面道路双向8车道的全新交通路网格局。

10月26日　市委常委会召开会议，传达学习习近平总书记在中央政治局第十七次集体学习时的重要讲话精神和致2019工业互联网全球峰会贺信精神。

10月28日　中国自主研制的新能源电动飞机——RX4E锐翔四座电动飞机在沈阳财湖机场首飞。

10月29日　沈阳高新区举办2019年创新主体奖励大会，奖励316户企业、445个项目，奖励金额8420万元。

10月31日　盛京皇城招商项目进行集中签约。15个项目集中签约。

同日　沈阳杂技演艺集团创排的《炫彩车技》在第十七届中国吴桥国际杂技艺术节上摘得“金狮奖”。

10月28日至11月1日　市长姜有为率沈阳市代表团赴德国进行经贸洽谈和交流。

11月

11月4日　2019“创之星”中美创新创业大赛智能制造领域决赛在沈阳市浑南区创新天地举行。

11月5日　京沈对口合作座谈会暨项目签约仪式在沈阳举行。

11月8日　市委召开十三届十一次全体会议，市委常委会主持会议。

11月9日　市政府党组理论学习中心组进行第9次集体学习，学习贯彻习近平总书记在中央政治局第十七次集体学习时的讲话精神，学习《中国共产党宣传工作条例》和《中国共产党问责条例》。

同日　市政府党组书记、市长姜有为主持召开市政府党组会议，传达学习党的十九届四中全会精神。

11月11日　经海关总署批准，沈阳海关正式在关区隶属桃仙机场海关、辽中海关启动“概要申报”和“完整申报”的“两步申报”改革试点。

11月13日　农业农村部网站公示2019年中国美丽休闲乡村名单，沈阳市辽中区刘二堡镇皮家堡村、铁西区彰驿站街道彰驿站村入围。

11月14日　市长姜有为主持召开市长——科研院所长联席会议，围绕科技创新工作听取中科院沈阳分院、中科院金属研究所等15家驻沈科研院所负责人的意见建议，现场协调解决科研院所发展中遇到的问题。

同日　由华通汽车供应链集团为华晨宝马定制的“华晨宝马大东PDA（工厂混合发运区）”项目启动仪式，在沈阳汽车城华通宝马智慧园举行。

11月18日　市政府举行2019年度“沈阳玫瑰奖”颁奖仪式，表彰为沈阳市经济建设和社会发展做出突出贡献的外国专家。

11月19日　市委理论学习中心组召开专题学习会议，深入学习贯彻党的十九届四中全会精神。

同日　市委常委会召开会议，审议并原则通过《沈阳市市级党政领导干部食品安全工作责任清单》。

同日　在国家电子政务理事会组织的“政府网站精品栏目评选”活动中，沈阳市营商环境建设局开发建设的“@沈阳营商”移动微服务平台获“2019年微服务卓越奖”。

11月20日　市政协主席、市级总河长韩东太到沈北新区蒲河沈北段冬雪湖、辽河七星湿地1号闸等地开展巡河工作。

同日　市政府办公室印发《沈阳市历史文化名城保护行动实施方案（2019—2021年）》，提出从2019—2021年共计实施包括满铁奉天公所旧址、汉卿体育场等88个文化项目。

11月21日　总面积2800平方米的沈阳市正风肃纪大数据监督警示教育展示馆在浑南区万实大厦开馆。

11月22日　中国工程院发布第14次院士增选和第13次外籍院士增选名单，东北大学教授冯夏庭、中国医科大学教授尚红、东北大学教授唐立新当选中国工程院院士。

11月27日　中国（辽宁）自由贸易试验区沈阳片区管委会举行“政策兑现单一窗口”启动仪式。

11月29日　市政府下发《关于支持沈阳大学建设全国同类院校一流大学的意见》。

12月

12月2日　21时许，浑南区SR新城102号楼发生火灾。截至3日凌晨1时许，经过三轮排查，现场明火已扑灭，无人员伤亡情况报告。

同日　市民政局发布《关于和平区等10个地区调整部分街道行政区划的公告》，全市减少街道建制33个，涉及10个区（市）

87个街道，是2010年以来沈阳市涉及范围最大的一次行政区划调整。

同日 沈阳市首家“企业服务中心”——沈阳高新区、辽宁自贸试验区沈阳片区企业服务中心正式启动运行。

12月4日 在四川成都举行的全国工会职工书屋建设成果展示交流活动中，沈阳市和平区的“好好学习”职工书屋获“全国工会最美职工书屋”称号。

12月6日 “燃气轮机试验示范及应用战略合作协议”在沈阳签署，中国航发燃机公司、辽宁能源投资集团和铁西区政府联手建设中国首个国产轻型燃气轮机天然气热电联产科研综合试验电站。

12月13日 市人大常委会召开与区县（市）人大常委会主任和咨询专家座谈会。

12月14日 沈阳九一八历史博物馆申报的“沈阳抗战联线”获全国革命文物保护利用十佳案例第一名。

12月15日 沈阳新松机器人自动化股份有限公司入选“2019中国品牌强国盛典”十大年度新锐品牌，并荣列“中国品牌榜样100”。

12月16日 沈阳芯源微电子设备股份有限公司（简称“芯源微”）在上海证券交易所科创板成功首发上市，成为上交所第66户通过证监会注册并上市的科创板企业。

12月17日 沈阳市妇女第十三次代表大会召开。

12月19日 “人民在我心中”——2019辽宁省“最美警察·最佳警队”媒体百姓联合推选活动结果揭晓。沈阳市公安局刑侦禁毒局（禁毒支队）副局长生威、沈阳市公安局反恐特巡维稳支队五大队副大队长郑宝权被授予“最美警察”称号；沈阳市公安局和平分局刑侦禁毒大队民警李尚恒被授予最美警察特别奖；新民市公安局法哈牛派出所民警刘景忠妻子杨敏被授予最美警嫂，沈阳市公安局浑南分局沈阳国际软件园驻企警务工作站、机场公安局沈阳桃仙国际机场航站楼派出所被授予最佳警队称号。

同日 沈阳中街冰点城食品有限公司天津生产基地正式投产。

12月20日 沈阳客运集团联合滴滴优点科技（深圳）有限公司率先在市和平区首开东北第一个动态巴士项目。

12月22日 沈阳桃仙国际机场年旅客吞吐量突破2000万人次，跻身国内大型繁忙机场行列。

12月23日 沈阳市科学技术协会第九次代表大会开幕。

12月24日 市委常委会召开会议，听取市人大常委会、市政府、市政协、市法院、市检察院党组和市总工会、团市委、市妇联党组2019年工作情况汇报。

同日 受市长姜有为指派，市政府副秘书长陈佳标到市人力资源和社会保障局，为在危急时刻挺身而出、见义勇为的沈阳市民陈明颁发市长奖奖章和证书。

12月25日 市长姜有为主持召开市政府第二十届四次全体（扩大）会议，讨论并通过即将提请市十六届人大三次会议审议的《政府工作报告（讨论稿）》，并就当前及今后一个时期重点任务进行部署。

12月27日 市十六届人大常委会举行第十六次会议。会议决定任命王少林为副市长。

12月28日 沈阳地铁三号线一期工程开工仪式在沈阳地铁大通湖街站举行。地铁三号线一期工程是沈阳地铁首条具有高架车站的线路，线路全长41.27千米，设车站30座，预计2025年建成通车。

12月29日 浑南大道金阳大街节点桥和南京街节点桥正式通车。

12月31日 长青街快速路主线通车。

沈阳概貌

沈阳是辽宁省省会及沈阳经济区核心城市，中国东北地区的政治、经济、文化、商贸中心，全国15个副省级城市之一，中国先进装备制造业基地和国家历史文化名城。

地　域

沈阳市位于中国东北地区的南部、辽宁省中部。在北纬41度11分51秒至43度2分13秒、东经122度25分9秒至123度48分24秒之间。东西宽115千米，南北长205千米。国土面积1.286万平方千米。东临抚顺市，南与本溪市和辽阳市相连，西与鞍山市的台安、锦州市的黑山、阜新市的彰武县接壤，北与内蒙古自治区科左后旗及铁岭市的昌图县、开原市和铁岭县相邻。沈阳市大地构造位置，大部分位于中朝准地台的北部边缘，只有开原—赤峰断裂以北即法库北部及康平属吉林准褶皱带。沈阳地区以平原为主，地势平坦，平均海拔50米左右，山地丘陵集中在东北、东南部，属辽东丘陵的延伸部分。西部是辽河、浑河冲积平原，地势由东向西缓缓倾斜。全市海拔最高点为447.2米，位于法库县庙台山；海拔最低点为5.3米，位于辽中区于家房镇。

建置沿革

沈阳农业大学后山旧石器时代遗址的考古发掘和科学研究证实，11万年前，沈阳地区就有人类活动。7200年前，沈阳的先民们创造出新乐文化。战国时期，燕国设置辽东郡，名将秦开在此屯兵戍边。秦及汉初，沈阳属辽东郡。西汉设候城县，为中部都尉治，汉武帝时属玄菟郡。三国魏景初二年（238），候城县废，其地仍属玄菟郡。公元4世纪初至唐初，一度为高句丽族割据统治。唐贞观十九年（645）设盖州，其后属安东都护府管辖地。唐后至明以前，为诸个少数民族政权统治。五代至北宋时期为辽地。辽神册六年（921），设沈州并建城，后为金统治地，金末沈州城毁于兵火。元中统三年（1262）重设沈州，元贞二年（1296），改沈州为沈阳路，重筑土城，这是历史上第一次以“沈阳”为地名的称谓。明洪武十九年（1386）设立沈阳中卫（又称“沈阳卫”）、左卫和右卫，沈阳中卫一直保留到明末。沈阳中卫辖抚顺、蒲河两个千户所。

后金天命十年（1625），努尔哈赤从辽阳迁都沈阳。天聪八年（1634），皇太极改沈阳为“谋克敦”，汉文写作“天眷盛京”（简称“盛京”）。天聪十年（1636）皇太极改国号为清。

清顺治元年（1644）迁都顺天府（今北京）后，以盛京为陪都，并设“昂邦章京”即“盛京将军”，统辖驻军，坐镇地方。顺治十四年（1657），于盛京置奉天府，管理地方事务。清初奉天府辖承德、盖平、开原、铁岭四县，辽阳州和锦州府及所属州县。光绪三十三年（1907），改盛京将军为东三省总督；改盛京为奉天，建奉天省，省治奉天府。光绪年间，奉天府所辖增至5府（锦州府、昌图府、新民府、海龙府、洮南府）、4厅、6州、26县。从康熙三年（1664）设附郭承德县始，清代在现沈阳地区先后设治有康平县、兴仁县、新民厅（府）、法库厅、辽中县。光绪三十四年（1908）移兴仁县治于抚顺，改为抚顺县。宣统三年（1911）废承德县，并入奉天府。1913年，民国政府废府改县，奉天府改为沈阳县；新民府、法库厅改为新民县和法库县。1923年沈阳建市，成立奉天市政公所，奉天市与沈阳县同属奉天省管辖。1929年，改奉天省为辽宁省，奉天市改称沈阳市，归辽宁省管辖。

1931年九一八事变后，沈阳沦为日本殖民地。

1945年8月，抗日战争胜利，恢复辽宁省、沈阳市名称。10月，沈阳市临时人民政府成立。11月底应苏军要求撤出市区，国民政府随即接收市政。市区先后重新划为11个区、17个区和22个区。1946年3月，沈阳市和沈阳、新民、辽中、法库4县均属辽宁省管辖。8月，沈阳市由省辖改为国民党政府行政院直辖。

1948年11月，沈阳解放，沈阳特别市政府成立，隶属东北行政委员会。将市内实际划定的22个区合并为8个区，沈阳县归沈阳市辖。1949年5月，沈阳特别市政府改为沈阳市人民政府，隶属东北人民政府领导。1953年3月，沈阳市改为中央直辖市，1954年8月，改为辽宁省辖市。1956年，沈阳市辖北市、沈河、北关、大东、南市、和平、铁西、皇姑、苏家屯区和沈阳县。同年11月，沈阳县划归辽阳专区管辖。1959年，撤销北市、南市、北关3个区的建制，设立新城子区；增辖铁岭、法库、康平、开原、昌图、西丰、沈阳（当年底撤销划入沈阳邻近区）、辽中、新民、台安10县。1964年3月，增设2个郊区（1986年，郊区按市区管理）；所辖县划归沈阳专区。1969年末和1970年初，辽宁省辖的辽中县和新民县分别划归沈阳市。1984年，国务院批准沈阳市为计划单列市，享受省级的经济管理权限。1993年1月，铁岭市管辖的康平县、法库县划归沈阳市。同年7月，撤销新民县，设立新民市（县级）。1994年，经中共中央、国务院同意沈阳市成为副省级省辖市。2006年10月8日，经民政部批准，新城子区更名为沈北新区。2014年6月17日，经民政部批准，东陵区更名为浑南区。2016年1月7日，经国务院同意，撤销辽中县，设立辽中区。截至2019年末，沈阳市辖13个县级政区，即和平、沈河、大东、皇姑、铁西、苏家屯、浑南、沈北、于洪、辽中10个市辖区，新民1个县级市，康平、法库2个县；下设181个乡级政区，即112个街道办事处、53个镇、16个乡。（志　文）

自然资源

【国土资源】 2019年，全市总面积12859.8872平方千米，规划中心城区总面积1353平方千米，年末建成区规模563平方千米。全市获批建设用地130件，总用地面积1446公顷，其中，新增建设用地1138公顷，农用地1015公顷（耕地888公顷），获批总面积增长31%。

【矿产资源】 截至2019年末，全市域内各类矿产24种（不含石油、天然气），产地134处。保有资源储量居省内前列的主要有煤、陶瓷土、硅灰石、沸石、珍珠岩等。有效矿山49个，其中煤矿6家、铁矿2家、钼矿铜矿1家、硅灰石矿7家、陶瓷土矿4家、珍珠岩矿2家、沸石矿2家、膨润土矿1家、水泥用石灰岩1家、建筑石料18家、矿泉水7家（法库县1家矿山开采陶瓷土、膨润土、珍珠岩3种矿种）。矿业规模结构调整成效显著，大中型矿山数量14个，大中型矿山比例29%。全市计划核减非煤矿山企业22户，全部完成公告关闭工作。全市煤矿开采总量777.42万吨、铁矿开采总量30万吨、硅灰石矿开采总量2.7万吨、陶瓷土矿开采总量1.7万吨、珍珠岩矿开采总量2.4万吨、沸石矿开采总量3.1万吨、建筑石料矿开采总量28.3万吨、矿泉水开采总量0.26万吨。矿业产值稳步增长，年度矿业总产值42.5亿元。

（市自然资源局）

【水资源】 2019年，全市平均降水量折合水量97.61亿立方米，比多年平均值多26.7%。全市地表水资源量14.46亿立方米，折合径流深112.4毫米，比多年平均值多32.1%。全市地下水资源量26.92亿立方米，比多年平均值多19.8%。全市供水总量27.15亿立方米，比上年减少0.13亿立方米。全市水资源总量30.49亿立方米，比多年平均值多29.4%。全市用水总量27.15亿立方米，比上年减少0.13亿立方米。

中型水库蓄水总量6月末蓄水总量1.11亿立方米，12月末蓄水总量1.75亿立方米，比上年同期多0.81亿立方米。全市耗水总量17.74亿立方米，综合耗水率65%。2019年，全市总供水量27.15亿立方米，比上年减少0.13亿立方米。全市用水总量27.15亿立方米，比上年减少0.13亿立方米。

（市水务局）

【动植物资源】 沈阳市地处辽宁省中部，地势较平坦，由东北向西南缓缓倾斜。西部是辽河、浑河冲积平原，东北和东南部是山地丘陵，属辽东山地丘陵的延伸部分。境内有森林、草原、农田、沙丘、河流、湖泊，地理景观多样，野生动物资源丰富，有野生动物种类340种，其中两栖类8种、爬行类11种、鸟类290种、哺乳类31种。两栖类以中华蟾蜍、花背蟾蜍等为主，还有东北区特有种东方铃蟾；爬行类以鳖、赤链蛇等为主，还有古北界东北区特有种花团锦蛇和赤峰锦蛇；鸟类以古北种占绝对优势，留鸟49种、夏候鸟94种、冬候鸟21种，国家以及保护鸟类5种、二级保护鸟类35种；哺乳类以啮齿类种类最多，主要有草兔、狐、貉等。

沈阳植物区系属长白植物区系与华北植物区系过渡地带，兼有蒙古植物区系，植物种类也比较丰富，有低等植物151种、草本植物872种，分为23个地类成分类型，以温带性质占优势。沈阳所分布植物科、属、种的数量分别占东北地区的77.2%、50.0%和30.6%。沈阳地区植被主要以天然次生林为主。植被类型主要有落叶阔叶林、针叶林、针阔混交林、灌木。其中阔叶林以辽东栎和蒙古栎为主，伴生的乔木树种有元宝槭、黑榆、花曲柳等；针叶林多为人工林，以油松、落叶松、日本落叶松为主；针阔混交林面积较少，以后栽植油松形成的混交林为主；灌木主要有榛或胡枝子、刺榆和山里红、杞柳和蒙古柳、紫穗槐4类。低等植物以硅藻门和绿藻门种类最多，占总数的90.7%。2019年，沈阳市森林病虫害发生总面积2.86万公顷，全部为轻度发生。全市森林病虫害防治作业面积3.84万公顷次，防治率100%，无公害防治率100%，成灾面积为0，成灾率为0。

（市自然资源局）

气候与环境

【气候】 2019年，沈阳气候特点为气温偏高、降水偏多、日照时数偏少。气象灾害发生较少。全市平均气温9.4℃，较历年平均偏高1.2℃。冬季（2018年12月至2019年2月）平均气温-7.3℃，比历年同期高1.6℃；春季（3—5月）11.3℃，比历年同期高1.8℃；夏季（6—8月）23.6℃，比历年同期高0.3℃；秋季（9—11月）9.9℃，比历年同期偏高0.9℃。作物生长季（4—9月）平均气温20.0℃，较历年同期偏高0.9℃。日最高气温≥30℃出现首日比历年平均偏早（5月3日）；各地日最高气温≥30℃的日数平均为35天，比历年平均多5天；日最高气温≥33℃的高温日数平均为7天；日最高气温≥35℃的高温日数分别为1—3天；日极端最高气温36.5℃，5月24日出现在沈北新区。全市年平均降水量824.1毫米，比历年平均多199.0毫米，为历年同期的1.3倍。冬季降水量12.3毫米，比历年同期少4.3毫米；春季降水量119.3毫米，比历年同期多21.4毫米；夏季降水量605.1毫米，比历年同期多203.1毫米；秋季降水量81.5毫米，比历年同期少27.1毫米。作物生长季全市平均降水量743.4毫米，比历年同期偏多199.6毫米。苏家屯8月降水量533.9毫米，创沈阳地区有气象记录以来的月降水量极值。全市年平均总日照时数2459.6小时，较历年平均少79.3小时。冬季日照时数553.9小时，比历年同期8.0小时；春季日照时数774.8小时，比历年同期多30.8小时；夏季日照时数549.7小时，比历年同期少107.5小时；秋季日照时数629.4小时，比历年同期多7.6小时。作物生长季日照时数合计1291.8小时，比历年同期少81.2小时。4月17日，沈阳地区出现大风沙尘天气，各地平均风力达6到7级，极大风速达8到9级，16时12分康平瞬时极大风速达到27.3米/秒，森林火险等级较高。受台风“利奇马”和高空槽冷空气的共同影响，8月10日7时至15日7时沈阳地区出现连续强降水天气，局部地区达到特大暴雨量级。8月16日，17时30分至19时沈阳城区出现短时强降水，最大小时降水量为100.8毫米，出现在和平区沈水湾公园气象观测站，为1951年沈阳有完整气象资料以来最强小时雨强，列历史第一位，经评估为百年一遇。

（市气象局）

2019年沈阳市主要气象资料

表1

月份	平均气温（℃）	降水量（毫米）	有效降水日数（天）	日照时数（小时）
1	−7.9	0.0	1	194.9
2	−5.9	2.5	3	186.5
3	3.8	15.2	5	234.0
4	10.8	3.2	4	231.1
5	19.3	100.9	5	279.7
6	21.8	92.6	9	218.9
7	25.8	131.3	13	189.6
8	23.1	381.2	21	141.2
9	19.1	34.1	7	231.3
10	10.4	18.6	3	215.2
11	0.2	28.7	8	183.0
12	−8.2	15.7	5	154.2

（市气象局）

【环境】 2019年，全市城市环境空气质量优、良天数284天，比上年减少1天。环境空气中可吸入颗粒物、细颗粒物平均浓度上升，二氧化硫、二氧化氮平均浓度下降。辽河干流沈阳段水质符合地表水环境质量四类标准；浑河干流沈阳段水质符合地表水环境质量五类标准；北沙河水质劣于地表水环境质量五类标准；卧龙湖水质劣于地表水环境质量五类标准。市辖区内城市集中式生活饮用水水源地水质达标率99.9%。全市集中式生活饮用水水源地水质达标率99.9%。其中，地表水水源监测水量占总水量的75.3%，水质达标率100%；地下水水源监测水量占总水量的24.7%，水质达标率99.5%，超标项目为锰、总大肠菌群。城市区域声环境质量昼间总体水平一般。道路交通噪声昼间强度等级为二级。功能区声环境监测点次达标率83.9%。全市昼间区域声环境声源，以生活噪声为主要噪声源的网格数占76.3%；以交通噪声为主要噪声源的网格占13.3%；以工业噪声为主要噪声源的网格占7.5%；以施工为主要噪声源的网格数占2.9%。

（市生态环境局）

人口与民族

【人口】 2019年末，全市常住人口832.2万人，户籍人口756.4万人，比上年增加10.4万人，其中，城镇人口540.4万人，比上年增加13.4万人，城镇化率71.44%，比上年提高0.8个百分点。户籍人口中，市区人口612.6万人，县（市）人口143.8万人；男性人口372万人，女性人口384.4万人。出生人口62688人，减少3384人，人口出生率8.35‰，比上年提高0.35个千分点，出生人口性别比106.9；死亡人口62441人，减少1371人，人口死亡率8.31‰，降低0.30个千分点。人口自然增长率0.04‰，提高0.65个千分点。迁出人口3.5万人，减少1813人，下降4.9%；迁入人口13.8万人，增加3680人，增长2.7%。0—17岁以下人口103.1万人，增加3.1万人，占总人口的13.63%，上升0.23个百分点；18—34岁人口144.2万人，增加0.6万人，占总人口的19.06%，下降0.19个百分点；35—59岁人口315.7万人，增加0.7万人，占总人口的41.74%，下降0.49个百分点；60岁及以上人口193.4万人，增加6.0万人，占总人口的25.57%，上升0.45个百分点。

【民族】 2010年第六次全国人口普查，沈阳有52个少数民族。即蒙古族、回族、藏族、维吾尔族、苗族、彝族、壮族、布依族、朝鲜族、满族、侗族、瑶族、白族、土家族、哈尼族、哈萨克族、傣族、黎族、傈僳族、佤族、畲族、高山族、拉祜族、水族、东乡族、纳西族、景颇族、柯尔克孜族、土族、达斡尔族、仫佬族、羌族、布朗族、撒拉族、毛南族、仡佬族、锡伯族、普米族、塔吉克族、怒族、俄罗斯族、鄂温克族、保安族、裕固族、京族、塔塔尔族、独龙族、鄂伦春族、赫哲族、门巴族、珞巴族、基诺族。全市少数民族人口为76.579万人，占全市总人口的9.45%。其中满族43.0565万人，占全市少数民族总数的56.22%；蒙古族10.8413万人，占14.16%；朝鲜族9.2114万人，占12.03%；回族7.1403万人，占9.32%；锡伯族5.5759万人，占7.28%；其他47个少数民族0.7536万人，占少数民族总数的0.98%。 （志 闻）

经济和社会发展

2019年，全市坚持稳中求进工作总基调，践行新发展理念，深入推动高质量发展，以供给侧结构性改革为主线，按照市委经济工作会议、城区和县域工作会议、市十六届人大二次会议工作部署，进一步稳就业、稳金融、稳外贸、稳外资、稳投资、稳预期，推进经济社会持续健康发展。全市地区生产总值6470.3亿元，比上年增长4.2%；一般公共预算收入730.3亿元，增长1.3%，其中，税收收入586.5亿元，增长1.5%；固定资产投资1937.3亿元，增长13.2%；社会消费品零售总额4479.6亿元，增长10.6%；实际利用外资16.5亿美元，增长15.3%；进出口总额1072.8亿元，增长9.0%；城镇居民人均可支配收入46786元，增长6.2%；农村居民人均可支配收入18124元，增长9.6%；城镇登记失业率2.94%，低于控制目标0.66个百分点。总体看，全市经济运行呈现稳中向好、结构优化、质量提升、动力增强的发展态势，项目建设成效显著，开放创新步伐加快，发展环境持续优化，重大改革深入推进，民生福祉不断改善，“稳”的基础不断打牢，“进”的态势越发明显，沈阳高质量发展取得重要进展。

经济运行稳中向好。地区生产总值连续8个季度增长4%以上。全市固定资产投资、消费、税收和外经贸指标增速好于全国、全省水平。固定资产投资、社会消费品零售总额、税收收入、实际利用外资、进出口总额增速分别高于全国7.8个、2.6个、0.5个、12.9个和5.6个百分点，分别高于全省12.7个、4.5个、3.9个、47.4个和13个百分点。市场预期稳定向好，工业生产者出厂价格（PPI）上涨2.1%，高于购进价格2.5个百分点；居民消费价格（CPI）上涨2.4%，保持温和上涨。

结构调整加快推进。三次产业比重调整为4：4：33.7：61.9。高端装备制造业产值占装备制造业比重24.8%，比上年提高1.7个百分点；战略性新兴产业产值占规模以上工业总产值比重25%，比上年提高3.7个百分点；高新技术产品产值占规模以上工业总产值比重56.7%，比上年提高1.2个百分点。现代服务业增加值占服务业增加值比重54.5%，金融业增加值增长7.5%，软件和信息技术服务业营业收入增长19.6%。

发展质量不断提升。全社会研发（R&D）经费占地区生产总值比重2.8%，比上年提高0.12个百分点。一般公共预算收入占地区生产总值比重11.3%，税收收入占一般公共预算收入比重80.3%。万元地区生产总值能耗下降3.2%，好于省下达目标0.2个百分点。城镇新增就业人数11.9万人，完成全年目标的119%。城镇、农村居民人均可支配收入分别高于经济增长2个和5.4个百分点。

发展动力持续增强。开复工亿元以上项目1308个，比上年增加260个，其中，产业项目增加138个。亿元以上新签约、落地项目1714个，比上年增加867个。实有各类市场主体86万户，增长10.3%。新增高新技术企业606户，总数达到1836户。技术合同成交额280.6亿元，增长11.3%。在沈高校院所科技成果本地转化率63%，比上年提高21个百分点。（市发改委）

体制改革

“放管服”改革持续深化，营商环境进一步优化。全力推进“一事一网一窗一次”改革，统一规范市区两级政务服务事项，取消下放调整行政职权417项。工程建设项目总体审批时限控制在57个工作日以内，压缩三分之一。全市一体化政务服务平台上线运行，政务服务事项网办率达93.3%，109个便民服务事项在56个社区试点“全市通办”，136个高频事项实现“最多跑一次”。不动产登记实现5个工作日内办结。深入开展专项整治，偿还政府拖欠工程款144亿元，偿还政府和国企拖欠民营企业、中小企业账款68.8亿元，解决招商承诺不兑现问题117个。深化“证照分离”改革，全市实行告知承诺审批2.7万户，优化准入服务事项5.7万户，惠及企业8.4万户。推行“双随机、一公开”监管，全面推行行政执法公示制度、全过程记录制度和重大执法决定法制审核制度。

国资国企改革步伐加快，市场主体活力不断迸发。沈阳成为全国国资国企综合改革试点城市，国资国企重点领域和关键环节改革专项工作全面启动，北方重工、机床集团完成司法重整，中兴商业引入民营资本，沈鼓集团入选全国第四批混合所有制改革试点清单。市属国有企业混合所有制改革率达到61.5%，比上年提高6.7个百分点。加快建立职业经理人制度，开展10户市属国企15个经理层岗位选聘工作。进一步落实国有资本授权经营职责，与4户国有资本投资运营公司签订授权责任书，授权其履行出资人职责。妥善解决历史遗留问题，457户省属、市属企业厂办大集体改革基本完成。年底北方重工集团实现扭亏为盈。

科技创新改革深入实施，创新驱动发展持续发力。通过国家全面创新改革试验终期评估验收，27项国家授权先行先试任务全部完成，军民融合等方面6条经验入选国家第三批创新改革经验清单，6种科技成果转化模式得到省政府认可。创新平台加快建设，新增沈阳铝镁设计院节能环保工程研究中心、华晨汽车企业技术中心等国家级科技创新平台6个，总数达到65个；新增阿里巴巴、华为产业技术创新研究院等新型研发机构13家，总数达到21家；5G规模组网建设和技术应用步伐加快，开通5G基站1084个，华晨宝马车辆数据5G传输测试、新松5G云端智能巡检机器人等技术实现应用，华为VR云创新中心上线运行。创新能力持续提升，新增高性能钛合金等重大科技研发和科技成果转化项目42项，累计323项；实施超高压变压器等企业重大关键核心技术攻关项目137项。创新生态进一步优化，中国（沈阳）知识产权保护中心投入运行，发明专利授权周期由22个月缩短至3个月，成立沈阳市科技金融服务中心。大众创业万众创新蓬勃发展，新增阿里云创新中心等双创孵化载体51家，总数达175家；新增孵化面积152万平方米，总面积505万平方米，集聚创新创业人员15.4万人。

制度性成本进一步降低，民营经济持续壮大。全面实施市场准入负面清单制度，各类市场主体皆可依法平等进入清单以外的行业、领域、业务。全面落实国家减税降费政策，全口径减税167.7亿元、降低社保费52.2亿元；免征减征5项行政事业性收费和4项政府性基金，减轻企业负担8500万元；一般工商业电价降低10.2%，为企业节省成本4.75亿元；用水发展工程设计费和监理费降低10%，非居民天然气价格降低5%；着力缓解企业融资难融资贵问题，沈阳综合金融服务平台、企业征信平台上线运行，应急转贷资金投放123.7亿元，知识产权、应收账款等质押融资规模超过30亿元，小微企业贷款余额增长16.3%。不断深化投融资体制改革，已建和在建市级政府投资引导专项基金32只，私募基金管理机构达到83家、运作产品130只；盛京基金小镇投入运营；组建盛京、沈阳科技两家融资担保公司；创新PPP融资模式，积极推进国际会展中心等3个TOT（移交——经营——移交）项目；辽股交挂牌企业1300多户，全市上市后备企业达到201户，11户企业进入上市程序，沈阳芯源微电子设备股份有限公司成为科创板辽宁第一股。

开放平台逐步完善，外向型经济水平不断提升。开发区改革深入推进，下放建设项目环评审批、工程规划许可证核发等34项权限。加快调整开发区管理体制，下放干部管理权限，经开区率先打破体制“坚冰”，面向全国公开选聘人才。中德园“管委会+平台公司”建设模式，首府、雪松经开区与万科、华夏幸福等园区运营商合作模式逐步推开。自贸区形成40项制度创新成果，沈阳综保区桃仙园区封关运行，沈阳国际快件监管中心投入使用，跨境电商保税进口（1210）模式和直购进口（9610）模式开通运行，新建跨境电商保税仓9000平方米。成立中德（沈阳）高端装备制造创新委员会，中德园新落地项目120个。中欧班列发运207列，货物总值增长67%，运行数量占东北地区50%以上。新开通沈阳至莫斯科等3条国际航线，桃仙机场旅客吞吐量突破2000万人次。京沈合作不断深化，产业合作项目达到266个，完成投资172亿元，铁西区中关村创新中心正式投入运营。沈阳经济区一体化发展步伐加快，组建总规模50亿元的产业投资基金，重点推进特变沈变智能装备制造及云服务基地等59个一体化发展项目。

农业农村改革深入实施，区域协调发展成效显现。稳步实施农村综合改革，土地确权登记颁证实现应颁尽颁，土地流转率达到39%；复制推广海城市农村综合改革经验，1855个村集体经济组织产权制度改革基本完成，推进集体土地入股经营等12项改革试点。新增家庭农场、农民合作社等新型经营主体300家。沈北新区创新集体建设用地入股模式发展文化旅游、大东区利用集体建设用地开展住房租赁取得突破。市农村产权交易中心成为省级平台。供销社改革走在全国前列。县域发展环境持续优化，飞地经济成为统筹城乡发展的新引擎，全市落地项目158个，总投资271亿元；全面实施农村人居环境整治，1538个村实现“三清一改”（清理农村生活垃圾、清理村内塘沟、清理畜禽养殖粪污等农业生产废弃物，改变影响农村人居环境的不良习惯），建成美丽示范村135个，完成无害化改厕2.2万个。（市发改委）

生态建设

全市优良天数达到284天，优良天数比例77.8%，细颗粒物平均浓度43微克/立方米，全面完成省政府下达的工作目标，优良天数同比改善情况优于其他东北三市及省内各市。全市11个国考断面全部达标，超标断面减少6个，断面平均水质改善18.76%。主要超标污染物浓度均呈下降趋势，水质改善取得突破性进展。全市危险废物处置有序，医疗废物处置率100%，城镇污水处理厂污泥安全处置率100%，无害化处置率达93%以上，土壤环境质量保持稳定。在2015年排放的基础上，化学需氧量完成累计削减5.35万吨，氨氮完成累计削减7247吨，累计削减率分别为22.16%和38.25%；二氧化硫完成累计削减4.02万吨、氮氧化物完成累计削减3.4万吨，累计削减率分别为39.72%和41.12%，化学需氧量、氨氮、二氧化硫和和氮氧化物均完成年度目标，提前完成“十三五”工作目标。

沈阳市出台辽河流域综合治理“1+4+N”文件等各类方案30余个，制定《生态环保督察整改调度推进工作办法》等10余项制度，组织签订2019年全市生态环保目标责任状，全方位推进沈阳生态环境治理工作高质量开展。沈阳市颁布《沈阳市大气污染防治条例（修订稿）》，修订《沈阳市生态红线管理办法》，发布《沈阳市人民政府关于划定机动车及非道路移动机械低排放区的通告》，依法推进治理与保护。沈阳市建立“五水共治”（治污水、防洪水、排涝水、抓节水、保供水）工作体系，组建“四支队伍”（第三方团队、环保志愿者、河长制、正风肃纪监督员），建立“三本台账”（形成污染源、断面设置、工程措施），完善“大巡查、大交办、大整改”和区域河流断面水质半月对比监测考核制度；实施大气整治周调度、月排名、季度约谈扣款和双重巡查交办、复查督办、延时重访、考核问责的闭环管控机制；建立督察整改提示单、预警单、督办单、催办单"四单"推进体系，形成"事前预警、到点督办、延时催办、现场查办"的闭环督办机制。沈阳市落实生态环境损害赔偿制度，全力推进生态环境机构监测监察执法垂管、生态环保综合行政执法两项改革。（刘　冰）

精神文明建设

2019年，全市精神文明建设工作围绕庆祝新中国成立70周年，以创建全国文明城市为重点，大力培育和践行社会主义核心价值观，持续深化群众性精神文明创建活动。

培育和践行社会主义核心价值观。在全市新闻媒体以及候车廊、工地围挡、街道社区等制作刊播核心价值观和讲文明树新风公益广告。举办"与文明同行"沈阳市第四届微电影（微视频）大赛。推进《沈阳市文明行为促进条例》立法，收集有效问卷21万份，征集意见建议1000余条，通过市人大二审。以"文化力量 礼遇盛京"为主题，开展中华优秀传统文化传播活动。

弘扬时代新风，推进移风易俗。制定《沈阳市推进婚丧礼俗改革 树立文明新风行动实施方案》，培育文明乡风、良好家风、淳朴民风。利用春节、清明、端午等，开展"我们的节日"主题活动。修订完善村规民约，92%村镇建立"善行义举榜"和"乡贤榜"。清明期间，开展文明祭祀公益活动，组织"网上祭英烈"，倡导社区公祭、鲜花祭祀等文明祭祀方式。

深入实施公民道德建设工程。举办2019年度感动沈阳颁奖典礼。深入开展道德讲堂，在沈阳音乐学院、联通沈阳分公司开展精品道德讲堂示范活动。免费发放《文明市民手册》10万册，增强市民文明意识。陆国斌等获第八届辽宁省道德模范称号及提名奖。

持续深化群众性精神文明创建活动。深化文明城市创建，瞄准突出问题，开展创城"十大行动""八大战役"。全市整治街路983条，维修破损路面32万平方米，查处违法停车行为34.09万件。深化文明村镇创建，深入开展文明村镇、十星级文明户、最美人物、身边好人等评选活动，促进村镇文明程度提升。全市县级以上文明村镇占比42%。深化文明单位创建，在全市窗口单位广泛开展"沈阳市优质文明诚信服务竞赛活动"，评选出"优质文明诚信服务窗口"59个和"优质文明诚信服务之星"96个。深化文明家庭创建，以"弘扬家教家风 树立家国情怀"为主题，开展家教家风展、家教家风校园行、家教家风诵唱表演大赛、第二届"钻石之恋"集体婚礼等系列活动。深化文明校园创建，印发沈阳市《关于深入开展文明校园创建活动的实施方案》。沈阳市第11中学在省文明校园工作推进会代表全国文明校园发言。

扎实开展新时代文明实践中心试点。制定《沈阳市新时代文明实践中心建设试点工作方案》，康平县和沈北新区列为省级和市级试点。10月，康平县和沈北新区分别升级为全国和省级试点。整合各类阵地资源，打造理论宣讲、教育服务、文化服务、科技服务等五大平台。建成新时代文明实践中心2个，新时代文明实践所21个，新时代文明实践站182个。

深入推进"学雷锋"志愿服务活动。印发《沈阳市志愿服务常态化发展工作方案》。开展百万志愿者在行动、卫生大清扫、志愿服务广场等大型公益活动。3月4日，召开"立足岗位学雷锋 争当文明引路人"——纪念学雷锋活动56周年座谈会。全市注册志愿者110万人，志愿服务组织610支。徐文涛被评选为"全国最美志愿者"。

大力推进未成年人思想道德建设工作。在全面做好未成年人思想道德建设工作测评体系相关工作的基础上，构建全市学校、家庭、社会"三结合"的教育网络；持续开展"扣好人生第一粒扣子"系列主题教育实践活动和"新时代好少年"学习宣传活动；继续开展优秀童谣传唱活动，在全市300多所幼儿园免费发放《盛京童谣集》（第一辑）5700多套；着力推动乡村学校少年宫和未成年人心理健康辅导站建设。（市委宣传部）

一、中国共产党沈阳市委员会

综　述

2019年，市委坚持以习近平新时代中国特色社会主义思想为指导，全面贯彻党的十九大和十九届二中、三中、四中全会精神，深入贯彻习近平总书记关于东北、辽宁振兴发展的重要讲话和指示批示精神，落实“五大区域发展战略”和“一带五基地”建设要求，攻坚克难、务实奋进，在推动沈阳高质量发展、新时代振兴方面迈出坚实步伐。

坚决做到“两个维护”，推动中央决策部署落地见效。旗帜鲜明讲政治，制定实施《关于贯彻落实〈中共中央关于加强党的政治建设的意见〉的重点任务分工方案》。认真学习宣传贯彻党的十九届四中全会精神，制定贯彻《中共中央关于坚持和完善中国特色社会主义制度推进国家治理体系和治理能力现代化若干重大问题的决定》责任分工方案，分层次、大规模开展宣传宣讲。做好省委统筹开展的党中央重大决策部署贯彻落实情况督导督查工作，中央巡视组移交的涉行政信访事项全部化解，中央环保督察及“回头看”交办案件整改率90%以上，中央扫黑除恶专项斗争“回头看”督导整改交办的线索全部查结，清查出的“大棚房”和违建别墅问题有效解决。上下贯通、一体推进两批“不忘初心、牢记使命”主题教育，以上率下强化学研查改，明确整改措施，开展“8+2+1”专项整治，建立健全长效机制，主题教育成效明显。

科学谋划振兴发展，思路举措更加明晰。深入学习贯彻习近平总书记“9·28”重要讲话精神、中央财经委第五次会议精神及中发37号文件精神，纲举目张、层层递进、细化实化振兴发展思路举措。结合开展“解放思想推动高质量发展大讨论”，引导全市上下深入查摆短板弱项，摆脱不切实际、墨守成规、急于求成、坐等靠要思想，党员干部的思想观念在转变、工作方法在改进、精神状态在提振。市委经济工作会议，研究提出总体要求，形成推动沈阳振兴发展的整体框架。市委城区经济工作会议、市委县域经济暨农业农村工作会议，进一步明确各地区功能定位和主导产业。市委十三届十次、十一次全会，完善“1+8”系列文件补充文件，制定形成“1+2+N”工作体系。营商环境、国企改革、金融工作、开发区改革、项目建设、社区建设等专题会议，针对重点领域和关键环节作出具体安排。

大力推动转型升级，新旧动能转换不断加快。完善工作专班、项目管家等机制，推动项目建设持续升温，恒大、万达、红星美凯龙等一批重大项目集中签约、密集落地。加快构建现代产业体系，高端装备制造业产值占装备制造业比重进一步提高，机器人、新材料、航空、生物医药、新能源汽车产业产值不断增长。开工恒大文旅城等文旅项目80个，成功承办工业互联网全球峰会，出台夜间经济发展意见，沈阳被评为全国夜间经济十佳城市。着力补齐县域短板，大力发展“飞地经济”。出台民营经济“28+34”政策，全面落实减税降费政策，促进民营企业做大做强。出台34条金融业发展政策，妥善处置辉山、兴隆等企业流动性风险，超前防范盛京银行经营风险，积极化解政府债务、财政支付风险，全市各类风险总体可控。

深化改革开放创新，发展动力活力进一步增强。持续优化营商环境，深化放管服改革，深入开展“万人进万企”活动和政府失信等专项整治，着力破除“官本位”顽疾，进一步树立沈阳重诺守信的良好形象。深入推进机构改革，在副省级城市中率先完成市、区县（市）两级机构改革，顺利完成乡镇（街道）机构改革。深入开展国资国企综合改革试验，北方重工、沈阳机床完成司法重整，中兴商业实现二次混改。深入推进开发区（园区）改革，自贸区沈阳片区和浑南区、中德园和经开区合署办公，推行“管委会+平台公司”模式，管理运营、选人用人、考核激励等体制机制创新实现新突破。着力扩大开放合作，沈阳经济区产业协作配套体系不断完善，组建产业投资基金，京沈对口合作取得新进展，宝马全球供应商大会成功举办。强化创新驱动发展，全面创新改革试验6项举措入选全国第三批经验清单，科技创新双百工程深入实施，入选国家首批“专精特新”小巨人企业数量位居东北前列。深入实施“人才新政24条+新9条”，人才规模和结构呈现积极变化。

着力保障改善民生，人民群众幸福感不断提高。城乡收入水平逐步提高，新增城镇就业率和登记失业率保持稳定，贫困人口“动态为零”。衣食住行、教育医疗、文化体育等公共服务协调发展，实施历史文化名城保护行动，沈阳植物园5A级景区整改获得充分肯定。着力改善城乡人居环境，地铁、快速路、地下管网等重点工程加快建设，农村人居环境整治、垃圾分类等扎实推进，成功创建国家卫生城市。城市管理智能化、精细化水平不断提升，社区便民服务事项“全市通办”试点有序开展，信访矛盾减存控增化解积案成效显著，“4·17”棋盘山山火、浑南SR新城小区火灾等突发险情有效处置。

深入推进全面从严治党，党的建设质量持续提升。认真落实意识形态、基层党建、党风廉政建设工作责任制，出台《关于进一步加强和改进新形势下宣传思想工作的意见》，营造庆祝新中国成立70周年热烈气氛，及时回应重大舆情和社会关切。坚持新时期好干部标准，制定加强年轻干部队伍建设实施意见，选派优秀年轻干部到基层挂职锻炼。统筹抓好城市、农村、国企、学校等各领域党建工作，下大力气整治软弱涣散基层党组织，“红色驿站”基层党建创新获2019中国改革年度优秀案例。进一步树牢以实绩论英雄的选人用人导向，健全“系统考核+特色考核+专项考核”绩考体系，开展项目拉练，定期通报重点工作，想事、干事、成事的氛围更加浓厚。持之以恒正风肃纪反腐，严肃惩处违反中央八项规定精神和形式主义、官僚主义问题，市委巡察形成有力震慑，正风肃纪监督大数据平台作用突出。党委总揽全局、协调各方作用充分发挥，统一战线各领域工作取得新成效，各级人大、政协和各民主党派、人民团体职能作用进一步加强。

（市委政研室）

重要会议

【沈阳市委经济工作会议】 1月2日召开。会议全面贯彻中央及省委经济工作会议精神，总结2018年全市经济工作，分析当前经济形势，部署2019年经济工作。省委常委、副省长、市委书记张雷出席会议并讲话，市委副书记、市长姜有为作具体安排部署。市人大常委会主任潘利国、市政协主席韩东太出席会议。

12月19日召开。会议全面贯彻中央及省委经济工作会议精神，总结2019年经济工作，部署2020年经济工作。省委常委、市委书记张雷出席会议并讲话，市委副书记、市长姜有为作具体安排部署。市人大常委会主任潘利国、市政协主席韩东太出席会议。

【市扶贫开发领导小组工作会议】 3月2日在法库县召开。省委常委、市委书记张雷主持会议并讲话。张雷强调，要深入学习贯彻习近平总书记关于脱贫攻坚的重要指示精神，按照全省脱贫攻坚大会的要求部署，进一步增强责任感、使命感和紧迫感，举全市之力坚决打好打赢脱贫攻坚战。市领导刘桂香、王广生参加会议。

【全市“不忘初心、牢记使命”主题教育工作会议】 6月4日召开。省委常委、市委书记、市委“不忘初心、牢记使命”主题教育领导小组组长张雷，“不忘初心、牢记使命”主题教育省委第一巡回指导组组长何焕秋出席会议并讲话。市委副书记、市长、市委“不忘初心、牢记使命”主题教育领导小组副组长姜有为主持会议。市人大常委会主任、市委“不忘初心、牢记使命”主题教育领导小组副组长潘利国，市政协主席、市委“不忘初心、牢记使命”主题教育领导小组副组长韩东太出席会议。

【中德（沈阳）高端装备制造高峰论坛暨创新委员会成立大会】 6月20日在沈举行。省委常委、市委书记张雷，市长姜有为参加活动。工信部、德国联邦经济和能源部相关负责人为中德（沈阳）创新委员会揭牌。张雷为中方主席姜有为和德方主席、德国国家科学与工程院监事会主席孔翰宁颁发聘书。德国驻沈阳总领事毕满天为东软集团董事长刘积仁、华晨宝马总裁兼首席执行官魏岚德等7位副主席颁发聘书。

【中共沈阳市委十三届十次全体会议】 8月5日召开。市委常委会主持会议，省委常委、市委书记张雷代表市委常委会作工作报告。会议高举习近平新时代中国特色社会主义思想伟大旗帜，认真学习贯彻习近平总书记关于东北、辽宁振兴发展的重要讲话和指示批示精神，传达学习贯彻省委十二届十一次全会精神，总结上半年工作，部署下半年和今后一个时期任务，动员全市广大党员干部牢记初心使命、勇于担当作为，推动振兴发展迈出坚实步伐，以优异成绩庆祝新中国成立70周年。

【沈阳市国资国企重点领域和关键环节改革专项工作动员会】 11月7日召开。会议深入贯彻习近平总书记关于东北、辽宁振兴发展的重要讲话和指示批示精神，全面落实国务院国有企业改革领导小组办公室批复的《沈阳市加快推进全市国资国企重点领域和关键环节改革专项工作方案》。国务院国有企业改革领导小组办公室副主任、国务院国资委副主任翁杰明，省委常委、市委书记张雷出席会议并讲话，副省长崔枫林出席会议，市委副书记、市长姜有为主持会议。

【中共沈阳市委十三届十一次全体会议】 11月8日召开。市委常委会主持会议。会议认真传达学习贯彻党的十九届四中全会精神，深入贯彻习近平总书记在辽宁考察和在深入推进东北振兴座谈会上的重要讲话精神，审议通过《中共沈阳市委贯彻落实〈中共中央关于坚持和完善中国特色社会主义制度、推进国家治理体系和治理能力现代化若干重大问题的决定〉责任分工方案》《沈阳市贯彻落实〈中共中央、国务院关于支持东北地区深化改革创新推动高质量发展的意见〉的实施方案》《中国共产党沈阳市第十三届委员会第十一次全体会议决议》。张雷传达党的十九届四中全会精神并讲话。（志　闻）

2019年中共沈阳市委常委会会议（部分）

表2

会次	日期	会议议题
市委十三届常委会第137次会议	1.4	听取市人大常委会、市政府、市政协、市法院、市检察院党组2018年工作情况汇报和履行全面从严治党主体责任情况汇报，书面听取市直机关工委、市委教科工委、团市委党组2018年工作情况汇报和履行全面从严治党主体责任情况汇报，书面听取市总工会、市妇联党组履行全面从严治党主体责任情况汇报；听取《市委常委班子2018年度民主生活会方案（讨论稿）》有关情况的汇报

续表2

会次	日期	会议议题
市委十三届常委会第138次会议	1.23	传达学习贯彻省十三届人大二次会议精神和省政协十二届二次会议精神；传达学习十九届中央纪委三次全会精神；传达学习全国、全省组织部长会议精神，研究沈阳市贯彻落实意见；传达学习全国、全省宣传部长会议精神，研究沈阳市贯彻落实意见；传达学习中央政法工作会议精神，研究沈阳市贯彻落实意见；传达学习全省党委秘书长会议精神，研究沈阳市贯彻落实意见；传达学习全国安全生产工作电视电话会议精神，研究沈阳市贯彻落实意见，审议《关于推进安全生产“四责”联动落实的意见（讨论稿）》，听取关于2017年度全市安全生产工作目标管理考核情况的汇报
市委十三届常委会第139次会议	1.30	传达学习全国老干部局长会议精神，研究沈阳市贯彻落实意见；传达学习省纪委十二届四次全会精神，研究沈阳市贯彻落实意见，审议《市纪委十三届四次全会工作报告》；传达学习辽宁省脱贫攻坚大会会议精神，研究沈阳市贯彻落实意见；听取关于沈阳市民营企业“就业百强、纳税百强、科技创新百强、规模百强”评选工作有关情况的汇报
市委十三届常委会第140次会议	2.21	传达学习贯彻《中共中央关于加强党的政治建设的意见》《中国共产党重大事项请示报告条例》；传达学习《中国共产党农村基层组织工作条例》《中国共产党政法工作条例》和全国、全省统战部长会议精神，研究部署沈阳市贯彻落实工作；审议《中共沈阳市委常委会2019年工作要点》；审议《沈阳市人大常委会2019年立法计划（草）》；审议《政协沈阳市委员会2019年度协商计划（草）》；审议《党的十九大以来市委常委会贯彻落实中央八项规定精神情况的报告》
市委十三届常委会第142次会议	3.19	结合省委贯彻落实全国“两会”精神大会的精神，研究沈阳市贯彻落实意见；听取关于贯彻落实“全省统筹开展党中央重大决策部署贯彻落实情况督导督查动员部署大会”会议精神的安排意见；传达学习中共中央办公厅印发《关于解决形式主义突出问题为基层减负的通知》的精神；传达学习唐一军在沈调研时的讲话精神，研究沈阳市贯彻落实意见
市委十三届常委会第144次会议	3.29	听取关于学习习近平总书记对江苏响水“3・21”爆炸事故作出的重要指示精神及近期安全生产工作安排汇报；传达学习习近平总书记关于信访工作重要批示和全国信访系统电视电话会议精神，全国“两会”期间信访维稳工作情况及沈阳市贯彻落实意见；传达学习全国扫黑除恶专项斗争视频会议和全省扫黑除恶专项斗争领导小组会议主要精神及沈阳市贯彻落实意见；传达学习《党政领导干部选拔任用工作条例》，研究沈阳市贯彻落实意见；听取全市重大项目和固投工作情况的汇报；审议《沈阳市推进全面从严治党2019年工作要点（讨论稿）》
市委十三届常委会第145次会议	4.3	传达学习贯彻习近平总书记在十九届中央政治局第十三次集体学习时的重要讲话精神；审议《沈阳建设“一带一路”东北亚枢纽行动方案（讨论稿）》；审议《沈阳市毒品问题严重地区责任考评办法实施细则（讨论稿）》

续表2

会次	日期	会议议题
市委十三届常委会第147次会议	4.24	听取全市一季度经济运行情况及下一步工作安排的汇报；听取关于“4·17”棋盘山山火扑救工作情况汇报，研究沈阳市贯彻落实《中共辽宁省委办公厅 辽宁省人民政府办公厅关于切实做好当前森林草原防灭火工作的紧急通知》的意见；听取关于市委党的建设工作领导小组（市委履行全面从严治党主体责任领导小组）成员调整及工作规则完善情况的汇报
市委十三届常委会第149次会议	5.14	传达学习习近平总书记在全国公安工作会议上的重要讲话精神，研究沈阳市贯彻落实意见；审议《沈阳市关于城区重点产业发展的指导意见（讨论稿）》《沈阳市关于县域地区主导产业培育和发展的指导意见（讨论稿）》；审议《关于贯彻落实〈中共中央 国务院关于坚持农业农村优先发展做好“三农”工作的若干意见〉的实施意见（讨论稿）》；审议《2019年沈阳市“扫黄打非”行动方案（讨论稿）》
市委十三届常委会第150次会议	5.16	听取中央环保督察组对辽宁省开展“回头看”涉及沈阳市的反馈情况汇报，研究沈阳市贯彻落实意见
市委十三届常委会第152次会议	5.29	听取全市教育大会筹备工作情况的汇报，①审议《沈阳教育现代化2035（讨论稿）》；②审议《沈阳市推进教育高质量发展加快现代化进程的行动计划（2019—2022年）（讨论稿）》；③审议《关于学前教育深化改革规范发展的实施意见（讨论稿）》；④审议《关于全面深化新时代教师队伍建设改革的实施方案（讨论稿）》；审议《关于沈阳市生活垃圾分类工作行动方案（2019—2020年）（讨论稿）》；审议《沈阳市推广海城市农村综合改革试点经验工作方案（讨论稿）》；审议《沈阳市加快推进全市国资国企重点领域和关键环节改革专项工作方案》修改完善情况及《沈阳市2019年推进国有企业改革发展工作方案（讨论稿）》；传达学习全省公务员工作会议精神，研究沈阳市贯彻落实意见
市委十三届常委会第153次会议	6.3	传达学习习近平总书记在“不忘初心、牢记使命”主题教育工作会议上的重要讲话精神和会议精神、全省“不忘初心、牢记使命”主题教育工作会议精神及《中共中央关于在全党开展“不忘初心、牢记使命”主题教育的意见》《中共辽宁省委关于在全省开展“不忘初心、牢记使命”主题教育的实施方案》；审议沈阳市开展主题教育实施方案、市委常委会开展主题教育建议安排方案、市委主题教育领导小组组建方案、领导小组办公室组建方案、督导组组建方案、沈阳市主题教育工作会议建议方案；传达全国农村人居环境整治暨“厕所革命”现场会及全省农村生活垃圾治理现场会精神；听取沈阳市农村人居环境整治有关工作情况的汇报；审议《沈阳市“百村美丽、千村整洁”行动实施方案（2019—2020年）（讨论稿）》《关于创新体制机制推进农业绿色发展的实施方案（讨论稿）》；审议《沈阳市推进城市安全发展工作实施方案（讨论稿）》

续表2

会次	日期	会议议题
市委十三届常委会第155次会议	6.24	听取关于2019年上半年意识形态工作有关情况的汇报；审议《沈阳市辽河流域综合治理总体工作方案（讨论稿）》及3个子方案；听取关于沈阳市工会十七大有关组织人事事项的工作汇报；听取关于沈阳市残联召开第七次代表大会（换届）的工作汇报
市委十三届常委会第156次会议	7.5	传达学习全省“不忘初心、牢记使命”主题教育工作座谈会精神，研究沈阳市贯彻落实意见安排新闻报道；审议《中共沈阳市委关于认真做好〈习近平新时代中国特色社会主义思想学习纲要〉学习宣传工作的通知》；审议《中共沈阳市委办公室关于认真学习贯彻〈中国共产党重大事项请示报告条例〉的通知（讨论稿）》
市委十三届常委会第157次会议	7.19	听取市人大常委会、市政府、市政协、市法院、市检察院党组2019年上半年工作情况汇报；听取市委十三届十次全会会议筹备情况的汇报，审议《在中共沈阳市委十三届十次全会上的报告（讨论稿）》及9个专项通报；审议《2019年上半年沈阳市贯彻执行中央八项规定精神情况的报告》；审议《关于充实市委贯彻落实习近平总书记在辽宁考察时和在深入推进东北振兴座谈会上重要讲话精神“1+8”系列文件的意见（讨论稿）》；听取共青团沈阳市第十六次代表大会筹备情况的汇报
市委十三届常委会第158次会议	8.16	审议《关于解决形式主义突出问题，为基层减负的具体措施（讨论稿）》
市委十三届常委会第159次会议	8.23	听取2019年创建全国文明城市工作情况的汇报；听取沈阳植物园整改工作有关情况的汇报
市委十三届常委会第160次会议	9.2	传达学习中发〔2019〕37号文件精神；传达学习习近平总书记在中央政治局会议上关于上半年经济形势的重要讲话精神
市委十三届常委会第161次会议	9.11	传达中央、全省“不忘初心、牢记使命”主题教育第一批总结暨第二批部署会议精神，听取全市第一批主题教育考核评估结果和开展第二批主题教育有关工作汇报，审议《中共沈阳市委关于开展第二批“不忘初心、牢记使命”主题教育的实施意见》及有关方案
市委十三届常委会第162次会议	9.24	传达学习贯彻中央政协工作会议暨庆祝中国人民政治协商会议成立70周年大会精神；传达学习贯彻中央财经委员会第五次会议精神；审议《关于贯彻落实〈中共中央关于加强党的政治建设的意见〉的重点任务分工方案（讨论稿）》；听取全市“保平安、迎大庆”维稳安保工作情况的汇报
市委十三届常委会第163次（扩大）会议	10.9	传达习近平总书记在庆祝中华人民共和国成立70周年大会上的重要讲话精神

续表2

会次	日期	会议议题
市委十三届常委会第165次会议	10.26	传达学习贯彻习近平总书记在十九届中央政治局第十七次集体学习时的重要讲话精神；学习贯彻习近平总书记致2019工业互联网全球峰会贺信精神；听取市政府党组前三季度工作情况及全市前三季度经济运行情况汇报，研究部署下步工作；听取全市扫黑除恶专项斗争深挖整治“百日会战”推进情况的汇报；审议《关于加强薄弱环节确保全面建成小康社会实施方案（讨论稿）》；传达学习贯彻深化拓展新时代文明实践中心建设试点工作电视电话会议精神
市委十三届常委会第167次会议	11.7	学习党的十九届四中全会精神及省委十二届十二次全会精神，审议市委十三届十一次全会有关材料：①书面学习党的十九届四中全会精神，书面传达省委十二届十二次全会精神；②关于中共沈阳市委十三届十一次全会会议筹备工作情况的汇报；③《中共沈阳市委贯彻落实〈中共中央关于坚持和完善中国特色社会主义制度、推进国家治理体系和治理能力现代化若干重大问题的决定〉责任分工方案（讨论稿）》；④《沈阳市贯彻落实〈中共中央、国务院关于支持东北地区深化改革创新推动高质量发展的意见〉实施意见（讨论稿）》；听取关于传达学习《中共沈阳市委办公室关于认真学习贯彻〈中国共产党党内法规制定条例〉〈中国共产党党内法规和规范性文件备案审查规定〉〈中国共产党党内法规执行责任制规定（试行）〉》及沈阳市贯彻落实有关情况的汇报；审议《关于召开沈阳市第十六届人民代表大会第三次会议的请示》《关于召开政协沈阳市第十五届委员会第三次会议的请示》
市委十三届常委会第170次会议	11.19	审议《沈阳市市级党政领导干部食品安全工作责任清单（讨论稿）》
市委十三届常委会第171次会议	11.28	传达学习习近平总书记关于加强和改进统一战线工作的重要思想研讨会精神，研究沈阳市贯彻落实意见；审议《贯彻落实党中央和省委进一步激励干部担当作为具体措施任务分工》
市委十三届常委会第173次会议	12.9	传达学习习近平总书记在全国民族团结进步表彰大会上的重要讲话精神，研究沈阳市贯彻落实意见
市委十三届常委会第174次会议	12.18	传达学习习近平总书记在中央政治局第十九次集体学习时的重要讲话精神，研究沈阳市贯彻落实意见；审议《沈阳市2019年食品安全工作情况报告（讨论稿）》；审议《沈阳市城区绿化工作方案（2020—2022年）（讨论稿）》《沈阳市林业生态建设工作方案（2020—2022年）（讨论稿）》
市委十三届常委会第175次会议	12.24	听取市人大常委会、市政府、市政协、市法院、市检察院党组2019年工作情况 汇报

（市委办）

全面深化改革

【概况】 2019年，中共沈阳市委充分发挥领导核心作用，坚持加强党对全面深化改革的领导。各专项小组和推进组各司其职、协作配合，有序推进各领域改革。市委改革办全面履行统筹协调服务职能，推动各项改革任务落地落细落实。各牵头部门、参与部门增强责任意识、强化履职尽责，共同形成谋改革、推改革的强大合力。2019年工作要点部署的60项改革任务、172项改革举措基本完成，累计出台制度性成果60余项，正在推进的24项国家级改革试点取得重要阶段性成果。提高政治站位，将讲政治落实到改革工作的全过程、各环节，认真学习贯彻党的十九届四中全会精神，增强依靠改革健全体制机制、提升治理效能的自觉性和坚定性，深入学习贯彻习近平总书记“9·28”重要讲话精神及中发37号文件精神、中办回访调研报告精神，制定“1+8”系列补充文件，细化完善“1+2+N”工作体系，紧密结合开展“不忘初心、牢记使命”主题教育，深入开展“8+2+1”专项整治。强化组织领导，将市委深改领导小组调整为市委深改委，出台市委深改委、专项小组工作规则及办公室工作细则，多次召开深改委会议，制定年度工作要点，逐项明确责任单位、完成时限和成果形式，确保各项改革扎实有序向前推进。狠抓重点试点，持续优化营商环境，深入开展“万人进万企”活动和政府失信等专项整治，扎实推进国资国企综合改革、金融改革创新、开发区体制机制创新等关键性标志性改革任务，抓好国家级重大改革试点，鼓励大胆探索，强化系统集成，推动形成一批可复制可推广的创新经验。强化调研督察，围绕国资国企综改试验、开发区改革、科技体制改革、人才管理等方面开展专题调研，对2018年底前应完成重大改革任务开展“回头看”，将年度改革任务全部纳入平台管理。加大宣传力度，围绕庆祝新中国成立70周年推出一大批有思想、有温度、有品质的策划报道，在《人民日报》《光明日报》《中国改革报》、学习强国、改革内参、改革网等全国性媒体平台上，全方位、立体式、多角度展示各地区各领域改革典型和成果，凝聚全市上下支持改革、推动改革的强大力量。

【经济体制改革】 2019年，深入推进供给侧结构性改革，加快新旧动能转换，开复工投资亿元以上项目1308个，恒大、万达等一批重大项目签约落地，主导产业和战略性新兴产业的链条得到延伸拓展，制造业加快转型升级，军民融合深度发展，现代服务业提质增效，沈阳市成为全国首批5G商用城市，成功承办工业互联网全球峰会，习近平总书记发来贺信。不断优化营商环境，深入开展“万人进万企”活动和政府失信等专项整治，办结企业诉求4674件，清偿拖欠企业工程款144亿元，民间投资增长16%，实有市场主体增长10.3%。持续深化机构改革，在副省级城市中率先完成市、区县（市）两级机构改革，顺利完成乡镇（街道）机构改革，经开区与中德园合署办公，自贸区、高新区与浑南区融合发展。加快国企国资改革步伐，沈阳成为全国国资国企综合改革试点城市，集团层面混改实现新突破，北方重工、沈阳机床完成司法重整，中兴商业实现二次混改，“3+1+N”国资平台运营效能不断提升，解决历史遗留问题取得重大进展。不断开放合作，自贸区形成40项制度创新成果，中德园“一个平台、五大体系”架构初步形成，沈阳经济区产业协作配套体系不断完善，京沈对口合作取得新进展。深入实施创新驱动，全面创新改革试验6项举措入选全国第三批经验清单，自主创新示范区建设步伐加快，全市企业研发投入占全社会研发投入比重首次突破50%，高新技术企业1836户，独角兽企业、瞪羚企业48户。不断深化金融体制改革，企业征信平台和综合金融服务平台成功上线，盛京基金小镇投入运营，11户企业进入上市程序，芯源微成为科创板辽宁第一股。有序推进农村综合改革，土地确权登记颁证实现应颁尽颁，村集体经济组织产权制度改革基本完成，农村综合产权交易市场加快建设，供销社改革走在全国前列。

【民主政治领域改革】 2019年，健全人大组织制度和工作制度，“优化营商环境，全面深化改革—人大代表在行动”活动广泛开展。加强协商民主制度建设，政协专门委员会对口协商实现常态化、规范化。巩固和发展爱国统一战线，出台进一步加强沈阳市民主党派代表人士队伍建设的实施意见。共青团、妇联、社科联、残联等群团改革扎实推进，产业工人队伍建设改革深入实施。

【文化体制和社会事业改革】 2019年，深化文化体制改革，历史文化名城加快建设，3个县级融媒体中心正式成立，文商旅融合发展。深化教育综合改革，弹性离校经验在全国推广。深化医药卫生体制改革，国家药品集中采购试点、DRGs付费试点成效明显。深化体育改革，沈阳国际马拉松连续两年荣膺中国田协金牌赛事。

【社会体制改革】 2019年，加强法治政府建设，严格落实重大行政决策法定程度和合法性审查制度，行政执法“三项制度”全面推行。提升基层治理水平，109个社区便民服务事项“全市通办”，信访首办负责制、“最多访一次”改革扎实推进。深化司法公安体制改革，完成城市公安分局垂直管理改革和全市公安警察职务序列套改任务，繁简有序、高效便捷的诉讼制度改革初见成效，社区（村）法律服务实现全覆盖。

【生态文明体制改革】 2019年，全面落实中央生态环保督察及“回头看”整改任务，交办案件整改率90%以上。强化红线管控，沈阳市打造全国首个城市级生态保护红线监管平台的做法得到国家有关部委高度评价。健全制度体系，启动生态环境损害赔偿制度改革。推进污染防治，全市17个省考以上断面平均水质改善18.76%，土壤环境质量继续改善，空气质量优良天数达284天。

【党的建设制度改革】 2019年，健全党的组织制度，全面从严治党主体责任问责、市管干部提醒函询诫勉、抓基层党建述职制度有效落实。完善干部人事制度，公务员职务与职级并行全面推行。强化基层党组织制度建设，“红色驿站”基层党建创新入选中国改革年度优秀案例。进一步丰富完善“1+9+N”人才政策体系，吸收储备高校毕业生13.1万人，人才规模和结构呈现积极变化。

【纪律检查体制改革】 2019年，正风肃纪监督和大数据监督取得新成效，得到中央领导的充分肯定。运用大数据监督技术完善监督体系，推进治理体系建设取得阶段性成果。深化专项、提级、交叉、联动巡察，建立整改责任体系和集中督办制度。组建专业化内部巡察机构，强化派驻机构的统一领导、统一管理，“四个监督”作用进一步彰显，主动监督成案率由不足5%上升到52%。（市委政研室）

党务服务

【概况】 2019年，市委办公室深入学习贯彻习近平新时代中国特色社会主义思想和党的十九大及十九届二中、三中、四中全会精神，积极应对机构改革后职能增多、任务加重、标准更高的新形势新挑战，坚持围绕中心、服务大局，全面提升“三服务”水平。

切实加强政治建设。强化理论武装，发挥理论学习中心组引领作用，推动学习贯彻习近平新时代中国特色社会主义思想往深里走、往心里走、往实里走。坚持理论学习与革命传统教育、形势政策教育、先进典型教育紧密结合，不断汲取精神养分、传承红色基因、强化党性锻炼。落实中央“基层减负年”工作要求，牵头制定出台沈阳市解决形式主义突出问题为基层减负的22项具体措施，做好精简文件简报、严控会议活动、规范督促检查等相关工作。落实中央八项规定及其实施细则精神，新闻报道严格控制篇幅，考察调研压减陪同人员，会场布置务求简洁朴素。落实意识形态工作责任制，每季度开展分析研判，每半年通报意识形态工作情况并向上级报告。

提升以文辅政质量。做强文稿服务，高质量完成市委经济工作会议、市委工作会议、党的十九届四中全会培训班开班式以及主题教育会议等相关文稿起草任务，推出一批领导满意、各方认可的精品力作。做深调查研究，起草的《关于我市发展“夜经济”的对策建议》等调研报告获领导批示并转化为决策。做活宣传报道，着力增强新闻宣传的影响力，特别是推出的《紧抓项目不放松》等《沈阳日报》《同声传议》专栏文章，起到传号令、提士气、增共识、聚合力的作用。

增强办文办会效能。文电工作创新发展，在严格审核把关的同时，探索实行文电办理“绿色通道”、延时服务等一系列创新服务举措；坚持减数量与压篇幅并重，制发文件数量实现大幅精简。会议活动妥善周密，强化统筹谋划，科学安排内容，严审报批程序，严格控制规格，承办全市性重要会议同比均明显减少。

发挥督查信息作用。突出批示查办的权威性，精准把握领导批示的精神实质，推动形成高质量办理结果，得到市委领导的充分肯定。突出专项督查的实效性，聚焦贯彻落实习近平总书记重要讲话和指示批示精神、“大棚房”专项整治等党中央重大决策部署开展督查，建立重大项目督查通报制度，推动相关工作落地落实。突出信息报送的精准性，紧盯市委领导关注重点、市委重大决策部署以及具有较大影响的突发事件，及时提供高效信息服务。（市委办）

组　织

【概况】 2019年，市委组织部坚持以习近平新时代中国特色社会主义思想和党的十九大精神为指导，紧紧围绕振兴发展大局，履职尽责、真抓实干，统筹推进“两学一做”学习教育常态化制度化，认真做好市县乡人大、政府和市县政协换届工作，创新改革人才发展体制机制，为推动沈阳振兴发展提供坚强组织保证。“红色驿站”基层党建创新做法入选“2019中国改革年度优秀案例”。出台《关于加强全市公立医院党的建设工作的实施意见》，制发《村党组织规范化建设标准（试行）》等七个领域党支部规范化建设标准。贯彻落实《中国共产党支部工作条例》《中国共产党农村基层组织工作条例》，指导全市1522个村党组织累计开展主题党日、党员大会1900余次，组织7.8万名农村党员开展集中学习，举办全市乡镇（街道）党（工）委副书记和组织委员学习《条例》专题培训班。服务乡村振兴，着力推动选派干部发挥积极作用。推动省市县三级233名干部到全市69个乡镇工作。制作系列微视频，打造党代表宣传品牌。组织部摄制8集《使命——党代表的故事》系列微视频，集中展示沈阳市基层一线党代表牢记初心使命、忠诚履职尽责的先进事迹。健全和完善全市非公党建工作领导体制。完成2019年市“两会”人事选举任务。加强领导干部政治素质考察，制定出台《沈阳市领导干部政治素质考察办法（试行）》。结合沈阳市实际，制定《关于贯彻落实进一步激励干部担当作为有关具体措施任务分工》。推进干部交流工作常态化制度化，制定出台《关于进一步加强市管领导干部交流的暂行办法》。完成沈阳市第八批援藏干部人才期满考核工作和第九批援藏干部派送工作。开展优秀年轻干部调研工作。推进京沈合作互派挂职干部工作。举办全市局级主要领导干部学习贯彻党的十九届四中全会精神培训班。12月，组织召开全市干部监督工作会议。对2018年10月以来新提任的178名市管领导干部开展警示教育专题培训。修订《沈阳市领导联系服务专家工作方案》并完善工作台账，全年完成领导干部联系服务专家1500余人次。有序开展公务员工资管理和年度考核工作。截至年末，全市党员总数573493名，全市基层党组织总数27894个。

【全面推行职务与职级并行制度】 6月5日，市委组织部召开全市公务员工作会议，部署全市开展职级套转和晋升工作，开展政策培训宣讲，对公务员职务与职级并行制度的相关政策进行解读和疑难解答。7月30日，沈阳市正式启动一级调研员以下晋升职级工作，严格执行工作方案事前备案、晋升人选备案确认的“双备案”制度。先后印发《关于进一步规范公务员晋升职级工作的通知》《市管干部晋升职级和非市管干部晋升一级、二级巡视员的工作流程》等一系列文件。全市各地区各单位均开展晋升工作并转入日常管理，备案5891人次。

【农村基层党组织专项整顿】 2019年，结合贯彻党支部工作条例、农村基层组织工作条例、党员教育管理条例等党内法规，制定全市专项整治工作方案及指南，细化形成“优化提升基层党组织书记队伍”等11个方面50个序时目标。围绕中央提出的软弱涣散基层党组织问题，确定软弱涣散村党组织198个，推动全市146名联村（社区）县级领导到村实地具体指导、186名乡镇（街道）领导包村落实精准整顿、198名第一书记驻村推动问题整改、174个县直机关单位结对助推转化升级。年末全部完成转化升级。

【干部任免697人（次）】 2019年，严格按照有关要求履行干部任免程序，市管干部动议、上会、征求意见、公示、发文、依法任命等各环节工作有序衔接、高效运转。筹备完成市委常委会讨论任免干部工作17次，涉及干部697人（次）。认真做好中省管干部的人事任免对接。此外，为不断提高全市干部选拔任用工作水平，制定《关于学习宣传和贯彻执行〈党政领导干部选拔任用工作条例〉〈党政领导干部考核工作条例〉的实施意见》，精心设计《干部任用条例》《干部考核条例》试题，在全市开展学习“两个条例”网上答题活动，近5000人参与答题。

【75名市管干部晋升一级、二级巡视员】 2019年，经认真调研摸底、详细测算、研讨操作办法，出台《关于市管干部晋升一级、二级巡视员等职级操作办法》等有关规定，全市首次晋升工作平稳有序开展，涉及市管干部75人。

【开发区领导班子管理体制调整】 2019年，为切实发挥开发区在沈阳市经济社会发展中的引领带动作用，市委组织部牵头制定《关于调整全市开发区领导班子管理体制的意见》，对全市各国家级开发区和省级开发区的机构规格、职数编制、干部管理权限和升降级办法等进行调整和明确。该意见经市委常委会研究通过，以市委办公室文件形式下发。

【区县（市）法院、检察院其他班子成员市委管理】 2019年，根据司法体制改革试点有关规定，市委组织部顺利完成76名区县（市）法院、检察院领导班子其他成员调整为市委管理相关工作。为做好新接收市管干部管理工作，市委组织部制定出台《区县（市）法院、检察院领导班子中除法院院长、检察院检察长之外其他成员选拔任用流程（试行）》《区县（市）法院、检察院领导班子中除法院院长、检察院检察长之外其他成员日常管理的意见》《区县（市）法院、检察院系统择优选升三级、四级高级法官、检察官工作流程（试行）》等相关文件。

（市委组织部）

宣 传

【概况】 2019年，中共沈阳市委宣传部坚持以习近平新时代中国特色社会主义思想为指导，深入学习贯彻党的十九大和十九届二中、三中、四中全会精神，持续深化理论武装，推动习近平新时代中国特色社会主义思想深入人心；精心组织庆祝“新中国成立70周年”系列主题活动，营造浓厚的活动氛围；压实工作责任，牢牢掌握意识形态工作领导权；做强主流舆论，营造高质量发展、新时代振兴的良好氛围；加强思想道德建设，推动社会主义核心价值观落细落小落实；聚焦文化改革发展，大力推动文化事业和文化产业繁荣发展；深化对外宣传，不断提升沈阳知名度和美誉度；坚持党对宣传工作的全面领导，切实加强宣传思想文化战线党的建设和队伍建设，为推动沈阳新一轮振兴发展提供强思想保证和强大精神力量。

推动习近平新时代中国特色社会主义思想深入人心。市委中心组开展集中学习11次，累计交流研讨90余人次。举办市委常委“不忘初心、牢记使命”主题教育读书班，组织5个专题、25人次发言交流、6次实践学习。开展“解放思想推动高质量发展大讨论”，形成制度性措施1112条。组织开展主题征文、理论研讨、知识竞赛等活动7次。组织46万多名党员注册使用“学习强国”围绕纲要、四中全会、新中国成立70周年等重大主题，组织开展宣讲活动1.3万余场，受众80余万人次。

牢牢掌握意识形态工作领导权。市委常委会3次专题研究意识形态工作，1次专题研究“扫黄打非”工作。印发《进一步加强对论坛、讲坛、讲座、年会、报告会、研讨会等阵地管理的具体措施办法》。开展“清源”“固边”“净网”“护苗”“秋风”五大专项行动和“扫黄打非”进基层工作。制定并落实化解意识形态领域重大风险防控预案和风险研判、防控协同等机制，定期反馈落实情况。印发《沈阳市党员干部网络行为规范》。开展“清朗”网络专项行动，发现并处理问题网站2641家。

大力推动文化事业和文化产业繁荣发展。举办首届中国旗袍文化节、第五届浑河之夏文化艺术季、戏曲进校园等一批品牌活动，艺术惠民“双百万”工程再上新台阶。广播剧《今生无悔》获中宣部第十五届精神文明建设“五个一工程”奖；电影《站着是一面旗》、戏剧《黄显声》、歌曲《我的好爸爸》获省委宣传部“五个一工程”奖。为文化产业加快发展提供政策保障，全力推动“小升规”“规升巨”。万科红梅1939文创园等一批地标式文创园区建成运营。承办辽宁文化产业招商推介会，举办第三届沈阳创意设计周。艺卡智能移动拍摄系统等10余个企业（项目）获1845万元的资金扶持。

【首届中国旗袍文化节暨“盛京1636”第三届沈阳国际旗袍文化节】 5月，协同中国民间文艺家协会在沈阳故宫举办中国旗袍文化节。文化节以旗袍文化和产业发展为主题开展30余项活动，200余家国内媒体和500余家亚太、欧美地区媒体转发报道，阅读量2.3亿次，利用脸书、推特沈阳海外社交媒体账号推送贴文阅读量35万次，精彩展示沈阳深厚的文化底蕴，推动文旅纺织产业发展。

【“新中国成立70周年”系列主题活动】 2019年，全市推出“壮丽70年·奋斗新时代”“礼赞新中国 奋进新时代”“我和我的祖国 70年70个城市记忆”等19个专栏专题，以“祖国万岁”为主题的灯光秀新闻宣传登上央视，策划推出130余个专版，刊转各类报道1800余条次，报道时长累计131小时，新媒体新产品的阅读量累计突破1000万人次。根据省委工作部署，组织“辽宁省庆祝中华人民共和国成立70周年成就展”，沈阳市分展区以“大国重器 创新未来”为主题，全方位展现新中国成立70年来沈阳取得的辉煌成就，特别是党的十九大以来，沈阳贯彻落实习近平新时代中国特色社会主义思想，走创新改革发展之路所取得的重要成就。10月1日9时，省、市在浑南区中央公园市民广场（沈阳创新天地南侧广场）联合举行升国旗仪式，党政军群有关单位负责人，各界群众代表等约2500人参加仪式。

【深化“解放思想推动高质量发展大讨论”】 2019年，把继续深化“解放思想推动高质量发展大讨论”纳入《中共沈阳市委常委会2019年工作要点》，下发《关于进一步深化解放思想推动高质量发展大讨论推动沈阳高质量发展新时代振兴的通知》《关于报送“解放思想推动高质量发展大讨论”推进情况的通知》《关于报送“解放思想推动高质量发展大讨论”存在问题情况的通知》，对全市13个区县（市）进行两次专项督查并制定考评细则将这项工作开展情况纳入年度绩效考核，督促各部门各单位切实把大讨论成果转化运用到各项工作中。全市征集建言献策4893条，纳入决策1562条，形成制度性措施1112条。

【推动沈阳高质量发展新时代振兴新闻宣传】 2019年，围绕市委经济工作会议、市委全会、全市两会、市委城区经济工作会议、市委县域经济工作会议精神，分阶段推出“务实推进高质量发展新时代振兴——学习贯彻市委十三届十次全会精神”“2019年两会特别报道——向人民报告”“万人进万企 服务企业促振兴”“沈阳老字号 百年好品牌”“大项目建设”“沈阳夜间经济”等14个专栏专题，推出50个专版，策划推出800余篇报道，累计报道时长59小时，新媒体产品的阅读量累计突破200万次，营造推动沈阳全面振兴、全方位振兴的浓厚氛围。

【“不忘初心、牢记使命”主题教育新闻宣传】 2019年，按照全市统一部署，制定宣传工作方案，开设“不忘初心、牢记使命”专版专栏，及时研究报道方向，宣传市委开展主题教育的具体安排和亮点特色，全面反映各地区、各部门、各单位工作动态、进展成效、社会反响、典型经验，为主题教育高质量开展营造良好舆论环境，凝聚正能量。主题教育期间开设10个专栏专题，策划推出76个专版，刊转新闻报道1600余条次，累计报道时长61小时，新媒体产品阅读量累计突破140余万人次。一批典型在《人民日报》、新华社等中央省级媒体报道。

【对外传播能力建设】 2019年，开展“让世界听见沈阳声音”境外主流媒体沈阳行、“开放合作看辽宁（沈阳站）”中外媒体大型采访活动、“振兴发展看辽宁（沈阳站）”中央外宣媒体辽宁行等媒体团组7次到沈采访采风活动，接待美联社、法新社、德商报、印度教徒报、日本共同社、韩国KBS等外媒80余人次。接待中央主流媒体200余人次，策划推介调研点位，报道内容涵盖沈阳市经济社会发展、城市建设、文化旅游、对外开放、主题教育、重点活动，《人民日报》、新华社，央视新闻联播、焦点访谈等多个栏目多个选题，《光明日报》《经济日报》《中国日报》等均推出重点报道。

（市委宣传部）

统　战

【概况】 2019年，市委统战部统筹推进各领域统战工作。组织开展“我和我的祖国—沈阳市统一战线庆祝新中国成立70周年”等系列宣教活动，参与的统战成员达4.5万人次。支持各民主党派、组织无党派人士开展“不忘合作初心，继续携手前进”主题教育活动，举办座谈会、书画展、文艺演出等各类活动500余次。举办各类统战成员参加的教育培训100余期。着力服务中心大局做贡献，引导统一战线广大成员聚焦补齐“四个短板”、做好“六项重点工作”，推动全市统一战线贯彻落实市委“1+8”系列文件，做好“解放思想推进高质量发展大讨论”成果转化；成功承办中央统战部新的社会阶层人士服务团15分团助力东北振兴论坛，引导各民主党派市委、市工商联和无党派代表人士围绕科技成果转化、文化旅游产业发展等22个重点调研课题开展调查研究；以“万人进万企”活动为平台，服务企业发展。切实加强中国特色社会主义参政党建设，协助市委制定并落实年度政党协商计划，组织重要情况通报会、专题协商会等政党协商活动7次。推动落实各民主党派市委“直通车”制度，开展调研活动197次，形成调研报告158篇，提出合理化建议562条；支持各民主党派市委开展营商环境建设专项民主监督，促进成果转化。深入推进民营经济统战工作，积极助力优化营商环境，持续做强“两联七平台”服务模式，创新提供“过桥转贷”融资扶持资金，不断提高为民营企业服务的精准性；组织年轻一代民营经济人士到浙江大学举办培训班；组织评选民营企业“就业百强、纳税百强、科技创新百强、规模百强”。开展“沈商大讲堂”、爱国主义教育课、主题教育专题党课、特色思政理论课及“缅怀革命先烈、坚定理想信念”活动，深入开展“奉献一片爱心、助力寒门学子”活动，发放资助金92.4万元，2019年毕业38名被帮扶大学生实现100%就业。不断提高党外知识分子统战工作水平，深入开展“弘扬爱国奋斗精神、建功立业新时代”活动，引导党外知识分子立足岗位做贡献；对党外知识分子专项领导小组成员单位进行调整充实。积极筹备市知联会换届相关工作。按照政治合格、专业突出、代表性强的标准，建立市级无党派代表人士队伍270人。推进新的社会阶层人士实践创新，抓住沈阳市被列为全国第二批34个推广城市的契机，打造27个实践创新重点项目，全市新的社会阶层代表人士队伍达到900人。制定加强网络人士统战工作的责任分工方案，形成23个市直部门和13个区、县（市）齐抓共管的工作格局。开展港澳台统战工作，认真组织学习习近平总书记在《告台湾同胞书》发表40周年纪念会上的重要讲话精神；组织200余名港澳台同胞和归国留学人员，开展“看沈阳、爱沈阳、做贡献”系列活动；承办“第三届台湾创新创业青年辽宁（沈阳）行”活动，为台湾青年到沈创新创业搭建平台。稳步推进新时代侨务工作。不断推进统战工作体制机制创新，着力优化大统战工作格局，统战工作领导小组召开6次会议，推动党中央关于统一战线重大方针政策和决策部署在沈阳落地落实；制定出台《市委统一战线工作领导小组成员单位职责分工（试行）》；首次以大统战工作格局为专题赴中央举办培训班；配齐配强基层统战工作力量，加强对180名乡镇（街道）统战委员和2466名社区（村）统战工作联络员的业务培训。开展统战理论研究和调查研究工作，组织参与省委统战部统战理论政策研究重点课题申报，沈阳市有9项课题被省委统战部立项并顺利结项。收到统战理论研究和调查研究成果159篇，通报表彰优秀成果69篇，准予立项课题结项71篇，并给予其中20项课题4.5万元经费资助。（郭靖时）

●小资料

四个短板：2018年9月28日，习近平总书记在沈阳主持召开深入推进东北振兴座谈会，指出制约东北振兴的“四个短板”。（1）体制机制短板；（2）经济结构短板；（3）开放合作短板；（4）思想观念短板。

六项重点工作：2018年9月28日，习近平总书记在沈阳主持召开深入推进东北振兴座谈会，就深入推进东北振兴提出6个方面的重点要求。（1）以优化营商环境为基础，全面深化改革；（2）以培育壮大新动能为重点，激发创新驱动内生动力；（3）科学统筹精准施策，构建协调发展新格局；（4）更好支持生态建设和粮食生产，巩固提升绿色发展优势；（5）深度融入共建“一带一路”，建设开放合作高地；（6）更加关注补齐民生领域短板，让人民群众共享东北振兴成果。

两联七平台：“两联”是指会员联系制度、外联工作机制。“七平台”是指金融服务平台、法律服务平台、政企交流平台、对外联络平台、会展服务平台、宣教平台、慈善事业平台。

【中国民主党派历史陈列馆宣传推介展暨沈阳市统一战线纪念多党合作制度确立70周年宣教活动】 5月10—12日举行。中共重庆市委统战部、中共沈阳市委统战部主办，中国民主党派历史陈列馆、中国工业博物馆承办。活动以图片展板和现场讲解相结合的形式，系统介绍新民主主义革命阶段，民主党派产生的历史背景、发展历程、重要事件和代表人物等内容，引导广大民主党派成员熟悉了解多党合作事业光辉历史，进一步坚定与中国共产党风雨同舟、真诚合作的共同思想政治基础。市、区县（市）统战部机关干部，各民主党派、工商联、无党派人士代表以及统战团体成员1000余人参观展览。

【各民主党派“不忘合作初心，继续携手前进”主题教育活动】 8—12月，根据中央统战部部署安排和省委统战部要求，市委统战部支持各民主党派开展“不忘合作初心，继续携手前进”主题教育活动，召开动员部署会、交流推动会、城区统战部部长会，安排学习习近平新时代中国特色社会主义思想和中共中央、中央办公厅、中央统战部“三个文件”精神，组织党外人士学习中共十九届四中全会精神座谈会、民主党派市委会领导班子成员培训班、纪念新中国成立70周年、多党合作制度确立70周年系列庆祝活动。各民主党派成立主题教育活动领导小组，制定活动实施方案，完成各项目标任务，主题教育活动取得切实成效。

【党外人士调研成果协商座谈会】 12月20日，沈阳市召开各民主党派、工商联和无党派人士2019年度调研成果协商座谈会。市委常委、统战部部长王镇主持会议，市委常委、副市长范宏利讲话。各民主党派市委会、市工商联负责人和无党派人士代表分别介绍年度调研成果，围绕市委、市政府中心工作和群众关切、社会关注的热点问题，提出一系列有针对性、时效性和可操作性的意见建议。范宏利要求相关部门要认真梳理研究、充分吸纳借鉴，切实把调研成果转化为具体举措和工作实绩。

（张永良）

【“看沈阳，爱沈阳，做贡献”活动】 2019年，中共沈阳市委统战部以搭建“引领”平台、发挥“引领”作用、强化“引导”效能为工作着力点，通过开展“看沈阳，爱沈阳，做贡献”活动，加强对港澳台侨和归国留学人员代表人士的思想政治引领，实现港澳台侨和海外统战工作方式方法多元化。举办活动两次，200余名港澳台侨和归国留学人员代表人士参加相关活动。

（赵仟慧）

【“我和我的祖国——沈阳市统一战线庆祝新中国成立70周年”系列活动】 2019年，指导全市统战系统各单位开展各类庆祝活动100余次，参与统战成员4.5万人次。举办庆祝新中国成立70周年主题书画展，并印制书画展作品集；组织各民主党派和区县统战部开展统战微视频制作并在网站和微信公众号上展播，抒发统战成员爱国之情，部分优秀作品被“学习强国”辽宁平台播出；组织开展统战宣传品制作活动，扩大统战工作社会影响。

（邢　涛）

【新联会组织社会化运行模式】 2019年，市委统战部从新联会组织的协会建设、组织管理、人员配备、活动开展、经费筹集6个方面进行探索创新，初步实现组织建设自主化、内部管理规范化、选人渠道多样化、内设机构专业化、开展活动系统化、工作经费众筹化的目标。（赵廷志）

【党外知识分子工作】 2019年，根据沈阳市机构改革情况，对沈阳市党外知识分子统战工作专项领导小组组成人员进行调整，进一步加强和完善沈阳市大统战工作格局。开展“弘扬爱国奋斗精神，建功立业新时代”和“不忘合作初心，继续携手前进”主题教育活动，进一步在全市党外知识分子、无党派人士中凝聚思想共识，汇聚发展力量。支持全市党外知识分子围绕省市中心工作建言献策，完成18项重点调研课题，其中5项获省委统战部立项并结项。向省委统战部推荐90名省级无党派人士重点人选，确定274名市级无党派人士重点人选。（孙时雨）

政策研究

【概况】 2019年，市委政研室深入学习贯彻习近平新时代中国特色社会主义思想，全面贯彻党的十九大和十九届二中、三中、四中全会精神，聚焦振兴大局、服务中心工作，以文辅政主责主业，做好综合文稿、调查研究、咨政建言等工作，发挥好市委的参谋部和智囊团作用，形成各类文字成果548篇、近232万字，得到省、市领导批示53件次。

以文辅政方面，完成市委十三届十次全会、十一次全会和市委经济工作会议、市委城区经济工作会议、县域经济暨农业农村工作会议等重要会议文稿起草任务，研究撰写关于推动城区、县域产业发展的指导意见，完成国企改革、项目建设、金融工作等方面的会议文稿，全面反映市委推动沈阳高质量发展的总体摆布和全局设计，在凝聚全市上下的思想和行动共识上发挥重要作用。成果转化方面，按照市委主要领导要求，深入开展夜经济等调研，完成《打造特色美食街点亮沈阳夜经济》等调研报告，为全市夜经济发展实施意见出台等起到重要推动作用，同时，聚焦影响沈阳振兴发展的突出问题，深入研究、深入思考，广借他山之石，赴济南、长沙、苏州等地学习考察先进做法，形成的《打造核心商业区激发消费新动能》《关于福州、长沙和贵阳加强社区治理提升服务群众质量的考察报告》等调研报告，得到市委相关领导的充分肯定。内部管理方面，制定政研室《“三重一大”工作制度》《提醒谈话工作制度》等8项制度，完善《机关党委工作制度》《工作人员考勤制度》等10项制度，从政治生活、日常管理、资金使用等多方面织密扎牢制度笼子。

【迎接市委巡察】 按照市委统一部署，市委十三届第四轮第二巡察组2018年11月19日至2019年1月19日对市委政研室进行为期2个月的常规巡察，4月3日反馈巡察意见，指出政研室存在的3个方面38项具体问题，并提出整改意见建议。政研室接到巡察反馈意见后，采取103个方面、138项具体措施进行整改，以真改、全改、深改的实际行动，推动党的建设全面加强、参谋辅政作用不断发挥。

【举办9期政研大讲堂】 2019年，为丰富政研干部知识储备、树立教育培训政研品牌，营造人人爱思考、事事重钻研的良好氛围，打造博学、善谋、敢言、会干的高素质专业政研队伍，政研室内部举办《古代公文彰显当代价值》《我的中国梦》等9期“政研大讲堂”系列讲座，引导全室干部思想再解放、作风再转变、能力再提升。

（市委政研室）

机构编制

【概况】 2019年，市委编办深入学习贯彻习近平新时代中国特色社会主义思想以及党的十九大、十九届二中、三中、四中全会精神，认真落实习近平总书记在中央编委第一次会议和深化党和国家机构改革总结会议上的重要讲话精神，全面加强党的建设，持续巩固深化党政机构改革和事业单位改革，扎实推进乡镇（街道）机构改革和开发区改革，不断强化机构编制管理，为沈阳振兴发展提供体制机制保障。

全市党政机构改革。市委编办对标对表省委、市委明确的时间表和路线图，在全国副省级城市中率先完成市、区县（市）两级党政机构改革任务。同时，开展党政机构改革“回头看”，组织全市对照党政机构改革评估验收内容进行全面自查自评，市本级和13个区县（市）23项验收指标完成率均为100%，完成改革评估验收工作，受到省委认可。在全省机构改革总结大会上，沈阳作为典型代表发言。全力推进定岗定责定流程工作，4月和12月分别开展两轮定岗定责定流程工作，市、区县（市）两级党政机关、人民团体和事业单位设置岗位62689个，梳理职责162300项，明确责任198751项，制作流程图49819张，进一步简化环节、优化流程、提高效率。对市本级28个部门的“三定”规定进行重新修订，维护“三定”规定的权威性和严肃性。同时，配合推进群团组织改革，研究制定市贸促会、市科协、市文联的“三定”规定，进一步优化群团机关组织功能。

乡镇（街道）机构改革。完成乡镇（街道）机构改革，指导各区县（市）围绕强化党的建设、产业经济发展、社会治理、生态保护、市场监管等职能，深入推进乡镇政府职能转变，全市69个乡镇8月底前全部完成印发机构编制文件、调整配备干部、综合办事机构挂牌等工作，高效完成改革任务。同时，向乡镇补充行政编制，确保较小乡镇行政编制达到25名、中等乡镇30名、较大乡镇35名，进一步强化基层干部队伍力量，采取街道机构改革与区划调整相嵌推进方式，在研究制定《沈阳市街道区划调整方案》的同时，跟进指导各区县（市）112个街道按照新的行政区划制定街道机构改革方案，综合设置机构，优化职能配置，合理划分事权。同时，将街道区划调整出的行政编制、压缩市区

（县）两级机关调整出的行政编制全部用于补充现有街道，并明确要求各级党政机关不得挪用、挤占街道行政编制，行政编制最少的街道由14名增至21名，最多的由56名增至61名。经省实地评估验收，超额完成街道机构改革工作。在省街道改革工作会议上，沈阳市作为典型代表发言。

深化事业单位改革。开展事业单位改革“回头看”调研，梳理35家市直事业单位5类问题，着力研究解决改革后续相关问题。在省委对各市事业单位改革评估验收中，27项验收指标完成率均为100%，市本级和13个区县（市）的评估结果均为好。起草制定《关于调整法院、检察院系统事业单位管理体制的意见》，将全市由省级管理下放市县管理的14家事业单位进行优化整合，并统筹调剂解决118名编制，按时保质完成管理体制调整任务。建立健全全市退役军人服务保障体系，成立沈阳市互联网舆情监测中心、沈阳知识产权仲裁院，组建县级融媒体中心，进一步优化事业单位机构设置和职能配置。持续加强事业单位登记管理标准化和规范化建设，采取网上审核、线下审批和一次告知模式，办理事业单位设立登记6家、变更登记159家、年报公示148家，随机抽查事业单位5家，收回公章138枚，做到程序规范、内容准确、办结及时。

加强机构编制管理。严格执行机构编制核验制度，从严从紧控制机构编制总量和领导职数。加强和规范领导职数管理，依托实名制管理平台，建立全市机关事业单位领导职数管理台账和调整情况表，并实行定期报告制度。强化议事协调机构管理，组织市政府部门认真开展议事协调机构清理规范工作，保留市政府部门议事协调机构179个。完成机构编制违规问题整改，组织全市围绕超审批权限设置机构、违规将议事协调机构实体化、超机构规格核定领导职数等6个方面违规问题开展全面梳理排查，市本级整改超审批权限设置机构2个、议事协调机构实体化领导职数6名、超规格核定领导职数6名。统筹机构编制资源，跨领域、跨地区从市场监管执法队伍中统筹调剂99名编制，从新民市、法库县、康平县环境监察大队人员中划转82名编制，用于加强全市生态环境保护综合行政执法队伍力量，有效提升编制使用效益。

【开发区管理体制机制理顺】 2019年，着眼理顺开发区管理体制机制，优化管理机构设置，6月会同市委组织部起草印发《关于调整全市开发区领导班子管理体制的意见》，将中德园管委会与沈阳经济技术开发区管委会合署办公，做到一个行政区域内设置一个开发区管理机构，实现扁平化管理；同时，通过区分国家级开发区和省级开发区机构编制配置和领导干部配备标准，下放各区县（市）和开发区更多选人用人自主权，进一步增强创新驱动能力。

【全国大城市机构编制工作研讨会】 9月25—26日，第33次全国大城市机构编制工作研讨会在沈阳召开。中央编办、辽宁省委编办领导和沈阳市委副书记刘晓东出席会议并讲话。北京、上海、天津、重庆、新疆生产建设兵团，15个副省级城市和其他16个省会城市，以及辽宁省内其他12个城市编办的领导人参加会议。会议由沈阳市委编办主任雷雨润主持。与会代表围绕“深入学习贯彻习近平新时代中国特色社会主义思想，深化新时代大城市体制机制创新，加强大城市机构职能体系建设”这一主题，在完善基层治理体制机制、构建党政机构和职能体系、加强事业单位管理、深化综合行政执法改革、创新机构编制管理等方面进行广泛交流和深入研讨，并实地考察调研中德（沈阳）高端装备制造业产业园。

【“5+1”综合行政执法改革】 下半年，开展综合行政执法改革模拟测算工作，认真研究执法机构和人员划转认定标准，并围绕整合执法职责、组建执法队伍、优化职能配置、明确执法层级等方面研究，提出市场监管、生态环境保护、文化市场、交通运输、农业和城市管理领域机构编制方面的意见，配合市市场监管局、生态环境局等部门制定各领域深化改革实施意见。

（市委编办）

老干部工作

【概况】 2019年，全市各级老干部工作部门坚持以习近平新时代中国特色社会主义思想为指导，按照全国、全省组织部长会议和老干部局长会议要求部署，坚持稳中求进工作总基调，秉持以人为本、服务为先的理念，围绕全国、省、市老干部工作要点和市委组织部工作要点，扎实开展“不忘初心、牢记使命”主题教育，引导离退休干部树牢“四个意识”、坚定“四个自信”、坚决做到“两个维护”。创新平台载体，开展合唱比赛及展演、文艺演出、书画摄影展、主题征文等庆祝新中国成立70周年系列活动。开展“老功臣新贡献”宣传，谋划筹建沈阳市老干部历史陈列馆，加强老干部大学、老干部党校等阵地建设，完成7488课时教学任务，引导老干部通过各种形式为沈阳经济社会发展、为党和人民事业增添正能量。着眼精准服务，强化责任意识，持续抓好离休干部住房补贴、看病医疗和阵地建设，为老干部办实事、解难事、做好事，确保老干部各项待遇落到实处。坚持对易地安置和异地长期居住离休干部进行走访慰问和特困企业离休干部解困工作，传递党组织的关怀。截至年末，全市有离休干部5986人。按参加革命时期分：红军时期参加革命1人；抗日战争时期参加革命328人；解放战争时期参加革命5657人。按行政隶属关系分：行政机关764人；事业单位1838人；企业单位3384人。按享受待遇分：正省级单项待遇1人，正地（厅）级待遇3人，副地（厅）级待遇306人，正县（处）级待遇1018人，副县（处）级待遇2612人，正副乡（科）级待遇469人，其他待遇1577人。按年龄结构分：80—89岁1775人；90岁以上4211人。平均年龄91.4岁。最小年龄83岁（北方重工谢若廉），最大年龄107岁（沈阳机床集团柳玉璞）。全市有离休干部党员4352人，党支部1019个（含离退休混编支部）。

【老干部创客空间“金点子”评选】 6月，与老科协等涉老单位联合开展2019年度老干部创客空间“金点子”工作，引导老干部为沈阳的振兴发展出谋划策，多出好创意、好建议，让老干部的经验优势和智慧优势得以传承和转化。年底评出20名沈阳市老干部“创客达人”。

【“老功臣新贡献”宣传】 6月，联合《沈阳日报》、沈阳电视台对陶明德、张德山、吕赞沛、孟令峰、宁殿云等老干部在新中国成立前革命战争时期以及抗美援朝时期英勇杀敌、保家卫国的英勇事迹；在社会主义建设时期、改革开放过程中做出突出贡献的先进事迹；离退休后发挥正能量的典型事迹进行宣传报道，传承红色基因，传递正能量。

【全市老干部庆祝新中国成立70周年系列活动】 7月9—10日，沈阳市举办老干部“不忘初心、牢记使命”庆祝新中国成立70周年合唱比赛。全市有32支合唱队、2000余名老干部参加比赛。9月5日，沈阳市举办“砥砺前行 走向复兴”沈阳市老干部庆祝中华人民共和国成立70周年文艺演出。演出分为《祖国颂歌》《当家做主》《春天故事》《走向复兴》《我的祖国》5个篇章，表演形式有合唱、歌舞、戏曲、器乐、朗诵、小品等13个节目。900余名离退休干部欢聚一堂，共同歌颂中国共产党走过的光辉历程，展望灿烂美好的新时代。9月23日，“砥砺前行、走向复兴”沈阳市老干部庆祝中华人民共和国成立70周年书画摄影作品展在市老干部服务中心举行。展出作品出自326位老干部之手，共459幅。与沈阳市关工委联合开展“庆祝中华人民共和国成立70周年——我和我的祖国”主题征文活动，收到全市广大离退休干部撰写的散文、诗歌等作品155篇。

【全市退休干部信息化平台数据采集】 8月30日，沈阳召开全市退休干部信息采集工作部署培训会，对信息采集工作填报范围、推进进度、完成时限及相关工作作出安排部署。截至12月31日，全市13个区县（市）和82家市直单位、高校、企业录入退休干部信息10余万人。

【企业离休干部解困】 2019年，为市直特困企业异地居住离休干部协调解决医药费17万余元；为70户市直特困企业301名离休干部办理医疗统筹金免缓缴手续；提前为93户市直特困企业496名离休干部发放采暖费135万元；申请专项资金12万元对48名特困离休干部给予重点帮扶。

【向市属668名离休干部赠送彩电】 2019年，全市改变采购形式，加速发放彩电，国庆前后分2批将55英寸彩电提前发放到668名市属年满90周岁离休干部手中，受到老干部普遍欢迎。2007—2019年，全市有4113名市属离休干部享受到这一待遇。

【区县（市）离休干部医疗保障服务试点】 2019年，在全市“持卡就医”整体工作运行良好基础上，市委老干部局选择沈阳市第一人民医院、沈医二院、沈阳市第三人民医院、沈阳市第四人民医院、沈阳市第八人民医院、东北国际医院6家具有代表性的医院，为区县（市）离休干部开通“一站式”绿色服务通道，并享受干诊服务，一定程度上缓解区县（市）离休干部到市直医院看病难、看病同城不同待遇问题。

【198名离休干部住房货币化补贴发放】 沈阳市从1999年开始推动解决离休干部住房货币化补贴工作，2019年协助沈阳机床集团在改制过程中优先解决198名离休干部住房货币化补贴问题。截至2019年末，全市解决14565名离休干部住房货币化补贴。

（毕文杰）

党校教育

【概况】 2019年，市委党校不断提高办学质量和水平，圆满完成各项工作任务。

干部教育培训。党校举办各类培训班97期，培训人数22453人。其中，计划内主体班次培训32期，培训3940人，计划外班次培训65期，培训18513人。

“不忘初心、牢记使命”主题教育。提高政治站位，确保主题教育高质量推进。成立以主要领导为组长的主题教育工作领导小组，制定实施方案，召开全校主题教育工作会议，召开推进会4次，修改完善方案计划7件次，修改交流材料、检视问题11人次。组织集中学习14次，6月14—20日举办校委班子主题教育读书班。校委班子成员开展调研30余次，召开专题座谈会10余次，梳理问题7项28条，提出对策措施和工作思路7项26条。同时，每名班子成员为党员干部讲党课，主要领导为全校党员干部讲授专题党课。召开巡察反馈意见整改落实专题民主生活会、“不忘初心、牢记使命”主题教育专题民主生活会，及时完成9个党支部选举工作，开展唱响《我和我的祖国》快闪、读书推介、健步走等活动，举办建校70周年文艺汇演。

科研和决策咨询。申报课题70项，立项近50项，其中省社会科学规划基金立项3项，省科技计划基金立项1项，全国地方党校（行政学院）重点调研课题2项。校级课题聚焦“习近平新时代中国特色社会主义思想研究课题”“沈阳市重点问题研究课题”两大主题开展理论研究，发表论文100余篇。深入解读和宣讲中央和省、市委的重大决策部署，在《沈阳日报》刊发理论文章6篇，高质量出版《沈阳干部学刊》6期。开展全市党校系统庆祝中华人民共和国成立70周年征文活动，举办理论研讨会，征选论文55篇并汇编成册。聚焦中心工作，推进智库建设。立项市委市政府智库咨询课题7项，围绕贯彻落实市委十三届十次全会精神、市委书记张雷为全市党员干部讲授主题教育专题党课时指出的5个方面15个问题，确定12项研究题目。在内参发表咨政报告10篇，4篇获市领导肯定性批示，2篇咨政建议获市长姜有为肯定性批示。

教学科研管理。根据形势和任务的要求，不断充实和创新教学内容，探索建立“1+10+X”教学框架，“1”是一个总论，“10”是十个分论，将习近平新时代中国特色社会主义思想分为经济篇、法治篇、民生篇、生态篇等10个方面进行阐释，“X”是推动沈阳高质量发展、新时代振兴的特色课程，把学习习近平新时代中国特色社会主义思想与沈阳振兴发展实际相结合，合理安排教学内容。成立教务部，统筹安排各主体班次教学计划，按要求纳入干部培训计划33项内容，确保课程总体框架不变、课时比例要求不变。在主体班开设沈阳振兴与创新发展教学单元，围绕贯彻落实市委十三届十一次全会、市委经济工作会议精神，开设沈阳振兴与创新发展教学单元，及时邀请市直有关部门领导解读会议精神；举办“开放创新双驱动，开启振兴新征程”教学论坛，开展优化营商环境“万人进万企”培训，确保会议精神进课堂。

师资和人才队伍建设。深入实施“名师工程”，大力培养青年教师和年轻干部，制定教研人员挂职锻炼办法，选派9名教师参加中央党校和省委党校的师资培训班，1名教师到市自贸办挂职锻炼。制定教师进修和调研工作实施方案，形成集体备课、共同试讲、学习观摩、共同提高的教研体系。严格执行《党政领导干部选拔任用工作条例》，选拔任用9名副处级领导干部，其中有5名是80后干部。真正把素质好、能力强、敢担当的干部选拔上来，树立正确选人用人导向。同时，加强年轻干部工作，做实做细教育、培养、使用、监督等环节，在内设机构间进行交流轮岗，不断提升综合技能。制定教研人员考核办法，对全校203卷干部人事档案进行清查。深入推进“五个一”帮扶活动，校委班子成员先后7次到扶贫点考察了解情况，协调解决问题，抓好驻村干部的管理和服务工作。

对外交流。9月19—24日，“阿曼公共部门培训流程管理模式研修班”一行29人到访沈阳并住读市委党校，研修班成员均为阿曼国家司处级领导干部。研修班受商务部委托，由中共中央党校（国家行政学院）国际和港澳培训中心和中共沈阳市委党校（沈阳行政学院）共同承办。

后勤服务。完成重大会议活动服务保障任务32次和各类培训班教学保障任务115次，外出教学用车112次，各类会议服务保障任务229次，使用教室920间次，提供就餐服务13.9万余人次。完成132件、价值156.37万元固定资产报废工作。改善办学条件，完成东侧裙楼改造1200平方米和“智慧校园”一期工程建设，完成综合楼A座消防立管、综合楼地下制冷机组等日常维修，完成综合楼二楼报告厅、文体中心屋盖系统质量检测，对发现的安全隐患上报市委并封闭。不断优化校园环境，制定校园配套综合管网改造、园区美化、文化景观提升工作方案，新建、修缮校园围墙440米，调整维修学员宿舍灯具600只，铺设校园路灯线路300余米。组织消防安全培训演练3次，消除事故隐患点位15处。走访慰问教职工和退休职工及职工直系亲属41人次。与市信访联席会议办公室沟通，协调解决所需养老保险和医疗保险等经费164.2万元。

【系列教学活动】 2019年，把习近平新时代中国特色社会主义思想作为各类班次的主干课程，突出党的理论教育和党性教育主业主课地位，严格落实课时比例，在各类主体班中，党的理论教育和党性教育课时达到72.4%，党性教育占总课时达到20.5%。完善课程体系，提高培训精准度。统筹安排各主体班次教学计划，按要求纳入干部培训计划33项内容。突出精准化培训教学，对照习近平总书记提出的“六个方面要求”开发教学专题。丰富教学方式，提升教育培训实效。在各主体班开展异地教学、现场教学，录制“党校教师话劳模”微课5部，对外培训首次举办国际性培训班，继续教育工作连续三年被省委党校评为在职研究生工作先进集体。

（市委党校）

保密事业

【概况】 2019年，全市各级保密组织和广大保密工作者全面贯彻党的十九大和十九届二中、三中、四中全会精神，深入学习贯彻习近平新时代中国特色社会主义思想，以习近平总书记关于保密工作重要讲话精神为统领，多措并举开展保密宣传教育，推进领导干部、涉密人员、初任公务员等保密教育培训常态化。为21个机关单位2500余名领导干部和涉密人员进行“两识”（保密知识、保密意识）培训；指导全市各单位规范定密程序，提升依法定密能力，有效推进全市定密工作精准化进程；为市纪委等单位制作提供保密警示教育片，筑牢坚实的保密防线；加强军地合作，通过编写《实现强军梦想，筑牢保密防线》教案等方式，为部队加强保密工作提供有力支持。组织开展全市保密专项检查，对全市72个重点地区和单位开展拉网式专项检查，提高全市保密防控能力；发挥保密工作保安全保发展作用，对38项国家统一考试开展保密监督、检查、指导突发事件处置等工作，同时派专人参加命题入闱工作。先后选派6人次技术骨干参加国家保密科技测评中心举办的全国涉密信息系统测评中、高级培训班，对《基于涉密专用计算平台的涉密信息系统分级保护测评规范》进行系统学习，掌握涉密专用计算机和服务器的测评技术及方法，并指导相关部门落实分级保护要求，开展信息系统建设。

【接受省保密指导组检查指导】 7月中旬，迎接省委督查组对全市保密工作的抽查，对市委统战部、市政协办公室、沈河区、和平区和黎明公司5家单位开展保密专项检查指导工作。在迎检过程中，市保密局提前做好准备，帮助受检单位做好预案，积极配合省委指导组工作，对于在检查过程中发现的问题，主动跟进，督促整改。

【保密培训】 2019年，对大东区、辽中区等40余个地区和单位开展保密形势教育、定密管理工作、保密基础知识等为主要内容的保密业务培训，4700多人受到保密教育。为全市960名中考命题教师作专项保密培训。组织13场窃密风险演示培训，30家市直机关单位1800人次参加。

【保密行政审批】 2019年，受理国家秘密载体印制保密资质审核7件，处理270次咨询服务。梳理市保密权责清单，明确国家秘密载体印制资质审核转报、对机关单位遵守保密制度情况检查等6项行政权力，进一步推进保密行政管理工作规范化开展。

（市国家保密局）

市直机关党建

【概况】 2019年，是原市直机关工委和原中省直企业工委合并后，组建的机关工委开局之年。市直机关工委坚持以习近平新时代中国特色社会主义思想为指导，认真贯彻落实习近平总书记在中央和国家机关党的建设工作会议上的重要讲话精神，以党的政治建设为统领，以提升组织力为重点，以开展“党支部建设质量提升年”为载体，以“党建+营商环境”为着力点，聚焦“围绕中心、建设队伍、服务群众”职责任务，扎实推进市直机关和中直企业党的建设，为实现沈阳高质量发展、新时代振兴积极贡献力量。召开市直机关党的工作和党风廉政建设会议、工委系统党建重点工作推进会，研究制定《关于加强和改进市直机关党的建设的若干措施》，把党中央关于加强党的政治建设的部署要求贯彻到党建和业务工作全过程、各方面。对机关党建存在的问题整改情况进行专项督查。做好第一批主题教育督导协调，抓好工委系统第二批非公企业主题教育的统筹指导。开展“解放思想推动高质量发展”大讨论，举办“沈市机关先导讲坛”4场高端讲座。巩固壮大党建宣传舆论阵地，打造微信平台、网站、日报专版、数字联播平台“四位一体”党建宣传新格局。推进支部标准化规范化建设，实现达标率90%。举办首届“初心杯”党建创新案例大赛。选送的党建创新案例获全国十佳案例银奖。编辑出版《新时代党建优秀案例集》。推进党建阵地建设，设立9个第一批党员教育基地。深化“党建+四服务”，有效破解党建和业务“两张皮”。服务央企发展，制定《“我为央企服好务、央企助沈新振兴”系列活动方案》，搭建市直机关与中直企业沟通联络互动平台。完成信访稳定工作目标。加强党风廉政教育，举办市直机关处级领导干部党风廉政教育培训班和微信答题活动。持续深化纠“四风”工作，狠抓监督检查，推进机关作风转变。推进活力机关建设，举办“我和我的祖国”诗词咏诵会、篮球赛、趣味运动会。做好生活困难党员、职工帮扶救助工作，走访慰问生活困难职工党员、老党员2400余人，发放慰问金、帮扶资金等累计350余万元。加强工委机关自身建设，高质量完成主题教育，考核评估等次为“好”。开展理论中心组学习，严格落实意识形态责任制。提炼“忠诚、务实、引领、服务”工作理念。开展“读书年”活动，开展党风廉政教育，建设让党满意、让群众满意的模范机关。

【市直机关处级领导干部培训】 1月，举办5期市直机关处级领导干部深入学习贯彻习近平总书记在辽宁考察时和在深入推进东北振兴座谈会上重要讲话精神专题培训，培训3400名市直机关处级领导干部。3月，完成4期《中国共产党支部工作条例（试行）》专题培训，培训党支部书记3200名。7月，举办4期市直机关处级领导干部“不忘初心、牢记使命”主题教育读书学习班，3300名市直机关处级领导干部参加。9月，举办市直机关处级领导干部党风廉政教育集中培训班，培训围绕正风肃纪，预防职务犯罪，开展党风廉政教育，市直机关3200余名处级领导干部参加培训。

【市直机关工委系统群众性文体活动】 1月28—29日，组织市直机关职工“欢歌笑语迎佳节、活力机关贺新春”文体活动，丰富机关文化生活，营造节日氛围。推进市直机关乒乓球、羽毛球、篮球等文体活动兴趣小组的建设，有计划、有步骤、有组织开展各类群众性文体活动和交流竞赛。组织市直机关合唱团参加“我和我的祖国”快闪活动和“壮丽70年，奋斗新时代”第五届沈阳合唱季开幕式音乐会演出，演唱《我和我的祖国》。3月28日至4月10日，举办首届沈阳市直属机关、中直企业职工篮球赛，80家单位、1000余名干部职工报名参赛。7月16—19日，市直机关工委和市总工会、市体育局共同举办沈阳市直属机关、中直企业职工趣味运动会。运动会以“振奋精神、强健体魄、凝聚力量、服务振兴”为主题，设置12个比赛项目，市直机关和中直企业107家单位，4000余名运动员参赛。

【市直机关党的工作和党风廉政建设工作暨党组织书记述职评议会议】 2月18日，市直机关工委组织召开。市委常委、统战部部长王镇出席会议并讲话。会议强调，市直机关必须在助推振兴上始终坚持“机关先行、党建引领”的工作理念，在机关党建上牢牢把握“服务中心、建强队伍”这两大任务，切实为沈阳高质量发展、新时代振兴提供坚强政治保证、组织保障和力量支撑。市委统战部、市检察院、市发改委、市交通局4家单位党组织负责人进行现场发言，65家单位作书面汇报。市直各单位分管党建工作的领导、机关党委专职副书记，中直企业党组织书记、党委工作部门负责人，各区县（市）直机关工委书记，350余人参加会议。

【“初心·使命”工委系统党员过“政治生日”活动暨党员教育基地揭牌仪式】 5月23日，市直机关工委在原沈阳军区后勤史馆举办“初心·使命”工委系统党员过“政治生日”活动暨党员教育基地揭牌仪式。市委常委、市委秘书长、市直机关工委书记李强出席活动。市直各单位机关党委专职副书记，各区县（市）直机关工委书记，中直企业党委组织部长（党群部长），党员代表等200余人现场观看习近平总书记对“初心·使命”的重要论述和对党员的寄语视频；辽宁省优秀共产党员、市直机关优秀共产党员代表刘柏青宣读35年前的入党志愿书；过“政治生日”的12名工委系统党员代表带领大家郑重宣誓、重温入党誓词。市直机关工委系统党员教育基地正式揭牌，原沈阳军区后勤史馆等9家场馆作为市直机关工委系统党员教育基地同时挂牌启用。

【首届“初心杯”市直机关工委系统党建创新案例大赛】 9月4日，首届“初心杯”市直机关工委系统党建创新案例大赛决赛在沈阳创新天地市直机关红色讲堂举行。市委常委、市委秘书长、市直机关工委书记李强等出席活动。市直机关工委领导班子，市直相关单位领导、专职副书记、党群工作部部长和党员干部代表300余人参加活动。大赛以党的政治建设为统领，坚持围绕中心、建设队伍、服务群众，通过创新案例申报、评选、展示，推动党建活动“实”起来、全体党员“动”起来、工作效率“高”起来、党员素质“强”起来。工委系统有百余家单位近200个案例报名参赛，集中展示党建创新、文化创意、服务创优的新举措，其中10个案例脱颖而出进入

▶10月31日，市直机关工委党建创新案例获第二届党建创新成果展示交流活动“十佳案例”银奖　（市直工委供）

决赛，沈阳广播电视台、中建二局北方公司获最佳案例一等奖。

【新中国成立70周年“我和我的祖国”诗词咏诵会】 9月24日，市直机关工委联合市委宣传部、市文联、市文化旅游广电局共同举办庆祝新中国成立70周年“我和我的祖国”诗词咏诵会。市直机关、驻沈中直企业的48名一线干部职工朗诵诗词，共同讴歌新中国成立70年来的光辉历程、伟大成就和宝贵经验，展示沈阳经济社会发展取得的丰硕成果。工委系统各单位党组织负责人及干部职工代表，部分区直机关干部职工代表共计1000余人参加咏诵会，近3000名党员干部通过网络同步观看直播。

【工委系统专职党务干部培训班】 9月25日、10月14日，分期举办由市直机关党委专职副书记、中直单位组织部部长和区县工委常务副书记参加的党建业培训务班，共计160余人参加培训，培训内容主要为基层党组织换届、党支部组织生活制度、发展党员、党费收缴使用、党员教育管理、如何当好专职副书记（组织部部长）等党建业务内容。11月，举办2期市直机关工委系统党支部书记示范培训班，市直单位和中直单位的优秀党支部书记160余人参加培训。

【沈阳市直机关工委党建创新项目获全国第二届党建创新成果展示交流活动“十佳案例”银奖】 10月31日至11月1日，由中央和国家机关工委《旗帜杂志社》、深圳市直机关工委联合主办的全国第二届党建创新成果展示交流活动在深圳举行。沈阳市直机关工委参评的《全面推行“机关党建+四服务”工作模式 破解党建与业务工作“两张皮”问题》党建创新项目在比赛中脱颖而出，获全国第二届党建创新成果展示交流活动“坚持和加强党的全面领导”方面的“十佳案例”银奖。

（市直机关工委）

二、沈阳市人民代表大会

综　述

2019年，在市委的坚强领导下，市人大常委会以习近平新时代中国特色社会主义思想为指导，全面贯彻落实党的十九大和十九届二中、三中、四中全会精神，深入学习贯彻习近平总书记关于坚持和完善人民代表大会制度的重要思想，坚持党的领导、人民当家作主、依法治国有机统一，紧密围绕全市工作大局，依法履行职责，主动担当作为，与全体人大代表一道，为发展社会主义民主政治、推动沈阳高质量发展新时代振兴作出积极贡献。

全面履行人大职能。常委会坚持围绕中心、服务大局，紧扣贯彻落实中央决策部署和省委、市委要求，紧扣人民群众对美好生活的向往，紧扣厉行法治，积极施展作为，充分发挥人大职能作用。着力优化经济社会发展法治环境，坚持以良法促进发展、保障善治，强化立法引领推动作用。加强法律法规贯彻实施的监督，推动解决相关领域的突出问题，增强法律法规的执行力。多措并举打造民营经济加快发展的良好法治环境，从完善法规制度、落实惠企政策、强化司法执法监督、发挥代表作用等方面打出“组合拳”。加强对“一府一委两院”依法行政、公正司法的监督，促进提高法治化水平。倾力助推经济高质量发展，加强对经济运行情况的监督，支持和推动重大项目建设、企业科技创新主体培育、开放型经济发展。推进人大预算审查监督重点向支出预算和政策拓展，对隐性债务、落实减税降费政策进行监督推动。强化人大国有资产监督职能，建立完善国有资产报告工作机制。加强生态环保监督，促进全市生态环境质量持续改善。依法保障改善民生，始终把人民放在最高位置，坚持民有所呼、沈阳有所应，以务实行动践行以人民为中心的发展思想，对居家养老服务体系建设、就业创业、“停车难”、教育、文化、医疗卫生、全民健身以及“菜篮子”工程建设、既有住宅加装电梯等民生事项，进行持续监督推进，用法治保障人民权益、增进民生福祉。做好受理申诉、控告、检举和意见工作，受理申控事项1302件，推动解决人民群众的操心事、烦心事。

推进代表机关建设。常委会牢固树立服务代表的理念，进一步完善制度机制、明确工作举措，全力支持和保障人大代表依法履行职责、充分发挥作用。突出提升议案建议办理质效，对本届人大二次会议确定的加大城市交通综合治理力度、统筹解决城市交通拥堵问题的议案，全程跟踪问效，与政府共同发力，取得阶段性成效。创新建议督办工作机制，推动优质高效办理，984件代表建议全部办结，有效转化为推动沈阳振兴发展的政策措施和现实成果上升为制度规范。持续优化代表履职服务保障，从制度上为代表履职提供保障。以“优化营商环境、全面深化改革——人大代表在行动”为主题，精心组织代表活动，加强代表履职学习培训，推进“双联系”走向纵深，拓展代表参与常委会工作的深度和广度。不断完善代表履职监督和管理，推进代表履职考评信息化，完善代表履职激励机制，统筹组织代表向原选举单位报告履职情况，促进代表积极主动、依法有效履行法定职权。

创建一流模范机关。常委会积极适应新时代人大工作新要求，以创建“创新进取追求卓越的模范机关”为目标，扎实推进常委会各项建设，人大整体工作水平全面提升。突出加强履职能力建设，强化学习培训，提高审议质量，组建常委会“智库”，推进“智慧人大”建设。持之以恒推动工作创新，围绕提高立法质量、增强监督刚性和实效、加强和改进代表工作、讨论决定重大事项、干部任后监督进行积极探索实践，取得一系列开拓性成果。着力增强人大工作生机活力，培育践行“忠诚、尚法、卓越、笃学、成长”的沈阳人大精神。举办“壮美振兴潮、奋进新时代”主题晚会，召开纪念地方人大设立常委会40周年座谈会，筹建人民代表大会制度与实践展示馆，扩大人大工作的社会影响力。加强干部队伍建设，人大机关呈现出科学高效、和谐向上的良好风貌。密切与区县（市）人大的联系，全市人大工作整体合力不断增强。市十六届人大常委会组成人员50人。市人大常委会有主任1人，副主任5人，秘书长1人，委员43人。设办事机构和其他工作机构5个，专门委员会9个。（市人大）

市人民代表大会及其常务委员会会议

【概况】 2019年，市人大常委会召开人民代表大会1次，即十六届人大第二次会议；召开常委会会议8次，其中第9次会议由主任潘利国、副主任马占春分别主持，第10次会议由副主任马占春主持，第11次会议由主任潘利国、副主任徐璐分别主持，第12次会议由主任潘利国、副主任邓福林分别主持，第13次会议由主任潘利国、副主任王健分别主持，第14次会议由主任潘利国、副主任安俊辉分别主持，第15次会议由主任潘利国、副主任马占春分别主持，第16次会议由主任潘利国、副主任徐璐分别主持。

【市第十六届人大第二次会议】 1月8—10日召开。大会表决通过关于《沈阳市人民政府工作报告》的决议；表决通过关于沈阳市2018年国民经济和社会发展计划执行情况与2019年国民经济和社会发展计划的决议；表决通过关于沈阳市2018年预算执行情况和2019年预算的决议；表决通过关于《沈阳市人民代表大会常务委员会工作报告》的决议；表决通过关于《沈阳市中级人民法院工作报告》的决议；表决通过关于《沈阳市人民检察院工作报告》的决议；通过《沈阳市第十六届人民代表大会第二次会议选举常委会委员和通过有关专门委员会组成人员人选办法》，补选王阳、田家、房东辉为沈阳市第十六届人民代表大会常务委员会委员，表决通过田家、陈玉海、杨丽华、吴姣、单兴万、姜萍、高雁翔、郭忠东为沈阳市第十六届人民代表大会社会建设委员会组成人员，并进行宪法宣誓。（市人大）

2019年市人大常委会会议

表3

会议名称	日期	主要内容
市十六届人大常委会第9次会议	2.26	审议沈阳市人大常委会2019年工作要点（草案）；审议关于补充调整沈阳市第十六届人民代表大会常务委员会代表资格审查委员会组成人员的决定（草案）；人事任免事项

续表3

会议名称	日期	主要内容
市十六届人大常委会第10次会议	4.12	人事任职事项
市十六届人大常委会第11次会议	4.25	审议《沈阳市居家养老服务条例（草案）》（二审）；审议《沈阳市城市供水用水管理条例（修订草案）》（一审）；听取审议市人大环资委关于市十六届人大二次会议主席团交付审议的《关于加大城市交通综合治理力度，统筹解决城市交通拥堵问题的议案》等8件议案审议结果的报告；听取审议市政府关于2018年度环境状况和环境保护目标完成情况的报告；听取审议沈阳市人民代表大会常务委员会代表资格审查委员会关于个别代表的代表资格的报告
市十六届人大常委会第12次会议	6.13	审议《沈阳市居家养老服务条例（草案）》（三审）；审议《沈阳市城市供水用水管理条例（修订草案）》（二审）；审议《沈阳市湿地保护条例（草案）》（一审）；审议《沈阳市道路客运市场管理条例废止案》；审议《沈阳市机动车维修市场管理条例废止案》；审议沈阳市人民代表大会常务委员会关于修改《沈阳市道路货运市场管理条例》《沈阳市环境噪声污染防治条例》的决定（草案）；听取审议市政府关于持续优化营商环境，促进民营经济发展工作情况的报告；审议市公安局、市司法局关于助力民营经济发展工作情况的报告（书面）；听取审议市法院关于发挥司法职能助力民营经济发展工作情况的报告；听取审议市检察院关于发挥司法职能助力民营经济发展工作情况的报告；听取审议市政府关于沈阳市企业创新主体培育工作情况的报告；听取审议市政府关于沈阳市外事工作情况的报告；听取审议市人大常委会执法检查组关于检查《中华人民共和国水污染防治法》实施情况的报告；听取沈阳市人民代表大会常务委员会代表资格审查委员会关于个别代表的代表资格的报告；人事任免事项
市十六届人大常委会第13次会议	8.27	听取市政府关于全市经济社会发展情况的报告；审议《沈阳市湿地保护条例（草案）》（二审）；审议《沈阳市文明行为促进条例（草案）》（一审）；审议《沈阳市大气污染防治条例（修订草案）》（一审）；听取审议市政府关于沈阳市2018年财政决算的报告，审查批准沈阳市2018年市本级决算；听取审议市政府关于2018年度市本级预算执行和其他财政收支的审计工作报告；审议市政府关于2019年以来国民经济和社会发展计划执行情况的报告（书面）；听取审议市政府关于2019年以来沈阳市预算执行情况的报告；听取审议市政府关于沈阳市固定资产投资情况的报告；听取审议市政府关于沈阳市居家养老服务体系建设情况的报告（开展专题询问）；听取审议市政府关于解决“停车难”问题有关工作情况的报告；听取审议市政府关于沈阳市林业生态建设情况的报告；听取审议“一府两院”关于市十六届人大二次会议以来代表建议、批评和意见办理情况的报告；审议《沈阳市人民代表大会常务委员会讨论决定重大事项的规定（修订草案）》；人事任免事项

续表3

会议名称	日期	主要内容
市十六届人大常委会第14次会议	10.23	审议《沈阳市湿地保护条例（草案）》（三审）；审议《沈阳市大气污染防治条例（修订草案）》（二审）；审议《沈阳市政务数据资源共享开放条例（草案）》（一审）；听取审议市政府《关于加大城市交通综合治理力度，统筹解决城市交通拥堵问题的议案》等8件议案办理情况的报告；听取审议市政府关于沈阳市法治政府建设情况的报告；审议市政府《关于提请审议批准2019年沈阳市本级预算调整方案的议案》；审议《沈阳市人民代表大会常务委员会关于加强城乡绿化工作的决定（草案）》；听取部分市政府工作部门主要负责人履职情况的报告；人事任免事项
市十六届人大常委会第15次会议	12.3	审议《沈阳市文明行为促进条例（草案）》（二审）；审议《关于召开市十六届人大三次会议的决定（草案）》；审议市人大常委会向市十六届人大三次会议所作的工作报告（草）；审议市政府关于2018年度国有资产管理情况的综合报告（书面）；听取审议市政府关于2018年度企业国有资产管理及国企改革情况的专项报告；听取审议市政府《关于2018年度市本级预算执行和其他财政收支的审计工作报告》提出问题整改情况的报告；听取审议市政府关于市十六届人大二次会议以来代表建议、批评和意见办理情况的报告；审议市法院关于市十六届人大二次会议以来代表建议、批评和意见办理情况的报告（书面）；审议市检察院关于市十六届人大二次会议以来代表建议、批评和意见办理情况的报告（书面）；人事任免事项
市十六届人大常委会第16次会议	12.27	听取关于沈阳市第十六届人民代表大会第三次会议筹备工作情况的报告；审议沈阳市第十六届人民代表大会第三次会议议程（草案）和日程（草案）；审议沈阳市第十六届人民代表大会第三次会议主席团和秘书长、主席团常务主席、副秘书长及列席人员建议名单；审议沈阳市人民代表大会常务委员会关于接受个别委员因工作原因辞去沈阳市第十六届人民代表大会常务委员会委员职务请求的决定；听取审议沈阳市人民代表大会常务委员会代表资格审查委员会关于个别代表的代表资格的报告；补选辽宁省第十三届人民代表大会代表，并进行人事任免事项

（市人大）

地方立法

（参见法治·人大立法）

监　督

【概况】 2019年，市人大常委会听取审议专项工作报告36项，组织专题询问1项，开展执法检查和集中视察调研14次。转办督办常委会会议有关审议意见21件、视察意见1件、主任会议有关审议意见9件，编发督查工作呈阅件23期。

【居家养老服务监督】 2019年，市人大常委会开展十六届人大以来的首次专题询问。8月28日，市十六届人大常委会第十三次会议举行联组会议，常委会组成人员和市人大代表围绕着社会关切，聚焦瓶颈问题，“十问”居家养老服务。市政府副市长王广生及11名相关部门主要负责人到场应询。研究制定《关于贯彻落实〈沈阳市居家养老服务条例〉的实施意见》，连续听取审议相关工作报告，促进政府加快补齐短板，汇聚更多资源发展居家养老服务。

【预算决算审查监督】 2019年，市人大常委会起草沈阳市《关于人大预算审查监督重点向支出预算和政策拓展的实施意见》，推进人大预算审查监督重点向支出预算和政策拓展，审查批准市本级2018年决算和2019年预算调整方案，开展对隐性债务的监督，促进加强隐性债务监管和存量化解工作，助推打好防范化解重大风险攻坚战；推进完善预算联网监督系统，实现全市13个区县（市）人大全部完成与同级财政部门联网，数据录入完毕并开展监督，并在全省率先实现“横向联网、纵向贯通”。

【国有资产监督】 2019年，市人大常委会强化人大国有资产监督职能，听取审议国有资产管理情况年度综合报告和企业国有资产管理及改革情况的专项报告。稳步推进国有资产管理规范化、制度化。首次建立沈阳市国有资产报告长效工作机制，规范各类国有资产报告内容，明确牵头单位和相关责任部门，提出总体工作要求，同时指导区县（市）人大建立报告制度，提前一年实现“全覆盖”目标。

【生态环保监督】 2019年，市人大常委会加强生态环保监督，聚焦中央环保督察组反馈问题，采取省、市、县区（市）三级人大联动方式，对水污染防治法进行执法检查，听取审议年度环境质量状况和环境保护目标完成情况的报告以及林业生态建设情况的报告，针对沈阳市绿化面积总量不足的状况，作出关于加强城乡绿化工作的决定，对垃圾分类和无害化处理、再生水利用等工作，组织多次调研视察、促进生态环境质量持续改善。

（市人大）

重大事项审议

【概况】 2019年，市人大常委会坚持将行使重大事项决定权与开展重点监督工作紧密结合起来，围绕事关全市振兴发展的工作大局和人民群众普遍关注的重大事项，确定监督审议议题，适时作出决议提出审议意见，依法推动市委重大决策部署和全市重点工作的有效落实。完善人大讨论决定重大事项的规定，人大行使重大事项决定权取得新进展。围绕法治政府建设、会展业发展、创新主体培育、城乡绿化、基层卫生服务体系建设等重大事项进行审议，作出决议或提出审议意见，并以听取审议报告、执法检查、专题视察、专项调研、专题询问等形式，跟踪促进各项重要审议意见的落实，使相关问题得到推进与解决。

【《关于沈阳市企业创新主体培育工作情况的报告》审议】 6月21—22日，市十六届人大常委会第十二次会议听取审议《关于沈阳市企业创新主体培育工作情况的报告》。常委会组成人员认为，市政府及有关部门高度重视科技企业的发展和培育工作，始终将其作为提升科技创新能力、推动经济高质量发展、扩大社会就业的重要支撑，出台一系列政策措施，取得扎实的效果。常委会组成人员建议：加强企业创新主体梯队建设。明确创新型中小企业、科技小巨人企业、高新技术企业等差异化认证条件，制定差异化培育策略。引导各类企业结合自身实际开展创新活动，形成覆盖不同阶段、不同层次的梯次创新主体格局。优化科技资金支出结构。加大对企业研发活动的奖励和补助，引导企业不断增加研发投入。优先支持研发投入占比高、产品市场前景好、研发能力强的企业，激发企业的创新动力。强化科技金融支撑，建立健全补偿代偿机制。加大人才引进力度。依托沈阳市战略性新兴产业、未来产业和重大科技项目，定向引智，培养一批科技领军人才。坚持引进人才和培育人才相结合的原则，做好中青年后备科技人才的储备和培育，不断提高人才队伍整体素质。

【《关于沈阳市固定资产投资情况的报告》审议】 8月27—28日，市十六届人大常委会第十三次会议听取审议《关于沈阳市固定资产投资情况的报告》。常委会组成人员认为，2019年以来，市政府持续优化营商环境，加大招商引资力度，强化项目推进，沈阳市固定资产投资平稳增长。但是，还存在着三次产业投资结构失衡、工业投资总量小占比低、基础设施投资不够等问题。常委会组成人员建议：全力做好招商引资工作。树立全市招商引资一盘棋思想，实现错位发展。大力引进符合高质量发展要求的产业项目。发挥好自贸区、中德园等园区的招商引资作用。抓好与北京、江苏等地区的对口合作，搞好项目对接，扩大引资成果。不断调整优化投资结构。强化政策激励，积极吸引牵动力强的工业投资项目。抓好地铁等交通设施、环境治理等方面的投资。激活民间投资动力，鼓励社会资本参与城市建设。加强对县域重大项目的支持。扎实做好服务保障。深入推进“放管服”改革，切实为项目建设提供良好的政务服务。深化工程建设项目审批制度改革，优化项目审批流程。强化要素保障，加强配套设施建设。继续实施行之有效的重大项目专班制度，实行项目全周期服务。持续优化营商环境。积极打造有利于民营经济发展的良好法治环境。加强诚信政府建设，全力解决政府招商承诺不兑现、拖欠工程款等问题。构建“亲”“清”新型政商关系，真正做到亲商、重商、安商、护商。

【《关于沈阳市法治政府建设情况的报告》审议】 10月23—24日，市十六届人大常委会第十四次会议听取审议市政府《关于沈阳市法治政府建设情况的报告》。会议同意这个报告。常委会组成人员认为，建设法治政府是全面推进依法治国的重点任务和主体工程。市政府高度重视法治政府建设，统筹推进各项工作，尤其是在完善决策机制、深化重大改革、优化营商环境等方面做了大量工作，法治政府建设取得新进展。但是，沈阳市行政执法还存在薄弱环节，政府诚信建设还有待加强，“放管服”改革还需要深化。常委会组成人员提出建议，要夯实政府主体责任，不断推进治理体系和治理能力现代化；要持续加大执法力度，切实维护法律的权威和尊严；要聚焦改革发展痛点，积极打造法治化营商环境；要坚持以民为本，不断提高社会治理法治化水平；要加强法治文化建设，推动形成社会主义法治文明新风尚。

【《关于加强城乡绿化工作的决定》】 10月23—24日，市十六届人大常委会第十四次会议听取审议《沈阳市人民代表大会常务委员会关于加强城乡绿化工作的决定》。会议认为，建设生态文明，关系人民福祉，关乎民族未来。城乡绿化作为城市生态文明建设的重要内容，对改善生态环境有着十分重要的作用。为深入贯彻习近平生态文明思想和党的十八大、十九大精神，建设美丽沈阳、改善生态环境和人居环境质量，实现县乡森林化、城市园林化、城乡统筹发展、人与自然和谐共生，会议就加强城乡绿化工作作出决定，对修订《沈阳市绿化条例》、编制新一轮《沈阳市生态绿地系统规划》《沈阳市湿地保护规划》，提高生态绿化各项指标、加强绿化执法和管理力度等方面提出明确要求。

（市人大）

人事任免

【概况】 2019年，市人大常委会坚持党管干部和人大依法任免相统一，严格依照法定职权、法定程序组织选举和任免事项。拓展完善干部任后监督机制，听取审议履职报告，强化监督结果运用，激励和促进国家机关工作人员依法行权、担当尽责。依法任免142人的法律职务。其中市人大专门委员会成员7名、市政府组成人员31名、监察委员会委员1名、审判人员19名、检察人员84名。补选市第十六届人大代表36人，终止代表资格1人。

【任后监督】 2019年，市人大常委会进一步做好依法任命的市政府工作部门主要负责人向市人大常委会报告履职情况工作。学习借鉴外市经验做法，制定实施方案形成《关于市人大常委会依法任命的市政府工作部门主要负责人向市人大常委会报告履职情况的实施方案》。在市十六届人大常委会第十四次会议听取审议市教育局、市城乡建设局、市房产局、市水务局主要负责人的履职情况，提出审议意见，并反馈市政府和报告人，报送市委。

（市人大）

2019年市人大常委会任免的“一府两院”人员情况

表4

会议名称	日期	会议内容
市十六届人大常委会第9次会议	2.26	任命：房东辉为沈阳市第十六届人民代表大会教育科学文化卫生委员会副主任委员；关雪峰为沈阳市第十六届人民代表大会监察和司法委员会委员；李玉昆为沈阳市第十六届人民代表大会监察和司法委员会委员；金宪为沈阳市第十六届人民代表大会监察和司法委员会委员；韩洋为沈阳市第十六届人民代表大会监察和司法委员会委员 免去：陈玉海的沈阳市第十六届人民代表大会教育科学文化卫生委员会副主任委员职务；陈世海的沈阳市监察委员会副主任职务；樊友明的沈阳市中级人民法院审判员职务；庞少华的沈阳市中级人民法院审判员职务；王宏杰的沈阳市中级人民法院审判员职务；甘国明的沈阳市中级人民法院审判员职务
市十六届人大常委会第10次会议	4.12	决定任命：高伟为沈阳市人民政府副市长；李松林为沈阳市人民政府副市长；赵永圣为沈阳市统计局局长；谷军营为沈阳市城市管理综合行政执法局局长 决定免去：刘晓东的沈阳市人民政府副市长职务；阎秉哲的沈阳市人民政府副市长职务；孙明的沈阳市城市管理综合行政执法局局长职务
市十六届人大常委会第12次会议	6.13	任命：张福财为沈阳市第十六届人民代表大会社会建设委员会副主任委员 决定任命：邢鹏为沈阳市人民政府秘书长；王庆海为沈阳市发展和改革委员会主任；王永刚为沈阳市民族和宗教事务局局长；杨志宏为沈阳市人力资源和社会保障局局长；关蓉晖为沈阳市文化旅游和广播电视局局长；刘莹光为沈阳市审计局局长；张晓权为沈阳市体育局局长 决定免去：邢鹏的沈阳市发展和改革委员会主任职务；杨志宏的沈阳市民族和宗教事务局局长职务；陶庆才的沈阳市人力资源和社会保障局局长职务；杜春华的沈阳市文化旅游和广播电视局局长职务；韩力的沈阳市审计局局长职务；关蓉晖的沈阳市体育局局长职务
市十六届人大常委会第13次会议	8.27	决定任命：范宏利为沈阳市人民政府副市长；刘澜波为沈阳市农业农村局局长 决定免去：朱文波的沈阳市农业农村局局长职务

续表4

会议名称	日期	会议内容
市十六届人大常委会第14次会议	10.23	决定任命：曹鹏为沈阳市人民政府秘书长 任命：石兴、丛凤钢、任江、华获、刘智、孙硕、林红、黄大鹏、訾丽静、魏星星为沈阳市中级人民法院审判员；刘海滨为沈阳经济技术开发区人民法院审判员；关飞、朱超、杨帅、王敏、于福军、孙舒雨、李景波为沈阳市人民检察院检察员；曲扉扉为沈阳市城郊地区人民检察院检察委员会委员；张天金、杨爽、王子东为沈阳市城郊地区人民检察院检察员 决定免去：邢鹏的沈阳市人民政府秘书长职务 免去：孔祥来的沈阳市中级人民法院刑事审判第二庭副庭长职务；龙君辉的沈阳市中级人民法院审判员职务；郭丛琳的沈阳经济技术开发区人民法院审判员职务；方世义、魏武宁、黄骏的沈阳市人民检察院检察委员会委员、检察员职务；刘巍、宓世琦、王恩惠、张辉、唐绍宏、李大庆、李洪海、刘湘萍、田英、高尚宏、韩旭、李红武、李亨刚、张伟、王辉、彭峰、潘峰、马鹏鹍、张帅、隋锡伟、熊延辉、李秀海、于永丰、陈东升、张硕、李泉、李壮、杨福楠、王利顺、韩鹏、张新、张秋浩、张文才、杨悦、王娇、邓磊、张镝、黄为农、孟祥仁、王文才、潘阳、胡晓明、范宇川、陈纳新、黄可义、吴穷、潘艳新、周剑非、高鹏、刘永刚、马骏巍、么家伟、姜鸿鹏、陆军、齐芙英、段红燕、孟弢、白祥金、刘全治、杨宏伟、张跃民的沈阳市人民检察院检察员职务；姬洪福、杨春博的沈阳经济技术开发区人民检察院检察委员会委员、检察员职务；李响、韵强、田绍飞、王福成、汤庆林的沈阳经济技术开发区人民检察院检察员职务；张树民的沈阳市城郊地区人民检察院检察委员会委员、检察员职务；刘海波的沈阳市城郊地区人民检察院检察员职务
市十六届人大常委会第15次会议	12.03	决定任命：王忠昆为沈阳市人民政府副市长；王佩军为沈阳市司法局局长；刘旭辉为沈阳市城乡建设局局长；孙博为沈阳市水务局局长；赵戈为沈阳市商务局局长；王志刚为沈阳市医疗保障局局长；孙鸿庆为沈阳市机关事务管理局局长 决定免去：于振明的沈阳市人民政府副市长职务；董开德的沈阳市司法局局长职务；吕凡的沈阳市城乡建设局局长职务；陈双伟的沈阳市水务局局长职务；张坚强的沈阳市商务局局长职务；杨顺昌的沈阳市医疗保障局局长职务；马志军的沈阳市机关事务管理局局长职务 免去：张中人的沈阳市监察委员会委员职务
市十六届人大常委会第16次会议	12.27	决定任命：王少林为沈阳市人民政府副市长；朱翎为沈阳市民族和宗教事务局局长；段继阳为沈阳市营商环境建设局局长 任命：陈青为沈阳市中级人民法院副院长、审判委员会委员、审判员 决定免去：姜军的沈阳市人民政府副市长职务；王永刚的沈阳市民族和宗教事务局局长职务；闫占峰的沈阳市营商环境建设局局长职务

（市人大）

联系人大代表和人民群众

【概况】 2019年，市人大常委会牢固树立服务代表的理念，进一步完善制度机制、明确工作举措，全力支持和保障人大代表依法履行职责、充分发挥作用。制定《关于更好发挥新时代人大代表作用的具体措施》《市人大代表活动经费管理使用办法》，从制度上为代表履职提供保障。加强代表履职学习培训，举办各类培训班14期，参加培训学习的人大代表1320人次。推进“双联系”走向深入，常委会组成人员联系代表800多人次，并注重发挥“代表之家”“代表联络站”等平台载体作用，密切代表与人民群众的联系。组织代表活动，开展代表活动130余次；通过市与区县（市）两级代表活动平台收集意见建议近4000件，解决率达95%。不断提高代表参与常委会工作的深度和广度，邀请代表列席常委会会议100余人次，组织代表参加视察调研、执法检查以及各类听证会等活动，形成四级人大代表立体联动履职的新格局。深入推进常委会与代表的联系。常委会领导联系代表30余人次。推进代表履职考评信息化，利用网络平台建立代表履职纪实台账，督促代表积极主动、依法有效履行法定职权。组织代表向原选举单位报告履职情况，增强代表自觉接受人民监督的意识。完善代表履职激励机制，对54名履职优秀代表、17个先进代表小组以及3件优秀议案、35件优秀建议进行通报表彰，激发代表履职积极性。

【代表工作会议】 9月10日，市人大常委会召开沈阳市人大代表工作会议。市人大常委会主任潘利国出席会议并讲话。市人大常委会副主任马占春作代表工作报告。会议对54名履职优秀代表、17个先进代表小组以及3件优秀议案、35件优秀建议进行通报表彰，印发《关于更好发挥新时代人大代表作用的具体措施》等文件，并进行代表工作经验交流。

【在沈全国人大代表视察】 12月10日，市人大常委会组织部分省、市人大代表，并邀请部分在沈全国人大代表，联合视察沈阳经济社会发展情况。此次联合视察采取分行业、分组实地视察与座谈交流相结合的方式进行。6个视察组分别视察地铁九号线和十号线换乘站长青南街站项目现场、浑南大道隧道建设工地、老虎冲垃圾处理厂、华晨宝马汽车有限公司大东工厂、华晨雷诺金杯汽车有限公司、辽宁雷风科技有限公司北海街充电站、市外事服务学校、市第四人民医院、首府科创园云创中心、沈阳福来食品实业有限公司、大民屯镇后栏杆泡村设施农业建设、大民屯镇方巾牛村新农村发展、沈阳秋实农业科技发展有限公司、市公安局视频解析中心、市公共安全管理平台、市法院执行指挥中心和诉讼服务中心、市政务服务中心、实胜寺、怪坡国际滑雪场、汇置尚郡家居养老服务中心等点位，全面了解沈阳市经济运行、城市建设、教科文卫事业、农业农村发展、营商环境建设与司法保障、社会事业与民族宗教等工作情况。代表们还围绕沈阳市经济社会发展的薄弱环节和存在的短板提出意见建议。

【“优化营商环境、全面深化改革——人大代表在行动”活动】 2019年，为优化沈阳市营商环境，市人大常委会组织开展“优化营商环境、全面深化改革——人大代表在行动”活动。常委会主动与各区县（市）人大和市直有关部门加强联系、密切配合，积极沟通解决相关问题，先后召开4次推进会，协调解决有关问题，推动活动开展。代表通过市和区县（市）两级代表活动平台，提出意见建议近4000件，解决率达95%。积极拓展“人大代表在行动”活动，广泛听取人大代表对沈阳市加强营商环境建设的意见建议，通过“监督快线”先后提出推动民营经济发展的意见建议1128件，其中1024件办结。

【代表议案建议督办】 2019年，市人大常委会坚持把督办代表议案建议作为重点工作来抓，对十六届人大二次会议确定的加大城市交通综合治理力度、统筹解决城市交通拥堵问题的议案，坚持全程跟踪问效，与政府共同发力，积极推进落实，取得阶段性成果。在建议督办上，不断创新工作机制，首次在市人代会上进行现场交办，比往年提前2个月启动建议办理工作。更加重视优质高效办理，坚持全过程跟踪、全方位联动、全覆盖反馈，精选11件建议由主任会议组成人员重点督办，对发展冰雪运动等建议提出二次督办意见，积极回应代表和群众关切。984件代表建议全部办结，建议解决率、代表满意率均高于往年，有效转化为推动沈阳振兴发展的政策措施和现实成果上升为制度规范。

（市人大）

专项活动

【市人大常委会赴新疆考察】 9月3—7日，市人大常委会主任潘利国率代表团赴新疆考察学习民族团结融合、生态环境建设，并推进对口支援等工作。代表团一行考察全国民族团结进步模范集体哈尔墩社区，并到“升旗老人”沙勒克江和多民族大家庭哈力旦家中做客，考察学习塔城市民族团结融合工作经验。在塔城期间，代表团一行还考察巴克图口岸丝路文化商品城、塔城市丝路创新创业基地等沈阳援疆重点项目，并看望慰问沈阳援疆工作队。在乌鲁木齐，代表团一行实地考察民族团结融合、生态环境建设等工作，并与乌鲁木齐市人大常委会及相关部门进行座谈交流。代表团表示，沈阳市人大常委会将认真学习借鉴乌鲁木齐市的先进经验，通过加强立法和监督等工作，积极推进沈阳生态环境建设，让沈阳的天更蓝、水更绿，生态环境更加美丽宜居。

【纪念地方人大设立常委会40周年活动】 为纪念地方人大设立常委会40周年，市人大常委会开展系列活动。9月24日，常委会在机关7楼会议室召开纪念地方人大设立常委会40周年座谈会，邀请各区县（市）人大常委会主任参加。9月27日，由市人大常委会、市总工会共同举办的“壮美振兴潮 奋进新时代”庆祝新中国成立70周年主题晚会在盛京大剧院举行。晚会以“壮美振兴潮 奋进新时代”为主题，分为光辉历程颂祖国、共促振兴赞沈阳、服务人民谱新章3个章节，融合歌曲、舞蹈、诗朗诵、说唱、戏曲等文艺形式，讲述伴随着人民代表大会制度的不断发展和完善，全市人大系统为推进社会主义民主法治建设、助力沈阳振兴发展作出的积极贡献。

【民营经济法治环境建设】 2019年，市人大常委会从完善法规制度、落实惠企政策、强化司法执法监督、发挥代表作用等方面打造民营经济加快发展的良好法治环境。听取审议“一府两院”、公安局、司法局的专项工作报告，对审议意见落实情况进行跟踪问效；针对企业反映突出的查封、扣押、冻结、合同纠纷等9个方面的问题，召开“规范法院执行工作”专题推进会，推动沈阳市营商环境进一步优化，沈阳民营经济发展活力不断增强。全年，沈阳市民营经济市场主体81.8万户，增长10%；民间投资1201亿元，增长16%；实现增加值3003亿元，增长6%。

（市人大）

三、沈阳市人民政府

综　述

2019年，全市地区生产总值6470.3亿元，增长4.2%；一般公共预算收入730.3亿元，增长1.3%；固定资产投资增长13.2%；社会消费品零售总额4479.6亿元，增长10.6%；城镇居民人均可支配收入46786元，增长6.2%；农村居民人均可支配收入18124元，增长9.6%；城镇登记失业率2.94%。

持续优化营商环境。深入推进放管服改革，取消下放调整行政职权417项，工程建设项目审批时限压缩1/3，109个便民服务事项在56个社区试点“全市通办”，136个高频事项实现“最多跑一次”。扎实开展专项整治，清偿政府拖欠企业工程款144亿元，清理政府和国有企业拖欠民营企业、中小企业账款68.8亿元。全面落实减税降费政策，全口径减税167.7亿元，降低社保缴费52.2亿元，一般工商业电价、用水工程设计费和监理费下调10%以上，应急转贷资金累计投放667.5亿元。加大民营经济扶持力度，通过“万人进万企”活动办结企业诉求4674件，实现“个转企”2197户、“小升规”超过210户、“规升巨”25户，3户企业成为国家首批“专精特新”小巨人。民间投资增长16%，实有市场主体增长10.3%。

推动经济平稳健康发展。积极扩大有效投资，开复工亿元以上项目1308个，桃仙机场二跑道、沈白高铁等工程全面启动，沈飞局部搬迁、沈海热电厂搬迁取得重大突破。加快制造业转型升级，新增智能工厂5个、数字车间10个，支持259户智能制造企业上云用云，机器人、新材料、航空、生物医药、新能源汽车产业产值分别增长9.5%、10%、10.5%、16%和50%。促进现代服务业提质增效，首届工业互联网峰会备受瞩目，习近平总书记专门发来贺信；全市限上单位网上商品零售额增长36.6%。会展交易额增长8%，金融业增加值增长7.5%，软件和信息技术服务业营业收入增长19.6%。推进农业供给侧结构性改革，新建高标准农田20.7万亩（1.38万公顷）、设施农业1.2万亩（800公顷），“两品一标”（绿色食品、有机食品、地理标志）认证数量超过500个，农村电商主体突破1000家，非洲猪瘟疫情得到有效防控。有效防控各类风险，完成省政府下达化债任务，推动重点企业司法重整，积极处置地方法人金融机构流动性风险，妥善处置非法集资案件，守住不发生系统性风险的底线。

深化重点领域和关键环节改革。完成全创改三年任务，

27项国家授权先行先试任务全面落实，36条复制推广任务全部落地，6项举措入选全国第三批经验清单。推进国资国企改革，集团层面混改实现新突破，外部董事制度、经营层市场化选聘加快推开，解决历史遗留问题取得重大进展。推进开发区改革，经开区与中德园合署办公，自贸区、高新区与浑南区融合发展，“管委会+平台公司”“开发区+主题园区”逐步推开，开复工亿元以上项目数量占全市70%。深化投融资体制改革，已建和在建市级政府投资引导专项基金达到32只，盛京基金小镇投入运营，辽股交累计挂牌企业1300多户，芯源微成为科创板辽宁“第一股”。稳步实施农村综合改革，土地确权登记颁证实现应颁尽颁，土地流转率达到39%，新型农业经营主体突破1万家，1855个村集体经济组织产权制度改革基本完成。

强化开放创新双轮驱动。完善开放平台通道，自贸区形成40项制度创新成果，综保区桃仙园区封关运行，跨境电商1210、9610模式开通，中德园新落地项目120个，中欧班列运行数量占东北地区50%以上。深化区域开放合作，266个京沈对口合作项目有序推进，沈阳经济区产业协作、生态环境、公共服务一体化水平提升，158个飞地项目落地。增强技术创新能力，实施“卡脖子”技术攻关137项，高新技术企业达到1836户，独角兽企业、瞪羚企业达到48户，一大批隐形冠军企业加速成长。提高协同创新水平，材料科学国家研究中心加快建设，国家机器人创新中心、机器人与智能制造创新研究院投入使用，微软（中国）、阿里巴巴、华为、腾讯、紫光等企业纷纷在沈设立创新机构。中国（沈阳）知识产权保护中心、科技金融服务中心揭牌，全市孵化载体面积505万平方米、集聚创新创业人员15.4万人。

着力推进城市内涵式发展。完善综合交通体系，地铁九号线投入运营，十号线试运行，二号线南延线和三号线开工，东一环、沈辽路快速路全面通车，长青街快速路主线通车，建设“四好农村路”1005千米。补齐城市运行短板，盛京500千伏电力枢纽工程、7座220千伏电力节点工程加快建设，新建改造供水管网310千米、供热管网110千米、燃气管网316千米，完成排水防涝工程23项，大辛、西部、老虎冲3座生活垃圾焚烧发电项目投运。强力推进污染防治，空气质量优良天数达到284天，11个国考断面水质全部达到考核标准，祝家90万吨污泥完成清运，大辛、老虎冲146万吨积存垃圾渗沥液完成处置；农村人居环境得到改善，完成无害化改厕2.2万个，饮水安全设施改造惠及12.5万人。提高城市管理水平，完成城管、交通、农业、生态环境、市场监管综合行政执法改革，居民小区生活垃圾分类投放覆盖率达到51.8%。实施历史文化名城保护行动，新增4处全国重点文物保护单位，盛京皇城入选国家5A级景区创建名单，沈阳植物园整改通过国家验收。

切实保障和改善民生。巩固精准脱贫成果，投入扶贫资金7.8亿元，实施产业扶贫项目85个，建档立卡贫困人口保持动态为零。抓好就业和社会保障，城镇新增就业11.9万人，企业退休职工基本养老金上涨5.3%，城乡低保标准分别提高4.6%和6.7%，新建区域性居家养老服务中心100个，改造社区养老服务站300个，改造棚户区1.1万套、老旧小区100个，完成已售商品房解遗办证10万余户。改善基本公共服务，治理城镇小区配套幼儿园384个，749个义务教育大班额全面消除；国家药品集中采购试点、DRGs（诊断相关分类）付费试点成效明显，首批国家区域专科医疗中心落户沈阳；成功举办全国田径锦标赛、国际赛艇公开赛等赛事。推进信访矛盾减存控增，成功扑救“4·17”棋盘山山火，政府挂牌督办安全生产隐患全部销号，食品药品监管不断加强，扫黑除恶专项斗争深入推进，圆满完成新中国成立70周年大庆安保维稳任务，社会大局持续稳定。（范晶晶）

重要政令

【《沈阳市人民政府关于支持“飞地经济”发展的实施意见》】 1月29日印发。《意见》对于支持全市“飞地经济”发展，明确支持方向，设定准入条件，制定合作与分享机制和支持政策。《意见》明确提出，重点在县域设立“飞地经济”园区，并争取纳入省“飞地经济”政策支持和考评奖励范围。

【《沈阳市人民政府印发关于做好当前和今后一个时期促进就业工作实施方案的通知》】 2月2日印发。《方案》分指导思想、基本原则、目标任务、保障措施

4个部分。《方案》提出通过加大援企稳岗支持力度等方式，切实减轻企业负担；通过推进重点群体就业等方式，提高公共就业服务水平；通过加强创业载体建设等方式，发挥创业引领作用；通过支持企业开展职工在岗培训等方式，提高职业培训服务水平；通过促进就地就近就业等方式，实施精准就业扶贫。

【《沈阳市人民政府印发关于沈阳市安全生产重大事故隐患挂牌督办工作办法（试行）的通知》】 2月10日印发。《办法》规定挂牌督办的6种情形；理顺政府和部门的职责以及明确被挂牌督办单位的主体责任，规范重大事故隐患挂牌、销号摘牌和申请延期的流程；提出对被挂牌督办单位的问责处置和属地、行业监管部门责任追究的情形，以及追责问责程序。

【《沈阳市人民政府关于印发沈阳市优化营商环境85条政策措施的通知》】 4月9日印发。沈阳市对照国家营商环境评价指标、对标先进地区，以问题和目标为导向、以优化营商环境为基础、以深入解放思想为先导，通过减环节、减时间、减材料、减跑动、减成本，在开办企业、办理建筑许可、获得电力等7项指标方面全面优化提升，力争在办理破产、获得信贷、保护中小投资者、执行合同等11项指标方面取得突破性进展，使沈阳市在国家营商环境评价中位居前列。

【《沈阳市人民政府关于印发沈阳市加快推进“一事一网一窗一次”改革实现“沈阳通办”实施方案的通知》】 7月26日印发。《方案》提出，以厘清“一件事”为基础，线上只进“一张网”，线下只到“一个窗”，现场“最多跑一次”，做到政务服务“业务贯通、系统联通、数据互通”，企业群众办事线上“一网通办”、线下“一窗通办”、简易事项“就近可办”。到2019年底前，梳理200件企业和群众高频次办理的“一件事”，90%政务服务事项实现网上办理，70%政务服务事项实现“一窗”分类受理，90%政务服务事项实现“最多跑一次”。

【《沈阳市人民政府关于加快发展夜经济的实施意见》】 9月24日印发。《意见》提出，按照沈阳市“三核、两带、九片区”（三核：中街、太原街、奥体商圈3个夜经济核心街区；两带：金廊、浑河两岸两个夜经济带；九片区：市内九城区的夜经济点位）的夜经济空间构想，培育打造和升级改造沈阳市夜经济街区。到2020年底前，在全市完成8个市级夜经济街区的升级改造工作；到2021年底前，再完成5个市级夜经济街区的培育打造工作；到2023年底前，全市夜经济街区的数量达到33条以上。

【《沈阳市人民政府关于支持沈阳大学建设全国同类院校一流大学的意见》】 11月23日印发。《意见》提出，按照“两步走”发展战略：到2025年，沈阳大学综合办学实力进入全国同类院校中游，位列全国普通本科院校排名前300名；到2030年，获批成为博士学位授予单位，学校综合办学实力进入同类院校上游，位列全国普通本科院校排名前200名，办学综合实力显著提高，服务经济社会发展能力显著增强，形成“全国一流的应用型大学”教育品牌。 （志 闻）

重要会议

【概况】 2019年，市政府召开全体会议2次，分别由副市长高伟、市长姜有为主持；召开常务会议21次，由市长姜有为主持；召开市长办公会议304次，由市长姜有为主持。

【市政府第二十届三次全体（扩大）会议】 8月6日召开。副市长高伟主持。会议深入贯彻市委十三届十次全会精神，总结前一阶段工作，进一步找差距、补短板，部署下一步工作。市长姜有为参加会议并讲话。他要求各地区各部门进一步增强工作的责任感、紧迫感，坚定信心，知难而进，着力抓好稳增长、新动能培育、深化改革、扩大开放、优化环境、城市运行安全、民生改善、政府自身建设8个方面重点工作，全力以赴完成年初确定的各项目标任务，保持经济平稳健康发展和社会大局稳定，开创沈阳全面振兴、全方位振兴新局面。

【市政府第二十届四次全体（扩大）会议】 12月25日召开。市长姜有为主持。会议讨论并通过《政府工作报告（讨论稿）》。会议要求各地区、各部门在新的一年突出抓好营商环境建设、项目建设、工业经济、深化改革、扩大开放、创新创业、乡村振兴、三大攻坚战、城市规划建设与管理、民生保障10项重点工作。同时，要求全市政府系统切实增强机遇感、危机感、紧迫感，牢记初心使命，提高行政效能，加快建设数字政府、诚信政府、法治政府和人民满意的服务型政府。市委常委、副市长高伟作《关于〈政府工作报告（讨论稿）〉起草情况的说明》。

（市政府办公室）

2019年沈阳市政府常务会议情况

表5

会议名称	日期	会议内容
第二十届第27次常务会议	1.11	关于2019年《政府工作报告》任务分解情况的汇报、关于市“两会”期间建议提案征集情况和2019年办理工作安排的汇报、关于《沈阳市人民政府工作规则（讨论稿）》修订情况的汇报、关于传达全国安全生产工作电视电话会议精神及沈阳市工作安排的汇报、《关于推进安全生产“四责”联动落实的意见（讨论稿）》起草情况的汇报、《关于向省级及以上开发区（园区）下放市级行政职权的决定（讨论稿）》起草情况的汇报、关于《沈阳市推广海城市农村综合改革试点经验工作方案（讨论稿）》起草情况的汇报、关于2017年度全市安全生产工作目标管理考核情况的汇报、关于选拔2018年度享受沈阳市政府特殊津贴人员情况的汇报
第二十届第28次常务会议	1.29	关于政府系统正风肃纪监督工作有关情况通报、关于全市信访工作情况的汇报、关于《沈阳市安全生产重大事故隐患挂牌督办工作办法（试行）（讨论稿）》起草情况的汇报、关于传达国务院保障农民工工资支付工作电视电话会议精神和省委省政府专项督查反馈意见及沈阳市保障农民工工资支付工作有关情况的汇报、《关于做好当前和今后一个时期促进就业工作的实施意见（讨论稿）》起草情况的汇报、《关于全面深化新时代教师队伍建设改革的实施方案（讨论稿）》起草情况的汇报
第二十届第29次常务会议	2.14	关于2018年“重强抓”专项行动工作总结和2019年工作安排
第二十届第30次常务会议	3.20	关于《沈阳市人口发展规划（2016—2030年）（讨论稿）》编制情况的汇报、关于《沈阳建设“一带一路”东北亚枢纽行动方案（讨论稿）》起草情况的汇报、关于《沈阳毒品问题严重地区责任考评实施细则（讨论稿）》起草情况的汇报、关于《沈阳市重点河流水体达标攻坚战实施方案（讨论稿）》起草情况的汇报、关于沈阳市清理偿还政府拖欠工程款有关工作的汇报、关于《沈阳市地方政府隐性债务问责实施细则（讨论稿）》起草情况的汇报、关于《沈阳市城市供水用水管理条例（修订草案）》的说明
第二十届第31次常务会议	4.1	关于沈阳市拟取消调整新增一批行政职权事项有关情况的汇报、关于《沈阳市优化营商环境举措85条（讨论稿）》起草情况的汇报、关于《沈阳市2019年优化营商环境专项整治行动方案（讨论稿）》起草情况的汇报、关于《沈阳市2019年推进全市生活垃圾分类工作行动方案（讨论稿）》起草情况的汇报、关于《沈阳市2019年推进国有企业改革发展工作方案（讨论稿）》起草情况的汇报、关于《沈阳市推广海城市农村综合改革试点经验工作方案（讨论稿）》起草情况的汇报、关于《沈阳市地铁运营服务成本规制和乘客票价补贴管理办法（讨论稿）》起草情况的汇报

续表5

会议名称	日期	会议内容
第二十届第32次常务会议	4.29	关于国务院廉政工作会议和省政府廉政工作电视电话会议精神的传达提纲、《关于贯彻落实〈中共中央 国务院关于坚持农业农村优先发展做好“三农”工作的若干意见〉的实施意见（讨论稿）》起草情况的汇报、关于《沈阳市政府投资项目管理办法（讨论稿）》修订情况的汇报、关于沈阳市落实中央宗教工作督查反馈意见整改情况的汇报、关于《沈阳市2019年度招商引资工作考核办法（讨论稿）》起草情况的汇报、关于全市安全生产重大事故隐患挂牌督办工作和国务院安委会危险化学品综合治理巡查迎检工作方案起草情况的汇报
第二十届第33次常务会议	5.13	关于《沈阳市促进金融业发展若干政策（讨论稿）》起草情况的汇报、关于《沈阳市促进私募投资基金健康发展若干政策措施（讨论稿）》起草情况的汇报、关于《重构沈阳市政策性担保体系实施方案（讨论稿）》起草情况的汇报、《关于开展质量提升行动的实施方案（讨论稿）》起草情况的汇报、《关于市政府机构改革涉及市政府规章规定的行政机关职责调整问题的决定（讨论稿）》起草情况的汇报、关于落实“两不愁三保障”的工作情况汇报、《关于调整沈阳地铁票制票价的通知（讨论稿）》起草情况的汇报、关于沈阳市退役军人服务保障机构设置意见的汇报
第二十届第34次常务会议	5.30	关于《沈阳市推进城市安全发展工作实施方案（讨论稿）》起草情况的汇报、关于《全市进一步加强安全生产网格化建设的实施方案（讨论稿）》起草情况的汇报、关于《2019年沈阳市城市体检试点实施方案（讨论稿）》起草情况的汇报、关于全国违建别墅问题清查整治专项行动电视电话会议情况及沈阳市下步工作安全的汇报、关于《沈阳市“百村美丽、千村整洁”行动实施方案（2019—2020年）（讨论稿）起草情况的汇报、《关于创新体制机制推进农业绿色发展的实施方案（讨论稿）》起草情况的汇报、关于《沈阳市湿地保护条例（草案）》的说明、关于废止《沈阳市道路客运市场管理条例》和《沈阳市机动车维修市场管理条例》的说明
第二十届第35次常务会议	6.20	关于《沈阳市建立和完善房地产市场平稳健康发展长效机制工作方案（讨论稿）》起草情况的汇报、关于《沈阳市深入推进少数民族流动人口服务管理工作方案（讨论稿）》起草情况的汇报、关于《沈阳市辽河流域综合治理总体工作方案（讨论稿）》及3个子方案起草情况的汇报、关于2018年度全市安全生产工作目标管理考核情况的汇报、关于落实6月19日省长办公会议精神做好沈飞搬迁和桃仙机场二跑道建设有关工作的汇报
第二十届第36次常务会议	7.4	关于《沈阳市贯彻落实中央第一生态环境保护督察组回头看反馈意见整改方案（讨论稿）》起草情况的汇报、关于沈阳市2019年防汛抗旱工作情况的汇报、关于《沈阳市基本公共服务领域市与区、县（市）共同财政事权和支出责任划分改革方案（讨论稿）》起草情况的汇报、《关于进一步向省级以上开发区下放一批行政职权事项加强事中事后监管的决定（讨论稿）》起草情况的汇报、关于李尚恒评烈情况的汇报

续表 5

会议名称	日期	会议内容
第二十届第37次常务会议	7.18	部署政府系统主题教育检视问题工作、关于沈阳市脱贫质量大普查大排查大督查工作情况汇报、关于第十四次全国民政会议和第十五次全省民政会议精神及沈阳市贯彻落实建议的汇报、《关于加快推进“一事一网一窗一次”改革实现“沈阳通办”的实施方案（讨论稿）》起草情况的汇报、关于《沈阳市工程建设项目联合审批管理办法（试行）（讨论稿）》起草情况的汇报、关于《沈阳市违建别墅问题清查整治专项行动实施方案（讨论稿）》起草情况的汇报
第二十届第38次常务会议	8.21	关于全市防汛工作情况的汇报、关于《沈阳市加快数字经济发展行动计划（2019—2021年）（讨论稿）》起草情况的汇报、关于《沈阳市大气污染防治条例（修订草案）》起草情况的汇报、关于《进一步加快已售商品住房解遗办证工作的实施方案（讨论稿）》起草情况的汇报
第二十届第39次常务会议	8.30	《关于开展解决部分退役士兵社会保险问题工作方案（讨论稿）》起草情况的汇报、《关于贯彻落实国务院办公厅加强非洲猪瘟防控工作的意见的实施方案（讨论稿）》起草情况的汇报、关于全市安全生产领域“保平安、迎大庆”应急安保工作进展情况的汇报、市政府“重实干、强执行、抓落实”专项行动进展情况通报
第二十届第40次常务会议	9.17	关于《沈阳市招标投标管理办法（试行）（讨论稿）》《关于加强招投标和政府采购管理的若干规定（讨论稿）》起草情况的汇报、《关于加快发展夜经济的实施意见（讨论稿）》起草情况的汇报、关于沈阳市生猪及猪肉保供稳价工作的汇报、《关于整合城乡居民基本医疗保险制度的实施方案（讨论稿）》起草情况的汇报、关于《沈阳市历史文化名城保护行动实施方案（2019—2021年）（讨论稿）》起草情况的汇报
第二十届第41次常务会议	9.26	关于《沈阳市党政机关办公用房管理办法（讨论稿）》起草情况的汇报、关于《沈阳市人民政府关于废止〈沈阳市事业单位工作人员养老保险办法〉等部分政府规章的决定（草案）》的说明、关于《沈阳市街道区划调整工作方案（讨论稿）》起草情况的汇报、关于《2019年沈阳市理顺城市公安分局管理体制交接工作方案（讨论稿）》起草情况的汇报
第二十届第42次常务会议	10.16	《关于我市法治政府建设情况的报告（讨论稿）》起草情况的汇报、关于《市委市政府领导班子成员安全生产责任清单（讨论稿）》起草情况的汇报、关于《沈阳市工程建设项目考古勘探管理办法（试行）（讨论稿）》起草情况的汇报、关于全市违建别墅问题清查整治专项行动开展情况的汇报、关于《沈阳市医疗卫生领域与区、县（市）财政事权和支出责任划分改革方案（讨论稿）》起草情况的汇报、沈阳市清理拖欠民营企业中小企业账款工作情况汇报、《关于调整出租汽车运价及设立燃气附加费的通知（讨论稿）》起草情况的汇报、关于《沈阳市烟花爆竹安全管理规定（修改草案）》的说明、关于《沈阳市政务数据资源共享开放条例（草案）》的说明

续表 5

会议名称	日期	会议内容
第二十届第43次常务会议	11.3	关于《沈阳市贯彻落实〈中共中央国务院关于支持东北地区深化改革创新推动高质量发展的意见〉的实施方案（讨论稿）》起草情况的汇报、关于《沈阳市深化城市管理执法体制改革实施方案（讨论稿》起草情况的汇报、关于《沈阳市深化市场监管综合行政执法改革实施方案（讨论稿）》起草情况的汇报、关于《沈阳市深化交通运输综合行政执法改革实施方案（讨论稿）》起草情况的汇报、关于《沈阳市生态环境机构监测监察执法垂直管理制度改革实施方案（讨论稿）》和《沈阳市深化生态环境保护综合行政执法改革实施方案（讨论稿）》起草情况的汇报、关于《沈阳市污水收集处理设施补短板工作方案（讨论稿）》起草情况的汇报、关于《沈阳市市级党政领导干部食品安全工作责任清单（讨论稿）》起草情况的汇报、关于沈阳市经贸代表团出访德国工作情况的汇报
第二十届第44次常务会议	11.13	《关于深入推进不动产登记便民化服务的工作方案（讨论稿）》起草情况的汇报、关于沈阳市创建国家卫生城市暨创建国家食品安全示范城市表彰奖励工作的汇报、《关于做好当前财政收支预算管理支持落实减税降费政策的实施意见（讨论稿）》起草情况的汇报、关于《沈阳市推进辽宁省国防动员建设“十三五”规划落实的措施（讨论稿）》起草情况的汇报、关于《沈阳市国有企业退休人员社会化管理服务工作实施办法（讨论稿）》起草情况的汇报
第二十届第45次常务会议	12.4	研究2021年重点工作、听取省委第一督导督查组反馈问题整改情况汇报（1）关于“沈阳机床股份有限公司存在债务风险”和“在处置‘僵尸企业’过程中存在职工安置资金缺口较大问题”整改工作情况的汇报（2）关于“个别院士工作站出现退站现象”整改工作情况的汇报（3）关于“科技型企业融资难、融资贵问题”整改工作情况的汇报（4）关于“基层科技管理部门力量薄弱”整改工作情况的汇报（5）关于“河流水质情况仍不容乐观”和“10蒸吨及以下燃煤锅炉淘汰仍有难度”整改工作情况的汇报（6）关于“违建别墅问题”整改工作情况的汇报、关于沈阳市推进政务服务标准化建设取消下放调整一批行政职权事项的汇报、《关于进一步提高全市对外开放水平的实施意见（讨论稿）》起草情况的汇报、关于《沈阳市深化农业综合行政执法改革实施方案（讨论稿）》起草情况的汇报、关于《沈阳市人民政府关于划定机动车及非道路移动机械低排放区的通告（讨论稿）》起草情况的汇报
第二十届第46次常务会议	12.12	关于《关于进一步做好政府系统请示报告工作的通知（讨论稿）》起草情况的汇报、关于《沈阳市2020年城建计划预安排方案（讨论稿）》起草情况的汇报、关于《以评促改优化营商环境提升计划（讨论稿）》起草情况的汇报、关于《沈阳市城区绿化工作方案（2020—2022年）（讨论稿）》起草情况的汇报、关于《沈阳市林业生态建设工作方案（2020—2022年）（讨论稿）》起草情况的汇报、关于《沈阳市2019年食品安全工作情况报告（讨论稿）》起草情况的汇报、关于沈阳市推进中小学“厕所革命”工作情况的汇报、关于《沈阳市再生水利用管理办法（草案）》的说明、关于《沈阳市机关事务管理办法（草案）》的说明

续表5

会议名称	日期	会议内容
第二十届第47次常务会议	12.21	关于《政府工作报告（讨论稿）》起草情况的汇报、《关于沈阳市2019年国民经济和社会发展计划执行情况与2020年国民经济和社会发展计划草案的报告（讨论稿）》起草情况的汇报（书面）、《关于沈阳市2019年预算执行情况和2020年预算草案的报告（讨论稿）》起草情况的汇报（书面）、《关于〈沈阳市中级人民法院2018年全市行政诉讼案件司法审查报告〉的落实意见（讨论稿）》起草情况的汇报、关于《2019年环境保护工作责任落实情况的报告（讨论稿）》起草情况的汇报、关于《沈阳市生态环境损害赔偿制度改革实施方案（讨论稿）》起草情况的汇报、关于贯彻落实习近平总书记致2019工业互联网全球峰会贺信精神有关工作的汇报、关于《沈阳市历史文化街区和历史建筑保护管理办法（草案）》的说明

（市政府办公室）

2019年沈阳市市长办公会议情况

表6

日期	内 容
1.3	约谈扫黑除恶专项工作有关负责人
1.3	召开商会协会代表座谈会
1.4	召开基层人大代表座谈会
1.5	召开创卫工作调度会
1.8	召开沈阳市“大棚房”问题专项清理整治工作会议
1.12	召开沈阳市创建国家卫生城市工作调度会
1.13	召开华晨宝马新工厂项目建设领导小组会议
1.13	与省证监局柳磊会商工作
1.14	到市应急管理局现场办公
1.14	召开沈阳市“大棚房”专项清理整治工作会议
1.14	听取市金融发展局、金控集团有关工作汇报
1.15	召开规委会主任会议
1.15	听取铁路机械学校土地处置有关工作汇报
1.15	听取网信证券有关工作汇报
1.17	与李纪宁、李卓然研究工作
1.18	听取华晨宝马新工厂项目有关工作汇报

续表6

日期	内 容
1.19	听取华晨宝马新工厂项目有关工作汇报
1.19	召开华晨宝马新工厂项目建设领导小组会议
1.20	听取国家药品集中采购和使用有关情况汇报
1.20	听取恒大项目有关情况汇报
1.20	听取沈阳市绩效考核有关工作汇报
1.27	召开沈阳市创建国家卫生城市工作调度会
1.27	召开华晨宝马新工厂项目建设领导小组会议
1.28	听取辽西北供水有关工作汇报
1.30	听取沈阳市国企改革进展情况报告
2.3	听取沈阳市商品房预售资金监管比例有关情况汇报
2.10	听取金控集团改革情况汇报
2.10	听取旅游集团改革情况汇报
2.10	听取航空集团改革情况汇报
2.10	听取城投集团改革情况汇报
2.10	听取辉山乳业有关情况汇报
2.10	听取兴隆集团有关情况汇报
2.10	研究材料（华晨宝马供应商大会致辞、研讨班交流发言）
2.11	听取浑南区沈阳星环球港项目情况汇报
2.11	听取五洲城项目情况汇报
2.11	听取挂图作战有关情况汇报
2.11	听取沈飞搬迁有关情况汇报
2.11	听取沈白铁路建设有关情况汇报
2.12	听取“多规合一”平台建设有关工作汇报
2.12	听取沈阳港项目规划情况汇报
2.12	召开市长碰头会
2.12	听取盛京银行有关情况汇报

续表6

日期	内 容
2.12	听取城建计划涉水项目有关情况汇报
2.12	召开沈阳市2019年第一次土委会
2.13	听取出访工作有关情况汇报
2.13	全市重点项目建设工作会议
2.14	全市重点项目建设工作会议
2.27	听取沈阳市综合金融服务平台、企业征信平台建设有关情况汇报
2.27	研究全国“两会”有关材料
2.28	研究开发区（园区）改革有关工作
2.28	研究全国“两会”宣传报道有关事宜
2.28	研究北方重工有关事宜
3.17	研究沈阳市一季度经济运行及重点项目有关工作
3.17	研究沈阳市财政预算有关工作
3.17	召开华晨宝马新工厂项目建设领导小组会议
3.18	召开恒大集团重点项目调度会
3.18	研究僵尸企业、厂办大集体有关工作
3.20	研究724地区搬迁改造有关工作；研究推动企业科创板上市有关工作
3.24	召开沈阳市创建国家卫生城市工作调度会
3.24	中央环保督察问题整改工作情况汇报
3.24	召开上市企业领导小组会议
3.25	研究宝马项目配套有关事宜
3.28	听取沈白客专建设有关情况汇报
3.28	与沈飞集团董事长郭殿满会商工作
3.29	召开恒大集团重点项目调度会
3.30	研究2019年城市体检试点工作
3.30	召开华晨宝马新工厂项目领导小组会议
4.1	召开沈阳市工程建设项目审批制度改革领导小组会议

续表6

日期	内 容
4.1	召开沈阳市出租汽车行业文明服务工作领导小组会议
4.1	召开沈阳市教育工作领导小组会议
4.1	研究解决市老干部活动中心历史遗留问题
4.1	研究城投集团有关工作
4.1	研究拓荆科技公司有关工作
4.3	召开沈阳市村庄清洁行动动员大会（电视电话会议）
4.4	召开盛京皇城设计规划专家论证会
4.4	研究沈阳市2019年大型活动预安排
4.7	与卢珂会商工作
4.7	研究沈阳市房地产市场调控一城一策方案
4.8	研究机床集团、北方重工集团改革工作
4.8	召开华晨宝马新工厂项目领导小组会议
4.9	研究沈阳市“大棚房”问题专项整治工作并到相关点位调研
4.9	研究对外开放工作会议讲话、研究创城工作讲话
4.10	召开恒大集团重点项目调度会
4.10	研究祝家污泥处置工作
4.10	研究中国兵器辽沈工业集团安全生产有关工作
4.12	研究市纪委专项工作
4.14	研究何氏光明小镇项目有关工作、研究724厂安全改造项目有关工作
4.15	听取北大营遗址博物馆工程及历史文化名城保护有关情况汇报、召开中航发燃气轮机项目领导小组会议、听取重构沈阳政策性担保体系及支持东软项目建设有关情况汇报
4.21	召开华晨宝马新工厂项目领导小组会议
4.22	召开沈阳市森林防灭火指挥部会议
4.23	与南航北方公司总经理孙建华会商工作
4.25	研究大连万达集团在沈投资有关工作
4.27	研究辉山乳业有关工作

续表6

日期	内 容
4.28	研究兴隆集团有关工作
4.28	召开恒大集团重点项目调度会
4.30	约谈市委第四轮被巡察单位（市审计局）
4.30	研究市应急局有关工作；研究沈阳市创建国家卫生城市有关工作（材料）；研究辽河流域综合治理有关工作（材料）
5.5	研究北大营遗址博物馆工程及沈阳市历史文化名城保护有关工作
5.5	研究迎接国务院安委会危化品综合治理巡察及沈阳市危化品安全监管有关工作
5.6	研究燃气集团改革有关工作
5.6	研究机床集团改革有关工作
5.6	研究华晨宝马大东工厂供热保障有关工作
5.7	研究新高考改革有关工作
5.13	召开沈阳市出租汽车行业文明服务工作领导小组会议
5.13	听取蓝英自动化有关情况汇报
5.15	召开沈阳市教育工作领导小组会议
5.16	召开2019年沈阳市深化国资国企改革领导小组第一次会议
5.18	召开中央第一生态环境保护督察组反馈意见整改落实工作调度会
5.20	研究城投集团有关工作
5.21	研究沈阳市垃圾分类有关工作
5.24	研究机场二跑道建设有关工作
5.25	研究沈阳市农村人居环境有关工作
5.25	召开华晨宝马新工厂项目工作调度会
5.25	研究华润热电厂搬迁有关工作
5.27	沈飞集团会商沈飞搬迁有关工作（在沈飞）
5.27	召开中央生态环境保护第一督察组反馈问题整改落实工作调度会
5.27	研究城市体检有关工作
5.28	召开沈阳市“重强抓”工作调度会
5.28	研究全市教育大会讲话

续表6

日期	内容
5.31	研究城投集团有关工作
5.31	研究智慧停车有关工作
5.31	召开恒大集团重点项目调度会
6.1	召开中央生态环境保护第一督察组反馈问题整改落实工作调度会
6.1	召开沈阳市农村人居环境工作调度会
6.2	研究网信证券有关工作；研究盛京银行有关工作
6.4	与银河证券乔宗铭博士研究有关工作
6.4	听取2019高考准备工作情况汇报
6.8	召开中央生态环境保护督察反馈意见整改工作调度会
6.8	召开沈阳市农村人居环境工作调度会
6.9	召开万达集团重点项目调度会
6.9	研究跨境电商有关工作
6.9	研究全面创新改革有关工作
6.16	研究推进华晨宝马新工厂项目；研究沈飞搬迁改造项目有关工作；研究桃仙机场二跑道项目建设工作；研究不忘初心牢记使命材料
6.20	召开市工程建设项目审批制度改革工作领导小组第三次会议
6.22	研究机场二跑道建设有关工作；研究沈飞搬迁有关工作；研究地铁三号线、机场二跑道、沈飞搬迁、东塔机场搬迁等PPP项目有关工作
6.22	研究机床集团改革有关工作
6.23	研究地铁三号线PPP项目有关工作
6.23	召开中央生态环境保护督察反馈意见整改工作调度会
6.24	研究专项工作
6.25	召开沈阳市出租汽车行业文明服务工作领导小组第三次会议
6.25	研究与中国铁路沈阳局集团有限公司会商有关事项
6.26	与中国铁路沈阳局集团有限公司会商工作
6.27	研究“三大场馆”PPP项目有关工作
6.28	召开沈阳市经济运行调度会

续表 6

日期	内 容
6.29	召开沈阳市农村人居环境整治工作调度会
6.30	研究专项工作
6.30	研究防范和化解金融风险有关工作；研究网信证券风险处置工作
7.2	召开规委会主任会议
7.2	研究沈飞搬迁有关工作
7.3	研究华润热电搬迁及炮校征收有关工作；研究公共资源交易平台整合共享有关工作；研究老干部活动中心解遗有关工作
7.4	研究华润热电搬迁有关工作
7.6	召开中央生态环境保护督察反馈意见整改工作调度会
7.6	召开城市生活垃圾分类工作部署会议
7.9	召开外籍商协会座谈会（外事、活动）
7.9	研究沈阳市解遗办证三年攻坚工作；研究沈阳市棚户区及老旧小区改造有关工作
7.10	研究与腾讯公司合作协议落实落地有关工作
7.10	研究玖伍文化城有关工作
7.13	召开恒大集团重点项目调度会
7.13	召开万达集团重点项目调度会
7.13	到市气象局听取沈阳市防汛预警工作汇报
7.14	召开沈阳市生态环境保护督查反馈意见整改工作调度会
7.14	听取沈阳市违建别墅清理整治有关工作汇报
7.15	听取沈阳市减税降费有关工作汇报
7.15	召开市长、大学校长联席会议
7.15	召开营商环境企业座谈会
7.15	听取信达公司债务重组诉讼有关工作汇报
7.15	分别与综合一、研究室研究材料
7.16	听取沈鼓集团改革工作进展情况汇报
7.17	到大东区调研华晨宝马项目堵点并召开项目调度会议

续表 6

日期	内容
7.18	召开2019年上半年经济形势分析会
7.19	召开2019年沈阳市电力建设领导小组第二次会议
7.20	召开中国航发燃气轮机项目建设领导小组会议
7.20	听取沈阳市加快发展数字经济行动计划及政策起草情况的汇报
7.20	研究营商环境调研报告
7.21	研究营商环境调研报告
7.21	召开中央生态环境保护督查反馈意见整改工作调度会
7.21	召开2019年沈阳市深化国资国企改革领导小组第二次会议
7.21	研究营商环境调研报告
7.22	听取中国人民银行办公楼置换有关情况汇报
7.22	听取机场二跑道建设有关情况汇报
7.22	听取宝马大东工厂分布式能源供热有关情况汇报
7.23	听取苏宁小镇项目有关情况汇报
7.23	听取沈飞搬迁有关情况汇报
7.23	听取沈阳港项目有关情况汇报
7.23	听取公共资源交易平台整合共享有关情况汇报
7.24	听取沈白铁路建设有关情况汇报
7.24	研究全会材料
7.27	召开中央生态环境保护督察反馈意见整改工作调度会
7.27	召开城市生活垃圾分类工作调度会
7.29	召开重点企业座谈会
7.29	听取东网科技有限公司风险问题汇报
7.31	听取北大营抗战遗址纪念馆项目有关情况汇报
8.1	听取沈阳材料科学国家研究中心有关工作进展情况汇报
8.2	召开沈阳市重点工业企业座谈会
8.6	研究沈阳市GDP中第三产业经济指标

续表6

日期	内 容
8.6	听取人民银行办公楼置换有关情况汇报
8.16	与伊利集团党委书记、董事长、总裁潘刚会商有关工作
8.18	听取沈阳植物园整改工作汇报
8.18	召开中央生态环境保护督察反馈意见整改工作调度会
8.18	召开城市生活垃圾分类工作调度会
8.20	约谈清欠工作落后部门和地区
8.21	听取“一保两融”赔付制有关工作汇报
8.21	召开沈阳植物园景区整改工作调度会
8.21	研究材料
8.22	研究材料
8.24	召开沈阳市出租汽车行业文明服务工作领导小组会议
8.24	听取沈白铁路建设有关工作汇报
9.2	召开沈阳市1—8月份经济运行调度会
9.4	听取沈阳炮校地块征收有关情况汇报
9.4	研究接受德国《商报》采访相关材料
9.4	听取沈阳市扩大投资和招商引资有关情况汇报
9.5	听取沈阳市农村厕所革命和农村集体产权制度改革有关工作
9.5	听取机床集团改革有关工作汇报
9.5	听取国合公司改革有关工作汇报
9.8	在浑南区政府听取有关区县扩大有效投资和招商引资情况汇报
9.9	听取沈阳市猪肉价格和供应情况汇报
9.9	在沈河区政府拟听取有关区县扩大有效投资和招商引资情况汇报
9.11	研究讨论37号文件
9.12	有关区县扩大有效投资和招商引资工作推进会（辽中区、新民市、法库县、康平县）
9.12	听取沈阳市深化城市管理执法体制改革有关情况汇报
9.12	听取国企退休人员社会化管理有关工作汇报

续表6

日期	内 容
9.16	召开中央生态环境保护督察反馈意见整改工作调度会
9.16	召开沈阳市农村人居环境整治工作调度会
9.17	召开规委会主任会议
9.17	召开全市扩大有效投资工作推进会
9.17	研究沈阳市排水防涝有关工作
9.18	听取市土地储备服务中心垫付非土地储备事务资金有关情况汇报
9.18	听取沈阳市房地产市场运行情况汇报
9.19	听取沈阳市化债融资及重大项目资金安排情况汇报
9.21	听取利源轨道交通有限公司有关情况汇报
9.22	参加综合一处党支部组织生活会
9.29	召开沈阳市垃圾分类工作现场会
9.30	研究沈阳市抗霾攻坚有关工作
10.5	听取辉山乳业有关工作汇报
10.5	听取兴隆集团有关工作汇报
10.5	听取落实中央37号文件实施意见起草工作情况汇报
10.5	听取沈阳市全面建成小康社会实施方案制定工作情况汇报
10.6	听取违建别墅清理整治有关工作汇报
10.6	听取724火工车间、靶场搬迁工作汇报
10.6	听取微软项目进展情况汇报
10.6	听取清华同方项目进展情况汇报
10.6	听取出访准备情况汇报
10.7	召开中央生态环境保护督查反馈意见整改工作调度会
10.7	召开沈阳市推进“飞地经济”工作会议
10.7	召开沈阳市三季度经济形势分析会
10.12	听取2019工业互联网全球峰会筹备情况汇报
10.14	听取利源轨道交通有关工作汇报

续表6

日期	内 容
10.16	主持召开市规委会会议并调研沈阳市国土空间规划编制情况
10.16	研究专项工作（利源轨道交通）
10.17	听取2019工业互联网全球峰会筹备工作汇报
10.21	召开沈阳植物园景区整改工作调度会
10.22	召开沈阳市前三季度经济形势分析会
10.23	听取沈阳市供热规划有关工作汇报
10.24	听取与华润集团签约有关情况汇报
10.25	听取沈阳市城市污水系统现状分析及对策有关工作汇报
10.25	与华润集团总经理王祥明一行会商工作
10.26	拟与富春控股集团董事长张国标会商工作
10.26	听取盛京皇城创建国家5A级景区有关工作汇报
10.26	研究利源轨道交通装备有限公司有关工作
10.27	研究沈白高铁项目环评公示公参稳定工作
10.27	研究出访工作
10.27	研究专项工作（机床）
11.9	听取政府工作报告起草情况汇报
11.12	听取沈阳市房地产市场运行情况汇报
11.12	听取建设辽宁实验室有关情况汇报
11.12	听取地铁三号线建设有关工作汇报
11.13	听取沈阳市绿化有关工作汇报
11.14	召开科研院所联席会
11.15	听取机场二跑道及相关项目进展情况汇报
11.15	听取沈飞搬迁项目有关情况汇报
11.19	召开2019年沈阳市深化国资国企改革领导小组第三次会议（在市国资委）
11.20	研究网信证券风险处置有关工作
11.21	召开全市重点工作调度会

续表6

日期	内 容
11.24	听取审计局有关工作汇报
11.24	听取辽宁实验室筹建工作汇报
11.27	听取与苏宁集团合作项目进展情况汇报
11.27	听取财政预算有关工作汇报
11.27	召开政府工作报告专题座谈会（民营经济专题）
11.29	听取城建计划有关工作汇报
11.30	听取与银隆新能源股份有限公司合作项目有关情况汇报
11.30	听取华晨宝马大东工厂扩能项目铁路专用线与沈白高铁有关情况汇报
11.30	听取地铁集团有关工作汇报
12.1	听取沈阳市城区绿化有关工作汇报
12.6	召开沈阳市高铁沿线外部环境整治工作调度会
12.10	召开沈阳市电力建设领导小组会议
12.10	召开各区县（市）工作汇报会暨《政府工作报告》征求意见座谈会
12.10	召开专项工作会议
12.11	政府工作报告征求意见座谈会（民主党派、工商联、无党派人士）
12.13	召开《政府工作报告》征求意见座谈会（参事及智库专家）
12.13	召开沈阳市重点工作座谈会
12.14	研究材料
12.17	召开《政府工作报告》征求意见座谈会（基层人大代表）
12.18	研究辉山乳业有关工作
12.18	研究利源轨道交通有限责任公司有关工作
12.19	听取沈阳市百里环城水系慢道有关工作汇报
12.20	听取国家中心城市有关工作汇报
12.20	会见朝阳银行客人
12.20	会见盛京银行客人
12.23	听取盛京能源抵押担保有关情况汇报

续表6

日期	内容
12.23	听取数字政府建设工作汇报
12.25	听取自贸区沈阳片区有关工作汇报
12.25	听取与住建部沟通及落实中办52号文件实施意见起草情况汇报
12.30	召开重点工作调度会议（绿化工作、根治拖欠农民工工资、京沈合作、飞地经济）
12.30	研究政府工作报告

（市政府办公室）

政务服务

【概况】 2019年，市政府办公室认真学习贯彻习近平新时代中国特色社会主义思想、党的十九大精神和十九届二中、三中、四中全会精神，全面落实习近平总书记在辽宁考察时和在深入推进东北振兴座谈会上的重要讲话精神，紧紧围绕全市中心工作，大力加强办公室党的建设，深入开展“不忘初心、牢记使命”主题教育活动，大力弘扬“严、细、实、快”工作作风，充分发挥参谋助手作用，抓实抓好各项重点工作任务。

参谋辅政。不断提升文字综合水平，围绕市政府重点工作，深入开展调查研究，充分发挥参谋助手作用，围绕经济运行、创新改革、“重强抓”专项行动、“办事难”专项整治等重点工作，高质量撰写各类文稿900余篇、290余万字。有力开展督查督办工作，对省、市《政府工作报告》197项和191项任务分别开展2轮次专项督查，逐项核查工作进展，确保政府工作报告任务落到实处。高标准完成市政府领导交办的19次专项督查任务，分别形成督查专报。累计提交各类督查专报、通报、报告100余篇。做好重要政务新闻工作，推进政府系统重点宣传活动，加强舆情监控。组织政务新闻采访310余件/次，审核把关新闻稿170余篇。编发《要情快报》364期、《沈阳政讯》120期、《舆情专报》4期。

公文审核。坚持以持续提升文件办理质量和效率为重点，科学提出拟办意见，为市领导决策做好参谋助手。录入、办理各类文件9467件，接收处理普通密码电报463件；进一步整治文风，从源头管控发文数量，严格把控发文形式，加强联发文件的审核把关，以市政府或市政府办公室名义制发文件194件，下降30.9%。办理市长姜有为批示件6840件，办结率99.1%；呈报各类报告、信息、信件、资料等1万余件。

会议活动保障。严格做好市政府会议活动的审核把关，从严落实中央八项规定精神，对以市政府名义召开的全市性会议和拟请市领导出席的系统会议，严格执行年度工作计划，按规定程序审核报批；对未列入计划的，坚决不以市政府名义召开。以市政府名义召开的会议3次，较上年（4次）减少25%。累计协调安排市政府各类会议888次，市领导视察调研活动113次，政务活动423次，公务接待125次。

（市政府办公室）

【建议提案办理1457件】 2019年，市政府将建议提案办理工作与“不忘初心、牢记使命”主题教育相结合，创新完善提级办理、代表委员专属联络员、全面公开办理结果等工作机制，推动办理工作高质量发展。市政府承办的1457件市建议提案全部办复，见面率、办复率、应满意率达到3个百分之百，解决率81.4%，得到省政府、市人大、市政协和广大代表委员的充分肯定和较高评价。（边兆宇）

【政府门户网站迁移】 市委市政府门户网站发布系统及服务器等软硬件设备2月20日顺利迁移到全市统一的政府网站云平台。2019年，市委市政府门户网站发布信息1.54万条，其中党务公开信息发布1638条，转载中央政府网信息1706条，转载省政府门户网站信息497条，法规公文类信息353条，组织市直部门开展政策解读73次，向省政府门户网站上报各类信息1517条。市政府办公室持续加强政府系统网站群的监管，确保全市政府网站长期合格达标，开展12次政府网站抽查工作，累计检查各地区、各部门网站647次。（南景月）

▶沈阳市第十三届“5・15政务公开日”惠企政策宣讲大会（市政府办公室供）

政务公开

【概况】 2019年，全市深入贯彻新修订《中华人民共和国政府信息公开条例》精神，全面推进“决策、执行、管理、服务、结果”五公开，充分保障人民群众知情权、参与权、表达权、监督权。全市政务公开工作坚持公开为常态、不公开为例外原则，公开政府信息20万余条。依申请公开渠道畅通，流程规范，累计处理依申请公开1159件。组织召开新闻发布会122场。各地区、各部门累计357家次通过“沈阳发布”平台进行权威发布，及时回应社会关切，形成以周发布制度、例行发布制度、应急发布制度等多种形式相互补充的新闻发布体系。充分整合报纸、电台、电视、网络等媒介资源，实现政府信息多渠道、全方位的公开。沈阳电视台新闻频道《沈阳新政》播出332期、《政策说明书》播出359期、《数说沈阳》播出48期；编撰印刷年度读本《政策说明书》共2册1000本，拟向全市社区免费发放，读本内容丰富，贴近民意，涵盖医疗保险、养老保险、人才新政、供水供暖等16个大方面、103个最新政策解读；《沈阳日报》“民生连线”政务公开专栏制作49期，做200余个政策解答。发行《沈阳人民政府公报》24期，发布法规、政府文件、部门文件、大事记84篇，解读文件13篇。

【第十三届政务公开日活动】 5月15日组织全市70家单位开展以“深入宣贯政府信息公开条例，助力重实干、强执行、抓落实专项行动落实落地”为主题的宣传活动。活动采取主会场、分会场、各部门联动的方式进行，主会场邀请330余名企业家，面对面向企业解读惠企政策，“零距离”为企业提供服务，助力企业发展和创新；分会场和各部门采取现场宣讲、现场办公形式全方位、“保姆式”为企业嫁接服务，第一时间解决企业需求。

（市政府办公室）

政务研究

【概况】 提高综合文稿质量。完成2020年《政府工作报告》撰写任务。起草市委经济工作会议、城区经济工作会议、县域经济暨农业农村工作会议以及城市体检评估座谈会、全市项目建设工作现场会等90余篇综合文稿。高质量开展政务服务，起草市政府主要领导接受采访提纲和背景材料30余篇。

扩大调查研究成果。围绕全市重大决策和部署，加强重大课题研究，报送《市长专阅》9期，《沈阳市发展人工智能产业的建议》等调研报告获市政府主要领导肯定。加强重要市情研究，形成《沈阳市情调研报告汇编》和《沈阳市民生基本数据汇编》，为市委、市政府重大决策提供重要参考。加强重点领域研究，形成《关于促进东北科技大市场加快发展的调研报告》等20余篇专题调研成果和市领导交办的调研任务，《关于我市农业技术推广与科技服务的调研报告》《关于沈阳冰雪经济发展情况的调研报告》等调研报告获市政府主要领导肯定，并转有关领导和部门研究相关落实意见。

增强信息服务能力。立足决策咨询职能，拓宽信息搜集渠道，报送《浙江出台十条用地措施支持民营经济发展》《成都市探索教育管理新模式，释放学校办学活力》《北京出台金融政策切实解决小微企业融资难、贵、慢问题》等62期《决策参考》，《青岛出台〈证明事项管理暂行规定〉方便群众和企业办证办事》等信息得到市政府主要领导的肯定性批示，批转有关部门参考使用，为各领域创新改革工作提供经验借鉴。

强化咨政建言功能。发挥参事（专家）作用，为全市经济社会发展提供智力支持，报送参事咨询报告13篇，智库专报15期。拓展参事（专家）工作渠道，与东北大学、中国（海南）改革发展研究院、中国东北振兴研究院联合主办第十期“东北振兴大讲堂”，与辽宁大学自由贸易试验区研究院联合举办首届“辽宁自由贸易试验区高端论坛”。

【《关于加强我市农业技术推广与科技服务的调研报告》】 3月完成。市政府研究室深入县域实地了解农业科技项目研究、新技术试验示范、农民创新创业培训等基本情况，找出农技推广与服务功能相对弱化、专业技术人员能力不强、保障水平不高等问题，提出加强基层农技服务体系建设、加快农技服务人员培养、推进农业科技创新、保障农技推广站所配套等具体措施建议。

【《关于加强我市臭氧污染防治的研究报告》】 4月完成。市政府研究室分析沈阳的臭氧污染防治现状，并与长春、哈尔滨等城市进行比较分析，找到臭氧污染防治的技术支撑、治理手段、推进力度等问题，提出加强臭氧污染科学研究、加大VOCs（挥发性有机物）污染源治理力度、强化夏季应对措施和推动区域联防联控等具体整改建议。

【《关于沈阳冰雪经济发展情况的调研报告》】 4月完成。市政府研究室围绕“我市我省冰雪经济发展”情况进行专题调研，走访4户相关企业，函调本溪、抚顺、丹东、辽阳等城市的冰雪经济情况。分析沈阳具有冰雪经济资源潜力较大、冰雪服务业稳步发展、冰雪装备制造业开始起步、消费人群比较稳定等特点，同时存在资源优势有限、发展底数不清等问题，在市场化运营、装备制造业发展、政策环境制定和人才培养等方面都提出具体可行的意见和建议。

【《关于沈北腰长河村盘活农村集体建设用地情况的调研报告》】 5月完成。腰长河村是沈北新区黄家街道北部长河村附属的自然村，2016年以“村企合作”的运营模式与地梵旅游公司达成合作，共同打造以“关东印象·锡伯故里”为主题的特色小镇项目。市政府研究室深入沈北腰长河村开展调研，总结其村企合营模式、发挥村民主体作用、创新乡村治理体制、建立保障机制等先进做法，分析当前改革背景，提出值得关注的问题，并给出明晰用地分类、制定配套政策、完善价格形成机制等对策建议。

【《关于加快发展人工智能产业的建议》】 7月完成。市政府研究室在对全市人工智能发展情况深入调研的基础上，赴北京、上海、深圳、杭州等城市，认真学习先进城市人工智能发展经验，分析国内和国际人工智能产业发展现状，提出发挥人才、资金、创新平台和龙头企业等的带动效应，推动人工智能技术为传统产业升级赋能。

【《关于推进辽宁自贸试验区沈阳片区金融创新的调研报告》】 7月完成。市政府研究室会同辽宁自贸区管委会组织企业座谈会，走访各金融机构，总结自贸区金融创新的基本情况，针对金融创新政策存在瓶颈、创新主体意愿不强、政府基金和担保机构发挥作用不够等问题，对武汉、重庆、西安自贸区金融创新情况进行考察学习，并提出推进轻资产质押融资政策落地、发展供应链金融、完善政策性再担保体系建设、推进投贷联动试点工作等措施建议。（路 坦）

人力资源管理

【概况】 2019年，全市新增院士3名、国家“千人计划”人选9名、国家“万人计划”人选20名、国家“百千万人才工程”人选5名、享受国务院政府特殊津贴专家13名；新增专业技术人才4.58万名，引进高层次人才595名；新增技能人才3.5万人，其中高技能人才8000人；吸引储备高校毕业生13.7万人。新建市级技能大师工作室5个、省级技能大师工作站1个、国家级高技能人才培训基地1个。邀请10余所“双一流”高校的216名博硕士人才到沈洽谈对接。做好公务员招录工作，组织笔试12万余人次、面试3300余人次、录用1877人。

完善高层次人才认定办法，将实用人才和外籍人才纳入认定范围，分4批次认定沈阳市高层次人才1218人，给予767名高层次人才税收补贴1624万元。奖励33名中青年科技英才和6家培养单位7910万元。评选13个推动产业升级、产财融合的创新创业团队，奖励资助4300万元，带动项目投资4.43亿元。

采取政府与社会资本合作的方式实施人才公寓建设，和平、铁西等地区人才公寓建筑面积近4万平方米、房间990套，区域人才公寓挂牌入住。首个市级人才驿站运营，接待1272人次求职毕业生入住。开展非公有制领域工程系列高级专业技术资格评审，615名非公有制企业人员通过评审。

巩固扩大事业单位改革成果，逐步推进研究解决改革后出现的身份管理、欠缴保费、人员补充、晋升渠道不畅等问题。结合人员聘用变化和队伍发展需要，及时调整优化岗位结构比例；落实“放管服”改革相关要求，调整岗位管理、人员交流、聘用合同管理和高层次人才引进4项人事管理权限，扩大事业单位人事管理自主权。

加强事业单位人才队伍建设，开展公开招聘活动11项、招聘工作人员1938人；放宽高层次人才引进条件，7家单位自主引进博士以上人才57名。落实关于增加知识价值为导向分配政策，注重完善和创新内部收入分配制度，推动公立医院薪酬制度改革试点，有效地发挥吸引人才和激励人才的作用。（何　灵）

【“大国工匠职教联盟”成立】 6月12日，“大国工匠进高校工程暨大国工匠职教联盟”启动仪式在沈阳职业技术学院举行，活动由市人力资源和社会保障局主办，联盟的主旨是“聚精英人才，育工匠人才”。26名大国工匠走进校园，以培养具有“工匠精神”的高素质高技能人才为目标，联手打造大国工匠职教联盟特色品牌，为辽沈地区培养更高素质的技术技能型人才。大国工匠职教联盟还为中小微生产企业提供全方位的技术工艺支持，以大师为依托与生产企业联合进行技术攻关，对研究成果进行孵化推广。（志　闻）

【1.2万名公务员分类改革完成】 2019年，全市严格执行《辽宁省公务员职务与职级并行制度实施方案》，指导各地区各单位科学制定职级设置方案，组织完成全市近1.2万人的职级套转。精准科学统筹推进工资管理工作，研究制定职务职级并行和公检法单独职务序列公务员生活待遇政策，办理工资审批事项5000余件次，做好公务员及时奖励等工作。

（市委组织部）

公共机构节能

【概况】 2019年，沈阳市公共机构节能办严格按照公共机构节能“十三五”规划和市委、市政府节能减排工作要求，多措并举，扎实推进，圆满完成年度各项工作任务，在省公共机构节能办组织的各项检查考核中均名列前茅、受到好评。与2015年同期相比，2019年全市人均综合能耗下降30.29%，单位建筑面积综合能耗下降10.44%，人均水耗下降17.58%，超额完成节能工作指标。

制度建设。制发《2019年沈阳市节约能源资源工作要点》《关于推进我市公共机构生活垃圾分类工作的通知》等10余份文件，并逐项组织落实。

能耗统计。定期组织全市进行能耗统计数据网络报送和能源资源消耗状况分析，按时向省公共机构节能办报送全市数据，通过组织开展集中会审、业务培训、更新名录数据库等方式，确保数据的准确、完整、真实。

宣传培训。积极组织开展节能宣传周等活动，倡导低碳办公和绿色出行。市各公共机构在各类媒体上发布稿件122篇，将沈阳市节能方面好的经验做法进行推广。针对能耗统计、绩效考评、示范单位创建等工作，多次组织召开专项业务培训会，实现按需培训。全市40名节能联络员（统计员）参加“第六期公共机构节能管理远程培训”，均完成考试。

节能改造。继续设立节能专项资金1000万元，其中涉及市直相关部门节能改造项目8个，涉及专项补助资金789.03万元，节能率在27.13%至92.44%之间，改造后预计年节约经费约469万元，降低碳排放折合标煤约798.5吨。

示范创建。通过下发通知、实地调研、召开现场培训会和邀请节能专家现场核验等方式积极推动节约型示范单位创建工作。在10月省公共机构节能办的考核验收中，全市上报的13个省级示范创建单位、9个国家级节约型示范创建单位、1个能效领跑者创建单位均一次性高标准通过。

垃圾分类。制定市直公共机构“六个一”标准（“一个组织”即成立工作领导小组、“一套方案”即制定分类工作方案、“一支队伍”即设立从分类前端到末端的各级各类工作人员组成的队伍、“一组设施”即包括环保屋在内的全部分类设施、“一份协议”即与有回收资质的再生资源回收企业签订协议、“一本台账”即按照“四分法”设置的统计台账），先后4次对市直各公共机构进行实地督查指导，举办沈阳市市直公共机构生活垃圾分类工作业务培训会和现场推进会，组织开展公共机构生活垃圾分类主题巡展活动，通过沈阳机关党建和政府网以“一封信”的形式，向全市机关干部发出“引领绿色文明风尚，争做生活垃圾分类表率”的倡议，推动各市直公共机构生活垃圾分类工作的落实。

检查考核。按照各地区、独立办公市直单位、合属办公市直单位三类情况，年初拟制下发考核细则，在上、下半年工作结束时，采取“地区考核市直、市直考核地区”的交叉考核方式，组织集中考核，有效促进节能工作的开展，提升全市节能水平的整体质量。 （张　超）

【沈阳市市直公共机构生活垃圾分类工作现场推进会】 9月5日，沈阳市公共机构节能办在沈阳市交通运输局召开沈阳市市直公共机构生活垃圾分类工作现场推进会，全市市直一级公共机构生活垃圾分类工作相关人员150余人参加会议。会上，市委办公室、市生态环境局、市交通局和市档案馆四家单位做经验交流。市创卫办就公共机构分类工作要点及考评办法提出要求。市机关事务管理局就下一步做好市直公共机构生活垃圾分类工作进行部署。 （志　闻）

公共资源交易

【概况】 2019年8月，全市公共资源交易平台信息系统上线试运行，平台主要包括电子服务系统、电子交易系统、电子监管系统三大系统。平台启用后，全市交通、水利、卫生领域项目实现招投标全流程电子化。新版公共资源交易平台门户网站正式开通，并按照数据规范2.0标准与国家平台实现对接。全年全市公共资源交易领域成交项目7144个，交易总额846亿元。

【《沈阳市公共资源项目进场交易目录（2019版）》】 6月20日市发展改革委印发。《目录》内容7类100项，其中，工程类75项、政府采购类1项、土地交易类4项、产权交易类9项、中省直项目类4项、特许经营类6项、其他类1项。

【《关于加强招投标和政府采购管理的若干规定》】 10月22日，市发展改革委、市公共资源交易管理办公室联合印发。《规定》20条，有效遏制规避招标、明招暗定、围标串标、违规操作等现象，真正解决监管缺位、监管失效的问题。

【《沈阳市招标投标管理办法（试行）》】 11月1日，市发展改革委、市城乡建设局、市交通运输局、市水务局联合印发。《办法》8章50条，主要明确招标人、投标人、评标委员会、招标代理机构、监督部门5个方面的权利和责任。《办法》自发布之日起施行。 （市发改委）

信　访

【概况】 2019年，全市信访工作贯彻落实党的十九大和十九届二中、三中、四中全会精神和习近平总书记关于信访工作的重要指示批示，开展“不忘初心、牢记使命”主题教育活动、“书记抓信访”推动信访矛盾减存控增“三年攻坚”和各项信访工作，为新中国成立70周年提供信访保障，有效维护群众合法权益，确保沈阳社会大局和谐稳定，全市信访形势持续向好，进京访下降50.17%，到省访下降12.77%，来市访下降34.82%。“书记抓信访”减存控增有新成效，2018年省交办沈阳市台账6375件，省审核评议通过481件，化解5356件，化解率90.87%，超额完成指标任务10.87%；2019年省交办沈阳市台账4087件，省审核评议通过377件，化解3089件，化解率83.26%，超额完成指标任务23.26%。集中攻坚化解500件“骨头案”，其中化解中央联席办交办重点案件17件；化解国家信访局交办重点案件40件；化解省交办重点案件57件；开展主题教育活动期间，化解重点案件386件。市政府使用信访专项资金2613.74万元，化解复杂疑难信访案件83件。解决共性信访问题有新突破。解决拖欠农民工工资问题101件，涉及金额1.48亿元；解决已售商品房不能办理产权证92809户，解决国有土地上房屋征收和城市房屋拆迁遗留超期回迁2443户。源头防范化解能力有新提升。针对2019年沈阳市重大项目落地开工多的实际，坚持把信访“最后一公里”转变为“前置一公里”，把落实社会稳定风险评估制度作为各级党委政府“上项目、做决策”的“刚性门槛”，从源头上预防和化解矛盾。先后组织对辽西北供水配套工程管网工程等395个重大项目进行社会稳定风险评估，妥善化解“前显变电”“滂江变电”等环保“邻避”问题，经过评估的项目均未发生大规模集体上访问题。同时，强化信息预警，构建市、区县（市）、街道（乡镇）、社区（村）、网格“五级排查预警防控体系”，进一步完善矛盾纠纷多元化解机制，把各类矛盾解决在源头、化解在萌芽状态。2019年，沈阳市信访矛盾控增指标下降31.07%。

【国庆70周年信访保障】 2019年，全市把确保新中国成立70周年大庆期间平安稳定作为重大政治任务。全市成立10个督导调研组和6个督导组，开展循环式全覆盖督导，压实责任，推动工作落实。市、区县（市）两级领导干部2457人次接访6843人次；市信访局推进落实首办责任化解信访事项403件，组织化解“最多访一次”信访事项243件；从8月1日开始，市、区县（市）两级信访大厅全天候接访化解矛盾，接待群众8639人次；开展进京访专项治理、“五个一批”和依法规范信访秩序专项行动，化解信访事项1982件。全市实现新中国成立70周年庆典活动期间“六个严防发生、三个确保”工作目标（严防发生重大影响的政治敏感案事件，严防发生各类群体性事件，严防发生规模性进京集体访，严防发生暴恐事件，严防发生个人极端案件事件，严防发生重特大公共安全事故；确保一系列重大会议活动安全顺利进行，确保一系列重要敏感节点平稳渡过，确保社会大局持续安全稳定），驻京信访实现“七个为零”（进京非访为零、进京集体访为零、重点人员进京为零、在京滋事为零、违反“两个一律”为零、在京滞留为零、进京访倒流为零），确保沈阳“大事没出、小事也没出、万无一失”。

【“不忘初心、牢记使命”主题教育“信访突出问题”专项整治】 2019年，沈阳市委把“信访突出问题”作为“不忘初心、牢记使命”主题教育“8+2+1”专项整治内容之一，印发《沈阳市关于开展“信访突出问题”专项整治的方案》，由市委市政府信访局牵头，围绕群众反映的热点难点问题和工作中存在的短板，梳理出解决“书记抓信访”责任落实不到位问题、解决信访矛盾减存攻坚力度不够问题等8个方面内容，逐项明确措施、序时目标、评估标准、牵头单位、责任单位，开展专项整治。先后召开全市信访系统“培训会”、工作“对接会”“重点领域问题”“共性问题”推进会等各类会议19次，及时跟踪推进，掌握整治进度和效果。通过开展“信访突出问题”专项整治，达到预期效果，沈阳市进一步健全完善信访工作机制和责任体系，化解问题的能力和水平进一步提升。

【信访基础业务规范年活动】 2019年，制定《沈阳市关于开展信访工作基础业务规范年活动实施方案》等11个规范性文件，落实首办责任制推进“最多访一次”。在市、区县（市）、街道（乡镇）、社区（村）四级组建8793名“信访代理员”开展信访代理活动，组织集中培训9次，开展巡回教学培训48次，召开信访基础业务调度会29次，推动提升业务水平和及时就地解决问题能力，信访基础业务建设得到加强，信访事项“三率”（信访事项及时受理率、按期办结率、群众满意率）大幅度提升，信访机构及时受理率99.46%，责任单位及时受理率92.64%，办结率95.76%，信访机构、责任单位满意率分别为98%。（市信访局）

参　事

【概况】 2019年，沈阳市人民政府研究室加挂沈阳市人民政府参事室牌子，设立参事工作处（智库办）。年内，参事工作围绕市委、市政府中心工作，充分发挥参事参政议政、建言献策、咨询国是、民主监督、统战联谊作用。

参政议政。组织参事列席市人代会、政协会、市委市政府全会等重要会议，参加有关讨论，直接提出议政建议；组织参事参加《政府工作报告》征求意见座谈会，就政府工作和报告修改提出意见建议；围绕军民融合、

▶7月30日，沈阳市人民政府参事室召开参事工作推进会议　（市政府研究室供）

手机产业、垃圾分类等赴市军民融合委、沈北新区、市城市管理综合行政执法局等地区和部门调研并参加座谈会，围绕相关产业发展，充分发挥参事智力优势，针对基层单位提出问题，答疑解惑，把脉开方。

建言献策。组织参事围绕文化产业建设、秸秆处理、文化和旅游融合发展、改善空气质量、国土空间规划等课题，深入调研、反复论证，提出参事建议、调研报告15篇，得到市领导批示18件次；为庆祝中华人民共和国成立70华诞，组织部分参事以《立足七十载奋进硕果，建言新时代全面振兴》为题，在《沈阳日报》集体发声，为沈阳全面振兴全方位振兴建言献策。

咨询国是。参事郭殿满、李绍德撰写的理论文章和分析报告被国务院参事室《工作通讯》等国家级刊物采纳刊载；为参加国务院参事室举办的以“迈向更高水平的对外开放”为主题《国是论坛》，参事韩毅撰写的《海南自贸港建设的优势、不足与对策建议》，参事王厚双撰写的《关于建设有中国特色自由贸易港政策和制度体系的对策建议》，在论坛上交流并收入论坛文集。

统战联谊。邀请市统战部相关人员参加年度参事工作会议，传达中央统战工作新精神，通报全市统战工作思路与具体做法，让参事了解统战工作情况；在国务院参事室成立70周年征集参事轶事活动中，参事室选报的原参事陈婉撰写的《参事八年话统战》，被国务院参事室《工作通讯》选登并收入《参事轶事文录》。

【第十期东北振兴大讲堂】 9月7日，市政府参事室首次与中国（海南）改革发展研究院、东北大学（东北振兴研究院）联合举办第十期“东北振兴大讲堂（参事讲堂）”，得到国务院参事室的认可和支持，委派国务院参事、经济学家陈全生赴会，并以“中国民营经济发展与东北振兴”为题主讲，为沈阳市强弱项、补短板提供一家之言。

（张宝剑）

接　待

【概况】 2019年，市接待办完成接待重要嘉宾、团组379批，5912人次，保障会议341次，安排接待用车1160台次。在助力招商引资营造良好营商环境上，为沈阳市与华为集团、大连万达集团、恒大集团、红星美凯龙集团、绿地集团和腾讯公司等合作项目的签约提供接待服务保障工作。在重要政要团组接待服务保障上，完成国家领导人，国家发改委、工信部等中央各部委，及上海市、苏州市等外省市政要团组到沈的接待服务保障工作。在大型活动保障上，完成2019工业互联网全球峰会、北京市代表团到沈推进京沈对口合作工作会议、全市项目拉练活动暨重大项目领导小组扩大会议等大型活动的接待服务保障工作。在上级到沈督查接待保障上，完成中央环保督察、统计督察、信访督导及国家禁毒委督导、黑臭水体检查、教育部督察和省环保督察等接待服务保障任务。

【“文化+接待”新理念】 2019年，市接待办着眼沈阳四大文化的未来布局与规划，创新性地提出“文化+接待”的新理念，即“统筹全市接待资源、创新接待服务方式”，通过挖掘、整理全市公务接待资源，积极提炼沈阳历史文化的精髓，持续为接待工作注入新的活力，努力将文化与接待进行有机融合，切实提升全市公务接待的服务保障能力。

【接待保障社会化】 2019年，全市积极推进公务接待社会化改革，强化定点接待基地管理和接待队伍整体建设。制定《沈阳市公务（商务）接待定点场所遴选工作标准》《沈阳市公务（商务）接待定点场所签约工作流程》《沈阳市公务（商务）接待标准》。签约公务接待定点场所13家，其中商务宾馆酒店6家，文化宾馆酒店3家，特色风味饭店4家。（市接待办）

机关事务管理

【概况】 2019年，沈阳市机关事务管理局围绕全市中心工作，落实过紧日子要求，秉持高质量发展理念，以“四型机关”（学习型、服务型、规范型、廉洁型）建设为主题开展工作。依法依规处置市直行政事业单位资产124项，资产原值2.44亿元。完成市本级行政机构改革办公用房调整保障工作，按期完成莫子山周转房项目建设并顺利入住。落实支持华晨集团发展要求，完成29台华晨中华V7公务用车采购。公共机构生活垃圾分类工作全面推进。

机关事务制度体系建设。市机关事务管理局依据国家、省相关政策法规，制定出台《沈阳市党政机关公务用车管理办法》《沈阳市市本级行政事业单位国有资产处置管理办法》《沈阳市党政机关办公用房管理实施办法》。建立33家单位集中统一核算体制。

机关事务保障服务。市委市政府办公区、报业大厦、建筑大厦等办公软硬环境不断优化，安保智能化水平进一步提升。引进苏宁易购、智能洗衣柜、丰巢快递柜、太阳能热水等，办公区工作生活更加便利。创新就餐模式，在食堂设立明档，增加菜品种类，受到干部职工的好评。市机关事务管理局以食堂明档为主题的案例《明档“小口味”，点亮“四服务”》参加“初心杯”市直机关工委系统党建创新案例大赛获三等奖。创新采购方式，规范采购行为，在全市首次实施副食品综合配送采购招标，解决副食采购价格变动频、监管难度大的难题，有效防范廉政风险问题。

【机关财务统一核算模式建立】 年初，沈阳市机关事务管理局在15个副省级城市中，最先建立机制领先的机关财务统一核算模式，集中管理33家单位40个套账，近8亿元资金，并且首次将全市民主党派财务纳入统一管理，实现机构改革倡导的减员增效作用，保障各预算单位的财政资金使用。

【市本级行政机构办公用房调整】 2019年，为提高办公用房管理科学化规范化水平，有力保障市本级行政机构改革顺利进行，从规划大厦、环保大厦、建筑大厦、电子大厦、报业大厦、市政府原办公楼等清理出办公用房75间，调整安排市委网信办、市委军民融合办等28个部门办公用房，共计25处，近5万平方米，确保新组建部门和调整部门按时挂牌、正常办公。

【公车改革“六定点”】 2019年，根据国家和省市关于党政机关公务用车管理相关规定要求，市机关事务管理局推进公务用车定点保险、定点维修、定点加油、定点评估、定点报废、定点拍卖“六定点”工作，形成全市公务用车从运行到处置的闭环架构，在节约成本基础上，弥补公务用车管理体系上的漏洞，使公务用车管理更加正规、科学、系统、高效。（周学谦）

招生考试

【概况】 2019年，市考试院完成考试任务75项（其中教育考试23项，人事考试37项，专业技术资格考试15项），考试人数共计120万人次。完成34项专业技术资格考试报名审核工作，审核通过23万人次；发放各类资格证书3万本。完成市委组织部、市纪委委托的人才测评服务工作10次，累计785人次。

建立健全各项工作机制。着眼于务实管用，循序渐进出台组织、管理、考试保障等45项制度，推进教育考试、事业单位招聘考试和专业技术资格考试标准化、规范化建设，制定业务工作流程图和岗位工作流程图，全面实行挂图作战。

优化考试综合环境治理。推动开展“净化涉考网络环境、打击销售作弊器材、净化考点周边环境、打击替考作弊、清理整顿助考培训机构”五项专项整治行动；加强宣传、交通、疾病防控、应急抢修等服务保障，设置特殊考生“绿色通道”，启用备用考场，提供合理便利服务。制定应急预案。

调整完善市、区两级考试组织体系。2019年，将沈阳市招生考试委员会调整为沈阳市考试委员会（沈阳市招生考试委员会），统筹管理教育、人事和专业技术资格各类考试，市长姜有为任主任，主管副市长任常务副主任，相关25个部门（单位）的主要负责人为成员，办公室设在市考试院。推动完成13个区县（市）考试委员会（招生考试委员会）建设，实现市、区两级考试组织体系上下贯通。

优化考试综合环境治理。推动开展“净化涉考网络环境、打击销售作弊器材、净化考点周边环境、打击替考作弊、清理整顿助考培训机构”五项专项整治行动；加强宣传、交通、疾病防控、应急抢修等服务保障，设置特殊考生“绿色通道”，启用备用考场，提供合理便利服务。制定应急预案。

创新提升信息化管理水平。引进数传信号阻断“主动式”作弊防控系统技术服务，转“被动防守”为“主动防范”，分别在三类考试中应用，截获阻断作弊信息593条。升级考试综合管理平台V2.0，完善教育考试应急指挥系统，扩展应用到人事和专业技术资格考试中，完成考场监控视频云平台联调，实时上传考场监控录像。

创新报名审核及证书发放服务形式。在全省率先推行专业技术资格证书发放邮寄试服务；全面推行专业技术资格考试网上报名审核，实行告知承诺制；进企业开展现场考试报名审核服务；协调银行开通收费、开票一站式服务，多措并举，提高报名审核和证书发放工作效率，有效解决考生现场排队领取证书和报名审核的“痛点”“堵点”问题。

考试队伍迈向专业化发展。建立命题专家、面试考官、巡查人员、监察人员及监考人员“五支队伍”。聘请市人大代表、政协委员16人为特约监督员；将教育、财政、人社、卫健委等部门和区、县（市）相关单位人员700余人纳入考试巡查、监察队伍；引入各类命题专家、面试考官、测评专家80余人，考试队伍力量得到强化。采用派监察组长进考点培训、统一考务培训范本和PPT讲稿等方式做实考务培训，提升人员专业能力，确保考务组织和应急处理规范准确、及时到位。

规范服务制度。市考试院相继制定《市民热线受理办法》《信访工作规则》《信息公开制度》《网络舆情安全管理办法》《新闻发言人制度》《网站管理办法》《咨询服务电话管理办法》《专业技术人员职业资格证书管理暂行办法》等制度。成立以院长为组长的营商工作领导小组，出台《营商工作制度》《2019年营商工作实施方案》。实行院领导考试服务中心值班制，积极创新服务形式，开展营商新政讲堂等活动，实行咨询首问负责制，回应社会和考生关心关注的热点问题及诉求，努力为考生提供主动、高效、便捷服务。

【沈阳市公开招聘教师考试】 2019年沈阳市公开招聘教师考试4月27日举行。自2009年后，沈阳市除个别组织农村义务教育学校特设岗位教师招聘外，未组织过此项规模考试，此次公开招聘教师815人，其中中小学（幼儿园）教师745人、中等职业学校专业课教师70人，报名考生2.1万人。考试设置9个考区、37个考点、712个考场。成立以教育、人社、考试部门主要领导为总指挥，由保密、公安、执法、卫生、大数据、供电等9个部门组成的考试工作联合指挥部，及时应对突发事件，确保考试安全。

【普通高等学校招生考试】 6月7—9日举行。沈阳市高考考生3.4万人，比上年增加949人，全市设置13个考区、54个考点。省政协副主席、副市长姜军在市高考指挥中心调度指挥13个区县（市）考试组织工作。市、区两级联合指挥部集中办公，全力做好考试服务保障工作，及时妥善处理突发偶发事件。市教育局和市考试院局级领导带队深入各考区实施督察。16位人大代表和政协委员作为高考特约监督员，对8个郊区县（市）考点学校实行定点监察。沈阳市高考安全、平稳、有序。

【中等学校招生考试】 6月29日至7月2日举行。沈阳市有初三考生5.3万名，初二参加生物、地理考试的考生6.1万名，合计11.4万人，比上年增加1.2万人。全市设置13个考区，85个考点，2026个考场。市教育、考试部门向郊区县派出16名处级领导干部带队实施监察，选聘95名市派督考员分赴85个考点实施考试监察工作。市、区两级中考联合指挥部成员单位集中办公，确保考试平安顺利。

【辽宁省考试录用公务员笔试】 11月3日举行。沈阳市有参考人员6.4万人，比2015年增加1.2万人，增幅22.7%；此次考试设置13个考区、108个考点、2148个考场。省委组织部、省人社厅同时派出14个巡视组赴各市检查督导。市及区、县（市）考试委、考试机构、教育行政部门、考点学校和各职能部门通力合作，保障考试安全，确保考试公平公正。

【一级注册消防工程师资格考试】 11月9—10日举行。沈阳考区报名人数2.1万人，共计5.6万科次，占全省54%。设24个考点，单场最大考场数654个，综合参考率66.8%，其中，消防安全技术实务科目参考率70%，消防安全技术综合能力科目参考率68.5%，消防安全案例分析科目参考率61.41%。此次考试报名人数多、考生年龄范围广、社会关注度高，市考试院多措并举，确保考试工作安全、平稳、顺利进行。

【全国硕士研究生招生考试】 2020年全国硕士研究生招生考试12月21—23日举行。全市参考考生4万人，比上年增长1883人；设置13个考区、67个考点、1394个考场，首次启用康平、法库、新民、辽中4个考区和东北大学考点。市区两级巡查、监察队伍，以飞行检查和定点督查相结合的方式监察考区、考点考试组织实施情况，全面确保考试安全、平稳、顺利。

【采用“互联网+”考试信息发布】 2019年，推广考试院官网和微信公众号，及时准确发布考试信息，网站发稿435篇，访问量751万人次，微信公众号发稿362篇，关注量24049人，阅读量82万人次。中考期间，新增微信预约推送成绩服务，68297人成功绑定，“沈阳考试”微信服务号关注人数11.2万人，累计访问量500多万人次，为考生提供主动、便捷的服务。 （王文琦）

四、中国人民政治协商会议沈阳市委员会

综　述

2019年，市政协按照中共沈阳市委的要求部署，深入学习贯彻习近平总书记在辽宁考察时和在深入推进东北振兴座谈会上重要讲话精神，贯彻落实市委经济工作会议和市委十三届十一次全会部署，紧贴振兴发展“六项重点工作”（以优化营商环境为基础，全面深化改革；以培育壮大新动能为重点，激发创新驱动内生动力；科学统筹精准施策，构建协调发展新格局；更好支持生态建设和粮食生产，巩固提升绿色发展优势；深度融入共建“一带一路”，建设开放合作高地；更加关注补齐民生领域短板，让人民群众共享东北振兴成果），紧扣补齐拉长“四个短板”（体制机制、经济结构、开放合作、思想观念），组织参加政协的各民主党派、人民团体和各族各界人士，切实提高政治协商、民主监督、参政议政水平，更好凝聚共识，组织调研、视察、协商、座谈、考察、研讨等活动340余次，形成各类调研协商报告和建言成果120多份，展现新时代人民政协新形象新风彩。

加强党的理论武装。把学习贯彻习近平新时代中国特色社会主义思想作为首要政治任务，紧密结合贯彻习近平总书记关于加强和改进人民政协工作的重要思想，领会中共十九届四中全会和中央政协工作会议精神，组织12次党组理论中心组学习，围绕37个专题进行研讨交流。在全国政协培训基地，组织委员围绕学习贯彻《习近平总书记关于加强和改进人民政协工作的重要思想专题摘编》，开展多轮研讨，形成系列成果。举办市政协机关读书班，围绕4个专题开展深入研讨，安排5次业余时间自学，思想政治引领实现新拓展。

聚焦高质量发展，围绕“建设数字政府，推进优化营商环境”“加强水环境治理，改善生态环境质量”“发展壮大乡村产业，促进农业提质增效”“培育冰雪文化品牌，推进沈阳冰雪旅游产业发展”等重点议题集中协商议政，综合建言。围绕“分类化解政府性债务风险、推动高等院校科技创新成果在沈阳转化、推动医养结合产业发展、推进依法治市进程、少数民族流动人口服务管理、推进辽宁自贸区沈阳片区发展”等议题，开展系列调研议政活动，提出意见建议。

坚持以问题为导向，切实把民主监督融入协商、视察、提案、反映社情民意等履职活动之中，不断提高民主监督的质量和成效。通过提案办理强化民主监督，收到提案693件，经审查立案596件，其中绝大部分意见建议得到市委、市政府及相关部门的采纳和落实。通过反映社情民意做

▶9月10日，全国政协办公厅、沈阳市政协共同举办《大道同行——从“五一口号”到协商建国重要史事回顾展》（市政协供）

好经常性监督工作，帮助党和政府发现问题、改进工作，全年收集反映社情民意信息500余篇。

稳步推进文史工作。与全国政协办公厅联合举办《大道同行——从“五一口号”到协商建国重要史事回顾展》沈阳巡展。编辑出版图书《共同走过70年》，组织编纂《沈阳政协志》。配合全国政协和辽宁省政协，做好庆祝人民政协成立70周年相关史料征集工作。举办全市政协系统文史工作培训，提升整体工作水平。

促进合作共事。市政协与各民主党派、工商联、无党派人士共同把初心使命扛在肩上，筑牢在中国共产党领导下同心同向的思想共识。完善同各民主党派、工商联、无党派人士及各族各界人士经常联系制度，搭建政协会议平台，加强视察调研合作、拓宽界别活动渠道，加大党派团体提案督办落实力度，积极为参加政协的各党派团体和各族各界人士发挥作用营造合作共事的良好氛围，进一步巩固和发展沈阳政通人和的良好局面。

促进民族团结宗教和谐。广泛走访联系民族宗教界人士，以“少数民族流动人口服务管理”为主题开展界别协商活动，以锡伯族特色文化发展情况、沈阳市农村宗教工作情况为主题开展调研，铸牢中华民族共同体意识，加强各民族交往交流交融，坚持宗教中国化方向，引导宗教界与社会主义社会相适应，推动民族宗教事业健康发展。

促进对外交流。密切与港澳台侨的联系，召开港澳委员座谈会，组织开展调研走访、考察等活动，帮助他们解决工作生活中遇到的困难和问题，广泛凝聚爱国力量。市政协组织的沈阳市友好经贸代表团，携28项任务出访“一带一路”沿线国家巴基斯坦、缅甸、柬埔寨，与出访国家的议会、政府、商会、侨界等各界人士进行广泛接触和深入交流，发挥人民政协作为公共外交平台，在深化政府议会间交流、推进企业走出去、加强产能合作等方面的重要作用。

至年末，市区两级政协组织机构14个，委员3393名。其中市政协委员512名，区县（市）政协委员2881名。委员队伍结构进一步优化，年内调整委员35人，增补委员31人，调整常委11人，增补常委9人。（吴汉伟）

全体委员会议及常务委员会议

【市政协十五届二次全体会议】 1月7—10日举行。中共辽宁省委常委、沈阳市委书记张雷出席会议并讲话，对做好人民政协工作提出明确要求，提供重要指导。会议审议并通过主席韩东太和副主席肖枫分别代表市政协常务委员会所作的工作报告和提案工作情况报告。会议增选市政协常务委员。会议协商讨论市长姜有为所作的政府工作报告；协商讨论沈阳市2018年预算执行情况和2019年预算（草案）的报告、沈阳市2018年国民经济和社会发展计划执行情况及2019年国民经济和社会发展计划（草案）的报告；协商讨论沈阳市中级人民法院工作报告和沈阳市人民检察院工作报告，对以上报告均表示赞同。

（市政协）

2019年市政协常务委员会会议情况

表7

会议名称	日期	主要内容
十五届六次常委会议	1.8	会议听取调整、增选市政协常委的说明；审议提出政协沈阳市第十五届委员会第二次会议选举办法（草案）；审议提出政协沈阳市第十五届委员会第二次会议总监票人、监票人建议名单
十五届七次常委会议	1.9	会议听取关于分组讨论综合情况的汇报；审议通过政协沈阳市第十五届委员会常务委员候选人名单；审议通过政协沈阳市第十五届委员会第二次会议选举办法（草案）；审议通过政协沈阳市第十五届委员会第二次会议总监票人、监票人建议名单；审议通过政协沈阳市第十五届委员会提案委员会关于市政协十五届二次会议提案审查情况的报告（草案）；审议通过政协沈阳市第十五届委员会第二次会议决议（草案）
十五届八次常委会议	1.10	会议讨论通过政协沈阳市委员会2019年工作要点
十五届九次常委会议	3.20	会议传达学习全国政协十三届二次会议精神、省委贯彻落实全国两会精神大会和市委常委会议相关 精神
十五届十次常委会议	6.24	会议协商讨论《加快建设数字政府 推进优化营商环境专题调研协商报告（讨论稿）》《关于加快建设数字政府 推进优化营商环境的建议案（讨论稿）》，讨论通过《加快建设数字政府 推进优化营商环境专题调研协商报告》《关于加快建设数字政府 推进优化营商环境的建议案》
十五届十一次常委会议	8.16	会议协商讨论《加强水环境治理 改善生态环境质量专题调研协商报告（草）》《中国人民政治协商会议沈阳市委员会提案工作条例（草）》，讨论通过《加强水环境治理 改善生态环境质量专题调研协商报告》《中国人民政治协商会议沈阳市委员会提案工作条例》
十五届十二次常委会议	12.17	会议听取市党群系统、市政府系统关于市政协十五届二次会议以来提案办理工作情况的通报；审议市法院、市检察院关于市政协十五届二次会议以来提案办理工作情况的通报；协商通过市政协十五届三次会议相关事项

（市政协）

政治协商

【概况】 2019年，市政协对标对表中央精神和市委决策，聚焦聚力振兴发展和民生领域突出问题，认真组织实施年度协商计划，深入调研、真诚协商，有效发挥专门协商机构作用。开展重点协商活动11次，其中，1次全体会议协商，2次专题议政性常委会会议协商，2次专题议政性主席（扩大）会议协商，6次专题协商。形成一批有见地、有分量、可操作的意见建议，为市委、市政府科学决策、有效施策提供重要参考。

【“加快数字政府建设，推进优化营商环境”调研协商】 2—6月底，聚焦全面深化改革，围绕“加快数字政府建设，推进优化营商环境”议题，召开专题议政性常委会议，查找沈阳市数字政府建设上存在的问题，着重在政务优化等8个方面提出具体建议，形成本届政协的第一份建议案。市委主要领导参加会议并提出在“谋、建、用、融、管”5个方面着力的要求。市政府在政协建言成果的基础上，制定出台《沈阳市加快数字经济发展行动计划》，并强化立法保障，编制《沈阳市政务数据资源共享开放条例》，进入立法程序。

【“发展壮大乡村产业，促进农业提质增效”调研协商】 4—9月底，聚焦激发创新驱动内生活力，围绕“发展壮大乡村产业，促进农业提质增效”议题，会同民革、民盟、民进、九三学社、台盟5个民主党派，8个涉农区县（市）政协和科研单位专家学者参加调研，采取驻村调研、入户访谈、追踪推进等方式，掌握大量第一手情况，召开专题议政性主席会议，从不断壮大农事龙头企业，带动形成产业集聚等6个方面提出对策和建议，促进沈阳市加快构建现代农业产业体系、生产体系和经营体系。（吴汉伟）

民主监督

【概况】 2019年，坚持以民生热点问题为导向，积极组织政协委员担任党风政纪监督员，督办重点提案落实反馈，开展专项民主评议，进一步强化协商、监督、参与、合作“四位一体”的协商式监督。

【聘任考风考纪监督员】 为进一步加强考风考纪监督管理，市政协根据沈阳市考试院的要求，推荐15名委员担任考试民主监督员，参与督察、检查沈阳市中考、高考、公务员考试等大型、重要考试工作。在2019年高考中，民主监督员们走进考场，定点定位督察、巡查，认真填写《考试督察、巡查反馈意见表》，向考试院反馈情况，提出建议，改进工作。（吴汉伟）

重要活动与重要建议案

【开展主题教育】 市政协坚持把学习教育、调查研究、检视问题、整改落实贯穿“不忘初心、牢记使命”主题教育始终。先后召开4次主题教育领导小组会议、组织3次党组中心组理论学习、1次调研成果交流会议、1次专题研讨会议和1次党组成员对照党章党规找差距专题会议。党组成员形成高质量的调研报告6篇，处以上干部形成紧密结合实际、务实解决问题的调研报告44篇。通过多种形式征求意见，党组检视问题17条，党组成员共检视问题46条，对照党章党规找差距90条。在“8+2+1+1”专项整治工作中，市政协确定整治内容51项，形成整改措施76条。市政协党组制定印发《关于“影响政协工作提质增效问题”专项整治的方案》确立23条整改措施。

【“七个一”系列主题活动】 以庆祝新中国和人民政协成立70周年为契机，成功组织开展以回顾展望、学习实践、宣传展示为主要内容的创作一首歌曲、组织一台晚会、举办一次展览、制作一部宣传片、发表一篇理论文章、召开一次座谈会、出版一套图书的“七个一”系列主题活动。其中，组织创作歌曲《在爱国统一的旗帜下》，在全国政协组织的“我和我们的政协”群众性歌曲征集活动中，从近1400首参选歌曲中脱颖而出、入围获奖，在全国政协主题歌曲、委员短视频优秀作品作者和委员代表座谈会上排在第一位播放，得到中央政治局常委、十三届全国政协主席汪洋的充分肯定，并在全国政协公众号组织的展播中位列第一。

【《关于加快建设数字政府 推进优化营商环境的建议案》】 2019年，市政协聚焦改革发展中的重点难点，围绕“加快数字政府建设，推进优化营商环境”议题，联合8个民主党派和工商联、13个区县（市）政协，历时3个多月，多层次、大密度、广范围、深层面的调查研究，形成《关于加快建设数字政府 推进优化营商环境的建议案》。该建议案针对沈阳在数字政府建设上存在的问题，从组织领导、管理体系、顶层设计、一体化平台建设、基础设施建设、立法保障、标准规范建设、智慧便民场景应用8个方面提出意见建议，为加快推动数字政府建设进程献智助力。

【《关于促进沈阳市新能源汽车产业可持续发展》的提案】 2019年，致公党市委聚焦新能源汽车发展，提出《关于促进沈阳市新能源汽车产业可持续发展》的提案。建议科学制定目标，明确产品定位；落实产业政策，创造良好业态；加速关键技术研发，提升核心技术水平；引导领域需求，扩大应用领域；优化资源配置，完善基础设施建设；引入社会资本，实施人才战略。市政府、市工信局对该重点提案高度重视，主动与提案者沟通，采取有效措施，推进提案意见建议落实。市政协主席韩东太作为提案的督办领导，带领部分政协委员到华晨汽车集团控股有限公司进行实地视察，听取市工信局关于全市新能源汽车产业发展情况和提案办理情况的汇报。提案者及政协委员还就提案办理情况与承办单位进行沟通协商。

（吴汉伟）

2019年政协沈阳市委员会重点提案

表8

案号	提案者	案由	承办单位	督办领导
0538	民革市委	关于构建我市亲清政商关系，助推民营经济健康发展的提案	营商局	韩东太
0167	致公党市委	关于促进沈阳市新能源汽车产业发展的提案	工信局	韩东太
0040	台盟市委	关于大力发展沈阳冰雪旅游的提案	文旅局	韩东太
0054	农工党市委	关于系统开展历史遗留污罐区土壤环境质量评估与风险管控的提案	生态环保局	张景辉
0069	九三学社市委	关于强化科技要素配置，发挥农业科技在乡村振兴战略实施中支撑作用的提案	农业局	张景辉
0205	市政协民族和宗教委员会	关于推进锡伯族民族文化旅游发展的提案	文旅局	韩晓言
0120	戴卫东等 14 人	关于加强沈阳市学生安全意识的提案	教育局	韩晓言
0393	朴玉顺等 29 人	关于加强我市优秀历史建筑保护性利用的提案	自然资源局	韩晓言
0570	市政协经济委员会	关于补齐生产性服务业短板，推动实体经济振兴发展的提案	工信局	赵世宏
0118	市政协教科卫体委员会	关于提升我市高品质职业教育服务体系建设的提案	教育局	赵世宏
0283	民建界别范民等 4 人	关于以科技成果转化为新引擎，推动沈阳创新驱动发展的提案	科技局	赵世宏
0078	市政协人口资源环境与城乡建设委员会	关于巩固成果，持续推进我市黑臭水体治理工作的提案	生态环境局	金志生
0079	市政协人口资源环境与城乡建设委员会	关于推进我市既有住宅增设电梯工作的提案	房产局	金志生
0081	市政协社会和法制委员会	关于推动我市人才队伍建设的提案	组织部	金志生
0218	民建市委	关于汇聚各方力量，助推民营企业发展的提案	工信局	肖　枫

续表8

案号	提案者	案由	承办单位	督办领导
0266	市政协农业和农村委员会	关于加速提升“沈阳大米”市场竞争力的提案	农业局	肖 枫
0109	薛 野	关于促进民营经济健康发展的提案	工信局	肖 枫
0457	张孟龙	关于进一步提升物业服务质量的提案	房产局	肖 枫
0569	市政协文化文史和学习委员会	关于整合沈阳抗战文化资源，打造“国际和平城市”的提案	宣传部	于 龙
0198	孙兴名	关于积极扶持新兴产业加快发展，激发沈阳创新驱动的内生动力的提案	科技局	于 龙
0483	陈学志	关于以新动能替代旧模式，推动形成新的产业布局的提案	发改委	于 龙
0103	民盟市委	关于将沈阳打造成东北地区深度融入“一带一路”建设重要枢纽城市的提案	发改委	肖 枫
0011	民进市委	关于推进学前教育迈向普惠优质新阶段的提案	教育局	肖 枫
0125	市工商联	关于建设先进装备制造业基地人才支撑战略的提案	人社局	肖 枫
0119	市政协港澳台侨联络与外事委员会	关于提升沈阳对外开放度，促进经济增长的提案	商务局	肖 枫
0064	单 泷	关于防范金融风险，加强司法保障的提案	法院	肖 枫
0181	马 妍	关于加强我市公办幼儿园建设的提案	教育局	肖 枫
0255	杨功涵	关于大力开展公益诉讼，维护三城联创成果的提案	检察院	肖 枫
0306	田鹏辉	关于增强全民法治观念，推动依法治市进程的提案	司法局	肖 枫
0496	崔修滨	关于推动金融机构开展中小微企业金融信息服务的提案	金融办	肖 枫

（市政协）

五、中国共产党沈阳市纪律检查委员会 沈阳市监察委员会

综　述

2019年，全市各级纪检监察机关牢固树立“四个意识”、坚定“四个自信”、做到“两个维护”，忠实履行党章和宪法赋予的职责，坚定不移正风肃纪、反腐惩恶、推进监督体系和治理体系建设等，全市党风廉政建设和反腐败工作取得重大突破和显著成效。

把党的政治建设摆在首位，自觉践行“两个维护”。围绕党中央重大决策部署和习近平总书记重要指示批示精神加强监督检查，严肃查处违反政治纪律案件38件，处分34人。督促各级党组织和领导干部开展谈话、约谈3413人次。用好问责利器，问责126件131人，给予党纪政务处分73人，通报曝光11起31人。

削减存量、遏制增量，持续保持惩治腐败高压态势。受理信访举报10997件次，增长95.3%。立案审查调查4640件，给予党纪政务处分3950人，分别增长13.3%、12.9%，采取留置措施133人，移送检察机关116人。查处市管干部34人、处级干部322人。严肃查处陈阳、高航、孙洪科、林宝山、孙忠霖、王冠木等一批重大典型案件。在政策感召下，38人主动向纪检监察机关投案。

扎实开展专项整治，切实解决群众反映强烈的突出问题。围绕落实党中央决策部署和习近平总书记重要指示批示精神，开展24项专项整治，坚持逐个问题突破，逐个节点巩固，不断积小胜为大胜。其中，开展人防系统腐败问题专项整治，收到、发现案件线索68件，立案49件63人，移送司法机关4人；收缴易地建设费1.2亿元。开展融资平台违法违规问题专项整治，查实1起违规违法收取“金融服务费”案件，挽回经济损失7858万元等，所有专项整治成果均植入大数据监督平台，使监督成果得以固化，监督质效日益彰显。

落实中央八项规定精神，坚定不移纠治“四风”。查处违反中央八项规定精神问题684起，处理805人，给予党纪政务处分713人，通报曝光18起。集中整治形式主义、官僚主义，查处541件，处理569人，其中给予党纪政务处分495人。专项整治破坏营商环境阻碍民营企业发展突出问题，查处案件36件，处理126人，通报曝光7起。

持续深化正风肃纪监督，发现疑似问题11226个、整改7641个。在人工监督基础上强化科技监督，通过大数据监督比对分析，在民政、人防等领域发现疑似问题7.6万个，其中涉嫌违纪问题线索2026件，立案486件，给予党纪政务处分359人。累计通过正风肃纪监督和大数据监督挽回经济损失4.98亿元。针对发现的问题，将监督体系建设融入治理体系建设全过程，分两批在18个市直部门、7个企业和13个区县（市）开展推动治理体系试点，逐步在全市推开，初步建立起涵盖全市、互联互通的监督体系基本框架，有力推动治理体系和治理能力现代化。

深化纪检监察体制改革，持续推进权力监督全覆盖。强化上级纪委监委对下级纪委监委的领导和指导，扎实开展日常监督试点。做实派驻监督，全市派驻机构立案390件，处分273人，参与办理留置案件7起9人。深化政治巡察，对143个单位和地区党组织进行巡察，发现问题4697个，移交问题线索1360个。

加强纪检监察机关自身建设，打造忠诚干净担当的纪检监察铁军。深入开展“不忘初心、牢记使命”主题教育，举办“牢记使命、逐梦新时代”大型主题晚会，建成沈阳市纪委监委史馆。严格选人用人标准，提拔重用98名处级干部，交流63名处级干部，面向全市选调127名干部。强化自我监督，开展两轮内部巡察，立案8件，处分13人。

截至年末，全市有纪检监察干部（含市委巡察机构）2809人。其中，专职2360人，兼职449人。市纪委监委机关行政编制242个，实有227人；事业编制68个，实有41人。领导班子职数14个，其中，书记（主任）1人，副书记（副主任）2人，纪委常委兼监委委员3人，纪委常委3人，监委委员3人。市纪委监委机关内设机构25个，分别是办公室、组织部、宣传部、研究法规室、党风政风监督室、信访室、案件监督管理室、第一纪检监察室（正风肃纪监督室）、第二至十五纪检监察室、案件审理室、纪检监察干部监督室、机关党委办公室；所属事业单位1个，为市纪委监委综合保障中心（市纪委监委电化教育中心）。市纪委监委设立派驻纪检监察组25个，履行纪检、监察两项职责，行政编制255名、政法专项编制41名，实有277人。市纪委监委派出纪工委1个，实有干部8人。市委巡察办行政编制22个，实有19人；巡察组行政编制36个，实有36人。区县（市）纪委监委机关行政编制695个，实有627人；区县（市）派驻机构行政编制341个，实有277人；区县（市）巡察机构行政编制280个，实有252个。全市有乡镇纪委69个，乡镇纪检监察干部345人，其中，专职207人，兼职138人。街道纪工委110个，街道纪检监察干部550人，其中，专职330人，兼职220人。（市纪委）

重要会议与活动

【市纪委十三届四次全会】 2月12日召开。会议深入学习贯彻习近平总书记在十九届中央纪委三次全会上的重要讲话和中央纪委三次全会精神以及省纪委十二届四次全会精神，总结2018年工作，对全市党风廉政建设和反腐败工作进行安排部署。省委常委、市委书记张雷出席会议并讲话。市委常委、市纪委书记、市监委主任王冬石主持会议，并代表市纪委常委会作题为《推动新时代纪检监察工作高质量发展为沈阳全面振兴全方位振兴提供坚强保证》的工作报告。

【市纪委监委系统业务培训会议】 2月20日召开。会议传达学习中央纪委业务工作会议精神，通报杨锡怀、邱大明严重违纪违法案件情况，对重点工作进行安排部署。市纪委监委有关领导，市纪委监委机关各部门负责人，各派驻（派出）机构主要负责人，各区县（市）纪委书记、监委主任，市管企业、高校纪委书记，市委巡察办副主任，市委巡察组组长、副组长等参加会议。

【市纪委监委派驻纪检监察组实行集中管理、集中办公】 4月7日，中共沈阳市委办公室关于印发《市纪委监委派驻纪检监察机构改革方案》的通知明确，派驻纪检监察组是市纪委监委的重要组成部分，由市纪委常委会统一领导、市纪委监委统一管理；派驻纪检监察组名称以序号命名，组长不再担任被监督单位党组或领导班子成员，完全代表市纪委监委履行职责。从1月1日起，把派驻纪检监察组干部的党组织关系、群团关系、工资关系、后勤保障及日常管理等收回市纪委集中管理；8月11日，除派驻市人民法院、市人民检察院和市公安局3个纪检监察组，其余22个派驻纪检监察组、共计211名派驻干部回到市纪委监委机关集中管理、集中办公。

【“牢记使命、逐梦新时代——庆祝新中国成立70周年暨沈阳市纪律检查机关恢复重建40周年”主题晚会】 10月15—16日在盛京大剧院举行两场专题晚会。晚会分为“忠诚之光、正义之光、梦想之光”三个篇章，回顾市纪律检查机关不忘初心、砥砺前行的光辉历程，展现新时代纪检监察机关在推进全面从严治党、深化正风肃纪监督和反腐败斗争过程中的不懈探索和生动实践，在全社会产生积极反响。

【正风肃纪大数据监督警示教育展示馆建成】 11月21日，历时3个月筹建的沈阳市正风肃纪大数据监督警示教育展示馆正式开馆。该展示馆是全国首家大数据监督警示教育展示馆，总面积2800平方米。展示馆分为序厅、正风肃纪监督、大数据监督、完善监督体系推进治理体系建设、警示体验区、监督成效、思考展望和尾厅8个部分。其中“大数据监督”区重点介绍沈阳市大数据监督基本情况，展区的核心部分—云上监督，以互动程序展示公开公示、“5+1+N”监督格局、应用算法案例、平台演示等内容。

【全国副省级城市中首家市纪委监委史馆建成】 12月16日，历时10个月筹建的沈阳市纪委监委史馆正式开馆，市委常委、市纪委书记、市监委主任王冬石出席开馆仪式。史馆位于市纪委监委机关南楼2楼，总面积275平方米，收集整理100余件实物、236件历史档案、440张具有珍贵意义的历史照片。包括序厅、主展厅和尾厅三个部分，主展厅分为历史沿革、辉煌历程、铁军风采和口述历史四个部分，翔实记述沈阳市纪检监察机关的风雨历程。

【刘金国对沈阳正风肃纪监督工作做法作出批示】 12月17日，中央纪委副书记、国家监委副主任刘金国在中纪委第九纪检监察室起草的《关于沈阳市正风肃纪监督专题调研情况的报告》上批示“要总结沈阳经验做法，并在联系区内转发推广借鉴”。刘金国联系区包括12个省区市，人口和地区生产总值分别占全国的45%和48%。（市纪委）

执纪审查

【概况】 2019年，全市各级纪检监察机关受理信访举报10997件次，增长95.3%。立案4640件，给予党纪政务处分3950人，分别增长13.3%、12.9%，留置133人，移送检察机关116人。查处市管干部34人，处级干部322人。严肃查处陈阳、高航、孙洪科、林宝山、孙忠霖、王冠木等一批重大典型案件。坚持“惩前毖后、治病救人”方针，运用监督执纪“四种形态”处理10167人次，第一、二种形态占比达93.1%，第四种形态转为第三种形态12人。在政策感召下，有38人主动向纪检监察机关投案。加强信息化建设，搭建全市纪检监察系统检举举报、信息查询等平台，全面提升信访办理和审查调查工作质效。（市纪委）

查处典型案件

【孙忠霖严重违纪违法案】 2018年10月22日，市纪委监委对沈阳物资集团有限责任公司党委原副书记、总经理孙忠霖立案审查调查并采取留置措施。经查，孙忠霖违反政治纪律，销毁证据，掩盖事实，对抗组织审查调查；违反组织纪律，利用职权在职工录用等工作中，违反规定为他人谋取利益；违反廉洁纪律，从事营利性活动，违规送予他人礼金；违反工作纪律，对国有资金使用缺乏监管，失职失责；违反生活纪律，与他人发生不正当性关系；违反国家法律法规规定，违规决定设立账外资金；利用职务上的便利，骗取公共财物，数额特别巨大，涉嫌贪污犯罪；为谋求职务晋升，给予国家工作人员财物，情节严重，涉嫌行贿犯罪；滥用职权，致使国家利益遭受重大损失，涉嫌国有企业人员滥用职权犯罪。孙忠霖受到开除党籍、开除公职处分，涉嫌犯罪问题移送检察机关审查起诉。

【陈阳严重违纪违法案】 2018年11月21日，市纪委监委对市水务集团有限公司党委原书记、原董事长陈阳立案审查调查并采取留置措施。经查，陈阳违反政治纪律，对抗组织审查；违反中央八项规定精神，收受可能影响正常公正执行公务的礼品礼金；违反组织纪律，利用职权在干部选拔任用方面为他人谋取利益并收受财物；违反廉洁纪律，违规从事营利活动，利用职权为亲友的经营活动谋取利益；违反工作纪律，违规发包工程；利用职务上的便利，为他人谋取利益，非法收受他人财物，涉嫌受贿犯罪。陈阳受到开除党籍、开除公职处分，涉嫌犯罪问题移送检察机关审查起诉。

【高航严重违纪违法案】 3月19日，市纪委监委对市政府原副秘书长、新民市委原书记高航立案审查调查并采取留置措施。经查，高航违反政治纪律，在审查调查过程中，串供、掩盖事实，对抗组织审查调查；违反组织纪律，利用职务上的便利在干部选拔任用、职务调整等方面为他人谋取利益；违反中央八项规定精神和廉洁纪律，收受可能影响公正执行公务的礼品、礼金、消费卡；违反工作纪律，在工作中不负责任，造成恶劣影响；违反国家法律法规规定，在不履行招投标程序的情况下，违规干预和插手工程项目；高航身为国家机关工作人员，利用职务上的便利，骗取公共财物，数额巨大，涉嫌贪污犯罪；利用职务上的便利，索取他人和非法收受他人财物，为他人谋取利益，数额特别巨大，涉嫌受贿犯罪；滥用职权，致使国家利益遭受重大损失，情节特别严重，涉嫌滥用职权犯罪。高航受到开除党籍、开除公职处分，涉嫌犯罪问题移送检察机关审查起诉。

【王冠木严重违纪违法案】 3月26日，市纪委监委对沈阳经济技术开发区管委会原副主任王冠木立案审查调查，3月27日，对其采取留置措施。经查，王冠木违反中央八项规定精神和廉洁纪律，收受可能影响公正执行公务的礼金；利用职务上的便利，为他人谋取利益，非法收受他人财物，涉嫌受贿犯罪。王冠木受到开除党籍、开除公职处分，涉嫌犯罪问题移送检察机关审查起诉。

【林宝山严重违纪违法案】 6月13日，市纪委监委对皇姑区原副区级调研员林宝山立案审查调查并采取留置措施。经查，林宝山违反廉洁纪律，违规从事营利活动，收受可能影响公正执行公务的礼品，退休后违规接受原任职务管辖企业的聘任；违反工作纪律，对国有资金使用缺乏监管，失职失责；违反国家法律法规规定，违规将公款借给他人使用；利用职务上的便利，骗取公共财物，数额特别巨大，涉嫌贪污犯罪；为他人谋取利益，非法收受他人财物，数额巨大，涉嫌受贿犯罪；滥用职权，致使国家利益遭受重大损失，涉嫌滥用职权犯罪。孙洪科受到开除党籍、开除公职处分，涉嫌犯罪问题移送检察机关审查起诉。

【孙洪科严重违纪违法案】 7月26日，市纪委监委对市产业转型升级促进中心原党组成员、原副主任兼总工程师孙洪科立案审查调查并采取留置措施。经查，孙洪科违反政治纪律，转移隐匿违纪违法所得，对抗组织审查；违反中央八项规定精神和廉洁纪律，收受他人财物、长期借用他人车辆；违反国家法律法规规定，设立账外资金；利用职务上的便利，单独或伙同他人非法占有公共财物，涉嫌贪污犯罪；利用职务上的便利或职权地位形成的便利条件，通过本人或其他国家工作人员职务上的行为，为他人谋取利益，非法收受他人财物，涉嫌受贿犯罪。孙洪科受到开除党籍、开除公职处分，涉嫌犯罪问题移送检察机关审查起诉。

（市纪委）

巡察工作

【概况】 2019年，十三届沈阳市委开展市委第五轮、第六轮巡察，组成24个巡察组，对143个单位和地区党组织开展巡察（其中，常规巡察27个单位党组织、提级巡察101个单位党组织、巡察“回头看”15个单位党组织），对全市相关地区和单位开展“形式主义、官僚主义”专项巡察。市级巡察覆盖率达89.74%，除全市涉及改革的12个单位外，实现十三届市委任期内的巡察全覆盖任务。前五轮巡察，发现问题4697个、移交问题线索1360件，已查结742件、查实459件、查实率61.86%，党纪政务及其他方式处理986人、留置33人，收缴违纪违法款9.02亿余元。

【市委书记巡察专题会议】 3月30日、8月23日，省委常委、市委书记张雷分别主持召开2次市委书记专题会，先后听取市委第四轮、第五轮巡察综合情况汇报，点出具体问题37个，提出处置意见12条。同时，张雷和市委相关领导人阅看所有巡察组的巡察报告，对下步工作进行深入细致的研究部署。9月3日，市委巡察工作领导小组在全市范围内印发《张雷同志在市委书记专题会上听取十三届市委第五轮巡察工作情况汇报时的讲话》，要求各地区、各市直部门认真贯彻执行。

【智慧巡察】 6月，创建“大数据+巡察”工作模式，依托市纪委监委正风肃纪大数据监督平台—中科院计算所大数据监督实验室，独立研发建设“一网站、两系统”，即市委巡察门户网站、市委巡察机构大数据监督分平台和巡察问题线索管理系统。门户网站实现了对外宣传、监督举报等功能；大数据平台实现线上与市纪委监委日常监督、派驻监督有机融合；巡察问题线索管理系统实现与市纪委监委案件管理系统的数据对接、统计分析、督办跟踪全流程的互联互通。11

月初实现上线运行。

【提级巡察】 2019年，市委决定在保质保量完成自身常规巡察任务的同时，对全市112个街道、69个乡镇实现提级巡察全覆盖。4月2日启动的市委第五轮巡察中，派出2个巡察组对14个乡镇、街道及其所辖村（社区）开展了提级巡察，发现问题412个，移交问题线索57件。9月29日启动的第六轮巡察，派出10个巡察组对78个基层党组织开展提级巡察，发现一大批主体责任和监督责任落实不力的问题，推动解决一大批群众普遍关注的热点、难点、痛点问题，取得良好的社会效果。

【形式主义、官僚主义专项巡察】 2019年，市委开展两轮形式主义、官僚主义专项巡察，涉及市级部门、各区县（市）及其下属部门单位360余家，发现问题368个，形成问题线索48个，发现涉嫌违规违纪资金7232.17万元，推动调查处理46人，解决影响营商环境问题63个，收到群众感谢信12封，收到企业、新闻媒体、商会、市民赠送锦旗35面，中央级媒体报道8次。其中7月9日，帮助辽宁洛可可实业有限公司解决经营受阻问题，挽救处于破产边缘的企业，得到省委常委、市委书记张雷的批示肯定和市委通报表扬。（市纪委）

▶市委巡察大数据监督平台首页截图（市纪委供）

正风肃纪监督和大数据监督

【概况】 2019年，市纪委监委继续坚持整体性、体系化的思路，把正风肃纪监督和大数据监督植入权力运行全过程。逐步完善公开公示平台建设，推动市直各有关部门和全市13个区县（市）党委、政府把所有涉及公共财政和公共权力的项目、资金、物资、决策、权力全部在网上公开。深入开展“小金库”、民政领域、科技领域、招投标领域、土地确权、涉农项目资金等专项整治，成系统、成领域、成建制地清除问题。正风肃纪监督累计发现问题46756个，整改41789个，涉嫌违纪问题线索3776件，立案1713件，给予党纪政务处分1356人，移送司法机关28人，挽回经济损失4.98亿元。

【正风肃纪大数据监督平台建设】 2019年，建成集监督业务平台、智能分析平台、数据备案平台、监督云平台以及信息安全平台五大平台为一体的正风肃纪大数据监督平台。累计采集2346家单位的监督数据56.87亿条，纳入资金总量2593.09亿元。研发分析方法5套，建立规则模型295个，设计专利算法313个，累计发现疑似问题16.6万条，2019年新增发现问题7.6万条。通过正风肃纪大数据监督平台，主动监督成案率占比由过去的不足5%，上升到52%，超过信访渠道成为案件线索的第一大来源。

【大数据监督宣教】 2019年，深入13个区县（市）宣讲大数据监督工作，培训4140人次。组织400余名纪检监察干部家属走进市纪委监委机关参观体验。赴中国纪检监察学院向全国省市两级共530余名纪检监察干部介绍正风肃纪监督和大数据监督工作。省内外到市纪委监委机关参观大数据监督平台的党员干部和社会各界人士达1.4万余人次，汇聚起党内外和社会各界正风反腐的磅礴力量。（市纪委）

监督体系和治理体系建设

【概况】 2019年，着眼从根本上解决问题，将监督体系建设融入治理体系建设全过程。开展监督体系和治理体系建设试点，开发建设治理系统平台和小专项监管系统，通过流程再造，使权力运行部门可以精准治理、精准服务，监督部门可以实现精准监督。在审批监管、工程建设、基层民生、农业农村、公共财政支出等重点领域共建设监管系统22个，发现疑似问题12100个，涉及资金2800万元。全市13个区县（市）分别在民政、残联、农业等领域开发了13个小专项监管系统，发现问题8243个，其中涉嫌违纪问题线索130个，已查处案件64件，给予党纪政务处分20人。国家发改委网站专门报道沈阳市发改治理体系建设情况。大东区纪委监委开发的残疾证办理小专项监管系统，推动市残联对残疾人证办理系统进行完善，弥补了中残联办证系统的短板，在全国也属创新。

【监督体系和治理体系建设】 2019年，市纪委监委把监督体系融入治理体系建设，以党内监督和国家监察专责机关的权威，实现监督体系和治理体系同时建、主体责任和监督责任一起推，用监督的力量推动政府全领域的治理体系建设。7月，首批在市发改委、市科技局、市国资委、市人防办、市交通局、市民政局6家单位进行建设试点，推动完善行权路径、深化流程再造，整合业务资源、搭建系统平台。首批试点历时5个月，并取得明显阶段性成果，11月23日，确定第二批在市教育局、市卫健委、沈阳鼓风机集团有限公司等19家市直单位、国有企业和混合所有制企业开展治理体系建设，并着手在全市所有市直部门和系统逐步展开。

【开发区县（市）专项监督系统】 坚持“实用为王”和问题导向，统筹成立开发团队，将大数据技术引入监督工作之中，10月20日起，在每个区县（市）选取一个重点领域开发小专项监管系统，共历时40余天时间，推动13个区县（市）开发涉及民政、房产、卫健、残联、水务、人社等6个领域的正风肃纪监督小专项监管系统13个，覆盖19.7万人，涉及民生补贴资金总额6亿元。

【国家治理体系和治理能力现代化信息研究】 11月4日，市纪委监委机关成立大数据监督信息研究中心暨推进国家治理体系和治理能力现代化信息研究中心，组成13个课题研究组，围绕4个宏观课题、9个具体课题展开研究。其中，组织具有外语特长的10余名年轻干部，潜心研究国内外治理体系、监督体系建设方面的经验做法，相继形成涉及美国信息公开制度、国际清廉指数、法国国有企业、廉政公署、北欧廉政制度等领域的调研报告，为监督体系和治理体系建设提供智力支撑。（市纪委）

六、民主党派与工商联

中国国民党革命委员会沈阳市委员会

【概况】 2019年，中国国民党革命委员会沈阳市委员会（简称“民革沈阳市委”）有主副委7人，常委15人，委员31人，基层工委4个、总支6个、支部48个，党员1263名。有专委会6个，分别为参政议政专委会、社会与法制专委会、社会服务专委会、学宣文史专委会、祖统工作专委会和妇女工作专委会。民革机关内设“四部一室”，分别为办公室、组织部、宣传部、参政议政部和对台联络部。发展党员67人，大学学历52人、研究生学历13人、硕士学位11人、博士学位2人；中高级职称19人；民革特色16人。成立民革沈阳市铁西区总支部委员会及民革中国医科大学支部。在沈阳市政协十五届三次全会上，民革沈阳市委会提交大会口头发言1件，书面发言1件，民革集体提案7件，界别提案3件，其中重点提案1件。完成理论课题9篇，论文13篇，其中《民主党派智库建设问题研究》被省委统战部立项；《发展宗教社会服务事业：推进宗教中国化的实践路径研究》等8件课题被市委统战部立项。召开第十三届委员会第四次全体（扩大）会议，学习贯彻落实中共中央总书记习近平在《告台湾同胞书》发表40周年纪念会上的重要讲话精神，民革中央十三届二中全会精神及中共沈阳市委经济工作会议精神。民革沈阳市委主委贾海洋代表民革沈阳市第十三届委员会常务委员会作工作报告。开展精准扶贫，民革沈阳市委出资15万元用于资助沈阳建筑大学环境学院家庭困难的大学生；委托市政府机关支部开展第二阶段的“奉献一片爱心 助力寒门学子”活动，市政府机关支部部分党员代表民革沈阳市委深入到康平县的5户贫困大学生家中进行走访慰问，为贫困家庭捐款1.5万元。民革沈阳市委会和浑南区总支的党员之家获民革中央授予的“优秀民革党员之家”称号。浑南区总支、大东区工委第二支部被民革中央授予“民革示范支部”称号。

【赴康平县产业精准扶贫调研】 6月18日，民革沈阳市委12人赴康平县小城子镇开展产业精准扶贫调研，调研组听取小城子镇产业情况介绍和招商引资政策，实地考察腰段村合作社土豆、地瓜试验田项目以及海州乡万亩松生态园。随行企业家党员对当地投资环境和政策有了详细的了解，其中党员吴男嘉的企业新海扬帆（辽宁）钻采服务有限公司落户小城子镇，部分企业家也与小城子镇达成合作意向。

【北方城市风光摄影展】 6月

27—29日，第十六届民革北方城市旅游风光摄影展在吉林召开，北方11个城市民革组织参加。民革沈阳市委展出摄影作品32幅，展现沈阳悠久的历史、深厚的文化底蕴和改革开放后取得的辉煌成就。

【民革庆祝新中国成立70周年书画展】 9月16日，同心之路·民革沈阳市委庆祝新中国成立70周年书画展在沈阳民革党员之家开幕。参展作品以庆祝新中国成立70周年为主题，再现祖国锦绣壮丽大好河山和人民和谐美好的幸福生活。

【“送法到台企”法律服务】 9月27日，民革沈阳市委组织民革法律界党员一行6人赴在沈台资企业健晖集团开展“送法到台企”法律服务活动。民革律师党员分别对企业提出的法律问题做详细解答，并依据自身工作经验，为企业出点子、解难题。

【营商环境专项监督调研】 9月29日，民革辽宁省委副主委、沈阳市委主委贾海洋率民革专项民主监督调研组一行10人赴沈阳市营商环境建设局进行考察调研。调研组先后参观沈阳市民热线呼叫中心和沈阳市民热线信件处理中心，了解热线和平台工程建设、企业开办审批窗口、“营商下午茶”接待室等的使用和运行情况。民革调研组表示，民革沈阳市委将始终致力于全面服务沈阳市改革振兴的实践，引领广大党员投入到营商环境的改善和法治政府的建设中，为惠民生、促振兴、建小康贡献民革智慧。

【法律援助调研座谈会】 11月7日，民革沈阳市委联合民革辽宁省委、省直工委、沈阳市人民检察院在辽宁省女子监狱召开法律援助调研座谈会，民革辽宁省委副主委、民革沈阳市委主委贾海洋出席会议并讲话。座谈会上，民革律师和企业家代表分别发言，对省女子监狱服刑人员的生活条件、改造现状及思想诉求等关系服刑人员切身利益的问题进行询问和交流，一致表示将持续关注并加强对省女子监狱服刑人员涉法问题和生活问题的援助，希望她们早日回归社会，开始新的生活。

【《团结报》莅沈调研】 11月11日，《团结报》总编辑助理邵宏华带领调研采访组一行4人到沈开展专题采访调研，《团结报》对市委会开展“不忘合作初心，继续携手前进”主题教育活动中的亮点工作进行宣传报道。

（杨潇音）

中国民主同盟沈阳市委员会

【概况】 2019年，中国民主同盟沈阳市委员会（简称“民盟沈阳市委”）有1名主委、10名副主委，1名秘书长（专职副主委兼任），55个直属基层组织，其中，委员会21个。有11个专门工作委员会、1个艺术家演出团和1个盟务工作智囊团。发展272名新盟员，其中女盟员134人，新盟员平均年龄36.77岁；大学以上文化程度262人，占96.3%；高、中级职称114人，占41.9%；教育界59人，科技医卫界47人，经济界63人，政府19人，文化艺术界17人。截至年末，全市有盟员4630名，有中国工程院院士1人，全国人大代表1人，政协委员1人；省人大代表2人，政协委员23人；市人大代表10人，政协委员37人；区人大代表12人，政协委员110人；副局级及以上干部11人。民盟沈阳农业大学、中国医科大学、东北大学委员会和民盟沈阳音乐学院支部4个基层组织被民盟中央评为“高校基层组织盟务工作先进集体”。

思想宣传。民盟沈阳市委以习近平新时代中国特色社会主义思想凝聚共识，以“不忘合作初心、继续携手前进”主题教育活动为主线，统一思想，提高认识，进一步夯实新时代多党合作共同思想政治基础。开展“不忘合作初心，继续携手前进”主题教育活动，民盟沈阳市委会领导班子成员开展集中学习研讨6次，在机关和基层组织开展学习宣讲活动14场，参加盟员400多人次。全盟举办各类专题讲座、学习培训、座谈研讨、参观学习等68场，参与盟员3000多人次。民盟沈阳市委被民盟中央评为“民盟思想政治建设和宣传工作先进集体”。

参政议政。通过“直通车”形式向中共沈阳市委报送3条建议，其中《关于在沈阳市加快推广智能立体（机器人）停车模式的建议》《关于沈阳市取缔燃放鞭炮的建议》获市委书记张雷批示，市政府修改《沈阳市烟花爆竹安全管理规定》，自2020年3月1日起，沈阳市三环绕城公路以内城区将禁止销售、燃放烟花爆竹。在全国“两会”上，盟内全国人大代表提交的关于《稳定东北地区粮食生产扶持政策确保国家粮食安全的建议》，受到农业农村部重视；全国政协委员提交《关于规范企业信用报告的建议》等3件提案。在省“两会”上，盟内人大代表、政协委员提交《关于加强学校美育教育工作推动美育进校园的建议》等24件议案、提案。在市“两会”上，民盟沈阳市委会向市政协全会提交10件集体提案，其中《关于将沈阳打造成东北地区深度融入“一带一路”建设重要枢纽城市的建议》作为大会口头发言，被列为重点提案并主席督办提案，并以市政协名义提交省政协全会，市政府将建议纳入《沈阳建设“一带一路”东北亚枢纽行动方案》。盟内人大代表、政协委员提交《关于“以消费升级为导向创新东北亚高品质商贸中心有效供给”的建议》等67件议案、提案。王军海《关于加大我市交通综合整治力度，统筹解决城市交通拥堵问题的议案》被市人大评为“优秀代表议案”（共3件）；姜秀婉《关于加强沈阳松林灾害性有害生物的检疫、防控，保护松林安全的建议》被评为优秀建议；王军海被评为市人大“履职优秀代表”；何萍萍《关于依托商旅文融合发展，打造我市高品位步行街的思考与建议》，被沈阳市政府采用；林华提出的“补齐生产性服务业短板，推动沈阳经济发展”的建议，被市发改委、工信局出台的《促进生产性服务业发展行动方案》吸纳；赵立民提出的“加快提升沈阳对外开放水平”提案，市商务局参考建议制定《沈阳市开发区（园区）产业空间布局规划》；王秋雨提出的“加速提升沈阳农业品牌市场竞争力”提案被市农业和农村局采用。冯昀提出的“推进我市既有住宅增设电梯”的提案，市房产局参考建议，在条件相对成熟的小西小区加装电梯并投入使用。

调查研究。组织参政议政专家和骨干着重研究分析沈阳市的重点工作方向，组成课题调研组，赴广州、杭州、无锡等地开展调研考察，学习、借鉴先进地区成功做法和经验，形成《积极构建城市综合管理平台有效推进“智慧沈阳”建设》《加快发展沈阳人工智能产业促进高质量发展的建议》等调研报告14篇，报送沈阳市政协9篇，其中《发展沈阳冰雪文化举办冰雪会展活动的建议》《完善网络数据平台建设，推动政务服务数字化转型》分别在市政协主席会、常委会议上做专题发言。《完善网络数据平台建设，推动政务服务数字化转型》的建议成为市政协《关于加快建设数字政府，推进优化营商环境的建议案》的组成部分，该建议案由中共沈阳市委书记张雷参与协商，政协常委会审议提交，受到市委书记张雷高度评价，并由市长姜有为做出批示部署。到苏家屯区文广局、和平区八一街道、苏州工业园区、昆山光电开发区等地进行深入调研，完成中共市委统战部《关于加快乡村文化振兴的对策建议》和《关于加快促进沈阳市开发区改革创新发展的对策建议》专题调研课题两项。

社情民意。向民盟辽宁省委上报社情民意信息305条，民盟省委采用30篇，省政协采用7篇，民盟中央采用1篇，省领导批示1篇，全国政协采用4篇。在民盟省委的社情民意信息年度评分中遥遥领先，被民盟辽宁省委评为“反映社情民意信息工作优秀单位一等奖”，郭锡禹获民盟中央“反映社情民意信息工作先进个人”称号，为辽宁省唯一获奖盟员。

社会服务。就营商环境投诉办结率低问题专项整治情况积极开展专项民主监督，到市营商局、星瀚市政工程有限公司等地开展调研活动6次。将“奉献一片爱心助力康平学子”三年行动引向深入，赴康平县北四家子、东升等4个乡开展慰问走访贫困大学生家庭，为每名贫困大学生发放3000元助学基金，并为每个家庭送去米面油等生活必需品，积极牵线搭桥，帮扶4名大学生就业。民盟浑南区委员会连续11年到李相镇元科村慰问老人。民盟于洪区、浑南区、沈北新区委员会，沈河区委员会联合普教工作委员会，辽宁省图书馆支部等到光辉乡十河子村、辽中区牛心坨镇寇家村、宽甸县步达远镇、新宾县陡岭村、凤城市东汤镇等地开展精准扶贫，累计捐款捐物近70万元。连续7年在铁岭开展“农村教育烛光行动”，开展高考考前辅导讲座，受益师生累计达5000多人；赴皇姑区三台子司法所开展“黄丝带”帮教活动，为社区在矫人员作普法讲座和法律咨询，并为在矫人员及其家属送去生活物品，鼓励他们树立正确积极的人生观、价值观，努力开创新生活；贯彻落实乡村振兴战略，到抚顺市新宾县下夹河村开展科技支农活动；“民盟同馨讲坛”走进学校、企业、社区等地并通过网络媒体，开展讲座35场，受益听众7000余人；创新开展“同心大讲堂——美育进校园”活动，走进东北大学、沈阳化工大学、沈阳农业大学等，弘扬中华民族优秀传统文化，传承中华美育精神，听众2000余人；连续12年开展同心公益·民盟沈阳市委“六一”儿童节、教师节医疗咨询义诊活动；连续5年走进辽宁省光明学校开展拓展培训活动。

【庆祝新中国成立70周年书画摄影展】 10月21—25日，民盟沈阳市委在沈阳市沈河区文化活动中心举办“盛世丹青光影盛京——民盟沈阳市委庆祝新中国成立70周年、人民政协成立70周年书画摄影展”活动，展出作品102件，涵盖书法、国画、油画、漆画、染纸画和摄影。作品由沈阳民盟盟员以及特邀书画艺术家们创作。（马　旭）

中国民主建国会沈阳市委员会

【概况】 2019年，中国民主建国会沈阳市委员会（简称“民建沈阳市委”）贯彻落实《中共中央关于加强中国特色社会主义参政党建设的意见》精神，各项工作取得新成绩。全市发展会员187人。其中经济界人士165人占88.23%；中上层人士143人占76.47%。民建沈阳市委宣传部获2019年民建辽宁省委新闻宣传先进单位、理论研究先进单位、征文工作先进单位、网站工作先进单位称号。

思想建设。开展政治理论学习，不断夯实多党合作的政治基础。通过理论学习中心组、主委会议、常委会议以及企业界等各界会员座谈会、专题报告会等认真贯彻落实。理论学习中心组学习5次，各级组织集体学习43次。在《沈阳日报》发表民建沈阳市委领导署名文章1篇，在主流媒体发布宣传信息和会员视频、文字采访18篇。开展“不忘合作初心，继续携手前进”主题教育活动。通过集体学习、深入基层调研、分工带队赴民建中央爱国主义教育基地参观学习等方式，指导推动全市开展主题教育活动。形成问题清单46条，意见建议清单50条。开展批评和自我批评，集中研究问题原因，按时限按要求研究整改思路和明确整改举措，确保主题教育活动取得实效。

协商议政。围绕中共市委、市政府中心工作，关注新经济新领域，以推进沈阳高质量发展新时代振兴为主线，以保障和改善民生为出发点和落脚点，提高建言献策质量，服务沈阳发展大局。参与编撰《共同走过70年——庆祝中华人民共和国和人民政协成立70周年》民建部分。完成中共沈阳市委统战部重点调研课题2篇；向沈阳市政协十五届三次全会提交大会发言材料6篇、集体提案6件。报送社情民意信息60余篇，部分信息得到中央、省、市领导的重要批示。民建沈阳市委在题为《关于提高住宅专项维修基金使用效率，改善居民住房条件的建议》报告中，对《住宅专项维修基金管理办法》提出具体修改建议，被《民建中央关于提高住宅专项维修基金使用效率，改善居民住房条件的建议》采用。民建中央此项建议得到中央领导批示。《关于推进高校科技成果在沈转化的调研协商报告》等建议等到省市领导批示。

课题调研。组织会员围绕“进一步优化我市营商环境”“促进我市冰雪经济发展”“推进我市智慧城市建设”“助推民营企业实现高质量发展”等全市中心大局工作深入开展调查研究。民建市委组织参政议政骨干会员先后赴铁西宝马工厂、环普工业园、沈阳福来食品加工公司等25户企业实地调研。承担中共沈阳市委统战部重点课题“县域工业发展”“沈阳经济区文化旅游聚合发展”。2个调研组分别深入省市区县调研，撰写《关于进一步壮大县域工业发展水平的对策建议》《推动沈阳经济区文化旅游聚合发展的对策建议》2篇调研报告。组织会员参与市政协专题调研。“推动我市冰雪经济发展”“水环境治理”“数字城市建设”，提交调研报告，并在市政协十五届二十一次主席会议上做《支持冰雪旅游龙头企业建设及培育冰雪品牌影响力》的专题发言。

信息报送。报送社情民意60余篇，其中《解决拖欠民营企业账款》《古城墙、城门楼对市民开放》被市政协社情民意专报采用；《关于鼓励公立医院增加儿科医生的建议》被市政协报送全国政协、省政协；《关于加强村干部参选人资格审核的建议》被市政协报送全国政协；《精准施策助推辽宁省民营企业实现高质量发展》被市政协报送省政协。完成参政议政成果宣传4篇，报送宣传稿件10篇，被《沈阳日报》采用2篇，被民建中央网站采用6篇，被中共市委统战部采用7篇。

民主监督。围绕营商环境建设开展工作，调研组深入5户民建会员企业开展调研活动10多次、座谈5次，发放调查问卷500份，面向全市会员广泛听取意见建议，深度了解民营企业遇到乱收费、乱罚款、乱检查的“三乱”问题。通过开展营商环境建设民主监督工作，提出精准、务实、可行的意见建议，真正把民主党派民主监督过程变成发现问题、研究问题、解决问题的过程。

理论研究。报送省市理论研究成果17篇，申报立项课题5项，4项课题予以结项。积极开展老干部“口述会史”访谈实录，参与编撰《共同走过70年——庆祝中华人民共和国和人民政协成立70周年》民建部分。

社会服务。参与民建中央脱贫攻坚，组织会员赴民建中央定点帮扶地贵州黔西县、河北丰宁县调研扶贫。累计购买黔西县、丰宁县消费扶贫产品近20余万元，占全省50万消费扶贫任务的近一半；项目帮扶合计26.5万元。民建市委5个帮扶组前往康平进行走访慰问、对口帮扶资助贫困大学生。在经济上给予帮助，并进行心理健康指导、学习指导、就业帮助等精准帮扶。全市各基层组织和广大会员积极参与社会扶贫等公益活动，开展扶贫帮困活动50余次，助学助教活动30余次，组织惠民演出7场受益人数近5000人，累计捐款捐物价值240万元，取得良好社会效果。民建沈阳市企业委和民建市直3支部获“民建脱贫攻坚先进集体”，张建运等6名会员获“民建脱贫攻坚先进个人”称号。

【“服务会员企业助推民营经济高质量发展”系列活动】 3月，举办“民建沈阳市委服务会员企业 助推经济发展专题报告会”，邀请华泰证券资深金融行业专家，针对民营企业融资、科创板和投资理财等相关知识为700多名会员释疑解惑。4—11月，先后发布《促进民营经济发展政策措施85条》《促进中小企业健康发展指导意见》《辽宁省人民政府办公厅关于进一步支持企业上市发展的意见》《沈阳市企业跨区迁移管理细则（试行）》《〈沈阳市支持智能升级示范项目政策及管理实施细则〉的通知》等文件。6月，举办“民建沈阳会员企业投融资辅导暨‘沈阳市中小微企业融资对接平台’推介会”。

【庆祝中华人民共和国成立70周年“不忘合作初心 携手共铸辉煌”文艺演出】 9月8日在沈阳音乐学院音乐厅举行。由民建辽宁省委主办、民建沈阳市委承办。省、市相关领导以及各高校党委统战部等领导现场观看童声合唱《中国少年》、女声独唱《我爱你中国》、大合唱《我和我的祖国》等文艺表演，民建省直工委和沈阳市700余名会员共同抒发对祖国母亲的赞美和热爱之情，颂赞新中国成立70周年。

（单　舒）

中国民主促进会沈阳市委员会

【概况】 2019年，中国民主促进会沈阳市委员会（简称“民进沈阳市委”）发展会员213人。至年末，有会员3237人，其中女会员1783人；在职会员2212人；教育文化出版传媒主界别2449人，占全市会员总数的75.7%。

思想政治引领。学习贯彻习近平新时代中国特色社会主义思想是全会的首要政治任务。在坚持理论中心组学习制度的同时，将专题政治理论学习作为每次主委会、常委会、全委会的第一项议程，为全市基层组织和会员做出示范。引领广大会员不断深化多党合作历史传统教育，丰富政治交接时代内涵，增强“四个意识”，坚定“四个自信”，做到“两个维护”，增进对中国共产党和中国特色社会主义的政治认同、思想认同、理论认同、情感认同，进一步夯实多党合作共同思想政治基础。市委会思想政治引领等各项工作得到中共市委统战部调研组的充分肯定。

主题活动。以庆祝新中国成立、人民政协成立和中国共产党领导的多党合作和政治协商制度确立70周年为契机，开展“不忘合作初心，继续携手前进”主题教育活动，以“弘扬爱国奋斗精神、建功立业新时代”活动为重要载体，开展系列庆祝活动。开展主题征文活动，征集文章61篇。以70年系列庆祝活动为重要载体，通过组织和参与相关部门的庆祝活动，提高广大会员的思想政治意识。市委会主要领导参加庆祝人民政协成立70周年纪念活动的专访及学习习近平在新中国成立70周年庆祝大会上重要讲话精神座谈会等活动。在网站和《沈阳民进》开设庆祝70周年专栏。

参政议政。向政协沈阳市十五届二次会议提交集体提案18件和题为《优化人才环境，进一步加强先进制造领域高技能人才培养》的大会发言。参与民进系统及中共省、市委统战部的课题招标，6个课题被立项，12篇统战论文被采用。

调查研究。完成民进省委关于《防范化解金融风险，切实维护社会大局稳定》的调研报告。完成市委统战部《关于深化科技体制改革、推动科技成果转化的对策建议》《关于推进制造业高质量发展的对策建议》的重点调研课题。参与市政协关于“数字政府建设”“水环境治理”“发展壮大乡村产业”“培育沈阳冰雪文化品牌”等调研工作，完成调研报告5篇。

信息报送。向民进中央、民进省委、市政协、市委统战部等部门报送信息625条。通过各种渠道向各级各部门提交社情民意信息223件，增长36%，位居全省民进系统榜首。其中，《民进信息》9件次，中共省委统战部及办公厅9件次，《辽宁政协信息》13件次，《辽宁民进信息》89件次，省市领导指示7件次，市政协《社情民意》15件次。

服务社会。持续打造“同心”品牌工程，完成阜蒙县第一小学“同心实践基地”挂牌仪式。在“助力寒门学子三年行动计划”活动中，为康平县的5名贫困大学生家庭送去1.5万元第二年度助学金和价值2000余元的生活物资；赴新民市于家窝堡学校开展“同心公益·教育下乡”帮扶活动，向该校师生捐赠数学书籍500册和“数学创新”的示范教学等活动。开展以“挥毫送百福、文艺迎新春”为主题的“春联万家”活动和“庆七一，小品大艺”书画作品展。赴康平县小城子镇开展“同心公益·温暖民心”医疗义诊咨询活动。连续3次举办庆祝六一儿童节系列活动，为特殊教育学校的学生捐赠价值1.8万元的30块体能检测手表、价值2000余元的100册书籍和1.5万元书画义卖善款，并通过寓教于乐的活动丰富孩子们的智力知识和生活常识。

▶7月11日，举办“大道同心·民进沈阳市委员会庆祝中华人民共和国成立70周年文艺演出” （民进沈阳市委供）

【营商环境专项民主监督调研】 2019年，受中共沈阳市委委托，民进沈阳市委开展营商环境专项民主监督工作。市委会主要领导牵头组建专项民主监督调研组，到市区两级营商环境建设局和政务服务中心等单位，对全市开展“100个高频事项‘最多跑一次’”工作情况进行深入调研和座谈，并形成调研报告，推进沈阳市营商环境建设。

（民进沈阳市委）

中国农工民主党沈阳市委员会

【概况】 2019年，中国农工民主党沈阳市委员会（简称“农工党沈阳市委”）发展党员79人，平均年龄39岁，净增率3.7%；大学以上学历72人，其中具有博士学位的党员7人，硕士学位的党员24人；医药卫生、人口资源和生态环境领域69人，占发展总数61.6%；副高级以上职称23人，占发展总数29.1%。至年末，全市有基层组织56个，党员2117

人。医药卫生、人口资源和生态环境界别党员1349人，占党员总数63.7%；副高级以上职称党员1094人，占党员总数51.7%；平均年龄54.5岁。广大党员在各自岗位上取得可喜成绩。何仲贵被授予“全国模范教师”称号，被辽宁省教育厅授予辽宁省教育系统“最美教师”称号，并获“辽宁五一劳动奖章”。王海生获“沈阳五一劳动奖章”。俞敬创办的沈阳五环体育产业开发有限责任公司获“沈阳五一劳动奖状”。张岩生导演的歌剧《图伯特》，获第十五届精神文明建设“五个一工程”优秀作品奖。

思想政治引领。开展庆祝新中国和人民政协成立70周年系列活动。召开庆祝中华人民共和国暨人民政协成立70周年座谈会。举行“同心大讲堂·庆祝中华人民共和国成立70周年主题报告会”。开展同心·庆祝新中国成立70周年征文活动。在农工党中央前进论坛杂志社组织的“庆祝中华人民共和国成立70周年暨人民政协成立70周年征文活动”中，夏德昭的征文作品《我与我的100年》获一等奖，是全省农工党组织中唯一获奖的征文作品。组织部分党员参观“大道同心 薪火永传——中国民主党派历史陈列馆宣传推介展”活动和《大道同行——从“五一口号”到协商建国重要史事回顾展》沈阳巡展。组织部分党员观看农工党辽宁省委、沈阳音乐学院联合举行“拥抱新时代·奋进新征程——庆祝新中国成立70周年、人民政协成立70周年”文艺汇演。15名离休党员获“庆祝中华人民共和国成立70周年纪念章”。

建言献策。在市政协十五届二次会议上，农工党沈阳市委提交《关于系统开展历史遗留污灌区土壤环境质量评估与风险管控的建议》《关于以中欧班列为抓手，加快推进沈阳全面振兴、全方位振兴的建议》等9件提案。有3篇建言献策文稿被收入《大会发言汇编》。主委李铁男代表市委会作《关于系统开展历史遗留污灌区环境风险管控与安全利用的建议》的大会发言，该提案被市政协确定为十五届二次会议重点提案。年内，与市政协教科卫体委员会组织推动失智失独人员医养结合发展专题调研，完成《关于推进失智失独人员医养结合工作的调研协商报告》，并以市政协的名义报送市政府。

民主监督。受中共沈阳市委委托，为更好地开展营商环境建设专项民主监督工作，召开2019年营商环境建设专项民主监督调研工作座谈会，并赴沈河区开展2019年营商环境建设专项民主监督调研活动。邀请市发改委、市财政局，就关于政府整治失信问题进展及清理偿还政府拖欠工程款相关情况进行通报。听取沈河区就关于政府失信专项整治情况中的政府拖欠工程款问题进行通报，并组织到万泉集团公司进行实地走访座谈，完成《关于我市政府拖欠工程款专项民主监督调研报告》。

调研和社情民意。党员参加各类调研活动170余次，形成调研报告44篇。赵经纬执笔完成《关于进一步促进辽宁省民族自治县经济发展的建议》的调研报告，获农工党中央优秀调研报告三等奖。48个基层组织的137名党员报送提案34件、建议29件和信息254条。部分党员撰写的社情民意信息被省委会采用，其中郭廷超的《辅助生殖技术存在问题应引起重视》等3篇社情民意信息被辽宁省政协采用。市委会机关被中共沈阳市委统战部评为“沈阳市统战信息工作先进单位”。农工党沈阳市委会机关被中共沈阳市委统战部评为“沈阳市统战信息工作先进单位”。

理论研究。统战宣传工作保持在全市领先地位，加大在网易新闻、凤凰新闻、百度新闻、帅正新闻、凤凰网、搜狐网等主流媒体的宣传力度，在沈阳同舟网宣传稿件采用数量名列全市第二名。至年末，农工党沈阳市委官方网站上传1880篇文章，点击人数415.4万人次；微信公共平台关注人数1086人，较上年增加192人，推送324条图文信息。牛箐撰写的《政府与商会组织沟通协商制度的通道建设与路径设计》一文，获全省统战理论政策研究创新成果三等奖。赵春杰、贾冬梅统战理论研究课题，被确定为市统战部理论研究重点课题。

社会服务。深入开展精准健康扶贫活动。按照农工党中央助力毕节市大方县脱贫攻坚工作任务的部署要求，由主委李铁男带队组织党员医疗专家等赴大方县三元乡开展脱贫攻坚系列活动。按照农工党中央部署要求，开展为促进云南省会泽县地区乡镇医疗卫生院发展的精准扶贫捐赠活动。按照“有求必应、无事不扰”原则，协调机关5人落实“万人进万企”工作任务，分别以电话沟通、当面沟通等不同方式，与企业负责人建立良好沟通机制，向有关企业推荐优秀人才，得到企业认可。推动基层组织继续开展“同心公益助学圆梦”活动，号召全市党员捐书1000余册，以第三综合支部为主建，9月建起胡台中心学校“同心书屋”，树立良好社会形象。

【医养结合论坛】 7月2—4日，农工党沈阳、大连、长春、哈尔滨、呼和浩特5个市委在辽宁友谊宾馆召开农工党东北内蒙古部分城市2019年工作联席会议——医养结合论坛。论坛主题是“深入探讨四省五市老龄化人口医养结合服务体系建设健康有序发展问题”。参会人员队伍到沈阳市医养结合试点单位——沈阳德济医院、中国医科大学附属盛京医院沈阳雍森医院参观。他们从“医”和“养”的角度向参观人员全方位展示沈阳不同层级医养结合工作最前沿的实际情况。这两家医院以及辽宁中置盛京老年病医院3家单位，在雍森医院会议室为参观人员进行医养结合工作的情况通报。

【同心之路·庆祝中华人民共和国成立70周年书画作品展】 9月24日在沈阳名玺茶文化有限公司举办。用多种艺术表现形式共同回望来路，感受沧桑巨变，展望美好未来，描绘新时代蓝图。农工党沈阳书画院副院长年鸿林、李建军、徐克强现场创作书画，展览展出农工党沈阳市委党员创作的作品40余幅。

【第二届民营医院发展建设论坛】 10月23日在东北大学国际学术交流中心举办。农工党沈阳市委与沈阳市政协教科卫体委员会、沈阳市卫生工作者协会联合举办。论坛围绕民营医院如何诚信经营、守法经营、差异化经营；民营医院如何打造诚信文化，构建主旋律；在“三医联动”背景下民营医院如何加强内涵建设，与公立医院并存、互补、竞争、发展3项主要内容进行深入学习探讨。市卫健委副主任曾宪东、市医保局副局长韩春丽，分别从“规范、守法、管理”的角度分别通报沈阳市民营医院发展的相关情况。东北国际医院院长王佳、辽宁中置盛京老年病医院院长章亚非、安联妇婴医院、沈阳杏林整形外科医院、抚顺博爱医院分别作交流经验。

（王　勇）

中国致公党沈阳市委员会

【概况】 2019年，中国致公党沈阳市委员会（简称“致公党沈阳市委”）围绕中共沈阳市委市政府中心工作，增强建言实效，拓展对外联络，助力脱贫攻坚，加强新时代高素质中国特色社会主义参政党建设，获致公党中央先进集体、海外联谊工作先进集体等称号。新成立支部2个，新发展党员52人，至年末，有基层组织32个，党员933人。

参政议政。在市政协十五届二次全会上提交集体提案14件，大会发言7件，报送致公省委提案素材29件，24件被采用。完成市政协3个重点课题，均进行大会发言，完成2篇市委统战部重点课题，1篇创新课题。深入支部、社区及田间地头开展调研，提出助推高质量发展的意见建议。参政议政专委会组织骨干党员到一线，了解社情民意。致公党沈阳市委及各基层组织、专委会组织全市党员完成调研报告80余篇，和平区支部完成市委重点调研课题，辽中支部建立参政议政信息专报制度。

民主监督。受中共沈阳市委委托，开展垄断行业营商环境专项整治民主监督活动，形成高质量监督调研报告，为市委市政府进一步优化营商环境提供决策参考。定期参加廉政建设通报会，听取中共沈阳市委关于党风廉政建设情况，参加法院、检察院专题座谈会。发挥党员中人大代表、政协委员、特约行风监督员作用，有104人次担任新一届各级人大代表、政协委员，充分履行建言献策、反映民意、民主监督等职能。

理论夯实。抓住重要时间节点，确定主题重点，举办理论中心组学习、致公讲堂、读书会、座谈会等，专题学习中共十九届四中全会精神、经济工作会议精神、人民政协工作会议精神等，组织基层组织结合主题教育活动，深入学习习近平总书记关于统一战线、多党合作和人民政协的重要论述，加强党史党章学习，自觉在思想上政治上行动上同以习近平为核心的中共中央保持高度一致。

思想引领。开展“走基层”活动，与所联系的专委会、基层组织党员深入座谈，准确把握基层党员思想动态，及时进行引领。组织召开老中青三代党员代表座谈会，传承致公精神。邀请致公党创始人司徒美堂的孙女司徒月桂为新党员上党课，引导广大党员继承和发扬老一辈致公党人优良传统。直一、直六、于洪等支部开展读书会、文化沙龙等形式，引导广大党员自觉做中国特色社会主义的亲历者、实践者、维护者和捍卫者。

信息报送。组织300余人参加中共中央统战部部长处专家就《零讯》选题及写作方法进行的专业培训；150余名骨干参加中共省委统战部专家对全市参政议政骨干就社情民意信息写作进行的专题培训。通过培训，党员对社情民意信息更深刻认识和更精准把握，完成致公省委“大数据时代个人信息保护”“呦呦鹿鸣与财经日报之争”“香港问题”等专题约稿，1篇信息被《零讯》采用。

主题活动。开展庆祝新中国成立70周年活动，组织庆祝新中国成立70周年知识竞赛，17支代表队参加比赛；制作《70年岁月如歌》视频短片；举办“快闪+现场观众互动投票+电台大咖人气主持现场激情点评”的主题演讲活动；直七、直三、沈河等支部分别组织开展《我和我的祖国》歌曲快闪，进一步凝聚党员共识。

舆情监督。加强与主流媒体及海外媒体交流沟通，宣传致公党重大活动、亮点工作、履职成效等，讲好侨海故事，传播致公党正能量。加大宣传力度，在微信公众号、网站开设“不忘合作初心，继续携手前进”主题教育活动专栏，制作《沈阳致公》主题教育活动专刊，举办庆祝新中国成立70周年史料、论文、书画、摄影、微视频等征集活动，征集各类作品208件。皇姑区支部以书画为载体，弘扬致公精神，不断扩大海内外影响力。

海外联络。深化与海外40多个侨团的广泛联系，接待澳大利亚、欧盟欧中友好小组、英国总商会等海外团组12个，宣传中国特色社会主义新型政党制度、政治协商制度的优越性，详细介绍沈阳在全面振兴全方位振兴过程中投资政策、人才政策等叠加优势，增强海外致公洪门和海外华人的同根、同乡认同感。通过开展理论创新课题《凝聚侨海力量，投身大沈阳建设》，进一步凝聚侨海人员，特别是新生代思想政治共识，同时为侨海人员创新创业、融入社会提供帮助。成立企业家联创基地，为党内海归企业家协同创新、抱团发展搭建平台。持续深化与欧洲时报、华人头条等海外媒体交流合作，知识竞赛、演讲比赛等重大活动均在海外媒体整版登载，海外影响进一步扩大；不断拓展新的发声平台，与加拿大红枫林传媒集团建立联系，《红枫林》刊登司徒月桂为新党员授课的新闻、司徒美堂赤诚报国传奇人生，以及致公党与中国共产党风雨同舟、荣辱与共的光辉历程。

社会服务。对接、落实致公党定点扶贫地区重庆酉阳、贵州毕节的扶贫工作项目。“精准扶贫慈善捐款”7.9万元，通过“酉好货”以购代捐形式，筹集资金2万余元。海员免费培训教育项目在毕节和酉阳人社局挂网招生，资助乐山马边县400亩茶园叶面肥，预防病虫害，促茶叶增收项目收效良好。关注民生，医大、苏家屯等支部广泛开展社会服务工作，党员孙屹连续12年开展六一儿童节现场书画义卖及迎新春敬老活动，筹资累计50余万元，将爱心送给特殊儿童及孤寡老人；党员张志毅三十年如一日致力于儿童权益保护和未成年人犯罪预防，受益群体数十万人；党员杨丽娟、辛彬等数年深入农户进行科技扶贫；做实“致力童心”“致福送诊”“致福温暖工程”“致福光明行”“奉献一片爱心，助力康平学子”等成熟品牌。

【脱贫攻坚服务】 2019年，致公党沈阳市委助力新民“2+3”产业基地建设，即大喇嘛镇、大红旗镇两个设施农业产业示范基地建设，丹参、酸菜、大豆加工三个产业生产基地建设；助力康平小城子镇玉米种植帮扶基地建设。党员周春艳赠送新民、康平贫困农户集土壤改良与增产一体的有机肥折合人民币8万余元，党员胡歆岩投入20万元在康平建立6个留守儿童关爱基地，农大支部深入辽中区佑户坨社区，做实科技扶贫社会服务基地。党员陈锋完成为期一年半的援藏任务；党员单炜军到贫困县做驻村干部，带领村民脱贫致富。

（韩志强）

九三学社沈阳市委员会

【概况】 2019年，九三学社沈阳市委员会（简称“九三沈阳市委”）贯彻人才强社战略，发展社员175名，净增率3.5%，主体界别占84.6%，高级职称及硕士以上学位占97.1%。至年末，全市有社员2489人，基层组织41个，其中基层委员会12个，支社29个。完成东北大学基层委员会等5个基层组织的换届工作。开展“两优一先”评比，评选出东北大学基层委员会等14个先进基层组织和先进个人156名。沈河综合支社被社中央组织部评为“2019年度基层组织工作先进集体”，3名社员成员被评为“2019年度基层组织工作先进个人”。

思想建设。举办“同心大讲堂·庆祝中华人民共和国成立70周年”专题报告会，邀请许进作专题报告。与社省委联合举办“大道同心·筑梦同行”庆祝新中国成立70周年大型文艺演出；举办纪念五四运动100周年主题征文活动。组织社员参观《大道同行——从“五一口号”到协商建国重要史事回顾展》沈阳巡展和《创新决胜未来》——科技成果展。开展市政协理论文章和文史资料征集及政协志撰写工作，上报政协理论文章3篇，政协文史资料10篇，政协志1篇。

参政议政。向政协沈阳市第十五届委员会第三次会议提交集体提案8篇。报送社情民意信息328篇，其中全国政协采用6篇，社中央采用9篇，省政协采用14篇，省委统战部采用4篇，社省委采用26篇，市政协采用105篇，市领导批示4篇。参与市政协组织的“沈阳市水资源保护与利用”“发展冰雪旅游产业”“推进高校科技成果在沈阳转化”3项专题调研。在党派大调研中对“推动科技成果转化”“关于发展乡村特色产业”两个课题进行调研。对“办事难专项整治情况”中的“优化遗产继承公证的程序和流程”开展民主监督调研。

各专委会。思想建设与理论研究工作委员会申报统战理论研究课题13项，其中1项在省委统战部中标，8项在市委统战部中标，13项在省九三中标；举办参政议政及统战理论研究工作培训班；创办“九三思想汇”平台，召开“九三思想汇”——纪念五四运动100周年座谈会。教科文卫、经济与社会发展、社会服务与联络工作委员会组织社员开展调研10余次。青年工作委员会开展纪念五四运动100周年青年社员大型文艺汇演。妇女工作委员会组织女社员参加金属所科学公众日活动。

社会服务。社市委继续开展“奉献一片爱心、助力寒门学子”活动，对急需帮助的康平县5名贫困家庭大学生进行帮扶。赴抚顺市新宾县上夹河镇开展“同心公益 送医下乡、法律援助、科技咨询”系列活动。联合辽宁省科技馆，将科普大篷车开进沈阳市儿童福利院。各基层组织开展进校园义诊，送医、送教下乡，“千乡万村”环保科普宣传等活动。

【“九三思想会”平台创办】 3月29日，九三沈阳市委思想建设和理论研究工作委员会发起和创立“九三思想汇”平台，旨在开展思想政治建设、参政党理论学习研究、学习体验活动等，通过丰富多彩的活动形式，营造浓厚的研究氛围，助燃思想火花，激发研究灵感，鼓舞创新热情，凝聚成员共识。立志成为沈阳九三发挥人才和智力优势，持续开展学习、研讨、建言献策的窗口和闪亮名片。年内举办形式多样的大型活动3场，举办研讨等活动近10场。（马　佳）

台湾民主自治同盟沈阳市委员会

【概况】 2019年，台湾民主自治同盟沈阳市委员会（简称“台盟沈阳市委”）发展1名新盟员。截至年末，全市盟员74人。

参政议政。在市政协十五届二次全会上，上报大会发言稿件7件，口头发言1件，书面发言6件，集体提案7件，界别提案1件。参加中共辽宁省委、中共沈阳市委、省（市）政府、政协、省（市）纪委召开的征求意见座谈会、季度协商会、通报会、电视电话会、新闻发布会、联席会、秘书长会等协商议政活动40余次，并就中共沈阳市委十届十次全会报告、市委专题调研课题、专项民主监督、市政府工作报告、市政协工作报告、落实中央政协工作会议等提出意见建议50余条。建立“议政一线”实训平台，将骨干盟员队伍建设与履行参政议政职能紧密结合。通过“议政一线”实训平台承接并完成调研课题11件，其中盟中央课题8件，市政协课题3件。此项目被市委统战部列为2019年实践创新项目，被台盟中央评为“我为台盟自身建设献一策活动”二等奖。台盟沈阳市委连续第三年获台盟中央年度参政议政市级组织突出进步奖；沈阳盟员孙元在台盟中央第八届协商议政论坛上获一等奖；连续第三年获盟省委年度参政议政工作先进市委会。向省政协、台盟省委、市委统战部上报《关于重视沈阳市饮用水安

▶11月19日，台盟盟员孙元在台盟中央协商议政论坛上荣获一等奖　（台盟沈阳市委供）

全问题的建议》等信息26件。关注民生事业，盟员建议得到市领导批示。台盟盟员、中国医科大学附属第一医院耳鼻喉科副主任医师李巍提出的“在我市开展脑瘫患者远程居家康复计划”的建议，得到副市长王广生的批示，要求相关部门进行研究，其中部分建议得到市残联等相关部门的积极采纳。

专题调研。参与市政协十五届十次常委会，完成《加快推进“数字政府”建设，为进一步优化营商环境，推动经济高质量发展提供新支撑》调研报告；承担省政协十二届六次常委会调研课题，完成《强化青少年心理健康教育，防范化解校园治安风险》调研报告；承担市政协十五届十一次常委会调研课题，完成《加强城市供水体系的终端监管，严把“最后一公里”用水安全》调研报告；承担市政协十五届二十次主席会议“发展壮大乡村产业，促进农业提质增效”调研课题，完成3个调研报告；承担市政协十五届二十一次主席会议“推进冰雪产业发展”调研课题，完成《挖掘沈阳冰雪体育产业优势全面布局冰雪体育产业链》调研报告。“医养结合”课题组联合盟省委赴营口市进行专题调研，分别到营口市老年关爱医院、鲅鱼圈区亲和源养老中心等进行实地调研，与关爱医院领导、医护人员、辽宁亲和源集团、浙江绿康集团、中国老年学会负责人进行座谈交流，广泛开展调研活动；“医疗大数据”课题组赴市卫健委就沈阳市医疗系统大数据的采集和应用等情况开展调研；参与市政协“推进冰雪产业发展”大调研活动，参加专题调研活动6次；盟市委主要领导随省政协台盟台联界别组，分赴盘锦、沈阳等地台资企业，就设立“海峡两岸产业合作区”工作开展调研等。

对台工作。与市台办、九一八历史博物馆共同举办《宝岛烽火——台湾大家族抗日救亡图存史实展》，组织盟员及所联系的台胞参观《宝岛烽火—台湾大家族抗日救亡图存史实展》，更深入了解台湾同胞与日本殖民主义者顽强抗争的历史，弘扬爱国爱乡的家国情怀；利用中华民族的传统节日，邀请在沈台胞、台商、台生，与市台联共同举办“拥抱新时代，两岸一家亲——2019年在沈台胞迎春茶话会”“庆国庆迎中秋盼统一‘我和我的祖国’在沈台胞中秋联谊会”，围绕习近平总书记在《告台湾同胞书》发表40周年纪念会上的重要讲话精神，谈体会、叙乡情、话统一，密切全体在沈台胞的联系，体现两岸同胞“血浓于水”的亲情。

宣传工作。对盟市委的全委会、所有盟务活动、对台联络、社会服务等各项工作进行及时、全面的报道。利用盟刊《沈阳台盟》向广大盟员传递信息，加强教育；充分利用《沈阳日报》及同舟网、台盟中央网站、沈阳统战、沈阳政协公众号等媒体平台对盟市委的工作进行及时、全面的报道。报送宣传稿件34件，其中《沈阳日报》采用2件，台盟中央网站采用11件，市委统战部公微信众号采用8件；沈阳政协公众号采用15件，同舟网采用18件。在广大盟员的大力支持和积极参与下，完成台盟市委纪念新中国成立70周年微视频展播的策划、设计、制作工作；协助市政协完成纪念人民政协成立70周年民主党派工作巡礼“台盟篇”和主委视频专访等宣传报道工作。

围绕“不忘合作初心，继续携手前进”的主题，收集整理盟市委历史资料，参与《沈阳政协志》台盟部分的编纂工作；完成沈阳市政协《共同走过70年》台盟部分的编纂工作，征集盟员事迹回忆文章9篇。

服务社会。赴康平县贺炯街对口帮扶的贫困大学生家中走访慰问，与对口联系的贫困大学生沟通交流，详细了解了其生活状况和学习情况，对全家致以新春祝福，盟员赵悦彤为贫困大学生家庭送去3000元助学金和慰问品。盟市委委员、辽宁省金秋医院肾内科主任邱雨华在社区做肾病的预防及肾病早期治疗专题讲座。活动中，邱雨华率省金秋医院肾内科医疗团队为广大社区居民做健康体检，得到社区居民的热烈欢迎。

思想建设。坚持“逢会必学”原则，集中学习中共十九大、习近平系列重要讲话、全国“两会”、中共十九届四中全会精神，学习讨论习近平总书记发表的重要讲话精神。组织盟员逐段逐句学习《中共中央关于坚持和完善中国特色社会主义制度、推进国家治理体系和治理能力现代化若干重大问题的决定》，深刻领悟全会的重大意义和《决定》的深刻内涵。强化领导班子民主集中制，召开主委会议4次，全委会3次；领导班子成员出席市委统战部举办研修班、培训班、传达学习“三个文件”（《中共中央关于加强中国特色社会主义参政党建设的意见》《民主党派代表人士队伍建设规划（2018—2027年）》《各民主党派中央关于新时代组织发展工作座谈会纪要》）精神讲座等，参加市委统战部召开的组织学习习近平国庆讲话精神、四中全会精神、组织建设座谈会、民主党派季度工作协商会等10余次；参加市委统战部开展的民主党派领导班子主题教育活动。

【两岸台胞节庆联谊等活动】 1月24日，举办“拥抱新时代 两岸一家亲——2019年在沈台胞迎春茶话会”“庆国庆迎中秋盼统一‘我和我的祖国’在沈台胞中秋联谊会”，围绕习近平总书记在《告台湾同胞书》发表40周年纪念会上的重要讲话精神，谈体会、叙乡情、话统一，密切全体在沈台胞的联系，体现两岸同胞“血浓于水”的亲情。

【“走进沈北看发展、服务振兴做贡献”两岸青年端午节联谊活动】 6月5日，联合市委统战部、民革市委、市台联等，邀请中国医科大学、辽宁中医药大学就读的台湾大学生代表与在沈的台商、青年定居台胞、民革党员、台盟盟员的代表近60人，参观海尔工业园、禾丰牧业等驻区企业，参加沈北新区召开的专题招商推介会等，为沈台两地的青年交流、交往提供新的平台，使在沈的台湾青年能够进一步了解沈阳市情，增进共识。

【“同心公益·图书文化进社区”活动】 8月22日，联合省图书馆，台盟盟员、新华书店北方图书城城大店营业主任为在沈河区溪林社区的孩子们专门准备《台湾·祖国的宝岛》的微课程，为孩子们讲授台湾的地理、历史、文化和两岸关系，使孩子们对祖国的宝岛有更直观和深入的了解；活动中，还通过有奖问答的方式向社区的孩子们赠送图书，使社区居民特别是孩子们感受到图书就在身边，品味到读书的快乐。

【九一八事变与全民族抗战——沈台两地学术研讨会】 8月22—23日在沈阳市举行。中国社会科学院、中央民族大学、吉林省社会科学院、辽宁社会科学院、东北大学、辽宁大学、齐齐哈尔大学、伪满皇宫博物院等高校和科研机构长期从事抗日战争史研究的专家、学者及台湾高校的专家学者120余人出席此次研讨会。征集台湾专家撰写的8篇学术论文。邀请6位台湾史学专家到沈，其中，博士孙若怡、程玉凤分别做《客家人的武装抗日》《蔡智堪智取〈田中奏折〉与九一八事变》大会主旨发言。其间，台盟沈阳市委与市台办、九一八历史博物馆共同举办《宝岛烽火——台湾大家族抗日救亡图存史实展》，人民网、中国新闻网、中国台湾网、辽宁电视台等媒体都对此项活动进行宣传报道。

【“不忘合作初心 继续携手前进”主题教育活动】 8月30—31日举办两期主题教育培训班，组织盟员参观《中国民主党派历史陈列馆宣传推介展》《大道同行——从“五一口号”到协商建国重要史事回顾展》等活动；通过盟市委学习平台《盟情微社区》，连续一个月转载24集大型文献专题片《我们走在大路上》和12集专题片《新中国发展面对面》，探索日常视听学习新模式；召开盟市委领导班子民主生活会；举办“建盟日”主题教育活动，重温台盟72年与中国共产党风雨同舟的历史，坚定走中国特色社会主义道路，与中国共产党风雨同舟的信心和决心。

【庆祝新中国成立70周年等纪念活动】 年初开始，为庆祝新成立70周年、多党合作和政治协商制度确立70周年、人民政协成立70周年，盟市委开展系列庆祝活动。开展“我们与奋进的70年”“纪念多党合作制度确立70周年”等征文活动，征集到纪念文章3件，书画作品1件；召开盟市委纪念新中国成立70周年座谈会，组织盟员参观沈阳老字号博物馆、锡伯族博物馆、沈北花海等；举办“我和我的祖国”庆祝新中国成立70周年微视频制作活动，组织盟市委历任老主委代表、老盟员代表、赴台定居台胞代表、新盟员代表，通过唱歌、赋诗、祝福语等方式，共同表达对伟大祖国的热爱和对祖国和平统一的期望；与市台联、市台胞邮协制作纪念新中国成立70周年、人民政协成立70周年纪念封等；盟市委领导分别参加中共市委、市政协召开的庆祝新中国成立70周年座谈会、庆祝人民政协成立70周年座谈会并发言。

（台盟沈阳市委）

沈阳市工商业联合会

【概况】 2019年，市工商联围绕中心，服务大局，以促进“两个健康”（非公有制经济健康发展、非公有制经济人士健康成长）为主题，以“两年联建”（营商环境建设年、商会组织建设年）为主线，团结带领全市工商联组织和广大会员，全面推进各项工作取得实效。新组建商会6家，吸纳团体会员11家，吸纳个人会员20人。浑南区、辽中区、苏家屯区、于洪区工商联分别成立街道商会3家、食品商会和超市商会各1家。截至年末，全市有工商联会员29362个，市级直属行业商会37家、异地商会36家；区县级所属商会135家，其中行业异地商会49家、乡镇（街道）商会83个、园区商会3个，形成行业覆盖广、地区跨度大、组织层次多的组织网络体系。

参政议政。围绕社会建设、民营经济发展等问题，向市人大和市政协提交《关于在我市落实取保候审制度保障民营企业家涉刑事犯罪时企业正常运营》《关于推进沈阳市私募基金行业发展》《关于在政府与商会间建立沟通征询机制》等团体提案和个人提案34份，政协大会发言4篇，其中1篇被市政协推荐为重点提案。

调查研究。开展全系统“大调研、大走访”活动，推动40多个调研组深入一线调研，形成调研报告40余篇；配合省委统战部、省工商联完成民营经济统战工作、关键领域民营企业核心技术创新情况及构建“亲”“清”政商关系等专题调研。完成促进网络互联互通助力营商环境建设、企业家投资信心指数、企业成本等课题调研；配合市政府参事室开展民营经济发展的金融支持问题调研，向市委、市政府提供决策依据。大东区、辽中区工商联调研工作被全国工商联评为2019年度民营企业调查点工作示范单位。

主题宣传。以弘扬企业家精神为导向，广泛利用《中华工商时报》《沈阳日报》、沈阳电视台等主流媒体，深入挖掘并大力宣传企业家创新创业、履行社会责任等方面的先进典型。会同省市新闻媒体先后开展“新时代、新辽商”“爱国情、奋斗者”“攻坚克难抓落实，凝心聚力促振兴”等主题宣传活动，集中报道金卫东、苏文博、王水林等61位企业家先进事迹。充分发挥市总商会网站、杂志、微信公众号“三位一体”的宣传作用，着重宣传16位企业家创新创业事迹。市工商联被《中华工商时报》评为民营经济新闻宣传工作先进单位，是东北三省唯一获此殊荣的单位。

社会服务。利用“民营企业家爱心慈善会”平台，开展扶贫和慈善项目11个，发放善款79.3万元。组织会员参与统一战线“奉献一片爱心，助力寒门学子”三年行动，筹集帮扶资金9.2万元，并帮助6名大学生解决就业。全市各级工商联、商协会和会员企业在开展捐助慰问活动中，累计捐款捐物320余万元。

法律服务。与公检法司等部门创建优化营商环境依法保护企业家合法权益、服务保障民营经济健康发展等5项合作机制。会同市委政法委、市司法局分别开展全市政法系统“营商茶叙会”和商事纠纷人民调解工作，现场面对面为企业家解难题。引导会员规范企业内部治理，预防和妥善处理劳动争议，推荐八王寺饮料公司等9家会员为“沈阳市模范劳动关系和谐企业”。发挥百人律师顾问团作用，开展“律师事务所与商会结对子”“法律顾问进企业进商会”及公检法进商会等系列特色活动。推进市工商联干部联系商会、执常委工作制度，着力打造“诉求、汇总、督办、反馈、回访”的工作流程。妥善办理企业诉求40多件，为企业挽回经济损失4000余万元。

对外联络。加强与拉脱维亚等16+1国家商协会的联系沟通，邀请并接待美国奉商总会、加拿大驻华大使馆等代表团到沈访问；举办企业家与德国、俄国驻地总领馆面对面座谈交流；完成沈阳市总商会德国、泰国海外联络工作站挂牌，为企业申办APEC商务旅行卡10余张。组织会员参加“一带一路”高峰论坛等各类经贸活动20余次；与长春、大连、哈尔滨建立东北三省四市工商联（总商会）联盟；深入推进京沈合作，组织15户装备制造企业赴北京参加世界机器人大会，帮助中德产业园离岸创新中心走进北京。深度开展“三引三回”活动，建立老乡落地项目数据库，收集重点项目55个，整理老乡投资项目19个。全系统引进项目25个，合同金额2108.01亿元，到位资金207.71亿元。

▶市工商联庆祝“三八”节联谊会 （市工商联供）

【118户企业参与精准扶贫行动】 2019年，市工商联深入推进“百企联百村、同走致富路”精准扶贫行动，组织118户企业与102个建档立卡贫困村进行对接帮扶，产业帮扶投入9010.78万元，就业帮扶投入108.45万元，公益帮扶投入88.42万元，技能帮扶投入5.08万元。

【民营企业百强评选】 2019年，按照市委、市政府统一部署，首次以工商联名义开展沈阳市民营企业“四个百强”评选活动，评选出就业、纳税、科技创新、规模“四个百强”企业。组织推荐52户企业参与“辽宁民营企业百强”和“中国民营企业500强”评选，其中24户企业入围“辽宁民营企业百强”，辽宁禾丰牧业股份有限公司进入“中国民营企业500强”，并获市政府200万元的奖励。 （王博文）

七、人民团体

沈阳市总工会

【概况】 2019年，沈阳市总工会积极践行开门办会和“三突出”（突出服务中心工作，突出打造亮点品牌，突出全面从严治党）“三贴近”（贴近基层，贴近一线，贴近职工）“三下沉”（经费投入向基层倾斜、工作力量向一线下沉、政策制定向职工贴近）工作理念，以抓实十项重点工作为牵引，推动全会各项工作实现新发展、取得新成效。至年末，全市基层工会组织8325个，涵盖单位56539家，其中独立基层工会7167个，联合基层工会1158个；全市职工1512722人，其中女性584462人，农民工121749人；会员1484182人，其中女会员574280人，农民工119923人；建立女职工委员会5617个；专职女职工工作人员1014人，兼职女职工工作人员13951人；全市建立职代会制度涵盖单位20815个，涵盖职工1035414人。

思想政治引领。深入基层一线开展工会主题大宣讲3000余场，覆盖职工群众40.5万人次。举办庆祝中华人民共和国成立70周年系列文体活动，市职工文工团五一期间赴京演出，受到全总领导点赞。结合全党上下“不忘初心、牢记使命”主题教育活动，沈阳劳模纪念馆作为爱国主义教育基地接待参观人数超过6万人。通过开展劳模工匠进校园、讲述劳模故事，树立大国工匠的学技术、提能力的意识，弘扬劳动精神、劳模精神、工匠精神，两次登上“学习强国”平台。

帮扶服务。落实困难职工解困脱困和帮扶救助政策，帮助719户在档困难职工解困、481户脱困，发放帮扶资金124余万元。广泛开展走访慰问活动，“两节”期间全市工会走访企业251户，慰问困难职工、困难农民工、困难劳模1048户、一线职工25370人，实际发放慰问款物1534余万元。承办“聚人才、促就业”辽宁省就业再就业大型招聘会，实名制安置职工3591人。完善街道（乡镇）、社区工会组织协调劳动关系机制建设，推动召开政府与工会联席会议。聘请第三方机构对会员服务卡“组合保险”项目进行绩效评价，投入1320万元不断优化服务卡功能。做好困难职工解困脱困和送温暖走访慰问，举办创业带头人大赛，为近2.3万名女职工进行免费两癌筛查，22919名女职工受益。开展2019年度“集中要约行动”，组队参加首届城市工会集体协商竞赛并获亚军。

就业促进。市总工会在中国沈阳人力资源服务产业园承办“聚人才、促就业”2019年辽宁省就业、再就业大型招聘会。省内400余家单位参会，提供1604个招聘职位，求职人数6430人次，现场达成就业意向2217人。组织各区县（市）工会开展春风行动，举办就业创业专项活动169场，771户企业参加招聘会，提供就业岗位12159个，介绍1228农民工成功就业，4640名求职者与企业签订就业意向协议。

劳动关系建设。开展2019年度劳动关系和谐企业与工业园区认证，申报市级模范劳动关系和谐企业15户。开展“集中要约行动”，举办沈阳市首届集体协商模拟竞赛，参加全国首届城市工会集体协商竞赛并获亚军。编制工会推进和谐劳动关系建设“蓝皮书”，加强劳动关系“千企万人”监测，指导174个监测点动态监测企业保障职工权益情况。

基层工会建设。在全省率先启动货车司机等群体集中入会工作，新吸纳32184名货车司机等群体入会，全面完成基层工会组织和工会会员实名制统计。“六有”社区工会创建、职工文化引领、职工书屋建设等工作，在全国工会系统作经验交流。项目制落实支持民营经济发展和民营企业工会工作的1亿元专项资金，全年实际减收和支出1.3亿元。

【庆祝“三八”国际劳动妇女节暨女职工先进事迹报告会】 3月8日召开。市总工会对全市各条战线上先进女职工集体和个人进行表彰。中国医科大学附属第一医院检验科副主任郭晓林，沈阳高新区、浑南区总工会党组书记王颖坤，沈阳市公安局收容教育所所长赵莉红作典型发言。全市100个“沈阳市五一巾帼先进集体”、100名“沈阳市五一巾帼先进个人”、50个“沈阳市先进女职工组织”，60名“沈阳市先进女职工工作者”、20名“沈阳市女职工之友”受到表彰，同时授予巾帼十佳集体“沈阳五一劳动奖状”称号；授予巾帼十佳标兵“沈阳五一劳动奖章”称号。

【“工创美好未来”创业带头人大赛成果发布会】 4月25日在沈阳创新天地举办。市总工会授予苏文博等10名创业者“十佳创业带头人”荣誉称号，对其中符合条件的授予“沈阳五一劳动奖章”；授予胡建国等20名创业者“优秀创业带头人”荣誉称号；授予周岩等46名创业者“创业新星”荣誉称号，并对获奖者所在企业给予2万元创业扶持基金，用于吸纳就业、职工培训和启动生产等，最大限度释放全社会创新创业创造动能。省、市相关部门领导班子成员、各区县（市）总工会、各产业工会主席以及企业职工、高校创业者等500余人参加发布会。

【沈阳五一劳动奖和沈阳工人先锋号表彰大会】 4月28日召开。市总工会向沈阳市公安局监管支队等23个先进单位颁发“沈阳五一劳动奖状”；向中国航发沈阳黎明航空发动机有限责任公司技术中心设计室发动机设计员林成等291名先进个人颁发“沈阳五一劳动奖章”；命名沈阳鼓风机集团股份有限公司国际事业部等50个先进集体为“沈阳工人先锋号”。“沈阳五一劳动奖章”获得者、中国航发沈阳黎明航空发动机有限责任公司技术中心设计室发动机设计员林成，代表受表彰的先进集体和先进个人，宣读致全市各行各业劳动者的《倡议书》。

【服务职工大篷车走基层活动】 8月20日，“沈阳市总工会服务职工大篷车走基层活动”举行启动仪式。制造开通“零距离”服务职工的“三辆大篷车”包括改革创新的“先导车”、助力振兴的“形象车”以及造福职工的“标致车”。“三辆大篷车”自成体系又功能互补，既能单兵作战也能组合出征，直接开进企业、工地、社区、机关、学校，

▶8月20日，“沈阳市总工会大篷车走基层活动”举行启动仪式 （市总工会供）

针对企业和职工的个性化需求，进行文化精神引领、技能技术培训和生活服务保障等方面的服务。截至年末，“三辆大篷车”开赴基层企业开展技能培训、慰问演出等活动87场次，直接服务职工近7000人，促进资源整合、工作聚合、部门联合，有效实现服务阵地前移和工作触角延伸。

【沈阳市总工会十七次代表大会】 8月21—22日召开。会议审议通过沈阳市总工会第十六届委员会工作报告、财务工作报告和经费审查委员会工作报告的决议，选举产生新一届市总工会领导机构，讨论确定未来五年沈阳工会工作的总体思路和具体举措，提出“推动沈阳工会工作在全国工会系统争创一流、走在前列”的目标任务。

【“盛京工匠学院”揭牌】 9月4日，市总工会举行盛京工匠学院揭牌暨钳工专业工匠培训班开班仪式。辽宁丰田金杯技师学院、东软睿道教育信息技术有限公司、沈阳职业技术学院、中国航发沈阳黎明航空发动机有限责任公司、沈阳机床股份有限公司培训学院、沈阳鼓风机集团股份有限公司职工焊接技术实训基地、沈阳市汽车工程学校、沈阳市外事服务学校、辽宁广播电视大学（辽宁装备制造职业技术学院）9家“盛京工匠学院”揭牌，标志沈阳工会组织助力产业工人技能的新提升。创建“盛京工匠学院”是市总工会以服务沈阳高质量发展为核心，以各行业工匠人才和高技能职工为培养对象，采取职工技协、职工大学（职工职业技能培训基地）“双依托”的办学模式，按照“菜单式”和“订单式”相融合的方式设计教学内容，有效落实客座教授、专职教师、工匠人才“三结合”的师资配备，搭建技术交流、技术协作、技术创新三大平台，致力于树匠心、育匠人，大力弘扬劳模精神、劳动精神和工匠精神，培养造就更多装备制造业高技能人才。

【7大职工赋能平台打造】 2019年，市总工会着力打造助力振兴发展的岗位建功平台、品质一流的盛京工匠培育平台、具有普惠效果的技能提升平台、直达企业送技能的流动服务平台、促进创新成果转化的技术交流平台、发挥引领效应的创新实践平台、提振职工士气的荣誉激励平台7大平台，旨在为职工赋能，助力职工提升职业技能。7大平台每个都有具体的措施、办法及目标要求。其中，岗位建功平台将承办省总工会“振兴杯”职工职业技能大赛，启动19个工种的市级职工职业技能竞赛，鼓励和支持区县、产业（行业）和企业工会因需设赛、因需设项，对纳入市级竞赛的工种（专业）给予经费支持并统一表彰奖励，对符合条件的获奖选手同步晋升技术等级，推动形成培训练兵、技能比赛、技能等级晋升一体化机制；流动服务平台是沈阳市总工会在新形势下提升职工技能工作的一项探索，市总工会购置一台配有培训人员、实操设备等专门用于技术培训的大篷车，定期开赴企业开展订单式服务，面对面、手把手地培训职工，解决部分工业园区及“小远散”企业的职工培训难题。

【职工劳动技能竞赛】 2019年，市总工会以20个投资亿元以上的重点工程竞赛为龙头，在全市广泛开展“当好主人翁、建功新时代、振兴争先锋”主题劳动竞赛，组织19个工种的市级技能竞赛，参加23个工种的省级竞赛，承办全省铣工大赛。深化“安康杯”竞赛活动，全市参赛单位7297家，覆盖班组32522个、职工70余万人。

【“一站式”综合服务大厅】 2019年，市总工会建立沈阳市职工综合服务大厅，涵盖法律援助、帮扶救助、会员服务卡、劳模服务、医疗救助、大病保障、文化服务、教育培训、医康养护、综合服务等10个服务项目，仅下半年服务大厅为10049名职工群众提供不同层次“一站式”服务。（张敬梅）

中国共产主义青年团沈阳市委员会

【概况】 2019年，沈阳共青团深化改革和全面从严治团，强化思想政治引领，围绕中心服务大局，护航青年健康成长成才，组织力、引导力、服务力不断增强，为沈阳高质量发展、新时代振兴，凝聚青春力量。截至年末，全市有团员498401人，基层团委1030个、团支部（总支）16388个。全市中小学建立少工委366个，配备大队、中队辅导员合计536人。

思想政治引领。第十期沈阳市“青年马克思主义者培养工程”大学生骨干培训班辐射全市30所高校、3万余名青年。“青年讲师团”招募讲师38人，进行分享活动40余场，超过4000名青年受益。“青年大学习”网络互动，累计参与学习20余万人次，广大青年听党话、跟党走的热情不断高涨。“学雷锋志愿服务月”“清明祭英烈”等主题活动紧扣时间节点开展，第二十届“4·18”成人礼吸引1100多名青年和青年工作者参与，其中，“弘扬家教家风，树立家国情怀”等系列活动参与人数近5万人。全市团属新媒体矩阵开设《壮丽70年》《营商环境建设》等专栏，发布信息2100余条，新华社新闻通稿《沈阳：百万青年助振兴》浏览量超过12万。暑假期间，组建300支国家、省、市级重点实践团队，引领22.1万名学生投身优化营商环境和乡村振兴战略等全市中心工作。

权益维护。“七五”普法规划深入实施，进行普法禁毒宣传40余场，“远离校园贷款，抵制非法传销”法治宣传活动18场。“共青团与人大代表、政协委员面对面”活动的社会知晓度和影响力不断提升，共青团对国家治理现代化的贡献度显著提高，推动20名优秀青年代表旁听2020年市级“两会”，完善发挥党联系青年的桥梁和纽带作用的制度机制。“青少年维权种子计划——青年律师进校园”专项活动举办宣讲946场次，受益青少年11.3万余人。12355中高考减压专线接听电话203个，服务人数124人，专家心理减压讲座121场，募集近30万元资金为3.5万名考生免费提供“爱心助考包”。

志愿服务。完成沈阳马拉松、沈阳农博会、2019工业互联网全球峰会等大型赛会的志愿服务工作，举办各类志愿服务活动800余场，全市超过30万名青年志愿者在奉献中绽放青春。“同饮家乡水，共护母亲河”“百人净滩”“公益骑行生态环保活动”先后实施，全市21所院校的1500余名学生和2000多名市民参与其中。垃圾分类宣讲进基层培训举行5场，指导各战线开展垃圾分类相关活动40余场，覆盖过万人次，为推动环境治理、垃圾分类工作培养青年骨干。

未成年人思想道德建设。《沈阳市文明城市测评体系》《沈阳市未成年人思想道德建设工作测评体系》涉团档案整理和申报审核完毕，对标“实地考察内容和任务清单”，完成校外未成年人心理健康辅导站前期建设。发动青年参与网络问卷6万余份，发布创城工作信息23期。向青少年及家长宣传禁毒防艾、心理健康、防止校园欺凌等青少年自护活动389场，惠及8.6万余名青少年。“童心向党”童声合唱比赛、“红领巾小导游”等活动持续开展，成为少先队员自我管理、自我教育的有益载体。

【五四运动100周年纪念活动】 4月30日，“青春心向党·建功新时代”纪念五四运动100周年先进青年典型座谈在沈阳创新天地召开，市委副书记刘晓东出席，并对全市广大青年提出要志存高远、敢为人先、勇于奋斗、练就本领、修身律己五点希望。五四期间，主题团日活动开展520余场，参与人数7万余人。原创话剧《致敬青春》在沈阳师范大学首演即吸引1000余人到场观看，5万余人观看网络直播。网络原创单曲《你好，先生》MV在腾讯、新浪及抖音等20余家新媒体平台播放总量超50万次。首届盛京国际青年节开幕，打造独特的沈阳青年文化大IP，开幕式当天吸引1.2万余名青年参加主题活动。

【共青团沈阳市第十六次代表大会】 7月22—23日在辽宁人民会堂召开。省委常委、市委书记张雷出席开幕式并讲话，大会选举产生共青团沈阳市第十六届委员会委员41名，候补委员19名。共青团沈阳市第十六届委员会第一次全体会议，选举产生共青团沈阳市第十六届委员会常务委员会委员11人，刘晓虹当选共青团沈阳市第十六届委员会书记，杜波、马宁、李霞当选专职副书记，任大林、杨欣当选挂职副书记，王谦当选兼职副书记。

【“文明益骑 青春有young”庆祝新中国成立70周年青年公益行动】 9月28日在沈水湾公园云飏阁举办。活动中青年们以快闪的方式拼成“70”“祖国万岁”等图案，以此庆祝中华人民共和国成立70周年。活动当日吸引全市约500名骑行爱好者共同参与公益骑行，以行动传递低碳出行、绿色环保的文明理念。

【第十五届“振兴杯”全国青年职业技能大赛决赛】 10月13—17日在沈阳举办。在计算机程序设计员、电工、钳工、车工4个竞赛工种个人赛的激烈竞争中，沈阳籍选手获前三个赛种的单项冠军。（孔祥征）

沈阳市青年联合会

【概况】 2019年，沈阳市青年联合会有委员313人。其中，主席1人，副主席11人，常务委员会为60人。少数民族委员占总数的12.2%，女委员占31.4%，委员中中共党员的比例为54.8%，民主党派比例为16.7%。党政干部占比3.5%，企业负责人占比19.6%，科教文卫等专业技术人员占比35.6%，工农商业一线人员占比21.8%。有市青联委员的县（市）数量达到100%，全部覆盖市辖区。沈阳市青联第十四届委员会设10个活动组，开展日常活动；设10个联合界别组，分别是科学技术、社会科学联合界别，教育、文化艺术、体育联合界别，农业界别，经济界别，金融商务界别，法律界别，新闻出版和新媒体界别，医药卫生界别，社会组织和社会中介、宗教联合界别，海外学人华侨、技能人才联合界别。沈阳市青联立足自身职能，着眼全市大局，在教育引导服务青年、助力区域经济发展、促进产业转型和结构升级、加强对外交流、维护青年权益等方面做出积极的探索和努力，委员活跃在优化营商环境、创建文明城市、建设美丽家乡、捐资助学脱贫攻坚、公益志愿服务等各个领域，为沈阳振兴发展贡献智慧和力量。

百村百业项目。组织号召全市各级青联组织，会同百名驻村第一书记，以全市各级青联委员、青企协会员为工作主体，搭建起“新时代 新青年 新作为”沈阳城市青年助力百村百业项目平台。在农博会设立“百村百业”展区打响项目品牌，助推农民经纪人培训服务长效发展。展开文旅设计、公益医疗、专业导师、技能培训下乡等方面的资源对接，有效助推农村优势产业发展。市青联分别走进法库县和康平县建档立卡贫困家庭，为55户建档立卡贫困户送去总价值10余万元的慰问品。组成10个产业扶贫项目组，与重点乡、村展开项目对接，助力脱贫攻坚。

青年培养。通过社会化邀请招募的方式，在新兴青年群体聚集地常态化、长效化开展大讲堂，有效吸引和服务新经济、新社会、新媒体组织青年。每月在沈阳玖伍文化城开展一次主题课程，以新兴青年群体关注的话题和领域为切入点，邀请行业优秀青年代表主讲，通过主题分享、交流互动等形式，传播积极向上的生活态度，将思想教育工作有机融入其中。把工作对象培养发展成新兴青年群体的骨干，为进一步做好新兴青年群体统战工作做出有益探索和尝试。

交流交往。启动中俄青年创业孵化器交流项目（沈阳站），以创业教育和经贸合作为主题，有效提升中俄两国青年创客和大学生的创业知识、创新能力和合作经验，促进两国青年在创新创业领域的合作。举办2019台湾青年企业家沈阳行活动，35名台湾企业家参访11家单位，举行4场座谈对接会。开展“祝福香港·点赞祖国”活动，100余名青联委员齐聚沈阳故宫，用合唱红歌、点赞留影、街舞快闪等形式庆祝中华人民共和国成立70周年。接待澳门“千人汇”第三期青年骨干国情研习班，带领学员参观九一八历史博物馆、中国工业博物馆、故宫、张氏帅府、沈飞集团航空博物馆，让澳门青年更加全面的了解祖国的发展和文化。

【青联援疆】 2019年，市青年联合会联合新疆塔城市教育和科学技术局开展青少年研学交流活动，两地各派60名师生互访，通过走访两地名胜古迹、参观爱国主义教育基地、研学基地等，加深沈塔友谊，增进沈塔两地各族青少年对中华民族的认同感、对中华文化的认同感，使爱国主义和民族团结思想深深根植于青少

▶1月17日，市青联委员赴浑南区祝家街道开展“美丽乡村 携手共建”主题活动

（团市委供）

年的心灵深处。组织沈阳青联委员赴新疆塔城地区经贸考察，与当地青联委员、企业家开展座谈交流，与塔城团市委签订框架合作协议，就相关项目进行对接，将沈阳青联组织的优势资源融入推动塔城产业发展的实际需求中，培育经济发展新动能。

（孔祥征）

沈阳市妇女联合会

【概况】 2019年，全市各级妇联组织以习近平新时代中国特色社会主义思想为指导，全面贯彻党的十九大、中国妇女十二大和省妇女十一大精神，认真履行全面从严治党主体责任，全力做好服务大局、服务妇女、服务基层的工作。全市有妇女组织2552个，其中市级妇女组织1个、区县（市）妇女组织13个、街道妇女组织123个、乡镇妇女组织69个，社区妇女组织1200个、村妇女组织1146个。市妇联有专职妇联干部39人。市直妇委会有36个，其中，机关妇委会10个、高校及事业单位妇委会6个、民主党派妇委会8个，非公经济组织和社会组织妇委会12个。

思想政治引领。深入开展“巾帼心向党，礼赞新中国”系列活动，承办《让美随时光绽放——祝福新中国，致敬新女性》全国图片巡展沈阳站活动，拍摄“我和我的祖国”快闪，引领妇女唱响感恩党、感恩祖国的时代主旋律。持续推进“百千万巾帼大宣讲”活动，举办报告会、宣讲会、讨论会、诗歌朗诵会等线上线下宣教活动1651场，直接参与群众近77477人次，及时准确地把党的主张传递到妇女群众中去。

服务全市大局。开展“创最优营商环境、展新时代巾帼风采”巾帼建功创建工作交流会、巾帼家政服务职业技能大赛、巾帼电商创业创新能力培训、“百村美丽 千村整洁”巾帼行动、“家家幸福安康工程”等活动，为全市打造国际化营商环境、“三清一改”（清理农村生活垃圾、清理村内塘沟、清理畜禽养殖粪污等农业生产废弃物、改变影响农村人居环境的不良习惯）攻坚战、文明城市创建等重点工作贡献巾帼力量。全国妇联副主席吴海鹰到沈调研时，对沈阳市的巾帼志愿者工作给予高度评价。“百村美丽 千村整洁”巾帼行动工作在省妇联进行经验交流，市妇联推荐的3户家庭获全国“最美家庭”称号。

服务妇儿民生。全面推进妇女儿童发展规划稳步落实，国务院妇儿工委办到沈调研时对沈阳市工作给予充分肯定。开展“建设法治沈阳·巾帼在行动”、普法乡村行、婚姻家庭指导调适培训等维权服务，充分发挥全市1841个妇女议事会的作用，拓宽妇女权益维护和诉求表达渠道。落实“关爱妇女儿童眼健康光明未来行动”“巾帼暖人心、文明迎新春”“大手牵小手·爱心1+1”“两癌”免费检查等民生实事，开展眼健康检查73场次，参检妇女15650人，为100名贫困儿童赠送书籍及助学金8万元，为100名贫困母亲每人送去1000元的慰问金，发放全国、省级“两癌”救助资金150万元，为全市150名“两癌”患病贫困妇女提供救助。

基层妇联。与市民政局、市工商联共同下发《关于推进新领域新业态新阶层新群体妇女组织建设的实施意见》，合力推进“四新”领域妇女组织建设，全省只有沈阳市下发此类文件，省妇联转发至省内各市妇联学习借鉴。全市新建“四新”领域妇联（妇委会）34家，有效凝聚1.5万名“四新”领域妇女。开展“领头雁培训计划”，举办各级各类妇联干部履职能力培训班95场次，达到乡（镇）、街道妇联干部、执委全覆盖。网上妇联建设卓有成效，沈阳女性微信公众平台点击率2次冲进全国妇联系统官方微信排行榜前20强。

●小资料

全国“最美家庭”王蕾蕾家庭：王蕾蕾家庭是一个坚强、有爱的四口之家。王蕾蕾是沈阳市和平区盲人协会副秘书长，出生于军人世家。她从小受良好家风影响，勤俭节约热爱生活。她追求梦想，从事模特职业并获多项荣誉。18岁时，因基因突变王蕾蕾患上罕见眼疾，视力急剧下降，从此告别舞台。与爱人相遇后，组成家庭。她不顾医生劝告冒着失明的危险，孕育两个孩子，眼睛也因此失明。家庭中她克服视障的种种不便，尽自己所能做一个好妻子好母亲，与丈夫相亲相爱共同面对一切困难。视障并没有让王蕾蕾丧失对生活的不懈追求，她2017年获东方卫视“妈妈咪呀”年度总冠军并获“最美妈妈”称号，先后受邀参加全国多家电视台节目，她自强不息的事迹被人民日报官方微博转载，视频点击量高达1200万次。2018获环球夫人全球第三名，并被联合国妇女署授予“亲善大使”称号。2019年获全国“最美家庭”称号。

全国“最美家庭”王义华家庭：王义华家庭是从四川到沈打工的外来务工人员家庭。王义华是沈阳阿楞家政服务有限公司主任、和平区浑河湾地区农民工党支部书记、沈阳鲁园农民工工会家政服务分会主席。在沈的就业经历，让她深刻体会到外来农民工们融入城市的艰辛与困惑。她和丈夫商量，要为在沈的打工兄弟做点儿事儿。2008年，她成立农民工爱心基金，帮扶困难农民工家庭27户，发放救助资金8万余元。创办“新市民打工子女托管班”，联系沈阳大学、“声工厂”爱心社、市文化宫和理工大学等社会志愿者为打工子女提供学习、生活和心理方面的指导与帮助。2016年6月，她的“托管班”有了固定的活动场地——沈阳市留守流动儿童之家，为孩子们提供艺术学习、心理咨询等服务。“托管班”受益儿童2000余人，累计3万余课时。2019年获全国“最美家庭”称号。

全国“最美家庭”关健家庭：关健家庭是一个崇尚文明、积极进取，和睦和谐、相敬相爱的家庭。全家人爱国守法，热心公益；学习进取，爱岗敬业；夫妻互敬，家庭和睦；尊老爱幼，邻里团结；勤俭节约，乐于助人，是一个幸福的四口之家，深受单位、邻里和社会的好评。关键是沈阳市公安局和平分局西塔派出所所长，他在维护社会稳定、打击违法犯罪等方面做了大量工作。妻子刘全红在做好本职工作的同时，为支持丈夫工作，把大部分精力投入到家庭中，每当在电视、报纸上看到关键屡屡破获重大案件的时候，她为丈夫取得的工作成绩感到欣慰和自豪。2019年获全国“最美家庭”称号。

【“三八”国际劳动妇女节109周年系列活动】 “三八”国际劳动妇女节期间，全市开展“巾帼建功·花开盛京”“妇联邀你回娘家”、专场芭蕾舞《花木兰》等系列纪念活动。其间，在沈阳电视台播出《巾帼风采》、举办“致敬最美的你”“三八”特别节目、在沈阳女性网站和微信公众号集中全面展示受表彰的“三八”红旗手（集体）的事迹风采。市妇联表彰2017—2018年度沈阳市“三八”红旗手标兵、沈阳市“三八”红旗手（集体）、巾帼文明岗、巾帼建功标兵、农村科技致富女能手等183名先进女性和61个先进集体。

【庆祝“六一”国际儿童节主题活动】 5月31日，在沈阳儿童活动中心举行辽宁省暨沈阳市“我和祖国共成长”庆祝“六一”国际儿童节活动。省妇联、团省委、省关工委、市妇联领导和部门负责人，与少年儿童代表900余人欢聚一堂，共同庆祝“六一”国际儿童节。6月15日，在省科技馆举办“大手牵小手”扶贫助学活动，现场资助50名贫困儿童，资助物资4万元。同日，在省科技馆举办“家庭家教家风”咨询服务活动，为近千人次家长提供法律、心理、安全教育、家庭控烟等免费咨询服务，发放宣传册500余册。

【“不忘初心、牢记使命、访妇情、强服务”大调研】 6月17日至7月15日，市妇联机关干部深入基层开展“不忘初心、牢记使命、访妇情、强服务”大调研活动，到社区（村）、企业妇女之家、农村巾帼科技示范基地等地，了解基层妇联工作情况和妇

▶“三八”国际劳动妇女节期间，市妇联开展“巾帼建功 花开盛京”2019年“三八”国际劳动妇女节纪念活动 （市妇联供）

女群众、家庭的实际需求和困难问题，实地走访调研13次，累计走访基层单位42家，召开座谈会13次，回收有效调查问卷3878份，完成调研报告4篇，收到妇女群众和基层妇联干部反馈的各类意见建议百余条，调研成果转化为规章制度或具体办法措施12个。

【沈阳市妇女第十三次代表大会】 12月17—18日举行。省委常委、市委书记张雷出席会议并讲话。大会通过《关于沈阳市妇女联合会第十二届执行委员会报告的决议》。选举产生沈阳市妇联第十三届执行委员会和新一届领导班子。袁柳当选为市妇联主席，张怡文、冯慧、孙野当选市妇联副主席，宋晓英当选市妇联挂职副主席，龙加、王静、张青、柯晓宾当选市妇联兼职副主席。于东霞等35人当选市妇联常委。沈阳市420名妇女代表中，各族各界、各行各业劳动妇女和知识女性在代表中的比例达到83.3%，在执委中的比例达到60.8%，在常委中的比例达到34.2%。（常　宁）

沈阳市科学技术协会

【概况】 2019年，市科协下辖13个区县（市）科协，198个乡镇（街道）科协，186个农村专业技术协会，企业科协38个，高校院（所）科协19个，市级学会、协会、研究会21个。截至年末，全市有院士工作站103个、专家工作站53个、学会服务站3个。全年组织院士专家和企业签订产学研协作创新项目103项，组织学会所属委员单位面向企业实施技术攻关、产品研发服务项目12个。新成立3家学会和1家研究机构（市芳疗技术应用协会、市科技传播促进会、市健康管理学会、沈阳市拜澳干细胞技术研究院），面向区县科协启动基层组织力提升“3+1”［“3”指以医院院长、学校校长、农技站站长（简称“三长”）为代表的关键人物，“1”指加强上级科协指导］试点工作。

创新驱动。深入园区、企业开展需求调研，辽宁锐翔通用飞机制造有限公司、辽宁增材制造产业技术研究院有限公司等10家单位新建院士工作站，柔性引进两院院士13人，达成飞行器气动设计、柔性微纳智能技术研究等合作项目22个。积极推动高校院所与企业对接，建立专家工作站53个，进站专家85人，签约合作项目103项。中国真空学会冶金专委会沈阳学会、中国节能协会沈阳学会、辽宁省机械工程学会热处理学会新建学会服务站3家，帮助企业开展技术攻关、产品研发，确立潜污泵专用节能电动机研发、VH型真空热处理炉设备改良等服务项目12个。新建海智工作站3家，何氏眼科工作站与匈牙利、尼日利亚、乌干达、埃塞俄比亚等国家开展项目合作8项，举办大型国际学术会议3场。

海智服务。2019年中国沈阳海智创新创业大赛3月20日启动，10月16日落幕。先后组织阶段比赛、创业培训、海创讲堂、项目路演、项目对接会、项目团队与投资人交流会等系列活动14场次，吸引上海鼎洪、浙商创投、深圳瑞昇等20余家知名风投机构参与，累计征集海内外科技项目300余项。纳米材料体外诊断试剂盒、超强韧性硬纤维混凝土的研究及工程应用等10个优质项目将被引入沈阳。

青少年科技创新。举办第34届沈阳市青少年科技创新大赛，大赛征集各类创新作品及实践活动327项，有242项在省级大赛获奖，22项在全国大赛获奖。沈阳市第二中学被评为辽宁省科技创新学校，辽宁省实验学校被评为全国十佳科技教育创新学校，沈阳市科协被评为全国基层赛事优秀组织单位。举办第12届沈阳市青少年机器人竞赛，全市160多所学校、300多支队伍参与。沈阳市51个项目在省赛中获奖，5支队伍获不同组别冠军，5支队伍获国赛二、三等奖。

服务科技工作者。组织开展第二届沈阳市“最美工程师”“最美乡村科技工作者”评选宣传活动。发动70多家单位和部门，推荐最美人选150多名，表彰先进典型40名。通过《沈阳日报》《爱国情奋斗者》栏目和市科协网站专题，宣传科技战线优秀人物。面向全市科技工作者征集各类自然科学学术成果755项，评选优秀成果425项，“二硫键介导的氧化还原双敏感前药纳米组装体的研究”等被评为“2019年沈阳市十大优秀自然科学学术成果”。向辽宁省推荐青年科技奖，有2人入选，其中1人获评辽宁省“十大英才”。分2期资助79名高层次人才参加国际性学术会议。

社区科普大学。在5个涉农区（市）新建科普大学8所，市级科普大学发展到170所，累计举办各类科普教学2415课时，培训市民12万人次。继续推行“电视+科普大学”教学模式，分别与辽宁电视台《不试不知道》和沈阳电视台《进社区》栏目组合作，拍摄制作电视科普节目26期。

智库建设。完成2018年度10个研究课题的结题评估工作。年度科技创新智库立项决策咨询类课题221项，研究课题13项。年内，向市领导报送《决策参考》13期，《激发驻沈高校院所创新活力的对策建议》《促进沈阳电子商务产业发展的对策建议》等9期专报分别得到市领导批示。完成院士专家建议报告5份，《沈阳市智能装备制造产业技术发展咨询建议》得到市长批示。

科普资源开发应用。实施科普V视落地应用工程。支持沈北新区、苏家屯区、新民市、辽中区等6个区县（市）科协与有线电视台签订协议，播放中国科协优质科普视频942期次，总时长160小时。围绕5G、垃圾分类、十大科学流言等内容，编印科普挂图4期，张贴5000余套。加强社区科普屏管理，面向社区专管员举办两期科普屏使用知识培训，全市122个社区科普屏有效运行。

【沈阳市科协成立60周年系列纪念活动】 5月29日，结合新中国成立70周年、市科协成立60周年和“5·30”全国科技工作者日活动，市科协在沈阳宾馆组织开展系列主题纪念活动。活动以召开庆祝大会、举办“传承创新、砥砺奋进”科协历史成就展为载体，邀请科技战线先进人物宣讲，在《沈阳日报》刊发《致全市广大科技工作者的倡议书》，激励科技工作者守正创新，起到在科技界举旗帜、聚民心、育新人、兴文化、展形象的作用。

【2019沈阳市全国科普日活动】 9月12日在沈阳医学院体育馆举行沈阳市科普日活动启动仪式，科普日系列活动持续至年底。科普日期间，围绕“礼赞共和国、智慧新生活”主题，聚焦庆祝新中国成立70周年、聚焦沈阳高质量发展、聚焦城乡群众生产生活需求，组织7个系列专项行动，开展各类主题性、特色性、群众性科普活动超过百场次，面向企业科技人员举办的创新方法培训、面向农村群众开展的科普服务乡村振兴联合行动、围绕居民健康和食品安全等内容开展的社区科普益民行动、邀请中科院科普报告团在中小学举办的系列科普报告等产生良好社会反响。

【第十八届国际制造会议暨第十六届沈阳科学学术年会】 10月10日在沈阳友谊宾馆开幕。中共辽宁省委常委、沈阳市委书记张雷到会并致辞。10月12日闭幕。年会期间，围绕“智造引领 聚智引才”主题，组织极端制造国际高端论坛、中韩国制造技术专场研讨会等6个专场研讨会，围绕IMCC学术交流、国家自然科学基金项目结题报告设立8个分会场，并特别举办沈阳装备制造发展院士论坛。中国工程院原院长周济，大连理工大学校郭东明等院士，以及国内外制造领域的600余名专家学者及业界精英出席年会，交流分享制造技术最新研究成果和最新发展动态，并为沈阳市装备制造业转型升级建言献策。年会征集论文462篇，其中341篇优秀论文由中国学术期刊电子杂志社编辑出版，并编入《中国重要会议论文全文数据库》。结合年会召开，柔性引进各类高端人才15人，促成合作项目10个。

【全市公民科学素质比例提前达标】 2019年，沈阳市全民科学素质工作完成市级组织领导机构调整，并制发全市工作要点，委托中国科普研究所开展全市公民科学素质调查测评。沈阳市公民2019年具备科学素质比例为12.1%，提前超标准完成11.8%的预期目标。（宋　丹）

▶10月10日，第十七届沈阳科学学术年会沈阳装备制造业发展院士专家论坛在辽宁友谊宾馆举行
（市科协供）

沈阳市归国华侨联合会

【概况】 2019年，市侨联围绕服务沈阳振兴发展和服务广大归侨侨眷、海外侨胞，全面履行职能，发挥侨界优势，为沈阳高质量发展、新时代振兴凝聚侨心侨力。深化侨联改革、推动组织建设。召开东西南北4个片区32个基层侨联工作座谈会，组织学习交流、参观考察、工作互动、联谊活动20余次，谋划和推进侨联改革创新，不断增强基层侨联组织活力。深入6个区县、5所高校侨联开展调研，完成5个区侨联换届工作，成立2个社区侨联和1个区侨商会。推动民营企业侨联组织建设，成立沈阳市第一户民营企业侨联——东软集团公司侨联。推荐大东尚品、和平丰泽、沈河凯旋3个社区侨联申报中国侨联“侨胞之家”建设项目成功落地。

招商对接。助推香港新华集团和沈阳辉山经济技术开发区达成合作意向，引进高科技项目落地沈阳，成立沈阳新华斯特林科技有限公司，市侨联与侨资企业、开发区签署战略合作框架协议。香港中华总商会会长、新华集团董事局主席蔡冠深到沈参加签约仪式，《中国侨商》杂志进行宣传报道。开展各区产业规划和招商政策详细的摸底调查，整理编印《政策汇编》，推荐24户侨商企业入编市贸促会《2019贸易沈阳》，帮助外贸出口企业开辟产品宣传推介新途径，为侨商企业在沈投资提供更专业的服务。

▶9月15日，由香港新华集团与华斯特林有限公司合资成立的“沈阳新华斯特林科技有限公司”在沈阳新华天玺中心揭牌 （市侨联供）

服务侨商。市侨联与市政府督查室召开侨企营商环境座谈会，与市金融局召开银企对接座谈会，副市长彭肇文出席会议并与侨商座谈，搭建沟通交流平台，助力优化营商环境。为侨商企业沈阳广生堂药业有限责任公司协调解决企业转制欠款300余万元，帮助阿联酋沈阳商会会长胡洋解决在浑南区白塔镇大羊安村流转土地拆迁补偿金38万余元，增强侨商在沈阳追加投资的信心。

联谊交流。协办中国侨联庆祝新中国成立70周年“大美中国”第四届世界华侨华人摄影展，征集归侨侨眷摄影作品280幅，是国内入选作品最多的城市之一，沈阳市摄影作品1幅获创意类金奖和3幅获佳作奖，沈阳市侨联获中国侨联颁发优秀组织奖。7月协办“中国寻根之旅”辽宁（沈阳）海外青少年夏令营，邀请西班牙巴塞罗那孔子中文学校的华裔师生33人到沈学习汉语、书画、京剧、武术等中国传统文化，参观沈阳故宫、张氏帅府等沈阳名胜古迹，增进海外青少年对祖（籍）国感情，认知中国、感知辽宁、了解沈阳，促进华文教育发展。承办“2019年首届中法大学毕业设计联展”，市侨联、市侨商会与法兰西设计大学联盟14所大学和辽宁省14所大学参加展览和评奖，加强中法两国高校的项目合作，为中法两国学生提供相互学习、提升能力的机会，为推动沈阳、辽宁科技创新和国际交流合作搭建平台。

维护侨益。落实2019年“侨爱心工程”，为282名老归侨发放关爱老侨慰问款10万元，走访慰问困难归侨侨眷和侨界代表60人，发放慰问金6万元。开展全市统战系统“奉献一片爱心助力寒门学子”行动，组织爱心团队与5名康平县贫困家庭大学生对接帮扶，发放助学金和捐赠书籍等2万余元，并安置1名大学生就业。协办中国侨联“法制中国、你我同行”侨界法治学习活动，全国11个省、市的200余名基层侨联干部和侨界代表参加，邀请专家学者作法律专题讲座，提升运用法治思维依法维权的履职能力和水平。向基层侨联、侨商企业发放《侨法宣传手册》1000余册，市侨联与沈河区法院建立涉侨纠纷多元化解机制。

【“访侨企、送服务”活动】 2019年，组织机关干部走访调研侨商企业30余户，了解企业发展情况，及时反馈企业的诉求，协调有关部门解决企业融资难、招聘难和产品推介难等问题。组织侨界人大代表、政协委员走进侨商企业，为促进民营经济发展积极建言献策。4月10日，市侨商会与沈阳大学侨联共同举办2019届毕业生春季招聘会暨第四届侨商企业校园行活动，组织52户侨商企业提供招聘岗位，达成就业意向268人，为高校毕业生就业和侨商企业招聘人才提供支持，发挥侨商会的服务作用。

【沈阳市侨界代表人士培训班】 7月10—12日在市委党校举办。市侨联与市社会主义学院主办。培训班将习近平总书记在“不忘初心、牢记使命”主题教育大会、深入推进东北振兴座谈会上重要讲话和第十次全国侨代会精神编入《学习辅导材料》，纳入培训课程；组织参观沈阳铁路局党史教育基地的现场教学，全市基层侨联委员、侨联干部和侨界代表150余人参加，加强侨界思想政治引领，凝聚思想共识，汇聚振兴合力。

【承办“创业中华、振兴辽宁”海外高端人才辽宁行走进沈阳活动】 8月2日，组织10余个国家、30余个专家社团的侨领40余人走进沈阳高新技术开发区，开展经贸交流和项目对接活动，考察东软健康医疗国际产业园，举办沈阳高新技术开发区项目推介会，吸引海外高端人才到沈投资兴业。

【侨界庆祝新中国成立70周年活动】 9月19日，举办“我和我的祖国·情系沈阳”沈阳市侨界美术书法摄影作品展，在鲁迅美术学院美术馆展出侨界书画摄影作品142幅，展现归侨侨眷对祖国的美好祝愿，展示侨界文化艺术发展成果，沈阳侨界群众200余人参加观展。9月22日，举办“沈阳市侨联系统第四届乒乓球友谊赛”，基层侨联和侨界社团的20支代表队，100余名归侨侨眷和侨联干部参加比赛，开展全市侨界健身活动，活跃侨界群众的文体生活。（安美麟）

沈阳市台湾同胞联谊会

【概况】 2019年，市台联结合“不忘初心、牢记使命”主题教育，充分发挥自身优势和桥梁纽带作用，主动提高政治站位，不断强化责任担当，热心服务台胞乡亲，积极推进两岸交流交往，不断提高参政议政水平，完成全年各项工作任务。

思想政治引领。为让全市台胞深入学习贯彻习近平新时代中国特色社会主义思想，深入理解掌握党的理论方针政策，及时了解台海形势，市台联组织报告会、座谈会、台胞活动日等系列学习研讨活动，组织台胞和机关干部参加省台联台盟系统学习培训班、“我和我的祖国”分享会、“台海形势和对台工作”专题辅导，举办“沈阳市台胞代表人士培训班”等，特别是习近平总书记1月2日在《告台湾同胞书》发表40周年纪念会上发表重要讲话，市台联认真组织台胞收听收看，征集台胞的学习心得，组织台胞在迎春茶话会活动畅谈学习体会。新中国成立70周年之际，市台联举办报告会、座谈会等系列庆祝活动，进一步激发台胞“爱祖国、爱家乡”的热情，激励台胞投身中华民族伟大复兴中国梦的奋斗精神。充分利用媒体作用，在《台联工作》内部刊物和微信订阅号等媒体刊发党的方针政策，进一步加强政策宣传引导，增强宣传的吸引力、感染力。发挥集邮协会作用，组织沈阳市台胞集邮协会制作“纪念五四运动100周年”“庆祝中华人民共和国成立70周年”等5套纪念封，邮寄到海外和台湾岛内。做好岛内台胞的思想政治引导。市台联时刻绷紧意识形态这根弦，邀请“台湾少数民族辽宁参访团”一行，包括7个族群的20名长老、领导人到沈交流参访，召开专题座谈会，全国台联和省台联领导以及省市民宗局的领导，分别就习近平总书记重要讲话精神和少数民族政策进行宣传和交流，抨击台湾“原转会”所谓的声明，得到全国台联领导的高度认可，收到良好宣传和教育效果。

参政议政。在市政协十五届二次全体会议上，提交提案20件。其中，团体提案9件、界别提案1件、委员个人提案10件。认真接待市公安局、市教育局、市工信局、市城建局和地铁集团等部门对市台联团体和界别提案的答复。召开市台联参政议政工作会议2次，总结和部署参政议政工作，通报提案的答复情况，研讨市台联团体和界别提案以及大会发言材料的调研工作。召开台情研究工作会议2次，围绕学习贯彻习近平总书记重要讲话精神，结合当前两岸关系形势，就如何发挥台联组织的独特优势，发挥亲情和乡情作用，进一步做好团结、联谊、服务等方面工作进行深入的交流研讨。

服务台胞。关心台胞疾苦，走访慰问老台胞、困难台胞、台胞遗属和在沈台商80余户；为台胞协调办理事项14件次；为台胞出具台籍认定证明13件次。开展联谊活动，组织开展形式多样的传统节日联谊活动和“台胞活动日”活动。举办“拥抱新时代 两岸一家亲——2019年在沈台胞迎新春茶话会”；举办“关爱女性健康 关注肾脏疾病”专题报告，参观“沈阳老字号博物馆”；端午节前夕组织两岸青年代表参观沈北新区城市风貌和锡伯族博物馆；举办“庆国庆 迎中秋 盼统一‘我和我的祖国’——在沈台胞中秋联谊会”；组织台胞台商代表参加“看沈阳、爱沈阳、做贡献——助力沈台共腾飞，同迎国庆话振兴”主题活动。开展“奉献一片爱心，助力寒门学子”三年行动计划帮扶活动。组织台资企业代表到康平县5名贫困大学生家庭进行走访慰问，发放慰问金5000元；召开贫困大学生帮扶工作座谈会，了解他们学习生活情况和愿望，向康平5名在校贫困大学生发放助学款1.5万元。

交流交往。市台联发挥台联组织优势和台胞独特作用，累计接待7个到沈参访团组200余人。拓宽领域，做好两岸婚姻家庭工作。组织台商代表参加“2019年两岸婚姻家庭辽宁行”活动。组织3名优秀青少年台胞参加全国台联举办的“正青春”两岸婚生子女青年夏令营活动。搭建青年创新创业服务平台。承办“第三届台湾创新创业青年辽宁（沈阳、大连）行”活动。沈台两地青年朋友、企业家代表人士140余人参加活动。市人社局、科技局等部门介绍沈阳的招商和人才政策，台湾创新创业青年代表分享创业经验，区县有关部门和创业园区与台湾创业青年进行深度交流和洽谈。台胞邱洪满与金门高粱酒厂正式签约，在沈阳成功注册“沈阳金久利商贸有限公司”，并举行授牌仪式，标志金门高粱酒正式入驻沈阳。台湾阿美人杨品骅等7位创业青年，就少数民族文化餐饮、台湾夜经济一条街、婴幼儿管护、进出口贸易、台湾特色产品等项目进行专项考察，并达成合作意向。

服务台企。深化“党建+四服务”（服务改革、服务发展、服务民生、服务群众），践行“万人进万企”活动。组织召开“‘万人进万企’主题实践活动座谈会”，了解台商面临的困难和问题，发挥法律咨询服务作用，向市台商协会赠送《涉台法律法规服务手册》1000册。发挥诉调对接作用，助推台资企业在沈健康发展。先后走访华信航空股份有限公司、辽宁懋安环保生物科技有限公司、沈阳六和机械有限公司等7户台资企业，了解企业生产经营情况，针对台商、台资企业反映的问题，维护合法权益12件次，避免经济损失143万余元。加强调查研究，为营造国际化营商环境献计献策。到沈阳大千集团、沈阳六和机械有限公司、金夫人摄影、华信航空股份有限公司4户台资企业开展调研6次，了解台商协会工作和台资企业生产经营状况等情况，并形成《创新思路举措 增强团结服务 大力推进沈阳市高质量发展》调研报告。

【“第三届台湾少数民族中小学校长参访团”交流活动】 7月23—26日，应全国台联、辽宁省台联和沈阳市台联邀请，“第三届台湾少数民族中小学校长参访团”在沈阳进行教育文化参访交流活动。其间，参访团参访考察沈阳市沈北新区锡伯族学校；参观沈阳市锡伯族历史文化博物馆、新民文化博览园以及沈阳故宫和张氏帅府；实地探访锡伯族、满族等家庭；考察全国文明村——新民大河泡满族特色村，深入了解沈阳少数民族的文化、教育、经济发展等情况，宣传和弘扬中华优秀传统文化，让更多的台湾少数民族教育工作者，进一步增进民族认同、文化认同、国家认同。（市台联）

八、法　治

政　法

【概况】 2019年，沈阳市政法机关坚持以习近平新时代中国特色社会主义思想为指导，深入贯彻党的十九大和十九届二中、三中、四中全会精神，主动服务改革发展稳定大局，加强“四项建设”，打造“四个环境”，坚守初心、践行使命，为沈阳高质量发展、新时代振兴提供坚强保障。

贯彻《中国共产党政法工作条例》。坚决贯彻落实习近平总书记关于新时代政法工作的重要指示精神，制定《中国共产党政法工作条例》配套落实办法，着力解决制约政法事业发展的瓶颈问题；积极构建党委领导和管理政法工作的工作体系和保障机制，完善政法委员会全体会议制度，严格执行请示报告、委员述职等制度，突出“三长”联席会机制作用，认真履行基层党建工作和意识形态工作主体责任，确保沈阳政法工作始终沿着正确方向前进。

维稳安保工作。全市政法系统特别是公安信访战线以强烈的政治担当、最高的工作标准打赢“保平安、迎大庆”这场硬仗。完善维护国家政治安全工作机制，反渗透、反颠覆、反恐怖、反邪教斗争取得新成效。始终坚持源头治理、属地稳控的导向，健全矛盾纠纷排查化解机制，稳妥做好涉军、涉众、涉企、涉“邻避”等群体稳定工作，以“书记抓信访”工作体系为引领推进信访矛盾减存控增，有效防范社会领域风险的外溢上行。创造性落实新时代“枫桥经验”，不断拓展“一网一格多功能”“心防细胞”工程等基层治理品牌效应，进一步巩固平安沈阳建设基础。

扫黑除恶专项斗争。以推进“六个进一步延伸”为主线，以迎接中央督导“回头看”开展“回头查”、主题教育专项整治、“百日会战”为抓手，深化高位引领、四级联动，完善公、检、法机关高效协作机制，强化纪检、组织、宣传等部门协同推进，汇聚行业部门齐抓共管合力，凸显各地区主战场优势，打掉涉黑组织、查处涉腐涉“伞”数量等多项战果位列全省第一，软弱涣散村党组织整顿、重点行业整治成效进一步拓展，促进社会治安秩序的明显改善、基层党风政风的明显好转。专项斗争的社会影响力不断扩大。

政法队伍建设。扎实推进“不忘初心、牢记使命”主题教育，增强守初心、担使命的思想、行动自觉，提升干事创业、担当作为的精气神。坚持把解放思想作为提升干警能力的“总开关”，设立“半月坛·半日谈”交流论坛，开展重点工作观摩拉练活动，组织社会治理现代化和政法智能化学习考察活动。举办政法干警先进典型事迹报告会和公安“双最”评选活动，对“王公正”等一批扎根基层、服务人民的优秀干警进行广泛宣传。加强政法系统廉政教育，组织开展正风肃纪监督大数据平台参观活动，举办监察法大讲座，促进干警知敬畏、存戒惧、守底线。

【营商法治环境优化】 2019年，市委政法委出台《沈阳市政法系统全面推进营商法治环境建设的实施意见》，牵头建立“万人进万企”活动涉政法问题工作专班，协调解决沈阳商业城、莆田商会等提报的33件涉法事项。市法院开通涉民企案件“立审执”快速通道，审结涉民企案件12万件；创新完善企业破产重整工作机制，审结破产案件206件，北方重工集团、沈阳机床集团完成司法重整。市检察院建立涉非公经济案件羁押必要性审查工作机制，办理涉民营企业案件912件，为企业挽回和避免经济损失5.2亿元。市公安局开展亿元以上重点项目“订制化”服务，出台服务民营企业20条举措以及“十个严禁”纪律规定。市司法局以“法治体检”为先导，发挥律师、公证、仲裁等法律服务优势，帮助民营企业防范和化解法律风险、金融风险。市法学会加强法学理论研究，为法治建设提供智力支持。

【政法领域改革深化】 2019年，完成市和区县（市）党委政法委机构改革，实现综治、维稳、反邪教工作机构整合、人员融合。市法院完善审判质效评估体系，完成基层法院内设机构精简整合。市检察院健全领导干部办案工作机制，全面开展案件质量评查工作，重点评查逮捕后不起诉、撤回起诉、法院判决无罪等案件。市公安局构建“六位一体”的执法管理新机制，完成城市公安分局垂直管理和全市公安警察职务序列套改等重点改革任务。市司法局进一步优化公证服务，规范司法鉴定，提升公共法律服务水平。（市委政法委）

▶11月13日，全市政法系统重点工作现场观摩拉练（沈河区杏林街道）（市政法委供）

人大立法

【概况】 2019年，市人大常委会制定《沈阳市居家养老服务条例》等3件地方性法规，修改《沈阳市城市供水用水管理条例》等4件地方性法规，废止《沈阳市道路客运市场管理条例》等2件地方性法规，对《沈阳市政务数据资源共享开放条例》完成常委会一审，对《沈阳市燃气管理条例》等8件立法调研项目进行调研论证工作。围绕打造沈阳市民营经济良好法治环境，对现行有效的58部地方性法规开展全面清理，为沈阳市民营经济发展提供坚实的法治保障。

【《沈阳市居家养老服务条例》制定】 6月21日市十六届人大常委会第十二次会通过；7月30日经辽宁省第十三届人大常委会第十二次会议批准，自10月1日起施行。《条例》明确提供的居家养老服务所包含的内容：主要包括生活照料、医疗卫生、精神慰藉、紧急救援、文化教育、体育健身和维权法律6个方面，其中，每个方面又做具体规定。同时，《条例》明确规定居住区居家养老服务设施的配建标准。新建居住区、已建成的居住区应当分别以每百户建筑面积不低于35平方米的标准、不低于25平方米的标准，配套建设居家养老服务设施。同时，针对具有沈阳户籍并居住在沈阳的特定老年人，《条例》规定，市和区县（市）

政府要为其提供免费居家养老服务。其中，城乡低保、低保边缘户和计划生育特殊家庭中的失能失智老年人，每人每月提供30—45小时免费居家养老服务；80周岁以上老年人和计划生育特殊家庭中70周岁以上老年人，每人每月提供3小时免费居家养老服务。

【《沈阳市城市供水用水管理条例》修改】 6月21日市十六届人大常委会第十二次会议通过；7月30日经辽宁省第十三届人大常委会第十二次会议批准，自10月1日起施行。在新修改的《条例》中，重新规范市生态环境、卫生健康、水行政等主管部门在城市供水水源和水质管理方面的职责，并在原城市供水特许经营制度的基础上增加卫生许可的内容。同时，重新梳理法律责任。新增对未按规定进行水平衡测试、未报送供水用水资料，生产、销售、使用非节水型用水器具，不符合再生水使用规定、管网漏损率超标、未尽到管网维护义务、特殊用水户不符合节约用水要求等违法行为的行政处罚规定。

【《沈阳市道路货运市场管理条例》修改】 6月21日市十六届人大常委会第十二次会议通过；7月30日经辽宁省第十三届人大常委会第十二次会议批准，自2019年9月1日起施行。《条例》中对一些规定违反上位法，加重民营企业负担的条款进行修改。其中，删去道路运输经营者缴纳道路运输管理费的相关规定。规定对总质量在4500千克及以下普通货运车辆从事普通货运经营的，无须按照本规定申请取得道路运输经营许可证。

【《沈阳市环境噪声污染防治条例》修改】 6月21日市十六届人大常委会第十二次会议通过；7月30日经辽宁省第十三届人大常委会第十二次会议批准，自2019年9月1日起施行。删去第十五条第一款中“工商行政管理部门必须依据环境保护行政主管部门批准的环境影响评价文件，为其办理营业执照”的规定，并删去涉及相关内容的本条第二款和作为对应法律责任的第四十一条。理由是：2017年7月修改后的国务院《建设项目环境保护管理条例》取消在办理营业执照前必须开展环境影响评价的要求。

【《沈阳市道路客运市场管理条例》废止】 6月21日市十六届人大常委会第十二次会议通过；7月30日经辽宁省第十三届人大常委会第十二次会议批准，自9月1日起施行。《沈阳市道路客运市场管理条例》1994年颁布实施，历经3次修正。随着道路客运领域的发展，管理模式不断调整，《沈阳市道路客运市场管理条例》中关于车辆营运证照、许可条件、车辆审验及法律责任等规定已经不适应目前沈阳市客运行业的发展要求。为进一步推动沈阳市客运企业特别是民营客运企业发展，减轻企业负担、释放企业活力，建议废止《沈阳市道路客运市场管理条例》。

【《沈阳市机动车维修市场管理条例》废止】 6月21日市十六届人大常委会第十二次会议通过；7月30日经辽宁省第十三届人大常委会第十二次会议批准，自9月1日起施行。《沈阳市机动车维修市场管理条例》1999年颁布实施，2010年予以修订，其调整范围是机动车维修行业，属于地方细化上位法规定的实施性立法，主要在当时的上位法范畴内，针对沈阳市机动车维修行业的实际情况，作出一些具体规定。随着维修行业的发展和“放、管、服”改革的进一步深入，国家对维修行业的管理方式发生重大变化，机动车维修行业的准入机制由许可制调整为备案制，《沈阳市机动车维修市场管理条例》中有关许可的相关规范及从业人员要求等规定不符合行业发展实际，增加企业负担，为促进沈阳市机动车维修企业加快发展，减轻企业负担，建议废止《沈阳市机动车维修市场管理条例》。

【《沈阳市湿地保护条例》制定】 10月24日市十六届人大常委会第十四次会议通过；11月28日经辽宁省第十三届人大常委会第十四次会议批准，自2020年1月1日起施行。《条例》明确沈阳市湿地主要包括卧龙湖、仙子湖、獾子洞、辽河、浑河、蒲河等。规定不同类型湿地实行分级管理的制度，将湿地分为国家重要湿地、省级重要湿地和一般湿地，填补湿地保护领域的“真空地带”。其中，国家重要湿地、省级重要湿地的保护和管理等按照国家、省有关规定执行；市和区县（市）政府对本行政区域内的国家重要湿地、省级重要湿地履行属地管理责任；一般湿地可以分为市级重要湿地和其他湿地，由市自然资源主管部门会同其他有关主管部门制定具体认定标准和管理办法。

【《沈阳市大气污染防治条例》修改】 10月24日市十六届人大

常委会第十四次会议通过；11月28日，经辽宁省第十三届人大常委会第十四次会议批准，自2020年1月1日起施行。《条例》规定，各级政府应当根据年度重点大气污染物排放总量削减计划，将本行政区域重点大气污染物排放总量控制指标分解落实到排放大气污染物的企业事业单位。沈阳可实行重点大气污染物排污权交易制度，探索建立碳排放权交易制度。在大气污染排污许可制度的实行方面，《条例》规定，纳入排污许可管理未取得排污许可证的，不得排放大气污染物。主管部门应建立大气环境质量和大气污染源监测网络，组织开展大气环境质量和大气污染源监测，发布大气环境质量状况信息，每年向社会公布重点排污单位名录。在“重污染天气应对”章节，《条例》规定，政府应依据重污染天气预报信息，确定预警等级，并及时发出预警。应将重污染天气应急响应纳入突发事件应急管理体系，制定重污染天气应急预案，建立防范和应急处理机制。

【《沈阳市文明行为促进条例》制定】 12月3日市十六届人大常委会第十五次会议通过（待省人大常委会批准）。《条例》从经费保障、机制保障、监督检查、表彰奖励制度、通报制度、测评制度、荣誉称号取消制度等方面作为实施与保障性条款，确定教育普法由各级普法机构应当健全并落实普法责任制。从鼓励和支持公民依法从事志愿服务、慈善活动、医疗捐献等6个方面，明确作为鼓励与支持的条款。

（市人大）

公 安

【概况】 2019年，全市提升公安机关核心战斗力，深入实施改革强警和公安大数据战略，大力夯实公安基层基础，坚持全面从严治党治警，夺取新中国成立70周年大庆安保攻坚战的全胜完胜，确保沈阳社会大局的持续平安稳定，实现沈阳公安工作的跨越式发展。破获刑事案件22024起，上升7.74%；刑事拘留犯罪嫌疑人16006名，上升1.68%；抓获网上逃犯2121人；破获命案积案3起，新发70起命案全部告破。开展“禁毒两打两控”（打击制毒犯罪、打击贩毒犯罪和管控制毒物品、管控吸毒人员）和“禁毒铁拳百日攻坚”专项行动，缉毒执法打击效能处于全国、全省先进行列，破获毒品案件1149起，抓获毒品犯罪嫌疑人1315人，破获部省目标案件39起，其中部督案件21起，省厅督办案件18起，位列全省第1。深入推进扫黑除恶专项斗争，打掉涉黑犯罪组织24个、恶势力集团33个、恶势力团伙66个，查扣、冻结涉案资产17.38亿元，打掉涉嫌黑社会性质犯罪组织的数量，进入全国省会市和副省级城市第一方阵。

增强治安防控能力。构建立体化社会治安防控体系，织严织密巡逻防控网络，全年累计投入社会面巡逻警力63.6万余人次，抓获各类犯罪嫌疑人294人。发动“盛京义勇”群防群治力量32.6万余人，建立每年25%比例的奖励机制。推进“一区一警、一村一助理”战略，全市1454个行政村，建立农村警务室340个，配备民警354名、辅警879名、警务助理221名，排查化解矛盾纠纷6907起，全市3类可防性案件下降52%。“雪亮工程”建设取得阶段性成果，累计投资9.23亿元，建立全国一流的视频解析中心，利用云数据全年累计识别抓获网上逃犯724人。沈阳市公安局西塔派出所被评定为全国首批“枫桥式公安派出所”。

保障社会公共安全。树立“万无一失、一失万无”的安全理念，严控严查严治公共安全隐患，交通事故件死伤损四项指标分别下降0.95%、11.23%、1.14%和28.75%，全市交通秩序持续向好。针对消防安全隐患发现整改难度大的情况，首创消防微信红包举报奖励机制，微信群成员突破百万，累计发放奖励红包120余万元，及时整改消防安全隐患5万余处。

优化营商环境。开展“万名民警联万企”活动，累计走访企业5.3万户次，解决企业难题9400余件；推进“放管服”改革，106项公安审批事项中有98项达到“时限最短、要件最少、流程最优”；身份证业务窗口实现全国异地受理，在桃仙国际机场率先设置东北首家港澳24小时机场自助签注设备；帮助北方重工集团解决混改中遇到的实际困难，累计挽回损失3393万余元、有效债权2000余万元。

公安体制改革。全市12个城市公安分局实现由市财政统一保障和市公安局垂直管理，解决警力不能跟着警情走、同城同工不同酬、干部交流不顺畅等一系列热点难点问题。

执法规范化建设。构建统一受案、集中办案、物证保管、全程监督、合成研判和战训合一“六位一体”的执法管理新机制。进一步建立健全案件质量终身责任制，制定出台《执法过错责任追究实施办法》等一系列规范性文件，民警执法过错案件下降53%。（齐忠友）

【“03·01”特大运输贩卖毒品案侦破】 2018年12月初，市公安局根据线索获知沈阳师范大学留学生OCHIROV EDUARD（中文名“爱德华”，男，28岁，俄罗斯人）从吉林省上线手中购得大量毒品大麻后，再以沈阳为活动中心向辽宁省沈阳市、抚顺市、鞍山市等地以邮寄的方式大肆贩卖。2019年3月1日，在沈阳市沈河区北二经街91号381室将犯罪嫌疑人王某（男，26岁，辽宁省沈阳市大东区人）抓获，经讯问，王某对其帮助OCHIROV EDUARD（爱德华）、ITA EYANG PATRICIO NCHUCHUMA（伊塔，男，赤道几内亚人）与穆某某（女，24岁，吉林省长春市榆树市人）联系进行毒品交易、容留他人吸毒的犯罪行为供认不讳。根据王某提供的线索，3月1日在沈阳市沈北新区蒲昌路13号将涉嫌贩卖毒品大麻的两名犯罪嫌疑人OCHIROV EDUARD（爱德华）、ITA EYANG PATRICIO NCHUCHUMA（伊塔）抓获，并在二人人身及宿舍内搜查出大麻12448.56克，从OCHIROV EDUARD（爱德华）住处收缴毒资2.8万元，OCHIROV EDUARD（爱德华）、ITA EYANG PATRICIO NCHUCHUMA（伊塔）交代其从吉林市穆某某处大量购买大麻后在沈阳及周边地区贩卖的犯罪事实。3月30日在沈北新区碧桂园大街18号碧桂园酒店门前将涉嫌贩卖毒品的犯罪嫌疑人肖某博（男，34岁，辽宁省抚顺市新抚区人）、杜某（男，31岁，辽宁省沈阳市于洪区人）二人抓获；同日，在抚顺市顺城区葛布前街14-4号311号将涉嫌贩卖毒品的犯罪嫌疑人王某（男，32岁，辽宁省抚顺市顺城区人）抓获；3月31日在沈阳市沈北新区蒲昌路1-34号楼下将涉嫌非法持有毒品的犯罪嫌疑人邱某（男，47岁，辽宁省抚顺市新宾县人）抓获；同日，在市经济技术开发区化工学院达达驾校办公室内将涉嫌非法持有毒品的犯罪嫌疑人万某龙（男，31岁，辽宁省沈阳市于洪区人）抓获；4月4日在沈阳市和平区江南时代二期正门将涉嫌贩卖毒品的犯罪嫌疑人王某金（男，20岁，辽宁省沈阳市铁西区人）抓获。之后专案组将犯罪嫌疑人张某（女，30岁，辽宁省沈阳市大东区人）、王某莹（女，31岁，辽宁省沈阳市沈河区人）、宋某庆（男，56岁，辽宁省沈阳市大东区人）、曹某（女，17岁，辽宁省沈阳市浑南区人）、袁某（男，26岁，辽宁省沈阳市浑南区人）、蒋某英（男，66岁，辽宁省沈阳市于洪区人）、AHMAD MANSOOR（艾哈迈德，男，巴基斯坦人）和VISHNU NAMBOOTHIRI（南布什里，男，印度人）等团伙成员陆续抓获。共抓获违法犯罪嫌疑人31名，缴获毒品13977.05克，收缴毒资2.8万元。

【“8·22”特大贩卖毒品案侦破】 2018年6月中旬，沈阳经济开发区公安分局根据线索，获知沈阳市铁西区有一名外号叫“大辉“的男子在从事贩毒活动。经侦查，“大辉”名叫金某英（男，53岁，沈阳市和平区人），与曹某国（男，53岁，沈阳市铁西区人）共同筹措毒资，由曹某国与云南上线联系，购买毒品，运抵沈阳后，二人将毒品分销贩卖。同年8月22日立案侦查。2019年3月10日，在昆明市，抓获云南省主犯雷某顺（男，沈阳市铁西区人，长期在云南省活动）和李某（男，42岁，黑龙江省鹤岗市萝北县人），在雷某顺的轿车后备厢中查获毒品冰毒3500余克，在住处的天花板上查获毒品冰毒500余克；在云南省临沧市耿马县一饭店，抓获上线人员王某江（男，25岁，傣族，云南省临沧市耿马傣族佤族自治县人），三人对贩卖毒品的事实供认不讳。2019年6月23日，在湖南省邵阳市双清区北塔路、邵阳县塘渡口镇石湾社区涨价冲路1号、邵阳县塘渡口镇大坝村将雷某顺的下线涉嫌贩卖毒品犯罪嫌疑人张某云（女，36岁，湖南省邵阳市北塔区人）、袁某（男，35岁，湖南省邵阳市邵阳县人）和王某（男，30岁，湖南省邵阳市邵阳县人）抓获，三人到案后，交代向雷某顺等人贩卖毒品的犯罪事实。截至2019年6月，辗转云南省昆明市、临沧市、天津市、湖南省邵阳市、辽宁省沈阳市，抓获该贩毒团伙违法犯罪嫌疑人毒人员37人，其中刑事处罚24人，行政处罚涉毒人员13人，缴获毒品冰毒5231.28余克。经侦查，发现雷某顺，曹某国和其下线吸毒人员等均为艾滋病病毒携带者，并且在沈阳都以盗窃、贩毒、抢劫等违法手段用于日常的生计开销，并且生活混乱，极易传播艾滋病病毒，社会危害性极大。

【“2018·3·21”特大跨省贩卖运输毒品案侦破】 2018年3月21日，浑南区公安分局接举报，沈阳市一名叫“花子”的男子长期在沈阳市大肆贩卖毒品冰毒。经侦查，“花子”叫陈某（男，57岁，沈阳市和平区人），是陈某田（男，56岁，沈阳皇姑区人）为首的贩毒团伙的下线。这个团伙盘踞沈阳市多年，从云南省西双版纳州景洪市毒贩购买毒品后，景洪市毒贩安排人将冰毒运到沈阳，陈某田收到毒品后，组织下线在沈阳市进行贩卖毒品活动。该团伙毒品贩卖数量巨大，平均每个月的毒品分销量在5千克以上。至2019年8月2日，沈阳市公安局禁毒支队辗转云南省西双版纳州、辽宁省沈阳市等省市，一举抓获该贩毒团伙违法犯罪嫌疑人邱某（女，51岁，云南省元谋县人）等25人，共计缴获毒品冰毒3404.69克。（方庆武）

检 察

【概况】 2019年，全市两级检察机关办理审查提请批准逮捕案件7279件9443人，审查移送起诉案件10247件12145人，开展各类诉讼活动监督12136件，办案规模继续居于全省检察机关首位，各项检察工作质量稳步提升并走在全省检察机关前列。依法惩治危害国家安全和邪教组织犯罪，批准逮捕62人，提起公诉78人；依法惩治故意杀人、绑架、强奸等严重暴力犯罪，批准逮捕189人，提起公诉182人；依法惩治抢劫、抢夺、盗窃、诈骗等多发性侵财犯罪，批准逮捕1973人，提起公诉2216人；依法惩治危险驾驶、电信网络诈骗、侵犯公民个人信息等人民群众反映强烈的犯罪，批准逮捕15人，起诉3612人。坚持宽严相济，办理认罪认罚从宽案件3830件，有效节约诉讼资源，提高司法效率。

参与社会治理。学习贯彻习近平总书记对信访工作的重要批示，落实“三级检察长抓信访”要求，开展“信访矛盾化解和减存控增攻坚年”活动。开展“群众来信来访件件有回复”活动，对群众来信做到7日内程序回复、3个月内对办理过程或结果答复。聚焦群众反映强烈的网络餐饮服务第三方平台存在的未实名登记、超范围经营等违法情形发出检察建议，被评为辽宁省检察机关保障“舌尖上安全”典型案例。

强化监督。依法开展特赦工作，按照上级机关统一部署，在新中国成立70周年国庆前审查办理特赦案件74件。加强重点部位的监督，对监狱监管中存在的问题发出纠正违法通知书和检察建议，并监督整改。把好社区矫正的适用、交付、管理、实效和刑罚变更执行监督“五道关”，全市社区服刑人员脱、漏管率和又犯罪率继续保持较低水平。聚焦市人大常委会高度关注的“债务纠纷、股权分配、劳动争议”领域，启动“虚假诉讼领域深层次违法行为监督”专项活动。突破监督难点，开展非诉执行专项监督，以未按法律规定及时送达执行通知书、超期执行和终结执行等方面为重点，实现违法情形监督全覆盖。

公益诉讼。贯彻市人大常委会部署，深入推进公益诉讼工作，立案636件，其中环境资源案件251件，食品药品安全案件269件，国有土地使用权出让案件7件，国有财产保护案件109件。强化工作督导机制，规范办案程序，促进案件质量提升。试运行沈阳公益诉讼大数据应用平台，提升搜集案件线索信息能力。开展宣传活动，派员走进沈阳网《民生微访谈》栏目，宣传公益诉讼。主动向市人大常委会专题汇报公益诉讼工作情况，在全国人大到辽宁调研时进行汇报并得到肯定。

未成年人保护。落实高检院针对教职员工性侵害儿童、中小学学生犯罪案件的“一号检察建议”，与市教育局会签《沈阳市幼儿教师法治教育活动方案》，向4900余名幼儿园园长、幼师及儿童开展法治宣传教育，在全省率先将“一号检察建议”落实范围拓展至幼师行业。深化“法治进校园”活动，全市检察机关35名院领导担任法治副校长。严格落实未成年人特殊保护制度，保护涉案未成年人合法权益。

营商环境建设。制定《保障和服务民营企业健康发展的意见》，两级检察院主要领导和员额检察官走进民营企业。举办“与企业家面对面”等系列检察开放日活动。制定《办理涉及民营企业刑事案件指引》，推出一批体现依法平等保护的案例指导实践。《光明日报》《法制日报》《检察日报》《沈阳日报》纷纷刊载沈阳市检察院服务营商环境建设工作经验，省、市领导给予批示肯定。

反腐败斗争。做好与监察委员会的工作衔接，依法对全市两级监察委员会移送的职务犯罪案件进行审查，起诉119人。在高检院和省检察院指挥下，完成国家能源局原局长努尔·白克力职务犯罪案件的审查起诉和出庭公诉任务。依据修改后的刑事诉讼法，对司法人员渎职侵权案件开展侦查。深入做好羁押必要性审查，立案审查513人，向办案机关提出变更强制措施建议487人，办案机关采纳453人。

扫黑除恶。落实市委和上级检察院部署，加大攻坚力度。严格把握法律政策界限，确保所办案件经得起法律和历史检验。加强与公安、法院协调配合，对涉黑和重大涉恶案件主动提前介入，办案质效居全省检察机关之首。强力“打伞破网”，发现并向监察机关移送“保护伞”线索。深化专项整治，开展打击惩治涉“套路贷”违法犯罪专项行动，并对监管部门存在的管理漏洞和薄弱环节提出检察建议。扫黑除恶有关工作经验被高检院、省检察院和市扫黑办专刊刊发。

接受监督。主动接受社会各界监督，加大检务公开力度，公开案件程序性信息14647件，居全省检察机关首位。继续与市法院联合开展邀请市人大代表视察“两院”活动，邀请代表、委员参加全市检察长会议等重要活动，积极运用微信推送检察工作动态、编辑工作专报等方式，方便代表、委员深度参与和监督检察工作。认真接受人民监督员监督，与司法行政机关紧密配合，推进人民监督员制度改革。召开新闻发布会，及时检察工作情况，主动接受舆论监督。检察开放日常态化，社会各界人士和群众“零距离”了解检察工作千余人次，增强检民互信。

司法体制改革。落实司法责任制，强化领导干部办案工作机制，领导干部带头办理重大疑难复杂案件，有关工作经验被高检院专刊刊发。推进人员分类管理改革，加强对员额检察官的动态管理，做好员额检察官择优选升和遴选工作，落实员额退出机制。

参与精准扶贫和污染防治。市检察院参与精准扶贫攻坚战，落实司法救助支持脱贫攻坚实施意见，将因案致贫返贫的刑事被害人纳入司法救助范围。选派3名驻村干部，1人被评为“沈阳市优秀扶贫干部”。参与污染防治攻坚战，严惩破坏环境资源犯罪。市检察院与抚顺检察机关携手加强对浑河水资源保护。新民、康平检察院分别与省内外相邻县级检察院建立联络机制，共促环境治理。

【努尔·白克力涉嫌受贿案审查起诉】 2019年，办理国家发展和改革委员会原党组成员、副主任，国家能源局原党组书记、局长努尔·白克力涉嫌受贿一案，由中央纪委国家监委于2018年9月20日立案调查。案件调查终结后，移送最高人民检察院审查。2019年3月19日，经指定管辖，最高人民检察院将案件交由沈阳市检察院审查起诉。按照最高检和省院指示，沈阳市检察院组成由检察长赵东岩为组长的专案组开展工作，完成审查起诉工作。

【胡某犯罪集团盗窃鞍钢国有资产案】 5月21日，铁西区检察院受理市公安局铁西分局提请审查逮捕的胡某犯罪集团盗窃鞍钢国有资产一案，该案系辽宁省公安厅指定沈阳市公安局侦办的胡某某犯罪集团“2·23”涉黑专案系列案件之一，此次公安机关共对其中涉案的32名犯罪嫌疑人提请批准逮捕。铁西区检察院对案件进行研判预警。经审查，铁西区检察依法对王某等22名犯罪嫌疑人做出批准逮捕决定。因证据不足，依法对唐某等10名犯罪嫌疑人做出不批准逮捕决定。

（冯茉莉）

审　判

【概况】 2019年，全市法院受理各类案件363598件，审执结316180件，分别上升11.5%和9.8%，结案率86.96%，上升3.2个百分点。沈阳法院受理、审结案件数量继续在全省法院领先。

刑事审判。依法严惩危害国家安全及杀人、抢劫、涉毒等犯罪活动，审结各类刑事案件11451件。深入推进扫黑除恶专项斗争，审结涉黑涉恶案件123件437人，判处5年以上重刑116人。及时审理和集中宣判“长期把持基层政权谭氏宗族恶势力犯罪案”“垄断某大型水果批发市场卢金海黑社会组织犯罪案”等73件重大涉黑涉恶案件，取得良好社会效果。发布《职务犯罪审判白皮书（2013—2019）》，审结原国家发改委副主任努尔·白克力等受贿案121件。

民商事审判。妥善化解涉民生纠纷，审结房屋买卖、劳动就业、消费、医疗等案件31192件。深化家事审判方式改革，推广离婚案件预立案和冷静期制度，审结婚姻家庭案件12534件。积极推动环境资源审判机制改革，审结环境资源案件220件。完善涉军维权工作长效机制，维护军人军属权益，市法院被评为全国法院涉军停偿审判工作先进集体。完善企业破产审判工作机制，严格破产管理人入册程序，实行管理人竞标制度，依法支持破产企业重整，审结破产案件206件。“辉山乳业”“兴隆集团”破产重整有序推进，“北方重工”“沈阳机床”破产重整圆满完成。畅通“僵尸企业”处置“绿色通道”，配合清理“厂办大集体”342个、“僵尸企业”256户，依法推动产能过剩企业退出市场。深化知识产权案件“三审合一”（民事、刑事、行政案件集中统一）审判机制改革，引入技术调查官制度，建立侵害商标权、作品放映权、信息网络传播权等案件快速审判机制，审结知识产权案件1329件。发挥司法对市场的规范和引领作用，依法规制各类垄断和不正当竞争行为，审结公司、合同、投资及市场竞争等案件108514件。发布《涉银行商事审判白皮书（2014—2018年）》，妥善审理银行贷款、保险、证券、票据等金融案件及民间借贷纠纷33233件。助推开放型经济发展，筹建自贸区法庭，审结涉外、涉港澳台商事案件157件。

▶3月13日，辉山乳业合并重整案第二次债权人会议　（市法院供）

行政审判。审结行政案件5975件。强化集体土地房屋征收行为司法审查，就全市“大棚房整治”“盘活存量土地攻坚”中行政执法规范问题积极提出司法建议，妥善化解“新乐地块”“星汇云锦”等重点项目建设土地征收历史遗留问题。与省委党校联办教学基地，对600余名省直机关领导干部进行案例培训。发布《全市行政诉讼案件司法审查报告》，助推法治政府建设。坚持有错必纠，审结国家赔偿案件59件，决定赔偿115.8万元。

执行。完善解决执行难长效机制，深化“基本解决执行难”攻坚战果，坚持人员保障、工作标准、执行力度、社会效果“四个不减”，执结案件76052件，执行到位金额123.55亿元。强化执行强制措施运用，保持打击规避执行、逃避执行高压态势，列入失信名单46206人次，限制消费61599人，拘留614人，罚款89万元，移送追究拒执罪55人。推进执行信息化建设，两级法院均建成集网络查控、流程监管、远程指挥等功能一体化运行的新型执行指挥中心。

司法为民。建设集约高效、智慧精准、便民利民的现代化诉讼服务中心，探索“互联网+”诉讼服务新模式，推动实现“一站式”服务向“一键式”服务转变，市法院和9个基层法院完成诉讼服务中心升级改造。两级法院全面开通“跨域立案”，完善一次性告知、审限内办结、马上办、网上办制度，实行远程调解、电子送达等便民措施，推行预约立案、网上立案、上门立案、假日立案等立案方式，努力实现“让当事人最多跑一次”。全市法院立案325560件，当场立案率98%，市法院诉讼服务中心接待群众13.6万余人次，12368诉讼服务热线接听来电5.5万余次。与95个区级行政机关、群团组织、行业协会建立联动调解机制；66个街道、491个社区、72个司法所、687个行政村、2466名人民调解员参与矛盾纠纷多元化解，诉前化解各类纠纷16842件。深化“分调裁审”机制改革，持续推进“繁案精审、简案快结”，综合运用简易程序、小额诉讼、和解等法定程序，推进案件繁简分流、轻重分离、快慢分道。各基层法院适用简易程序审理案件113271件，简易程序适用率68%；调解结案35587件，占可调解审结案件的22%。

司法改革。健全员额法官管理制度，遴选第三批员额法官62名，25名法官依规退出员额。修订《关于员额法官担任承办案件审判长的规定》，实行员额法官负责制，深化落实司法责任制改革。统筹推进审判团队建设与内设机构改革，市法院结合扁平化管理与专业化审判配置新型办案团队77个，基层法院全部完成内设机构精简整合。健全审判监督管理机制，完善案件监管识别制度，制定《关于院庭长对“四类案件”监督管理办法》，落实审判监督管理责任。完善审判质效评估体系，定期开展案件质量评查，市法院常规抽查、重点评查案件9100件，两级法院按院长监督程序提起再审案件105件，依法改判27件。

【《关于充分发挥司法职能作用，为民营企业发展提供司法服务和保障的实施意见》】 2月21日市法院印发。《意见》以服务保障民营企业发展为主线，着眼民营企业司法需求，立足精准提供司法服务与保障，全文分15条具体意见，包括“转变司法理念”“严格落实司法政策”“严惩侵犯民营企业合法权益犯罪活动”“增强民营企业诚信践诺意识”“促进民营企业规范融资”“支持民营企业创新创业”“健全民营企业市场救济和退出机制”“助力营造良好政务环境”“促进构建和谐劳动关系”“兑现民营企业胜诉权益”“畅通民营企业诉讼通道”“健全诉讼配套工作机制”“拓展审判服务职能”“强化司法宣传”“改进司法作风”内容，涵盖从立案、审判到执行的各个司法活动运行流程，涉及刑事部类、合同类、金融类、知识产权类、破产类、劳动争议类、行政争议类以及执行类等各种矛盾纠纷。

【《关于进一步规范执行程序中限制消费和纳入失信名单措施的通知》】 4月15日市法院下发。《通知》进一步明确限制被执行人高消费及有关消费的适用条件、审查、批准和解除限制消费令的程序，依法规范纳入失信被执行名单的适用条件以及失信信息删除和撤销的适用情形和程序，对违规限制消费、纳入失信名单等问题，开展全面排查和专项整治活动，严肃处理违规执行问题，切实维护涉案当事人的合法权益。

【涉民营企业案件立审执快速通道开通】 2019年，全市法院系统开通涉民营企业案件立审执快速通道，促进民营经济发展，建立一案一台账管理模式，审结涉民营企业案件119721件。建立与企业双向交流机制，与市工商联会签《推进民营经济领域纠纷多元化解机制建设的实施意见》。开展“百名法官进百企”服务活动，编辑发送《服务保障民营企业发展案例指引》1500余册，帮助企业解决涉诉法律问题、健全法律风险防范机制。（贾俊兴）

司法行政

【概况】 2019年，全市司法行政系统坚持以习近平新时代中国特色社会主义思想为指导，围绕全市中心工作，推进“一个统筹、四大职能”工作布局，各项工作取得明显成效。全市有律师事务所365家，其中合伙所342家、个人开业所20家，执业律师5232人，其中专职律师4674人、兼职律师185人。全年累计办理各类诉讼案件及非诉讼案件69745件，其中刑事案件5224件，民事案件37948件，行政案件1503件，非诉讼案件7240件，公益法律服务10343件，涉外法律服务128件，业务收入额10.55亿元。全年累计办理公证案件96453件，其中国内公证案件数55992件，涉外涉港澳台公证案件数40461件，参加各类公证服务次数933次，其中公益法律服务次数844次，业务收入6126.77万元。法律援助机构接待咨询28222人次，“12348”专线咨询39839人次，办理各类法律援助案件6531件，其中刑事法律援助案件5255件，民事法律援助案件1171件。全市拥有司法鉴定机构14家，司法鉴定资格人数231人，完成各类司法鉴定件数39017件，其中法医类25155件，物证类13738件，声像资料类122件，其他2件，业务收入总额5771.15万元。市局所属各单位受到司法部全国表彰11项，司法厅全省表彰单位（个人）13项（人），市级表彰6项。

行政立法。提请市人大审议地方性法规草案7件，废止地方性法规2件，提请市政府废止政府规章7件，清理行政规范性文件11件，立法引领、推动和保障作用得到发挥。

依法行政。开展“三乱”

（乱收费、乱罚款、乱检查）整治，完成市政府421项行政决策、常务会议议题、发文和法律事务的合法性审查工作，出具审查意见书270份，收到行政复议申请案件381件（审结217件），法院受理以市政府为被告的行政诉讼案件51件，结案36件，无败诉。开展行政执法责任制和问责制，市司法局根据《关于进一步推进行政执法责任制和问责制工作的通知》任务要求，以为落实好2019年国务院《政府工作报告》关于“全面落实行政执法责任制和问责制”为主线，开展行政执法责任制和问责制专项督导检查。督导检查以各级司法行政部门、行政执法部门建立行政执法责任制和问责制等相关制度，确定的行政执法依据，明确的行政职权，制定、调整、各类行政职权流程图，建立对外设置行政执法投诉举报的电话、网址为切入点，对全市31家行政执法部门和13个区县（市）对照任务要求，在认真开展自查基础上，逐条逐项开展督导检查。

社会治理。扎实推进“七五”普法，全年开展法治宣传活动1.1万余场次，新媒体普法领跑全省；充分发扬“枫桥经验”，各级人民调解组织调解纠纷9472件，成功率99%，矛盾纠纷多元化解成效显著。

社会维稳。完成“保平安、迎大庆”维稳安保任务，监所安全稳定工作居全省前列；扎实做好信访工作，司法信访综合服务窗口接受法律咨询1669件；来信来访104件，办结101件，办结率97.1%；深化社区矫正工作，未发生社区服刑人员脱管漏管和重新违法犯罪，全市社区矫正机构对青少年开展帮教4790人次，全系统保持安全稳定的良好态势。

公共法律服务。年内建成公共法律服务中心14个、工作站185个、工作室1078个，“一社区（村）一法律顾问”实现全覆盖。全市有239家律师事务所、1392名律师参与一社区（村）一法律顾问工作，实现与全市2454个社区（村）的全部对接，取得显著的阶段性成果。进行现场活动321次，电话联系1575次，微信解答587次，为社区（村）治理提供法律意见59次，为群众提供法律咨询和法律援助1003次，参与矛盾纠纷排查化解工作50次，参与人民调解工作13次，开展法治宣传179次，培训工作人员28次、744人，组织群众法律知识讲座114次、4012人，开展现场法律咨询205次、6055人。

人民调解。全市人民调解工作坚持发展“枫桥经验”，不断健全完善矛盾纠纷排查化解机制，完善矛盾纠纷多元化解机制建设。1—10月，全市各级各类人民调解组织调解各类纠纷7890件，调解成功7803件，调解成功率99%。为扩展人民调解领域，提高调解专业化水平，在原有6家行业性、专业性人民调解委员会的基础上，成立沈阳市夕阳公益遗嘱服务中心人民调解委员会；成立沈阳市基层法律服务工作者协会人民调解委员会，化解大批不同专业领域的矛盾纠纷。探索大调解工作格局建设，与市法院联合下发《关于开展诉讼调解与人民调解诉调对接工作实施意见》，全市有7个区县（市）与法院建立调解室；与市检察院共同起草《关于建立当事人和解的公诉案件与人民调解对接机制指导意见》，全市各司法所开展检调对接工作；与市信访局联合会签《坚持发展“枫桥经验”建立“访调对接”机制 实现矛盾不上交工作三年行动方案》，建立信访事项人民调解委员会，统筹开展“访调对接”工作；与市工商联联合下发《关于加快推进民营企业商事纠纷人民调解工作实施意见》，在沈阳高新技术开发区法院建立人民调解工作室，聘请10名律师、基层法律服务工作者为人民调解员开展调解工作，接受法院转交案件30件，预防化解非公有制经济领域矛盾纠纷，为民营企业发展营造良好的营商环境。

【沈阳市委全面依法治市委员会第一次会议】 1月24日召开。会议传达学习习近平总书记在中央全面依法治国委员会第一次会议上重要讲话精神和省委全面依法治省委员会第一次会议精神，研究部署全面依法治市工作。省委常委、市委书记、市委全面依法治市委员会主任张雷主持会议并讲话。市委全面依法治市委员会委员参加会议。会议审议《中共沈阳市委全面依法治市委员会工作规则》《中共沈阳市委全面依法治市委员会协调小组工作规则》《中共沈阳市委全面依法治市委员会办公室工作细则》。

【“惠民生 促振兴 公共法律服务沈阳行”活动】 4—10月开展。市司法局主办、区县（市）司法局承办，分别在全市13个区县（市）进行巡回举办。活动内容是在繁华地段、闹市区、集市等，通过向市民发放致市民一封信、《公共法律服务指南》《公共法律服务手册》，组织律师、法律援助人员、公证员、司法鉴定人员、人民调解员、法治宣传志愿者开展公共法律服务知识宣讲和咨询等。

【民营企业发展法治论坛】 6月4日在沈阳宾馆召开。中共沈阳市委全面依法治市委员会办公室、市司法局、市中级人民法院、市人民检察院、市法学会、市律师协会联合主办。有关领导、学者、专家、法官、检察官、律师、民营企业家300余人参加。论坛围绕沈阳市民营企业发展，从司法审判、检察监督、法学研究、法律服务、营商环境等多层次、多角度、多路径展开深入论证、研讨和对话，为沈阳地区民营经济的发展共商大计。

【2019法律职业资格考试】 2019年国家统一法律职业资格考试分别于8月31日（客观题部分）、10月13日（主观题部分）开考，是沈阳市首次举办主观题计算机化考试，沈阳考区有4039名考生，占全省总考生的52%，设置7个考点76个考场，准备机位近5100个。市司法局认真贯彻落实司法部、省司法厅的工作要求，采取多项务实举措，确保考试顺利进行。

【“宪法进校园”主题日活动】 12月2日，沈阳市2019年“宪法宣传周”启动仪式暨“宪法进校园”主题日活动在辽中区职业教育中心举行。市人大代表牟江秋、刘玉秋及市委宣传部、依法治市办、市教育局、市司法局、团市委、市妇联有关领导出席活动。参会人员共同参观辽中区职业教育中心法治教育基地和禁毒教育基地，观摩学生精心编排的宪法主题班会和模拟法庭展演，观看快板、歌曲、心理健康剧等广大师生自编自演的法治文艺节目，共同进行宪法宣誓。辽中区职业教育中心始终坚持依法治校、依法办学，以法立德、以法从教，是全市青少年法治教育工作的先进典型。

【全国模范司法所长王金福先进事迹报告会】 12月20日召开。市政法委有关领导，市司法局领导班子成员及市管干部，市局机关各处室及市公共法律服务中心副处级以上领导干部，市律师协会会长及部分律师代表，市基层法律服务工作者协会会长及部分基层法律服务工作者代表，各区县（市）司法局全体工作人员，全体司法所长和部分人民调解员代表600余人聆听报告会。全国模范司法所长王金福在报告中讲述自己扎根法库“大西北”、投身基层第一线的工作经历。

（市司法局）

行政执法

【概况】 2019年，市城管执法部门不断优化城市环境秩序，各项工作取得明显成效。

执法法治建设。推进《沈阳市拆除违法建筑规定》立法项目调研，修改完善《规定》草稿。完成《沈阳市生活垃圾管理条例实施细则》《沈阳市绿化条例城区绿化实施细则》《沈阳市城市生活垃圾处理费征收使用管理办法》3项政府规章及《沈阳市相对集中城市管理行政处罚权规定》1项废止政府规章申报工作。对地方性法规、政府规章和规范性文件进行专项清理工作，梳理规范性和政策性文件23个，废止16个、失效4个。推进重大行政决定法制审核、执法全过程记录、执法公示“三项制度”。制定行政执法事项清单，以权责清单为基础，梳理执法事项清单，为全市城管执法工作提供法律依据。制定《市城管执法局2019年普法工作计划》，组织大型普法教育活动、闭卷测试、自学等，巩固学习效果。规范涉企执法检查程序，制定涉企执法检查计划，对乱检查、乱罚款进行专项整治，从制度上杜绝执法扰企问题。配合市司法局积极开展12·4国家宪法日活动，在局机关办公楼设立普法宣传点，悬挂宪法日宣传标语，摆放宪法宣传单。组织开展3次执法案卷评查，在评查中发现审批表中审批意见栏未填写、文书页号标注不规范等10个问题，并对发现的问题及时下发案卷评查情况通报，提出整改意见。

管理信息化建设。市城管执法局正式启用钉钉平台，通过开发钉钉城管执法工作地图服务，实现公厕、景观亮化设施、重点市容点位等18个图层的标注查询；全面推行钉钉视频会议，实现重点任务即时视频指挥调度，在22家市直单位及各地区推行。对城管执法各业务平台系统进行整合，搭建完善指挥调度平台，完成市民投诉、餐厨、渣土等11个业务管理系统的整合。对城管执法指挥车系统进行技术改造，实现指挥车与指挥大厅信息、影像即时共享，提高重大活动现场的远程指挥调度能力。推进沈阳市智慧城管平台建设，通过电子政务外网使市、区、街道、社区四级735家部门互联互通，实现一市九区的正式联网运行，全市统一监督、统一考评的任务目标。全市划分城市管理网格1045个，智慧城管系统受理案件216.4万件，立案157.8万件，应结案158.1万件，结案157.4万件，结案率99.56%。

市容环境整治。以巩固提升创卫市容整治成果为目标，针对流动商贩占道经营问题反弹，全面开展市容秩序整治，提高市容常态化、精细化管理水平。市城管执法局实行局领导每日带班检查，开展夜查104次，现场协调解决难点问题。持续保持对违规占道经营行为“暂扣+处罚”的高压整治态势，组织各区逐户发放《市容违法行为处罚提示单》20余万份，与公安、市场、生态环境等部门开展238次联合执法行动，强化151个重点问题常态管控，全面加强非工作时间市容整治，累计清理取缔流动商贩、占道经营问题13.5万处次、暂扣违规经营工具1.9万件、立案1900余件，街路市容秩序有效管控，各类占道反弹问题得到基本遏制。

建设市场执法。建设市场执法工作以深化执法服务为主线，开展全市629个各类在建项目排查，发现165个项目存在违法行为，违法率26.2%，下降5.3个百分点；查处违法项目99个，除金廊项目、土地违法等特殊项目外，查处率达到85%，提升10个百分点；查处建设市场各类违法案件784件，上升23.1%。在全市范围内开展为期一个月在建工地市容集中整治行动，整改项目36个，整改问题76个，全市在建工地市容状况达标。推进城市管理领域执法工作，针对市政、园林、环卫等执法职能开展专题执法培训，明确执法内容、执法流程、衔接机制、注意事项等内容，全面铺开相关执法工作。落实土地督察工作，与市自然资源局联合印发《沈阳市落实全域土地例行督查整改意见加强规划批后监管工作专项整改方案》《沈阳市划拨土地地上建筑物使用用途监管办法》，完成18个项目的整改。强化与行业主管部门的业务衔接，与市城乡建设局重新明确工作联系、业务转办、结果通报机制，与市不动产登记部门建立房地产信息共享查询机制。建设市场执法工作接入沈阳市一体化在线政务服务系统，实现项目审批进度实时查询，对接全市数字化平台，利用现有平台资源，实现全市在建项目远程实时监控，全面提升建设市场执法工作信息化水平。平稳过渡拆违工作重心，由集中全面推进阶段过渡到重点难点定点突破阶段，并逐渐向常态化管控过渡，明确各区政府的属地监管责任，转办重点问题35个，同时强化业务督导，开展有针对性的辅导、领办，指导各区依法履职，全市各区完成拆违点位5799处，面积144.675万平方米，完成计划拆除量的124.98%，提前完成全年任务。

散流体运输管理。对原从事建筑垃圾和散流体物料运输车辆进行推拉式密闭改装，对运输企业及车辆实施清单目录制新管理模式，在全省乃至东北地区起到引领和示范效应。大连市参照沈阳市车辆改装技术标准和管理模式实施开展渣土车密闭改装工作。5吨以上运输车辆及外地牌照车辆，仅有沈阳市采取统一整合、专项管理新模式，纳入系统集中进行管理。至年末，全市完成推密闭改装车辆2750余台，达到全市运输车辆的95%以上，纳入清单目录运输企业52户，按计划完成2000台渣土车GPS安装及纳入系统管理工作，将第一批纳入沈阳市清单目录运输企业目录通过新闻媒体向社会公布，其他纳入沈阳市清单目录运输企业目录和车辆明细表通过市城管执法局网站向社会公布，并实时进行更新。

【《沈阳市划拨土地地上建筑物使用用途监管办法》】 6月1日市城管执法局、自然资源局联合下发。《办法》要求沈阳市划拨土地地上建筑物使用用途监管工作要以规范土地管理、预防和整治划拨土地地上建筑物改变使用用途问题发生为重点，进一步明确各区县（市）人民政府及开发区管委会主体责任，规范监管措施，建立长效监管机制，全面提升全市土地利用和管理水平。

（市执法局）

仲 裁

【概况】 2019年，沈阳仲裁委员会深入学习贯彻习近平新时代中国特色社会主义思想和党的十九大精神，严格落实中共中央办公厅、国务院办公厅《关于完善仲裁制度提高仲裁公信力的若干意见》和辽宁省委办公厅、省政府办公厅《关于完善仲裁制度提高仲裁公信力的实施意见》精神，扎实履行仲裁化解纠纷、维护稳定、服务发展职能，完成市政府工作报告确定的“启动中德产业园知识产权仲裁院建设”任务指标，各项工作均取得良好成效。先后制定完善《仲裁规则》《仲裁员管理办法》《仲裁员办理案件考评办法》等制度，规范仲裁程序、仲裁行为，强化仲裁员选聘、管理和考评，建立专家咨询机制和引入仲裁外部监督机制；重新规范办案流程和选定仲裁员的程序，将立案时间从5日缩短到3日内，加强仲裁秘书的推荐仲裁员作用，扩大当事人指定仲裁员的范围。6月，成立沈阳知识产权仲裁院（中德产业园知识产权仲裁院）；11月，设立沈阳国际航空仲裁院。受理各类案件267件，涉案争议总金额13.6亿元；结案案件221件，审限内结案率100%，其中由仲裁庭作出裁决案件133件（60.2%）、调解解决案件35件（15.8%）、其他方式结案案件53件（24%）。

【企业仲裁法律服务】 5月，按照沈阳市“万人进万企”主题活动要求，由沈阳仲裁办领导带头对8户小微企业进行深入走访，宣讲仲裁法律制度，提供仲裁法律服务，帮助规范合同文本，引导企业选择仲裁方式解决争议纠纷。对华晨集团、中诚集团、沈阳黎明公司等6户大型企业进行调研走访，探索建立交流合作机制，积极提供纠纷解决方案，为维护企业合法权益提供有力保障。

【首次仲裁员遴选培训】 8月24—26日，沈阳仲裁委员会在沈阳市创新天地举办仲裁员遴选培训班，首次通过培训考试的方式选聘仲裁员，邀请知名专家学者对仲裁员职业道德、仲裁法规制度和仲裁实务等方面进行授课，并对遴选出的400余名拟聘仲裁员进行封闭考核，择优选聘。至年末，沈阳仲裁委在册仲裁员352人。

【东北首个涉台经济贸易合同纠纷仲裁庭成立】 9月20日，沈阳仲裁委员会“涉台经济贸易合同纠纷仲裁庭”在市台商投资企业协会挂牌成立。“涉台经济贸易合同纠纷仲裁庭”是东北地区首个专门为台商台企服务的专业性仲裁庭。（赵　阳）

九、外事·侨务·港澳台事务

外　事

【概况】 2019年，市外事部门紧密围绕全市经济社会发展目标，精心谋划对外开放布局，不断拓宽沈阳市对外交往渠道，开创对外交往新局面。坚持高层交往推动，促进重点项目对外合作。安排市级领导出访德国、英国、日本、韩国等10余个国家和地区，强力推进汽车及零部件、高端装备制造、节能环保、智慧城市、生物医疗、现代农业、旅游观光、现代服务业等领域的一大批大型合作项目。积极开展邀请接待外国高层到访工作，安排市级领导出席日常外事活动101批，会见一系列重要政商团组，有效推动沈阳多领域对外交流与合作。坚持开拓交流渠道，友城结好取得新突破。推动澳大利亚在沈阳正式设立总领事馆，沈阳市外国驻沈总领事馆达到8个。实施“结知名友城，打造百城之好”计划，先后与德国马格德堡市、希腊雅典市、英国格拉斯哥市签署深化合作伙伴关系协议书，沈阳市与15个国家20个城市结为友好城市，与79个城市结为友好合作关系城市。坚持统筹协调，切实提高外事归口管理能力。严格规范全市因公出国（境）审批管理工作，审核审批党政（参公）类因公临时出国（境）团组160个、379人次。做好领事保护和涉外案件处置工作，处理9起领保案件和4起涉外事件。

【重要到访】 4月23日，朝鲜平安北道人民委员委员长郑京日率团访沈，市长姜有为会见代表团一行。

4月24日，斯洛文尼亚经济发展与技术部部长兹德拉夫科·波契瓦尔舍克率团访辽，市长姜有为陪同省长唐一军会见代表团一行。

5月23日，韩国北方经济委员会委员长权九勋率团访沈，市委书记张雷会见代表团一行。

5月24日，日本爱媛县知事中村时广率团访沈，市委书记张雷陪同省委书记陈求发会见代表团一行。

6月26日，德国驻华大使葛策率团访沈，市长姜有为会见代表团一行。

7月29日，新加坡环境及水源部部长、回教事务部长、新辽经贸理事会新方联合主席马善高，新加坡外交部兼社会及家庭发展部政务部长陈振泉率团访沈，市委书记张雷会见代表团一行。

8月16日，泰国教育部、科技部原副部长魏文，老挝乌多姆赛省副省长潘亚萨·宋吉到沈参加第八届沈阳法库国际飞行大会暨2019沈阳国际航空产业发展大会，市长姜有为分别会见魏文一行和潘亚萨·宋吉一行。

8月21日，韩国忠清南道知事梁承晁率团访沈，市委书记张雷陪同省委书记、省人大常委会主任陈求发会见代表团一行。

8月26日，韩国北方经济合作委员会委员长权九勋率团访沈，市委书记张雷会见代表团一行。

9月27—28日，日本自民党前干事长武部勤率团访沈。27日，市委书记张雷会见代表团一行。28日，市人大常委会主任潘利国会见代表团一行。

11月1日，韩国国会外交统一委员会委员长柳东秀率团访沈，市委书记张雷会见代表团一行。

11月15日，斯洛文尼亚驻华大使阿兰卡·苏哈多尼克率团访沈，市长姜有为会见代表团一行。

【重要出访】 2月17—26日，市长姜有为率沈阳市经贸代表团赴德国、英国、日本进行友好访问和经贸洽谈。代表团访问德国马格德堡市、埃森市和英国萨里郡，考察德国弗劳恩霍夫协会、英国捷豹路虎集团等世界知名科研机构、企业以及德国鲁尔工业区，围绕汽车及零部件、高端装备制造、节能环保、现代服务业等领域，洽谈推进一批重点项目。

5月19—26日，市人大常委会主任潘利国率沈阳市经贸代表团，赴菲律宾、泰国开展友好访问和经贸洽谈活动。出访期间，代表团分别拜访沈阳市友城菲律宾奎松市市长赫伯特·帕蒂斯塔、泰国春武里府府尹帕卡通·添猜，以及菲律宾辽宁总商会、菲律宾菲华商联总会、泰国辽宁总商会、泰国工业联合会等商协会组织，会见一批重点客商及侨商侨领，不断深化沈阳与两国的友好交流，推进一批与沈阳市重点合作项目，进一步深化沈阳市与东盟的产业合作，拓宽沈阳市在东南亚地区经贸合作渠道。

10月28日至11月1日，市长姜有为率沈阳市代表团赴德国进行经贸洽谈和交流，代表团考察麦格纳集团、博世集团、马勒集团、拜澳泰克、AST等世界500强、跨国公司和行业领军企业，围绕产业转型升级、华晨宝马配套供应、企业增资扩产等方面开展招商引资活动，洽谈推进汽车及零部件、高端装备制造、生物医疗、体育旅游等一批重点项目。代表团还与当地政要及商协会、经济界人士进行广泛接触，积极推介沈阳经济持续向好的发展态势和扩大开放的相关政策，邀请更多投资者到沈考察洽谈。

11月27日至12月6日，市政协主席韩东太率沈阳市经贸代表团赴巴基斯坦、缅甸和柬埔寨进行友好访问和经贸洽谈。访问期间，代表团先后与巴基斯坦卡拉奇市市长阿赫塔尔、缅甸仰光省议会议长丁貌吞、缅甸仰光省政府省长漂敏登、西哈努克省政府副省长林苏达、柬中友好协会主席艾森沃进行深入洽谈，还分别拜会缅甸“一带一路”商会、缅甸中华总商会、缅甸辽宁总商会、柬埔寨辽宁总商会等商协会组织负责人，洽谈推进一批双向投资、对外贸易、工程承包及境外园区项目。

【友城交流】 2月18日，市长姜有为出访德国期间，与马格德堡市市长鲁茨·特兰普尔共同签署沈阳市与马格德堡市深化合作伙伴关系合作协议。

●相关链接

马格德堡市位于德国东北中部，是萨安州首府，总面积201平方千米。马格德堡市是德国东部最具经济实力地区，机械及设备制造、医疗健康、信息通讯、节能环保等产业较为发达，体育、休闲、文化、旅游等领域基础设施完备，商贸活跃度高。此外，马格德堡市科技创新潜力巨大，拥有马克思－普朗克研究院、弗劳霍夫工厂管理与自动化研究院、莱布尼茨神经生物学研究院等多所国际知名科研机构。

4月8—9日，希腊雅典市议会议员、前任副市长、雅典市中国合作事务代表亚历山大·莫迪雅诺到沈访问，与沈阳市签署文化、创意等领域的合作意向书。

●相关链接

希腊雅典市是希腊共和国首都和最大的城市，总面积412平方千米，是欧洲第八大城市，也是欧盟商业中心之一。雅典历史悠久，旅游、文化艺术、教育领域发达，盛产橄榄油和大理石。

6月5日，英国格拉斯哥市副市长安·麦塔格特到沈访问，与沈阳市签署建立友好合作关系协议书，进一步加强两市在经济、贸易、科技、文化、教育、体育、卫生、人才等方面的交流与合作。

●相关链接

英国格拉斯哥市是英国第四大城市，苏格兰第一大城市，总面积175平方千米。格拉斯哥是仅次于伯明翰和利兹的第三大制造业城市，造船业尤为发达。近年来，格拉斯哥逐渐发展成为欧洲十大金融中心之一，众多苏格兰企业总部设于此。格拉斯哥经济实力雄厚，人均地区生产总值仅次于伦敦和爱丁堡，年经济增长率仅次于伦敦。格拉斯哥教育资源丰富，拥有西苏格兰大学、格拉斯哥大学、思克莱德大学、格拉斯哥艺术学校、苏格兰皇家音乐戏剧学院等多所高等学府。

7月9日，韩国巨济市市长边光龙、议长玉英文率团到沈访问，进一步推动两市在装备制造业、文化、旅游、体育、青少年交流等方面的交流与合作。市委常委、副市长李松林会见代表团一行。在沈期间，巨济市代表团举办“巨济旅游说明会暨沈阳—巨济友好合作日”活动，市外办、市文旅广电局、韩国驻沈阳总领馆、韩国旅游发展局沈阳办事处、沈阳市企业界、新闻媒体的100余人参加活动。

●相关链接

韩国巨济市位于韩国东南部，经济发达，是韩国人均收入最高的地区之一。巨济市是世界著名的造船工业城市，世界排名第二、第三的三星造船和大宇造船均坐落于此。此外，巨济市旅游资源极其丰富，渔业、养殖业也非常发达。沈阳市与巨济市于2011年7月缔结为友好合作城市关系。

11月4日，韩国春川市副市长金万起率团访沈，沈阳市副市长姜军会见代表团一行，双方重点交流各自城市的基础优势和发展潜力，并就开展教育、文化、体育、青少年交流等多领域合作达成一系列共识。在沈期间，春川市代表团访问东北育才学校初中部、新松机器人有限公司，进一步了解沈阳市优质的教育资源和领先的人工智能产业发展情况。

●相关链接

韩国春川市是韩国江原道首府，总面积1116平方千米，是一座集行政、教育、金融功能为一体的城市，生物、信息通信、观光旅游、动漫等产业发达。沈阳与春川市于2017年11月15日缔结为友好合作关系城市。

11月6日，乌干达金贾市市长吉萨姆比拉·提图斯·穆坦达率团访沈，重点推进两市在经贸、教育、体育、文化、旅游等领域的交流与合作。市委常委、副市长高伟会见代表团一行。双方商定将于2020年正式签署沈阳市和金贾市建立友城关系协议书。在沈期间，代表团一行还参观考察禾丰牧业集团，访问沈阳医学院、沈阳建筑大学、沈阳化工大学。

●相关链接

乌干达金贾市位于乌干达东部，总面积767.8平方千米，是该国传统工业和商业城市。金贾市位于世界最长的河流——尼罗河的源头，坐拥世界第二大淡水湖维多利亚湖。金贾市的工业以食品、木材、皮革、矿产以及日用品加工业为主，为该地区的农业发展提供有力支撑。沈阳与金贾市于2018年9月11日签署建立友好城市关系意向书。

11月26日，日本佐世保市市长朝长则男率团到沈访问，进一步推动两市在产业、技术、教育、文化、旅游、养老等领域的交流与合作。市长姜有为会见代表团一行。

●相关链接

日本佐世保市位于日本本土的最西端，是日本长崎县北部的中心城市。佐世保市旅游业十分发达，是日本著名的旅游城市，有日本面积最大的主题乐园“豪斯登堡”和风光秀丽的“九十九岛”，每年约有590万国内外的游客到访。沈阳市与佐世保市于2011年5月建立友好交流城市关系。

【第17届韩国心连心国际交流公务员研讨会】 5月14—17日在沈阳举办。由韩国驻华大使馆、韩国市道知事协议会主办，中国外交部外事管理司、辽宁省政府外事办公室协办、沈阳市政府外事办公室承办。该活动自2001年起每年在中国各城市巡回举办。会议以“加强人文交流，推动中韩地方政府国际化发展”为主题，包括开幕式、主旨演讲、大会发言等7项主体活动。韩国驻华大使张夏成、韩国市道知事协议会事务总长金允植、中国外交部外事管理司参赞董广利，以及沈阳市委常委、副市长李松林，沈阳市副市长苗治民，韩国驻沈阳总领事馆总领事林秉镇和全国22个省的150余名赴韩国际交流员代表参加会议。会议期间，与会代表围绕会议主题，共同分享在韩国研修期间的心得体会，共同交流各自所在城市与韩国开展友好交往的经验做法，为进一步完善项目和深化两国地方合作各抒己见、建言献策。（李　丹）

2019年市领导会见的部分友好人士

表9

序号	到访时间	到访国别和地区	到访者
1	1.10	德国	宝马集团大中华区总裁兼首席执行官高乐
2	1.24	美国	波音公司 NMA 总裁马克・詹克斯
3	2.27	法国	雷诺集团首席执行官蒂埃里・波洛雷
4	3.11	美国	科勒公司董事会主席赫伯特・科勒
5	4.30	日本	罗森株式会社社长竹增贞信
6	6.3	英国	英中贸易协会总裁卢墨雪
7	6.26	泰国	亚洲国际贸易投资商会主席蒙德利
8	7.9	美国	世界贸易中心协会首席执行官斯科特弗格森
9	8.25	美国	美国华人社团联合会主席郭颂
10	10.16	韩国	韩中交流协会会长金容德
11	11.14		欧洲货币集团执行总裁欧节瀚
12	11.27	日本	丰田通商株式会社专务执行董事近藤隆弘
13	12.19	德国	弗朗霍夫研究院应用学会 IPK 所所长霍格尔・柯尔博士

（市外办）

2019年友城到访重要官员

表10

序号	到访时间	到访国别和地区	到访者
1	1.7	德国	马格德堡市副市长尼采
2	4.9	希腊	雅典市议会议员、前副市长亚历山大・莫迪雅诺
3	6.5	英国	格拉斯哥市副市长安・麦塔格特
4	7.9	韩国	巨济市市长边光龙
5	7.9	韩国	巨济市议长玉英文
6	11.5	韩国	春川市副市长金万起
7	11.7	乌干达	金甲市市长吉萨姆比拉・提图斯・穆坦达
8	11.26	日本	佐世保市市长朝长则男

（市外办）

2019年到访议会代表团

表11

序号	到访时间	到访代表团	率团议长、副议长
1	4.8	英国萨里郡议会代表团	议会主席安东尼·塞缪尔
2	4.18	奥地利维也纳政府议会代表团	第一议长恩斯特·沃勒
3	4.30	日本北海道议会日中友好议员联盟	会长伊藤条
4	8.16	美国国会议员助手团	商业科学和交通政策室副主任丹尼尔·鲍尔
5	10.25	韩国京畿道议会代表团	亲善议员联盟会长金判洙

（市外办）

2019年驻沈总领馆情况

表12

派遣国	设馆日期	总领事	到任时间 / 任届	领区	馆址	邮编
美国	1984.5.30	安丽珊（女）	2019.8 / 14	辽宁、吉林、黑龙江	和平区十四纬路52号	110003
日本	1986.1.13	川上文博	2018.10 / 13	辽宁、吉林、黑龙江	和平区十四纬路50号	110003
朝鲜	1986.9.6	具永赫	2016.3 / 8	辽宁、吉林、黑龙江	和平区南四经街109号	110003
俄罗斯	1991.5.7	谢尔盖·契尔年科	2018.10 / 8	辽宁、吉林	和平区十三纬路31号	110003
韩国	1999.7.8	林秉镇	2018.1 / 9	辽宁、吉林、黑龙江	和平区南十三纬路37号	110003
法国	2008.10.27	安澜	2019.10 / 4	辽宁、吉林、黑龙江	和平区南十三纬路31号	110003
德国	2012.10.12	毕满天	2018.8 / 3	辽宁、吉林、黑龙江	和平区青年大街286号	110004
澳大利亚	2019.4.24（预开馆）	陈一白	2019.5 / 1	辽宁、吉林、黑龙江	沈河区卓越大厦19层	110004

（市外办）

侨　务

【概况】 2019年，全市侨务机构扎实开展为侨服务。在全市开展社区、校区“侨之家”为侨服务示范单位创建活动，新增和平区南湖街道东大社区等5处“侨之家”，完善中国医科大学1处“侨之家”建设。注重侨政管理与为侨服务的有机结合，完成涉侨身份认定108人，华侨回沈落户42人，中高考“三侨子女”身份认定32人。做好信访维稳工作，妥善处理积压多年信访案件。对接海外侨务资源，年初与市私营企业协会建立沈阳海外侨界交流合作渠道，联合举办沈阳—新西兰企业商会洽谈会，7户沈阳民营企业、2户新西兰企业和1家新西兰侨团参加洽谈合作；推动美国北加州东北同乡会、德国中德公共关系协会、芬兰华侨华人联谊会、阿联酋沈阳商会等海外侨团与相关单位建立合作渠道，开展经贸、科技等项目洽谈。

【东北军爱国将领于珍捐赠沈阳故宫文物】 1月7日至4月18日，经与中国旅美科协前会长于浩沟通，促成东北军爱国将领于珍将军遗留的一批珍贵文物从美国洛杉矶回归家乡沈阳，捐赠给沈阳故宫博物院。省、市主要媒体对捐赠活动进行宣传报道。

【“侨爱工程——走访慰问”活动】 春节前夕，市侨办在全市开展走访慰问归侨侨眷活动，走访慰问侨界重点人士及海外侨领在沈眷属代表19人，发放慰问款1.9万元。下半年开展精准扶贫工作，向29名贫困归侨侨眷发放慰问款69678元。

【全市统战系统侨务工作座谈会】 5月15日召开。市侨办主要领导、侨务工作处工作人员、各区县（市）委统战部部分分管侨务工作负责人及相关科室负责人30余人参加会议。会议传达中央统战部在新形势下开展侨务工作的指导精神，听取各区县（市）委统战部工作汇报，对进一步做好全市统战侨务工作进行部署。

【侨政“放管服”改革】 2019年，召开全市侨务政策培训会，并组织参加全省侨务政策培训会，对各区县（市）委统战部侨务工作人员就华侨身份认定、“三侨生”（归侨青年、归侨子女、华侨在国内的子女）。身份认定、华侨回沈定居三项涉侨行政受理审批工作内容进行培训，将相关工作的受理审批权限下放到各区县（市）委统战部。

（高　石）

港澳事务

【概况】 2019年，市领导会见香港嘉里集团董事长郭孔丞、香港铜锣湾集团主席陈智、香港新世界博览馆行政顾问王礼仕，推介沈阳发展基础优势和良好的营商环境，切实推动一系列港企在沈投资项目稳步发展。重点加强与香港官方机构沟通联络，精心接待香港特区政府驻京办新任主任梁志仁、香港贸易发展局新任华北、东北首席代表陈嘉贤，推动港资企业“引进来”，帮助沈阳企业“走出去”。在沈举办“走进香港——助推企业走进粤港澳大湾区政策推介会”，发挥粤港澳合作发展的重大平台作用，进一步提高香港地区政策资源利用率，切实促进沈港合作实现高水平发展。组织沈阳市多户企业赴澳门参加“2019年澳门国际环保合作发展论坛及展览（MIECF）”“澳门第二十四届国际贸易投资展览会”，重点加强对葡语国家市场的开拓力度，以澳门为通路助推沈阳市企业对接港澳地区、“一带一路”沿线及葡语系国家优势资源，为企业拓展海外市场、“走出去”参与国际合作创造搭建有效平台。

【沈阳—香港青少年交流活动】 4—7月，市外办联合市教育局、香港特区政府教育局等单位共同开展沈阳—香港青少年交流活动，先后安排11批次550余名香港师生访问沈阳，与沈阳市第十五中学、东北育才学校、沈阳市第一二〇中学等沈阳市7所高中开展校际青少年交流活动和爱国主义教育观摩。通过参观校园、学生互动交流、参加近现代史讲座等方式，展示沈阳市教育发展水平以及青年学生的良好风貌，也进一步提高香港学生对内地教育制度、教学模式的认识，持续增进两地学子间的友谊，更加深对中华民族历史文化的了解。

【走进香港——助推企业走进粤港澳大湾区政策推介会】 5月15日在沈阳举办，由市外办、香港特区政府投资推广署、香港特区政府驻辽宁联络处、香港贸易发展局共同主办。香港特区政府驻辽宁联络处、香港特区政府投资推广署、香港贸发局、香港商会沈阳分会代表以及沈阳市60户企业和商协会代表出席活动，就推动沈阳与粤港澳大湾区对接，促进沈港合作高水平发展进行深入交流。与会企业家表示，将把握粤港澳大湾区建设的重大历史性机遇，充分发挥企业所专、所长、所强，积极努力开拓香港市场，争取早日“走出去”，走进香港，走进粤港澳大湾区。

【澳门公务员团体负责人代表团访问沈阳市】 12月9日，澳门中联办组织澳门公务人员联合总会、澳门公务专业人员协会、澳门公共行政管理学会等团体负责人一行30人来沈访问。在沈期间，代表团考察新松机器人集团，观摩机器人未来体验馆和智慧工厂，参观九一八历史博物馆，接受爱国主义教育，进一步增强澳门公务人员对国情国史和内地经济发展成就的了解。

（李　丹）

台湾事务

【概况】 2019年，沈阳市引进台资项目15个，实际利用台资9692万美元，累计台资企业总数1267户，总投资额78.65亿美元，其中台资额66.45亿美元，实际利用台资23.51亿美元。审批因公赴台团组6个35人次，非公职团组55个151人次。协调处理台商投诉案件20件，其中解决17件，3件积极推进中。接待台湾团组86个，近千人次。经沈阳口岸赴台38053人次，台胞入境30853人次。为台胞寻亲3人次，处理涉台突发事件4件，办理台胞子女就学16人次。

▶1月14—22日，第七届台湾大学生中华文化研习营在沈阳开营　（市台办供）

【第七届台湾大学生中华文化研习营】 1月14—22日在沈举行。海峡两岸关系协会主办，市台办承办，沈阳大学协办。台湾22所大学80余名师生及在台就读的沈阳籍陆生、沈阳大学志愿者110余人参加活动。

【“75条惠台措施”出台】 4月4日，为落实国务院台办、国家发改委《关于促进两岸经济文化交流合作的若干措施》和省台办、省发改委《辽宁省贯彻〈关于促进两岸经济文化交流合作的若干措施〉的实施意见》，市台办、市发改委联合印发《关于促进沈台经济文化交流合作的实施意见》，从继续深化沈台经贸合作、积极支持台胞到沈实习就业创业、不断扩大沈台文化交流和便利台胞在沈生活4方面，出台75条具体措施，逐步为在沈台湾同胞学习、就业、创业、生活提供与大陆同胞同等待遇。

【2019沈台职业教育交流合作研讨会】 6月23—25日在沈举行。省台办、省教育厅、市台办、沈阳职业技术学院、辽宁省交通高等专科学校、辽宁职业学院和台湾致理科技大学联合发起，市台办、沈阳职业技术学院承办。辽沈地区和台湾地区46所职业院校、10户台资企业110余位专家、学者及企业负责人参加会议，签订一系列校企合作协议。

【东北地区首个涉台案件合议庭揭牌】 6月28日，东北地区首个涉台案件合议庭揭牌仪式暨涉台案件特邀调解员聘任仪式在沈阳高新区法院举行。该合议庭将集中审理辽宁北部8个城市的涉台民商事案件，同时聘任4名台籍特邀调解员。中央电视台《海峡两岸》栏目专程到沈，全程采访和报道相关活动。

【第八届台湾大学生中华文化研习营】 7月4—11日在沈举行。海峡两岸关系协会主办，市台办承办，沈阳大学协办。台湾世新大学及在台就读的沈阳籍陆生、沈阳大学、沈阳音乐学院的志愿者共50余人参加活动。

【首届“两岸媒体沈阳行”活动】 7月14—18日，由中国台湾网和台湾指传媒、《民众日报》等组成的“两岸媒体沈阳行”采访团一行，对沈阳经济发展、沈台合作状况和沈阳历史、人文、旅游等，以图文、短视频和现场直播等方式进行报道，刊发图文百余篇，短视频13篇，现场直播1场，相关报道在岛内转发70余篇，扩大沈阳在岛内的知名度和影响力。

【第二届沈台汽车产业交流合作周】 8月12—16日在沈举行。由市台办、市工信局、大东区政府联合举办。到沈参加活动的有台湾区车辆工业同业公会理事长蔡文荣等一行32名台商。活动期间，举办项目对接会，华晨雷诺、华晨中华、华晨宝马、上通北盛等沈阳市整车厂与台湾汽车零部件企业代表进行精准对接，并举行有关合作项目签约仪式和台湾区车辆公会沈阳联络处揭牌仪式。

【第四届台湾青年企业家沈阳行】 11月4—8日在沈举办。市台办、市青年联合会、全国台企联青委会、台湾青年联合会和沈阳台商协会青委会联合举办。35名台湾青年企业家在沈考察交流，了解沈阳经济、文化、社会的发展，寻找投资和合作机会。

（市台办）

十、军事

警备

【概况】 2019年，沈阳警备区在习近平新时代中国特色社会主义思想和习近平强军思想坚强指引下，坚持旗帜领航、理论正向，夯实看齐追随、维护核心的思想根基，推动理论武装入脑入心。广泛开展“坚强战斗队、担当冲锋队”主题实践和庆祝中华人民共和国成立70周年系列配合活动，推动“不忘初心、牢记使命”主题教育深走实落。发挥干休所红色资源集中、基因传承厚重优势，深化“传承红色基因、担当强军重任”教育活动。坚持聚焦主业、聚力主抓，心思精力向练兵备战用力、使劲。党委专题学训令、定期抓议训、带头研打仗。落实大纲要求，认真组织业务、技能训练，训练水平稳步提升。坚持紧跟形势任务、适应体制变化、着眼打仗需求，扎实推进各项任务落实落地。推进民兵调整改革，调整组建基干民兵分队，加强新质力量建设，在迎接军委国防动员部民兵调整改革检查考评中总评优秀。持续加强组织建设，专题组织团级党委书记能力素质集训，抓实党委机关挂钩帮带。坚持作风建设常态抓、长期建，正风肃纪从严从紧，专题学习中纪委三次全会重要讲话，开展政治纪律政治规矩和案例警示教育。保障工作跟进发力，坚持盯住重点、难题和弱项，靠前服务、抵近保障、增强实效。全力推进停偿工作，成立“驻沈部队做实全面停止有偿服务下篇文章工作领导小组”，妥善处理停偿项目在移交过程中出现的问题，协调市委、市政府及有关部门完结全市停偿项目。沈阳警备区保障处被人力资源和社会保障部、军委政治工作部和后勤保障部联合表彰为“全面停止军队有偿服务工作先进单位”。完成年度兵役征集任务。在全区开展“百日安全活动”取得较好效果，得到省军区首长机关的肯定，做法被省军区《工作情况摘报》刊发。抓实双拥工作，协调军人子女入中小学253人，落实高考加分政策72人，推进110名随军家属就业；联合地方出台《关于现役军人免费乘坐公共交通工具的通知》；警备区投入160万元帮扶孙家屯村扩建光伏发电项目、投入20万元组织贫困地区教师培训。干休服务提质突破，抓好老干部健康数据监测、应急呼叫定位、急救程序处置等升级和规范，围绕“集中照护、生活服务、物业管理、车辆保障”四个方面，开展试点方案论证，为丰富服务保障模式趟开新路子。

【护理专业备战练兵训练】 1—3月，沈阳警备区组织开展护理备战练兵活动，制定活动方案，制作学习手册，聘请专家骨干组织动员集训，购置训练器材，组织全区60名休干机构护理人员以理论学习为基础，以基础护理、战伤救治、心肺复苏等技能操作为重点实施训练考核，取得良好效果，受到上级业务机关的充分肯定，相关经验被军地媒体刊发。（王 瑞）

【干休所“三先”评比活动】 5月，根据辽宁省军区通知要求，沈阳警备区按照“自下而上、上下结合”的方式逐级考核组织开展先进干休所、先进离退休干部、先进老干部工作者评选，经各级纪委监督、机关公示，择优推荐表彰对象。沈阳第四干休所、沈阳第十二干休所、沈阳第一退休所3个单位，常宗信、铁源等21名个人受到军委国防动员部的表彰。（遇 斌）

【应急机动指挥系统通联演示】 8月1日，沈阳警备区组织无人机侦察救援演练活动。演练以沈阳地区发生持续强降水，浑河流域发生洪涝灾害，3名群众被洪水围困为背景，指挥部立即启动防汛应急预案，派出侦察无人机赶往事发水域抵近侦察，借助红外热成像技术确定受困群众具体位置，在冲锋舟无法第一时间抵近的情况下，派出救援无人机装载急救药品展开物资投送，经过30分钟的救援，解救3名被困群众。演练充分利用无人机灵活机动、侦察范围广等特点，并通过应急机动指挥车与后方指挥部实时进行图像传输，为指挥部救援指挥与决策提供依据。

（高 楠）

【专武干部集训】 8月，沈阳警备区按照《民兵军事训练大纲》《辽宁省专职人民武装干部资格认证实施办法》《辽宁省专职人民武装干部资格认证能力考评细则》要求，组织全市专武干部培训。集训主要采取警备区视频集中授课与各人武部自训相结合的方式进行，开展基础理论、基本技能、本职业务、应急行动组织指挥、政治教育等29个内容的学习培训，从民兵组织建设、民兵政治工作、民兵军事训练与战备工作、兵役工作、国防动员工作等方面提高全市专武干部任职能力。（沈吉敏）

【国防动员潜力统计调查】 2019年，沈阳警备区落实省国动委《关于做好2019年辽宁省国防动员潜力统计调查工作的通知》《辽宁省2019年度国防动员潜力统计调查工作实施方案》等通知精神，以及省“国防动员潜力统计调查工作任务部署电视电话会议”要求，开展国防动员潜力统计调查。军地领导高度重视，各级认真组织抓好落实，11月底前完成采集任务，12月10日参加省国动委组织的潜力数据会审。

（庄利蕴）

【民营企业民兵建设试点】 2019年，根据军委国防动员部《关于开展新兴领域、民营企业、海外中资企业民兵建设试点的通知》和省军区《关于组织民营企业民兵建设试点工作的通知》，沈阳警备区在全市各类民营企业中展开广泛的调查遴选工作，确定沈阳市三一重型装备有限公司作为试点企业，并先后三次到该企业进行现场调研，与企业人力资源部门进行洽谈，了解企业规模、参观生产车间、核实企业数据、评估编兵实力。根据该企业的生产能力与人力资源实力，编组通用装备、工程机械、特种车辆等维修专业分队。（宋奕良）

人民防空

【概况】 2019年，市人防办完成省人防办、市国动委赋予的2019年国防战备动员潜力调研任务。开展沈阳防空区（沈阳、鞍山、抚顺、辽阳、铁岭）重要经济目标综合防护室内演练。组织20个市直部门、企（事）业单位以及各区县（市）开展人防专业队整组工作，编兵3600余人，开展人防防化专业队集中训练。完成“4·26”“9·18”防空警报试鸣任务，全市400余部固定警报器、10余部机动警报器参加，警报鸣响率达到98%。组织参加省国动委“辽宁—2019E”国防动员行动和省军区“辽宁—2019A”训练演练，为开设军地联合基本指挥所、野外指挥所提供场所、通信和后勤保障，达到预期效果。按照“仗怎么打，兵就怎么练”的要求，赴阜新方向开展市、区两级人防跨区域机动拉练暨通信警报业务组训，并与阜新市人防办开展协同训练；赴通化、梅河口、四平、辽阳等地，开展人防机动指挥系统综合演练，并参加沈阳防空区重要经济目标综合防护机动指挥系统演练。

人防工程建设与管理。至年末，全市审批结建人防工程72项，面积57.98万平方米；出具人防工程建设面积复核手续和缴纳人防易地建设费意见93项，收取人防工程易地建设费127项、1.77亿元。推进沈阳站人防工程改造项目，完成市发改委可研报告批复、装修设计单位招标，改造部分和装修部分施工图正在审查。完成1801工程地勘费、南京街过街道施工尾款支付工作，整理完善沈河区指挥所1001工程结算资料。204工程验收工作取得较大进展，相关验收资料提报市建设局质监站，正在对接验收工作。开展人民防空工程维护管理规范化、标准化试点工作，按照十项建设标准，确定华润幸福里小区和万科鹿特丹小区人防工程为试点工程，完成省人防办试点验收，为全省人防工程管理规范化树立样板。配合市道路交通委员会、市公共停车场规划建设部门，全面梳理全市人防车位利用情况，落实解决“停车难”工作任务分工，高标准完成任务指标。推进易地建设费清欠工作，完成4套抵费房产的接收，对沈阳山川房地产开发有限公司、沈阳市众发房屋开发有限公司、沈阳市正光房产开发有限公司和沈阳市铁西区城建房屋开发有限公司4个清欠项目，完成法院立案程序。引进社会化投资的中街、太原街人和地下项目，未实际完工，完工部分未达到人防工程设计标准，未办理人防工程竣工验收手续。

法治人防建设。与市执法局完成关于人防工程建设方面行政处罚职能交接工作，并向市人防事务执法中心进行行政执法委托。完成机关及事业单位的行政执法主体资格确认，调整市人防办行政执法自由裁量基准，并报市司法局备案。制定《应用综合执法平台开展“双随机一公开”工作实施方案》，建立完善《重大行政执法决定法制审查制度》《重大处罚备案制度》《执法检查计划制度》《行政执法公示制度》和《行政执法全程记录制度》，规范执法流程。制定企业资质公示制度、行政许可发放的公布制度和人防工程质量监督协调会制度。印发《关于加强全市人防系统行政执法工作的通知》，对自由裁量权进行梳理调整，开展行政执法、资产管理、质量监督、安全生产联合检查，对违规使用、漏建、未建等违法问题加大执法力度。

▶市人防办进辽宁大学进行人防法宣传活动　　（市人防办供）

人防宣传教育。持续开展人防宣传教育“五进入”（进学校、进社区、进企业、进机关、进网络）活动，利用人防展馆、广场宣讲、政务公开、警报试鸣等渠道和方式，做好人防法制宣传工作，增强市民国防观念。指导11所学校4500余名师生开展应急疏散演练15次，授课170余课时，在辽宁大学举办大型人防主题宣教活动，受到师生欢迎。投入4.7万元，为新民市姚堡乡九年一贯制学校建设人防宣传教育活动室，推动人防宣传教育向乡村学校拓展。印发各类宣传品5000余册，制作人防应急包300余个。人防教育展馆累计接待社会各界人士参观1600余人次，辽宁电视台公共频道《航拍瞰天下》节目作专题报道。

人防安全生产。按照省、市关于安全生产工作的部署要求，召开全市人防系统安全生产会议，印发《安全生产“百日攻坚战”实施方案》《防汛工作抢险预案》等。严格按照“党政同责、一岗双责、失职追责”的要求，开展安全生产大检查系列专项行动，强力督促安全生产规章制度落实。组织市人防办机关和事业单位人员成立专项检查组，对120余项市管工程进行检查，确保人防工程正常运转，不倒灌，不倒塌，市区两级人防系统带班值守690余人次，结建人防工程使用单位值守人员达54109人次，实现安全度汛。组织开展人防系统安全生产风险辨识管控培训，聘请专家，为区县（市）人防办和市管人防工程使用单位专题培训，累计培训人员300余人次。

【全省人民防空工程维护管理规范化、标准化试点工作】 10月18日，省人民防空办公室下发《关于开展人民防空工程维护管理规范化、标准化建设试点工作方案的通知》，明确沈阳市为试点建设城市，负责2个防空地下室（1万平方米以上）的试点任务，重点围绕人防工程管理制度建设标准、人防工程指示标识建设标准、人防工程战时引导标识建设标准经、人防工程平战转换标识建设标准、人防工程设施标识建设标准、国家人防行业标准对人防设备标识的规定、人防工程管线标识建设标准、平战结合人防工程宣传画廊建设标准、防空地下室宣传图板建设标准、人民防空宣传图板建设标准10项建设标准进行试点建设。11月19日，市人防办采取公开招投标程序确定试点项目建设单位，确定华润幸福里小区和万科鹿特丹小区人防工程为试点验收工程。12月13日，省人防办统一组织成立由5名领导和专家组成的项目评审组，通过现场勘验和座谈评审方式，一致认定“试点建设项目依据充分，采购程序合法合规，建设标准符合省人防办《人民防空工程标识标牌》要求，建设成果具备全省推广借鉴意义，沈阳市人防工程规范化标准化管理试点项目通过验收评审”。

【沈阳市重要经济目标综合防护系统试点建设】 2019年，全市人防系统抓好国家人防办赋予的开展沈阳市重要经济目标综合防护系统试点建设项目，项目总投资5200余万元，包括侦察预警、指挥控制、伪装防护、引偏诱爆、信息传输等分系统，国家人防办、省人防办和军队方面专家完成系统功能性验收，技术参数达到设计要求。完成省人防办、市国动委赋予的2019年国防战备动员潜力调研任务。（市人防办）

陆军预备役

【概况】 2019年，辽宁陆军预备役高射炮兵第一师以习近平新时代中国特色社会主义思想为指导，深入贯彻习近平强军思想，按照“落实好上级明确的、完成好自身该做的、应对好形势要求的”工作思路，坚持稳中求进的工作总基调完成年度各项任务，部队全面建设稳步发展。持续开展“贯彻落实新条令、塑造陆军好样子”活动，采取原文学习、宣讲辅导、观看录像、全员普考、学用检查等形式，助推条令条例进入官兵头脑、进入工作实践。严格落实《陆军部队管理行为规范》和战区陆军《改革过渡时期预备役部队建设管理措施》，注重抓日常养成和一日生活制度末端落实，部队秩序更趋正规。开展大型活动安全风险评估，定期分析部队安全形势，紧盯“人车枪弹密、财网火电气”等防范重点常抓不懈，先后组织4次综合性安全大检查、12次专抓检查，排查整治8个方面51个具体问题，及时消除安全隐患，确保部队安全稳定和集中统一。师被北部战区陆军评为“安全工作先进单位”。按照《陆军指挥员、参谋军官、兵种专业人员等级考评暂行办法》，组织全体现役官兵进行首次定级考评，区分指挥员、参谋军官、专业技术士兵三个层次自上而下组织实施，考评受到北部战区陆军考风考纪巡回督导组好评。统筹开展“不忘初心、牢记使命”和“传承红色基因、担当强军重任”两项主题教育，师团主要领导带头上台授课，刚性落实10天集中学习研讨和常态化学习教育、调查研究、问题检视、整改落实等工作。广泛开展“学习主席思想、听习主席指挥、做习主席好战士”实践活动，组织官兵收听收看习主席重要讲话，拍摄“我向祖国70华诞献礼”“行走在改革强军路上”DV视频，到沈阳红色驿站开展党史、新中国史、改革开放史教育，到沈阳新松机器人集团现地教学，不断深化教育成效，高标准通过北部战区陆军党委主题教育指导组两轮检查验收。贯彻中央八项规定、军委十项规定及其实施细则精神，突出纠治形式主义、官僚主义，把改进作风问题作为纠治重点，把落实为基层解难减负纳入督查内容，先后组织两轮作风建设专项督查，现场反馈问题，明确整改时限，全师通报讲评，督促彻查彻改。紧盯“四风”隐形变异，对用车、用房、用兵等进行清理规范，对全师名贵特产类物品进行全面清查、登记造册、纳入资产，对差旅费超标准报销、不如实报告个人有关事项、伙食费缴纳等问题进行立查立纠。深化治理基层“微腐败”，指导建立8个基层风气监察联系点，遴选16名风气监督员，盯住吃请请吃、送礼随礼、工作日喝酒等问题持续用力，实时预知苗头隐患，关口前移纯正风气，官兵满意度不断提高，高质量迎接陆军党委第二巡视组三个波次常规巡视。

【师党委七届十二次全体扩大会议】 1月18日在沈阳召开。会议传达学习上级党委扩大会议精神，围绕“坚持思想引领、聚力备战打仗，不断推动全师部队改革转型建设稳步发展”的主题，回顾总结2018年度工作，研究部署2019年度任务。周玉哲代表师党委常委会向全会报告工作，王兆建代表师纪委向全会作纪委工作报告，师党委委员研究审议并通过党委和纪委报告。

【编兵整组点验】 5月17—20日，师集中对重点编建分队、应急值班分队进行拉动点验。其间，邀请沈阳警备区、抚顺军分区业务主管部门共同组织实施，并同时签订《预备役部队整组联合点验人员确认单》，确保清编分建。5月26日至6月1日，战区陆军工作组到师对编兵整组工作进行检查验收并给予好评。

【遂行防汛排涝应急救援】 8月中旬，受台风“利奇马”影响，沈阳地区遭遇特大暴雨，应地方政府请求，师机关和二团应急排涝分队迅即出动，动用大型排涝装备3台，连续作业54小时，先后抽排水3.2万立方米，完成沈阳上河湾、四台子地区防汛排涝应急救援任务，受到北部战区陆军通报表扬。（王劭可）

十一、经济管理

宏观经济运行管理

【概况】 2019年，按照国家和省关于“十四五”规划编制工作的部署，全市召开“十四五”规划编制工作会议。市政府办公室印发《沈阳市“十四五”规划编制和重大课题研究工作方案》，“十四五”规划编制工作全面启动。

重点项目管理。全市任务目标为推进1300个亿元以上项目。开展项目集中开工活动，先后组织6批次，推进恒大轮毂电机、恒大新能源电池、联东U谷浑南高新装备产业园、沈阳·中关村信息谷创新中心、三盛中昌数创智慧谷小镇等312个项目集中开复工。组织开展全市项目拉练活动，现场观摩恒大文化旅游城、恒大新能源汽车、瑞士布克哈德沈阳远大压缩机、唯品会东北电商运营中心、首府科创园等9个项目，并召开重大项目领导小组扩大会议。至年末，全市开复工亿元以上项目1308个，增长24.5%，总投资12121.7亿元，年度完成投资1733.2亿元，增长14.8%。其中，新建项目538个，增长8.9%，总投资4748.5亿元，完成投资820.6亿元；续建项目770个，增长29.6%，总投资7373.2亿元，投资912.6亿元。从行业类别看，一产项目51个，较上年增加24个；二产项目311个，较上年增加32个，其中工业项目277个，较上年增加28个；三产项目946个，较上年增加204个；其中房地产项目566个，较上年增加110个。产业项目604个，较上年增加138个；新兴产业项目169个，较上年增加28个。20亿元以上项目137个，较上年增加18个。 （市发改委）

【《沈阳市工业领域优先发展产业项目用地出让最低价标准管理办法（试行）》】 3月21日，市政府办公室转发，市发展改革委、自然资源局、工业和信息化局、商务局制定。《办法》分总则、适用范围和标准、工作流程、监督管理、附则6章。《办法》适用于全市工业领域优先发展产业且用地集约的工业项目，其中规定和平区、沈河区、铁西区原则上不再新建生产性工业项目，对确需进入的无污染、高技术类生产性工业项目，按照所在区域同行业投资强度控制指标上浮30%执行；沈阳经济技术开发区、高新技术产业开发区、辉山经济技术开发区、沈阳综合保税区4个国家级开发区（园区）以及辽宁自贸试验区沈阳片区、中德（沈阳）高端装备制造产业园，按照所在区域同行业投资强度控制指标上浮20%执行；沈阳—欧盟经济开发区等10个省级

开发区（园区），按照所在区域同行业投资强度控制指标上浮10%执行。《办法》自印发之日起试行1年。（志 闻）

【《关于加快全市城区重点产业发展的指导意见》】 6月28日市委市政府印发。《意见》本着立足科学定位、统筹发展，突出优势、特色发展，产业互动、融合发展的原则，明确和平区、沈河区、大东区、皇姑区、铁西区等九城区产业主攻方向和发展重点。和平区重点发展现代商贸、科技创新、文化创意产业；沈河区重点发展总部金融、现代商贸、文化旅游产业；铁西区重点发展机械装备、汽车制造、工业文创旅游产业；皇姑区重点发展科创服务、文化旅游产业；大东区重点发展汽车制造、文化旅游产业；浑南区重点发展智能制造、新能源汽车、生物医药与健康医疗、体育休闲产业；于洪区重点发展现代物流、智能装备基础制造产业；沈北新区发重点发展农产品加工、装备制造、文化旅游产业；苏家屯重点发展都市旅游、食品等轻工业和汽车零部件产业。《意见》进一步优化全市产业布局，明晰城区产业定位，促进产业集聚、资源集约、功能集成，推动经济实现高质量发展。

【重大项目工作专班成立】 2019年，针对宝马新工厂、恒大集团在沈投资项目等19个重大项目，成立市区两级重大项目工作专班，按照“六条工作主线”，绘制“鱼骨图”，实施“挂图作战”，实行“红黄绿灯管理”，逐个项目明确前置条件、审批流程、配套标准、资金安排、责任划分、时间节点，形成重大项目调度管理的新模式，确保宝马新工厂配套、恒大新能源电池、新能源汽车等重大产业项目顺利开工，推进地铁、机场二跑道、东塔机场搬迁、沈飞搬迁等重大基础设施项目取得积极进展。

（市发改委）

国资监管

【概况】 2019年，全市围绕国企改革、国资运营、国资监管、国企党建“四条主线”，以被列为全国国资国企综合改革试点城市为契机，持续打好国资国企改革攻坚战，在重点难点改革问题上取得积极进展和阶段性成果。2019年度，全市37户国有及国有控股一级企业资产总额4279.1亿元，营业收入304.2亿元，利润总额-9.7亿元。其中市属23户国有及国有控股企业资产总额2959.3亿元，营业收入275.5亿元，利润总额-6.3亿元。全市国有资产总量的60%以上集中到装备制造、公共服务、能源资源、基础设施等行业和领域。

国企改革。通过“一企一策”推进国企改革发展。沈阳机床集团完成司法重整，12月20日，沈阳市政府与中国通用技术集团签订战略合作框架协议。沈鼓集团入选国家第四批混改试点名单，形成引进战投培育核心业务上市方案。北方重工集团完成司法重整，剥离低效资产数十亿元，纾解负债超过220亿元，妥善安置职工1.4万人，改革首年即实现扭亏为盈。中兴商业集团完成二次混改，燃气集团、副食集团、物资集团、中沈国际公司、盛京能源集团等重点企业确定改革方向和路径并加快推进相关工作。公司治理机制不断健全，市属国企全面建立外部董事制度，市场化选聘经理层工作全面启动。国有资本授权经营体制改革不断深化，国有资本投资运营公司功能作用充分发挥。国资监管体系更加完善，建立外派财务总监制度，完成国资监管信息平台一期建设。解决历史遗留问题取得重要进展，驻沈央企和省属企业201个“三供一业”（供水、供电、供热、物业管理）维修改造项目基本完成，182户“僵尸企业”处置收尾，457户省、市属厂办大集体改革如期完成，国企退休人员社会化管理正式启动。

国有资本运营。盛京金控集团公司等4户国有资本投资运营公司通过开展资本整合、投资融资、产业培育，支撑市属国企改革发展、城市基础设施建设、区域经济新旧动能转换。盛京金控集团公司设立5支专项基金，总规模68亿元，吸引社会资本56亿元，开展应急转贷业务76笔，投放金额109亿元。城投集团发起设立首期100亿元的PPP（政府和社会资本合作）项目基金，推进总规模111亿元的快速路PPP项目建设。产投集团代表市政府出资5亿元与中航发设立燃气轮机公司，出资2亿元参与组建总规模13亿元的省军民融合产业基金。盛京资产管理集团出资3亿元组建规模15亿元的盛京方大混改基金，协助北方重工集团成功完成司法重整。

国有资产监管。深化国有资本授权经营体制改革，推动国资监管职能向“管资本”转变，与盛京金控集团公司、城投集团、产投集团、盛京资产管理集团4户国有资本投资运营公司签订授权经营责任书，根据功能定位分别进行授权放权。制定出台《沈阳市国资委出资企业财务总监管理暂行办法》，启动水务集团等4户企业市场化选聘财务总监工作。初步建成实时在线的国资监管信息平台，市属一级企业全部完成“三重一大”（重大事项决策、重要干部任免、重大项目投资决策、大额资金使用）《实施细则》和《定量指标清单》备案，上报年内发生的备案事项1261项，总备案资金1469亿元。

国企领导人员管理。明确市属企业负责人除党委书记（兼董事长）、纪委书记外，其他人员原则上实行市场化选聘。全面推开市场化选聘经理层，面向全国公开选聘10户企业15个经理层岗位。加强董事会建设，面向全国分2批遴选47人进入外部董事人才库，累计向23户企业委派28人担任34个外部董事岗位，市属企业全面建立外部董事制度。在沈鼓集团开展薪酬差异化试点，建立“以岗定薪、因能差异、按绩取酬”的薪酬差异化管理体系。

国企党建。贯彻中央部署和省市要求，组织国资系统开展“不忘初心、牢记使命”主题教育。落实“管资本就要管党建”要求，市国资委党委负责全部市属国企党建工作，推进构建大党建工作责任体系。组织召开国资系统党的建设暨党风廉政建设和反腐败工作会议、庆祝中国共产党成立98周年暨市国资系统“两优一先”表彰大会等，实施政治领航、红色堡垒、思想引领、党建融合和阳光国企五项行动，全面提升党建工作质量。（刘　齐）

【《沈阳市市属企业国有资产处置监督管理办法》】 5月30日市国资委印发。《办法》设总则、企业国有产权（股权）转让、企业增资、企业资产转让、企业国有产权无偿划转、企业担保、企业资产租赁、法律责任、附则9章42条。（志　闻）

【2019中国（辽宁）国企合作与发展论坛】 6月17—18日在沈阳召开。辽宁省国资委、辽宁省商务厅、沈阳市政府和新华社民族品牌办公室联合主办。论坛以“新时代新国企新起点”为主题，邀请新华社民族品牌工程入选企业，国内外知名企业高管、专家学者、驻沈央企、辽宁省和沈阳市国企负责人等数百人参会，共谋国企改革发展。以此为契机，沈阳市在《上海证券报》发布混改名录公开征集战略投资者，并在论坛期间对沈鼓集团、副食集团、盛京能源发展集团、中沈资产管理有限公司等7个混改项目进行宣传推介。（刘　齐）

【国资国企改革试验正式启动】 7月，《沈阳市加快推进全市国资国企重点领域和关键环节改革专项工作方案》获国务院国企改革领导小组办公室批复同意，沈阳市与上海、深圳一起被列为全国国资国企综合改革试点城市。11月7日，召开沈阳市国资国企重点领域和关键环节改革专项工作动员会，全市国资国企重点领域和关键环节改革专项工作正式启动。

【市人大常委会审议市政府有关国资管理相关报告】 12月3日，市十六届人大常委会第十五次会议听取审议市政府《关于2018年度沈阳市企业国有资产管理及国企改革情况的专项报告》，同时审议市政府《关于2018年度沈阳市国有资产管理情况的综合报告》。常委会组成人员提出如下意见和建议：推进规范化建设，夯实国有资产管理基础；以管资本为主，加速国有资产监管体制机制转变；以提高发展质量和效益为中心，大力推进国企改革；

▶11月7日，沈阳市国资国企重点领域和关键环节改革专项工作动员会召开

（市国资委供）

多措并举，加快解决历史遗留问题。（志　闻）

国土资源管理

【概况】 2019年，全市坚持节约集约、从紧把握、鼓励用好存量的原则，落实耕地保护责任，科学实施土地资源管理，加强土地要素保障。严格贯彻落实国家、省"增存挂钩"工作部署，完成批而未供和闲置土地"双降"任务。两次上报市级规划调整方案，并分别于5月和7月获自然资源部批准。围绕省市重大项目，通过"容缺受理"、建立重点项目清单、制作鱼骨图时间表等方式，较好完成用地报批工作，全市获批建设用地130件，总用地面积1446公顷，总面积增长31%，有效保障宝马、恒大、辽西北供水工程等重点建设项目用地需求。科学制定全市土地储备计划，涉及地块53宗，征收面积686公顷。10月上报2019年增补储备计划，涉及地块7宗，征收面积856公顷。推动存量土地攻坚工作，完成存量储备土地17宗、145公顷，处置"净地不净"8宗，完成闲置土地处置48宗、207公顷。推进房地产市场平稳运行。截至11月底，全市（含县域）出让土地203宗，出让土地总面积1184.83公顷，成交金额462.92亿元。制定国有建设用地年度供应计划，落实国家宏观调控政策，合理安排各类用地供应规模。按照省工作要求，开展城区基准地价更新，发挥基准地价指导作用。配合市农业农村部门完成"大棚房"问题专项整治工作，扎实开展违建别墅清查整治行动，配合国家自然资源督察沈阳局开展耕地保护督察工作，持续推进全域土地例行督察整改，完成2018年度土地卫片执法检查工作。科学实施土地资源管理。推进城镇低效用地再开发，有效盘活存量建设用地，提高土地利用效率。加强批后监管，根据国家动态巡查要求，全面开展土地利用动态巡查工作，切实提高项目开竣工率。制定出台《国有企业改制重组涉及土地使用权价格评估指导意见》，加快推进国企改制土地资产处置进展。全面做好2019年度地质灾害防治工作，印发《沈阳市2019年度地质灾害防治方案》，签订《2019年度地质灾害防治责任书》，制定《沈阳市自然资源局防御9号台风"利奇马"专项工作预案》。开展汛期地质灾害隐患点排查，建立和完善群测群防体系，做好汛期地质灾害气象预警工作，组建市级地质灾害防治专家库。9号台风"利奇马"袭击沈阳时，组织全局力量，精心部署，周密安排，加强防控，确保全市汛期无地质灾害发生。

【全市2019年"增存挂钩"工作调度会】 8月22日，副市长于振明组织各区（市）县政府，发改、财政、建设、交通等市直相关部门，中石油、省交投、城投等企业单位召开全市2019年"增存挂钩"工作调度会，听取市自然资源局以及各区（市）县政府工作开展情况汇报，集中研究处理存在的问题并对下阶段工作做出部署。（市自然资源局）

财　政

【概况】 2019年，全市财政工作以解放思想为先导、以供给侧结构性改革为主线，以优化营商环境为基础，坚持新发展理念，坚持稳中求进工作总基调，落实高质量发展要求，推动积极的财政政策加力提效，有力推动全市经济社会持续健康发展。全市一般公共预算收入完成730.3亿元，增长1.3%，扣除落实减税降费对全市财政收入影响，可比增长13.3%；一般公共预算支出实现1048.2亿元，增长8.6%，其中重点民生支出完成852.9亿元，增长9.8%，占一般公共预算支出比重81.4%。

全市一般公共预算收入主要科目。增值税223.3亿元，下降3.9%；企业所得税107.3亿元，增长10.4%；个人所得税20.7亿元，下降34.7%；资源税2.5亿元，增长3.1%；城市维护建设税39.3亿元，下降3.1%；房产税35.4亿元，增长1.5%；城镇土地使用税25.9亿元，下降10.9%；契税57.7亿元，增长14.6%；印花税9.6亿元，下降4.6%；国有资本经营收入、国有资源有偿使用收入54亿元，下降6.3%；行政性收费、罚没等收入45.5亿元，增长29.5%；排污费、水资源费、教育费附加等专项收入34.2亿元，下降20.8%。全市政府性基金收入完成497.9亿元，增长21.8%。

全市一般公共预算支出主要科目。一般公共服务支出98.6亿元，增长7.4%；国防支出0.6

亿元，下降57.9%；公共安全支出75亿元，增长5.6%；教育支出118.3亿元，增长2.7%；科技支出19.9亿元，增长9.9%；文化体育与传媒支出14.4亿元，增长20.7%；社会保障和就业支出269.8亿元，增长12.7%；医疗卫生支出65.6亿元，增长5.6%；节能环保支出40.1亿元，增长16.6%；城乡社区事务支出121.4亿元，增长25.9%；农林水事务支出64.2亿元，增长8.9%；交通运输支出18.7亿元，下降16.4%；资源勘探电力信息等事务支出45.7亿元，下降32.9%；商业服务业等事务支出8.5亿元，下降24.8%；金融支出3.9亿元，增长1044.9%；国土资源气象等事务支出4.6亿元，下降30.4%；住房保障支出32.7亿元，增长36.4%。全市政府性基金支出完成426.9亿元，增长20%。

市本级一般公共预算收入85.4亿元，下降8.9%；市本级一般公共预算支出422.5亿元，增长4.2%。全市政府性基金收入497.9亿元，增长21.8%；全市政府性基金支出426.9亿元，增长20%。市本级政府性基金收入191亿元，增长27.3%；市本级政府性基金支出136.7亿元，增长14%。市本级国有资本经营预算收入1.4亿元，下降75.8%；国有资本经营预算支出3.3亿元，下降49.8%，主要是解决历史遗留问题及改革成本支出。

全市本级一般公共预算重点科目支出。教育支出24亿元，加上补助各地区转移支付资金23.9亿元，市本级用于教育方面资金47.9亿元。科学技术支出13.2亿元，加上补助各地区转移支付资金1.9亿元，市本级用于科技方面资金15.1亿元。文化旅游体育与传媒支出9.3亿元，加上补助各地区转移支付资金0.6亿元，市本级用于文体方面资金9.9亿元。社会保障和就业支出162.3亿元，加上政府性基金以及补助各地区转移支付资金26.1亿元，市本级用于社会保障和就业方面资金188.4亿元。卫生健康支出26.5亿元，加上补助各地区转移支付资金15.6亿元，市本级用于医疗卫生方面资金42.1亿元。节能环保支出28.7亿元，加上补助各地区转移支付资金0.3亿元，市本级用于节能环保方面资金29亿元。城乡社区支出23.7亿元，加上政府性基金、补助各地区转移支付资金以及在节能环保、交通运输和住房保障、债务还本支出4个科目中核算的支出97.6亿元，城市建设方面投入121.3亿元。农林水支出7亿元，加上政府性基金以及补助各地区转移支付资金44亿元，市本级用于农林水事务方面资金51亿元。交通运输支出10.1亿元，加上补助各地区转移支付资金5.1亿元，市本级用于交通运输方面资金15.2亿元。住房保障支出10.8亿元，加上补助各地区转移支付资金5.7亿元，市本级用于住房保障方面资金16.5亿元。

全力保障民生政策落实。坚持尽力而为、量力而行，全市重点民生支出完成852.9亿元，增长9.8%，占一般公共预算支出比重达81.4%。落实养老保险提标政策，企业退休职工基本养老金提高5.3%，城乡低保标准分别提高4.6%和6.7%。加强企业养老保险基金管理，积极争取养老保险上级调剂金41.6亿元，落实财政补助131.6亿元，确保养老金按时足额发放。整合城乡居民医保制度，提高城乡居民基本医疗保险补助标准。投入资金18.5亿元，确保城乡居民基本医疗保险待遇落实。投入就业补助5.8亿元，落实就业困难群体各项待遇，保障公益性岗位、灵活就业社保补贴等支出。全市筹集资金4.3亿元，落实高龄老人补贴、养老机构建设及运营补贴、区域性居家养老服务中心建设等。提高特困人员救助供养、孤儿基本生活养育等补助标准，让困难群体共享改革发展成果。聚焦创建国家中心城市，投入城建资金121.3亿元，加速推动地铁、城乡路桥等基础设施建设维护和重点民生改造工程。全市投入资金132.7亿元，推动教育、文化、体育等社会事业发展。投入资金10.9亿元，落实公交行业、农村客运和出租车成品油补贴、农村公路建设维护及公交公益人群优惠乘车补贴等政策。

加快培育经济发展新动能。全面贯彻党中央关于减税降费的重大部署，实行财税协作、部门联动工作机制，增值税降率、个人所得税扩大抵扣范围以及下调城镇职工基本养老保险单位缴费比例等一系列减税降费政策全面推开，免征减征5项行政事业性收费和4项政府性基金，减轻企业负担8500万元，有效激发市场主体活力。同时，统筹财力落实沈阳市支持经济高质量发展系列政策，筹集资金62.8亿元，推动提升支柱产业、壮大新兴产业、培育特色产业、填补空白产业，稳步推进华晨宝马、恒大、新松机器人未来城、中航发燃气轮机公司等重大项目建设。推进关键技术突破攻关、产学研协同创新和培育壮大“双创”主体，支持科技创新引领产业创新、企业创新。推动军民深度融合，支持招商引资工作，鼓励企业“走出去”，主动融入共建“一带一路”。支持落实乡村振兴战略。贯彻中央一号文件精神，全市投入“三农”资金124.3亿元，推进农业与二、三产业协调发展。安排2亿元县域经济发展专项资金，设立2亿元“飞地经济”以奖代补资金，拉动县域经济振兴，推动城乡融合发展。

支持三大攻坚战取得阶段性胜利。全力防范财政潜在风险。完善政府债务管理体制，扎实做好风险动态预警监控及应急处置工作，2019年全市发行地方政府债券260.7亿元，既有效推动全市重点项目建设，又为到期债券还本提供资金保障。切实采取措施化解债务，提前完成省下达沈阳市2019年化债目标。加强对县域财政运行评估研判及风险监控，市本级下达县域补助资金102.9亿元，并通过借款、加大资金调度频次等方式，帮助县域地区化解风险。坚决清偿政府拖欠企业工程款，共下达补助资金26.3亿元，指导推动各区、县（市）多渠道筹资偿还。持续巩固精准脱贫成果。按照“脱贫摘帽后，扶持政策不变、支持力度不减”要求，全市投入扶贫资金7.8亿元，并强化扶贫资金监管，支持落实产业扶贫、医疗扶贫、教育扶贫、住房扶贫以及社保扶贫政策，推动实施产业扶贫项目85个。加大污染防治投入力度。支持落实中央生态环保督察“回头看”反馈意见，投入污染防治资金47.6亿元，推进各项环保项目实施。开展“百村美丽、千村整洁”行动，不断改善农村人居环境。

深入推进财政管理改革。科学合理划分市与区县（市）财政事权和支出责任，确定基本公共服务领域和医疗卫生领域财政事权范围。巩固县乡财政管理体制改革，结合省补助政策，给予相关区县2018年乡镇省级新增财力奖补资金1亿元。健全全口径预算体系，完善财政预算编制政策、定额体系及审核标准，扩大国有资本经营预算编制范围。完善跨年度预算平衡机制，统筹财力50亿元转入市本级预算稳定调节基金。完善沈阳市预算绩效管理制度体系。牢固树立过紧日子思想，从严控制会议费、差旅费、培训费、出国（境）经费、公务接待费等支出，2019年全市一般性支出压减10%、三公经费压减3.2%。严把预算支出关口，严肃预算执行刚性。加快支出预算执行进度，统筹盘活财政存量资金，努力提高专项资金执行效率和使用效益。强化预算执行动态监控，在全省率先实现市区两级人大预算联网监督的阶段性目标。加强政府采购监管，稳步推进沈阳市政府购买服务工作。推进国有金融资本管理。建立向人大报告沈阳市国有资产工作长效机制，顺利完成全市资产报告编报工作。继续强化工程预结算审核管理，提高审核效率。

（吴佳林　徐海波）

【为部分困难群众发放价格临时补贴】 6—9月，沈阳市居民消费价格指数（CPI）中的食品类涨幅均达到价格补贴联动机制启动条件。为缓解物价上涨对低收入群体生活的影响，确保困难群众基本生活水平不因物价上涨而降低，市发改委会同市民政局、市财政局、市人力资源和社会保障局、市退役军人事务局、国家统计局沈阳调查队及时启动价格补贴联动机制，为享受定期抚恤补助的优抚对象、城乡低保对象、城乡低保边缘对象、特困供养人员、领取失业保险金人员发放价格临时补贴954.7万元，惠及困难群众60.06万人次。

【落实玉米和大豆生产者补贴政策】 2019年，中央继续实施玉米和大豆生产者补贴政策。市财政局与市农业农村局密切配合，在核查审定沈阳市玉米和大豆种植面积基础上，安排2019年玉米和大豆生产者补贴资金4.97亿元，大豆种植者平均补贴标准283.55元／亩，玉米种植者平均补贴标准83.55元／亩，实现省关于补贴标准的工作要求，促进玉米、大豆实现供求基本平衡并与上下游产业协同发展，促进种植结构调整，加快实施农业供给侧结构性改革。　（志　闻）

税　务

【概况】 2019年，市税务局围绕加快实现税收现代化的目标，深入推进从严治党，稳步落实减税降费，积极组织税费收入，扎实开展依法治税，不断改善税收征管，持续优化营商环境。完成税收收入1159.7亿元，增长1.4%，增收15.8亿元。其中中央级收入完成573亿元，增长1.4%；地方级收入完成586.7亿元，增长1.4%。组织社会保险费收入455.2亿元，下降0.4%。完成非税收入72.7亿元，增长99.6%。落实减税降费219.9亿元，其中税收及附加167.7亿元，社会保险费减免52.2亿元。全市93%以上涉税事项实现即时办结，“优化涉税事项办理程序 压缩办理时限”的创新举措，被国务院列入第五批改革试点经验，在全国范围内复制推广。上线电子退税系统，退税款平均4.9个工作日即可到账，最快的仅需24小时。推进税务和不动产业务联办、信息共享，实现“一次排队、一号通办、一窗集成、同步完成”。试点契税自助缴税，业务量缩减近七层。支持厂办大集体企业注销，参与沈阳市“个转企”“小升规”和征信体系建设，开展“万人进万企”活动，助力沈阳经济发展。做好个人所得税改革，确保城乡居民养老保险、城乡居民医疗保险缴费人以及非税收入划转项目顺利交接。推进金税三期系统并库，按时上线电子税务局，稳步实施新《税收征管操作规范》，进一步夯实管理基石。建设“多功能指挥中心”，研发税收征管电子档案系统，进一步加快征管信息化步伐。落实行政执法公示、执法全过程记录、重大执法决定法制审核“三项制度”，落实“双随机、一公开”等制度，确保税收执法公平公正。创新开展内控机制建设工作，运用大数据分析，有效防范执法风险。（孙宇航）

▶4月1日，国家税务总局沈阳市税务局在沈河区局举办第28个税收宣传月启动仪式

（市税务局供）

【第四届“一带一路”税收政策宣讲会】 4月28日，市商务局与市税务局联合召开以“助力企业‘走出去’服务经济新发展”为主题的沈阳市第四届“一带一路”税收政策宣讲会。市委常委、副市长李松林出席宣讲会并讲话。宣讲会重点帮助企业补齐不善于运用国际规则、国际化水平低的短板，转变有国际业务但没有国际思维的现状，通过“政策服务”与“理念引导”进一步提升沈阳市“走出去”企业的战略布局和国际视野。（志 闻）

审 计

【概况】 2019年，完成重大政策措施落实情况跟踪、经济责任、财政、企业、民生资金等54个项目的审计或审计调查，查出违规、损失浪费和管理不规范金额461.87亿元，上缴财政3.4亿元，促进增收节支4.64亿元，移送有关部门处理事项27件，涉及责任人员59人，出具审计报告和审计调查报告62篇。审计报告、审计信息等被上级领导批示和国家、省、市级机关和新闻单位采用133篇（次）。在省审计厅组织的法规知识竞赛中，沈阳市取得团体总分第一名。市审计局财政处获全省审计机关先进集体，郝铁荣记省一等功公务员。

政策措施。围绕建设现代化经济体系，持续跟踪重大政策落实、重大项目推进情况，保障政令畅通。先后开展深化“放管服”改革政策措施落实情况、全市2017年至2018年部分重点政府投资建设项目推进情况，市发改委2018年基本建设资金分配管理使用情况等专项审计调查。同时，对沈阳市促进科技成果转化政策措施落实情况、国家“培育和发展新兴产业三年行动计划”和“大众创业万众创新示范基地”等政策措施落实情况进行跟踪审计。在沈阳市2019年农村人居环境整治工作和“四好农村路”跟踪审计中，通过建立动态数据平台，利用大数据开展精准分析的方式，掌握全市所有区县项目的进展情况和质量情况；在全省审计系统创新发出《政策跟踪审计即行即改通知书》和《政策跟踪审计提示建议书》63份，实现“发现问题、迅速反映、快

速整改、促进管理、避免损失”的即行即改纠偏机制。

财政预算执行审计。为进一步提高财政预算管理水平和财政资金使用绩效，持续深化财政管理改革，组织实施2018年度市本级预算执行和其他财政收支情况审计。其中，对原市直74个部门（单位）开展部门预算执行审计，连续3年实现部门预算执行审计“全覆盖”，走在全省审计机关的前列。市本级财政预算执行揭示3个方面8大类问题，提出加快财政资金支出进度、加强国库资金管理等审计建议。市十六届人大常委会先后听取审议市审计局代市政府所作的《关于2018年度沈阳市本级预算执行和其他财政收支的审计工作报告》和《审计整改工作报告》，常委会组成人员认为，市审计部门严谨细致、勇于担当、勇于创新，全面贯彻《审计法》，认真履行审计监督职责，对审计工作表示满意。

民生及重点资金审计。先后开展全市2018年度低保资金管理使用情况、全市2016至2018年企业职工基本养老保险基金管理情况、新型农村合作医疗基金征收管理和使用情况、全市农村义务教育阶段学生乘坐校车和住宿伙食补贴政策落实情况、城乡义务教育经费保障机制政策落实情况等项目的审计和审计调查。揭示的问题和提出的建议引起市领导和相关部门的高度重视，促进民生政策的落实。市教育局从建立管理机制入手采纳审计建议，以文件形式下发《沈阳市教育局关于进一步做好农村校车和住宿伙食补贴工作的通知》，建立监督、管理长效机制；新农合基金管理使用情况审计移送相关部门问题线索15件，市卫健委、医保局配合相关区县认真抓好问题整改，取得阶段性成效。

农业审计。重点对全市乡村振兴、脱贫攻坚、农村人居环境整治、农村电子商务倍增计划等开展审计和审计调查；在对4个区县乡村振兴政策和资金的审计中，揭示乡村振兴相关政策和资金管理等方面的8类、73个问题，提出合理化审计建议15 条。向市委、市政府和上级机关上报各类审计综合报告5 篇。审计结果引起有关部门和地区的高度重视，辽中区出台《辽中区农业农村局强农惠农资金监督管理办法》等5项制度；康平县出台《康平县农业农村局项目资金管理办法》等5项制度办法；法库县制定《法库县2019年村镇生活污水处理设施有效运行工作实施方案》，进一步规范乡村振兴及惠农资金的管理和使用，充分发挥惠农补贴资金的辐射作用，推动乡村振兴战略实施，增强农村农业发展的后劲。

企业审计。为进一步服务国企改革，先后对2016至2018年沈阳市国有资本经营预算情况、厂办大集体企业改革政策落实情况、驻沈国有企业“三供一业”分离移交政策落实情况、市属部分国有企业监管及经营情况进行专项审计调查。在市属部分国有企业监管及经营情况的审计调查中，揭示国资委监管及企业经营存在的个别企业产权关系有待理顺等8个方面问题，提出审计建议，为政府、市国资委及所监管企业进一步深化国资国企改革，掌握沈阳市国有企业的基本情况作出决策提供参考依据。

资源环境审计。为推动资源节约和环境保护各项政策的落实，促进沈阳市生态文明建设水平，重点对全市集中式饮用水水源地保护、农村人居环境整治进行专项审计调查；在沈阳市集中式饮用水水源地保护专项审计调查中，揭示饮用水水源地保护相关政策落实不到位、水源地保护区划定工作不够规范等问题，审计过程中提报的审计要情《法库县南水源地已关停水源井未依规撤销饮用水源保护区问题亟待解决》，先后被市委书记张雷、市长姜有为等市领导批示7次，审计提出的问题迅速得到解决。经省委审计委员会批准和省委组织部委托，市审计局对苏家屯区、浑南区、康平县和大东区的3位区（县）长和4位区（县）委书记开展领导干部自然资源资产离任审计。审计围绕领导干部贯彻执行上级党委、政府生态文明建设方针政策和决策部署情况、遵守自然资源资产管理和生态环境保护法律法规情况等6个方面内容，结合所在地区的主体功能区定位、自然资源资产禀赋特点和生态环境状况确定审计重点，查明土地资源、水资源、森林资源等自然资源管理和大气污染防治、水污染防治等环境保护方面60余个问题。

经济责任审计。以促进权力规范运行和反腐倡廉为目标，开展领导干部经济责任审计。坚持以任职期间审计为主，重点关注经济活动复杂、资金和资产量大的重点地区和部门单位的领导干部，掌握重要资金决策权、管理权、执行权和监督权等关键岗位的领导干部，管理重点项目、分配及使用重点资金的领导干部。聚焦权力运行和责任落实，重点关注重大改革事项推进、重大经济决策落实、“三重一大”（重大决策、重要干部任免、重要项目安排和大额度资金使用）制度执行、领导干部个人遵守党风廉政建设有关规定情况。组织对全市19家单位的22名领导干部开展经济责任审计，审计结果先后得到市领导批示9次，促进被审计单位出台制度4个，移送问题线索4件。

【“王书谦工作室”成立】 8月，市审计局挂牌成立“王书谦工作室”，并开展首届审计领军人才评选活动，让个人经验变成组织资源，从而引领和带动年轻干部提高业务能力。“王书谦工作室”专题活动被审计署评为全国审计机关“五个十”审计宣传正能量活动之一，在全国审计系统进行宣传报道，市长姜有为对此专门进行批示，要求市政府各部门予以借鉴。（陈新平）

统　计

【概况】 2019年，全市统计系统深化统计管理体制改革，加快构建推动高质量发展的现代化统计调查体系，在夯实数据质量、提升统计服务、数据开发应用、信息资讯报送等方面取得明显成效。

统计督察。国家第八统计督察组对辽宁进行首批全国统计督察，沈阳认真筹备，顺利完成迎检工作。各区县（市）党委政府和各级统计机构，累计提供各类文件材料190余份，组织市、区两级集中问卷调查3次，协调抽选迎检的规上工业企业和规上服务业企业60户。

▶王书谦工作室　（市审计局供）

常规统计。严把数据审核关，规范数据审核流程，对各项报表开展表内和跨表匹配性审核，做到随报、随审、随验；对近1000户企业开展核查，纠正漏报、错报等一系列问题，进一步夯实数据质量。部门联动，做好应统尽统工作，完成名录库和项目库2个统计工作协同平台的开发、验收、数据加载和推广应用等工作，实现税务、市场监管、人社、统计等部门的企业基本信息融合，确保数据质量。进一步做好“四上”企业（规模以上工业企业、资质等级建筑业企业、限额以上批零住餐企业、国家重点服务业企业）名录库的维护工作，亿元及以上重点项目、中省直项目、城建项目等跟踪入统工作，密切关注在沈投资重大项目的进展情况；完成2017年投入产出表基础数据搜集汇总和转换分解等编制工作。协调公检法、政府机关、教育、医疗等部门，完成薪酬调查的收集、审核、上报工作。

人口抽样调查。沈阳市1‰人口变动调查开始后，抽调业务骨干全程参与人口抽样调查工作，为第七次全国人口普查做好铺垫；到20余个街道社区、调查小区进行实地调研，详细了解情况，收集意见建议；制定《沈阳市2019年全国1‰人口变动情况抽样调查实施方案》，成立市级人口调查工作小组，明确任务和责任；与联通公司合作初步设计开发普查员管理平台，实现在线即时沟通。

统计服务。做好区县地区生产总值核算和数据审核工作，密切关注相关指标的变化，发现问题及时预警并提出建议，将全市和县区地区生产总值合计增速差控制在0.5个百分点以内；实现沈阳市10亿元以上重点企业按月监测和园区（开发区）主要指标的按季度统计和核算；开展2017年沈阳市“三新”经济增加值和

2018年战略新兴产业增加值的试算工作，探索开展“四上”企业民营经济统计工作。

统计信息。编辑印制《沈阳统计手册》《沈阳统计年鉴》《沈阳统计月报》《宏观经济监测》等反映全市经济运行情况的统计资料。完成统计月报11期、宏观经济监测10期、统计专报8期、2018年统计手册、重点信息旬报31期。全年撰写统计分析报告148篇，其中，经济运行分析114篇，工作调研8篇，信息专报26篇；市主要领导批示30篇（次），主管领导批示21篇（次）。

宏观经济数据库。加载大量历史数据入库，涵盖指标8019个，数据量185.4万条，指标查询应用更加清晰、便捷；实现月度数据的即时报送和实时发布。通过宏观经济数据库报送数据后，用户查询时间将比以往印刷版提前1—2个星期；多媒体发布应用系统开发完成，在安保测评完成后即可部署到互联网上，将实现多渠道宏观经济数据的查询应用；启动政府部门报送及共享应用。组织相关市直部门进行专题培训，市财政局、市商务局、市交通局实时报送月度数据，实现部门间数据共享查询。

统计法规。制定完善《沈阳市统计机构负责人和统计人员防范和惩治统计造假弄虚作假责任制实施细则（试行）》等5个制度，聘请兼职法律顾问1名。采用以会代培、专题讲座等形式，强化对基层统计人员的法治教育，组织统计法律法规培训6次；推进统计法进党校活动，与市委组织部、市委党校联合开展《统计改革及统计法治建设》专题辅导讲座，先后3次到区县委党校作“深化统计管理体制改革加大依法统计依法治统力度”专题讲座。

执法监督检查。按照上级涉企业执法检查工作安排，对6户企业进行常规执法检查；组织开展“双随机”执法检查，检查46户企业，对2户违法企业给予警告和罚款行政处罚。

【沈阳“三经普”获评国家先进】 2019年，沈阳市开展第四次全国经济普查。此工作获市委书记、市长批示14次。沈阳市第四次全国经济普查的标准时点为2018年12月31日，普查的时期资料为2018年度，普查对象是沈阳市行政区域内从事第二产业和第三产业活动的全部法人单位、产业活动单位和个体经营户。全市登记调查对象58.8万户，比“三经普”增长23.8%。其中，法人及产业活动单位20万户，居全省首位，比“三经普”增长68.1%，登记率89.7%，居全省前列，个体户39.5万户，增长11.1%。在第四次全国经济普查中，沈阳市经济普查工作领导小组办公室获国家级先进集体称号。（市统计局）

工商行政

【概况】 2019年，全市实有市场主体85.99万户，增长10.27%。其中企业30.03万户，增长10.96%；个体工商户55.19万户，增长10.16%；农民专业合作社0.77万户，下降5.90%。全市实有市场主体注册资本（金）39988.42亿元，增长11.05%。其中，企业39126.27亿元，增长10.72%；个体工商户670.51亿元，增长41.34%；农民专业合作社191.64亿元，下降2.48%。全市实有私营经济市场主体82.33万户，比上年同期增长10.81%，占市场主体总量的95.75%。其中，私营企业27.14万户，比上年同期增长12.16%，占市场主体总量的31.57%。按三次产业划分，一、二、三产业分别为2.75万户、7.69万户和75.55万户，分别占市场主体总量的3.20%、8.94%和87.86%。实有外埠来沈投资企业14.88万户，增长15.52%。全年，全市新登记市场主体164295户，下降5.15%。其中企业61189户，增长11.00%；个体工商户102739户，下降12.64%；农民专业合作社367户，下降31.78%。全市新登记市场主体注册资本（金）总额4216.86亿元，增长2.63%。其中企业3961.92亿元，增长0.09%，个体工商户246.91亿元，增长80.22%，农民专业合作社8.03亿元，下降41.45%。全市新登记私营经济市场主体161259户，比上年同期下降4.93%，占市场主体总量的98.15%。其中，私营企业58520户，比上年同期增长12.48%，占市场主体总量的35.62%。新登记一、二、三次产业市场主体分别为4549户、10678户和149068户，占比分别为2.77%、6.50%和90.73%。户数前5位的行业为：批发和零售业65351户、住宿和餐饮业28625户、租赁和商务服务业15603户、居民服务修理和其他服务业14913户、科学研究和技术服务业8222户，占比分别为总数的39.78%、17.42%、9.50%、

9.08%、5.00%。新登记外埠来沈投资企业37996户，增长46.23%。取缔无照经营行为175起，引导办照2299户。年内印发《沈阳市市场监督管理局关于成立“证照分离”改革推进组的通知》《沈阳市市场监督管理局优化营商环境支持企业发展政策措施的通知》《沈阳市人民政府办公室关于印发沈阳市全面推进“证照分离”改革加强事中事后监管实施方案的通知》等政策。

【“保健”市场乱象百日行动】 1月末开始，全市开展“保健”市场乱象百日行动。9个市直部门联合印发《沈阳市整治“保健”市场乱象百日行动方案》。确定“13周”具体工作任务，组建14个督导检查组和5个明察暗访组，出台《“百日行动”任务安排及实施考评意见》等14个工作文件。行动查办违法案件262件，罚没款448.82万元，占全省的72%。整顿保健市场百日行动是沈阳市市场监管局成立后开展的第一项专项整治行动，获国家第三督导组高度评价。（市市场监督局）

质量技术监督

【概况】 2019年，全市产品质量生产和流通领域完成监督抽查2440批次抽查。生产领域完成150批次抽查任务，发现商品煤、电线电缆、服装等13种不合格产品32批次，不合格产品发现率为2.13%；流通领域完成939批次抽查任务，发现农资产品、家用燃气器具、车用乙醇汽油等7种不合格产品49批次，不合格产品发现率为5.22%。国家水稻种植和加工农业标准化示范区、新民市国家新型城镇化标准试点通过国家考核验收。沈阳鼓风集团、沈阳新松机器人公司、特变沈变公司等单位5项装备制造业试点及国家技术标准创新基地（机器人）等项目通过中期评估。全市64个单位的111项标准化工作成果获资助奖励。市市场监管局发布《产品质量监督抽查通报》，全市生产领域产品质量总体情况保持稳定。开展特种设备隐患排查整治，全市9987家特种设备使用单位完成对111461台设备的隐患自查，排查隐患1067个，整改完成968个，9793家单位签订安全承诺书；全市政府部门累计检查特种设备使用单位6318家、特种设备432847台（套），发现安全隐患1266个（整改804个），下发监察指令书171份，查封停用设备122台；特种设备违法处罚120.8万元。对在用计量器具实施3140批次计量监督抽查，合格率99.5%，与2018年持平；对定量包装商品净含量实施315批次监督抽查，合格率94.3%，比2018年降低1.9个百分点。对抽查中发现的18批次不合格定量包装产品，依法做出处理。对7家法定计量检定机构、6家计量器具制造企业、96家加油加气站、5户重点用能企业、3户能效产品生产企业、9户排污企业、32家大型超市、2户煤矿生产企业、113户眼镜制配企业进行检查，发现的问题，均及时整改。全市检验检测机构资质认定许可审批机构44家，特种设备生产和充装单位许可发放190家。

【“计量助民生，健康校园行”主题活动】 “5·20世界计量日”期间，联合何氏眼科医院、东北育才学校科学高中部，共同开展“计量助民生，健康校园行”主题活动，为现场的240名学生进行生动的眼保健知识的讲座和免费的眼睛体检，对学生佩戴的眼镜进行校准，得到广大师生的好评，3家新闻媒体对该项活动进行采访报道。各区县也分别开展计量进乡镇、计量进企业、计量进校园、计量进市场、计量进社区等多种形式的世界计量日主题活动，组织宣讲、展示、授课、检测、服务等20余场，出动人员430人次，接受680人次咨询，发放宣传资料5000余份。

【国家标准化调研组到沈考察】 7月8—9日，第十三届全国人大常委会委员、环境与资源保护委员会副主任委员、中国工程院原副院长、“中国标准2035”项目组长赵宪庚率队到沈飞集团、沈鼓集团、新松机器人公司和沈阳市政务服务中心进行实地考察调研标准化工作。副市长李松林陪同调研。

【国家标准化综合改革试点（先行区）建设通过中期评估】 9月16日，市市场监管局代表市政府参加国家总局组织的国家标准化综合改革试点（先行区）建设中期评估会，并顺利通过评估。沈阳市改革创新先行区建设的一些做法，受到领导和专家的肯定。（市市场监督局）

价格监督

【概况】 2019年，市物价部门开展6项成本审查工作。祝家污泥应急处置审查，确定综合应急处置单价495.62元／吨；北部污水厂污水处理服务费成本审查,确定污水处理设施运营服务费为1.4572元／吨（含税）；新开河及南运河淤泥处理成本审查，确定招标控制价格为238元／吨；老虎冲餐厨垃圾处理成本审查，确定餐厨垃圾处理费（二期）为115元／吨（含税）；沈阳市餐厨垃圾收运成本审查，确定招标控制价格为159.46元／吨（含税）；老虎冲垃圾渗沥液处理扩容工程运行成本审查，确定招标控制价格为132元／吨（含税）。应对6月以来生猪、猪肉价格上涨趋势，上报生猪（猪肉）价格专项分析23篇，扩大监测范围，将原有14家监测点扩大到30家，发挥价格应急和预警作用。完成国家安排的11项价格监测报告制度合计704期，省安排的6项报告制度合计536期，上报率、准确率达到100%。根据全市主要农副产品价格变动情况，形成周总结、月分析，全年向市长直报政务信息55篇,其被国家和省采纳10余篇。开展收费清理工作，落实市政府清费减负、优化营商环境、“三乱”治理要求，降低5项行政事业性收费标准和4项政府性基金政策，减轻企业负担总计约8500万元。履行价格调控联席会议办公室职能，至年末，累计发放价格临时补贴950余万元，惠及困难群众60余万人次。编制并公布《2019年度政府定价涉企经营服务性收费目录清单》，规范政府定价行为。会同市财政局编制《2019年度市本级行政事业性收费和政府性基金目录清单》《2019年度市本级涉企行政事业性收费和政府性基金目录清单》，并进行动态调整。研究提出调整路内停车计费时段、增加道路停车泊位节日减免政策，规范公立学校停车服务收费行为等初步意见。

【地铁票制票价调整】 年初，地铁票制票价改革调整正式方案出台，将原区间计价制改为里程计价制，并设立最高封顶票价。3月18日，召开价格听证会，5月25日正式下发文件调整地铁票价，确保地铁九号线如期运营。

【出租车运价调整】 6月28日，召开调整出租车运价及建立运价与气价联动机制听证会。10月末，会同市交通局正式调整出租汽车运价，出租汽车起步价调整为9元／3千米。并建立出租汽车运价与气价联动机制，对车用天然气市场价格进行监测。

【重点国有景区门票价格降低】 2019年，沈阳故宫、张氏帅府、金融博物馆、北陵公园、东陵公园、新乐遗址6家国有景区落实门票降价政策，平均降价幅度33.7%，减轻消费者门票支出负担约4000万元。（市发改委）

海　关

【概况】 2019年，沈阳海关树立“省兴关兴”理念，着力提升监管服务效能，全力支持新时代辽宁全面振兴发展，对接国家区域发展战略，深化改革创新，支持扩大高水平开放，深度融入共建“一带一路”，进一步提升中欧班列核心竞争力，持续推进沈阳综保区高水平开放高质量发展，推动中德产业园与自贸试验区协同发展。协调省市相关部门和满洲里海关，完善中欧班列快速通关保障措施。创新促外贸稳增长新举措，支持“一带五基地”、沈阳全面创新改革试验区、沈大国家自主创新示范区和沈抚新区改革创新示范区建设，支持重点国有企业和民营企业发展，助力高档数控机床、工业机器人、先进发动机、光电子等新型产业发展，帮助机电产品、高新技术产品、农产品等优势产品打开国外市场。落实“放管服”改革要求，鼓励、支持、引导、保护进出口民营经济发展，叠加改革红利，广泛应用国际贸易“单一窗口”，持续提升跨境贸易便利化水平。支持跨境电商等新业态发展，支持企业开展跨境电商零售出口和跨境电商直购进口业务。发挥海关在国家生态文明建设中的积极作用，加强进口固体废物监管，严禁“洋垃圾”进境。担当作为、实干笃行，全力支持市打造对外开放新前沿。支持中欧班列发展，主动协调省市相关部门和满洲里海关，完善中欧班列快速通关保障措施，监管中欧班列201列。支持辽宁自贸试验区沈阳片区发展，发挥自贸试验区政策“试验田”作用，推出符合沈阳实际的海关监管创新举措；5项创新措施被纳入省内第三批借鉴推广制度创新案例；关区进出口总值、入库税收等业务指标均保持增长，监管货运量有所增加。全年进出口贸易总值1185.27亿元，增长10.1%。监管货运量1993.4万吨，增长5.2%。实际入库税收177.52亿元，增长13.62%。查扣侵权货物2087批次，涉案货物2207件，案值39.8万元。

海关改革。隶属海关功能化建设取得阶段成果，“两步申报”“两轮驱动”“两段准入”改革落地见效。“中欧班列”跨关区“两段准入”改革试点获总署批准。业务改革与风险防控同步进行，“业务运行协调会商”“改革问题归零”机制有效运转。

打击走私。沈阳海关开展“国门利剑2019”联合专项行动，刑事立案30起，案值1.27亿元。行政立案242起，案值1.13亿元。涉枪涉毒打私坚决有力，查获枪支、仿真枪支80支，查获大麻475克、精神类药品1296粒，首次查获新型毒品麦角二乙胺（LSD）。跨关区开展打击日本日用品走私专项联合查缉行动和“8·15”走私冻品案，分别被总署缉私局列为一级、二级挂牌督办案件。反走私综合治理全面加强。

优化口岸营商环境。沈阳海关落实“放管服”改革要求，推进“多证合一”“证照分离”改革。提前实现40种进出口监管证件联网办理。国际贸易“单一窗口”主要申报业务应用率达100%。关税保证保险惠及26户企业，担保税款10.71亿元。“提前申报”“先放后检”“先声明后验证”“延时、错时+预约通关”、鲜活农产品绿色通道等便利化措施取得显著成效。进口、出口货物整体通关时间相比2017年压缩均超过80%，好于全国整体水平。

●小资料

海关改革现行申报制度，实施“两步申报”。适应国际贸易特点和安全便利需要，企业无须一次性提交全部申报信息及单证，第一步凭提单概要申报即可提货，第二步在规定时间内完成完整申报。

海关改革风险防控方式，实现“两轮驱动”。以随机抽查掌控风险防控覆盖面，以精准布控靶向锁定风险目标，构建随机抽查与精准布控协同分工、优势互补的风险统一防控机制。

海关改革监管作业方式，实行“两段准入”。将进口货物准予提离口岸监管作业场所视为口岸放行，以口岸放行为界，根据“是否允许货物入境”和“是否允许货物进入国内市场销售或使用”，分段实施“准许入境”“合格入市”监管。在卡口前实施“准许入境”监管。在卡口后实施“合格入市”监管。

【隶属海关更名挂牌】 4月2日，新更名的4个在沈隶属海关机构挂牌。沈阳海关驻邮局办事处更名为沈阳邮局海关、沈阳海关现场业务处更名为浑南海关、沈阳经济技术开发区海关更名为铁西海关、沈阳综合保税区海关更名为辽中海关。

【第六批在韩志愿军烈士遗骸遗物进境通关礼遇服务】 4月3日，沈阳海关简化专机备案和进境申报手续，提前办妥相关事宜。为烈士遗骸和遗物入境、赴韩交接烈士遗骸代表团成员和机组人员入境开辟专门通道，提供通关便利。完成10具装殓志愿军烈士遗骸棺椁及3盒遗物的监管验放工作。

【澳大利亚驻沈阳总领事馆机构备案完成】 5月14日，沈阳海关完成澳大利亚驻沈阳总领事馆注册登记和系统备案，澳大利亚驻沈阳总领事馆为驻沈阳的第八家外国领事馆。

【中国营商环境评价（跨境贸易指标）集中填报】 5月16—18日，沈阳海关会同沈阳市口岸办成立工作小组，代表沈阳市赴京完成中国营商环境评价（跨境贸易指标）集中填报工作。全国40个城市参与评价填报。

【原产地证书自助免费打印】 5月20日，沈阳海关隶属浑南海关为沈阳冠品木器有限公司审核签发沈阳关区首份自助打印原产地证书。同日，辽宁省实现15种出口原产地证书企业端自助免费打印。

【支持沈阳新业态发展】 2019年，沈阳海关推进沈阳市跨境电商“两区域”（综保区桃仙园区和辽中园区两个海关特殊监管区域，发展“1210”网购保税）、快件监管中心“三场所”（辽宁邮政速递快件监管中心、远达国际快件监管中心、空港国际快件监管中心三个海关监管场所，发展“9610”跨境电商进出口双向业务。）建设发展。6月7日，中国（沈阳）跨境电子商务综合试验区顺利开展首单跨境电商进口业务。8月2日，实现中国（沈阳）跨境电商综试区直购进口业务“零突破”。9月16日，沈阳桃仙国际机场空港快件监管中心正式投入使用，进出口快件处理能力提高2倍。全年沈阳海关监管快件22.48万件。

【沈阳海关实现行政审批事项全流程网上办理】 8月7日，沈阳海关通过海关行政审批网上办理平台，为某企业出具首张加盖“中华人民共和国沈阳海关”电子印章的准予行政许可决定书，标志沈阳海关实现海关行政审批事项全流程网上办理。

（沈阳海关）

▶11月1日，辽中海关关员对国际快件进行查验 （万宜摄）

出入境检验检疫

【概况】 2019年，沈阳海关全面加强口岸卫生检疫，检出各类传染病299例，其中HIV阳性8例、登革热2例，检出全省首例输入性基孔肯雅热。承接沈阳关区出入境特殊物品卫生检疫审批。国门生物安全把控严密，检出检疫性有害生物11种、45种次，在出境水生动物首次检出白斑病。打好非洲猪瘟防控攻坚战，累计截获动物源性制品652批次，1.79吨。食品安全“四个最严”（最严谨的标准、最严格的监管、最严厉的处罚、最严肃的问责）落实到位，开展进出口食品安全抽检及风险监测，保障供港澳食品安全。进出口商品检验监管有力，法检目录外商品和跨境电商消费品抽查发现不合格商品21批，检出进出口危险化学品及出口危险货物包装不合格52批。

【桃仙机场首批入境进口水果验放】 2月3日，沈阳海关顺利验放1.5吨产于泰国的树熟山竹，这是沈阳桃仙国际机场获批进境水果指定口岸后的首批进口水果。

【关区首个进境陆生动物指定隔离检疫场考核】 3月12日，组织业务专家组对沈阳一户蛋鸡养殖企业进境指定隔离场进行现场考核，考核结果合格，下一步企业可办理鸡雏进境前的进境动植物检疫许可证明。

【关区首次进境新鲜水果检疫审批】 4月19日，沈阳海关指导关区某企业通过“互联网+海关”平台填写进境泰国新鲜榴梿和山竹检疫审批申请并审核申报材料，经报海关总署批准，该企业顺利获得该批货物进境动植物检疫许可证。

【检出全省首例输入性基孔肯雅热病毒感染病例】 7月9日，经采样送检，确诊1名由印度始发，经新加坡转机的印度籍旅客入境为基孔肯雅热病毒感染者，为辽宁省首例。

【2019年度东北三省四关区赴韩体检工作研讨会】 11月22日在沈阳海关举办。沈阳海关、大连海关、长春海关、哈尔滨海关11家国际旅行卫生保健中心负责人参加，大韩民国驻沈阳总领事馆副总领事，辽宁省外办、沈阳市外办相关负责人出席，研讨关检融合后如何更好开展赴韩签证体检工作。

【与沈阳农业大学签署战略合作协议】 12月24日，沈阳海关与沈阳农业大学签署战略合作协议，在进出境动植物和食品检验检疫，食品、农产品质量安全等方面就人才培养、科学研究、检测监测全面开展合作，构建“海关+学校”合作新机制。

【开展“口岸天平行动”】 2019年，沈阳海关针对进口铜精矿“短重”案例，狠抓事中监管和事后追责，严厉打击贸易欺诈现象，维护国家利益和贸易公平。检出大宗商品短重货物38批、3792吨，短重货值3367万元，其中18个短重典型案例获总署采用。 （沈阳海关）

劳动经济管理

【概况】 2019年，全市开展集中要约行动，累计有效集体合同数量7326份，覆盖企业2.92万户，涉及职工70.67万人，集体合同备案率100%。加大劳务派遣工作监管力度，开展劳务派遣市场秩序专项检查行动，审批劳务派遣行政许可192家。以建筑工程、餐饮服务等劳动密集型企业和中小微企业为重点，推行简易劳动合同，全市招工备案48.7万人。开展和谐劳动关系创建活动，新松机器人公司、中德（沈阳）高端装备制造产业园等5户驻沈企业（工业园区）获全国模范劳动关系和谐企业（工业园区）称号。加大农民工治欠保支力度，开展根治欠薪夏季和冬季攻坚行动，处理农民工欠薪案件149件，涉及7078人，涉及金额2.01亿元。加强劳动监察执法和争议仲裁，检查用人单位9188户，受理处理举报投诉案件1066件，受理投诉咨询4万余件。推进“书记抓信访”工作，接待群众信访1.04万件次。 （何 灵）

【沈阳市智慧劳动关系信息服务系统推广】 2019年，市人社局研发推广智慧劳动关系信息服务系统，7月31日开始推广使用。年内注册企业7985户，网上备案人数4.36万人；完成931户企业20.47万名职工薪酬信息采集。

（志 闻）

社会信用体系

【概况】 2019年，全市按照国家、省社会信用体系建设工作要求，围绕市委、市政府中心工作，不断完善诚信建设长效机制，构建以信用为核心的新型监管机制，社会信用体系建设工作取得明显成效。

创新信用融资，促进民营经济发展。市发改委同人民银行沈阳分行营管部建设“沈阳市中小微企业信用信息应用平台”，创建的中小微企业融资对接系统，可以让企业发布资金需求，银行（资金提供方）发布金融产品，实现线上精准对接，有效解决银企信息不对称造成融资难问题。截至12月，注册金融机构40家，提供金融产品304个；注册企业281户，其中民营企业近90%，企业提出融资需求企业150户，融资需求8.31亿元；累计贷款78笔，成交4.85亿元。

完善信用监管，推进“放管服”改革。创新事前环节信用监管，制定印发《沈阳市发展和改革委员会市场主体信用审查办法》，为发改系统28个政务事项的精准施策提供信用参考。加强事中环节信用监管，推进全市30余个领域开展行业信用分级分类监管，运用公共信用综合评价开展信用监管。完善事后环节信用监管，制定印发《沈阳市守信联合激励和失信联合惩戒对象名单管理暂行办法》，规范全市红黑名单管理，落实守信联合激励和失信联合惩戒机制，加强失信主体信用修复。沈阳市信用监管月经验做法被国务院办公厅约稿推广。

加强政务诚信，助力营商环境建设。开展政府失信专项整治。制定《2019年政府失信问题专项整治行动方案》，清理偿还金额115.2亿元、解决政府招商承诺不兑现问题67个、解决“净地不净”问题8宗、解决国家推送政府机构不执行法院生效判决问题9件；完善政府信用监测预警，指导和帮助全市13个区县（市）提升区域政务诚信水平，带动全市政务诚信环境不断优化；开展街道（乡镇）政务诚信评价试点，指导帮助基层政府有针对性的提升全市地区政务诚信水平。

规范信用服务，助推服务业发展。加强信用服务行业监管，开展信用报告规范性审查、底稿抽查与公示、会员月报统计、协助年检、走访调研等。推进信用行业建设，组织实施诚信创建示范单位评选、信用修复专题培训会、信用沈阳杂志汇编等。规范全市信用服务机构的信用评价行为，提升全市信用服务机构的研究能力和服务水平。

【诚信示范创建评选】 8月，市文明办、市信用办在全市联合开展“行业诚信示范单位、诚信创建示范街区、诚信建设示范乡镇（街道）、诚信创建示范村”创建评选活动，评选出诚信示范单位160家、诚信创建示范街区5个、诚信创建示范村12个、诚信建设示范街道（乡镇）6个，诚信创建示范街道（乡镇）10个，面向全社会进行诚信示范宣传，树立诚信典型，提升市民的诚信意识，倡导企业诚信经营，营造良好的社会诚信氛围。

（市发改委）

▶沈阳市诚信创建活动 （市发改委供）

全面创新改革

【概况】 2019年是全面创新改革工作的收官之年。通过3年全面创新改革，沈阳市完成国家授权27项先行先试创新改革任务、国务院要求复制推广的首批13条和第二批23条创新改革经验以及147项475条地方自行探索创新改革任务，并顺利通过国家3年全创改总结评估。在国企改革、科技创新、产业升级、军民融合、行政改革等关键领域，储备创新改革经验168条，上报国家90余条；累计提炼上报26个创新改革案例，其中机床集团市场化债转股等12个创新改革案例入选全国创新改革百佳案例。沈阳化工大学"'三定向'（定向研发、定向转化、定向服务）订单式科技创新和成果转化机制""中航黎明军品竞争性采购制度"2条经验入选国务院推广第二批支持创新相关举措清单；"股权合同引入社会资本参与军工类科研项目成果转化新机制""龙头民营企业利用资质带动配套中小微企业参军""市场化机制实施高校预研军工项目""集成科技骨干力量打造前沿技术产业链股份制联盟""对战略性科研项目实施经费滚动支持制度""传统老工业基地国有企业创新创业增量型业务混合所有制改革"6条经验入选国务院推广第三批支持创新相关举措清单。沈阳市全创改成果作为国家成果的一部分，被国家发改委上报给习近平总书记。沈阳市创新改革的宣传展板，在全国"双创"会议上向李克强总理展示。

【全创改三年评估验收通过】 10月21—23日，国家科技评估中心估组一行6人到沈，对沈阳市全面创新改革试验工作三年情况进行总体评估验收。评估组召开沈阳市全创改管理部门及政策受众单位代表座谈会，并到沈阳国家机器人创新中心、沈阳国际软件园、中科院沈阳科学仪器股份有限公司和拓荆公司调研。评估组对沈阳市全创改工作给予高度评价，认为沈阳试验区域围绕推进新型工业化进程，在科技创新、国企改革、产业金融、人才支撑等重点领域系统推进改革试验，着力解决"科技强、创新弱"的问题，努力改善营商环境，深化市场化改革，加快形成以创新为引领和支撑的经济体系和发展模式，带动东北老工业基地全面振兴。

【全创改结题论证会】 11月16日，沈阳市召开全面创新改革试验结题论证会及新一轮谋划研讨会。市创改办全体人员及省科技厅、省发改委相关领导参加会议，国家科技评估中心副主任邢怀滨、中国人事科学研究院院长吴江、全国科技振兴城市研究会理事长胥和平等7人组成专家评审团，就沈阳市全面创新改革试验总结评估及下一步创新驱动发展难点和对策，进行结题论证和专题研讨，并对课题研究成果进行打分。

【国务院第二批支持创新举措复制推广】 2019年，沈阳市率先启动国务院第二批23条创新改革举措的推广工作，出台《关于印发〈沈阳市落实国务院推广第二批支持创新相关举措方案〉的通知》，并召开专项会议，逐条推进落实，23条经验于年底基本完成复制推广工作。

【上报中央改革办创新案例2个】 2019年，沈阳市应国家发改委约稿，总结提炼"沈阳化工大学三定向科技成果转化机制""沈阳工业大学5%黄金股激励机制"等创新案例，被上报至中央改革办，得到国家相关部门的广泛认可。 （市发改委）

十二、公共安全

安　监

【概况】 2019年，市应急管理系统认真学习贯彻党的十九大和十九届四中全会精神，坚决贯彻落实习近平总书记关于安全生产、应急管理、防灾减灾的重要指示批示精神，坚决执行市委、市政府决策部署和具体要求，全力化解管控安全风险，完成“4·17”棋盘山山火扑救、“利奇马”台风和“8·16”强降雨防御、国庆应急安保等，全市安全生产基础加强、隐患整治力度加大、风险管控水平提升，全市安全生产形势持续稳定，非煤工矿商贸领域事故起数、死亡人数下降29.7%、28.6%，创历史新低，连续9年实现重特大生产安全事故零发生。截至2019年末，全市换发危险化学品生产许可证16家，全市有危险化学品企业81户。

对安全生产党委政府领导责任更加明确。市应急管理局17次向市委常委会议、市政府常务会议专题汇报安全生产和应急管理工作。以市委市政府名义出台《沈阳市安全生产“四责”联动落实的意见》《关于推进城市安全发展的实施意见》《市委、市政府领导班子成员安全生产责任清单》，细化安全责任压实措施。重点时段提请市领导带队督导检查安全生产成常态，形成党政同责、一岗双责管理格局。

行业安全监管职责界定更加明晰。推动32个部门重新厘清机构改革后安全生产职责。建立生产经营单位等三大数据库，24个行业部门分行业分系统逐级落实风险隐患管控责任。以市政府名义出台《重大生产安全事故隐患挂牌督办办法》，对1083项隐患分级实施挂牌督办、按时完成整改；对隐患治理不力的3个地区11名公职人员予以问责，对事故防控不力的4名公职人员予以政务处理，行业部门履职意识明显增强。

企业主体责任和全员岗位责任进一步落实。创新创建模式推动安全生产标准化企业达标提质，有756户工贸行业企业实现创建达标，超16个百分点提前完成省下达指标，互助式和协助组创建工作经验在全省推广。组织12489户企业开展隐患自查自报，超47个百分点提前完成省下达指标。强化全员岗位责任，出台企业安全生产全员岗位责任指导意见，232户危化、非煤矿山、金属冶炼企业安全承诺和风险公告常态推进。（市应急局）

【《沈阳市安全生产重大事故隐患挂牌督办工作办法（试行）》】 2月10日市政府印发实施。《办法》14条，阐述出台《办法》的目的和依据、适用范围和有关定义，规定挂牌督办的6

种情形，理顺政府和部门的职责以及明确被挂牌督办单位的主体责任，规范重大事故隐患挂牌、销号摘牌和申请延期的流程，提出对被挂牌督办单位的问责处置和属地、行业监管部门责任追究的情形，以及追责问责程序。

（志　闻）

气象服务

【概况】 2019年，发布气象决策服务材料332期，制作发布气象灾害预警信号602个。制定并组织实施“两会”、春运、春季森林防火、法库国际飞行大会、沈阳国际马拉松比赛、农博会等气象服务方案，完成重大活动气象服务保障。

专业气象服务。做好森林防火气象服务，在春季森林高火险期（3月15日至5月15日），每天为市森林防灭火指挥部提供森林火险气象等级预报，发布森林防火气象服务专报63期；开展供暖气象服务，每日制作发布未来3天空气扩散条件预报及供暖气象等级预报，为供暖部门科学供暖提供参考；开展旅游气象服务，制作发布景区精细化天气预报、旅游气象指数预报和景观预报等预报产品，发布旅游服务产品365期。

气象应急保障体系。市气象局围绕地方重大战略任务做好气象保障服务，创新构建一个现代化应急指挥系统、一支专业化应急队伍、一套应急保障技术支撑系统、一个完善的气象应急保障预案体系、一个平战结合应急保障演练机制，基本建成现代化的气象应急保障体系。气象应急保障服务主动融入机构改革后新的全市应急体系，在机构改革职能转变的第一时间与新成立的主管部门对接，建立气象与自然资源、应急管理、水务、环保、农业等保障服务。

智慧气象服务平台。完成“农气通”App开发，实现各类涉农气象数据的显示和查询功能；建设“城气通”App，实现查询各类实况气象信息、天气预报、预警信号等内容；完成降水量实况监测软件系统的功能扩展，增加小时降水量监测功能，核准全地区可用站点信息，更新基础数据平台数据库站点信息。

【沈阳气象站入选世界气象组织百年气象站】 6月12日，世界气象组织（WMO）在日内瓦向最新一批获认定的23个百年气象站颁发证书，其中包括中国的沈阳、武汉、大连3个气象站。沈阳气象站成立于1905年，观测时间114年。世界气象组织（WMO）在2016年建立百年气象站认定机制。截至年末，全世界有140个百年气象站获认定。

【“直通式”农业气象服务】 2019年，开展“直通式”服务进基层，推广气象服务微信公众号及为农服务微信群，服务人数124人。与农业部门沟通，更新市级种养殖大户、大型农业合作社、家庭农场等及政府相关涉农部门领导等重点服务对象信息，调研相关涉农部门的服务需求，并开展服务，通过Email、微信、公众号等方式及时为农业部门领导及农技人员提供最新农业气象信息。发布“直通式”服务信息670余条。

（张　楠）

▶6月12日，沈阳气象站入选世界气象组织百年气象站　（市气象局供）

应急管理

【概况】 2019年，强化资源整合，应急管理体系建设稳步推进，坚持边组建、边应急，边实战、边建设，快速完成应急管理职能划转、人员转隶、工作交接、建章立制、优化流程、强化保障等各项工作，科学调整应急委、森林草原防火、防汛抗旱、防灾减灾、抗震救灾、消防安全、安全生产7个指挥部办公室成员和职责分工。科学快速处置棋盘山“4·17”棋盘山山火、成功防御台风“利奇马”和“8·16”等12场强降雨。会同有关单位处置“3·5”重油车辆侧翻、“6·3”浑南燃气管线泄漏、“7·29”沈北停电等283起突发险情。与宣传、网信、公安部门联动加强舆情管控，未发生网络恶意炒作事件。防火防汛期间各地区和成员单位35支专业救援队伍8081人和30个领域330名应急专家动态在岗在线备勤。指导浑南区成立处置突发事件大队，法库县、康平县组建森林防火专业救援队伍。坚持总体预案、专项预案和现场处置方案并行，各部门修订专项预案39个、开展应急演练600余场。强化市区43个救灾物资库物资储备，及时向相关地区下拨救灾物资，应急实战效能提升。

【应急管理综合指挥平台】 2019年，应急管理综合指挥平台整合接入市公安安管平台110非警务警情信息和雪亮工程摄像头图像资源、智慧城市运营指挥中心应急视频会商和指挥调度系统，打通13个地区和防汛、气象、道路交通等部门视频会商通道。

（市应急局）

消防管理

【概况】 2019年，全市火灾形势总体平稳，市消防救援支队救援能力大幅提升。市、区两级政府层层召开年度消防工作会议，下发2019年全市消防工作任务清单明确责任分工；各级党委、政府、部门召开消防工作会议120余次。市消防救援支队“119”接警系统接警出动2.6万次，出动消防车5.7万辆次，出动消防指战员26万人次。其中火灾扑救1.5万次，出动消防车4.2万辆次，出动消防指战员18.8万人次；抢险救援1.2万次，出动消防车1.5万辆次，出动消防指战员7.2万人次。组织应急疏散演练活动2700余次；开展各级党政机关、“村两委”消防安全培训20余场次、《消防安全责任制实施办法》宣传贯彻培训9场、系列行业部门消防安全培训100余场次、其他类培训70余场次，累计参训人员4.5万余人。完成沈阳马拉松、国庆70周年、中国男子篮球职业联赛，以及各类博览会、演唱会等重大保卫任务；处置棋盘山“4·17”棋盘山山火、“8·25”防汛抢险救援等任务。

基础建设。市消防救援支队采购个人防护装备6140件（套），灭火救援装备1.5万件（套），灭火药剂258吨；年内开展基层装备技师选拔培训工作。深入推进地铁大队建设项目、轮训队和特勤大队改造、北陵中队改造、长白中队改造、中兴中队绿化及配套工程、公寓房装修项目。完成启工中队老营房改队史馆项目、训练基地体能训练场项目、和平中队改造、南湖中队改造、南市中队改造、和平中队改造。

宣传教育。市消防救援支队在各级媒体刊发报道1094篇，其中中央级媒体刊发报道101篇，《辽宁新闻》《辽宁日报》《沈阳日报》等重要媒体栏目以头版、头条或整版的形式刊发重要报道。发布微博703条，微信377篇，抖音短视频70条，沈阳消防画报56期，新媒体矩阵总阅读量6152.4万次，关注人数增长17.3万。为牢固树立以文化促宣传的工作理念，9月开展“119”消防宣传月、“消防之声”系列公益演唱会、全城共跳消防之舞、开学第一课、防灾减灾日、安全生产月等主题宣传教育活动，其中，11场“消防之声”系列公益演唱会现场累计观看人数超3万人，部分场次采用全网直播等宣传手段，累计直播量达到495万人次，登入新浪直播辽宁热榜。

【习近平总书记授旗训词一周年活动】 11月7日，市消防救援支队在辽宁大剧院举行“初心永铸再出发”纪念习近平总书记授旗训词一周年誓师活动暨辽宁省（沈阳市）“119”消防宣传月启动仪式，并在辽宁卫视等电视频道全程播出，部分原创作品在学习强国平台、应急管理部消防救援局官方自媒体平台宣发。

（市应急局）

民政救灾

【概况】 2月28日，经市领导同意后，以市减灾委员会名义下发《沈阳市减灾委员会关于调整成员单位及工作职责的通知》，调整市减灾委组织体系，明确各成员单位职责，成员单位由原来34家增加到37家，将移动、联通、电信3户通信企业纳入市减灾委员会成员单位。调整市减灾委组织体系。市减灾委开展宣传活动726次，宣传人数123万人次，宣传品发放22.5万份，发布信息52次，展板摆放473个。排查灾害事故隐患地点371处，发现隐患229处，整改229处，整改率达100%。检查发现占用、阻塞和封闭通道51处，清理51处，整改率100%；损毁或缺失数疏散设施108处，补充108处，整改率100%；电动车违规停放和充电423辆，清理423辆，整改率100%。结合全市应急救灾物资储备情况，市应急局、市发改委联合制定2019年度应急救灾物资储备计划，该计划经市政府同意，核拨专项资金103.8万元用于应急（救灾）物资采购。

【全市救灾工作业务培训会】 6月19日，召开2019年全市救灾工作业务培训会，30余人参加培训，人民网等媒体进行报道。

【台风“利奇马”应急救灾物资调拨】 8月，全力应对第9号台风“利奇马”，从市级储备库向沈北、康平、法库紧急调拨钢管400根、铁线10吨、编织袋12万条、帐篷40顶、折叠床400张、棉衣裤500件、土工布20卷、救生衣500件、柴油一体泵2台、移动泵车5台套。应对第9号台风期间，与省应急厅争取到棉被褥3000套、绒衣裤1000件、毛巾被2000条和折叠床200床，调拨至沈北、康平、法库3个区县。省财政厅10月23日下达沈阳市中央自然灾害救灾资金74.3万元，专项用于洪涝灾害受灾群众生活救助，全部下拨各地区。

（市应急局）

水旱灾害防治

【概况】 防汛。市委、市政府高度重视防汛工作，省委常委、市委书记张雷、市长姜有为先后7次就防汛工作作出重要批示，赴防汛一线指挥调度、全面部署。受厄尔尼诺事件和东北西风带冷涡气流影响，2019年汛期全市降雨早、降雨频繁，雨量大、雨期长，主要特点：强降雨来得早，在未正式入汛前，就迎来2次强降雨，较往年提前11天；雨量来得大，1月1日至9月20日，沈阳市累计降水量748.6毫米，比历年同期均值（552.7毫米）偏多195.9毫米，多35.4%，为上年同期均值（346.6毫米）的2.2倍；降雨来得频，从5月19日起到9月20日，全市累计出现降雨过程28次，其中强降雨12次，发布防汛预警31次，先后出现台风、暴雨、大风、冰雹、雷电、雷雨大风等8种气象灾害；小时雨强创历史新值，台风“利奇马”和8月16日强降雨过程持续时间长、累计降水量大、小时雨量强，沈阳历史上罕见；水库河流水位偏高，台风“利奇马”期间，受本地降雨和上游来水影响，全市多条河流出现不同程度的涨水过程，全市12座水库先后超汛限水位运行，最高值出现在8月17日的棋盘山水库，超汛限水位1.4米。

抗旱。全市未发生较重以上的旱情。4月降水严重偏少，康平、法库等地出现不同程度旱情。4月初下发《沈阳市防汛抗旱指挥部办公室关于做好2019年旱情信息报送工作的通知》，建立各涉农区县每周两次报送旱情动态零报告制度。组织水务部门修订《沈阳市抗旱应急预案》，明确职责分工，落实应急措施，为沈阳市抗旱应急工作提供支撑。5月雨水充沛，有效缓解春播期旱情，大田苗情长势良好。秋季初霜日期延后，对农田作物干物质积累、秋菜的生长发育及产量形成有力支持。

【“5·26”强降雨防御】 5月26日4时至27日7时，全市出现大雨、局部大暴雨，为1980年有气象记录以来沈阳市的第2个极值。市防汛抗旱指挥部迅速启动二级预警响应程序。市应急、公安、水务、市政、气象等部门主要领导在市防汛抗旱指挥部应急值守，市、区、街、村快速反应，通力协作，科学防御。历时27个小时，全市河流、水库水位未出现明显上涨、无险情，深基坑、危房户、山洪灾害易发区布控到位，无人员伤亡，交通未出现大面积拥堵。

【台风“利奇马”防御】 8月10日7时至15日7时，受台风“利奇马”和高空槽冷空气共同影响，全市连续出现强降雨天气，平均降水量达到176.3毫米，最大降水量310.4毫米；城区平均降水量183.2毫米，是沈阳市自1959年起有完整气象记录以来的最高值。市防指先后启动城市防汛一级应急响应和二级应急响应，第一时间转移危险区域人员，持续加强中小型水库、中小河流、地下设施等重点部位的布控布防，历经115小时，防台防汛应对工作顺利完成。

（市应急局）

森林防火

【概况】 2019年，全市发生森林火灾火情1起，下降67%，森林防灭火形势总体稳定可控。

调整指挥机构。严格落实森林防灭火行政首长负责制，由市长姜有为担任市森林防灭火指挥部总指挥，市政府分管应急、公安、自然资源、农业农村的副市长及武警沈阳支队、沈阳警备区有关领导任副总指挥，各有关部门相关领导任成员，重新明确27个部门和9个涉林地区的森林防灭火工作职责。

建立实名制网格化包保体系。严格实行区县、乡镇街道、村屯社区、护林员四级实名制网格化责任制包保管理体系。按照“定岗位、定人员、定职责、定区域、定路线、定时间”的原则，对全市划分759个森林防灭火工作监管网格，确保721名乡镇村干部和866名专职护林员全部进网入格，细化责任到人、到户，把包保责任落实到村头、山头、地头、坟头、人头，层层传导压力、层层压实责任，监管有网格、路口有检查、林区有巡护，实现责任不漏点、无缝隙、全覆盖。

【“4·17”棋盘山山火扑救】 4月17日13时50分，浑南区高坎街道葫芦村突发火情，当日最大风力达到9级，形成大面积山火。在全市森林消防、消防救援、应急、公安、武警部队、驻沈部队及相关部门的协作下历经43小时扑灭明火，无人员伤亡，无次生灾害。应急部北方航空护林总站副总站长吴建国在辽宁省调研指导森林防火工作期间给予肯定。

【专业森林消防队伍人数增幅93%】 康平、法库新组建30人和40人专业森林消防队伍，并配备扑火机具、装备、车辆。全市专业队伍由3支增至5支，人数由160人增至309人，增幅达93%，实现重点地区专业森林消防队伍全覆盖。（市应急局）

震灾应急

【概况】 10月，按照市应急管理局三定方案，成立地震和地质灾害救援处，明确地震应急救援工作职责。完成两会期间风险防范工作的相关要求，制订上报《自然灾害（地震）防御救援风险防范震情强化跟踪工作方案》。根据改革后的机构设置、人员变动情况和工作需要，及时对沈阳市抗震救灾指挥部成员、组成单位及职责进行重新调整，确保抗震救灾工作的组织领导和协调沟通。认真落实省抗震救灾指挥部印发的《关于开展防震减灾工作督导的通知》要求，积极开展自查工作。结合预案制订完成沈阳市强有感地震应急处置桌面推演方案和实施脚本。完成地震应急指挥辅助决策系统和省局地震应急指挥联动平台沈阳局终端搬迁后的重新安装和单点及多点的联调、联测，保障沈阳地震应急的快速处置。对全市灾情速报网实行动态管理，每季度对14个区县（市）、开发区的212个街道的灾情速报网人员进行抽查检查，并落实专项经费，把灾情速报的建设和管理工作落到实处，确保灾情速报网络的畅通，提升地震应急能力。继续与市教育局开展中小学校应急疏散演练。

【中小学校应急疏散演练】 5月10日，与市教育部门连续第7年深入推进宣传“进校园”活动，组织全市576所中小学校60余万中小学生，利用大课间时间，集中开展防灾减灾应急疏散演练活动，有效提升中小学生应急意识，防震减灾知识宣传和应急技能学习的长效机制实现常态化。

【地震现场模拟演练】 7月，模拟沈阳市某地发生有感地震，完成灾情速报网启动、地震流动监测设备架设、应急照明装备测试、GPS定位，以及卫星电话应急通讯联络、音视频传输的流畅性等演练科目，达到演练预期目的。（市应急局）

交通安全管理

【概况】 2019年，市交通警察局以新中国成立70周年安保任务为核心，以“保畅通、压事故”为主线，深入推进全市道路交通管理工作。全市发生一般程序道路交通事故2539件、死亡754人、受伤2371人、损失979万元，分别下降1.21%、10.98%、0.84%、28.93%，减少死亡93人；查处各类道路交通违法行为526万件，其中饮酒4588件、醉酒3356件、超载5183件（“百吨王”以上货车违法超载9件）、超速13.9万件、超员747件，取得较好的社会效果；全市机动车保有量达250.4万辆，驾驶人数量达303万人；新增停车泊位2.2万个，维护施划泊位17.4万个，查处违法停车23.9万件。

指挥调度。强化两级指挥调度体系，坚持“扁平化指挥、高效化指挥”的工作理念，深化市区两级指挥调度系统建设，构建“智慧型情指勤督”指挥体系。利用视频监控设备对全市重点道路进行巡视，及时发现并快速处置道路交通拥堵苗头和交通警情，发布指挥调度指令6.3万余次。优化交通管理勤务，将全市全天岗调整至58处，高峰管控岗数量增加到226处。深化摩托化巡逻管控勤务，对335名民警、警辅人员进行摩托化巡逻技能培训，充实摩托化巡逻管控力量，缩短警务人员到达警情现场的出警时间。

严查交通违法。按照“全覆盖、零容忍”的原则，采取严查、严处、严管相结合，全力确保全市行车秩序文明规范。严查酒后驾驶违法行为。年内累计配发158个具有实时数据上传功能的酒精测试仪和506个酒精测试棒，确保酒后驾驶发现查处率达到100%，有效震慑酒后驾驶违法行为。精准研判交通违法线索，对14万余条信息进行数据比对，排查出涉嫌违法的车辆5000余台，将其中存在长期出行记录的970台车辆信息全部录入缉查布控系统，查获“失驾”（原有驾驶证，由于某种原因或扣满十二分市区驾驶资格）违法行为189件、逾期未检验448件。

特勤保卫。首次采用“全市范围开展调流、勤务区域间断放行”的勤务模式，取得显著效果。完成特运任务、级别警卫任务17次，重要活动安保183次，政务活动保障勤务840余次，体育赛事活动安保35次，经贸活动安保23次，文化活动安保13次，突发、群体事件安保8次。做好棋盘山火灾安保工作，“4・17”棋盘山火灾发生后，指挥调动警力1400人次、警车425台次、摩托车200台次，完成此次突发事件的交通安保工作。做好重要节点安保工作，提前制定针对性安保方案，进一步提高路面见警率和管控率。除夕当天，继续实行常态加强勤务部署，出动警力数比日常增加18.2%。延长120处主要岗点的勤务时间，其中30处岗点延时至24时撤岗，累计延长管控时长150个小时。开展恶劣天气应急管控，“8・16”台风期间，启动一级应急响应，出动警力2316名，警车532台；“12・16”雨雪恶劣天气期间，出动警力2369人，比平时增加36%，增派机动组上路巡查，及时有效做好应急处置，确保交通管控万无一失。

交通组织。精细完善重点街路交通组织，全面推进交通堵点、乱点的交通优化，重点解决青城山路、天坛一街等211个路口路段交通问题，优化七中分校等热点学校交通方案15所、七院等重点医院7所，参与重要交通规划设计26项，有效提高道路交通通行效率。专项开展交通组织优化“百日行动”，从路口、路段、区域和信号控制4个方面提出并制定有效的城市道路交通组织精细优化工作措施；研究制定交通组织优化工作方案120处，落实调整86处。集中开展施工秩序大检查统一行动，排查施工项目772次，发现各类问题88件，全部完成整改，其中处罚违法行为15件。

停车管理。开展停车乱点综合整治，突出打造重点街路静态秩序，组织开展北陵大街等60条主要道路静态专项治理；强化停车乱点和重点部位治理，“一地一策、一路一策”持续开展停车警情研判分析和精准施策，强化创城迎检的33条重点道路和25个主要路口实名制综合整治，累计治理停车乱点140余处，完成安装违法停车抓拍摄像头1000个,增加设置隔离桩1万根，隔离护栏1.8万米，依托鹰眼战车对严重违法停车行为抓拍15.4万件。推进停车管理地方立法，借鉴北京等城市的先进经验，积极与市人大进行沟通和联系，全力推动停车管理地方立法；起草《沈阳市城市机动车停车条例》，3月30日经辽宁省第十三届人民代表大会常务委员会第十次会议批准，5月1日起正式实施。开展医院、学校等重点部位综合治理，依照联合卫健委制定的《关于解决医院停车热点问题的实施意见》，组织各区交警大队与各大医院对接，通过挖掘盘活周边停车泊位、实施泊位置换、规范医院车辆通道设置等措施，持续开展医院停车热点问题治理；挖掘盘活、置换市肛肠医院、省肿瘤医院等22家医院周边停车泊位3260个，新增泊位968个。

事故防范。加强交通事故预警研判，实行“常态化预警、恶劣天气即时性预警、往年同期事故高发预警、大队属地实际预警”4个机制。加大安全隐患排查整改力度，对全市道路开展滚动排查和事故成因倒查，找出诱发交通事故的道路隐患，整改隐患点段79处。做好车辆源头监管工作中，组织各大队联合安监、交通运输等部门，深入全市409家客货运等重点企业，对65970辆重点车辆的安全状况，以及6万余名重点车辆驾驶人的驾驶资质进行细致排查，及时发现问题并督促进行限时整改，确保重点车辆绝对安全。不断深化事故快处快赔机制，2月15日起，各大队事故正班民警早晚高峰上路巡逻，遇有交通事故第一时间处置；事故副班民警在工作日早晚高峰进入大队调度室，通过视频或电话等方式快速指导现场处置，减少小碰大堵。

交通设施建设。全力推进大数据云平台建设，全面打造高效化的警务管理体系和智能化的分析研判系统。推进交通信号优化建设，新建视频监控20处，维护交通信号灯岗2000余次。各财税独立区单点信号改造工作深度推进，全市576处单点交通信号系统化联网改造工作化全部完成，交通信号联网控制率达100%。

窗口服务。深化警企合作机制，组织饿了么、美团等7户外卖企业，顺丰、EMS、京东等14户邮政快递企业以及大清宝泉、乐百氏、阿尔卑斯等12户桶装水企业召开专题会议，开展联合整治，查处外卖电动自行车交通违法3327件、快递电动自行车交通违法行为92件。与邮政管理局建立常态协作机制，协助起草《沈阳市关于邮政快递专用电动三轮车规范管理的实施意见》，进一步从行业角度规范快递电动三轮车交通行为。组织开展“走进机关企业 走近代表委员”活动，388名领导干部对71家党政机关单位，393户国有合资及民营企业，以及208名人大代表和政协委员进行走访，收集办理意见建议252条。开展帮扶民营企业发展活动，组织交警局66名处级领导干部和426名科级领导干部对全市492户与交通有关的规模以上民营企业进行对接走访，建立“一对一”帮扶机制，解决涉企问题10个，出台服务新举措10项。强化窗口服务水平，以“改革创新”促进服务提质增效,打造过硬服务环境，打造“一站式通道”大厅；深化“一证办、一窗办”等改革措施，积极推行“自助办、网上办”等交管业务，严格贯彻落实全年无休，延时服务工作制度，确保“放管服”改革落地见实效。推进放管服改革，全面完成公安部交管局“放管服”30项改革工作，并在全省交警系统率先提出服务民营企业10项举措；将69项交警业务下放到16个车管分所，业务下放比例达93%；优化78项行政审批事项服务流程，审批事项办理“即收即办”率达100%。全年累计为群众办理各项业务200余万次；在全国率先开展“警医邮”合作进社区服务工作，群众在社区“家门口”可以办理21项车驾管业务，全市有10个社区设立“警医邮”便民服务站，遍布市内五区，累计为群众办理各类业务640余件。扩展社会服务机构车管业务，金宝台、塔湾、万悦、路安通、东陵二手车市场重新启动牌照制作网点，补换牌证可以实现1日内办结；汇恒、好车芝麻、第一车网、华中四家等21家单位可以办理机动车登记审批业务。

宣传教育。加大与各级新闻媒体的沟通协调力度，搭建严重违法行为曝光警示机制，累计曝光醉酒驾驶当事人和重点车辆驾驶人2300余人、典型违法案例190余起。丰富和完善交警新媒体平台，将《交警面对面》《纪元提醒》《每日一图》等栏目进行优化整合，并全部纳入公安交警新媒体平台，丰富新媒体宣传平台功能共计播出60余期；通过省市两级交通台《交警直播室》等栏目发布交通诱导、出行提示等信息1.6万余条；通过官方微博、微信发布各类宣传信息5800余条。搭建“七进”（进农村、进社区、进企业、进学校、进家庭、进媒体、进网络）宣传渠道，以全市学校、企业、单位、社区、村镇、客运场站等场所为重点，组织各大队通过组织开展“一堂课”等形式，针对性开展交通安全宣传活动；在全市建立“农村交通安全宣传微信工作群”1160个，基本覆盖全市乡镇、行政村，开展社会面宣传“七进”活动1800余场。

【改装大货车上路交通违法行为整治】 11月21日起，在依托治安部门对全市1150家汽车修配经营单位全面排查的基础上，继续按照省局“百吨王”重型货车专项整治工作要求，加大对中重型货车超载违法的打击力度，交警部门查处货车改型交通违法行为458件，全部责令整改。

（周 健）

沈阳市首批10处社区“警医邮”服务站

表13

社区名称	社区地址	联系人（预约电话）	监督举报电话
保安寺社区服务站	和平区保安寺街38号	李华楠　18904015825	88010956
万科社区服务站	和平区长白西路30-3号	王浩宇　13324033388	88010956
红巾社区服务站	沈河区大南街道154号	刘玉舒　13898199807	88010956
翠生社区服务站	沈河区朝阳街／盛京路东30米	宫晓鑫　13020302960	88010956
启阳社区服务站	铁西区北三西路南50米	杨　威　18940288066	88010956
中海西社区服务站	皇姑区昆山西路77-22号	汤　维　13998301982	88010956
武功山社区服务站	皇姑区陵东街10号	柳　浩　15998375265	88010956
中街北苑社区服务站	大东区白塔路66-1号	曲雅轩　18540122622	88010956
铂悦社区服务站	大东区联合路207号	韩沅良　13188675296	88010956
东方社区服务站	大东区工农路92号	王迪生　18940266293	88010956

（志　闻）

食品药品监督

【概况】 2019年，全市完成生产、流通、餐饮各环节抽检监测5.022万批次，达到6.05批次／千人；全系统完成抽检3.38万批次，合格率98.2%。开展沈阳市食品安全建设年活动，查办案件518件，罚没257.25万元，销毁假冒劣质食品99.6吨。开展“不忘初心、牢记使命”主题教育食品安全问题整治行动，查处各类违法违规行为223件，破获案件17起，涉案金额1.8亿元。推进“明厨亮灶”工程，全市100%学校食堂和85%规模以上社会餐饮单位实现“明厨亮灶”。铁西区、皇姑区学校食堂推行“互联网+明厨亮灶”，浑南区实行“校长陪餐+家长监督”机制。完成市级药品监督抽检1213批次，合格率98.9%。检查市管药品批发企业43户次，疫苗配送企业8户次，经营芬太尼类药品企业6次；检查零售药店4805家，医疗机构4807家，药品网络经营者54家，监督覆盖率均达100%，给予行政处罚546家次，罚没款总计116万余元。开展医疗器械“清网”行动，检查销售企业142户，查处违法违规企业10户。行政处罚违规销售处方药、中药饮片以及执业药师“挂证”等药品零售企业1043户，罚没173.46万元。监督销毁吗啡注射剂等过期、损毁特殊药品52万支，价值135万元。全市有化妆品生产企业29户、化妆品专营店6292家，全年完成化妆品生产企业检查53户次、化妆品经营企业检查3348户次；查处化妆品案件20件，罚没款合计30242.5元；完成国产非特殊用途化妆品备案后现场审核1926个品种，责令改正319个品种；开展沈阳市化妆品监督抽检150批次，合格率98.7%。搭建纵向专业执法网格，建立食品药品网格化智慧监管长效机制。建立1个综合监管网格一级平台，13个区县（市）及铁西经济开发区市场监管局指挥调度二级平台，182个基层所和执法大队三级解决网格，2663个四级专业网格。将全市15万户食药械生产经营单位纳入大数据管理。收集15万条注册记录，19万行政许可、6.9万条监督抽检、2500余条投诉举报、近2000条行政处罚、22万条从业人员、16万条日常监管、7家中央厨房和40家学校139条明厨亮灶视频信息，并归集至业户名下。建立企业电子监管档案，生成食安指数和诚信指数，形成微观多维度企业主体“画像”。利用15万户企业登记注册、行政许可、经营状态、类别标注等基本信息、日常监管、检验检测、稽查执法及投诉举报等动态信息，构建大数据来源渠道，对全市各环节的检查情况、发现问题情况和企业食安指数，按类别、时间和空间条件开展大数据分析，汇总共性问题，开展隐患排查和风险预警，突出问题导向，实现靶向治理和精准监管。使用系统开展检查16.6万次，发现问题24.9万个，全部依法依规处理。沈阳市市级发放食品生产许可证42家。

【事权下放至区县（市）】 1月27日，按照《沈阳市人民政府关于向省级以上开发区下放一批行政职权事项加强事中事后监管的决定》要求，将食品（含保健食品）经营许可、食品（含保健食品）生产、食品添加剂生产许可下放事权至各区县（市），将第二类医疗器械经营备案、医疗器械网络销售备案下放至沈阳市开发区（园区）。

【沈阳市“窖渍酸菜”整改专项工作组成立】 4月16日，市市场监督管理局以市政府食安办名义，牵头成立沈阳市“窖渍酸菜”整改专项工作组，制定印发《沈阳市“窖渍酸菜”整改专项工作组工作方案》。新民市、法库县积极推进“窖渍酸菜”整改，7008个窖，清空6732个，清空率96.06%；回填6446个，整改率91.98%。辽中区整改新挖窖64个。

【营业执照在线核验】 8月26日，沈阳市食品生产许可、药品经营（零售）许可、医疗器械经营许可等10项审批与营业执照信息对接，实现营业执照在线核验。至年末，在线核验1893件。

【2019年辽宁省暨沈阳市食品安全应急实战联合演练】 9月6日在沈阳师范大学举办。市政府食安委联合省政府食安委主办。省政府食安办主任、省市场监管局局长史凤友讲话，市委常委、副市长李松林观摩演练活动。市政府食安委相关成员单位、各区县（市）政府食安委领导及全市市场监管、卫生健康、教育部门、公安部门等近1000余人参加演练活动。（市市场监督局）

十三、农　业

综　述

2019年，全市农业部门以习近平新时代中国特色社会主义思想为指导，深入贯彻习近平总书记在辽宁考察时和在深入推进东北振兴座谈会上的重要讲话精神，坚持农业农村优先发展，深入实施乡村振兴战略，不断推进农业农村高质量发展，持续加大强农惠农富农政策力度，农民获得感、幸福感、安全感进一步增强。农林牧渔业总产值575.2亿元，增长3.5%；农村居民人均可支配收入18124元，增长9.6%。

农业生产能力稳步提升。粮食生产实现“十六连丰”，粮食总产量418.3万吨，增长13.3%。建成高标准农田20.7万亩（1.38万公顷），良种覆盖率99%以上。新增设施农业1.2万亩（800公顷），超额完成省任务。成功防控非洲猪瘟等疫情，生猪生产进入恢复期，新建畜禽规模养殖场10家。蔬菜、肉、蛋、奶和水产品产量分别实现373.5万吨、68.9万吨、20.1万吨、48.9万吨、21.1万吨。

农村一、二、三产业融合不断深化。建设500万元以上农产品加工项目27个，农产品加工业产值767.8亿元。建设休闲农业项目31个，休闲农业接待游客550余万人次，辽中皮家堡、铁西彰驿站获评全国美丽休闲乡村，沈北石佛一村获国家乡村旅游重点村称号。农村电商主体1000家，培育安邦海得、诚真餐饮等农产品配送企业。农博会累计观展人数35.8万人次，现场签约额8.3亿元。农产品质量持续提升，“两品一标”认证数量超过500个，绿色食品抽检合格率100%。辽中区和康平县获批第二批国家农产品质量安全县。

农村综合改革不断深化。农村土地“三权分置”改革加快推进，完成土地确权登记颁证农户58.1万户，实现应颁尽颁；土地流转320万亩（21.3万公顷），流转率39%；于洪区土地承包经营权抵押贷款累计发放7000万元。农村产权制度改革取得新进展，1855个村集体经济组织产权制度改革基本完成，沈北新区创新集体建设用地入股模式发展文化旅游、大东区利用集体建设用地开展住房租赁取得突破。市农村产权交易中心升级为省级平台，成交额6.6亿元，沈北、于洪、辽中等9个分中心和办事处挂牌运转。新型农业经营体系日益完善，家庭农场、农民合作社等新型农业经营主体突破1万家。建成新民、辽中2家现代农业服务中心及彰驿村等60家服务站。设立沈阳新希望新农产业基金，基金规模10亿元。

农村人居环境明显改善。1523个村完成村庄清洁“三清一改”（清理农村生活垃圾、清理村内塘沟、清理畜禽养殖粪污等农业生产废弃物；改变影响农村人居环境的不良习惯），累计清理垃圾40余万吨，整洁村达标率实现100%。垃圾收运处置体系覆盖率88.6%，超额完成年度任务。建成第一批美丽示范村135个，新编村庄规划135个、开展垃圾分类和资源化利用试点1346个、完成改厕2.21万户、新建污水处理设施92处、治理黑臭水体101处、整治河流57条、硬化村内道路210千米、新装路灯4530盏、建设“四好农村路”1004.6千米。沈阳市人居环境整治工作获农业农村部表扬。秸秆综合利用率90%以上。沈北等5个区县（市）畜禽粪污资源化利用项目方案通过农业农村部审核。完成人工造林15万亩（1万公顷）。完成辽河、浑河等河流及主要支流生态封育57.6万亩（3.84万公顷）。开展主要作物控减施肥技术示范推广和新型肥料试验示范项目18.5万亩（1.23万公顷）。

脱贫攻坚成果持续巩固。坚持摘帽不摘政策，投入扶贫资金7.8亿元。实施产业扶贫项目85个，选派375名科技特派员下乡帮扶，42支工作队坚守扶贫一线。建档立卡贫困人口3523人转移就业、28名大学生安置就业、68户危房竣工、2.39万人次实现医疗保障、3375名贫困学生得到资助、5237人社会救助兜底。新识别33户96人贫困人口全部脱贫，1.74万人脱贫建档立卡贫困人口和60个省级贫困村脱贫成果全面巩固，建档立卡贫困人口保持动态为零。

乡村治理体系更加完善。沈北新区获批国家级乡村治理体系建设试点区，沈北孟家台、辽中皮家堡、新民蓝旗堡子、法库西拉马河子获评全国首批乡村治理示范村。排查整顿软弱涣散村党组织198个，累计清理有问题村干部263名，全部补齐配强。在农大专题培训村书记283名。选派233名干部到69个乡镇工作。开展送法进乡村活动300余次。打掉涉黑涉恶组织12个。一村一警覆盖1472个行政村。获评国家和省文明村镇41个，康平获批全国新时代文明实践中心试点。

（孙　萌）

2019年全市主要农产品产量

表14

产品名称	单位	产量	增长（%）
粮食总产量	万吨	418.3	13.3
#水稻	万吨	92.7	-5.1
玉米	万吨	312.7	21.3
油料	万吨	11.0	19.4
蔬菜	万吨	373.5	3.2

（志　闻）

种植业

【概况】 2019年，粮食作物播种面积819万亩（54.6万公顷），稳定粮食生产面积，优化种植结构，落实玉米、大豆和水稻生产者补贴政策，大田作物参保面积675.4万亩（45万公顷），粮食产量418.3万吨。完成经济作物播种面积201万亩（13.4万公顷）。全市“两区”（粮食生产功能区和重要农产品生产保护区）划定任务766.5万亩（51.1万公顷），其中：玉米505万亩（33.6万公顷）、水稻204.5万亩（13.63万公顷）、大豆57万亩（3.8万公顷）。实际完成划定面积774.9万亩（51.66万公顷），其中：玉米508.8万亩（33.92万公顷）、水稻206.3万亩（13.75万公顷）、大豆59.8万亩（3.99万公顷）。完成任务率101.1%。

蔬菜生产。提升设施农业建设标准，完成新建、改造设施农业1.218万亩（812公顷），其中日光温室0.154万亩（102.67公顷）、高标准冷棚1.043万亩（695.33公顷）、旧改小区0.021万亩（14公顷），超额完成省下达沈阳市的设施农业建设任务。蔬菜播种面积92.86万亩（6.19万公顷），增长1.2%，产量373.5万吨，增长3.2%，产值99亿元，增长5.1%。

特色作物种植。继续加大农业产业结构调整力度，大力发展蔬菜、花卉、中草药、食用菌等优势特色产业，重点打造百万亩蔬菜基地。全年花卉种植面积1.3万亩（866.67公顷），其中鲜切花类4128亩（275.2公顷），盆栽植物类1617亩（107.8公顷）、观赏苗木5834亩（388.93公顷）、草坪690亩（46公顷），其他类型花卉537亩（35.8公顷）。全市鲜切花销售量2.4亿枝、盆栽植物6410万盆，产值9.1亿元；中药材种植面积2.76万亩（1840公顷），年产量0.38万吨，产值1.25亿元；食用菌生产面积0.15万亩（100公顷），产量2.14万吨，产值2.4亿元。

【三代黏虫灾害】 7月，沈阳市部分地区三代黏虫发生不同程度灾害，经专家研判，呈大发生严峻态势。市农业农村局两次打破常规，迅速调整使用资金，及时有效的控制住虫灾。截至8月16日，全市发生三代黏虫灾害面积48.75万亩（3.25万公顷），防控面积50.76万亩次（部分严重地块农民自防2次），其中市级统防统治面积20.85万亩（1.39万公顷），农民自防29.91万亩（1.99万公顷），挽回直接经济损失3亿元以上。（常宝营）

畜牧业

【概况】 2019年，全市促进畜牧业转型升级，稳定发展畜牧生产，保障市场肉蛋奶供应。粪污处理设施配套率达到88%以上，畜禽养殖废弃物处理和资源化利用率达到80%以上，完成粮改饲种植面积26.5万亩（1.8万公顷），青贮饲料收贮量43.87万吨。以重点项目为抓手，完成畜禽标准化规模养殖场建设项目17个、畜禽标准化生态建设项目24个。推进辽寨牧村大型肉牛养殖集群基地、新希望全产业链项目（新民、康平）建成投产。稳步恢复生猪生产，加大政策支持力度，争取543万元省级财政资金对种猪场及年出栏5000头以上的规模猪场给予贷款贴息支持；市政府下发《沈阳市稳定生猪生产促进转型升级工作方案》，出台扶持政策推进沈阳市生猪行业发展；加强畜禽生产监控，认真落实国家和省的季报、月报制，同时实施生猪生产价格周报制，及时反映全市生猪产业生产和发展现状；引导养殖场（户）向牛、禽等畜种发展；制定沈阳市现代畜牧业发展规划。

【肉蛋奶总产量稳居全省第一】 2019年，沈阳市肉蛋奶产量分别为69万吨、20.1万吨、48.9万吨，总产量稳居全省第一，尤其是奶产量占到全省的40%以上。年内引进的新希望全产业链项目陆续竣工投产，提供仔猪70万头；辽宁扬翔畜牧养殖集团经扩产后，现存栏母猪4.5万头，全年提供仔猪60万头。从供需两端看，沈阳市各类畜产品产量可全面满足本地市场需求并部分外供。

【《沈阳市现代畜牧业发展规划（2019—2023年）》】 为进一步构建沈阳市现代畜牧业产业体系和新型业态，优化畜禽养殖区域化布局，推动生产标准化、经营产业化、服务社会化进程，12月11日市农业农村局联合自然资源局、财政局等部门下发《沈阳市现代畜牧业发展规划（2019—2023年）》，从调整畜牧产业结构、生产空间结构、推进养殖业转型升级、加强畜牧业生态建设4个方面推动沈阳市畜牧业现代化发展。（钟　波）

水产业

【概况】 2019年，全市水产养殖面积稳定在23.2万亩（1.55万公顷），其中池塘面积14.5万亩（0.97万公顷），水库面积7.9万亩（0.53万公顷）；淡水水产品产量21.1万吨，增长1.2%，居东三省内陆城市首位。

稻田综合种养推广。新增小龙虾养殖面积5661亩（377.4公顷）；河蟹养殖面积3910亩（260.67公顷）。稻田综合种养面积1.1万亩（0.07万公顷），其中小龙虾养殖面积6700亩（446.67公顷），小龙虾养殖田间工程投资金额2069万元。小龙虾养殖面积、产量、效益和技术水平居东北地区首位，推动水产养殖规模化、生态化发展。

国家级水产健康养殖示范场建设。按照《国家级水产健康养殖示范场创建标准》，开展水产健康养殖示范场创建工作。在9家候选水产养殖场中经禁养区、环保条件等6个一票否决项筛选，对剩余6家养殖场进行培训、水质检测、整改、预验收工作，有4家养殖场通过国家级水产健康养殖示范场验收复查。

水产品质量安全监管。加大水产苗种质量安全检验检疫力度，印发《2019年水产苗种质量安全检验检疫计划》，从源头上对水产品质量安全提供保障。同时开展产地水产品质量安全例行监测，实施水产养殖用药减量行动，严格落实水产品质量安全职责，确保产地水产品质量安全。全市抽检水产品550个，其中，国家抽检70个，省抽检170个，省苗种抽检40个，市本级抽检270个。抽检合格率达到100%。

渔业环保。对蒲河沿岸池塘养殖和排放水质进行例行监测，为全市水域环保工作提供可靠依据，保护渔民合法权益。实施增殖放流，全年放流鱼苗150万尾，促进生态环境修复。

【市级水域滩涂养殖规划编制】 从年初到11月，由省海洋科学研究院编制《沈阳市养殖水域滩涂规划（2020—2030年）》，完成规划编制、征求意见、专家论证、会签意见等工作，年末经呈报市政府审定批准以市农业农村局名义发布实施，6个区县（市）水域养殖滩涂规划编制工作同步完成。

【“清网护渔”专项整治行动】 4—10月，开展“清网护渔”专项整治行动，强化浑河执法，特别是加强夜晚执法力度，同时发动环保志愿者参与执法，联合新闻媒体跟踪执法，从正面进行报道，加大对浑河违法捕鱼行为的打击力度，保护浑河生态环境。全年出动执法人员1800余人次，收缴网具920个，皮筏子55个，释放渔获物2000千克，浑河违法捕鱼行为得到明显遏制。

（毛世骏）

农业产业化

【概况】 2019年，全市深入实施乡村产业振兴战略，以推进农产品加工项目和园区建设为重点，积极培育壮大龙头企业，使全市农产品加工业的集聚力、辐射力和带动力不断增强，进一步促进农业产业化经营和一、二、三产业融合发展。全市农产品加工总产值767.8亿元，增长6.1%，规模以上企业238户，全市市级以上农业产业化龙头企业133户，省级重点龙头企业41户，国家级重点龙头企业9户。农民专业合作社7755个。推进重大项目建设，伊利乳业A3高速生产线等投资1000万元以上农产品加工项目实现开（复）工21个，完成投资11.8亿元。签约规模以上农产品加工项目20个，计划总投资221亿元，增长139%。坚持以龙头企业牵动为主的产业链发展模式，率先全省建成10个农业产业链，重点推进粮油、生猪、肉牛、禽业、肉制品、奶类、蛋类、渔业、果蔬、菌类等产业链延长拓宽、做大做强。支持万谷园、昊明等133户重点龙头企业发展“订单农业”，直接带动农户11.8万户，创建农业产业化示范联合体4家，组建农业产业联盟2家，实现农业订单产值增长30%以上。加强园区建设，沈北辉山和法库孟家两个省级农产品加工集聚区引进项目6个，投资额21.13亿元，主营业务收入356亿元，增幅均超过7%。加强基地建设，在辽中养士堡、新民大民屯、法库登仕堡和康平方家等特色产业核心区建设产地初加工项目57个，建成组装式冷库、贮藏窖5900吨。推动金融助农体系建设，与12家金融机构建立战略合作伙伴关系，吸引社会资本助农突破50亿元，建成1支10亿元农业产业股权投资基金。

【休闲农业项目建设】 2019年，沈阳市完成31个休闲农业项目建设，实现总收入6.29亿元，打造出一批具有特色的美丽休闲乡村。辽中皮家堡村、铁西盛驿站村获“全国美丽休闲乡村”称号。在辽宁7个“全国美丽休闲乡村”中，沈阳占2席。（杨晓倩）

农 机

【概况】 2019年，全市超额完成农机化建设任务目标，农机总动力391.4万千瓦，增长0.03%；主要农作物耕种收综合机械化率达到95.75%；玉米生产全程机械化水平达到95.13%，均位居全省首位，提前完成“十三五”任务。水稻生产全程机械化水平达到96.48%，提前完成“十三五”任务，位居全国上游水平。农机专业合作社总量达到852家，提前完成“十三五”任务。完成农机深松（深翻）作业131万亩（8.73万公顷），超省任务9.2%。有3705个农业生产经营组织新增各类农机5086台套，全年执行补贴

▶5月10日，全市农机作业现场会 （市农业农村局）

资金1.21亿元。粮食生产全程机械化全面推进，进一步加大玉米机械化收获的推进力度，全年玉米机械化收获率大幅提高达到85.2%，位居全省第一。开展无人机病虫防治试点，示范面积30万余亩（2万余公顷）。农业机械化生产推广力度加大，建立2个市级农业机械化生产示范基地，以农机深松、保护性耕作、机械深翻等关键技术突破为重点，加快推进符合沈阳市需求的农业机械的引进、消化、吸收。围绕耕整地、播种、植保、收获等环节机械，市县两级组织开展9次大型农业机械现场演示会，30余次农机技术培训班。全市农机化作业项目信息化验收基本实现100%覆盖。新型农机社会化服务模式蓬勃发展，提高农机合作社、家庭农场、农机大户等各类服务组织的规模化经营、专业化生产和社会化服务水平、质量和效益。加大财政扶持力度，推进农机库房建设，延长农机具使用期限，新建农机库房建设20个，全市总数达120个。

【于洪区获评国家级主要农作物生产全程机械化示范县】 2019年，农业农村部组织开展第四批全程机械化示范县及全程机械化示范市申报评价工作。2020年1月2日，农业农村部办公厅公布《全国第四批率先基本实现主要农作物生产全程机械化示范县（市、区）名单》，于洪区在列。至此，全市有辽中区、沈北新区、新民市、苏家屯、法库县、于洪区6个国家级示范县。（沈洪俊）

农业科技

【概况】 2019年，市现代农业研发服务中心认真贯彻习近平总书记关于“三农”工作系列重要指示，按照市委市政府对农业农村工作，尤其是“乡村振兴”发展战略的具体部署，以“五个一提升工程”［对接一户国外农业高新企业或科研院所、对接一家国家级科研单位、联系一家省级或国内知名研究团队（大学）、服务一个涉农区县（市）及对接一户涉农龙头企业］为抓手，将科技研发和推广服务作为第一要务。狠抓科技攻关，科研成果丰硕。市现代农业研发服务中心2019年自筹资金268万元安排基础科研项目22个，主要用于农、林、牧、渔、农机、水利等涉农各领域基础性科研项目研发，出台并完善《沈阳市现代农业研发服务中心（沈阳市农业科学院）科研项目管理办法》，保障沈阳市农业基础性科研正常运行。取得科技成果18项，其中获省、市级科技奖励8项，获实用新型专利1项，审定或登记农作物新品种9个。3项获省级科技奖励的科技成果是：《新林1号杨推广》项目和《新民市新农乡无公害寒富苹果产业化服务》项目分获辽宁林业科学技术二等奖（第一完成单位），《现代蛋鸡健康养殖环境控制关键技术研究与集成应用》项目获辽宁农业科技贡献奖二等奖。市现代农业研发服务中心共转化科技成果4项。“沈玉529”“沈玉7198”“沈玉2573”“沈玉9272”4个玉米新品种生产经营权成功转让吉林省洪翔种业有限公司，转让收入40万元。开展洋葱栽培技术、农机驾驶、水稻栽培技术、辣椒与豇豆高效栽培技术、高粱产业与技术优势等培训12场次，合作社骨干、家庭农场主、种植大户、农机大户等530余人参加培训。

（市现代农业研发服务中心）

【《沈阳市现代农业研发服务中心（沈阳市农业科学院）科研项目管理办法》】 11月11日市现代农业研发服务中心印发。《办法》分7章32条，主要对科研项目的申报至终期考核评价进行全方位、立体式的管理规范。明确科研管理部、各科研所、项目负责人三方的职责；确定项目类别及各类项目申报方式；明确项目实施过程中的相关要求及如何进行变更申请；明确项目物资采购方式及资金使用原则；明确各类项目的考核评价方式及相关资料存档要求等。

（市现代农业研发服务中心）

▶农业专家现场指导解决问题　（市现代农业研发服务中心供）

【4家星创天地入选省级备案名单】 11月19日辽宁省科技厅发布公示，沈阳师范大学为运营管理主体的辽宁省现代农业科技产业示范星创天地、辽宁东亚种业有限公司的沈阳市沈北新区东亚种业农业科技创新星创天地、沈阳华泰渔业有限公司沈阳市华泰星创天地、沈阳市乔记食品有限公司的沈阳市法库辣椒星创天地4家星创天地入选2019年省级星创天地备案名单。截至年末，沈阳市拥有22家省级以上星创天地，其中在科技部备案的国家级星创天地21家。（志　闻）

2019年沈阳市现代农业研发服务中心科研成果

表15

类别	序号	成果	奖项	评奖单位	备注
一、科学技术奖励成果	1	建立现代蛋鸡健康养殖环境生产体系的关键技术攻关	辽宁省农业科技贡献奖二等奖	辽宁省农业科技贡献奖励委员会	第一单位
	2	新林一号杨推广	辽宁省林业科学技术奖二等奖	辽宁林业科学技术奖委员会	第一单位
	3	新民市新农乡无公害寒富苹果产业化服务项目	辽宁省林业科学技术奖二等奖	辽宁林业科学技术奖委员会	第一单位
	4	水稻育苗基质创新与技术集成示范推广	辽宁省科技进步一等奖	辽宁省人民政府	第二单位
	5	水稻育苗基质创新与技术集成示范推广	辽宁省农业科技贡献一等奖	辽宁省农业科技贡献奖励委员会	第二单位
	6	辽宁省玉米精量施肥技术研究与应用	辽宁省农业科技贡献奖二等奖	辽宁省农业科技贡献奖励委员会	第二单位

续表15

类别	序号	成果	奖项	评奖单位	备注
一、科学技术奖励成果	7	间歇升温对冷藏南国梨果皮褐变的缓解及对能量和膜脂代谢的调节	沈阳市自然科学学术成果三等奖	沈阳市科学技术协会 沈阳市人力资源和社会保障局	
	8	沈阳市中小河流生态修复模式关键技术集成研究与利用	辽宁水利科学技术奖三等奖	辽宁水利科学技术奖评审委员会	第一单位
二、专利技术成果	9	一种多功能的畜牧防踩踏气囊垫	实用新型专利	国家知识产权局	
三、农作物品种研发成果	10	鸿翔骏腾 520	主要农作物品种审定证书	辽宁省农作物品种审定委员会	
	11	辽翔 88	主要农作物品种审定证书	辽宁省农作物品种审定委员会	
	12	优迪 529	主要农作物品种审定证书	辽宁省农作物品种审定委员会	
	13	沈研 23	非主要农作物品种登记证书	中华人民共和国农业农村部	
	14	沈研 24	非主要农作物品种登记证书	中华人民共和国农业农村部	
	15	沈研 25	非主要农作物品种登记证书	中华人民共和国农业农村部	
	16	沈研 26	非主要农作物品种登记证书	中华人民共和国农业农村部	
	17	沈研 27	非主要农作物品种登记证书	中华人民共和国农业农村部	
	18	沈研 28	非主要农作物品种登记证书	中华人民共和国农业农村部	

（市现代农业研发服务中心）

2019年沈阳市现代农业研发服务中心科研成果转化情况

表16

序号	品种	成果转化方式	金额（元）
1	沈玉529	转让品种生产经营权	10万元
2	沈玉7198	转让品种生产经营权	10万元
3	沈玉2573	转让品种生产经营权	10万元
4	沈玉9272	转让品种生产经营权	10万元

（市现代农业研发服务中心）

农村集体产权制度改革

【概况】 2019年，沈阳市被确定为第四批国家级整市推进农村集体产权制度改革试点市。截至年末，全市基本完成农村集体经济组织登记赋码工作，清产核资工作全面完成。全市清产核资数据全部录入到全国农村集体资产清产核资系统中，实现基本完成新型集体经济组织组建并登记赋码任务。截至12月26日，全市1972个农村集体经济组织完成清产核资、成员确认、股份设置和章程制定等工作的村有1859个，完成率94.2%，全市登记赋码的农村集体经济组织为1855个，占总数的94%。农村综合产权交易市场加快建设，沈阳农交中心总计交易项目287宗，涉及面积19.1万亩（1.27万公顷），交易金额6.7亿元。按照省委、省政府的部署，沈阳农交中心搭建全省统一农村产权交易网络信息服务平台，经过4期、历时1个月的相关信息平台操作技能培训班，省级平台开通前工作全部准备就绪。全市召开市级工作部署会，并派员赴各区县（市）开展专题培训，组织所有区县（市）农经工作相关人员，分批参加省农村集体产权制度改革培训班。全市组织各类不同级别的培训学习会91次，参加会议培训人员累计4373人次，提升专业人员政策水平。同时，将省内省外农村集体产权制度改革好的经验做法、成型的工作流程、示范章程样本迅速转发到各区县（市）农经部门，方便学习借鉴。（方朝明）

【农村集体产权制度改革现场会】 9月28日，市农村人居环境整治和集体产权制度改革工作现场会在浑南区政府正式召开。市农业农村局、市执法局、浑南区、铁西区、辽中区、新民市、法库县、康平县相关负责人员参会。与会人员对王士兰村农村集体产权制度改革工作情况进行调研，随后召开工作会议。会议要求，集体产权制度改革工作进展进行周调度，确保完成年度任务。要坚持先行先试，不断深化农村“三块地”改革，为繁荣农村经济打下坚实基础。（志 闻）

农业品牌建设

【概况】 2019年，全市农业品牌建设工作取得成效，农产品价格和市场占有率均有不同程度提升。辽中万谷园米业的康森留芽米、沈北锡伯龙地绿色有机米价格高于普通米6元以上；沈阳西芹成功打入北京市场，占领北京新发地市场70%销售份额，并通过北京分销至山东、河北、河南等省外市场；新民小梁山西瓜作为农业农村部和国家市场监督管理总局双重地理标识农产品，获农业农村部颁授的最受消费者欢迎农产品称号。沈阳市累计获省级名牌农产品称号的产品达到53个（其中地理标识24个，省名牌农产品29个）。全年将品牌建设资金由原来重点投入沈阳本地宣传推介，调整为重点投入京津冀、长三角、珠三角等经济发达地区开展品牌宣传推介。市农业农村局充分利用京沈合作、招商推介等平台，推介沈阳市农业品牌。4月26日，在北京会议中心举办沈阳品牌农产品推介会，邀请新发地批发市场等128家在京知名农业商超及协会参加活动，4种品牌产品与北京企业签约，签约总额1.29亿元。5月19日，在北京世园会“辽宁省日”活动中，宣传推介沈阳市品牌农产品。6月20日，应上海国际现代农业品牌展组委会邀请，组织沈阳市20户农业品牌企业、47个品类参展，现场交易额52万元、现场签约额2100万元。（徐 宁）

【沈阳十大农业品牌全国巡展】 1月18—21日，由沈阳市农业农村局、沈阳广播电视台、成都广播电视台组织，以“盛京品牌·品味盛京”为主题的沈阳十大农业品牌全国巡展首站在成都新会展中心展出。此次展出的农业品牌分别是沈阳大米、沈阳寒富苹果、沈阳杂粮、小梁山西瓜、沈阳西芹、沈阳葡萄、沈阳芽菜、沈阳蛹虫草、辽育白牛、沈阳畜禽产品。

【首届沈城百姓喜爱的品牌农产品评选】 3月29日，“盛京品牌·品味盛京”首届沈城老百姓最喜爱的品牌农产品（大米、寒富苹果）评选活动揭晓。经评选征集、网络投票、现场品鉴展销等阶段及专家评审和盲选打分，安禾健牌蟹米、皇庄稻米、栖鹤湖牌大米、魏家沟大米、冯国华大米、贡乡大米、菱花香、稻源红、盛京虾稻、稻梦空间、富硒大米、威云果业、金麟、望果石、韩富源、魏家沟、富思特、香润鑫、逸仙19户企业胜出。评选活动由沈阳农业品牌发展促进会、沈阳市农业产业化龙头企业协会、沈阳广播电视台联合举办，2018年12月26日启动。

【京沈农业合作推介会】 9月19—22日在沈阳迎宾馆举行。沈阳、北京两地农业主管部门、龙头企业代表等人员参加会议。推介会主要以京沈农业合作对接需求为主，沈阳于洪、辽中、法库等5个县区对各自区域中的主导产业及重点项目进行推介说明。北京的大北农、御食园、京粮集团等20户企业表达寻求对接合作意向，其中沈阳6户龙头企业与北京企业进行对接。（志 闻）

【沈阳寒富苹果】 沈阳寒富苹果是沈阳农业大学于1978年在沈阳以北高寒地带培育而成，具有自主知识产权的苹果新品种，比较适应寒冷地区的自然环境条件。其果形圆润，个大均匀，肉质脆密，酸甜可口，抗寒性强，适宜沈阳等冰凉地区栽培。沈阳寒富苹果原产地域地理范围为：辽河平原中部，南起辽河三角洲，北至昌图县、康平县，东部边缘为开原市、抚顺市，南至辽阳市，地理位置主要为北纬42° 88′ 东经123° 20′、北纬42° 42′ 东经123° 39′、北纬42° 03′ 东经123° 49′、北纬41° 70′ 东经123° 44′、北纬41° 46′ 东经122° 86′、北纬41° 84′ 东经122° 63′ 之间区域内的25个街道、镇、林场。沈阳寒富苹果2018年被列为沈阳农业十大品牌。2019年，沈阳寒富苹果栽植面积约2.33万公顷，有1.6万公顷苹果处在成果期，可创产值18亿元。

【沈阳大米】 沈阳市境内辽河流域清水灌溉区被国家列为优质大米基地，沈阳大米种植历史悠久，洁白透明结构紧密，营养丰富饱满度高，米粒柔软油润。沈阳大米种植面积13.75万公顷（206.3万亩），年均产量100万吨左右，加工技术先进，稻米生产加工企业200余户，其中有90余户企业进入信息化监管平台，创建“沈阳大米”质量追溯体系，对产品实现溯源。截至2019年底，重点种植区域包括于洪区、苏家屯区、沈北新区、辽中区、新民市、法库县、铁西区内的31个乡、镇、街道。

【沈阳蛹虫草】 沈阳蛹虫草是沈阳市农业科学研究所用棋盘山水库树林中采集的野生蛹虫草标本培育而成的。蛹虫草生产基地重点分布在于洪区、浑南区、沈北新区、苏家屯区等地。全市有蛹虫草专业生产合作社146家，专业户3000户，2019年全市干品蛹虫草产量约5000吨，占全省产量的80%，占全国产量的60%，涌现一批专门从事蛹虫草研究、生产、加工的龙头企业。

【沈阳白羽肉鸡】 沈阳市白羽肉鸡饲养区域主要在苏家屯区、沈北新区、法库县、康平县。2019年全市白羽肉鸡养殖大约7000万只以上；肉鸡屠宰由于外地调入原因，屠宰量2亿只以上。涌现出禾丰牧业、昊明禽业、耘垦牧业、冠卓牧业养殖等大型屠宰加工企业。其中，禾丰牧业、昊明禽业、耘垦牧业进入2019年辽宁省民营企业500强榜单的前30强。（徐 宁）

▶农机培训　　（市现代农业研发服务中心供）

林　业

【概况】 2019年，全市林业生态建设深入践行习近平总书记“绿水青山就是金山银山”的发展理念，坚持问题导向，进一步加大造林绿化、森林资源管理、湿地、自然保护地管理、野生动植物保护、国有林场改革等工作力度，深入开展全民义务植树活动，为沈阳增绿补绿复绿造绿、实施防沙治沙、山体绿化、水体绿化、村庄绿化等项工程，完成造林1万公顷。开展松材线虫病疫木检疫执法、“绿卫2019”森林草原执法暨严厉打击破坏森林和草原资源违法犯罪专项行动、国有林场改革等工作，进一步提高全市森林资源管理、湿地、自然保护地管理、野生动植物保护工作水平，林业生态建设得到长足发展。截至年末，全市森林覆盖率12.99%，林地总面积21.8262万公顷。

【“绿卫2019”森林草原执法专项行动】 3月15日至9月15日，全市开展“绿卫2019”森林草原执法暨严厉打击破坏森林和草原资源违法犯罪专项行动，市自然资源局通过边排查、边治理、边打击、边移送等有力有效措施，查处非法侵占林地等涉林案件专项成果40宗，累计罚款17.8098万元。其中，行政案件立案数30宗，处理人数（人或单位）31个，罚款17.8098万元；刑事案件立案数10宗，处理人数（人或单位）10个。专项行动查处违法侵占林地面积40.9639公顷，违法毁林开垦面积132.7817公顷，违法毁坏林木蓄积量2278.0429立方米，恢复林地面积8.3719公顷，全市资源局（分局）累计共出动月份巡查执法人次231起，车辆107台次。

【全民义务植树活动】 4月10日，全市开展全民义务植树活动。省委书记、省人大常委会主任陈求发，省委副书记、省长唐一军，省政协党组书记、主席夏德仁，省委副书记周波，省委常委、沈阳市委书记张雷，市长姜有为等省市领导到于洪区丁香东湖公园，与机关干部、部队官兵共188人一起参加义务植树活动。

【松材线虫病疫木检疫执法专项行动】 6月6日，省林业和草原局召开松材线虫病疫木检疫执法专项行动暨2018—2019年度疫木除治总结电视电话会议。市自然资源局在会后立即召开全市松材线虫病疫木检疫执法专项行动部署会，落实相关工作。12日制发《沈阳市松材线虫病疫木检疫执法专项行动实施方案》，明确专项行动的工作内容、时间节点，并依此开展专项执法行动，取得阶段性成果。

【全市国有林场全部转制】 2019年，完成国有沈阳市新民机械林场、国有沈阳市康平县张家窑林场、国有沈阳市康平县大辛屯林场、国有沈阳市康平县孙家店林场、国有沈阳市法库县八虎山林场、国有沈阳市法库县三尖泡林场、国有沈阳市法库县马家店林场、国有沈阳市辽中区林场、国有沈阳市沈北新区马刚林场和国有沈阳市苏家屯区塔山林场10个全市国有林场转制工作。全市国有林场始建于20世纪五六十年代，均为区县所属。经营总面积2.67万公顷，其中林业用地面积2.61万公顷，有林面积2.28万公顷，森林总蓄积量128.3万立方米。截至10月，10个国有林场全部定性为公益性事业单位，核定编制545人，分别设置为区县（市）自然资源中心或农业技术推广和行政执法中心下设的分支机构。（市自然资源局）

水 利

【概况】 2019年，全市践行“节水优先、空间均衡、系统治理、两手发力”的新时期治水思路，坚持“水利工程补短板、水利行业强监管”的总基调，全面实施水利设施建设和水务基础设施建设，稳步推进河长制由“有名”向“有实”转变。全面推进116项水利（水务）工程顺利实施，重点完成浑河和平段堤防加固工程、柳河新民段防洪治理工程、赵家套拦河闸除险加固工程、辽中潘家堡镇和于家房镇农业节水灌溉工程、58万亩（3.87万公顷）退耕（林）还河生态封育工程、8处生态湿地建设工程、605千米封育围栏建设工程、72条村屯河道清淤疏浚和河道整治工程、12.5万人农村饮水设施新建改造工程、38条侵蚀沟治理工程等一批水利工程和东部一期及南部二期污水处理厂建设工程、30个排水防涝节点工程、217处点位和24条街路雨污混接摘除工程等一批水务工程。市水务局组织协调全市2681名四级河长认真履职，依托河长制信息化平台，积极构建网格化巡河体系，解决6823个涉河问题，处理369处“乱占、乱采、乱堆、乱建”问题。坚持以雨为令、以警为令、以汛为令，组织发布全市防汛预警29次、洪水预警预报25次，下发各类紧急通知89份，对重点区域和点位全面防控，有效抵御辽河、蒲河等洪水过程，科学防范“利奇马”“玲玲”等台风影响，成功应对“5·16”“6·29”“7·29”“8·16”等强降雨过程，为全市安全度汛提供保障。为推进再生水利用的开展，组织编制《沈阳市中心城区再生水利用规划》并完成《沈阳市再生水利用管理办法》立法工作。《沈阳市城市供水用水管理条例》（第二次修订）经7月30日辽宁省第十三届人民代表大会常务委员会第十二次会议批准，自10月1日起施行。“世界水日”“中国水周”

期间，宣传主题为“坚持节水优先，强化水资源管理”，在各区繁华地段、企业、学校开展设点宣传活动，展出节水宣传展板，发放宣传资料、宣传品等，广泛开展节水宣传活动。

【河流生态封育1.8万公顷】 2019年，在巩固辽河干流沿线30.96万亩（2.06万公顷）退耕（林）还河生态封育成果的基础上，市水务局实施浑河、蒲河、细河、北沙河及其重要支流实施退耕还河生态封育工程，涉及铁西、大东、于洪、沈北、苏家屯、新民、辽中7个区（市），重新在河道两侧构建植被缓冲带和隔离带，形成约27万亩（1.8万公顷）的大面积、大广角自然生态景观和全线贯通的滨河生态廊道，有效阻拦河流沿线农业污染源进入水体，进一步改善河流水质，提高河流自净能力，营造良性的水生态循环系统，改善人居环境及生态环境。（市水务局）

十四、工　业

综　述

2019年，全市形成以汽车及零部件制造、机械装备制造、农副产品加工、电子信息产品制造、医药制造、石油化工、钢铁及有色压延、建材、航空航天等行业为主体，门类较为齐全的工业体系。在国民经济行业的41个工业大类中，沈阳拥有37个；207个工业中类中，沈阳有134个；666个工业小类中，沈阳有303个。完成产值5347.3亿元，增长2.9%。工业固定资产投资增长16.5%，高于上年15.6个百分点，高于全市固定资产投资增速3.4个百分点，比重也略有提高。从行业看，装备制造业支撑作用明显，装备制造业投资增长28%，占工业固定资产投资的44%，比重提高4个百分点。其中，汽车制造业投资增长85.8%，占工业固定资产投资的比重近30%，强力支撑和拉动工业固定资产投资稳步增长。从地区看，工业固定资产投资分布不均衡，铁西、法库、苏家屯、和平、沈河保持高速增长；大东、于洪小幅增长；浑南、沈北等地区均大幅下降。全市中小企业发展仍存在招工难、税费高、企业负担重、融资困难问题。

工业总产值增速由较快增长转为低速运行。全市工业产值持续低速运行，是由于同期基数较高导致产值增速增长较缓，以及全市主要行业汽车及零部件业受“国六”标准实施影响，部分重点企业如上海通用北盛汽车公司、自主品牌企业如华晨汽车集团控股有限公司等及为其配套的零部件企业产销量均呈现下降趋势，导致汽车行业自下半年以来持续处于低速运行区间，对全市工业未起到明显的拉动作用。机械装备制造业受行业整体环境影响，生产出现萎缩，重点企业如沈阳机床集团、北方重工集团、利源轨道交通设备公司等下降严重企业影响行业的增长。机械行业产值增速年初以来持续处于下行区间，下拉全市工业的增长。

工业增加值占全市地区生产总值的比重略有波动，占全口径工业比重逐年提高。完成工业增加值1380.5亿元，增长2.8%，低于一季度3.5个百分点，与半年、三季度持平，低于全省3.9个百分点（全省6.7%），低于全国平均水平（全国5.7%），在全国15个副省级市中排名第13位。2017年以后，规模以上工业增加值占全市地区生产总值的比重分别为21.8%、22.1%、21.3%；占全口径工业增加值的70.2%、71.2%、80.5%，占比呈现提高趋势。

工业资产规模略有下降，企业户数逐渐回升。2018年全市工业资产总额7986.5亿元，增长2.3%，2019年7773.8亿元，下降

0.5%，工业资产规模略有下降，增长速度较上年有所降低。规模以上工业企业数量从2016年末的2673户，减少为2017年底的1676户、2018年底的1371户，到2019年底的1568户，企业户数在连续2年减少后呈现回升趋势。

重工业占据主导地位，装备制造业仍为工业主体。从总体结构上看，全市的工业结构以重工业为主，2019年，轻、重工业产值的比例约为22∶78。在重工业中，全口径装备业占全市比重达到65.7%，其中汽车及零部件制造业占全市45.4%；机械装备制造业位列第二，占全市17.4%。在轻工业中，农副产品加工业占全市14.3%。汽车及零部件、机械装备、农副产品加工3个行业的产值居前3位，约占全市工业的77.1%。

经济效益指标保持低速增长。全市规模以上工业营业收入5456.6亿元，增长2.8%；利税总额595.9亿元，增长1.7%；利润总额310.4亿元，增长2.5%。资产负债率67.98%，较上年同期减少0.47个百分点。营业收入利润率5.69%，较上年同期减少0.02个百分点。（市工信局）

2019年全市主要工业产品产量

表17

产品名称	单位	产量	增长（%）
汽车	辆	770251	-16.1
#新能源汽车	辆	33155	53.2
变压器	万千伏安	11902.8	9.0
风机	台	6823	1.9
铅酸蓄电池	万千伏安时	257.1	21.7
塑料制品	吨	444845	27.8
水泥	吨	2695448	42.0
啤酒	千升	930910	3.2
饮料	吨	2128499	3.9
乳制品	吨	504209	3.1
精制食用植物油	吨	61292	35.6
卷烟	万支	1250000	4.6

（志 闻）

产业集群

【概况】 2019年，全市突出主导产业，培育龙头企业，打造产业链，推动全市产业集群高质量发展，各产业链（集群）均呈现稳步发展态势。全市有市级重点产业集群20个，其中，省级产业集群16个，涉及装备制造、汽车及零部件、民用航空、医药化工、软件及电子信息等领域。全市20个重点产业集群产值4527亿元，增长2.7%，入驻企业1025户，从业人员24万人。两个千亿集群继续保持千亿产出，铁西装备制造产业集群产值1219亿元，大东汽车及零部件产业集群产值1562亿元，增长12.8%；超百亿产业集群4个，其中200亿以上集群2个，沈北农产品精深加工及生物制药产业集群产值414亿元，增长9.7%，铁西医药化工产业集群产值327亿，增长7%；沈北智慧产业集群和大东航空航天及零部件产业集群分别完成产值131亿元和120亿元。为科学有效发展重点产业集群，按照《中共沈阳市委沈阳市人民政府关于加强重点产业集群规划建设的指导意见》要求，市工信局遴选第三方专业评估机构,对2019年汽车及零部件、机器人与智能制造、电力装备、航空等7个千亿产业链（集群）发展情况进行综合评价，促进产业链（集群）高质量发展。

【机器人与智能制造产业集群入围国家先进制造业集群项目】 2019年，工信部对国家先进制造业集群项目开展公开招标。沈阳市推荐汽车及零部件（新能源汽车)和机器人与智能制造产业集群参加项目投标。机器人与智能制造产业集群从34个中标候选项目脱颖而出，入围24个先进制造业集群项目，这是辽宁省唯一中标的先进制造业集群。

（市工信局）

两化融合

【概况】 2019年，沈阳机床集团、沈鼓集团等36户企业获批国家级两化融合管理体系贯标试点单位，中航黎明集团等10户企业获批成为省级试点单位。通过对全市268户企业抽样调查统计，大规模企业两化融合发展水平64.37分，较上年增长6.5%，处于集成提升及以上阶段企业跨越取得新突破，企业数字化研发设计工具普及率和关键工序数控化率逐年稳步提高，分别为70.86%和56.39%。出台《沈阳市支持智能升级示范项目政策及管理实施细则》，启动新一轮智能升级示范项目工作。年内储备智能工厂项目40个、数字化车间项目40个，其中，申报智能工厂评审项目8个，数字化车间项目20个。截至年末，有沈阳富创精密设备公司、东药集团、华晨汽车集团等5个智能工厂、沈飞集团、名华模塑科技有限公司、三一重装等11个数字化车间行业示范项目通过专业评审。全市有30个项目获批智能制造及智能服务试点示范项目，数量排名全省第一。组织对辽宁省2019年重点推动的智能制造及智能服务试点示范项目投资情况及项目进展情况实时跟踪，并对项目给予指导服务。组织53户企业参加省工信厅召开的全省智能制造工作座谈会与产品对接会。沈阳市负责调度的30个智能制造试点示范项目，项目总投资41.7亿元，年内完成投资4.4亿元。组织推荐沈阳新松公司、沈鼓集团等4户企业的20个项目参与工信部“2019年智能制造系统解决方案供应商”公开投标。其中，沈阳新松公司中标家电行业的数字化车间集成，拨付先期奖补金额300万元。东药集团大宗原料药及医药中间体项目是国家智能制造新模式应用项目，2016年该项目立项时获3000万元补助资金，2019年初项目通过国家验收，2019年12月再获3000万元补助资金。

【组织考察东莞智能制造示范企业】 5月，为加快推动智能制造装备产业发展，落实“走出去”学习先进经验要求，组织沈鼓集团、北方重工集团等27户重点企业，到广东生益科技股份有限公司和华勤通讯技术有限公司2户东莞智能制造示范企业进行学习考察。（市工信局）

【工业人工智能国际会议】 7月21—27日在东北大学举行。中国工程院院士柴天佑、中国工程院院士王天然、国家自然科学基金委员会信息学部副主任李建军、中国自动化学会副理事长王成红、中科院沈阳自动化所所长于海斌等500余人参加会议，包括美、英、加、德、法等18个国家和地区的海外专家60余人。会议由东北大学流程工业综合自动化国家重点实验室主办。会议囊括大会报告、国际前沿论坛、专题研讨会（工业人工智能、非线性系统与控制、创新人才培养）和研究生学术沙龙4个部分。针对大会上发表的优秀论文，会议评选出最佳论文奖1篇，学生优秀论文奖2篇。（于　聪）

【智能升级示范项目宣讲培训】 8月22日、8月27日、9月3日，市工信局围绕培育智能升级示范项目工作会同铁西区、沈北新区、浑南区工信部门，邀请智能制造相关专家，举办沈阳西部、北部及南部区域“沈阳市支持智能升级示范项目系列宣讲培训”活动，200余户企业及60余家专业服务机构参与解读与对接，开展政策解读、专业技术答疑和专业服务对接。

【“专家看沈阳”（铁西方向）活动】 10月17日，市工信局邀请10名信息化领域专家参加2019全球互联网峰会“专家看沈阳”

（铁西方向）活动，与东药集团、特变沈变集团、三一重装集团等10户进入智能升级培育项目库的受邀企业开展座谈交流，分别从解决工控安全、开展行业云平台角度为企业工业互联网建设与应用提供解决思路。

（市工信局）

军民融合

【概况】 2019年，市委军民融合办认真贯彻习近平新时代军民融合发展战略思想，深入落实《中共辽宁省委关于贯彻〈军民融合发展战略纲要〉的实施意见》及省委、市委军民融合发展委员会2019年工作要点，按照省委、市委军民融合发展工作部署，充分发挥市委新机构的议事协调作用，建立军民融合组织管理体系、工作运行体系和政策制度体系，编制军民融合发展工作计划，出台军民融合发展政策措施，搭建军民融合发展服务平台，协调推动一批军民融合重大项目和产业园区建设，军民融合产业发展保持稳定增长态势，军民融合企业数、产值、产值增长率均位列全省第一。以军工集团为主，开展军民融合企业（单位）大调研工作，建立“民参军”企业库和“军民融合产业统计指标体系”，及时掌握全市军民融合发展动态。

政策制度体系建立。全面梳理整合已有政策措施，梳理废止11条不规范、难执行的政策措施。在全省率先出台《沈阳市军民融合发展专项资金管理实施细则》，设立1亿元军民融合发展专项资金，并按时序进度落实近7000万元，政策引导军民融合深度发展初显成效。沈阳市出台《沈阳市军民融合高层次人才引进奖励和项目资助办法》，鼓励军民融合人才来沈创新创业，对高层次军事科研人才开展奖励补贴和创业团队项目进行支持。

军民综合服务平台整合。依托东北科技大市场，设立军民融合模块，线上发布信息近2000条。发挥沈阳军民融合综合服务平台—沈阳军民融合中心作用，完善平台功能，有各种军民两用技术数据150多万项。为解决民参军“入门难”、民营企业“不会融”、需求信息不对称等问题，组织100余户企业参加军民融合需求对接会，对相关政策进行解读并对民参军相关资质认证办理流程进行培训，发布军工需求信息，促成3个项目签约；组织沈阳市140户企业210人参加省军民融合政策宣讲和保密认证培训会议；组织沈阳市80余户重点企业（单位）参加辽宁省首届高新技术成果展（全省军民融合工作专业展），占全部参展企业总数45.5%，沈阳有26个项目现场签约，位列全省第一，获省委军民融合办书面表扬。

军民融合金融服务。协调中国银行辽宁省分行批准铁西支行设立专业军民融合金融服务中心，成为全省第一个可以专门为军民融合企业开展业务服务的支行，为沈阳市军民融合企业提供金融支持与服务。参与省军民融合发展基金组建工作，出资2亿元参与设立省军民融合产业投资基金。组织全市40个军民融合项目申报省基金支持，融资需求约30亿元，占省军民融合产业投资基金拟支持项目的36%，位居全省申报项目总量第一。

重点项目取得进展。4月12日，中航发燃机有限公司合作项目签约仪式在沈阳举行。4月28日公司召开成立大会，正式落户沈阳并投入运营。沈飞局部搬迁工作取得重大进展，7月10日中航工业集团与辽宁省政府签署关于沈飞公司局部搬迁合作框架协议，搬迁项目建议书编制完成。东塔机场迁建工作稳步推进，省政府与北部战区空军签署军地框架协议。04专项示范基地容纳8条智能生产线的3.3万平方米联体厂房以及办公大楼竣工，53台国产数控装备全部完成安装调试。601所与民营企业共同成立沈阳旋飞航空技术有限公司，合作开发旋翼无人机项目，填补国内外行业空白并参加迪拜航展，与中航技进出口有限公司攻击鹰无人机项目签约。

【军民融合发展工作部署】 2019年，省委常委、市委书记、市委军民融合发展委员会主任张雷两次召开委员会全体会议，审议通过并印发《中共沈阳市委军民融合发展委员会2019年工作要点》《中共沈阳市委军民融合发展委员会工作规则》《中共沈阳市委军民融合发展委员会办公室工作细则》和《沈阳市军民融合深度发展工作计划（2019—2022年）》，对全市军民融合工作进行宏观统筹、前瞻谋划和系统安排，明确以打造“国防科研基地、国防装备制造基地、面向北部战区后勤社会化保障基地”为重点的沈阳未来四年军民融合工作安排，在全省率先形成各部门、各地区协同推进军民融合工作的新局面。编制《沈阳市军民融合示范工作手册》，引导全市各领域、各区域深入开展军民融合示范能力建设。省委军民融合办对示范工作手册给予高度评价，并将其作为出台全省军民融合发展指导手册的重要参照。

【军民融合园产业园区】 2019年，军民融合产业园区由“三园区一基地”扩展到“六园区一基地”。浑南供应商配套产业园围绕沈飞民机及沈飞国际项目，发展航空零部件制造、航材研发生产、物流运输等航空配套产业，产业园一期主体工程实现封顶，并有5户配套企业入驻。皇姑君威军民融合智慧产业园有42户企业入驻。法库通航基地与理工大学、航空航天大学、626所、601所合作推动无人机产业参与军民融合，辽宁锐翔RX4E型四座电动飞机成功在法库财湖机场首飞。新增大东航新科技产业园入驻企业53户，其中高新技术企业9户。铁西区与大连理工大学共建军民融合产业园，入驻企业9户，实现产值近1亿元。依托沈飞局部搬迁项目，沈北航空产业园规划建设加快推进，推动军工企业优化布局，产业园规划编制工作完成。（市委军民融合办）

工业投资及重点项目

【概况】 2019年，列入全市重点建设项目计划的投资亿元以上重点工业项目246个，计划总投资1791.4亿元。包括续建项目139个，计划总投资613.3亿元；新建项目107个，计划总投资1178.1亿元。其中，计划总投资100亿元以上的项目3个，50亿—100亿元的项目5个，20亿—50亿元的项目9个，10亿—20亿元的项目10个。为推进重点项目尽早开复工建设，按照质量高、工作实、进度快的工作要求，全力推进项目建设进度。至9月末，246个重点工业项目全部开复工建设，实现开复工率100%，当年累计完成投资206.6亿元。其中，续建项目当年累计完成投资98.2亿元；新建项目当年累计完成投资108.4亿元。为加大全市工业固定资产投资力度，增加有效投资，市区两级的工信、统计部门通力合作，深入挖潜现有企业实施技术改造项目，组建工业技术改造项目库，全年入库工业技术改造项目200个，计划总投资558.4亿元。其中，续建项目137个，计划总投资315.6亿元；新建项目63个，计划总投资242.8亿元，当年累计完成投资108.8亿元。

【华晨宝马产品升级项目】 项目分为大东厂区和铁西厂区两个部分，计划总投资283亿元。其中，大东厂区新增投资93.08亿元，新征土地面积约0.91平方千米，新增建筑面积约7.7万平方米，2019年4月开工建设。建成后双班年产29.3万辆的生产能力不变，在生产宝马5系长轴距传统燃油车及插电式混合动力车型的基础上，新增一款中高档SUV车型，并为宝马5系纯电动车型做前期准备。铁西厂区新增总投资189.97亿元，新增土地面积约2.9平方千米，新增建筑面积约109万平方米。建成后新增双班年产26.67万辆整车产能。项目实施后，铁西工厂总生产能力将达到双班年产53.33万辆整车产品，将生产宝马公司开发的4款产品，具体车型为全新宝马3系长轴距、全新宝马3系长轴距纯电动车、宝马X3及换代产品、宝马 X3纯电动车及换代产品。

【恒大新能源汽车项目】 规划总投资约300亿元，打造恒大新能源汽车整车生产制造基地，主要计划生产基于自主整车平台开发的智能纯电动车，包括但不限于基于Phoenix平台开发的A级紧凑型SUV, 基于全新HD6整车平台开发的A级及B级车型,基于HD8平台开发的C级车型。项目总体规划产能为年产50万辆新能源整车，分两期实施，其中一期产能20万辆，二期产能30万辆。项目一期总投资约185亿元，2019年基础土建施工。

【恒大集团新能源电池项目】 由恒大高科集团投资建设，计划总投资360亿元，打造沈阳新能源动力电池研发和生产基地，主要从事动力锂电池产品的设计开发、生产和应用。业务主要涵盖三元软包锂离子电池、电池模组及Pack包系统设计制造，项目总规划产能60Gwh（1Gwh=100万千瓦时）。其中，一期计划投资60亿元，落地规划产能10Gwh，建设周期约为2年，预计年产值100亿元。2019年一期土建基本完成，开始厂房施工建设。

【恒大轮毂电机项目】 11月奠基。项目由恒大集团瑞博动力科技（深圳）有限公司投资建设，打造新能源汽车轮毂电机研发生产基地，计划总投资约220亿元，年产能50万套轮毂电机，产值300亿元。其中，首期项目投资约60亿元，年产能20万套轮毂电机，预计年产值约100亿元。

【新松机器人未来城项目】 计划总投资54亿元，建设周期5年。规划建设人工智能孵化器、机器人孵化器、云技术智能发展、工业智能技术、智能装备研发、工业4.0示范、智能设备研发和智创联合研究8大产业平台，建成后将形成以机器人核心的，集研发、设计、制造、服务为一体，具有全球影响力的智能产业发展生态圈。该项目2019年正式开工建设，其中A区A1—A88栋楼中A1、A5完成地上2层，A6完成地上1层，其他A区完成地下室施工，B区B1-B4地下室完成50%工程量。

【三生制药北方生物医药科技园项目】 计划总投资50亿元。重点建设五大基地，即生物医药研发基地、生物药国际CDMO基地、生物制药原辅材料制造基地、生物制药核心工艺装备基地、生物医药产业人才培养基地。其中一期预计投资28.3亿元，新建办公楼、中试/QC、生产车间、仓库、能源中心等。新增QC（质量控制系统）、中试、API（化学原料药及中间体）生产线、多剂型制剂线、预充针线等设备。项目一期2019年6月底开工建设，至年末，有两栋主体建筑封顶。 （市工信局）

机械装备制造业

【概况】 2019年，沈阳北方交通重工公司、沈阳机床集团、北方重工集团、沈阳利源轨道交通设备公司等企业先后进入司法重整。机械装备制造业拥有规模以上企业479户，工业总产值932.8亿元，下降1.2%，占全市工业比重17.4%。工业增加值212.6亿元，增长2.9%，占全市比重15.4%。销售收入941.7亿元，下降0.7%。利税总额11.1亿元，下降58.6%。利润亏损9.8亿元。

实施创新驱动，推进企业研制新产品向高端迈进。沈鼓集团为“陕京四线”红墩界压气站研制的第四台18兆瓦级电驱压投入实际使用，标志红墩界压气站所有压缩机组安装、调试工作顺利完成，充分保障天然气向下游持续供应。北方重工集团研制的直径6.33米的煤矿巷道岩巷全断面掘进机“新矿一号”成功下线，该产品是国内首台应用于煤矿岩巷施工、具有自主知识产权的全断面掘进机，是中国第一次引领世界煤矿岩巷施工重大技术变革的技术装备。特变电工沈变公司为世界首个柔性直流环网试验示范工程研制的柔性直流换流变压器成功投运，可实现柔性直流电网送出方式的风、光、储多能互补。

推进重点项目建设，推进产业转型升级。重点推进安川电机（沈阳）有限公司三期工厂扩建、沈阳恩斯克精密机器有限公司2.5工厂、沈阳三一重型装备有限公司宽体矿车生产线、沈阳远大集团压缩机高端氢气天然气压缩机智能制造基地等亿元以上重点项目建设，跟踪调度项目进展情况，协调解决存在问题。重点推进特变沈变公司输变电智能装备制造及云服务基地、沈阳海为电力金属波纹膨胀储油柜数字化车间等智能升级项目建设。

组织企业积极申报国家专项，推进企业创新发展。组织重点企业开展“高档数控机床与基础制造装备”科技重大专项（04专项）2019年度课题申报。沈阳高精数控智能技术股份有限公司“基于国产CPU的高档数控系统和关键功能部件在七轴车铣复合加工中心的示范应用”项目获国家立项。沈阳市6个国家04专项项目获中央财政资金支持7875余万元，同时对获国家支持的项目实施市级配套补助1508万元。

组织重点企业开展“首台套重大技术装备保险补偿”专项申报。邀请工信部装备工业发展中心专家为重点装备制造业企业开展首台（套）重大技术装备保险补偿政策培训；特变沈变公司、沈鼓集团、新松机器人公司、沈阳远大压缩机有限公司、北方重工集团等10户企业的39个项目获补助资金7175万元，沈阳市对获国家支持的首台套保费补偿项目实施市级配套补助1788万元。

【北方重工集团智能云服务专家管理系统上线】 1月30日，北方重工集团与中国科学院沈阳自动化研究所等共同打造国内首个重型装备智能云服务专家管理系统正式上线。旨在实现设备的全生命周期的远程运维，通过设备的数据采集、故障诊断及大数据分析达到设备的家庭医生式的管理。

【三一重装SKT90E矿用无人电动宽体车上市】 10月30日，以“智领时代，筑梦中国”为主题的三一重装SKT90E矿用无人电动宽体车新品上市在第十八届中国国际煤炭采矿技术交流及设备展览会举行。该产品具有可远程遥控、SLAM定位、精准停靠、路径跟踪等特点，适用于露天煤矿开采以及石料、冶金、水利、水泥、建筑等行业的物料运输，特别适用于重载下坡及平坡工况。

【中车沈车公司按期交付澳大利亚用户水泥漏斗车订单】 1月，中车沈阳机车车辆有限公司再次获澳大利亚塔斯马尼亚小批量新造水泥漏斗车采购订单。4月28日，中车沈阳机车车辆有限公司如期履约交付澳大利亚塔斯马尼亚水泥漏斗车订单共计7辆。2013—2019年，沈车公司为澳大利亚用户累计设计生产4种200辆订单。

【中通集团重组沈阳机床】 7月，沈阳机床集团进入重整，用时4个月完成引入战投、纾解沉重债务、剥离低效无效资产、除清历史遗留问题等任务，精简企业结构，优化体制机制。11月16日，市中级人民法院裁定批准沈阳机床重整计划。12月20日，中国通用技术集团与沈阳市政府战略合作框架协议签约暨沈阳机床重组落地揭牌仪式在辽宁省沈阳市举行，标志着经过一年多运作筹备，中国通用技术集团正式重组沈阳机床。

【特变沈变公司关键基础部件研制填补国内空白】 10月，特变电工沈阳变压器集团有限公司“特高压1100kV油纸电容式套管关键设备研发及工程应用”项目获2019年度中国机械工业科技进步奖一等奖。特高压1100千伏油纸电容式套管是国内外特高压交流输电工程中运行电压最高的交流套管，代表交流套管领域的尖端研制技术。该产品的成功研制填补国内的空白，打破外国企业的技术垄断，间接降低国内工程建设的成本，带动国内套管行业的技术进步。

【沈阳市压缩机产业技术创新战略联盟成立】 12月31日，“沈阳市压缩机产业技术创新战略联盟”成立大会暨第一届第一次理事会在沈阳举行，副市长苗治民出席大会并发表讲话并和联盟理事长戴继双上台揭牌。市科技局、市工信局、市大数据局及铁西区有关领导受邀出席会议。沈阳鼓风机集团股份有限公司、沈阳透平机械股份有限公司、沈阳远大压缩机有限公司、沈阳北碳密封有限公司、东北大学、沈阳工业大学、中科院金属研究所等43家联盟成员单位代表参加会议。联盟将企业在产业化、市场化、规模化方面的优势和高校、科研院所在人才高地、科技研发平台及良好地域优势有机结合，通过合作互动，实现多方优势资源互补，增强行业自主研发能力，提高行业技术创新能力和核心竞争力，实现中国压缩机制造业永续发展。

【沈鼓集团签订国内最大乙二醇装置核心压缩机组】 12月，陕煤集团榆林化学有限责任公司与沈鼓集团成功签订煤炭分质利用制化工新材料示范项目一期180万吨/年乙二醇工程压缩机组合同。“煤炭分质利用制化工新材料示范项目”是在建的全球最大的煤化工项目，项目总占地面积约13平方千米，包括27套工艺装置及配套的公用工程，主要包括1500万吨煤炭中低温热解、560万吨甲醇、180万吨乙二醇、200万吨聚酯、200万吨烯烃及以此为中间原料的下游产品，年转化煤炭超过2000多万吨，估算总投资1200多亿元。 （常　淇）

汽车制造业

【概况】 2019年，全市有华晨宝马汽车有限公司、华晨雷诺金杯汽车有限公司、华晨中华汽车控股有限公司、上汽通用（沈阳）北盛汽车有限公司、沈阳金杯车辆制造有限公司五大传统车企，有汽车零部件及相关企业336户，形成一定的产业规模，拥有宝马、通用、雷诺3个国际知名品牌，国际知名品牌方面在国内城市中名列前茅，产量位居中国汽车前十名。汽车产业作为沈阳最重要的支柱产业，在华晨宝马的强势拉动下，实现快速发展，占据沈阳工业总产值的半壁江山。年内汽车产业产值2429.1亿元，增长2.6%,占全市工业比重为45.4%，增加值661.7亿元，增长1.9%；其中整车企业产值1931亿元，增长3.8%，增速继续小幅度改善。汽车零部件产值498.1亿元，增长0.5%。生产整车77万辆，其中新能源汽车生产33155辆，增长53.2%。在全国汽车产业大幅度下滑的情况下，先后推出全新宝马3系、X2、X3纯电动、通用新一代创酷、昂科拉、金杯F70、F50纯电动、中华V6、V7等9款新车型，促进全市汽车工业的转型升级，汽车产业依然保持正增长的态势，对全市工业发展起到支撑器和稳定器的作用。以新能源汽车整车及关键零部件招商为切入点，招商工作取得重大突破，签约落地汽车零部件项目52个。其中沈阳市政府与恒大集团正式签署战略合作协议，投资1200亿元在沈阳建设新能源汽车3大基地等项目。恒大新能源汽车项目、新能源电池项目及轮毂电机项目8月开工建设。全年累计争取国家到节能减排清算资金7892万元，用于新能源汽车发展建设。落实新能源汽车地方补贴、充电桩建设及运营补贴、新能源汽车产业发展相关补贴专项资金2929.95万元，其中拨付新能源汽车充电基础设施建设及产业发展奖补资金1566.21万元。全市建成充电站100个，建设充电终端2009个，其中公共充电终端1459个，私有充电终端550个。沈阳市新能源汽车大数据采集与监测中心投入运行，汇集27家整车厂入驻平台，登记和运行新能源汽车2690辆；接纳充电企业4户入驻平台，登记和运行充电场站8个，94桩／254枪。

【辽宁名华模塑大东工厂项目】 10月23日，名华模塑料科技有限公司大东工厂奠基。沈阳名华模塑2007年与华晨宝马开始第一次合作，发展成中国优秀的豪华汽车外饰件系统服务供应商。名华模塑大东工厂项目华晨宝马在沈阳的首家一级供应商伙伴，项目一期注册资金5亿元，同时预留二期规划，占地面积8万平方米。

（市工信局）

【沈阳市新能源汽车充电联盟成立】 12月13日，沈阳市新能源汽车充电联盟成立，30余户新能源汽车充电桩建设及运营企业加入联盟。沈阳安运新能源汽车服务有限公司董事长何文江当选沈阳充电联盟理事长。充电联盟为企业搭建一个交流平台，共同提高充电服务水平及实现共赢商业模式，同深度研究制约沈阳市充电设施发展的关键问题并提出政策建议，为市政府推动充电设施发展和有效管控提供支撑服务。截至12月，全市有充电站83座，累计建设充电终端1877个，其中公共充电终端1395个，私人充电终端482个。（志　闻）

航空航天制造业

【概况】 2019年，全市有沈飞公司、黎明公司、沈飞民机公司、中国航发燃机公司、沈阳飞机设计研究所（601所）、中国航发沈阳发动机研究所（606所）、航空工业空气动力研究院（626所）等重要航空制造企业和科研院所，辽宁联航神燕飞机有限公司和辽宁锐翔通用航空有限公司2户通航整机企业，以及辽宁壮龙无人机科技有限公司、沈阳无距科技有限公司等一批国内知名的无人机企业。直接从事航空产业人员4万余人，高级科技人员7000余人，近3年选拔培养出沈阳市杰出、领军、拔尖、高级人才107人，获国家、省、市级荣誉85人次。航空制造业产值420亿元，增长10.5%；民用航空规上产值20.1亿元，增长26%。

在民用飞机部件转包领域，沈阳与波音、空客、庞巴迪、罗罗、通用（GE）等国际知名航空企业拥有30余年转包合作关系，并与中国航空工业、中国航发、中国商飞等国内航空龙头企业建立长期稳定合作关系，民机结构件和复材件研制能力达到国际先进水平。中航沈飞民用飞机有限责任公司以合作伙伴角色全面深入参与A220系列飞机研制工作，并承担A220前／中／后机身、舱门、尾锥、翼身整流罩、中央翼盒7个工作包，以及庞巴迪Q400机身段、波音B777—9垂平尾翼尖及复材壁板、B737MAX48段等重点飞机工作包任务。沈阳西子航空产业有限公司成长为波音公司国内唯一民营复材零件供应商，B737驾驶舱内饰件工作包月产超过600件。沈飞民机深度参与国产ARJ支线飞机、C919大飞机、新舟700飞机以及CR929双通道宽体客机研发工作，沈阳是国产飞机尾段、全机电缆、发动机吊挂等关键部件的主要供应基地，任务量约占全机份额的30%。航空工业—波音制造创新中心沈阳分部和中国商飞上飞院（沈阳）机体设计中心相继挂牌成立，国内外民用飞机研发制造任务正逐渐向沈阳地区倾斜和集中。

在燃气轮机领域，中国航发集团驻沈单位陆续研制具有自主知识产权的QD70、QD128、QD185、R0110等燃机。其中，QD128燃机性能比较成熟，实现国内外实现销售，QD70和QD185热效率接近世界先进水平，R0110重型燃机部分技术参数达到国际同类水平。4月，中国航发燃气轮机有限公司在沈阳签约落地，将在沈阳打造燃机市场营销、技术研究和产品开发、燃机集成试验、机组成套安装、维修服务保障等“五位一体”全价值链的燃机产业实体，国产燃机将进入产业化阶段。

在通航和无人机领域，中国首款具有自主知识产权的电动轻型飞机锐翔（RX1E）取得适航证和生产许可证，成为全球唯一取得型号设计批准证书（PDA）和生产许可证（PC）的电动轻型运动类飞机。联航神燕泰克南P2010飞机完成取证，成为中国唯一符合CCAR—23部的国产单发初级教练机。沈阳无距科技有限公司THEONE系列无人机和辽宁壮龙无人机科技有限公司油动直驱多旋翼无人机逐步推向市场。

【中国商飞上飞院（沈阳）机体设计中心成立】 4月9日，中国商飞上飞院（沈阳）机体设计中心在沈飞民机公司正式挂牌成立。中心由沈飞民机与中国商飞上飞院共同建设，围绕研制需求，在商用飞机设计业务领域开展全面合作，共同承担 ARJ21-700飞机、C919大型客机的机体后段优化设计、工程更改、现场支持、CR929机体后段模块化设计等工作，促进国产大飞机设计制造一体化，助力产业能级提升，加速推进国产大飞机产业发展。

【中国航发燃气轮机有限公司签约落地】 4月12日，中国航发燃气轮机有限公司合作项目签约仪式在沈阳举行。中国航发燃气轮机有限公司由中国航发集团和沈阳市政府共同出资组建，将推进QD70、QD185、QD280和R0110等燃气轮机产品攻克机进入市场门槛关键技术，完成靠性考核验证，形成国产燃机批量生产能力。

【第八届沈阳法库国际飞行大会】 8月16—18日在沈阳通用航空产业基地举办。飞行大会邀请优秀航空运营单位、航空协会联袂表演，参演航空器600余百架。除动态表演外，国内外的先进航空器制造企业的超过100架最新款直升机、固定翼飞机、无人机同时进行技能展示和静态展览。大会期间还举办航空项目推介会、通航业务对接会等活动，签约航空服务项目7个、航空企业合作项目12个，沈阳法库通用航空产业基地集聚效应持续放大。

【新能源四座电动飞机在沈首飞】 10月28日，中国自主研制的新能源电动飞机—锐翔RX4E四座电动飞机在辽宁沈阳财湖机场成功首飞。RX4E飞机由辽宁通用航空研究院研制，是中国首个四座纯电动飞机，飞机采用上单翼、低平尾、前置螺旋桨、前三点式不可收放起落架的布局形式，翼展13.5米，机长8.4米，最大起飞重量1200千克，巡航速度200千米／小时，续航时间1.5小时，后续随电池储能技术的发展航时航程可进一步提升。

【国产燃机科研试验电站项目签署战略合作协议】 12月6日，中国航发燃气轮机有限公司、辽宁能源投资（集团）有限责任公司和铁西区政府签署《燃气轮机试验示范及应用领域战略合作协议》，三方本着优势互补、互惠互利、长期合作、共同发展的原则，建设燃机科研试验电站，在沈阳构建国家级轻型燃气轮机试验示范电站，加快推动国产燃机实现产业化发展。（市工信局）

石化工业

【概况】 2019年，全市石化行业规模以上企业112户，比上年增加22户；产值241.6亿元，增长1.9%，占全市比重4.4%；增加值48亿元，增长1%，占全市3.5%。市石化产业重点监控的5户企业完成产值136亿元，同比略有增长，沈化集团产值68.7亿元，增长3.9%；米其林沈阳轮胎有限公司产值43.9亿元，下降3%；赛轮（沈阳）轮胎有限公司产值15.7亿元，增长1.2%；普利司通（沈阳轮胎）有限公司产值8.8亿元，下降26.7%；科创化学品有限公司产值13.6亿元，增长27.7%；重点企业占行业的56.3%。原油加工能力140万吨／年，实际原油加工量83万吨，增长14.5%；PVC糊树脂（包括PCMA）生产能力20万吨／年，实际PVC糊树脂产量20万吨，同比持平；烧碱生产能力20万吨／年，实际产量20.5万吨，增长0.6%；聚乙烯生产能力（包括茂金属）10万吨／年，实际产量12.1万吨，增长19.8%；系列丙烯酸酯生产能力13万吨／年，实际产量12万吨，下降10%；轮胎外胎产能1600万条／年，实际产量1148万条，下降2.5%；农药实际产量12110吨，增长17%；催化剂产量14620吨，略有增长。按照对全市20余种化工新材料产品口径（非企业口径）统计，核心技术和重点产品产值80亿元，增长6.7%。中化集团新材料基地项目的相变储能3D打印树脂、石墨烯导电涂料等产品，与沈阳石蜡化工有限公司的茂金属聚乙烯、沈阳化工股份有限公司氯乙烯—醋酸乙烯糊树脂，成为全市化工新材料领域的新增长点；沈化股份20万吨／年PVC糊树脂是国内最大的医疗手套原料生产基地；沈阳石蜡化工有限公司50万吨／年催化热裂解（CPP）装置是拥有自主知识产权的国家示范项目，主导产品茂金属聚乙烯是与国际化工巨头同场竞技的高端牌号产品；三聚凯特各类催化剂占国内市场份额达到30%左右，挤占竞争对手美国UOP公司在脱硫催化剂等方面的市场。全市石化产业布局不断优化，产业聚集度进一步提高。沈阳化学工业园成为承接市石化产业发展的重要平台，有入园企业113户，产值125亿元，产业集中度超过50%。除沈阳石蜡化工有限公司外，市重点化工企业基本均入驻园区。以世界顶级轮胎品牌为支撑，轮胎产量连年创新高。轮胎年产能达到1600万条，年内轮胎产量1148万条，成为东北最大、国内高端轮胎制造集中度最高的橡胶工业研发和轮胎生产基地。

【米其林新增600万条高性能子午线轮胎项目】 2017年初开始设计，2018年4月正式施工，总投资22亿元。2019年9月，完成主要车间内部机电等工程施工；10月底完成外部道路等工程施工；11月底完成项目现有土建工程施工。项目累计投资12亿元，2019年完成投资8.6亿元。

【中化新材料科技有限公司中试基地项目（一期）】 建设期为2017—2019年，总投资2.7亿元，2019年8月完成设备安装并进行调试；10月项目进行试生产。

（市工信局）

冶金工业

【概况】 2019年，全市冶金工业规模以上企业51户，工业总产值完成67.9亿元，下降6.8%，工业增加值完成11.5亿元，下降40%。重大项目加快建设，沈阳中科三耐新材料股份有限公司航空发动机燃气轮机叶片生产基地土建工程基本完成，主要设备已订购；沈阳远程摩擦密封材料有限公司高铁粉末冶金闸片智能化生产线一期完成并形成产业化生产，二期自动烧结线和自动组装线正在设计中；沈阳和世泰通用钛业有限公司钛合金精加工中心项目正在建设；中铝沈阳有色金属加工有限公司钛镍加工材二期项目正在建设，利用原厂区西南侧13.33公顷土地，建设钛镍板带、管棒、焊管生产线。推进正威集团到沈投资，建设正威（沈阳）国际稀谷项目。支持沈阳材料科学国家研究中心、沈阳中钛装备制造有限公司共建“钛合金材料应用设计及评价考核部企联合实验室”，促进企业创新体系建设。

（市工信局）

医药制造业

【概况】 2019年，全市医药制造业基本形成“三区、一园”的发展布局，医药企业主要集中在铁西区、浑南新区、沈北新区和新民市医药产业园4大区域。其中铁西区以发展化学原料药和制剂为主，浑南区以发展生物制药为主，沈北新区以发展现代中药为主，新民市医药产业园以发展综合制药为主。至年末，有国家级企业技术中心1家、省级企业技术中心14家、市级企业技术中心4家，市级以上企业技术中心占规上企业比重44.2%。上市一类新药12个，在研一类新药18个。续建及新开工项目8个，7个续建项目中东药集团维生素C智能化绿色国际工厂建设工程项目、何氏集团眼产业创新创业示范基地建设项目、兴齐眼药扩大眼用制剂生产能力建设项目、艾米奥生物人羊膜生物敷料及羊膜干细胞新兴产业项目、好医生北方基地总部项目、沈阳林特制药原料药生产基地项目6个项目进展顺利，东药集团维生素C智能化绿色国际工厂建设工程项目试生产；新开工项目三生制药北方生物医药科技园6月底开工，2栋建筑主体封顶。完成工业总产值211.8亿元，增长17.9%；主营业务收入195.6亿元，增长13.5%；利税44.2亿元，增长8%；利润33.9亿元，增长15.8%。

（市工信局）

【沈阳同联集团研发成功一类新药】 6月，由沈阳同联集团有限公司与中国医学科学院医药生物技术研究所共同研发的可利霉素，经国家药品监督管理局正式批准上市。可利霉素是世界上第一个利用合成生物学技术研发、具有中国自主知识产权的1类新药，获国家16项发明专利，是国家“863”重大科技项目、科技部“国家重大新药创制”专项支持的国研药物，2019年被评为中国医药生物技术十大进展之一。

（志　闻）

建材工业

【概况】 2019年，全市规模以上建材企业124户，工业总产值159.3亿元，增长6.7%,占全市比重3%；工业增加值42.7亿元，增长10.5%，占全市比重3.1%。投资超亿元的冠伊绝热材料、鑫格绝热节能材料等新型保温材料重点项目签约落地、开工建设。总投资10亿元的美国科勒卫浴生产项目一期正式投产，二期选址工作基本完成，全部建成投产后，将形成600万套卫浴产品生产能力，年产值超过30亿元。

【第八届中国（沈阳）国际现代建筑产业博览会】 5月17—19日在沈阳国际展览中心举办。由省住房和城乡建设厅、市政府主办，市城乡建设局和市装配式建筑协会承办。建博会设有新中国成立70周年城乡建设领域成就展、装配式建筑技术等展区，吸引国内外的500余家建筑业知名企业参展，展出面积6万平方米，980个展位，累计到场专业观众5万人。建博会集中展示新型装配式建筑技术、装备制造技术、建筑机械设备等内容。会间举办全国装配式建筑发展交流大会、东北地区装配式建筑产业技术创新联盟大会、装配式建筑专场研讨会、参观考察沈阳现代建筑产业化工厂及示范工程等一系列高端论坛、专题研讨会及相关配套活动。　　（志　闻）

【第十六届沈阳法库国际陶瓷交易博览会】 6月28—30日在法库举办。由中国陶瓷工业协会、中国建筑卫生陶瓷协会、中国硅酸盐学会陶瓷分会、中国先进陶瓷产业联盟、辽宁省工商联、辽宁省建材协会、中共法库县委、法库县政府主办，辽宁法库经济开发区管理委员会（沈阳法库通用航空产业基地管理委员会）、辽宁法库陶瓷协会、中国瓷谷商会承办。陶博会主题为“好陶瓷·法库造”，意大利、俄罗斯、韩国、尼日利亚、东盟5国

▶6月28日，第十六届沈阳法库国际陶瓷交易博览会艺术陶瓷展区　　（法库县供）

等国际、国内陶瓷采购商、出口贸易商、建筑商协会、房地产商协会，以及辽宁、广东、山东、江西、江苏、河南、河北、福建、四川、广西等国内陶瓷各产区知名企业、省内建筑设计规划部门、国家及各建陶主产区行业协会、商会会员单位等3000余家云集辽宁法库“中国陶瓷谷”，直接带动园区企业近15亿元的销售收入。　　（市工信局）

纺织工业

【概况】 2019年，全市纺织行业规模以上企业19户；工业总产值8.8亿元，下降7.2%，占全市0.2%；工业增加值2.5亿元，下降7.4%，占全市0.2%。利润总额盈转亏。骨干企业沈阳新区弘曲棉纺织有限公司是东北最大的缝纫线生产基地，年内完成工业总产值1.6亿元，增长23%，出口交货值2179万元，增长51.12%。康平塑编及纺织产业集群年内入驻企业93户，完成销售收入18亿元，上缴税金0.3亿元，从业人员5732人。龙头企业为瑞光塑编、华泰塑业等。其中沈阳瑞光塑料编织厂工业总产值6460万元，增长172.5%，沈阳华泰塑业有限公司工业总产值4016万元，增长2.7%。

【五爱服装城22周年庆典活动】 4月28日，沈阳五爱服装城在22周年庆典之际，举办“‘架产销之桥，筑千亿之路’沈阳五爱服装城潮汕服装产销对接会暨第七届常兴杯服装节”，强势引进广东潮汕地区独具特色的潮绣旗袍、唐装、毛衫等品牌，打造“五爱商圈千亿市场”。五爱服装城将每年庆典日（4月28日）定为“华服日”。省市区相关部门、行业协会负责人，潮汕服装厂商及北京、香港、深圳等地各界友好人士近百人出席庆典。

（市工信局）

【第二届中国再生塑料行业标准与技术创新大会】 8月30日在沈阳举行。全国各地再生塑料生产企业、科研院所、行业协会等代表，就再生改性材料在汽车、

编织等行业领域的可循环利用进行深入探讨。大会围绕废塑料利用产业的绿色发展，再生塑料标准化建设及新标准制定、废纺成塑新技术应用等方面进行交流研讨，共同分享行业升级与发展的成果经验。就康平塑料循环产业园建设、金融服务助力再生资源产业升级转型等方面，相关专家做专题演讲。 （志 闻）

【杰恩盛科技获“2019年度十大类纺织创新产品”称号】 12月5日，由中国纺织工业联合会开展的“2019年度十大类纺织创新产品”颁奖典礼在北京国家会议中心举行。经中国纺织工业联合会生产力促进部对申报企业及产品进行资格和形式审查、消费者投票和专家评定，沈阳杰恩盛科技有限公司与杭州贝嘟科技有限公司（衣邦人）联合申报的“量体定制舒适西装”，凭借杰恩盛“胜毛面料”独有的生产工艺与衣邦人独特的理念获“2019年度十大类纺织创新产品”称号。

（市工信局）

十五、建筑业

综　述

2019年，建筑业作为沈阳市支柱产业的地位日益突出，为保增长、保民生、保稳定、促就业做出重要贡献。“十三五”规划后，全市建筑业为社会创造大量优质建筑产品，拉动机械、建材、运输等行业发展，2729户有资质的建筑业企业完成建筑业总产值1445.5亿元，增加1.1%。为做好建筑业“放管服”工作，方便企业资质申报，减少企业负担，打造国际化营商环境，改进审批方法。下发《市城乡建设局关于建筑业企业资质实行网上办理的通知》取消企业工商注册所在地区（开发区）、县（市）建设行政主管部门受理环节。实行全程网上办理。企业申报建筑业企业资质申请材料均由网上上传相应电子材料，无须提报书面材料，审核、审批、专家审查、公示、公告全程网上办理，简化申办程序、减少办理时间，受到企业的称赞。

推动建筑业转型发展。推进建筑业企业结构性改革，支持有条件企业拓展装配式业务，鼓励钢结构、建筑幕墙等优势专业企业向“专、精、特、新”发展；探索工程总承包和全过程工程咨询。通过总结企业实践经验，深入企业调研座谈，听取相关意见建议，积极开展培育试点企业工作；大力发展装配式建筑。在省住建厅指导支持下，成功举办第八届中国（沈阳）国际现代建筑产业博览会，完成《装配式混凝土结构构件制作、施工与验收规程》等修编工作，推动装配式建筑监管融入传统管理模式。

落实扶持政策。鼓励外埠企业本地化经营，为央企和外埠优势企业在沈注册的子公司颁发二级资质证书；落实本地企业资质扶持政策，积极帮助本地企业申报提升资质层次，帮扶企业做大做强，良性发展；鼓励本地企业“走出去”，为诚实守信企业赴外地施工提供支持帮助；落实项目补贴政策，装配式住宅项目享受“备案价上浮一定比例”的政策成型落地，对通过评审考核的项目落实财政奖励补贴政策。

净化建筑业市场环境。按照年初省厅工作部署，下发《市城乡建设局市统计局关于转发〈辽宁省住房和城乡建设厅、辽宁省统计局关于开展建筑业企业资质动态监管工作的通知〉》，对辖区建筑施工、工程监理、造价咨询企业资质等情况进行全面核查，通过核查进一步探索资质动态管理措施，完善不达标企业退出机制；开展“挂证”等违法违规行为专项整治工作，持续保持对“挂证”等违法违规行为高压整治和“零容忍”，有力震慑存在违法违规行为的企业、个人。发挥行业协会作用，支持建筑业、装饰装修、工程监理等行业

协会发挥规范企业行为、强化行业自律、产业人才培养等职能作用，发挥政府和企业之间的桥梁纽带作用。（杨春国）

勘察设计

【概况】 截至年末，全市有勘察设计企业372户，施工图审查机构7家，工程设计企业所具有的资质标准分为4个序列，即综合资质、行业资质、专业资质、专项资质，涵盖21个行业的相应设计类型。其中工程设计综合资质只设甲级。工程设计行业资质和工程设计专业资质设甲、乙两个级别；根据行业需要，建筑、市政公用、水利、电力（限送变电）、农林和公路行业设立工程设计丙级资质，建筑工程设计专业资质设丁级。建筑行业根据需要设立建筑工程设计事务所资质。工程设计专项资质根据需要设置等级。全市具有甲级资质的企业有157户，具有乙级资质企业215户。沈阳市勘察设计协会作为政府与企业的桥梁和纽带，发挥服务、咨询、沟通、监督、公正、自律、协调等积极作用，有会员单位172家，其中理事单位92家。年内，全市7家施工图审查机构完成施工图设计文件审查714项，其中民用建筑398项，建筑面积2611.96万平方米；工业项目239项，建筑面积407.38万平方米，市政工程62项。实现施工图技术审查与行政审批分离，沈阳市工程建设项目施工图数字化技术审查系统设置由审图机构接单、审图机构出具审查意见、审图机构将审查结果传送至审批平台，审批岗位不再在审查系统里对技术审查结果形成、修改、上传进行审批。施工图联合审查工作上，印发《沈阳市建设工程施工图消防设计技术审查要点（试行）》，统一全市施工图消防设计审查标准；进一步推进施工图联合审查，统一审查标准，提高设计质量；为减轻企业负担，施工图审查费用由市财政支付。

【沈阳市工程建设项目数字化施工图技术审查系统试运行】 6月25日，为推进勘设企业、施工图审查机构一站式服务建设的“沈阳市工程建设项目数字化施工图技术审查系统”试运行。系统由政务平台、审查平台、申报子系统、审查子系统、监管子系统构成，实现项目信息由政务网直接匹配入库，审查结果直接传送至政务网审批平台。

【工程建设领域专业技术人员职业资格违法违规行为专项整治】 2019年，根据《市城乡建设局市人社局市交通局市水务局关于开展工程建设领域专业技术人员职业资格“挂证”等违法违规行为专项整治的通知》要求，以及住建部下发疑似“挂证”人员名单逐批次进行核对排查，全市勘察设计企业及检测机构排查疑似“挂证”名单总人数842人，整改排查822人，整改率97.6%，确保行业乱象整治工作的顺利进行。（赵凌云）

建筑工程

【概况】 2019年，全市建设项目765个。其中，房建工程716个，市政工程26个，地铁工程23个标段，房建建筑施工面积7108.57万平方米、竣工面积3012.35万平方米。召开2019年沈阳市建设工程施工现场质量安全管理暨环境整治工作部署大会。修订《沈阳市建设工程安全生产事故应急预案》，举办建筑工地火灾事故应急演练。质量监督市政工程169项，建筑工程1608项，面积1947万平方米；行政处罚立案91件，结案45件，下发责令整改通知书65份。完成地铁九号线验收工作，地铁十号线各标段验收工作有序进行。组织安全生产培训和考核建筑施工企业安管人员20440人、特种作业人员2398人，监理人员2067人。新办安全生产许可证561家，正常延期325家，变更150家。（何　芬）

【《沈阳市工程建设项目联合审批管理办法（试行）》】 7月30日市政府办公室印发。《办法》分总则、部门职责、窗口设置、业务办理、优化服务、协调会商、监督问责、附则8章36条。《办法》明确，全市工程建设项目审批流程分为立项用地规划许可、工程建设许可、施工许可、竣工验收4个阶段；全市工程建设项目审批事项分为阶段并联办理事项和可同步办理事项；全市工程建设项目审批实施遵循统一制定的业务流程、事项清单和办事指南。未纳入流程、清单、指南的环节、事项、申报材料，审批部门不得实施。

【沈阳建设集团揭牌】 8月15日，沈阳市政府与绿地控股集团有限公司签署战略合作框架协议，沈阳城市建设集团有限公司（简称“沈阳建设集团”）正式揭牌。沈阳建设集团由绿地集团控股的天津市建工集团（控股）有限公司与沈阳盛京房产经营集团有限公司共同发起组建，推进沈阳当地建筑业产业升级、深度参与本地国有企业混改，为沈阳当地的国有经济发展和城市建设贡献力量。沈阳建设集团以承接沈阳市政府投资项目和绿地集团在沈阳的投资项目为基础，同时辐射拓展东北三省及周边地区，业务范围涵盖房建、市政、公路、园林绿化、环境保护等城市基础设施建设全产业链。

（志　闻）

建筑市场管理

【概况】 2019年，沈阳市印发《沈阳市建筑市场信用管理办法（试行）》，对建筑市场信用信息采集和交换等内容进行规定，同时制定《沈阳市建筑市场各方主体优良信用信息认定标准》和《沈阳市建筑市场各方主体不良信用信息认定标准》，对信用信息实行量化评分。印发《沈阳市城乡建设局关于开展建筑施工和监理企业信用综合评价有关事宜的通知》，制定沈阳市建筑施工和监理企业信用综合评价方法，规定相关质量管理行为、安全管理和文明施工行为的评价细则和评分标准，以及相关日常管理评价标准，探索建筑市场主体信用评价工作。出台《沈阳市建筑工程施工许可豁免管理办法（试行）》。对部分新建、改建、扩建的房屋建筑工程、城镇基础设施工程和房屋装饰装修工程，实行建筑工程施工许可豁免。

【沈阳市建设工程智慧监管与诚信管理平台建筑市场信用管理系统建成】 7月19日，沈阳市建设工程智慧监管与诚信管理平台建筑市场信用管理系统进入试运行。实现对全市建筑市场企业、人员、项目等基础信息的归集和建筑市场各方主体优良信用信息、不良信用信息和红黑名单等信用信息的采集和公开，实现与市信用中心之间对市城乡建设局行政处罚数据的归集和联合惩戒“黑名单”数据的相互交换，并且能够对建筑施工和监理企业进行信用综合评价。　（何　伟）

十六、房地产业

房地产市场

【概况】 2019年，全市房地产市场继续保持平稳健康的发展态势，各项指标涨跌互现，其中开发投资、存量房交易面积、商品房施工面积、商品房竣工面积、商品房备案面积及金额、存量房转让面积及金额、商品房及存量房备案均价均有所增长，商品房新开工面积同比下降。房地产开发累计完成投资1174.8亿元，增长17.9%；其中，住宅投资956.16亿元，增长23.4%。商品住宅投资占全部房地产投资的81.39%。商品房施工面积6626.56万平方米，增长1.5%；其中住宅施工面积4761.82万平方米，增长1.7%。商品房新开工面积1309.5万平方米，下降7.5%；其中住宅新开工面积987.09万平方米，下降12%。商品房竣工面积666.4万平方米，增长0.9%，其中住宅竣工面积533.53万平方米，增长7.6%。商品房合同备案面积1969.23万平方米，增长18.6%；备案金额1936.71亿元，增长18.6%。其中，商品住房合同备案面积1751.22万平方米，增长16.05%，备案金额1721.81亿元，增长29.99%。存量房转让面积1498.49万平方米，增长3.98%，转让金额724.27亿元，增长8.65%。其中存量住房转让面积1355.43万平方米，增长5.09%，转让金额660.27亿元，增长7.87%。商品房备案均价9835元/平方米，上涨9.18%；其中商品住房备案均价9832元/平方米，上涨12.01%。存量房成交均价4833元/平方米，增长4.49%；其中存量住房成交均价4871元/平方米，上涨2.65%。商品房销售额1481.5亿元，增长23.0%，其中商品住房销售额1395.3亿元，增长33.7%。

（申岩松）

房地产管理

【概况】 2019年，全市房地产管理坚持“房住不炒”定位，贯彻落实国家房地产调控工作部署，公布《沈阳市住房发展规划（2018—2022年）》。建立房价地价联动机制，规范商品住房价格指导，保持房地产市场平稳发展。整顿房地产市场秩序，查处房地产开发项目36个；开展住房租赁中介机构乱象专项整治，组织现场执法检查16轮、385人次、208家中介机构，对其中存在违法违规行为开发企业下达《责令改正通知书》。全市棚改计划11161套，占全省总量的57%。成功发行首期棚改专项债券，截至11月末，全市开工11251套，开工率100.81%，全面完成各个时间节点改造任务。提前97天完成631户农村危房改造开工任务，提前258天完成竣工任务。全市100个老旧小区改造任务全部完工，改造内容包括房屋本体、配套设施、环境整治和服务设施。涉及752栋楼，房屋建筑面积479万平方米，惠民6万余户。排查城市危险房屋243栋、504户、2.1万平方米，按指令躲险6800余人次，完成汛期房屋工作，实现"零伤亡"目标；严格落实既有建筑玻璃幕墙监管责任，排查玻璃幕墙281处、204万平方米，督促整治重大安全隐患4处、6400平方米。建档立卡贫困户危房改造68户，为计划的120%。出售直管住宅2686户，建筑面积12.3万平方米。出售单位自管公有住宅5374户，建筑面积28.4万平方米。

（蔡丹　孟宪臣　朱岩）

【既有住宅增设电梯】 2019年，沈阳市在全省率先启动既有住宅增设电梯试点工作，以看得见摸得着的方式解决居民出行难题，确保居民的获得感和幸福感在家门口提升。邀请信誉度较高的电梯企业供居民参考；出台工作指南，确保居民方便、快捷、细致了解增设电梯的各个环节和工作程序；简化工作程序，实施"一站式"审批。全年增设电梯14部，弥补老旧小区配套不完全的短板，解决老年人上、下楼难的刚性需求。东北新闻网、《沈阳日报》等主流媒体报道沈阳在全省的首次尝试成果。

（朱　岩）

物业管理

【概况】 2019年，全市全面贯彻新修订的《沈阳市物业管理条例》，市房产局组织各区县（市）房产部门、街道社区、业主委员会和物业企业等人员召开培训会，逐条宣讲政策法规，并向各区县（市）下发宣传画册，要求在住宅区张贴，加强企业和业主对法律法规的认识。落实省住房和城乡建设厅"物业服务质量提升年活动"，向省厅推荐12个物业项目参与全省标杆项目评选和371名物业服务质量义务监督员，组织沈阳市物业优秀人员参加"辽宁省第二届物业服务行业职业技能竞赛"，并取得优异成绩。加快物业信用信息系统建设，利用大数据技术增加数据采集和信息归集、分析，强化对企业和从业人员的监督管理，畅通市区两级房产部门工作协调，全面提升业务工作标准和行业管理水平。开展物业服务企业行政检查，通过"双随机，一公开"方式，确定60户受检企业，通过现场实地检查，对其中存在问题的14户予以责令整改。聘请第三方专业评优机构开展物业服务质量评估考核试点工作，对1319个物业小区进行物业服务质量评估。指导行业协会先后举办"2019沈阳物业服务提升发展高峰论坛""强党建、兴家园"暨协会高峰论坛和"庆祝建党70周年会员大会"等活动。至年末，全市有物业小区1944个。其中，物业费1元／月／平方米以下的912个，占46.9%；1—2元／月／平方米的640个，占32.9%；2—4元／月／平方米351个，占18.1%；4元／月／平方米以上的41个，占2.1%。全市物业从业人员近10万人。

【《沈阳市物业管理条例》培训】 1月1日，《沈阳市物业管理条例》正式实施。为宣传贯彻好《条例》，市房产局组织召开《沈阳市物业管理条例》业务培训会，先后于4月16日、5月17日、5月24日分三期组织区县（市）房产主管部门、街道社区、物业服务企业、业主委员会等700余人在金厦广场八楼会议室就《条例》内容进行系统解读，提升物业管理各方主体的政策业务水平。

【"走进企业学标杆，推进行业促发展"活动】 2019年，为推进沈阳市物业服务企业学先进、赶先进、做先进，交流企业项目管理经验，提高物业管理综合水平，市房产局下发《沈阳市开展"走进企业学标杆，推进行业促发展"活动的实施方案》，要求全市各区房产部门、行业协会组织本区企业或会员单位组织参观学习，并号召全市物业企业也自发组织学习交流活动。沈阳万科金域蓝湾、沈阳华润悦府、沈阳远洋和平府、沈阳碧桂园银河城都荟4个标杆项目接待学习企业200余户，近千人进行学习。

【物业服务质量评估考核】 2019年，沈阳市率先开展物业服务质量评估考核试点工作，为全省工作推广提供经验。市房产局通过招标方式，聘请第三方专业评估机构组织实施，通过以满意度测评的方式，形成物业服务质量综合考评结果，考核结果将作为企业信用评价的重要内容，也为业主选聘物业服务企业提供参考依据。全年评估机构对1319个物业小区开展评估工作，其中涉及物业服务企业715户，入户调查、发放调查问卷39620份（户）。

（田家川）

十七、商　贸

综　述

2019年，市商务管理部门全面落实上级部署，坚持稳中求进工作总基调，全力以赴稳增长促消费、稳外经贸促合作、抓招商促开放，全市商务工作迈出新步伐。全市“重强抓”（重实干、强执行、抓落实）任务397项，市商务局负责承担的有74项，约占1／5；市委经济工作会议提出的5大“主攻方向”任务，市商务局都是主力队员。

社会消费大幅增长。打政策促消费、活动促消费、宣传促消费、发展促消费“组合拳”，社会消费品零售总额4479.6亿元，增长10.6%，增速高于任务目标3.6个百分点，高于全省4.5个百分点，高于全国2.6个百分点，在全国15个副省级城市中排名前列。电子商务规模不断壮大；高品位打造中街步行街，指导太原街、中粮祥云小镇、沈阳天地17号街获评省级改造提升步行街；积极推动夜经济繁荣发展。重点展会提质扩容，会展活动408项。供应链体系试点建设成功推进，“严把三关（项目申报、管理、评审）、规范操作”试点经验获国家部委推广；肉菜流通追溯体系试点建设增点扩面，升级成为重要产品追溯管理平台。加强对成品油、钢材等重要生产资料，肉、菜、蛋、奶等生活必需品市场监测，积极应对防汛抗灾、非洲猪瘟疫情等突发事件，确保生活必需品市场不脱销、不断档。

招商引资富有成果。统筹推进招商工作，制定并实施《2019年沈阳市招商引资工作指导意见》，出台《沈阳市招商引资项目库建设与管理办法》。高位推动“走出去”招商，市领导带队先后33次赴重点国家和地区，洽谈推进罗森连锁便利店、丰田通商株式会社汽车循环及后市场产业基地、恒大新能源汽车等121个重点项目，全市完成内资引进项目294个。积极开展“请进来”招商，成功举办华晨宝马2019年供应商大会；会同美国东北总商会举办海外（美国）侨商对接交流活动；韩国周期间举办“未来汽车产业发展论坛”和“沈阳汽车产业与韩国汽车零部件企业对接交流会”。

外经外贸稳步发展。积极培育外贸增长点，全市进出口总额1072.8亿元，增长9%。全市新批境外投资项目21个。加快推进跨境电商综试区建设，初步实现“1210”“9610”两种跨境电商业务模式清关功能。大力推动企业“走出去”，积极参与中国—中东欧“17+1”经贸合作，推进中国（辽宁）中东欧十六国国家馆顺利开馆；利用广交会、德国汉诺威工业博览会等平台，帮助企业扩大出口。

对外开放工作协调推进。推动设立沈阳市对外开放工作领导小组，统筹全市开放工作。畅通对外通道，推进加密4条日韩航线，新开通沈阳至莫斯科、金边和曼谷3条国际航线，沈阳国际航线数量达到24条；中国航油东北公司沈阳桃仙国际机场航油保税仓库正式启动运行，桃仙机场成为东北首家获批保税航油业务的机场；积极申建进境药品指定口岸，国际贸易“单一窗口”报关、报检覆盖率均达到100%。持续优化开放环境，开展政务服务“一网一门一次”改革，精简、优化流程；解决各类政策不兑现问题，超额完成全年任务。

（赵 冰）

批发零售业

【概况】 2019年，全市社会消费品零售总额增长10.6%，全年呈快速增长态势。从商品零售类值看，家用电器和音像器材类零售额173.4亿元，增长9.4%；服装鞋帽针纺织品类零售额161.8亿元，下降2.1%；粮油食品类零售额128.3亿元，增长13.1%；通信器材类零售额97.1亿元，增长3.4%；文化办公用品类零售额76.6亿元，增长27.9%；日用品类零售额48.5亿元，增长2.9%；化妆品类零售额45.7亿元，增长15%；金银珠宝零售类值60.1亿元，下降5.6%；中西药品类零售额77.6亿元，增长15.7%；汽车零售额421.4亿元，下降7.8%；石油类零售额160.8亿元，下降8.4%。

【常态化促消费活动】 2019年，市商务局组织全市各区县（市）服务业主管部门、各行业协会、主要商业街区开展主题鲜明、各具特色的促消费活动。先后于1月15日至2月28日、5月1日至6月1日、7月29日至10月8日分别举办“新春购物节”“消费促进月”“第二届沈阳消夏购物节”促消费活动，千余户企业参加活动，总销售额176亿元，增长5%。（盛 杰）

【917户企业报名第二届进博会】 2019年，市商务局积极开展第二届进博会沈阳交易分团组团相关工作。此届进博会沈阳交易分团注册报名企业917户，参会人数1913人，达成意向成交额人民币28.2亿元。注册企业超额14.1%，参会人数超额3.2%，意向成交额超额4.4%，均呈增长趋势，完成省政府下达的任务指标。

（盛 杰）

餐饮业

【概况】 2019年，全市限额以上餐饮企业601户，行业发展态势保持良好。餐饮企业加快品牌连锁经营，冬冬食品、满宝馄饨、福惠德火锅、隆盛园火勺、家食乐、康福食品等餐饮企业通过开展主食加工配送中心（中央厨房）实现标准化生产和连锁经营，企业发展势头良好，一批大众品牌连锁发展势头强劲。其中，满宝馄饨沈阳门店超过180家。积极发展美食特色街区建设，东北篮街、太原美食街、024美食街、塔湾·兴顺夜市、太原里街区等特色街区餐饮集聚效应明显。中街、西塔美食街荣登大众点评2019年中国必吃街榜单，成为全市美食地标。餐饮老字号企业营造文化特色主题，鹿鸣春饭店、老边饺子等餐饮企业以宣传历史人物和品牌历史为切入点，打造文化特色主题饭店，引导大众文化餐饮消费。美团平台发布31户沈阳必吃榜餐饮企业榜单，培育全市消费热点，引导大众餐饮消费。（马志宇）

【传统美食文化品鉴沙龙】 5月24日在老边饺子馆举办。省外事办公室主办、市外事办公室承办。澳大利亚驻沈阳总领事馆总领事，美国、日本、朝鲜、韩国、德国等国驻沈阳总领事馆的领事官员们出席活动，日本、韩

▶传统美食文化品鉴沙龙活动 （老边饺子馆供）

国的交流员应邀参加活动。活动现场，老边饺子馆的工作人员介绍了饺子的历史及相关典故，演示包饺子的过程，并指导领事官员和外国友人们包饺子。

（志　闻）

【2019中国·沈阳非遗美食文化节】 12月27—29日，由沈阳市商务局指导，沈河区商务局、沈阳市烹饪协会、辽宁省江苏企业家联合会主办的“2019中国·沈阳非遗美食文化节、沈阳国际烹饪美食品牌博览会”在五爱美食广场举办。展会有143家展商参展。整个活动有赛、展、论坛、颁奖典礼等形式。参展单位有沈阳市范围内的第一书记代表团32家，省内第一书记代表团31家，食品企业65户。（马志宇）

商贸物流业

【概况】 2019年，市商务局会同市财政局重点围绕贯彻落实国家、省有关供应链体系建设试点工作部署，按照《沈阳市供应链体系建设试点实施方案》及相关文件要求，推进商贸物流标准化、供应链平台建设。21个试点项目，各试点企业物流标准化应用明显提升，标准托盘使用率平均达到98%，标准化设施设备数量平均达到94.8%，装卸货效率均提高2倍以上，货损率均降低20%以上，最高达到零货损，综合物流成本均降低10%以上。供应链平台服务明显提升，供应链平台交易额提高45.32%，供应链交易管理成本下降17.97%，企业诚信状况得到改善。全市初步建立起快捷畅通、协调配套的商贸物流服务体系。

【2017年供应链体系建设试点经验交流暨审计整改推进会】 3月6日，在商务部、财政部、审计署组织召开的2017年供应链体系建设试点经验交流暨审计整改推进会议上，市商务局代表沈阳市做题为“严把三关、规范操作，协同推进供应链体系建设试点”的典型发言，介绍沈阳市严把“项目申报，项目管理，项目评审”三关，创新完善政策体系，规范试点工作程序，创新“上下游一体化、集团推进产业协同、区域联动”等试点模式，规范有序推动试点工作的经验和做法，受到与会城市的一致好评。（薛　景）

烟草专卖商业

【概况】 2019年，沈阳市烟草专卖局（公司）销售卷烟34.66万箱，实现收入103.4亿元，税利27.35亿元，破获国网案件8起，其中部督案件2起，在沈阳市纳税百强企业排名前5。卷烟营销方面，巩固“大户”治理成果，客户盈利能力增强；运用批零网配、“档位+商圈”方式，推进精准营销，在全省行业年度客户满意度调查中排名第一；深化品牌培育，加强品牌进退管理，清退76个规格；开展“百千万”工程，销售地产烟2.07万箱，人民大会堂（硬红细支）销量突破万箱，重点品牌销售呈现规模扩张和价值提升态势；加强自律互助小组建设，现代终端户、全商品扫码终端户，“辽叶e家”品牌示范店建设数量有所提升。专卖管理方面，加强与公安等部门合作，开展系列专项行动，破获案件2709起，5万以上案件246起，查获违法卷烟8883.79件，刑拘40人、逮捕24人、判刑9人，打击非法经营加热不燃烧烟草制品网络案件取得突破；强化县级局建设，完善稽查所职能，延伸监管触角；推广“互联网+监管”系统，监管能力增强，精准监管初见成效；落实“放管服”要求，加强市场准入和后续管理，强化依法治烟。推行深化行政执法公示、执法全过程记录、重大执法决定审核“三项制度”建设，开展“七五”普法宣传，完善法律风险防控体系，运用法治思维和法治方式处理事务能力提升。企业管理方面，加强精益管理、对标管理，完善成本费用定额标准，费用支出下降395万元；完善激励政策，开展QC小组等群众性创新活动；“四级考核”流程获全省“十佳”管理流程，物流精益“六西格玛”获全省行业最佳课题；加强规范管理，公开招标坚持“三关三审”。开展专项审计和跟踪审计，审计监督职能得到加强。加强安全管理，推动信息化与经营管理融合；开展双重预防机制建设，从源头上管控风险和消除隐患。

【全市烟草工作联席会】 1月31日，市政府召开市烟草局、市公安局、市市场监管局、市营商局参加的烟草工作联席会。会议研讨确定由政府主导，相关部门参与开展卷烟打假打私工作；由政府主导，营商局等单位配合，开展文明吸烟环境建设工作。

【3·15烟草专卖宣传活动】 3月15日，市烟草局和各区县局联合沈铁烟草专卖局、市场监管局等单位，在沈阳北站、各大型商场、集市同步开展以“持续优化营商环境、沈烟助力辽沈振兴、

携手促进高质量发展”为主题的消费者权益日宣传活动，现场宣传烟草专卖法律法规、举报奖励政策，同时定点粉碎销毁罚没假烟、走私烟，展现沈阳烟草打击烟草制品非法贸易行动成果和良好社会责任形象。

【市局（公司）物流精益六西格玛课题全省行业评选获奖】 12月13日，省局举办全省行业物流精益六西格玛课题现场评选活动。物流中心“德玛客”精益六西格玛课题组《降低复合式卷烟分拣设备故障率》课题，获全省行业二等奖、杰出课题组长、最佳课题成果奖三个奖项。

（市烟草专卖局）

物资商业

【概况】 2019年，沈阳物资集团有限责任公司直属12家全资子公司，主营业务涉及钢材物流、市政材料生产销售、建筑机械租赁、煤炭、油品经营等方面。集团有土地66万平方米，房产18万平方米，资产总额15亿元，净资产5亿元。沈阳物资集团初步形成生产资料经营、钢材物流配送、建筑物资租赁、新型建筑材料为主的四大主打板块。集团按照省市有关集体企业改革政策，先后完成企业性质认定39户，职工身份认定457人，召开职代会通过34户企业《改制方案》和《职工安置方案》，对12户企业进行关闭批复，审核认定27户企业资金724万元。全年完成主营业务收入3.1亿元，实现利润532万元，超额完成市国资委下达的主要经济指标。

【集团混改】 2019年，沈阳物资集团按照市委、市政府加快推进国有企业混合所有制改革的总体要求，寻找战略合作伙伴，加快混改步伐，调整经营结构，集团与中国健康产业投资基金管理股份有限公司签订《合作框架协议书》，清产核资工作有序进行。同时，集团不断完善法人治理结构，通过国资委公开选聘2名外部董事，使集团董事会得到完善加强。

【钢材物流连锁经营模式】 2019年，沈阳钢材中心批发市场拓展分库业务，在辽宁省内相继成立8家分公司，形成健康的连锁经营模式。全部物流园区合计占地面积60万平方米，总仓储能力150万吨，吞吐能力730万吨/年。与凌钢、鞍钢、抚钢、本钢等钢厂保持着密切的业务合作，是中国五矿、中国船舶、中国铁路、上海欧冶、厦门建发等大型钢贸企业在沈阳地区指定的现货交割仓库，是沈阳本地近500户钢贸企业的业务聚集地。

（市物资集团）

供销商业

【概况】 2019年，全市供销社系统主要经济指标继续保持稳步增长。全系统实现销售总额220.14亿元，增长9.9%；利润总额实现1.53亿元，增长20.98%；所有者权益实现18.58亿元，增长13.26%；农产品市场交易额实现145.65亿元，增长21.6%。大力推广“基层社+合作社”“龙头企业+合作社”模式，累计领办农民专业合作社581个，入社成员4.5万户。累计培育国家级示范社5个、总社示范社9个、省社示范社56个，发展农民专业合作社联合社12个。领办全市性养殖类农民专业合作社联合社。全系统全年实际供给销售化肥12万余吨、农药3000吨。金秋实农资公司销售新型肥料1.4万吨。实现土地托管（流转）服务面积16万余亩（1.06万公顷）。拓展展会经济，承办省农产品产销对接会，组织系统单位参展沈阳农博会、省农产品产销对接会、东北亚农博会、夏治会等省内外大型展会。开展脱贫攻坚，组建中国供销电商联盟草编分盟，培育草编专业合作社3个，发展精准扶贫项目；参加全国供销合作社系统助力西藏脱贫攻坚产销对接会，寻求助力西藏脱贫攻坚合作契机。在2019年度全国供销合作总社系统综合业绩考核中，沈阳市社位列第3名，获一等奖。沈阳市供销合作社获全国推动农村产业融合发展专项改革试点先进单位。

电商平台。沈阳“供销快线”升级为辽宁“供销快线”，与各市供销社合作搭建全省“供销快线”平台与区域公司。商城系统销售本地苹果、大米、地瓜等农产品1万余千克。新建乡镇电商服务站9个，乡、村级电商服务点达到217个。与“金马惠农商城”电商合作，在232个行政村成立金马惠农商城供销超市。依托“供销快线”，发展沈阳寒富苹果、山楂等特色农产品产业电商，全年农产品电商交易额2.3亿元，推动实现线下销售5.8亿元。

物流市场。地利物流园经营业户超过400家，年交易量260万吨，2019年被评为全国农产品批发市场行业百强市场（全国第10）、辽宁农产品销售领军企业。苏家屯十里河市场、新民法哈牛市场、方巾牛蔬菜交易中心等一批市场成为区域性交易集散地。新建县域农产品配送中心2个，新增农产品终端物流配送节点27个，服务终端客户600多家，日配送服务人群50余万人，销售终端基本实现覆盖全市。

项目建设。与沈阳山山伟业公司组建合资公司，研发200余款山楂深加工产品，做大做强“一木山楂”品牌。与沈阳北方伟业有限公司合作建设“花田秀生态乐活社区”项目。建设辽育白牛冷链加工、一粟坚果深加工和物流中心等一批农产品深加工项目，培育沈阳安邦海得食品配送有限公司、沈阳天沃生态农业有限公司等配送企业。升级改造优车湃二手车城，新建交易大厅，实现月周转交易二手车2000台。推进集农三产融合现代农业产业园项目，完成连栋温室建设。完成6000平方米农资科技服务中心项目建设。推进秋实种苗植物工厂项目，成功引进国内首套水培番茄及无土栽培种植系统，种苗公司年育苗能力从3000万株提高到5000万株，新打造种苗植物工厂农产品直营店，通过自建和对接生鲜超市，建立优良品种推荐—蔬菜种苗繁育—标准化种植—保障式收购—全程冷链储运的农产品流通新型模式。

金融服务。沈阳市供销社与中国农业银行沈阳分行深度合作，开展“供销惠农，双减双增”试验示范项目，推出“惠农e贷·大光惠农贷”农户贷款产品，实现“金融+科技+客户”的合作，搭建“产供融”一体化平台。

【秋实公司上市挂牌】 10月15日，市供销合作社实现社有企业上市的重大突破，沈阳秋实环境服务有限公司在辽宁股权交易中心成长板挂牌（股票代码E50865，股权简称：秋实环境），挂版股权数量50万股。

【“垃圾分类”签约公共机构654家】 2019年，秋实再生资源集团推进“垃圾分类”，承担全部省直公共机构“垃圾分类”工作，签约省直公共机构150家，签约沈阳市、区公共机构504家，在19个社区开展垃圾分类可回收物回收工作，建设环保屋249处。创建沈阳市可回收物数据信息管理平台，对居民社区、公共机构、企业的回收流程全面进行升级改造。（市供销社）

副食商业

【概况】 2019年，沈阳副食集团与日本跨国企业集团罗森（中国）合作，组建集团首家中外合资企业，罗森便利店26家直营店开业，与之配套的物流配送、中央厨房供应链系统投入运营；自主经营“厨房速递”配送业务健康成长，跻身行业“亿元俱乐部”；塔湾·兴顺夜市被中国旅游研究院评选为“中国十大夜市”，跻身全国最具影响力的夜市。截至年末，集团仓储物流收入突破4亿元，增幅6%；生产加工收入14806万元，增加622万元，增幅4%；商贸流通收入53718万元，增加6739万元，增幅14%；餐饮酒店收入6396万元，增加468万元，增幅8%；新增固定资产投资11490万元；利润总额10317万元，增加1284万元，增幅14%。

商贸流通。大幅超额完成计划指标，利润超出1600万元。深化与茅台、通化高级红、郎酒等名酒厂家的战略合作伙伴关系；厨房速递业务日趋成熟，增长势头强劲；三大超市拓宽团购、门市招商渠道；糖部加强终端销售，开发新客户；淘鲜禾高品质田园生活体验项目初具规模。

生产加工。稻香村升级改造烘焙生产线及新老车间，产量2440吨，增幅39%。举办速冻食品及年品订货会，拓宽线上线下销售渠道，开设稻香村工厂直营店；青花改造酱油酿造工艺，打入社区连锁店，提高线上销售能力，举办“万人看青花”活动，接待市民万人次。

餐饮酒店。富华酒店调整功能布局，提升环境品质，全力打造“会议型酒店”。试运营以来，接待婚庆、会议、团队223场次，收入340万元。锦富公司拓展会议培训业务，加强网络营销和会议推广，合作爱奇艺，打造影视商务房，实现年度营收目标。

服务管理。集团直属部门由17个调整为15个；完成新一轮“四定”（定员、定岗、定责、定编）工作，定编1076人，减幅7.3%；薪酬层级由原20级调整为17级，缩减层级薪酬差距。重新核查资源，统一数据管理，改善业户服务，增加限时办结提醒及电话回访流程，业务受理2896单，办结率98%。持续巩固创卫成果，改善冷库、市场经营环境。改造供水系统，十二线供水不畅问题得到根治。安装高效循环节能水泵，节电20%。采取视频监控、现场检查等方式，多部门配合监控安全生产及用电等情况，彻查卫生死角，加大现场全面巡查。

【物流产业收入完成指标111%】 2019年，副食集团仓储物流收入43449万元，增加2334万元，增幅6%，完成指标111%。冷库完成价格调整，增加收入1350万元。塔湾生鲜市场经营利润2126万元；沈阳富方物流有限公司增设档口，增加物业收费项目，完成指标107%；沈阳富合物流有限公司、沈阳富中仓储有限公司等引进新客户，收入均有增长。东北冷鲜港、沈阳富运冷链物流有限公司在不断拓展传统业务的基础上，探索供应链金融、新型物流等业态，推进冷链市场战略布局。 （副食集团）

粮食商业

【概况】 2019年，全市粮食产业经济入统企业323户，其中，规模以上企业125户，占比38.7%。按企业性质划分，国有及国有控股企业11户，内资非国有企业300户，港澳台及外商控股企业12户。按企业经营类型划分，大米加工企业192户、饲料加工企业91户、其他成品粮（小杂粮）加工企业7户、小麦粉加工企业3户、收储企业18户、养殖企业4户、食用油企业2户、制酒企业3户、副食企业1户、淀粉企业1户，其他粮油深加工企业1户。全市粮食产业经济入统企业工业总产值224.6亿元，主营业务收入226.6亿元，互联网销售收入12.2亿元，利润总额9.9亿元。全市纳入粮油流通统计系统企业收购商品粮原粮924万吨，销售701万吨，转化用粮总量为246万吨，年末粮食库存88万吨。

【全市政策性粮食库存大清查】 4月，按照国家和省统一部署要求，沈阳市开展政策性粮食库存数量和质量大清查。全市纳入大清查范围的21户企业在自查及全覆盖督导整改的基础上，经过16天的普查，普查粮食133万吨，货位380个，21户受检企业粮食库存管理规范，质量达标，实物数与保管账相符，保管账、统计账、会计账、银行资金台账账账相符。 （市发改委）

老字号管理

【概况】 2019年，为贯彻落实省委常委、市委书记张雷的批示要求，配合市委宣传部开展大力宣传沈阳“老字号”企业系列活动，确定2019年为老字号宣传年。市商务局配合市委宣传部制定《关于开展“沈阳老字号 百年好品牌”系列宣传活动的方案》《沈阳“老字号” 宣传推广实施方案》。通过市属各媒体整体对“老字号”重点企业进行贯穿全年持续报道，提升百姓对“老字号”产品的信任度，扩大企业产品的市场占有率，提高企业的经济效益，助推老字号企业做大做强。按照商务部及省、市商务部门 “老字号”认定规范的要求和标准，截至年末，全市有61家老字号，其中有14家中华老字号、28家辽宁老字号、19家沈阳老字号。 （马志宇）

【中街冰点天津工厂投产运营】 12月19日，沈阳中街冰点城食品有限公司天津生产基地正式投产。这是继在上海、哈尔滨之后，中街冰点从沈阳出发走向全国市场的第三站。生产基地总投资额2.6亿元，总占地面积4.7万平方米，产能达300吨／天，生产基地实现“自动化和智能化”的高标准，实现产品从生产到销售全程可追溯。天津生产基地的竣工，标志着沈阳中街冰点品牌在华北市场全面启动。 （志 闻）

●小资料

沈阳中街冰点城食品有限公司始创于1946年，仅沈阳生产基地就拥有15条生产线，可生产棒支雪糕、杯装冰淇淋、糯米糍等多类型产品，最高日产量可达13万件。中街冰点销售网络辐射全国，年销售额突破亿元。

进出口

【概况】 2019年，全市进出口总额1072.8亿元，增长9%，其中，出口315.9亿元，下降7.7%；进口756.9亿元，增长17.9%。全市进出口总额增长高于全省（下降4%）和全国（增长3.4%）平均水平，主要得益于部分大户企业进出口大幅增长。在出口方面，三一重型装备有限公司出口3.1亿元，增长201%；沈阳同联医药有限公司2.5亿元，增长245%；沈阳沈飞商用飞机有限公司出口6.2亿元，增长30%；中航沈飞民用飞机有限责任公司4.5亿元，增长42.8%；沈阳科创化学品有限公司7.2亿元，增长20.3%；以上企业累计实现出口增量6.6亿元。在进口方面，华晨宝马公司扩大产能加大进口量，全年进口533亿元，增长32.2%，实现进口增量129.9亿元，仅华晨宝马公司一户企业为全市全年进出口总额贡献增幅13个百分点。

建立重点企业调度联系机制。结合全市“万人进万企”活动，按市、区县两级建立重点企业调度联系机制，对全市50户重点外贸企业实施专人跟踪服务，帮助协调解决存在的困难问题。

落实外贸稳增长政策。积极宣传国家、省和市配套扶持政策，利用政策资金杠杆，调动企业开展外贸业务积极性，组织企业申报各级扶持资金1.4亿元，有效降低了企业生产成本。

【国际市场开拓】 2019年，建立全市国际市场开拓信息发布工作QQ群、微信群，定期发布境外展会等市场开拓信息。组织400余户企业参加广交会、德国汉诺威工业展、美国拉斯维加斯汽配展会和辽宁出口商品（大阪）展览会等展会，帮助企业开拓市场，扩大出口。（徐　峰）

2019年全市对外及港澳台贸易主要市场情况

表18　　　　单位：万元、%

序号	国家及地区	出口金额	同比	进口金额	同比	上年同期	同比
1	美国	478138	-25.06	513808	40.17	1004560	-1.26
2	日本	330487	7.83	386904	-23.72	813679	-11.83
3	韩国	226296	2.73	276717	-16.87	553182	-9.07
4	德国	172353	-7.56	2704424	29.82	2269720	26.75
5	印度	132982	13.88	40880	98.83	137333	26.60
6	加拿大	120972	30.08	42131	-8.76	139174	17.19
7	澳大利亚	95025	-47.45	11927	50.47	188756	-43.34
8	俄罗斯	85575	38.61	17454	33.49	74811	37.72
9	中国台湾	75814	3.54	37303	-42.67	138292	-18.20
10	荷兰	73093	-14.22	50815	39.01	121760	1.76
11	英国	69581	-10.64	104966	37.14	154411	13.04
12	泰国	66760	-49.39	66455	-32.07	229754	-42.02
13	巴西	60306	63.14	1741	90.66	37878	63.81
14	越南	58847	45.65	8858	22.99	47606	42.22
15	印尼	58596	-11.33	21439	8.83	85784	-6.70
16	孟加拉国	58300	-23.15	150	3196.36	75868	-22.96
17	墨西哥	57509	32.15	272085	85.50	190196	73.29
18	阿根廷	55131	588.92	1061	-48.11	10047	459.28

续表18

序号	国家及地区	出口金额	同比	进口金额	同比	上年同期	同比
19	新加坡	54818	-3.32	12062	-24.60	72696	-8.00
20	南非	53130	9.45	1859	-63.41	53623	2.55

（市商务局）

2019年全市进出口总额前十位国家及地区

表19　　单位：万元、%

序号	国家及地区	进出口总额	上年同期	同 比
1	德国	2873430	2267598	26.72
2	美国	977017	992724	-1.58
3	日本	717248	813255	-11.81
4	韩国	502532	552390	-9.03
5	法国	400268	325683	22.90
6	奥地利	349017	241954	44.25
7	墨西哥	328031	188775	73.77
8	捷克	307511	294472	4.43
9	波兰	299783	234940	27.60
10	匈牙利	276845	216880	27.65

（市商务局）

利用外资及港澳台资

【概况】 2019年，全市新设外商投资企业218户，增长34.6%；实际利用外商直接投资16.5亿美元，增长15.3%。服务业新设外商投资企业179家，实际利用外资7.4亿美元。截至2019年，全市外商投资企业累计14847户、实际利用外资累计630.7亿美元。

重点国家和地区利用外资突出。全年实际利用外资涉及17个国家和地区，其中前5位分别是：中国香港7.3亿美元，占全市总额的44.4%；荷兰3.3亿美元，占19.9%；英属维尔京群岛2.2亿美元，占13.1%；法国7128万美元，占4.3%；德国3997万美元，占2.4%。此外，投资性公司投资1.8亿美元，占11%。

第二产业利用外资增幅较大。全年全市第二产业实际利用外资9.1亿美元，增长43.9%，占全市总额的55.1%。其中，制造业实际利用外资8.9亿美元，增长57.3%，占全市总额的54%。制造业实际利用外资超千万美元大项目8个，合计6.5亿美元，增长16%。

第三产业利用外资略有下降。全市第三产业实际利用外资7.4亿美元，下降7.2%，占全市总额的44.9%。其中，房地产业实际利用外资6.1亿美元，增长1.4%，占全市总额的37%。在实际利用外资超千万美元的大项目中，房地产企业7户，利用外资

5.7亿美元，与上年同期的6亿美元相比下降5%。

【外商投资超千万美元项目20个】 2019年，全市实际利用外商直接投资超千万美元的大项目20个，合计金额13.6亿美元，占全市总额的82.2%。其中，工业类项目9个，金额6.6亿美元，占大项目总额的48.5%，增长17.9%。服务业项目11个，金额7亿美元，占大项目总额的51.5%，下降9.1%。

（梅雪松）

2019年全市合同外资前十位国别（地区）

表20　　　　单位：万美元

位次	国别（地区）	合同外资金额
1	中国香港	61797
2	日本	29834
3	韩国	24410
4	法国	7111
5	澳大利亚	3896
6	德国	1042
7	尼日利亚	620
8	西班牙	600
9	加拿大	501
10	美国	347

（市商务局）

对外及港澳台经济合作

【概况】 2019年，全市新批境外投资项目21个，协议投资额125434.97万美元，增长256.4%，中方投资额124902.5万美元，增长349.3%。特变电工沈阳变压器集团有限公司投资建设的几内亚阿玛利亚水电站项目通过商务部备案，该项目总投资额115403万美元。组织企业参加“第16届中国—东盟博览会”“2019中国企业走出去风险发布会”“第十届国际基础设施高峰论坛”“第六届中俄博览会”“首届中非经贸博览会”“第四届中阿博览会”“走出去企业海外项目投融资暨对外投资政策培训会”活动，帮助企业了解国际市场、把握商机、规避风险，海外救援和风险防范起到积极促进作用。

全市对外承包工程新签合同118份，新签合同额241984.47万美元，增长88.1%；完成营业额107247.22万美元，增长9.3%。全市对外劳务合作新签合同215份，新签合同额9471.74万美元，增长13.3%；完成营业额11854.63万美元，增长22.7%，占比较大的仍为日本和新加坡等传统劳务市场。全市企业全年累计派出各类人员3443人，其中大专以上学历人员183人、本科以上125人，研究生以上2人，期末在外累计10413人。

全市企业在“一带一路”沿线国家投资项目4个，协议投资额1677.91万美元，占全市协议投资总额的1.34%。东北亚地区投资项目3个，协议投资额4141.99万美元，占3.3%。对外投资主要流向建筑业、制造业和服务业，其中，建筑业中方投资额11.9亿美元（占比95%），制造业中方投资额4104.9万美元（占比3%），服务业中方投资额2069.8万美元（占比2%）；主要投资国别和地区包括美国、中国香港、英国、澳大利亚、德国、赞比亚、新加坡、孟加拉国、日本、菲律宾、泰国、几内亚、韩国、瑞士14个国家和地区。

【中铁九局中标匈塞铁路项目】 5月，沈阳市对外承包工程龙头企业中铁九局中标匈牙利肖罗克莎尔（含）—克莱比奥（边境）铁路升级采购EPC（工程总承包）项目，中标金额约10.4亿美元，匈塞铁路项目是沈阳市2016年以后规模最大的承包工程项目。

（冯静洁　燕广升）

●小资料

匈塞铁路是中国在欧盟实施的首个铁路基础设施项目，是中国—中东欧合作的旗舰项目，是中欧互联互通合作的重要组成部分，对于共建“一带一路”倡议与欧洲发展战略对接、深化中欧合作具有重要意义。其中，塞尔维亚段全长142.2千米，2018年6月开工，由中国企业承建，计划2022年完工；匈牙利段长159.4千米，2019年5月中匈企业联合体经公开招标成为项目主承包商并签署EPC合同。

国际贸易促进

【概况】 2019年，中国国际贸易促进委员会沈阳市分会（简称“市贸促会”）扎实开展“不忘初心、牢记使命”主题教育，确保年度各项任务到实处、取得实效。年内举办2019沈阳国际航空产业发展大会暨法库飞行大会、2019第四届中国沈阳国际机器人大会、2019中国沈阳国际机器人展览会、2019中国沈阳国际机器人挑战赛，积极引进和对接项目，促进沈阳产业发展。通过开展“一带一路”海外行活动，组织全市27户企业参加德国法兰克福礼品展、中俄特色农产品博览会、香港国际印刷及包装展览会、亚美尼亚“同一世界的国家”论坛及展览，“第九届东盟（曼谷）中国进出口商品博览会”以及日本富山综合制造展等活动，助力企业“走出去”开拓国际市场。通过创新工作举措，在为企业服务“最多跑一次”基础上逐步开展“零跑动”服务，建设自由贸易协定（FTA）综合服务平台，首次设立自贸协定沈阳市服务中心，为全市企业提供优质商事法律服务。编辑出版中英文对照版《2019贸易沈阳》出口企业名录，免费发给企业，受到企业欢迎。开展对外交流合作，与俄罗斯、罗马尼亚、越南、柬埔寨、菲律宾、泰国、缅甸等国10家商协会签订友好合作协议，签订友好合作协议的境外商协会总数达到90家。加强与中亚和中东欧国家的联络，开拓亚美尼亚、罗马尼亚市场，填补沈阳市对外经贸合作的空白。组织区县企业参加2019韩国全罗南道—中国沈阳经贸洽谈会、沈阳企业走进泰国泰中罗勇工业园说明会、辽宁·荷兰欧沃艾索企业对接交流会、中国（辽沈）斐济文化经贸交流推介会、中国（辽宁）斯洛伐克推介会、中国（辽宁）中东欧16国国家馆启动仪式以及中国国际商会举办的2019年精品项目对接交流会等经贸洽谈活动。市贸促会洽谈推进沈阳市与日本东芝钛酸锂电池和氢能源发电项目、日本爱信汽车变速箱项目；推进沈阳航空产业集团与法国Sky Aircraft公司合作，引进Skylander Sk-105飞机设计—制造—市场一体化项目。引进的辽宁省集智产业投资基金项目第一批资金6亿元全部实缴到位，其中，外埠资金3亿元，基金主要投资领域为全市集成电路和智慧产业。组织参加2019长三角辽商大会，副市长李松林在大会上宣传推介沈阳。此外，在为企业提供经贸摩擦预警，开展经贸调研，加深京沈合作等方面取得良好业绩。全市开展“万人进万企”主题活动，市贸促会制定“服务企业暖心行动计划”，深入对接企业，切实解决企业生产经营难题。

【2019中国沈阳国际机器人挑战赛】 8月30—31日在沈阳新世界博览馆举办。沈阳市政府主办，沈阳市贸促会、沈阳日报报业集团共同承办，主要进行WER教育机器人普及赛、MRC立方之争（表演赛）、Enjoy AI奥林匹亚竞赛、智能小车任务挑战赛及机器人创意赛等赛项角逐，邀请到150余支代表队的近300名辽宁省中小学生参赛。市长姜有为亲临现场观摩赛事，与参赛选手、指导教师深入交流。本届赛事让辽沈地区更多的青少年参与“善于动手创造，乐于动脑创新”的活动中来，积极推动机器人教育的普及和发展，为国家培养优秀的人工

智能科技人才后备力量。

【2019第四届中国沈阳国际机器人大会】 9月1日在沈阳新世界博览馆举行。邀请到全球30余个国家及地区的机器人组织代表、知名专家学者、企业家代表嘉宾等600余人参加，市长姜有为、副市长李松林出席大会开幕式并致辞。机器人大会以“人工智能与机器人”为主题，设置开幕式、论坛、项目对接会、“浑南夜话”高端专家对话及辽宁总商会高端装备委员会成立大会等系列活动，完成项目签约7个，总投资额103.5亿元。

【沈阳名优产品“一带一路”海外行】 2019沈阳名优产品“一带一路”海外行活动，是东北地区唯一以“一带一路”为主线的经贸项目，得到企业欢迎和积极响应，组织27户企业50个展位参加1月25—29日德国法兰克福礼品展、3月28—30日中俄特色农产品博览会、4月27—30日香港国际印刷及包装展览会、9月20—23日亚美尼亚“同一世界的国家”论坛及展览、10月31日至11月2日日本富山综合制造展以及11月8—10日“第九届东盟（曼谷）中国进出口商品博览会”等活动，洽谈4000多场次，达成意向金额5亿多美元，其中赴亚美尼亚参加“同一世界的国家”论坛和展览会是沈阳企业首次开拓中亚国家市场，取得突破性进展，《中国贸易报》进行专题报道。

（赵　刚）

会展业

【概况】 2019年，全市举办各类会展活动408项，实现展览面积416万平方米，展位搭建水平、展会服务水平，展会与展商和观众的黏性互动，现场成交情况以及意向交易额均明显提升。举办国际展览业协会（UFI）信息说明会，引导重点会展企业，优质展会项目申报UFI认证，辽宁北方工商业展览有限公司及其主办的“东北口腔展”获国际展览业协会会展项目认证，标志沈阳市会展产业发展方式在由“量”的扩张向“质”的提升的转变上迈上一个新台阶。全市自有品牌展会进一步提升，家博会春季展第二次举办，展会面积5.2万平方米，增长33%；参展企业520户，增长22.3%；展会意向交易额15亿元，增加21%；汽博会同期举办“5G汽车峰会”“新能源汽车以及智慧出行产业博览会”；国际车展展出概念车及新能源、新动力汽车150余台，其中东北首发50余款，现场演绎活动近1500场次。

【2019第十八届中国沈阳国际汽车工业博览会】 6月5—10日，由中国机械工业集团有限公司、商务部外贸发展事务局支持，中国机械国际合作股份有限公司主办，辽宁中汽会展有限公司、中国汽车工业协会房车委员会、沈阳市新能源汽车行业协会承办，沈阳国际展览中心等单位共同协办的“2019第十八届中国沈阳国际汽车工业博览会”暨“中国沈阳国际新能源汽车及智慧出行产业博览会”“中国东北国际房车旅游博览会”在沈阳国际展览中心举办。本届展会有全球300余家展商参展参会，各大主流汽车品牌高规格参展，展会展览面积18万平方米，全球132个汽车品牌的1935台车辆参展，分别增长13.8%和4.4%；吸引境内外观众55.2万人次，增长2.8%；现场成交及预订车辆13210台，增长10.7%。

【2019第十届中国沈阳国际家博会】 8月9—11日在沈阳国际展览中心举办。由中国家具协会、中国林产工业协会、辽宁省家具协会、沈阳家具产业协会联合举办。国内外1007户企业参展，展出面积15万平方米，设立11大展馆，观展人员超过15万人次，其中专业买家占比达到93%，展会达成意向成交额约33亿元。其中，辽宁参展企业为675户，占参展企业总数67%，意向成交额17.8亿元，占总额的53.9%；沈阳参展企业476户，占总数的47.2%；意向成交额11.7亿元，占意向成交总额的35.5%。（赵燕南）

【2019中国沈阳国际机器人展览会】 8月30日至9月1日在沈阳新世界博览馆举办。本届展览展示面积5000平方米，展位数量232个。在展示国际新型机器人技术的同时，注重推出新松机器人、中瑞福宁机器人、大族赛特维机器人等沈阳本地机器人企业和产品。展览会还专门设置浑南高新区、中德园及高校展区，整体展示沈阳机器人产业的最新发展。展会期间接待观众1万多人次，洽谈场次200多场。（赵　刚）

【第十八届中国国际装备制造业博览会】 9月1—5日在沈阳国际展览中心举行。本届展会以“智能制造与东北振兴”为主题，以向新中国成立70周年献礼为主旨，展会期间举办开幕式、制造强国高峰论坛暨工业强基创新发展论坛、“一带一路”采购对接会、央企采购对接会等14项主要活动。展馆规模11万平方米，海内外参展企业953户，展位数量4260个。展示人工智能、工业机器人等高新智能装备，高档数控机床等金属加工装备，以及环保、交通、能源等领域各类专用装备和装备制造业基础通用装备。其中：境外及外商投资企业展位1397个，占32.8%，分别来自美国、德国、法国、瑞士、中国台湾、中国香港等17个国家和地区；境内参展企业来自22个省、市和自治区。世界500强企业及跨国公司64户，世界著名机床企业12户，国内知名装备制造业企业44户。工信部原部长李毅中、原外经贸部副部长龙永图出席中国制博会并发表主旨演讲。本届展会参观总人数16.5万人次，其中专业人士及采购商10.7万人次。各类经贸活动和现场贸易签约额16.08亿元。

（市产业转型升级促进中心）

▶第十八届中国制博会现场　　（市产业转型升级促进中心供）

【第十九届中国沈阳国际农业博览会】 9月20—23日，第十一届辽宁国际农业博览会暨第十九届中国沈阳国际农业博览会（简称“农博会”）在沈阳国际会展中心举办。辽宁省政府主办，沈阳市政府和省农业农村厅承办，大连等省内13个市以及省财政厅、省商务厅、省水利厅等14家单位协办。农博会以“绿色、健康、创新、发展”为主题，以国家、省、市级农业龙头企业为参展主体，邀请澳大利亚、法国、意大利、韩国、日本、俄罗斯等国家食品企业参展，有上万种优质农产品以及农业加工产品在展会亮相。农博会规划设计96个“第一书记”标准展位，全省近200名“第一书记”参展。其中，沈阳市展位40个，95名“第一书记”参展。“第一书记”展区农产品销售320万元，对接大型商场渠道、线上销售平台、职业采购商65次，达成初步合作意向25个。沈阳综合展区馆设立沈阳十大品牌展示区。农博会邀请到广东省、山东省及成都市等10个外省市展团参展，有省内外1300余户企业参加，观展人数累计35.8万人次，现场签约额8.3亿元、现场交易额3.57亿元。　（徐　宁）

【2019中国沈阳国际汽车展览会】 10月16—21日在沈阳国际展览中心举办。由沈阳市汽车流通协会主办。展会以“领创·全新时代”为主题，展出面积18万平方米，整车参展企业131户，参展品牌137个，参展车辆1353台，新车展出比例超过80%，概念车及新能源、新动力汽车突破150台，50余款新车进行沈阳或东北首发，组委会及各汽车品牌现场演绎活动近1500场次。车展销订新车13985台，累计交易金额29.3亿元，有近34.7万人次观展。

【《沈阳市会展业发展专项资金扶持政策》】 10月24日市商务局印发。《扶持政策》以努力打造“东北亚会展中心城市”为目标，为吸引更多优质项目落地，鼓励展会做大做强，进一步降低门槛、简化流程、明确监管，增强会展业发展专项资金的范围的普惠性，申领的便捷性，监管的严密性。《扶持政策》进一步明确会展业发展专项资金的支持重点和标准，申报条件、程序和材料，专项资金执行，监督管理等内容，共6章26条。　（赵燕南）

广告业

【概况】 2019年，全市有广告经营单位6600户，其中主营广告业务企业3566户，兼营广告业务企业2942户，私营广告企业3546户，外商投资广告企业13户，经营广告网站0户。全市广告经营额31.7亿元；监测广告1162958条次，其中严重违法广告9284条次，违法率0.8%。依托国家互联网广告监测平台，监测全市互联网PC端违法广告线索，广告主涉嫌违法广告线索36批次，666条；监测互联网自媒体违法广告线索26批次，43条。全市广告费投入居前三位的是房地产（7.75亿元）、汽车（3.33亿元）和食品（3.15亿元）产业。2019年，全市办结医疗、药品、医疗器械、食品、保健食品等违法广告案件122件，罚没款345.14万元，查处的案件数居前三位的是食品、药品和医疗服务。治理违法公交广告，全市排查公交广告3328条次，公交枢纽、公交站亭站牌广告2037条次，对3条违法广告进行整改。开展医疗广告专项整治，监测传统媒体、互联网及户外医疗广告3141条次，涉嫌违法广告273条次；立案调查14件，结案8件，罚没款124.45万元。互联网广告专项整治方面，开展宣传活动157次，监测互联网广告770条次，发现涉嫌违法广告1件，开展行政约谈48次，查处虚假违法互联网广告14件，罚款15.91万元。检查治理含有宗教迷信内容商业广告，全市检查责任主体1339户，责令整改3户，排查清理含有宗教迷信内容商业广告765个，停止发布“歪脖老母”等户外广告6个。集中整治借国庆70周年商业炒作行为，全市排查户外广告120个，检查网络信息580余条，检查商场超市、保健品经营店420余户，指导皇姑区局取缔长江街两侧以国旗为背景的店庆宣传牌匾广告10余处。规范广告市场秩序，召开全市整治虚假违法广告联席会议和全系统广告监管工作推进会议；指导、督促区局对总局违法广告线索做到查看率、处理率100%，下发责令停止发布通知书386份，编发22期监测通报；通过《沈阳日报》、市局网站，对18起典型食品、药品、医疗等虚假违法广告案例予以公开曝光；对《沈阳晚报》等5家单位开展专项行政检查。

（市市场监督局）

【《关于促进我市公益广告宣传加强公益广告发布管理有关问题的通知》】 8月19日市市场监督管理局印发。《通知》对公益广告刊播的具体安排、公益广告发布的主要内容、公益广告发布的管理提出明确要求。《通知》对社会主义核心价值观类、指令类、城市形象类、生态文明类、公共服务类、应急类6类公益广告主要内容进行规范。（志 闻）

十八、中国（辽宁）自由贸易试验区沈阳片区

综 述

2019年，沈阳片区全面完成自贸区总体方案试验任务；形成2项国家级创新经验、14项省级创新经验；推动综保区和跨境电商实现重要进展；协同联动，互鉴创新，与中德园、金融商贸开发区初步构建协同发展机制。截至年末，自贸区累计注册企业1.8万户，其中外资企业375户。自贸试验区全口径税收65558万元；实际利用外资1082万美元；进出口额47.5亿元。

自贸区与浑南区实现合署。完善协同发展机制，实现产业规划、项目准入和招商引资一体化。共同建成并运行全市首家企业服务中心，审批事项180项。

全面完成总体方案试验任务。完成省总体方案涉及沈阳片区试验任务115项，以及复制推广全国自贸区改革经验涉及沈阳市的任务104项。

形成一批制度创新成果。优化涉税事项办理程序、国有企业“内创业”模式2项经验全国推广。累计40项制度创新经验全省推广。

重点产业进一步加速集聚。落地亿元以上项目46个，计划总投资599.4亿元，金融企业达500户，入驻私募股权机构59家。科技类企业超过3000户，培育沈阳轩昊科技有限公司等25户高新技术企业。 （高天阳　王冠）

招商引资

【概况】 2019年，沈阳片区与7个国家和地区商协会签署合作协议，与500余个企业、商协会及商务团组进行商洽。储备推进项目131个，签约52个，20个项目开展经营。全年域内落地亿元以上项目46个，其中高端装备制造项目9个、新兴产业项目17个、现代服务业及其他项目20个，计划总投资600亿元，当年完成投资162亿元。通过“央企走进自贸”“创新发展 初心与再出发”“中国（沈阳）跨境电商发展论坛暨沈阳自贸区高新区重点项目签约仪式”、中非经贸博览会、第二届进博会等活动积极宣传推介自贸区。组织和参加较大型活动16场。其中，2019辽宁国际投资贸易暨特色产品采购洽谈会活动中被省商务厅评为优秀创意奖；第二届进口商品博览会完成企业邀请和采购指标任务。中航发燃气轮机、沈阳城市建设集团等重大项目先后进驻自贸区。中国供销海外购、滴滴出行等引领产业发展的重点项目，落地沈阳片区。

【中国（沈阳）跨境电商发展论坛暨沈阳自贸片区、高新区重点项目签约仪式】 9月26日在浑南区创新天地举行。市政府主办，市商务局、中国（辽宁）自由贸易试验区沈阳片区管委会、沈阳高新技术产业开发区管委会共同承办。省委常委、市委书记张雷，市长姜有为出席项目签约仪式。在签约仪式上，总投资400亿元的84个重点项目成功签约。其中，中国（辽宁）自由贸易试验区沈阳片区有进出口商品展示交易中心、辽宁滴滴出行科技公司、BD信息化研发展示中心等39个项目，涵盖跨境电商、区域总部、平台类、商业地产等行业和领域。跨境电商发展论坛上，中国供销海外购、拼多多等国内知名电商负责人，就构建跨境电商产业链、加快跨境电商产业集聚、推动结构调整和扩大对外开放等方面建言献策。

（高天阳　王冠）

经济发展

【概况】 2019年，实际到位内资指标任务50亿元，完成50.1亿元，增长131.9%。进出口额指标任务增幅10%，需完成9.64亿元，实际完成10.5亿元，增幅20%。

推进服务贸易发展。召开自贸区进出口企业座谈会、推进会、培训会，对进出口形势及有关政策进行宣讲、解读及答疑。举办2019年汇率趋势与对策座谈会。组织片区重点企业参加第二届中国国际进口博览会、越南—中国辽宁省农产品贸易促进座谈会、2019年中国国际服务贸易交易会等经贸活动。

推进主导产业发展。重点推进沈阳民用航空产业园区、东软健康医疗国际产业园、沈阳新松机器人未来城、东北大学云计算科技园、锦联新经济产业园区、综合保税区等特色产业园区加快建设，航空产业园区进驻企业40余户，锦联产业园进驻企业760余户，综合保税区新注册企业440户，沈飞民机公司产值19亿元，东软医疗系统公司产值23亿元，园区进驻率和重点企业生产经营效益都显著提升。

【跨境电商创业孵化基地启动】 4月11日，沈阳自贸跨境电商创业孵化基地启动仪式暨沈阳自贸跨境电商企业联盟筹备大会在沈阳自贸试验区桃仙综保区联检大楼举行。辽中海关、沈阳市商务局、沈阳自贸区税务局、沈阳市场监督管理局和沈阳自贸区管委会相关领导和部门出席活动。该孵化基地建有600多个孵化工位和多个培训教室、多功能会议厅、企业服务中心等功能模块。孵化基地引进联盟外贸专家团队和专业跨境电商平台公司，面向自贸试验区初创企业以及传统外贸企业开展国际贸易和跨境电商运营培训。孵化基地还配置虚拟现实跨境电商VR培训系统，并将与在沈高校合作，在自贸试验区建设国内一流的跨境电商校外实训基地。沈阳自贸跨境电商创业孵化基地由沈阳自贸投资发展有限公司投资建设，辽宁自贸试验区中沈企业服务有限公司运营管理，沈阳自贸试验区跨境电商企业联盟为主要业务合作伙伴。

【辽宁自贸区首张进口非特殊用途化妆品备案凭证】 4月29日，沈阳自贸试验区发出辽宁自贸区首张进口非特殊用途化妆品备案凭证。此次辽宁瑞凝美商贸有限公司办理备案从提交材料到备案完成仅用15日。这是沈阳片区完成的第一例非特殊用途化妆品备案登记，也是辽宁自贸区完成的首例备案登记。由原国家食药监总局登记时，需要5个月，在自贸区备案，从开始的网上用户名注册、到产品完成备案大约需要2—3月的时间。

【国企“内创业”模式案例入选全国“最佳实践案例”】 7月23日，商务部召开“自由贸易试验区制度创新成果复制推广工作情况及第三批‘最佳实践案例’专题新闻发布会。沈阳自贸试验区基于全要素价值分享模式的国有企业“内创业”模式成功入选。在自贸区注册创业的沈阳机床集团，通过支持员工创业创新、孵化企业，相关领域生产效率提升70%，员工收入实现翻番。

（高天阳　王冠）

▶辽宁自由贸易试验区沈阳片区　　（张文魁摄）

十九、旅游业

综　述

2019年，积极推进文化旅游深度融合，实现文旅资源共享、优势互补、协同共进。全市有80个文旅项目开工建设，实现投资74.62亿元，盛京古城、恒大童世界等大型旅游综合体项目开工建设。发起设立1亿元市旅游产业发展基金。沈北新区争创国家级全域旅游示范区通过省级验收。起草《沈阳市促进冰雪经济发展的实施意见》，组织专家编制《冰雪旅游专项规划》。全市接待国内外旅游者9510万人次，实现旅游总收入875亿元，分别增长15.2%和15.3%。新建、改建旅游厕所150座。截至年末，拥有国家A级旅游景区122家（5A级1家、4A级16家、3A级77家），旅行社314家，其中，全国百强旅行社有7家、上市旅行社1家（辽宁普峰国际旅行社股份有限公司，2015年新三板上市），导游员7994名，星级酒店81家。

创造性转化利用历史文化资源，研发设计“史前文化之旅”“清文化之旅”“民国文化之旅”“抗战文化之旅”“红色革命文化之旅”“工业文化之旅”“城市文明之旅”“生态文明之旅”8条重点文化旅游线路。成功举办2019中国沈阳国际旅游节四季游活动，推出40余大主题，500余项活动，主动融入实景演出、舞台剧目、传统技艺等文化元素进重点旅游景区，形成旅游消费新热点。

加强对A级旅游景区动态管理，开展文化和旅游市场第三方暗访工作。实施保健品乱象整治、出境旅行社资质排查等专项行动。进一步简政放权，将旅行社验点和旅行社统计两项工作下放至区县（市）。　（陆　明）

旅游规划

【概况】 2019年，为全面配合做好沈阳植物园整改提升工作，充分整合沈阳市植物园周边的秀湖、国家森林公园、棋盘山风景区、沈阳森林动物园、鸟岛等优质旅游资源，统筹开发利用周边小轮车赛道、铁人三项赛等相关体育赛事资源，建设集户外运动、休闲度假、文化体验于一体的都市旅游目的地，启动编写《沈阳东部文化旅游体育融合发展提升规划》。同时，按照沈阳市浑河四季皆有景，有韵、有格局、有气派的定位，围绕市长姜有为“一河两岸”做足文章，加强文体旅项目的顶层设计，深度策划文体旅游项目，深度挖掘历史文化资源的批示，开始启动编制《浑河文化体育旅游融合发展规划》。

【东部及浑河文旅融合发展规划招标】 2019年，《沈阳东部文化旅游体育融合发展提升规划》和《浑河文化体育旅游融合发展规划》积极推进招标流程。提出相关的招标要求：必须遵循沈阳市新时期国民经济及产业发展要求，从文化、体育和旅游发展实际出发，满足新时期文化和旅游融合发展新要求，体现推进文化体育旅游融合发展新思路。基于新时期文化和旅游融合创新发展理念，创新文化体育旅游业态，创新文化体育旅游体验方式；两个规划将对沈阳市区域消费行为的精准把握，对一河两岸和沈阳东部资源进行创造性包装，提出可行的落地产品；深化文体旅融合发展主题，提出差异化策略，从区域定位、业态策划、发展策略、项目营销、开发运营、投资成本估算、效益分析商业模式、项目效益评价、开发时序等进行深入研究，提出科学、合理的方案，确保项目可落地、可实施、可运营。 （李 锐）

旅游项目建设

【概况】 2019年，全市整合推进旅游项目82个，其中：新建项目22个，续建项目54个，改扩建项目6个。项目开复工76个，开复工率92.7%。项目总投资1604亿元，全年计划投资131亿元，完成投资额108.8亿元。按投资规模划分：全年计划投资额 2亿元（含）以上项目18个，全年计划投资108.7亿元，完成投资额73.93亿元；当年计划投资额 1亿元（含）以上项目35个，全年计划投资129.2亿元，完成投资额98.25亿元。按建设内容情况划分：乡村旅游有项目16个，全年计划投资6.98亿元，完成投资额5.1亿元。工业旅游有项目12个，全年计划投资16.3亿元，完成投资额10.99亿元。其他项目54个，全年计划投资119亿元，完成投资额92.71亿元。

【恒大童世界文化旅游项目】 沈阳恒大童世界文化旅游城项目是恒大集团在东北地区投资开发、建设运营的第一个大型文化旅游综合体项目，选址在沈阳苏家屯区东部的临空经济示范区，总投资1000亿元，规划设计童世界主题乐园、文化旅游商务、休闲生活居住三大功能区，建成后每年游客量1500万至2000万人次，预计可拉动旅游消费超200亿元。2019年，该项目童话大街展示段主体结构及屋面结构、乐园、饮食街、主城堡、儿童梦幻城等项目全面复工建设，当年完成投资额26亿元。 （佟胜富）

经济区旅游一体化

【概况】 2019年，沈阳市文旅广电局协调组织鞍山、抚顺、本溪、辽阳四城市文旅局，围绕“共同开发精品文化旅游线路、共同构建文化旅游营销网络、共同开展文化旅游品牌推介、共同组织文化旅游项目招商引资”，形成全方位、多领域、深层次的一体化合作发展格局。首次召开五城市文旅局联络员会议，明确一体化发展目标、重点任务和保障措施。系统梳理和科学整合经济区文化旅游资源，研发形成“史前文化之旅”“清文化之旅”“民国文化之旅”“抗战文化之旅”“红色革命文化之旅”“工业文化之旅”“城市文明之旅”“生态文明之旅”八大文化旅游线路。围绕“巡四京都城、品四市风情、进四地人家”主题，联合策划北京、沈阳（盛京）、抚顺（兴京）、辽阳（东京）2019“四京文化旅游互动”活动。

【联合宣传推介活动】 落实市委、市政府提出的区域发展战略，协调组织沈阳经济区城市赴广州、珠海、深圳举办夏季文化旅游资源推介活动。10月中旬，组织域内文旅资源随东北文化推广联盟赴江苏开展“四季东北・精彩关东”文化旅游宣传推广活动。邀请江苏市民游客抵经济区五城市参观体验文化旅游资源，传播沈阳经济区好声音，展示沈阳经济区各市文化旅游城市形象，吸引更多的域外游客旅游观光。

【冬季文化旅游产品发布】 12月11日，对外发布2020“四京互动”冬季文化旅游产品。设计推出“清文化之旅”“冰雪文化之旅”和25处文旅打卡地，编制形成的“清风满韵 冰雪沈阳”冬季冰雪旅游宣传片，登录中共中央机关权威直播媒体平台圆点直播。中央广电总台国际在线，面向国际180余个国家和地区，宣传沈阳及沈阳经济区冬季冰雪旅游线路。

【宣传推介新模式】 年内，借助2019年北京世界园艺博览会、亚洲文化旅游展、北京国际旅游博览会等国际展会契机，联合沈阳经济区城市开展文旅一体化宣传推介和2019“四京”精品旅游线路推广活动。借助北京西客站等196处旅游咨询服务点位，正式开启沈阳及沈阳经济区文化旅游资源常态化宣传推介模式，成为“京沈”合作重要工作成果。另外，整合沈阳经济区内百余个景区、酒店、旅行社，设立沈阳经济区文旅宣传服务站点，全面开启经济区文化旅游宣传服务新模式。（郭建委）

节庆会展活动

【概况】 2019年，以举办中国沈阳国际旅游节四季游为平台，打造“传奇盛京 福运沈阳”城市形象品牌，优化国际营商环境，建设东北亚国际旅游名城，通过产业融合、资源整合的方式，围绕沈阳地域特色，打造优质要素环境，构建多元化旅游产品体系，不断提升沈阳文化旅游产业的知名度和影响力。结合四季气候特点，鼓励和引导民间资本参与旅游开发提升，做优活动品质，深度挖掘全市文化、旅游、体育、民俗、商业等资源，领航企业兴旅投资，吸引外资到沈投资，让到沈游客、客商有更多可玩可游的好去处。7月，赴“广深珠”（广州、珠海、深圳）地区开展沈阳经济区夏季文化旅游推介；11月中旬，赴昆明参加中国国际旅游交易会。全市各地区推出活动400余项，线上线下营销推广百余次，涉旅企业百余家，投资金额超亿元，四季游活动曝光量亿人次。

【夏季“戏水门票”惠民发放活动】 6—8月，坚持“政府引导搭平台，企业主导唱主角，百姓参与得实惠”原则，联合温泉旅游协会和各区县（市）文旅部门，发动号召与水有关的文旅企业联合推出“戏水门票”免费大发放送活动，引导广大市民和游客走出家门，充分感受体验夏季游所带来酷爽“凉意”和由衷的“热情”。沈阳七星海世界、沈阳欧亚菲温泉、沈阳仟睿达水上乐园、沈阳北汤温泉、沈阳辽中花溪地温泉、大连鲁能海洋温泉、大连铭湖度假区温泉、大连旅顺开世温泉度假酒店、抚顺丰远热高乐、鞍山市御汤泉、营口御景山温、营口熊岳天沐温泉、营口虹溪谷温泉、阜新宝地康养温泉、辽宁碧湖温泉等省内20余户戏水企业参与活动，赠送近百万元的戏水门票。

【创意主题营销】 2019年，联合新浪网、马蜂窝网、今日头条、腾讯网、网易、国际在线等全国知名媒体网络，创意开展“浪花爱上雪”“马上蜂行盛京集结令”“冰雪沈阳抖起来”“冰雪沈阳手机互动游戏滑雪大作战”“沈阳冰雪短视频传播”“沈阳冰雪旅游图”6大主题营销和系列宣传；推出沈阳冬季冰雪旅游英文版活动内容，面向世界180个国家和地区进行的广泛宣传。

【沈阳国际冰雪节】 2019年12月至2020年3月举办。沈阳市政府主办，市文旅广电局联合市直相关部门、各区县（市）政府共同承办举办。推出冰雪文化、冰雪体育、冰雪温泉、冰雪民俗、冰雪美食、冰雪商贸6大主题120余项冬季冰雪旅游活动，充分利用沈阳冰雪资源优势，通过主辅双线齐动的有机结合，吸引“百万市民上冰雪”。（孙学林）

京沈旅游合作

【概况】 2019年，沈阳市文旅广电局与北京市文旅局开展对口文化旅游合作工作，通过互助窗口、互送客源、互为目的地等方式，全方位、多渠道、深层次宣传推介沈阳及沈阳经济区城市文化旅游资源，京沈对口合作实现新的突破。先后组织参加2019亚洲文化旅游展、2019北京世界园艺博览会和2019北京国际旅游博览会，创新性推出“文旅推介+非遗展演”（“沈阳文化旅游宣传推介+辽宁满族旗袍非遗展演”）的全新宣传推介形式，借助国际舞台尽展沈阳文化自信和文化魅力。同时，联合经济区城市在北京开展沈阳经济区文旅一体化宣传推介和2019“新四京”精品旅游线路推广活动。7月14日，由北京卫黄文化协办“刘少奇与中共满洲省委座谈会暨电视剧《共产党人刘少奇》纪录片《刘少奇的故事》沈阳首发式”在沈阳举行。同时，北京卫黄文化传播发展中心与沈阳文物古迹保护研究中心，签署“红色基因代代传工程”战略合作框架协议。

【故宫学院（沈阳）成立】 5月18日，北京故宫博物院与沈阳故宫博物院合作举办签约暨揭牌仪式，正式成立故宫学院（沈阳）。故宫学院是由故宫博物院以博物馆办学模式成立的业务培训和教育机构。故宫学院成立后，将成为省市乃至东北地区文博从业人员和文物爱好者的培训发展基地，成为博物馆和社会公

▶沈阳—俄罗斯洲际旅游包机首航启动　（市文旅广电局供）

众交流、学习与发展的新平台。

【沈阳旅游界首次运行跨洲直航包机】 6月25日，沈阳青年国际旅行社等5家旅行社联合运营的沈阳直飞莫斯科洲际旅游包机正式启动，航线全程仅需6小时。这是沈阳旅游界首次运行跨洲直航包机。

【沈阳历史文化名城招商项目发布会】 10月30日，沈阳文旅广电局联合经济区城市文旅局，沈阳市发改委、市商务局共同开展北京——沈阳经济区文化旅游招商项目暨沈阳历史文化名城招商项目发布会和沈阳经济区文旅风采展示展演活动。会议现场签约5个项目，签约金额14.5亿元。整合沈阳经济区城市文创、非遗、艺术品展示、特产展销、景区宣传等项目开展的文艺路演等活动，中央电视台、人民网、光明网等7个国家级媒体，23个省市媒体进行报道，北京电视台文旅北京栏目组开辟沈阳专场活动，宣传沈阳经济区非遗文创产品。

（郭建委）

二十、金融业

综　述

2019年，全市金融系统认真贯彻落实第五次全国金融工作会议精神，围绕服务实体经济、防控金融风险、深化金融改革等重点工作，坚持问题导向，践行创新理念，凝心聚力，锐意进取，全面完成各项工作任务，实现全市金融业平稳健康发展。至年末，全市金融业增加值实现494.5亿元，增长7.2%，占地区生产总值比重7.64%。全市本外币贷款余额16812亿元，增长12.5%，比全省高2.5个百分点，比大连高8.4个百分点；比年初增加1870亿元，多增124亿元。存款余额18869亿元，增长6.3%，比全省高0.1个百分点，比大连高1.8个百分点；比年初增加1120亿元，少增873亿元。全市证券交易额28875亿元，与2018年基本持平。全市保费收入378.3亿元，增长12.2%。其中，财险收入110.5亿，增长11.9%；人身险收入267.8亿元，增长12.3%。全市持牌金融机构630家，年内新增10家（证券分公司6家、期货分公司2家、保险分公司2家）。

创新推广政策工具，提升服务实体效能。出台《沈阳市促进金融业发展若干政策》，突出对资本市场、金融创新的政策引导，为加快建设东北区域金融中心做出制度安排。实施“一企一策”精准对接，为14个重大项目解决融资47.7亿元。推广“应急转贷”基金，累计投放570笔，金额667.5亿元，扶持企业115户，降低成本7.76亿元。民营转贷资金投放5.94亿元共153笔业务，扶持企业100余户，降低成本近600万元。深入开展应收账款质押融资试点，业务规模2.1亿元。落实省创业担保贷款贴息专项政策。出台《沈阳市创业担保贷款工作实施细则》，新增贷款1.46亿元，增长88.8%。

夯实基础设施，提升服务质量。三大平台均实现上线运行。综合金融服务平台合作机构24家，发布企业融资需求57项，解决融资4200万；企业征信平台完成首批10家数据源单位线下采集和线上实时对接，累计采集数据2.59亿条，清洗入库数据2.28亿条，具备出具征信报告条件；金融风险监测预警平台涵盖非法集资监测预警（39462户企业）、经济运行监测预警（1000多户大型企业）、金融机构舆情监测预警（487家持牌金融机构）、5类地方金融机构监管及风险预警等业务板块，完成软硬件部署并形成风险预警报告。

建设多层次资本市场，拓宽融资渠道。沈阳芯源微电子10月21日通过上市审核，成为全省首户科创板上市企业。新增资本市场融资22亿元（上市公司11.56

▶3・15“走近科创 你我同行”投教宣传活动 （市金融局供）

亿元、新三板1.35亿元、辽股交9.04亿元）。后备企业库达201户（市级43户、区级158户）。10户后备企业进入上市程序：麟龙股份拟撤出创业板上市申请并到新三板精选层公开发行，越众传媒处于纳斯达克证券交易所上市排队中，东软医疗、风景园林、何氏眼科、风驰科技、美嘉科技5户完成辽宁证监局备案；鑫博工业技术股份有限公司正式向辽宁证监局提交备案辅导申请。备案私募基金管理人60家，年内新增10家。沈阳基金小镇建设提速，入驻基金28家，管理规模60亿元。

防范化解金融风险，确保金融稳定有序发展。金融机构风险稳步化解，44天快速化解盛京银行同业市场紧缩冲击风险，得到央行和国家银保监会的高度认可；及时卖出网信证券128.1亿元未到期存量债券，有效化解可能触发银行间债券市场价格下跌的系统性风险，同步协调证监会推动网信证券带牌照司法重整并进入谈判阶段。农信社不良贷款清收及改制工作稳步推进，累计清收处置不良贷款10.4亿元，不良率下降1.6个百分点。稳妥推进重点企业风险处置，北方重工集团顺利完成司法重整，19家债权银行145亿债权得到妥善处置；沈阳机床集团重整方案获批，通用技术集团注资53亿元；辉山乳业集团完成债权申报及审核工作，伊利集团作为意向重组方正在参与司法重整；兴隆集团驻沈地区5家门店逐渐恢复、29户子公司全面进入司法重整程序；沈阳利源轨道交通装备有限公司11月13日进入司法重整程序。非法集资案件处理工作稳步推进，提前一年时间完成历史陈案三年减半攻坚计划（2018年化解60件，2019年化解102件，陈案存量111件）；国家督办的祥云、中港、慧瀛祺、颐和轩等重点案件进入善后处置程序；采取良性退出与处非打击并行方式，回收中普贷款资金近16亿元，一案回收资金超过全市处非案件历史回收资金总额3倍以上，得到国家银保监会打非局认可。 （市金融局）

银行业

【概况】 2019年，全市有银行类金融机构55家，有银行机构营业网点1500余个，从业人员近3.7万人。银行类金融机构包括：政策性银行2家（开发银行辽宁省分行、农业发展银行辽宁省分行营业部）；国有商业银行5家（工商银行沈阳分行、农业银行沈阳分行、中国银行沈阳分行、建设银行辽宁省分行、交通银行辽宁省分行）；邮政储蓄银行1家；股份制商业银行11家（招商银行、中信银行、华夏银行、光大银行、浦发银行、兴业银行、广发银行、民生银行、浙商银行、平安银行、渤海银行沈阳分行）；城市商业银行12家（盛京银行、大连银行、哈尔滨银行、营口银行、锦州银行、阜新银行、辽阳银行、葫芦岛银行、吉林银行、朝阳银行、丹东银行、抚顺银行沈阳分行）；民营银行1家（振兴银行）；农村商业银行2家（沈阳农村商业银行、新民农村商业银行）；农村信用联社4家（辽中农村信用合作社联合社、法库农村信用合作社联合社、康平农村信用合作社联合社、苏家屯农村信用合作社联合社）；村镇银行6家（沈北、新民、辽中、法库富民村镇银行，于洪永安、康平抚银村镇银行），外资银行11家（韩亚银行、企业银行、大华银行、东亚银行、汇丰银行、三井住友银行、三菱日联银行、新韩银行、渣打银行、友利银行、韩国产业银行沈阳分行）。非银行业金融

▶3月27日，沈阳市中小微企业信用信息平台现场推介会
（人民银行沈阳分行营业管理部供）

机构2家（锦银租赁有限责任公司、盛银消费金融有限公司）。财务公司2家（中国电力财务有限公司东北分公司、中油财务有限公司沈阳办事处）。开展“税信贷”业务创新，联合国家税务总局沈阳市税务局推出“税信贷”融资业务创新试点，盛京银行发放2笔合计72万元，贷款年利率仅为5%，为缓解中小微企业“融资难、融资贵”探索新路。降低企业发债门槛、破解融资困局，全市企业通过银行间市场发行债券60亿元，余额97亿元；完成两户企业注册发行超短期融资券25亿元的初审工作；加强对盛京银行小微企业专项金融债后续管理，70亿元债券实现投放65.9亿元，使用率94%；推广应收账款融资服务平台应用，至年末实现融资金额97.22亿元。加大政策、产品对接力度，支持民营、小微企业发展，制定下发《沈阳市落实小微企业金融服务实施方案》；连续3年编制《沈阳市民营小微企业金融产品指引》工具书，发布金融机构针对民营小微企业特点开发的融资产品288个；与自贸区沈阳片区、发改委、税务局、金融局、营商局、沈阳日报集团等联合举办政策说明会、中小微企业融资辅导暨银企对接会等对接、辅导活动7次，辅导小微企业1000余家。持续深化“放管服”改革，7月在全市范围内正式取消企业银行账户开户许可，由账户核准制改为备案制；企业开户办理时间由原来的3—7个工作日缩短为当日开立、当日使用；全力推动金融标准移动支付便民工程建设，辖区水电燃气费、有轨电车、地铁线路、55条公交线路、辽宁高速实现支持银联云闪付，30所院校以及公安、法院、税务等政企部门业务受理支持手机闪付和银联二维码支付，沈阳市内8家重点医院接入云闪付APP智慧医疗平台。至年末，全市金融机构本外币各项存款余额18869.5亿元，比年初增加1120.4亿元，增长6.3%；全市金融机构本外币各项贷款余额16811.9亿元，比年初增加1869.9亿元，多增124.2亿元，增长12.7%。

【市中小微企业信用信息应用服务平台融资40.3亿元】 3月，与市发改委联合开发的“沈阳市中小微企业信用信息应用服务平台”上线运行。截至年末，平台注册金融机构40家，提供金融产品304个，注册企业303户，纳入信用培育池企业有9084户，累计融资对接成功1060笔，总计40.3亿元。（刘荣佳）

保险业

【概况】 2019年，全市保险机构及网点437家。全市保险业实现原保险保费收入378.3亿元，比上年增长12.2%。其中财产险保费收入110.5亿元，增长11.9%；人身险保费收入267.8亿元，增长12.3%。全年赔付及给付支出124.7亿元，增长6.0%。其中财产险赔款支出60.7亿元，增长13.2%；人身险赔付金额645亿元，下降0.1%。财产险公司业务规模平稳增长，全市车险实现原保险保费收入80.6亿元，增长6.8%，累计承保机动车453.01万件（交强+商业），增幅10.1%。非车险实现原保险保费收入34.6亿元，增长34.0%，赚净保费17.09亿元，增幅2.8%；赔款支出17.16亿元，增幅50.3%，赔付成本15.64亿元，增幅51.5%。人身险三大类险种中两类险种正增长，一类险种负增长。健康险和寿险业务保费收入正增长，增幅

分别为19.6%和6.2%；意外险保费收入下降4.0%。（市金融局）

证券业

【概况】 截至年末，全市有证券公司2家，证券分公司32家，证券营业部103家，全年证券交易额28875亿元；期货经纪公司1家，期货分公司7家，期货经纪公司营业部20家。全市证券市场总体发展平稳。客户资产总额 2911.53亿元，累计证券交易额28875亿元，与2018年基本持平。证券机构保持增长势头，证券分公司较2018年增加4家，其中新增2家证券分公司（方正证券股份有限公司沈阳分公司、广州证券股份有限公司辽宁分公司）；2家证券营业部转为证券分公司（民生证券股份有限公司辽宁分公司、开源证券股份有限公司辽宁分公司）。

【首届盛京基金小镇PE投资会议】 5月18日在沈阳举办。会议由中国证监会辽宁监管局、沈阳市金融发展局指导，盛京基金小镇主办，辽宁省基金业协会、北京股权投资基金协会等单位协办。会议旨在通过加速资本与产业创新的耦合，打造资本高地，培育壮大新动能，加速沈阳市战略新兴产业的发展。辽宁证监局、中国证券投资基金业协会、辽宁省金融监管局、沈阳市委市政府相关领导，相关行业专家、各投资公司代表、辽沈领军企业代表等近400人出席会议。盛京基金小镇分别同凯辉资管、优选资本、兴途资本等知名基金管理机构进行入驻签约。北京股权投资基金协会与沈阳市基金业协会；清科研究中心、北京海峰科技有限责任公司与盛京基金小镇进行京沈合作签约。盛京基金小镇入围中国基金小镇行业年度杰出贡献TOP20，排名第11位。至年末，盛京基金小镇入驻私募基金管理人25家，申请入驻待审核9家，在管私募基金产品49只、管理规模17.67亿元。

（市金融局）

【“芯源微”成为沈阳首家科创板上市企业】 10月，沈阳芯源微电子设备股份有限公司首发上市申请获通过，12月16日在上海证券交易所科创板挂牌上市（公司证券简称为“芯源微”，证券代码“688037”）。此次公开发行2100万股，发行价为每股26.97元，实际募资5.66亿元。“芯源微”是科创板第66家上市公司，也是沈阳首户科创板上市企业。芯源微专注于集成电路生产光刻工序的涂胶显影设备，承担国家02科技重大专项，成功完成产业化进程，产品实现进口设备替代，销售超过700台套设备，成为国内领先的高端半导体装备制造商。（于翔南）

典当业

【概况】 2019年，沈阳市按照党中央国务院关于机构改革工作的要求和市委市政府统一部署，为贯彻落实全国金融工作会议精神关于加强地方金融监管的要求，根据商务部、银保监会有关融资租赁公司、商业保理公司、典当行监管职责转隶工作部署，沈阳市服务业委员会（现商务局）将以上三类机构监管职责（包括规划制定、行业准入、行业监管、行业自律组织指导等）划转至沈阳市金融发展局。转隶后，市金融发展局对全市156户典当行企业，进行全面彻底的排查，走访沈阳市典当行业协会，了解行业发展概况。截至年末，全市有典当行156户，141户企业通过省金融局年度审核。其中43户企业等级评定为A类，占全部典当企业的三分之一；70户企业等级评定为B类（普通类）；28户企业等级评定为B类（重点关注类）；15户企业被列为拟注销经营资格。（市金融局）

二十一、交通·邮政

交　通

【概况】 2019年，货物运输总量19387.7万吨，比上年下降0.8%。其中，铁路422.3万吨，下降6.4%；公路18958万吨，下降0.6%；民用航空7.4万吨，增长2.7%。旅客发送量19848.2万人，下降1.9%。其中，铁路5308.4万人，增长6.7%；公路13760万人，下降4.8%；民用航空779.8万人，下降3.9%。全市民用汽车保有量245万辆，比上年末增长6%。其中，载客汽车226.2万辆，载货汽车18.6万辆。私人汽车保有量214.8万辆，增长7.5%。沈阳与国际25个城市、国内96个城市（地区）通航。沈阳机场航线达到242条，其中国际航线24条，国内航线218条；民航运输飞机起降14.4万架次，比上年增长5.5%；机场旅客吞吐量2054.4万人次，增长8.0%。

道路运输。全市道路运输行业旅客周转量71.9亿人／千米，下降5.5%；公路货运周转量400.3亿吨千米，增长0.2%。新增更新客运车辆337台，废业客运车辆294台，完成245台营运客车类型划分及等级划分，完成820余台营运客车的等级评定安全复核。全市新增ETC用户数量81.74万，年末ETC用户总数182.74万。完成春运、清明节、劳动节、端午节及中秋节小长假的旅客运输工作，其中春运总客量为722万人次，总班次32.8万个、运力17.1万台。推进沈阳南站、苏家屯站和沈阳西站3个枢纽站建设，完成南塔客运站的迁站工作。对26条近郊线路实施公交化改造。研究制定全市推广使用新能源物流车的实施方案。落实国家“放管服”改革要求，全面取消4.5吨及以下普通货运车辆道路运输资质，降低道路运输企业制度性交易成本，启动客运行业省市际道路运输证换发工作。推进“两客一危”（班线客车、旅游客车、危险运输车辆）重点营运车辆智能视频安装工作，开展超标柴油货车整治工作，完成检验检测机构货运车辆“两检合一”（安全监测与营运车辆综合性能监测合一）工作，开展道路货运运输量专项调查工作。

公路与交通基础设施建设。开展国省干线公路工程建设，市、县中心代建的国省干线公路路面工程109千米（7项）、危桥改建工程168.24延米（6座）、国道交通标志调整项目全部完工。全面推进于洪丹霍（丹东至内蒙古霍林河）线、法库沈张（沈阳至张强）线、丹霍线（巨流河特大桥及引线）改建工程、东李（东陵至李相）线维修改造工程、彰北（彰武至新民北安村）线柳河大桥及引线工程、沈抚大道与四环互通立交工程6项工程的建设工作，沈抚大道与四环互通立交工程、东李线东陵大桥及引线改造工程、彰北线柳河大桥及引线新建工程和法库沈张线改建工程4项完工，其余工程结转至2020年实施。重点公路建设PPP项目有序推进，沈闫（沈阳至闫家沟）线项目完成暗排水管道累计4740米，累计完成施工产值476万元；四环快速路项目棋盘山段，隧道北口完成路基挖方10万立方米，隧道北口右线洞门套拱施工完成，累计完成施工产值750万元；马宋二期项目泵站建设完成总工量的70%，累计完成施工产值70万元；西北连接线项目完成总包部拌和站钢筋加工场建设，累计完成施工产值133万元。农村公路建设工作任务顺利完成，新改建及维修改造农村公路1000千米，危桥改造6座123.1延米，村道安防工程90.7千米。全市路域干线公路养护管理工作全面开展，加强路网巡查，做好防汛、除雪和防滑工作和干线公路日常养护工作。开展桥梁日常巡查检查，组织进行桥梁病害维修。组织开展四环快速路养护管理工作，强化道路巡查。基础设施建设项目征拆工作按期进行，沈康高速公路延长线征拆工作基本完成。妥善处理京沈客专铁路项目、通辽至京沈连接线项目竣工收尾工作。开展沈白客专铁路、沈丹铁路外迁项目前期工作，完成项目用地预审及规划选址及涉及全市3户企业的压覆矿产框架协议签订；配合铁路部门完成项目可研阶段征拆补偿标准制定及征拆资金测算、项目涉及地下管线排查。

道路运输行业安全管理。开展百日攻坚战行动，维护交通运输行业安全。出动执法车辆600余台次，参加人员1500余人次，对检查中存在的问题全部进行整改。对全市在建公路工程项目开展“保平安迎大庆”安全生产专项督查，对开工的城建重点项目、国省干线和县级公路项目开展检查。对全市重点项目、国省干线大中修以及农村公路项目开展分组监督、专人负责，妥善完成安全抽检监督工作。对在沈阳公路行业执业施工企业的试验检测机构专项督查，抽查试验检测机构13家，抽检报告1096份；完成2019年度养护资质申报工作。

▶沈阳机场航站楼内景　（桃仙机场供）

民用航空。2019年，沈阳桃仙国际机场（简称“沈阳机场”）旅客吞吐量首次突破2000万人次大关，达到2054.4万人次，增长8%，正式加入大型繁忙机场行列；货邮吞吐量19.2万吨，增长14.2%；运输起降14.4万架次，增长5.5%；机场客、货吞吐量在全国排名均提升1位，旅客吞吐全国排名第22位，货邮吞吐全国排名第17位。沈阳机场有50家国内外航空公司运营的242条航线，其中国内航线214条，国际及地区航线28条。与沈阳通航的城市121座，其中国内城市96座，国际及地区城市25座。至年末，沈阳机场有15家公司投放过夜运力61架次，其中基地航空公司有5家，分别是：中国南方航空股份有限公司北方分公司（简称“南方航空”），深圳航空有限责任公司沈阳分公司（简称“深圳航空”），春秋航空股份有限公司（简称“春秋航空”），北京首都航空有限公司（简称“首都航空”）和瑞丽航空有限公司（简称“瑞丽航空”）。年内，南方航空在沈投放过夜运力25架，运营航班42536架次，运输旅客577.6万人，货邮吞吐量4.85万吨，分别占机场总量的29.5%，28.1%和25.2%，全年平均客座率81.5%。深圳航空在沈投放过夜运力8架，运营航班17069架次，运输旅客224.3万人，货邮吞吐量3.06万吨，分别占机场总量的11.8%，10.9%和15.9%，全年平均客座率82.5%。沈阳机场顺利实现第30个安全年，在三季度大型民用运输机场运行安全保障能力综合评价中，位列37个千万级机场第10位，顺利通过东北地区管理局开展的消防保障等级审核验收，将沈阳机场消防保障等级提升为九级。

铁路。沈阳市辖内有铁路单位17个，其中独立车站因沈阳站与沈阳北站合并变为3个（沈阳站、苏家屯站、裕国站）、车务段1个（沈阳车务段）、货运中心1个（沈阳货运中心）、机务段2个（沈阳机务段、苏家屯机务段）、工务段2个（沈阳工务段、沈阳工务机械段）、高铁维修段1个（沈阳高铁维修段）、客运段1个（沈阳客运段）、供电段1个（沈阳供电段）、电务段1个（沈阳电务段）、车辆段3个（沈阳车辆段、苏家屯车辆段、沈阳动车段）、通信段1个（沈阳通信段）。运输辅助单位29个。营业里程623.45千米，运营车站52个，配属客车2606辆，配属动车组197组，配属机车790台，日均图定开行列车113.5对；沈阳市辖内旅客发送量6022.96万人、货物发送量2220万吨。

城市公交。年末，城市公交运营线路320条，其中新开、调整公交线路27条，增加运营里程108.7千米，公交运营线路长度达到5162.7千米；公交运营车辆5967台；试点推广公交电子站牌33处。全年公共交通客运总量11亿人次。填补公交空白29千米，进一步完善全市（特别是沈阳南站区域）公交配套，解决于洪区域与地铁一号线、地铁九号线的接驳问题，填补铁西金谷地区公交空白，解决租房等政府惠民工程的公交配套问题。推出30条延时线路，公交行业线路累计延时2000余分钟，促进全市夜经济发展。完成380台公交车购车合同签订工作。在三四级马路公交候车廊空白点新建公交候车廊475个。完成30个站务室的建设工作，对107路、168路等27条线路的站务设施进行更新改造；组织完成2018年度2170台新能源公交车单车年运营里程审计工作，完成新能源运营补贴申报工作。智能指挥调度系统软件开发和服务器更新工作完成（将全市5000余台公交车辆信息纳入新服务器内）。开展城市常规公共交通移动支付系统建设，全市有约4000台公交车安装“扫码”机具设备上线运行。

出租汽车。年末全市出租汽车21839辆。组织开展“沈阳市出租汽车行业规范管理暨文明服务提升年”活动，优化提升治理能力。推进企业整合工作，注销实质统一管理的企业15户，责令经营管理不善的2户企业退出经营，企业法人整合减少到142户。完成2018年度出租汽车企业质量信誉考核，评选出AAAA级企业3户、AAA级12户、AA级40户、A级9户。完成全市3.4万名巡游车驾驶员轮训工作。新审批合规网约车2231台，全市网约车合规数量达到近4000台；完成纯电动网约车和存量燃油网约车的申报，收到143户企业申报实有电动网约车389台、拟购电动网约车87284台，申报存量燃油网约车1246台。利用车载卫星定位、计价器里程数据对比、报警功能，完成全市巡游车计价器升级工作。建立“沈阳出租汽车行业雷锋爱心车队”，邀请郭明义为沈阳出租汽车行业雷锋爱心车队授旗表彰等活动，在全行业营造“争先进、促服务”的热潮。构建行业信用体系，制定《沈阳市出租汽车行业信用体系建设实施办法》《沈阳市巡游出租汽车经营服务规范》，实现对出租汽车企业、单车及驾驶员经营服务行为的全方位信用考核管理。

轨道交通。地铁实现常态化延时运营，地铁一、二和九号线运营里程达到950.9万列千米，客运量36765.3万乘次。浑南有轨电车完成运营里程296.1万列千米，客运量1077.7万人次。组织沈阳地铁九号线初期运营前安全评估和沈阳地铁既有线运营安全评估工作。

（胡博　陈千城　刘锦华　赵大光）

【沈阳至连云港直达高铁开通】 1月5日，沈阳至连云港间开行G2630／1次列车，这是沈阳和连云港间首次开行直达旅客列车，沈阳至连云港的单程运行时间压缩至10小时7分。沈阳前往连云港方向的G2630／1次列车，10时13分从沈阳站始发，20时20分到达连云港站。连云港前往沈阳方向的G2632／29次列车，9时从连云港站始发，20时10分到达沈阳站。

【沈阳地铁互联网乘车平台试运行】 1月22日开始，沈阳地铁互联网乘车平台正式开通试运行。乘客只需从手机下载“盛京通”App，点击二维码乘车按钮，生成乘车二维码，即可体验在地铁闸机和公交车载机扫码区扫码验票的便捷乘车方式。

【地铁九号线开通】 5月25日，沈阳地铁九号线一期工程通车试运营。沈阳地铁九号线设23座地下车站，分别为怒江公园站、淮河街沈医二院站、皇姑屯站站（暂缓开通）、重型文化广场站、北二路站、铁西广场站、兴华公园站、沈辽路站、滑翔站、吉力湖街站、大通湖街站、曹仲站、浑河站站、胜利南街站、长白南站、榆树台站、金阳大街站、彩霞街站、奥体中心站、天成街站、朗日街站、长青南街站、建筑大学站。九号线一期工程实现与一号线和二号线换乘。

【沈阳直达威海高铁开通】 7月10日起，沈阳局集团公司开行沈阳北至威海G2652／3、G2654／1次高铁列车。沈阳北至威海的G2652／3次，7时20分从沈阳北站始发，16时36分终到威海站，单程9小时16分；威海至沈阳北的G2654／1次，10时41分从威海站始发，19时55分终到沈阳北站，单程9小时14分。

【沈阳直达重庆高铁开通】 7月10日起，沈阳与重庆间首次开行直达高铁动车组列车。沈阳北至重庆西G1284／1次，7时从沈阳北站发车，23时09分到达重庆西站，全程16小时09分；重庆西至沈阳北的G1282／3次，7时20分从重庆西站发车，23时13分到达沈阳北站，全程15小时53分。

【沈阳地铁二号线南延线开工】 8月28日，沈阳地铁二号线南延线工程开工仪式在二号线南延线科技园站举行。沈阳地铁二号线南延线规划北起二号线一期工程终点全运路站南端，南至桃仙机场，线路全长14.2千米，包括8座车站、1座停车场和1座主变电所，规划设沈本大街站、高深东路站、全运三路站、市民广场站、科技园站、航空产业园站、新航站楼站及桃仙机场站。二号线南延线工期预计4年半，届时从沈阳北站到桃仙机场将仅需要50分钟，真正实现“空铁联运”。

【沈阳公交首路“定制班车”开通】 9月2日7时，沈阳首路“定制班车”F001号正式上线运营。F001号是由沈阳客运集团、和平区文联、沈阳艺公交携手优点出行平台联合开通的沈阳首条定制班车线路。班车往返于仙岛南路的长白街道办事处至位于十一纬路的和平区委之间，周一至周五开行，每日7时从长白街道办事处站始发，17时30分从和平区委站返程。首路定制班车单程票价4元／人次。

【桃仙机场“电子临时乘机证明”系统启动】 10月12日起，沈阳桃仙国际机场正式启用“电子临时乘机证明”系统。该系统实现自助办、随时办、掌上办、刷脸办，简化旅客办理临时身份证的流程，节省办理时间，进一步改善旅客的出行体验。沈阳桃仙国际机场T3航站楼内安装6台电子临时乘机证明查验设备。具体位置分别在国内值机主任柜台T3航站楼A岛A17，B岛B12，C岛C11；国内安检区T3航站楼2号通道，12号通道，13号通道。

【沈阳地铁三号线开工】 12月28日，沈阳地铁三号线一期工程开工仪式在沈阳地铁大通湖街站举行。地铁三号线一期工程是沈阳地铁首条具有高架车站的线路，线路全长41.27千米，设车站30座，预计2025年建成通车。其中，在沈阳绕城高速以西采用高架线敷设方式，设高架车站9座；在沈阳绕城高速以东采用地下线敷设方式，设地下车站21座。地铁三号线一期工程是城市中心城区南部东西向骨干线路。

（志　闻）

【“慢火车”服务品牌打造】 2019年，沈阳局集团公司充分发挥铁路在脱贫攻坚工作中的作用，开行12.5对公益性“慢火车”，覆盖吉林、辽宁、内蒙古3个省（自治区），途经吉林延边、内蒙古东部、辽宁丹东和本溪4个少数民族地区。“慢火车”日均运送旅客1万人次，客座率30.7%，发送旅客380万人，其便民利民的本质属性获得沿线的居民广泛欢迎，取得良好的社会效益。

【铁路“一周一价”价格调整】 2019年，沈阳局集团公司开展“一周一价”灵活价格调整，用足价格政策强化客运价格营销。在沈丹、丹大、京沈等线路上，选取217趟次动车组列车，按照执行票价的6.5—9折不等实行票价优惠。对运价浮动方案执行情况跟踪分析。在36趟折扣列车中，针对高等级席别打折的有10趟，各趟列车客座率、发人、收入均有明显提升。（李　航）

【巡游出租汽车运价改革】 2019年，市交通部门配合物价部门完成巡游车运营成本监审，召开听证会，制定运价调整方案。实行返空费阶梯式收费，平峰、高峰时段差异计时收费，气价、运价联动机制。至年末，完成全市1.7万台巡游车的计价器调整工作。

（胡　博）

邮　政

【概况】 2019年，全市邮政行业业务总量72.09亿元，增长23.50%；邮政行业业务收入（不包括邮政储蓄银行直接营业收入）53.26亿元，增长15.66%。其中，快递业务收入42.47亿元，增长16.50%；快递业务量3.54亿件（不包括在沈阳中转快件量），增长13.55%。截至年末，全市获快递企业经营许可证的企业445户，全市分支机构备案738个，有35户独立品牌快递企业，全国10户网络型快递企业均在沈设立区域总部。快递服务网点覆盖所有乡镇。全市布设智能快件箱2014处，全省5条全自动分拣线坐落沈阳，全市快递从业人员2万人。全市城乡有邮政局所259处（城市127处、农村132处），其中校园综合服务中心2处，储蓄网点149处。另设置24小时自助营业厅141处，集邮独立门市部1处、集邮专柜13处，报刊亭83处，特色主题邮局7处。设有信息化揽投部161处，信筒箱409个，投递段道1648条（城市1344条），邮路总长度5657千米，配备邮政汽车464辆、环保电动车586辆。建成邮政便民服务站830处，“邮农丰”农产品返城直营店3处，“邮农丰”农作物种植专业合作社76处，邮乐购店1124处。出口标准快递529万件、进口（投递）标准快递489万件，出口快递包裹1954万件、进口（投递）快递包裹3949万件；出口函件893.32万件、投递各类报刊959.13万份。“爱心健康”合作医院28家，远程服务点59处。11185客服中心年呼入总量56.6万人次。受理邮政业消费者申诉3405件，下降58.55%；为消费者挽回经济损失70.89万元，增长22.7%；消费者满意率达到100%，高于全国平均满意率2.3个百分点。

行业发展政策环境优化。12月30日，沈阳获批创建中国快递示范城市。市政府常务会议审议通过《沈阳市深化城市管理执法体制改革实施方案》，《方案》明确表示批准组建沈阳市邮政管理局邮政业安全管理中心。总部经济集群正在形成，申通公司和韵达公司东北总部基地相继落户沈城，京东亚洲一号智慧物流中心、空港口岸物流快件监管中心正在分期加快建设，体现沈阳对于快递企业投资吸引力的逐步提升。

邮政综合服务平台建设。全市开办17家警邮合作项目代办网点，完成沈阳建筑大学和辽宁中医药大学2处校园综合服务平台的建设并投入使用；指导邮政企业与省市区等8家政务服务审批大厅达成合作并进驻，服务38个审批窗口，涉及484个审批服务事项，形成寄递业务入收25万元。

寄递业平安建设。沈阳邮管局联合市公安局召开“保大庆”寄递业专项工作推进会，对全市221个派出所开展邮政行业安全监管知识培训，保障全市寄递渠道安全。与全市221个派出所联动协同，发挥属地化管理和网格化管理机制，将全市450余户独立许可企业、700余个分支机构和600余个末端网点进行属地化细分，便于派出所在各自防区内开展监管工作。

经营发展取得实效。转变金融发展思路，新增储蓄余额16.2亿元，保险、基金、理财等中间业务规模不断扩大，打造专业理财队伍，配备专职理财经理130名。深化寄递专业改革，邮政分公司重新聘任专职客户经理61名，配备专揽人员168名，组建网格小团队209个，组划运递线路258条，规划设置专网揽投部83处。全省首推联合经营模式，17家政务服务中心实现全部进驻，标快业务与保险、通信、银行三大商企市场全面展开业务合作。快包业务基础工作不断夯实，新增电商、仓储客户414个。国际业务竞争力提升，与沈阳邮局海关签署合作备忘录，与沈阳自贸区管委会签订战略合作协议，中邮海外仓资源列入沈阳自贸区公共服务范畴。平稳发展传媒业务，引进设计产品169种。主题邮局系列产品在科技赋能邮驿新韵第四届全国主题邮局文化展上获优秀产品奖。开发各类项目170项。以活动提品牌，举办沈阳首届明信片文化创意设计大赛等各类主题活动42场。平台赋能取得新进展，开办警邮项目网点37处、税邮项目网点173处。专业协同达成新突破，通过“互联网App”项目拉动金融收入，利用福彩项目配送体系，叠加体彩配送项目。

“三大攻坚战”推进。提升“风险防控能力”，组织金融合规业务培训和风险防控大会，建立市级监控预警团队，营业主管100%派驻，无金融资金案件发生。持续开展“平安邮政”创建工作，无重大安全生产事故发生。积极推进“绿色邮政”建设，绿色新型包装箱和45毫米胶带使用率达100%，电子面单使用率达98.6%。扶贫工作由“单一化”向“多元化”转变，赠送各类图书600余册；包产收购5户贫困户1.68公顷（25.2亩）花生；组织爱心健康活动1194场，服务客户3.7万人。（徐莹　白冬雪）

【“加油，快递小哥！”城市关爱活动】 4月23—29日，为深入贯彻习近平总书记重要讲话精神，落实国家邮政局提出的邮政业更贴近民生七件实事要求，沈阳邮政局联合市委宣传部、市委政法委、市公安局等部门和单位启动“加油，快递小哥！——沈阳市关爱快递小哥行动第二季”活动。在活动启动仪式上，市政法委领导为快递小哥代表授予“沈阳平安志愿者”旗帜，市公安局交通警察局领导为快递车辆授予“文明交通出行”车牌，市总工会领导为快递小哥赠予体检卡，团市委领导为快递小哥赠送保险单。在此次城市关爱活动中，沈阳2万名快递小哥共同唱响《我和我的祖国》，打造国内首个以“快递小哥”为主体的《我和我的祖国》MV，视频在全网发布后即时点击量突破50万。同时，利用沈阳广播电视台的媒体资源，沈阳市与南京、重庆、深圳、江西、青岛、成都、广播等地联动，开展一次跨行业的换岗体验活动，媒体记者与快递小哥一起工作、生活，体验从业者的酸甜苦辣，以融媒体形式报道呈现后迅速形成舆论关注度和传播影响力。（徐 莹）

▶第一届名信片设计大赛 （市邮政分公司供）

【沈阳市第一届明信片设计大赛】 5月27日，由市委宣传部、共青团沈阳市委、市文化旅游和广播电视局、市邮政管理局主办，沈阳建筑大学和市分公司联合承办的“砥砺奋进新时代 青春筑梦正当时”沈阳市第一届明信片设计大赛开幕。大赛从5月28日持续到8月14日，校园组吸引34所学校的400余名学生、大众组吸引300余名创意爱好者参赛，征集作品千余幅。经过初选、复选、网络评选和专家评审，最终分别评选出校园组和大众组一等奖2名、二等奖3名、三等奖5名、优秀奖20名。

【普遍服务和特殊服务义务履行】 2019年，扎实推进“提升普遍服务三年行动计划”，普遍服务网点覆盖率、平信丢损率等普服重点指标全部达标。继续推进“服务杯”评比活动，地区网点、揽投部实现全覆盖检查。投诉总量大幅下降，处理各类用户投诉1565件，减少2134件，下降57.7%，其中有理由投诉下降45.5%，有责工单下降83%。接到用户来电、来函等表扬72人次，增加9人次。针对巡视专用信箱，采取专人、专车、专投方式，保障中央、省委巡视信箱服务任务。（白冬雪）

二十二、信息业

电　信

【概况】 2019年，全市电信业务总量694.1亿元，增长48.2%。年末城乡固定电话用户114.6万户，下降22.9%。移动电话用户1273.2万户，下降0.2%。互联网络宽带接入用户250.4万户，增长12.6%。固定电话普及率13.8部／百人，移动电话普及率153部／百人。全市无线电管理工作围绕科学配置无线电频率资源、严格查处无线电干扰、保障重大活动各类考试无线电安全等重点任务，累计监测26050小时，其中固定监测网监测24774小时，移动监测车外出监测1276小时。

依法实施无线电台站监管。落实《无线电管理条例》，依规收缴无线电频率占用费71万元。协助省工信厅审批申请设台单位1家（华润小南街养老中心），指配频率4对。新核验业余无线电台89部，换发业余无线电台执照46个。协调民航、高铁、广电、电信运营商、北部战区频谱管控部门及沈飞集团等单位，排查无线电干扰16起。联合市文广和公安部门查获“黑广播”19个，对重点区域实施针对性连续监测，持续保持对“黑广播”零容忍的高压打击态势。

保障党政机关政务活动无线电安全。完成“两会”通信保障，市政协视察辽宁省人民医院、盛京医院，视察数字政府建设、科技和民生事业发展情况、“民族交融、交流情况”等通信保障工作。

保障重大节日无线电安全。在元旦、春节、中秋节、国庆等节日和重要时间节点期间，实施组织24小时不间断值守，对重要频率进行实时监测、监听，确保全市人民群众节日平安。

确保全市大型活动通信安全有序。对沈阳法库国际飞行大会塔台指挥、安保、机场保障、无线麦克等使用的21个频率全天候跟踪监测；联合央视直播技术团队对沈阳国际马拉松活动周边电磁环境、赛道监测、直播点位、赛事使用频率等实施保障。

营造公平公正考场环境。制定完善各类考试保障方案和应急预案，为高考、公务员录用、会计、卫生、二级建造师、职业法律资格等考试提供保障，保障天数60天，占用周六、周日54天，发现25个疑似作弊信号并实施技术阻断。

【领导干部5G培训专题辅导】 2月26日，市委宣传部、市委组织部、市委网信办、市直机关工委共同举办全市领导干部5G培训专题辅导讲座，邀请中国联通辽宁省分公司副总经理许宏印详细讲解5G产业发展趋势及5G技术在沈阳的应用。全市机关及企事业单位近千名领导干部聆听讲座。

（王永生）

【沈阳电信5G发布会】 8月16日，沈阳电信携手华为公司在沈阳电信南京南营业厅举办“沈阳电信5G体验发布会”。当天华为Mate20X 5G手机正式发售，沈阳用户首次使用5G手机体验5G网络。活动现场展示5G+8K高清视频直播刺绣，多个机器人协同作业，360VR 4K高清实时回传，VR头盔360度实景环绕体验等内容。10月31日，沈阳电信再次举办“5G商用发布会”，在宣布5G商用的同时，首次向用户公布电信5G套餐、双千兆融合、5G会员权益及5G应用等相关业务，并面向个人和家庭用户提供特色应用免费体验优惠政策。

（彭丽洺悦）

【省内首个5G智能物流示范园进入实测】 10月25日，在沈阳移动5G网络支撑下，沈阳京东5G智能机器人在京东“亚洲一号”物流园区成功进行巡逻安防工作；京东“地狼”AGV机器人在仓库内成功实现对货物进行自行分拣。这标志辽宁省内首个5G智能物流示范园区在沈阳京东物流园进入实测阶段。

（移动沈阳分公司）

【沈飞拟建机场电磁环境监测】 2019年，按照沈飞公司搬迁项目的工作部署，“十一”前完成拟建机场场址电磁环境现场测试，按照机场电测规范经过认真计算撰写电测报告，上报市发改委。

（王永生）

智慧沈阳建设

【概况】 2019年，智慧沈阳按照“信息多跑路、百姓少跑腿”目标要求，初步建成“多规合一”、商事主体综合服务、综合便民服务等服务平台，实现“证照联办”和“一窗通办”，实现用地规划许可、工程建设许可等审批事项的并联审批，审批时限缩短50%。“互联网+社会管理”体系日趋完善，公共安全管理平台对接全市56个系统，实现重点车辆、危化企业、地铁安全等风险隐患提前感知、协同管控；智慧城管平台覆盖9个行政区、22个市直部门和510个区级单位，实现全市1500余平方千米的170余万个城市管理部件数字化和精细化管理；环保110平台实现环境质量实时监控和预报，环境信访案件的办结时限由60日缩短为10日；正风肃纪监督平台汇集825家单位数据，促进精准监督。“互联网+民生服务”更多惠及市民，上线运行沈阳智慧停车平台，接入泊位近4万个，实现市民App寻位、预约和网上付费；推进智慧教育，840所教学机构纳入沈阳教育资源公共服务平台；推进沈阳市区域人口健康信息平台、智慧医院、“互联网+医疗”三项重点工程，16家市属重点医院全部实现手机App预约、支付和报告推送；推进智慧文旅，沈阳故宫、张氏帅府、九一八历史博物馆等重点馆所完成数字化升级，沈阳经济区智慧旅游综合服务平台上线。

（马　贺）

【沈阳市信息协会成立大会暨企业云服务大会】 4月23日在沈阳市国贸饭店召开。大会由沈阳市信息协会主办，沈阳电信公司承办。沈阳市网信办、沈阳市大数据局等相关委办局部门领导，知名企业负责人、协会100家会员单位领导和高校领导200余人出席会议。会议以“整合信息化资源，促进高质量发展”为主题，意在汇聚社会各界力量，建立沈阳信息交互中心，搭建政府和信息行业、经济、科技、社会组织之间沟通的桥梁。会上，中国电信沈阳市分公司分别与沈阳市信息中心签署5G战略合作协议，与信息协会副理事长单位签署企业上云战略协议，与信息协会副理事长单位——新华三技术有限公司及蓝钰科技有限公司签署5G战略意向书，未来将在5G智慧城市多领域落地场景化商用。

（彭丽洺悦）

▶4月23日，沈阳市信息协会成立大会暨企业云服务大会　（沈阳电信供）

【沈阳市政府与腾讯公司签署合作框架协议】 6月12日，沈阳市政府与深圳市腾讯计算机系统有限公司签署合作框架协议，双方将携手建设“数字沈阳”。根据合作框架协议，腾讯公司将发挥在人工智能、大数据、云计算领域的技术创新和信息资源等优势，打造“沈阳城市超级大脑”，建设智慧政务、智慧城市治理、智慧医疗健康、文旅融合服务、智慧产业服务等平台；以电子竞技、移动支付、新媒体等产业为突破，共同开发特色优势产业，培育新的经济增长点；建设腾讯云启产业基地，打造腾讯数字经济创新应用示范区。

【沈阳市政府与华为公司签署合作协议】 8月8日，沈阳市政府与华为技术有限公司签署合作协议，沈阳市与华为公司在推动数字城市建设方面有着共同的愿景和目标。本次合作将建立“两云两中心、一区一基地”，在智能网联汽车产业发展、ICT人才培养、智慧应用升级、5G行业应用创新、VR／AR产业发展等领域开展战略性、深层次、全方位合作。（志　闻）

【电子证照共享服务平台发放电子证照18.6万份】 沈阳市电子证照共享服务平台以社会统一信用代码和个人身份证号作为唯一标识，向社会提供可验证、可查询、可复用、可共享、可追溯的电子化证照服务。截至年末，累计发放电子证照18.6万份（含证明批文2943份），涉及15个委办局54类证照。（市信息中心）

电子信息制造业

【概况】 2019年，全市电子信息制造业规上企业59户，实现产值204.2亿元，与上年基本持平。集成电路（IC）装备制造、数字医疗产业发展呈现稳定增长态势；数字视听、手机及通信终端产业受龙头企业市场需求疲软、竞争激烈、产业转型等影响，产值下降。

IC装备产业。继续保持增长态势，是全市电子信息制造业的优势产业。年内重点推进IC装备及零部件重点项目4个和数字医疗重点项目3个，累计完成投资1.31亿元，其中数字医疗完成投资3980万，IC装备重点项目完成投资9110万元。1—12月实现产值22.8亿元，增长8%。各企业积极实施扩能升级项目，沈阳富创精密设备有限公司的刻蚀机反应腔、匀气盘、内衬等IC核心零部件在北方华创科技集团股份有限公司、北京中科信电子装备有限公司、美国应用材料公司等整机厂实现批量销售。中国科学院沈阳科学仪器股份有限公司研制的真空干泵产品打破国外长期垄断，产品经通过中芯国际集成电路制造有限公司、长江存储科技有限责任公司、上海华力微电子有限公司等12寸主流生产线以及上海中科新微信息科技园有限公司等IC装备制造企业工艺测试验证并实现批量采购。沈阳芯源微电子设备股份有限公司微首台国产高产能前道涂胶设备“奉天1号”通过上海华力测试验证，10月完成验收。沈阳拓荆公司研制的PECVD设备市场订单和出货量大幅提升，产品国内市场占有率接近15%。

数字医疗产业。1—12月实现产值33亿元，增长15%，产业发展呈现稳定增长态势。主导产品包括东软医疗的CT、PET-CT、超声、磁共振等高性能医学影像设备，沈阳新松医疗科技股份有限公司的医用氧气机、呼吸机，火炬北泰的医疗影像显示设备等，产品用户涵盖美国GE（医疗）公司、德国西门子（医疗）公司、荷兰飞利浦（医疗）公司、日本的日立-ALOKA公司等国际知名企业。

数字视听产业。受中美贸易战影响，同方总部大幅削减沈阳同方多媒体产品订单。1—12月实现产值3.6亿元，下降较多。

手机及通信终端产业。1—12月实现产值25.6亿元，智能终端产业受产品受龙头企业市场需求疲软、竞争激烈、产业转型等影响，产值大幅下降。其中在手机细分领域云狐科技、英佰科技的三防手机产品技术处于国内先进水平，在订单和技术上继续保持一定优势。

【组织参加SEMICON CHINA 2019国际半导体展会】 3月20—22日，市大数据局联合沈阳IC装备产业联盟组织沈阳拓荆科技公司、沈阳富创精密设备有限公司、沈阳芯源微电子设备公司、沈阳科学仪器公司、沈阳新松机器人公司、沈阳硅基科技有限公司、沈阳仪表研究院等8家单位到上海参加SEMICON CHINA 2019国际半导体展会。通过实物展示、展板介绍、人员交流等方式，展示沈阳集成电路产业发展的显著成果，彰显较强企业整体发展实力，并塑造良好的品牌形象。累计达成意向合同额近2.3亿元。展会首日，科技部重大专项司司长陈传宏、专项实施管理办副主任邱钢及02专项总体专家组专家朱煜、张国铭等领导亲临沈阳展团，听取企业汇报，并对沈阳IC装备产业发展表示高度赞赏。

【东软医疗入选“一带一路”成果】 4月27日，第二届“一带一路”国际合作高峰论坛成果清单公布，沈阳东软医疗系统有限公司在肯尼亚开展的健康医疗诊断集成项目，成为本次论坛中唯一入选的医疗设备项目。东软医疗与肯尼亚政府达成合作协议，成为肯尼亚政府“全民健康覆盖计划”的核心合作伙伴，为肯尼亚定制“高端医学影像设备集成解决方案”，为肯尼亚37个郡安装影像医疗设备，使医疗诊断服务快速覆盖至肯尼亚的37个郡、约3000万人口，服务全国总人口数的76%。（于翔南）

软件服务业

【概况】 2019年，全市软件产业加速与制造业深度融合，继续保持平稳发展态势，全市软件业企业1115户。截至年末，完成软件业收入1131.55亿元，增长8.5%；完成软件产品收入537亿元。全市软件从业人员近12.7万人。

企业创新发展。软件著作权登记数量14039件，增长65%。全市推荐47户企业61个项目申报国家级6个试点示范项目。沈阳格微软件有限责任公司的“辽宁省智慧工业云平台”、沈阳新松机器人自动化股份有限公司的“新松SAP定制化机器智能制造系统供应商试点示范”2个项目入选2019年制造业与互联网融合试点示范项目。东软集团推出拥有自主知识产权的区块链应用平台，取得相关专利20余项，并在医疗卫生、食药安全、金融、慈善等领域应用落地，获批成立“辽宁省区块链专业技术创新中心”。

服务企业。组织东软集团、荣科科技等5户软件企业参加在北京举办的第23届中国国际软件博览会，其中东软集团展示智慧城市、大健康、大汽车、自主软件产品4个板块。组织东软集团等16户软件企业参加第17届（大连）中国国际数字经济和软件服务交易会，其中沈阳鸿宇科技有限公司的“M2M工业云平台”获“最具竞争力产品奖”；组织紫光中德等5户企业在2019工业互联网全球峰会上进行应用成果展示。

产业集聚发展。沈阳国际软件园加快发展，被中软协评为“2019年中国最具活力软件园”和“中国软件和信息服务业最具品牌影响力的产业园区”。投入使用产业办公楼宇面积近80万平方米，入驻企业员工3万余人。至3季度末，入驻企业1176户，其中世界500强企业44户，中国软件百强企业22户，上市公司及子公司89户。在园区企业中，沈阳本土创业型企业占比70%左右，国内外知名企业分支机构占比30%左右，园区拥有近30户全国细分市场领军企业、20户拟上市培育企业、97户高新技术企业。

重点项目引进。市政府与华为技术有限公司、微软（中国）有限公司成功签约。华为VR云创新中心上线运营，华为智能网联汽车中心进展顺利，微软制造业共性技术服务平台等重点合作项目扎实推进。（翟晓英）

【新松工业软件&控制平台发布】 10月18日，沈阳新松机器人自动化股份有限公司对外发布其研发的一款中国自主可控的产品——新松工业软件&控制平台。新松工业软件&控制平台是一款全体系自主可控的“顶天立地”平台，填补国内空白。该产品由操作系统、智能驱动、RC、CNC、PLC、数字孪生、MES、行业解决方案的软件体系和从定制化芯片、模组及主板、码盘、伺服电机、伺服驱动器到各类控制系统的硬件体系构成。平台面向不同行业和场景，实现企业生产与运营管理的智能决策和深度优化。（志　闻）

数字经济

【概况】 2019年，市大数据局以数字经济为核心，按照《国家数字经济发展战略纲要》和《关于加快辽宁省数字经济发展的实施意见》部署要求，制定出台《沈阳市加快数字经济发展行动计划（2019—2021年）》，成为指导全市数字经济加快发展的总领性文件。统筹布局全市重点发展行业、领域，整体上设计形成“4条主线+8大行动+10项工程+若干项目”的落实体系。坚持密切协同、形成合力，建立以市委书记、市长为双组长的沈阳市数字经济建设发展领导小组，形成权责清晰、任务协同、机制健全的推进体系，加速推动数字经济与沈阳全域、全业、全链深度融合。起草《沈阳市政务数据资源共享开放条例》，10月通过市人大常委会一审，沈阳成为继贵阳之后第二个探索数据立法的城市。

产业发展不断实现新进展。成功举办“2019工业互联网全球峰会”，掀起全市发展工业互联网热潮，中央电视台《新闻联播》、人民网等中央媒体、主流媒体进行重点报道、跟踪报道。电信业务总量694.1亿元，增长48.2%，总量连续12个月位列全省第一；信息安全收入、国产嵌入式系统软件收入增速分别高于全国13.1、8.6个百分点；集成电路装备制造业增长8%，沈阳芯源公司成为科创板辽宁“第一股”，被工信部评选为首批“专精特新”小巨人企业；数字医疗产业增长15%，东软医疗在肯尼亚开展的健康医疗诊断集成项目，成为唯一入选第二届“一带一路”国际合作高峰论坛成果的医疗设备项目。

项目支撑能力显著提升。建立146个数字经济重点项目库，总投资160亿元。与华为集团、腾讯公司等国内外知名企业在智能网联汽车、VR、工业互联网、5G应用等沈阳重点发展领域达成合作共识，签约一揽子重大合作协议，一大批重大项目成功落地。中科仪新一代高效节能真空干泵研发和示范应用项目开展应用测试机投产和装配工作，申请发明专利12项。沈阳麦克奥迪能源科技有限公司成为工信部“2019年度工业节能诊断服务提供单位”。

5G产业加快布局。沈阳成为全国首批5G商用城市，10月31日正式进入5G商用时代，建成并开通5G基站1084个，超额完成建成300个5G基站的目标任务，在宝马厂区、重要商业街区、部分科研院所实现5G网络全覆盖或部分区域连续覆盖。在制造业、航空、医疗、新媒体等重点领域开展5G应用场景80余个。大范围开展5G示范应用，取得省内乃至东北地区多项首例或者首次，成功打通东北地区首个5G网络多媒体电话，完成东北地区首例5G达·芬奇机器人手术会诊，建设奥体中心地铁站东北首个5G数字化室内分布系统网络，实现东北区域首次通过5G网络与无人机技术结合实现高清远程视频传输，建成东北地区首家融合“5G+4K”、人工智能以及媒资大数据检索于一体的高科技互动体验式博物馆。　（韩姝颖）

【《沈阳市加快数字经济发展行动计划（2019—2021年）》】 10月16日市政府办公室印发。《计划》提出到2021年年底，数字经济体系基本建立，数字创新要素高度集聚，力争将我市建设成为东北地区数字经济发展引领区、国内工业互联网建设先行城市、国家数字丝绸之路战略节点的工作目标。《计划》提出八大行动计划：数字基础设施升级行动、数据资源体系构建行动、新一代信息技术产业创新发展行动、全面布局5G产业行动、工业互联网生态体系构建行动、实体经济数字赋能行动、数字政府建设行动、信息消费扩大升级行动。《计划》明确“城市大脑”建设工程等10项重点工程。

（志　闻）

二十三、城乡建设

综　述

2019年，全市城建计划安排项目381项、284亿元，其中，市本级四批计划下发168个项目、年度投资204亿元；独立投资计划调整后213项、80亿元。至年末，城建项目累计开工379项，开工率99.5%；完成投资290.7亿元，占全年计划284亿元的102.4%。其中市本级项目168项开工166项，开工率99%，累计完成投资209.2亿元，占年度计划投资204亿元的102.5%。独立投资项目情况：213项全部开工，开工率100%，累计完成投资81.5亿元，占全年计划80亿元的101.9%。

完善交通设施建设，提升综合枢纽功能。地铁九号线通车运营，四、十号线加快推进，二号线南延线、三号线开工建设；沈辽路高架桥建成通车，长青街快速路主体完工；胜利大街、浑南大道快速路、沈康高速连接线加快建设；昆山路贯通项目正常实施，长安桥北侧接线路、沈闫线等一大批工程开工建设。

突出生态环境建设，提高人居环境质量。绿化城区裸露地面92万平方米；全面落实河长制，大力推进细河、北沙河等水体治理攻坚，推进国考断面水质达标治理；老虎冲、大辛、张士3个垃圾焚烧发电项目和大辛餐厨垃圾处理工程投入试运行；淘汰燃煤锅炉190台；祝家90万吨污泥完成清运。

统筹公用设施建设，提高承载保障能力。东部、南部二期污水处理厂建设完成；排水防涝二期工程进展顺利；大伙房输水配套西部净水厂二期主体完工，辽西北供水康平、法库配套管网基本完工、沈北新区配套管网开工建设；盛京500千伏电力枢纽工程加快建设，滂江、进步等7座220千伏变电站开工建设；供水管网改造310千米、供热老旧管网抽换110千米、燃气管网改造316千米。

加强补齐民生短板，改善居住出行条件。棚户区改造1.1万套，配租公租房1万套；老旧小区改造100个、电力弃管小区改造100个，首批既有住宅加装电梯投入施工；改造城市慢道100千米；新建盘活解决16.3万个停车位，启动新增更新380辆纯电动公交车，新开调整公交线路27条；建设改造城市公厕及垃圾收集站；生活垃圾分类居民小区覆盖率达到51.8%。

整治农村人居环境，建设生态宜居乡村。建设“四好农村公路”1155千米，建成135个美丽示范村，完成无害化改厕2.2万户，改造631户农村危房，解决12.6万人饮水安全问题，继续实施祝家污泥及大辛垃圾处理场周边村屯基础设施建设。计划实施62个村内道路硬化190千米和76个村庄亮化4530盏，年底全部完成。

（徐宏涛）

城乡规划

【概况】 2019年，中共中央、国务院印发《关于建立国土空间规划体系并监督实施的若干意见》，标志国土空间规划体系的“四梁八柱”形成，国土空间规划时代正式开启。沈阳市全面开展国土空间总体规划编制工作，形成规划初步方案。完成全市16个省级以上开发区的控制性详细规划编制工作，实现省级以上开发区控规全覆盖。深化“多规合一”改革，完善协同平台功能，约1300个项目进入平台策划生成。9月，出台《专项规划编制管理办法》，促进专项规划成果数据与一张蓝图数据库的有效衔接，增强专项规划的科学性和可操作性，加强“一张蓝图”入库管理，上线图层344个。重点编制供热、燃气、电力、污水、地下水源井、地下空间、养老设施等专项规划。同时做好过渡期原城市总体规划、原土地利用总体规划的实施管理工作，对城市总体规划部分备用地、绿地等相关强制内容调整情况进行梳理，调整方案按照过渡时期的管理规定履行审查程序。组织申报市级土地利用总体规划调整方案并获自然资源部批复，保障大东区宝马及配套项目、恒大新能源电池等项目用地。组织开展沈北新区石佛寺村、新民市辽滨塔村、法库县叶茂台村3个历史文化名村保护规划编制工作。持续强化控制性详细规划管理，实现中心城区控制性详细规划全覆盖，148个控详规划编制单元中，145个完成报批。将148个控规单元的成果纳入电子数据库，实现控规动态维护。颁发建设项目选址意见书92份、建设用地规划许可证206份、建设工程规划许可证604份（含市政192份）。推进沈阳近海经济区、辽宁康平经济开发区、辽宁新民经济开发区、辽宁法库经济开发区等省级开发区控规编制工作。全面启动自然保护地管理工作。组织开展自然保护地基础情况调查，对全市15处自然保护地进行普查，组织编制《沈阳市自然保护地总体规划（2020—2035年）》《沈阳市湿地保护规划》《沈阳滑石台地质遗迹省级自然保护区总体规划》；完成《沈阳市湿地保护条例》起草工作，履行立法程序，经省人大批准印发。推进城市设计项目编制，《沈阳浑南新城总体城市设计》《盛京皇城城市设计》通过市规委会审议，组织编制《沈阳市城市特色风貌专项规划》《沈阳市街路全要素总体设计》《沈阳一河两岸长大铁路至西三环段开发管控导则》。加强村庄规划编制和管理。完成《沈阳市实用性村庄规划编制导则（试行）》和《沈阳市农村人居住房标准图集（试行）》编制工作，组织编制《沈阳市村庄布局规划》，组织相关区县（市）完成135个美丽示范村村庄规划编制工作。推进工程建设项目审批制度改革，全面梳理审批事项及中介服务，精简审批要件，“建设用地规划许可”与“土地出让合同”合并办理，社会投资、政府投资类建筑工程项目工程规划许可阶段审批时限由30个工作日压缩到17个工作日。深入推进“多测合一”改革，印发《关于放开我市建设工程项目测绘市场的通知》，7月1日起全面放开建设工程项目测绘市场。不断提升不动产登记服务质量，提高办事效率，压缩工作时限，实现不动产登记事项5个工作日内办结，商品房登记业务实现全城通办，新的不动产统一登记平台10月8日正式上线运行。

【新不动产统一登记平台运行】 10月8日，新不动产统一登记平台正式上线运行。平台建设历时2年，在完成房产和土地数据调查、关联、整合基础上，实现不动产登记机构、登记簿册、登记依据和信息平台“四统一”，为“互联网+政务服务”奠定基础。

【第三次全国国土调查】 2019年，沈阳市按照国家统一安排部署开展第三次全国国土调查，完成全市13个区县（市）12860平方千米84万余块图斑的土地利用现状调查、各类专项调查、权属上图及数据库建设等工作。截至年末，全市13个区县（市）的全部成果均通过国家级内业核查，并完成复核整改。

【历史文化名城保护】 2019年，全市加紧推进历史文化名城保护工作，市自然资源局组织编制《沈阳市历史文化名城保护行动实施方案（2019—2021年）》，经市政府常务会审议通过，以市政府办公室名义印发。在历史文化名城保护体系框架下，突出清文化、民国文化、抗战文化、工业文化"四条主线"，建立"166+N"项目库，实施88个文化项目。

（市自然资源局）

市政设施管理

【概况】 2019年，市城管执法局围绕规范市政行业发展，出台《沈阳市2019年市政设施治理提升工作方案》《沈阳市2019年市政设施治理提升工作考核方案》等文件，加强日常维修养护指导工作，落实责任主体，全面普查开展信息采集，完善并及时更新道桥档案，增加考核比重，推进维养工作有序落实。组织市、区两级开展2019年春季市政设施集中整治维护、城市道路慢行系统及小街小巷集中维护和秋冬季市政设施维修养护工作三大道路集中维护活动，确保市政设施平稳运行。开展城市桥梁相关数据统计工作。完成"创城""创卫常态化"等重大活动中承担的工作任务，全力做好领导视察等重要政务活动中市政设施安全保障工作。解决市政设施管理方面部分议题案和群众投诉案件的办理工作96件。维护道路180.9万平方米，调整边石16.56万延米，修复方砖16.9万平方米，调检查井2636座，调补方砖9.16万平方米，水洗隔音屏180.5万平方米；桥梁隐患排查129座，整改86座；投诉满意率100%，办结率100%；全年无重大安全事故。

（市执法局）

【市管市政设施维护】 2019年，完成道路坑槽修补25.16万平方米、调补方砖1.54万平方米、边石1.98万延长米；维护桥梁590座次，修补桥面坑槽7.96万平方米，维修栏杆扶手1.73万延长米，主体混凝土修补4.81万平方米，钢箱梁粉饰8.33万平方米，除锈3.59万平方米，维修声屏障0.38万延长米，维修泄水管0.54万延长米，地下通道维修63座次，限高架、限载牌制作安装119座次。加强对养护单位管理，实行集团、队、巡视人的三级巡视的网格化责任体系，按照区域进行维护管理责任分工，每个维护管理队分担一定区域的设施，承担所管设施的巡视、维修、应急抢险及投诉案件的解答处置等工作；加强督促检查，按照市市政公用局《市政设施维养方案和考核办法》，平时定期、不定期进行检查，每个月集中对维护项目进行检查验收及项量核实，对存在问题下发整改通知，8次涉及整改问题36个。加强桥梁检测工作，组织对全市桥梁中的191座进行定期检测（常规检测162座，结构检测28座，特殊检测1座）；桥梁权属归市管140座，区管50座，未定权属1座。9月5日至11月3日检测完成，11月25日检测报告专家评审完成，检测工作全部完成并形成检测报告。（市市政公用局）

市政项目建设

【概况】 2019年，市市政公用局科学统筹安排，以"大干特干、挂图作战"和"项目为王"的精神，主动寻求突破，力保各项工程建设任务顺利实施，完成建设项目4个。对浑南大道快速路西段部分建设实施监管。工程总投资37亿元，西起胜利大街，

▶5月20日，北海街道路维修　（市市政公用局供）

止于长青街以东，采用节点立交与隧道相结合的形式建设，全长10.7千米。受理市民行风热线、民生微博、民心网等各种投诉平台建议460余件，反馈率、处置率100%，满意率98%以上。负责答复人大建议、政协提案4件，满意率100%。

【南十地道桥雨水系统改造工程】 2017年10月开始施工。工程是对南十地道桥泵站进行提标改造，同时对泵站进水收集系统和出水系统进行改造，进水收集系统增设1根1200毫米管径进水管，长度20米，进水收集管扩建224米；部分雨水口改造；出水管道新铺设一条压力出水专线全长2660米，管径1500毫米。截至年末，泵池完成，后续工作推进中。

【大辛餐厨垃圾处理项目】 项目位于大辛垃圾场外北侧，总投资约1.15亿元，占地面积1.03亩（0.06公顷），设计日处理餐厨垃圾400吨。采用“预处理+固液分离提油+中温全混厌氧消化+残渣入炉焚烧+沼气入炉焚烧发电”的复合式工艺，采用收集、运输及处理一体化的经营模式，实现餐厨废弃物减量化、无害化处理。2018年6月30日启动施工，2019年6月28日调试运行。截至年末，累计处理餐厨垃圾约3万吨。

【大辛积存渗沥液应急处理项目】 项目位于大辛垃圾场内，总投资约3.8亿元，占地面积约1.04公顷，设计处理规模日出水2100吨。2018年4月30日建成投产调试，2018年6月30日达标达产。2019年9月27日，完成94万吨积存渗沥液处理任务，出水水质达到一级A排放标准。截至年末，累计达标出水112万吨。

【老虎冲积存渗沥液应急处理项目】 项目位于老虎冲垃圾场内，总投资约2.2亿元，占地面积约0.55公顷，设计处理规模日出水1500吨。2018年4月30日建成投产调试，2018年6月30日达标达产。2019年6月28日，完成52万吨积存渗沥液处理任务，出水水质达到一级A排放标准。截至年末，累计达标出水73.6万吨。

【东西高架桥挡土墙翻建及栏杆维修工程】 2018年7月开始施工。桥梁西起公和跨线桥东引桥，经哈尔滨路、天后宫路、草仓路、东边城街、珠林路、跨沈海立交桥，止于沈海立交东引桥，全长7840米。桥上4车道，主要缓解市府大路的交通压力、改善市区东西向交通状况。此次主要翻建东西高架8处外倾严重挡土墙，共计2120米，更换全桥方管扶手，长度1万米。2019年完成桥梁6条匝道拆除重建，其余引桥维修工作将在2020年结束。

【北运河雨污分流工程（闸门建设）】 4月6日开工建设，6月30日完工。新开河截流管道沿线有五粮库泵站、联合路泵站、北三泵站、新北泵站、崇山东泵站、崇山西泵站6个合建泵站与直径=5.4米截流管线相连通。通过在五粮库泵站、新北泵站和崇山东泵站截流支线上安装闸门，调控各排水分区混接污水进入北运河直径=5.4米截流主干线，逐步实现远期雨污分流的目标。工程实施后，旱季时各排水分区污水恢复到原污水系统运行，将极大减少排入北运河直径=5.4米截流主干线的污水量，恢复直径=5.4米截流管道作为雨水主干线使用功能。另外，奖工闸门作为控制北部污水处理厂和仙女河污水处理厂之间的连通闸门，由于年久失修，闸门损坏严重，工程将奖工闸门改造列入其中。

（市市政公用局）

【沈辽路高架桥通车】 10月1日，历经508天建设，沈辽路高架桥正式通车。沈辽路高架桥是沈阳首座连接老二环、新二环并与三环实现交通转换的城市高架桥。工程西起四号街以东，东至沈辽路立交（二环）南引道以南，全长4.6千米。主桥标准段宽23.5米，双向6车道，设置两组上下匝道，设计时速80千米/小时。沈辽路高架桥在建设过程中，首次采用新型磁力梳齿板结构伸缩缝，可有效降低车辆与地面摩擦产生的噪音；桥梁中防撞护栏首次采用全钢结构，用黑、黄反光漆突出道路轮廓，保障车辆夜间行驶安全；地面慢行系统首次采用彩色绿道，实现人非路权分明。

【东一环快速路工程全线竣工】 10月21日，沈阳东一环快速路地面道路完成整修工程，东一环快速路工程建设全面完成，形成高架主线双向6车道+地面道路双向8车道的全新交通路网格局。高架桥桥面宽度23.5米，标准段为双向6车道，设计速度为每小时80千米，建成后东一环快速路形成桥上双向6车道，桥下地面双向8车道的快速、立体交通系统。2018年年底双向6车道的高架主线具备通车条件，实现全线无信号通行。2019年4月底，东一环快速路地面道路的桥下空间利用、道路整修、人行过街设施建设等开始施工，改造工程全长4208米，标准宽度60米。

（志　闻）

【沈阳市排水防涝二期二批项目】 11月开始建设。总投资14.6亿元（工程费），征地拆迁费由辖区政府承担。拟实施2类工程，泵站工程5项，新建龙王庙泵站二期工程、揽军泵站、望花北街泵站及管线、扩建沈辽路地道桥泵站及管线，西塔地道桥泵站出水管线改造；排水管渠工程46项，实施鸭绿江东街、昆山路、肇工系统、沈大边沟等管渠新建及改造。2019年完成前期工作，计划2020年6月30日完工。

【大辛生活垃圾焚烧发电项目】 项目位于大辛垃圾场外北侧，总投资约14.54亿元，占地面积111.46公顷。设计处理能力3000吨／日，配置4台处理能力750吨／日机械炉排炉和2台35兆瓦的汽轮发电机组。10月8日开始接收生活垃圾，11月20日实现并网发电。截至年末，累计垃圾进场量21.37万余吨、累计垃圾焚烧量13.21万余吨、累计发电量3367.47万千瓦时。

【西部生活垃圾焚烧发电项目】 项目位于开发区细河二十七街以东、开发大路以南，总投资约7.2亿元，占地面积8公顷，设计处理能力1500吨／日，配置2台处理能力750吨／日机械炉排炉和2台15兆瓦的汽轮发电机组。9月25日开始接收生活垃圾，11月20日实现并网发电，至年末，累计垃圾进场量10.4万余吨，累计垃圾焚烧量7.32万余吨，累计发电量1787.91万千瓦时。

【老虎冲生活垃圾焚烧发电项目】 项目位于老虎冲生活垃圾卫生填埋场场区北侧，总投资约13.72亿元，占地面积11.73公顷。设计处理能力3000吨／日，配置4台处理能力750吨／日的机械炉排炉和2台30兆瓦的汽轮发电机组。11月24日开始接收生活垃圾，12月27日开始焚烧垃圾。年累计垃圾进场量1.11万余吨、年累计垃圾焚烧量3100余吨。

【浑南大道跨金阳大街桥、跨南京街桥通车】 12月29日，由市政公用局组织实施，辽宁省城乡市政工程集团有限责任公司承建的浑南大道金阳大街节点桥、中铁上海局北方公司承建的浑南大道南京街节点桥正式通车。标志着南部复合快速路网体系即将成型。浑南大道金阳大街节点桥工程位于沈阳市浑南西路与金阳大街交叉口，东西走向，全长640米；浑南大道南京街节点桥工程位于沈阳市浑南西路与南京街交叉口，东西走向，全长687.24米。两个节点桥均于4月中旬开工建设，在建设过程中，市政公用局用8个月的时间完成两座节点桥的建设工作，实现高架桥工程当年开工当年通车。

（市市政公用局）

市容环卫

【概况】 广告牌匾管理。对和平区、沈河区、大东区、皇姑区、于洪区市内五区户外广告设置实行规划、审批、招标、拍卖、挂牌出让管理，依法对违规设置的户外广告设施依法依规进行处罚；严格执行牌匾标识设置工作的管理、监督、考核标准，运用主动服务，专业指导、行业监管等管理措施，监督、引导设置单位按要求规范设置牌匾标识。对违规户外广告牌匾标识管理方面，组织对全市范围内的违规户外广告牌匾进行摸底排查，发现需整治的违规户外广告牌匾总计8065处、7.8万余平方米，问题亮化牌匾337处。拆除违规户外广告8029处、7.4万平方米，牌匾标识4391处、17370平方米，镂空字68处、8244平方米，完成率占计划总量的126.7%；修复问题亮化牌匾168处，要求未修复亮化牌匾关停处理，待完成整改后开启。路旗管理方面，完成“不忘初心 牢记使命”等30项公益宣传任务，完成“国家防灾减灾日”等13次金廊沿线公益路灯杆旗标发布工作。市城管执法局改变以往向各区交办、督办任务的方式，成立3个“领拆”工作组，每个工作组对应3个区，共同制定拆除计划、完成时限，并现场组织各区开展拆除工作，对违规擅自设置35条街路路旗在10天内全部拆除，全面提升违规路旗拆除效率。

景观亮化。采取商家自建和政府投入相结合的方式开展景观照明建设，对市政府新址、盛京大剧院、科学宫球幕影院等1300余处景观照明点位实行高标准管理维护，全面保障全市整体夜景观效果。建立以钉钉管理平台为依托的景观照明建设全流程施工管理体系，每日以检查日志形式将检查及整改情况反馈给施工单位，保证工程质量和进度的同时，为以后日常管理维护提供便利，国庆节前保质保量地完成54处金廊沿线重要景观照明点位建设工作。开通景观照明设施的开关、定时、故障检测等集中控制功能，市直景观照明控制终端建设完成114处，初步整合和平区景观照明集中控制点位148处，继续进行软件升级，纠正故障检测误报等问题，基本实现系统内集中控制功能全覆盖。建立市、区各部门建立两级维护管理体系，制定相关周循环工作法，开展日常及节日期间巡视，督办完成景观照明点位修护100余次，确保景观照明建成点位设施亮灯率及完好率达到98%以上。

环卫扫保。环卫市场化改革工作平稳运行，全面推进环卫数字化平台建设，开展城乡环境卫生综合整治，推行垃圾上门收集服务，逐步实现街路标准化作业、垃圾规范化收运的系统化、常态化管理。完成5场规模降雪除运雪工作，全力保障城市冬季交通顺畅。按计划完成新建改建95座公厕及53座垃圾收集站建设任务，加大内厕开放力度，开放单位内厕1790座，挂牌率达100%。组织各区开展餐厨垃圾收运处置集中签约，提高签约率和收运率，确保餐厨垃圾收运量满足终端处理需要，收运餐厨垃圾94397.31吨，日平均收运量555吨。

农村人居环境整治。农村人居环境整治工作以135个美丽示范村为重点，实行"五指分类法"（"存、卖、沤、填、收"的方式，即"有害的集中暂存、可回收的积攒变卖、易腐的堆肥沤肥、建筑垃圾填坑垫道、其他垃圾拉走填埋"），大力推动就地分类减量工作。推进城乡环卫一体化和市场化，农村地区组建7222人环卫保洁队伍，保洁收运体系覆盖1193个行政村，占1346个行政村的88.63%，实现农村生活垃圾收运处理常态化。组织涉农区县完成9处非正规垃圾点整治工作，无新增非正规垃圾排放点问题。指导4个区县（市）对7座存在渗沥液积存问题的垃圾填埋场进行整改，累计处理渗沥液约11.47万吨，剩余积存渗沥液量约9.03万吨，总体处理进度54.78%。购置推土机等填埋设备及渗沥液处理设备，推进雨污分流工程，全面提升全市郊区（县、市）农村垃圾场生活垃圾卫生填埋无害化处理能力。

生活垃圾分类。沈阳市作为全国生活垃圾分类46个重点城市之一，启动实施市级党政机关、371个居民小区、49所学校的生活垃圾分类试点工作。将沈阳市生活垃圾分类收集处置工作联席会议制度升档为沈阳市生活垃圾分类工作领导小组，市委书记张雷、市长姜有为任领导小组组长，对全市分类工作起到推动作用。为进一步增加分类工作力量，依托创卫成熟工作模式和高效的指挥体系，将市创卫办和市分类办深度融合，合署办公、集中办公，实现1+1>2的工作效果。同时，要求各区县（市）借鉴市本级做法，在本地区也要实现"两办融合"，有力的推动生活垃圾分类工作的开展。在推进生活垃圾分类工作中，在四分类基础上，提出"二三四五"分类法，在不同区域和行业因地制宜开展分类工作。在农村地区实行一村一策的灵活政策，借鉴并完善具有沈阳特色"存、卖、沤、填、收"的"五指分类法"，推广"两场一院（屋）"（建筑垃圾堆放场、堆肥沤粪场、环保院（屋））的农村分类模式。沈阳市在将部队单位、企业、机场、火车站等各行业领域都纳入分类工作体系的基础上，还将除135个生活垃圾分类试点村以外的全部村庄也纳入生活垃圾分类工作范围，沈阳市生活垃圾分类工作实现全域覆盖。全市865个社区、1346个行政村、91家市级公共机构全面启动生活垃圾分类工作，居民生活垃圾分类覆盖率达57.8%。在住建部对全国46个生活垃圾分类试点城市考核中，排名稳步提升，由第33名提升至第28名。

●**相关链接**

"二三四五"分类法：二分类是指在公共区域、综合商场、购物中心、大型超市等区域实施可回收物和其他垃圾二分类；三分类是指在居民区、办公区域沿街商铺等区域实施可回收物、有害垃圾和其他垃圾三分类；四分类是指在厨余垃圾分类试点居民小区，餐饮饭店及党政机关及公共机构等区域实施可回收物、有害垃圾、厨余垃圾及其他垃圾四分类；五分类是指在农村按照五指分类法开展生活垃圾分类工作，分为可回收物、有害垃圾、易腐垃圾、其他垃圾及建筑垃圾五分类。

【《沈阳市生活垃圾分类"七进"宣传教育活动实施方案》】 8月9日市创卫办印发。《方案》提出，为加大全市生活垃圾分类宣传发动力度，全市决定开展"进机关、进学校、进企业、进社区、进农村、进部队、进家庭"宣传教育。从7月29日至12月31日，分三个阶段开展。其中7月29日至8月11日为宣传预热阶段；8月11日至12月8日为集中发动阶段：12月8—31日为总结延伸阶段。《方案》提出，生活垃圾分类宣传教育活动内容为组织相关宣传力量，采取有效的宣传方式，有针对性地开展对机关、学校、企业、社区、农村、部队、家庭等重点单位或区域人群的宣传教育工作。（志　闻）

园林绿化

【概况】 2019年，全市城区绿化工作围绕践行习近平“绿水青山就是金山银山”的发展理念，开展运河水系环境综合提升工程、公园绿地景观提升工程、行道树补植工程、重点街路及公园花卉栽摆、裸露地面覆盖、秋冬季植树等一系列工程；加强对公园、绿地及行道树养护，为市民提供良好的生态环境和休闲娱乐场所，提升市民幸福感。编制《沈阳市城区绿化工作方案（2020—2022年）》，全面提升城区绿化工作水平，改善城市生态环境，增加城区绿量，补齐公园绿地服务半径覆盖率和建成区绿地率短板。

运河水系环境综合提升改造工程。为全面落实国家黑臭水体治理的总体部署，实现“水清岸绿”的总体目标，全市开展沈阳黑臭水体示范工作，市城管执法局组织实施运河水系环境综合提升项目。项目由10个单项组成，分两年实施，计划总投资5.74亿元。2019年完成投资1.62亿元。其中新开河、南运河河道杂物清理、淤泥处置4个项目完工，新开河、南运河河道杂物清理竣工验收；运河护岸维修改造、运河景观闸建设、运河加水点建设3个项目主体完工；运河绿道建设、运河绿化景观提升、运河智能化建设3个项目计划2020年底前完成。

金廊等重点街路花卉及立体绿化工程。4月起，市城管执法局以“喜迎建国70周年”为主题，根据青年大街沿线绿地情况及花卉四季变化规律，因地制宜采用不同的栽植方案，按照预先制定的栽植方案全年分4次进行，开展金廊等重点街路花卉及立体绿化提升项目。项目以青年大街南出口为起始点，途径五里河绿地、金廊八号地、文艺路街角绿地、振兴碑绿地、百联绿地，一经街加油站、小学绿地、将军园绿地，终到北陵正门，适时选择矮牵牛、三色堇、兰花鼠尾草、孔雀草、海棠、羽衣甘蓝等花卉品种，栽植总面积6万余平方米。栽摆花卉70万余株，摆花29万余盆，设置立体花坛20余处，营造浓郁的节日气氛。

春季绿化补植、裸露地面覆盖及公园绿地工程。3月起，组织全市开展春季绿化补植、裸露地面覆盖及公园绿地提升。完成179街路行道树、115块绿地、35个公园以及运河、浑河沿线等栽植树木栽植工作。重点对运河沿线16处管廊工程、84处截污工程（总面积约11万平方米）、7处排水补短板工程（总面积约1.2万平方米）等进行绿化恢复，全市完成街路行道树补植8596株，完成绿地内乔灌木栽植51110株，完成绿篱模纹56421平方米。继续实施9城区裸露地面覆盖，完成916973平方米，超额完成任务，绿化效果较好，有效解决裸露地面扬尘等问题。市、区两级绿化部门对太原街、青年公园、北站金融开发区绿地等10余处街路绿地、公园进行景观提升工作，重点开展百鸟公园改造项目，打造高品质、精细化的典范工程。

节日花展。“五一”至“十一”期间，北陵公园、中山公园、沈水湾公园等地举办“迎国庆”特色活动暨金秋花展等系列国庆活动。北陵公园围绕“春看花朝，夏赏荷，秋品菊花（葵花），冬嬉雪”旅游产品开展活动，举办主题花展及冬季冰雪嘉年华活动3次。花展从公园正门经过皇太极广场延伸至神桥南侧，广场周围扩展至芳秀园，东部主要在湖心岛花海。5—6月，举办“礼赞新中国，奋进新时代”菊花展，制作安装景观小品爱国景观元素点缀其间。9—10月，举办向日葵花海，安装21个庆祝中华人民共和国成立的空飘气球和条幅，进一步弘扬清文化，展示清朝民俗风情，满足游客的精神需求。活动期间接待游客100余万人次，50余家省、市新闻媒体进行宣传报道，收到良好的经济效益和社会效益。“十一”期间，和平区中山公园举办的第五届菊花展，吸引市民争相前来赏菊秋游。本次菊花展增加多个景点、花量和品种，展出大小菊花近百个品种，展出标本菊3000盆、大菊花4.5万盆、千头菊4万盆、盆景菊90盆、悬崖菊花架108组、盘龙菊树25组，造型菊塔6组和6组大型立体花坛等。全部免费为市民开放。同时和平区在浑河两岸公园开展特色鲜花展示工作，成功举办樱花展、海棠花展、油菜花展、百合花展、莲花展、荷花展、葵花展、鼠尾草花展。

冬季绿化。组织召开城区冬季植树工作动员，要求各地区、各部门积极开展冬季公共区域植树、庭院住宅区全民植树及认建认养活动，掀起冬季植树热潮，营造全民植树和爱绿护绿的良好氛围。组织各地区、各部门开展行道树补植、公园绿地补植、庭院补植、在建项目植树及管廊工程恢复等绿化工作，栽植乔灌木9万余株。

【全民冬季植树活动】 11月27日，组织各区开展全民冬季植树活动，市城管执法局与和平区机关干部100余人在和平区哥德杯世界足球公园参加植树活动，栽植桃叶卫矛、丁香、榆叶梅等15个品种600余株。皇姑、铁西等地区同步开展公共绿地、庭院和住宅区的全民植树活动。

（市执法局）

供　电

【概况】 2019年，国网沈阳供电公司承担沈阳地区10区1市2县和2个国家级开发区共1.3万平方千米的供电保障任务，设置14个职能部门、13个业务实施机构、7个城区供电分公司、8个县区供电分公司。截至年末，公司有全民职工4959人，农电用工1480人，集体职工1738人。全社会用电量366.06亿千瓦时，增长2.41%。公司售电量321.24亿千瓦时，增长3.47%，售电总量全省首位。综合线损率7.26%，减少1.11个百分点，损失电量减少3.23亿千瓦时。完成固定资产投资29.14亿元，投资规模创历史之最。连续15年实现“安全年”。投运66千伏及以上变电站2座，输电线路148千米，变电容量109万千伏安。公司获“辽宁省用户满意企业”、全国“青年文明号”“工人先锋号”等称号。

安全生产。开展“精益管理提升年活动”。滚动修编全员安全责任清单，安全责任扎实落地。狠抓“三措一案”（施工组织措施、技术措施、安全措施和施工作业方案）执行，加强安全风险源头管控。部署智能化安全风险管控平台，实现作业现场视频监察全覆盖。组建省内首支专职“安全督察队”，查处违章1540项。促请政府出台《用户自有产权管理指导意见》，用户侧管理更加规范。严格作业计划执行，完成春秋检、迎峰度夏（冬）、“6·30”应急工程等各项任务。配网资产国际对标项目顺利通过国网、省公司验收。打造东北地区首条国际一流智慧化高压电缆示范线路。拓展带电作业范围，四个郊县公司通过省公司不停电作业能力验收。完成调控指挥可视系统试点建设及D5000（电力调度系统）系统升级改造。推进地调调控融合，深化“调控一体化”（将原有的变电监控、变电运维业务全面分离，将运行监控业务与调度业务融合，实现电网调度与电网监控一体化管理）运行。浑河消防控制室建设通过国网公司验收。联合13家政府部门开展辽宁中部区域联动应急演练。高效处置皇姑区燃气管道爆炸、棋盘山山火、“利奇马”台风等突发事件，完成新中国成立70周年等保电任务。公司连续15年实现“安全年”。

电网建设。完成重点城市电网规划。全面启动浑南“一流城市目标网架示范区”建设。统筹推进省级综合示范“沈阳城市能源互联网”项目进程，省内率先完成多站融合数据中心站建设等试点任务。保持电网投资力度，申报2020年固定资产投资30.31亿元。实施可研、设计一体化管理。超前完成满融、浑南、沈抚新区等热点地区电网项目储备。常态化召开市、县两级电力建设领导小组会议，有效破解57项难点问题。完成220千伏热张线、

▶220千伏进步变电站66kV场区　（市供电公司供）

热祁线迁改工程建设。进步220千伏变电站顺利投运。滂江220千伏变电站、盛京至滂江220千伏电缆隧道等重点工程扎实推进。历史遗留工程受阻问题全部得到解决。改造配电自动化线路1468条，覆盖率达73.1%，完成农网工程183项，实现农村地区户均配变容量2.0千伏安目标。开展电网负面清单专项治理，可开放线路占比较年初提升12%。深入落实基建12项配套政策。常态开展工程“三率合一”（以信息化手段，对建设进度完成率、投资进度完成率与入账进度完成率的进度匹配关系及偏差合理区间识别，真实反映工程建设与入账进度，实现投资管控精益化）数据分析及三维设计等技术应用。高花220千伏变电站工程省内首获国网公司优质工程金奖。

营销服务。推进电能替代，全年替代电量10.78亿千瓦时。有序完成两轮一般工商业电价调整。完善电费风险防控体系，应收及在途资金保持“双结零”。开展长期划零户清理，累计销户1588户。完成7家郊县公司147.5万居民“双改单”（双月改单月）抄表周期调整。开展线损现场检查、负损治理、异常数据治理等专项行动，解决高温线、沈六线等长年高损问题，台区同期线损达标率82.12%，较年初提升22.33%，提升幅度全省最大。保持打击窃电高压态势，查处违窃案件1228件。推广“企业网银”应用。开通市政服务中心“供电窗口”。完成供电服务指挥体系建设，实现全天候客户诉求“一站式”受理。搭建服务风险防控体系，客户投诉下降58.85%。在东北地区率先创建并推广小微企业“简、快、省”办电服务模式，惠及小微企业5082户，平均办电时长15.87天，户均节省投资4.64万元。促请政府出台临时电改造工作方案等文件，31个临时电小区进入正式电办理流程。主动服务省、市政府重点项目，协调解决华晨宝马新建、扩建工厂配套供电等问题，得到市委市政府高度肯定。

改革创新。推进电力市场化改革，交易电量80.2亿千瓦时。开展“三供一业”（指包括企业和科研院所在内的国企，将家属区水、电、暖和物业管理职能从国企剥离，转由社会专业单位实施管理）分离移交，完成17户驻沈央企供电资产改造接收，及全部“两供一业”（指公司家属区供水、供热和物业管理职能从公司剥离，转由社会专业单位实施管理）分离移交家属区维修改造。完成省管产业单位瘦身健体改革任务，保留电缆工程公司、联发设计所等优质资源，企业获施工总承包二级资质。公司承担的节能导线项目获国家科技进步二等奖。公司牵头的国家重点科技项目、国网公司科技项目通过阶段性验收。完成申报发明及实用新型专利47项。管理创新项目获辽宁省一等奖1项、二等奖4项，省公司一等奖1项、二等奖2项。在国网、省公司青创赛中获国网公司1银、省公司2金、3铜佳绩。

【市县带电作业全覆盖】 1月8日，沈阳供电公司举行郊县带电作业启动会暨绝缘斗臂车移交仪式，标志市县带电作业全覆盖进入实质化操作阶段。此前，为深入推进配网不停电作业市县一体化建设，确保郊县带电作业普及推广，专门制定《2019—2021年郊县带电作业实施规划》，确保郊县带电作业的可行性、安全性和有效性。截至年末，公司所属8家郊县公司有41人完成带电作业培训取证，第一批绝缘斗臂车移交至4家郊县公司。

【“两会”供电保障】 1月8—10日，市十六届人大二次会议、政协沈阳市十五届二次会议在辽宁人民会堂召开，公司进入“两会”保供电实战状态。此次保供电工作涉及重点客户8户、220千伏变电站4座、66千伏变电站6座、66千伏线路7条、10千伏线路13条。成立“两会”供电保障领导小组，完善应急预案，113人执行保电任务，19人在辽宁人民会堂值守，对重点设备现场看护，对主会场的电气设备、应急电源等进行安全检查，7支抢修队伍随时待命，2台发电车进驻辽宁人民会堂，实施24小时不间断供电保障，确保沈阳市“两会”期间保供电工作万无一失。

【夜视卡片智能巡检】 1月24日，国网沈阳供电公司输电运检人员在220千伏牛虎线167号杆塔上安装线监控装置——夜视卡片，可24小时不间断监控重点地段的线路运行情况，解决普通监控装置夜间照片不清晰的短板。运维人员可以通过手机终端能第一时间了解和掌握通道情况，并及时处理，有效杜绝外力破坏电力情况的发生。

【国网沈阳供电公司被授予“市长特别奖”】 1月31日，为表彰国网沈阳供电公司为全市经济社会发展作出的突出贡献，经市政府研究决定授予国网沈阳供电公司集体“市长特别奖”。国网沈阳供电公司2018年完成电网建设投资32.7亿元，前显变、汪河变66千伏输变电等工程相继投运。公司全力支持中德园、沈阳港、苏宁小镇、恒大童世界等全市重点项目的电力配套设施建设，前后4次调整一般工商业电价，减少企业电力成本支出4.2亿元。

【棋盘山山火供电抢修】 4月17日，沈阳棋盘山地区突发山火，火场内输配电线路跳闸，周边景区、工厂、商户、居民等5500户停电。灾情发生后，公司迅速启动事故应急预案，第一时间组织抢修队伍奔赴现场开展抢修工作，27支应急队伍632人、113台抢修车迅速到达现场待命，开展抢修工作。19时许恢复停电线路送电，对重要电力用户及部分居民用户恢复供电。至4月19日18时30分，受火灾影响的14条供电线路、5500余户居民用电全部恢复供电。

【220千伏热张线、热祁线迁移改造】 8月29日，为配合沈阳大东宝马新厂区建设、为500千伏盛京变电站进线清空路径的需求，220千伏热张线、热祁线迁移改造工程进入全面施工阶段，标志沈阳电网秋检首个主网大型改造工程正式启动。工程累计拆除杆塔6基、导地线2.4千米，新组立杆塔4基，架设导地线2.9千米，更换沈海、张官变电站热张线保护等作业。为保障电网供电可靠性，线路迁改工程采取两条线路轮停的方式进行。9月8日，工程顺利竣工。

【东一环快速路工程高压线路迁改】 2019年，在沈阳市东一环快速路工程项目实施中，施工沿线涉及高压线路迁改。为保障项目顺利进行，公司通过制定临时、过渡性供电方案及时解决施工过程中遇到的难题。先后组织完成东一环沿线8条66千伏线路，9条10千伏线路的排迁任务。

【沈阳自贸区供电所“抢派单”供电服务模式】 2019年，自贸区供电所着力打造“抢派单“供电服务模式。平台由后台收取与派发任务的工作任务平台和工作人员手机App终端组成。工作任务平台形成两类任务工单，一种是专业性或针对性较强的派单任务，平台将根据任务所需的专业派发到相应的专业人员执行；另一种是相对灵活可以独立完成的抢单任务。在抢单类任务中，系统将任务分为重大、紧急、一般3个类别，并用不同的颜色进行区分。该类任务若无人抢单，系统则自动转入就近派单模式。在任务工单生成后，工作人员可根据自身实际情况使用手机App终端接单或抢单。人员管理上，搭建“互联网+”绩效管理平台，将绩效管理与专业工作高度融合。在工单类型、工单内容、评价标准等各方面充分考虑专业工作，形成绩效积分。通过班组积分精确分析每名员工工作业绩技能情况、专业优势与特长，科学评价，为员工培训、发展提供依据。绩效积分打破“大锅饭”，拉开员工差距，实现多劳多得。

【电缆智慧管控系统运行】 2019年，为提高电缆故障检测效率，公司依托物联网技术，研发电缆智慧管控系统。系统具有“大数据、云计算、物联网、移动应用、智能管控”5大功能模块，具备电缆接地循环、接地监测、气体传感等功能。通过该系统，工作人员可以实时监测电缆线路的运行状态，一旦电缆发生故障，工作人员可以及时获得故障信息，并第一时间赶到现场，消除故障隐患，提高检修效率，实现输电电缆的智慧化管理。

【35项大负荷应急工程完成】 2019年，为解决夏季高温负荷大导致重大停电事件的问题，辽宁省电力有限公司采用经营性租赁方式实施沈阳电网大负荷应急工程。工程由沈阳公司运检部牵头，各部门配合，实施工程35项。6月28日，国网沈阳供电公司35项大负荷应急工程全部完成。沈阳电网220千伏变电容量合计增加42万千伏安，66千伏变电容量增加21.89万千伏安。地区容载比由1.69上升至1.77，城区容载比由1.68上升至1.84，中心区容载比由1.13上升至1.44，沈阳电网整体供电能力较2018年夏季有显著提升。（刘　军）

供　水

【概况】 2019年，全市日均供水量为200万立方米。其中，地表水主要取自大伙房水库，占70%；地下水主要取自浑河和辽河水系漫滩区，占30%。供水人口836.8万人（含辽中、新民、法库、康平），用水户367.9万户。在装水表352.8万块，其中，远传智能水表3.3万块。水质合格率99.99%。供水管网总长度9521.9千米，其中，市街管网4471.2千米、小区内网5050.7千米。接受二次加压泵站3533个。积极推进最严格水资源管理制度，全市用水总量27.15亿立方米。新增启动农业水价综合改革面积54.9万亩（3.66万公顷），完成大中型灌区的农业水价成本监审和取水许可发放。在省“大禹杯”竞赛中，沈阳市被授予2016—2018年度全省农田基本建设“大禹杯”市级先进单位称号，夺得“大禹杯”。（市务局）

【水务集团“三供一业”泵站维修改造工程】 4月1日正式启动。工程分2年进行改造，改造36户驻沈央企、省属和市属移交企业的71个项目，接收供水面积约400万平方米，计划投资3亿元，改造管线约270千米，涉及居民楼1200余栋，居民4.2万户。改造后，可减轻移交企业的负担，使国有企业职工家属区居民享受到更加优质的服务，进一步保障供水安全，解决群众用水的实际问题。

【水务集团安全生产实现六个“零”】 2019年，集团全面落实企业安全生产主体责任，层层签订安全生产责任状，强化安全生产履职考核，不断提升企业安全生产管理水平。开展安全检查，确保集团“春、秋”两季检修任务的顺利完成；向重点工程项目派驻安全总监，加强施工安全专项整治工作；全面开展城市防汛、反恐备勤、危化品和易燃易爆品管理；不断完善具有沈阳水务特色的反恐怖防范工作体系，实现“六个确保、十个不发生”（确保城市供排污系统安全稳定运行，不发生生产运行责任事故，不发生重大停水事故，不发生重大内涝事故；确保城市供水水质、水量满足城市功能需要，不发生重大水质污染事件；确保安全生产形势稳定，不发生重大生产安全责任事故；确保水源、给排水泵站、氯库、变电所等重点防范部位“五防”措施落实，不发生暴力恐怖事件，不发生危险化学品泄漏事故；确保应急保障备勤队伍、装备、车辆、设备设施及演练到位，处置应急突发事件得当，不发生指挥不当引发的责任事件；确保职工队伍和谐稳定，不发生群体性事件，不发生危害国家安全和社会稳定的重大政治事件）既定目标，完成国庆70周年安保维稳工作；大力开展风险辨识管控专项工作，辨识出安全隐患问题347项，全部整改销号；开展消防安全、用电安全、职业卫生安全、交通安全及其他各类教育培训100余次，参训人数5300余人次。集团全年安全生产形势总体平稳，继续实现安全生产六个为“零”目标［职工因工死亡事故、因工重伤事故、职业病及职业中毒事故、一般特种设备事故（死亡和重伤）、负主要责任以上（含主要责任）的重大交通事故、一般火灾事故（死亡和重伤）为“零”］，并获2019年度全省企业事业单位安全保卫工作集体二等功。（何 璐）

供 气

【概况】 2019年，沈阳燃气集团天然气销售量9.66亿立方米，减少4.3%；最大日供气量350万立方米，增长9%；管道燃气用户281.9万户，增长7.5%；职工人均收入增长4%。完成老旧管网改造185.8千米，完成新设管网127千米，完成排、改、拆工程59项，天然气供气管道总长度10451千米。开展青年大街老旧管网改造工程，工程22处4591米横向过街管线采用同步分段夜间施工法等一系列安全文明措施，尽最大努力减小对市民出行和生活的影响，成为行业内样板工程。11月、12月，市委相继任命刘守宇为沈阳燃气集团有限公司党委书记、董事长，吕本明为沈阳燃气集团有限公司纪委书记。沈阳燃气集团有限公司获中华全国总工会颁发的“全国模范职工之家”称号；沈法燃气有限公司获沈阳五一劳动奖状；铁西营业分公司获“沈阳工人先锋”称号。

【沈阳燃气客户信息系统上线运行】 4月8日，沈阳燃气客户信息系统（简称CIS系统）正式上线运行。CIS系统研发历时一年，覆盖市场开发、业务办理、客户档案、抄表、计费、缴费、票据、财务、表具管理、安检、维修及呼叫中心等业务，支持抄表、安检、维修、应急等现场作业移动化办公，接入12家银行等代收机构，集成网上营业厅、手机App、微信公众号、第三方支付等互联网应用，对集团公司客户营销平台进行全新升级。

【中国燃气入股沈西燃气公司】 5月，中国燃气控股有限公司通过收购沈西燃气有限公司外部股东方式成为沈西燃气有限公司外部股东实际控制方，并成为沈西燃气有限公司第二大股东。5月5日，沈阳燃气集团有限公司召开干部大会，宣布聘任董利梅为沈西燃气有限公司及沈阳燃气有限公司总经理。5月6日和9月10日，中国燃气集团董事局执行主席、总裁刘明辉一行到沈阳燃气集团有限公司进行座谈交流。

【直排式燃气热水器隐患治理】 6月1日，沈阳燃气集团有限公司开展直排式燃气热水器和无熄火保护灶具公开销毁活动。在公开销毁现场，集团公司采用挖掘机对现场堆放的150余台直排式热水器和无熄火保护灶具进行碾压或破拆。同时，采取持续开展入户安检、向用户下达隐患整改通知单、实施燃气具“以旧换新”换购等一系列燃气安全整治措施，积极推进隐患治理工作。至年末，全市使用直排式燃气热水器等隐患27657处，整改23146处，整改率83.69%。

【沈阳燃气企业文化馆和党建馆开馆】 6月23日，沈阳燃气集团有限公司企业文化馆和“共产党员之家”党建馆建成开馆。展馆位于集团公司铁西办公区14楼，建筑面积730余平方米。企业文化馆主要展示沈阳燃气近百年发展历程、沈阳燃气企业文化和部分历史实物。“共产党员之家”作为集团公司的党建基地，同时也是集团公司“不忘初心、牢记使命”主题教育基地。两个展馆的建成，为广大员工开辟学习了解企业历史文化和党建教育阵地，有利于提升员工文化自信，提高党员的党性修养，激发企业活力。

【免费安装40121个报警器】 2019年，沈阳燃气集团有限公司开展安装燃气报警器工作，制定《沈阳市低保户家庭燃气报警器安装工作方案》，成立专项工作领导小组，自筹资金、组织安装团队深入社区走访，对一楼地下老旧管网（灰口铸铁管）网点及住宅和低保户家庭免费安装报警器40121个。此举受到市人大常委会办公室的表扬。

【法库、康平公司天然气销售量2.63亿立方米】 2019年，法库到康平32千米的管线提压工作顺利完成，为法库至康平地区增加管容储气量7万立方米。法库县十间房镇的通用航空产业基地成功并网，沈法公司与辽宁联航神燕飞机有限公司等8户企业签订供气合同，实现开栓供气。康平公司与101户企业签订“煤改气”企业签订供气合同，实现新增燃气用量150万立方米，同时与新望农牧百万生猪项目、辽宁宏康实业有限公司2家用户签订《燃气供气协议》达成供气意向。集团公司从康平开发区至北三家子镇铺设23千米市街管线，北三家子镇康平监狱和塑编产业园等企业相继开栓供气。年内，法库、康平公司累计完成天然气销售量2.63亿立方米。（邓一喆）

供　热

【概况】 2019—2020年采暖期，全市加大供热督查力度，每周召开一次调度会，协调解决存在问题；每月公布一次各区和供热单位的诉求率排名，对供热诉求率较高的供热单位负责人进行约谈；组织包保人员跟踪检查锅炉房（换热站）运行、安全、煤炭储备等情况；办理8890等平台的供热诉求，提高诉求办理的质量。各区政府、供热管理部门认真落实区域管理责任制，积极发挥三级包体系的作用，确保区域稳定。供热单位认真组织做好供热运行管理工作，定期巡查供热设备，及时调整供热运行参数，确保居民室温达标。整个采暖期，全市供热运行总体平稳，故障下降13.8%，房产热线下降24.8%；8890平台下降58.6%。全市供热面积3.7亿平方米，其中住宅2.78亿平方米，占全市供热总面积的75%，非住宅0.92亿平方米，占全市供热总面积的25%。集中供热面积3.49亿平方米，集中供热率94.32%。热用户380万户。全市供热管网长度12110千米。全市供热经营单位183家，其中：国有34家，非国有149家。全市供热“三修”总投资6.4亿元，其中大修锅炉356台，鼓风机、引风机556台，除渣机189台，维修楼栋1657栋。组织对华锐塔湾欣城等12处重点区域和华发热力公司等7家重点单位进行集中整改。

【供热旧管网改造110千米】 2019年，市房产局制定下发《2019年供热旧管网改造工程工作方案》，明确各区工作任务，加强与市执法局、交警等部门的沟通，建立日常联系制度，做好办理手续的备案工作。全年计划改造供热老旧管网40千米，9月底，完成改造供热旧管网110千米，超额完成计划改造任务。

【民用燃煤供热锅炉淘汰改造63台】 2019年，为加快推进淘汰和改造民用燃煤供热锅炉工程，市房产局印发《关于印发淘汰和改造民用燃煤供热锅炉工程方案的通知》，完成淘汰改造锅炉63台，其中包含环保督察要求整改建成区19台20吨民用燃煤供热锅炉，超额完成省指标任务（10台）、市指标任务（26台）。

【智慧供热监管平台建设】 2019年，全市建设供热智慧监管平台。供热智慧监管平台主要由城市热网数据管理系统、城市供热地理信息系统、城市供热监测系统、城市供热日常管理系统、城市供热应急管理系统、城市供热大数据分析系统、城市供热移动管理平台、城市供热公共服务门户有（网站、微信公众号）、三维展示等14个子系统组成。2019年度采暖期，实现对122家供热单位、201座热源厂、2466锅炉房（换热站）运行情况和1700户室温情况的实时监管，监管面积3.3亿平方米，占全市供热面积的90%以上。　（朱　岩）

二十四、环境保护

综　述

水生态环境治理。市生态环境局围绕17个省考以上断面达标，综合采取工程、生态、管理三类措施实施重点河流水质达标攻坚。11个国考断面10个达标（于台断面按照省要求实现第四季度达标），6个省考断面中5个实现达标，超标断面较上年同期减少6个；巨流河大桥等5个国考断面达到优良水平，于家房、蒲河沿2个难点断面实现消灭劣五类目标。总投资44亿元的水体达标47项重点工程完工37项；累计整改各类影响河流水质问题4074处，解决污水直排37.9万吨/天；对全市35条主要河流65个断面实施加密监测，确定主体责任，考核通报排名，倒逼整改落实；形成236条河流入河排放口动态数据，11家省级及以上工业集聚区全部建成污水处理设施；开展水源地环境风险隐患大排查，一级保护区内存在环境风险隐患的118眼水源井全部完成整治；开展农村水源地环境状况评估并实施“万人千吨”水源地保护区划定，摸清农村水源704个，确定“万人千吨”水源15个，保护区划分技术报告获市政府批准并印发。

大气生态环境治理。市生态环境局印发《2019年沈阳市蓝天保卫战作战方案》，坚持“科学治霾、精准治霾、协同治霾、铁腕治霾”，以“控燃煤、降臭氧、治扬尘”为重点开展“八大攻坚战役”，适时启动“抗霾攻坚周”和“季度决战”工作。全市淘汰燃煤锅炉190台，完成2.2万蒸吨燃煤锅炉脱硝改造和华润热电3#机组超低排放改造；11月1日起，全面执行燃煤锅炉污染物特别排放限值；建成并投入使用130个VOCs（挥发性有机物）治理项目，整治餐饮油烟问题1163处；定期检测车辆107.46万辆，合格率93.09%；柴油货车监督抽测8.86万台，抽测率68.12%；完成270个扬尘监控点位与环保110平台对接，转办案件1658件，整改1599件；严格贯彻落实四级禁烧网格化体系，实施巡查包保制度，强化秸秆禁烧管控。启动轻污管控19次、重污染三级黄色预警演练5次、重污染二级橙色预警1次，指导落实应对措施，较好地实现“轻污拉良、重污削峰”的目标。

土壤生态环境治理。市生态环境局出台《进一步明确沈阳市土壤污染防治工作任务分工的意见》，进一步明确各市直单位责任分工和保障措施。完成全市2046个农用地土壤污染状况详查点位核实，实施511户企业土壤信息采集和风险筛查工作，完成132户重点监管企业和工业园区周边土壤采样和检测，夯实土壤污染治理信息支撑；编制《沈阳市污染地块再开发利用联动监管实施办法（试行）》，建立污染地块动态名录；2016年以后累计完成沈化南厂区等47.9万平方米的污染地块治理修复；464座加油站地下油罐完成改造，改造率90.2%。辽中、经济开发区年处置能力5万吨的两个危废焚烧项目建成；填埋场二期扩建项目进场施工。

农业农村生态环境治理。市生态环境局制定《沈阳市农业农村污染治理攻坚战实施计划（2019—2020年）》，加快解决农业农村突出环境问题。9个涉农地区均完成农村生活污水治理规划编制；3乡18村21个生活污水处理设施建设项目主体工程全部完工；91个美丽示范村（92处）生活污水处理设施建设，71处主体完工；59家禁养区内养殖场户完成关搬，辽中妈妈街畜禽养殖污染问题整改工作按序时推进；在全省率先组织开展137个乡镇1440个行政村黑臭水体排查，确认农村黑臭水体146处，实施边查边治，治理112处。

生态环境保护督察。全市成立市委书记、市长任组长的整改工作领导小组，强化统筹协调、定期调度、督促检查，印发《沈阳市贯彻落实中央第一生态环境保护督察组"回头看"反馈意见整改方案》，形成"一个问题、一名领导、一个团队、一套图表、一抓到底"推进体系，建立工作台账，实行"分级亮灯"制度和"事前预警、到点督办、延时催办、现场查办"的闭环督办机制。组织召开24次周调度会，下达督办单39份，提示单88份，现场检查180余家次，亮红灯39家次，亮黄灯300家次，有力推动整改落实。中央环保督察反馈的23项整改任务，完成16项，交办的1590件案件，销号1569件，销号率98.7%。"回头看"反馈的12项整改任务，完成7项，交办的1388件案件，办结1275件，办结率91.9%。6座污水处理厂完成提标改造，均提前达标运行。提前于9月27日完成祝家场内全部积存污泥的清挖和外运工作，9个坑中8个完成回填，4个完成绿植。中央生态环境保护专项督察组给予高度肯定，指出祝家污泥处置项目是从"大乱"到"大治"的典型项目、为民办实事的示范工程、"不忘初心，牢记使命"主题教育的重要成果。

生态环境风险管控。市生态环境局按照"五有"（有专项预案、组织保障、专业队伍、物资储备、应急专家）标准完善突发环境事件应急保障，开展生态环境安全隐患排查治理行动，环境应急能力进一步加强。建立全市43户全口径涉重金属重点行业企业清单，完成90家废弃危险化学品产生和经营单位排查，固废危废处置得到有效监管。建成生态保护红线监管平台，开展"绿盾2019"自然保护区（地）强化监督专项行动，现存33个问题完成整改27个，销号25个。开展4次环境信访集中排查行动，办理各渠道环境信访案件3.27万件次，减少3031件次，下降8.5%，未发生因环境信访引发的涉稳问题和进京访情况，群众环境诉求得以有效解决。

生态环境宣传。市生态环境局以提升宣传广度和深度为主线，在中央、省级媒体先后报道120次；市主流媒体专题报道243次；中央电视台《新闻联播》对沈阳市环评改革工作进行报道。强化信息发布，召开新闻发布会4场，发布信息3601条，"两微一端"新媒体宣传300余条次。强化曝光监督，制作警示片5期，公开曝光40起环境违法典型案例，在《沈阳日报》发布环境问题通报21期，推动生态环境突出问题整改。（刘　冰）

污染减排

【概况】 2019年，全市有4项主要污染物减排指标任务，在2015年排放基数的基础上，全市化学需氧量、氨氮、二氧化硫、氮氧化物累计削减量分别为34872吨、2084吨、38087吨、31322吨，比2015年分别下降14.42%、11%、37.6%和37.9%，超额完成全年减排工作任务，其中大气减排指标超额完成"十三五"工作任务。组织实施工业企业治理、污水处理、规模化畜禽养殖、清洁能源改造、关停淘汰等7大类472个减排项目，其中水减排项目149个、大气减排项目323个，有力保障主要污染物排放量继续下降工作任务顺利完成。（刘　冰）

【1个乡镇、8个行政村获省生态乡镇、生态村命名】 2月21日，省生态环境厅印发《辽宁省生态环境厅关于命名生态乡镇和生态村的通知》，对全省第七批生态乡镇、生态村进行命名。沈阳市1个乡镇获"辽宁省生态乡镇"称号，即经济技术开发区长滩街道；8个行政村获"辽宁省生态

村”称号，即：浑南区王滨街道中华寺社区、浑南区深井子街道（永胜街道）畜牧场社区、沈北新区辉山街道汪千社区、于洪区平罗街道于金村、苏家屯区陈相街道蛇山子村、经济技术开发区长滩街道小兀拉村、法库县大孤家子镇半拉山子村、康平县郝官屯镇齐家屯村。

【全市美丽示范村生活污水处理设施建设工作现场会】 6月27日在沈北新区召开。各涉农地区、市生态环境局和市农业农村局有关人员约60人参加会议。沈北新区进行经验介绍，与会人员实地考察沈北新区尹家街道创业村动力型集中处理设施、黄家街道丁家村无动力型处理设施（氧化沟塘处理），小河沿村、鲍岗子村和龙岗子村三村农村水冲改厕+污水一体化处理设施，听取每种模式的介绍，对建设管理情况进行现场交流。市生态环境局主要领导对全市污水设施建设工作进行总体要求和全面部署。

（志　闻）

环境监督管理

【概况】 2019年，市生态环境局组织编制《沈阳市环境总体规划》，为提升城市环境品质，加快建设生态文明提供规划引领；印发《沈阳市“三线一单”工作实施方案》，推进生态保护红线、环境质量底线、资源利用上线和生态环境准入清单落地实施，建立基础数据库并与省“三

▶西部污水处理厂　（市生态环境局供）

线”衔接。沈阳市“放管服”改革成效显著，建立“1+6”环评审批服务新模式，缩短审批时限30%以上，对293个项目量身定制全生命周期服务措施，19个项目享受先批后审红利，中央、省、市各级主流媒体进行深度报道。同时，制定环境违法问题查处整改暂行管理办法，建立环境违法问题查处交办工作机制，并开展大气、水、噪声等专项执法行动，实施跨区交叉强化执法，立案查处535起，查封扣押78起，移送公安机关18起，对环境违法行为形成有效震慑。

（刘　冰）

【沈阳市生态保护红线监管平台投入试运行】 2018年8月由市生态环境局组织建设，2019年11月通过验收并投入试运行。该平台是全国首个建成的城市级层面生态保护红线监管平台。同时，沈阳市也成为国家首个生态保护红线监管平台建设与互联互通试点。平台由星地协同动态监控系统、移动核查与执法系统、生态保护红线监管业务系统、数据管理与运行调度系统组成，实现生态保护红线区空间化、科学化、精准化的生态环境管控模式。

【《沈阳市区域河流断面水质综合考核实施办法（试行）》】 7月16日沈阳市水体达标工作领导小组办公室印发。《办法》将全市省考以上17个断面中涉及的35条主要河流的65个断面实施加密监测，每半月监测一次，科学确定上下游、左右岸治污工作主体责任，对各县（市）、区辖区内断面水质改善恶化情况进行一次评估、考核、排名。连续对13个区县（市）河流水质排名、超标、恶化情况在《沈阳日报》等媒体予以公开通报，落实辖区责任，倒逼地区落实整改。

（志　闻）

二十五、开发区

沈阳经济技术开发区 中德（沈阳）高端装备制造产业园

【概况】 2019年，沈阳经济技术开发区（简称“经开区”）与中德园实行合署办公，实现铁西区、经开区、中德园优势叠加。开发区高水平编制中德园总体规划、控详规划、专项规划和城市设计，启动沈阳中关村科技园和西部中心镇规划编制工作。完成530万平方米土地组报卷工作，签约131个亿元以上项目，有效保障重点项目用地。编制《铁西区（经开区、中德园）高质量发展行动方案》，对华晨宝马等61户高质量发展突出贡献企业进行表彰，出台工业发展支持政策20条。举办沈阳·中关村智能制造创新中心揭牌仪式，正式启动新一轮京沈合作。完成地区生产总值982.3亿元，增长1.54%；一般公共预算收入118.4亿元，下降2.5%；固定资产投资306亿元，增长16.6%（开发区工业固投108亿元，增长91%）；实际利用外资4.7亿美元，增长78.2%；社会消费品零售总额695亿元，增长9%；城镇居民人均可支配收入47373元，增长6.2%（含铁西区）；规模以上工业总产值1685.7亿元，规模以上工业利润22.5亿元（经开区、中德园部分国家正在审核），有四上企业单位1095户。截至年末，开发区规划面积165平方千米，供地（出让、划拨）面积68.08平方千米（含闲置土地），开发面积（建设用地规模）93.1平方千米。

区域经济。在工业发展上，编制《铁西区（经开区、中德园）高质量发展行动方案》，对华晨宝马等61户高质量发展突出贡献企业进行表彰，首度评选“铁西工匠”10名，出台工业发展支持政策20条，确立先进装备制造、汽车及零部件、工业旅游和生物制药四大主导产业格局。完成开发区工业固投108亿元，增长91%。装备制造业产值472亿元，占规模以上工业总产值28%；汽车及零部件产业产值748.5亿元，占规模以上工业总产值44.4%；医药制造业产业产值137亿元，占规模以上工业总产值8.1%。骨干企业牵动作用增强，三生制药公司实现产值36.7亿元，增长34.4%，三一集团实现产值39.9亿元，增长29.1%。投资23亿元的华晨宝马新3系、X2生产线正式投产。特变沈变集团年产量2亿多千瓦，位居世界首位。沈鼓集团重大压缩机装备突破百台套。东药集团获“省长质量奖”。全年完成“规升巨”企业7户，“小升规”企业45户，智能升级项目34个，企业上云43户。在农业发展上，完成农业总产值15.2亿元，增长4%。制定实施《设施农业实施细则》《特色经济作物项目管理实施方案》。土地确权、农村集体产权制度改革顺利推进。加强基本农田保护，粮食安全得到有效保障。实施97处桥、涵、闸、站等农田水利工程。举办全市渔业推介主题峰会，鼓励扶持鸭、鱼、虾、蟹稻田套养，提升稻米品质和附加值。彰驿特色村等都市休闲旅游产业快速发展。惠农力度不断加大，发放各类补贴资金3800余万元。在招商引资上，组建4大招商队伍，副区级以上领导率队“走出去”招商47次，洽谈推进204个项目。召开宝马对接推进会89次。举办慕尼黑汽车零部件招商推介会、上海招商恳谈会等大型招商活动15次、中小规模招商活动145次，沈阳中关村创新中心等131个亿元以上项目签约。沈阳恒大电机项目、辽宁顺通化工股份有限公司医药原料中间体建设基地及研发中心项目等78个项目落地。储备项目301个。在项目建设上，实施项目服务专员制、重大项目专班制，实行问题销号管理，促进项目快速落地和开工建设。年内200个亿元以上项目实现开复工，总投资2085亿元，完成年度投资357亿元，增长34%。投资360亿元的恒大新能源电池、投资100亿元的万科国际社区、投资50亿元的德生生物医药产业园及投资12亿元的杉杉奥特莱斯等一批重大项目实现开工建设，瑞士布克哈德—远大压缩机项目实现当年开工当年主体竣工，安川电机三期等36个项目竣工投产，西部环境垃圾焚烧发电项目并网发电。

国资国企改革。“管委会+平台公司”模式运行良好，沈阳中德园开发建设集团有限公司、中德（沈阳）国际产业投资发展集团有限公司市场化改革取得扎实成效。“中德开”完成产值21.2亿元，投资76.8亿元的PPP基础设施工程开工建设。“中德发”两家融资租赁公司完成富创科技等13个项目投放，累计投放资金2.5亿元。北方重工集团完成混合所有制改革，生产经营形势好转。沈鼓集团综合性改革不断深化，机床集团完成与中国通用技术集团的战略重组。国有企业退休职工社会化移交工作正式启动。完成125户厂办大集体改革和61户僵尸企业处置阶段性任务。

科技创新。组建中德（沈阳）高端装备制造创新委员会，搭建智库咨询、对外合作、学习分享、解决实施和产业发展等5个平台，推动与德国工业4.0对接。由科技部和驻德大使馆共同推动的德中研发创新联盟挂牌成立，清华紫光云创新中心签约落地，大连理工大学军民融合铁西研究院入驻9个研发团队，被认定为市级新型研发机构。东北大学新材料研究院和智能制造研究院运营良好。承办中国工业互联网全球峰会平行论坛。成立中德园知识产权仲裁院，知识产权保护力度不断加大。新增市级创新创业载体10万平方米。全区新增高新技术企业80户、科技小巨人企业11户、瞪羚企业6户。

经济合作。举办“中德（沈阳）高端装备制造高峰论坛暨创新委员会成立大会”，积极推动中德（沈阳）高端装备制造创新委员会纳入中德两国副部级会议磋商机制。建设德国海德堡、瑞典韦斯特罗斯、日本、深圳离岸创新中心，入驻企业22户，对接外资企业125户。成立市总商会德国海外联络处，开展中德专家及企业家交流对话等活动。中国（辽宁）中东欧16国国家馆平台启动建设。制度性举办“德国铁西日”“德国企业沈阳行”等经贸交流活动。全年完成出口总额98亿元。大力发展“飞地经济”，与北京经开区签署战略合作协议，互派优秀干部挂职锻炼。利用辽宁——北京招商推介会、铁西北京企业恳谈会等契机，推进京沈合作项目26个，总投资额308亿元。沈阳中关村创新中心即将投入运营，20余户科技企业入驻。深入开展与辽中区、阜蒙县等地对接合作，首个循环经济工业项目在辽中区落地。

城建与管理。投资36.5亿元，全力推进华晨宝马新工厂能源供给、基础设施、公共服务等配套工程，59项工程按时间节点顺利推进。地铁三号线开工，大堤路快速路工程稳步推进。化工大学地下人行通道投入使用。铁西新城综合管廊一、二期工程建设基本完成。66千伏德胜变电站扩建工程投入运行，66千伏赵家变电站工程主体完工。大伙房水库输水工程一、二配水厂竣工。彰驿、长滩等4座小型污水处理厂投入使用。圆满完成中央环保督察“回头看”交办案件办理工作。开发区生态工业示范园区通过复审。深入开展“抗霾攻坚”，建立散煤替代、扬尘污染管控等领域综合整治长效机制，持续加大“散乱污”企业整治力度，PM10、二氧化硫等减排指标顺利完成。强力推进水污染治理，全面落实“河长制”，启动浑河岸滩综合治理工程及细河水系综合治理工程，浑河、细河生态封育及湿地建设等重点工程主体全部完成。深入实施土壤环境治理，对老旧企业升级改造实施环境风险管控，稳步推进沈阳化工厂等污染场地治理，区域生态环境持续好转。不断巩固扩大“创卫”成果，深入实施“5+1”管理模式，持续完善以“网格化”“五长制”为基础的创卫常态长效管理，市容市貌进一步改善。深入实施垃圾分类，扎实推进环保屋、垃圾箱等设施建设，完善垃圾清运体系，59个达标片区、7个示范片区居民垃圾分类覆盖率达到100%。规范马路市场管理，开展占道经营、流动商贩等专项整治。顺利通过全国文明城市复检。创卫工作在全市综合排名中位居第一。深入推进“放管服”改革，新设立市场主体7882户，增长24%。强化审批行为规范管理，全面实施“一网、一门、一次”改革，网办率达90%以上。社会投资项目审批时限由75个工作日压缩到50个工作日。设立企业服务中心，构建制度化、规范化企业服务体系。严格执行国家“减税降费”政策，全年累计减税降费32.2亿元，惠及5万户企业和28万自然人。

●相关链接

“5+1”创卫常态长效管理模式：“5”指，一是物业小区、老旧小区日常监管，二是沿街摆卖、门前三包日常监管，三是路长制（五长制）日常监管，四是对环卫专业公司实行全时段、标准化监管，五是农贸市场日常监管；“1”指，志愿者服务长效机制。

“五长制”模式：即路长制、店长制、场长制、楼长制、河长制。为逐步实现城市治理科学化、网格化和常态化，2018年3月，结合国家卫生城市创建工作，铁西区开始探索推行“五长制”模式。

【经开区、中德园合署办公】 9月，经开区与中德园实行合署办公，进行体制机制改革，实施去行政化，剥离社会管理、公共服务职能，组建13个内设机构，聘用132名区内优秀干部和62名国内优秀人才，“档案封存、员额总控、全员聘任、以岗定薪、绩效考核”的人员动态管理模式正式实施，“1+1+1>3”的效应日益凸显。

【离岸创新中心】 6月，举办“中德（沈阳）高端装备制造高峰论坛暨创新委员会成立大会”，积极推动中德（沈阳）高端装备制造创新委员会纳入中德两国副部级会议磋商机制。建设德国海德堡、瑞典韦斯特罗斯、日本、深圳离岸创新中心，入驻企业22户，对接外资企业125户。成立市总商会德国海外联络处，开展中德专家及企业家交流对话等活动。

【沈阳·中关村智能制造创新中心揭牌】 12月揭牌。沈阳·中关村智能制造创新中心是沈阳市、铁西区与北京中关村信息谷合作共同打造的首个项目。按照中关村科技创新模式，规划10平方千米，分功能分区域，高标准建设“一中心、一基地、一园区”，即一个沈阳·中关村智能制造创新中心，聚焦发展大信息先进制造、医药健康、新材料等产业；一基地，即建设CID，承载科技成果孵化、转化及科技服务等配套功能；一园区，即建设大信息产业园、医药健康产业园。

（沈阳经开区）

沈阳金融商贸开发区

【概况】 2019年，沈阳金融商贸开发区税收收入实际完成52.9亿元，占全区72.78%；固定资产投资实际完成76亿元，增长23.35%，为年计划107.26%，占全区33.72%；房地产固定资产投资实际完成47.12亿元，占全区35.21%；规模以上工业总产值实际完成23.05亿元，占全区62.3%；建筑业总产值实际完成340.31亿元，占全区91.32%；实际利用外资实际完成1.08亿美元；进口总额实际完成2.59亿元，占全区71.71%，出口总额实际完成14.95亿元，占全区82.98%；限上社会消费品零售总额实际完成130.81亿元，占全区35.36%；限上批发业销售额实际完成4778.8亿元，占全区94.54%，限上零售业销售总额实际完成121.7亿元，占全区29.97%；限上住宿业营业收入实际完成6.5亿元，占全区72.3%；限上餐饮业营业收入实际完成5.06亿元，占全区71.83%；限上其他营利性服务业营业收入实际完成30.9亿元，占全区68.73%。一般公共预算收入完成250310万元，减收3468万元，下降1.4%。剔除减费降费影响金融商贸开发区约2.9亿元税收因素外，一般公共预算收入可比口径增长10%。在2019年1月完成的2018年度沈阳市省级开发区考核中，开发区以5.9平方千米核准区为考核面积，在全市10家省级开发区中名列第2位，位列一等；在5月完成的省商务厅2018年度全省省级以上开发区考核中，以11.9平方千米实际管辖区为考核承接面积，在全省75家省级以上开发区中排名第1位。2019年度沈阳市省级开发区考核完成各项考核数据的报送，以11.9平方千米为考核承接面积，综合得分处于全市领先状态。

金融机构集聚效应明显。开发区拥有金融及金融类机构1395家，其中银行、保险、证券、期货等传统金融机构585家，其他金融类机构810家（银行类机构259家，市级以上分行36家，占全市的64.3%；保险类机构247家，省级以上分公司48家，占全市的70%。证券类机构66家，分公司以上15家，占全市的58%。期货类机构13家，市级以上分公司5家，占全市的71%。其他金融类机构（7+4类机构）7类机构（179家）小额贷款公司35家）；拥有辽宁股权交易中心、辽宁金融资产交易中心、沈阳联合产权交易所等8家要素市场，占全市的75%；拥有融资担保公司25家；典当行66家；融资租赁公司47家；商业保理公司4家；区域股权市场1家；资产管理公司1家。4类机构（631家）投资公司619家；信用互助农民合作社5家；各类交易场所7家。2019年，开发区引进金融及金融类机构33家。其中，省市级以上金融机构10家，其他金融类机构23家。2019年度，全区金融业增加值247亿元，增长7.6%；金融从业人员5.7万人，占全市的49.5%；证券交易额、保费收入均占全市的50%左右。

金融创新领域有所突破。借鉴苏州模式经验，将沈阳市综合金融服务平台和企业征信平台落户开发区，助推综合金融服务体系建设，两个平台均搭建完毕。复制上海自贸区的外债宏观审慎政策，外债审慎管理扩面工作取得新进展，推动韩亚银行帮助华晨集团、城市公用集团和金杯车辆制造等企业累计完成30多笔低成本跨境贷款，融资额折合人民币约30亿元，综合年化利率远低于国内商业融资利率，为企业节省融资成本约7000万元。创新开展形式多样的金融活动，通过参与主办金融服务民营企业系列活动，承办亚金协第二届产业金融国际会议大型论坛，组织金融沙龙、银企对接会、金融科技产业培训等方式，推进银企对接融资需求，缓解中小微企业融资难融资贵问题，全年完成各类金融活动12次。

大力发展楼宇经济。全市首个负责楼宇工作的专业部门——开发区楼宇工作办公室，职能并入开发区经发局，全力提高全区商务楼宇的入住率、注册率和纳税贡献率。全年新启动存量楼宇面积35万平方米，其中30栋重点楼宇启动25.87万平方米，入住率提升11%，注册率达到86%，年度税收14亿元。

招商引资助推实体经济发展。全年开发区亿元以上签约项目数44个，实现恒隆等项目增资约1.4亿美元。招商洽谈阿里巴巴的数字产业、携程旅游集散中心等世界500强企业9户，益田集团、首汽租车等国内500强企业20户，开心麻花、香江集团等行业领军企业30余户，实缴5亿元的沈阳市科技融资担保公司、广发证券辽宁分公司等金融类企业10余户。落地各类企业产生区库税收700余万元。

【万科富丽华大厦启动】 富丽华大厦建于1991年6月，占地面积1.45万平方米，建筑面积11.68万平方米，地处沈阳市CBD的核心商圈，东临小北关街，西接沈阳北站，北临北站北出口，南临惠工街。因企业自身资金链断裂等原因，该项目1997年底项目停工。2019年3月，富丽华方缴纳

▶金融商贸开发区鸟瞰

（金融商贸开发区供）

土地增值税和所得税2253万元。2019年4月，沈阳万科富华房地产开发有限公司通过在建工程转让的方式获得富丽华酒店烂尾项目，并完成土地手续，办理土地证，标志富丽华项目正式启动。

【远洋邦邦金融中心启动】 2013年12月，安邦集团通过招拍挂形式，获取沈阳金廊22-1项目，项目包含写字楼、商业、住宅等综合业态，其中商业塔楼1栋（330米），住宅楼7栋（含回迁楼2栋），占地4.2万平方米，容积率14.4；总建筑面积约61万平方米，其中规划写字楼约22万平方米，投资规模约90亿元。2018年2月，由公安部、人民银行、银保监会、证监会等多方参与的接管工作组进驻安邦接管经营，加快推进资产清查、保全及重组等风险处置。同时，经国务院批准，与远洋集团合作共同成立远洋邦邦置业有限公司，负责处置、运营原安邦地产板块的不动产业务。沈河区委区政府成立项目推进工作专班，推行“一个项目、一个领导、一个专班、一个管家、一抓到底”。2019年6月22日，金廊22-1项目即远洋邦邦金融中心的开工仪式举行，标志停滞近6年的国家防范风险的重大项目启动激活。

【美的万德地块启动】 万德地块项目用地面积约2.39万平方米，总建面约24.45万平方米，容积率8.0，商业比35%，包含住宅和办公楼两个部分。其中，住宅部分由超高层构成，房间建筑面积约125—280平方米，采用国际酒店式的全套房设计；办公楼部分建筑面积5.98万平方米，于2008年1月9日被哈尔滨融德商贸有限公司摘牌后，没有开工建设，后经沈河区委区政府全力推动，该项目由美的集团整体收购，得以启动。2019年8月19日，沈河区在闲置11年的美的万德地块项目举行15个重大项目集中开工仪式，标志万德地块的正式启动。（韩　瀚）

【亚金协第二届产业金融国际会议】 8月28—29日在沈阳召开。本次会议的主题为“联通合作 共治共享”。会议由亚洲金融合作协会和沈阳市政府联合主办，由沈阳市金融发展局和沈河区政府（沈阳金融商贸开发区管理委员会）共同承办。金融监管机构、地方政府部门、各驻沈使领馆、境内外金融机构、科研机构、高等院校、企事业机构、产融委成员单位以及媒体代表近200人参加会议，其中境外机构代表30人，驻沈使领馆代表9人。借此次大会契机，沈阳市政府与中国邮政储蓄银行辽宁省分行及辽宁振兴银行分别签署《战略合作协议》和《沈阳综合金融服务平台建设和运营合作协议》，中国建设银行辽宁省分行与辽宁省工信厅、交通银行辽宁省分行与沈阳国际软件园分别签署《推动工业和信息化转型升级和高质量发展战略合作协议》和《战略合作协议》。（市金融局）

【中和资本投资项目】 2019年，中和资本成为沈阳市政府投资引导基金成立的第一支子基金管理人，该基金项目由沈阳盛京金控投资集团有限公司管理，是沈阳市政府投资引导基金进入2.0时代以后注册成立的第一支子基金，规模为3亿元。重点围绕文创，环保科技方面，完成投资“恒实科技”以及“四通新材”等项目共计1亿余元。（韩　瀚）

●小资料

中和资本是中国资本市场最具竞争力的全产业链投资机构之一，以上市公司为中心，已投资近50户上市企业，在全国私募定增排名位列第一。中和资本于2015年设立沈阳市第一支私募股权基金，累计在沈投资6亿元。

沈阳综合保税区

【概况】 2月，沈阳综合保税区桃仙管委会挂牌成立，辽中海关进驻桃仙园区并正式开办业务。区内注册企业666户，在海关备案企业27户，涉及加工贸易、物流仓储、国际贸易、跨境电商等多种业态。民机产业发展初具规模，入驻沈飞民机公司等国内知名航空制造企业。2019年，园区进口商品分类品目50项。国家税务总局沈阳税务局相继批复同意区内沈飞民机等5户企业继续保留一般纳税人资格，为区内重点企业解决增值税抵扣问题，统筹两个市场提供政策保障。

跨境电商业务。日处理能力780万单的公共服务平台、监管中心投入使用，引进200余户跨境电商企业落户园区；6月，开通跨境电商保税备货模式全市首单，累计进境电子清单27813票。

监管服务。对区内飞机行业加工贸易企业实施保税料件行业内调拨便捷监管模式，简化调拨核批手续，缩短办理时间。全年累计受益保税货物货值5490万美元。针对区内航空制造企业试点实施“分类加工”监管模式，大幅降低企业关税成本。

基础设施建设。桃仙河河道改线工程完成设计和地勘招标、多规合一空间协调评审、可研批复、征地组报卷上报、用地预审、规划审批等前置手续。12月初，进场开挖新河道土方。

【综保区原区块二撤区和企业转场完成】 截至9月24日，综保区原区块二（简称“老B区”）老B区23户企业全部完成转场并办结区内海关手续，海关不再对老B区实施海关特殊区域监管政策，老B区海关围网顺利撤除；老B区12户企业顺利转场至桃仙园区，正常开展各项业务。（高天阳）

沈阳高新技术产业开发区

【概况】 沈阳高新技术产业开发区（简称“沈阳高新区”）始建于1988年，1991年经国务院批准成为首批国家级高新技术产业开发区，区域总面积170.3平方千米（含沈阳自贸区22.6平方千米），总人口65万人。位于沈阳市东南部，地处沈阳经济区核心，是连接沈阳与辽宁中部城市群的重要交通枢纽，域内拥有东北最大的航空港——沈阳桃仙国际机场、东北最大的高铁站——沈阳南站；沈大、沈抚、沈丹等6条高速公路贯穿全域；地铁、公交、现代有轨电车无缝对接，形成四通八达的立体交通体系。区内建成国内规模最大、全国领先的地下综合管廊，基础设施配套完备。

沈阳高新区作为国家级高新区，是中国（辽宁）自由贸易试验区沈阳片区核心区、沈大国家自主创新示范区核心区，东北首批国家级区域双创示范基地。重点发展智能制造、新能源汽车、生物医药与健康医疗、体育休闲产业四大主导产业，建成机器人、数字医疗设备、IC装备制造、新能源汽车、智能网联、生物医药、互联网+医疗健康等一批全国重要的高新技术产业化基地和创新型产业集群，培育出东软集团、新松机器人、芯源微电子、拓荆科技、成大生物、美行科技等一批行业领军企业，在众多领域创造多个全国第一，企业品牌度、技术首创性居全国前列。工业机器人产业创新能力和产业规模居全国之首，IC装备产业综合实力位列全国三甲，电子商务基地在全国百家基地综合实力评比中位列第二位。2019年，区内有国家高新技术企业532户，建有国家、省市重点实验室36家、工程技术中心71家，拥有各类孵化器、众创空间等双创载体65个，孵化面积180万平方米，在孵企业3700余户。

改革体制机制。6月，浑南区委印发《沈阳高新技术产业开发区管理委员会内设机构设置方案》《沈阳高新技术产业开发区管理委员会内设机构全员竞争上岗实施方案》的通知，并召开沈阳高新技术产业开发区全员竞争上岗动员大会，通过改革体制机制充分激发和释放区域经济发展活力，提升高新区激情和效率。

举办各类活动。年内，在区内举办“创业中华 振兴辽宁”海外高端人才辽宁行（沈阳）项目推介会、2019京沈对口合作中关村企业沈阳（浑南）行及签约仪式暨第二届京沈科创产业生态共同体峰会、第八届中国创新创业大赛大中小企业融通专业赛（新松专场）暨2019沈阳“智创师”创新创业大赛、2019辽宁瞪羚独角兽企业创新发展峰会等各类活动，建设东北地区科技创新中心和新兴产业发展引领区。

【辽宁·沈阳大众创业万众创新活动周暨“青青汇”启动仪式】 6月13日在沈阳建筑大学举办。由省、市政府主办，浑南区政府承办。启动仪式由市委常委、副市长高伟主持。启动仪式结束后，参会领导参观建筑大学内建筑博物馆、亚洲第一长廊。

【沈阳高新区2019年创新主体奖励大会】 10月29日在浑南区规划展示馆举行。会议发布《沈阳国家高新区关于加快智能制造、新能源汽车、生物医药与健康医疗、体育休闲4个主导产业发展的若干政策措施》，奖励316户企业、445个项目，奖励金额8420万元。

【“辽宁—京津冀招商促进周”项目签约仪式】 11月19日在北京举行。中国铁建东北总部基地项目、“互联网+医疗健康”项目、高氮钢材料及器械产业化项目、中科院医疗器械成果转化基地项目4个项目落户浑南高新区，总投资额52亿元。

【2019京沈对口合作中关村企业沈阳（浑南）行及签约仪式】 11月30日，2019京沈对口合作中关村企业沈阳（浑南）行及签约仪式暨第二届京沈科创产业生态共同体峰会在浑南区召开。北京中关村丰台园管委会、沈阳市科技局、沈阳市对口合作办、浑南区政府、沈阳高新区管委会共同主办。沈阳市相关部门领导、

京沈两地的部分科技企业和双创载体负责人等400余人参加会议。沈阳高新区与中关村相关企业的6个共建项目举行签约仪式，总投资50多亿元，代表京沈对口合作的新成果。会上还举行“京沈合作（北京）离岸创新中心”“京沈合作（沈阳）综合服务中心”项目揭牌仪式。

【沈阳市第一家“企业服务中心”启用】 12月2日沈阳市第一家“企业服务中心”——沈阳高新区、自贸区沈阳片区企业服务中心正式启动运行。原浑南区政务服务中心的19个职能部门涉企审批服务窗口，全部搬迁至新建成的沈阳高新区、自贸区沈阳片区企业服务中心。

【2019辽宁瞪羚独角兽企业创新发展峰会】 12月10日在沈阳高新区东北科技大市场召开。省委、省科技厅、市委、市政府、省内各市科技局、沈大自创区、全省高新区的相关领导，以及瞪羚独角兽企业、创投机构、新闻媒体的200余人参会。2019年，沈阳高新区省级备案潜在独角兽企业1户、种子独角兽1户，占全省三分之一；省级备案瞪羚企业11户，占全市四分之一；省级瞪羚独角兽企业等各类创新主体26家，占全省15%，居全省高新区首位。（沈阳高新区）

二十六、民营经济

综　述

2019年，全市民营经济继续保持稳中有进的良好发展态势。市场主体逐步扩大，全市民营经济市场主体存量达到82.33万户，增长10.8%，占全市市场主体的95.8%。其中，私营企业27.14万户，增长12.1%；个体工商户55.19万户，增长10.2%。社会贡献稳步提升，全市民营经济实现增加值2964.9亿元，增长5.3%，占全市地区生产总值的45.8%；实现税收总收入610.8亿元，增长13.4%，占全市税收收入的49.1%。发展活力不断增强，实现出口总额99.3亿元，增长10.2%；占全市出口总额的32.1%。实现社会消费品零售总额增长2.4%；民间投资增长15.8%。

营商环境持续优化。建立“万人进万企”服务制度，办理企业诉求4674件；清偿政府和国有企业拖欠民营企业、中小企业账款，超额完成省下达偿还50%以上的指标任务；开展民营企业“就业百强、纳税百强、科技创新百强、规模百强”评选表彰活动；开展企业基础设施配套不健全专项整治，办理涉基础设施问题320个；免征减征5项行政事业性收费和4项政府性基金；一般工商业电价、用水工程设计费和监理费下降10%以上。

公共服务体系不断完善。完善融资担保体系，出台《沈阳市促进金融业发展若干政策措施》《沈阳市推进多层次资本市场建设三年行动计划》《沈阳市重构政策性担保体系方案》，在全省率先搭建“一站式”综合金融信息服务平台。启动企业征信平台建设。打造中小企业公共服务体系，有2个平台被评为国家级示范平台，6个平台被评为省级示范平台；全市125个中小企业公共服务示范平台服务企业4万余户，10万余次；44家中小企业创业创新示范基地入驻企业2560户，带动就业人数2万多人。

民营企业活力进一步释放。深入实施“个转企”“小升规”“规升巨”培育行动。推动民营企业创新发展，新增注册科技型中小企业1300户、高新技术企业600户、省级瞪羚企业44户；新增双创载体面积127万平方米，总面积480万平方米，集聚创新创业人员13.5万人；新增省“专精特新”小巨人企业6户，省“专精特新”中小企业29户，省“专精特新”产品44项，新增国家“专精特新”小巨人企业3户，居东北地区首位；3户企业被评为省建立现代企业制度示范企业称号。　（市工信局）

工　业

【概况】　2019年，全市民营第

二产业实现增加值697.3亿元，增长2.2%，占全市第二产业的32%。新兴产业重点领域加速成长，新能源汽车产业成长壮大，投资1200亿元的沈阳恒大新能源科技有限公司新能源整车、电池、轮毂电机三大基地落地建设，沈阳华晨雷诺金杯汽车公司F70等新能源汽车整车上市销售。生物医药产业利润增长超过40%，销售利润率超过20%，高于其他产业10个百分点以上；北方生物医药科技园、东软健康医疗产业园、光明小镇等项目加快建设。成立总规模15亿元的沈阳中钛新材料应用产业投资基金，强化钛产业发展支撑能力。加大新材料产品研发力度，航空发动机和燃气轮机叶片、钛合金焊管带、TC4板材和TA15棒材、钛合金支臂和钛合金铰链、钛合金薄壁型材、钛合金高压气瓶、钛合金装甲板和履带、锆无氧铜锻饼、环保彩砂耐候涂料等一批新材料产品相继问市。

制造业发展质量明显提升。以工业供给侧结构性改革为重点，着力提升制造业投资，全年制造业投资增长18.8%。提升企业研发能力，加大新产品研发力度，新增市级以上企业技术中心17家，全市企业技术中心达303家；210个创新项目列入省企业技术创新重点项目。培育壮大特色产业集群，机器人及智能制造产业集群成为省内唯一入选的国家先进制造业产业集群。沈阳北方重工集团有限公司国内首台应用于煤矿岩巷施工的全断面掘进机“新矿1号”下线生产、沈阳特变电工沈阳变压器集团公司1100千伏电容设备及应用获中国机械工业科学技术一等奖。“两化”持续深度融合，沈阳格微软件有限责任公司成为工信部制造业融合发展试点示范。工业设计发展实现突破，沈阳零加壹设计有限公司等4户企业获批省级工业设计中心，沈阳创新设计服务有限公司电解液加工中心等7项产品被评为省级工业设计示范产品。制造业企业精益管理水平显著提升，通过组织精益培训45期、培训2481人次，实施精益咨询项目73个，培训人员和咨询项目数量分别为上年的2.4倍和2.6倍，全市实施精益管理制造业企业达101户。

工业企业发展环境不断优化。优化服务，着力帮助企业解决问题、降低成本，提升企业获得感。全年为企业解决问题诉求820余项，其中工业企业基础设施配套问题320项。开展惠企对接活动80余次、政策宣讲30余场，组织召开“重点工业企业资金需求政银企对接会”，6家金融机构、50余户企业参与对接；组织融资服务机构进县区3次，为近100户企业开展融资服务，完成融资500万元，推动“助保贷”融资1365万元；组织“一对一”银企对接50余次，为企业融资300万元。组织召开沈阳北方重工集团有限公司产品配套采购交流会，沈阳经济区内57户企业参会；举办工业设计校企对接、服务对接等活动8场，达成合作成果30余项，为企业创造价值5000余万元。（市工信局）

商贸

【概况】 2019年，市商务局充分利用网站、微信公众号等媒介平台及“万人进万企”的工作机制，定期发布上级商贸流通、外资外经等方面的最新优惠政策措施，为企业提供及时、有效的政策解读。根据工作实际，有针对性地定期深入企业走访调研，重点抓好商贸流通限上企业运行调度。指导商场超市、餐饮和汽车销售等商贸流通企业开展丰富多彩的促销活动，繁荣市场发展，激发消费活力。加大“走出去”步伐，对外经济技术合作不断加深，搭建“走出去”信息、交流、金融、培训服务平台，持续优化企业“走出去”服务。

（杨　野）

二十七、经济合作交流

沈阳经济区

【概况】 2019年，沈阳市按照省委、省政府的战略部署，深入实施沈阳经济区发展战略，加强沈阳市东北创新中心、区域金融中心、东北人才中心、东北亚物流中心建设，着力培育沈阳经济区连接、聚合、扩散能力，坚持资源共享、优势互补、互利共赢，推进沈阳经济区一体化发展。沈阳经济区地区生产总值10674.8亿元，占全省42.9%，增长3.8%；规模以上工业增加值增长2.2%；固定资产投资增长9.5%；一般公共预算收入1121.6亿元，增长0.7%。

加强协调联动，完善工作推进机制。强化顶层会商，沈阳市委、市政府主要领导7月先后专程赴本溪、鞍山、辽阳、抚顺、沈抚新区就推进沈阳经济区一体化合作开展深入对接，进一步达成多项共识。市政府先后召开12次沈阳经济区5城市工作调度交流会议，统筹抓好各项任务落地落实。落实产业发展、公共服务、基础设施、生态环保等领域的31项工作事项和59个项目。细化工作体系，全面落实《沈阳经济区一体化发展推进机制》要求，共同制定《关于成立沈阳经济区一体化发展联合办公室的工作方案》《关于建立沈阳经济区一体化发展联席会议的工作方案》，成立沈阳经济区一体化联合工作办公室。

开展务实合作，确保工作有序推进。进一步加强规划引领和政策支持，组织沈阳经济区各市共同编制《沈阳经济区一体化发展战略规划》。共同参与组建沈阳经济区产业投资基金，各市完成出资流程。进一步推进多领域对接合作，共同推进汽车、装备制造、航空、机器人等产业一体化发展；推进人才、教育、医疗、养老等方面的公共服务一体化；推进沈抚二号路延长线、地铁九号线延长线等基础设施一体化；推进区域大气污染、水环境联防联控等生态环保一体化。同时，共同推进协同创新、对外开放等方面的合作。

放大溢出效应，加快建设“四个中心”。推进东北创新中心建设。全市高新技术企业1836户、科技型中小企业3070户；共建沈阳科技创新条件平台，全面升级东北科技大市场，沈阳经济区科技成果转化达2001项。推进区域金融中心建设，完善沈阳金融服务体系，加快沈阳市综合金融服务平台、企业征信平台建设，为沈阳经济区城市各类企业提供金融服务，推动盛京银行鞍山分行与鞍山银行联合开展同业授信业务，在鞍山各区域设立支行。推进东北人才中心建设，加大招才引智力度，全市新增院士

3人，千人计划9人，万人计划20人。新认定高层次人才894人，吸引储备大学生13.1万人。共建统一人力资源信息共享交流平台，开展线上线下招聘会，举办4场“2019沈阳经济区人才招聘会”。推进东北亚物流中心建设，以招商局集团沈阳港多式联运中心项目为平台，连接鞍山西柳国际物流园、抚顺石化物流基地、本溪钢铁物流园、辽阳佟二堡皮草交易市场等重要物流节点，共同打造覆盖东北亚的现代物流网络体系。年内开展选址工作，编制建设方案。

【沈阳经济区一体化发展工作会议（联席会议）第一次会议】 12月26日召开。省委副书记周波主持。会议听取沈阳经济区一体化工作进展情况汇报，研究部署下一步工作。省委常委、沈阳市委书记张雷出席会议。会议强调，要认真贯彻落实习近平总书记重要讲话和指示批示精神，贯彻落实中央《关于支持东北地区深化改革创新推进高质量发展的意见》精神，出台《沈阳经济区一体化发展战略规划》，认真抓好组织实施。会议同时议定11条具体举措。

【沈阳经济区产业基金】 2019年，为落实《沈阳经济区建设发展三年攻坚计划（2018—2020年）》要求，省发改委牵头、经济区各市积极研究推动组建沈阳经济区产业投资基金工作。沈阳经济区产业基金总规模50亿元，一期10亿元，其中，省引导基金出资2亿元。沈阳市出资2亿元，鞍山市出资0.25亿元，抚顺市出资0.1亿元，本溪市出资0.1亿元，辽阳市出资0.25亿元。沈阳经济区一期产业投资基金合伙企业（有限合伙）社会资本出资全部完成，各市出资陆续到位，完成首批项目投资。（市发改委）

经济协作

【概况】 2019年，全市筹划组织围绕京津冀、长江经济带、粤港澳大湾区三个区域开展“走出去”招商活动17次，推进117个重点项目，按项目来源地区划分，京津冀地区项目33个、长三角地区项目46个、珠三角地区项目38个；开展“请进来”招商活动28次，推进118个重点项目。项目重点面向高端装备制造、汽车及零部件、金融服务、新一代信息技术、文化旅游、新能源、新材料、人工智能及战略性新兴产业等领域。5月9日，辽宁省委书记陈求发带队与北京市委书记蔡奇在京开展京沈合作座谈，并举行京沈对口合作对接会暨项目签约仪式，现场签约合作项目14个，签约额417.7亿元。

【京沈对口合作项目签约272亿元】 11月5日，省委常委、沈阳市委书记张雷与北京市政协副主席林抚生一行在沈进行京沈合作座谈，并共同出席京沈对口合作项目签约仪式，现场签约项目13个，其中京沈两地部门合作项目2个，园区共建项目4个，产业投资项目7个，项目涉及科技创新、金融、文化旅游、物流配送、现代农业等领域，签约额272亿元。

【“辽宁—京津冀招商引资促进周”沈阳签约项目18个】 11月18—19日，市委常委、副市长李松林率团在北京市参加省“辽宁—京津冀招商引资促进周”活动，重点面向北京市的大型企业和新兴企业开展“点对点”招商，签约项目18个，签约额约240亿元。其间，洽谈推进项目6个，其中省领导推进项目2个，市领导推进项目4个。（曲晓莉）

国内投资

【概况】 2019年，全市完成内资引进项目294个，到位资金990.86亿元，完成省确定全年任务的110.7%，完成市确定全年任务的106%，增长21.8%。其中，新建项目165个，引进资金503.99亿元，占总额的50.9%，续建项目129个，引进资金486.87亿元，占总额的49.1%。

【重点项目招商】 2019年，筹划组织赴北京、上海、深圳、天津、杭州、苏州等国内重点地区19次招商活动，对接华为、恒大、万达、腾讯、正威、美凯龙、宝能、万科、玖龙、茂业、华强、上汽、中集、华润、协鑫、月星、均胜集团等百余户企业，重点面向高端装备制造、汽车及零部件、金融服务、新一代信息技术、文化旅游、新能源、新材料、人工智能、战略性新兴产业等洽谈推进121个重点项目，其中恒大新能源汽车项目、万科·首府未来城项目、恒大文化旅游城项目、中德国际社区项目等15个项目开工，恒大新能源电池产业园、恒大轮毂电机项目等7个项目注册，红星美凯龙梦享岛海洋公园、万达广场、宝能东北区域总部和智能供应链、恒大室内水上大世界项目等34个项目签约，苏宁国际文创智慧产业小镇项目、蒲河国家级湿地公园、正威国际集团沈阳新动能创新产业园、再生纤维智能制造项目等61个项目在谈，总投资额约5438.5亿元，项目平均落地率18.8%。按对接部门划分，11个项目为市直部门对接项目，106个项目为市商务局跟踪调度项目；按项目来源地区划分，京津冀地区项目33个、长三角地区项目46个、珠三角地区项目38个；按照500强划分，世界500强投资项目34个、中国500强投资项目19个、民营500强投资项目11个。（罗　莎）

京沈对口合作

【概况】 2019年，京沈两市不断完善合作机制，聚焦重点领域，逐项分解任务，细化实化责任，取得一系列突出成果。完善对口合作工作机制，同步制定印发《北京市与沈阳市高层会商方案》及《北京市与沈阳市对口合作2019年工作计划》，两市签订各类合作协议232个。强化项目和市场有效对接，推进落实京沈对口合作产业项目266个，实际完成投资172亿元。推进合作园区共建，形成《京沈对口合作产业园区建设方案》，以沈阳市政府名义发函北京市政府。深化干部人才交流合作，两市互派29名优秀干部挂职交流；医疗卫生全系统派出42人前往北京对口单位进修学习，邀请北京专家到沈40人，远程教学和病例分享14次，参加学习3760余人次。提升公共服务供给能力，沈阳市岐山一校与北京史家胡同小学共同推进合作办学、师资队伍培训和人才培养合作；中国医科大学附属第一医院与中核质子科技发展股份有限公司签署战略合作协议，共建质子治疗中心；市第四人民医院干诊科与北京瀚玮医疗中心建立心电远程会诊合作。学习借鉴政策经验，深化政务服务改革，公安系统44项便民事项实现“一证办理”增加网上办税、移动办税等新平台，全市涉税业务即时办结率93.44%，190个涉税事项实现“最多跑一次”。

【京沈对口合作座谈会】 5月9日在北京召开。北京市委书记蔡奇主持会议，辽宁省委书记陈求发、沈阳市委书记张雷、市长姜有为出席会议。会议提出，进一步在产业项目对接、平台载体建设、城市管理经验借鉴、优质资源共享等方面下功夫，推动京沈对口合作取得更大成效。会后，召开京沈对口合作对接会暨项目签约仪式，盛京水镇、辽宁京沈智创科技城等14个项目现场签约。

【沈阳市北京商会成立】 5月16日在沈正式成立。省市工商联、市委组织部、市委统战部、市发改委、市营商环境局、市民政局、驻京办以及北京全体在沈挂职干部，在沈北京商会全体会员、兄弟商会代表等200余人出席会议。沈阳市北京商会由北京君越体育文化发展有限公司、首钢东北振兴产业基金管理有限公司、五矿地产（沈阳）有限公司、首创置业（沈阳）公司、沈阳京沈总部基地开发建设有限公司、沈阳燕京啤酒有限公司、启迪科技园（沈阳）发起单位发起。商会会长阎儒林；会员企业56户。

【沈阳市高端装备制造业“北京行”产业对接活动】 8月19—21日在北京举行。活动由第二批到沈挂职干部团队总体协调，北京市经济和信息化局、北京经济技术开发区管委会、沈阳市工业和信息化局、沈阳市大数据管理局、沈阳市工商业联合会共同举办。活动组织沈阳企业先后参观北京和利时科技集团有限公司、北京京东方显示技术有限公司等国内行业领军企业，并在北京经济技术开发区管委会召开两市高端装备制造业座谈会。沈阳通用机器人技术股份有限公司、中瑞福宁机器人（沈阳）有限公司、沈阳富创精密设备有限公司、沈阳景宏数控设备有限公司等15户沈阳市高端装备、机器人和IC装备制造企业，同5户北京高端装备企业在座谈会上就产业协同发展进行讨论，寻找合作契机。

【京沈农业合作推介会】 9月19日在沈阳迎宾馆举行。沈阳、北京两地农业主管部门、龙头企业代表等人员参加会议。推介会主要以京沈农业合作对接需求为主，沈阳于洪、辽中、法库等5个县区对各自区域中的主导产业及重点项目进行推介说明。北京的大北农、御食园、京粮集团等20户企业表达寻求对接合作意向。

【北京在沈挂职干部工作座谈会】 11月5日在沈阳召开。北京市政协副主席林抚生出席会议并讲话，沈阳市委常委、组织部部长刘桂香主持会议，沈阳市委常委、副市长范宏利汇报北京在沈挂职干部总体工作情况，沈阳市政协副主席张景辉出席会议。

（市发改委）

对口支援

【概况】 2019年，沈阳市积极开展资金项目、干部人才、产业合作、智力支持等方面援助工作，提高受援地经济和社会发展的内生动力。年内上解和拨付援助资金2.47亿元。其中，援疆资金1.83亿元、援藏资金4583万元、援阜资金1500万元、援三峡库区资金300万元。

高层推动。市委、市政府高度重视对口援助工作，要求各部门（单位）提高政治站位，提早谋划和推动对口支援工作，积极推进对口支援工作。6—9月，市委书记张雷、市长姜有为、市委副书记刘晓东、副市长高伟分别率市党政代表团赴新疆、西藏、三峡库区和省内阜新考察调研对口支援工作，实地察看对口援建项目进展情况，解决援助工作中遇到的实际问题，看望慰问援助干部和各族群众并捐赠慰问金241万元，推动和深化两地的对口援助和交流合作。

民生建设。将援助资金主要用于受援地改善民生的建设项目中，安排对口援助项目38个，使用援助资金2.09亿元。其中，援疆项目19个，使用援疆资金1.03亿元，4个“交钥匙”项目和15个“交支票”项目全部实施，实现项目100%开工。实施援藏项目11个，使用援藏资金8822万元；援阜项目3个，使用援阜资金1500万元；援三峡库区移民工作项目5个，使用援三峡资金300万元。

产业援助。通过深入分析塔城市经济结构和资源禀赋，持续完善产业援疆规划布局，帮助受援地举办沈阳展会、文化经贸活动和组团考察互访等形式，并面向全国精准施策、精准招商。精准施策产业援疆，塔城市巴克图口岸边贸互市及基础设施建设项目投入援疆资金8467万元，重点建设丝路文化商品城及配套设施。推进塔城市丝路创业创新基地、基金产业园、文化产业园、沈阳产业援疆项目基地四位一体园区建设。在沈阳五爱市场、中街建立两个新疆特色产品展示中心，总面积1300余平方米，总投资300余万元，为新疆塔城产品走进沈阳提供载体；制定《利用援疆资金援助塔城市创业创新企业三年行动方案》，投入援疆资金471万元，通过担保公司、银行增加至1000万元，有力支持塔城市创新创业企业发展。结合安多县资源禀赋和区位优势，在高端旅游、物流运输、建筑材料、宾馆餐饮等产业，包装一批招商项目，立足沈阳，面向全国招商引资，促进当地牧民群众就业脱贫，引导沈阳相关企业积极与安多县进行对接，逐步搭建起全方位、多层次、宽领域的经贸交流合作平台，为安多县经济社会可持续发展注入活力。

智力支持。第九批援藏工作队、第五批援疆工作队工作卓有成效，实现制定的各项援助工作目标任务，得到受援地干部群众认可。市援疆工作队参加维护稳定、推动援疆项目建设和产业援疆等工作，并深入基层开展“访汇聚”和“民族团结一家亲”活动，累计组织下沉驻村3次，走访牧民24家、少数民族亲戚80余次、举行民族团结联谊活动1次，与当地群众同吃、同住、同劳动，慰问困难家庭15户，与少数民族结对认亲23家，赠送慰问品百余件；打造沈阳援疆示范村，构建立体式的庭院生产模式，21名援疆干部亲自种植16种蔬菜水果、养殖鸡雏100余只、移植各类果树200余棵，手把手教留守在定居点的老人和妇女发展庭院经济，通过宣传带动，牧民们在自家庭院种植各类蔬菜，改善牧民定居点生产生活习惯。积极开展扶贫济困活动，争取计划外资金和动员沈阳各社会力量参与，为安多县贫困牧民、贫困师生解决危房维修、过冬衣物、学费文具和求医看病等迫在眉睫的问题。援藏干部按照“县级领导实行包乡镇，科级干部实行包村”的要求，分别承担滩堆乡、岗尼乡57户235人的脱贫攻坚任务。按照“县级干部每人3户，科级干部每人2户”的标准，结对认“亲戚”（即贫困户）10户。援藏干部下乡8次，为“亲戚”解决求医、就业等各类问题12个，解答扶贫政策36次。在队内发起募捐活动，全体队员自掏腰包2万余元，直接援助贫困牧民、患病教师11户45人，动员企业和爱心人士等社会力量积极参与援藏工作，沈阳国际纺织服装城等11户企业为扎曲乡小学孩子们捐赠防寒冲锋衣校服等衣物300余件，价值4.5万元。

教育援助。市教育局开展送教送培进藏进疆约70余人次，接收塔城市教师到沈培训100余人次，教育援疆援藏工作取得明显成效。落实国家“万名教师支教计划”，选派30名援藏援疆教师，其中，援藏教师5人，援疆教师25人。开展送培进疆（藏）活动，组织选派幼儿园、小学、初中、高中4个学段56名种子教师赴沈阳参加首席教师工作室跟岗实践培训，持续提高塔城市种子教科研能力；组织塔城市教育系统40名中小学德育副校长、德育主任、思政骨干教师代表赴沈参加为期2周的研修班培训，全面提升德育工作管理人员的管理水平及思政教师的教育教学理念，有效地帮助他们在德育教育、班级管理中拓宽思路、更新观念并提高思政课教学水平；选派教育专家16人到塔城开展“送教进塔”活动，持续助力中高考成绩提升；实施援疆资金资助内地普通高校塔城籍学生补助项目，补助贫困大学生200人，发放补贴120万元，解决学生家庭的困难；援疆投入100万元为塔城市教育建设直录播课堂4套，教育信息化平台1套，助力塔城市教育信息化发展。组织13名教师组成教育团队，赴安多县开展送教进藏及学校“手拉手”活动，沈阳市教育专家、技术专家、优秀校长、名优教师分类别、学段、学科到安多县中小学、幼儿园开展专题讲座2场，听评课7节，示范课3节，座谈研讨6次，特别是安多县中学与165中学完成“空中课堂”对接活动，为两地学校有效开展“空中课堂”提供可行的范式。援藏教师结合内地先进教学经验，为安多县当地教师开展学校集体教研活动、青年教师系列培训、上示范课等，参与听课312节次，示范课25节次，教研活动21次，开展青年教师系列培训12次，提出可行性建议30条。

医疗援建。对接沈塔两地卫生医疗部门高层次合作交流，形成新的卫生医疗援疆方案，为全方位援建塔城卫生医疗系统奠定基础。推进塔城新区医院建设，投入6000万元建设塔城市人民医院南区新址住院部项目全部完工，改善塔城市医疗环境，提高医疗水平及解决人民群众看病难问题；推动沈塔两地医疗卫生部门交流互访，并签署对口援助协议，设立“沈阳市塔城医院”“沈阳市卫健委协作单位”；组织16名医疗人才赴塔城市开展三个月和一年的“组团式”医疗援疆，累计治疗门诊病人1939余人次、手术388余例，实现“组团式”医疗援疆全面升级；实施医疗人才到内地培训项目，52名医护人员到沈交流培训，持续提高塔城医技人员能力；组织医疗系统14名专家赴塔城进行教学指导，入疆后治疗门诊病人1047人次、院内会诊321人次、手术121例，3项新技术填补塔城市医疗技术空白。组织业务知识培训12次，全面提升塔城市染病防治、妇幼服务水平。充分发挥援藏医生的作用，广泛开展培训活动，利用互联网技术，积极开展远程医疗，促进医疗资源共享。援藏医生举办医疗培训班，提高安多县医护人员的理论和技术水平。主动参加13个乡镇义诊、送药活动，义诊人数2500余人次，参与敬老院群众义诊500人次。帮助安多县开展健康体检工作，为安多县僧尼体检1600余人次，建档立卡贫困户群众免费健康体检工作1万余人，孕妇健康体检900余人次，帮助建立规范化健康体检档案2万余份，使安多县健康体检工作得到规范化、高效化。

交流交往。组织塔城市企业参加沈阳市国际农业博览会、特色农产品推介会，组织塔城市18户企业，86种农产品参加沈阳市第十八届国际农业博览会，展会期间塔城市特色农产品得到沈阳百姓好评，持续为塔城企业走出新疆做好铺垫、打好基础；组织塔城市青少年足球队参加“和平杯”世界青少年足球赛，3支队伍参加比赛并取得优秀成绩；支持沈塔两地小学生暑期“手拉手”活动，103名塔城市中小学生赴沈开展交流活动，60名沈阳市中小学生赴塔城市开展“夏令营”活动；举办沈塔手风琴文化交流活动，与沈阳音乐学院签署合作协议，支持塔城举办手风琴艺术节，邀请中国著名手风琴演奏家曹野开展手风琴名家进校园、千里走边防慰问演出、手风琴专场音乐会等多项活动，组织塔城市手风琴教师赴沈阳音乐学院进修培训。深化沈阳13个区县（市）与安多县13个乡镇结对帮扶工作，使受援地生产生活条件得到更大改善，城乡基本公共服务水平得到更大提升。浑南区政协与安多县政协签订缔结友好关系的协议；市第一六五中学与安多县中学结成“手拉手”学校；安多县完小与南京一校心手相牵，结为友好合作学校，并捐赠安多县完小1万册图书和1000册刊物；法库县教育局与安多县教体局签订对口帮扶合作协议；铁西区与扎曲乡就援建项目（扎曲乡群众服务中心改造项目）达成共识，到位援建资金30万元；初步为那曲籍大学毕业生在沈阳提供就业岗位30个。加强干部人才培训，提升受援地基层干部综合素质，组织忠县县管副职干部近60人到沈考察学习，达到预期效果。

典型宣传。加强援疆工作典型人、典型事的宣传、树立和挖掘。编发援疆信息37条，印发简报34期，出版杂志1期，播报电视新闻9次，制作专题影片3期，发表报刊稿件5篇，上传微信公众号26期，组织《沈阳对口援疆工作纪实》系统宣传8期，发布网络信息126条，充实完善沈阳援疆展室、文化展示室、创新创业基地产业援疆宣传阵地，全方位宣传沈阳援疆工作。

【组织安多县参加辽沈农博会】9月，组织安多县特色农牧产品到沈参加第11届辽宁国际农业博览会暨第19届沈阳国际农业博览会。安多国家地理标志保护品种“多玛绵羊”肉获食品类金奖，实现安多特色农牧产品走出藏北高原，投向内地市场的历史性突破，为安多县巩固脱贫攻坚成果，稳步提高牧民收入提供新思路。

【丝路文化商品城建成运营】2019年，为推动塔城市巴克图口岸边贸互市及基础设施建设，年内建成丝路文化商品城，引入五爱集团、佟二堡、西柳、南台等大型市场入驻，开展12次双向招商活动，139人次参加，签订合作意向书40余份，经营面积招商率100%。商品城6月正式运营，投入运营后边民互市贸易总额3000余万元，平均每月接待中哈边民及游客5万余人，推动塔城外向型经济的发展。

（市发改委）

二十八、教　育

综　述

2019年，全市有各级各类学校2315所，在校生167.1万人，在职专任教师9.9万人。其中，幼儿园1527所、小学279所、初中216所、工读学校1所、特殊教育学校18所、高中87所、中等职业学校（机构）104所、高等教育机构83所。学前三年毛入学率96.8%，小学学龄人口毛入学率119.9%，初中毕业生升学率116.9%，高中阶段毛入学率126.3%。

学前教育优质普惠水平大幅提升。扎实推进城镇小区配套幼儿园治理工作，落实学前教育奖补政策，指导区县（市）按计划完成学前教育奖补和普惠性民办幼儿园认定与管理工作。开展无证幼儿园的摸底排查，研究起草学前儿童看护点管理指导意见。召开全市幼小衔接工作专题研讨会，确定12所幼小衔接试点园。以“科学做好入学准备”为主题，开展学前教育宣传月活动，惠及家长10万余人次。深入实施学前教育区域帮扶行动，开展专题讲座103场，跟岗培训87次。

义务教育优质均衡发展迈上新台阶。实现56人以上大班额的归零，提前一年完成国家和省消除大班额的工作目标任务。保障适龄儿童免试就近入学，继续将“根治择校”作为沈阳市2019年招生工作的基本原则。进一步加强控辍保学，健全联控联保机制，联合13部门出台《进一步加强控辍保学提高义务教育巩固水平的通知》。稳步推进弹性离校课后服务工作，11月在教育部举行的“教育奋进看落实”新闻通气会上，沈阳市作弹性离校课后服务工作经验介绍。召开沈阳市促进农村义务教育质量提升暨城乡学校结对共建工作推进会，大力推进集团化办学、区域合作办学，支持城乡间携手发展、推动学校间共同发展，优质教育资源覆盖率达到85%。开展“百万家长进校园 全面开放办学”活动，召开6次市义务教育课改现场会全面深化课程改革，培育精品校本课程23门。进一步加强特殊教育，实现30万人口以上县均建有特殊教育学校的目标。教育部高度肯定沈阳市义务教育工作，副部长郑富芝对此作出专门批示。

普通高中优质特色发展成效显著。持续深入地开展高考改革政策的宣传、解读和培训工作，新建成储物箱1.6万个，高一教学资源库基础建设基本完成，开展新高考年级学科骨干教师教材与课标培训。开展普通高中“四校一社”建设工作，创建10所优质化高中、20所优质特色高中、40个优秀社团。开展第二届沈阳市精品校本选修课程评选工作，30门课程入选精品课程（10门课程获一等奖，20门课程获二等奖）。召开学生发展指导工作经验交流培训会，学生发展指导制度进一步健全。

职业教育优质融合发展深入推进。成立大国工匠职教联盟和中德（沈阳）高端装备制造产业园产教合作联盟，牵头组建辽宁省中职校际联盟，集群发展优势更加明显。推动沈阳市艺术幼儿学校升格，4所学校成为省第二批现代学徒制试点学校，3所学校成功申报国家"首批1+X证书制度试点院校"。校企合作取得新突破，新增德科斯米尔集团、广汽本田汽车公司、海尔集团、国际金钥匙学院等合作伙伴，宝马订单班1500名招生任务全面完成。中职学校招生2.7万人，完成招生计划94.7%。沈阳职业院校技能大赛成功举办，沈阳经济区8城市5户企业、57所职业院校、1399名师生参与81个项目比赛。全国职业院校技能大赛获3金、2银、10铜佳绩，世界级比赛获37个奖项。成立全市睦邻学习点联盟组织，培育形成近300个睦邻学习实验点。

市属高校内涵式发展明显提速。支持市属高校重点专业建设，6个专业入选省一流本科教育示范专业。推进市属高校开展所属企业体制改革，推进沈阳医学院开展以事前产权激励为核心的职务科技成果权属混合所有制改革。组织在沈高校围绕创新活力、政府决策、内涵发展、民生发展4类开展立项研究。

（李　剑）

2019—2020学年度沈阳市各级各类学校（机构）基本情况

表21

单位：所、人

	学校（园）数	毕业生数	招生数	在校生数	教职工数	
					计	专任教师
总计	2315	416247	521318	1670655	141145	99132
高等教育机构	83	184427	259193	709512	43193	26895
中等职业学校	104	24813	27051	78590	7302	5129
普通高中	87	35213	36596	105069	11818	10091
初中	216	54429	66582	186376	19730	15985
普通小学	279	66215	75467	404234	26672	23740
工读学校	1	30	40	46	23	23
特殊教育学校	18	381	339	2655	720	492
幼儿园	1527	50739	56050	184173	31687	16777

（市教育局）

学前教育

【概况】 2019年，全市坚持公益、普惠基本原则，扎实推进学前教育事业发展。有各级各类幼儿园1527所，其中公办幼儿园359所；在园儿童约18.4万人，其中公办幼儿园在园儿童占在园儿童总数的35.7%；教职工约3.1万人，专任教师约1.7万人。学前三年毛入园率96.8%。

学前教育顶层设计。在全省率先出台落实《中共中央 国务院关于学前教育深化改革规范发展的实施意见》的政策措施，印发《中共沈阳市委 沈阳市人民政府关于学前教育深化改革规范发展的实施意见》，对优化办园结构、完善体制机制、加强幼儿园教师队伍建设、强化规范管理、完善条件保障等方面做出制度性安排，相关做法得到副省长王明玉的批示，提出沈阳做法要支持、要关注。

小区配套幼儿园治理。出台《中共沈阳市委教育工作领导小组关于印发沈阳市城镇小区配套幼儿园治理工作方案的通知》《沈阳市教育局等七部门关于做好城镇小区配套幼儿园治理工作的实施意见》，建立联合办公室联席会议制度。市教育局会同市城乡建设局等成员单位，组织指导各区县（市）深入开展小区配套园摸底排查和全面整治工作。

办园质量。印发《关于破格晋升四星级以上幼儿园申报条件的通知》，继续开展幼儿园评估定级工作，沈阳市五星级幼儿园数量达到141所，位居全省首位。确定12所“幼小衔接”试点园，召开全市“幼小衔接”工作专题研讨会，进一步推进科学做好幼小衔接工作。

城乡均衡发展。开展“半日活动”观摩拉练活动，全市开放幼儿园72所，约5000名幼儿教师参加观摩活动，搭建区域和幼儿园间相互交流学习的平台。

队伍建设。召开全市学前教育行政管理人员培训会，进一步提升行政管理人员依法治教水平。与市人民检察院共同在全市范围内开展幼儿教师法治教育活动，对近9000名幼儿园园长和教师进行法治教育，举办专题法治讲座43场，集中宣传教育334次。学前教育系统评选出教育专家1名、首席教师1名、优秀校长7名、优秀教师14名、优秀教育工作者1名。

▶教育部专家组到沈调研指导幼儿园“小学化”专项治理工作　（市教育局供）

【学前教育区域帮扶活动】 4月下发《关于做好2019年学前教育区域帮扶工作的通知》，明确对接区县和工作要求，和平区帮扶康平县、沈河区帮扶法库县、大东区帮扶新民市、皇姑区帮扶辽中区。通过开展专题讲座、送教下乡、跟岗培训等方式帮助提高管理水平、提升教师队伍素质、挖掘办园特色。对接帮扶区县开展专题讲座103场，送教下乡32次，跟岗培训87次，有效促进学前教育城乡协调发展。

【学前教育宣传月】 5月20日至6月20日，以“科学做好入学准备”为主题，全市市、区两级联动开展一系列学前教育宣传月活动，惠及万余人次。沈阳市作为全国学前教育宣传月活动分会场，六一儿童节当天，在奥林匹克公园广场举行启动仪式，除主会场外，全市同时设立12个分会场同步进行多种形式的集中宣传活动，共同营造良好的社会宣传氛围。

【沈阳市幼儿园规范管理现场会】 12月11日在大东区教育局小北幼儿园召开，对进一步加强幼儿园规范管理提出具体要求，强化依法办园、依法治教的责任感和使命感。加强幼儿园安全制度建设，完善安保机制，及时排查安全隐患。各区县（市）教育局主管局长、科长以及幼儿园园长代表约120人参加。

【普惠性幼儿园在园儿童占比80%】 完善学前教育奖补政策，鼓励、引导和支持民办幼儿园面向社会提供公益性、普惠性的学前教育服务，进一步扩大普惠性学前教育资源覆盖面。2019年，全市普惠性幼儿园1130所，普惠性幼儿园在园儿童占比达到80%。　（段志慧）

义务教育

【概况】 2019年，全市有义务教育阶段学校495所，其中初中216所（含112所九年一贯制学校），小学279所，工读学校1所，特殊教育学校17所。在校生59.1万人（初中、小学）。教职工4.6万人（初中、小学）。小学学龄人口毛入学率119.9%，初中学龄人口毛入学率113.6%，初中在校生年度保留率100.1%。

城乡义务教育一体化。以市政府办公室名义印发《推进城乡义务教育一体化优质均衡发展的行动计划》，出台《市教育局等13部门关于进一步加强控辍保学提高义务教育巩固水平的通知》。3月，召开全市促进农村义务教育质量提升暨城乡学校结对共建工作推进会。全面完成大班额消除任务，提前1年达到国家和省确定的工作目标。

学校管理。以视导为抓手，印发视导工作通知及《评估细则》，开展2019年度义务教育学校管理标准达标示范校创建专项视导工作。精选62名视导员组建10个视导组，其中小学5组、初中3组、九年一贯制2组，召开视导部署会及视导前培训会。视导组听课860余节，随机问询900余人次，电话访问1500余人次，座谈900余人次。全年被视导的79所义务教育学校中有78所学校达标并通过市级验收，有60所学校被命名为“沈阳市《义务教育学校管理标准》达标示范学校”。

中小学招生入学。印发2019年中小学招生工作方案，在主流媒体进行政策解读；继续将“根治择校”作为招生工作基本原则，巩固“择校”治理成果。8月16日，向社会统一公布13个区县（市）的学区划分方案。完成全市义务教育学校阳光分班工作。

减负提质。深入落实“减负提质”20条，将重要工作要求纳入义务教育一体化优质均衡发展行动计划。10月，省教育厅在沈阳市召开辽宁省推进义务教育“减负提质”暨集团化办学模式改革现场会，宣传推广沈阳市经验。

教辅教材管理。出台《沈阳市教育局关于调整中小学教材教辅管理领导小组等机构组成人员的通知》，完善沈阳市教材教辅选用征订工作管理架构，提升管理效能。召开教材教辅征订工作会议，完成本年度义务教育免费教科书循环使用的管理工作，以及免费教科书发放的调剂和补充工作。接待教育部教材局工作组回访中小学道德与法治（思政）、语文和历史学科统编教材使用情况。

【中小学戏曲进校园系列活动】 3月，确定东北育才学校等37所在戏曲进校园工作方面有良好基础、积极意愿的中小学校，于春季开学前全部完成与市委宣传部组建的“沈阳市戏曲专家库”的33名专家的对接工作，充分发挥戏曲专家作用，做好学校戏曲社团建设，让孩子们了解戏曲，喜爱戏曲。年内，累计开展活动400余次，受益学生人数1200余人。同时，组织开展15场“戏曲动漫进校园”主题活动和10场“戏曲名家大讲堂”主题活动。

【国家第六届中小学艺术展演】 在广泛开展市、区、校三级艺术展演活动基础上，遴选出代表沈阳市最高水平的优秀节目及作品参加省及国家第六届中小学生艺术展演活动。4月，在国家艺术展演现场展示过程中，沈阳市在艺术表演类节目、学生艺术作品、学生艺术实践工作坊、中小学美育改革创新案例四大版块的评选中获得佳绩。有6个艺术表演类节目、3件艺术作品、3个学生艺术实践工作坊、3例中小学美育改革创新案例代表辽宁省参加国家展演活动，获8个一等奖、4个二等奖、3个三等奖，2个优秀创作奖，3个优秀组织奖。（于晓晶）

【沈阳市义务教育课程改革】 4—7月，在义务教育学校举办6场全市课程改革现场会，1200余名校长及骨干教师参与受益。遴选出2019年市级课程改革基地学校30所，市级课程改革先进校21所。制定《关于印发沈阳市义务教育精品校本课程评价指南（试行）的通知》《关于开展义务教育精品校本课程评选活动的通知》等文件，遴选23门课程为2019年沈阳市义务教育精品校本课程。（陆奕宏）

【市级美育特色校评选】 6—7月，沈阳市组织开展2019年沈阳市级美育特色校评选工作，召开沈阳市中小学美育特色校现场申报评选会，采取现场陈述及答辩形式进行，经专家评选确定沈阳市外国语学校等27所学校为沈阳市级美育特色学校。（于晓晶）

【全面开放办学活动】 上半年，开展中小学课堂教学开放活动，下半年制发《关于开展百万家长进校园全面开放办学活动的通知》，将开放课堂、讲堂、食堂等“六开放四展示”作为规定动作，全面升级课堂教学开放活动，通过市政府新闻发布会向社会进行全面宣传和解读。无记名网络问卷显示，下半年19.7万余名家长及社会各界人士参加开放办学活动，满意度达98.3%。

（陆奕宏）

【沈阳市获市级校园足球优秀单位称号】 截至2019年，沈阳市有184所中小学校被教育部命名为“全国青少年校园足球特色学校”，有40所幼儿园被教育部命名首批“足球特色幼儿园”，和平区和法库县被教育部列入校园足球“满天星”训练营名单。2019年，沈阳市承办由省教育厅和省体育局主办的全省青少年校园足球工作总结大会，沈阳市获市级校园足球优秀单位称号，和平区和法库县获评县（区）级校园足球优秀单位称号，和平区南京一校等8所学校获评校园足球优秀特色学校称号。

【校园冰雪运动】 2019年，沈阳市有15所学校被教育部命名为首批全国青少年校园冰雪运动特色学校，有7所学校被命名为2022年北京冬奥会和冬残奥会奥林匹克教育示范学校。市教育局联合市体育局命名15所第二批“冰雪进校园”活动试点学校，并继续开展中小学生免费上冰雪活动，有1.5万名中小学生参与免费上冰雪活动。

【全市中小学校均确定特色艺术项目】 2019年，沈阳市全面启动学校特色艺术项目建设工作，以学校为建设主体，每所学校均申报一个特色项目，确保“一校一品”，鼓励“一校多品”。全市中小学校已经确定特色项目，并完成申报工作。 （于晓晶）

▶举办百万家长进校园全面开放办学活动 （市教育局供）

普通高中教育

【概况】 2019年，全市普通高中教育紧密围绕高考综合改革，营造规范有序发展环境，全力推动普通高中优质、特色、多样发展。全市有普通高中87所，在校生10.5万人，教职工1.2万人，其中专任教师1万人，普通高中招生3.7万人，比上年增加3390人。

普通高中发展顶层设计。研究制定《开展普通高中“四校一社”建设工作意见的通知》，紧密围绕高考综合改革，对沈阳市普通高中未来三到五年的发展做好顶层设计，统领全市高考综合改革实践工作。明确沈阳市将通过三到五年的努力，建成一批内涵更加丰富、质量更有保证、社会认可度更高的优质示范性普通高中、优质特色普通高中、普通高中教育教学改革典型校、普通高中学生发展指导典型校和普通高中优秀学生社团，全面实现沈阳市普通高中优质、特色、多样发展。

高考综合改革政策宣传。在全市范围持续深入开展高考改革政策的宣传、解读和培训工作。按照省教育厅统一政策解读读本，指导全市各区县（市）80所普通高中对教师进行全员培训；对学生家长进行培训；对所有学生开展政策宣传、解释。做到全方位无死角的宣传、培训，保障高考综合改革平稳顺利实施。

学生发展指导。从强化学生思想品德、学业水平、身心健康、艺术素养和社会实践等方面的指导入手，推进学校组建学生发展专职指导教师团队，建立学生发展指导制度，并将学生发展指导课纳入课程计划，开展专职指导教师专题培训。全年培训校长教师560余人次。研究制定《沈阳市普通高中学生社团活动指导意见》和《普通高中优秀社团评分细则》，学生社团建设有明确指导与标准，实现规范化，并开始向专业化迈进。全年，全市59所学校的59个社团申报优秀社团，42个社团获评沈阳市优秀学生社团。

学籍管理。进一步规范全市普通高中学籍管理工作。截至年末，办理普通高中学籍异动业务2218件，其中休学338人，复学361人，转学606人，退学913人。6月，组织全市77所普通高中进行毕业证书发放工作，发放毕业证书3.3万个。9—12月，为全市79所普通高中共3.5万人注册学籍。

【10所学校通过优质化普通高中评估验收】 3月，印发《关于开展2019年沈阳市优质化普通高中评估验收工作的通知》，全市有15所学校申报优质化高中评估验收。4月，组成专家组深入学校对申报学校进行调研指导，提出需要改进的问题。10月，组成评估验收专家组对申报的15所学校进行实地评估。沈阳市共青团实验中学等10所学校通过优质化普通高中评估验收。

【普通高中优质特色建设】 6月，研究制定《沈阳市普通高中优质特色创建工作计划（2019—2022年）》，“四校一社”率先启动优质特色普通高中建设，东北育才学校等20所学校达到评估验收标准，成为沈阳市首批优质特色高中。市第五中学和第一二〇中学通过省级特色高中评估验收，沈阳市省级特色高中达到4所。沈阳市矿务局高中通过省级示范高中评估验收，沈阳市省级示范高中达到31所，优质教育资源占比进一步提升。（陈　馨）

特殊教育

【概况】 2019年，全市有特殊教育学校17所，其中培智类特教学校5所、聋校3所、盲校1所、综合类特教学校8所。儿童福利院1所。学校（园）分布在13个区县（市）。特教学校有教职工720人，其中专任教师492人；在校生2655人，毕业生381人，招生339人。全市普通学校随班就读学生1044人。全市送教上门学生461人。于洪区、沈北新区完成特教学校建设任务并开始招生，秋季学期顺利开学。沈阳市实现30万人口以上县均建有特殊教育学校的目标。对因各种原因确实不能到学校接受教育、具有一定接受教育能力的义务教育阶段6—15周岁重度残疾儿童少年送教上门。送教上门以家庭自愿、协商一致、定期入户、量身定制、免费教育为原则，有效保障残疾儿童少年都能接受义务教育。

教师队伍素质建设。将特殊教育教师队伍建设纳入全市教师队伍建设之中，实施特殊教育教师全员培训。新增省级特殊教育骨干教师2人，市级特殊教育首席教师1人、优秀教师2人、师德标兵1人。截至年末，全市有市首席教师5人、市名师13人、市骨干教师65人；市教育专家3人、市优秀校长7人、市优秀教师2人、市骨干校长14人。依托沈阳市培智、聋、盲教研中心开展培训，培训780人次。其中培智教研中心针对沈北新区和于洪区新建特教学校教师开展培训约120人次；市聋教研中心开展手语等培训500人次；市盲教研中心开展盲文及教法培训等约160人次。

特殊教育课程教学改革。落实三类特殊教育学校义务教育课程标准，发挥市级培智及盲聋教研中心的示范、引领及教学研究作用，推进课程教学改革。增加必要的职业教育内容，强化生活技能和社会适应能力培养。促进普特融合，进一步拓展特殊教育学校功能。同时将社区资源、家庭资源与学校资源相结合，努力形成推进融合教育的良好氛围。

【特殊教育资源教室数量65个】 年内，支持区县（市）在承担随班就读残疾学生（幼儿）较多的普通学校，设立特殊教育资源教室（中心）24个，为其配置基本的教育教学和康复训练设备，满足残疾学生随班就读需求。截至年末，全市有65个资源教室。

（陆奕宏）

民办教育

【概况】 2019年，全市有民办普通中小学45所，其中普通小学7所、初中4所、九年一贯制学校6所、十二年一贯制学校7所、完全中学11所、普通高中10所；民办普通中小学在校生8万人，其中小学1.9万人、初中3.3万人、普通高中2.8万人；民办普通中小学在职教职工4775人，专任教师4197人。全市民办中等职业学校39所，在校生2.1万人，在职教职工1756人，专任教师1103人。

民办高中。2019年，全市有23所民办普通高中进行招生。为促进沈阳市民办普通高中教育教学工作健康发展，沈阳市教育局基础教育二处采取第三方评价的方式，从沈阳市普通高中视导评估专家库中随机抽取4位专家组成本年度民办普通高中视导评估专家组。专家组依据《沈阳市民办普通高中教育教学质量检查评估标准》，于5月7—21日，通过“望闻问切”的方式对全市所有民办普通高中在2018年的办学情况进行教育教学质量视导评估。

民办中职教育。下发《沈阳

市教育局关于进一步明确高中阶段学校审批管理工作的通知》，将民办中职学校的安全、党建、收费、招生简章备案、学生收退费争议处理及实习备案等职能下放至属地区县教育行政部门。完成民办中等职业学校2018年度教学视导工作。完成2019级新生学籍注册工作，全面使用身份采集核验系统，并对民办中职学校学籍进行入校抽检。（陈维忠）

【中国民办教育“不忘初心 五育并举”现场会】 9月23日在沈师附属学校现场会召开。中国民办教育协会、辽宁省民办教育协会主办，中国民办教育协会中小学专业委员会、沈师附属学校承办。全国25个省、市、自治区的200多位民办学校负责人参会。参会人员分享“五育并举、立德树人”的办学经验和成果，探讨民办基础教育质量提升和改革创新路径。全校4000余位学生展示才艺，展现学生全面发展健康发展的风貌。（志 闻）

民族教育

【概况】 2019年，全市有民族中小学23所。按民族分，朝鲜族学校11所、回族学校3所、满族学校3所、蒙古族学校1所、蒙满两族4所、锡伯族学校1所；按办学阶段分，小学8所、初中4所、九年一贯制8所、高中2所、完全中学1所。在校生1.4万人，教职工1915人，其中双语教师729人。内地民族班6所，在校学生2392人。其中，普通高中设有3所内地民族班：东北育才学校的新疆部，在校生280人；沈阳市第十一中学的西藏班，在校生161人；沈阳市翔宇中学的青海班，在校生1249人，全部为藏族。全市中等职业学校设有3所新疆班和西藏班，在校生702人：沈阳现代制造服务学校334人，内派教师4人；沈阳市汽车工程学校232人，内派教师3人；沈阳市艺术幼儿师范学校136人，内派教师2人。2019年，沈阳市民族教育按照国家及省有关要求，继续加强民族团结教育，促进民族教育快速发展。在全市中小学中开展民族团结教育基地学校建设，命名东北育才学校、沈阳市第十一中学等46所学校为沈阳市民族团结教育基地学校。经过市教育局推荐，东北育才学校、沈阳市第十一中学等11所学校还被命名为省级民族团结教育基地学校。通过活动传承民族文化。10月12日，在沈阳市朝鲜族第一中学举办第14届遁村白日场活动。400名中小学生参加。11月29日，在苏家屯朝鲜族小学举办第四届沈阳市朝鲜族中小学综合知识竞赛活动。

民族学校教师培训。4月26—27日，邀请韩国光州教育界相关专家在朝鲜族第六中学进行朝文学科教师培训。4月27—28日，邀请延边大学教授金虎雄等在朝鲜族第六中学进行朝文学科教师培训。7月8—10日，在苏家屯区朝鲜族中心小学举办东三省朝鲜族学校图书管理员老师培训。7月16—17日，在和平区西塔朝鲜族小学举办沈阳市朝鲜族学校心理健康教育培训。12月9—11日，为进一步强化沈阳市朝鲜族幼儿教师的队伍建设，全面提高朝鲜族幼儿教师的整体素质，提高沈阳市朝鲜族幼儿教师的理论水平和实践能力，在沈阳华人酒店进行幼儿教师培训。

民族学校教学研讨。5月28日，在和平区西塔朝小举办小学朝鲜语文作文指导课教学研讨会。9月27日，在朝一中举办高中朝鲜语文教师双语培训技能成果展示活动。10月29日，在朝二中举办中学汉语古诗文教学研讨会。为进一步深化新课程改革、提高教学质量，针对新编教材综合性学习单元实施尝试性拓展，10月31日，在朝六中举办沈阳市朝鲜族中学综合性学习教学研讨会。

【18所民族特色校园文化建设完成】 沈阳市设立民族教育专项经费200万元，用于传承优秀的民族艺术、体育等项目，加快推进各校民族特色的校园文化建设。截至2018年底，完成14所民族学校的校园文化建设，2019年侧重支持苏家屯朝小、于洪区吴家荒朝小等4所学校完成民族特色校园文化建设，推动民族学校办学条件的改善。（陈维忠）

职业教育

【概况】 2019年，全市有中等职业学校104所，在校生7.9万人，其中独立办学学校78所，在校生7.3万人，附设中职班22所，在校生4347人。专任教师5129人，生师比14：1，专业课教师3181人，“双师型”教师1300人，“双师比”40.9%。专任教师中本科以上学历4792人，占比93.4%，研究生以上学历703人，占比14%。专任教师中具有高级职称1811人，占比34%。教育部门管理中职学校毕业生2.3万人，就业人数2.3万人，未就业人数852人，就业率为96.3%，对口就业率64%。直接就业14914人，升学7637人，占毕业生人数的32.6%，普通高考升学人数2577人，占升学人数的33.7%，职业教育人才成长“立交桥”畅通。市旅游学校获全国教育系统先进集体称号，市外事学校获全国职业院校教学管理50强称号，市信息工程学校获全国中职学校班主任工作创新改革实验校等荣誉称号。秦玉蓓（沈阳市旅游学校）、栾丽娜（沈阳市化工学校）、纪妍（沈阳市外事服务学校）获辽宁省职业院校教学名师称号，肖友才（沈阳市装备制造工程学校）、周放（沈阳市轻工艺术学校）获辽宁省最美教师称号，马英（沈阳市外事服务学校）获评“辽宁最美校长”。沈阳市外事服务学校、沈阳现代制造服务学校获评“辽宁最美校园”等荣誉。市中医药学校通过省示范校验收，市外事服务学校通过省技能大师工作室省级验收。沈阳市职业教育院校在各类大赛取得优异成绩。全国职业院校技能大赛获3金、5银、10铜佳绩，服装专业实现国赛六连冠。各类职业学校参加世界级比赛获37个奖项，其中，市轻工艺术学校获四十届OMC（世界美发组织）世界杯发型大赛尊享盛宴冠军，青年女士组团体总冠军。

产教融合校企合作。落实国家职教20条，持续推进产教融合校企合作。6所学校完成宝马订单班1500名招生任务。成立“大国工匠职教联盟”和“中德（沈阳）高端装备制造产业园产教合作联盟”。中德学院装备制造公共实训基地和中德产业园跨企业培训中心建设稳步推进，实训能力不断扩大。4所学校成为省第二批现代学徒制试点学校。校企合作取得新突破，新增德科斯米尔集团、广汽本田汽车公司、海尔集团、国际金钥匙学院等合作伙伴。

教师队伍建设。年度完成15个培训项目，培训人数2000余人次。完成京沈对接首席教师培训工作，受到教育部领导的肯定。开展信息技术与教学融合培训、跨境工业电商培训2个项目80名专业教师培训工作。面向社会招聘37名专业教师。

【职业教育1+X证书制度试点】 2月，国务院印发《国家职业教育改革实施方案》明确提出，在职业院校、应用型本科高校启动“学历证书+若干职业技能等级证书”制度试点工作。沈阳市积极推进1+X证书制度试点，市汽车工程学校、市现代制造服务学校、市信息工程学校成功申报“首批1+X证书制度试点院校”。（汤　镇）

高等教育

【概况】 2019年，全市有市属高校4所，分别为沈阳大学、沈阳医学院、沈阳职业技术学院、沈阳广播电视大学，在校学生4.1万人，教职工4437人，其中，专任教师2692人。

人才培养。紧密对接沈阳地方产业需求，开展教学研究、加强社会合作、凝练专业特色，重点建设服务产业能力强的学科专业。市属高校学生获国家级竞赛奖励225项，其中沈阳大学Beyond-top水下机器人代表队在水下机器人目标抓取大赛中获全国总冠军；沈阳医学院教师团队在高等学校医学类课程混合式课堂教学设计大赛中获一等奖3项；沈阳职业技术学院在2019年全国职业院校技能大赛中获二等奖1项、三等奖7项；沈阳广播电视大学《沈阳故宫》系列微课（国家开放大学）获批国家级精品开放课程。

学科专业建设。持续开展学术科研水平质量提升工程，遴选25个专业开展重点专业建设，沈阳大学自动化、土木工程、环境工程、会计学、旅游管理和沈阳医学院预防医学6个专业入选辽宁省普通高等学校第二批一流本科教育示范专业；沈阳大学自动化、土木工程、旅游管理3个专业入选省级一流本科专业建设点，环境工程、会计学2个专业入选国家级一流本科专业建设点。沈阳职业技术学院获批中国特色高水平专业群（机械设计与制造专业群）建设单位，被教育部认定为优质专科高等职业院校，软件技术、机械设计与制造、电气自动化技术、物流管理、计算机网络技术、电子商务、机电一体化技术、数控设备应用与维护8个专业被认定为骨干专业。沈阳广播电视大学顺利完成国家开放大学沈阳电大共享专业（机电一体化电梯方向）专业验收。

师资队伍。坚持深化和落实“放管服”改革，健全人才管理的体制机制，高校教师主持省级以上教育教学改革研究项目90

项，每百名教师主持省级以上教育教学改革研究项目5.89项，沈阳职业技术学院教授罗怀晓入选首批全国机械行业职业教育服务先进制造专业领军人才。持续加强师德师风建设，开展沈阳高校师德标兵、师德先进个人评选，对高校教师师德失范行为实行“一票否决”，沈阳大学教授张红获2019年度教育部全国优秀教师称号。推进高层次人才引育工程，沈阳大学引进国家“千人计划”学者、沈阳市杰出人才博士丁珏和三届“梅花奖”获得者、评剧艺术家冯玉萍。

科研服务。围绕沈阳产业振兴需求，加速科研成果应用与转化，释放高校科技创新动能。市属高校获批国家级课题12项，获批省部级课题150项；纵向科研经费总额2636.5万元，横向科研经费总额469.7万元；教师发表学术论文1121篇，其中被三大检索收录114篇。沈阳大学与深圳华为签订全面深化合作协议，建立沈阳地区ICT人才培养基地，并入选教育部20个产学研合作优秀案例之一。（韩思晨）

【中国医大与延安共建延安市人民医院】 4月16日，学校与延安市人民政府合作共建延安市人民医院签约仪式在延安市政府会议室举行。中国医科大学副校长王平与延安市副市长张建波进行签约。根据协议，学校将在以往帮扶的基础上进一步巩固提高效果，共建延安市人民医院，继续保持医院命名为“中国医科大学延安医院”，同时保留延安市人民医院名称，并在促进延安市人民医院在学科建设、医疗质量、技术水平、队伍建设、科研教学以及建立现代医院管理制度等方面不断进步。（张 萱）

【2019国际产学研用合作会议（沈阳）】 9月6日在东北大学举行。教育部、辽宁省人民政府指导，教育部学校规划建设发展中心主办，辽宁省教育厅、东北大学承办。中国、俄罗斯、乌克兰、白俄罗斯、美国、英国等国100余所高校、科研机构和企业的180名专家学者齐聚沈阳，聚焦产学研用国际合作。会议期间，高端装备制造与新材料、新一代信息技术与智能化、绿色化工与新能源材料的3个国际合作分论坛召开。中外专家学者和企业代表从产学研用各个层面展开多维度讨论，并就科技成果转化应用洽谈合作。（于 聪）

【冯夏庭、唐立新、尚红当选中国工程院院士】 11月22日，中国工程院公布“中国工程院2019年当选院士名单”，东北大学资源与土木工程学院教授冯夏庭（按照学部顺序排列），信息科学与工程学院教授唐立新，中国医科大学副校长、第一临床学院（附属第一医院）院长、医学检验国家临床医学研究中心主任教授尚红当选中国工程院院士当选中国工程院院士。

（于聪 张萱）

【53.5%高校毕业生留沈就业】 2019年，全市深入开展毕业生留沈就业情况调研，开展企业招聘进校园、就业信息发布进校园、就业创业政策进校园、就业见习服务进校园等系列活动。沈阳市属高校培养毕业生9378人，其中在沈就业5019人，占总数的53.5%。（韩思晨）

终身教育

【概况】 2019年，全市有13个区县（市）级社区学院，市级街道（乡镇）社区教育试点学校10个，市级社区（村）教育实验点110个，市级村（屯）睦邻学习点30个。全市组织开展各类终身学习活动10万余次，惠及人次达3165.8万。沈阳市教育局主办的乡村睦邻学习点联盟和教育系统送课进社区活动分获国家级和省级终身学习品牌。法库县李祥堡村社区教育学校、沈北清水街道炫年华睦邻学习点等基层社区教育组织先后3次接待国家成人教育协会领导及专家的调研考察，受到好评。

党对继续教育工作的领导。根据市领导变化情况调整市学习型城市建设指导委员会组成人员，完善组织领导，全面推进“坚持党的领导、坚持社会主义办学方向、践行社会主义核心价值观”，开展新时代公民素养系列宣讲暨通识教育活动，开设中国特色社会主义思想宣讲、践行社会主义核心价值观及法律时事、国情历史、传统文化、家庭关系、文明礼仪、生活方式等方面的课程500课时。

继续教育供给。开发内容包括老年人食品安全、老年人心理健康、家庭代际沟通、国学传统文化等方面的老年教育通识（配套）课程16门。扩大教育系统送课进社区覆盖范围，丰富送课内容。年内，市、区两级教育系统送课进社区超过1万课时，惠及社区居民50余万人次。41家市级试点单位教育资源“八小时”之外开放时间累积千余小时，惠及社区居民近5万人次。评选出39个市民最喜爱的终身学习品牌，汇编成《沈阳市终身学习品牌集锦》画册。通过专家讲座、领导讲话、教师说课、下发培训证书等方式，对市级248名志愿者教师进行全员培训。　（李景晓）

【沈阳市乡村睦邻学习点联盟成立】 4月26日，沈阳市社区教育助力乡村振兴推进会暨睦邻学习点联盟成立大会在沈阳市教育研究院召开，沈阳市首批30个睦邻学习实验点正式授牌。乡村睦邻学习点是由居民自愿参与开展休闲、娱乐、学习的自治性学习组织。沈阳市睦邻学习点联盟的成立，为全市276个睦邻学习点提供相互学习和交流的机会，解决农村成人教育最后“一公里”及东北农村冬季学习场所不足问题。

【“乡村送课进万家”活动】 9月12日，沈阳市“乡村送课进万家”活动推进会暨社区学校成立仪式在新民市金五台子镇三台子村举行。会议由沈阳市教育局、沈阳市教育研究院主办，新民市教育局、新民市社区教育学院承办。数十名农村中小学教师、种养殖专业人员走进农民家庭，为他们送去包括法制教育、公民素养、国学、种植技术、养殖建设、田间管理、舞蹈、书法、绘画等10余门课程。　（志　闻）

教育管理

【概况】 2019年，沈阳市出台《沈阳教育现代化2035》《推进教育高质量发展加快教育现代化进程行动计划》等9个规划和实施方案，构建沈阳教育现代化发展的基本体系。市中小学生品行培养课题被教育部列为规划课题，《沈阳市小学生品行培养手册（试行版）》全面施行，学前和初中阶段《品行培养手册》研制提速。制定《关于深入开展“劳动美·环境美”社会实践系列活动的通知》，组织开展“劳动美·环境美”社会实践系列活动。印发《沈阳市教育局关于进一步推进义务教育学校综合实践活动课程实施的意见》，并组织召开沈阳市义务教育学校新时代劳动与实践教育工作推进会，全面推进劳动教育。课程改革持续深化，举办6场义务教育课程改革现场会，遴选30所课程改革基地学校，21所课程改革先进校，60所义务教育学校管理标准达标示范校。全面启动学科工作站工作，围绕“两聚一落”（聚焦课程、聚焦课堂、落实核心素养），以工作站为平台，开展义务教育专项调研并举办区级论坛155场。启动高中政治、历史和数学三个学科“线上、线下”试点工作。深化教育综合改革，教育治理现代化水平持续提升。市教育局申报并公示执法资格与7项执法事项。制定市教育局“三项制度”，制定3张清单、3个办法、3个制度。深入开展法治教育，法官、检察官和律师进校园成为常态，学校法律顾问聘请率达到100%。市教育局被评为“七五普法”全国先进集体。督导评价体系更加健全，全面完成对13个区县（市）政府2018年履行教育职责督导评价。开展春季秋季开学和学前教育专项督导，开学工作得到省政府督导组的高度肯定。经费管理制度不断完善，通过权力下放和制度性松绑，按照“因素法”将年度区县（市）专项资金分配下放，用于完成全市重点教育工作任务，强化项目责任主体，提高资金的使用效益。“四有”好教师不断涌现。信息化建设与应用水平持续提升，完成47所数字校园验收，全市所有公办中小学（含职业学校）达到数字校园建设标准。

教育基本建设。围绕公办幼儿园扩增学位、解决大班额、消防改造、学校教室照明达标改造、中小学厕所改造、特殊教育学校达标、乡村小规模学校和寄宿制学校达标、城镇小区配套幼儿园治理等项目，推进教育基本建设。其中，市直建设项目71个，投入市级资金1.5亿元；区县备案项目132个，项目总投资3.5亿元。完成市艺术幼儿师范学校异地新建一期工程、市轻工艺术学校昆山校区一期工程、市现代制造服务学校宿舍楼新建和供暖改造项目及市特殊教育幼儿园建设等一批重点建设工程。主动适应资金砍块管理的新变化，加强区县（市）教育基本建设管理，取得明显成效。

教科研。2019年，完成《沈阳市义务教育优质均衡发展资源测评》《2018年沈阳教育舆情分析报告》《十九大教育舆情专报》《2018年中考舆情专报》等重大决策咨询建议若干篇，编制《沈阳市教育事业统计公报》《沈阳教育白皮书》等。针对四年级教育质量综合评价结果，陆续发布市、区、校、班、生五级电子报告6.4万份。全面启动学科工作站，开展义务教育专项调研并举办区级论坛155场。启动高中政治、历史和数学三个学科“线上、线下”试点工作。

教师管理。出台《中共沈阳市委沈阳市人民政府关于全面深化新时代教师队伍建设改革的实施方案》，印发《沈阳市中小学教师“县管校聘”管理制度改革的指导意见》，出台《关于在我市实行农村教师差别化补助政策的实施细则》。完成2019年沈阳市骨干班主任评选工作，评选出300名市级骨干班主任。按照“以训代评”的方式，会同市教育研究院开展首席班主任培训评审工作，通过择优推荐、集中培训和考核评价的方式，8月评选出50名市级首席班主任。

国际教育交流。加强与“一带一路”国家的教育交流，有17个团组599人到访交流。按照市推进华晨宝马项目领导小组办公室的工作要求，做好德制学校的服务工作。升级沈阳自贸区出入境人员综合服务“单一窗口”中涉外教育服务工作，服务更加便捷化。7月和9月，召开全市中小学接收国际学生工作会议和培训会，建立一支教育外事人才队伍，加强对教育外事工作人员的培训，全面提高其综合素质和业务能力。明确提出各区县要做好辖区内接收国际学生学校的规划和布局，为国际学生入读沈阳市中小学提供便捷服务。安排929名国际学生、港澳台学生和华侨子女在中小学就读。对沈阳市接收国际学生中小学的94名管理人员进行工作培训，提升其职业素养，为优化沈阳市公共服务品质奠定基础。

学校食品安全。两季开学初开展学校卫生专项工作大检查。与市食药监局联合开展学校食堂食品安全“双随机”飞行检查，检查学校、幼儿园148家，并对检查结果进行全市通报。开展食品安全宣传月主题活动，培养孩子树立健康的食品安全理念，养成正确的生活习惯。9月，会同市食安办等部门开展沈阳市食品安全应急实战演练，组织260余名校长代表参加现场演练。10月启动在“不忘初心 牢记使命”主题教育中开展整治食品安全问题联合行动。针对4个郊县8所学校继续开展农村义务教育阶段学生营养干预试点工作，受惠学生5200余人，社会反响良好。开展“全国儿童食品安全守护行动”沈阳地区活动，在10所中小学校开展体验活动。

（李剑　吴家宁　李智　洪志涛　夏光　孔庆琳　于晓晶）

【基础教育学科工作站成立】 1月18日，沈阳市教育研究院召开主题为“新时代、新思路、新举措”首届沈阳市基础教育教科研论坛暨基础教育学科工作站建设启动大会。基础教育学科工作站是市教育研究院2019年重点工作项目，首批试点涵盖学前教育、义务教育、普通高中教育13个学科。学科工作站是由市学科教研员组织本学科名优教师组成集教学、教科研、培训、评测等职能于一体的教师教学研训共同体，依托网络平台，聚焦课程，聚焦课堂，建立提升学科教学质量全新研训机制，为深化基础教育课程改革提供专业支撑和服务。

（志　闻）

【课后服务工作经验全国会介绍】 11月，在教育部举行的“教育奋进看落实”新闻通气会上，沈阳市介绍中小学生课后服务工作经验。沈阳市开设课后服务课程426个，更好满足学生多样化需求，小学参与率97.7%，初中参与率94.7%，高中参与率98%。联合市发展改革委下发《关于切实做好中小学生课后服务工作的通知》，健全课后服务机制，完善沈阳市中小学课后服务时间和经费安排。

【校园安全专项治理】 2019年，全市开展校园安全专项治理，市教育局会同有关部门围绕校园消防安全、食品卫生安全、校舍安全、化学危废品、校园开放、交通安全、周边治安环境、校车管理等12个方面，累计排查学校1994所，1500余个问题得到彻底整改，实现校园安全风险低位可控运行。

【教育局机关干部包管学校】 2019年，市教育局组织动员全局117名机关干部每人包保一所民办学校或一个非学历培训机构，帮助民办学校解决发展问题15个。（李　剑）

二十九、科学技术

综　述

2019年，市科技系统以培育壮大新动能为重点，着力激发创新驱动内生动力，为全市高质量发展、新时代振兴提供科技支撑。全年用于研发经费（R&D）投入总量168.8亿元，比上年增加28.7亿元，增长20.5%；占地区生产总值的比重为2.61%，比上年提高0.19个百分点，全国研发经费投入占地区生产总值的比重为2.19%，辽宁省为1.82%，沈阳市在省内各市中研发投入强度最高。研发经费总量和占地区生产总值的比重均为历年最高。市财政审批下达科技专项资金4.2亿元，增长率-8.23%。新认定高新技术企业600多户，累计1836户。技术交易合同7272项，交易额280.6亿元，增长11.33%。全市拥有市级以上民口独立科学研究与技术开发机构54个；市级以上重点实验室331个，其中国家级9个；市级以上技术创新中心（工程技术研究中心）263个，其中国家级7个。全市创新创业载体达到175家，各级双创载体场地面积505万平方米，在孵企业（团队）1.1万户，集聚创新创业者15.4万人，两院院士24人（中国科学院院士5名，中国工程院院士19名）。

推进关键核心技术攻关，着力突破“卡脖子”问题。滚动实施双百项目323项，解决关键共性技术845项。通过申报国家、省重点项目、组织中科院青年科学家协同创新等方式，支持“卡脖子”技术项目95项，落实研发补助资金6.97亿元。

推进重大科技创新平台建设，提升自主创新能力。沈阳材料科学国家研究中心与本钢、中车长春轨道等全方位合作；机器人与智能制造创新研究院国家机器人检测与评定中心、特种机器人装备中心投入使用；国科大机器人学院与高校开展联合培养，累计招收硕博生268人，组建中国航发燃气轮机有限公司，加快自主研发“大国重器”研制步伐。宝马公司、雷诺公司、恒大轮毂电机公司、微软公司、华为公司、腾讯公司等一批企业创新平台集中落户沈阳。

以科技创新引领产业创新，推动高质量发展。制定《沈阳市汽车产业科技创新体系建设三年行动计划》，助力沈阳建设国家汽车产业中心。研究推进压缩机产业创新发展，推动建立压缩机产业技术创新战略联盟。在IC装备领域，支持拓荆公司等5家单位承担国家02科技重大专项，突破核心技术，抢占技术制高点；在人工智能领域，沈阳雅译网络技术有限公司的智能翻译产品小牛翻译实现技术升级，在国际顶级机器翻译评测获10项第一，研发的深层神经网络模型，成为全球支持语种最多的机器翻译引擎；

沈阳无距科技公司成为国内唯一一户全品类无人机飞控企业；在高端医疗器械领域，东软医疗股份公司256层CT获批注册、超高端CT自主研发达国际先进水平。

健全科技成果转化体系，提升科技成果转化水平。新建中科院、东北大学、中国医科大学科技成果转化基地，新增省级技术转移服务机构13家，全市各级技术转移服务机构达到54家，技术经纪人450人。修订《技术合同补贴实施细则》，按技术合同额的10%给予补贴，单个合同最高30万元，鼓励科技成果本地转化。省、市、区三方投入4500万元，支持东北科技大市场转换运营机制，升级服务功能，实现技术转移服务达十大类；充分发挥高校院所资源优势，积极推进协同创新。市长大学校长（科研院所长）联席会议累计协调解决21个科研院所174项问题、20所高校181项问题。

推进科技条件平台建设。新建条件平台沈北新区工作站，依托沈阳化工大学、沈阳航空航天大学组建专门技术服务团队，与沈阳农业大学签订共建协议，组织全市17个高校院所代表召开现场会，推动高校院所仪器开放共享。通过创新券的实施，有84家单位研发90种新产品、新技术、新工艺；42户企业取得59项知识产权（专利、著作权）。沈阳市科技条件平台汇聚全市主要高校、科研院所、重点企业等专业服务机构304家，共享科研仪器设备2298台，登记科技成果1994项，在线注册企业1154户，提供科技服务项目2782项，累计技术服务交易额7490万元。

双创工作持续发力。印发双创载体备案管理办法，推动形成国家、省、市、区梯次培育体系，探索“双创+楼宇”“双创+闲置厂房”“双创+高校院所”“双创+骨干企业”等双创载体建设模式，引进阿里云创新中心、微软“云暨移动技术孵化计划”辽宁省人工智能孵化基地等高端双创载体。首次举办中国创新创业大赛（辽宁赛区）沈阳地方赛暨2019沈阳创新创业大赛，沈阳市辽宁向日葵教育科技有限公司、沈阳康贝思之翼教育科技研发中心（有限合伙）、沈阳兰昊新能源科技有限公司获全国行业总决赛优秀企业奖，全年举办各类创新创业活动1900余场，吸引近8万人次参与。

（宋伟　王海鹏　王雪）

▶第八届中国创新创业大赛（辽宁赛区）沈阳地方赛暨2019沈阳创新创业大赛

（市科技局供）

科技研究

【概况】2019年，累计安排各类科技计划项目1415项，安排资金4.2亿元。争取国家、省科技创新项目1574项，资金11亿元，增长20个百分点。新获批华晨汽车集团控股有限公司国家企业技术中心、中国医科大学附属第一医院国家医学检验临床医学研究中心等6个国家级科技创新平台，新增省级重点实验室、技术创新中心，工程研究中心和企业技术中心40个，经过优化整合，全市各级各类科技创新平台总数达到1104个。全市新型研发机构总数21家，新增13家。新增“双百工程”项目42项，“双百工程”实施3年，立项323项，落实研发资金65.7亿元，解决826项关键共性技术，研发形成567项新工艺、新产品，累计申请专利1238件，获授权专利576件。参与“双百工程”科研人员9453人，集聚高水平研发团队317个。吸引产学研合作单位364个，签订成果本地转化协议128份。依托双百工程项目新注册成立科技型企业20户。获国家科技奖14个，其中主持项目8个，包括自然科学奖1项；国家科学技术进步奖4项；国际科技合作奖1项；专用项目奖2项。1人和99个项目获2019年度辽宁省科学技术奖，占全省授奖总数的45.7%。其中，中国科学院金属研究所李依依获省科学技术最高奖，获一等奖21项、二等奖46项、三等奖32项，涵盖自然科学奖、技术发明奖和科技进步奖所有奖项和等级。

（王超　陈茜）

●小资料

2019年新增13家新型研发机构分别为：沈阳市大工先进技术产业技术研究院、沈阳市新型能源材料与器件产业技术研究院、沈阳市智能制造融合应用产业技术研究院、沈阳市电力安全产业技术研究院、沈阳市智能流体机械装备产业技术研究院、沈阳市新松虚拟现实产业技术研究院、沈阳市恩柽生物技术产业技术研究院、沈阳市清洁能源产业技术研究院、沈阳市中医智能医疗装备产业技术研究院、沈阳市生命科学产业技术研究院、沈阳市激光增材制造与再制造协同创新中心、沈阳市语言智能协同创新中心、沈阳市腔镜手术机器人协同创新中心。

【医大一院获批国家临床医学研究中心】 5月，中国医科大学附属第一医院正式获批国家医学检验临床医学研究中心，成为东北首家国家级临床医学研究中心。

（张　颖）

科技交流

【概况】 2019年，深化与中东欧及周边地区国家科技合作，充分利用中东欧17+1地方领导人会议在辽宁省召开的契机，搭建企业科技合作平台。深化日韩俄科技招商，围绕东北科创中心建设，配合沈阳市日韩产业园区建设，推动一批重大科技合作项目落地。利用中俄创新年契机，重点支持启迪（沈阳）科技园、中俄科技合作基地，深化对俄罗斯及白俄罗斯、乌克兰等周边国家科技合作。

深化京沈对口科技合作，着力推进中关村—和平三好双创大街项目、首都科技条件平台沈阳合作站项目等一批京沈合作重大项目，策划、组织中关村企业沈阳行活动及2019京沈科技创新峰会；召开沈阳经济区五城市科技局长座谈会，出台《沈阳经济区科技创新合作会商制度》，并邀请鞍山、抚顺、本溪、辽阳四市组织相关企业参加2019年沈阳市科技成果对接会；开展沈阳自创区与苏南自创区科技交流活动，推进东软集团与中国科学院苏州生物医学工程技术研究所达成合作。

【中俄院士创新中心与俄罗斯院士签约】 10月14日，辽宁沈阳"一带一路"俄罗斯工业技术展上，中俄院士创新中心进驻首批项目。沈阳启迪三好街科技园运营有限公司作为中俄院士创新中心运营主体，总经理毛硕分别与俄罗斯科学院院士贝奇科夫、俄罗斯自然科学院院士诺斯列夫、国际农业科学院院士诺维科夫洽谈并签订合作协议。

（宗丹　王丹丹）

【沈阳代表团参加北京科博会】 10月24—27日，副市长苗治民带队，由市科技局牵头组织22户科技型企业组成沈阳市代表团，携31件（套）展品参加第二十二届中国北京国际科技产业博览会。接待国内外来访观众2000余人次，发放介绍沈阳市科技创新政策的宣传手册500余份、企业宣传资料2000余份。沈阳参展单位达成合作类、投资类、代理类等各类合作意向20余项。（王丹丹）

科技管理

【概况】 2019年，全市拓展双培育（高新技术企业培育、科技小巨人企业培育）工作，初步形成科技企业培育体系。科技型中小企业3070户，增长114.5%，高新技术企业净增606户，增长49.3%，高新技术企业总量达到1836户；省级瞪羚企业44户，独角兽企业4户，均居辽宁省首位。在先进制造、新材料、电子信息等领域涌现出雅译翻译、美行科技等行业隐行冠军企业21户；推荐并获省重大专项16项，省重点研发计划16项，争取省级资金2300万元，省重点研发计划指导性计划16项，省自然科学基金4项。全市1626户企业享受到企业研发费用加计扣除政策，增长53%，实现加计扣除额54.7亿元，增长82.5%，政策惠及面扩大。

深化科技成果"三权"改革。细化科技人才创新成果转化补助、科技人才创业扶持、高端外国专家年薪资助、"千人计划"外国专家配套奖励等政策措施，落实资金1.26亿元，支持创新团队146个、创新人才812人。持续推进"项目+人才"模式，参与科技创新"双百工程"项目研发人员8400多人，其中"两院"

院士21人、长江学者22人、“千人计划”“万人计划”专家43人；新组建市场化的产业技术研究院（协同创新中心）13家，参与科研人员1509人，其中，高端科技人才282人，产学研合作单位151家，一批高校院所教师在其中兼职创业。支持东北大学智慧系统国际合作联合实验室、中西高等材料研究院等国际合作研发机构柔性引进图灵奖得主在内的中外高端人才49人。推进国际科技交流合作，举办国际机器人智创师大赛等7项系列活动。加强与中科院青促会合作，举办中科院青促会创新创业大赛等活动，吸引两位诺奖得主、4位外籍院士、30多位两院院士到沈参与活动。加强外国专家服务，将外国专家来华工作许可办理时限由国家规定的20个工作日压缩至5个工作日，全年办理3773人次。加大外国专家奖励力度，华晨宝马总裁魏岚德博士获中国政府友谊奖，授予15名外国专家沈阳玫瑰奖。

深化科技改革创新。积极探索创新资源统筹布局新机制、关键技术联合攻关新模式、科技成果协作转化新方法，聚焦重点领域和关键环节，发挥基层首创精神，深入挖掘改革亮点，总结凝练改革做法，集成科技骨干力量打造前沿技术产业链股份制联盟、战略性科研项目实施经费滚动支持制度、股权合同引入社会资本参与军工类科研项目成果转化新机制3项改革成果入选全面创新改革试验第三批全国推广经验清单，占全市入选总量50%。围绕国际软件园企业育成体系、科研诚信与监督平台风险管控机制等提报4条新的改革案例。

科技金融结合取得新突破。遴选完成156户高新技术企业进入科技金融重点企业库，提前超额完成市政府工作报告任务指标，芯源微电子通过科创板上市委审核，成为沈阳市首户获准科创板上市的企业。沈阳科技金融服务中心正式揭牌，产学研融紧密结合的科技金融服务体系逐步完善。

规划布局未来新兴产业。深入推进《人工智能发展规划》，培育壮大四大核心产业和六大相关产业，努力创建国家新一代人工智能中心城市，组织起草《沈阳建设国家新一代人工智能试验区申报方案》，并争取列入省部会商事项；扎实推进《未来产业规划》，组织相关企业及中科院系统专家召开沈阳未来产业发展论坛。

筹划沈阳（浑南）科技城建设。编制《规划方案》，形成《规划纲要》报市政府主要领导审阅，得到同意批复，拉动沈阳创新发展的驱动引擎。

机器人“生态圈”建设初见成效。稳步推进沈阳机器人未来城建设工作，修改完善《机器人未来城专项资金项目管理办法》，细化具体工作流程。中科院机器人与智能制造创新研究院进入竣工验收阶段。国科大机器人学院累计招收硕博学生268人。推进国家机器人技术创新中心申报工作，起草《关于筹建国家智能机器人技术创新中心的全国“两会”建议》提报市领导阅示。在沈阳材料国家研究中心建设方面，编制《简报》7期、专题汇报5次，解决问题10余项。

（范国柱　杨洪颖　王海鹏　王楠）

【沈阳市科技活动周】 5月19—25日，辽宁省暨沈阳市科技活动周启动仪式在沈阳创新天地举行。此届科技活动周主题为“创新无止境，创业践于行”，沈阳市通过开展大众创业万众创新、科技资源共享开放、科技成果供需对接、青少年科学普及等30项市级主题活动，宣传科技创新成果。直接参与人数达到10余万人。

（李　新）

【“青年农民上大学”培训班培训318人】 7月15日，第19期“青年农民上大学”培训班结业，培训学员318人。其中，提高班学员44人，普通班学员274人。有208人通过结业考试并取得结业证书，132名学员获国家职业技能鉴定证书，161名学员获省农民科技经纪人证书，确定40名学员为沈阳市青年农民科技示范户创业资助项目，拨付产业项目资助资金20万元。

【沈阳科技特派员工作获省表扬】 11月26日，辽宁省农村科技特派工作总结会议在沈阳召开。沈阳市科学技术局作为优秀组织单位进行典型经验交流。于奎武、于淼2名优秀科技特派员、李海涛等6名优秀农民技术员及沈阳市科学技术局等6家优秀组织实施单位获通报表扬。

（李静　裴亚涛）

【沈阳市压缩机产业技术创新战略联盟成立】 12月31日，沈阳市压缩机产业技术创新战略联盟暨第一届第一次理事会在沈阳海韵锦江国际酒店举行。沈阳鼓风机集团股份有限公司、东北大学、中科院金属研究所等43家联盟成员单位代表100余人参加会议。联盟将企业在产业化、市场化、规模化方面的优势和高校、科研院所在人才高地、科技研发平台及良好地域方面的优势有机结合，增强行业自主研发能

力，提高行业技术创新能力和核心竞争力。（范国柱）

科技园区

【概况】 2019年，沈阳加快自创区建设，加强整体统筹联动，培优育新创新主体，发展壮大新兴产业，持续优化双创生态，强化统计评价，实现地区生产总值854.8亿元，规模以上工业总产值1152.8亿元，高新技术产品产值907.7亿元，高端装备制造业销售收入705.24亿元，装备制造业销售收入927.3亿元，研发经费投入强度7.27%，公共财政预算收入145亿元，固定资产投资471亿元，实际利用外资3.08亿美元，出口创汇85.83亿元。自创区高新技术产品产值占规上工业总产值比重、高端装备制造业销售收入占装备制造业收入比重分别达到78.74%和76.05%，完成沈大自创区“三年行动计划”指标任务。

眼基因库项目初步建成“二库三平台”（生物样本库、生物信数据库、数字化平台、细胞平台及基因合成与编辑平台），收集8033例遗传眼病家系的样本，形成东北地区高发遗传眼病的筛查、早期诊断、临床咨询、出生缺陷干预的临床规划。眼产业研究院建设眼科智慧医疗创新研究院、眼科生物工程创新研究院、精准医疗创新研究院、眼科药物创新研究院以及眼产业公共技术平台，申报专利10余项，突破核心技术6项，引进海内外高端人才10余人，本地孵化企业2户，为15户企业提供技术咨询、投融资咨询等服务。

东软健康医疗国际产业园主要围绕人工智能及医疗健康大数据产业方向，重点开展“基于人工智能的医学影像自动化标注与预处理技术研究”等10个项目，投入资金2亿元。完成15项新技术研究，并推进产业会员企业东软医疗系统股份有限公司、沈阳东软熙康医疗系统有限公司研发3项新产品并实现产业化，新产品实现销售额1600余万元。东软智能医疗研究院与首都医科大学北京宣武医院、东软医疗联合成立脑卒中数据标准及智能辅助实验室，共同研发的国家溶栓取栓影像平台成功连接全国78所医疗机构，并投入运行；与原沈阳军区总医院联合成立神经影像实验室，共同开展脑血管病诊疗临床业务梳理、脑血管病诊疗技术合作研发及脑血管疾病人工智能方法开发，实现急性及超急性脑卒中溶栓影像指导方案，共同制定基于影像云的脑疾病诊疗协同规范。（张颖　邢克明）

【国际基因组学大会第二届眼科大会】 9月3日在沈阳举行。由市政府主办，市科技局、浑南区政府、何氏眼科医院承办，眼基因库、辽宁何氏医学院、华大基因协办。大会邀请百余位中外专家、学者参加。会上，基因精准防控近视公益项目正式启动，该项目依托眼基因库，首批为1000名沈阳市中小学生做基因眼健康筛查，并给出防控指导方案。会议期间举行国际眼基因论坛，对基因组学、干细胞、基因编辑、基因诊疗、人工智能以及相关科研成果在精准医疗中的应用等问题进行深入研讨。（志　闻）

知识产权

【概况】 截至年末，全市有效发明专利17219件，增长14.5%；万人有效发明专利拥有量20.71件，首次突破20件大关；年内专利申请25754件，其中发明专利申请9752件，占比37.87%；PCT（专利合作条约）国际专利申请257件，实现三年翻两番的高速增长；全市商标申请量45532件，增长9%，商标注册量38155件，增长32%，有效注册商标154311件，增长27%，申请量、新增注册量和累积注册量持续保持东北地区首位。全市有地理标志证明商标10件，地理标志保护产品17件。在第二十一届中国专利奖评审中，全市9家单位的10个项目被评选为获奖项目。其中沈阳东软医疗系统有限公司的“医用血管造影X射线机机架”专利获中国外观设计银奖项目；沈阳新松机器人自动化股份有限公司、沈阳远大铝业工程有限公司、中国有色（沈阳）冶金机械有限公司、东软集团股份有限公司、三一重型装备有限公司、中国科学院沈阳自动化研究所、东软医疗系统股份有限公司、应急管理部沈阳消防研究所的8个专利项目获中国专利优秀奖；沈阳机床股份有限公司的“智能车床（i5T3.3）”专利获中国外观设计优秀奖。在第一届辽宁省专利奖评选中，沈阳市有19个项目入选。其中，授一等奖项目2个；授二等奖项目6个；授三等奖项目11个。在第十一届中国国际商标品牌节和第二十六届中国（杨凌）农业高新技术博览会上，沈阳市地理标志产品“新民大米”获杨凌农高会最高奖“后稷特别奖”。开展实体领域、电商领域各类专利侵权纠纷调解处理工作，办理专利案件161件，占全省专利纠纷案件立案642件的25.1%，案件数量全省排名第一。在重大展会会场设立知识产权保护工作台，进驻“2019第十八届中国国际装备制造业博览会”“2019国际基因组学大会第二届眼科大会”“第八届沈阳法库国际飞行大会暨2019沈阳国际航空产业发展大会”等重点展会开展知识产权保护配套工作。

【全市两级知识产权机构管理改革完成】 3月，全市完成市、区县（市）两级知识产权管理体制、运行机制的重构性变革，实现专利、商标、地理标志的集中统一管理，推动知识产权工作与市场监督管理深度融合，拓展知识产权工作领域和空间。市级层面，在市市场监督管理局加挂市知识产权局牌子，内设知识产权运用促进处、知识产权管理处、知识产权保护处三个职能处室，下设中国（沈阳）知识产权保护中心一个事业单位。县区层面，13个区县（市）市场监管部门均设立专门的知识产权工作部门，配备专职人员。

【知识产权宣传周活动】 4月19—26日举行。以“严格知识产权保护，营造一流营商环境”为主题。其间，开展“2019年辽宁省暨沈阳市知识产权宣传周”启动仪式、“中国知识产权远程教育辽宁平台沈阳工业大学分站”开通仪式、“2019年中德园知识产权实务讲座”“2019沈阳大学生知识产权模拟法庭竞赛”、知识产权进校园、知识产权进园区系列活动等十余项主题活动，取得良好的社会反响。

【沈阳保护中心通过国家验收】 8月1日，沈阳保护中心通过国家知识产权局现场验收。8月14日，国家知识产权局下发《关于同意中国（沈阳）、中国（滨海新区）知识产权保护中心通过验收的函》，保护中心正式通过验收，投入运行。

（市市场监督局）

2019年沈阳市专利申请量、授权量

表22　　单位：件、%

国内专利申请量			国内专利授权量		
25754			14587		
发明	实用新型	外观设计	发 明	实用新型	外观设计
9752	13957	2045	3351	9800	1436
37.87	54.19	7.94	22.97	67.18	9.85

（市市场监督局）

社会科学

【概况】 2019年，市社科联有直属社科类社会组织27家，党组织实现全覆盖。承办第十六届沈阳科学学术年会社会科学分会场活动。面向各市级社科类社会组织及科普基地，高等院校、科研院所等有关单位，征集118篇学术论文，举办9场社会科学分会场活动。市社科联被评为全国社科组织先进单位。“辽海·沈阳”讲坛被评为2019年沈阳市终身学习活动市级品牌项目。开展沈阳振兴发展对策建议研究，形成5项对策建议报送市委、市政府，均得到有关市领导的批示，并获省社科联主要领导肯定性批示。组织开展百项年度立项课题研究，面向社会公开招标，确定立项课题230项。在结题的研究成果中，《关于进一步完善自贸区功能打造对外开放新高地的对策研究》等63项成果获领导批示或被决策采纳，《关于持续优化营商环境的对策研究》等252篇论文在报刊上发表或会议交流。围绕市委十三届十次全会提出的提升文化品位，充分挖掘利用历史文化资源的要求，组织直属社科类社会组织市诗词楹联协会研究编撰《盛京十二子》丛书。举办社会科学普及周活动，围绕“创新科普活动，服务沈阳百姓”主题，集中开展科普宣传活动107场，展示各类科普知识宣传展板1000余块，发放科普知识手册等各类科普宣传资料2万余份，受众数万人次。在国际在线辽宁频道开设专栏网页，采访专家学者和行业大咖，网络点击量达到500万人次；与沈阳广播电视台FM986栏目合作举办“空中科普”活动，开展社科知识播报140次，辐射听众30万。新命名社会科学普及基地29家，社会科学普及基地65家。围绕宣传“两会”精神、市委全会精神、“优化营商环境”“庆祝新中国成立70周年”等内容，印制4期科普挂图，在万泉公园、五里河公园等5处科普橱窗同步展示，对社会科学知识的宣传普及起到积极的作用。

【社科界庆祝新中国成立70周年系列活动】 4—9月，为庆祝中华人民共和国成立70周年，市社科联在全市广泛发动，征集论文141篇，评选出优秀论文45篇，编印《庆祝新中国成立70周年主题征文优秀论文集》。开展新中国成立70周年基层行活动。组织召开集体备课会，50余名宣传员深入全市13个区县（市），举办报告会200场，电台宣讲6场，受众超过100万人次。举办“市社科界庆祝新中国成立70周年助推沈阳高质量发展论坛”，发言摘要在《沈阳日报》刊发。

（市社科联）

2019年度沈阳市社会科学立项课题研究成果获奖情况

表23

一等奖（30项）			
序号	课题编号	课题名称	课题组负责人
1	SYSK2019-04-04	沈阳市政府保护知识产权创新与实现机制	李　彬
2	SYSK2019-04-10	关于进一步完善自贸区功能打造对外开放新高地的对策研究	王厚双
3	SYSK2019-17-09	关于推动产业转型升级的对策研究	吕　瑶
4	SYSK2019-04-07	关于推进沈阳先进装备制造业服务化转型的对策研究	孙　丽
5	SYSK2019-04-12	沈阳“飞地经济”可持续发展对策研究	王振宇
6	SYSK2019-04-15	关于加快沈阳市5G应用助推乡村振兴的对策研究	徐文文
7	SYSK2019-17-06	“跨境电商综试区”视角下沈阳市中小微企业发展机遇、挑战与应对策略	赵亚南
8	SYSK2019-04-18	关于加强法治政府、诚信政府建设的对策研究	顾爱华
9	SYSK2019-01-07	数据赋能激励沈阳市制造业企业创新驱动发展及其对策研究	孙新波
10	SYSK2019-07-08	沈阳市产业集群企业社会责任体系构建研究	何海英
11	SYSK2019-07-12	文化路立交桥区域交通拥堵成因分析及对策建议	邢　岩
12	SYSK2019-18-01	档案馆微信公众平台建设与影响力实证研究	杨剑云
13	SYSK2019-29-02	新时代雷锋精神与优秀儒家文化契合研究	孙立龙
14	SYSK2019-01-09	5G应用下基于数字管理的辽宁生产性服务业发展对策研究	张翠华

续表23

序号	课题编号	课题名称	课题组负责人
一等奖（30 项）			
15	SYSK2019-22-06	关于引进高端人才和创新团队等对策建议	马蔚然
16	SYSK2019-05-05	网络时代党的群众工作创新研究	李 晗
17	SYSK2019-04-14	新时代沈阳高校组织员队伍建设研究	薛 峰
18	SYSK2019-23-02	关于提高居民垃圾分类工作成效的对策建议	江 楠
19	SYSK2019-25-05	沈阳建筑文化遗产价值评价体系研究 -- 以太原街为例	胡晓宇
20	SYSK2019-07-35	关于加快建设文化名城的对策研究	吕丹娜
21	SYSK2019-01-10	沈阳市绿地系统规划与海绵城市体系建设之间的耦合关系研究	石 平
22	SYSK2019-10-03	以文化促发展，以特色塑形象——基于文化振兴手段提升沈阳市竞争力塑造新形象的对策研究	金连生
23	SYSK2019-25-03	关于加快文化名城的对策研究	吕从娜
24	SYSK2019-19-04	关于发展文化创意产业加快建设文化名城的对策研究	俞晓妮
25	SYSK2019-17-31	红色文化建设在推进马克思主义大众化进程中的作用研究	张 红
26	SYSK2019-22-01	沈阳市社会养老服务业创新金融支持研究	蓝巧祎
27	SYSK2019-22-03	关于进一步搞好扶贫与低保政策衔接的对策研究	葛慧楠
28	SYSK2019-21-01	沈阳自贸区就业契机下的地方高职跨境电商人才培养策略研究	宋 晗
29	SYSK2019-19-05	深化产教融合，服务本地用人需求	吴佩珊
30	SYSK2019-16-06	高等职业教育现代学徒制试点研究	窦利国
二等奖（60 项）			
31	SYSK2019-04-17	促进沈阳新兴产业发展的财政政策研究	杨志安
32	SYSK2019-04-03	促进沈阳产业融入全球价值链对策研究	崔 岩
33	SYSK2019-04-06	新时代深化思想解放推动沈阳民营经济高质量发展研究	牟欣欣
34	SYSK2019-17-02	关于纾解企业流动性风险的对策研究－基于沈阳跨境电商企业视阈	张宏铭
35	SYSK2019-17-01	关于争创国家临空经济示范区的对策研究	杨 鹤
36	SYSK2019-02-04	乡村振兴战略背景下金融精准扶贫对策研究	栾香录

续表23

二等奖（60项）			
37	SYSK2019-24-03	基于区域生态产业链模型下的先进装备制造业与现代服务业深度融合的对策研究	隋志纯
38	SYSK2019-04-11	关于优化金融生态重构政策性担保体系的对策研究	王　伟
39	SYSK2019-17-11	关于提高支持民营经济发展精准度的对策研究	赵　奕
40	SYSK2019-20-01	提升沈阳居民金融消费意识对策研究	魏　璠
41	SYSK2019-24-01	关于培育新型城镇化城市发展新动能的对策研究	熊　爽
42	SYSK2019-02-02	沈阳市农村一二三产业融合发展模式与促进对策研究	谢凤杰
43	SYSK2019-22-02	数字经济背景下沈阳市中小企业信用风险防控研究	吴智勇
44	SYSK2019-23-01	沈阳科技型中小企业开放式技术创新对策研究	吴　伟
45	SYSK2019-03-01	构建图书馆文创产业服务体系助力沈阳成为东北亚文创中心	汪宇彤
46	SYSK2019-24-08	关于沈阳加快建设文化名城的对策研究	王丽娜
47	SYSK2019-17-14	提升沈阳旅游服务业市场竞争力的对策研究	毛惠媛
48	SYSK2019-07-18	基于组织行为学的沈阳人才高地服务体系建设的对策研究	许　崇
49	SYSK2019-01-03	关于进一步增强旅游服务业市场竞争力的对策研究	张景奇
50	SYSK2019-26-02	关于深化“放管服”改革，完善“互联网＋政务服务”体系标准化建设研究	耿　越
51	SYSK2019-16-02	沈阳市引进高端人才的对策研究	闫　丹
52	SYSK2019-26-03	“一带一路”建设中沈阳市“走出去”企业税收风险与防控	郑　鑫
53	SYSK2019-20-04	关于持续优化营商环境的对策研究	邓　蕾
54	SYSK2019-07-01	“放管服”视阈下沈阳自贸区功能完善的对策研究	李　朔
55	SYSK2019-16-03	沈阳市旅游特色小镇建设模式与发展对策研究	崔剑生
56	SYSK2019-12-04	关于推动先进装备制造业与现代服务业深度融合的传导机理与对策研究	王鹤春
57	SYSK2019-07-25	关于持续优化营商环境的对策研究	郭宝荣
58	SYSK2019-22-07	乡村振兴背景下农村基层领导干部队伍建设现状及对策研究	周玉良
59	SYSK2019-05-04	新时代城市基层党建引领社区治理的实现机制研究	李晓明
60	SYSK2019-17-20	生态社会视阈下加强心理健康服务助推文明城市创建的对策研究	张莉娜
61	SYSK2019-16-04	红色文化融入高校思想政治教育的对策研究	方晓辉
62	SYSK2019-10-01	沈阳高校大学生党支部构建服务社区长效机制的对策研究	张大海

续表23

二等奖（60项）			
63	SYSK2019-17-16	以构建新时代政治生态协同治理机制推进全面从严治党的对策研究	刘冠男
64	SYSK2019-07-27	创新时代驻沈高校运用学习强国平台建设学习型党支部的措施研究	郝　雪
65	SYSK2019-15-01	新媒体视域下沈阳高校宣传思想工作“守正”与“创新”路径研究	李　茉
66	SYSK2019-17-3	健康城市建设中的社会心理服务体系构建对策	邹茹莲
67	SYSK2019-07-16	全面从严治党视域下的“样板党支部”创建研究	李　思
68	SYSK2019-17-23	增强高校思想政治和意识形态工作活力研究	吕静波
69	SYSK2019-01-01	高质量发展背景下沈阳城市新形象的媒体塑造策略研究	卞地诗
70	SYSK2019-32-01	挖掘沈阳抗战历史和加快建设沈阳抗战名城的对策研究	张海艳
71	SYSK2019-24-09	盛京公共园林研究——以盛京八景为例	秦佳文
72	SYSK2019-23-04	大数据时代沈阳文化名城建设对策研究	叶立群
73	SYSK2019-17-34	关于加快建设文化名城的对策研究——以开发盛京满族文化为出发点	张　欣
74	SYSK2019-27-02	以地域文化为内核加快推进沈阳建设文化名城路径研究	葛　震
75	SYSK2019-35-01	5G应用下推动传统媒体转型升级的可能性研究	朱佩佩
76	SYSK2019-11-01	助推文化名城建设——沈阳文旅产品价值再塑与区域营造	孟　昕
77	SYSK2019-31-01	法文《御制盛京赋》出版及其在欧洲的影响项目开发对策研究	荆绍福
78	SYSK2019-17-24	加强政府英文网站建设，提升外宣水平的对策研究	孙　琼
79	SYSK2019-17-30	关于进一步向社会资本放开养老服务市场的对策研究	陈秋红
80	SYSK2019-07-22	关于进一步向社会资本放开养老服务市场的对策研究	王春霞
81	SYSK2019-06-04	“医养结合”养老模式下提高沈阳市老年护理服务能力的对策研究	胡婷婷
82	SYSK2019-15-04	关于加快建设文化名城的对策研究	徐常翠
83	SYSK2019-01-11	生活垃圾分类与回收的德国路径及其对沈阳市的借鉴性研究	张　莹
84	SYSK2019-22-11	乡村振兴背景下沈阳美丽乡村建设研究	李　辉
85	SYSK2019-16-05	关于进一步向社会资本放开养老服务市场的对策研究	赵立华
86	SYSK2019-17-35	地方高校区域文化教学服务沈阳城市文化建设途径研究	赵　旭
87	SYSK2019-07-19	关于进一步发挥高校在国家级重大创新平台建设中的作用的对策研究	许　楠

续表23

二等奖（60 项）			
88	SYSK2019-29-03	关于提高教师传统文化素养的对策研究	孔繁成
89	SYSX2019-07-09	面向“一带一路”的外语翻译人才培养研究	杨　莉
90	SYSK2019-16-07	关于创新时代沈阳高校全面从严治党的对策研究	徐维东

（市社科联）

三十、文 化

综 述

2019年，全市文化系统坚持以人民为中心的创作导向，出精品、攀高峰，创作演出一批弘扬时代主旋律，传递时代正能量的舞台艺术精品。原创抗战题材现代评剧《黄显声》获辽宁省第十五届精神文明建设“五个一工程”优秀作品奖。以新中国第一枚国徽的诞生为背景，创作演出话剧《国徽》，再现“沈阳制造”风采。圆满完成中国驻朝鲜大使馆庆祝中华人民共和国成立70周年演出任务，全面展现沈阳文化魅力。截至年末，全市有公共图书馆19个、文化馆15个、乡镇文化站69个；拥有市属专业艺术院团7家，沈阳京剧院是国家十个重点院团之一、沈阳评剧院是国家地方戏重点院团；拥有登记备案博物馆19个，其中九一八历史博物馆、沈阳故宫博物院为国家一级馆；有各级、各类不可移动文物1521处，其中，世界文化遗产3处（沈阳故宫、清福陵、清昭陵），全国重点文物保护单位31处；全市有文艺表演团体78家，演出场所经营单位33家，娱乐场所582家；有7个区县（市）广播电视台（站），自办广播节目7套，电视节目17套。

扎实推进重大文化项目建设。沈阳博物馆项目修缮改造工程完成60%，陈列展览工程工作同步推进；北大营抗战遗址陈列馆项目完成建筑修缮、陈列布展方案及广场方案设计等基础工作；沈阳美术馆项目推出临时展馆2300平方米，并对外开放；帅府红楼群筹建民国历史文化专题展区项目、沈阳杂技城项目、沈延毅艺术馆项目积极推进。

坚持重心下移，补齐短板。新建125个村文化广场，实施110个村（社区）文化站示范点创建工作。完成广播电视无线发射台站基础设施建设、广播电视节目无线数字化覆盖工程、中央广播电视节目（12套）无线数字化覆盖试播。

积极培育文化市场主体。稳步推进文化娱乐行业转型升级，选树4家省级、10家市级，50家区级转型升级示范场所。加大文化旅游市场监管力度，受理办结文化旅游市场违法违规案件518起，其中查办大要案件21起。组织开展卫星地面接收设施专项整治工作，拆除地面卫星接收设施1300多个。认真落实《关于进一步深化文化市场综合执法改革的实施意见》精神，积极主动推进各项改革措施落细落实。

牢牢把握正确的舆论导向。组织签订广电宣传意识形态（宣传导向）安全责任状。加强广电行业监管，特别是网络视听节目的监管，确保播出安全，规范播出秩序，受到省局通报表扬，为庆祝新中国成立70周年提供保障。组织沈阳市优秀作品参加辽宁省广播电视大奖评奖，开展广播电视节目（剧目）提质创优工程。

（陆　明）

专业文化

【概况】 2019年，全市广大艺术工作者深入贯彻落实习近平总书记文艺座谈会重要讲话精神，坚持以人民为中心的创作导向，不断推出舞台艺术精品。市属专业院团精心创排话剧《国徽》、评剧《奉天—1932》和京剧《关东女》等具有沈阳地域特色的精品剧目。盛京大剧院接待演出活动445场，接待观众40万余人次，接待各类参观27次，2700余人次，演出平均上座率达到74%，会员数量超过6.2万，微信粉丝数突破12.55万，举办“郑小瑛——交响乐讲座”“于海——我们的国歌”公益讲座、“单霁翔——坚定文化自信”讲座，提高市民艺术素养和爱国情怀，传播优秀中华文化。市属专业院团开展惠民演出、培训1000余场。包括市文化宫、盛京红磨坊常态惠民演出，沈阳交响乐团开放式排练，沈阳故宫、张氏帅府实景惠民演出，以及戏曲进校园公益演出、培训。扶持沈阳杂技团、沈阳演艺集团等一批文化企业，携《炫彩中国》等优秀剧（节）目走出去。同时，以盛京大剧院（北京保利演出院线）为平台，引进美国百老汇剧目《一个美国人在巴黎》、俄罗斯国家古典模范芭蕾舞团等国家精品演出项目，实现中外优秀文化交流与互鉴。评剧《黄显声》获省第十五届精神文明建设“五个一工程”优秀作品奖；京剧《关东女》剧本入选“文化和旅游部剧本扶持工程”；沈阳杂技团《炫彩车技》获第十七届中国吴桥国际杂技艺术节金狮奖；沈阳杂技演艺团再度入选“2019—2020年度国家文化出口重点企业”名单，这是该团连续七年获该项称号。

【2019沈阳艺术节】 9月20日至10月30日举办。以“祝福祖国、大美沈阳——城市因艺术而美丽”为主题。艺术节有30多家文化机构参与，推出4大板块、17个主题、10多种艺术门类、100余场演出展览及交流活动，集中展示全市文化艺术事业发展的丰硕成果。

【组团赴朝演出】 9月23—27日，应中国驻朝鲜大使馆邀请，受市委、市政府委托，沈阳市文化旅游和广播电视局负责组建28人的沈阳友好艺术团赴朝鲜进行交流访问，并参加中国驻朝鲜大使馆庆祝中华人民共和国成立70周年招待会演出。（谭　兰）

文博事业

【概况】 2019年，全市完成国家级文物保护项目5项，省级文物保护项目1项，市级文物保护项目2项。推进各类文物保护工程，其中沈阳故宫师善斋、文溯阁修缮工程，张氏帅府舞厅修缮工程竣工，大和旅馆旧址修缮工程按计划推进；开展文物保护工程专项补助资金自查及中央对地方专项转移支付绩效目标自评工作；开展2019年度全国重点文物保护单位保护及三防项目申报工作；组织开展2011—2017年省级及以上文物保护工程检查。5月18日第43个“国际博物馆日”，市文旅广电局与沈阳广播电视台联合举办主体活动暨“沈阳广电传媒文化博物馆”项目启动仪式，并组织全市博物馆推出文创展示会、公众实践及志愿者活动、临时展览、公益讲座、流动博物馆等项宣传活动。截至年末，全市有市级以上文物保护单位284处，其中，全国重点文物保护单位31处，省级文物保护单位94处，市级文物保护单位159处。全市在省级文物行政部门登记备案的博物馆有19家，包括国有博物馆12家，非国有博物馆7家。全市博物馆举办各类陈列展览80个，累计接待观众948.9万人次。

【文化和自然遗产日主场活动】 6月8日文化和自然遗产日，受省文物局委托，市文旅广电局承办并会同团市委、市教育局、市广播电视台共同举办文化和自然遗产日辽宁主场活动。遗产日当天举行优秀作品颁奖仪式和书画“非遗”作品展、优秀微视频展播等活动，各区县（市）和全市各博物院也开展特色宣传活动。辽宁电视台、沈阳电视台和《沈阳日报》等媒体报道遗产日活动情况，获奖作品在沈阳电视台展播。

【新入选4处国保单位】 根据国家文物局和辽宁省文物局有关要求，组织相关单位申报第八批全国重点文物保护单位，全市计有中共满洲省委旧址等12处文保单位申报国保单位。10月16日，国务院《关于核定并公布第八批全国重点文物保护单位的通知》

正式发布，中共满洲省委旧址、北大营营房旧址、审判日本战犯特别军事法庭旧址和永安石桥入选。截至年末，沈阳国保单位总数达到31处。

【《沈阳市历史文化名城保护行动实施方案（2019—2021年）》】 11月14日市政府办公室印发。《方案》分工作目标、工作任务、工作分工、实施保障4项内容。其中文物保护工作是历史文化名城的重要内容之一。《方案》包括文物保护单位修缮项目，历史建筑主体抢救性修缮项目，历史文化街区综合提升以及历史片区更新利用项目。

【《沈阳市工程建设项目考古勘探管理办法（试行）》】 11月21日市政府办公室印发。《办法》共10条，强调基本建设工程项目进行考古勘探的必要性和法规要求；明确各类工程建设项目进行考古勘探前置审批的流程；对管理和实施考古勘探工作提出具体要求。（罗　澜）

非物质文化遗产保护

【概况】 2019年，全市实施以"项目、传承人、传习基地、工作品牌"为主要抓手的"四轮驱动"发展战略，全市非遗保护领域不断拓展。开展"非遗"进校园、进社区活动10场，组织30多个非遗项目、30多位代表性传承人和近100位参展人员参加活动，展出传承人代表性作品500多件，参与群众和受惠观众1000多人次。依法开展市级"非遗"代表性项目保护单位调整和认定工作，公布沈阳市新认定和调整的市级非物质文化遗产代表性项目保护单位名单。截至年末，全市市级以上非物质文化遗产代表性项目221个，其中国家级10个，省级40个，涵盖"非遗"全部10大类别；市级以上非物质文化遗产代表性传承人176人，其中国家级10人，省级38人。全市的非物质文化遗产代表性项目及代表性传承人在东北地区均居前列。

【"文化和自然遗产日"非遗宣传展示活动暨"第六届沈阳非物质文化遗产博览会"】 6月7—9日，市委宣传部、市文旅广电局与和平区政府在和平区皇寺文化广场和老北市文化园举办。市委常委、市委宣传部部长冯守权，市人大常委会副主任徐璐，市政协副主席于龙等领导出席启动仪式。全市170多个各级各类的非遗项目进行不同形式的展演、展示。此次活动有200多个展位，展览面积6000多平方米，吸引数万市民参观体验。

【第八批市级"非遗"代表性项目公布】 在认真组织开展专家评审等相关工作基础上，召开评审委员会会议。对推荐名单在媒体上进行公示，广泛征求非遗保护联席会议成员单位及社会各界对推荐名单意见。经市政府批准，6月11日公布《沈阳市第八批市级非物质文化遗产代表性项目名录》，共25项，使全市市级以上"非遗"代表性项目达到221项。（黄大为）

公共文化

【概况】 2019年，全市落实公共文化服务保障法、公共图书馆法，公共文化服务体系建设呈现出整体推进、重点突破、全面提升的良好发展态势。推进基层公共文化设施建设，投入625万元，完成建设村文化广场125个；投入50万元，完成省级基层综合性文化活动中心创建。群众文化活动演出2万余场，开展各类艺术培训497班（次），惠及群众155万人次。与市教育局联合开展"中小学生走进博物馆"活动，面向全市中小学生推荐23家不同门类的博物馆、展示馆，提升沈阳的城市影响力和文化感召力。5—10月，"壮丽70年 奋斗新时代"2019沈阳市艺术惠民"双百万"工程盛京大剧院演出精彩上演：举办沈阳京剧院专场、沈阳评剧院专场、沈阳市艺校专场、沈阳音乐学院民族声乐系专场、辽宁老干部大学艺术团专场、馆办团队专场以及市内各区文化馆专场等文艺节目。市少儿图书馆围绕阅读主题，开展沈阳市少年儿童庆祝建国70周年暨"2019年全国少年儿童阅读年""书香童年 阅读中国"系列活动、"文溯少图讲坛""贝贝故事乐园""童享非遗坊""童升国学堂""机器人创客空间""公益性艺术课堂"等品牌，到20所学校、社区、幼儿园、儿童福利院举办120余场活动，参与读者近2万余人次。承办第十九届中韩美术、书法、摄影作品交流展，有80幅美术、书法、摄影作品参加展览。

【125个村文化广场建成】 2019年，按照省文旅厅《关于开展2019年村文化广场建设名单确认工作的通知》的统一安排，沈阳市村文化广场建设指标125

个，共计625万元。涉及9个区县（市），其中铁西区1个、浑南区8个、于洪区7个、苏家屯区5个、沈北新区5个、辽中区21个、新民市25个、康平县28个、法库县25个。截至11月30日，全市完成全部125个文化广场建设任务。

（曲　兵）

广播电视

【概况】 2019年，全市广播电视系统深入学习宣传贯彻习近平新时代中国特色社会主义思想和党的十九大精神，严格落实意识形态工作责任制，牢牢把握正确的舆论导向。以完成“庆祝新中国成立70周年”广播电视保障任务为核心，通过组织开展签订全市广播电视意识形态安全责任状、广播电视系统安全播出大检查、广播电视虚假广告宣传整治行动、卫星电视地面接收设施专项整治等专项行动，继续深化广播电视村村通向户户通升级工程，确保党中央的声音传递到千家万户。

【卫星电视地面接收设施管理获省通报表扬】 5月15日，印发《沈阳市2019年卫星电视地面接收设施专项整治工作实施方案》。4月和10月，分别组织开展卫星电视地面接收设施专项整治工作，对皇姑区及铁路沿线非法安装使用的卫星电视地面接收设施进行集中拆除。两次行动拆除非法卫星电视地面接收设施1300多个。省广电局对沈阳市充分肯定并专门批示，并在全省总结大会上做经验介绍、通报表扬。在2019年全省绩效考评工作中，获全省第一名。

【“庆祝新中国成立70周年”广电系列保障】 2019年，组织全市13家广播电视播出、传输单位、网络视听单位编制展播计划，烘托节日氛围，其中包括新中国成立70周年“庆祝大会、阅兵、群众游行”的直播工作、“国家勋章和国家荣誉称号颁授仪式”转播工作、“烈士纪念日向人民英雄敬献花篮仪式”转播工作、全国优秀广播歌曲30首展播活动、获2019年奖纪录片奖的《传家宝》等7部纪录片展播、中宣部下发的《伟大历程辉煌成就》纪录片和《我爱你中国》等7项系列活动保障任务。

（董　博）

【“村村通”向“户户通”升级工程】 2019年，协调推进沈阳广播电视节目及相关区县（市）广播电视节目无线数字化覆盖工程所需设备、预算资金准备工作。制定2020年“村村通”向“户户通”升级工程资金预算，为2020年全市开展“村村通”向“户户通”升级工作打好基础。

（祝　琼）

【5G基站抗干扰】 2019年，为保障全市第五代移动通信（5G）健康发展，解决5G基站与卫星地球站等其他无线电台（站）的干扰问题，落实《3000—5000MHz频段第五代移动通信基站与卫星地球站等无线电台（站）干扰协调管理办法》《3000—5000MHz频段第五代移动通信基站与卫星地球站等无线电台（站）干扰协调指南》相关工作要求，科学指导各广播电视播出单位避免受到第五代移动通信系统基站（5G基站）的有害干扰，实现5G系统与其他无线电业务系统间的兼容共存，推动5G系统健康发展，充分、合理、有效利用无线电频率资源。

（董　博）

电影管理

【概况】 2019年，全市认真贯彻落实国家“2131工程”（在21世纪，广大农村每月每村至少放映一场电影）和沈阳市艺术惠民“双百万”工程精神，在市内公园、广场及涉农的12个区县（市）1500余个行政村（含涉农社区）广泛开展公益电影放映活动，完成公益电影放映23215场，其中农村放映19959场，城市3256场，受益观众近200万人次，极大丰富全市城乡百姓的精神文化生活。全市电影票房5.7亿元，观影人次1745.2万，放映场次114.5万。截至年末，全市有影城88家，座位82103个，影城总银幕数591块，按照每10万人拥有银幕数的国际标准口径统计，全市每10万人平均拥有银幕数约7块，远超过全国平均水平（约4.7块）。

【影院安全管理】 2019年，为确保全市影院放映安全，市、区党委宣传部不断加强城市数字影院安全工作和售票运营工作，联合消防、文化执法等部门开展影院安全检查，重点对影院消防人员培训、安全生产制度建设、消防设施设备是否齐全有效，安全疏散通道是否畅通，是否制定并落实处置突发事故的应急预案，票房报送、票纸使用、是否存在盗版盗录行为等情况进行检查，未发现严重违反电影产业促进法、电影管理条例等法律法规的违法违规行为，打造安全、良好、规范的电影市场秩序。

文学艺术

【概况】 2019年，市文联推动沈阳文艺事业繁荣发展。有作家、戏剧、美术、音乐、曲艺、书法、摄影、舞蹈、民间文艺、杂技、影视11个文艺家协会，有会员8311人；12个区县（市）文联，沈鼓集团、北方重工集团、水务集团等5户企业文联，市委政法委、市房产局、市总工会3个行业文联为团体会员。沈阳市书法家协会、美术家协会、音乐家协会、舞蹈家协会、电影电视家协会、杂技艺术家协会、民间文艺家、摄影家协会先后召开会员代表大会，顺利完成换届。市文联“不忘初心，牢记使命”主题教育工作创新方式方法得到市直机关工委赞同，推荐刊登在《沈阳日报》上，同时也作为市直机关党建重点工作推进会书面交流材料；《我和我的祖国》微视频被“学习强国”“沈阳机关党建”选中并展播。

服务经济和社会发展大局。围绕庆祝新中国成立70周年，举办“我和我的祖国”——沈阳市庆祝新中国成立70周年主题美术、书法、摄影、民间艺术展。围绕首届中国旗袍文化节暨“盛京1636”第三届沈阳国际旗袍文化节，先后举办中国满绣最美绣娘评选活动、中国满绣文化论坛、2019中国（沈阳）起源地文化展等，并面向全社会公开征集“盛世华裳 诗韵旗袍”旗袍文化歌词、诗歌作品。涌现出一批可圈可点的创作成果，《今天我当家》获“第十届全国‘小荷风采’少儿舞蹈展演”“小荷新秀”奖；冯子轩《扈家庄》等个人类4个节目和“云朵组合”《鼓韵琴音》分获第23届“中国少儿戏曲梅花荟萃”个人“金花”奖“银花”奖和集体器乐类“最佳集体节目”奖；微电影《老刘》《最甜莫过无花果》在第七届中国国际微电影展中分获4个大奖，电影《海门深处》入围加拿大第四届金枫叶国际电影节、意大利米兰国际电影节。

开展文艺志愿服务活动。围绕春节、“5·23”文艺志愿者服务、“12·5”国际志愿者日等时间节点，组织各门类艺术家搭建“红色文艺轻骑兵慰问小分队”，深入基层开展多种形式的文艺志愿服务活动。举办各类艺术惠民讲座600余场，直接和间接受益群众60余万人次，不断满足群众精神文化需求，使之真正成为沈阳文艺繁荣发展的受益者、受惠者。

【第五届中国起源地文化论坛】 1月12日在北京人民大会堂宾馆会议厅举办。中国文联文艺艺术中心、中国西部研究与发展促进会、中国起源地文化研究中心主办。会上颁发“沈阳是中国旗袍文化起源地”课题证书、“沈阳是盛京满绣文化起源地”课题证书、“沈阳是中国纸上刀绘文化起源地”课题证书。中国文联民间文艺艺术中心副主任刘德伟，中国起源地文化研究中心执行主任李竞生，知识产权出版社副总编王润贵，中国纸上刀绘创始人、沈阳市文联副主席王静共同启动中国起源地文化志系列丛书《中国纸上刀绘文化》。

【新春文艺志愿服务进万家】 1月31日，市文联组织美术、书法、摄影、民间文艺等近20位艺术家，搭建“红色文艺轻骑兵慰问小分队”，深入基层、走进康平，到西关屯乡大广宁村，开展“新春文艺志愿服务进万家”活动，为广大农民朋友们“画年画、写春联、剪窗花、粘糖画、赠全家福”，受众200余人。

【“到人民中去——田园放歌”志愿服务活动】 5月23日，在首届中国旗袍文化节暨“盛京1636”第三届沈阳国际旗袍文化节活动前夕，正值毛泽东《在延安文艺座谈会上的讲话》发表77周年，市文联、市民协、市剧协、市音协、市曲协、市舞协组织文艺工作者50余人，在辽中商业大厦正门广场举办“到人民中去——田园放歌”文艺晚会，表演音乐、舞蹈、戏曲、魔术，以及盛京满绣新款旗袍模特走秀等节目，为首届中国旗袍文化节拉开序曲。

【中国满绣文化论坛】 5月24日在沈阳创新天地举行。辽宁省民间文艺家协会、沈阳市文联、沈阳市民间文艺家协会、盛京满绣文化艺术产业发展有限公司联合承办。论坛以主旨演讲与圆桌对话形式开展，主题是“中国满绣文化的活态传承与创新发展”。中国民协副主席、中国艺术研究院研究员苑利，中国艺术研究院刺绣专业委员会会长李宏复，辽宁大学文化传播学院教授、民俗学硕士研究生导师、中国民俗学会常务理事江帆进行主旨演讲。他们从刺绣文明的起源、基本功能、审美特征，以及地域、民族、身份、交际、礼制、风俗、心理、交流等社会性的功能和文化性的意义，进行多角度阐述。主旨演讲后，与会嘉宾进行圆桌对话。参会人数400余人。

【2019中国（沈阳）起源地文化展】 5月24—31日，中国民间文艺家协会、中共沈阳市委宣传部、沈阳市文联在辽宁省美术馆联合举办。展览展出中国服装博物馆馆藏的清朝、民国袍服，以及盛京满绣、纸上刀绘精彩作品。

【沈阳市庆祝新中国成立70周年主题书法创作展】 9月2日，由中共沈阳市委宣传部、沈阳市文联、沈阳日报社主办，沈阳市书法家协会、沈阳日报美术馆承办的“我和我的祖国——‘明德引风尚·挥毫抒情怀’”沈阳市庆祝新中国成立70周年主题书法创作展，在沈阳日报美术馆举行。李仲元、姚哲成、董文等著名书法家出席活动。展览征集近150位书法爱好者创作的优秀作品170余件，受到广大书法爱好者的喜爱。

【市直机关系统干部职工美术、书法、摄影作品展】 9月16—27日在市委举行。市直机关工委、市文联主办，沈阳日报书画院承办。展览展出美术、书法、摄影作品200余幅。参展作品内容丰富、各具特色，用艺术形式讴歌新时代、宣传新思想、展示新成就，庆祝新中国成立70周年。

【新中国成立70周年主题摄影展】 9月19日，由沈阳市委宣传部、沈阳市文联、沈阳日报社主办，沈阳市摄影家协会、沈阳日报美术馆承办的“我和我的祖国——‘你好新时代’新中国成立70周年主题摄影展”在沈阳日报美术馆开幕。展览展出摄影作品150件，展现中国共产党光辉历史和丰功伟绩，讴歌沈阳现代化建设的奋斗历程和崭新成就。摄影展先后在沈阳日报美术馆、皇姑区文化体育中心展出，同时在《沈阳日报》、帅正、指尖沈阳等媒体上举办线上摄影展，展览为期1个月。

【新中国成立70周年民间艺术作品展】 10月10—14日，由中共沈阳市委宣传部、沈阳市文联、沈阳日报社主办，沈阳市民间文艺家协会、沈阳日报美术馆承办的“我和我的祖国——‘巧手匠心同圆中国梦’庆祝新中国成立70周年沈阳民间艺术作品展”在沈阳日报美术馆开展。展览集中展出沈阳市民间艺术工作者精心创作的130余幅民间工艺美术作品。参展的作者有国家级民间艺术家，有省市级非遗传承人，也有院校师生，以及在沈阳市“艺术惠民双百万工程”中得到培育的民间手工艺爱好者。

【“不忘初心 牢记使命”文艺志愿演出走基层活动】 12月5日在沈阳市于洪区文化活动中心上演。市文联主办，市戏剧家协会、市音乐家协会、市曲艺家协会、市舞蹈家协会、市杂技家协会、于洪区委宣传部、市于洪区文化旅游和广播电视局承办。李静文、周丹等表演艺术家和徐晓霞、李璐等数十位演员逐一登台，用《京剧联唱》、评剧《小河流水》、快板《十三个显著优势意义深》《川剧变脸》、歌曲《大道之行》《再一次出发》、东北大鼓《多福》、舞蹈《又见山里红》《国粹舞韵》、笛子独奏和魔术等11个节目讴歌党、讴歌祖国、讴歌人民，宣传党的十九届四中全会精神。500余市民观看演出。（王　兰）

文化市场

【概况】 2019年，全市文化市场总收入47459.8万元，营业利润7422.8万元，有演出场所42家，歌舞厅374家，游戏厅91家，网吧567家。全年各类演出13511场，涉及沈阳壹玖零伍文化创意园、刘老根大舞台、中街步行街，体育场及各类娱乐场所等50余家，其中涉外驻场演出有23个国家201人次10299场、大型演唱会10场、其他类型演唱会84场、综合性演出580场、流行乐781场、儿童剧595场、话剧89场、舞剧62场、其他戏剧81场、二人转709场、各类舞蹈187场、音乐节13场、古典乐8场、相声及脱口秀15场。

【行政许可告知承诺改革】 2019年，根据《关于落实证明事项告知承诺制试点工作有关事项的通知》要求，制定告知承诺事项目录、证明事项告知书、审批流程等相关材料，统一标准落实到位。由于告知书的发放，申请人能够做到知法、守法并按规范标准执行，自觉做好自身管理。

（夏普江）

出　版

【概况】 2019年，全市出版工作紧紧围绕沈阳高质量发展、新时代振兴目标，坚持“两个效益”正导向，保持发展定力，汇聚攻坚合力，取得长足进步。

社会效益取得新成果。重点图书《来自森林与草原的文化记忆》作为东北三省出版单位唯一项目入选“2019年中华民族音乐传承出版工程精品出版项目”，《盛京赋》《函可传》获2018年度全国城市社一等奖，《太空游民》获2019中国图书海外馆藏影响力中国图书20强。《动物印象》被评为国家生态环境部公众最喜爱十本生态环境好书。22种图书入选国家级各类推荐书目，有声书《张氏父子》位列全国历史类畅销榜前一百名，《聊斋志异》等地方珍稀典籍挖掘受到新华网、人民网等全国70多家主流媒体关注，点击量超过1000万。67种图书分获出版行业和省优秀图书奖、“五个一工程”奖，入选国家出版基金资助项目及“十三五”国家重点出版规划项目。

经营效益实现新突破。出版发行业实现经营净收入4.5亿元，较上年增长7000万元，增长率18%，主业实现利润1100万元。沈阳出版社实现利润667.98万元，增长64.62%；完成计划190%。出版图书1513种，累计码洋3.09亿元，增加46.20%；新华书店稳中有升，实现利润380万元。（市委宣传部）

文化产业

【概况】 2019年，全市文化产业制度体系建设不断完善，整体发展形势不断向好。全市各类文化市场主体从“三经普”（第三次经济普查）到“四经普”（第四次经济普查）突破式增长8000余户，规模以上的259户文化企业经营实力提升，市级及以上的50余个文化产业园区（基地）突出特色化、集聚化发展，一批依托废弃锅炉房改造文化发展空间项目相继落地建设，产业发展势能不断集聚放大。沈阳创意设计周、法库国际飞行大会等一系列重大文化活动成功举办，有力激发文化产业发展活力。

【文化消费与惠民公共服务网络平台招标】 2019年，沈阳市文化消费与文化惠民公共服务网络平台项目委托沈阳市公共资源交易中心进行公开招标，6月10日确定工程监理单位，9月24日确定项目施工单位。10月17日，组织设计单位、监理公司、施工单位召开工程建设启动会，明确建设任务、工期和安全生产责任制要求等。截至年末，该项目基本完成项目硬件安装工程。

（唐　辉）

党　史

【概况】 2019年，市委党研室以习近平新时代中国特色社会主义思想为指导，围绕市委中心工作，以新中国成立70周年为主线，认真落实中央对党史工作“一突出、两跟进”要求，高质量完成了年初确定的各项工作任务。按照市委整体部署，从严从实开展“不忘初心，牢记使命”主题教育。新组建7个党支部并选举产生支部书记。召开新一届全体党员大会，选举产生新一届机关总支委员会。同时，组建党群工作部；编纂完成《情满边疆——沈阳市对口支援西藏新疆工作实录（1995—2018）》《沈阳工业发展70年（1949—2019）》《中国共产党沈阳年鉴·2019》《中国共产党沈阳历史大事记（2011—2018）》，举办“献礼新中国70华诞 沈阳史志新书首发式”；《沈阳党史》期刊编辑出版6期，40余万字，每期发行6000册；完成《在全市党员干部中开展地方党史学习的建议》资政报告，其中《在全市党员干部中开展地方党史学习的建议》得到市委副书记刘晓东批示；在全市开展的“不忘初心，牢记使命”主题教育中，组织业务骨干开展地方党史宣讲活动，先后为10余家单位宣讲12场《回望沈阳党史，牢记初心使命》主题讲座，受众2000余人；两次应市委副书记刘晓东要求汇报沈阳党史资源情况，并整理完成3.3万余字的《沈阳红色资源概况》；参与筹建“红色驿站”地方党史展馆，占地400平方米，包括红色印记、红色引擎、红色基因三个主题活动展区，并撰写1.2万余字的解说词，“红色驿站”基层党建创新做法入选“2019中国改革年度优秀案例”；分别与沈阳日报社、晚晴报社、沈阳网和喜马拉雅等媒体合作，开展党史宣传教育；起草出台《沈阳市关于加强党史和地方志工作的实施意见》。

【4部党史著作献礼国庆70周年】 9月末，市委党研室编纂出版《情满边疆——沈阳市对口支援西藏新疆工作实录（1995—2018）》《沈阳工业发展70年（1949—2019）》《中国共产

党沈阳年鉴·2019》《中国共产党沈阳历史大事记（2011—2018）》四部党史书籍。《情满边疆——沈阳市对口支援西藏新疆工作实录（1995—2019）》一书由省委常委、市委书记张雷作序，72万字，400余幅图片，系统、全面地记述沈阳市对口支援西藏、新疆各个方面取得的成就，反映对口支援工作给西藏和新疆带来的新变化、新气象，弘扬援藏援疆干部的拼搏奉献精神。《沈阳工业发展70年（1949—2019）》26万字，由省委常委、市委书记张雷作序，详细记述新中国成立后沈阳工业发展的历程。《中国共产党沈阳年鉴·2019》全书100余万字，收录121家单位，系统记录2018年全市各级党组织攻坚克难，全面推进改革开放创新，着力保障和改善民生，狠抓全面从严治党等各方面取得的重要成就。《中国共产党沈阳历史大事记（2011—2018）》55万字，主要收录中央、省、市主要领导对沈阳工作的重要指示和在沈阳的重大调研活动，市委全会（扩大）、常委会和党委其他重要工作会议及有关全市的重大决策部署等。

【《沈阳党史》重要活动宣传】 2019年，《沈阳党史》杂志配合主题教育，开辟“不忘初心”板块，下设《青春风采》和《信仰力量》栏目，展现老一辈无产阶级革命家的初心和使命。为庆祝新中国成立70周年，开设“庆祝70周年”板块，以《决策回眸》《决战时刻》《红都探源》三个栏目，全景式反映党领导全国人民建立新中国的壮丽历程。在10月当期，更是集中发布6篇文章，形成集中宣传效应。

（市委党研室）

地方志

【概况】 2019年，全市地方志工作以实现“两全目标”（到2020年，实现省、市、县三级第二轮地方志书全部出版；实现省、市、县三级综合年鉴全覆盖）为引领，高质量完成年初确定的各项工作任务。《沈阳市志（1986—2005）》卷二（下）、《沈阳市志（1986—2005）总目汇编》《沈阳街道乡镇志》（第三辑）编纂出版，其中《沈阳街道乡镇志》（第三辑）首次采用卷首有彩页，内文有地图的编排方式，增强可读性和资料性；举办“献礼新中国70华诞 沈阳史志新书首发式”；《沈阳大事记》出版12期10万余字；全面启动村志编纂试点工作，辽中区皮家堡村村志初稿形成；完成题为《关于天津和沈阳开发利用历史建筑提升城市文化品位的比较分析报告》的资政报告；在五三街道文化站图书室的基础上，增设沈阳市首个街道史志馆——五三街道史志馆；选派业务处室人员全面深入基层面对面指导帮带，实地解决工作中遇到的难点。市委党史研究室（市政府地方志办公室）被中国地方志指导小组办公室评为全国地方志工作先进集体。

【沈阳市本级“两全目标”提前完成】 9月，总字数128万字，反映全市商贸服务业、金融业、经济管理内容的《沈阳市志（1986—2005）》卷二（下）出版，标志沈阳市2005年启动的4卷5册578万字的第二轮修志工作全面完成，沈阳市在全省率先完成二轮修志编纂出版任务。在年鉴编纂上，沈阳从1995年开始编纂出版年度《沈阳市志》，2012年开始按年鉴体例编纂出版《沈阳综合年鉴》，2019年开始更名为《沈阳年鉴》。2016卷获全国地方志系统年鉴类评选二等奖，2017卷、2018卷获三等奖。沈阳市的二轮修志工作受到省政府办公厅的肯定，并获邀在全省第二轮修志工作会议上作典型发言。

▶“献礼新中国70华诞 沈阳史志新书首发式”图书 （市委党研室供）

【《沈阳年鉴》2019卷创新阅读模式】 9月出版，全书95万字，190幅图片，客观记述沈阳市2018年政治、经济、文化、社会、生态等方面的大事、要事、新事，为海内外各界人士了解沈阳、宣传沈阳、讲好沈阳故事，提供准确信息。为突出时代特色和地方特点，尝试将年度最具影响力、最具代表性的大事集中展示在封面上，以书笺、沈阳故宫大政殿为主要元素，设计《沈阳年鉴》独有的文化标识（LOGO），并首次采用二维码识别数字图书，开启数字阅读新模式。

▶市委党研室举办“献礼新中国70华诞　沈阳史志新书首发式”　（市委党研室供）

【新书首发式】 10月23日，“献礼新中国70华诞 沈阳史志新书首发式”在沈阳创新天地举行。省市相关领导出席首发式。会上对《沈阳市志（1986—2005）》《沈阳年鉴》2019卷等8部史志专著作新书推介。省政府办公厅领导对沈阳市地方志工作给予肯定。市委常委、秘书长李强讲话。李强代表市委对全市史志工作给予充分肯定和高度评价，并分别从坚守初心使命、强化责任担当、加强自身建设三个方面，对全市史志工作提出殷切希望。　（市委党研室）

档　案

【概况】 2019年，市档案馆（市文史研究馆）着力推升档案服务能力，稳步推进档案基础业务工作，扎实开展团队文化建设，锐意进取，真抓实干，推动档案事业高质量发展取得可喜成绩。接收市发改委等单位的档案5423卷、20159件。提供利用档案资料8040卷（册）5777人次，现行文件460件140人次，出具证明3559份。建立沈阳市民生档案信息资源跨馆出证系统。接待参观群众5000余人次，接待北京市档案馆、浙江省档案局等参观团体51个。征集抗战档案资料、与沈阳历史有关的视频片、老地图、民国契照等各类档案资料，丰富馆藏资源。征集著名军旅作家、诗人胡世宗珍藏名人字画档案337幅进馆，并举办“著名军旅作家、诗人胡世宗捐赠珍藏字画展览暨捐赠仪式”。整理历史档案604卷，拟制、录入文件级目录11245条。档案鉴定开放9164件。完成馆藏档案数字化三期项目，数字化档案5.8万卷、1.4万件，106个全宗1028.6万页（A4幅面）。

【《印象沈阳》首发赠书仪式】 5月14日，举办“讲好沈阳故事 打造印象沈阳品牌”论坛暨《印象沈阳》首发赠书仪式。《印象沈阳》是市档案馆（市文史研究馆）为助推沈阳高质量发展、全方位振兴，在全面梳理档案文史资源，充分挖掘沈阳历史文脉和城市文象的基础上精心打造的一个全视角、立体式的超媒体档案文化产品。该产品通过微信等新媒体以指数型快速、广泛传播，赢得有关领导、专家和社会各界的一致好评。20余家新闻媒体参加论坛和首发式并对活动进行报道，特别是“学习强国”平台和中央广电总台“国际在线”分别以“《印象沈阳》为沈阳保留‘立体记忆’”和“印象沈阳 与你共同打造沈阳印象”为题进行重点报道。

【《印象沈阳》之老字号企业品牌文化研究论坛】 7月25日，市档案馆与沈阳老字号协会联合举办“打造印象沈阳品牌，助力老字号企业、知名企业发展”暨《印象沈阳》之老字号企业品牌文化研究论坛。老龙口、萃华金店、老边饺子等40余户老字号

▶市档案馆举办印象沈阳之老字号企业品牌文化研究论坛（市档案馆供）

企业，市委宣传部、《沈阳日报》、文旅部门的与会人员和文史专家共同探讨档案工作服务老字号企业的新途径、新办法，进一步推进“老字号”企业文化研究，共同推进沈阳“老字号”企业蓬勃发展，打造城市名片，展现沈阳良好形象。

【胡世宗捐赠市档案馆珍藏字画337幅】 市档案馆征集著名军旅作家、诗人胡世宗珍藏名人字画337幅进馆，并于8月5日举办“著名军旅作家、诗人胡世宗捐赠珍藏字画展览暨捐赠仪式”。所捐字画为胡世宗工作、学习、生活中结交的良师益友所馈赠，包括丁玲、艾青、贺敬之、臧克家等。“胡世宗捐赠珍藏字画展览”开展一个月，受到社会各界的广泛关注和一致好评，参观群众2000余人次。

【馆藏日本侵华历史档案公布】 9月17日，沈阳市档案馆馆藏日本侵华历史档案公布新闻发布会在市政府新闻发布厅举行。为了铭记历史，教育后人，沈阳市档案馆对馆藏民国时期有关九一八事变后日本侵华档案进行挖掘整理并依据《中华人民共和国档案法》关于档案公布的有关规定向社会公布。此次公布的馆藏历史档案106件，时间跨度为1946—1948年，主要是抗战胜利后国民政府对九一八事变后日本帝国主义侵略与殖民统治给沈阳人民造成巨大损失情况的统计调查档案以及对犯有战争罪行的日本战犯的通缉审判档案等。

【壮丽70年，奋斗新时代——印象沈阳之城市变迁展】 9月20日在市档案馆举办。展览分为“为荣辱兴衰、奉天城韵”“烽火淬炼、国歌精神”“后方基地、支援全国”“长子情怀、城市荣光”“厚积薄发、沈阳万象”5个部分，展现沈阳由传统社会的盛京古城，发展到国际化、现代化都市的历史过程。该展览在市委市政府机关、市纪委、部分区县巡展。展览受到社会各界的关注和好评，到年底，累计接待参观3000余人。同时开设网上展览，访问量达万人。

【争取国家资金近200万元】 2019年，市档案馆引入国家资金199万元，推进2019年国家重点档案保护与开发项目《国家重点档案目录基础体系建设任务》《1948年沈阳解放后社会恢复与稳定之状况汇编》《民国奉系军阀统治时期奉天城市建设档案汇编》《近代沈阳涉外商贸档案资料汇编》等5个项目的实施。

（市档案馆）

文　史

【概况】 2019年，完成沈阳市哲学社会科学基金项目《赞咏沈阳诗赋经典百篇》《中国十四年抗战起点史料汇编》。做好《沈阳文史》编辑工作，《沈阳文史》成为市文史研究馆发表研究成果、开展学术交流、扩大社会影响的重要平台。参加第六届国学论坛，馆员初国卿撰写的论文《拉开中国历史序幕的东西大通道——河西走廊与辽西走廊的历史地位与作用》在论坛上交流，被编入《中央文史研究馆第六届国学论坛论文汇编》。举办两期“沈阳文史讲坛”，讲好沈阳历史故事、讲好沈阳文化故事、讲好沈阳城市故事，提升文史服务中心服务社会能力。举办“《丝路花语丹青亓缘》亓官良中国画艺术展”“文苑菁华——全国部分省市文史研究馆赠送我馆书画作品展”“文史历程”展览。做好文史馆新址修缮质量审核、工程协调、财政审核等工作，推进沈延毅艺术馆项目建设。

【首届全国市级文史研究馆文化交流系列活动】 9月3日，活动启动仪式在市文史研究馆举行。由中央文史研究馆主办，市档案馆（市文史研究馆）承办。活动包括“庆祝新中国成立70周年——‘文史风华’首届全国市级文史研究馆书画展”“‘弘扬伟大抗战精神 深化抗战文化研究’专题论坛”“文史风华——全国市级文史研究馆书画创作笔会”等内容。中央文史研究馆文史业务司司长耿识博，市委常委、市委秘书长李强等领导出席仪式并致辞。中央文史馆、参会的各市级文史研究馆领导和馆员对沈阳承办的活动给予高度评价，高水平的抗战文化专题论坛和书画展等活动受到专家及社会各界的好评和欢迎。

【《沈阳历史文化典籍丛书（第九辑）》首发式暨赠书仪式】 12月20日在市档案馆（市文史研究馆）举行。该书收录的三册古籍为李呈祥的《东村集》、戴梓的《耕烟草堂诗钞》和陈梦雷的《松鹤山房诗集》。《沈阳历史文化典籍丛书》是市档案馆（市文史研究馆）长期坚持搜集整理和抢救保护的地方文献典籍、传播地域历史文化的大型地方文献丛书，已出版九辑27册。

（市档案馆）

三十一、卫生健康

综　述

2019年，市卫生健康管理机构以人民健康为中心，以打造便民、利民、惠民的高品质、全生命周期医疗卫生服务体系为主线，以“三个年建设”为载体，努力在医院管理年、学科建设年和营商优化年上发力，实现公立医院的全覆盖，民营医院也涵盖其中，力求大卫生、大健康工作的创新尝试取得阶段性成果。截至年末，各级各类医疗卫生机构5190家，其中医院276家，社区卫生服务中心（站）144个，卫生院116个，村卫生室2362个。实有床位71929张，平均每千人口床位9.51（8.64）张。卫生人员总计99059人，其中卫生技术人员81731人，全市医护比1∶1.20。平均每千人口卫生执业（助理）医师4.20（3.81）人；平均每千人口注册护士5.05（4.58）人。沈阳地区总诊疗人次4464万人次，入院人数174.3万人，出院人数173万人，住院病人手术人次数62.2万人次，病床利用率73.33%，每百门急诊的入院人数3.91人。全面两孩生育政策依法、平稳、有序实施，出生率6.85‰；一孩率71%、二孩率27%、多孩率2%。办理生育登记54183例，其中一孩登记占70%；二孩登记占28%；多孩登记占2%。

医院管理全面加强。推进委属单位以聘用管理、岗位管理、常态化人才招聘为核心的人事制度改革。出台《公立医院薪酬制度改革实施方案》，健全以公益性为导向的绩效考核评价机制，市六院将收入分配向一线重点岗位倾斜，绩效发放增长23.21%。修订《沈阳市卫健委编外用工管理办法》，推进委属单位同工同酬。24家医院完成国家三级公立医院绩效考核，市四院成为获国际医疗质量协会认证的中国首家“五星级医院”，全市医疗质量持续提升。

学科建设全省领先。市一院、市四院、沈医中心医院、东北国际医院四个区域医疗中心综合诊疗能力全面加强。委属医院突出学科特色，打造学科品牌。市红十字会医院成立中法老年医学中心，首批获评国家级老年友善医院；市四院发挥陈孝平院士工作站、上海东方肝胆医院教授刘辰等专家团队优势，填补10项省市技术空白；市六院成为中国肝脏肿瘤微创治疗规范与临床应用项目合作医院，获批全国人工肝及血液净化示范中心；市胸科医院启动全国首创规模最大的肺癌诊疗一体化中心。

营商环境持续优化。建立胸痛、卒中、小儿气管异物、创伤中心及危重产妇救治五大急重症救治中心。推出延时错峰服务、自助打印交费3大类181项便民举措，市五院开通“三无人员”（无生活来源、无劳动能力、无法定抚养义务人或法定抚养义务人丧失劳动能力而无力抚养的公民）绿色通道，对急重症患者推行“先诊疗，后结算”模式；市精卫中心建立中高考心理咨询门诊，提供24小时心理援助热线。实施“百人进百院”活动，解决民营医院10类162个问题，实现33项市级卫生许可事项全部实现网上审批，发放各类卫生许可证2.5万件。市四院组建辽宁省首个快速反应小组（RRT）。

信息化建设提档升级。召开全市卫生健康系统信息化大会，发布区域人口信息平台信息，完成委属25家医疗机构和3家县级医院数据上传，实现互联互通、资源共享。推进医大一院、医大二院、沈阳眼医眼科互联网医院成为辽宁省首批互联网医院。建成市一院、市骨科医院等5个远程会诊中心，委属医院实现手机App等多路径预约挂号。创新以政府、医疗机构、药品零售企业、药品配送企业等多方参与的流转平台，实现医疗机构处方、医保结算和药品零售消费等信息实时共享。市胸科医院获辽宁省智慧医疗服务示范单位。建成市一院、市骨科医院等5个远程会诊中心。

公卫体系日趋完善。强化重点传染病联防联控和群防群控工作，会同市教育局联合推进以结核病、艾滋病为重点的学校传染病防控工作，与桃仙机场签订输入性传染病联防联控协议，年内实现乙脑零发病的工作目标，乙类传染病报告发病率下降 2.4%。推进地方病防治专项攻坚行动，完成923个监测点，2.4万名个体监测任务。年内新建数字化预防接种门诊23家，免疫规划单苗接种率持续保持在95%以上。为6.4万名小学二年级学生实施免费口腔健康检查，完成5000名学生近视现状调查和近7万名学生近视筛查。

基层卫生全面夯实。基本公共卫生服务补助经费提高至人均69元，贫困人口大病救治病种扩大到21种，新增专项救治定点市属医院11所，为患有高血压、糖尿病、重性精神疾病和结核病4种慢性疾病的贫困居民开展签约服务，覆盖率达100%。建成标准化乡镇卫生院102个，中医馆116个、数字化预防接种门诊165个。组建68个医联体，做好皮肤病、糖尿病、肛肠病等专科专病医联体建设，促进优质医疗资源下沉。开展美丽乡村建设，组织义诊250场，受益群众9.4万人，全市1500多个行政村实现全覆盖。启动康平县“大病不出县”试点。组建2173个家庭医生签约服务团队，沈阳市家庭医生签约服务工作经验在全省推广。

（尹晶晶）

医　疗

【概况】 截至年末，全市卫生机构2828个。其中，医院276个；社区卫生服务中心（站）144个，卫生院116个，门诊部351个，诊所、卫生所、医务室1893个；疾病预防控制中心8个，专科疾病防治院（所、站）18个，妇幼保健院（所、站）9个，急救中心（站）1个，采供血机构1个。年末实有床位71929张。地级市直属单位卫生人员总计19119人，占全市的19.3%；其中卫生技术人员16368人，其他技术人员918人，管理人员885人，工勤技能人员948人，分别占全市的20%、19.6%、19.2%、17.0%。省直属单位卫生人员25186人，占全市的25.4%。其中卫生技术人员21626人，其他技术人员1552人，管理人员823人，工勤技能人员1185人，分别占全市的26.5%、33.1%、17.9%、21.3%。卫生技术人员中拥有执业（助理）医师31749人，注册护士38191人，药师（士）3847人，技师（士）4118人，其他3817人。地级市直属单位拥有执业（助理）医师5659人，占全市的17.8%；注册护士8047人，占全市的21.1%；药师（士）706人，技师（士）969人，其他987人。省直属单位拥有执业（助理）医师7927人，占全市的25.0%；注册护士10776人，占全市的28.2%；药师（士）1000人，技师（士）1011人，其他912人。全市医护比1：1.20；市直1：1.42；省直属单位1：1.36。

医疗能力。市第五人民医院、市第六人民医院等项目完成年度施工计划，市口腔医院浑南院区完成工程总承包招标工作；市公共卫生服务中心疾控监督楼具备入住条件，血站楼主体完成全封闭；沈医二院北院完成资格预审工作，进入社会资本合作方招标采购阶段。所有项目均完成年度施工目标。

智慧卫生。区域人口信息平台正式投入使用，完成委属25家医疗机构和3家县级医院包括住院病历32万份，门诊病历629万份，影像及检验数据80万份，心电数据7427份，病理数据206份等数据上传，实现互联互通、资源共享。

急救体系。建立东北首家欧洲复苏协会培训基地、美国心脏协会培训基地；东北国际医院获国家级艾滋病监测哨点。市急救中心与市域内各级医疗机构合作建立32个卒中中心、14个胸痛中心、3个创伤中心；在沈阳积水潭医院急救站点增设1组急救单元，配备20名急救人员，24小时提供医疗急救服务。

合作交流。市红十字会医院成立中法老年医学中心；市妇婴医院与中科院大连化学物理研究所签订精神专业临床质谱中心合作协议；市骨科医院打造中俄脊柱微创中心、中法关节外科中心，获评全国肩关节镜专科培训中心、中国关节外科中心研究工程临床基地、创建骨科手术加速康复围术期血液与疼痛管理示范病房。（尹晶晶 邢志刚）

【沈医二院成为首批次国家级高血压达标中心】 2月，沈医二院血压达标中心建设工作正式启动。11月6日，经国家高血压达标中心总部专家现场核查，12月1日正式通过国家高血压达标中心认证，正式成为第一批次国家级高血压达标中心。

【首届全国“老年照护师”培训班】 2月23日由中国沈阳医养结合联盟启动实施。沈阳15家医养结合试点机构的100多人参加培训。4月20日，培训班结业式在沈阳市安宁医院举行。99名学员通过考核顺利结业，获“老年照护师”证书，成为沈阳市首批持证上岗的专业老年照护师。培训班分为理论学习和实操训练两个板块，培训内容包括老年照护技能、急救技能、老年常见病和慢性病表现及用药知识、心理疏导、居家常用医疗护理技术、家用医疗康复设备的使用方法等。

【沈阳市第十二人民医院成立】 5月18日，辽宁中置盛京老年病医院正式挂牌沈阳市第十二人民医院。作为医养结合的专业老年病医院，辽宁中置盛京老年病医院也成为沈阳市首家“入列”市属“人民医院”的社会办医疗机构。辽宁中置盛京老年病医院于2017年5月正式开诊，是东北首家具有国际标准、集医疗和养老于一体的新型三级综合医疗机构，同时也是中国老年医学学会挂牌的全国首家国家级医养结合“院中院”模式示范基地。

（志 闻）

医 政

【概况】 2019年，全市无偿献血总人次116669人次（含单采13582人次），采血总量38.08吨，单采血小板20587.2治疗量；向临床供血38.57吨，供应单采血小板20838治疗量，供应浓缩血小板1124单位；红细胞分离率99.99%，全面满足临床用血需求。沈阳地区从未启动过互助献血，确保临床输血安全。沈阳急救中心完成急救任务18.6万次，完成各类医疗保障、救援、演习、备勤任务累计185项478次。

医疗服务质量全面提升。10月14—31日集中开展覆盖市登记管理医疗机构和各区县（市）中心（人民）医院的医疗质量管理与控制检查工作，累计派出专家500余人次，开展口腔、病理、医疗美容、血液透析、临床营养、放射诊断和检验等专业质控检查。新增儿科专业质量控制中心，调整沈阳检验专业质控中心承担机构及主任人选，调整市病案管理质控中心主任人选。

医联体建设成效显著。以市属医院为牵头单位，因地制宜开展多样化医联体建设。全市有医联体68家，其中城市医联体20家，县域医共体2家，专科联盟30家（区域内18家，区域外12家），远程协作医联体7家，城乡医联体9家。全市32家市管三级医院，3家驻沈省、部队属医院全部牵头参与医联体建设，政府办二级及以下基层医疗卫生机构实现全覆盖。

对口支援基层服务能力增强。通过对口支援和专科专病两种模式与市内三级医院建立长期的技术帮扶合作关系，加强骨干医师专业培训。实行专科帮扶行动计划，通过专科联盟建设，引导医疗资源上下贯通，提升基层专科能力发展。各专科联盟牵头单位组织培训会数十场，市第四人民医院等6家市属医院派出副高级及以上医生进行专科帮扶30次，切实提升县级医院专科服务能力和水平。

营商环境建设持续优化。建立与国际接轨的医疗配套服务体系和管理标准，增加沈阳爱尔卓越眼科医院为沈阳涉外医疗定点医疗机构，加强对宝马新工厂项目中外籍人士的医疗需求保障服务。截至年末，全市接诊外籍人士6070人次，其中宝马外籍员工2476人，住院94人次，院前急救转运22人次，得到外籍人士的高度认可。

急诊急救体系不断完善。沈阳急救中心急救指挥中心指挥系统全面升级，数据传输、多平台对接等技术均处于国内领先水平。实现与交通指挥平台形成联动机制，为急危重症患者开辟绿色通道。完成首例航空转运危重患者任务，完成棋盘山森林大火、长岛壹号群体一氧化碳中毒等紧急医学救援任务。

推进“三调解一保险”（院内调解、人民调解、司法调解、医疗风险负担机制有机结合）工作。推进沈阳市医疗责任保险和医疗纠纷人民调解工作。市医调委调解医疗纠纷191例，成功率91%，司法确认率97%，调解赔付率100%。全市二级以上公立医院和政府办基础医疗机构全部参加医责险。

开展专业医学中心建设。确定市第一人民医院、市第四人民医院、沈医附属中心医院和东北国际医院4家医院为沈阳区域医疗中心。组织建设沈医二院和市第四人民医院2家省级胸痛中心。确定市第四人民医院和沈医附属中心医院2家为全市创伤中心，在沈阳积水潭医院设置沈阳西部区域创伤中心。

强化医疗收费管理。出台《沈阳市医疗机构内部价格管理暂行规定（试行）》，组织21家委直管、11户厂企、5家民营医疗单位开展医疗服务价格自查自纠工作，进行实地检查指导；组织全市三级医疗机构24家、二级医疗机构33家、一级医疗机构205家，12月31日24时起全面取消医用耗材加成，并同步执行调整后的医疗服务价格。

行政审批获殊荣。全市卫生行政审批工作批准医疗机构设置1件，执业登记29件，校验12件，变更数143件。医师执业注册审核数13677人。护士注册审核数9855人。外籍医师和港澳台医师到沈行医审核发证38人，港澳台医师在沈行医的医师资格认定4人。被市文明委授予“沈阳市优质文明诚信服务窗口”称号。

【“大型义诊周”活动】 9月6—12日，开展“服务百姓健康行动”大型义诊周活动。全市136家医疗机构参加义诊活动，义诊医师920人，药师184人，护士515人，受益市民20862人次，为农村贫困人口建档立卡152人；参加大讲堂群众4441人次，发放宣传材料26733份，减免患者费用93038元。（王索艳　张超）

【4家医院获批省首批“互联网医院”】 10月18日起，为落实《国务院办公厅关于促进“互联网+医疗健康”发展的意见》《互联网医院管理办法》要求，完成辽宁省内中国医科大学附属第一医院、中国医科大学附属盛京医院、沈阳兴齐眼科医院和沈阳市第四人民医院4家首批互联网医院执业许可登记审批。

（陈明元）

●小资料

互联网医院将通过互联网医疗服务平台，依托实体医疗机构，利用互联网技术，直接为患者提供部分常见病、慢性病复诊和家庭医生签约服务，极大地方便群众看病就医，让群众不出家门就能享受到优质医疗服务。患者可通过网络平台在线获得医生专业建议，常见病、慢性病患者可以在线复诊，足不出户获得医疗处方，药品可直接配送到家或到医院、附近药店取药，取药用药更加方便便捷。

【《沈阳市公立医疗机构取消医用耗材加成调整医疗服务价格实施方案的通知》】 12月市医保局印发。《通知》要求：在取消公立医疗机构医用耗材加成，实行医用耗材“零差率”销售基础上，同步调整经血管介入诊疗、手术治疗以及其他体现医护人员技术劳务价值的综合医疗服务类等项目价格。取消之前的公立医疗机构医疗服务政府指导价按基准价格与浮动幅度管理的形式，实行一、二、三级公立医疗机构分级定价和医疗服务价格最高限价管理。通过取消医用耗材加成，促进医用耗材合理使用，降低患者就医负担。（刘艳丽）

基层卫生

【概况】 2019年，全市启动“大病不出县”两年行动计划，落实村医养老待遇市级补助资金1565.49万元。国家卫健委对5家达到优质服务基层行推荐标准的基层医疗机构给予通报表扬。基层医疗机构为签约居民提供上门服务17.17万人次，老年人健康管理91.3万人次，慢病随访91.06万人次。

启动“大病不出县”两年行动计划。出台《沈阳市落实“大病不出县”两年行动计划实施县域综合改革试点工作方案》，确定康平县、新民市为全市“大病不出县”首批试点地区。康平县被国家、省确定为试点县。

开展“优质服务基层行”

活动。组建市级专家库，对区级专家、基层医疗机构开展业务培训。全市5家基层医疗机构达到推荐标准，数量占全省达标单位50%，有28家机构达到基本标准，占全省21.5%。和平区北市社区卫生服务中心医生陈瑶被国家授予2019年“优质服务基层行”优秀实践者。

乡村医生待遇得到保障。明确全市乡村医生离岗后月补助标准按25元／年（服务年限）计算标准，对辽中区、新民市、法库县、康平县给予70%比例补助。协调各级财政，落实辽中、新民、法库、康平2019年村医养老待遇市级补助资金1565.49万元。

家庭医生签约服务模式全省推广。出台《关于进一步做实做细家庭医生签约服务的通知》，“沈阳经验”在全省推广。截至年末，基层医疗机构为签约居民提供上门服务17.17万人次，老年人健康管理91.3万人次，慢病随访91.06万人次。

【《关于进一步做实做细家庭医生签约服务的通知》】 4月19日市卫健委印发。《通知》明确，在全市各基层医疗机构中选择14家机构作为签约服务模式创建试点单位，重点把握五个方面重点内容：按照“1+1+N”模式组建签约服务团队；提供综合性服务；落实分级诊疗；应用信息技术促进签约和服务；完善考核及分配制度。（张妍妍）

疾病控制

【概况】 2019年，全市的疾病预防控制工作以预防和控制重大传染病发生和流行、有效提升人民群众健康水平为目标，以保障和改善民生为要务，传染病防治、免疫规划、慢性病、地方病管理以及重性精神疾病防治等各项工作成效显著，连续五年在全省综合目标考评中排名第一。

基本和重大公共卫生项目有效落实。落实联防联控、监测预警、预防接种等综合性防控措施，年内乙类传染病报告发病率下降2.4%。贫困家庭适龄儿童免费窝沟封闭和水痘、流感疫苗接种的知情率、知情同意完成率均达到100%，受益儿童近600人。召开全市110所寄宿制学校负责人结核病防控工作会议，全市结核病发病率下降2.7%。

传染病综合防控措施持续增强。会同市发改委等17部门出台《沈阳市地方病防治专项攻坚行动实施方案》，成立由市长姜有为任组长的领导小组，与各区县（市）政府签订目标责任书，完成350名病人的建档和随访管理、923个监测点、2.39万名个体的碘缺乏病、氟中毒病监测和调查任务。

预防接种精细化管理水平再上台阶。全市新建门诊28家，累计建成165家，覆盖率达74%，其中康平县、铁西区实现全覆盖；市妇幼保健院、市第四人民医院、市第五人民医院3家数字化门诊投入使用。全市为14辆冷藏车、5个低温冷库、252台冰箱配备高端、智能冷链温控监测系统，实现智能手机网上预约和点对点信息服务管理，绑定率达70.43%；建立“知情同意电子签核”系统，36家门诊投入使用。

精神病防治工作持续推进。命名健康支持性环境示范单位9类58家；推广市内五区国家级慢病示范区成功经验，于洪区、浑南区获省级示范区称号；实施严重精神障碍管理治疗项目，强化3.2万名严重精神障碍患者健康管理，患者规范管理率和面访率均达到90%以上，年内未发生因管理不到位而导致的严重肇事肇祸事件。

创新高校艾滋病防控工作载体。开展驻沈高校专项督导检查，协助大专院校申请9项艾伯维艾滋病防治项目；启动以“携手抗艾，重在预防”为主题沈阳市高校防艾宣传演讲比赛活动，20余所高校的近200名选手参赛，全市艾滋病疫情下降5.6%。

强化饮用水卫生监测。开展城乡饮水安全枯、丰水期水质监测，采集水样804份，检测合格率91.5%，较2018年提高1.8%，监测结果及时上报市政府并通报各区县（市）政府和市水务局等相关部门。按季度完成末梢水水质安全状况信息向社会公开。

儿童青少年近视防控能力显著增强。出台《关于加快推进儿童青少年近视防控工作的通知》，完成5600名学生近视现状调查和7万名学生近视筛查，代表辽宁省迎接国家卫健委近视眼防控专项督导检查得到充分肯定。督导组认为辽宁沈阳工作做到“六个有”，即：有站位、有方案、有目标、有机制、有举措、有成效。

儿童口腔健康服务项目提质增效。开展医护人员培训、技术考核和巡回督导，16家定点医疗机构，累计实施学生口腔健康检查6.4万名，完成窝沟封闭牙齿

6.1万颗，窝沟封闭率达到91%，较上年上升10个百分点。

【《沈阳市地方病防治专项攻坚行动实施方案（2019—2020年）》】 4月30日市卫健委会同市发改委等17部门印发。《方案》提出持续消除碘缺乏，有效控制饮水型氟中毒和水源性高碘危害，助力攻坚脱贫，实现防治目标与脱贫攻坚任务同步完成的总体工作目标。部署重点防控措施强化行动、现症病人救治救助行动、监测评价全覆盖行动、群众防病意识提高行动、防治能力提升行动和科技防病突破行动六项工作任务，厘清各相关部门、各区县（市）政府工作职责，保障地方病防治攻坚行动顺利实施。

【《关于加快推进儿童青少年近视防控工作的通知》】 10月31日市卫健委印发。《通知》提出，组建由疾控、监督、健教、医疗“四位一体”的儿童青少年近视防控联盟，成立市级近视防控专家组，推进全市卫生健康系统儿童青少年近视防控工作。

（亚云珠）

卫生科教

【概况】 2019年，全市卫生科技建设成果显著。获国际独立课题2项，国家级协作课题32项，省级独立课题58项，协作课题4项，市级课题36项，获得科研经费1114万元。市属医疗机构建成院士工作站6家，省级重点实验6个，市级重点实验室13个，市级临床医学研究中心11家。发表SCI论文62篇。2项成果获省级科技进步奖。截至年末，全市有1711人获住院医师规范化培训结业资格，学员转注册率达到100%。有2578名医生注册或加注全科，每万城乡常住人口配备全科医生3名。

加强全科队伍建设。通过转岗培训、订单定向免费培养、特岗计划、全科专业规培四个途径加强全科队伍建设。全市有2578名医生注册或加注全科，每万城乡常住人口配备全科医生3名。开展各级各类专项和全员培训20项，累计培训4.8万人次，参与率及合格率均达到100%。完成2020年国家级和省级继教项目的申报工作147项，举办年度国家级项目22项，省级项目96项，市级项目99项。

（李春楠　苏晓峰）

【生物安全联合执法】 7—9月，为坚决预防和遏制人间传染的病原微生物实验室生物安全重特大事故发生，市卫健委会同各区县（市）卫生健康行政部门、卫生健康服务与执法中心抽调的专家和卫生执法监督人员组成联合检查组，对沈阳市行政区域内75%的医疗机构、100%的一级病原微生物实验室、65%二级病原微生物实验室，进行实地督导和现场执法。下发卫生行政执法文书18份，限期整改全部落实到位，确保全年无生物安全事故发生。

（刘永辉）

【市卫健委首届科技大会】 12月17日举办。会议回顾“十三五”期间科技创新成果，表彰2名科技创新杰出人物，2名青年科技领军人才，4名自然基金项目负责人，1名科研论文突出贡献者和1个科研创新团队，部署下一阶段科技创新工作，成立沈阳市卫健委科研中心。

（李春楠）

中　医

【概况】 2019年，全市中医药工作以坚持中西医并重、维护和促进全市人民群众健康和促进中医药事业高质量发展为目标，在提升基层中医药服务能力、建立健全中医药人才队伍、开展医院中医药内涵建设等各方面工作取得显著成效。市财政新增中医药专项经费200万元，用于20个基层医疗机构中医药综合服务区（中医馆）建设工作。

“西学中”培训。为做好国家中医药管理局“六批师承”和“四批优才”培养项目，落实《辽宁省“西学中”人才培养项目实施方案》要求，全市举办第二期“西学中”人才培训项目，面向全市医疗机构、特别是乡镇卫生院和社区卫生服务机构招生178人。推广中医药适宜技术项目13项，年度完成培训900余人次。

中医药新兴业态发展。推进中医医疗机构老年病科室建设步伐，加强老年病、慢性病预防救治服务能力。发挥中西医结合大东区中医院等中医药健康养老示范单位作用，开展中医药健康养老示范单位自查自评和“回头看”，推动中医药健康养老服务提质扩面。扩大中医医院与养老机构签约服务范围，发挥中医药特色优势作用，提高中医药服务比例。

中医药文化系列宣传活动。开展以“喜迎盛世华诞，传承国医精神”为主题的大型中医药文化宣传周暨中小学生中草药种植大赛评比活动，累计组织市内20余家中医医疗机构，出动160余名医护人员，义诊232场次，受益群众近4.5万人，发放宣传资料2万余份。开展中医药法专项宣传48次，受益群众6000余人。

（张悦　金童）

卫生监督

【概况】 2019年，全市卫生健康综合监督工作牢固树立执法为民、护卫健康的宗旨，进一步完善综合监督执法体系，提升综合监督能力，全市管理相对人本底数14030户，行政处罚案件1081件，罚款97.29万元，全面净化医疗服务市场，保障公共卫生安全。

迎接国家综合监管督察。落实《国务院办公厅关于改革完善医疗卫生行业综合监管制度的指导意见》，召开13个区县（市）卫健局部署会、28个委办局协调会。对《督察指标任务分解表》涉及22大项，104分项内容进行7轮梳理，完善档案资料。对国家督察组提供23条涉及市场、医保等部门暗访问题线索逐项进行调查核实，全市累计立案17件。

综合监督机构规范化建设。按照《辽宁省县（区）级卫生健康监督机构规范化建设标准》要求，沈河区、皇姑区作为第二批监督机构规范化建设工作试点区，建立健全各项制度，积极开展创建工作，经市级专家考核评估，皇姑区950分、沈河区943分。其他各地区继续积极开展创建工作。

开展专项整治行动。按照医疗乱象、医疗美容乱象、体检机构乱象、省飞行检查举一反三专项整治行动要求，针对医疗机构资质、卫生技术人员资质；一般血站、医疗机构临床采供血；美容医疗机构规范医疗美容服务行为等进行监督稽查，累计检查机构1500余家，立案162家，罚款27.74万元。

传染病防治监督。创新医疗废物智能化管理新模式，全面推广管理信息系统。开展医疗卫生机构抗（抑）菌制剂专项整治，检查生产企业18户、34个产品品种，医疗机构520家，对发现的2家违法违规行为，进行立案处罚。医疗卫生机构传染病防治分类监督综合评价优秀单位率由2018年的58.9%提高到82.1%。

学校卫生监督。会同市教育局等部门开展儿童青少年近视矫正市场乱象整治，监督检查眼科相关诊疗机构40余家，立案查处1家。开展中小学近视防控采光照明检查，监督检查学校159家，立案67起。

落实“双随机，一公开”制度。对医疗机构、学校、公共场所、生活饮用水、餐饮具集中消毒单位等开展随机监督抽查，检查结果向社会公开。检查2242家单位，行政处罚158件，任务完结率100%。

【蓝盾系列专项整治行动】 2019年，结合百姓关注热点，开展“学生视力 蓝盾关爱”“饮水安全 蓝盾护航”“场所卫生 蓝盾护航”“百姓就医 蓝盾护航”“母婴保健 蓝盾护航”“中医诊疗 蓝盾护航”“医疗废物 蓝盾出击”7项专项整治行动，累计监督检查22092户次，立案查处87件。

（夏晓明）

老龄健康

【概况】 2019年，全市卫生健康老龄工作以“敬老月”为载体，以完善工作网络为基础，以保障老年人权益为核心，全面开展人口老龄化国情教育活动，认真做好市老龄委日常工作，无缝衔接机构改革后老年人福利有关工作。人口老龄化国情教育活动全面开展，市委宣传部、市老龄委、市卫健委共同举办“孝老爱亲 向上向善”2019年沈阳市庆祝重阳节电视文艺演出；开展“孝道讲堂”进医院活动，为市、区两级医院的医务人员就孝道文化进行3场宣讲，650余人参加活动。市老龄委等领导走访慰问高龄、贫困老年人15人，医养结合机构1家，发放慰问金2万元。8月2日，制发《关于调整沈阳市老龄工作委员会组成单位和人员的通知》，完善工作机构。年末，将全市90岁以上老年人高龄补贴发放和城乡分散救助供养特困老年人意外伤害保险工作交接给民政部门。

【市红十字会医院获评2019年度国家级老年友善医院】 3月27日，沈阳市红十字会医院、沈阳市安宁医院顺利通过创建全国老年友善医院资质评审，获评全国“老年友善医院”。中国老年医学学会老年医疗机构管理分会评审专家分成三个小组从组织支持、医疗服务、物理环境三个方面，对两家医院各个科室进行严格的实地查访和书面文件查证。通过“老年友善医院”资质评

审，评审团还就加强老年友善管理、打造老年友善文化、改善老年友善环境、提供老年友善服务等提出建议意见。（李可明）

药政服务

【概况】 2019年，全市在以乡（镇、社区）、行政村为单位实施的基本药物制度全覆盖基础上，进一步落实国家基本药物全面配备、优先使用，确保基本药物主导地位，促进上下级医疗机构用药衔接。

国家基本药物配备使用。为确保全市医疗机构全面配备优先使用国家基本药物，组织医疗机构将《国家基本药物目录》2018版共计685种药品，全部在本机构药品目录中进行标注，确保优先使用。开展医疗卫生机构基本药物使用情况基线调查，为省卫健委制定基本药物使用比例提供数据支撑。

“4+7”国家集采药品使用监测。组织全市（含驻沈的省直医疗机构）医疗机构，统计上报“4+7”国家集采药品使用情况监测，针对中选药品使用品种数、包装规格、使用量及约定数完成情况、中选药品使用金额占同类药品使用金额比例、中选药品单处方占比、以及月订单量、月出库量等，为国家调研制定相关政策提供数据支撑。

短缺药品信息监测。规范沈阳市公立医疗卫生机构短缺药品信息网上直报工作，确保短缺药品信息直报相关政策全面落实。按月监测督促各医疗机构上报短缺药信息并组织专家进行核对上报，确保沈阳市所有政府办医疗机构按照要求及时上报短缺药品，防止临床出现严重短缺药事件。

●小资料

“4+7”药品集中采购是由国家医保局、国家卫健委、国家药监局等部门组织的，以北京、上海、天津、重庆（4个直辖市）和沈阳、大连、厦门、广州、深圳、成都、西安（7个副省级城市），共11个试点城市的公立医疗机构为集中采购主体，组成采购联盟，目的是解决药品价格虚高问题，让人民群众以比较低廉的价格用上质量好的药品。

【基本药物配备使用培训会】 10月16日，召开全市医疗卫生机构基本药物配备使用工作培训会。邀请中国医科大学教授姜明燕、沈阳医学院附属二院教授卢熠就基本药物优先配备合理使用、短缺药监测上报工作进行培训，确保全市医疗机构优先合理使用基本药物。（刘丽 岳新）

妇幼健康服务

【概况】 2019年，妇幼保健体系不断完善。成立沈阳市妇幼健康联盟和沈阳市产科专业联盟，促进优质资源下沉。危重孕产妇和新生儿抢救中心实现全覆盖。发挥市产科质控中心作用，提高围产助产服务质量，组织培训10余次，受益2000人。

母婴安全保障水平不断提高。开展妊娠风险评估与管理，助产技术服务机构建立产科危急重症抢救预案。开展多学科多专业急救演练和转诊演练。推广无痛分娩技术，全市剖宫产率降低至50.13%。继续开展新生儿复苏项目，推进儿童早期发展示范基地创建。沈阳市妇幼保健院获评省级儿童早期发展示范基地。

公共卫生项目进一步规范。开展视力检查，孕产妇和0—6岁儿童系统管理不断加强。在全市范围内启用新版出生医学证明（第六版）的签发工作，对符合建档立卡条件的新生儿按规定完成材料报送工作。完成省、市宫颈癌筛查7.3万余人，完成乳腺癌筛查4万余人，完成率均超过100%。（牛利权）

【市新生儿眼病筛查中心成立】 11月29日，沈阳市新生儿眼病筛查中心在沈阳市妇幼保健院正式成立。中心面积264.6平方米，有2名医生，2名护士。旨在尽早发现早产儿视网膜病变，先天性白内障等一些可治疗的先天性眼病，追踪儿童眼发育，保证儿童视觉功能正常发育，为预防儿童近视、弱视及相关眼病的发生提供保障。（志 闻）

职业病防治

【概况】 2019年，全市为进一步明确职业卫生监督协管职责，改善基层监管力量薄弱状况，在4个区县（市）成立独立职业健康监管机构、配备监管人员40名，聘请职业卫生监督协管员523名，筑牢基层职业卫生监督执法力量。对全市73家非煤矿山、冶金、化工行业开展摸底调查，监督检查覆盖率达到100%。

尘肺病防治攻坚行动。开展

粉尘危害专项治理、用人单位主体责任落实、防治技术能力提升等攻坚行动，摸清用人单位粉尘危害基本情况和报告职业性尘肺病患者健康状况。会同10部门制定《沈阳市尘肺病防治攻坚行动实施方案》，下发到区县（市）政府和直属机构。

重大公共卫生职业病防治项目监测。出台《沈阳市重大公共卫生监测项目工作方案》，通过集中培训、业务指导等方式，组织全市开展工作场所职业病危害因素监测、医疗卫生机构医用辐射防护监测、职业性放射性疾病监测、非医疗机构放射性危害因素监测、重点职业病监测5个项目监测工作，超额完成任务指标。

【职业病防治法宣传周】 4月25日至5月1日是全国第十七个职业病防治法宣传周，主题为“健康中国，职业健康同行”。全市面向企业员工开展知识讲座15场，深入企业宣传78次，培训专业人员300余人。组织繁华街区宣传20余次，出动宣传人员700余人，印发宣传材料3万余份，覆盖全市企业员工重点人群。

（姚志强）

食品安全

【概况】 2019年，全市卫生食品安全工作注重强化食品安全风险监测能力体系建设，稳步推进食品安全标准工作，大力宣传食品安全知识。

食品安全风险监测。利用国家食品安全风险监测体系建设项目，为市疾控中心配备价值439万元设备，保障食品风险监测检测能力得到提升。将全市开展食源性疾病诊疗的所有医疗机构，包括综合医院（含中医医院）、儿童医院、妇产医院、社区服务中心（乡镇卫生院）等列为食源性疾病哨点医院。

推进食品安全标准。制定和完善相应的管理制度，进一步简化企业标准备案工作程序，优化企业标准备案流程，减少备案提供的资料数量，不再要求企业提供检验报告和专家论证审查意见，为企业减轻负担。明确企业是企业标准的第一责任人，对提交备案的企业标准内容等所有材料的真实性、合法性负责。

【食品安全宣传月活动】 6月22日，在和平区北市场街道市府路社区组织开展2019年食品安全大型现场宣传活动，省、市、区三级组织通过向社区居民发放宣传手册、宣传折页、义诊咨询、健康体检以及现场讲座等方式，普及食品安全知识，提高居民的食品安全意识和健康素养，取得良好效果。活动现场发放各类宣传手册、宣传单1800余份，接受群众咨询660余人次，取得良好效果。（马　妍）

卫生应急

【概况】 2019年，针对全市机构改革工作中出现的部分应急管理人员调整现状，组织全市区县（市）卫健局及市属医疗机构卫生应急管理专项培训和批量收治患者桌面推演；针对内蒙古鼠疫疫情，开展全市疾控机构和二级以上医疗机构鼠疫防治专项培训；为应对台风“利奇马”对沈阳的影响，组织10支紧急医学救援队伍100名队员开展为期3天的半军事化封闭培训和野外生存演练；针对乙脑防控，组织全市疾控机构14支应急队伍700余名队员开展乙脑疫情防控培训和演练活动。截至12月31日，全市未发生乙脑疫情。8月28日至9月8日，沈阳市热张、热祁220千伏电力线路进行排迁，组织各地区医疗机构做好电力线路改造期间卫生应急保障工作。

【卫生应急知识“六进”活动】 4—8月，会同建行铁西支行、市儿童福利院、市委党校、北部战区空军某部等单位和部门，联合开展卫生应急知识进公共场所、进企业、进学校、进部队、进农村、进社区活动，开展心肺复苏、创伤急救等应急知识培训，受益群众2000余人，发放宣传品2000件。同时，组织各区县（市）及委属医疗机构开展卫生应急知识“六进”活动，取得良好社会效果。（汪　廓）

三十二、体　育

综　述

2019年，全市大力开展全民健身活动，提升竞技体育实力，促进体育产业稳步发展。市体育局（包括局本级及市体育事业发展中心）体育事业资金投入约2.53亿元，其中：财政拨款投入约1.6亿元，体彩公益金投入约8618.4万元。体育彩票销量达到16.3亿元，处于全省前列。

贯彻落实全民健身国家战略，大力开展全民健身活动。成功举办2019沈阳国际马拉松赛、沈阳国际舞蹈节、国际冬泳邀请赛、国际垂直登高大奖赛沈阳分站赛、国际毽球公开赛、沈阳首届国际登山节等13场大规模、大体量、大影响力的自主IP赛事活动。开展第二届沈阳市民运动会、首届沈阳市全民健身国际徒步节、“三亿人上冰雪”活动。开展群众性健身活动1100场次以上，参与人群435万人次以上，经常参加体育锻炼人数达50%以上。确保健身活动在城乡全方位、多层次、广覆盖地开展，活跃群众文化体育生活，有力促进全民健身活动健康发展。

做好赛事筹备工作，提升竞技体育实力。完成参赛二青会相关工作，参赛成绩与上届相比有大幅度提高。全力配合做好全国田径锦标赛暨国际邀请赛和世界田径锦标赛选拔赛各项工作。完成2019年全国青少年冰球U12锦标赛暨沈阳国际青少年冰球邀请赛承办各项工作。成功举办中国赛艇大师赛（沈阳站）比赛，展示城市魅力，擦亮体育名城名片，让更多人深入了解沈阳独特的水文化。

贯彻产业发展战略，促进体育产业稳步发展。推进沈阳市体育场地统计调查工作。开展沈阳市居民体育消费现状调查工作。开展“万人进万企”主题活动。与腾讯合作举办电子竞技赛事。协助举办沈阳市体育产业博览会。

（郑洪志）

竞技体育

【概况】 2019年，全市竞技体育工作亮点纷呈。在8月8—18日由国家体育总局主办、山西省人民政府承办的全国性综合性运动会中，沈阳代表队有192名运动员参加16个项目比赛，获34枚奖牌，其中金牌12枚、银牌8枚、铜牌14枚，还获7个第4名、7个第5名，6个第6名，7个第7名，5个第8名，参赛成绩与上届相比有大幅度提高。按照国家体育总局的要求，沈阳市成功举办2019全国田径锦标赛和世界田径锦标赛选拔赛。首次举办国家级高水平U系列冰球赛。教育部、全国校足办、中国足协等领导出席的2019第五届“和平杯”开幕式在东北大学五四体育场成功举办，其规模全国领先。

【2019全国田径锦标赛】 7月8—11日在沈阳奥林匹克体育中心举办。参赛运动员、教练员、官员、裁判员等1800余人，2万余名观众现场观看比赛，中央广播电视总台体育频道近200人团队参加赛事直播活动。比赛日期间配备各类竞赛器材9000余次，选派500余名安保队员维持秩序，投入保洁人员300人次进行不间断卫生环境维护，派出医护人员32人次、救护车20台次进行应急保障。监测到2019全国田径锦标赛媒体报道1209篇。

【2019世界田径锦标赛选拔赛】 8月2—3日在沈阳奥林匹克体育中心举办。此次选拔赛是中国田径协会实行国际大赛进行选拔制度的首次赛事，参赛的运动员、教练员、官员、裁判员等1000人左右。中央广播电视总台200多人参与直播赛事活动。

【2019年全国青少年冰球U12锦标赛暨沈阳国际青少年冰球邀请赛】 8月24—30日在沈阳体育学院滑冰馆举办。中国冰球协会主办，沈阳市体育局承办，沈阳市体育事业发展中心和沈阳市冰球协会协办，是沈阳首次举办国家级高水平U系列冰球赛。北京、天津、上海、重庆、俄罗斯等26支队伍参赛，其中，男队18支，女队8支。参赛运动员、教练员近700人，比赛场次54场。获前三名的依次为：齐齐哈尔、北京、天津代表队。

【2019中国赛艇大师赛（沈阳站）比赛】 9月8日在浑河举办。英国剑桥大学、日本京都大学、中国人民大学等44支赛艇队、450人参赛。其中，天津科技大学获6800米大学组男子四人双桨项目冠军，江西万科赛艇队获1000米大师A—女子双人双桨冠军。

【沈阳城市足球俱乐部晋级中甲】 在中国足球乙级职业联赛2019赛季，沈阳城市足球俱乐部以19轮不败、14轮连胜的成绩提前获得北区第一，并最终夺得联赛总冠军，成功晋级中国足球甲级联赛。成立于2015年的沈阳城市足球俱乐部，从参加足球业余联赛升至中甲联赛，仅用4年时间实现“三级跳”。（市体育局）

2019年沈阳举办重要体育赛事情况

表24

赛事名称	比赛日期	比赛地点	参赛人数
全国青少年冰球U12锦标赛暨沈阳国际青少年冰球邀请赛	8月24—30日	沈阳体育学院	700余人
全国田径锦标赛	7月8—11日	奥林匹克体育中心	1800余人
世界田径锦标赛选拔赛	8月2—3日	奥林匹克体育中心	1000余人
全国青年游泳锦标赛暨二青会预选赛	5月6—13日	辽宁游泳馆	1411余人
中国赛艇大师赛（沈阳站）比赛	9月8日	沈阳浑河	450余人

（市体育局）

群众体育

【概况】 2019年，沈阳市群众体育工作深入贯彻实施全民健身和健康中国两大国家战略，围绕惠民生、促发展、抓融合，进一步厘清群众体育工作思路，确立群众体育发展新目标，夯实“六个群众身边”（健全群众身边的体育健身组织、建设群众身边的体育健身设施、组织群众身边的体育健身活动、举办群众身边的体育健身赛事、加强群众身边的体育健身指导、讲好群众身边健身故事）工程基础，完善全民健身公共服务体系，促进全民健身与全民健康深度融合，推动沈阳市群众体育工作实现跨越式发展。2019年，社区新建成1200件健身设施；公益性社会体育指导员3.63万人，其中一级3091人、二级6296人、三级26896人，上岗指导服务率占33%；开放的公共体育场馆28个、社区公共运动场99个；社区市民体质监测站数105个。以深化创建国家卫生城市为载体，全面提升健身器材品质，采购配备60个体育公园太阳能健身驿站和30个乡村多功能健身室，安装到社区、公园、广场；安排资金260万元用于采购老年人、残疾人专用健身器材配置到各地区养老中心和残疾人康复中心；安排资金500万元为市规划馆（篮球地板）、部分市直机关健身活动室、30余个社区多功能健身活动室安装健身器材，满足各类健身人群需要。每个街道建成1个笼式足球场、1个篮球场、1片乒乓球场地，完成街道（乡镇）、社区（村屯）户外休闲全民健身广场和健身设施全覆盖，全面完成“15分钟健身圈”建设，全市人均场地面积达到2平方米以上。

【第二届沈阳市民运动会】 6—12月举办。设立市民组、机关组、企业组，共计25个大项、45个小项，由6家赛事执行公司策划执行。赛事覆盖面广，市民组赛事涵盖13个区县（市），机关组涵盖30余个委办局，企业组涵盖40余户企业。赛事市场化程度高，通过给各执行公司授权，每个执行公司不同程度地进行市场开发，获得一些企业赞助、冠名费用，探索赛事市场化。

【首届沈阳市全民健身国际徒步节】 6月15日在和平杯世界足球公园举办。市直各部门、13个区县（市）、省内各市总计400余支队伍参与，市民参与总人数超过5万人。

【2019沈阳国际马拉松赛】 9月8日8时鸣枪起跑，至15时落幕。赛事以“我与祖国共奔跑”为主题，设全程、半程、10千米跑和迷你跑4个项目，有18个国家和地区，27个省166个城市的2万余名跑友参赛。

【沈阳国际舞蹈节】 10月举办，有美国、俄罗斯、德国、法国等国家和地区60名选手及国内4000余名选手报名参赛。

【“三亿人上冰雪”活动】 2019年，组织各区县（市）、社会组织，依托各类冰雪场馆和室内外冰雪场，举办“冰雪嘉年华”“滑冰嘉年华”“盛京那达慕”“冰雪大世界”等群众性冰雪活动，参与市民100万人次。

（市体育局）

体育科研与基本建设

【概况】 2019年，沈阳市体育科研医疗中心在省级以上体育类期刊发表有关国民体质监测类论文2篇，即《国民体质测试中数据挖掘的应用分析——物联网架构下的国民体质测试模式探讨》和《沈阳市60—69岁老年人骨密度及相关指标的调查与分析》。科学指导、监控日常训练工作。将X光骨龄机更新换代为新式的DR骨龄机。测试时照射剂量少，不需要显影洗片的过程，拍摄的骨龄片直接存储在电脑中，并利用网络存储实现大数据共享。利用新设备配合沈阳市各体育项目的摸底工作，进行骨龄鉴定及预测身高156人次。

【运动心率监控系统】 面对竞走及中长跑耐力性项目的运动员，建立运动心率监控系统。利用polar的心率监控系统，实时监控运动中运动员的心率、速度、步频、热量消耗等，防止运动员训练强度过小或过大，保证训练的科学有效性，在训练结束后，将数据上传到网络数据库中，科研人员在网络后台调取数据进行跟踪、评定。2019年监测2000人。

（市体育局）

其他体育活动

【2019中国沈阳国际体博会】 7月4—7日在沈阳国际展览中心举行。展会实际总展出面积4万平

▶首届沈阳市全民健身国际徒步节　（市体育局供）

方米，标准展位1500个，特装展位占比近75%，全国各地350余户企业参展，专业观众数量2万余人。展会现场成交额及达成意向成交额4500万元。

【第七届《王者荣耀》城市赛省赛沈阳站】 8月4日，基于沈阳市政府与腾讯公司签署合作框架协议，第七届《王者荣耀》城市赛省赛沈阳站在中国工业博物馆举办。沈阳、大连、锦州、营口的9支队，58名选手参赛。

【全国顶级大众电竞赛事】 12月15日，“英雄联盟”特权网吧城市赛全国总决赛落地沈阳，这是沈阳市与腾讯公司合作在北方大区举办的最大规模的官方大众赛事，全国东南西北4个大区4支战队、32人参赛，现场遴选沈阳市300名业余选手进行三轮百人竞技比赛，企鹅电竞、斗鱼、LOL电视台等7大电竞平台全程直播，覆盖线上国内外用户5000余万观众。（市体育局）

三十三、社会保障

社会保险

【概况】 2019年，全市企业职工养老保险、工伤保险、失业保险参保分别达到402.8万人、180.9万人和146万人。企业养老保险基金收入308.2亿元，支出440.0亿元，财政补助131.6亿元，调剂金41.6亿元，当年净结余41.4亿元，滚存结余5.1亿元，确保132.1万企业离退休人员养老金按时足额发放。推进降费率、调基数，将养老保险单位缴费比例从20%降至16%；启用全省全口径社会平均工资用于企业养老保险费征缴，企业工伤平均缴费费率由0.97%下降到0.77%，将阶段性降低失业保险费率政策延至2020年8月31日。落实停止补缴政策，做好政策宣传、保费收缴和维护稳定等工作。机关事业单位养老金准确计发工作顺利，正式计算待遇人数1.44万人。调整企业职工和机关事业单位基本养老保险金标准，月人均增长137.4元和174.5元，分别达到2757元和4593元，失业保险金平均涨幅达到25%。上调工伤人员伤残津贴、生活护理费和供养亲属抚恤金等待遇标准，完善被征地农民养老保险政策。

全市医疗保险运行平稳，制度体系不断完善，医疗保险和生育保险覆盖面不断扩大，积极推广网上业务办理服务功能，进一步拓展沈阳智慧医保App使用功能，稳步推进城乡居民基本医疗保险制度整合、职工基本医疗保险和生育保险合并实施等工作。年末，全市参加职工基本医疗保险9.69万户，增长10.84%；参加城镇职工基本医疗保险345.92万人（包括灵活就业人员76.25万人），增长2.61%；其中：在职参保人数204.46万人，增长3.06%；退休人员参保人数141.46万人，增长1.95%。生育保险参保单位9.03万户，参保人数320.8万人，其中，单位参保职工244.5万人，灵活就业参保人员76.2万人。办理女职工生育津贴及男职工护理假津贴6.16万笔，医疗费用手工报销1501笔，男职工未就业配偶医疗费补贴935笔。全市参加城乡居民医疗保险375.29万人，完成整合前新农合和城镇居民医保参保人总和的103%，参保人数增加10.92万人。

全市新农合政府补助标准提高到520元（提高30元），个人缴费标准为230元（提高20元）。签订新农合大病保险补充协议。完善新农合平台及医院结算系统，实现转诊患者即时结报。9月26日，出台《沈阳市整合城乡居民基本医疗保险制度方案》。10月10日，全市城乡居民医保参保缴费工作开始，进入整合实施阶段。多方宣传，全面培训，联合税务等部门印制《沈阳市城乡居民基本医疗保险参保缴费指南》120余万份、社区缴费指南宣传挂图8000份，针对学校、社区等不同参保人群的经办人员，组织召开30余场培训会，确保城乡居民医保参保征缴工作平稳有序开展；精准扶贫，针对特殊参保群体，积极同扶贫办、民政局、退役军人事务管理局沟通协作，实行参保规范化管理；加强参保缴费多部门沟通，建立联络员工作制度和工作报告制度，实现横向常态化协作机制，确保全市城乡整合工作顺利实施；向税务部门和盛京银行提交数据传递内容及方法需求，确保参保居民缴费到账工作顺利进行，在账务处理方面保证城乡居民正常享受医疗保险待遇；充分利用数据资源，简化参保流程，开通多种缴费渠道，拓展医保"掌上办"服务功能。

（何灵　祁宇　任勇朋）

【职工基本医疗保险和生育保险合并实施】 全市从2017年7月1日启动生育保险和职工基本医疗保险合并实施试点工作，试点工作于2018年6月结束。全面落实"四统一、一不变"，即：统一参保登记、统一基金征缴和管理、统一医疗服务管理、统一经办和信息服务及职工生育期间的生育保险待遇不变。统筹基金抗风险能力加大，生育保险待遇保证及时发放。2019年3月《国务院办公厅关于全面推进生育保险和职工基本医疗保险合并实施的意见》发布后，沈阳市继续平稳推进两险合并各项工作，进一步做好基金测算分析，以保障两险合并基金安全，维持两险基金可持续发展。（祁　宇）

【《关于明确改制企业工伤人员工伤保险关系衔接有关问题的通知》】 3月28日市人力资源和社会保障局印发。《通知》对改制重组企业工伤职工工伤保险关系衔接、解散破产关闭企业工伤职工工伤保险关系衔接、企业工商注册迁离沈阳市的其工伤人员安置办法进行统一规定。《通知》自印发之日起施行。

【沈阳工伤保险认定信息实现共享】 9月起，沈阳市实现工伤保险认定信息的共享，凡2019年6月1日之后经行政部门认定的工伤信息，均可通过工伤业务系统查询和打印，办理工伤登记和申领待遇时不再需要纸质《工伤认定决定书》。（志　闻）

【《沈阳市整合城乡居民基本医疗保险制度实施方案》】 9月26日市政府印发。《方案》提出2019年底前，完成整合经办服务、统一信息系统等各项准备工作；2020年1月1日起，在全市行政区域内全面实施统一的城乡居民医保制度。《方案》明确四项任务：整合基本医保制度、统一大病保险政策、提升管理服务效能、防范基金风险。

【3.77万户参保单位开通网办系统】 2019年，开发单位网上业务申报系统，实现足不出户参、续保、停保业务以及无须补缴的在职转退休等常规业务网上办理，提高核定效率，充实网上查询功能。截至年末，申请开通网办系统的参保单位3.77万户，有2.24万户单位累计办理16万批次的增减变动业务，办理76.73万人次。参保单位使用该系统办理的常规业务量达到总常规业务量的75%。

【生育保险经办服务体系优化】 2019年，实行电话预约服务、电话查询业务，增设预约服务窗口，开展业务预约办理服务，开通96856经办流程查询业务；实施异地生育网上登记业务，全年受理参保人员异地生育登记1332笔；实行沈阳市通办业务。

【智能化业务平台打造】 2019年，在原城镇居民医保参保网办平台基础上，针对不同经办主体，设计区、县、乡三级管理权限，分别开发社区、民政和学校代办单位的业务端口。全年基金总收入197.5亿元，总支出191.4亿元，累计结存166.1亿元。其中，职工险基金收入164亿元，支出163亿元，累计结存144.4亿元（统筹基金累计结存64.1亿元，个人账户累计结存80.3亿元）；城镇居民险基金收入22.6亿元，支出17.7亿元，累计结存17.4亿元；新农合参合收入10.9亿元，支出10.7亿元，累计结存4.3亿元。（任勇朋）

医保基金反欺诈

【概况】 2019年，全市加大打击欺诈骗保力度，维护医疗保障基金安全。夯实执法基础，市医保局积极取得执法主体资格，及时建立罚没专款账户；建立健全执法制度，规范执法文书。营造打击骗保氛围，组织开展打击欺诈骗保违法行为宣传月，召开全市医疗机构打击欺诈骗保工作会议、各区县警示会，通过新闻媒体、微信、电子屏等现代传媒手段加强医疗保障基金宣传，强化定点医药机构和参保人员法制意识。创新反欺诈监管平台，逐步建立完善智能网络平台，通过大数据分析，精准查找疑点数据。系统初审疑点数据3万条，复审数据1.9万条，审核疑点住院病历9000余份。创新驻院行政监管方式，市医疗保障局在全国医保系统中首创向定点有住院资格的医疗机构派驻监督员，对81家医院派驻4批170人次。全年对1117家有住院资格的定点医院、4229家定点药店进行100%全覆盖检查。处理违约医保医师244人次，处理违规药店81家，解除协议21家、行政处罚12家，全年追回医保基金1.07亿元，移送公安机关立案6件。通过持续专项治理，蓄意骗保、挂床住院、刷卡购买日用品等行为明显减少。

【打击欺诈骗保违法行为宣传月】 4月2日，市医保局在沈水湾公园组织召开沈阳市打击欺诈骗保违法行为宣传月活动，省医保局、公安厅、卫健委等和沈阳市有关部门、医药机构代表800余人参加。活动发放打击欺诈骗保材料4000余份。

【沈阳市打击欺诈骗保、维护基金安全工作会议】 4月19日在市委党校召开。辽宁省政协副主席、沈阳市副市长姜军出席会议并讲话。市医疗保障局对打击欺诈骗保有关法律法规政策进行详细解读，对医药机构遵纪守法提出严格要求，500余家医药机构参加会议。（于　丽）

【“4+7”药品带量采购国家改革试点】 沈阳市作为“4+7”药品带量采购国家改革试点城市之一，通过制定配套措施分工协作、实行周转金预付制、建立基金监管平台、出台结余留用办法、全面组织实施监测等一系列工作举措，截至3月19日24时，全市完成25个中选药品总任务量的206%，中选药品采购量是未中选的5.1倍，中选药品替代作用明显，药价平均降幅52%，大幅度降低老百姓的用药负担。药品带量采购工作受到市领导的批示肯定，沈阳经验在全国“4+7”药品集采工作会议上作经验交流，受到国家局通报表扬。（刘艳丽）

▶4月2日，沈阳市打击欺诈骗保违法行为宣传月活动启动　（于丽摄）

社会救助

【概况】 2019年，全市社会救助工作围绕“保基本、托底线、救急难、可持续”的目标，提高困难群众基本生活保障水平，实现社会救助工作持续发展。继续开展农村低保专项治理活动，对发现的疑点信息进行全面彻底的核查整改，城乡低保工作得到全面规范。城市低保标准提高到每人每月685元，农村低保标准提高到每人每月480元。全市城乡低保4.4万户，6.5万人，月人均救助额495.8元，发放城乡低保资金3.9亿元。

临时救助。建立和完善临时救助制度和“救急难”工作机制，对居民遭遇临时性、突发性事件事故导致基本生活出现严重困难的实施临时性、过渡性救助，发放临时救助资金1209.28万元，救助9739人次。

流浪乞讨救助。全市7个救助管理站救助流浪乞讨人员5327人次，其中站内救助4641人次、站外救助686人次；救助人员中未成年人219人次，老年人1396人次，危重病人466人次，疑似精神病患者590人次。救助管理机构护送返乡996人次。扎实开展“寒冬送温暖”冬季救助和夏季炎热天气救助专项行动，救助期间发放救助物资10072件。

残疾人两项补贴。全市保障困难残疾人2.66万人、重度残疾人68964人，全年累计发放困难残疾人生活补贴和重度残疾人护理补贴9862万元。

【精简退职职工生活补助发放】 2019年，全市对60年代精简退职职工生活补助标准提高7%，第一档每人每月提高到541元，第二档每人每月提高到506元，第三档每人每月提高到470元，第四档每人每月提高到433元。全年为825位60年代精简退职职工发放生活补助420.4万元。

【《〈沈阳市城乡居民最低生活保障制度实施细则〉补充规定》】 8月市民政局印发。《规定》进一步拓展单独保障（单人保）范围，适当放宽准入条件；对有关人员、劳动能力、共同家庭成员及财产、资产、赡养费等约束条件进行界定，根据实际放宽约束条件，提高可操作性；赋予基层街道、乡镇一定的集体裁量权；对政策实施程序、制度进行规范；以问题为导向，强化实事求是、以人为本的基本原则，进一步完善全市社会救助体系。

（市民政局）

【医疗救助支出8500万元】 2019年，市医保局指导各区县（市）开展2019年度医疗救助工作，做好医疗救助工作衔接。统计汇总各区县（市）2019年度城乡医疗救助情况，将建档立卡贫困人口纳入救助范围，发挥医疗救助在医疗扶贫工作中的托底保障作用。政府全额补助特困人员、低保对象、孤儿和建档立卡贫困人口参保，住院救助实行“零起付”“即时结算、即时救助”的工作机制，降低大病保险起付线，取消救助起付线，不设救助封顶线。全市救助8万人，支出资金8500万元。其中，城市医疗救助5万人次，支出4094万元。

（任勇朋）

社会优抚

【概况】 2019年初，市和13个区县（市）退役军人事务局全部完成机构组建，实现“边组建、边完善、边工作”的目标。成立市退役军人服务中心，完成全市13个区县（市）服务中心和179个乡镇（街道）、2402个村（社区）退役军人服务站组建。全市服务体系配备专、兼职人员4553人，落实建设经费980余万元，办公场地1.6万余平方米。成立中共沈阳市委退役军人事务工作领导小组，领导小组组长由市委书记张雷、市长姜有为担任，研究制定领导小组工作规则和领导小组办公室工作细则。市退役军人事务局被退役军人事务部办公厅评为“宣传工作先进单位”。

优待抚恤。全市按照平均增加10%的标准，再次大幅度提高部分优抚对象抚恤和生活补助标准，惠及10大类优抚对象27807名（含26947名优抚对象、704名老复遗属、96名入朝民兵民工、60名老党员）。协调市财政将省、市1.8亿余元经费划拨到区县。同时，印制优抚政策服务卡3万张，发放给每一名享受政策的优抚对象，进行政策宣传和政策告知。7月起，为困难优抚对象发放6个月的价格临时补贴270余万元。努力推进优抚对象医疗结算“一站式”服务，积极开展为农村优抚对象“送医送药”活动，发放价值7万元药品。与市慈善总会合作，开展“九九重阳节”扶贫敬老活动，将全市1300余名80周岁以上在乡复员军人及伤残军人纳入慈善援助。完成参战参试及铀矿开采退役军人、带病回乡退伍军人、“三属”等优抚对象认定工作，确保其合法权益得到保障。完成269名部队移交地方残疾军人、60周岁以上因战因公调整等级伤残人员和带病回乡退伍军人残疾等级鉴定及病情检查，配合省厅完成187名警察、公务员及参试退役人员伤残评定工作。全年为烈属、军属和退役军人家庭悬挂光荣牌25.9万块。全市退役军人和其他优抚对象信息采集30.18万人，合格信息28.98万人。开展广泛走访慰问活动，全市退役军人系统走访慰问驻军271家、赠送慰问金（品）合计金额363.93万元；召开军政座谈会215次，组织联欢会、文艺演出118场次。为全市4736名优抚对象发放两节救助金每人600元，284.16万元，走访慰问困难退役军人和重点优抚对象8853人，发放慰问金416万元。

权益维护。组织各类群体代表座谈会30余次，妥善接待来访退役军人落实解决关于失业军转干部提前退休涉及扣减养老金、企业军转干部（含抗美援朝老兵）死亡一次性救济、军队退役人员住房困难等6个方面问题，退役军人事务部、省退役军人事务厅、省市信访局交办督办信访事项办结率达到100%。

退役安置。接收计划分配军转干部414人，落实计划安置军转干部岗位451个。接收符合政府安排工作条件退役士兵390人，落实退役士兵安置岗位计划972个，150名退役士兵走上事业编制管理岗位。接收自主择业军转干部800余人，对开具落户介绍信、组织关系接转信、退役金核定、银行卡办理、体检报告领取实行“一站式”服务。10月，分两批组织自主择业军转干部适应性培训班。接收2018年度自主就业退役士兵2687人，发放经济补助金9130余万元。及时下发《关于做好2019年夏秋季自主就业退役士兵经济补助发放工作的通知》，印发《沈阳市自主就业退役士兵报到须知总览》手册，推进接收落户、填写经济补助金审批表等工作落实。从退役士兵中公开招录1042名禁毒社会工作者，开辟退役士兵参与社会治理新渠道。

就业创业服务。先后举办5次自主择业军队转业干部和自主就业士兵、复员干部大型专场招聘会，总计提供就业岗位1.5万余个，入场求职退役军人1.7万余人；组织战友、校友创业者峰会暨沈阳市“开放创新”主题招商项目洽谈会，邀请全国110名企业家回沈洽谈，签订意向协议投资5亿元；挂牌2个退役军人创业孵化基地，入孵退役军人企业70余户，实现退役军人就业1000余人。探索尝试“三定”式培训，举办“沈阳市非公领域基层党务工作者示范培训班”，开办办公室主任（企业管理）、人力资源管理、财务会计、健身教练、无人机航拍基础等专业技能培训40余期，累计参训退役军人、随军未就业家属近4000人。组织自主就业退役士兵职业技能培训、适应性培训，参训人员800余人。做好高职扩招工作，全市有2.7万余人报名。

军休服务管理。接收安置军休干部、士官411人。为军休干部、遗属发放工资、津贴补贴、遗属补助费13亿元，向去世休干家属发放丧葬费1403余万元，发放离休干部荣誉金、降温费、取暖费、军粮差价及住院伙补等各项待遇3620万元，落实取暖费补款2296万元；简化军休干部医疗中大病、特病、外地就医的医疗审核和报销机制，组织军休干部体检1万余人次，报销各类医疗费用303余万元；向军队申报符合享受特别抚恤金条件的军队病故军休干部142名，统计享受国务院特殊津贴人员21名。投入新购和维修改造的房屋资金4602万元，使休干的活动生活环境得到极大改善。在军休干部中广泛开展“不忘初心、牢记使命”主题教育。以“祖国颂·军休情”庆祝新中国成立70周年系列文化活动为主线，组织近5000名军休干部及家属参加春秋季一日游活动，举办书画展、摄影展、诗歌朗诵会及各项球类比赛等11项活动。

褒扬纪念。完成第六批在韩志愿军烈士遗骸回国迎接和安葬任务，承办中国人民志愿军烈士认亲仪式、辽宁省暨沈阳市向烈士纪念碑敬献花篮仪式和辽宁省烈士光荣证颁授仪式；市抗美援朝烈士陵园先后承接朝鲜代表团、俄罗斯领事馆等国内外团体祭扫活动保障任务10余次，国家、省市各项主题教育活动500余次，接待进园祭扫人员15万余人。先后投入100余万元，对全市17个烈士纪念设施进行日常维护。推动抗美援朝烈士陵园提质改造工作，举行抗美援朝烈士陵园烈士纪念馆新馆开馆仪式。加强对烈士遗骸、遗物和史料的收集整理工作，通过为烈士寻亲活动找到10余位烈士家属，利用媒体使烈士的事迹得到广泛的宣传。与26家部队、学校等单位签订共建共育活动协议，组织退役军人功臣模范进院校、社区开展爱国主义教育宣讲。

军地双拥共建。完成市双拥工作领导小组调整工作，印发《争创双拥模范城“九连冠”工作实施方案》等6个文件，编辑制作《沈阳市创建双拥模范城“九连冠”资料汇编》《沈阳市创建双拥模范城“九连冠”工作巡礼》专题片。组织沈阳市第九轮双拥模范区县（市）考核工作，对全市13个区县（市）双拥工作中涉及的78项内容进行全面考核。开通“沈阳双拥”微信公众号，持续编发《沈阳双拥工作简报》。加强全市退役军人思想政治工作，将东北军事后勤史馆打造成为沈阳退役军人革命传统教育基地。

【“最美退役军人”先进事迹报告会】 1月7日在沈阳举行。中宣部、退役军人事务部主办，市退役军人事务局承办。沈阳市推荐的原沈阳军区后勤史馆馆长徐文涛和黎明公司装配工李志强入选，占全国表彰总人数十分之一。

【第六批在韩志愿军烈士遗骸安葬】 4月4日，第六批在韩中国人民志愿军烈士遗骸安葬仪式在沈阳抗美援朝烈士陵园举行。退役军人事务部、外交部、财政部、中央军委政治工作部和辽宁省政府、沈阳市政府以及北部战区、辽宁省军区、武警辽宁总队、志愿军烈士家属、抗美援朝老战士代表、学生、部队官兵代表等200余人参加安葬仪式。此次有10位志愿军烈士英灵回家。2014—2019年，先后有599位从韩国迎接回来的志愿军烈士遗骸在沈阳抗美援朝烈士陵园安葬。

【全市优秀退役军人评选活动】 4月，市委宣传部、市退役军人事务局联合发起沈阳市优秀退役军人及军属评选活动，此项工作由市退役军人事务局承办。7月25日，在沈阳市军休中心举行“不忘初心，牢记使命”主题教育暨沈阳市优秀退役军人先进事迹报告会，命名沈阳市27名优秀退役军人和3名优秀军嫂代表，3名优秀退役军人代表在会议上作典型发言。

【7户军休家庭获评市“最美家庭”】 5月，市军休中心7户军休家庭被市妇联评为2019年度“最美家庭”。他们分别是军休工人村休养所王文坤家庭、军休长安路休养所单先康家庭、军休北陵休养所倪瑞丰家庭、军休常德休养所贾成武家庭、军休三台子休养所黄厚德家庭、军休砂山休养所张惠良家庭、军休陵西休养所郝庆久家庭。其中，贾成武家庭入选10家“最美家庭”标兵户，作为代表上台领奖。

【《沈阳市军民融合高层次人才引进奖励和项目资助办法》】 5月23日，与市委组织部、市财政局联合印发。《办法》对在沈创新创业的军民融合高层次人才综合其职称与科研能力，给予奖励补贴。经各区县（市）退役军人事务部门征集初审，市退役军人事务局组织专家评审复审，最终确定1名奖励资助对象。

【退役军人专属金融服务】 6月23日，与建行沈阳分行、工商银行沈阳分行等5家金融机构签署“拥军优抚”合作意向书，推出包括退役军人专属“拥军卡”、退役军人养老金融等在内的全方位、多元化金融服务方案。截至年末，为退役军人办理银行卡1.8万余张。

【2万名退役士兵社会保险接续】 8月，成立由市委、市政府统一领导，常务副市长任组长，11个部门组成的专项工作领导小组及联合工作专班，设立市、区县（市）两级政策咨询及受理工作站14个，乡镇、街道、社区申请登记受理窗口556个，配备专职工作人员754人。截至年末，受理退役士兵政策咨询3万余人次，系统录入2.2万余人，受理2万余人，初审通过1万余人，录入及受理人数位列全省第1位。

【“沈阳市退役军人创业孵化基地”授牌】 8月开始，在全市范围内对符合条件的创业孵化基地和创业园区进行筛选，对各区县（市）上报的5个退役军人创业孵化基地进行复核并实地考察，对蓝凌军创及鑫百亿军创两家单位进行资质认定。11月28日，在沈阳蓝凌退役军人众创空间有限公司举行“沈阳市退役军人创业孵化基地”授牌仪式。截至年末，两家基地入孵退役军人企业70余户，实现退役军人就业1000余人。

【国庆70周年纪念章发放972枚】 9月10—26日，市退役军人事务局完成全市国庆70周年纪念章发放工作。发放范围为新中国成立前参加革命工作并健在的回乡老战士；移交地方政府安置的军队离休干部；新中国成立后，因参战荣立一等功以上奖励并健在的退役军人。总计领受发放任务名单1130人，领取纪念章1130枚，先后发放纪念章972枚，因人员亡故等原因，剩余158枚。

【“军魂永驻”沈阳市自主就业退役军人庆祝新中国成立70周年主题文艺演出】 9月22日在沈阳大学音乐厅举行。沈阳市自主就业退役军人参演者为到场的300余位战友带来歌曲演唱、舞蹈表演、器乐演奏、快板、杂技等多种形式的18个文艺节目演出。

【沈阳抗美援朝烈士陵园烈士纪念馆新馆开馆】 12月11日，沈阳抗美援朝烈士陵园烈士纪念馆举行新馆开馆仪式。军地各级领导以及抗美援朝老战士、烈属、公安干警、社会各界捐赠烈士遗物人士、参与建设烈士纪念馆相关单位代表等100余人参加开馆仪式。建成后的纪念馆建筑形式为地上2层，地下1层，建筑面积6716平方米，展陈面积4035平方米。展馆可同时容纳2123人。纪念馆分为6个部分：序厅、抗美援朝、全息场景、凯歌百代、浩气长存、尾厅。

【《关于现役军人免费乘坐公共交通工具的通知》】 12月16日，市退役军人事务局、市交通运输局、市财政局、市应急管理局、浑南区人民政府、沈阳地铁集团有限公司、沈阳警备区政治工作处7部门印发。《通知》明确：根据中华人民共和国《军人抚恤优待条例》和中共中央办公厅、国务院办公厅《组建国家综合性消防救援队伍框架方案》（简称消防救援人员）有关规定，经沈阳市人民政府批准，自2019年12月26日起，现役军人和消防救援人员可持本人有效证件，按照相关规定免费乘坐沈阳市市内享受公益群体补贴的公共交通工具（包括地铁、有轨电车）。（王　珞）

社会福利

【概况】 2019年，全市养老服务体系建设不断迈出新步伐。政策法规体系不断健全，《沈阳市居家养老服务条例》正式颁布实施，沈阳市成为继宁波市之后第二个对居家养老服务立法的副省级城市。养老服务质量大幅提升，完成新建100个区域性居家养老服务中心、改造300个社区养老服务站的年度指标任务。全面推行养老机构和社区居家养老服务设施星级评定办法，深入开展养老院服务质量建设专项行动。广纳优质资源投身沈阳市养老事业，华润置地润馨汇颐养中心项目、泰康之家沈园项目等总投资额30多亿元。截至年末，全市有养老机构241家，其中公办养老机构50家，民办养老机构191家，社会化养老床位4.7万张；有区域性居家养老服务中心160个，社区养老服务站600个。全市有1所儿童福利院，床位数300张。市民政局直属福利企业9户，在职健全职工885人，被托管残疾职工259人，离退休人员5864人。沈阳福利彩票销售总量20.5亿元，占全省23.03%，连续11年居全省首位。筹集福彩公益金5.96亿元，其中筹集市本级福彩公益金1.67亿元。

孤儿保障。7月起，将集中养育孤儿供养标准由每人每月1655元提高到每人每月1731元，提高幅度为4.59%；分散养育孤儿供养标准由每人每月1245元提高到每人每月1305元，提高幅度为4.82%。开展孤儿助学工程，为18周岁以上仍在全日制高等院校就读的孤儿每年发放1万元助学金。继续加强孤儿医疗保障工作，免费为孤儿购买居民医保，积极开展“明天计划”救治工作。开展“六一国际儿童节”走访慰问孤儿活动，向每名孤残儿童发放不少于200元的节日慰问金或慰问品。

农村留守儿童、困境儿童关爱保障。全面建立农村留守儿童和困境儿童信息台账，指导区县（市）民政局对农村留守儿童和困境儿童信息管理系统加强动态管理。对规范性文件实施效果进行评估，向市政府提报《市民政局关于沈阳市加强困境儿童保障工作实施方案实施效果阶段性评估报告》《市民政局关于沈阳市加强农村留守儿童关爱保护工作实施方案实施效果阶段性评估报告》。鉴于沈阳市机构改革，组织成员单位重新报送市农村留守儿童关爱保护工作领导小组成员及联络员，确保农村留守儿童关爱保护工作领导小组组织架构健全并发挥作用。组织召开沈阳市农村留守儿童关爱保护工作领导小组各成员单位工作会议。对乡镇（街道）儿童督导员和村（居）儿童主任开展业务培训，提升工作能力和水平。

【中国健康养老集团入驻沈阳】 7月31日，市政府与中国健康养老集团签署为期15年的城企联动普惠养老专项行动战略合作协议，中国健康养老集团3年内将在沈阳投资3亿元改造116个区域性居家养老服务中心，新增养老床位4000张。

【2019中日养老服务产业交流会】 9月5日举办。辽宁省人民对外友好协会与中国对外友好合作服务中心主办，沈阳市人民对外友好协会承办。交流会上，中日两国相关机构围绕养老领域的适老化改革、人才交流培养、福祉机构运营管理等内容进行探讨，沈阳医学院等院校及机构与日方相关机构签订合作协议。当天还举办中日医疗福祉人才交流主题分论坛。

【《关于贯彻落实〈沈阳市居家养老服务条例〉的实施意见》】 12月5日，沈阳市加快推进养老服务工作领导小组印发。《意见》明确贯彻《沈阳市居家养老服务条例》的指导思想和发展目标，部署强化居家养老服务责任体系、健全居家养老服务设施网络、完善居家养老服务保障、加快养老服务人才培养、加强居家养老服务行业监管等重点任务，提出加强组织领导、加强宣传引导、加大政策扶持、优化发展环境、加强监督考核等保障措施，并逐条列出各项任务的责任单位，为各级、各部门贯彻落实《沈阳市居家养老服务条例》，促进全市居家养老服务事业健康发展提供遵循。　（市民政局）

慈　善

【概况】 2019年，全市通过政策支持等方式，大力发展慈善事业，积极引导慈善组织开展扶贫帮困、慈善捐助活动，各慈善组织募集资金超1.3亿元，开展慈善捐助活动惠及5000余人次。根据《中华人民共和国慈善法》以及《慈善组织认定办法》等法律法规，市、区两级民政部门依照自愿申请、依法审核、公开透明原则，认定沈阳市慈善总会等43家单位为慈善组织，其中市级慈善组织24家。沈阳市慈善总会具有公开募捐资格。

【2019年中华慈善日系列活动】 8月末到9月，通过开展包括迎中华慈善日晚会、沈阳国际马拉

松（慈善跑）宣传、九九公益日筹款以及参加第七届中国慈展会等相关活动，扩大沈阳慈善事业的影响力和号召力。通过宣传板、宣传条幅、LED展示屏、发放宣传单、设置宣传点等方式，广泛宣传《中华人民共和国慈善法》引领慈善事业发展、慈善事业助力脱贫攻坚的重要意义，鼓励广大群众积极参与到慈善事业中来，共同营造全民“向善、从善、行善”的慈善氛围。“慈善日”宣传活动的当天，全市制作宣传板62块，宣传条幅41条，LED展示屏4块，发放宣传单1.8万余份。

【公益创投】 2019年，市民政局与沈阳市慈善总会开展公益创投工作，确定公益创投项目7个，安排资金295万元，重点用于敬老、扶孤、济困、救灾、助学、助医、助残等慈善救助项目。项目在实施过程中，社会需求量大，反响热烈，患者将在享受完国家医保政策、民政特困救助后，再度申请慈善救助，充分发挥慈善的补充性作用，缓解困难家庭入不敷出的窘境。（市民政局）

残疾人事业

【概况】 2019年，全市残疾人事业发展取得显著成效，多项残疾人工作位居全省前列、处于全国领先。据抽样调查和比对测算，全市残疾人总量38万余人，其中，视力残疾、听力残疾、语言残疾、肢体残疾、智力残疾、精神残疾以及多重残疾7类持证残疾人18.1516万人。市残联实行党委领导、政府负责的残疾人工作领导体制。全市本级及各区县（市）政府均设立残疾人工作委员会，有区县（市）级残联13个，街道（乡镇）残联176个，社区残协891个，村残协1494个。其中，街道（乡镇）、社区配备残疾人专职干事1032人，村配备残疾人专职委员1424人。市级、区县、街道（乡镇）均设立残疾人专门协会，市、区两级设立5个专门协会，街道（乡镇）、社区根据残疾人分布实际设立专门协会。年内，市残疾人服务中心获国务院残工委全国“残疾人之家”称号；住建部等5部门组成的专家调研组对沈阳市无障碍环境建设所取得的成绩给予充分肯定，称全市无障碍设施建设和应用水平在全国堪称一流。沈阳市在全国率先出台《残疾儿童康复救助制度服务规范》，受到中、省残联高度肯定并成为儿童康复领域突破性指南，在全国具有引领性、创新性。残疾人文体工作屡创佳绩，在全国第十届残运会暨第七届特奥会上，沈阳市获25金22银12铜并超1项世界纪录、破4项全国纪录的优异成绩，1人获“全国自强模范”荣誉，4人被授予“辽宁省劳动模范”称号。《人民日报》《光明日报》《中国健康报》《中国体育报》等国家媒体以及人民网、新华网等新媒体对沈阳市残疾人就业、体育、康复等工作进行专题报道。市残联被中国残联、国家体育总局评为“全国残疾人体育先进单位”；在全市创建国家卫生城市暨创建国家食品安全示范城市工作中，市残联被评为“贡献单位”。

残疾人社会保障。全市有2.5万名残疾人纳入最低生活保障范围，符合条件残疾人家庭实现应保尽保；为9.5万名残疾人发放困难残疾人生活补贴和重度残疾人护理补贴；为17.9万名残疾人续保意外伤害保险；为1504名低收入一级残疾人实施专项救助；为702名残疾人提供日间照料服务；完成850户贫困残疾人家庭无障碍改造。

残疾人教育。全市安置适龄残疾儿童少年入学120人。至年末，全市在读残疾人学生3182人，其中，学前教育42人、随班就读1026人、特教学校1137人、送教上门308人、在校大学生669人；为2580名学前到高等教育残疾人学生发放助学金291.8万元，为597名困难残疾人家庭大学生发放助学金174.7万元。开展国家通用手语推广培训125场，5358人。

残疾人社区康复。通过就近购买社区服务、建立完善家庭康复点等措施，推进残疾人康复服务便捷化、优质化，为15663名残疾人提供康复服务，康复服务率95.97%，位居全省第1位。将大龄孤独症残疾人群体难以实现社会化就业的现实难题，作为主动探索的实践课题，采取以残疾人家庭为单元的综合性服务方式，创新劳动康复、社会实践、技能培训、就业增收“四位一体”服务新模式，探索引入亲情交流心理康复、“非遗”产品制作加工、互联网销售实操等多样化课程，提高残疾人居家就业能力，改善生活质量，填补省、市此项工作的空白，在全国具有创新性意义，受到残疾人群众普遍赞誉。

残疾儿童康复救助。率先突破全国儿童康复救助制度实施中的瓶颈问题。贯彻落实《沈阳市人民政府关于印发沈阳市残疾儿童康复救助制度实施方案的通知》，实施残疾儿童康复救助。在全国率先出台《沈阳市残疾儿童康复救助制度服务规范（试行）》，将社区、街道、区县、市残联多级审批制度简化为区县残联直接受理，直接审核的“一站式”服务，提高效率，方便群众。救助视力、听力、肢体、智力和精神（孤独症）等残疾儿童1271名，1353人次，投入康复救助资金2242.6万元。

残疾人就业服务。打造良好的便民利企营商环境，服务企业313户次，安置残疾人就业3431人；征收残保金6.1亿元；利用“互联网+”等就业模式促进残疾人就业创业多元化；投入资金995.9万元扶持1328名残疾人自主创业；以市场需求和残疾人需要为导向，开展就业技能培训4659人次；参加全国第六届残疾人职业技能大赛，沈阳市选手代表辽宁省参赛，获得茶艺比赛全国第三、第九名，棒针编织比赛全国第七名的好成绩。

残疾人脱贫。落实《沈阳市贫困残疾人脱贫攻坚行动计划（2018—2020年）》，投入资金250余万元持续对建档立卡贫困残疾人进行巩固扶持；对1292名农村残疾人进行实用技术培训；配合市房产部门完成122户农村贫困残疾人家庭危房改造。

残疾人文化体育。举办展览、培训、交流等系列文化活动170余项，参与残疾人突破万余人次；在全国第十届残运会暨第七届特奥会、全国特奥冬季项目比赛中，沈阳市选手共取得37金29银20铜，超1项世界纪录、破2项亚洲纪录、破4项全国纪录的优异成绩；组织开展特奥运动会、趣味竞技体育比赛进社区、特奥足球周、健身周等群众性体育活动以及参加沈阳国际马拉松比赛等107场次。

残疾预防。形成部门联动、齐抓共管、社会广泛参与的综合性残疾人预防工作体系，全市出生缺陷和发育障碍致残指标、疾病致残指标、各种伤害致残指标同比明显下降，康复服务效果显著增强，公众残疾预防意识、残疾预防知晓率和参与率进一步提升。

残疾人维权。将维护残疾人合法权益与对残疾人的教育引导、维护残疾人群体稳定有机统一。常态化开展普法教育；为有需求残疾人提供有针对性的法律服务；接待各类个性化诉求残疾人300余人次；深入推动7项信访专项和积案化解工作。

基层残联。加强对区县（市）残联领导班子的协管和指导，开展区县（市）残联工作纪实，组织残联理事长和残疾人专职干事、专职委员培训900余人次，选拔选手代表辽宁省参加全国残疾人专职委员知识竞赛，并取得优异成绩，获省残联通报表扬。

【“走转改”专项改革】 2019年，在全市残联系统开展“走进基层、转变作风、改进工作”（简称“走转改”）专项改革。以“走”促“转”、以“转”促“改”，在专项改革实践中，认识和体现残联组织属性，服务残疾人群众。市残联机关干部到基层调研68次，走访80余个涉残机构和家庭，服务、联系残疾人1000余人。

【全国率先启动智能化残疾人服务专属卡】 2019年，针对传统残疾人证件在使用功能、防伪能力、效率要求、便捷程度、尊严需求等方面与社会发展和残疾人需求不相适应的问题，市残联创新开发具有证照、消费、交通、医疗等23类社会服务功能的智能化、信息化残疾人专属卡，促进残疾人信息整合和部门间数据共享，打造残疾人共享智能服务最便捷的载体，推进为残服务与社会协同的资源最优化。

【农村残疾人脱贫攻坚】 2019年，市残联打造“党建+基地+残疾人”工作模式，引领带动残疾人发展生产和就业增收。举办培训班24期，培训农村残疾人1292名，安置种养殖项目残疾人就业22名；在于洪区、新民市和法库县孵化5个残疾人农产品模拟合作社；通过“党建+基地+电子商务+残疾人”新兴产业就业模式，辐射带动30名残疾人就业增收。

【残疾人退出出租车运营引导】 2019年，市残联在全市出租车行业交通文明服务工作中，面对多年积累的涉及残疾人出租车运营问题，聚焦服务大局和服务残疾人的结合点，通过实施车辆改色、安置就业、个性化服务、困难帮扶等措施，有序引导残疾人退出运营，有200余名残疾人退出出租车运营，加快沈阳市交通文明服务工作中难点问题解决进程。（张　哲）

红十字会工作

【概况】 2019年，市红十字会贯彻落实中国红十字会十一次会员代表大会精神，围绕市委市政府中心工作，坚持问题导向，着力补短板、强弱项、激活力、抓落实。

应急救援。与市红十字蓝天救援队签订合作协议，全面提升应急救援队应急处置能力、对突发事件及协同作战能力，开展山地、水域搜救应急演练8次。在第十个全国防灾减灾日当天，全市红十字系统开展主题为“行动起来，减轻身边的灾害风险”的防灾减灾活动。

应急救护。开展急救员培训70余期，培训3000余人次；开展“进社区、进企业、进学校、进机关、进农村”应急救护公益培训100余期，普及8000余人次。组织全市开展职工应急救护职业技能竞赛，并将此竞赛纳入全市百万职工岗位技能提升工程和职工职业技能竞赛活动。依据中国红十字会总会《关于积极参与马拉松及相关赛事救护服务工作的通知》精神，市红十字会先后组织志愿者150余人次，分别参与第三届沈阳女子半程马拉松赛、辽宁保险业2019年“7·8”保险公众宣传日徒步赛、2019亚泰城杯国际马拉松赛等大型活动的救护服务工作。“世界急救日”期间，全市红十字系统280余名工作人员和900余名志愿者走上街头、进入社区和学校，以讲座、演练、情景再现、设立“世界急救日”主题宣传板等形式开展系列宣传活动，受益人数约1.3万余人，通过沈阳市红十字会官方微信公众号发布开展活动相关信息19篇，“今日头条”官网以“世界急救日／沈阳市红十字会志愿者在行动”为标题进行报道。市红十字会承办市营商局主办的第二十七期营商讲堂——红十字应急救护普及培训，150余名沈阳高校大学生参加培训。

人道救助。春节前开展“红十字博爱送万家”活动，筹集慰问物资75万余元，对1500余户困难家庭进行走访慰问，受益3500余人。开展“弘扬人道精神，关爱贫困家庭”活动，为500名群众进行免费体检。持续打造“博爱助学”救助品牌活动，投入20万元对沈阳地区高校的400名贫困大学生进行资助。救助血液病及先天性心脏病患儿患者46人，救助金额100.3万元。市红十字会计接待患病求助者300余人次。接收社会捐款83万余元。

遗体（器官）捐献。志愿捐献遗体登记1112人，志愿捐献眼组织登记473人；实现遗体捐献107例，眼组织捐献3例。3月29日在沈阳菩遥山红十字捐遗纪念广场举办“当我离开，愿爱留下”大型缅怀纪念活动，对遗体（器官）捐献先行者进行追思和缅怀。沈阳市红十字会全体人员，红十字志愿者，菩遥山墓园领导，中国医科大学、沈阳医学院及辽宁何氏医学院的学生志愿者、遗体捐献者家属代表700人参加活动。《沈阳日报》《沈阳晚报》进行报道。

造血干细胞捐献。积极开展宣传动员，红十字志愿者进企业、进学校、进社区宣传造血干细胞相关知识。市红十字会与市红十字会医院签订造血干细胞血样采集合作协议，规范血样采集工作。造血干细胞采样入库412人份，再动员62人，高配14人，体检8人，成功捐献7人，累计捐献42人，全省位居第一。辽宁电视台、沈阳电视台等媒体对捐献者的事迹进行报道，受到百姓赞扬。

红十字青少年工作。组织5万名红十字青少年参加国家总会举办的2019年《中华人民共和国红十字会法》暨红十字青少年自救互救知识竞赛，市红十字会获最佳组织一等奖。

红十字会宣传。市红十字会以主流媒体为主，成立红十字媒体志愿者服务队，推动宣传工作的开展。沈阳市构建大宣传格局经验在国家总会召开的全国组织宣传工作会议交流。5月8日，就纪念“世界红十字日”博爱月活动向公众作新闻发布，重点介绍给予遗体捐献者及造血干细胞捐献者的人文关怀优惠政策。6月和11月，在沈阳网进行两期“微民生”访谈，向市民介绍遗体捐献工作的手续办理、人文关怀政策、缅怀祭祀等情况，造血干细胞捐献相关知识及流程。注重新媒体融合与应用，通过官网发布信息186篇、官微发布信息203篇，“爱·公益”频道播出宣传片105个。传统主流媒体《沈阳日报》《沈阳晚报》《辽沈晚报》报道红十字创新工作32次，帅正新闻、今日头条、中新网、新华网、二三里等新融媒报道40次。在沈阳电视台、沈阳广播电台报道、播出节目9次，组织2次微民生访谈，召开1次新闻发布会。特别策划沈阳学霸上海交大研究生张迪临终捐献遗体的事迹报道，在“学习强国”App推送红十字运动知识短片，提升红十字会的社会影响力和公信力。

【韩国访问团到沈访问】 5月

13—17日，以韩国赤十字社京畿道支社金勋东会长为团长的韩国访问团到沈阳市红十字会进行友好交流访问。两会负责人就人道救助、人道救援、遗体（器官）和造血干细胞捐献及国际红十字青少年等工作进行交流。其间，韩方代表团赴红十字示范校、市中心血站、红十字应急救护培训基地和中国红十字运动发源地纪念馆进行实地考察。

（市红十字会）

住房保障

【概况】 2019年，全市公租房保障采取公租房租赁补贴与实物配租并举的保障方式，并以发放租赁补贴为主，解决中等偏下收入家庭、外来务工人员、新就业大学生的住房困难问题，有效改善困难群众的居住条件，发挥住房保障在解决住房问题上的兜底作用。发放租赁补贴保障33574户（含新增9168户），发放租赁补贴11060万元，超额完成省政府下达基本保障2万户任务指标。其中，公租房租赁补贴保障完成23825户（含新增8434户），累计发放补贴资金5318万元；廉租房租赁补贴保障完成9749户（含新增734户），累计发放补贴资金5742万元。加快公租房建设，雪莲雅居、丽水新城三期、民欣家园等项目有序推进，其中最大的公租房项目雪莲雅居通过摇号配租，实现近1万户居民入住。同时，按照住建部“一城一策”要求，针对重点人群、弱势群体及部分企业职工实施精准保障、优先配租。截至年末，对残疾人、优抚对象等特殊群体累计保障3429户；对公交司机、环卫工人等公益性岗位累计保障162户；新就业大学生、外来务工等新市民群体保障8661户；累计面向232个企业、配租3916套公租房作为职工宿舍，解决职工住房困难问题。

【《关于调整我市住房保障准入条件及租赁补贴标准的通知》】 3月29日市房产局下发。《通知》提高补贴标准，扩大保障覆盖面，满足更多困难群众的住房需求，实现应保尽保，惠及更多保障家庭。

【《沈阳市公共租赁住房管理规定》】 6月25日市房产局印发。《规定》进一步修改和明确公租房保障范围、保障方式、准入及退出管理、房源筹集及分配、租金定价、后期运营及日常监督管理等内容。进一步规范申请流程及审核程序，为公租房管理提供政策支持和操作依据。

【住房保障“放管服”改革】 2019年，为适应打造国际化营商环境的需要，按照沈阳市“放管服”改革要求，优化审批程序，打造一流营商环境，对住房保障工作建立常态化申请受理机制，精简证明材料和审核流程，优化居民家庭经济状况核对工作程序，取消无就业单位家庭收入证明、租住证明、住房情况证明及单身婚姻证明等不必要证明材料，进一步简化申请手续，提高审批效率。（朱　岩）

三十四、社会生活

城市居民生活

【概况】 2019年，全市以供给侧结构性改革为主线，推动全市高质量发展、新时代振兴取得重要进展，城镇居民收入平稳增长，城镇居民人均可支配收入46786元，增长6.2%，扣除价格因素，实际增长3.7%；人均消费支出34137元，增长5.9%

【收入构成】 2019年，全市城镇居民收入4项构成呈现全面增长态势，收入结构日趋优化。稳就业举措发挥作用是居民工资性收入增长的积极因素。城镇居民人均工资性收入25297元，比上年增长6.5%。实有市场主体增长10.3%，全市产业结构不断优化，发展活力持续增强，有力拉动城乡居民经营净收入增长。城镇居民人均经营净收入7813元，增幅为5.4%，比上年减少1.7个百分点。退休职工基本养老金上涨5.3%，低保标准提高4.6%等政府托底保障日益增强，拉动转移净收入增长。城镇居民人均转移净收入10574元，比上年增长5.9%。全市房地产市场活跃，银行保险金融理财产品日益丰富，全市居民理财意识逐步提高，理财活动参与度增强，拉动居民财产净收入增长，城镇居民人均财产净收入3102元，比上年增长7.2%。

【消费构成】 2019年，市委市政府始终聚焦重点民生领域，取得显著成效，居民收入提高带动居民消费持续增长，消费结构进一步优化。城乡居民消费全面升级，8大类消费支出均呈增长态势。其中：城镇居民教育文化娱乐消费、医疗保健消费和其他用品和服务消费增长最快，增幅依次为10.8%、9.5%和7.1%。城镇居民消费还有两个亮点：饮食服务迅速升温，城镇居民人均在外用餐支出2198元，增长14.9%；服务型消费持续快速增长，一方面随着消费领域的不断拓宽，消费形态从购买产品向购买服务延伸，另一方面新技术和商业模式不断出现，创新消费体验，居民服务消费支出迅速增长，城镇居民人均服务类消费支出11168元，增长10.2%，消费升级趋势明显。

农村居民生活

【概况】 2019年，全市坚持稳中求进工作总基调，保持发展定力，推动农村居民收入快速增长，为全面建成小康社会奠定坚实基础。农村居民人均可支配收入18124元，增长9.6%，扣除价格因素，实际增长6.9%；人均消费支出12101元，增长6.2%。

【收入构成】 2019年，全市农村居民收入4项构成呈现全面增长态势。各县区建成项目不断吸纳新增就业人员等扩大就业举措是工资性收入增长的积极因素，农村居民工资性收入7012元，增长10.1%。着力推进农业供给侧结构性改革，新建高标准农田20.7万亩（1.38万公顷），粮食产量418.3万吨，蔬菜产量373.5万吨，休闲农业接待游客550多万人次，全市产业结构不断优化，有力拉动经营净收入增长。农村居民人均经营净收入8768元，比上年增长9%。退休职工基本养老金上涨5.3%，农村低保标准提高6.7%，医保政府补助标准、大病报销标准持续提高等政府托底保障日益增强，拉动农村居民转移净收入增长。农村居民人均转移净收入1886元，比上年增长11.3%。全市稳步实施农村综合改革，土地流转率达到39%，利于农村居民财产净收入增长，实现458元，增长6.8%。

▶沈阳调查队走访调查　（国家统计局沈阳调查队供）

【消费构成】 2019年，随着城乡一体化改革的不断深入，农民生活水平持续增长，尤其是用于吃穿用住等基本生活方面的消费逐渐向城镇靠拢。农村居民生存型消费7168元，增长5.7%。其中，人均居住支出1446元，增长3.6%，增速较城镇高出0.8个百分点。人均生活用品及服务支出743元，增长5.7%。居民生活质量的提升还体现在发展享受型（含教育文化娱乐、交通通信、医疗保健消费等）消费的稳步增长方面。全市农村居民发展享受型消费4692元，增长6.8%。其中，人均医疗保健支出和教育文化娱乐支出分别达到1712元和1131元，增长10.6%和8.7%，增速在8大类消费中位居前2位。

（张绪　薛森）

2019年沈阳市居民消费价格分类指数

表25

项目名称	上年同期=100
居民消费价格总指数	102.4
一、食品烟酒	105.5
1. 食品	107.0
（1）粮食	101.2
（2）薯类	93.9
（3）豆类	100.5
（4）食用油	100.5
（5）菜	103.3

续表25

项目名称	上年同期=100
（6）畜肉类	124.2
（7）禽肉类	110.4
（8）水产品	98.8
（9）蛋类	100.5
（10）奶类	100.9
（11）干鲜瓜果类	107.8
（12）糖果糕点类	99.9
（13）调味品	101.3
（14）其他食品类	100.2
2. 茶及饮料	101.9
3. 烟酒	100.3
（1）烟草	100.9
（2）酒类	99.6
4.在外餐饮	102.8
二、衣着	102.4
1. 服装	102.5
2. 服装材料	100.0
3. 其他衣着及配件	101.2
4. 衣着加工服务费	105.7
5. 鞋类	102.4
三、居住	101.2
1. 租赁房房租	101.2
2. 住房保养维修及管理	103.6
3. 水电燃料	100.5
4. 自有住房	101.2
四、生活用品及服务	100.8
1. 家具及室内装饰品	99.9

续表25

项目名称	上年同期=100
2. 家用器具	99.0
3. 家用纺织品	98.6
4. 家庭日用杂品	99.6
5. 个人护理用品	102.6
6. 家庭服务	109.8
五、交通和通信	98.0
1. 交通	96.9
2. 通信	100.5
六、教育文化和娱乐	102.8
1. 教育	103.0
2. 文化娱乐	102.5
（1）文娱耐用消费品	98.3
（2）其他文娱用品	100.9
（3）文化娱乐服务	100.0
（4）旅游	106.7
七、医疗保健	100.9
1. 药品及医疗器具	102.0
2. 医疗服务	100.0
八、其他用品和服务	102.6
1. 其他用品类	102.7
2. 其他服务类	102.6
（1）旅馆住宿	101.1
（2）美容美发洗浴	103.9
（3）养老服务	100.0
（4）金融保险	102.6
（5）其他服务类	100.0

（市调查局）

2018—2019年沈阳市居民生活主要服务价格

表26

名称	规格特征	计量单位	2018年	2019年
缝纫	纤裤角	条	8.00	9.97
钟点工	清理卫生	小时	38.16	36.39
诊查费	普通门诊诊查费	次	9.07	9.07
注射费	静脉输液	次	6.40	6.40
诊断费	纤维胃十二指肠镜检查	次	227.70	227.70
实验室诊断	尿液分析	次	7.00	7.01
临床手术治疗	剖宫手术	次	1452.00	1452.00
临床手术治疗	阑尾切除术	次	1117.33	1117.33
住院费	普通4人间市级医院	天	35.67	35.67
理发	（男）全活	次	18.50	20.00
洗浴	洗浴	次	7.80	7.80
洗车费	小型车	次	38.32	39.50
车辆修理服务	自行车补带	次	4.50	4.50
公共汽车零票	专线全程	张	1.42	1.45
地铁零票	9站内	张	2.00	3.12
出租汽车	白天	公里	1.82	1.85
市内固定电话通话费	市内电话通话费3分钟内	次	0.20	0.20
信件邮寄	信件邮寄（外埠平信）	封	1.20	1.20
公园门票	昭陵公园门票	张	6.00	6.00
有线电视收费	有线电视月租费	月	24.00	24.00
采暖费	冬季采暖费	平方米	23.30	23.30

（市调查局）

就业创业

【概况】 2019年，全市深入实施就业优先政策和积极就业政策，城镇新增就业11.89万人，城镇登记失业率2.94%，扶持创业带头人2499人，带动就业1.49万人。

推进高校毕业生就业创业促进计划，引导3264名高校毕业生等失业青年到企业参加就业见习，招录1046名高校毕业生从事基层公共服务岗位，吸引储备高校毕业生13.7万人。落实购房、租房补贴政策，向7679人发放购房补贴1.4亿元，受理8207人租房补贴申请，涉及资金2085万元。

精准实施就业帮扶，帮助3.29万就业困难人员实现就业，认定并帮助零就业家庭实现就业125人，农村劳动力转移就业4.41万人，返乡创业1243人。

组织开展普惠制就业培训、农村劳动力转移技能培训、进城务工农民培训等培训活动，培训2.1万人（次）。创新实施“政府+银行”创业担保贷款新模式，降低贷款门槛，提高贷款最高额度，发放创业担保贷款856笔，累计贷款1.88亿元。

开展各类创业活动500余场（次），沈阳1905文化创业（辅导）基地获“国家级创业示范基地”称号；开展失业保险援企稳岗和技能提升行动，为4456户企业发放稳岗补贴2.767亿元，2户企业返还稳岗资金231.5万元，2668人次发放技能补贴417万元。（何　灵）

【2019年辽宁省就业、再就业大型招聘会】 4月14日，由省总工会、省人社厅、省国资委和市总工会、市人社局共同举办的“聚人才、促就业”2019年辽宁省就业、再就业大型招聘会，在中国沈阳人力资源服务产业园举行。省内的400余家单位参会，提供1604个招聘职位，招聘活动当天到场求职者人数6430人，与企业达成就业意向2217人。

【2019中国沈阳海智创新创业大赛决赛】 10月16日，2019中国沈阳海智创新创业大赛暨第三届沈阳“星汇杯”创新创业大赛决赛在创新天地举行。辽宁省科学技术协会、沈阳市政府主办，市委组织部、市科学技术局、市人力资源和社会保障局、市科学技术协会、沈阳浑南高新技术产业开发区承办。大赛征集到美国、日本、德国、新加坡、加拿大等国家及北京、上海、深圳、大连、西安、沈阳等城市的科技项目900余项。西安海斯波迪生物科技有限公司的“果蔬保鲜抗菌肽”等9个项目夺得大赛金银铜奖。（志　闻）

消费者权益保护

【概况】 2019年，市消协组织登记消费者来电、来信及互联网信息数78902件，其中咨询45986件、受理投诉32916件、不予受理投诉4552件，投诉解决率18.03%，涉及商品和服务金额1.2亿元。全市各级消协组织接待消费者来访和电话咨询近2.6万余人次。消协组织受理消费投诉2379件（简易投诉、口头即时解决等情况未计算在内），解决1925件，投诉解决率80.9%，因被诉方不明确、投诉证据不足、诉求双方意见分歧较大等原因，消协终止调解或建议投诉方采取其他维权途径的案件占19.1%。为消费者挽回经济损失327.62万元。年内没有运用人民调解程序的案件，发布消费提示10条。开展汽车消费维权工作，走进沈阳汽车流通协会，了解汽车经营企业消费维权方面存在的问题；尤其针对奔驰汽车漏油事件，召开汽车消费维权工作会议，实行汽车消费维权日报制度，随时关注事态发展，并向省消协发出如何有效处理汽车消费投诉相关问题的函；8月8日在二手车市场成立消费维权服务站。先后出台《沈阳市市场监督管理局 沈阳市消费者协会保护消费者权益实施办法》《沈阳市消费者协会建立保护消费者权益协作共治机制实施办法》等保护消费者权益的相关规定。沈阳市消费者协会获中国消费者协会优秀比较试验项目提名奖和比较试验工作优秀组织单位奖。

【百家商业企业“信用让消费更放心”主题倡议活动】 3月6日在红星美凯龙浑南店启动，活动贯穿全年。向全市商业企业发出诚信经营，恪守承诺的倡议。红星美凯龙浑南店负责人代表商业企业表态，将积极践行“信用让消费更放心”年主题，做到“诚实守信、恪守承诺”，以实际行动，展现沈阳商业企业的亮丽风采。全市102户商业企业负责人参加启动仪式。

【电商协会消费维权站成立】 3月12日，结合电商法出台，举行沈阳市电子商务协会消费投诉维权站成立暨电商企业诚信经营倡议活动。维权站指导电商企业有效处理消费纠纷，保护消费者合法权益。倡导电商企业诚信经营，恪守承诺，打造安全、放心的网络消费环境。深入电商企业对50余名电商企业相关负责人进行培训，使企业消费纠纷化解在平台内部。

【全市首家金融消费教育基地建立】 3月13日，在保险协会建立第一家金融消费教育基地，组织保险协会工作人员走进社区、新闻直播间为消费者宣讲保险方面的相关知识，提醒消费者防范金融陷阱，做到理性消费。全年开展专题消费教育10余场。

（市市场监督局）

住房公积金管理

【概况】 2019年，全市归集住房公积金222.54亿元，完成全年计划指标111.27%；新增开户人数14.93万人，完成计划指标149.29%；支持3.54万户家庭购房建筑面积338.21万平方米，投放住房公积金个人住房贷款106.05亿元，完成全年计划指标106.05%；支持职工提取住房公积金168.05亿元；实现住房公积金增值收益10.96亿元，完成全年计划指标109.62%；归集余额717.19亿元，个贷余额645.53亿元，资金运用率90.01%；个贷逾期率为0.026%，低于0.13%全省平均水平，个贷资产质量继续保持稳定。归集扩面工作稳步提升，研究制定《筹集扩面工作操作规程》，紧盯未建数据，选准重点催建目标，分析企业情况，对有潜力企业督促建制。做实缴存基数，对缴存比例实行“限高保低”政策，采取“走出去，请进来”的方式，与大型代办公司联系增人业务，争取更多客户资源；对区域内注册资金超过500万元的新注册企业、新成立的人力派遣机构等安排专人上门催建，确保重点企业建制开户。满足刚性和改善性提取贷款需求，紧跟市政府房地产市场调控步伐，保证调控政策有效落实，满足中低收入职工家庭刚性、改善性住房贷款需要，支持职工合理住房公积金提取需求。实行租购并举，进一步丰富提取种类，职工可提取住房公积金用于还商贷、租房、大病医疗等。严防资金运营风险，清理归并银行账户体系，加强内部稽核和贷款逾期清收，无任何资金风险安全问题。优化公积金营商环境建设，热点服务和便民事项全部实现“同城通办”；公积金网厅完成与市政务服务网站对接，所有事项实现集中办理，业务办理全部零收费、无复印材料；“最多跑一次”“一窗办理”比例达到90%以上。推出微信公众号、手机App、支付宝刷脸认证等智能服务平台，提供7×24小时线上服务，91%以上公积金业务可网上办理。审计署驻沈阳特派员办事处进驻沈阳住房公积金管理中心，完成对中心“住房公积金和住宅专项维修资金”进行为期3个多月的审计工作。

【“双贯标”验收通过】 2月28日，由住建部及省住建厅联合组成的专家组对沈阳住房公积金管理中心贯彻落实《住房公积金基础数据标准》和《接入住房公积金银行结算数据应用系统接口标准》（简称“双贯标”）情况进行检查验收。专家一致认为，沈阳住房公积金系统数据库符合住房和城乡建设部发布的相关标准，“双贯标”工作成效明显，达到验收的要求和标准，中心以94.55分的高分通过“双贯标”验收。

【辽电业务纳入属地化管理】 6月15日，辽宁电力分中心业务管理统一纳入沈阳住房公积金管理中心平台，完成公积金业务的属地化管理。实现数据集中存储；统一执行中心的标准业务流程；财务独立核算、遵循中心会计集中核算管理模式；使用中心前运行稳定、安全的数据交换、联网服务，包括查询商贷信息、房产信息、银行卡信息等。

【综合服务平台建设通过验收】 11月19日，沈阳住房公积金管理中心接受住建部和辽宁省住建厅对综合服务平台建设使用情况的检查验收。检查验收组认为，沈阳住房公积金管理中心结合实际需要构建八大服务渠道，建设综合管理系统，建立安全保障体系，实现信息查询、信息发布和互动交流等线上服务，缴存、提

►2月28日，沈阳住房公积金管理中心接受住建部及省住建厅联合组成的专家组对“双贯标”情况检查验收 （王旭摄）

取、贷款等部分具体业务和环节实现网上办理，降低业务操作风险，资金安全得到有效保障。一致同意中心综合服务平台建设工作通过检查验收。（陈　亮）

婚姻、收养登记管理

【概况】 2019年，全市14个婚姻登记处办理国内结婚登记56460对（其中复婚登记20266对），离婚登记42721对，补领结婚证25863份，补领离婚证4562份；涉外结婚登记385对，离婚登记66对，补领结婚证26件，补领离婚证8件。办理国内收养9对。完成1950—1997年婚姻登记历史档案数据补录工作，录入数据124.9万条。

【婚姻登记员培训】 3月，市民政局举办婚姻登记员业务培训班，对全市婚姻登记员进行培训。邀请民政部社会事务司、省民政厅、大连市民政局专家老师对婚姻登记相关政策法规、婚姻登记业务实务授课，120名婚姻登记员参加培训并通过业务考试，取得婚姻登记员资格证书。

【婚姻登记信息系统建设】 2019年，婚姻登记信息系统纳入全市“互联网+民政服务”建设项目，市民政局与杭州络叶科技有限公司合作，完成沈阳市婚姻登记信息系统开发建设，新系统2020年1月1日正式启用。新系统应用人脸识别技术，高效准确甄别当事人身份，自动进行婚姻登记信息全国联网审查、公安人口身份及户籍、残疾人等信息查询，婚姻登记工作效率和精准性大幅提高。（市民政局）

户政与出入境管理

【概况】 2019年，全市户籍人口755.4万人，户数285.3户，迁入人口13.9万人，迁出人口3.6万人。办理公民因私出入境证件621600件，下降8.0%，其中市局办理284381件，分局办理337219件。受理外国人居留许可14422本、减少2.53%；外国人签证348人次、减少34.59%；外国人停留证件1086人次、增长36.95%；台胞证114本、减少1.72%；出入境通行证672本、增长11.07%；开具注销中国户口证明603人次、增长83.35%；签发其中口岸团签242件，个人签证15件，一次性台胞证33件。

出入境创改。在全市出入境窗口启动实施“全国通办”异地办证政策；推出全新便民服务措施：为申请人提供出入境证件缴费刷卡及移动支付服务、建设自助照相服务专区、实现出入境接待大厅wifi信号全覆盖、增加出入境证件移动受理专用设备；港澳往来通行证及台湾通行证降费工作；启用新版《中国公民出入境证件申请表》；在桃仙机场设置自助签注设备；在自贸区设立境外人员签证窗口；按照“有效发挥签证政策为国引才引智作用”要求，落实国家移民管理局12条移民与出入境便利政策，为外籍高层次人才在沈停留、居留提供便利。累计为企业紧缺急需人才、突出贡献人员、高级管理人员签发长期居留证件145人次，为高层次人才家属签发长期居留证件118人次，充分提供出入境便利。开展“三非”（非法就业、非法入境和非法居留）外国人专项治理工作，查处“三非”外国人751人，下降19.2%；公安部国家移民管理局将沈阳外国留学生管理做法作为典型经验做法在全国推广。

户籍审批。深化“放管服”改革，打造最优发展环境，8月15日将原由市局审批的户口审批权限全部下放，并对部分审批时限及审批流程进行调整。调整后，沈阳市各项户口的审批时限在全国同等城市中达到最短，群众办理户口更加便捷。受理窗口由原来的市局1个窗口扩展为由全市221个派出所窗口，更加方便群众就近办理。将外埠居民购房落户、外埠居民投配偶落户等16项户口的审批权限由分、县（市）局审批调整为由派出所受理、审批。市、区两级下放25项户口审批权限，减少审批环节，25项户口审批时限合计由原来的265个工作日缩短至46个工作日，其中有11项即办，大幅度地节省群众办理户口的时间。

缩短办证时限。压缩省内异地身份证及市内身份证受理制发周期。5月1日起，开通省内居民身份证异地受理邮政速递业务，将异地办证周期由公安部规定的60日，缩短为邮政速递15个工作日寄达省内市、县城区；普通邮寄30个工作日寄达受理地公安机关。按照公安部要求居民身份证异地受理办证周期为60天。12月1日起，沈阳市户籍居民身份证制证周期缩短，邮政速递证由原来9个工作日压缩为市区范围内7个工作日，农村及其他偏远地区9个工作日投递到办证群众手中；普通邮寄证17个工作日邮寄到受理地公安机关的办证大厅或派出所，申领人携带领取凭证自行前往领取证件。

【新版居住证全面启动】 2月26日，在全市范围内启用新版居住证。新版居住证采取IC卡芯片模式，卡体上仅保留流动人口姓名、性别、居民身份证号码、户籍地址、现居住地址、签发机关、签发日期等信息。新版居住证受理流程由派出所社区民警通过警综平台受理新版居住证制作申请后，上传给区县（市）局社区警务大队审核，最后通过警综平台直接上传到市局制证中心完成证件制发。截至年末，新版居住证发放345776张。

【“一村一警”工作规范出台】 8月30日，农村地区全面实行“一村一警（辅）”警务模式，全市14个分局管辖的1454个行政村内建有农村警务室340个，配备354名民警，1481名辅警，全面实现驻村辅警兼任村主任助理。驻村民警（辅警）在搜集社情民意、排查化解矛盾、构建警民关系方面发挥作用，社会治安状况得到明显改善，基层公安机关社会治理能力得到显著提升。

【智慧安防小区软件建设】 12月1日，社区警务支队与房产、物业等主管部门沟通联系，结合老旧小区改造等工作，引入商业化运行模式，开展智慧安防小区建设工作，确保达到小区内“人、地、事、物、组织”数据信息全描述，多渠道地获得鲜活、真实、有效数据，精准掌握社区内人员流动轨迹，在住宅小区实现“视频站岗、AI巡逻”“一键报警、多员联动”，推动基层社区治理智能化、网格化。

【社区民警App（社区智慧警务App）研发】 2019年，联合软件公司开发适合社区民警工作实际的工作软件即社区民警工作管理平台。此软件基于互联网开发，主要通过手机App抓取社区民警手机信号源，通过后台实时掌握社区民警下社区开展工作情况。同时具有视频点调、辖区划分、工作日志、自动统计社区民警沉入社区开展工作时间等相关功能。此软件还有工作日志、信息核查、案件线索核查、黑恶势力举报核查、发布通知等功能。

【房屋中介信息采集系统研发推广】 2019年，社区警务支队与软件公司共同研发房屋中介信息采集系统，该软件由房屋中介业主使用的微信小程序、派出所使用的后台管理系统和社区民警使用软件3部分组成。在和平分局西塔派出所试点工作的基础上，国庆前夕组织全市派出所对个人中介的注册工作，此举深受房屋中介机构和广大社区民警广泛好评，实现社区民警由信息采集员向管理员转变，解决社区民警信息采集问题和流动人口、出租房屋采集问题，为基层派出所和社区民警减负增效。（周　健）

殡葬管理

【概况】 2019年，全市有殡仪馆10家，殡仪车辆管理调度中心1家，经营性公墓19家（含1家回民服务中心），公益性公墓14家，市交通事故尸检中心1家。全市火化遗体61994具，其中市回龙岗殡葬服务中心火化21604具；骨灰撒海3500盒。

清明节群众祭扫服务保障。3月15日至4月7日，全市殡葬系统员工接待祭扫群众354.8万人次，各项服务保障工作平稳有序，无重大责任事故发生。其中清明节小长假接待祭祀群众107万人次。

惠民殡葬政策。减免各类困难群体2458人，减免殡葬基本服务费用资金334.50万元，减轻全市困难群众的丧葬负担。其中低保对象1846人，减免费用252.43万元；五保对象518人，减免费用64.44万元；遗体器官捐献者对象15人，减免费用9.10万元；无名尸55具，减免费用5.22万元；三无人员15人，减免费用2.09万元；计划生育特殊家庭扶助对象8人，减免费用1.12万元；见义勇为牺牲人员1人，减免费用810元。

节地生态安葬。全市海葬骨灰3500份，补贴资金595万元，其中省财政补贴资金280万元，市财政补贴资金315余万元；选择在殡仪馆寄存20年以上的骨灰61份，财政补贴资金0.93万元，选择树葬、草坪葬等节地生态安葬墓穴下葬的骨灰117具，财政奖补资金17.55万元。

殡葬设施建设。为新民市、浑南、苏家屯区争取省民政厅项目补贴资金600万元。其中，新民市殡仪馆新建项目补贴资金300万元；浑南区、苏家屯区殡仪馆申请环保设施项目改造补贴资金各150万元，资金下拨到各区县（市）财政。

殡葬服务。各殡葬单位采取便民措施，优化殡葬服务，落实惠民殡葬政策。其中，市回龙岗墓园为方便群众办理丧事和祭扫，推出免费临时寄存骨灰盒、免费饮用水、轮椅、助力手推车等23项便民服务。西郊卧龙墓园举行“早春行动”活动仪式，为10位遗体器官捐献者提供免费落葬服务。

【两摸排一整治】 4月20日至5月31日，市民政局以市殡葬领域突出问题专项整治工作领导小组办公室的名义牵头组织市直相关部门和各区县（市）对违法违规私建“住宅式”墓地等突出问题及散埋乱葬问题专项摸排。以市殡葬领域突出问题专项整治工作领导小组名义出台《关于印发〈沈阳市开展违法违规私建“住宅式”墓地等突出问题专项摸排工作的实施方案〉的通知》，副市长王广生4月25日组织召开全市“住宅式”墓地等突出问题专项摸排和农村散埋乱葬重点整治部署工作会议，对摸排工作提出明确要求。此次全市排查出违法违规私建“住宅式”墓地1座，违法违规私建硬化大墓260座，违法违规私建活人墓2座，散葬坟墓241104座。1座“住宅式”墓地于10月30日前整治完毕，散葬坟墓迁移1120座。

【殡葬领域扫黑除恶治乱行动】 2019年，全市殡葬市场乱象得到治理，对群众举报的非法寄存大量骨灰盒（300余个）进行查处整治，区县对违规土葬行为进行核查与行政处罚。殡仪馆运营管理专项整治成效明显，印发《市民政局关于印发全市开展殡仪馆运营管理专项整治工作方案的通知》，全市各殡仪馆累计排查出重点整治问题30个，完成整改29个，正在整改中1个（于洪殡仪馆，社会人员充当丧托）。

【丹东江葬服务首次开通】 9月11日，沈阳海葬服务大厅举办首次丹东江葬活动，66位沈阳市民为27位故者进行安葬。

（市民政局）

社区建设

【概况】 2019年，先后召开市社区建设工作委员会工作会议、市委社区工作会议，对和平区南湖街道文安路社区等“百佳”社区和八经街道和平新村社区张明伟等“百优”社区工作者进行表扬，出台《沈阳市社区建设工作委员会工作规则》《沈阳市社区建设工作委员会联合办公室工作细则》，制作社区治理工作巡礼宣传片。拟定《中共沈阳市委办公室 市政府办公室关于推进城乡社区治理能力现代化的实施意见》，为推动全市社区治理工作再上新台阶奠定坚实基础。截至年末，全市有基层群众性自治组织2453个，其中城市社区居民委员会930个、农村村民委员会1523个。加强城乡社区公共用房建设，其中城镇社区公共用房最大单体面积4000平方米（于洪区城东湖街道星座社区），农村社区公共用房最大单体面积1500平方米（沈北新区财落街道大辛二村）。

社区便民服务事项“全市通办”。由民政部门牵头的便民服务事项“全市通办”工作扎实有序推进，全市统一的信息交互式平台投入运行，涉及7个市直部门的115项便民服务事项纳入“通办”范畴。全市选择56个试点社区先行先试，为在全市社区全面推行“全市通办”奠定良好基础。

社区服务供给模式创新。社区服务供给模式创新试点工作成效明显，沈河区、浑南区4个试点社区通过政府购买服务为老年人、儿童青少年、残疾人等不同群体提供差异化、专业化服务，有效满足居民需求。

社区治理业务培训。分两批组织80名社区工作者深入北京市石景山区、西城区、海淀区、丰台区的40个社区开展“工作式”培训。召开三年来参加“工作式”培训的42名优秀社区工作者代表座谈会。举办900名新任村（居）委会主任、全市街道（乡镇）社区建设主管主任（乡镇长）、科长参加的业务工作培训。

扫黑除恶专项整治。全面完成扫黑除恶专项斗争中央督导组“回头看”迎检工作，建立长效机制，形成迎检档案资料32册。完成中央督导“回头看”反馈问题整改，整改事项中所涉及的12个问题25项内容逐项形成整改落实分报告和佐证材料。开展民政系统扫黑除恶“百日会战”，加大重点领域排查力度。

村委会成员补齐配强。按照《关于积极稳妥做好补齐配强村“两委”班子成员工作的通知》要求，完成对扫黑除恶工作中清理排查的206个空缺岗位的补选工作。

城乡社区综合服务设施建设。争取825万元省福彩公益金资助23个城乡社区综合服务设施建设项目，其中城市项目10个、农村项目13个，均按工作时限完成任务。

【组织开展全市村规民约（居民公约）修订】 3月，制发《关于转发做好村规民约和居民公约工作的实施意见的通知》，进一步完善工作机制，到2020年6月底前，全市所有村、社区普遍制定或修订形成务实管用的村规民约、居民公约，发挥村规民约、居民公约在社区治理中的作用。

（市民政局）

【沈阳市社区文化发展研究会成立】 3月30日，沈阳市社区文化发展研究会首届一次会员大会在沈阳凯莱酒店举行，选举产生第一届理事会和监事会。沈阳市社区文化发展研究会是由关注和从事社区文化工作的专家学者、社区书记（主任）、社会热心企业和个人自愿结成的非营利性社会团体。（志　闻）

【社区治理创新实践】 4月，向省民政厅申报“2017—2018年全国基层政权建设和社区治理创新经验和典型经验”“全省社区治理创新实验示范单位”和“创新社会治理典型案例”。和平区、浑南区五三街道、大东区万泉街道魁星社区等16家单位被确定为“省城乡社区治理创新实验示范单位”。开展农村社区建设创新试点工作，确定于洪区平罗街道前辛台村、沈北新区石佛寺街道孟家台社区等9个村（社区）作为全市农村社区建设试点单位，推动基层社会治理创新。

【市委社区工作会议】 10月18日召开。市委副书记刘晓东出席会议并讲话，市领导刘桂香主持会议并宣读《对沈阳市“百佳”社区“百优”社区工作者进行表扬的通报》，市领导王广生作全市社区治理工作报告。

（市民政局）

民族事务

【概况】 2019年，全市民族工作坚持把学习宣传贯彻党的十九届四中全会精神作为重要政治任务，开展学习党的十九届四中全会精神学习会议、座谈会，及时准确把会议精神特别是关于民族工作的新思想、新论断、新部署进行学习传达。各少数民族联谊会深入开展“学习党的十九届四中全会精神”活动，各区县（市）民族和宗教部门组织召开学习贯彻党的十九届四中全会精神专题培训，形成上下联动、效果叠加的学习宣传效果。截至年末，全市挂牌清真网点584个，有清真饮食网点429个，清真肉铺117个，清真熟食10个，清真糕点2个；有23所民族学校，7所学校承接内地民族班任务。西藏班学生340人，新疆班学生1448人，青海班学生980人。据2010年全国第六次人口普查统计，沈阳市有52个少数民族765828人，占全市总人口的9.45%。其中，人口排名前5位的是满族430565人，占少数民族总数56.22%；蒙古族108413人，占14.16%；朝鲜族92114人，占12.03%；回族71403人，占9.32%；锡伯族55759人，占7.28%；其他47个少数民族7574人，占0.99%。沈阳市少数民族分布呈大分散小集中态势，遍布13个区县（市），其中沈北新区、皇姑区、于洪区少数民族人口所占比重最大，分别为10.2%，9.7%，9.1%。从聚集地来看，满族主要分布在浑南区、沈北新区、沈河区；蒙古族主要分布在康平县、法库县；朝鲜族主要分布在苏家屯区、和平区、皇姑区；回族主要分布在沈河区、皇姑区；锡伯族主要分布在于洪区、沈北新区。

民族团结进步创建。夯实民族团结进步创建进社区等“六进”工作基础，探索创建活动进车站、进列车、进宗教活动场所，积极拓宽创建工作新领域，形成多层面、多方面、多角度的民族团结进步宣传教育格局。举办沈阳市第14个民族团结进步宣传月活动，组织拍摄快闪《我和我的祖国》，中新网、北国网等新闻媒体予以报道。以新中国成立70周年为契机，举办“民族一家亲 奋进新时代”文艺晚会，各族群众广泛参与，营造民族团结进步的浓厚氛围。沈阳市代表队在第十一届全国少数民族传统体育运动会获1金、3银、5铜的优异成绩，位列辽宁省代表队第1名。

民族乡村经济发展。充分利用国家和省、市扶持少数民族发展的优惠政策，建立少数民族发展资金项目库。落实少数民族发展资金1823万元，建立扶持发展项目28个，覆盖5个县区、12个乡镇、15个村屯，惠及少数民族群众1.6万人。选取康平县郝官屯镇小塔子村等5个村镇，申报为第三批中国少数民族特色村寨，培育引导更多民族乡村争创国家和省级少数民族特色村镇。

城市民族工作。加强少数民族流动人口服务管理，制作歌曲微视频《在沈阳都挺好》、公益宣传片《我爱沈阳》，进一步展现少数民族流动人口在沈生活的精神状态和沈城良好的营商环境。举办少数民族流动人口法治教育培训班，开展少数民族流动人口及随迁子女“看沈阳”等主题教育和参观见学活动，增进少数民族流动人口对城市的认同感。（张　健）

【“手牵手·共成长”行动】 5月10日，“手牵手·共成长”行动——辽宁省百名文体名家走进内地民族班学校启动仪式在沈阳市东北育才学校举行。省民族和宗教委、省教育厅、省体育局、省文联联合主办，市民族和宗教局、市教育局、市文化旅游广电局、市体育局、市文联和东北育才学校联合承办。全省13市的民族、教育、体育、文化等部门负责人和15所内地民族班学校校长等100余人参加活动。该行动设置京剧、武术、旗袍、茶道、满绣、舞蹈等中华优秀传统文化课程，与会领导向沈阳京剧院副院长王志鹏等8名文体名家颁发聘书。该行动将长期开展。

（马云松　薛宁）

【《沈阳市深入推进少数民族流动人口服务管理工作方案》】 9月2日市委办公室、市政府办公室印发。《方案》根据中办、省委办相关文件精神，注重把握与沈阳市实际相结合、特殊需求的保障、基本公共服务均等化、依法治理、政治引领、完善机制建设6个方面，按照先易后难、先普遍后特殊的原则，于2019年底和2020年底分两个阶段重点推进11项具体工作。针对沈阳市少数民族流动人口融入城市能力弱、生存技能本领差、服务管理体制机制不完善、信息化水平不高等问题，坚持以人为本，完善市民化服务体系和工作体制机制建设，提高依法治理民族事务水平，保障少数民族流动人口更好融入城市，促进各民族交往交流交融。（张　健）

【“民族一家亲 奋进新时代”文艺晚会】 9月21日，“民族一家亲 奋进新时代”沈阳市各族群众庆祝新中国成立70周年文艺晚会举行。市民族和宗教局主办，市蒙古族联谊会承办，市满族、朝鲜族、回族、锡伯族联谊会共同协办。全市各族群众近200人参加。（马云松）

【4集体（个人）获全国民族团结进步奖项】 9月27日，国务院召开全国民族团结进步表彰大会。沈阳市和平区委统战部、沈河区马官桥街道福陵社区、东北育才学校副校长苏振敏、沈阳锡伯龙地创意农业产业有限公司董事长张爱忠（锡伯族）分获全国民族团结进步模范集体和模范个人，部分代表进京参加表彰大会并受邀参加10月1日国庆观礼阅兵庆典活动。（马云松　李爽）

宗教事务

【概况】 2019年，全市宗教工作坚持宗教中国化方向为工作主线，积极引领宗教与社会主义社会相适应，切实维护全市宗教和谐稳定大局。全市性爱国宗教团体深入开展学习党的十九届四中全会精神活动，各区县（市）民族和宗教部门组织召开学习贯彻党的十九届四中全会精神专题培训，全市宗教系统形成上下联动、效果叠加的学习宣传效果。继续开展《宗教事务条例》进机关、进乡镇、进团体、进场所活动。举办宗教政策法规宣传月，坚持中国宗教中国化方向培训班、全市宗教工作干部依法行政培训班，加强宗教“三支队伍”（党政领导干部、宗教工作干部、宗教界人士）培训，增强领导干部依法管理宗教事务能力，提高宗教界学法守法意识。组织召开宗教团体座谈会16次，参观互学互观10次，利用团体座谈会、研讨、培训等平台宗教工作干部主动宣讲、正面发声60余次。引导全市宗教界开展学党史、升国旗、讲经交流、参观见学等爱国主义教育活动70余次，在宗教活动场所发放习近平新时代中国特色社会主义著作、社会主义核心价值观等书籍近4000册，不断强化宗教界“五个认同”（对伟大祖国、中华民族、中华文化、中国共产党、中国特色社会主义的认同）。

【全市宗教工作培训班】 5月31日在沈阳创新天地千人会议厅举办。市委统战工作领导小组和全市宗教工作领导小组联合主办。市委、市政府相关单位，统战、宗教工作领导小组各成员单位分管领导近千人参加。培训班邀请中央社会主义学院民族与宗教教研室主任、享受国务院特殊津贴的专家教授沈桂萍授课。沈桂萍以《宗教领域形势政策与工作》为题，重点对宗教领域存在的新情况、新问题、新战略予以解读。（张　健）

【“同心 爱国 筑梦”主题系列活动】 8—10月，市民族和宗教局以“同心 爱国 筑梦”为主题，引领全市宗教界开展丰富多彩的新中国成立70周年庆祝活动。全市348处宗教活动场所陆续开展升国旗、唱国歌活动，张贴悬挂爱国主义宣传标语720余条，开展爱国主义讲经说法130余次，参与信众40余万人次；举办“盛世、水墨、佛缘”书画作品展等大型庆祝活动18项，展出书法绘画作品178幅，组织歌舞表演142项，参与人数5130余人次。（曲士正）

【慈恩寺明版《大藏经》出展】9月7日，由文化和旅游部、国家文物局主办的“中华传统文化典籍保护传承大展”在北京国家图书馆开展，沈阳慈恩寺珍藏的明版《大藏经》（永乐北藏）应邀出展。除此次参展藏品外，慈恩寺还珍藏有包括清版《乾隆大藏经》在内的各类善本等级珍贵古籍藏品1万余本。（李　炜）

行政区划调整

【概况】经市政府批准，5月10日，皇姑区成立四台子和鸭绿江街道并调整部分街道行政管辖范围及驻地。11月28日，和平区等10个地区调整部分街道行政区划。截至年末，沈阳市辖和平、沈河、大东、皇姑、铁西、苏家屯、浑南、沈北、于洪、辽中10个市辖区，新民1个县级市，康平、法库2个县，计13个县级政区；下设112个街道、53个镇、16个乡，计181个乡级政区。

【皇姑区区划调整】5月10日，成立四台子、鸭绿江街道并调整陵东等4个街道行政管辖范围：将陵东街道北四台子村黄河北大街以东部分和三台子街道方溪湖村、溪湖社区、中航社区、北四台子村黄河北大街以西部分划出，成立四台子街道，实行街道管村体制，街道办事处驻地为皇姑区黄河北大街258号（腾飞大厦）。将陵东街道观音社区、万山社区、万方社区、文官社区、文官村划出，成立鸭绿江街道，实行街道管村体制，街道办事处驻地为皇姑区文储路128号甲。将陵东街道金山社区、富丽阳光社区、东窑社区和西窑社区划归北塔街道。将辽河街道辖区内的北陵公园划归新乐街道。撤销三洞桥街道，原三洞桥街道行政管辖区域并入华山街道；撤销寿泉街道，原寿泉街道行政管辖区域并入明廉街道。华山等6个街道办事处驻地迁移：将华山街道办事处驻地由皇姑区步云山路61号迁至皇姑区步云山路69号；将明廉街道办事处驻地由皇姑区苍山路20号迁至皇姑区昆山西路119—1号；将舍利塔街道办事处驻地由皇姑区汾河街54号迁至皇姑区汾河街25—1号；将辽河街道办事处驻地由皇姑区宁山东路54号迁至皇姑区巴山路48-3号；将陵东街道办事处驻地由皇姑区永安街97号迁至皇姑区金山北路2—4号；将塔湾街道办事处驻地由皇姑区怒江街77号迁至皇姑区岐山中路88号。11月28日，撤销辽河街道，将其管辖区域划入北塔街道。调整后，北塔街道办事处驻地为皇姑区巴山路48—3号（原辽河街道办事处驻地）。将北塔街道崇山东路以北区域的新铁、柳条湖、崇东、富裕、嘉麟、金山、富丽阳光、东窑、西窑9个社区划入陵东街道。撤销塔湾街道，将其管辖的怒江街以西区域的汾河、淮北、淮东、百鸟、渭河、怒江6个社区划入舍利塔街道，怒江街以东区域的翔凤、紫荆花西、紫荆花东、舍宅4个社区划入黄河街道。

●小资料

5月10日调整后，三台子等9个街道办事处行政管辖范围：（1）三台子街道:东起陵园街，南至白山东路、陵北街、陵东街道上岗子村，西至黄河北大街，北至闾山路与陵东街道万山社区、万方社区。区域面积8.1平方千米，辖12个社区。（2）北塔街道:东起长大铁道主干线，南至北运河，西至崇山东路、陵园街、武功山路、辽河街道富城社区、陵东街121巷、陵东街，北至金山路。区域面积5.2平方千米，辖12个社区。（3）四台子街道:东起鸭绿江街道田义村，南至虎西铁路线、于洪区陵西街道北环社区，西至于洪区造化街道白家村，北至正良一路、沈北新区道义街道五台子村、正良社区、鑫欣社区、大学城社区，区域面积5.2平方千米，辖2个社区、2个村。（4）辽河街道:东起陵园街北运河、崇山东路、陵园街、武功山路、北塔街道嘉麟社区、陵东街121巷、陵东街，南至昆山东路、铁道线，西至北陵大街，北至泰山路。区域面积3.9平方千米，辖14个社区。（5）华山街道:东起北陵大街，南至哈大铁道沿线、皇姑屯火车站铁道线，西至同江街，北至昆山中路。区域面积2.5平方千米，辖18个社区。（6）明廉街道:东起同江街，南至沈山铁道线，西至于洪区北陵街道建安社区、宏达社区，北至昆山西路、太白山路、信江街、舍利塔街道七六七社区。区域面积4平方千米，辖16个社区。（7）鸭绿江街道:东起长大铁道线，南至观音南路、鸭绿江北街、陵东街道上岗子、东窑村，西至黄河北大街、四台子街道四台子村，北至沈北新區虎石台街道小桥子村。区域面积12.5平方千米，辖4个社区、1个村。（8）陵东街道:东起长大铁道线，南至金山路，西至陵北街、陵园街，北至观音南路、鸭绿江北街、文官村。区域面积7.1平方千米，辖3个社区。（9）新乐街道:东起陵北街、北陵大街，南至崇山中路，西起怒江街、于洪区陵西街道龙腾、友谊、格林、龙逸、凤凰、陵西社区，北至黄山路。区域面积6.8平方千米，辖11个社区。

11月28日调整后，北塔街道等4个街道办事处行政管辖范围：（1）北塔街道：东至长大线东段，南至昆山东路、长大线南段，西至北陵大街，北至泰山路。区域面积6.42平方千米，辖17个社区。（2）陵东街道：东至长大线东段，南至崇山东路，西至陵园街、陵北街、陵东街，北至观音南路。区域面积9.78平方千米，辖12个社区。（3）舍利塔街道：东至西江街、怒江街，南至昆山西路、塔湾街，西至北运河，北至白山路。区域面积7.49平方千米，辖16个社区。（4）黄河街道：东至北陵大街，南至昆山中路，西至怒江街，北至崇山中路。区域面积3.31平方千米，辖16个社区。

【和平区区划调整】 11月28日，撤销西塔街道，将其管辖区域划入北市场街道。调整后，北市场街道办事处驻地不变。撤销八经街道，将其管辖区域划入南市场街道。调整后，南市场街道办事处驻地不变。撤销集贤街道，将其管辖区域划入马路湾街道。调整后，马路湾街道办事处驻地不变。

【沈河区区划调整】 11月28日，撤销大西街道，将其管辖区域划入朱剪炉街道。调整后，朱剪炉街道办事处驻地为沈河区万寿寺街161号（原大西街道办事处驻地）。将朱剪炉街道府北、迎宾2个社区划入新北站街道。将新北站街道更名为北站街道。撤销山东庙街道，将其管辖区域划入风雨坛街道。调整后，风雨坛街道办事处驻地不变。撤销大南街道，将其管辖区域划入滨河街道。调整后，滨河街道办事处驻地为沈河区大南街229—3号（原大南街道办事处驻地）。撤销丰乐街道，将其管辖的丰乐、溪林、长青、沈水4个社区划入南塔街道，将万科、和泰、青阳3个社区划入泉园街道。

【铁西区区划调整】 11月28日，撤销保工街道，将其管辖区域划入兴顺街道。调整后，兴顺街道办事处驻地不变。撤销兴工街道，将其管辖的两洞桥、爱工、九委、南七东路4个社区划入兴华街道，将沈辽东路、飞翔路2个社区划入凌空街道。撤销贵和街道，将其管辖区域划入兴华街道。调整后，兴华街道办事处驻地为铁西区爱工南街17号（原兴工街道办事处驻地）。撤销艳粉街道，将其管辖的永合、永善、光学、光辉、红艳路、红昌、红盛、艳阳、艳华、艳粉街10个社区划入凌空街道，将大天地社区划入工人村街道。将兴华街道的爱心社区划入凌空街道。调整后，凌空街道办事处驻地为铁西区艳粉街32号（原艳粉街道办事处驻地）。撤销七路街道，将其管辖的建设、第一城、创意、星光、开发、育工6个社区划入重工街道，将工人新村一、工人新村二2个社区划入工人村街道。将启工街道启飞社区划入重工街道。调整后，重工街道办事处驻地为铁西区肇工南街25-12号（原七路街道办事处驻地）撤销西三环街道，将其管辖的七号街、军营、宁新3个社区及张士村划入昆明湖街道，将宁鹏、宁官、宁民3个社区及宁官村划入翟家街道。将翟家街道的大挨金、小挨金、大于、土台子、下地、壕上、翟家、东胜8个村及中央大街社区划入大青中朝友谊街道。将大青中朝友谊街道的余粮、后谟2个村划入翟家街道，将隆湖、熙湖、中央湖畔3个社区及安乐、团结、高明、共和4个村划入昆明湖街道。将大潘街道的后马村划入大青中朝友谊街道，四台子村划入昆明湖街道，岳家、林台、前马3个村划入高花街道。将昆明湖街道办事处驻地由铁西区七号路7甲5—1号，迁至铁西区花海路28号。将翟家街道办事处驻地由铁西区翟家街道曹家村，迁至铁西区开发十八号路21—25号5门。将大青中朝友谊街道办事处驻地由铁西区沈辽西路113—35号8门，迁至铁西区沈辽西路113—49号。

【大东区区划调整】 11月28日，撤销小东街道，其管辖区域划入万泉街道。调整后，万泉街道办事处驻地由大东区大东路175号，迁至大东区东逸街27号。撤销新东街道，其管辖区域划入东塔街道。调整后，东塔街道办事处驻地不变。撤销北海街道，将其管辖的东方、俪城、卫士、矿北4个社区划入上园街道，将四德、领域、铂悦3个社区划入东站街道，将锦园社区划入津桥街道。撤销洮昌街道，将其管辖的北海、合作、世博、公务员4个社区划入大北街道，将吉祥、梨树、法库、大北桥、铁岭、如意6个社区划入津桥街道。将前进街道的汇泽、福居、蓝庭、新望、宝地、富东6个社区划入二台子街道。将二台子街道北大营西路以南、北大营东街以西区域划入上园街道。

【浑南区区划调整】 11月28日，撤销营城子街道，将其管辖区域划入李相街道。调整后，李相街道办事处驻地不变。撤销望滨街道，将其管辖区域划入满堂街道。调整后，满堂街道办事处驻地不变。撤销永胜街道，将其管辖的永胜、洪台沟、渔樵、前康家、后康家、于胜、潘李、金德胜、东靠山9个村划入王滨街道；将兴农、李相、畜牧场3个村划入东湖街道。

【于洪区区划调整】 11月28日，撤销大兴街道，将其管辖区域划入马三家街道。调整后，马三家街道办事处驻地不变。撤销于洪街道，将其管辖的东民、前民、和平3个社区和光辉、爱国、全胜、兴盛4个村划入沙岭街道；将红旗、世代2个社区划入迎宾路街道。

【沈北新区区划调整】 11月28日，撤销石佛寺街道，将其管辖区域划入兴隆台街道。调整后，兴隆台街道办事处驻地不变。撤销沈北街道，将其管辖区域划入新城子街道。调整后，新城子街道办事处驻地不变。撤销清泉街道，将其管辖的清宇社区和前屯、后屯、前腰堡、中五旗、小洋河、清泉、泥沟堡、崔公堡8个村划入清水台街道，将后腰堡、拥屯、湾道、依路4个村划入马刚街道。撤销尹家街道，将其管辖的沟子沿村划入道义街道，将尹家、光荣、小营子、永丰、茨榆、创业、曙光、东拉拉、新农、穆家10个村划入财落街道。调整后，财落街道办事处驻地不变。将道义街道管辖的正良、柳岸、鑫欣、大学城、晨兴、民丰6个社区和正良、五台子、郭三、郭七、道义一、道义二、东场、孝信汉、孝信鲜9个村划出，设立正良街道。调整后，正良街道办事处驻地为沈北新区沈北路6号（原道义街道办事处驻地）。将道义街道办事处驻地由沈北新区沈北路6号，迁至沈北新区蒲河路41—1号。

【苏家屯区区划调整】 11月28日，撤销湖西街道，将其管辖区域划入解放街道。调整后，解放街道办事处驻地不变。撤销大沟街道，将其管辖区域划入十里河街道。调整后，十里河街道办事处驻地不变。撤销八一、红菱街道，合并设立八一红菱街道。调整后，八一红菱街道办事处驻地为苏家屯区八一路62号（原八一街道办事处驻地）。撤销王纲、临湖街道，合并设立沈水街道。调整后，沈水街道办事处驻地为苏家屯区枫杨路83号（原临湖街道办事处驻地）。撤销姚千、白清街道，将原姚千街道的小堡屯、刘太平、陡子峪、杨千后房、刘千户屯、上瓦房6个村划入佟沟街道，将马耳山、田水、姚千、代官、唐台、佟家6个村和姚千社区与原白清街道合并设立白清姚千街道。调整后，白清姚千街道办事处驻地为苏家屯区广福路200号（原白清街道办事处驻地）。

【新民市区划调整】 11月28日，撤销新城街道，将其管辖区域划入东城街道。调整后，东城街道办事驻地为新民市民族街30号（原新城街道办事处驻地）。将东城街道的烧锅、新建、郭屯、北丁、老君当、东郊、城东、大东8个社区划入新柳街道。将新柳街道办事处驻地由新民市北环路28号，迁至新民市辽河大街152号。 （刘志明）

●小资料

11月28日，相关街道区划调整后行政管辖范围：1.和平区（1）北市场街道：东至青年北大街和北三经街，南至市府大路、南京北街、北七马路、太原北街，西、北至沈山线。区域面积2.46平方千米，辖13个社区。（2）南市场街道：东至北三经街（南端为英国汇丰银行旧址）、十一纬路和南三经街，南至南运河和南五马路，西至光荣街、和平北大街、中山路、北六马路、南京北街，北至市府大路；区域面积3.48平方千米，辖13个社区。（3）马路湾街道：东至光荣街、南五马路、南五马路185巷、宁波路、砂阳路、望湖路、望湖路育光巷，南至浑河，西至南京南街，北至南五马路、和平南大街；区域面积3.46平方千米，辖16个社区。2.沈河区（1）北站街道：东至小北关街，南至中山路，西至北三经街，北至长大线。区域面积2.33平方千米，辖7个社区。（2）朱剪炉街道：东至广宜街，南至沈州路，西至青年大街，北至天后宫路。区域面积2.74平方千米，辖13个社区。（3）风雨坛街道：东至风雨坛街，南至文艺路，西至北三经街，北至中山路。区域面积3.02平方千米，辖14个社区。（4）滨河街道：东至南运河，南至南运河，西至风雨坛街，北至南顺城路。区域面积3.37平方千米，辖16个社区。（5）南塔街道：东至长青街，南至浑河，西至南塔街，北至文艺路。区域面积7.42平方千米，辖11个社区。（6）泉园街道：东至凌云街，南至浑河，西至江东街，北至方凌路。区域面积7.18平方千米，辖9个社区。3.铁西区（1）兴顺街道：东至景星南街，南至沈辽中路，西至奖工南街，北至北四中路，区域面积4.80平方千米，辖17个社区。（2）兴华街道：东至长大线，南至沈辽东路，西至景星北街，北至北四东路。区域面积5.05平方千米，辖15个社区。（3）凌空街道：东至长大线，南至沈山线，西至卫工南街，北至沈辽东路。区域面积6.70平方千米，辖21个社区。（4）重工街道：东至卫工南街，南至南十西路，西至沈山线，北至熊家岗路。区域面积5.62平方千米，辖18个社区。（5）工人村街道：东至卫工南街，南至沈山线，西至沈山线，北至南十西路。区域面积3.90平方千米，辖17个社区。（6）启工街道：东至卫工北街，南至北四西路，西至沈山线，北至沈山线。区域面积7.60平方千米，辖7个社区。（7）昆明湖街道：东至沈山线，南与大青中朝友谊街道四王村相邻，西与辽中区胡台镇侯三家子村相邻，北至京沈高速。区域面积40.81平方千米，辖12个社区、6个村，实行街道管村体制。（8）翟家街道：东至沈阳绕城高速路，南至浑河，西与大青中朝友谊街道四王村相邻，北至沈辽路。区域面积25.05平方千米，辖4个社区、6个村，实行街道管村体制。（9）大青中朝友谊街道：东至大堤路，南与苏家屯区王纲街道张当堡村相邻，西与新民市胡台镇二牤牛村相邻，北与新民市胡台镇南山村相邻。区域面积36.03平方千米，辖2个社区、15个村，实行街道管村体制。（10）高花街道：东与大青中朝友谊街道三牤牛村相邻，南与辽中区新民屯镇新东村相邻，西与辽中区杨士岗镇火石岗村相邻，北与新民市胡台镇徐家林子村相邻。区域面积59.13平方千米，辖1个社区、13个村，实行街道管村体制。（11）大潘街道：东与苏家屯区王纲街道张当堡村相邻，南与苏家屯区王纲街道新开河村相邻，西与彰驿站街道前庙三台村相邻，北与大青中朝友谊街道后马村相邻。区域面积46.66平方千米，辖1个社区、8个村，实行街道管村体制。4.大东区（1）万泉街道：东至滂江街、万柳塘路，南至万泉街、魁星楼路，西至东顺城街，北至津桥路、珠林路。区域面积5.31平方千米，辖12个社区。（2）东塔街道：东至高官台街、东贸路、第三粮库铁路专用线、东陵西路、联盛南巷、凌云街，南至长安路，西至滂江街，北至珠林路、锦园路、锦园路延伸路、锦园路延伸路北侧巷路、沈吉线。区域面积6.91平方千米，辖12个社区。（3）上园街道：东至联合路、东辽街，南至沈吉线、北海街，西至长大线，北至北大营西路、北大营东街、北大营东路、沈铁路、东站街。区域面积4.63平方千米，辖13个社区。（4）东站街道：东至沈吉线、锦园路延伸路北侧巷路、锦园路延伸路，南至东辽街，西至联合路、观泉路，北与前进街道二台子农工商联合公司、东山农工商联合公司、山梨村相邻。区域面积8.35平方千米，辖11个社区。（5）津桥街道：东至东辽街、锦园路，南至珠林路、津桥路，西至德增街、大北关街、临河路，北至联合路、北海街、沈吉线。区域面积4.78平方千米，辖16个社区。（6）大北街道：东至联合路、临河路、大北关街、德增街，南至北顺城路，西至广宜街、小北关街、长大线，北至北海街。区域面积3.36平方千米，辖15个社区。（7）二台子街道：东至联合路，南至东站街、沈铁路、北大营东路、北大营东街、北大营西路，西至长大线，北与文官街道劳动、生产、团结社区和前进街道望花村、二台子农工商联合公司相邻。区域面积4.39平方千米，辖14个社区。（8）前进街道：东至沈阳绕城高速路，南至沈吉线以及东站街道金客、钢花社区和二台子街道观泉苑、柳邻、新望、蓝庭社区，西与二台子街道汇泽社区和文官街道生产社区相邻，北与文官街道团结社区、木匠村、朱尔村、前占村、柳岗村和沈北新区辉山街道黄泥、冯道村相邻。区域面积36.42平方千米，辖3个社区、10个村，实行街道管村体制。5.浑南区（1）李相街道：东与祝家街道龙三家子村和柏叶村相邻，南与苏家屯区姚千街道陡子峪村相邻，西与桃仙街道桃源社区和南石庙子村相邻，北与东湖街道麦子屯村相邻。区域面积128.12平方千米，辖6个社区、30个村，实行街道管村体制。（2）满堂街道：东与铁岭市铁岭县横道河子镇下石村相邻，南至浑河，西与沈北新区马刚街道董楼子村、沈河区马官桥街道后陵社区、大东区前进街道王家沟社区相邻，北与沈北新区马刚街道千佛村、铁岭市铁岭县李千户镇金家沟村相邻。区域面积151.72平方千米，辖4个社区、29个村，实行街道管村体制。（3）王滨街道：东与抚顺市望花区拉古乡赵家堡子村相邻，南与抚顺市望花区拉古乡杜家堡子村相邻，西与祝家街道佟家峪村相邻，北与深井子街道国公寨村相邻。区域面积83.84平方千米，辖1个社区、19个村，实行街道管村体制。（4）东湖街道：东与汪家街道汪南村相邻，南与李相街道施家寨村相邻，西与五三街道金地社区相邻，北至浑河。区域面积67.04平方千米，辖4个社区、16个村，实行街道管村体制。6.于洪区（1）马三家街道：东与北陵街道后丁香社区和造化街道刘家、明星、闸上村以及平罗街道前辛台村相邻，南与沙岭诺木珲、沙陀子、全胜、光辉村和迎宾路街道红旗社区相邻，西与新民市兴隆堡镇老什牛村相邻，北与光辉街道门台、后集体、永光村相邻。区域面积95.60平方千米，辖4个社区、23个村，实行街道管村体制。（2）沙岭街道：东与迎宾路街道姚家、李官社区相邻，南至京哈高速公路，西与新民市胡台镇七公台、大昂帮牛村相邻，北与马三家街道皮台、岔路、大兴、鲍岗子、陈孤家子村相邻。区域面积61.40平方千米，辖7个社区、9个村，实行街道管村体制。（3）迎宾路街道：东至沈山线，南至沈新路，西与沙岭街道东民、和平社区相邻，北与北陵街道后丁香社区和马三家街道瑞金社区、永安村相邻。区域面积32.20平方千米，辖26个社区。7.沈北新区（1）兴隆台街道：东与新城子街道北四家子村和黄家街道大孤家子、拉塔湖村相邻，南与财落街道营盘村、小营子、光荣、茨榆村相邻，西与新民市罗家房镇团山子、曹家、小韩、建设村相邻，北至辽河。区域面积101.72平方千米，辖18个村，实行街道管村体制。（2）新城子街道：东与清水台街道前屯、后屯、小洋河村和马刚街道拥屯村相邻，南与虎石台街道孟家、大桥村相邻，西与财落街道得胜台、郎士屯村和兴隆台街道烟台村相邻，北与黄家街道岳士村相邻。区域面积110.72平方千米，辖7个社区、22个村，实行街道管村体制。（3）清水台街道：东与马刚街道拥屯、后腰堡、柳条河、王岗台村相邻，南与辉山街道孙家、松树、大望村相邻，西与新城子街道二台子、大洋河、王驿村相邻，北与马刚街道拥屯村和新城子街道新台子村相邻。区域面积45.64平方千米，辖3个社区、8个村，实行街道管村体制。（4）马刚街道：东与浑南区望滨街道邱家、曾子沟、南三家子村相邻，南与辉山街道千佛、尖台子村相邻，西与清水台街道清宇社区、前屯、后屯、前腰堡村相邻，北与铁岭市铁岭县新台子镇杨士屯村相邻。区域面积105.18平方千米，辖14个村，实行街道管村体制。（5）财落街道：东与虎石台街道大桥、佟古村和新城子街道高力屯、七家子、张家堡村相邻，南与道义街道沟子沿、弓匠、郝心、进步村相邻，西与于洪区平罗街道青堆子村相邻，北与兴隆台街道大营子、救兵台、新民村相邻。区域面积114.71平方千米，辖1个社区、23个村，实行街道管村体制。（6）道义街道：东与虎石台街道新华、治安村相邻，南至蒲河，西与于洪区平罗街道黄土坎村相邻，北与财落街道新农、三家子、大辛三、大辛一、马古村相邻。区域面积37.44平方千米，辖4个社区、7个村，实行街道管村体制。（7）正良街道：东与虎石台街道小桥子村相邻，南与皇姑区三台子街道万山社区相邻，西与于洪区造化街道白家村相邻，北至蒲河。区域面积28.81平方千米，辖6个社区、9个村，实行街道管村体制。8.苏家屯区（1）解放街道：东至沈抚货运铁路线，南至枫杨路，西至沈大高速路，北与和平区浑河站西街道下河湾村相邻。区域面积14.37平方千米，辖17个社区、2个村，实行街道管村体制。（2）十里河街道：东与陈相街道河山村相邻，南与辽阳市灯塔市大河南镇东沟村相邻，西与八一红菱街道南红菱堡村相邻，北与沙河街道东大房身村相邻；区域面积104.73平方千米，辖1个社区、18个村，实行街道管村体制。（3）八一红菱街道：东与林盛街道大古家子村相邻，南与辽阳市灯塔市柳条寨镇西羊角湾村相邻，西与永乐街道永胜村相邻，北与沈水街道代古家子村相邻。区域面积93.78平方千米，辖4个社区、16个村，实行街道管村体制。（4）沈水街道：东至沈大高速路，南与永乐街道杨树林子村相邻，西与铁西区彰驿站街道双树村相邻，北与铁西区翟家街道后谟家堡村相邻。区域面积99.98平方千米，辖2个社区、16个村，实行街道管村体制。（5）白清姚千街道：东与抚顺市抚顺县海浪乡大房身村相邻，南与本溪市溪湖区歪头山镇松树堡村相邻，西与陈相街道英守村相邻，北与佟沟街道上瓦房村相邻。区域面积118.68平方千米，辖1个社区、14个村，实行街道管村体制。（6）佟沟街道：东与白清姚千街道太平山村相邻，南与白清姚千街道唐台村相邻，西与陈相街道塔山社区相邻，北与浑南区祝家街道李相屯村相邻。区域面积69.71平方千米，辖10个村，实行街道管村体制。9.新民市（1）东城街道：东与兴隆堡镇长山子村相邻，南与大民屯镇毓宝台村相邻，西与新柳街道民屯村相邻，北与公主屯镇东旧门村相邻。区域面积100.58平方千米，辖13个村，实行街道管村体制。（2）新柳街道：东与东城街道邢家甸村相邻，南至市府路，西至柳河，北与高台子镇罗屯村、二道河子村相邻。区域面积63.55平方千米，辖14个社区、3个村，实行街道管村体制。

区域界线管理

【概况】 2019年，按照省民政厅《关于印发辽宁省省内行政区域界线第四轮联合检查工作实施方案的通知》部署，沈阳市完成与阜新、锦州两市行政区域界线检查工作（与阜新市界线联检由沈阳市牵头，与锦州市界线联检由锦州市牵头），联检成果报省民政厅备案。指导各区县（市）完成第四轮界线联检年度任务。所属各区县（市）除浑南—沈北线因联检经费未到位外，其余14条界线均在规定时限内完成2019年度界线联检任务，联检成果已备案。

【沈阳阜新行政区域界线联检】 2019年，沈阳、阜新两市共同制定《沈阳市与阜新市行政区域界线联合检查工作实施方案》，成立沈阳市与阜新市行政区域界线联合检查工作领导小组，3月正式启动联检工作。通过实地踏勘，发现位于康平县—彰武县段的01B号界桩由于修整道路，路基升高，部分字体被掩盖，两县的工作人员共同到现场对两处界桩原地提升高度并加强固定，填写界线界桩联检成果表。两市其他行政区域界线界桩完好无损，没有发现涉及界线纠纷的问题。两市在联检基础上共同签订《沈阳市阜新市平安边界共建协议书》，联检成果报省民政厅备案。

【沈阳锦州行政区域界线联检】 2019年，根据《锦州市人民政府和沈阳市人民政府联合勘定的行政区域界线协议书》及其附图、界桩成果表、界桩登记表，两市联检双方实地检查锦沈线上的界线标志物及界线两侧相关的地物、地貌，对界线走向，界桩和方位物等状况进行实地逐段、逐点详细核对，检查中没有发现未经双方人民政府批准设立的行政区域界线标志物及越界开发建设或从事生产经营活动的等情况，两市界线走向清晰无争议。在此基础上，两市填写界桩联检记录表，拍摄界桩联检照片，对界桩周围的遮挡物进行及时清除，并用红漆重新描绘界桩上的注记。两市在联检基础上共同签订《锦州市沈阳市平安边界共建协议书》，联检成果报省民政厅备案。

【14条区县（市）级界线联检完成】 2019年，区县（市）级界线联检任务有15个，分别为：和平—铁西、沈河—和平、皇姑—和平、皇姑—沈河、铁西—皇姑、沈北—于洪、浑南—沈北、新民—沈北、法库—沈北、苏家屯—浑南、法库—新民、于洪—新民、辽中—新民、康平—法库、苏家屯—于洪。除浑南—沈北线外，其余14条界线均在规定时限内（11月底前）完成界线联检工作，毗邻的区县（市）均完成行政界线联检记录表及联检报告。（刘志明）

●小资料

沈阳、阜新两市行政区域界线北起康平、彰武、科左后旗（省界辽蒙线）三交点，南止沈阳、锦州、阜新三市边界线交汇点，两市边界线涉及4个县（市）、25个乡镇（街道），界线全长160.39千米，全线设计界桩编号8个，实地埋设界桩9个。

沈阳、锦州行政区域界线涉及3个县（市）、12个乡（镇）、场。边界线走向由北向南，从沈阳—锦州—阜新三市边界线交汇点起到沈阳—鞍山—锦州三市边界线交汇点止，界线全长112.78千米，全线设计界桩编号（不含界线两端三交点界桩编号）8个，实地埋设界桩11个。

2019年末沈阳市行政区划建制情况

表27

县级政区名　称	下辖乡级政区数量				乡级政区名称		
	小计	街道	镇	乡	街道	镇	乡
和平区	10	10			南市场、浑河湾、新华、太原街、北市场、马路湾、南湖、长白、沈水湾、浑河站西		
沈河区	11	11			皇城、滨河、万莲、朱剪炉、北站、风雨坛、五里河、马官桥、南塔、东陵、泉园		
大东区	10	10			津桥、大北、万泉、文官、二台子、东站、长安、东塔、前进、上园		
皇姑区	10	10			北塔、舍利塔、黄河、三台子、新乐、明廉、华山、陵东、四台子、鸭绿江		
铁西区	14	14			启工、昆明湖、工人村、兴顺、笃工、兴华、霁虹、凌空、重工、翟家、大青中朝友谊、大潘、高花、彰驿站		
苏家屯区	12	12			解放、民主、中兴、林盛、沙河、十里河、陈相、永乐、佟沟、沈水、八一红菱、白清姚千		
浑南区	12	12			五三、高坎、满堂、桃仙、深井子、祝家、白塔、李相、浑河站东、东湖、王滨、汪家		
沈北新区	10	10			辉山、新城子、清水台、道义、虎石台、财落、兴隆台、黄家、马刚、正良		

续表27

县级政区名称	下辖乡级政区数量				乡级政区名称		
	小计	街道	镇	乡	街道	镇	乡
于洪区	10	10			迎宾路、陵西、城东湖、平罗、马三家、沙岭、造化、北陵、南阳湖、光辉		
辽中区	20	4	16		蒲东、蒲西、茨榆坨、城郊	于家房、朱家房、冷子堡、刘二堡、满都户、杨士岗、肖寨门、六间房、养士堡、潘家堡、老大房、大黑岗子、牛心坨、四方台、长滩、新民屯	
康平县	15	3	5	7	胜利、北三家子、东关	小城子、张强、方家屯、郝官屯、二牛所口	北四家子、两家子、海洲窝堡、沙金台蒙古族满族、柳树屯蒙古族满族、西关屯蒙古族满族、东升满族蒙古族
法库县	19	2	12	5	吉祥、龙山	大孤家子、三面船、秀水河子、叶茂台、登仕堡子、柏家沟、丁家房、孟家、十间房、冯贝堡、依牛堡子、包家屯	慈恩寺、和平、四家子蒙古族、双台子、卧牛石
新民市	28	4	20	4	辽滨、西城、新柳、东城	大红旗、梁山、公主屯、兴隆、前当堡、大民屯、大柳屯、兴隆堡、胡台、法哈牛、柳河沟、高台子、罗家房、三道岗子、周坨子、东蛇山子、陶家屯、张家屯、金五台子、新农村	红旗、卢家屯、姚堡、于家窝堡
合计	181	112	53	16			

（市民政局）

地名管理

【概况】 2019年，全市对第二次全国地名普查11大类4.7万余条信息开展成果转化工作，完成《辽宁省标准地名词典》1—8部分47类3670个标准地名词条，《辽宁省标准地名录》10285条项目的编审、修订以及上报工作。

【29条道路命名】 2019年，审批沈河区、于洪区、沈北新区29条道路名称，即沈河区高官台东街，于洪区东昌湖街、木兰山路

南巷、桂江街、浔江街、红旗台街（延长），沈北新区蒲泰路、蒲民一路、蒲民二路、蒲欢路、蒲盈路、蒲美路、蒲鸣路、七星大街通园巷、物华街、天宝街、毓秀街、七星一街、七星二街、七星三街、秀园南街、秀园一南街、东场街、锦州路、张家堡街、王驿路、西五旗路、崔公堡路、双州路。（韩 冰）

2019年沈阳市命名道路情况

表28

序号	名称	起点	止点	长度（米）	宽度（米）	通名类别	命名理由及含义
1	高官台东街	东陵路	沈吉铁路线	2200	22（局部30）	街	因该地区位于高官台街东侧，与高官台街平行，以其所在地理位置，命名为高官台东街
2	东昌湖街	沈大路	洪汇路	1000	10	街	根据区域“街”以江河湖海名称命名的规则命名。东昌湖又名胭脂湖，位于山东省聊城市西南，是江北地区罕见的大型城内湖泊。与杭州西湖、南京玄武湖并称“全国三支市内名湖”，素有“南有西湖，北有东昌”之称。总面积6.3平方千米，是国家4A级旅游景区
3	木兰山路南巷	靓马庄园小区围墙	木兰山路	390	12	巷	根据道路长度在500米以下，且巷从属于主要道路的规则，因该巷位于木兰山路南侧而得名
4	桂江街	白山路	木兰山路	650	10	街	根据区域“街”以江河湖海名称命名的规则命名。桂江在中国广西壮族自治区东北部河流，为西江支流。源于兴安县境的猫儿山。
5	浔江街	赤山路	千山西路	540	16	街	根据区域“街”以江河湖海名称命名的规则命名。浔江，珠江流域西江干流中游河段名称，位于黔江段下游，西江段上游。起于郁江与西江交汇处，至梧州市西江与桂江会合处，共长172千米，鄱阳湖水系五大河流之一。发源于浙赣两省交界的怀玉山南的玉山水和武夷山北麓的丰溪水，在上饶汇合后始称信江。

续表28

序号	名称	起点	止点	长度（米）	宽度（米）	通名类别	命名理由及含义
6	蒲泰路	七星大街	人杰湖街	1300	24	路	该道路位于道义街道。根据区域地名命名规则：为体现蒲河两岸景观特色，以“蒲”字组词命名。中间字取意“泰盈昌盛”中的“泰”字，故命名蒲 泰路
7	蒲民一路	七星大街	天宝街	524	16	路	该道路位于道义街道。为蒲民路北侧第一条支路，按照由南向北序数排列规则命名
8	蒲民二路	七星大街	天宝街	540	16	路	该道路位于道义街道。为蒲民路北侧第二条支路，按照由南向北序数排列规则命名
9	蒲欢路	七星大街	道义北大街	1760	32	路	该道路位于道义街道。根据区域地名命名规则：为体现蒲河两岸景观特色，以“蒲”字组词命名。取“蒲欢”一词，寓意欢乐喜庆，故命名蒲欢路
10	蒲盈路	七星大街	人杰湖街	1410	16	路	该道路位于道义街道。根据区域地名命名规则：为体现蒲河两岸景观特色，以“蒲”字组词命名。中间字取意“泰盈昌盛”的“盈”字，组“蒲盈”一词，故命名蒲盈路
11	蒲美路	七星大街	人杰湖街	1390	16	路	该道路位于道义街道。根据区域地名命名规则：为体现蒲河两岸景观特色，以“蒲”字组词命名。取“蒲美”一词，故命名蒲美路
12	蒲鸣路	毓秀街	物华街	574	20	路	该道路位于道义街道。根据区域地名命名规则：为体现蒲河两岸景观特色，以“蒲”字组词命名。此路两侧是公园，取“蒲鸣”一词，寓意鸟语花香，故命名蒲鸣路

续表28

序号	名称	起点	止点	长度（米）	宽度（米）	通名类别	命名理由及含义
13	七星大街通园巷	七星大街	毓秀街	168	20	巷	该道路位于道义街道。因其位于七星大街西侧，通往七星公园开阳园、瑶光园，故命名七星大街通 园巷
14	物华街	蒲北路	四环路	4300	28	街	该道路位于道义街道。由于此区域是沈北新区容休闲、娱乐、旅游、文化、产业、宜居为一体的标志地块，寄语经济社会全面繁荣发展的美好寓意，取“物华”一词，故命名物华街
15	天宝街	蒲北路	四环路	4300	28	街	该道路位于道义街道。由于此区域是沈北新区融休闲、娱乐、旅游、文化、产业、宜居为一体的标志地块，寄语经济社会全面繁荣发展的美好寓意，取“天宝”一词，故命名天宝街
16	毓秀街	蒲河路	四环路	5100	16	街	该道路位于道义街道。由于此区域是沈北新区容休闲、娱乐、旅游、文化、产业、宜居为一体的标志地块，周围布有大学城，取“毓秀”一词，寓意山川秀美、人才辈出，故命名毓秀街
17	七星一街	蒲河路	蒲丰路	533	16	街	该道路位于道义街道、七星大街东侧第一条道路，以主干道自西向东序数排列的规则命名，故命名七星一街
18	七星二街	蒲河路	蒲田路	1540	24	街	该道路位于道义街道、七星大街东侧第二条道路，以主干道自西向东序数排列的规则命名，故命名七星二街

续表28

序号	名称	起点	止点	长度（米）	宽度（米）	通名类别	命名理由及含义
19	七星三街	蒲河路	蒲丰路	620	16	街	该道路位于道义街道、七星大街东侧第三条道路，以主干道自西向东序数排列的规则命名，故命名七星三街
20	秀园南街	蒲北路	四环路	3200	12	街	该道路位于道义街道、秀园街南端，按照分段命名规则，以四环路为界，以南路段拟命名秀园南街
21	秀园一南街	蒲北路	四环路	2790	16	街	该道路位于道义街道、秀园一街南端，按照道路分段命名规则，以四环路为界，以南路段命名秀园一南街
22	东场街	沈北路	蒲南路	1600	12	街	该道路位于道义街道，以村落名称命名。清代嘉庆年间，温、王、李三户住在郭三屯的东场院，此东场院形成村落后将此村取名东场村。因该道路位于东场村地块内，为保留历史村落名称，故命名为东场街
23	锦州路	虎石台北大街	长大铁路东148米处	2200	32	路	该道路位于沈北街道，按照该地区道路以带“州”字的城市名称作为道路专名。辽宁省锦州市是重要的港口城市，工业、旅游业发达，取锦州市的名称命名，故命名锦州路
24	张家堡街	常州西路	通州路	2360	12	街	该道路位于沈北街道，以村落名称命名。清代乾隆年间有一个叫张弓的人在此地开荒种地，形成村落，取名张家堡。因该道路是由主干道常州西路通往张家堡村的一条道路，为传承历史文化，故命名张家堡街

续表28

序号	名称	起点	止点	长度（米）	宽度（米）	通名类别	命名理由及含义
25	王驿路	天箭街	虎石台北大街	1390	12	路	该道路位于沈北街道，以村屯名称命名。清初有王姓驿官居住在此，故叫王驿官屯，简化为王驿屯，后又命名王驿村。因该道路是由主干道虎石台北大街通往王驿村的主要道路，为传承历史文化，故命名王驿路
26	西五旗路	西五旗村东	虎石台北大街	2300	12	路	该道路位于沈北街道，以村屯名称命名。清初下五旗士兵留居此地形成三个村落，本村位于西侧得名西下五旗，后简称西五旗。因该道路是由主干道虎石台北大街通往西五旗村的主要道路，为传承历史文化，故命名西五旗路
27	崔公堡路	清西街	虎石台北大街	6100	12	路	该道路位于清泉街道，以村屯名称命名。清初，此地住一户崔姓人家，附近有一个兵营，镇守这一带，形成村落得名崔公堡村。因该道路是由主干道虎石台北大街通往崔公堡村的主要道路，为传承历史文化，故命名崔公堡路
28	双州路	天王北街	锡伯大街	11520	12	路	该道路位于石佛寺街道及黄家街道。辽代双州城位于沈阳市沈北新区石佛寺乡境内，与七星山对峙。双州城遗址城墙位于七星山风景区。此道路位于双州城区境内，西侧通往此遗址。为传承历史文化，故命名双州路

（市民政局）

2019年沈阳市扩建延长道路命名情况

表29

调整前街路基本情况					扩建	调整后街路基本情况					通名	命名理由
名称	起点	止点	长度（米）	宽度（米）	情况	名称	起点	止点	长度（米）	宽度（米）	类别	
红旗台街	南起广业西路	北止北三环	630	18	向南延长470米，与红旗台街贯通合并成一条路	红旗台街	南起恒大悦龙台小区东南角围墙	北止北三环	1100	18	街	按既有道路名称命名

社会组织管理

【概况】 截至年末，全市有社会组织15045个，其中注册登记的社会组织5408个（社会团体1064个，其中市级社会团体524个、区县级社会团体540个，基金会3个，社会服务机构4341个，其中市级社会服务机构198个、区县级社会服务机构4143个），实行备案制管理的城乡基层社会组织9637个。新增社会组织717个（社会团体70个、社会服务机构647个），注销社会组织154个（社会团体43个、社会服务机构110个、基金会1个）。

社会组织助力脱贫攻坚取得显著成果。发布《2019年沈阳市社会组织参与全市精准脱贫攻坚行动以奖代补工作实施方案》，支持、引导全市社会组织参与脱贫攻坚，动员5家行业协会为康平县二牛所口镇刘家窝堡村等5个村捐建扶贫大棚，总计占地面积10346平方米，10月28日集体交接；推动2家社会服务机构为康平县小城子镇小城子村等10个村建设乡村儿童“益”站，搭建乡村儿童课后托管服务和兴趣课堂，累计服务时长超过4800小时。

社会组织执法监察和清理规范工作逐步强化。开展大规模全覆盖的社会组织执法业务集中培训，邀请上海市专家到沈授课，市民政局行政执法人员、各区县（市）社会组织管理负责人及执法业务骨干、全市性社会组织业务主管单位相关负责人120余人参加培训。加大依法打击非法社会组织工作力度，受理社会组织案件11件，取缔非法社会组织5家、约谈30余家、责令整改5家。向社会公开发布《市民政局关于沈阳市联亚职业介绍所等178家社会组织登记证书和印章作废的公告》。

社会组织等级评估工作纳入规范化轨道。印发《沈阳市社会组织规范化建设等级评估及动态管理暂行办法》，为以评带建、以评促建，推动全市社会组织健康有序发展和规范化建设水平持续提升提供制度上的支撑和保障。本年度社会组织等级评估中，沈阳市房地产业协会、沈阳市建筑业协会、沈阳市普助帮困服务中心和沈阳互联网金融行业协会4家社会组织获5A级，沈阳环境保护产业协会、沈阳市快递协会、沈阳市利州公益事业发展中心和沈阳市益新社会工作服务中心4家社会组织获4A级，沈阳市房地产开发协会、沈阳辽传美术馆、辽宁建筑职业技术培训中心和沈阳市广州商会4家社会组织获3A级。

【《沈阳市社会组织规范化建设等级评估及动态管理暂行办法》】 11月14日沈阳市民政局印发。《办法》主要有三个方面的改进和创新：强化社会组织评估等级实行动态管理；充分体现党建工作的核心地位和重要性；加大对获4A、5A评估等级的社会组织在年检时的政策倾斜。

（市民政局）

家庭服务业

【概况】 2019年，按照《建设辽宁省家政服务业信用体系实施方案》的总体要求，组织开展家政服务信用信息平台宣传推广活动，推动家政服务业信用体系建设，指导家政企业和家政服务员向商务部业务系统统一平台“家政服务业信息管理应用”填报信息数据，提供真实、完整信息。发挥“家政服务信用信息平台”在诚信建设中的重要作用，增强家政行业从业者、消费者和社会公众的诚信意识，使消费者和服务人员的权益保障得到提高，使更多与家政行业相关的部门和社会各界人士，关注并积极参与家政服务业信用体系建设，营造诚实守信的行业氛围，满足人民群众日益增长的美好生活需要，提升人民群众获得感、幸福感、安全感，共同推进家政服务业向诚信化、专业化、规范化方向发展。截至年末，全市有132户家政企业，近5000名家政服务员在平台登录信息。（马志宇）

【2019年沈阳市巾帼家政服务职业技能大赛】 11月12—13日，市妇联、市人社局在沈阳职工大学联合举办。大赛设置基础理论笔试和母婴护理、养老陪护、家居保洁、家庭营养餐制作4个实操比赛项目，内容涵盖家政服务基础知识及基本操作技能。参赛选手白蓉获母婴护理和家居保洁比赛项目第一名，参赛选手李紫薇获养老陪护项目第一名，参赛选手马伶获家庭营养餐制作项目第一名。皇姑区妇联、辽中区妇联和新民市妇联获“优秀组织奖”。（志 闻）

集 邮

【概况】 2019年，市集邮协会积极为集邮会员服务，认真开展集邮文化活动。从3月1日开始，先后开展纪念毛泽东向雷锋题词56周年、“爱集邮”系列主题活动、《2019集邮周——中国集邮嘉年华》沈阳市集邮周活动、《庆祝中华人民共和国成立70周年》集邮展览等活动。10月23—27日，组织集邮会员参加辽宁省第十九届集邮展览，有22部参赛邮集参展，其中有5部邮集获奖。截至年末，全市集邮协会会员1万人，基层协会组织127个，集邮爱好者5万人。

【邮协会员获世界金奖】 6月11—17日，在武汉举办的“中国2019世界集邮展览”上，沈阳市集邮协会员、常务理事赵忠威的邮政历史邮集《二战美国胜利邮件1942—1945》获镀金奖。这是国内首部参加世界竞赛展出的此类邮集。

●小资料

胜利邮件是美军在二战期间，出于节约空间和保密需要，将正常纸张微缩成胶卷传输，到目的地后再放大的军事邮件（英文Via Air Mail，简写为V-mail，中文译为胜利邮件）。它的使用日期基本是1942年6月到战争结束三年多的时间，跨度短范围广，而且受战争条件限制，研究难度较大。

【2020年新邮预订】 9月28日开始，至10月26日基本结束，市集邮协会组织基层集邮协会填报邮票预订相关信息，报上级组织审核认定。先后为70余家基层集邮协会的会员进行认定。

（市集邮协会）

收 藏

【概况】 2019年，沈阳市收藏家协会设古籍旧书资料研究专业委员会、红山文化研究会、连环画收藏专业委员会、东北酒具文化研究会4个分支机构，有会员285人。协会与辽宁省古玩商会，沈阳市古玩商会，鲁园古玩城共同举办古玩艺术品大型交流活动2次，季节性交流活动4次；举办古玩艺术品免费鉴定活动1次，举办书画、瓷器讲座5次；会员在省内外举办大型书法，篆刻、瓷器及其他展会4次；免费向收藏爱好者发放刊物1.2万余册；举办迎国庆免费为市民鉴定古玩艺术品近千件活动；协会副秘书长李晓旭为军转自主择业干部讲授古玩艺术品鉴赏知识。

【春秋两季沈阳古玩艺术品博览会】 5—9月在沈阳鲁园古玩城举办，由全国工商联民间文物艺术品商会、辽宁省民间文物艺术品商会、沈阳古玩行业商会、沈阳市收藏家协会主办。全联民间文物艺术品商会有关领导到场视察指导。展会室内设530个档口，室外设7500个摊位，国内外的古玩艺术品收藏家、爱好者、经营者参与本次活动。活动全面展示古玩艺术品上百万件。参展商近万人，购物交流者20余万人次，交易额超1.5亿元。

【会员个人办展】 2019年，协会会员个人举办的展会4次，其中在省内外有影响的2次。连环画专业委员会举办国庆连环画展，魏朝东、高殿骐、刘汉光、赵琪4位收藏协会成员参加展览，其中魏朝东展出连环画（画稿）3800册（幅）、高殿骐展出连环画及资料2500册（幅）、刘汉光连环画2000册、赵琪连环画1900册，总计展出连环画超过万余册。全国及省市连环画收藏家数百人前来参观学习；协会理事高大航与国内酒具收藏家在大东社区展示酒具近万件，受到群众好评。（李晓旭）

三十五、人　物

组织机构主要负责人

【中共沈阳市委员会】

书　记：张　雷
副书记：姜有为
　　　　刘晓东（3月任）
常　委：刘桂香
　　　　高　伟（4月任）
　　　　李松林
　　　　王少林（12月任）
　　　　冯守权（7月免）
　　　　王　镇
　　　　王冬石
　　　　于振明（11月任）
　　　　李　军（9月免）
　　　　宋　诚
　　　　李　强（3月任）
　　　　范宏利（7月任，挂职1年）
秘书长：李　强（4月任）
办公室主任：李　强（4月兼）
组织部部长：刘桂香
宣传部部长：于振明（11月任）
　　　　　　冯守权（7月免）
统战部部长：王　镇
政法委书记：宋　诚
政研室主任：李伟梁
网信办主任：于振明（11月兼）
　　　　　　冯守权（7月免）
机构编制委员会办公室主任：
　　　　　　雷雨润
军民融合办主任：
　　　　　　高　伟（4月任）
　　　　　　刘晓东（4月免）
台办主任：王羽轻
巡察办主任：赵　岩
巡察组组长：陈玉涛
　　　　　　杨　弘
　　　　　　袁　革
　　　　　　孙常福
　　　　　　冯　志
　　　　　　王海波
市直机关工委书记：
　　　　　　李　强（4月兼）
信访局局长：梁　威
老干部局局长：张小虎

【沈阳市人大常委会】

主　任：潘利国
副主任：马占春
　　　　徐　璐
　　　　邓福林
　　　　王　健
　　　　安俊辉
秘书长：孟昭贵

【沈阳市人民政府】

市　长：姜有为
副市长：刘晓东（4月免）
　　　　高　伟（4月任）
　　　　李松林（4月任）
　　　　王少林（12月任）
　　　　姜　军（12月免）
　　　　杨建军
　　　　于振明（12月免）
　　　　王广生（挂职）
　　　　阎秉哲（3月免）
　　　　彭肇文（挂职2年）
　　　　苗治民
　　　　范宏利（8月任，挂职1年）
　　　　王忠昆（12月任）

秘书长：邢　鹏（6月任，10月免）
曹　鹏（10月任）
办公室主任：
曹　鹏（9月任）
邢　鹏（5月任，9月免）
发展和改革委员会主任：
邢　鹏（5月免）
王庆海（5月任）
教育局局长：闫凤霞
科学技术局局长：赵日刚
工业和信息化局局长：韩　博
民族和宗教事务局局长：
朱　翎（12月任）
杨志宏（5月免）
王永刚（5月任，12月免）
公安局局长：杨建军
民政局局长：于久元
司法局党组书记：
王佩军（11月任）
王武范（11月免）
司法局局长：王佩军（12月任）
董开德（12月免）
财政局局长：卢　俊
人社局局长：杨志宏（5月任）
陶庆才（5月免）
自然资源局局长：赵　辉
生态环境局局长：赵胜龄
房产局局长：陈　杰
城乡建设局局长：
吕　凡（10月免）
刘旭辉（11月任）
交通运输局局长：杨　树
水务局局长：陈双伟（11月免）
孙　博（11月任）
农业农村局局长：
朱文波（6月免）
刘澜波（6月任）
商务局局长：张坚强（10月免）
赵　戈（11月任）
文化旅游和广播电视局局长：
杜春华（5月免）
关蓉晖（5月任）
卫生健康委员会主任：苏立明
退役军人事务局局长：闫卫东
应急管理局局长：王晓刚
审计局局长：韩　力（5月免）
刘莹光（5月任）
政府外事办公室主任：王晶莹
友协会长：赵长义
人民政府国有资产监督管理委员会主任：曹　鹏（9月免）
孙百如（9月任）
市场监督管理局局长：曲向军
体育局局长：关蓉晖（5月免）
张晓权（5月任）
统计局局长：赵永圣（4月任）
研究室主任：赵　斌
金融发展局局长：项洪峰
人民防空办公室主任：邹　昊
营商环境建设局局长：
闫占峰（12月免）
段继阳（12月任）
医疗保障局局长：
王志刚（12月任）
杨顺昌（12月免）
机关事务管理局局长：
孙鸿庆（12月任）
马志军（12月免）
城市管理综合行政执法局局长：
孙　明（4月免）
谷军营（4月任）
市政公用局局长：侯绍立
大数据管理局局长：李　莹
驻北京办事处主任：
杨德东（11月任）
孙鸿庆（11月免）
驻上海办事处主任：
史浩然（9月任）
刘　帅（9月免）
驻深圳办事处（香港经贸代表处、澳门经贸代表处、台海经贸联络处）主任：
刘振宁（9月任）
叶天勇（5月免）
驻浙江办事处主任：
高　岩（9月机构撤并原任职务自然免除）
驻福建办事处（沈阳市驻福建台海经济贸易联络办公室）
主任：刘振宁（9月机构撤并原任职务自然免除）
市供销社党组书记、理事会主任：
刘澜波（6月免）
孔德树（6月任党组书记、提名为理事会主任人选）

【政协沈阳市委员会】

主　席：韩东太
副主席：张景辉
韩晓言
赵世宏
金志生
肖　枫
于　龙
秘书长：姜　军

【中共沈阳市纪律检查委员会】

书　记：王冬石
副书记：孙建军
韩春声
陈世海（1月免）
常　委：赵　岩
孔宪才
关卫民
毕成伟
骆　峰
宋　丽（9月任）
李新和（4月免）
张中人（11月免）

【沈阳市监察委员会】

主　任：王冬石
副主任：孙建军
韩春声
陈世海（1月免）
委　员：孔宪才
关卫民
毕成伟
赵久平

方世义
魏武宁
张中人（11月免）

【沈阳市中级人民法院】

院　长：段文龙

【沈阳市人民检察院】

检察长：赵东岩

【民主党派】

民革沈阳市委主委：贾海洋
民盟沈阳市委主委：于　龙
民建沈阳市委主委：范　民
民进沈阳市委主委：姜　军
农工党沈阳市委主委：李铁男
致公党沈阳市委主委：李展超
九三学社沈阳市委主委：原忠虎
台盟沈阳市委主委：吴利薇

【群团】

总工会主席：顾少清（12月任）
安俊辉（12月免）
团市委书记：刘晓虹（4月任）
市妇联主席：袁　柳（11月任）
姜　萍（11月免）
市科协党组书记、副主席：
吴智丰（12月任副主席）
市科协主席（不驻会）：成会明
市社科联党组书记、主席：
袁　柳（11月免）
李宏印（11月任党组书记、提名为主席人选）
市文联党组书记、主席：
王　菁（5月提名为主席人选）
市侨联党组书记、主席：
张　梅（8月任党组书记、提名为主席人选）
市台联党组书记：刘　刚（兼）（4月任）
市台联会长（不驻会）：杨晓健
市残联党组书记、理事长：
刘　文
市贸促会党组书记：李　屹
市贸促会会长：赵　凯
市工商联党组书记：金　翔（兼）
市工商联主席：侯　巍
市红十字会党组书记、专职副会长：段　阳

【市属事业单位】

市委党校（沈阳行政学院、市社会主义学院、市团校）常务副校（院）长：刘　祥
市档案馆（市文史馆）党组书记、馆长：张春风
市委党史研究室（市地方志办公室）主任：鲁　颖
沈阳日报社党委书记兼社长：
程谟刚
沈阳日报社总编辑兼党委副书记：
兰宝刚
市接待办公室党组书记、主任：
程　心（4月任）
沈阳仲裁办（市劳动仲裁院）党组书记、主任（院长）：
邱立民（4月任）
沈阳公积金中心党组书记、主任：唐玉辉
沈阳广播电视台党委书记、台长：
马　丽
沈阳广播电视台总编辑兼党委副书记：关　金
市创新与转化中心党组书记：
王　罡
市创新与转化中心主任：吴希平
市产业转型中心党组书记：
李　芃
市产业转型中心主任：任宝箭
市农业服务中心（市农科院）党委书记：夏君轶
市农业服务中心（市农科院）
主任（院长）：李旭臣（11月免）
徐　强（11月任）
市信息中心（市信用中心）党组书记、主任：李世勇
市考试院（市招考办）党组
书记、院长（主任）：
赵继凯（6月免）
骆　颖（6月任）
沈阳公共资源交易中心（市政府采购中心）党组书记、主任：许　健

【市属高校】

沈阳大学党委书记：苏文捷
沈阳大学校长：李　峰
沈阳医学院党委书记：
张广印（2月免）
陶庆才（5月任）
沈阳医学院党委副书记、院长：
肖纯凌
沈阳广播电视大学党委书记：
齐　舒（5月任）
沈阳广播电视大学党委副书记、校长：王　滨
沈阳职业技术学院党委书记：
张黎明
沈阳职业技术学院院长：王久成

【市属企业】

沈阳副食集团公司党委书记、董事长：李　军
沈阳副食集团公司党委副书记、总经理：刘玉东
沈阳物资集团有限责任公司党委书记、董事长：王军锋
沈阳物资集团有限责任公司党委副书记、总经理：孙忠霖（12月免）
沈阳水务集团有限公司党委书记、董事长：陈　阳（5月免）
蒋　勇（6月任党委书记、提名为董事长人选）
沈阳水务集团有限公司党委副书记、总经理：陈显利
中国沈阳国际经济技术合作有限公司党委书记、总经理：唐乐珍
沈阳机床（集团）有限责任公司党委书记、董事长：关锡友
沈阳机床（集团）有限责任公司

党委副书记、副董事长、总经理：刘　岩
沈阳鼓风机集团股份有限公司党委书记、董事长：戴继双
沈阳鼓风机集团股份有限公司党委副书记、总经理：马　诚
沈阳基础产业建设发展集团有限公司董事长、总经理：
董　强（11月免）
徐晓勇（11月提名为董事长、总经理人选）
沈阳产业投资发展集团有限公司党委书记、董事长、总经理：苏庆祥
沈阳出版发行集团有限公司党委书记、董事长、总经理：王　京
沈阳燃气集团有限公司党委书记、董事长：
刘旭辉（11月免）
刘守宇（11月任党委书记、提名为董事长人选）
沈阳地铁集团有限公司党委书记、董事长：卢春风
沈阳地铁集团有限公司党委副书记、总经理：
巴　放（5月任党委副书记、提名为总经理人选）
沈阳旅游集团有限公司党委书记、董事长：
孙含欣（11月免）
栾　峰（12月任党委书记、提名为董事长人选）
沈阳旅游集团有限公司党委副书记、总经理：
陈　亮（5月任党委副书记、提名为总经理人选）
沈阳航空产业集团有限公司董事长：曹晓玲（12月免）
沈阳航空产业集团有限公司党委副书记、总经理：
吴　波（6月任党委副书记、提名为总经理人选）
沈阳市城市建设投资集团有限公司党委书记、董事长：
孙百如（5月任党委书记、11月免）
董　强（11月任党委书记、提名为董事长人选）
沈阳市城市建设投资集团有限公司党委副书记、总经理：
高政威（5月任党委副书记、提名为总经理人选、12月免）
沈阳盛京金控投资集团有限公司党委书记、董事长：
王琳琳（5月任党委书记）
沈阳中德园开发建设集团有限公司董事长：张洪利
中德（沈阳）国际产业投资发展集团有限公司董事长：王铁利

【区县（市）】

和平区委书记：李　强（3月免）
刘志寰（5月任）
和平区人大常委会主任：蔡效军
和平区政府区长：
刘志寰（5月免）
马　原（6月提名，12月当选）
和平区政协主席：厉　馨
和平区纪委书记：何增春
沈河区委书记：王忠昆（11月免）
王心宇（12月任）
沈河区人大常委会主任：杨文凯
沈河区政府区长：林宇航
沈河区政协主席：张顺成
沈河区纪委书记：程　洁
铁西区委书记：李松林（3月免）
刘克武（5月任）
铁西区人大常委会主任：刘　斌
铁西区政府区长：
刘克武（5月免）
郭忠孝（5月提名，12月当选）
铁西区政协主席：王玉辰
铁西区纪委书记：侯　军
皇姑区委书记：李　军
皇姑区人大常委会主任：李　凯
皇姑区政府区长：李　盛
皇姑区政协主席：林学家
皇姑区纪委书记：闫　伟
大东区委书记：王新北
大东区人大常委会主任：
白　实（12月免）
徐　强（11月提名，12月当选）
大东区政府区长：李　刚
大东区政协主席：陈玉光
大东区纪委书记：于明海
浑南区委书记：单　义
浑南区人大常委会主任：金光熙
浑南区政府区长：
王心宇（12月免）
闫占峰（12月提名，2020年1月当选）
浑南区政协主席：李桂盛
浑南区纪委书记：于　凯
于洪区委书记：
董　峰（11月免）
朱文波（12月任）
于洪区人大常委会主任：黄宝晖
于洪区政府区长：
王庆海（6月免）
朱文波（6月提名，12月不再提名）
高政威（12月提名，2020年1月当选）
于洪区政协主席：张海涛
于洪区纪委书记：
白雪峰（4月任）
沈北新区区委书记：
李宏德（11月免）
闻　然（12月任）
沈北新区人大常委会主任：刘东耀
沈北新区政府区长：刘树敏
沈北新区政协主席：陈国聆
沈北新区纪委书记：
杨宇光（9月免）

李清杰（11月任）
苏家屯区委书记：李　军
苏家屯区人大常委会主任：侯晓东
苏家屯区政府区长：李逸群
苏家屯区政协主席：王德利
苏家屯区纪委书记：张　堃
辽中区委书记：
李晓航（9月免）
温向伟（9月任）
辽中区人大常委会主任：马立伟
辽中区政府区长：
张江徽（6月免）
卜世杰（6月提名，12月当选）
辽中区政协主席：
丁　宇（12月免）
李淑文（11月提名，12月当选）
辽中区纪委书记：刘　涛
新民市委书记：周鹏举
新民市人大常委会主任：徐占海
新民市政府市长：张文哲
新民市政协主席：
王宏伟（12月免）
范庆军（11月提名，12月当选）
新民市纪委书记：季春辉
法库县委书记：王欢苗
法库县人大常委会主任：段秀华
法库县政府县长：陈大为
法库县政协主席：刘连恒
法库县纪委书记：刘　成
康平县委书记：滕增泰
康平县人大常委会主任：王一平
康平县政府县长：
王志刚（11月免）
李旭臣（11月提名，12月当选）
康平县政协主席：吕明臣
康平县纪委书记：
代国斌（4月免）
徐德庆（5月任）

【自贸区】
中国（辽宁）自由贸易试验区沈阳片区管委会党工委书记：
陈佳标（5月免）
李松林（6月任）
中国（辽宁）自由贸易试验区沈阳片区党工委副书记、管委会主任：单　义（5月任）
（市委组织部；市委统战部）

新闻人物

【冯夏庭】 1964年9月生。工学博士，教授，博士生导师。1982—1992年在东北工学院采矿工程本科、矿山建设工程硕士和博士研究生学习，先后获学士和博士学位，然后留校任教。1993年晋升副教授，1996年晋升教授。先后任中国科学院武汉岩土力学研究所副所长（主持工作）、所长、岩土力学与工程国家重点实验室主任、东北大学资源与土木工程学院院长。并先后在美国、英国、日本、法国、瑞典、南非等国家访问和合作研究。现任东北大学党委常委、副校长。主要从事深部工程岩体力学与安全研究工作，主持国家973项目、863项目、国家自然科学基金国际合作重大、重点项目及部级重大科研项目20余项，发表SCI收录论文170余篇，出版英文专著3部、中文专著4部，获发明专利授权90余项，作为第一完成人获国家科技进步二等奖3项。获国家杰出青年基金和国家自然科学基金创新研究群体资助，入选教育部“长江学者”特聘教授、国家“万人计划”百千万人才工程领军人才、中国科学院“百人计划”。荣获国际岩土力学计算机方法和进展学会杰出贡献奖、首届“全国创新争先奖状”、光华工程科技奖青年奖、中国青年科技奖等。2019年11月当选中国工程院院士。

【尚　红】 女，1960年生。教授、博士生导师。从事临床检验诊断学及艾滋病防治的医疗、科研和教学工作近30年，主持国家“十一五”“十二五”科技重大专项、教育部创新团队项目等国家级课题40余项。建立中国人群临床常用检验项目参考区间及相关技术支撑体系，深入研究影响艾滋病疾病进展的关键因素，推动个体化医学检验的规范化建设，使检验医学在疾病诊断、疗效评价、预后判断和疾病预防控制等方面发挥着重要的作用。培养博士后、博士、硕士100余名。现任中国医科大学副校长、第一临床学院（附属第一医院）院长、医学检验国家临床医学研究中心主任。先后担任中华医学会和中国医师学会检验分会主任委员、会长，中国性病艾滋病防治协会副会长，世界病理和检验医学联合会西太平洋区主任。在国内外医学杂志发表研究论文270余篇，获国家科技进步二等奖、辽宁省科技进步一等奖等项奖励。获全国优秀科技工作者（两次）、中国医师奖、辽宁省领军人才、国务院政府特殊津贴等项荣誉。2019年11月当选中国工程院院士。

【唐立新】 1966年8月生。控制科学与工程国家一级重点学科教授、博士生导师。1988年获东北工学院工业自动化专业学士学位；1991年获东北工学院系统工程专业硕士学位；1996年获东北大学控制理论与应用专业博士学位；1991年3月至1999年5月，东北大学系统工程学科助教、讲师、副教授；1999年6月至今，东北大学系统工程学科教授；2015年11月至今，东北大学信息科学与工程学院院长；2017年9月至今，东北大学党委常委、副校长。为教育部长江学者特聘教授，国家自然科学基金创新研究群体负责人，高等学校“智能工业数据解析与优化”学科引智基地负责人。兼任国务院学位委员会第七届控制科学与工程学科评议组成员，国家自然科学基金委专家评审组成员，中国运筹学会智能工业数据解析与优化专业委员会理事长。主要研究方向为智能工厂全流程生产与物流计划、生产与物流批调度、智能工业数据解析与优化，整数与组合最优化、数据解析与机器学习、计算智能优化方法及在制造（钢铁、石化、有色）、物流、能源、资源系统中的工程应用。现为7个国际运筹管理与系统工程领域SCI著名期刊副主编。2019年11月当选中国工程院院士。（志　闻）

【何晓霞】 女，1968年5月，沈阳市人。1990年毕业于辽宁省工艺美术学校。苏家屯区人大代表，苏家屯区辽绣协会会长，中国刺绣艺术大师，中国非遗协会刺绣委员会培训部副主任，非物质文化遗产辽绣技艺代表性传承人，中国旗袍协会顾问，辽宁大学兼职教授，宫廷绣艺术研究院院长，被沈阳市政府评为“影响沈阳十大人物”。她自幼跟随家母学习刺绣，后进入美术学校学习现代画理，在继承传统刺绣技法的基础上将现代画理融入其中，形成当代辽绣的独特风格。2006年起，她创作的《藏民一家人》《约翰》《待嫁》等十余件作品先后获中国“百花奖”金奖、中国24个地域绣种展金奖等10余个奖项；其作品多次参加中国刺绣大师精品展、全国工艺美术大师精品展、中法文化艺术交流展、全球百名顶尖艺术家作品展等全国和世界级的展览；作品被中国国家博物馆、美国、日本等国家艺术机构收藏；其作品被国家邮政部列为当代艺术家系列发行邮票、邮币卡和明信片；她带领学生参加复制30余幅北京故宫馆藏国宝——宫廷刺绣画；“辽绣”《海底世界》是她带领其团队耗时6万个工时完成的一部巨作，整幅作品长10.03米，宽3.03米，由上千个海底鱼类、植被、藻类、贝类等组成，是世界有史以来最大幅的纯手工满绣的“辽绣”艺术作品，已申报吉尼斯世界纪录。何晓霞2019年获“国家功勋”提名，并被辽宁大学聘为兼职教授。（郑　飞）

【白云良】 满族，1967年9月生，辽宁宽甸人，大学学历、法学硕士。1992年8月参加工作，1997年9月加入中国共产党。2013年担任执行局局长。因担心亲属、亲戚和同学过问案件，影响执行工作，他不断压缩交际圈、生活圈，从不过问案情。白云良带领工作人员与执行联动单位一家一家进行沟通，协调查控网络联网、信息共享，建成在全国领先的“金雕查控网”。2016年以后，通过“金雕查控网”查询知识产权、房产土地、出入境记录、车辆、酒店住宿等案件信息764956件，冻结账户款项13192笔。2018年5月28日，白云良带领50余名执行干警赴河北迁安，对某集团沈阳公司与河北某钢铁有限公司标的额8.6亿元六件系列买卖合同纠纷案的被执行人河北某钢铁有限公司依法进行强制搜查，遭遇不明真相的700余名被执行人公司员工的围攻。白云良与被执行人斗智斗勇，被执行人履行1.5亿元，被辽宁省高级人民法院授予二等功。仅2018年8月以后，白云良6次带队，对13处场所开展大型集中搜查，搜查到被执行人累计过亿元的财产，不仅促进案件的执行，剩余财产还保障全市两级法院对同一被执行人案件通过市中院提级执行结案280余件。2019年4月18日，在最高人民法院执行局与人民法院新闻传媒总社联合开展的“最强执行干警”评选活动中，白云良当选全国十强执行干警，并且获选票数第一。（市法院）

【吴书香】 女，锡伯族，1985年6月生，沈阳市人。2008年6月，毕业于沈阳师范大学社会学学院社会学专业。同年6月加入中国共产党。现任沈阳市苏家屯区委区政府信访局主任科员、八一街道官立堡村党支部第一书记，共青团辽宁省委兼职副书记。

2008年，中组部部署大学生村官十年计划，吴书香成为响应国家号召的第一批大学生村官。同年12月22日，习近平在中南海主持召开大学生村官代表座谈会并作重要讲话，吴书香作为辽宁省唯一的大学生村官代表参加座谈会。

2010年，她协助成立“沈阳市和田农业机械化服务队”，成为苏家屯区承包面积最大的机械化服务队之一，为种植户每亩节省投资60元，每亩增产50千克，带动百余人就业。

针对苏家屯区是辽宁省水稻良种繁育基地，水稻种植技术闻名遐迩情况，她带领村两委树立“不卖原粮卖大米，卖了大米树品牌”的发展目标，把握消费者对高品质大米消费升级、需求增加的机遇，组建大米加工合作社，提高产品附加值，扩宽销售渠道，保障村民增产增收。她以党员示范项目加大质量安全监管力度，提升生产供给水平和生产技术进步。

她发挥本村地处城乡接合部，村民理念较为先进的优势，打造村党支部工作网络阵地，加强对全村党员尤其是流动党员的教育服务。通过建立健全党务公开民主管理考核制度，制订党务公开工作考核方案，两委班子成员接受党员代表和村民代表民主评议。党员群众切实感受到从严治党的力度，享受到从严治党的成果。

2017年10月，她参加党的十九大，不仅提高了做好基层党建工作的思想认识和能力水平，也掌握了今后党在三农方面的政策信息，并第一时间把这些好消息传递给乡亲们。十九大后，开展义务宣讲100余场，受众4万余人。

她在公务员岗位的工作中曾参与创建国家卫生城市、社区共建等全区重点难点工作。她2012年7月，获辽宁省首批“十佳”大学生村官称号；2015年5月，获中国青年五四奖章；2018年6月，获辽宁省优秀党务工作者称号；2019年3月，获辽宁省三八红旗手称号；2019年6月，获第九届全国“人民满意的公务员”称号。（郑　飞）

【张爱忠】 锡伯族，1968年9月生，2015年7月加入中国共产党，沈阳锡伯龙地创意农业产业园董事长。张爱忠历经30余年，成功塑造稻梦空间和喜粒妈咪两个知名农产品品牌，作为农村致富增收的带头人，近年来发展壮大北源米业公司及锡伯龙地创意农业产业园，吸收大量剩余劳动力，从而带动当地产业发展，促进劳动力再就业，为区域经济发展注入新活力，获2019年全国民族团结进步模范个人。

【苏振敏】 女，1963年4月2日生，2001年6月加入中国共产党，现任东北育才学校副校长，主抓东北育才学校新疆部工作。苏振敏在教育教学、后勤保障等方面满足新疆部学生需求，开展中华传统文化进课堂、思想政治教育及社会实践活动，社会影响显著。2016年12月，东北育才学校被国家民委命名为全国民族团结进步创建示范单位，苏振敏获2019年全国民族团结进步模范个人。（志　闻）

【王金福】 1959年12月生人，1981年3月参加工作，1996年7月加入中国共产党，大专学历。曾任教师、乡政府干部、下派村支部书记、司法所长等职务。2009年调到法库县司法局，曾在卧牛石、包家屯司法所工作，2014年任双台子司法所所长，被乡镇政府领导称为“防火墙和顶门杠”，乡村干部和群众送他雅号——王公正，是沈阳市唯一的一个市级品牌调解室——“王公正”品牌调解室主任。截至2019年10月，王金福调解各类矛盾纠纷600余件，调解成功率99.7%，被群众誉为身边的法律贴心人，办事公平、公正的好所长，名副其实的“王公正”。2014年12月被市司法局评为人民调解先进个人；2015年12月被市司法局评为全市人民调解先进个人；2016年12月被市委宣传部和市司法局评为法治宣传教育先进个人；2017年12月被省司法厅评为防止民间纠纷激化有功人员一等奖；2019年1月被评为全国模范司法所长。（市司法局）

【苗　钰】 1988年7月生。8月27日深夜，沈阳市和平区一小区发生火灾。该楼居民全部使用煤气罐，情况十分危急。苗钰顶着浓烟一边猛敲居民家门示警，一边不顾危险抢搬楼道里的煤气罐，扑救火苗。由于他及时、奋力扑救，消防队员赶到现场时，火情得到控制。苗钰的勇敢和担当挽救全楼70余户居民的生命和财产安全。9月，经市长姜有为批准，授予苗钰市长奖。

【卜庆平】 1952年生。中国移动沈阳公司退休职工。8月16日下午，卜庆平开车行驶到G30连霍高速酒泉段时，发现该路段发生车祸，两车12人全部受伤。其中，一名妇女的腿被车轮压住，车内另一名十几岁的儿童被压住了胸部，已经昏迷不醒，还有人被甩出车外。卜庆平立即投身抢救，与他人将12名伤者全部成功救出。伤者救出后，卜庆平立即指挥疏导堵塞的车辆，为伤者第一时间得到有效救治赢得了宝贵时间。10月，经市长姜有为批准，授予卜庆平市长奖。

【陈　明】 1977年8月生。11月30日下午，赵先生驾车在蒲河景观路行驶时，因为道路湿滑，车子失控冲进河里，一家三口被困河中央，落水幼童情况危急。运输货物途经此地的陈明不顾天寒地冻，边跑边脱棉衣，来不及脱下棉裤，便跳进冰河。他用尽力气将孩子推上岸，自己却再也没有力气爬上岸，最后还是岸上的几位市民把他拽上了岸。12月，经市长姜有为批准，授予陈明市长奖。（志　闻）

【苏伯鲁诺夫·阿纳塔利（Suprunov Anatoly）】 1956年10月生，俄罗斯籍，博士，玉米育种专家，俄联邦国家预算科学机构P.P.国家谷类研究中心玉米育种及种子繁育研究室主任、首席专家。现任辽宁省农业科学院（简称省农科院）特聘研究员及“中俄（辽宁）创新创业基地”特聘专家。2018年，双方签署《中国—俄罗斯玉米联合实验室合作协议》，成立“中国—俄罗斯玉米联合育种实验室”，获得省科技厅“中俄（辽宁）创新创业基地”项目。获2019年度沈阳市玫瑰奖。

【阿里·雷扎·卡马里（Ali Reza Kamali）】 1977年2月生，英国籍，博士，绿色技术开发专家，曾任职于英国剑桥大学高级研究员，英国皇家化学会会员（FRSC），英国工程和物理科学研究委员会会员（EPSRC），任摩根先进材料、元素六集团、先进石墨烯材料、剑桥先进材料有限公司等英国高科技企业顾问。现任东北大学专职教授、能源与环境材料研究中心主任。主持开发“一种大规模绿色生产超高容量锂离子电池用负极材料的方法”等创新技术，在绿色化学和碳等顶级期刊发表SCI索引文章17篇，申请8件专利（中国5件、美国2件，澳大利亚1件），承担国家自然科学基金项目1项。获2019年度沈阳市玫瑰奖。

【艾哈迈德·萨利赫·穆萨·萨利赫（Ahmed Salah Moussa Saleh）】 1977年11月生，埃及籍，博士，Assiut大学/埃及高等教育与科学研究部食品科学与技术研究专家，副教授。依托中国科技部“发展中国家杰出青年科学家来华工作计划项目”，到沈阳师范大学粮食学院TYSP（国家杰出青年）项目科研工作站从事科学研究工作。2017年获辽宁外国专家荣誉奖。现任沈师访问学者。他结合辽宁省粮食行业现状，在食品加工与保藏、淀粉改性、油脂化学与加工等诸多应用方面，撰写的多篇学术文章均被SCI一区top期刊发表。获2019年度沈阳市玫瑰奖。

【托马斯·杰西卡（Tossenou Jessica Rae）】 女，1975年12月生，美国籍，英语教师。现受聘为沈阳大学外国语学院英语口语教师。到沈阳工作后，任职沈大外国语学院，讲授英语口语课程。她可以用汉语与学生无障碍沟通。她从美国带来大量的英语资料，丰富教学内容，讲究方法，创设情景、课堂表演、竞赛等引趣、愉快教学法，启发学习兴趣。获2019年度沈阳市玫瑰奖。

【洪承镐（Seung Ho Hong）】 1956年5月生，韩国籍，博士，韩国汉阳大学教授，韩国技术与标准局智能制造标准与技术研究组主席、IEC SG8（工业4.0—智能制造）韩国国家委员会主席、IEC PC118（智能电网）韩国国家委员会主席、IEC TC65（工业过程测量、控制、自动化）韩国国家委员会主席。现任中国科学院外国专家特聘研究员、中国科学院沈阳自动化研究所客座教授。到沈阳工作，与中科院沈阳自动化所在智能制造、智能电网、工业物联网等领域展开合作，承担国家外专局《面向智能电网的工业无线技术研究》等项目，为沈阳市企业传授新技术、科研、国际标准制定等方面服务。获2019年度沈阳市玫瑰奖。

【上寺满志】 1964年3月生，日本籍，硕士，技术管理专家，日本三菱自动车株式会社担任法令监理部部长、生产技术管理部部长、动力总成生产技术部部长。现任沈阳航天三菱汽车发动机制造有限公司总经理。2012年4月到沈阳工作，先后任沈阳三菱汽车发动机公司副总经理、总经理。在产品开发、设计、生产的过程中设立一系列检测点，有效提升公司整体的自主研发能力。引进日本三菱先进连续可变气门升程CVVL等技术，成功开发4K1系列发动机等先进发动机品牌。公司累计销售发动机190万台，实现营业收入180亿元，纳税额13亿元。获2019年度沈阳市玫瑰奖。

【贾世哲（Steve Jia）】 1961年5月生，美国籍，博士，技术管理专家。现任沈阳美加生物技术有限公司（简称美加生物公司）技术总监、沈阳药科大学、沈阳农业大学等学校任客座教授。与美加生物公司合作，组织发明食品安全移动实验室整体设计，获专利2项；2013年，自行式移动实验室食品安全检测产品获省级科学进步奖；2014年，他申请制定国家移动实验室标准10项，并被聘请为全国移动实验室标准化委员会海外技术咨询专家，团队被国务院侨办评为优秀华侨创业团队。2015年，他发明化学免疫发光检测仪器，获得专利。2016年，他发明循环DNA检测方法，获两项专利，向沈阳及周边地区的客户提供癌症早期检测服务。获2019年度沈阳市玫瑰奖。

【如迪格·凯瑟（Ruediger Kissel）】 1965年6月生，德国籍，汽车零部件业务专家。现任沈阳金杯安道拓汽车部件有限公司常务副总经理。2018年1月，任沈阳金杯安道拓公司常务副总经理。他带领团队启动并投产宝马G38整椅、中华M85座椅、宝马F39发泡及蒙皮以及汽车座椅以外的座椅零部件业务——高铁座椅发泡等项目。2018年，企业纳税额1.6亿元，沈阳市纳税百强公司排名第47位。主导厂房智能改造、优化布局等项目，全面投入自动搬运AGV机器人，提升物流IT控制系统功能，实现厂区内无人化物料搬运网络，促进沈阳市工业4.0智能升级及企业的产能效率提升。获2019年度沈阳市玫瑰奖。

【魏继业（Jay Ji-Ye Wei）】 1965年6月生，美国籍，博士后，眼科和视觉科学专家。现任沈阳眼产业技术研究院有限公司首席科学家、沈阳何氏眼科医院副院长。2018年9月到沈阳工作，负责眼科疾病的药物治疗及眼科医疗器械的研发工作，参与老年黄斑变性，糖尿病眼底病变，青光眼及干眼症的治疗、发明及产品的创新及开发。他先后为沈阳申请到2021年第15届AOPT大会及2022年第7届APTOS大会主办权，这也是大会有史以来第一次在中国举办。获2019年度沈阳市玫瑰奖。

【徐家钜（Jiaju Xu）】 1977年12月生，美籍华人，博士，技术管理专家。2018年，被认定为辽宁省兴辽英才计划“海内外高层次人才引进集聚计划”创新领军人才。现任沈阳华铁异型材有限公司副总经理。解决多种型号企业中冷器产品冷却管泄露、芯体钎焊时边带向下脱落和主片钎剂喷淋等问题，提高产品的抗振动性能、耐疲劳性能和钎焊质量，相关技术申报国家专利10多项，全部获授权。获2019年度沈阳市玫瑰奖。

【郭祥麟（Shyang-Lin Kuo）】 1952年12月4日生，博士，美国籍，技术管理专家，曾任北美丰田动力设计部主任工程师及雷克萨斯品牌项目经理，中国生态环境部国六蒸发排放标准制定技术组负责人，中国工程师学会空气动力学专家委员会成员，中国工程师学会变速箱专家委员会成员。现任华晨汽车工程研究院资深技术总监。建立整车热管理流程及试验方法，有效降低汽车自燃风险；主导华晨第一款整车能量流测试，制定标定优化控制策略，满足国家第四阶段油耗法规和国六排放标准。解决电动车动力传动技术难题，克服汽车发动机的废气循环进气（EGR）系统冬季结冰问题。获2019年度沈阳市玫瑰奖。　（张文昭）

先进人物

【全国五一劳动奖章7人】

姜　成　辽宁雪松医药连锁有限公司董事长

赵玉虹　（女）中国医科大学附属盛京医院党委书记

盖立亚　（女）沈阳优尼斯智能装备有限公司i5T5产品线

姜广祥　沈阳市汽运出租车有限公司　驾驶员

鲁振伟　沈阳市公安局沈河分局山东庙派出所副所长

焦万胜　沈阳燃气有限公司燃气管网抢修中心副主任

张桂荣　（女）沈阳市口腔医院院长（市总工会）

【全国机械工业劳动模范1人】

任延举　三一重型装备有限公司运营经理

【第五届全国非公有制经济人士优秀中国特色社会主义事业建设者1人】

曲道奎　沈阳新松机器人自动化股份有限公司总裁

【全国教育系统先进工作者1人】

关凤艳　（女）沈阳市第二中学

【全国优秀教育工作者1人】

邓　华　（女）沈阳市第126中学

【全国模范教师1人】

孙百志　沈阳市第127中学

【全国优秀教师6人】

李　君　（女）沈阳市第五中学

王丽华　（女）沈阳市法库县大孤家子小学

张秀艳　（女）新民市公主屯学校

刘瑞环　（女）沈阳市苏家屯区解放小学

谢姣娆　（女）沈阳市城市建设管理学校

张　红　（女）沈阳大学

【全国农业农村系统先进个人1人】

许士胜　沈阳市农业农村局扶贫开发综合处

【全国民族团结进步模范个人2人】

苏振敏　（女）东北育才学校副

校长

张爱忠　（锡伯族）沈阳锡伯龙地创意农业产业有限公司董事长

【第九届全国“人民满意的公务员”1人】

吴书香　（女，锡伯族）沈阳市苏家屯区委区人民政府信访局主任科员，驻官立堡村党支部第一书记

【全国模范司法所长1人】

王金福　法库县司法局双台子司法所所长

【全国普法办“七五”普法中期先进个人1人】

李海滨　（女）沈阳市应急管理局一级主任科员

【全国2019年度改善医疗服务先进典型个人奖1人】

李保军　沈阳急救中心主任

（志　闻）

【全国模范退役军人2人】

贾成武　沈阳市军队离退休干部服务中心常德休养所退休干部

汤　清　蓝凌退役军人众创空间有限公司董事长

【全国退役军人工作模范个人1人】

李陶颖　（女）沈阳市退役军人事务局拥军优抚处主任科员

（市退役军人事务局）

【辽宁五一劳动奖章71人】

王　艳　沈阳夏云龙房屋修缮有限公司维修工人

王艳艳　（女）沈阳中辰钢结构工程有限公司焊工

聂　轰　沈阳昊诚电气有限公司机加班长

姚文亮　中粮可口可乐辽宁（北）饮料有限公司叉车司机

赵寒梅　（女）沈阳君威新能科技有限公司热电池事业部工程技术中心主任

杨海昱　沈阳萃华金银珠宝股份有限公司企划工程部展览装修工

张　蕾　沈阳帕卡濑精有限总公司技术中心水处理项目组项目组长

李明振　沈阳东方钛业股份有限公司焊工班长

王若楠　（女）沈阳农大禾丰饲料有限公司销售

徐祥彬　法库宗源网络传媒有限公司城网运维班长

邹志丹　（女）沈阳安运公共交通有限公司115线路驾驶员

薛　滨　沈阳安运巴士有限公司162线路驾驶员

张　姣　（女）中建一局集团（辽宁）建设有限公司女工主任

石宝明　沈阳燃气集团有限公司沈阳新北燃气有限公司售后服务员

杨　光　中建一局集团（辽宁）建设有限公司项目经理

李新宏　沈阳燃气集团有限公司燃气管网抢修中心二队主任

白　健　中国建筑第二工程局有限公司东北分公司盛京金融广场项目经理、党支部书记

杨文学　中国航发沈阳黎明航空发动机有限责任公司机匣加工厂对开机匣工段数控铣二班加工中心操作工

李玉文　辽沈工业集团有限公司研发中心设计四所室主任

田　芳　（女）沈阳飞机工业（集团）有限公司34厂铆装钳工

丁志强　沈阳航天新乐有限责任公司研究所所长

王铁林　中航沈飞民用飞机有限责任公司铆装钳工

黄立丽　（女）中国联合网络通信有限公司沈阳市分公司运行维护部电源维护管理

葛晓莉　（女）中国电信股份有限公司沈阳分公司和平南区营销中心副主任

徐振伟　中车沈阳机车车辆有限公司制备分厂中梁班电焊工

于海龙　沈阳航天新光集团有限公司数控加工车间班长

胡久龄　沈阳辽海装备有限责任公司技术员

陈卫华　华晨宝马汽车有限公司铁西总装车间总监

孟丽娜　（女）北方重工集团有限公司矿业装备事业部碎磨设备设计所责任师

谢　磊　沈阳金杯延锋汽车内饰系统有限公司内饰生产车间主任

孔令友　中捷机床有限公司重大型产品线技术部副部长

聂海涛　东北制药集团股份有限公司106分厂维修班长

于　忠　沈阳机床股份有限公司沈一车床厂数控车床加工产品线箱体车间车工

赵丹军　北方重工集团有限公司电站设备事业部装配车间钳工一班班长

刘　威　红塔辽宁烟草有限责任

公司沈阳卷烟厂卷包车间维修工

董哲伟 沈阳沈机通用机械制造有限公司箱台小微团队箱体班组镗工

王洪军 沈阳化工股份有限公司聚氯乙烯车间副主任

夏 明 沈阳鼓风机集团透平股份有限公司热处理车间工人

贺 娜 （女）建行辽宁省分行沈阳铁西支行营业室总经理

董鸿廷 中兴—沈阳商业大厦（集团）股份有限公司保安员

姜 颖 （女）沈阳稻香村食品工业有限公司生产车间调度员

段灵龙 沈阳快速路建设投资有限公司副总经理

房 莹 （女）沈阳同联集团有限公司财务部部长

兰方园 （女）沈阳森林动物园管理有限公司饲料配给中心主管

樊 雪 （女）沈阳燕京啤酒有限公司包装车间工艺技术员

王 辉 沈阳大清宝泉矿泉水饮品制品有限公司送水员

朱 玲 （女）沈阳建筑大学建筑学院党委书记

何仲贵 沈阳药科大学药学院教师

郑 斌 沈阳市皇姑区童晖小学校长

汪永海 沈阳市第一三四中学校长

金元哲 中国医科大学附属第四医院党委书记

王伶俐 （女）新民市三道岗子学校副校长

汪宜颖 （女）沈阳市辽中区杨士岗九年一贯制学校教师

王 超 （女）康平县东升满族蒙古族九年一贯制学校教师

钟巍巍 （女）法库县三面船镇中心小学教师

费君玲 （女）沈阳市铁西区四方台学校教师

任跃刚 法库县柏家沟镇中心卫生院医生

王乃杰 新民市大柳屯中医院院长

张 陆 沈阳市和平区长白社区卫生服务中心中心主任

王丙龙 沈阳市铁西区四方台卫生院医生

李復山 沈阳市于洪区于洪社区卫生服务中心主任

缪亚军 上汽通用（沈阳）北盛汽车有限公司总经理兼党委书记

李 斌 沈阳荟华楼珠宝有限公司董事长

王国庆 沈阳百益龙置业有限公司董事长

土德刚 沈阳德氏冷饮食品有限公司沈河分公司总经理

吴学群 沈阳桃李面包有限公司总经理

刘慧娣 （女）沈阳华锐置业有限公司区域副总裁

王 晶 （女）沈阳晶创孵化基地有限公司董事长

荀光学 中国移动通信集团辽宁有限公司沈阳分公司党委书记、总经理

李 军 红塔辽宁烟草有限责任公司沈阳卷烟厂厂长

吴跃放 中国储备粮管理集团有限公司辽宁分公司党委书记、总经理

【沈阳五一劳动奖章291人】

林 成 中国航发沈阳黎明航空发动机有限责任公司技术中心设计室发动机设计员

张 敏 （女）航空工业沈阳飞机工业（集团）有限公司经营管理部企管调研员

康 凯 航空工业沈阳飞机工业（集团）有限公司理化测试中心室主任

张 杨 中国航发沈阳黎明航空发动机有限责任公司发动机大修厂传装工段前后机匣班飞机发动机装配钳工

郭 锐 辽沈工业集团有限公司第一机械厂D08车间精加一班班长

齐雲龙 辽沈工业集团有限公司116车间调度组组长

张宏伟 中车沈阳机车车辆有限公司机动分厂加工二班班长

金 威 中国移动通信集团辽宁有限公司沈阳分公司无线优化中心主任

刘小雨 （女）中国联合网络通信有限公司沈阳市分公司网络优化中心技术支撑主管

李 刚 沈阳兴华航空电器有限责任公司加工中心技术员兼加工中心操作工

魏忠华 沈阳航天新光集团有限公司数控加工车间数控车工

隋希香 （女）沈阳造币有限公司造币三部退火光饰班

班长
李　想　中国邮政集团公司沈阳市和平区分公司寄递事业部三好街营业部（邮政）投递员
张大治　沈阳航天三菱汽车发动机制造有限公司设备维修工段工段长
孟德君　中国航发沈阳发动机研究所压气机设计研究室专业副组长兼风扇及压气机性能设计师
鲁文博　中国航空工业空气动力研究院气动研究与试验一部副部长
张庆阳　沈阳辽海装备有限责任公司军工部副部长
孙宝国　沈阳华润热电有限公司技术支持部副部长
刘　毅　中航沈飞民用飞机有限责任公司39厂铆装钳工
王　慧　（女）沈阳航天新乐有限责任公司三十七厂万向班班长
邢　阳　中车集团沈阳汽车车桥制造有限公司机加一车间数控操作工
白瑞双　易讯科技股份有限公司研发中心副总经理
张旭光　核工业二四〇研究所环评中心主任
伊大志　中国电信股份有限公司沈阳分公司和平分公司总经理
王　红　（女）中智沈阳经济技术合作有限公司党委书记、总经理
左林玄　中国航空工业集团公司沈阳飞机设计研究所专业领域副总设计师
张贺然　沈阳鼓风机集团股份有限公司齿轮公司加工一组技工
王贺双　沈阳鼓风机集团股份有限公司总装车间钳工三组钳工
韩立志　红塔辽宁烟草有限责任公司物流采购中心沈阳仓储科班长
尹　罡　红塔辽宁烟草有限责任公司沈阳卷烟厂卷包车间包装机维修工
吴云松　红塔辽宁烟草有限责任公司沈阳卷烟厂制丝车间切片班组长
孙　健　特变电工沈阳变压器集团有限公司检测中心副主任
崔　琳　北方重工集团有限公司重大部件加工事业部装卸机加车间主任
李莱广　北方重工集团有限公司冶金装备事业部装配车间主任
许成发　北方重工集团有限公司隧道掘进装备事业部售后服务部部长
高善民　上汽通用（沈阳）北盛汽车有限公司车身车间工程主管
张凤月　上汽通用（沈阳）北盛汽车有限公司车身车间维修主管
王启俊　东北制药集团股份有限公司213分厂左卡系列产品操作班班长
郭功涛　中捷机床有限公司加工产品线大件车间加工中心操作工
李　军　沈阳机床成套设备有限责任公司底盘行业产品线车间装配钳工
杨大明　沈阳第一机床厂有限公司装配生产单元班组长
张　欣　（女）华晨汽车集团控股有限公司华晨中华事业部副主任
王吉亮　沈阳华晨东兴汽车零部件有限公司技术处处长
陆　鑫　沈阳石蜡化工有限公司丙烯酸分厂工艺专责工程师
刘克兢　沈阳抗生素厂103车间精制岗位班长
曹凤民　沈阳化工股份有限公司氯碱车间主任
曹金国　华晨宝马汽车有限公司总装车间主任
李　英　华晨宝马汽车有限公司总装车间高级经理
孟令飞　华晨宝马汽车有限公司车身车间高级经理
关　喆　华晨宝马汽车有限公司物流车间区域经理
王明宇　华晨宝马汽车有限公司涂装维修高级经理
赵晓亮　华晨汽车工程研究院性能管理室主任
石小力　华润雪花啤酒（辽宁）有限公司制造部副经理
曲　刚　华晨雷诺金杯汽车有限公司生产总监
刘革志　华润雪花啤酒（辽宁）有限公司总经理
于　涛　沈阳副食集团有限公司安技保卫部塔湾区域主任
周鸿生　沈阳副食集团有限公司工程物业部综合维修工
崔卫军　沈阳长生产业集团股份有限公司十二线市场蔬菜配送大厅管理班班长
刘　静　（女）沈阳东副超市有限公司果蔬部主任
靖　涛　沈阳市社会保险事业服务中心企业养老保险部

主任科员
王达利　（女）沈阳家乐福商业有限公司吉祥店店长
迟晓红　（女）中国建设银行股份有限公司沈阳于洪支行营业室主任
刘彬义　交通银行股份有限公司辽宁省分行工会干事
和　睦　沈阳市金融护卫保安服务有限公司六大队大队长
金宏伟　沈阳市金融护卫保安服务有限公司一大队大队长
韩晓霞　（女）中国农业银行股份有限公司新民支行营业部主任
赵　权　中国石油辽宁沈阳销售分公司新民经营部经理
张玲玲　（女）中国人民健康保险股份有限公司沈阳中心支公司客服经理
文　武　中国人民银行沈阳分行营业管理部主任科员
张　琦　（女）中华联合财产保险股份有限公司辽宁分公司农村保险事业部总经理
孙英品　盛京银行股份有限公司零售业务部总经理
聂珊珊　（女）沈阳外国企业服务总公司业务一部项目负责人
杨　惠　（女）中兴——沈阳商业大厦（集团）股份有限公司运动休闲卖区经理
张　然　中兴——沈阳商业大厦（集团）股份有限公司针织家纺卖区经理
李国相　中国人民财产保险股份有限公司法库支公司三农团队经理
杨鹏程　沈阳张士农副产品股份有限公司物流产业部班长
丛树枫　中国邮政储蓄银行股份有限公司沈阳市分行党委书记、行长
白　皓　中国人民健康保险股份有限公司沈阳中心支公司党委书记、总经理
张　识　中国建设银行股份有限公司沈阳大东支行行长
孟　军　沈阳农业大学生物炭工程技术研究中心教授
王忠堂　沈阳理工大学材料科学与工程学院教授
杨彦海　沈阳建筑大学交通工程学院副院长
王昭东　东北大学轧制技术及连轧自动化国家重点实验室主任
马铁明　辽宁中医药大学针灸推拿学院院长
杨　清　（女）中国医科大学附属盛京医院妇科主任
韩雪松　中冶沈勘工程技术有限公司第五项目部部长
赵　军　沈阳铸造研究所有限公司副总工程师
王振宇　辽宁大学经济学院院长
黄相国　沈阳环境科学研究院环境风险研究中心主任
李文杰　（女）沈阳市妇婴医院新生儿科主任
韩紫阳　沈阳铝镁设计研究院有限公司项目管理部副主任
张　军　东北育才学校科学高中部主任
周善富　沈阳市教育研究院高中数学部教研员
解　勇　沈阳大学美术学院院长
刘　淼　（女）沈阳玖伍苑文化有限公司非图书自营部经理
刘　闽　沈阳市环境监测中心站环境预报中心科室主任
焦凤红　（女）辽宁生态工程职业学院信电系云计算教研室主任
齐义文　沈阳航空航天大学自动化学院教师
赵　钧　（女）沈阳市中医院针灸科科主任
王笑怡　中国电子科技集团公司第四十七研究所高级专家
刘子平　（女）鲁迅美术学院油画系第三工作室主任
张德智　中国刑事警察学院刑事犯罪侦查系教师
倪　红　（女）北方联合广播电视网络股份有限公司沈阳分公司市场部经理
李淑华　（女）沈阳音乐学院戏剧影视学院院长
张　红　（女）沈阳工程学院组织部部长
吴玉东　沈阳医学院附属第二医院院长
刘　婷　（女）沈阳市第一人民医院党委书记兼副院长
王亚娟　（女）沈阳市不动产登记中心沈河分中心主任
刘艳娟　（女）沈阳水务集团有限公司和平营业分公司营业所所长
李知洺　沈阳水务集团有限公司大东营业分公司110应急抢修服务队队长
王兆林　沈阳燃气集团有限公司燃气管网抢修中心抢修一队主任
刘铁斌　沈阳燃气集团有限公司和平营业分公司地区经

营管理员
阿米娜　（女）沈阳燃气集团有限公司沈阳新北燃气有限公司用量信息管理员
杨永林　国电东北热力集团有限公司化学专业主任
孙　铁　沈阳安运巴士有限公司170线路驾驶员
周斌科　中建铁路投资建设集团有限公司东北公司沈阳分公司辽中华润项目执行经理
刘宏洋　中铁九局集团第四工程有限公司盾构管理中心支部书记
张　宇　中铁九局集团第六工程有限公司办公室主任
石从栋　中建一局集团（辽宁）建设有限公司项目经理
王　程　沈阳储运集团有限公司业务部部长、信息中心主任
杨森林　沈阳地铁集团有限公司设备处副处长
靳奎岩　沈阳快速路建设投资有限公司合约法务部部长
董风华　中建五局（辽宁）建设有限公司项目执行经理
陈雄波　国网沈阳供电公司大东客户服务分中心抢修班班长
丁　飞　沈阳市城市公用事业发展中心供热事业发展部主任科员
赵　亮　沈阳市交通运输局机关党委办公室（人事处）主任科员
刘中升　沈阳市交通运输事务服务与行政执法中心沈阳北站执法大队四中队中队长
商晨光　沈阳市市政公用局市政设施管理处主任科员
李　鼐　沈阳市市政建设项目服务中心管理员
杨　朔　沈阳市城市公用事业发展中心公有房屋服务部科员
赵程博　沈阳市城乡建设局建设规划处主任科员
梁东辉　国电东北电力有限公司沈西热电厂副厂长
高丽君　（女）沈阳市城乡建设局建设规划处处长
赵振军　国电东北环保产业集团有限公司党委书记
张立夫　北京盈科（沈阳）律师事务所律师
刘　黎　（女）辽宁保利实业有限公司党群人力资源部党务专员
温　爽　（女）沈阳市和平区和平大街第一小学教师
徐曼丽　（女）沈阳市和平区城市更新局更新管理科科长
王海生　沈阳市和平区卫生健康局综合业务科科长
邹黎蔚　（女）沈阳市和平区市场监督管理局中国小食品城市场监督管理所主任科员
纪　东　沈阳市城市管理行政执法局和平分局公用事业执法大队大队长
康丽娜　（女）沈阳惠智建筑安装工程有限公司质检员
李威阳　沈阳市公安局和平分局法制控告大队第二大队大队长
吴禹蒙　（女）沈阳市和平区政务审批服务局综合事务科科长
赵宇明　沈阳风景园林股份有限公司总经理
杨大智　沈阳国宇投资控股集团有限公司总经理
缐　索　沈阳市和平区应急管理局局长
东　方　辽宁新方圆文化发展有限公司总监
宋　岩　（女）沈阳市和平区总工会组织部职业化工会干部
孙　强　沈阳市沈河区城市建设综合行政执法中心科长
李　健　沈阳市沈河区土地房屋征收补偿服务中心副主任
宋金光　沈阳市沈河区应急管理事务服务中心供热保障办公室主任科员
张　洋　沈阳市沈河区信息和营商服务中心监察科科长
刘芝栋　沈阳市沈河区大南社区卫生服务中心副主任医师
郑　军　沈阳市沈河区教育研究中心高中化学教研员
葛海丰　沈阳市第二十七中学校长
王文勇　沈阳市沈河区商务局局长
曲泓臣　辽宁中金欧亚珠宝有限公司副总经理
张大鹏　中德（沈阳）高端装备制造产业园管委会综合科主任科员
许化南　沈阳市公安局铁西分局维稳办副主任
张　福　沈阳市铁西区营商环境建设局综合业务科科员
王　敏　（女）沈阳市铁西区教育局德育科科长
臧　焘　沈阳市公安局经济技术开发区分局网安大队大队长
李晓宇　沈阳经济技术开发区营

商环境建设监督局审批办主任科员
付　严　沈阳中航机电三洋制冷设备有限公司生产技术首席设备工程师
陈　涛　沈阳恩斯克精密机器有限公司制造课课长
李树强　沈阳顶益食品有限公司制面处技术员
罗　奇　中共沈阳市铁西区委党校党员教育培训部部长
周立君　沈阳市大华印刷厂厂长
赵子骥　沈阳市公安局皇姑分局刑侦禁毒大队副主任科员
刘　斌　沈阳市皇姑区陵东街道办事处副主任科员
谭　波　（女）沈阳市第一二〇中学党委书记
王　革　（女）沈阳市皇姑区华山街道鲲鹏社区党委书记兼主任
赵　刚　沈阳首府经济开发区管理委员会办公室主任科员
孙海涛　沈阳市皇姑区市场监督管理局市场规范管理科科长
裴晓军　沈阳市皇姑文化旅游和广播电视局综合办主任
段守春　辽宁昌源旅游汽车股份有限公司董事长
关　键　沈阳首府经济开发区管理委员会公共事业处处长
庞占国　沈阳万科企业有限公司北部事业部总经理
康仁宇　沈阳浩博实业有限公司技术中心研发专员
黄　越　（女）沈阳萃华金银珠宝股份有限公司销售部营业员
吴　萃　（女）沈阳市大东区津桥街道大华社区书记
蒙　琳　（女）沈阳市大东区大东路第四小学校长
白　洁　（女）沈阳市大东区万泉街道东逸社区书记
王　卓　沈阳安泰旅游汽车有限责任公司董事长
杨　旗　沈阳市大东区城市更新局局长
张传永　沈阳新天地环境卫生管理有限公司环境卫生管理项目经理
周建国　沈阳斯沃电器有限公司副总经理
曹　阳　顺丰速运（沈阳）有限公司收派员
李秀丽　（女）中共浑南区委组织部干部监督科科长
祝丽华　（女）浑南区交通运输事务服务与行政执法中心道班班长
张东超　中铁东北投资发展有限公司投资发展部常务副部长
闫英琳　（女）沈阳市浑南区城乡建设事务服务中心党办主任
汤红君　（女）沈阳市浑南区浑河站东街道首创国际社区书记
王松涛　辽宁圣宸建筑工程有限公司项目经理
田　媛　（女）中共沈阳市浑南区纪律检查委员会浑南区监察委员会副主任科员
杨继东　辽宁创铭电子工程有限公司董事长
夏国红　沈阳市浑南区财政局党组书记、局长
郭　平　（女）沈阳市浑南区医院院长
韩淑贤　（女）沈阳市浑南区总工会副主席
褚莉莉　（女）沈阳市于洪区市场监督管理局市场科副科长
李　岗　沈阳市公安局于洪分局维稳办副主任
张　喆　国家税务总局沈阳市于洪区税务局法制科副科长
黄春光　沈阳于洪大商新玛特购物休闲广场有限公司空调班班长
李彦君　（女）中共于洪区委老干部局办公室主任
段艳侠　（女）沈阳市第六十中学语文教师
高　英　（女）沈阳旺旺食品有限公司总厂长
王永亮　沈阳市于洪区造化街道党工委书记
郭东辉　沈阳市公安局交通警察支队于洪大队大队长
崔久春　沈阳市于洪区城市管理综合行政执法局党群工作科科长
刘秀兰　（女）沈阳精密仪表制造有限公司工会主席
何　珊　（女）沈阳市于洪区出租车行业工会联合会工会干事
刘　鹏　国家税务总局沈阳市苏家屯区税务局征收管理科科长
赵俊鹏　沈阳市苏家屯区市场监督管理局食品科科长
于红鑫　（女）沈阳市苏家屯区餐饮行业工会联合会副主席
张　虹　（女）沈阳市苏家屯区中心医院呼吸内科主任
何志亮　沈阳市苏家屯区财政事

务服务中心社会保障资金管理部部长
张　丽　（女）沈阳市苏家屯区陈相九年一贯制学校教师
任　波　中粮米业（沈阳）有限公司总经理
韩　军　沈阳市苏家屯区人民政府佟沟街道办事处党工委书记
战　瑾　（女）沈阳大川机械设备有限公司董事长助理
金　哲　沈阳市苏家屯区人民政府沙河街道办事处工会副主席
王东生　传奇电气（沈阳）有限公司干式套管车间主任
陈建军　沈阳格微软件有限责任公司软件工程师
何　月　（女）沈阳华美食品有限公司熟食加工车间主任
李　超　（女）中共沈阳市沈北新区区委宣传部科员
王　宏　（女）沈阳市辉山学校教师
张　旭　（女）沈阳宏达驾驶员培训有限公司副董事长
姜连胜　中共沈阳市委组织部干部四处主任科员
赵树军　沈阳市沈北新区虎石台街道办事处党工委书记
王　甦　（女）沈阳市沈北新区新城子社区卫生服务中心主任
张春华　中国石油辽河油田茨榆坨采油厂生产运行科副科长
徐清洋　沈阳市辽中区商务局工作人员
张　蕾　（女）沈阳市辽中区城乡更新局管理科科员
王宏君　（女）沈阳市辽中区财政局文行科科长
刘　浩　沈阳市商务局再生资源管理办公室主任科员
刘书艳　（女）沈阳市万谷园米业有限公司总经理
佟宝明　沈阳市辽中区肖寨门镇党委书记
宋绍彤　沈阳市公安局辽中分局控告申诉科科长
沈宏兵　中共新民市委新民市人民政府信访局局长
高铁宏　新民市房产管理处测绘所所长
高　崇　新民市人民政府办公室应急科科长
吴志勇　新民市公安局刑侦禁毒大队副大队长
瞿　敏　（女）新民市柳河沟学校英语教师
常纯江　新民市维建市政工程有限公司党委书记
綦　智　辽宁新民农村商业银行股份有限公司胡台支行行长
李　伟　沈阳市中医院宣传科科长兼团委书记
孟祥囡　（女）沈阳市城乡建设事务服务中心主任科员
冯　洋　辽宁圣宏科技有限公司研发工程师
王继红　（女）法库县市场监督管理局登记注册科科员
李　勇　法库县产业转型升级促进中心招商员
张　蕾　（女）法库县水利局移民办副主任
黎亚娟　（女）法库县依牛堡镇中心小学班主任
李文彬　法库县丁家房镇人民政府党委副书记、镇长
韩宏宇　法库县财政事务服务中心副主任
王　迪　（女）康平县农村信用合作联社综合柜员
黄艳秋　（女）康平县郝官屯九年一贯制学校校长
张　泓　（女）康平广播电视台副台长
王海静　（女）沈阳和利塑编有限公司圆织车间主任
王　宏　沈阳华泰塑业有限公司拉丝车间工人
朱长辉　康平县东关街道泡子沿村卫生室乡村医生
宋楠楠　沈阳市人力资源和社会保障局社保基金监督处主任科员
杜润东　康平县农业服务与行政执法中心副主任、工会主席
马　强　中共沈阳市委政法委员会综治督导处主任科员
吴　尧　沈阳市人力资源和社会保障局法规处主任科员
彭　晶　（女）中共沈阳市直属机关工作委员会中省直企业一处主任科员
郎　杰　沈阳市人民检察院公诉二处主任科员
原春凤　（女）沈阳市机关事务管理局财务审计处处长
徐　东　沈阳市财政局行政政法处处长
侯雁翔　中共沈阳市委办公室综合一处处长
张君胜　中共沈阳市委宣传部宣讲处处长
张文晋　中共沈阳市委政策研究室改革指导处处长
王东涛　辽宁省沈阳市中级人民法院行政庭副庭长
王玉波　沈阳市农业农村局农产品质量安全处处长

柴国辉 沈阳市应急管理局综合处处长

张迎春 （女）沈阳市供销合作社联合社机关党委专职副书记

李力钢 沈阳市档案馆（沈阳市文史研究馆）电子档案部部长

高文峰 沈阳市总工会社会联络部部长

孙 凯 沈阳市科学技术局资配处主任科员

张立国 沈阳日报社经营管理办公室副主任

吕志明 沈阳市民政事务服务与行政执法中心所属殡葬服务中心业务科科长

关学军 沈阳市公安局技术侦察支队副支队长

付德权 沈阳市公安局皇姑分局治安大队副大队长

张登林 沈阳市公安局和平分局中华派出所副所长

王显光 沈阳公安局禁毒警察支队缉毒二大队大队长

关 强 沈阳公安局维稳支队综合科科长

王丹丹 （女）沈阳市司法局机关及直属单位党委主任科员

谢子夫 沈阳市城市管理综合行政执法局指挥调度处主任科员

孙 雨 沈阳迩湾餐饮管理有限公司K11餐厅领班

王兴国 沈阳市立杰食品有限公司机修部部长

郭 涛 沈阳鼓风机集团股份有限公司工会委员会文体干事 （市总工会）

【沈阳市“最美家庭”标兵户10户】 王璇家庭（危难请缨忠诚担当之家）；江菲家庭（热诚公益爱心奉献之家）；刘文鑫家庭（甘守孤寂爱岗守责之家）；孙志亮家庭（书香育人孝悌栋梁之家）；杜鑫家庭（贤良相依忠诚建功之家）；张艳华家庭（相濡以沫书写希望之家）；赵天杨家庭（盛京工匠精心至诚之家）；贾成武家庭（ 医者仁心扶贫助学之家）；梁忠阳家庭（不畏磨难自强不息之家）；寇祖轲家庭（艰苦创业回馈民生之家）

【2019年度第一批“最美沈阳人”个人23人】

陆国斌 鲁迅美术学院美术史论系教授

陈广生 原沈阳军区政治部文艺创作组创作员

杨晓桐 沈阳盛京满绣文化艺术产业发展有限公司经理

李芳芳 沈阳市和平区八经街道延安里社区党委副书记

李欣蔓 沈阳市第二十中学学生会社团部副部长、班级团支书

郝 赫 沈阳市曲艺家协会名誉主席

鲁振伟 沈阳市公安局沈河分局山东庙派出所社区中队中队长

张 宏 沈阳市铁西区长滩镇三合村第一书记

赵玉玲 沈阳中环洁城市环境有限公司霁虹功能区非物业队队长

刘 洋 沈阳市皇姑区明廉街道办事处城管科科长

左文举 沈阳市浑南区白塔街道廊桥社区居民

孟 辉 沈阳市于洪区京环环境服务有限公司城东湖作业中心工人

董 皓 沈阳市沈北新区新城子街道新兴社区居民

马 政 沈阳市沈北新区道义街道柳岸社区居民

韩 成 沈阳市公安局苏家屯分局姚千派出所所长

王万忠 沈阳市苏家屯区解放街道苏北社区居民

刘 伟 沈阳市辽中区城郊镇卡北村党支部书记

郭连杰 沈阳市辽中区养士堡镇白家岗村村民

张 静 新民市市场监督管理局行政审批科科长

石 光 新民市高级中学教师

乔成贵 法库县四家子蒙古族乡李祥堡村主任

赵 龙 康平县东升满族蒙古族乡东升村党总支部书记

高国武 康平县康平镇朝阳社区居民

【2019年度第二批“最美沈阳人”个人47人】

苏文博 沈阳无距科技有限公司总经理

曲道奎 沈阳新松机器人自动化股份公司总经理

石 岩 辽宁中医药大学校长兼党委副书记

籍 平 沈阳市现代农业研发服务中心科技成果转化部部长

孙 晓 沈阳市妇婴医院院长兼党委副书记

刘 奇 沈阳普祺集团董事长

孙长江 北京大成（沈阳）律师事务所主任、沈阳市律师协会会长

张 涛 华晨宝马汽车有限公司大东工厂厂长

郑东红 沈阳城市学院绿岛舆情研究所所长

曹　明　沈阳市新联会副会长、沈阳籍美术家
姜云鹭　辽宁云创企业管理咨询有限公司董事长
潘若痴　中国航发沈阳发动机研究所研究员
郭向斌　沈阳市政集团有限公司项目经理
盖立亚　沈阳机床（集团）有限责任公司i5T5产品线经理
解宏图　中国科学院沈阳应用生态研究所副研究员
唐臣升　沈阳飞机工业（集团）有限公司技术员
赵传胜　中国医科大学附属第一医院卒中中心副主任
祝普强　中国科学院沈阳自动化研究所副研究员
张春海　沈阳鹿鸣春集团董事长、沈阳市烹饪协会会长
孙义全　沈阳孙义全文化艺术传播有限公司董事长
关维颖　沈阳市沈北新区蒲河满族学校教师、沈阳关氏皮影传承人
程茂友　辽宁省军区原参谋长
王洪鹏　沈阳鼎鼎书法艺术教育教师
王建华　沈阳交响乐团团长
孙　雷　辽宁省合唱协会理事长
刘　浩　沈阳市公安局浑南分局高坎派出所所长
张先伟　沈阳市浑南区高坎街道大夫社区党支部书记
刘声伟　沈阳市公安局交通警察局特勤处民警
徐宏帅　沈阳市公安局特警支队一大队三中队一级警员
李化东　沈阳市森林公安局副处长
杜　江　沈阳市出租汽车行业雷锋车队、龙腾车队队长
彭春晖　沈阳急救中心苏家屯分中心站长
曹　辉　沈阳市应急管理局总工程师
张红军　沈阳市应急管理局火灾防治管理处负责人
张嵩岳　沈阳市消防救援支队司令部工程师
吴　昊　沈阳市消防救援支队战训科消防员
杨文亮　沈阳市消防救援支队于洪中队政治指导员
王小兵　沈阳市城市管理综合行政执法局建设市场指导处处长
任嵩立　沈阳市城市管理综合行政执法局环境卫生管理处监察科科长
梁　红　沈阳市气象局气象台台长
杨春辉　沈阳广播电视台新闻频道记者
王永吉　沈阳森林动物园安保部副部长
何颖威　中国移动通信集团辽宁有限公司浑南分公司网建部主任
安延峰　中国联通沈阳分公司浑南综合维护单元负责人
王守威　中国电信沈阳分公司网运部应急通信保障中心技术员
秦　萱　沈阳市公安局指挥中心调度处指挥一室接警员
李　璐　沈阳市沈河区少年宫声乐教师

【2019年度第三批“最美沈阳人”个人5人】

王金福　沈阳市“王公正”调解室主任
王洪伟　沈阳市苏家屯区市场监督管理局临湖市场监管理所主任科员
卜庆平　中国移动辽宁有限公司沈阳分公司退休职工
张萌萌　沈阳市公安局皇姑分局北部经济区派出所户口专勤民警
慈　祥　沈阳市和平区慈祥助残服务中心负责人

【2018年沈阳市技术大王25人】

人民警察综合能力　徐海龙
理财规划师　姜伊琼
数控机床加工中心操作工　路会仁
机修钳工　于　洋
数控机床装调维修工　贺　亮
焊　工　孙文浩
钳　工　杨国心
模具工　王培伟
火电厂集控运行工　孙常勇
燃气具安装维修工　石宝明
燃气储运工（巡线）　刘铁阳
电梯维修保养工　刘　钢
CAD制图　段全成
工会财务工作者　李卫云
环卫工（特种车司机驾驶员）　杨德国
轨道车辆驾驶员　邹　超
网络安全员　曹　伟
抄表核算收费员　黎诗文
高校教师基本功（文）　丁　宁
高校教师基本功（理）　李　星
高校教师基本功（工）　杨中华
高校教师基本功（思政）　苏　里
汽车装饰与美容　蒋本胜
美容师　刘　萌
美发师　杨　拓

【2018年沈阳市重点工程劳动竞赛先进个人18人】

刘　斌　沈阳鼓风机集团股份有限公司研究院设计员
史本明　沈阳中海兴业房地产开

发有限公司项目总监
藤天圣　河北建设集团股份有限公司项目经理
吴长城　沈阳品晶建筑安装工程有限公司生产经理
丁秀梅　（女）沈阳博奥医学检验所有限公司财务主管
郭年利　沈阳港华装饰股份有限公司项目总经理
董风华　中国建筑五局东北公司京东·亚洲一号沈阳于洪物流园项目（一期）执行经理
吴　宇　（女）沈阳鑫盛建筑工程有限公司施工安全员
李　军　中国建筑第八工程局有限公司沈阳信基·红星家具建材博览中心项目部项目总工工会主席
周志鹏　沈阳光谷联合发展有限公司高级招商经理
金　鑫　沈阳鼓风机集团股份有限公司设计院设计员
杜志伟　沈阳市市政建设项目服务中心高级工程师
李泽鹏　中铁上海局沈阳中央大街跨浑河桥项目经理部项目经理
费琳娜　（女）沈阳燃气集团有限公司工程管理部副经理
黄银彬　中铁二局集团有限公司沈阳地铁10号线（丁香公园-张纱布）轨道工程施工项目经理部项目经理
李本鑫　沈阳市城市公用事业发展中心物业管理服务部主任科员
董　平　国电东北环保产业集团有限公司仙女河污水处理厂分厂厂长
孙略伦　沈阳市发展和改革委员会重点项目管理处副处长

【2018年沈阳市服务型劳动竞赛先进个人20人】

卢宏伟　沈阳安运公共交通有限公司151线路驾驶员
董玉峰　和平区应急管理事务中心科长
赵德刚　沈阳和佳道桥工程有限公司工会主席
王　玲　（女）铁西区教育局人事科科长
朱晓红　（女）沈阳市皇姑区人民政府信访局科长
杨　凯　大东区职工文体活动中心主任
郑立敏　（女）沈阳于洪大商新玛特购物休闲广场有限公司驻店总经理
张黎娜　（女）苏家屯区社会福利院副院长兼工会主席
高　原　（女）沈阳市朝阳一校沈北分校校长
王　刚　新民市人民医院医务科科长
吴　英　（女）新民市综合事务服务中心科室负责人
张　颖　（女）法库县市场监督管理局副局长
徐艳秋　（女）康平县住房和城乡建设局科长
于心卉　（女）中国移动通信集团辽宁有限公司沈阳分公司市场经营部副经理兼数字家庭业务中心副经理
王靖茹　（女）盛京银行股份有限公司财富管理部经理
杨正君　（女）沈阳职业技术学院图书馆馆长
王　义　沈阳城市公用事业发展中心供热事业发展部副部长
战佳斌　沈阳市公安局网络安全保卫支队政治处主任
曲维宇　沈阳市市场监管局小微企业发展促进处副处长
梁　武　沈阳市信访局协调指导督查三处调研员

【2018年沈阳市创新创优劳动竞赛先进个人20人】

王春岩　中国航发沈阳黎明航空发动机有限责任公司数控车工
周冠辰　沈阳圣野蜂王浆有限公司生产组组长
潘春龙　中建铁投集团东北公司沈阳宝能项目技术总工
高妮娜　（女）皇姑区泰山路小学教师
樊洪瑞　阿诺德紧固件（沈阳）有限公司维修技师
齐　欣　沈阳无距科技有限公司飞管部部长
王　超　华晨汽车集团控股有限公司职员
刘国亮　华安钢宝利高新汽车板加工（沈阳）有限公司维修工程师
陈晓明　沈阳今麦郎面品有限公司经管局组长
田　娇　国网沈阳市辽中区供电公司运维检修部主任
高鹤偊　沈阳市新民福源食品有限公司设备管理员
张　伟　辽宁凌勃防腐工程科技有限公司销售部长
聂　茸　（女）沈阳市中医院主管护师
王　亮　中建五局东北公司项目经理
韩泽宇　沈阳市公安局于洪分局政治处民警

侯丽辉　（女）中国建设银行沈阳铁西支行公司部总经理
李君哲　中国航空工业集团有限公司沈阳飞机设计研究所型号副总师
刘　斌　沈阳市肛肠医院肛门病科主任
刘　妍　（女）沈阳优尼斯智能装备有限公司研发平台负责人
白　晗　国网沈阳供电公司电缆运检室电缆运检二班班长

【2018年沈阳市安全生产劳动竞赛先进个人5人】

孙敬作　沈阳沈法燃气有限公司抢修员
韩　成　辽中区人力资源服务与行政执法中心副主任
马　亮　华晨雷诺金杯汽车有限公司副主席
李　猛　辽宁大唐国际新能源有限公司法库区域前期项目部经理
王旭成　中国建设银行皇姑支行安保部总经理

【2018年沈阳市班组劳动竞赛先进个人5人】

蒋治国　沈阳中辰钢结构工程有限公司焊工班班长
常海军　航空工业沈阳飞机工业（集团）有限公司复合材料中心班组长
肖大勇　沈阳出版社精品项目研发组组长
苏占伟　中铁九局集团第四工程有限公司沈阳地铁项目经理部工班长
李子强　红塔辽宁烟草有限责任公司沈阳卷烟厂维修班班长

【2019年度“沈阳市玫瑰奖”外国专家15人】

华晨宝马汽车有限公司
　沈翰宁（德）
米其林沈阳轮胎有限公司
　陈多福（法）
辽宁省农业科学院
　苏伯鲁诺夫（俄）
东北大学　阿里·卡马里（英）
沈阳师范大学
　艾哈迈德（埃及）
沈阳理工大学　佩尔留克（俄）
沈阳大学
　托马斯·杰西卡（美，女）
中国科学院　洪承镐（韩）
沈阳航天三菱汽车有限公司
　上寺满志（日）
沈阳拓荆科技有限公司
　吴　飚（美）
沈阳美加生物技术有限公司
　贾世哲（美）
沈阳金杯安道拓有限公司
　如迪格·凯瑟（德）
沈阳眼产业技术研究院有限公司
　魏继业（美）
沈阳华铁异型材有限公司
　徐家钜（美）
华晨汽车集团控股有限公司
　郭祥麟（美）

【沈阳市成功创建国家卫生城市暨取得创建国家食品安全示范城市阶段性成果突出贡献奖234人】　陈纳新　牛大卫　苑轻骑
刘　辉　张黎明　陈晓明　张　涛
季　斌　张　音　孙　萌　王　心
冯全武　朱向雷　李慧竹　李　晶
石　飞　于　波　关　英　秦美玲
单学智　孔德林　王　瑶　初　男
张万鹏　李　见　田　鑫　徐永波
魏启华　赵　策　高晓骞　周　坤
刘　革　张馨之　沈　丹　孔　舰
郭　瑞　王佳楠　林　宏　贾雯朵
李崇仁　李　祎　廖文予　杨　朔
赵正中　赵　玥　白利国　董　强
王树东　但文彬　陈　宇　王　军
包丽华　周加猛　吴宝光　张更元
王玉波　王　嵩　张敏慧　杨虹莹
张延军　徐　阳　王友军　崔乐文
徐　江　李　勤　亚云珠　张守平
沈　楠　侯　庆　刘晓妍　徐世红
张峻岭　曹丽萍　刘　郁　王　越
谷　野　蔺　佳　许　朋　耿凤林
张一兵　李武祎　郑亚军　于文芳
曲海彤　凌人贵　张卫民　许春民
于　滨　庄丙研　高　峰　席小兵
唐家武　王　勇　杜学智　敖　源
王　威　李国松　刘辰笑　刘　丹
刘　明　张继红　侯佳音　樊　华
常　城　李宏阳　周明辉　张　寅
周红霞　朱　波　王海燕　李　巍
邵振军　王英镝　宋威明　任　忠
任连军　王　洋　马浏春　徐　晶
张明伟　张　智　赵旭生　迟　钢
张洪利　张宏伟　程建勋　孙弋戈
杨敏杰　吴　迪　付海浜　候福臣
曹德鑫　马晓齐　李立秋　黄　爽
王　霞　宗　宇　张　平　黄　弢
周胜兵　杨　光　陈　倩　李　红
李　刚　武　阳　郭　实　周宇红
黄宝旭　林永中　郭英勃　范金枝
陈百鸣　徐　舟　张文俊　刘　洋
刘占清　汪　镝　刘书文　赵　伟
王　洋　唐　川　韩永明　王恩旭
赵云婷　韩凤英　王凤华　陈艳坤
景　莉　刘长青　陈春梅　张　薇
杨春成　金　勇　丁雅恒　戴红霞
孔　皓　沈世勇　陈　燕　赵明轩
曾祥宇　代国林　杨兆丽　董晓辉
马　强　魏　宇　王长春　丛云波
肖维峰　王　强　丁旭东　钟　实
敬　宇　唐文涛　詹鸿涛　王　曾
刘宏伟　叶　琼　申　莹　马　晔
刘丹阳　翟允凯　肖　军　郑　毅
张　良　赵俊鹏　马洪波　岳小光

万泰忠　马海涛　胡　帅　金立勇
赵　建　王艳萍　刘艳红　鲁大章
李　熠　刘同新　龙天成　王文忠
常林海　郭俊峰　宋丽红　山绍华
张　丽　杨树林　孙　莹　张　颖
刘　伟　刘谋兴　齐凤伟　邱月爽
宁甲焘　满海红　沈洪亮

【沈阳市"百优"社区工作者】

张明伟　八经街道和平新村社区
孙　亮　集贤街道建科社区
吕　岩　太原街街道正大社区
尹　杰　北市场街道民富社区
李　尊　浑河站西街道九洲社区
吴　丹　南湖街道新世界花园社区
赵　洪　长白街道万科城社区
宋艳鑫　沈水湾街道中海社区
邵　琰　浑河湾街道河北社区
张　超　马路湾街道振兴社区
王　娟　五里河街道文翠社区
张颖智　大西街道志新社区
陈建国　大南街道红巾社区
苏伶俐　山东庙街道三八南社区
洪喜荣　南塔街道南塔社区
马静云　皇城街道翠生社区
方　丽　万莲街道泉富社区
田海燕　丰乐街道溪林社区
曹红娜　新北站街道山东堡社区
郑　秀　风雨坛街道永环社区
李　丽　朱剪炉街道宝石社区
石玉玲　滨河街道永顺社区
李佳华　东陵街道双安社区
徐　颖　马官桥街道农科院社区
高玉娟　泉园街道方家栏社区
那　娜　雾虹街道云峰北社区
李亚萍　雾虹街道新湖社区
张　冰　七路街道育工社区
赵晓莹　重工街道南七社区
石莉红　工人村街道壮工社区
王　彦　工人村街道新利社区
张继先　笃工街道光明新村社区
黄　敏　兴顺街道高楼社区
王宏大　保工街道长春社区
何　鑫　昆明湖街道洪湖社区
董　鸥　西三环街道宁新社区
商婉丽　艳粉街道艳华社区
夏艳红　艳粉街道艳粉街社区
孙迎春　艳粉街道光学社区
徐　涛　启工街道启迪社区
齐　英　兴华街道体育场社区
张春艳　贵和街道贵和社区
刘　巍　明廉街道寿山社区
关忠柏　舍利塔街道延河社区
王晓贤　塔湾街道怒江社区
黄　伟　华山街道华城社区
刘旭青　黄河街道庐山社区
杨美艳　辽河街道晨报社区
王莉红　新乐街道新南社区
王　丽　新乐街道辽大北社区
王　晖　三台子街道牡丹社区
陈　丹　北塔街道金山社区
章竹梅　陵东街道居易青年城社区
赵　宇　鸭绿江街道文官社区
潘　丹　四台子街道中航社区
赵金玲　小东街道华茂社区
朱　帅　万泉街道魁星社区
李　玲　长安街道东胜社区
范　琳　东塔街道善邻社区
陈宝丰　津桥街道五月社区
赵桂湘　大北街道北苑社区
赵永梅　北海街道铂悦社区
闫　华　洮昌街道北海社区
孙　宁　东站街道顺景社区
孙丽颖　上园街道浅草社区
苗　旭　文官街道和平社区
郑　欣　二台子街道前进社区
杨锦翎　前进街道东榆社区
杨　迎　五三街道优品天地社区
时淮龙　五三街道河畔新城社区
曹　阳　浑河站东街道彩霞社区
王君武　白塔街道府城社区
李潇涵　白塔街道新塔社区
王注红　满堂街道前陵社区
吴婷婷　高坎街道奥园社区
万　宁　迎宾路街道湖畔社区
陈玉红　迎宾路街道迎宾花园社区
刘　倩　迎宾路街道渤海路社区
马玉红　城东湖街道宏城社区
王敬伟　南阳湖街道恒大社区
金正洙　于洪街道世代社区
李　骞　陵西街道友谊社区
邓　颖　陵西街道凤凰社区
郭淑娟　北陵街道上林湾社区
郭　淼　北陵街道湖畔新城社区
周殿贺　沈北街道福宁社区
梁德宝　虎石台街道团结社区
纪　丹　道义街道进步社区
王春平　辉山街道人和社区
王　奇　清泉街道二井社区
张　新　湖西街道金宝花园社区
李　姝　解放街道站前社区
路炜玮　中兴街道铜兴社区
张卓娇　陈相街道铁西社区
李　坤　红菱街道铁北社区
韩苗苗　蒲西街道新光社区
王洪艳　辽滨街道东南社区
邢　浩　西城街道太平社区
杨　丹　吉祥街道正阳社区
穆伟锋　胜利街道贺炯社区

（志　闻）

逝世人物

【张毓茂】（1935.6—2019.2.3），辽宁盖州人。1955—1960年，北京大学中文系汉语言文学专业学习。1960—1963年，任中国科学院哲学社会科学部拉丁美洲研究所实习研究员。1963—1969年，任中央对外联络部1104研究所实习研究员。1969—1973年，河南省沈丘县中央对外联络部“五七”干校劳动。1973—

1989年，历任辽宁大学中文系现代文学教研室讲师、副主任、副教授、主任、教授。1989年后，历任辽宁省沈阳市副市长，辽宁省政协副主席，民盟中央副主席。

【张嗣瀛】（1925.4—2019.10.4），山东省章县人。1948年武汉大学机械系毕业。1950年加入中国共产党。1957—1959年，在苏联莫斯科大学数学力学系进修。历任东北工学院教授、工程力学系主任、自动化研究所所长、博士生导师。

张嗣瀛是控制理论学家，长期从事运动稳定性和最优控制及微分对策理论的研究工作，在控制理论与应用，特别是微分对策、主从对策方面作出杰出的贡献。留苏期间，致力于“运动稳定性”理论及“最优控制”理论的研究，所完成的7篇学术论文，发表在苏联科学院《应用数学与力学》《自动学与运动学》学报上。回国后继续这两方面的研究。1964年前，又有6篇论文发表在《自动化学报》和《力学学报》上。在钱学森、宋健合著的《工程控制论》（1981年版）中，曾索引他的8篇论文。

1974—1976年，参加“红箭—73型”反坦克导弹的研制工作，提出一种解除交叉耦合的方法，解决技术难点，提高导弹的命中精度。1977年，他被辽宁省科学大会授予先进科技工作者奖。1978年全国科学大会上，他被授予“在科学技术工作中作出重大贡献的先进工作者”称号；同年被评为全国冶金工业先进科技工作者、冶金部劳动模范。

20世纪70至80年代，主要从事“微分对策”“主从对策”的研究。1986年，他主持创办自动化学科领域的综合性学术刊物《控制与决策》，并出任主编。关于“微分对策及定性极值原理的研究”的一组论文，获1987年国家自然科学三等奖及国家教委科技进步一等奖。1987年，他还被批准为沈阳市有突出贡献的科技人员。

他在国内一级学报、国外学报及国际学术会议发表论文60余篇。著有《微分对策》一书（1987年，科学技术出版社），这是国内第一本关于微分对策的专著。他兼任国务院学位委员会第二届学科评议组成员，国家自然科学基金委员会第二届学科评审组成员,《中国大百科全书·自动控制与系统工程》卷编委兼《控制理论分支》主编，中国自动化学会常务理事，辽宁省自动化学会副理事长等职。1986年，在国际自控联（IFAC）“建模、决策、对策及其在社会现象中的应用”国际学术会议上，担任国家组委会（NOC）主席。1989年，在他的倡导下，首届中国的“控制与决策”学术年会召开，此后每年定期举行一次。1997年11月当选中国科学院院士。1998年4月，获全国五一劳动奖章。1999年，创立青岛大学复杂性科学研究所并担任所长。2005年，与他人创办《复杂系统与复杂性科学》并担任主编。

【王景新】（1928.4—2019.10.26），辽宁营口人。1945年12月参加革命工作，1946年2月加入中国共产党。在黑龙江鹤岗市任区政府干事、科员，公安局秘书。1948年11月，随军参加解放沈阳、接收旧警察局工作，任市公安局一、二处科员，科长，处长。1977年12月，任辽宁省公安厅内保处长。1980年3月，任沈阳市公安局副局长、党组副书记。1983年5月，兼任武警辽宁省总队沈阳支队政委，同年8月任市公安局党组书记，局长。1988年1月，任市人大常委会副主任。1993年12月离休，离休后曾任市法学会会长。（志 闻）

三十六、先进集体

国家级先进集体

【全国地方志工作先进集体1个】 中共沈阳市委党史研究室（沈阳市人民政府地方志办公室）

【全国教育系统先进集体1个】 沈阳市旅游学校

【全国档案系统先进集体1个】 苏家屯区档案馆

【全国机械工业先进集体2个】 沈鼓集团长输管道压缩机组国产化重大专项项目组；沈阳宏远电磁线有限公司换位导线车间

【中国老科学技术工作者协会30周年先进集体奖1个】 沈阳市老科学技术工作者协会

【全国民族团结进步模范集体推荐名单2个】 中共辽宁省沈阳市和平区委统战部；辽宁省沈阳市沈河区马官桥街道福陵社区居民委员会

【全国市场监管系统先进集体1个】 沈阳市市场监督管理局应急处置与预警处

【人民法院刑事案件认罪认罚从宽制度试点工作先进集体1个】 法库县人民法院刑事审判庭

【全国巾帼文明岗1个】 沈阳市妇幼保健院产科

【2018年度全国五四红旗团委1个】 沈阳音乐学院团委

【2019年全国科普日活动优秀组织单位1个】 沈阳市科学技术协会 （志 闻）

【全国退役军人工作模范单位1个】 市抗美援朝烈士陵园管理中心 （市退役军人事务局）

【全国个私协会系统先进单位1个】 沈阳市私营企业协会

【2019年度改善医疗服务先进典型示范奖1个】 沈阳急救中心

【“全国模范劳动关系和谐企业”1户】 华晨汽车集团控股有限公司 （志 闻）

省级先进集体

【辽宁五一劳动奖状6个】 沈阳豪玛网络科技有限公司；沈阳拓荆科技有限公司；瑞华会计师事务所（特殊普通合伙）辽宁分所；沈阳市政集团有限公司；中国邮政储蓄银行股份有限公司沈阳市分行；沈阳市公安局和平分局。 （市总工会）

市级先进集体

【沈阳五一劳动奖状23个】 沈阳市公安局监管支队；中国建设银行股份有限公司沈阳中山支行；中国医科大学法医司法鉴定中心；沈阳市第二中学；沈阳沈法燃气有限公司；沈阳五环体育产业开发有限责任公司；沈阳市沈河区大西街道办事处；

国家税务总局沈阳市沈河区税务局；沈阳品品厨房食品加工配送有限公司；米其林沈阳轮胎有限公司；沈阳市皇姑区营商环境建设局；沈阳市皇姑区明廉街道办事处；国家税务总局沈阳市大东区税务局；沈阳亨通光通信有限公司；沈阳市浑南区白塔街道办事处；沈阳欣泰隆机械制造有限公司；沈阳市苏家屯区财政事务服务中心；沈阳市沈北新区城市管理局；沈阳盛纳机械制造有限公司；新民市财政局；法库县住房和城乡建设局；康平县胜利街道办事处；《人生十六七》杂志社

【沈阳工人先锋号50个】 沈阳鼓风机集团股份有限公司国际事业部；沈阳航天新光集团有限公司先进成型车间数控班；中国航发沈阳黎明航空发动机有限责任公司发动机装配厂部件工段附件机匣班；航空工业沈阳飞机工业（集团）有限公司标准件中心；中国联合网络通信有限公司沈阳市分公司实体渠道中心；辽沈工业集团有限公司第一机械厂D08车间精加一班；中车沈阳机车车辆有限公司新造分厂底架转胎班；沈阳机床股份有限公司沈一车床厂设备保障部机修工段；华晨宝马汽车有限公司大东工厂涂装车间；沈阳同联集团沈阳抗生素厂103车间包装班组；特变电工沈阳变压器集团有限公司国际贸易成套分公司；华晨汽车工程研究院白车身试制组；沈阳市金融护卫保安服务有限公司招商银行沈阳分行中队；中国邮政储蓄银行股份有限公司沈阳市分行辽中区支行；中国农业银行股份有限公司沈阳沈河支行北京街支行；盛京银行股份有限公司理财业务部；盛京银行股份有限公司沈阳分行景星支行营业室；中国建设银行股份有限公司辽宁省分行普惠金融事业部；沈阳航空航天大学马克思主义学院；中国医科大学附属第一医院心血管内科；沈阳职业技术学院中德学院；沈阳市红十字会医院泌尿外一科；沈阳建筑大学天作建筑团队；沈阳燃气集团有限公司铁西营业分公司；沈阳地铁集团有限公司运营分公司站务2中心沈阳北站中心站沈阳北站站；沈阳天地建设发展有限公司工程项目经理部；沈阳经纬客运有限公司公交车队；沈阳安运巴士有限公司162线路；沈阳市和平区人民检察院侦查监督科；沈阳市和平区人民法院立案二庭；沈阳市和平区税务局第一税务所；沈阳市公安局沈河分局万莲派出所；沈阳市沈河区丰乐街道溪林社区委员会；国家税务总局沈阳经济技术开发区税务局收入核算科；国家税务总局沈阳市铁西区税务局第一税务所；辽宁中深物流有限公司运输车队；国家税务总局沈阳市皇姑区税务局第一税务所；沈阳市皇姑北部功能区管理委员会征收科；大东区财政局预算科；沈阳市浑南区财政局预算科；沈阳无距科技有限公司技术研发班组；沈阳波音饲料有限公司企业技术中心；上海汽车地毯总厂（沈阳）科技有限公司F35产线；辽宁太阳能研究应用有限公司工程部建昌光伏扶贫项目部；国家税务总局沈阳市辽中区税务局征收管理科；玖龙纸业（沈阳）有限公司生产设备部生产车间；法库县公安局反恐特巡维稳大队；沈阳时代塑编包装有限公司缝纫车间；沈阳市公安局刑事侦查局技术一处；沈阳市公安局大东分局洮昌派出所

（市总工会）

【沈阳市成功创建国家卫生城市暨取得创建国家食品安全示范城市阶段性成果突出贡献单位90个】 市纪委监委；市委办公室；市委组织部；市委宣传部；市委统战部；市委政法委；市人大机关；市政府办公室；市政协机关；市教育局；市公安局；市生态环境局；市房产局；市城乡建设局；市交通运输局；市农业农村局；市卫生健康委；市市场监管局；市体育局；市城市管理行政执法局；沈阳广播电视台；沈阳日报社；和平区；沈河区；铁西区；大东区；浑南区；法库县；省委办公厅；省政府办公厅；省爱卫办；省食安办；沈阳警备区；沈阳桃仙国际机场股份有限公司；中国铁路沈阳局集团有限公司；市纪委监委派驻第二十二纪检监察组；市委督查室；市委组织部办公室；市委宣传部新闻处；市委政法委基层社会治理处；市委教科工委；市人大环境与资源保护城乡建设委员会城乡建设监督处；市政府督查室；市政协委员工作委员会；市公安局交通警察支队；市生态环境局水生态环境处；市城市公用事业发展中心；市城乡建设局工程质量安全监管处；市交通运输事务服务与行政执法中心；市水务事务服务与行政执法中心；市商务局生产资料流通处；沈阳电影有限公司；市爱卫办；辽宁中城物业管理有限公司；市市场监管局创卫指挥部办公室；市体育

局群众体育处；市城市管理行政执法局指挥调度处；市老虎冲垃圾处理有限责任公司；沈阳日报科教事业部；市接待办国宾车队；沈阳广播电视台总编室；和平区卫生健康局；和平区市场监管局；和平区城市建设综合执法中心；沈河区市场监管局；沈河区城市管理局；沈河区皇城街道办事处；铁西区创卫办；铁西区卫生健康局；铁西区市场监管局；皇姑区房产局；皇姑区市场监管局；皇姑区城市管理局；大东区市场监管局；大东区城市管理行政执法局；大东区前进街道办事处；浑南区卫生健康局；浑南区市场监管局；浑南区城市管理行政执法局；于洪区市场监管局；于洪区迎宾路街道办事处；于洪区北陵街道办事处；沈北新区市场监管局；沈北新区虎石台街道办事处；苏家屯区市场监管局；苏家屯区城市管理局；辽中区市场监管局；辽中区城乡建设事务服务中心环卫处；市创卫办；市创食安办

【2019年度第一批“最美沈阳人”集体2个】 沈阳市皇姑区明廉街道赤水社区志愿服务队（张玉芳等83人）；沈阳市浑南区五三街道慧缘社区联合工会志愿者服务队（张玮等130人）

【2019年度第二批“最美沈阳人”集体12个】 沈阳市沈北新区马刚街道办事处；沈阳市公安局警务航空支队；万佳宜康·沈阳市养老服务中心；沈阳市森林公安局；沈阳四通汽车客运有限公司车队；沈阳天益巴士公司168车队；沈阳急救中心；沈阳市消防救援支队；沈阳市园林绿化管护与城市建设综合执法中心环境卫生保障部；沈阳市沈北新区兴隆台街道民兵应急排；国网沈阳市东陵区供电公司；“马路上的ICU”医务工作者救人集体

【2019年度第三批“最美沈阳人”集体1个】 沈阳广播电视台原创基地　　（市委宣传部）

【沈阳“百佳”社区】（和平区）南湖街道文安路社区；集贤街道太平里社区；西塔街道图们社区；新华街道丰泽社区；太原街街道民族社区；八经街道延安里社区；北市场街道大庆路社区；南市场街道八卦街社区；长白街道鹿特丹社区；浑河湾街道砂阳南社区；马路湾街道省委社区；（沈河区）丰乐街道溪林社区；新北站街道凯旋社区；五里河街道药大社区；大南街道多福社区；大西街道康壮社区；南塔街道富民社区；山东庙街道铝镁社区；风雨坛街道雨坛社区；马官桥街道福陵社区；万莲街道清泉社区；朱剪炉街道回民社区；滨河街道双路社区；（铁西区）凌空街道二小区社区；凌空街道爱心社区；西三环街道七号街社区；昆明湖街道三隆社区；兴顺街道嘉业社区；保工街道文化宫社区；笃工街道劳动里社区；工人村街道中海社区；工人村街道劳模社区；重工街道花苑社区；七路街道星光社区；翟家街道翟家新社区；启工街道启明社区；霁虹街道新湖社区；兴工街道九委社区；（皇姑区）明廉街道中海西社区；舍利塔街道太平社区；塔湾街道怒江社区；华山街道汇宝社区；黄河街道嘉陵江社区；辽河街道军区社区；辽河街道武功山社区；新乐街道北陵社区；三台子街道柳江社区；三台子街道桔蔷社区；北塔街道北塔花园社区；陵东街道居易青年城社区；鸭绿江街道万方社区；四台子街道溪湖社区；（大东区）二台子街道福安社区；上园街道浅草社区；东站街道龙湖社区；洮昌街道北海社区；北海街道铂悦社区；大北街道北苑社区；津桥街道荣乐社区；东塔街道久安社区；新东街道民贵社区；长安街道园中社区；万泉街道魁星社区；小东街道绍棠社区；（浑南区）五三街道嘉华社区；五三街道奉天九里社区；浑河站东街道首创国际社区；浑河站东街道浑河堡社区；白塔街道丽城社区；桃仙街道桃源社区；东湖街道文欣社区；营城子街道丽水新城社区；（于洪区）迎宾路街道珍珠社区；迎宾路街道丁香社区；迎宾路街道沈新路社区；城东湖街道阳光100社区；城东湖街道三隆社区；南阳湖街道恒大社区；大兴街道瑞金社区；陵西街道格林社区；陵西街道国奥社区；北陵街道宏达社区；北陵街道丹景山路社区；于洪街道红旗社区；（沈北新区）沈北街道新兴社区；虎石台街道古城新都社区；辉山街道森林里社区；（苏家屯区）湖西街道葵花社区；解放街道冬青社区；临湖街道孔雀城幸福社区；民主街道工人村社区；中兴街道恒大名都社区；林盛街道林盛社区；（辽中区）蒲西街道平安社区；蒲东街道蒲安社区；（新民市）辽滨街道东南社区；新柳街道铁北社区；东城街道烧锅社区；（法库县）吉祥街道正阳社区；（康平县）胜利街道含光社区　　（志　闻）

三十七、区县（市）

和平区

【概况】 和平区位于沈阳市中部，是沈阳市中心城区之一。东起青年大街沿线与沈河区相连，西至铁路沿线、沈大高速公路与铁西区相接，南至金桔路与苏家屯接壤，北至铁路沿线与皇姑区毗邻。2019年底，下辖浑河湾、新华、太原街、南湖、马路湾、南市场、北市场、长白、沈水湾、浑河站西10个街道，98个社区，10个村委会。区域面积59平方千米，户籍人口74.4万人。居住着汉、回、满、蒙古、朝鲜、锡伯等29个民族。区内驻有辽宁省委、省政府部门及北部战区联合指挥部等党政军机关，东北电业、邮电、铁路等枢纽企业，辽宁广播电视台、辽宁日报传媒集团等新闻机构，沈阳市煤气、自来水、联通等公用集团，美、俄、德、法、日、韩、朝7国驻沈阳总领事馆。有东北铁路指挥中枢、东北地区最大的铁路编组站沈阳站和通达全国各地的SK客运站，地铁一、二、九号线途径和平区，城市交通网络四通八达。和平区具有近百年的商业发展历史和文化积淀，商贸集聚功能十分突出，拥有东北首个创业创新大街三好街、全国著名商业街太原街、素有“北方不夜城”之称的西塔地区以及充满关东风情的北市地区，汇聚中兴商业大厦、欧亚联营、K11艺术购物中心、华润万象城、山姆会员店等知名商贸企业，以及皇朝万鑫酒店、华润君悦酒店、艾美酒店、丽都喜来登饭店、假日酒店等沈阳市主要的五星级和四星级酒店。和平区市场体系完善，有16个大型专业市场、10余条特色商业街、50余个贸易市场及近万个商业网点，构成全市最大的产品交易市场和购物区域，辐射2500余万人，直接影响着沈阳周边8座超百万人口的城市群及东北三省和内蒙古地区。和平区入选2019中国创新百强区。成功举办2019智见·沈阳产投大会，智见产业加速器进驻三好街。成功举办沈阳“一带一路”俄罗斯工业技术展览会，搭建中俄两国科技领域交流合作平台，有力助推沈阳建设东北亚科创中心。1户企业完成种子独角兽企业备案、2户企业完成瞪羚企业备案。沈阳盘古网络技术有限公司获评沈阳市民营企业“就业百强”“规模百强”。沈阳鑫博工业技术股份有限公司等3户企业获评沈阳市民营企业“科技创新百强”。小牛翻译与科大讯飞成功联合申报2022年冬奥会语言服务项目。华为全国首家VR云创新中心落户和平区。区政府驻十一纬路76号。

区域经济。2019年，和平区地区生产总值947.2亿元，增长5.9%；规模以上工业总产值51.9

亿元，下降10.3%；固定资产投资增长27.2%；社会消费品零售总额852.6亿元，增长10.6%；实际利用外资2.66亿美元，增长41.8%；一般公共预算收入91.1亿元，下降1.8%；一般公共预算支出56.2亿元，增长20.9%；城镇居民人均可支配收入52852元，增长6.5%。组建10个招商中心，采取顶层招商、资本招商、定向招商、以商招商等多种方式实施精准招商，大力推进融通地产（辽宁）公司、中建规划创意产业园、沈阳金融科技小镇、中油北方天然气总部等重点项目落地。截至年末，全区亿元以上项目签约119个，投资总额增长156.8%；落地104个，投资总额增长126.6%。建立“项目管家制度”，全区亿元以上重点项目82个，全部开复工。启动盘活红星国际广场等5个停缓建项目、协和广场等9座闲置楼宇。九州小西堡、污水管线等15个项目实现净地，领事馆东1号、南八马路64号等20个地块加快征收，南堤西路等6宗地块成功出让。239个事项实现最多跑一次，审批时限压缩93.6%，审批效能提高71.4%。新增市场主体15813户，个转企321户、小升规43户。化解金融类债务33亿元，清偿拖欠企业款项6.1亿元，完成年度计划120%。和平区位列全省最具外资吸引力县区第二名。拥有科技企业4838户、科研院所46个、省级以上重点实验室69个、工程技术研究中心35个，科技产业增加值占地区生产总值比重16%。成功举办“大众创业万众创新活动周”等活动200余场。新增新技术企业85户。市级以上众创空间孵化器25家，在孵企业651户，入驻团队265个，创客6814人。沈大自主创新示范区三年行动计划实施初见成效。通过基础设施改造、业态转型升级、交通环境整治、地下空间规划、闲置资源盘活、街区管理运营，太原街面貌焕然一新，成功列入“辽宁省试点步行街”。太原里正式运营，商业面积23万平方米，引进主力店铺85个，与周边商业资源逐步形成多点支撑的商业发展格局。万象城销售额在东北单体店中排名第一。培育壮大“新字号”。K11购物艺术中心作为文商旅高度融合商业项目满驻运营。新世界博览馆办展数量增长20.6%，参展人数增长56%，拉动周边餐饮和住宿业营业额平均增长13%。成功举办2019第五届花椒大会主论坛，进一步推动餐饮产业向品牌化、标准化、智慧化方向转型升级。制订《关于加快和平区夜间经济发展的实施方案》，推进业态调整优化，培育夜间经济活动品牌。金融机构加速集聚。金融市场体量与质量居东北区县前列，银行业货币存、贷款余额分别占全市60.9%、51.9%；金融业对全区地区生产总值、税收的贡献率分别为18.1%、21%。全区金融及金融服务机构达到1583家，率先在全市完成“7+4”类金融机构摸底排查。搭建多元化银（政）企对接平台，全年举办科技金融路演对接活动100余场，参与企业3000余户，帮助中小企业、创新创业型企业解决融资46.2亿元。同方科技金融广场正式运营，22家天使创投风投基金落户，募集资金205亿元。成功举办2019智见·沈阳产投大会，智见产业加速器进驻三好街，成为全国投资机构进驻东北的“前哨站”。国际科技交流合作得到加强。欧风街提升初具形象，改造后客流量增加1倍，成为沈城夜间经济地标。规划红色之旅“峥嵘岁月”、民俗之旅“溯源和平”两条文化旅游路线，中山路历史记忆、北市记忆和“一河两岸”城市新名片等文化旅游产业项目。北方文化新谷、玖伍文化城等成为文化与商贸、休闲、科技融合发展的成功案例。国家级文化和科技融合示范基地通过国家考核评价。三好里文创产业园初具规模。南八马路“盛京风情街”竣工并试营业。推出“悦和平”“品质和平”文商旅线上展示平台。国庆期间举办“国泰民安中国红”皇寺庙会，游客达百万人次。

城市建设与管理。“自助打照一体机”、企业登记“7+2”便捷工作模式作为典型案例上报国务院。西塔派出所获评全国首批枫桥式公安派出所。创新“互联网+”社会治理新模式，初步构建网格+党建、城市管理、综合治理、安全生产、交通管理、食药监管等“一核多元”的网格化社会治理新格局。长白污水干线工程竣工，实现长白、满融地区污水全部转输到沈阳南部污水处理厂。率先完成20吨以上小锅炉房拆除联网，治理烧烤类餐饮企业427户，整治“散乱污”企业54户。推进饮用水源地环境保护，完成20眼水源井整治。市抗霾攻坚第三方巡视问题1244件全部办结。完成28个“大棚房”整治，实现复耕。在全市农村人居环境整治行动第三方评估查访中排名第一。完成浑河左岸堤防工程和平段、砂之船电力线路排迁等10余项重大基础建设工程。推进浑河南岸滨水路西延长线、云龙湖桥接线路、万科翡翠滨江等项目配套工程、上河地区和中海和平之门周边基础设施建设。完成23个老旧小区改造提质，受益群众7727户。新建27座水洗公厕。加强静态交通管理，挖潜新增停车位1万余个。修复破损路面519处，维护街路3.1万平方米，拆除违法建筑1.8万平方米。发动志愿者20余万人次，累计清运垃圾5000余车，清除小招贴和乱涂乱画10万余处。重点街区栽摆花卉110万盆，举办9大特色花展。率先在全市启动厨余垃圾分类试点，完成13个示范片区、46个达标片区建设，运行环保屋59个，投放智能箱20个，注册绿色账户18.7万户，回收物累计669吨。

民生工作。受理省8890平台（原民心网）等渠道转派民生诉求案件32274件，按时办结率100%。城镇新增就业1.8万人，完成计划132%；城镇登记失业率低于3.5%。发放失业保险3954万元、低保金3013万元、人才新政住房补贴4272万元。新建15处区域性居家养老服务中心和34个社区养老服务站。开拓居家（社区）养老服务信息化平台线下服务站点。对350个老旧小区的楼门牌、单元门牌实施标准化维护。成功申报第四批全国社区治理和服务创新实验区。拥有创业孵化基地13个，入孵企业427户、团队87个，带动就业3000余人。有效解决汽配城回迁、小区扫保、供水供暖等民生问题，解疑房产办证6557套，回迁安置居民322户。

社会事业。举办“浑河之夏”文化艺术季、庆祝新中国成立70周年文艺汇演、“和平之声”童声合唱节、“和平杯”国际青少年足球邀请赛、全区职工运动会、东北亚马术文化节等大型活动。创新打造“和平High起来”体育文化品牌。举办“非遗青春攻略——古都非遗行”活动，促进北京、西安、沈阳三地文化交流。更新老旧小区室外健身器材500件。满洲省委旧址入选全国重点文物保护单位。“和平杯”国际青少年足球邀请赛申报国家级体育产业示范项目，成为沈阳标志性品牌赛事。启用中航城幼儿园、天河家园配套小学。改扩建17所中小学校操场。新加坡城西侧中学开工建设。在全省率先实施“三位一体”妇幼健康管理工作模式。13家社区卫生服务中心与辽宁中医药大学附属医院签订医联体协议，实现中医“医联体”全覆盖。改造金苗系统，全面实施儿童计划免疫全天预约服务模式。完成集贤社区卫生服务中心改造。3家社区中心被评为国家基层血管健康示范单位，2家社区中心被评为省国医堂，北市社区中心被评为国家社区卫生协会培训基地。加强教师队伍建设，严格落实教师职业行为“十项准则”，突出全方位、全过程师德培养。教育改革成果显著，中考总平均分连续21年全市领先，高考文理科自主招生达线率、本科达线率连续12年居市内五区区属高中首位。举办全省推进义务教育“减负提质”暨集团化办学模式改革现场会，全面推介和平区经验。《和平教育》杂志获“全国优秀教育内刊”奖。（邹月娟）

【中国首家街区雷锋学校正式启动】 3月1日，太原街地区雷锋学校正式启动。太原街地区雷锋学校由5部分组成：第一部分是雷锋日记长廊，共22篇雷锋日记，展现他22年的宝贵生命；第二部分是雷锋展馆，包括雷锋成长经历、沈阳印记、雷锋精神传承、雷锋足迹等内容；第三部分是雷锋精神讲习所，包含习近平总书记对基层党建、学习雷锋的要求；第四部分是雷锋书屋，主要以雷锋图书和党史文献为主；第五部分是居民生活服务所，以居民服务、健身、活动、娱乐为主。

【南京九校获评全国“学生营养与健康示范学校”】 5月，南京九校被中国营养健康学会、中国关心下一代工作委员会授予“学生营养与健康示范学校”的荣誉称号。每天中午，学校领导和教师都会到班级和学生们共同用餐，实行“全体陪餐制”。

【“皇寺庙会”入选沈阳市非遗项目名录】 6月，沈阳市政府批准确定并公布《沈阳市第八批市级非物质文化遗产代表性项目名录》，民俗项目“皇寺庙会”入选。

【参展第十八届中国国际制博会】 9月1—5日，由和平区工信局、区商务局和区市场监督局推荐的沈阳艾尔时代科技发展有限公司、辽宁海帝升机械有限公司、中农置粮科技股份有限公司等10户优秀企业参展第十八届中国国际装备制造业博览会。展品包括工业阀门、清洁机器等实体展品，也含有交易平台、大数据应用等多媒体技术类展品。和平区展区共300平方米，展位布置以产品（设备）实物为主，辅以模型、图片、看板以及LED屏幕和声光电技术。（志 闻）

和平区主要经济指标

表30

指标	单位	2019年	同比增幅（%）
地区生产总值	万元	9472309	5.9
第一产业	万元	953	-11.0
第二产业	万元	860336	-3.0
第三产业	万元	8611020	6.9
规模以上工业总产值	万元	519306	-10.3
规模以上工业增加值	万元	169597	-13.3
固定资产投资额			27.2
社会消费品零售总额	万元	8526266	10.6
实际利用外资	万美元	26571	41.8
一般公共预算收入	万元	910705	-1.8
一般公共预算支出	万元	561910	20.9
城镇居民人均可支配收入	元	52852	6.5
商品房销售面积	万平方米	71.0	-41.8

（和平区）

沈河区

【概况】 沈河区地处市中心，东到三环与浑南区为邻，南至浑河中心线与浑南区相连，西抵南、北三经街与和平区搭界，北迄长大线铁路中心线与大东区、皇姑区接壤。南北长6.9千米，东西宽13.6千米，位于北纬41° 44′ 58"至41° 58′ 45"，东经123° 24′ 54"至123° 34′ 18"之间。沈河区是沈阳市具有悠久历史的老城区，有2300多年的历史，素有“沈阳的胚胎”“一朝发祥地，两代帝王都”的美誉。区域面积60平方千米，户籍人口72万人，区内居住着汉、满、回、朝鲜等23个民族，下辖11个街道办事处、111个社区、14个村，拥有1个国家优化金融生态综合试验区——沈阳金融商贸开发区。沈阳北站坐落在区域内。距离沈阳桃仙国际机场13千米，交通非常便利。沈河区有世界文化遗产1处（沈阳故宫），国家级文物保护单位3处（沈阳故宫、张氏帅府博物馆、沈阳天主教堂），省级文物保护单位17处，市级文物保护单位21处，沈阳市不可移动文物20处。市级大型公共文化设施有沈阳市图书馆、辽宁大剧院、沈阳金融博物馆等。沈河区有首批全国十大著名商业街“中街”，为东北唯一的全国首批高品位步行街。沈河区民政局被评为辽宁省民政系统先进集体。沈河区马官桥街道福陵社区被国家民委授予全国民族团结进步模范集体称号。区政府驻盛京路25号。

区域经济。2019年，沈河区地区生产总值965.5亿元，增长2.5%；规模以上工业总产值36.3亿元，下降6.6%；固定资产投资增长12.5%；社会消费品零售总额1165.5亿元，增长9.2%；实际利用外资1.8亿美元，增长79.7%；一般公共预算收入79.3亿元，增长0.3%；一般公共预算支出52.5亿元，增长9.3%；城镇居民人均可支配收入52510元，增长6.0%。沈河区在2019年中国百强区综合排名第64位。完成第四次全国经济普查，新增“四上”（规模以上工业企业、资质等级建筑业企业、限额以上批零住餐企业、国家重点服务业企业）企业131户。完成“个转企”274户。项目招商攻坚成效显著，亿元以上签约项目109个，投资额超600亿元。82个亿元以上项目全部开复工，完成投资193亿元。23个京沈对口合作项目签约落地。启动27宗320万平方米土地整理，高东-1等5宗土地实现晾地。完成文化路北等3宗土地出让，总成交额47.69亿元。处置金廊22-1等2宗闲置土地。完成156户总计7000平方米棚户区改造。盘活楼宇存量面积35万平方米，包装策划6个特色楼宇集群，入驻率提高11%，注册率86%，实现楼宇税收14亿元。深入实施国资国企改革，整合52户区属国有企业，构建国有资本投资管理运营新模式。出台8个管理办法和1项清单制度，强化对四大国企集团全方位监管。完成厂办大集体改革和“僵尸”企业处置年度任务。营商环境水平不断提高，加快综合窗口分类受理改革，70.5%的政务服务事项实现一窗分类受理；推进线上“一网通办”，政务服务事项网上办率达92.3%；全面推广电子化审批，新增企业6766户，增长15.9%；开展“万人进万企”活动，助推民营经济发展，为企业解决各类问题320余件；南塔、原山东庙2个街道14个社区试点全市通办。开展营商环境专项整治，受理重点督办营商案件24件，办结率95.8%；对1017户重点税源企业开展包保服务，留住地方级税收1.13亿元；停滞28年的富丽华大厦等10个项目成功激活，新增投资超300亿元；偿还拖欠民营企业中小企业账款2.53亿元，超额完成年度还款任务。现代金融业支撑作用持续凸显，加快人力资源产业园建设，华夏外包服务等5户企业进驻，启用产业园面积8200平方米，养老保险入区库统筹超2亿元；沈阳综合金融服务平台和企业征信平台落户，东北首家消费金融公司盛银消费金融有限公司入驻，填补消费金融领域法人机构空白；新增市级以上金融机构10家、金融类机构23家、辽股交挂牌企业16户、上市后备企业库企业42户。金融业增加值占地区生产总值比重达24.3%，税收贡献率达32.9%，金融机构聚集度和贡献率处于东北地区首位。开展投资管理类公司专项整治，金融领域风险可控。文化旅游业融合发展速度加快，盛京皇城代表辽宁省入选国家5A级旅游景区创建名单；《盛京皇城城市设计方案》通过市规委会审议；召开盛京皇城保护利用说明会，开展首届盛京皇城文化旅游博览会等系列活动，打造盛京皇城不夜城；推进中街首批国家步行街改造提升试点，完成吉顺丝坊等8家历史风貌建筑立面修缮；对原肇新窑业公司办公楼旧址等8处重点文物和西北角楼等22处历史文化资源实施综合开发利用；中街年客流量在全国11个试点步行街中排名第4，品牌数量达1885个，年销售额超100亿元；打造3处文创特色楼宇，文化产业增加值占地区生产总值比重达9%。传统商贸业转型升级加速推进，引导潮牌、品牌在中街集聚，乔丹等82家品牌首发店、旗舰店落户中街。商业城等4家综合商厦实施升级改造；建立五爱集团、五联商业广场、南塔国际鞋城三大网络直播销售基地，成立五爱南塔商圈转型升级合作联盟，快手官方运营基地、辽宁直播创业联盟基地入驻；推进与敦煌网、速卖通共建的五爱跨境电商综合产业园区发展。五爱阿里国际商贸城上线运行，成为辽宁首个线上市场；支持建设新疆塔城丝路文化商品城，五爱市场哈萨克斯坦商品专区正式开业；推进五爱南塔传统商品市场内外贸结合转型发展，市场销售额580亿元。

城市建设与管理。组织实施长安桥北侧接线路工程等重要城建计划项目8项，参与落实城建计划41项。组织实施长安桥北侧接线路工程，全长699.36米，宽50米，总投资3500万元。有序推进小区配套路建设工程，先后完成建院巷、保利海上五月花西规划路、佳和新城22米规划路、越秀星汇云锦配套路、中金启城北规划路、其仕和悦西规划路6条小区配套路建设工作。组织实施区内道路整修工程，完成北一经街、十四纬路、天坛一街3条破损严重的道路整修工作，整修长度3500米，面积4万平方米，总投资1400万元。完成沈河区慢行系统改造项目，对文艺路、富民街、南塔街、大南街、小南街、南顺城路、十一纬路、大西路、热闹路、天后宫路、中山路、北顺城路、市府大路、奉天街14条道路进行路面铺装、绿篱种植、阻车柱安装等工程。推广社区治理经验。在沈阳市社区建设大会上做典型发言，介绍沈河区社区治理经验。以“夯实基础建设 整合各方资源 合力推进社区治理创新”为题，申请“2017—2018全国基层政权建设和社区治理创新经验”。以“推进社区治理与服务创新 创建沈河美好幸福新社区”为题，被辽宁省民政厅评为辽宁省城乡社区治理创新实验示范单位，并在全省培训会上做典型经验介绍。在第十五次全省民政工作会议上，辽宁省人社厅和辽宁省民政厅联合向沈河区民政局颁发辽宁省民政系统先进集体荣誉证书及奖牌（全市各区县民政局仅沈河一家）。创新社区服务模式。按照《沈河区关于开展创新社区运行和服务机制试点工作方案》要求，大南街道多福社区、怡静园社区与沈河区民之惠社会组织对接，探索开展在社区党委、社区居委的领导下，以原社区工作者开展政务服务，社会组织承接其他为民服务的方式，推进创新社区运行机制试点工作。

民生工作。社会保障体系日趋完善；投入10.6亿元，发展民生社会事业；完成10项为民办实事工程；新增就业1.7万人，零就业家庭动态为零；扶持创业带头人292人，带动就业1690人，帮助2150名困难人员实现就业；落实人才新政，吸引储备大学毕业生就业创业1.8万人，为大学生发放购房补贴和租房补贴2062万元；发放失业保险6339万元、稳岗补贴6314万元；向3.2万户低保户发放最低生活保障金2712万元，养老金及时足额发放；新建15个居家养老服务中心，改造39个社区养老服务站；为1194名残疾人适配辅助器具；落实中央和省市关于解决农民工“治欠保支”决策部署，解决拖欠农民工工资1928万元；启动“先予处置”资金650万元，解决1700余件民生疑难问题，受益居民5万户；打造特色枢纽型社会组织5家。

社会事业。科技创新业发展潜能逐步释放，依托区内科研院所，打造创新创业平台，推动科技创新服务业发展；落实《科技创新服务业发展规划》，组织申报高新技术企业46户，完成科技小巨人入库申报25户；60户企业参加市科技成果转化对接会，5个科创项目落地，为企业争取发展资金600余万元；以“双创”工作助推服务业转型升级，众创空间增加至18家，办公面积12.53万平方米，入驻创业实体370余户，从业人员2500余人。公共服务水平持续提高，完成国家义务教育质量监测和沈阳市优质特色普通高中评估验收；筹措8744万元社会资金助推教育事业发展；完成朝阳一校图书馆和一经二校操场建设，实验学校东部校区中学部教学楼封顶，南部中小学配套建设地块完成征收，推进方凌小学建设前期工作；打造2家品牌幼儿园，51所幼儿园被确定为普惠性民办幼儿园，发放学前教育奖补资金2579万元；多渠道招聘教师208人，缓解教师结构性缺编问题；全区中小学生近视率下降2.7%。深化医药卫生体制改革，开展国家“优质服务基层行”活动；新增重点人群家庭医生签约服务4万人；泉园、大西、山东庙3家社区卫生服务中心获省国医堂称号；13家社区卫生服务中心与18家养老机构签订医疗服务合作协议；巩固国家公共文化服务体系示范区创建成果，举办“辉煌七十年·扬帆中国梦”等群众性文化惠民活动400余场次。（凌人众）

【2019沈河区金融沙龙银企对接会】 2月26日在沈阳农商银行路演中心举办。沈阳农商银行、省社保基金理事会、中邮证券等近20家驻区金融及金融类机构负责人与辽宁华泰环保科技集团有限公司、沈阳美洋建设项目管理有限公司等近40户民营企业代表参加。金融机构与民营企业面对面交流，对接融资需求，确定合作意向。（志　闻）

【福陵社区被评为全国民族团结进步模范集体】 9月，马官桥街道福陵社区被评为全国民族团结进步模范集体。将福陵社区的满族民俗博物馆和3个名人工作室作为马官桥街道民族团结进步创建工作基地，加大资金投入，丰富和完善满族民俗博物馆的馆藏，加强日常维护，确保随时能够接待参观团体。福陵社区还开展社区和谐日、民族团结进步宣传月等民族特色主题活动。

【区法院被评为全国法院“基本解决执行难”工作先进单位】 12月31日，最高人民法院召开全国法院“基本解决执行难”工作总结表彰大会，会上表彰全国法院100家“基本解决执行难”工作先进单位和100名先进个人，沈河区法院被授予全国法院“基本解决执行难”先进单位称号。沈河区法院建立执行台账，实行挂图作战，打好“基本解决执行难”攻坚战。与新闻媒体联合制作专题节目150余期，营造惩治抗拒执行违法犯罪行为的舆论氛围，增进群众对司法的信任。

【区妇联获全国维护妇女儿童权益先进集体称号】 12月获荣誉称号。区妇联联合政法、综治等部门将“婚姻家庭纠纷预防化解”工作纳入本地综治工作及平安建设的总体规划，纳入矛盾纠纷多元化解机制；联合本区域公安系统创新推出反家暴“三三三”工作机制，探索形成一整套“家暴干预”工作体系；联合法院落实诉调对接工作。

（凌人众）

沈河区主要经济指标

表31

指标	单位	2019年	同比增幅（%）
地区生产总值	万元	9654842	2.5
第一产业	万元	–	–
第二产业	万元	1044086	–18.8
第三产业	万元	8610756	5.9
规模以上工业总产值	万元	363459	–6.6
规模以上工业增加值	万元	125737	–7.1
固定资产投资额			12.5
社会消费品零售总额	万元	11655070	9.2
实际利用外资	万美元	18377	79.7
一般公共预算收入	万元	793020	0.3
一般公共预算支出	万元	525179	9.3
城镇居民人均可支配收入	元	52510	6.0
商品房销售面积	万平方米	68.1	139.9

（沈河区）

大东区

【概况】 大东区是沈阳城区之一，位于沈阳城东北部，西南、南、东南与沈河区毗邻，西北与皇姑区相连，东北与浑南区（棋盘山开发区）相接，北与沈北新区接壤。大东区因位于大东边门外而得名。区域面积100平方千米，下辖10个街道办事处、111个社区、14个村，户籍人口63.8万人。大东区是沈阳民族工业的发祥地。清末，奉天银元局、大亨铁工厂等沈阳最早的民族工业在大东兴起。民国时期，全国最大的东三省兵工厂在大东建立。1931年，自行设计、生产出第一台“民生牌”载重汽车。新中国成立后，黎明公司、新光公司、矿山机器厂、中捷友谊厂、东基集团等著名的国有大中型企业成为沈阳工业的重要支柱。大东区历史文化积淀深厚，有建于明永乐13年（1415）的大法寺、清崇德八年（1643）的东塔，有赵尔巽、杨宇霆、王明宇、吴俊升、常荫槐、孙烈臣等民国名人故居，以及被列入“盛京八景”的星阁晴霞、万泉垂钓、东塔春耕等文化遗产。大东区地灵人杰，周恩来曾在大东读书，辛亥革命喋血奉天第一人张榕、东北抗日义勇军最早倡导者黄显声、著名文化人士杜重远、金毓黻等曾在大东驻足。区政府驻津桥路20号。

区域经济。2019年，大东区地区生产总值776.6亿元，增长8.7%；规模以上工业总产值1655.5亿元，增长12.3%；固定资产投资下降0.9%；社会消费品零售总额308.0亿元，增长9.6%；实际利用外商直接投资2.2亿美元，增长73.8%；一般公共预算收入84.6亿元，增长3.1%；一般公共预算支出56.9亿元，增长8.9%；城镇居民人均可支配收入47854元，增长6.4%。其中地区生产总值、规模以上工业总产值、进出口总额等指标总量、增幅均居全市前列。汽车产业支撑更加有力，在全国汽车产销持续下滑的形势下，宝马新5系、X3等车型逆势增长，华晨宝马产量、产值分别增长49.1%、42.5%；企业投资93亿元、政府配套投入40亿元的华晨宝马产品升级项目顺利推进。汽车零部件配套能力不断增强，华通智慧物流园、凌云瓦达沙夫电池盒等项目顺利实施，波森尾气系统（沈阳）有限公司、浦项（辽宁）汽车配件制造有限公司等企业实现两位数增长，德科斯米尔（沈阳）汽车配件有限公司成为全省首户产值突破40亿元的汽车零部件企业。服务业内涵不断提升，持续扩大东中街商业规模，中粮大悦城E馆开工，华谊兄弟影城营业，大悦城$4\frac{1}{2}$街区成为沈城网红打卡新地标，大悦城年销售额24.7亿元，增长8.8%。大力发展总部经济和电子商务，东北首家特斯拉交付结算中心营业，辽宁洛可可实业有限公司等重大税源企业、大龙网沈阳龙工场跨境电商区域总部落户大东区，龙腾时代产业园入驻企业42户，为现代服务业发展增添新活力。文化旅游产业加快发展，编制完成《大东区文化旅游产业发展规划（2019—2023）》，推动“一巷一厂五公馆”保护性开发，启动堂子庙巷历史文化风情街区建设；喜园婚礼文化主题公园、辽宁红动网产业基地实现运营，铁锚1956文创园成为国际人士休闲娱乐新街区；大东区接待游客426万人次，增长21%；拉动规模以上文旅企业完成营业收入20.1亿元，增长142.1%。全年开复工亿元以上项目80个，比上年增加24个；计划总投资727亿元，增长30.4%。其中，产业项目57个，占比71.3%。聚焦拓宽视野开放合作。构建“1+6+12”招商新格局，即由1名主任（商务局长兼任）总协调、6名副主任（区管领导干部）牵头抓业务、10个招商局合力招项目、2个综合局跟踪保障的招商新体制。区领导带队赴德、日、韩、中国台湾及长三角、珠三角招商29次，与韩国首尔江北区深化友好往来，与日本前桥市工商界建立合作关系。成功举办第二届沈台汽车产业项目合作对接会，积极协办宝马供应商大会，促成台湾区车辆工业同业公会设立沈阳联络处，实现日本棚泽八光模具表面加工、德国雷诺斯传动系统等项目签约，实际利用外资2.2亿美元，引进内资99亿元。积极融入“一带一路”建设，建立海外（迪拜）服务中心，扩大建筑机械等产品出口。搭建军民融合“一联盟一平台”，促成合作项目13项，航新中心园区入驻企业达到53户。大力发展“飞地经济”，与辽中区、法库县分别签署合作协议，共同发展军民融合、汽车零部件、陶瓷等产业，区域合作开创新局面。积极迎接5G时代，4月26日，华晨宝马工厂成为全球首家实现5G工业应用的汽车生产企业。与华为（沈阳）汽车智能网联创新协同中心签约，共同建设智能网联汽车云。利用龙之梦闲置资源，引进北方电竞小镇项目，促进传统服务业与现代科技融合发展。落实减税降费、资金扶持等政策，为企业减税降费13.9亿元，帮助延锋安道拓、波森等14户企业争取各类补贴3500余万元，为50户企业（个体）发放小额创业贷款2000余万元。强化守信践诺，兑现招商政策资金1.6亿元，清偿民营企业工程物资欠款3.2亿元，分

▶8月13日，台湾区车辆工业同业公会沈阳联络处项目合作对接会　（大东区供）

别兑付华晨集团、德科斯米尔历年陈欠1亿元、3000万元。拓宽企业融资手段，新增辽股交（辽宁股权交易中心）挂牌企业28户。开展存量土地攻坚，完成东望街西等4宗76.4万平方米储备土地征收，破解联合路174号3.2万平方米"净地不净"瓶颈，解决5宗9.3万平方米闲置用地问题，完成望花城中村等60.5万平方米土地供应。强化人才服务，为华晨宝马"订单式"培养技术工人300名，为安波福紧急招聘工人200余名，落实119名高层次人才税收等政策优惠，为企业发展提供人力资源保障。深入开展"万人进万企"活动，区级领导以上率下，通过微信办公、上门服务等方式快速解决部门联合审批、外资企业职工档案管理等难题314个；健全营商下午茶等制度，邀请人大代表、政协委员及企业代表问诊把脉，采纳43条建议，推动服务能力有效提升；指导成立15个行业协会和14个地区商会，促进全行业持续健康发展。

城市建设与管理。以国家文明城市复检为契机，推动长效常态。全面推进"中央环保督察回头看"122个案件整改。建立生态环境义务监督员问题发现、反馈机制，形成生态环境闭环管理模式。深入整治黑臭水体，完成朱尔屯、欧盟污水处理厂提标改造；投入3000万元，实施山梨河生态修复，实现景观化改造提升，将曾经污水横流的臭水沟建成群众娱乐休闲的健身场；投入1500余万元，推进辉山明渠生态环境整治；投入250万元，完成全区河流生态封育，全区水环境质量全面达标。强化抗霾攻坚，采取整合搬迁、整改提升、关停取缔等措施，治理"散、乱、污"企业138户；强制拆除17台燃煤小锅炉，实施48台燃煤锅炉脱硝改造，实现四环内散煤替代全覆盖，完成7000亩（466.6公顷）秸秆粉碎、深埋、还田，全区大气环境持续提升。推进净土行动，完成15户重点企业土壤现状调查，开展重点行业危险废弃物专项整治，土壤环境更加安全。实施东辽街、东建街改造，完成大东路等12条街路慢行系统提升改造，新建2处新能源汽车公共充电站，新建、盘活停车泊位1.5万余个；改造供水管网66千米、供暖管网8.7千米，新建14座水洗公厕、2座垃圾转运站。完成10个老旧小区提质改造，受益居民7000余户；以八王寺街124号为试点，探索为老旧小区加装电梯。强化智慧城管平台功能，高效解决市容问题16.3万件；深化环卫市场化运行，提升市容环境精细化管理水平。涵养文明行为，深入推进生活垃圾分类，投放分类设施583座，设置环保屋108座；开展庭院、楼道清洁活动，不断强化市民文明习惯养成。大东区获评省社区治理创新示范区。深入开展扫黑除恶专项斗争，打掉恶势力犯罪集团2个、涉恶团伙1个，治安形势持续向好。

民生工作。完成实名制就业1.5万余人，保持零就业家庭动态为零；筹集资金8.1亿元，保障养老金按时足额发放；为1.4万余名困难群众发放各类救助金5000余万元，帮助600余名进城务工人员讨回拖欠工资1000余万元；为960余户居民发放保障性用房补贴。启动凌云佳园回迁安置，完成三家子安置房建设，推进城市立方等15个小区1万余户已售商品房解遗办证；垫付资金1700万元，解决既有小区临时电代正式电引发的供电安全问题。大力推进户政服务向派出所、交管服务向社区下沉，全面推行社区便民服务预约机制，服务市民更加便捷。创新破解"邻避效应"模式，建立政府、项目方和市民多方协商机制，组织党员干部深入群众，全力化解因信息不对称引发的安全隐忧，保障滂江变电站、沈白高铁等重大项目建设。

社会事业。技术创新能力不断增强，以新一代信息技术促进制造业升级，全区高新技术企业达到85户，新增授权发明专利132件，华晨汽车建成国家企业技术中心，中之杰流体控制系统成为航天云网智能制造和工业物联网标杆，延锋安道拓智能化车间投入使用，中钞信达新行标验钞设备市场占有率达到20%以上。大力发展新经济、新业态、新模式，元凰万基建成中央集成式创业服务平台。拜澳泰克干细胞技术研究院正式成立，综合细胞资源库投入运营，与复旦大学附属医院、省金秋医院签署合作协议，形成一站式生物医学科研转化中心。推动教育均衡优质发展，尚品东越学校（小学部）竣工开学，136中学等26所学校（幼儿园）完成维修改造；落实立德树人根本任务，持续推进“最美系列”（最美学生、最美校园、最美发现、最美记忆）德育主题活动，111中学王雅雯入选全省唯一2019年度全国最美孝心少年；加强师资队伍建设，实施卓越校长、中坚校长、“五级教师”培训，新增全国优秀教师1人、全国师德师风优秀个人2人、省市级优秀校长和教师36人；强化特色教育，望花一小学获评国家级校园足球特色学校，第五中学获评省级特色学校。发展更加贴近社会需求的卫生健康养老事业，深入落实“健康中国2030”规划纲要，推进“国家健康促进区”建设，走进社区开展健康教育大讲堂500余场次，惠及居民5万余人；进一步完善医疗卫生服务体系，文官社区卫生服务中心实现运营，填补北部地区基层医疗卫生服务机构空白；开展中医质控和中药饮片专项督导检查，进一步规范中医诊疗行为和中药饮片的采购、使用和日常管理工作；通过全国基层中医药工作先进单位复评；大力发展养老事业，新建2家社会养老机构、14处区域性居家养老服务中心、37个社区养老服务站，积极打造医养结合、临终关怀等服务品牌。推进区史馆、区民族工业文化博物馆筹建。举办区第二届全民健身运动会暨首届职工运动会，持续开展“拥抱新时代，百姓大舞台”演出等公益文体活动，“东城 奋进”企业发展成就图片展、“东城 品尚”影像评论及摄影作品展等群众文化活动。贯彻落实《“健康中国2030”规划纲要》，举办大东区第二十届社区体育节开幕式暨工间操（第九套广播体操）展示活动。

【辽宁名华模塑科技有限公司大东工厂项目正式开工】 10月23日开工，工厂行业最高标准进行设计建造。工厂项目一期注册资金5亿元，同时预留二期规划，占地面积8万平方米。辽宁名华模塑科技有限公司由江南模塑科技股份有限公司于2019年5月投资创建，专业从事汽车保险杠及其他塑料饰件的开发、生产和销售。

【“一巷一厂五公馆”七大文旅项目】 2019年，大东区组建由全区30余户文旅企业参与的大东区文化旅游行业协会和大东区民族工业文化研究会，对全区21处文物、38处历史建筑、50个老字号、9处老地方进行梳理归类，确定2019年大东区“一巷一厂五公馆”七大文旅项目。“一巷”是大东区堂子庙巷历史文化风情街区项目，位于大东路南侧，小什字街东侧，占地面积近2万平方米；“一厂”即大亨铁工厂开放成为大东区民族工业文化展示馆；“五公馆”指赵尔巽、杨宇霆、王明宇、孙烈臣、常荫槐5位晚清、民国名人故居，其中对外开放的有的杨宇霆、赵尔巽、孙烈臣公馆。

【“一网一格多功能”基层社会治理新模式】 2019年，大东区在全市率先推出“一网一格多功能”基层社会治理新模式，在工作实践中体现为“1+1+8+N”的服务模式。“一网”是指整合街道区域内现有的视频监控资源，使数据信息的获取、分析更便捷智能；“一格”是指300户居民为一个格，实现服务群众的最后100米；“8”是指街道作为区委、区政府的派出机构所承担的8大类主体工作（党的建设、宣传发动，信息统计、城市管理、社会保障、社会事业、应急安全、综治维稳）；“N”是指社区所承载的185项便民服务事项。根据不同片区、驻区单位、党组织、党员、居民等情况，优化网格配置，搭建包括112个社区、1089个网格、5113个楼宇、18262个单元的四级纵向网格体系，实行社区网格员、楼长、单元长等网格队伍包片儿管理，实现服务群众“零距离”。

（汪玉贵）

大东区主要经济指标

表32

指标	单位	2019年	同比增幅（%）
地区生产总值	万元	7765878	8.7
第一产业	万元	1162	-1.1
第二产业	万元	5120892	11.3
第三产业	万元	2643824	3.6
规模以上工业总产值	万元	16555052	12.3
规模以上工业增加值	万元	4657430	11.8
固定资产投资额			-0.9
社会消费品零售总额	万元	3079700	9.6
实际利用外资	万美元	22149	73.8
一般公共预算收入	万元	846312	3.1
一般公共预算支出	万元	568719	8.9
城镇居民人均可支配收入	元	47854	6.4
商品房销售面积	万平方米	71.6	10.2

（大东区）

皇姑区

【概况】 皇姑区位于沈阳市北部，是沈阳市中心城区之一，也是辽宁省行政中心区和文化教育大区。东邻大东区，南邻沈河区、和平区、铁西区，西邻于洪区，北邻沈北新区。区域面积66平方千米，户籍人口84.6万人，辖10个街道、124个社区、3个村。皇姑区历史悠久，名称可上溯至清建立之初的“皇姑坟”。域内华山路是清历代皇帝回沈祭祖的大御路。有国家重点文物保护单位5个，包括距今7200年新石器时代的新乐遗址、近千年历史的辽代无垢净光舍利塔、世界文化遗产清昭陵、东北大学旧址、审判日本战犯特别军事法庭旧址。省人大、省政府、省政协、省军区及50%以上的省直机关坐落于此，汇集辽宁大学、辽宁中医药大学、沈阳飞机设计研究所等大专院校、科研院所33所，驻区团以上部队46个。交通纵横交错、四通八达，拥有12条交通主干道和沈阳北站北出口，沈阳地铁二号线贯穿皇姑区南北。新乐遗址、舍利塔、清昭陵和北塔构成沈阳最丰厚的人文景观，沈阳“绿肺”北陵公园、沈阳“玉环”北运河构筑沈城最佳人居环境。区政府驻松花江街3号。

区域经济。2019年，皇姑区地区生产总值564.1亿元，增长1.4%；规模以上工业总产值18.3亿元，增长0.8%；固定资产投资增长14.0%；社会消费品零售总额282.8亿元，增长11.6%；实际利用外资4029万美元，下降60.4%；一般公共预算收入37.5亿元，下降6.4%；一般公共预算支出33.5亿元，增长1.4%；城镇居民人均可支配收入47379元，增长6.7%。开复工亿元以上重点项目80个，增长40.4%。完善“项目（企业）管家”体系，为192个重点项目（企业）提供服务。产业项目达到43个，占重点项目总数57.3%，增长87%。超百亿的产城融合项目首府未来城落地并开工建设，重点项目竣工15个。赴外招商24次，签约亿元以上项目34个，引进中国普天、招商蛇口、香江集团等一批重大产城融合项目。亿元以上科创文旅产业项目达到12个。落地项目（企业）93个，储备项目211个。出让8宗土地，拓展项目发展空间48.18万平方米，土地出让总价44.72亿元。区域内商用楼宇入驻率达到70%以上，增长5.8%。楼宇经济实现税收4.4亿元。14个重点楼宇入驻率达80%，引进方正国际等6家优质总部企业、香江独角兽牧场等10户高新技术企业。成立40户企业组成的“崇山文旅”文化IP暨产业联盟，特色文化旅游企业达到49户，越众传媒正式登陆美国纳斯达克证券交易所。中粮祥云小镇、沈阳天地17号街入选省级试点步行街。融合创新中心正式开园运营，入驻军民融合科技型企业22户。全区高新技术企业达到122户，增长54%；各级双创载体总面积27.9万平方米，增长3.4倍，孵化35户国家级高新技术企业。建立五级梯度培育链条，总面积1.3万平方米的沈阳科创工场正式开街运营，九大科创平台集中签约。沈阳科技创新中心入孵企业76户，营业收入3.2亿元，成为国家级科技企业孵化器。首府阿里云创中心实现微软、海尔、大疆无人机等20户创新类、平台类重点项目（企业）签约落地。举办阿里巴巴全球双创大赛等具有全国影响力的各类创新创业活动，输送创新资源及优质项目20个。加大企业降本减负力度，全面落实减税降费政策，减税总额达到8.5亿元。推出“皇钻十六条”产业发展政策升级版，兑现产业发展资金2400万元。深化“放管服”改革，在全市率先推行“一窗制”审批改革，网上审批事项达9000多件。推出新办企业高速ETC服务，新注册企业4701户，增长31.8%；迁入企业244户，增长34%。实现“个转企”230户。加快推进“管委会+平台公司”市场化运营模式，组建首府产业发展公司。加强税源培育，对重点企业跟踪帮扶，税收收入32.2亿元。

城市建设与管理。投入4.4亿元，实施29项城市建设计划，新建及改造华山路等14条街路，金山北路和永安街改造全部竣工。投入2356万元，提升改造百鸟、北塔、方溪湖等公园。绿化覆盖裸露地面13万平方米。创城及环卫市场化支出2亿元，创城工作在全市绩效考核中排名第一。全面推进生活垃圾分类，124个社区分类台账全覆盖，50个小区开展分类试点。持续治理市容“十乱”问题4.8万处，拆除违章建筑6.3万平方米，拆除违规广告和牌匾1454处。实施大气污染防治工作，大气优良天数及PM2.5（细颗粒物）、PM10（可吸入颗粒物）年累计浓度均优于全市平均水平。对221户污染源企业实施环境监管全覆盖，全区大型燃煤锅炉全部安装高效除尘脱硫脱硝装置，完成721户居民散煤替代工作。全面落实“河长制”，整治黑臭水体，投入3244万元完成北部地区雨污分流工程。中央环保督察反馈及“回头看”23项问题全部整改到位。

民生工作。城镇登记失业人员总量控制在1.4万人以内，新增就业1.6万人。积极筹措5.6亿元，补充养老保险资金缺口，征缴完成17.6亿元。投入资金2.6亿元，用于低保、残疾人补助等社会保障支出，改善困难群众生活。发放各类优抚资金7402万元。投入1.4亿元，完成20个老旧小区改造工程。实施479套棚户区改造任务，安置回迁居民1483户。

社会事业。教育事业发展支出9.5亿元。投入1.2亿元，全面推进8项教育续建工程，第十中学、虹桥北校区、三台子一小等5项工程投入使用，启动第四十三中学（未来校区）建设工程。加强校长、班主任、学科名师等教育队伍梯级培育，新招聘265名教师。举办各类文化惠民活动280场次，完成全市首家中海西社区文体中心建设。拨付1.4亿元提升基本公共卫生服务水平，区属12家社区卫生服务中心实现医联体全覆盖。新建16家居家养老服务中心。

【“皇钻十六条”产业创新发展政策升级版出台】 7月31日，皇姑区支持产业创新发展的“升级版十六条”政策正式发布。为进一步支持产业创新发展，皇姑区对2018年推出的“十六条产业创新发展政策”进行认真评估，并面向企业和社会征求意见建议，制定推出“升级版十六条”。瞄准支撑产业、企业创新发展的关键要素，“升级版十六条”新增对各类双创载体及运营机构的资金奖励和补贴政策及人才公寓等人性化扶持政策，在关键环节助推产业、企业做大做强。

（王　茁）

【皇姑区社区党校成立】 9月24日，皇姑区委组织部、区委党校、区教育局在明廉街道中海西社区党群活动中心联合举办皇姑区社区党校启动仪式，皇姑区12个街道党工委副书记、127个社区（村）党组织书记参加启动仪式。社区党校在街道党工委和社区党组织的领导下开展工作，充分发挥区委党校、区教育局以及区内高校、驻街单位等民间师资作用，拓展社区党校师资来源。运用“互联网+党建”等形式，利用“皇姑先锋”公众号平台，使社区党员、行动不便的党员在家门口就可以学到党的最新方针和政策。（志　闻）

【九大科创平台集中启动仪式暨沈阳科创工场开街仪式】 9月27日举行。沈阳科创工场项目位于皇姑区怒江街，建筑面积1.3万平方米，以建设新型创新要素集聚区为目标，集合各类孵化器、创新服务企业、创新基金等资源，融合各类创新产业要素，打造“楼宇形态的中关村创业大街”。活动现场，皇姑区政府与沈阳科创工场项目、苏青创新工场项目、辽宁中医药产业技术研究院项目、辽宁环保产业技术研究院项目、沈阳皇姑独角兽牧场项目等9大科创平台进行共建皇姑科技创新平台集中签约仪式。

【牡丹社区列入国家“美好环境与幸福生活共同缔造”活动第一批试点】 12月30日，皇姑区三台子街道牡丹社区被列入住建部确定的第一批166个城市社区开展的“美好环境与幸福生活共同缔造”活动试点社区。牡丹社区是一个典型的开放式产业集群老旧小区，在经过先期的“幸福沈阳 共同缔造”以及皇姑区老旧小区治理行动，成功探索、总结出以大党委为统领，以协商议事为平台，以社会组织为推手，以群团参与为辅助，以网格化管理为基础，坚持基层党建带领社会治理的工作方法，有效促进老旧小区品质提升及精细化管理，辖区环境得到显著改善。（王　茁）

皇姑区主要经济指标

表33

指标	单位	2019年	同比增幅（%）
地区生产总值	万元	5641103	1.4
第一产业	万元	428	-26.3
第二产业	万元	1028573	1.7
第三产业	万元	4612102	1.4
规模以上工业总产值	万元	182789	0.8
规模以上工业增加值	万元	47019	1.9
固定资产投资额			14.0
社会消费品零售总额	万元	2828420	11.6
实际利用外资	万美元	4029	-60.4
一般公共预算收入	万元	374645	-6.4
一般公共预算支出	万元	334657	1.4
城镇居民人均可支配收入	元	47379	6.7

续表33

指标	单位	2019年	同比增幅（%）
商品房销售面积	万平方米	107.4	−2.0

（皇姑区）

铁西区

【概况】 铁西区是沈阳市城区之一，地处沈阳西南部。北临皇姑区、于洪区，西接辽中区，东与和平区、苏家屯区接界，是中国著名的工业区，区域面积286平方千米，户籍人口98.7万人。2019年底，铁西区下辖14个街道、136个社区、54个村。14个街道为昆明湖街道、凌空街道、兴华街道、重工街道、兴顺街道、工人村街道、启工街道、霁虹街道、笃工街道、大青中朝友谊街道、高花街道、彰驿站街道、翟家街道、大潘街道。辖区地势平坦，交通发达，基础设施完备，工业文化浓厚，城区环境优美。西峡谷景观带、仙女湖公园、劳动公园、兴华公园、滑翔文化广场、重型文化广场构成辖区绿化美景和百姓休闲娱乐的聚集场所。所辖中国工业博物馆、宝马沈阳铁西工厂被评为国家AAAA级景区，盛京驿站、华圣寺、沈阳机床等景点被评为国家AAA级景区。区内的中国工业博物馆填补中国工业类综合博物馆的空白。工人村生活馆通过实物、图片和文字说明，复原20世纪50—90年代工人村老住户的居住与生活场景。2007年6月9日，国家发改委和国务院振兴东北办授予铁西区“老工业基地调整改造暨装备制造业发展示范区”的称号。2008年，被列入改革开放30年全国18个典型地区之一，获联合国全球宜居城区示范奖。2009年，《铁西装备制造业聚集区产业发展规划》获国家发改委正式批准，上升为国家战略。铁西区被命名为国家可持续发展实验区、国家新型工业化产业示范基地、国家科技进步示范区、国家首批知识产权强区、全国义务教育均衡化示范区，入选新中国60大地标。区政府驻重工北街37号。

区域经济。2019年，铁西区地区生产总值982.3亿元，增长1.5%；规模以上工业总产值1711.6亿元，下降5.8%；固定资产投资增长16.6%；社会消费品零售总额694.6亿元，增长9.0%；实际利用外资4.7亿美元，增长78.2%；一般公共预算收入118.4亿元，下降2.5%；一般公共预算支出112.9亿元，增长33.5%；城镇居民人均可支配收入47373元，增长6.2%。铁西区重点发展先进装备制造、汽车及零部件、工业旅游和生物制药四大主导产业，构建“12231产业体系”（努力打造1户千亿级企业、20户百亿企业、20户50亿企业、30户10亿企业、100户亿元企业，编组一支推动区域高质量发展的“航母舰队”）。加快先进装备制造业向高端化转型，优化存量强内功，推动互联网、大数据、人工智能和实体经济深度融合，引导装备制造业向智能化、高端化、服务化、柔性化发展；汽车及零部件发展主要抓好中德（沈阳）高端装备制造产业园建设，采用政府引导、企业化运营模式，通过搭建智库咨询、对外合作、学习分享、解决实施、产业发展等平台，拓展国际交流渠道，挖掘国际合作空间，实现人才、项目、基金、产业的有效融合，实现“中国制造2025”与德国“工业4.0”有效对接；努力打造中国工业博物馆等一批工业旅游项目，形成产业；支持东药集团、三生制药等企业发展，做强生物制药产业。骨干企业显示出强劲的牵动作用，三生制药实现产值38亿元，增长40%；三一集团实现产值46亿元，增长46%；投资23亿元的华晨宝马新3系、X2生产线正式投产；特变沈变集团年产量2.4亿千瓦，位居世界首位；沈鼓集团重大压缩机装备突破百台套，东药集团获“省长质量奖”。进一步强化“项目为王”意识，加快结构调整步伐，全年开复工项目170个以上，其中50亿元以上项目有10个，打造“山多峰高”的振兴发展新局面。全面扩大对外开放，构建城区、经开区、中德发、农村四大招商板块，推进“三资并进”，持续招大引强。建立企业问题搜集、解决、反馈的闭合链条，打造无顾虑投资、无干扰建设、无障碍发展的优良营商环境。强化党对国有企业的领导，推进混合所有制改革，加快形成有效制衡的公司法人治理结构、灵活高效的市场经营机制，着力解决僵尸企业、厂办大集体等历史遗留问题，不断增强国有企业活力。

城市建设与管理。基础设施功能不断完善，沈阳站西广场投入使用，沈辽路快速路建成通车；全年投资36.5亿元，全力推进华晨宝马新工厂能源供给、基础设施、公共服务等配套工程，59项工程按时间节点顺利完成。城市管理能力持续提升，不断巩固扩大创卫成果，深入实施创卫常态长效管理，市容市貌进一步改善；深入实施垃圾清运体系，59个达标片区、7个示范片区居民垃圾分类覆盖率达到100%；规范市场管理秩序，开展占道经营、流动商贩等专项整治。全国文明城市复检顺利通过。

民生工作。加大就业扶持力度，城镇新增就业1.6万人，城镇登记失业率2.4%，零就业家庭保持动态为零。投入1.8亿元解决2万余名失地农民参保缴费问题，补助3.8亿元保证企业退休人员养老金足额发放。发放帮扶救助资金1.1亿元。完善养老服务体系，14个区域性居家养老服务中心、41个养老服务站投入运营，新增社会养老机构6家、养老床位1500余张。建立退役军人服务体系。完成3.2万户房产解疑办证。投入1750万元，对全区7个弃管小区实施改造，惠及居民2352户。改造棚户区住房2218户，新增廉价房和公租房2038套，完成张士二期等3个园区移村再建工程，改造农村危房60户，城乡居民居住条件不断改善。

社会事业。制定教育发展三年行动计划。新启三、勋望中德校区等16所学校改扩建工程进展顺利。推进教育均衡发展，强化教师队伍建设和教师交流，高考成绩在全市名列前茅。医疗卫生体制改革进一步深化，提前实现2020年医联体建设目标。铁西卫生信息化平台建设走在全市前列。通过全国基层中医药先进单位复审。组建文旅集团，举办2019年“中国旅游日”等惠民活动600余场次，进一步丰富广大群众文化生活。（朱庆国）

【沈辽路快速路建成通车】 沈辽路快速路工程西起四号街东490米，东至沈辽路立交（二环）南引道以南90米处，全长4610米，采用双向6车道，全桥设置2组上下匝道；与南阳湖街快速系统在南阳湖街路口处以立交形式互通连接。2017年8月开始给水、排水、通信、燃气、电力等排迁工程施工。2018年5月11日主体桥梁工程开始施工，2019年10月1日正式通车。

（吕安宇）

【沈阳站西广场竣工投入使用】 沈阳站西广场工程5月开始进场施工建设，广场占地3.6万平方米，投资1350万元，10月1日正式开放。行人地面广场定位为通行广场，风格现代简洁，景观与通行功能结合，并融入雨水处理及海绵城市设计理念。

（车　雨）

【“三减三健”专项行动】 2019年，铁西区在全区开展“三减三健”专项行动（“三减”即减少盐类摄入、减少糖类摄入、减少油脂摄入，“三健”即倡导健康口腔、倡导健康体重、倡导健康骨骼），通过万步有约、健康宣传等方式将“三减三健”的理念及健康的生活方式传播至全区群众。6月27日，铁西区疾病预防控制中心党支部组织党员在金色阳光养老院开展“三减三健走进养老院”主题活动。9月1—30日，全区开展以“‘三减三健’助力健康中国行动”为主题的全民健康生活方式宣传月活动。宣传月期间发放“三减三健”核心知识手册2000余份，限油壶等宣传品800余个，参与活动居民2000余人。（沈卫星）

【扫黑除恶专项斗争成绩全市领先】 铁西区全面开展扫黑除恶专项斗争，在全市综合考评验收中，铁西区扫黑办各项指标均获满分，是市内五区唯一获得满分的单位。全年铁西区收到中央交办线索97件，其中，94件全部办结并顺利通过市扫黑办审核，办结率96.9%；省交件线索21件，全部办结，办结率100%；市交办线索222件，全部办结，办结率100%。

【农村人居环境整治】 2019年，铁西区开展农村人居环境整治，制定《农村人居环境整治村庄清洁行动实施方案》，编制农村生活垃圾分类减量治理等专项方案，明确6项专项行动、24项重点工作和53项具体事项。年内累计清理浑河、细河两岸垃圾5969.6吨，清理田边垃圾2.7万吨，清理村内三堆（柴草堆、杂物堆、粪便堆）1.8万个，清理村屯周边垃圾2.9万吨；栽植各类乔木1.4万株，灌木球4603株，绿篱326平方米；维修改造道路15万米；安装太阳能路灯4000基。

（铁　研）

铁西区主要经济指标

表34

指标	单位	2019年	同比增幅（%）
地区生产总值	万元	9823018	1.5
第一产业	万元	73942	3.8
第二产业	万元	6050606	–1.7
第三产业	万元	3698470	7.6
规模以上工业总产值	万元	17116002	–5.8
规模以上工业增加值	万元	4468418	–3.8
固定资产投资额			16.6
社会消费品零售总额	万元	6945732	9.0
实际利用外资	万美元	47242	78.2
一般公共预算收入	万元	1184369	–2.5
一般公共预算支出	万元	1128579	33.5
城镇居民人均可支配收入	元	47373	6.2
商品房销售面积	万平方米	175.5	27.3

（铁西区）

苏家屯区

【概况】 苏家屯区位于沈阳市南部。东邻抚顺县，南与本溪县、灯塔市相邻，西与辽中区、于洪区隔河相望，北与浑南区毗邻。区域面积782平方千米，其中城区面积17.4平方千米，林地面积1.1万公顷，户籍人口42.5万人。辖12个街道、56个社区、122个村。全区地处辽东丘陵和辽河平原过渡带，地势自东向西倾斜。矿产资源主要有优质煤、石灰石等。区内有浑河、北沙河、十里河、柳沟河4条主要河流，境内流经149.5千米。沈大、沈丹、沈抚3条铁路交会于此，沈大高速公路、沈本高速公路、沈营公路3条国、省级公路自北向南通过，区政府距桃仙国际机场20千米。东部山区有国家AAA级景区马耳山景区、白清寨滑雪场、杨城寨生态旅游区、白清漂流生态乐园和AA级景区沈阳水洞。全区有杨城寨村、马耳山村、来胜堡村、台沟村、永乐村5个特色采摘基地。特色旅游商品有“金钟山”牌笨鸡蛋、沈阳礼拜天食品、沈阳不老林食品、白清姚千街道杨城寨果蔬等11种旅游商品。区政府驻翠柏路14号。

区域经济。2019年，苏家屯区地区生产总值227.2亿元，增长6.5%；规模以上工业总产值240.9亿元，增长7.7%；固定资产投资增长60.8%；社会消费品零售总额118.7亿元，增长11.8%；实际利用外资1769万美元，下降48.5%；一般公共预算收入23.9亿元，增长15.1%；一般公共预算支出30.4亿元，增长17.7%；城镇居民人均可支配收入37527元、增长6.1%；农村居民人均可支配收入20746元，增长9.4%。工业经济趋势向好，全区名录库内企业总计7544户，其中法人单位6396户，产业单位1148户，新增“四上”（规模以上工业企业、资质等级建筑业企业、限额以上批零住餐企业、国家重点服务业企业）企业76户；大项目落地效益显现，制定实施33条促进民营经济发展优惠政策，76个亿元以上项目全部开复工，带动钢联三期、达利食品等项目试生产；新签约宝武钢铁、北京振威会展总部、盈石供应链数字产业园等重大产业项目70个；食品饮品轻工业支撑有力，雪花啤酒技改项目效益显现，利税增长15%；红塔烟厂增加细支烟产量，产值达34亿元，贡献率进一步提高；王老吉·白云山与深井创生强强联合，打造高端化规模化矿泉水品牌；汽车零部件企业加速集聚37户，沈水汽车核心零部件产业园纳入全市汽车发展“2+2”建设体系；新增科技型中小企业65户、高新技术企业32户、瞪羚企业2户。服务业势头强劲，恒大文化旅游城溢出拉动效应显现，辽牙君旅研学基地成为国家AAA景区，鑫隆庄园筹建省级旅游度假区，编制完成假日联盟方案，格物旅游小镇完成项目选址；批发零售业稳中有进，新生活化妆品销售额实现12.6亿元，大润发、国药控股线上零售平稳。建筑业发展态势良好，全区有建安等级资质的施工企业97户，年创产值26.2亿元，增长24.4%，房地产销售面积15.3万平方米，增长25%；华润、中粮、万科等行业龙头企业落地，“苏家屯板块”强势崛起。农业稳步发展，以农业增效、农民增收为目标，粮食作物总播种面积3.6万公顷，增长4.9%；全年粮食产量31.8万吨，蔬菜及食用菌21.3万吨，绿色食品、无公害食品、有机食品认证55个；新建高标准农田2000公顷（3万亩）；农产品质量不断提升，“三品”认证面积3.1万公顷（45.8万亩），6户企业获评第十九届沈阳国际农业博览会金奖，“永乐葡萄”被评为辽宁省百强农产品区域公用品牌。

城市建设与管理。深化全国文明城市创建工作，在全市率先实行城乡扫保一体化，获“全国城乡环卫一体化示范案例”，是辽宁省环卫一体化作业唯一获奖的示范项目。开展生活垃圾分类宣传和试点，完成2个示范片区、19个达标片区的创建工作。香杨“梗堵”路彻底打通，中央大街全线贯通，云龙湖接线路加快建设。停滞10年的碧桂园南部污水处理厂二期征收扫尾全部完成。中兴地区195万立方米建筑残土彻底清除。拆除违建20万平方米、“大棚房”27.8万平方米。投资2417万元，改造提质7个老旧小区56栋住宅楼。投入2.69亿元实施81处综合治污工程，新建改建污水处理设施56个。新建39个污水处理罐，提标改造12处污水处理设施，城区污水处理厂二期投入使用，日污水处理能力5万吨。封堵直排口267个，封育干流95千米，建设生态湿地21.8公顷，北沙河水质实现达标。持续开展抗霾攻坚行动，拆除20吨以下燃煤锅炉10台，拆小并大13台，完成散煤替代4987户，整改大气污染点位859处，整治“散乱污”企业114户。建立健全秸秆禁烧网格化四级管控体系，实现秸秆离田率100%，通过国家文明城市复检。

民生工作。民生医疗、教育、公共服务等8项支出2391亿元，增长18.5%。改造供热并网81万平方米。为城乡困难群众精准发放救助资金4272.4万元。投资1亿元维修改造农村公路183千米，通过“四好农村路”省级示范区验收；投资6700万元完成老虎冲周边供水管网改造，投资5895万元实施农村饮水安全工程；集中开展“三清一改”（清理农村生活垃圾、清理村内塘沟、清理畜禽养殖粪污等农业生产废弃物、改变影响农村人居环境的不良习惯）村庄清洁行动，启动杨城寨特色小镇建设，打造北红、宝相屯等10个示范村。开展村庄垃圾清根行动，清运垃圾2万余吨，完成19个达标村的创建工作。化解中兴地区1630户超期回迁信访问题，统筹解决4200余户解遗办证问题。新增就业4200人，扶持创业带头人113人，城镇登记失业率控制在3.5%以内。

社会事业。优化教育布局改善办学条件，沙柳路小学食堂、朝鲜族中心幼儿园等工程完工。京师奥园小学投入使用，恒大文旅城第一小学启动建设。新增公办学前教育学位270个，普惠性幼儿园在园儿童占比达到76%。加快医联体建设，作为全市首个“城市紧密型医联体”试点单位建设取得成效。推进基层卫生院标准化建设，13家卫生院实现设备达标。深化医疗卫生体制改革，区中医医院通过三级评审。

（罗福兴）

【沈南第一个党支部纪念馆改造后开馆】 位于苏家屯区大沟街道杨城寨村，2011年7月建成开放，2018年开始改建，2019年6月26日重新开馆。纪念馆占地面积8400平方米，展览面积1180平方米。全馆有三个展厅，分别为苏家屯革命展厅、组织生活体验中心和红色讲堂。（志　闻）

【“医联体”试点启动运行】 为加快推进优质医疗资源的共享与下沉，8月苏家屯区成为沈阳市试点城区。以区中医医院等多家区级医院为牵头单位，与基层医疗机构形成城乡医联体。区级医院与17家基层医疗机构签订双向转诊协议，规范转诊程序，推进分级诊疗，逐步形成基层首诊、区级医疗、双向转诊的医疗服务模式，让全区90%的患者实现在家门口、区内就医，享受大医院的服务。

【沈阳首个城乡环卫一体化项目试行】 11月，沈阳市首个城乡环卫一体化项目在苏家屯区试行，共出动车辆设备30多台，保洁员300多人，对农村实施一系列整治活动。完成10个美丽示范村、52个自然村和13个涉农街道所在地的垃圾清根治理，清除垃圾3000余吨。实现“片保洁、村收集、镇压缩、密闭运转，市垃圾场统一资源化处理”的一体化收运转模式。

【民主街道工人村社区离退休干部党支部获中组部表彰】 12月17日，“学习强国”平台上，发表中共中央组织部关于表彰全国离退休干部先进集体和先进个人的决定，授予150个离退休干部集体为全国离退休干部先进集体称号，苏家屯区民主街道工人村社区离退休干部党支部在列。

▶12月23日，苏家屯区档案馆获“全国档案系统先进集体”荣誉称号　（苏家屯区供）

【苏家屯区档案馆获评全国档案系统先进集体】 12月23日，全国档案工作暨表彰先进会议在北京召开，大会表彰了全国59家先进集体，苏家屯区档案馆名列其中，排序第九名。苏家屯区档案馆以高效、便捷的服务，发挥其社会效益。2019年成为沈阳市首家辽宁省AAA级数字档案馆，为广西壮族自治区梧州市公证处提供婚姻档案跨省跨部门查阅服务。（郑　飞）

苏家屯区主要经济指标

表35

指标	单位	2019年	同比增幅（%）
地区生产总值	万元	2271545	6.5
第一产业	万元	154104	-0.3
第二产业	万元	1116950	7.4
第三产业	万元	1000491	6.7
农林牧渔业总产值	万元	343759	-0.5
粮豆总产量	吨	318253	0.2
蔬菜产量	吨	213259	-2.0

续表35

指标	单位	2019年	同比增幅（%）
规模以上工业总产值	万元	2409034	7.7
规模以上工业增加值	万元	761830	0.6
固定资产投资额			60.8
社会消费品零售总额	万元	1187058	11.8
实际利用外资	万美元	1769	-48.5
一般公共预算收入	万元	239380	15.1
一般公共预算支出	万元	303599	17.7
城镇居民人均可支配收入	元	37527	6.1
农村居民人均可支配收入	元	20746	9.4
商品房销售面积	万平方米	115.3	24.9

（苏家屯区）

浑南区

【概况】 浑南区位于沈阳市东南部，因地处浑河南岸而得名。沈阳高新技术产业开发区、中国（辽宁）自贸试验区沈阳片区、沈阳棋盘山风景名胜区坐落于此。区域面积734平方千米，户籍人口44.6万人，下辖12个街道办事处、70个社区、148个村。区位优势明显，位于辽宁中部城市群中心，拥有东北最大的航空港、高铁站和多条铁路、高速路。自然资源和人文历史丰厚，浑河流经全域，陨石山、朝阳寺等古迹星布其间，沈阳建筑大学、沈阳理工大学等10余所高校及省市文化体育场馆坐落域内，是东北首个国家级生态区。域内的莫子山炫彩荧光跑道、中央公园炫彩音乐喷泉成为沈阳市民休闲新去处。

区域经济。2019年，浑南区地区生产总值546.0亿元，增长6.9%；规模以上工业总产值519.3亿元，增长6.6%；固定资产投资增长19.0%；社会消费品零售总额475.4亿元，增长14.0%；实际利用外资1.6亿美元，增长51.2%；一般公共预算收入87.5亿元，增长10.2%；一般公共预算支出71.4亿元，增长14.4%；城镇居民人均可支配收入49158元，增长6.3%；农村居民人均可支配收入22720元，增长9.9%。开放创新迸发新活力，高新区全国排名上升2位，新增市场主体1.4万户，总数接近6万户；净增高新技术企业196户，总数达到534户，2年翻一番；科技型中小企业注册总数达到564户，增长65.9%，2019年新认定302户；新增国家级瞪羚企业3户，省级瞪羚独角兽企业备案13户，居全省之首。高质量发展动能更加强，积极推进日本产业园、韩国新经济产业园、中韩“两城双园”项目、中俄科技合作基地等“跨国飞地”落地运营，其中日本产业园园区卡口及办公楼正式挂牌，并启动招商工作，韩国新经济产业园与8户韩国企业签署协议。同时，浑南区积极与沈阳市兄弟县区开展飞地合作，与辽中、法库签订“飞地经济”合作协议。浑南区与北京积极互动，在产业对接互补、重点园区共建、重大项目合作等方面取得成果。组织开展对口合作及推介交流活动150余场次，落实对口合作事项5个，推动对口合作项目59个，总投资近500亿元。形成双创载体复制的合作模式，企业机构集中落户的合作态势，产业间的良性互动格局与广泛的平台合作。

城市建设与管理。深化行政体制改革，成立一体化的涉企审批服务中心，建立行政区、高新区、自贸区联席会议制度，合力推进产业发展、开放创新、人才引进，统筹摆布空间布局、项目落地、基础配套，三区握指成拳、同频共振的发展格局基本形成。持续深化“放管服”改革，实现市区两级审批一站式办结，高新区、行政区办税服务厅业务通办。“多规合一”领跑全市，317个服务事项“最多跑一次”，137个实现“一次不用跑”。强化重点项目“一窗通办、一证零表、并行办理、容缺受理”服务，企业注册3小时办结经验全市推广。开展营商环境专项整治，办理营商诉求案件514件，办结率达到85%，办理总量和办结率均居全市前列。开展“万人进万企”活动，联系服务企业5200余次，解决制约发展问题240件。浑南区围绕提升环境质量，统筹推进城乡监管。持续推进生态文明建设，大力推进中央环保督察及“回头看”反馈问题整改持续推进水环境提升，新建白塔堡河营林地区污水管线1.1万米，7座污水处理设施投入使用，386个雨水排放口全部实施挂牌管理；深入开展抗霾攻坚，清理整治“散乱污”企业47户，改造和淘汰小型燃煤锅炉16台，完成供暖企业燃煤锅炉脱硝改造工程26台，型煤推广8305户，秸秆离田率达到90%；土壤污染防治扎实推进，危险废物管理全面加强；棋盘山风景名胜区提质达标工作全面启动，第二次全国污染源普查扎实推进。加快提升城市功能品质。市政建设稳步推进，新建续建道路15条，维修道路150余条、桥梁57座。疏通排水管网1015千米，新建燃气管道22.6千米、热力管道10.5千米，改造老旧供暖管网9.4千米。强化“省四大馆”周边配套服务，新增停车泊位700个。大力实施城市绿化提升工程，全面完成天成街等16个地块绿化补植，铺设草坪13万平方米。扎实推进美丽乡村建设。全力开展农村人居环境整治，118个整洁村、10个美丽示范村建设稳步推进，高标准完成祝家三村宜居乡村建设。扎实推进“三清一改”，大力开展“厕所革命”，改厕近9万户。清理整治“大棚房”问题641个，恢复农业生产面积200余公顷。加强农村基础设施建设，硬化农村道路58千米，维修改造农村公路19条，安装路灯1390盏，村庄绿化13.5公顷。开展“最美庭院”评比，217户获批市级以上“美丽示范庭院”。生活垃圾分类全面铺开。在全市率先建成四分类示范小区15个；全区城市社区和区属公共机构全部完成与宋氏、秋实公司签约工作；有害垃圾暂存点5个和有害垃圾回收箱266个全部设置完成，可回收物回收箱设置完成110个；餐厨收运签约完成813家，签约率96.9%，签约收运比75.03%。通过开展宣传培训，初步形成从“要我分类”的被动性向“我要分类”的主动性的转变。社会治理走出新路，推进“平安浑南”建设，扫黑除恶专项斗争取得阶段性胜利，信访稳定、安全生产、市场监管等工作不断加强，群众安全感持续提升。

民生工作。全年民生投入40.6亿元，占一般公共预算支出的比重超过70%。人居环境明显改善，城市文明程度大幅提高，民生短板加快补齐，高质量发展成果更多惠及人民群众。城镇新增就业6700人，登记失业率控制在2.94%以内，发放各类保障救助金2400万元。全力推进“解疑办证”，1.05万户居民多年急盼的房屋办证难题得到解决。续建回迁房3处，236户超期回迁居民圆了“安居梦”。

社会事业。公共服务均衡发展，北师大附校中学部建成使用，126中学浑南分校建设进展顺利；东方剑桥国际学校等4所学校启动建设，农村学校改造全面完成，新增幼儿公办学位7020个；146家医疗单位全面配备使用国家基本药物并实行零差率销售，开展家庭医生签约服务20.9万人次；举办群众性系列文化活动443场，高水平承办沈阳马拉松等大型赛事。

【浑南区与法库县实现“飞地经济”战略合作】 6月21日，浑南区与法库县“飞地经济”专场推介会暨“飞地经济”区域合作框架协议签约仪式在浑南区举行。两个地区共同推动通航、农产品加工、电子商务、人文旅游等领域的合作。浑南区的沈阳无距科技有限公司无人机项目在法库竣工投产，其产品无尾变距结构式植保无人机填补国内市场空白。

【“盛京满绣”入选国家文化出口重点项目】 浑南“盛京满绣”传统技艺2019年入选沈阳公布第八批市级非物质文化遗产代表性项目。10月，经商务部、中央宣传部、财政部、文化和旅游部、广播电视部5部门联合评选，“盛京满绣”艺术与北方联合出版传媒公司共同入选“2019—2020年度国家文化出口重点项目”。此次全国评选项目（企业）129个，盛京满绣以立体文化出版工程入选，其工程包括：教程出版、有声读物、在线教学、文创产品开发及进出口贸易、满绣技艺培训、满绣作品展演、满绣公益扶贫等项目。

【“重强抓”专项行动】 2019年，浑南区承担市“重强抓”任务13项，浑南区“清单式”推进重点工作。东北科技大市场、沈阳材料科学国家研究中心、自主创新示范区、0.75万人农村饮水安全设施、国际软件园A区、东软健康产业园二期、新松机器人未来城、眼精准医疗小镇、月星环球港、恒大新能源汽车10项任务完成年度计划目标。3项工作（沈飞A220新工厂项目、中南国际商务港项目、万达国际医院项目）因企业原因未能完成年度目标。（浑南区）

浑南区主要经济指标

表36

指标	单位	2019年	同比增幅（%）
地区生产总值	万元	5460065	6.9
第一产业	万元	60777	3.8
第二产业	万元	2262475	7.1
第三产业	万元	3136813	6.7
农林牧渔业总产值	万元	121128	3.7
粮豆总产量	吨	174178	9.9
蔬菜产量	吨	30572	-4.1
规模以上工业总产值	万元	5192501	6.6
规模以上工业增加值	万元	1374796	5.8
固定资产投资额			19.0
社会消费品零售总额	万元	4753664	14.0
实际利用外资	万美元	15722	51.2
一般公共预算收入	万元	875123	10.2
一般公共预算支出	万元	714324	14.4
城镇居民人均可支配收入	元	49158	6.3
农村居民人均可支配收入	元	22720	9.9
商品房销售面积	万平方米	385.1	10.5

（浑南区）

沈北新区

【概况】 沈北新区位于沈阳市区北部。南靠大东区、皇姑区，北隔辽河、万泉河与法库县和铁岭市相望，东与抚顺市、铁岭县毗邻，西与于洪区、新民市相连。区域总面积884平方千米。户籍人口34.3万人，全区人口中有40个少数民族，少数民族人口7.8万人，其中锡伯族2.2万人，是锡伯族故里。辖10个街道、31个社区、142个村。考古发现约7000年前就有人类在此劳作、生息，清末辖于奉天府。中华人民共和国成立初期设新城子中心区，1959年12月成立新城子区。2006年10月8日，经国务院批准新城子区与辉山农业高新区合并后更名为沈北新区。沈北新区有丰富的自然资源，拥有70万亩（4.7万公顷）良田，东部林地果园10.5万亩（7000公顷）。有辽河、蒲河等8条河流和石佛寺水库等大、中、小型水库4座。同时，沈北新区具有浓厚的历史文化底蕴和现代化人文基础，有中国医科大学、辽宁装备制造业学院等25所大学和职业学校，是名副其实的大学城和职教城。地铁二号北延长线通车运行，怒江街、陵园街全线贯通。投资7200万元，建筑面积7400平方米的中国锡伯族博物馆建成开放，接待参观人员3万余人，锡伯族喜利妈妈信俗被确定为国家非物质文化遗产项目，提升沈北新区特色及民俗项目知名度。成功举办纪念锡伯族西迁255周年，“诗颂蒲河”第二届蒲河诗歌文化节活动，圆满组织2019年第三届蒲河国际半程马拉松赛事。新区拥有沈阳怪坡虎园、方特欢乐世界2家AAAA级景区，稻梦空间等AAA级景区12家。沈北新区获2019年中国创新百强县，获批国家级外贸转型升级基地，被确定为首批全省重点建设旅游主体功能区，获“四好农村路省级示范县”称号，获批省城乡治理创新实验示范区。区政府驻辉山农业高新区明珠路1号。

区域经济。2019年，沈北新区地区生产总值373.4亿元，增长1.1%；规模以上工业总产值666.8亿元，增长3.4%。固定资产投资增长9.5%；社会消费品零售总额105.9亿元，增长9.4%；实际利用外资5440万美元，下降52.1%；一般公共预算收入40.6亿元，增长16%；一般公共预算支出45.7亿元，下降4.7%；城镇居民人均可支配收入42273元，增长6.6%；农村居民人均可支配收入20794元，增长9.7%。其中财税等指标增幅排名全市前列。完善综合治税长效机制，不断强化税收征管，新增税收收入11亿元，一般公共预算收入总量由2017年全市排名第8位升至第6位，增幅排名全市9城区第1名；建立和完善“大财政”管理体制，加大国有资产处置力度，累计盘活资金和资产3.5亿元，出让土地28宗、完成土地出让金74.2亿元，其中区级留成部分52.6亿元。按照省、市要求，提前完成民营企业陈欠工程款清偿工作，清偿政府债务52.8亿元，政府债务率大幅降低，综合债务风险等级降低一个等次，财政风险得到有效化解。新增市场主体9620个，增长31%。全社会用电量28.4亿度，增长7.3%。产业结构进一步优化，全区三次产业比达6∶58∶36。种植结构不断优化，全区播种面积57.5万亩（3.8万公顷），其中调减低效玉米0.6万亩（400公顷），新增高效水稻0.5万亩（333.3公顷）。大力推进农业龙头项目建设，新增稻虾综合种养面积6110亩（407.3公顷），小龙虾养殖及繁殖基地项目建设被全市重点推广。实现肉蛋奶产量16.4万吨，增幅3.5%。土地流转率达83.4%。沈阳市农村产权交易中心沈北分中心投入运行，交易项目20个，成交总额1643万元，溢价率达13.9%。项目建设成果显著，引进投资120亿元的恒大高科技农业基地、65亿元的沈北万达广场等项目105个，开（复）工伊利东北酸奶基地、沈阳红药等亿元以上项目178个。现代服务业发展迅速，新城·吾悦广场、恒大温泉小镇等一批服务业项目开工建设，同联医药、尚柏奥莱等重点贸易企业经营良好。商品房销售持续趋热，商品房成交量4.3万套，增长55.1%，成交面积420.3万平方米，增长63.1%，成交金额307.2亿元，增长93.5%。旅游景区接待游客525万人次，增长5.1%，景区收入3.6亿元，增长14.8%，道义地区获批省级旅游度假区。

城市建设与管理。全面完成街道机构改革，将全区13个街道优化调整为10个，街道区划更加合理。国资国企改革不断深化，出台《沈北新区深化国资国企改革工作实施方案》系列文件，“国资国企动态监管系统”在全省率先正式上线。全面创新改革取得初步成果，加强军民融合体系建设等7条举措被列入2019年区县（市）创新改革举措清单。基础设施不断完善，新建、完善城市道路28条、88千米，新建桥梁2座，城市近万盏路灯投入使用，进步220千伏变电所建成运营，河北、尹家变电所新建及王驿变电所增容、辉新甲乙线改造工程快速推进，新建30个农村客运班线候车亭投入使用，道义环线开通运营，实现小区、学校与地铁口零公里换乘，农村公路养护管理进一步强化。城市管理标本兼治，在30个城市社区、89个涉农社区全面推进垃圾分类，覆盖率100%，完成2个示范片区，14个达标片区和21个示范村的建设工作，新建环保屋35个，有害垃圾暂存点5处，清查整治违建别墅10个，清理整改“大棚房”违法违规问题2161个，拆除违建大棚1165处、111万平方米，清理闲置土地8宗、533亩（35.5公顷），消化批而未供土地4561亩（304. 1 公顷），新建垃圾中转站1座、垃圾收集站15座、国家二类公厕4座，新组建的道义环卫所投入运行，环卫扫保水平显著提高。大力实施治污工程，新城子污水处理厂（二期）、孙家洼子污水处理厂（一期）投入运行、道义污水处理厂（三期）通水调试，新建污水主管网10.2千米，虎石台、道义地区雨污分流工程（一期）全面竣工。南小河截污管线（沈水路）工程、清淤工程、封育工程全线竣工，九龙河与新穆河黑臭水体治理工程全面完成，黄泥河原位治理（沈水路）工程全部竣工。全力推进抗霾攻坚，拆除10吨以下燃煤锅炉30台，强化秸秆焚烧，综合利用秸秆27.5万吨。绿化覆盖率稳步提升，新增绿化面积32万平方米，复播花卉200万平方米。人居环境大幅改善，完成涉及11个地块、644户居民的棚户区改造工作，投资3000万元，完成正良嘉苑、丽水湾等8个老旧小区的综合改造，改造面积19万平方米，惠及居民4000余户，完成37个弃管小区的电力设施维修及部分困难家庭的危房改造工程，建成便民早行夜市4个；妥善解决热点问题，办结七星九龙湾、新湖仙林金谷等项目的房证解遗工作，惠及居民4498户。解决18个小区燃气开栓问题，惠及居民16679户。完成厕所改造6204座，无害化卫生厕所普及率达85%。

民生工作。就业和社会保障成效显著，落实各项就业创业政策，定期组织招聘活动；城镇新增就业11439人，扶持创业带头人120人，带动就业727人，零就业家庭动态为零；开展精准扶贫，一级残疾人救助金在全市率先提高至每人每月780元；有序推进退役士兵保险接续工作，区退役军人服务中心大厅建成运行，接待退役军人和其他服务对象5000余人次；积极推进社会化养老工作，建成5个区域性居家养老服务中心及11个社区养老服务站，新增养老床位698张。养老保险基金处于顺差，累计结余25.5亿元，各类救助资金2936万元按时足额发放，多措并举兜住民生底线。

社会事业。科技实力大幅度提升，新增高新技术企业59户、市级新型研发机构2个，转化科研成果79项，新增众创空间6个，孵化面积15万平方米。教育供给能力大幅度提升，累计投入4.7亿元，建成第七中学沈北分校，北辰学校、清华万博小学并投入使用，完成虎石台二小、时代逸居幼儿园等9所校园改造，推进南京一校沈北分校、朝阳一校沈北分校（东校区）等11所学校、7所幼儿园建设。开展小区配套幼儿园整治，收回配套园46所。组建一五二中学、区第一幼儿园等5个教育集团，南京一校、南昌中学入驻新区，与首都师范大

▶新建社区党日活动　（沈北新区供）

学附中合作全面展开，义务教育优质资源覆盖率达85%、学前教育普惠率达80%，沈阳矿务局中学成功晋升为辽宁省示范高中，第八十三中学晋升为沈阳市优质特色高中，第七十六中学晋升为沈阳市优质化高中。医药卫生体制改革不断深化，基本药物制度、医联体服务实现全覆盖，分级诊疗及家庭医生签约服务稳步推进。三级医疗卫生服务体系趋于完善，区中心医药晋升三级综合医院，胸痛、卒中等4个中心投入使用，财落、尹家等5家基层医疗机构中医馆建成，兴隆台街道通过“国家卫生乡镇”专家组评估，新区通过“全国基层中医药工作先进单位”复评。有效巩固省级公共文化服务体系示范区建设成果，石佛一村入选中国历史文化名村，并列入第一批全国乡村旅游重点村名录，拉塔湖村、大丁村、中寺村获辽宁特色精品示范村称号。全年举办群众喜闻乐见的文体活动1500余场。

（于民野）

【石佛一村入选中国历史文化名村】 2月14日，住房和城乡建设部、国家文物局公布第七批中国历史文化名镇名村名录，包括60个中国历史文化名镇、211个中国历史文化名村。沈北新区石佛寺街道石佛一村入选第七批中国历史文化名村，成为沈阳市首个入选中国历史文化名镇名村的村镇，也是辽宁省唯一的国家级历史文化名村。

【沈北新区入围中国创新百强区（县）榜】 2月25日，科技日报社中国科技网、全国科技振兴城市经济研究会联合发布《中国区县专利与创新指数》，在随指数发布的中国创新百强区、中国创新百强县两大榜单中，辽宁省有3个区县入选，其中沈阳市沈北新区以第88名登上2019中国创新百强县榜单，也是东北地区唯一入围的县（市）。

【沈北新区独角兽瞪羚企业实现“零突破”】 12月，省科技厅发布2019年辽宁省新型创新主体备案名单，沈北新区的辽宁壮龙无人机科技有限公司被认定为独角兽企业，沈阳蜂巢轨道交通配套设备股份有限公司、沈阳金域医学检验所有限公司等11户企业成为首批瞪羚企业，沈北新区由此跻身全省六强区县，实现独角兽和瞪羚的“双料零突破”。

（志　闻）

沈北新区主要经济指标

表37

指标	单位	2019年	同比增幅（%）
地区生产总值	万元	3734184	1.1
第一产业	万元	212406	-7.3
第二产业	万元	1820744	-1.7
第三产业	万元	1701034	5.9
农林牧渔业总产值	万元	428784	-7.3
粮豆总产量	吨	215081	4.6
蔬菜产量	吨	151238	2.5
规模以上工业总产值	万元	6667764	3.4
规模以上工业增加值	万元	1145888	-1.8
固定资产投资额			9.5
社会消费品零售总额	万元	1059261	9.4

续表37

指标	单位	2019年	同比增幅（%）
实际利用外资	万美元	5440	–52.1
一般公共预算收入	万元	405649	16.0
一般公共预算支出	万元	457197	–4.7
城镇居民人均可支配收入	元	42273	6.6
农村居民人均可支配收入	元	20794	9.7
商品房销售面积	万平方米	183.4	58.1

（沈北新区）

于洪区

【概况】 于洪区位于沈阳市西北部，东临铁西区、皇姑区，西与新民市接壤，南隔浑河与苏家屯区相望，北邻沈北新区。区域面积499平方千米，下辖10个街道、81个社区、111个村。截至2019年末，户籍人口46.9万人。居民由汉、满、朝鲜、锡伯、蒙古、回、苗、侗、壮、土家、维吾尔、俄罗斯、达斡尔13个民族构成。区内有AAA景区4家：小韩村温泉度假村、大德农博乐园、丁香湖公园、九龙上河温泉度假村。2019年，于洪区组织实施各级公路维修改造及村内道路项目9个，总里程117.7千米，总投资1.5亿元。其中，国省干线2项、县级公路3项、农村公路4项。区政府驻黄海路37号，距离市政府22.8千米。

区域经济。2019年，于洪区地区生产总值364.4亿元，增长2.6%；规模以上工业总产值126.4亿元，增长1.9%；固定资产投资下降11.9%；社会消费品零售总额154.9亿元，增长19.2%；实际利用外资2078万美元，下降72.5%；一般公共预算收入38.1亿元，增长2.5%；一般公共预算支出35.0亿元，增长7.5%；城镇居民人均可支配收入48681元，增长5.9%。完成工业企业“小升规”28户、“规升巨”3户，规模以上工业企业增至165户。推动企业管理创新，出台工业企业“金种子”培育方案，优选50户高成长性工业企业纳入“金种子”培育库；开展精益管理三进于洪活动，为企业提供精益管理咨询服务，24户企业签约精益管理项目，生产效率平均提升30%，生产周期平均缩短20%。鼓励企业转型升级，落实“专精特新”企业扶持政策，沈阳波音饲料等37户企业获省级研发投入奖励资金320万元。实施联恒工业华晨宝马G08BEV生产线升级等工业技改项目15个，与西安交大等知名高等院校合作，新组建尚云智能装备研究院等研究机构4家。提升现代物流标准化、智能化、信息化水平，唯品会东北仓物流标准化项目通过全市供应链体系试点建设验收，家乐福供应链沈阳分公司、诚大冷藏纳入全市城市配送试点，规模以上物流企业主营收入16.2亿元，第17届全国物流年会在于洪区召开。加快电子商务发展步伐，以永安新城国家级电子商务示范基地建设为载体，推动电子商务资金流、物流、信息流多流一体，京东、唯品会等电商企业投入运营，限上电子商务交易额44亿元，增长158%，占限上零售总额的42%。农业村振兴战略为引领，以发展特色农业、提高产出效益、构建现代经营体系为重点，农业产业结构调整取得积极进展。优化农业种植结构，扩大高效经济作物种植面积，划定16万亩（1.1万公顷）水稻生产功能区，调减玉米种植面积1万亩（666.7公顷），实施4万亩（2666.6公顷）高标准农田建设，全区粮食总产量18.2万吨。全面提升农业机械化水平，主要农作物农机化率达94%，获评农业农村部“全国第四批率先基本实现主要农作物生产全程机械化示范区”。加快培育特色农业，推进久隆、鸿圣等农业园区和边台村、前辛台村等休闲农业特色村建设，接待游客90万人次，营业额近1.2亿元。构建现代经营体系，推广“企业+合作社+基地+农户”模式，成立稻米产业联盟，20家专业合作社与家乐福等大型超市建立合作关系，年销售额1000余万元。强化农事龙头企业培育，积极引导沈阳波音饲料有限公司、沈阳市味丹食品公司等农业龙头企业延伸链条、扩大规模，全区市级以上农事龙头企业总数达11户。高标准完成“大棚房”整治，清理违法违规问题3074个，恢复农业生产功能面积588.5亩（39.2公顷），顺利通过国家验收。先后组织精准招商46次，举办大型招商活动15次，洽谈推进项目176个，签约亿元以上项目13个，计划总投资298.4亿元。大力发展飞地经济，出台《于洪区加快“飞地经济”发展实施方案》，与法库县签署飞地经济合作框架协议。把握京沈对口合作契机，启动8.4平方千米京沈合作产业园规划编制。推行“包服一体”、项目管家制度，实现点对点调度和精准服务，25位副区级以上领导包保亿元以上重点项目100个，解决项目受阻问题168件，亿元以上重点项目开复工率达100%，完成投资138.5亿元，增长18%。中铁阅香湖、万科四季花苑大家等36个项目动工建设，宏发英里蓝湾等8个重点项目主体竣工，全国首家MAR2020奔驰旗舰店等10个重点项目投入运营，大抓项目、抓大项目的氛围更加浓厚。出台《于洪区停摆项目盘活实施方案》，将68处停摆项目、闲置资源纳入招商资源库，利用黄河府、粤泰城、坤业城等停摆项目资源，引进云米智慧之光、西江天悦等项目4个，推动绿地新里程等3个项目重新启动建设。完成于洪新城34号地、宠物市场等3宗存量土地攻坚任务。在全市率先启动22宗集体土地司法强制征收，累计征收土地740亩（49.3公顷）、房屋12.3万平方米；于洪新城81号地等4宗土地成功出让，成交总面积69.4万平方米，成交总价30.7亿元，成交均价294.5万元/亩。积极争取省市支持，完成2018年棚改1455户、2019年棚改436户，完成征拆回迁安置528户。强化土地管理，完成土地卫片、大棚房等违章建筑拆除56万平方米。完善公用设施配套，66千伏繁侯线等35项排迁工程全面竣工，排迁总量同比提高20%，为项目引进落地提供坚实保障。

城市建设与管理。基础设施日益完善，投资1.35亿元新建市政道路8.1千米、排水管线11.2千米、泵站2座，修复314条道路路面25.36万平方米，清掏排水管线491千米，重点街路完好率达98%。提高公用设施保障能力，66千伏旺牛变电站、物流港配水厂主体完成，马三家边台等4个给水项目全面竣工，完成17项排水防涝补短板工程，改造积水点位13处，有效保障城乡安全度汛。巩固“创卫”成果。实施“以克论净”精细化保洁，主要街路机扫比例达到95%。稳步推进垃圾分类，5个示范片区、51个达标片区智能化设备全覆盖运行。投资3820万元，实施怒江北街、大通湖东街等重点街路绿化改造提升工程，栽植、补植树木11.4万株，覆盖裸露地面18.9万平方米，新建绿地13万平方米，城区绿地率达到34.2%，于洪城乡斑点不断减少、亮点不断增多、特点不断彰显。农村环境建设，高标准完成8个美丽示范村、69个整洁村建设，新建改造乡村道路和“四好农村路”63.9千米，完成农村改厕6712座，时间、数量、完成率3项指标均位列全市第1，其中边台、双树子两个试点村铺设配套污水、给水、燃气管线46.4千米，配套完善度达到城市标准，成为全省现代化改厕示范村。在全市率先实现城乡一体化保洁，农村村屯、路网、水域全部实现专业扫保、垃圾日产日清。5家大型规模养殖场全部配套环保设施，养殖场畜禽粪污还田利用率达80%，污水直排得到有效控制，农村人居环境整治工作成功通过市级验收。污染防治成效显著，认真开展151件中央生态环保督察回头看案件整改，销号148件，销号率98%。强力推进水污染攻坚，开展河湖“清四乱”（乱占、乱采、乱堆、乱建）专项行动，清理各类垃圾180立方米，实施明星桥污水处理站等10项黑臭水体治理工程，造化污水处理厂扩建工程全面竣工，仙女河等3座污水处理厂完成提标改造。大力推进抗霾攻坚，淘汰非民用燃煤锅炉49台，提标改造燃煤锅炉68台，秸秆资源利用率92%，离田率达100%，564户“散乱污”企业全部整改，散煤替代6501户，全年空气优良天数284天。强化平安于洪建设，加强食品药品、公共卫生等领域重点监管，全年未发生重特大人员伤亡事故。深入推进扫黑除恶专项斗争，打掉涉恶团伙3个、涉恶集团2个、涉黑组织1个，“雪亮工程”新增监控点位6065个，社会大局平安稳定。

民生工作。深入推进就业创业，城镇新增就业1.3万人；城镇登记失业人员总量2858人；困难人员再就业1870人，实现零就业家庭就业1户，就业困难人员再就业稳定就业率100%；扶持创业带头人105人，带动就业673人；离校未就业高校毕业生就业率99.7%，引储7378名大学毕业生在本区就业创业，就业创业房租补贴准确率100%。不断强化社会救助，面向各类弱势群体发放救助资金3698万元。建立基层退役军人服务站173个，发放优抚金、抚恤金等2601.1万元，双拥模范区创建稳步推进。切实维护农民工权益，为2250名农民工追缴欠薪7654.3万元。提高养老服务能力，居家养老服务中心新增6家、发展到12家，社区养老服务站建成27个，五彩阳光城养老服务中心二期被确定为国家城企联动普惠养老专项行动项目。推进老旧小区综合改造，全面完成2个老旧小区提质改造和10户危房改造任务，为8667户居民解决房证办理难题。

社会事业。加快教育、卫生设施建设。东北英才学校、特殊教育学校、红旗小学扩建教学楼、省实验学校赤山校区投入使用，220个校车乘降点全部竣工；深入推进医疗改革，区医院等12家医疗机构与医大一院等9家省市医疗机构组建“1+1+X”医联体，获全国基层中医药工作先进单位称号。繁荣文体事业，永安桥成功获批国家级文物保护单位，第十一届帆板挑战赛、丁香湖水幕电影等文体活动精彩上演；促进文体旅融合发展，奥悦冰雪嘉年华项目启动运营，先后举办首届丁香湖奥悦冰雪嘉年华等大型旅游活动14次，全年旅游总收入实现800万元，累计接待游客17万人次，推出“消夏购物节”“汽车文化夜市”等一批拉动消费增长、促进消费升级的大型购物活动，“冰雪经济”“夜经济”加快发展。推进社区政务服务建设，迎宾路街道23个社区启动“全市通办”试点工作。深入开展“五级书记抓信访”，减少存量234件，化解息访432件，超额完成减存目标。（郑海龙）

【永安桥获评国家文保单位】 10月7日，经国务院批准，文化和旅游部、国家文物局公布第八批全国重点文物保护单位名单，于洪区永安桥位列其中，成为国家级文物保护单位。永安桥又名大石桥，位于大兴街道永安桥村东，是辽宁省现存比较完整的古代砖拱石桥。建于清崇德六年（1641），是皇太极对明用兵而修筑的战备路上的重要桥梁，也是康熙、乾隆等清代皇帝东巡的必经之路。

【于洪区稻米产业发展联盟成立】 10月23日举办成立仪式。这标志着于洪区稻米产业正式迈进标准化、规模化、品牌化发展之路。于洪区稻米产业发展联盟由区内从事稻米业种植、种子化肥农药供应、水田农机服务、稻米运输个体、稻米加工及稻米销售等农户、家庭农场、专业合作社和企业为主体，同时吸纳科研院所、大专院校等参与。联盟成立后，把打造于洪区稻米区域品牌作为目标，推动全区稻米产业标准化生产。仪式上，选举产生联盟第一届理事会、第一届监事会。

【企业融资服务】 为更好地解决企业“融资难、融资贵”问题，发挥金融机构支持企业信贷服务水平，于洪区财政事务服务中心11月11日在于洪区政府网站“金融信贷”专栏上公示并定期更新驻区金融机构特色信贷产品，按照农事企业、科技企业、创业企业、中小微企业、银行保险合作、纳税信用等维度进行分类，便于区内企业根据实际情况选择合适的金融信贷产品，助推业务发展。

【聘任55名营商环境监督员】 11月，于洪区营商局聘任55名营商环境义务监督员，对政府各窗口部门效能建设、优化营商环境建设情况进行评议，以此完善全区营商环境监督管理体系。

（志　闻）

于洪区主要经济指标

表38

指标	单位	2019年	同比增幅（%）
地区生产总值	万元	3643959	2.6
第一产业	万元	96498	-7.1
第二产业	万元	927549	4.1
第三产业	万元	2619912	2.5
农林牧渔业总产值	万元	193771	-7.1
粮豆总产量	吨	181578	6.1
蔬菜产量	吨	169546	0.4
规模以上工业总产值	万元	1263797	1.9
规模以上工业增加值	万元	307742	1.5
固定资产投资额			-11.9
社会消费品零售总额	万元	1549240	19.2
实际利用外资	万美元	2078	-72.5
一般公共预算收入	万元	381256	2.5
一般公共预算支出	万元	349673	7.5
城镇居民人均可支配收入	元	48681	5.9
农村居民人均可支配收入	元	22967	9.5
商品房销售面积	万平方米	186.0	-16.3

（于洪区）

辽中区

【概况】 辽中区位于辽宁省中部。因在古代辽郡以西、辽水以东，宛在中央而得名。区域面积1645平方千米，耕地面积8.7万公顷。全区辖4个街道办事处、16个镇、18个城镇社区、216个行政村，拥有1个省级经济技术开发区近海经济区。户籍人口51.0万人，有汉族、满族、回族、蒙古族、锡伯族、朝鲜族等20个民族。自然条件优越，辽河、浑河、蒲河、绕阳河4河过境。区位优势明显，距离沈阳市城区52千米，南接台安，东邻辽阳，西连黑山，北界新民，在一个半小时经济圈内有钢都鞍山、煤都抚顺、化纤城辽阳、石化城盘锦等8大工业原料资源主产城市。境内各级公路总长1200余千米，京沈、灯辽、本辽、辽新高速公路与辽宁中部城市群、东北腹地联通，设有火车站，秦沈铁路穿境而过，交通网格日臻完善。2019年，农业农村部批准辽中为中国好粮油示范县、第二批国家农产品质量安全县。万谷园米业被农业农村部评为农业产业化国家重点龙头企业。区政府驻蒲东街道滨水新区滨水路26号。

区域经济。全区地区生产总值189.3亿元，增长2.7%；规模以上工业总产值75.1亿元，下降0.8%；固定资产投资下降14.3%；社会消费品零售总额96.3亿元，增长10.6%；实际利用外资14万美元；一般公共预算收入8.6亿元，下降8.4%；一般公共预算支出28.7亿元，增长5.1%；城镇居民人均可支配收入36098元，增长5.8%。营商环境持续改善，开通招商项目绿色审批通道，为项目提供贴身管家式服务；深入推进“一事一网一窗一次”（群众、企业办一件事，线上只进一张网，线下只到一个窗，现场最多跑一次）改革，实现可网办事项292项，其中124个高频事项实现“最多跑一次”；全面落实减税降费政策，企业减税1.7亿元、减少社保支出2000万元；深入开展“万人进万企”活动，为沈阳近海经济区万谷园米业等15户企业协调解决资金、技改等问题26个；政府支持的融资担保机构发放农业担保贷款1.1亿元。在市政府支持下，完成拖欠工程款及民营企业、中小企业账款当年偿还任务。启动国资国企改革，摸清国企底数，制定《国有企业改革实施方案》，建立国有资产台账，制定《辽中区行政事业单位资产处置管理暂行办法》《辽中区以资产抵顶政府性债务工作实施方案》，完成债务抵顶1500万元。招商引资项目引进实现突破，全年签约投资150亿元的中青城投珍珠湖—嗨城、投资30亿元的荣信地产、投资7.2亿元的一百岁家居建材产业园、投资5.5亿的北京首农集团农产品精深加工等亿元以上项目53个，特别是与日本DENBA公司签署的综保区冷链保鲜项目，实现外资项目零的突破。金龟减速机等6个项目竣工投产。全年开复工3000万元以上项目88个。投资800万元，完成跨境电商监管中心及电商产业园办公楼装修工程。盘活近海经济区14户企业124.4公顷闲置土地。完成7.8平方千米飞地经济园区规划调整，启动与北京顺义区园区“飞地经济”对接，达成与铁西、沈北等区域“飞地经济”战略合作。全年推进“飞地经济”项目77个，其中，建成4个、在建11个、签约22个。发展跨境电商产业，筹备召开跨境电商高峰论坛，大连稳稳支付等20余户电商企业签约入驻辽中。中科沈阳石化产品交易中心贸易额350亿元，邮政大厦电子商务孵化基地线上交易实现70万元。现代农业优化发展，全年粮食播种面积7.2万公顷，粮食产量61万吨；完成高标准农田改造3333.3公顷，调减玉米种植面积1.2万亩（800公顷），新建高标准设施农业小区34个、暖棚冷棚小区25个；富美莱花卉市场入驻商户达38户，绿植市场份额占沈阳市1/3。

城乡建设与管理。投资1710万元，完成辽中区孙家万村村路改造工程；完成辽中区肖寨门镇妈妈街村排水管道铺设工程；完成辽中区蒲河西堤南段人行路和绿化工程；完成辽中区六间房镇河流水质通量检测站工程；完成辽中区平房区路面硬覆盖工程。生态治理成效初显，落实中央环保督察“回头看”整改任务，出台《辽中区加强畜禽养殖业规范管理实施意见》，完成禁养区245户养殖户关闭搬迁，辽寨牧村养殖示范基地投入运营。实施勾家屯等生活垃圾填埋场治理处置和生态封育围栏工程。老城区污水处理厂二期扩容提标工程完成竣工验收。完成造林面积380余公顷。清理大棚房26处。严格落实三级河长制，黑臭水体整治初见成效。完成蒲安南街续建、城区道路修补、平房区路面硬覆盖及绿化美化亮化等工程，商业街、“海之帆”入选沈阳“夜八景”。整治和规范户外广告牌匾1100余处，植入辽中文化元素，成为城市形象新亮点。开通750、751、753三条纯电动公交线路，营运里程39.5千米，市民出行更加便捷。全面完善和巩固创卫成果，引进宋氏集团垃圾分类运行模式，社区生活垃圾分类试点有序推进。在全市率先启动农村生活垃圾“五指分类”试点，139个村实现垃圾源头减量8200余吨。投资3100余万元，完成妈妈街等7座农村污水处理设施提标扩容改造和养前村等10个美丽示范村污水处理设施建设；投资7000余万元，完成“四好农村路”及村内道路建设111.5千米；全区旅游景点、健身广场（公园）等处建有公共卫生厕所50座，启动实施5952户农村户厕改造，完成11座农村公共卫生厕所改造。深入开展扫黑除恶专项斗争，中央扫黑除恶督导组交办的35条线索全部查结。严格落实安全生产责任制，健全食品药品安全监管机制，遏制重特大安全事故发生。

民生工作。落实脱贫攻坚长效保障机制，对建档立卡贫困户中未纳入低保、五保范围的288户605人实施兜底保障。完成低保、特困等群体调标工作，发放各类救助金6000余万元。新增城镇就业人口2500余人，农村劳动力转移就业6000余人。完成1个区域性居家养老服务中心、7个社区养老服务站建设。完成棚户区改造796套，农村危房改造169户。实施小黄旗堡等4个村安全饮水改造工程。开展326户低保户散煤替代工作。

▶辽中区全民健身展示大会健身操表演　（辽中区供）

社会事业。完成4户企业高新技术企业培育申报工作，并进入沈阳市第一批高新技术企业培育库，辽宁增材制造产业技术研究院有限公司参加第十六届中国制造业博览会，沈阳世润重工有限公司等4户企业上报高新技术贴息补助，为企业解决500万元的融资问题，为沈阳艾克科技防火绝缘电缆首台套项目争取市级奖励资金300万元。强化集团化办学模式，在区域内全部消除大班额，完成37家学校、幼儿园秋季开学综合督导及23所民办幼儿园办园行为督导评估，完成430万元室内LED全彩屏、100万元阅卷机、150万元触摸一体机、120万元学生桌椅和2908万元薄弱学校设备采购的验收，争取项目资金5935万元，完成其中3446万元资金砍块工作。全区17个镇（街）综合文化站设施齐备，2019年，建设村级文化广场21个、文化站示范镇和示范村各2个。开展14项21场大型文化活动，围绕建党98周年和新中国成立70周年开展“唱响辽中”全民歌手大赛、辽中戏曲文艺晚会、第九届中国沈阳国家湿地旅游文化节、辽中首批旅游伴手礼评选活动、辽中“四季游”精品旅游线路推介会、第四届花溪地油菜花节、皮家堡第四届“辽中葡萄”采摘节、杨士岗首届湿地温泉旅游节、养前村农民丰渔节等。有近万人次参加活动，观众近5万人次。围绕全民健身举办辽中区迎新春速度滑冰比赛、正月十五广场舞大赛、全民健身休闲体育大会和徒步走展演活动，全民健身广场（公园）246处，活动面积67万平方米，全区安装健身器材299处，各种健身器材数量3680件（副），健身器材安装城乡全覆盖，供市民健身的慢行步道12处、2.3万延长米。区医院与省人民医院开展紧密型医联体合作，医疗救治能力逐步提升。实施分级诊疗模式，启动“大病不出县”工作。争取中央资金6300万元，建设区中医院和区妇幼保健中心。健康扶贫工作取得实效。全区有21.7万人参加新型农村合作医疗保险，争取省、市、区补助资金分别为7601万元、2918.1万元、1573.6万元，农民个人筹资4746.3万元，总筹集资金1.72亿元。全区有20.5万人次享受到新农合补偿，补偿金额1.5亿元，全区新农合资金运行基本平稳，基本公共卫生服务项目全面完成。

【第九届中国沈阳国家湿地旅游文化节】 6月28日开始，10月上旬结束。辽中区政府主办，辽中区文旅广电局、辽中区体育局承办。旅游文化节围绕庆祝中国共产党成立98周年、中华人民共和国成立70周年、促进辽中全域旅游发展、推进文化旅游体育惠民4大主题开展近20场大型活动，包括全民歌手选拔大赛、花溪地油菜花节、辽中葡萄采摘节、送惠民旅游套票进家、全民健身休闲体育大会等。互动活动辐射全区17个镇（街），有5万多人次参加。（史云芳）

【中国少年先锋队沈阳市辽中区第一次代表大会】 7月18日，中国少年先锋队沈阳市辽中区第一次代表大会召开。会议总结过去5年辽中区少先队在思想引领、基础建设、关注青少年成长及维权服务等方面的工作，并确定今后5年辽中区少先队工作的主要任务。全区161名少先队员、少先队工作者代表参加会议，30名学校负责人列席。闭幕后，同日召开辽中区第一届少先队工作委员会第一次全体会议，刘晔、刘慧当选辽中区第一届少先队工作委员会主任，刘舒、张连印当选副主任。（刘　舒）

【万谷园米业参加第十七届中国国际农产品交易会】 11月，沈阳近海经济区的民营企业万谷园米业有限公司作为沈阳市唯一一户企业参加第十七届中国国际农产品交易会暨首届江西“生态鄱阳湖·绿色农产品”博览会。会上，辽宁14户参展企业签约项目总金额2.71亿元，其中万谷园米业有限公司与广州三芽贸易有限公司签约1.4亿元的康森·留芽米系列产品，占全省参展企业项目签约额的52%。（史云芳）

辽中区主要经济指标

表39

指标	单位	2019年	同比增幅（%）
地区生产总值	万元	1893001	2.7
第一产业	万元	728391	6.2
第二产业	万元	321522	–0.8
第三产业	万元	843088	1.0
农林牧渔业总产值	万元	1463733	5.5
粮豆总产量	吨	578707	3.0
蔬菜产量	吨	867673	2.5
规模以上工业总产值	万元	750650	–0.8
规模以上工业增加值	万元	99482	–9.3
固定资产投资额			–14.3
社会消费品零售总额	万元	962853	10.6
实际利用外资	万美元	14	
一般公共预算收入	万元	86018	–8.4
一般公共预算支出	万元	287200	5.1
城镇居民人均可支配收入	元	36908	5.8
农村居民人均可支配收入	元	18793	10.0
商品房销售面积	万平方米	15.8	–37.7

（辽中区）

新民市

【概况】 新民市位于辽宁省中部，沈阳市西部，距沈阳市60千米。东与沈阳市沈北新区、于洪区相邻；南与辽中区相连；西与锦州市黑山县接壤；北与法库县、彰武县毗邻，西北一角与阜新市阜新蒙古族自治县搭界。区域面积3297平方千米。户籍人口66.1万人（24.5万户）。辖24个乡镇、4个街道（辽滨、新柳、东城、西城）、4个乡、20个镇、339个行政村、33个社区。新民市由新民屯发展形成。清初修“大御路”横贯此地并在路旁驻军移民。清顺治三年（1646）移入汉人（亦称民人），附近早有旗人居住点，汉人居住点即称民屯。因先有北边民屯，此地就称“新民屯”。以后建制一直袭用“新民”名称。新民市境内有G101京沈线（北京—沈阳）、G230通武线（通辽—武汉，原102京哈线）、G304丹霍线（丹东—霍林河）3条国道，有4条省道，沈通、辽宁中部环线2条高速公路在境内通过，京哈、高新2条铁路在境内通过。京哈高铁在境内设有中间站新民北站，新民北站同时也是通新高铁接轨站。新民市区有文化馆、新民大剧院（会议中心）等场馆。高台山遗址为国家级重点文物保护单位。谭振山民间故事为国家非物质文化遗产项目。新民文化博览园是国家4A级旅游景区。荷花节、元宵灯会等是新民特色节庆活动。新民大米、新民血肠为国家地理标志证明商标；“迈德利”大米、“立杰”食品获2019中国国际商标品牌节金奖。市政府驻新民市南郊路2号。

区域经济。2019年，新民市地区生产总值238.1亿元，增长6.6%；规模以上工业总产值78.9亿元，下降7.8%；固定资产投资增长15.1%；社会消费品零售总额117.6亿元，增长11.0%；实际利用外资3696万美元，增长133.3%；一般公共预算收入12.4亿元，增长11.4%；一般公共预算支出42.8亿元，增长1.7%；农村居民人均可支配收入18202元，增长9.8%。粮食总产量实现116万吨（23.12亿斤）。调减玉米种植面积7.9万亩（0.5万公顷），新增高标准农田建设面积3.5万亩（0.2万公顷）。蔬菜总产量159万吨，设施农业种植面积24.4万亩（1.6万公顷），设施蔬菜产量65.5万吨。2019年新民市新开发设施农业总面积12898亩（859.8公顷），约占沈阳市设施农业开发总面积的91.3%，居全省县域首位。基本形成六大基地：以大民屯、兴隆堡、兴隆、法哈牛为主的日光温室蔬菜生产基地，上茬以叶菜为主，春茬以果菜为主；以兴隆堡、法哈牛为主的温室草莓生产基地；以周坨子等为主的暖棚葡萄生产基地；以柳河沟、梁山、姚堡、卢屯等乡镇为主的两瓜冷棚生产基地；以红旗为主的冷棚西芹生产基地；以高台子、大柳等乡镇为主的冷棚速生菜生产基地。形成一乡一业、多乡一业、一村一品格局。全省农业招商引资暨设施农业建设现场会在新民召开。完成植树造林5万亩（0.3万公顷）。投资规模500万元以上农事企业65户，销售收入53.8亿元，带动农户24.9万户。新增家庭农场47户、农民专业合作社63户。招商引资和项目建设取得新成果。全市亿元以上项目开复工55个，总投资218.46亿元，2019年度投资40.8亿元。其中：续建项目29个，新建项目26个，开复工率达到100%。投资21亿元的韵达辽宁（新民）快递电商总部基地项目、投资5亿元的信昌粮贸十月稻田农业科技项目、投资5亿元的北京韩国林特医药产业园项目、投资32亿元的北京新希

▶菜农喜获丰收　　（新民市供）

望六域项目全面开工建设。中国城投、中国水电、中国建筑、中国交建等7户世界500强企业进驻新民。飞地经济取得新成效，全年洽谈“飞地经济”项目91个，签约项目37个。中城投集团、泛华建设集团有限公司投资25亿元建设京沈对口合作“飞地园区”项目签约落地。企业方面，“互联网+农业”阿里云、晨风科技等高科技公司强势进驻。玖龙纸业、汉臣氏和三九药业3户企业入选沈阳市瞪羚企业。中国城投、中国水电、中国建筑、中国交建等7户世界500强企业进驻新民市。

城市建设与管理。创新“三放一减”改革，针对乡镇队伍弱、事权弱、财力弱、责任多问题，创新“三放一减”改革：下放选人用人权，推进城乡干部大交流，打破农村干部选拔使用的隐性台阶，乡镇干部年龄整体下降3岁；下放审批服务权，在乡镇设立自然资源、农业技术推广、综合事务服务三个分中心和综合行政执法乡镇大队，向乡镇下放134项审批服务事项；下放财政管理权，乡镇金库全面实行自管；切实为基层减负，推进“三个区分开来”（把干部在推进改革中因缺乏经验、先行先试出现的失误和错误，同明知故犯的违纪违法行为区分开来；把上级尚无明确限制的探索性试验中的失误和错误，同上级明令禁止后依然我行我素的违纪违法行为区分开来；把为推动发展的无意过失，同为谋取私利的违纪违法行为区分开来）具体化，优化基层干部工作环境，夯实乡村振兴的组织基础、制度基础和人才基础。生态环境进一步改善，梁山生活垃圾填埋场新建固定式渗滤液车间投产使用，实施辽河、蒲河流域污水处理设施和污水管网建设工作张家屯镇、法哈牛镇、新农村镇污水处理设施工程建设完工；空气质量总体良好，全年空气质量优良天数268天。完成涉及农村2.22万人农村安全饮水工程建设。完成柳河左岸农村段堤防加固等17项水利工程建设。完成27处“大棚房”问题整改、387处高铁外部环境隐患整治和1处违建别墅整治工作。完成造林50138亩（3342.5公顷）；完成森林抚育1万亩（666.7公顷）。完成工人北街、清真寺东路等9条道路新建改造工程。增加城市东、北两向出入口。完成学府大街建设工程。完成辽西北供水配套工程主体建设和南郊、铁北排水泵站建设工作。完成各级公路维修改造400多千米。京沈客专（北京—沈阳高铁客运专线）、新通客专（新民—通辽高铁客运专线）正式运营。彰北大桥实现通车。实施新民客运站候车大厅维修改造。新开通公交线路3条，更新新能源电动公交车45台。

民生工作。“零就业家庭”保持动态为零。扶持创业带头人76人。吸引储备大学毕业生就业创业1500人。养老保险参保人数34.7万人。累计发放企业退休金、城乡居民养老保险金9.8亿元。发放各类补助救助款7575万元。发展产业扶贫项目11个。带动建档立卡贫困户100户、184人脱贫。

社会事业。科技型中小企业入库完成43户。青年农民上大学120人。其中10名被评选为沈阳市科技示范户。企业扶持方面，RD研发经费增量奖励金、企业创新券等上级科技扶持资金308.5万元。组织科技讲师团开展大型科技培训。城南小学投入使用；完成兴隆学校等7所幼儿园主体工程建设，总建筑面积9500平方米，新增学前教育学位900多个；胡台分校一期工程教学楼完工，教育体系日臻完善。

【新民市党政机关事业单位改革工作完成】 按照省委、沈阳市委《新民市机构改革方案》，新民市设置党政机构36个。其中党委部门10个，政府工作部门26个。至2019年1月底，36个党政部门完成集中挂牌，36个党政机构领导班子全部配备到位，实现集中办公。完成人员转隶、国有资产划转、档案交接工作。涉改事业单位333个，其中公益性事业单位314个，优化整合为19个事业单位。19个经营性事业单位全部完成转企改制。乡镇（街道）改革实施到位。

【新民市第十八届荷花旅游文化节】 7月26—31日举办。首日在仙子湖会展中心广场举办开幕式。活动由沈阳市文化旅游和广播电视局、市政府主办，新民市委宣传部、新民市文化旅游和广播电视局、前当堡镇政府、沈阳仙子湖旅游服务公司协办。文化节期间举办千人探寻最美荷花、仙子湖摸鱼节、荷你有约亲子泡泡趴、荷花节祈福系列活动、食荷而来国际美食节、为荷抖动抖音大赛、仙子湖半程马拉松等活动。

【2019中国（新民）国际马术耐力赛一星级赛】 8月25日在新民柳河马业马术训练场举行。中国

马术协会主办，新民市政府承办并上报国际马联批准。比赛分一星级耐力赛和40千米、80千米耐力赛。其中一星级耐力赛是首次在辽宁新民举行，也是东北地区最高级别的国际马术耐力赛，有100对中国、迪拜、泰国、日本的人马组合参加比赛。中国选手付大勇、于鸿瑀分别摘得冠军和亚军，迪拜选手获季军。

（王丽芬　刘俊林　段佐敏）

新民市主要经济指标

表40

指标	单位	2019年	同比增幅（%）
地区生产总值	万元	2380742	6.6
第一产业	万元	760833	6.7
第二产业	万元	512041	9.3
第三产业	万元	1107868	5.3
农林牧渔业总产值	万元	1480144	6.7
粮豆总产量	吨	1155781	13.4
蔬菜产量	吨	1593379	3.3
规模以上工业总产值	万元	789448	-7.8
规模以上工业增加值	万元	205030	11.5
固定资产投资额			15.1
社会消费品零售总额	万元	1175574	11.0
实际利用外资	万美元	3696	133.3
一般公共预算收入	万元	124077	11.4
一般公共预算支出	万元	427684	1.7
农村居民人均可支配收入	元	18202	9.8
商品房销售面积	万平方米	17.7	5.9

（新民市）

康平县

【概况】 康平县位于辽宁省北部，地处北纬42°31′至43°02′，东经122°45′至123°37′。北与内蒙古科尔沁左翼后旗毗邻，东隔辽河与昌图相望，南接法库，西临彰武，位于沈阳一小时经济圈内，是沈阳经济区北部腹地的重要支撑点之一，是沈阳城市发展四大空间战略的向北门户，又是辽、吉、内蒙古两省一区结合部的区域中心。康平县东西长73千米，南北宽58千米，西南为兴安岭——医巫闾山余脉，北部为科尔沁沙地东南缘，东部为辽河冲积平原，形成西高东洼、南丘北沙、地形起伏的特点。康平属北温带大陆性季风气候。年均日照2867小时，多年平均降水量524毫米，平均年蒸发量2018.2毫米。年平均风速为4.6米／秒。平均气温6.9℃，平均结冻期164天，平均冻土深度120厘米，无霜期151天。境内有辽河、利民河与东、西马莲河等多条河流，河流总长218千米，流域面积2160平方千米。辽河境内长度52.7千米，拥有辽宁省第一大、东北第二大的平原淡水湖——卧龙湖。全县水资源量1.89亿立方米，可利用地表水为6220万立方米，可利用地下水1.26亿立方米。煤炭储量丰富，探明储量近10亿吨，地下有优质天然锶矿泉水，锶含量为国家颁布的饮用矿泉水标准的8—10倍。康平是全国风能资源最丰富的地区之一，风向稳定，可开发建设150万千瓦的发电厂。全县森林面积达8.47万公顷，森林覆盖率39%，是国家三北防护林建设重点县、国家级生态建设示范区、全国绿化模范县。区域面积2167平方千米，辖12个乡镇（5镇、7乡）、3个街道办事处、1个新城区、1个开发区，161个行政村。户籍人口34.1万人。161个行政村实现“村村通”油路，658个自然屯实现“屯屯通”水泥路。全县有各级公路311条、1826.5千米，公路密度为每百平方千米拥有公路83.98千米。沈阳至黑龙江明水国道203线贯穿南北，彰武至桓仁省道横贯东西，铁路货运抵达康平。特别是境内23.6千米沈康高速、52.2千米铁朝高速呈十字型连通，康平至北京车程6小时、至长春2小时、至沈阳1.5小时。境内旅游资源丰富，有国家AAA级景区卧龙湖风景区、巴尔虎山（北坡）森林公园、海洲万亩松林景区、金沙滩国家级沙漠公园、大辽圣市商业街、辽河湿地公园生态景观带、清诚慎亲王那尔苏陵园等旅游景点。卧龙湖大辽文化冬捕节是康平县一大特色旅游品牌。县政府驻胜利街道迎宾路106号。

区域经济。2019年，康平县地区生产总值111.6亿元，增长4.6%；规模以上工业总产值43.5亿元，增长17.2%；固定资产投资增长2.5%；社会消费品零售总额44.6亿元，增长8.5.%；实际利用外资42万美元；一般公共预算收入10.9亿元，增长35.3%；一般公共预算支出27.5亿元，增长0.2%；农村居民人均可支配收入16434元，增长9.3%。工业经济优化升级，亿元以上开复工项目50个，增长56.3%；“飞地经济”成果显著，全年推进“飞地项目”73个，其中投产运行3个、开工建设14个、签约16个；清洁能源产业稳步发展，全县风电、光电装机容量分别达到80万千瓦、27万千瓦，总投资76.5亿元的远景能源风力发电和风机制造项目签约落地，国电优能二牛、小城子风电场并网发电。塑料纺织产业提档升级，成功举办第二届中国再生塑料行业标准与技术创新大会，总投资32.5亿元的塑料循环产业园再生园项目一期投入试运行，北强塑料制品、宠时代笼具等项目开工建设，总投资10亿元的奚北袜业产业园项目投入试生产。新材料产业实现突破，高导热碳纤维、新材料研发中心、新材料检测中心项目正式签约，涤纶长丝、热塑性弹性材料项目开工建设。农副产品精深加工产业规模壮大，总投资2.1亿元的佳合肉鸭全产业链项目二期开工建设，总投资22亿元的新望生猪产业化项目一期建设完工，牧原生猪养殖项目签约落地。现代农业稳步发展。农业综合生产能力提升，粮食总产量61.9万吨以上，高效特色作物面积达到3.4万公顷，猪牛羊等畜产品有效供给，非洲猪瘟疫情防控成效显著。农业基础设施建设加强，新增高标准农田0.4万公顷，完成农业“两区”（粮食生产功能区和重要农产品生产保护区）划定10万公顷，农业综合机械化水平达到88%。地域农业品牌知名度提高，获“国家农产品质量安全县”授牌，国家地标农业品牌达到5个，绿色有机食品认证达到107个。农业功能不断拓展，全县都市休闲农业园区、采摘园、休闲农业特色村达到20个。农村电商产业发展迅速，交易额实现3亿元以上。全县土地确权颁证工作实现应颁尽颁，颁证率达到100%。农村集体产权制度改革取得实质性进展，180个集体经济组织登记赋码工作全部完成。农村土地承包“三权分置”改革稳步推进，全县土地流转面积达到2.7万公顷，为发展规模、高效、生态农业奠定坚实基础。服务业提质增效。全域旅游持续升温，全年累计接待游客126万人次，旅游总收入3.6亿元。卧龙湖旅游产业快速发展，高标准举办第七届大辽文化冬捕节、卧龙湖之夏系列文艺演出等精品活动，天沐温泉旅游度假区、祺州水镇项目加快推进，卧龙湖景区景观节点提升工程完工，卧龙湖品牌影响力、美誉度日益增强。乡村旅游产业提速发展，举办寒富苹果采摘节、杏花节等乡村系列特色活动，辽河祺州风景区、巴尔虎山景区基础设施日益完善，新建乡村客栈45家，祺州古城重建项目积极洽谈。房地产市场平稳运行，亿居公园里二期、御康府壹号院项目交付使用，康湖茗筑一期项目主体完工。现代物流产业起步发展，长吉物流项目投入运营，阿大物流项目正式签约。

城乡建设与管理。生态建设持续巩固。加强卧龙湖生态保护，成功启用引辽济湖工程实现生态补水1200万立方米，环湖绿化工程完工，卧龙湖湿地科普馆正式开馆。推进防沙治沙工作，完成植树造林2000公顷。“河长制”管理体系逐步完善，大力开展河湖“清四乱”工作，实施重点流域断面水质监测，整治黑臭水体35条，完成辽河险工险段治理工程5处。“蓝天行动”深入实施，拆除燃煤锅炉17台，有效管控秸秆露天焚烧，秸秆综合利用率达到90%，空气优良天数达到268天。康平净水厂项目主体完工，新建供水配套管网49.7千米，新建、改造二次加压泵站43个。新建、改造城区集中供热管网13千米，新增集中供热换热站3座，开发区燃气供热及管网工程竣工并投入使用。含光街南延道路及雨污分流工程有序推进。城北污水处理厂达标试运行，中水明渠污水收集管网工程完工。村庄清洁行动效果显著，强力推进“三清一改”（清理农村生活垃圾、村内塘沟、畜禽养殖粪污等农业生产废弃物、改变影响农村人居环境的不良习惯）工作，实现“六有六无”（有坚强有力的领导班子、有强村富民的绿色产业、有功能完善的活动场所、有执行到位的村规民约、有作用突出的民调组织、有优美整洁的人居环境，无返贫户、无越级访、无刑事案件、无安全事故、无违纪党员干部、无脏乱差的环境）目标。创建美丽示范村15个，其中精品示范村5个。创建农村垃圾分类试点村15个，垃圾闪蒸矿化处理试点站投入使用。完成11个农村污水处理设施建设，安装室内水冲厕所680座。19个贫困村粪便堆沤腐熟造肥试点项目全部完工，畜禽粪污资源化利用整县推进项目获国家备案。维修改造农村公路273千米，新建“一事一议”村内路94千米，美丽示范村村内道路硬化亮化工程全部竣工。城区地下管线三维立体图测绘完成，为城市建设管理提供准确、直观参考。采用市场化运营模式，启动城区生活垃圾分类试点。依法拆除各类违章建筑79处、面积3538平方米。改造聚鑫市场、九派商场等4处临时停车区，安装中心路护栏1600米。违建别墅清理、卫片执法检查整改、“大棚房”专项整治取得实效。深入推进扫黑除恶专项斗争，侦破涉恶案件30起，刑事拘留55人。

民生工作。脱贫攻坚成果巩固，全年为3209户5864人城乡低保群众，发放低保金1717.8万元、发放电价补贴14.5万元、发放高龄老人补贴23.8万元，春节期间发放“两节”救助金约341万元，发放临时救助资金32.3万元，发放医疗救助资金160.7万元。无新识别贫困人口。强化产业扶贫引领，带动国标建档立卡贫困人口3781户、7728人，发展“四小经济”（小庭院、小养殖、小作坊、小买卖）项目，实施红薯储藏窖、杂粮真空包装等资产收益性扶贫项目10个，建成光伏扶贫电站9个。夯实重点贫困村基础设施建设，建成贫困村扶贫路50千米，改造贫困户危房352户，巩固提升农村饮水安全工程12处。教育、医疗、助残等扶贫政策全面落实。新增城镇实名制就业2355人，农村劳动力转移输出8035人。城镇居民医疗保险常住人口参保率、新农合常住人口参合率分别达到98%、99%，城乡居民医保整合后首次征缴工作顺利完成，企业退休人员养老金按时足额发放。城乡低保、特困人员供养提标任务全面完成，残疾人各项保障政策有效落实。居家养老服务实现以政府为主导的社会化运营，全县居家养老机构达到17个。县乡村三级退役军人保障体系构建完成，服务站实现全覆盖。实施马家窝堡、城北污水处理厂地块棚户区改造，采煤沉陷区动迁安置工作强力推进。

社会事业。教育事业均衡发展，朝阳幼儿园、张强中心幼儿园项目主体完工，康平县普惠性幼儿园达到25所；职业教育校企合作深入推进，义务教育课程改革取得成效。医疗水平不断提升，继续推进分级诊疗工作，启动县域医共体建设，妇幼保健院综合楼工程竣工，同康医院项目主体完工。文体事业加快发展，举办全国马术西部绕桶赛、首届沈阳国际徒步节分会场活动，开展各类文艺公益演出36场，改造提升村级文化广场28个，创建省级标准乡镇综合文化站2个。

（王　冲）

【沈阳卧龙湖湿地科普馆开馆】 6月22日，康平卧龙湖生态项目之一的卧龙湖湿地科普馆正式开馆。至此，由法国开发署提供贷款的卧龙湖生态项目历时5年全部建成，卧龙湖湿地保护与生物多样性得到全面提升。科普馆坐落于卧龙湖生态保护区东南岸，建筑面积2860平方米，由中法两国设计师共同设计。科普馆有3层，分别为接待服务区、展陈区和多功能厅。馆内运用实物、标本、模型、多媒体等方式展示湿地文化与鸟类科学知识，诠释人与自然的关系。

【第二届中国再生塑料行业标准与技术创新大会】 8月30日在沈阳东北大学国际学术交流中心召开。中国再生资源回收利用协会再生塑料分会、沈阳市工信局和康平县政府共同主办。大会是第二十八届中国国际制造业博览会的分论坛活动。国务院发展研究中心周宏春、中国再生塑料行业标准工作委员会陆晓中、华东理工大学教授吴驰飞、沈阳化工大学教授葛铁军、东北大学教授胡建设及行业内知名企业的专家学者作精彩的报告。在企业交流环节，康平塑料循环产业园和沈阳宋氏集团等就再生资源智能分类回收模式、废塑料环保处置与再生循环利用等与参会代表进行交流。（志　闻）

康平县主要经济指标

表41

指标	单位	2019年	同比增幅（%）
地区生产总值	万元	1116196	4.6
第一产业	万元	349481	4.2
第二产业	万元	289633	13.4
第三产业	万元	477082	持平
农林牧渔业总产值	万元	688034	4.1
粮豆总产量	吨	618810	10.2
蔬菜产量	吨	312578	9.7
规模以上工业总产值	万元	435210	17.2
规模以上工业增加值	万元	104829	11.1
固定资产投资额			2.5
社会消费品零售总额	万元	445646	8.5
实际利用外资	万美元	42	
一般公共预算收入	万元	108919	35.3
一般公共预算支出	万元	274545	0.2
农村居民人均可支配收入	元	16434	9.3
商品房销售面积	万平方米	12.8	-52.2

（康平县）

法库县

【概况】 法库县位于沈阳市北部，西接新民市、彰武县，北邻康平县，东连调兵山市、开原市、昌图县。法库为满语Faku音译，汉译为鱼梁，寓水草丰美之意。区域面积2281平方千米，行政区划为2个街道、12个镇、5个乡（含1个蒙古族乡）、233个行政村、12个社区，有汉、满、蒙古、朝鲜、锡伯等22个民族，户籍人口43.6万人。境内有沈康、铁朝、铁新3条高速公路和国家、省级公路6条，县级公路实现村村通，有铁康线铁路1条和火车站1座，交通便捷。县城内建有集图书馆、文化馆、博物馆、体育馆、影剧院和文化广场为一体的文化体育中心。叶茂台辽墓群为全国文物保护单位，五龙山景区、财湖景区、爱新觉罗祖家坊度假区、白鹤楼景区为AAA以上旅游景区。举办的国际白鹤节、荷花节、登山节、古枫节、葡萄节、树莓节、寒富苹果节等特色节庆和国际陶瓷博览交易会、国际飞行大会、驴交易博览会等大型会展，成为地域特色活动。县政府驻吉祥街道兴法东路22号。

县域经济。2019年，法库县地区生产总值184.6亿元，增长5.3%；规模以上工业总产值122.8亿元，增长7.4%；固定资产投资增长16.1%；社会消费品零售总额62.8亿元，增长12%；实际利用外资1750万美元，增长33%；一般公共预算收入12亿元，增长12.4%；一般公共预算支出32.4亿元，增长6.3%；农村居民人均可支配收入16976元，增长9.6%。陶瓷建材产业五洲陶瓷等13户企业完成技术改造，新王者等19户企业产品获环渤海地区知名品牌。举办第十八届陶博会，吸引广东、福建、山东、江西、河南、河北、辽宁等省份以及国际知名品牌在内的200余家建筑陶瓷、卫生陶瓷、艺术陶瓷生产商、原材料供应商、高新技术服务商、建材贸易商参展。在为期3天的展销期间，接待域内外、海内外客商3.5万余人次。通用航空产业开展通航研学2000余人次，完成飞行驾照培训50人次，执行警务巡航任务300小时；开展无人机飞手培训100人次，实施无人机飞防联合作业2万公顷；财湖机场飞行时间1万小时，增长71%；联航神燕P2006T、P2010两款机型年产突破60架，销售额增长30%以上；沈航自主研制的国内首架四座电动飞机在财湖机场试飞成功，永乐通航研学户外营地、东北地区首个跳伞体验项目投入运营。现代农业花生种植面积增长30.8%，设施花卉种植面积增长2.3倍，中草药种植面积增长3.5倍；小龙虾种苗繁育基地正式落户，稻田综合种养殖面积64.9公顷；新增新型经营主体427个，增长27.5%；实现土地流转3.4万公顷，增长7.5%；新增农业服务中心2家，土地托管面积3133公顷，增长80.8%；新增“一村一品”“多村一品”专业村9个。服务业新增限额以上贸易企业43户，累计达172户；“智慧法库”App成功上线，“互联网+农业”共享平台投入运行，新增电商经营主体46家，增长82.1%。

城乡建设与管理。完成十间房镇、依牛堡子镇2个中心镇总体规划，半拉山子村等24个美丽示范村规划、叶茂台村省级历史文化名村规划方案。农村积存垃圾得到清理，完成农村改厕1686座，依牛堡子镇西拉马河子村被评为全国乡村治理示范村。修建道路29.8千米，安装路灯1395盏。完成“四好农村路”171千米、一事一议村内道路131.6千米，修建国省干线公路31千米。钱家沟村等25个文化广场完成升级改造。农村饮水安全工程基本完成，惠及12个乡镇30个村4万余人。城南污水管网工程、团山子变电站出口电缆改造等23项工程竣工投入使用。全面落实河长制，完成水质达标反馈问题整改387处，辽河干支流生态封育2200公顷，3个市考以上断面稳定达标。

民生工作。帮扶293户建档立卡贫困户发展花生、辣椒、牛、羊等高效农业项目，116名贫困家庭在校学生全部纳入义务教育“两免一补”范围，建档立卡贫困人口全部纳入医疗保障救助范围，贫困户危房改造全面完成。新增农村劳动力转移就业7737人、城镇实名制就业2375人。发放创业担保贷款1307万元，增长46%。发放城乡困难群众救助金3276万元，救助困难家庭3973户。新建区域性居家养老服务中心1个、社区养老服务站4个。

社会事业。辽宁省无机非金属新材料科技成果转化示范基地正式揭牌。中国瓷谷新材料科技企业孵化器、沈阳通用航空创业孵化基地入孵科技项目23个。

新增高新技术企业9户，增长2.3倍；新增科技型中小企业25户，增长3.5倍。叶茂台小学等6所学校完成供暖改造。法库县被评为辽宁省青少年校园足球工作优秀单位。与301医院、北部战区医院合作完成医联体建设，远程DR会诊系统覆盖所有卫生院。举办庆祝新中国成立70周年系列活动，文化惠民活动达到40余场次，群众文化生活更加丰富。

【全国重点陶瓷产区政协工作会议第六次会议】 6月28—29日在法库县召开。法库县和四川省乐山市夹江县、眉山市丹棱县，河南省鹤壁市山城区、安阳市内黄县，河北省石家庄市高邑县，江西省宜春市高安市，广西壮族自治区梧州市藤县，湖北省宜昌市当阳市，辽宁省朝阳市建平县7省区10县区（市）政协60余人参加会议。各地政协围绕“强化交流合作、共促陶瓷产业绿色、循环和可持续发展”作交流发言。全体与会人员参加陶博会开幕式及唐英像揭幕仪式、陶瓷产业高峰论坛，观看“璀璨瓷谷”焰火表演，参观法库陶瓷会展中心。

（戴国富）

【第二届辽宁特色白酒小镇旅游文化节暨农民丰收节】 9月29日至10月8日在大孤家子镇爱新觉罗皇家博物院举办。其间，举办法库文旅产业推介大会、法库地方特色品牌白酒联展暨法库地方特色产品展销、世界非物质文化遗产作品展、满族手工艺品展销、农村特色商品小吃集市等主题活动，举办萨满舞、满族旗袍秀、满族婚俗大礼游街以及清皇室风情表演等系列文化民俗表演。

（李德才）

【辽宁法库经济开发区获评2019中国陶瓷优秀产区】 2020年1月7日，在第九届全国陶瓷人大会暨第二届中国陶瓷品牌节上，辽宁法库经济开发区被评为2019中国陶瓷优秀产区。开发区对陶瓷产业不断升级，启动无机非金属材料示范基地建设，推进陶瓷产业全面向绝热节能保温材料、卫生洁具等方面拓展。投资4.1亿元，实施技术改造13项，陶瓷中板、全瓷瓷片等新产品产量大幅增长。市场化淘汰低端落后产能企业7户，去低端落后产能6000万平方米。第一家“好陶瓷·法库造”品牌直销店正式运营。

（戴国富）

法库县主要经济指标

表42

指标	单位	2019年	同比增幅（%）
地区生产总值	万元	1845785	5.3
第一产业	万元	401362	5.1
第二产业	万元	430682	6.4
第三产业	万元	1013741	5.0
农林牧渔业总产值	万元	849874	5.0
粮豆总产量	吨	815205	40.9
蔬菜产量	吨	230243	5.1
规模以上工业总产值	万元	1228363	7.4
规模以上工业增加值	万元	336776	5.7
固定资产投资额			16.1

续表42

指标	单位	2019年	同比增幅（%）
社会消费品零售总额	万元	627429	12.0
实际利用外资	万美元	1750	33.0
一般公共预算收入	万元	119557	12.4
一般公共预算支出	万元	323575	6.3
农村居民人均可支配收入	元	16976	9.6
商品房销售面积	万平方米	43.7	-0.3

（法库县）

三十八、街道（乡、镇）

和平区南湖街道

【概况】 南湖街道位于和平区东部，地处沈阳市重要经济承载区核心位置。东起青年大街，西至望湖路、宁波路，南起浑河北岸，北至西滨河路，地理位置优越。辖区南面毗邻浑河，沈水湾公园与西北面南湖公园、鲁迅儿童公园、带状公园遥相呼应，构成市区独有的生态景观滨水廊道。辖区占地面积7.18平方千米，居民近3万户，总人口约12万人，其中常住人口10.6万人，流动人口近2万人，住有汉、蒙、回、苗、壮、朝、满、达斡尔族、锡伯族、白族10个民族。街道下辖文安路、中科院、三好街、文化路、东大、彩塔街、保安寺、新世界花园、旺嘉园9个社区，有驻街企业1.8万户。街道办事处位于南五马路185巷5号。

经济发展。辖区有34座商务楼宇，主要分布在青年大街、三好街、文化路三条主街路上，以IT、高科技、手机、电脑、金融为主要业态。重点商务楼宇有14座，总占地面积21.8万平方米，平均入驻率80%，高于全市平均水平，成为沈阳市乃至东北优质企业办公聚集地。推进地区会展业发展，带动辖区整体经济运行提升，注重培育三好街创新创业氛围，为新入驻企业提供更多平台，回应企业诉求，加强沟通服务。为对辖区纳税百强单位提供VIP式服务，邀请辖区纳税百强单位召开表彰大会，并积极响应万人进万企活动，深入走访企业，了解企业经营发展情况，强化与辖区企业的沟通联系。

城市管理。精细化打造社会治理网格化新格局。以领导班子包片、科室包保社区的模式提升发现问题、解决问题的能力，做到既保证非物业小区的扫保质量，又督促物业小区日常环境管理到位；既确保驻街高校承担好家属区环境卫生，又监督沿街商户落实好门前三包责任制；既组织机关干部包保园区街巷，又发动驻街志愿者开展丰富多彩的志愿活动，多措并举维护辖区市容环境整洁有序。进一步推进社区议事协商工作向规范化、标准化方向发展，形成“共建共享”的浓厚氛围，各社区均能充分运用议事协商平台，开展各项社会治理工作，做到事前征求意见，事中百姓监督，事后百姓评议。开展形式多样的垃圾分类宣传活动，引导居民进行垃圾分类。严格安全隐患排查，派出检查人员557人次，检查企业256户次，下达执法文书282份，发现安全生产隐患26处，全部监督整改。组织企业开展消防安全应急演练3次，并在南湖公园游乐场开展游乐设施安全救援应急演练1次。

社会事业。实行全年无休和

错时工作制度。推进社会救助工作及时到位，被认定就业困难人员、享受就业扶持政策人员、新就业人员登记、失业人员的发证和登记率为100%。定期回访222户低保户情况，做好480名残疾人补贴工作。共扶持创业带头人27人，带动就业162人。在完成3个社区日间照料站改为社区老年服务站的基础上，完成旺嘉园社区和文化路社区居家养老养护中心建设，加快社区老年服务站的企业承接运营工作。

【胡静琴书记工作室】 6月，在文安路社区投资10余万元建立全市首个以社区书记命名的工作室。通过总结学习宣传文安路社区党委的典型经验和先进做法，传播胡静琴书记先进的社区服务理念，形成可复制可推广的经验，让优质资源全区共享，带动全区社区工作者队伍整体提升。工作室通过培训和座谈，成为培育社区干部的“摇篮”、诊治社区工作疑难杂症的“专家诊所”。

【“红色引擎”工程】 2019年，南湖街道党工委开展由红色讲坛、红色智库、红色纽带、红色梦想组成的“红色引擎”工程。先后组织各社区党委、党支部开展主题教育宣讲，通过书记上党课、文艺表演等方式，积极调动居民党员学习积极性和主动性。举办万象精英汇红色讲坛系列活动，邀请各界精英模范围绕党的建设、雷锋精神、工业设计、基因工程等主题开展6期宣讲，调动非公党员积极参与。利用南湖智慧党建App万象红色驿站板块，为非公企业党员发布学习资料，包括“党员之声”、网络公开课、党建课堂等。建立红色智库，吸纳15名辖区各行业高精尖人才为智库专家。

（王　炎）

沈河区大西街道

【概况】 大西街道位于沈河区中部，北起中山路和小西路，南到大西路和沈洲路，东起西顺城街，西至青年大街，辖区面积1.2平方千米，下辖迎新、志新、涌泉、兴丰、杏林、康壮、天光7个社区，有居民楼247栋，居民26231户、68197人，0—14岁儿童4193人，15—49岁育龄妇女10365人，60岁以上老年人15850人，90岁及以上老人313人，100岁及以上老人5人。驻街单位有百联中心、国美电器、梦金园珠宝、上海锦江国际旅馆投资有限公司怀远门分公司、沈阳市共青团实验中学、沈阳市红十字会医院等。街道区位优势明显，交通四通八达，公交、地铁方便快捷，大型超市、商场商业资源丰富。11月，大西街道整体并入朱剪炉街道。

经济发展。截至11月，街道限上社会消费品零售总额48.5亿元，下降14.4%；限上批发业销售额59.2亿元，下降4.4%；限上住宿业营业收入856万元，增长6.8%；固定资产投资1.2亿元，增长75.7%；建筑业产值4.3亿元。街道对辖区20万元以上税收企业111户建立包保责任人，从街道、社区两个层面做好综合治税工作。实行为企业提供全程服务制度。完成第四次全国经济普查工作，普查企事业单位法人户数2025户，个体1966户。查找重点企业纳入“四上”企业库，完成7户限上企业增户工作，其中5000万元大型企业4户。紧紧围绕“菜篮子”工程建设统筹规划，街道积极深入实地考察，将符合标准的网点上报，完成上报21户。

社区建设。开展民生服务，提升群众幸福指数。以民为本，改进窗口服务，积极开展简政放权工作，科学设置窗口服务项目，服务窗口实行服务清单上墙、制作办事流程单，覆盖与群众密切相关的服务事项。全面改善社区办公环境，天光、涌泉两社区在4月初搬入新办公用房，8月志新社区新办公用房进行装修改造工程。2019年涌泉社区接受省级福利彩票公益金资助城乡社区服务设施建设项目。按照区人大对老旧车棚改造的工作要求，拆除改造老旧车棚5个，总面积1320平方米。9月28日，沈河区亿汐（兴丰）居家养老服务中心正式开业进行运营。天光社区被选为精神障碍社区康复服务试点社区。

社会保障。养老保险完成1469万元；居民医保参保394人；为参加城保人员办理新参保、退休领取待遇、死亡领取丧葬费等手续111人次；异地退休人员待遇资格领取认证10人；城保待遇领取资格认证653人次；病退29人次。公租房新增150户，廉租房6户，经济适用房退款12户。新增低保户20户、23人，每月发放合计14607.4元。停发129户、182人，停发低保金合计10.78万元。办理老年证211人，优待证74人，办理高龄老人补贴921人。发放高龄补贴68.15万元，办理老人意外险166人。办理一胎生育指标142人，二胎生育指标38人，补发独生子女光荣证20个。

城市管理。创新城市管理工作，亮化城区街区环境，健全各项制度，实施网格管理，先后30次召开网格化管理推进会，层层落实责任，形成有大西特色的指挥方案，并制定细而周到的监督、考评制度。联合执法大队按规定、按程序拆除大西地区违章建筑，有效整治大西地区乱搭乱建问题，辖区环境得到全面提升。累计完成拆违总数47处，完成拆违面积6754平方米。加速推行老旧小区整治行动，升级改造辖区整体环境。修复破损垃圾桶盖150个，冲洗擦拭垃圾桶400个。清理小区绿地、小广场、楼道等公共区域，彻底清除园区卫生死角，累计清理杂物1000余车次，总计1000余吨。清理违规小广告1.4万处。处理区中心交办的数字化案件共1.6万条，结案率99.8%。受理诉求案件770件，按期结案770件，结案率100%。继续完善“心防”体系建设，利用全街的“心理咨询室”，面向社区群众、特殊人群开展心理健康咨询和普及性讲座，并且大西街道杏林社区作为全市政法系统重点工作现场观摩拉练活动沈河站接受全市政法系统领导观摩调研。配合国家“天目—18”铲毒行动及推进“全国禁毒示范城市”创建工作，着力开展禁毒宣传、夯实禁种踏查环节，进一步推进全街禁种铲毒及吸毒人员管理工作，实现全街毒品原植物“零种植、零产量”的工作目标。依托街道网格加大域内特殊人员管控。（臧绣宇）

【“妇联邀你回娘家”系列活动】 3月5日在中国黄金北方国际珠宝城举办。由沈河区妇联主办，大西街道党工委承办。系列活动以践行新思想、建功新时代、展现新作为为主题。沈河区妇联、大西街道、辽宁中金欧亚珠宝集团、锐洋集团、沈阳百联购物中心有限公司、沈阳长盛泉广告有限公司、圣泰口腔医院的相关领导及广大巾帼志愿者100余人参加活动。志愿者们首先参观省非公党建示范点中街地区沈阳市党员组织生活体验中心、党群活动中心，随后举办妇女工作展示会，表彰王欣绥等43名优秀巾帼志愿者，3位优秀妇女代表发言。

【大西街道撤销】 11月，沈河区调整行政区划，将15个街道整合为11个街道。撤销大西街道，将其管辖区域整体与原朱剪炉街道所辖府东、格林豪森、晓春、剪炉、回民、宝石6个社区合并，街道办事处办公地址为万寿寺街161号。（志　闻）

大东区津桥街道

【概况】 津桥街道位于大东区西南部，东起东辽街与锦园路交会点，西至临河路与联合路交会点，北起联合路与北海街交会点，南至津桥路与德增街交会点。占地面积4.8平方千米，下辖16个社区，常住人口15.1万人。街道办事处位于边东街20号甲和东北大马路104—1号两处。

经济发展。以“稳增长”为核心，依托“万人进万企”活动，及时准确了解和掌握政府出台的惠企利民政策，增强驻街企业对营商环境的获得感和满意度。2019年实际到位内资1.5亿元，完成年计划的100%；社会消费品零售总额完成5501万元，完成年计划的100%；服务业扩库指标2户，为年计划的200%；规模以上工业产值4833万元；贸易业扩库指标完成3户。

社会事业。深化各项民生工程。就业创业、社会保险、最低生活保障、住房保障以及退休管理等工作扎实推进，其中扶持创业带头人指标20人，完成21人；创业担保贷款指标50万元，完成105万元，均超额完成。被评为沈阳市基层就业工作先进单位。开展各项文化体育活动，持续打造“乐活大东”文化活动品牌及“大东动起来、全民健身365”系列活动，全年开展各类文体活动300余场。青教、残联、计划生育等工作有序推进。被评为2019年沈阳中小学生学校放假社区开学社校家共育实践活动优秀组织单位。建立健全社区四级纵向管理服务团队，提高社区工作效率，充分发掘服务资源。建成1个区域性养老服务中心及6个社区养老服务站。

城市管理。大力提升区域城市形象，推进创城机制常态化。建立社区、行政执法中心、北环公司和居民群众环境整治动态机制，创立工作微信群，时刻针对群众反映问题，开展及时有效整治。清理三堆杂物163处，清理绿化带、草坪2000余平方米，招贴喷涂200余处，清除楼道杂物140处，清理卫生死角163处，乱搭乱挂98处，清运建筑残土垃圾2.5吨。营造人人共建，人人共享的创卫宣传氛围，对165个健康教育宣传栏坚持定期更新。与1077家商铺签订《门前三包责任状》，参与商铺志愿服务商铺986家。开展垃圾分类试点工作，垃圾分类宣传入户数8900户，举办42场宣传活动，参加人数1050人，发放宣传手册2068本，成功完成16个社区环保屋建设，制做垃圾分类宣传板50余张。（宋晓茜）

【弘扬新时代雷锋精神系列活动】 3月，津桥街道开展学雷锋系列活动，包括回顾雷锋精神学习时代楷模、在职党员进社区为民服务、组织爱心便民情暖人心活动3项内容。大东区经信局、发改局、政府办、财政局、兴东中学等单位职工开展清理庭院、花坛卫生、擦洗街路护栏、政策咨询等志愿活动，并为居民提供专业的“一对一”法律维权、消防安全等10余种咨询服务。

【津桥街道“百姓舞台”群众文化活动】 4月19日在大东区文化馆开幕。活动以庆祝中华人民共和国成立70周年为主线，9个社区的文艺团队表演14个文艺节目，向辖区群众展示新中国成立70年取得的成就。（志　闻）

皇姑区三台子街道

【概况】 三台子街道位于皇姑区北部，东至陵园街，南至白山东路、陵北街、陵东街道上岗子村，西至黄河北大街，北至闾山路与陵东街道万山社区、万方社区。辖区面积8.1平方千米，常住人口8.4万人，下辖牡丹社区、新航社区、梅江西社区等13个社区。“全国工业旅游示范点”沈飞航空博览园坐落在辖区内。

经济发展。2019年，规模以上工业企业5户，产值5.1亿元，为年计划的100%；亿元以上重点项目1个，固定资产投资5.5亿元，为年计划的110.4%；限额以上批零住餐企业6户，社会消费品零售额1.3亿元，增长6%，其中电商企业零售额8194万元，增长40%；进出口总额4.7亿元，为年计划的119.4%。实际到位内资45.4亿元，为年计划的113.5%；规模以上服务业企业6户，营业收入74.3亿元，增长4.1%。规模以上服务业企业新增入库2户，倍增超区下达任务指标。

城市管理。开展文明城创建工作，利用智信软件上报一般性问题1.5万个，自行处理问题2808个；接收并整改智慧城管平台案件6660个；接收整改市创城办“三即时”问题点位451个，整改率100%；接收整改第三方暗访点位200个，整改率100%；接收整改区创卫办大巡查问题点位587个，整改率100%。组织各社区开展环境卫生整治行动，清理绿地2.5万平方米，清理小招贴小喷涂500余处、7300余张，清运无主残土垃圾8956吨。巩固散煤治理工作成果，居民型煤替换5户，购买型煤8吨。组织实施生活垃圾分类工作，开展“六个一”（一个组织、一套方案、一支队伍、一组设施、一份协议、一本台账）活动51次，参加人员259人次；开展宣传活动214次，参加人员1787人次，发放宣传品2000余份；五四社区、梅江东社区作为试点社区，开展宣传活动235次，出动人员713人次，发放宣传品2550份，宣讲103次，受益人数2550人次。

社会民生。组织社区以小组形式严格落实《皇姑区社区工作者入户走访制度》，每月进行互考，并将互检结果作为日常考核的重要内容。成立街道、社区退役军人服务站，对辖区内12名无军籍职工、53名中华人民共和国成立前入伍老兵进行登记并建立台账，对2名参加国庆阅兵人员进行登记上报，对5名离休人员、退役人员发放中华人民共和国成立70周年纪念章，对3722名现役军人和退役军人进行信息采集，发放光荣牌3530人。建立街道与社区网格化平台，为需求工作岗位人员提供各类企业求职信息2000余条，困难人员就业181人，完成安置零就业家庭就业1户任务指标。协调有关部门解决树木修剪打药、下水疏通、老旧小区小修小补等民生问题166个。各社区建立区域文化活动中心，书屋藏书2.6万余册，电子阅览室设施配套齐全，每周开放时间28小时以上。

【拆除危房24栋】 7月，三台子街道调研探索危房排险法律、法规和相关流程，制定完善危房排险实施方案。7月31日至12月27日，三台子街道牵头组织实施危房排险工作，拆除楼房24栋，涉及住宅71户，保障居民的生命财产安全。（王　茁）

铁西区凌空街道

【概况】 凌空街道位于铁西区南部，东至沈大线，西至卫工街，南至沈山线，北至沈辽路，总面积约5.9平方千米。辖区常住居民8.8万户、22万人。下辖21个社区，193个党支部，党员8510名。区域内有滑翔室内全民健身中心、五金城、盛京医院和6所中小学校。

经济发展。2019年，社会消

费品零售总额11.8亿元，零售业销售额6.7亿元，餐饮业营业额8550万元，住宿业营业额691万元，批发业销售额10.3亿元。引入辽宁国望新能源产业发展有限公司、辽宁省亿联国望新能源产业有限公司、辽宁汇金养老服务有限公司3户企业，注册资金1.1亿元。

城市建设与管理。以国家文明城复检为牵引，围绕垃圾分类、小区保洁、老旧小区三位一体管理等开展工作。清理卫生死角1368处，清理小张贴、喷涂28.9万处，清理楼道3.3万个次，粉刷墙面8300平方米，粉刷花池子1个，修复破损路面248处、1.4万平方米，修复破损方砖209处、3900平方米，修复边石2330米，种植花卉5820平方米，种植树木1万棵，清理绿地3.94万平方米。三位一体老旧小区成立业主委员会43个，实现三位一体管理模式老旧小区25个，分别完成区政府下达指标的123%和114%。处理数字化案件1.26万件，办结1.25万件。

社会事业。开展创城宣传演出、百团互演、重阳节演出等20余项大型群众文体活动。对辖区内1000余件器材及时排查和维修。扶持创业带头人企业76户，带动就业462人，近2000人实现企业就业。开展就业援助月活动，帮扶辖区内就业困难人员实现就业。

【“学校放假、社区开学”活动】 7月中旬至8月末，凌空街道组织下辖的21个社区开展“学校放假、社区开学”系列活动。邀请国家心理咨询师为青少年开展心理健康知识讲座，邀请老教师李柏军为学生讲红色经典故事，组织学生学习垃圾分类知识，利用假期向社区居民宣传扫黑除恶知识等。

【“我和我的祖国”系列活动】 在国庆70周年之际，凌空街道以走访慰问中华人民共和国成立前老党员、唱国歌、观看纪录片、入党宣誓、文艺汇演等系列活动为载体，深入开展理想信念教育、革命历史和革命传统教育、爱国主义教育、改革开放教育。街道及下辖的21个社区千余名党员干部参加系列活动。

（张卫东）

▶凌空街道庆祝新中国成立70周年活动 （铁西区供）

苏家屯区白清街道

【概况】 白清街道位于苏家屯城区东部42千米处，坐落于区白清街道广福路200号。地处沈阳、本溪、抚顺三市交界地带，东与抚顺海浪乡毗邻，南与本溪张其寨乡搭界，西与姚千街道相连，北与浑南区祝家街道接壤，辖区总面积77.8平方千米。距桃仙国际机场16千米，距沈丹高速公路杨千户出口2千米，驱车30分钟可到达沈阳市内。辖区地处长白山余脉，地貌多为低山丘陵，地势东高西低。海拔高度100—180米，坡度在15—25度，平均高差60米。南有青龙山、鸡心岭、龟山、牛头山、凤凰岭；北有山城山、二龙山。青龙山海拔322米，有沈阳“南富士山”之美称。青龙山与周边无数小山构成三大沟川与无数小沟川。地质为花岗岩与砂岩结构，以棕壤为主。境内有康家山、白清、太平3条主要河流，属太子河水系北沙河支系，境内河段16千米。有两大水库，康家山水库位于营盘迷子沟自然村，赵家沟水库位于和顺堡赵家沟自然村。辖区的白清寨风景区规划面积78平方千米，是沈阳市最大的旅游景区之一。有AA级景区沈阳水洞、AAA级景区白清寨滑雪场、广福寺3大景区。街道下辖白清寨、康家山、康宁营、太平山、营盘、邓家沟、和顺堡、台沟8个行政村。有居民3707户，人口12万人。民族以汉族居多，另有满、回、蒙等少数民族。白清街道的泥塑艺人李常武是李家泥艺第三代传承人，他采用白清寨黄泥创作出淳朴的民间风情系列泥塑作品，将东北地区传统丰富的生活经历、节日习俗的记忆、人物关系等栩栩如生地再现，被评为沈阳市非物质文化遗产。

经济发展。白清街道辖区是沈阳市水源涵养、生物多样性生态保护重点区域。以农业为主，工业发展有限。2019年，白清街道地区生产总值2.9亿元，其中第三产业2.1亿元，粮食总产量2.1万吨，蔬菜3360吨。人均可支配收入16181元。有工业企业17户，实现工业产值1174万元，利润722万元。农业以玉米种植业为主，间或林果业、香瓜、菇娘等经济作物。辖区耕地面积2.34万亩（1557公顷），玉米种植面积2.4万亩（1580公顷），亩产750千克，粮食平均亩产650千克，粮食总产量12555吨。大豆种植面积933亩（62.2公顷），亩产280千克。有林用地3756.3公顷，其中有林面积3080公顷。副业以养殖猪、鸡、鱼为主，年生猪出栏3000头，放养鱼苗10万尾，鲜鱼产量20吨，产值12万元。全街有商业网点70个、农贸市场2个。运输专业户200户，有运输车240台，从业人员600人。农机总动力3840千瓦，拖拉机125台、其他农机165台，有汽车85台。农业科技培训得到普及，经济合作组织建设得到加强。举办养鸡、养猪、果树剪枝、大棚种植技术等各类科技培训班20期，发放培训资料500份，掌握1—2项农业科学实用技术的农民有98人。

城乡建设。投资510万元进行全街基础设施建设，修柏油路15千米，修砌村公路边沟2千米，铺水管1500米。完成5个中心村电网升级改造，低压线路30千米，高压线路7.6千米。

【白清学校代表队获全国跳绳联赛7项冠军】 4月26—29日，在唐山九江体育中心举行的2018—2019年全国跳绳联赛唐山站比赛中，苏家屯区白清学校跳绳队获7项冠军。比赛有辽宁、北京、河北、山西、广东、四川等14个省市自治区的60支队伍、686名队员参赛。白清学校代表队由6名队员组成，获7个第1名、7个第2名、2个第3名的成绩。

（刘　晶）

浑南区五三街道

【概况】 五三街道位于浑南区北部，东临文溯街，西临青年南大街，北临南堤路，南临绕城南环线，行政区域面积24.2平方千米。至2019年末，辖区户籍人口9.96万人，常住人口30余万人，人口数量居全区首位。下辖19个社区和9个村经委会，下设党支部160个，有在册党员3807名。五三街道由1953年成立的五三合作社发展而来，在浑南区位优势明显，基础良好，曾先后60余次受到国家、省、市等各级政府的嘉奖，包括1996年中组部“全国先进基层党组织”、2018年“省级基层平安建设示范单位”“沈阳市诚信建设示范街道”“沈阳市创建国家卫生城市暨创建国家食品安全示范城市贡献单位”、2019年“辽宁省百家示范乡镇（街道）”“产业园区工会”“辽宁省社区治理创新实验示范单位”“沈阳市中小学生‘学校放假 社区开学’社校家共育实践活动先进单位”等称号。

经济发展。五三街道位于浑南中心区，商业集聚，汇集亿丰时代广场、万达广场、华润万家等商业综合体。奥体商业中心与万达广场、金地琥珀天地3个商圈成为引领沈阳及周边城市居民消费的“浑南品牌”。持续优化营商环境，落实“万人进万企”，街道班子成员分别到招商钻石山、奥体万达、亿丰等企业现场办公，组织居然之家党员到京东亚一仓参观。提质升级恒达路美食特色一条街。举办五三地区“夜经济”企业家论坛。2019年“全员招商”引进项目14个、注册资金约1.32亿元，完成关键绩效指标的117%。

城市管理。全年承担土地房屋征收项目5个。城建天和项目征收28公顷，农机实验场耕地及地上物约9.3公顷；中储项目签协议约36.2公顷土地。高压线路改造项目如期完成地上物补偿拆除工作。恒大项目完成16.7公顷地上物征收。建立违建台账918处2万余平方米，完成市创卫办及市第三方暗访整改件91件、1355个点位、2610个问题；自主发现解决问题点位480处，处理智慧城管、数字化城管等平台诉求件1.6万个，完成中央环保督察案件整改任务，推进国土例行督察问题整改，清理整治教场村经委会13户存在问题的“大棚房”。开展抗霾攻坚、秸秆禁烧工作，推广型煤150吨、“散乱污”企业治理

3户，乡村两级河长巡河1489次，发现解决问题9起，完成39个入河排放口的排查卫星定位；受理解决环保及黑臭水体整治督办件4次。19个社区、510家沿街商铺与第垃圾分类三方签约，14个小区22套回收设备完成设置8个环保小屋建成。调处信访案件116件，接待来访群众1613人次，2472批次，个体访93件，集体访23件；承接减存控增“融冰行动”交办案件21件、结案19件，尽最大努力将矛盾稳控在基层。五三司法所首创“1885”人民调解工作体系，打造“枫桥经验”五三升级版。推进网格化、平安志愿者等群防群治工作。组建1900人的群防群治队伍，在260名网格长带领下形成园区、社区、小区“三级网格”，与社区300名义务安全员、495名人民调解员，年调解案件几百起，矛盾纠纷处理率100%，成功率达95%，大量矛盾纠纷在基层得到化解。其中奉天九里社区登记平安志愿者207人，每3人为一个平安志愿小组，3个小组负责一个平安网格，形成社区“平安铁三角”自治品牌。扫黑除恶组织宣传活动12次，专项展演1次，发放明白卡及宣传品1500余份，在19个社区巡展扫黑除恶宣传漫画，广泛设立举报箱，移交涉恶线索1条。完成中央扫黑除恶回头看及省委督导组检查工作。召开安全生产动员会7次、签订责任状156份，更新台账171家、网格化管理6名应急中队安全员派驻社区。检查企业169户，排查隐患81处。开展“百日攻坚战”“保平安迎大庆”隐患清零行动、“安全生产月”活动。开出罚单4张，代表区政府接受省安委办检查获得好评。

社会民生。2019年，街道有城乡低保118户、151人；退役军人信息系统采集3684人，发放光荣牌2821块；优抚、60岁农村籍退役士兵、高龄、孤儿、特困供养、精简及伤残人员327名，办理2.4万名城镇居民医疗险，146户206人新农合参保，被征地农民保障转保险及补缴301人，新增参保1383人，残疾人二项补贴及各项业务417次，录入企业退休人员399人，就业创业证1672个，公租房保障258户。民生诉求3296件，为347余名农民工讨薪628万余元。

【五三街道商会成立】 10月成立。入会企业106户，会员企业涵盖信息技术、餐饮、金融、教育、公共设施管理、文化传媒、农副食品加工销售、通用设备、公共管理等行业。商会为全区企业家、经营管理者以及工商界人士提供学习交流合作的平台。

（侯晨辰）

沈北新区沈北街道

【概况】 沈北街道位于沈北新区中北部，距沈阳市区30千米，东与清水台街道接壤，南连虎石台街道，西邻财落街道、兴隆台街道，北接铁岭、黄家街道。辖区面积约110平方千米，其中耕地面积9.6万亩（6382公顷），以种植玉米、水稻、蔬菜为主。辖区内总户数4.9万户、人口13.1万人。街道办事处位于北斗街54号，街道下辖29个社区，其中城市社区7个，涉农社区22个。街道党工委下设二级社区党委7个，社区党总支4个，党支部91个，党员3657人。

经济发展。2019年财政收入1.6亿元，至年底流转土地8.3万亩（5555.3公顷），培育规范的农民专业合作社、家庭农场等新型经营主体47家；开展22个社区产权制度改革，完成村集体经济组织赋码登记、变更及归档

▶3月5日，五三街道慧缘社区与魏家村开展“绿色果蔬大篷车进社区”活动

（浑南区供）

工作；辖区内管理规模以下企业106户；有宾馆30家，饭店、超市758家。

城市管理。拆除集体土地违建30处，1.2万平方米。完成大棚房整治拆除，整改一类问题44处，二类问题1处，三类问题121处，拆除有房无棚549个，有棚架无棚膜1051个。完成王驿建材市场143户整治拆除，整理土地10.7万平方米，发放补偿款2800万元。在全街范围内推行垃圾分类。开展农村人居环境整治，清理“三堆”5289个、路边垃圾8364吨、河道塘沟21270延长米，清除整改养殖户95户，绿化面积4.2万平方米。创建“四好农村路”，完成区域内20条线路、60余千米的农村公路养护。

社会事业。新增城镇居民医疗保险400人，征收保费16万余元，个体养老保险新参保82人，失地农民小龄保险158人，为3名失地农民办理社会保障，新城（农）保新参保481人，生存认定9136人，新农合办理人数2万人，缴费总额480万元，参合率100%；城镇实名制就业1257人，保持零就业家庭动态为零，农村实名制转移输出488人，困难人员就业91人，上传岗位信息1129条、个人求职信息846条，办理发放就业失业登记证860人。

民生工作。全街受理各类民生诉求案件606件，涉及应急维修388次；发放各类涉农资金1.3亿元；通过“一卡通”发放惠农补贴项目82个，补贴人次5.1万人次，涉及金额5822.4万元；退役军人和其他优抚对象信息采集2927人，并上门为其悬挂光荣牌。

营商环境。年度内受理自办营商案件4件，转办3件，累计办理全区通办业务700余件，开展“万人进万企”活动，对接企业19户，聘请民营企业营商环境监督员17名，开展营商环境建设突出问题专项整治，自查发现并整改问题3项。

【《我和我的祖国》红歌快闪活动】 6月12日，沈北街道开展《我和我的祖国》大型主题合唱活动。街道机关、下辖社区、驻军部队、派出所、驻街企事业单位、文艺团体的党员群众400余人参与。参与者们以歌曲《义勇军进行曲》《我和我的祖国》为媒介，唱响主旋律，传播正能量，活动覆盖范围广泛，形式新颖，宣传教育效果明显。

【王驿建材市场拆除】 沈北街道辖区内王驿建材市场占地约163亩（10.9公顷），2007年区政府做出关闭王驿建材市场的决定，但因选址、赔偿等原因搬迁未果。2019年沈北街道办事处联合执法局、公安分局、卫计局等相关部门对王驿建材市场进行整治拆除。截至3月4日，市场143户全部拆除完毕，整理出土地10.7万平方米，发放补偿款2800万元。（董　艺）

于洪区北陵街道

【概况】 北陵街道地处于洪区北部，东以怒江街为界，南以新开河为界，西至丁香湖，北与造化街道接壤。行政区域面积24.9平方千米，住户数量9.9万户，常住人口25.1万人，由汉族、朝鲜族、满族、回族、蒙古族、达斡尔族等19个民族构成。街道下辖22个社区（2019年新增后丁香、小转弯2个社区）、6个村改公司、3个村改社区。辖区内有商铺3109户、工业生产企业53户（规模以上5户）。辖区街路109条、其中一二级街路8条、三四级街路26条、三四级以下及背街小街巷75条。2019年木棉花和香湖社区新建办公用房投入使用、八家子社区800余平办公用房和阳光尚城300余平办公用房完成装修、7个社区组建社区养老服务站。街道办事处位于白山路52—6号。

经济发展。加强土地征收工作，推动项目落地达产。征收点位10个，包括招商项目3个、土储地块1个、路网项目5个、毛地摘牌1个。房屋征收1.1万平方米，农用地征收4公顷（60.6亩），大棚征收1.6万平方米。农用地签约23户，住宅签约8户。土地交易额完成21亿元，占全区83.5%。加大存量土地攻坚，丁香湖19号地块被沈阳保利和鸿房地产开发有限公司以21亿元总价竞得。推进大榆路西丁香大道西地块内蓝田股份有限公司产权主体确权。

城市管理。建立创建卫生城市长效机制，开展“一街路一组织，一社区一队伍”工作，组建24支创卫志愿者队伍，开展创卫活动47次，参与活动志愿者510人。2019年街道获沈阳市创建国家卫生城暨国家食品安全示范城创卫生城突出贡献单位等称号。持续开展“清洁沈阳”全民义务清洁日行动，清理垃圾残土9.3吨，新增内厕开放场所7处。对投诉点位清理清运，督办案件1.3万件，结案率达到100%。“大棚房”整治工作逐点逐户建立台账，多轮排查核定后丁香“大棚房”问题点位312个，拆除62个一类问题点位，还地于农；拆改三类问题250个，依法依规发展北虫草设施农业。优化营商环境，办结市民诉求案件2917件，督办投诉点位案件1.3万件，重点解决辖区内违章建筑、占道经营，露天烧烤等影响市容环境问题。优化安全环境，加强日常监管、落实责任、台账管理和分级管理，做到安全监管制度化、规范化、常态化。制定《安全生产大检查工作方案》和《创建全国文明城市暨特护期安全生产大检查实施方案》，与各企业签订安全生产、消防安全责任状。落实企业安全生产主体责任，到企业检查安全生产180余次，整治散乱污经营单位30家，整改安全隐患1688处。深入开展人民调解“进百家门、知千家事、解万件矛盾纠纷”的社会矛盾纠纷排查调处活动，累计调处各种矛盾纠纷11件次。

社会事业。依照程序补齐社区“两委”班子，推进“一口式”受理，“全科式”服务新型社区服务模式。秉承以人为本，为民解困工作理念，扎实开展社会保障。指导困难人员就业80人，完成全年指标，办理就业创业证5000余人、发放城市低保金102.9万元、发放临时救助金2.3万元、办理残疾证154本、为352名残疾人发放补贴款32.1万元、为困难家庭学子发放助学金2.4万元。

【街道下设单位机构改革】 根据《于洪区公益性事业单位优化整合方案》，将街道原下设的社会事务和保障服务中心、土地征收和管理服务中心进行归口管理。1月，将28名事业干部的人事关系转接到于洪区街道社会事务服务中心。5月，将21名党员组织关系转接到于洪区街道社会事务服务中心。（吴　颖）

【消防安全“百日攻坚”行动】 5—10月，北陵街道开展消防安全“百日攻坚”行动，排查各种隐患1835处，整改1688处。

（许贺男）

辽中区牛心坨镇

【概况】 牛心坨镇位于辽中城区西北25千米处，南与台安接壤，西与黑山为邻，属于沈阳、锦州、鞍山三市交会处，是沈阳市的西大门。境域南北纵长12.5千米，东西横宽7.6千米，版图面积113.8平方千米。有耕地8000公顷，林地2666.7公顷。全镇辖12个行政村，45个自然屯，76个居民组，2.1万人。境域内有汉族、满族、回族、朝鲜族等民族。牛心坨镇交通便捷，“本辽辽”（本溪—辽阳—辽中）高速公路满都户出口距牛心坨镇仅1千米；省级公路304线横跨牛心坨镇10千米进入黑山境内；县级公路“高嫩线”（高家村—嫩草坡）全长15千米；镇级公路“陈瓜线”（陈家岗子—瓜茄岗子）10.5千米、“三嫩线”（三家子—嫩草坡）12.1千米，村屯柏油路基本实现全覆盖。

经济发展。2019年，全镇社会生产总值6亿元，增长7.4%；工业总产值1590.5万元；农业总产值1.9亿元；财政收入995万元，增长1.5%；固定资产投资5389.9万元，增长659.1%；人均收入1.35万元，与2018年持平。

城镇管理。牛心坨是辽宁省寒富苹果特色镇。2019年，投资47.7万元完成全镇总体规划和寒富苹果产业发展规划编制工作。在产业带入口处修建风景墙600延长米、铺设路边石600延长米、彩砖780平方米。先后出动大小车辆千余台次，清理垃圾近万吨。完成榆树村及李胡村主街2170延米风景墙建设改造工程，铺设路边石670延长米、彩砖800平方米。投资21.8万元，完成3个村文化广场建设改造工程。按照垃圾五指分类法要求，全镇挖坑3370个。投资10余万元，自制宣传材料5000份、垃圾分类标识牌1500块。

社会事业。2019年，对612名退伍军人进行普查和微机录入，并发放光荣牌；对149户低保家庭（250人）进行核对和调标；对60周岁以上老人进行全面普查；对老复、低保、五保等24户进行走访慰问；对12户危房进行鉴定和履行改造手续；为230人办理社会保险；为5435.9公顷土地参加农业保险；为4627户办理土地确权证；镇妇联到九年一贯制学校开展扶贫助学活动；共青团开展为儿童“献爱心、送礼品”活动；镇办《绿野乡音》杂志出版32期；新建文化广场2处、乡村大舞台1个，村民每天进行文化广场文体活动，在辽中区举办的羽毛球赛活动中获女子团体第2名和女子单打第4名、第6名；政务服务中心为群众办理各项事宜3200余件。

【土地复垦项目】 按照辽宁省国土资源厅《关于加快推进城乡建设用地增减挂钩试点工作有关问题的通知》精神，牛心坨镇西房身村、姜家村作为试点单位，总投资2600万元，在全县率先实施土地增减挂钩项目，2个村近1100户居民整体搬迁上楼，并于2019年春季进行土地复垦。2个村复垦土地127.4公顷，其中西房身村31.9公顷，姜家村95.5公顷。并将复垦后的土地全部分配到户，牛心坨镇历时8年的土地增减挂钩工作基本结束。

【土地提质升级项目】 牛心坨镇的西房身村、二道房村、牛心坨村的农田基本都是旱田，为玉米、花生等大田农作物的主产区。由于田间道路宽窄不一、高低不平，导致晴天颠簸，雨季泥泞，加之农业基础设施比较薄弱，给农业生产带来诸多不便。2019年，投资1611万元，对3个村386.7公顷土地进行提质升级。新打机井124眼，每眼配套自吸泵2台、柴油机组2套；修筑渠系建筑物25座；整修田间作业道49条，总长2.2万延米，使农业生产抵御自然灾害的能力大幅提升。

【“旱改水”项目】 小黑村是牛心坨镇的一个经济薄弱村。农作物有玉米、水稻、花生等，农业基础设施相对薄弱。2019年，投资2474.4万元，对该村213.3公顷土地实施“旱改水”工程，井、渠、埂、沟、桥、涵、路等基础设施全部配套建设。同时投资500万元，完成原红砖厂地块14公顷土地复垦和“旱改水”工程，提升农业生产抵御自然灾害的能力，改变生态环境和产业结构。

【辽宁绿农优品农业有限公司开工建设】 总投资3000万元的辽宁绿农优品农业有限公司是牛心坨镇2018年末引进的集农产品种植、收购、加工、分装、销售于一体的农事企业。公司建成后，年产值可达4000万元—5000万元，3年内可带动形成万亩以上蔬菜种植基地，实现产值1亿元以上，带动1000户农民收入翻番，带动农村100人以上就业。公司2019年春季开工建设，陆续投入1500余万元，产区建设基本完成，初具生产能力，并建有一个百亩辣椒生产基地。

（王天文）

新民市兴隆堡镇

【概况】 兴隆堡镇地处新民市区东部25千米处，东距沈阳市区26千米。东与于洪区光辉街道接壤，南邻胡台镇、张家屯镇、大民屯镇，西与东城街道隔辽河相望，北连兴隆镇。镇域面积151.25平方千米。辖20个行政村和1个社区，户籍人口11399户、29962人。国道G304线贯穿镇域东西，省道S107线横跨镇域南北；国道G230线、沈阳四环快速路、沈通高速老边站、沈山铁路兴隆店站紧邻辖区。域内石油、天然气和温泉资源丰富。辽河油田沈阳采油厂厂区坐落在镇域中心，是辽河油田一个重要油气生产单位。全镇地形为冲积平原。

经济发展。2019年，兴隆堡镇地区生产总值约8亿元，镇本级金库入库702万元，村级集体经济年收入1555万元，规模以上工业总产值1.4亿元，限额以上企业销售额3.14亿元，固定资产投资2.4亿元，引进域外内资4438万元，全口径税收完成2.23亿元，农业总产值10.53亿元（含农林牧渔业），居民人均收入2.3万元。有耕地12万亩（8000公顷），设施农业2.5万亩（1666.7公顷）、林地1万亩（666.7公顷）、渔业养殖面积1400亩（93.3公顷）。粮食作物播种面积10万亩（6666.7公顷），产量4.9万吨；经济作物播种面积5.05万亩（3366.7公顷，含重茬播种面积），产量13.5万吨。大力发展现代设施农业，扶持二喇嘛、西高力、车家屯等村的果蔬种植产业，积极打造“二喇嘛草莓”品牌，在马户屯村探索稻蟹共生绿色生态养殖新模式。规划建设现代物流电商产业园。

社会事业。开展人居环境整治、村庄清洁行动，巩固“三城联创”“国家卫生镇”创建工作成果。韵达辽宁（新民）快递电商总部基地和5亿元的十月稻田农业科技产业园项目开工建设，投资1.43亿元的园区道路及配套管网工程开工建设。

【新民市2019年下半年重点项目集中开工仪式】 8月19日，在兴隆堡镇“飞地经济”园区韵达项目建设现场举办。23个亿元以上项目在仪式上宣布启动建设，总投资95.26亿元。

【“百姓大舞台”暨兴隆堡镇第四届广场舞会演】 8月23日在兴隆堡村文化广场举行。活动由中共新民市委宣传部、市广播电视台主办，兴隆堡镇承办。新民各地的代表队表演广场舞、模特走秀、歌曲、京韵大鼓、快板等22个具有浓郁的新民地方特色和风俗习惯的文艺节目，活跃农村文化生活，献礼中华人民共和国成立70周年。

【2家国家AAA级景区复核检查】 9月2日，沈阳市A级景区复核评审专家组到兴隆堡镇开展景

区评定复核检查工作，对美国郡赛多纳温泉度假酒店（2016年12月获批）和格林康泉府温泉度假村（2017年12月获批）2家AAA级景区进行复核。兴隆镇根据其整改意见，协调2家景区进行整改完善。（张宇亮）

康平县海洲窝堡乡

【概况】海洲窝堡乡位于康平县最北部，距沈阳市140千米，北与内蒙古科尔沁左翼后旗接壤，西南与小城子镇毗邻，东与北三家子街道隔河相望，南接开发区、胜利街道。区域面积150平方千米，全乡辖9个行政村，42个自然屯，62个居民组，总人口1.6万人，其中农业人口1.5万人，农业劳动力5500人。耕地面积0.69万公顷，其中花生面积0.53万公顷，占耕地面积的77%。全乡有花生专业村9个、专业屯38个、专业组50个，有花生专业户近4000户，花生年收入占人均收入的70%以上，花生产业是“一乡一业、一村一品”特色主导产业。海洲窝堡乡是国家定点绿色食品基地、出口基地，辽宁省无公害农产品基地和沈阳市花生经济区核心示范乡镇。全乡有林面积0.73万公顷，森林覆盖率近50%，居全市之首，是全国绿化造林“百佳乡”，国家A级生态旅游风景区、辽宁省一日游景区和沈阳市八大自然风景名胜区之一的万亩松景区坐落于育林村。

经济发展。全乡一般公共预算收入3368万元，增长44.8%；农村居民人均可支配收入1.59万元，增长6%；“一乡一业”花生主导产业年产值2.1亿元，增长16%。进一步巩固“一乡一业”花生产业规模。全乡花生种植规模稳中有升，种植面积8万亩（0.53万公顷）以上，其中花生有机食品基地133.3公顷、花生绿色食品基地2000公顷。突出科技支撑，依托沈阳农业大学等科研院所，联合推进花生产业院士专家工作站和花生产业专家工作室建设，加快科技成果就地转化和产业提档升级；突出示范基地建设，在王全村和葛家炉村设立共产党员花生良种繁育和五彩花生示范基地各13.3公顷，辐射带动全乡花生种植户2000余户、3333余公顷；突出品牌打造，以“一品康”兴果花生为代表的海洲花生，知名度和美誉度不断提高，2018年获“辽宁礼物”称号，是唯一获该称号的农产品，高标准设计、制作产品包装及标识，着力打造“海洲坊”四粒红花生全新品牌；突出市场营销，依托花生产业办公室等平台媒介，全面拓展花生销售渠道，电商平台建设取得新突破，海洲窝堡乡成功列入全县唯一、全省首批“村播”电商计划，与阿里巴巴旗下“盒马鲜生”超市华北区建立全面销售合作关系，与俄罗斯ABC集团达成花生外贸出口合作意向。村集体经济不断发展壮大，投资200余万元的王全花生合作社扶持村集体经济项目平稳运行，带动全乡花生产业集聚效应逐步显现；投资200万元的袁家晓雨合作社粮食烘干收储扶持村集体经济项目和投资120万元的孙家店村集体养殖项目全部完工；分别投资50万元的海洲、何家壮大村集体项目正式获批立项。花生科普馆规划设计全面启动，畜禽生产稳定发展，“非洲猪瘟”等动物疫病防控全面加强。农村土地确权、农村产权制度改革等工作稳步推进，为深化农业改革奠定坚实基础。招商引资成果显著，财税贡献度显著提升。外出招商近30次，组织大型招商推介会1次，高标准印制《海洲乡招商指南》2000余册，招商成果丰硕。总投资2000万元的博纳森防护材料项目落户开发区，完成一期固定资产投资700万元；总投资2500万元的红岩工艺品加工项目落户王全村，建设完成3条生产线；投资2000万元的沈阳新起点财税公司企业孵化器项目正式签约。

乡村治理。深入开展村庄清洁行动，投入200余万元在全乡范围整村整屯开展村庄清洁行动，全年累计出动清运车辆6000余台次、9800余人次，清运各类垃圾2.4万吨、清理点位7300个；建立健全保洁长效机制，建设畜禽粪污堆肥场3个、固定垃圾池10个、垃圾临时堆放点88个，购置垃圾箱100个，专项列支60万元用于村屯环境常态化管护；有序开展垃圾分类工作，设置75个垃圾分类宣传牌，发放宣传单4200余份，广泛宣传垃圾分类相关政策，顺利通过市县两级验收。推进绿化造林工作，全年完成常规造林200公顷，沿203附线、金牛线、北环线近30千米主要干路两侧进行高标准村屯绿化8400株。加强乡村基础设施建设，实施3个美丽乡村建设项目，2018年纪家村续建项目全部完工并投入使用，2019年袁家村新建项目全部完工，葛家炉村新建项目完成招投标；实施海洲美丽示范村建设工程，新安装路灯60盏，完成水冲厕所改造130座，粉刷墙体2000延长米；全乡累计新建维修各类道路57.3千米。狠抓生态环境保护，全面推进秸秆禁烧和综合利用工作，乡政府在全县率先实施供暖锅炉煤改电项目；严格落实“河长制”巡河，实施蚂螂河清淤工程；集中整治2处黑臭水体，办结2件中央环保督察案件。全乡整体生态环境和村屯宜居度在全县名列前茅。

社会事业。压实脱贫攻坚责任，采取产业扶持、环境建设、社会保障等复合举措持续巩固脱贫攻坚成果，不断建立健全产业带动，防止返贫长效机制。全年落实花生产业项目442户825人、资金82.5万元，落实残疾人产业项目106户118人、资金11.8万元，发放互助金134万元（其中建档立卡户17户17万元）。2019年花生亩产平均250千克，每500克3.8元，基本达到历史最高价格，产业带动脱贫致富作用明显。评定低保72户136人、低保边缘户20户38人、五保户50户53人。严格落实新农合免费参合、“六减一免”“医养结合”“三个一批”（大病集中救治一批、慢病签约服务管理一批、重病兜底保障一批）、慢性病等医疗政策措施及“两免一补”（免费提供教科书、免除杂费、给寄宿生补助一定生活费）免费乘坐校车等教育政策措施。改造危房14座。全面做好农村安全饮水工程转隶移交和后续运转管理各项工作。对葛家炉、孙家店村部进行维修改造并新建文化广场，装备海洲村文化室。

【第二届海洲花生节暨首届沈阳海洲兴果花生嘉年华】 9月15日在海洲窝堡乡五彩花生示范基地（海洲乡葛家炉村后郝屯）举行。由沈阳兴果花生产业发展有限公司、康平县兴果花生专业合作社联合主办，500余人参加活动。首批认领认养个人、家庭代表、团队代表与康平县兴果花生专业合作社签订花生（地瓜）《认领认养协议书》，在场领导与嘉宾共同走到“我为海洲花生代言”签名墙前签名，为海洲花生代言签字。（王冲　盛德瑛）

法库县孟家镇

【概况】 孟家镇位于法库县的北城郊，东接和平乡，南连法库镇，西接慈恩寺乡，北邻康平县郝官屯乡，区域面积91.6平方千米，辖10个行政村，26个自然屯，76个村民小组，居住汉、满、蒙古、回4个民族4589户、15678人。沈康高速公路、203国道、调兵山至康平铁路在境内纵横穿过，形成快速便捷的交通网络。

经济发展。2000年初，在境内规划20平方千米土地，建设绿色食品开发区。截至2019年末，入驻企业47户，主要有法库桃山老窖酒厂、沈阳市山山伟业食品有限公司、沈阳粒粒香农副产品开发销售有限公司、辽宁民生有机食品有限公司、辽宁东源药业有限公司、沈阳鑫雅图农牧发展有限公司、沈阳隆泰生物工程有限公司、沈阳利丰达粮油有限公司、沈阳九欣牧业有限公司、辽宁万利兴达农业科技有限公司、沈阳乡遇时光生态庄园等企业，形成固定资产投资1亿余元、年产值2.2亿元、安置劳动就业776人的绿色食品产业集群。

乡村建设。全年造林43.9公顷，造林覆盖10个行政村。9个村完成农村安全饮水工程，对凤岐堡林业队水保工程的3眼井进行改造，解决及时灌溉的困难。定期清理垃圾，形成常态化

▶沈阳市山山伟业食品有限公司包装车间　（法库县供）

保洁。

社会事业。全镇新型农村合作医疗保险参保10512人，新农保新参保350人，城镇居民基本医疗保险460人，新农合住院报销679人，报销金额1.4万元。定点医疗机构垫付648人，垫付金额27.5万元。退役军人信息采集系统采集退役军人435人，享受优抚抚恤补助140人，为全镇419名退役军人发放光荣牌。将全镇141户65.9公顷整户消亡土地抽回，确权给新生儿童及新增人口。对全镇4452个农户土地确权核对并颁证。积极参加县巴尔虎山登山节、全民读书月等活动。各村农家书屋充实图书、书柜等设施，文化广场安装健身器材，开展广场舞等文化活动。孟家镇被评为省群众体育先进单位。

【山山伟业食品有限公司成为省级农业产业化龙头企业】 山山伟业食品有限公司2010年5月入驻孟家绿色食品加工区，固定资产投资4800万元，占地面积2公顷，建筑面积1.2万平方米，有员工300多人，主要生产加工具有上百年传统工艺的山楂糕及系列山楂果品，品种多达200种，并注册“一木”品牌商标，产品销往全国各省区大、中城市超市，并出口至美国、日本、俄罗斯和东南亚等国家。2019年产值近亿元，带动1000多农户种植山楂，成为省级农业产业化龙头企业。

【沈阳乡遇时光生态庄园】 沈阳相遇时光生态庄园2010年4月入驻孟家绿色食品加工区，固定资产1800万元，占地面积33.3公顷，建筑面积53万平方米，有员工22人，主要经营蔬菜生产加工、休闲观光、实践认知、采摘等，体验设施包括农场有机菜地、绿色食品种植区、观光园、采摘园、绿色生态餐厅、住宿区、儿童水上乐园、拓展训练园等。2018年被评为国家AAA级旅游景区。2019年，庄园接待游客1000余人次，年产值1000万元左右。 （汪　洋）

三十九、社区（村）

和平区新华街道丰泽社区

【概况】 丰泽社区位于和平区的西南部，辖区面积0.5平方千米，东起南京南街，西至砂山街，南起砂阳路，北至南十马路。居民总户数3310户、10350人，辖区内有16个楼院（物业小区3个、旧住宅物业小区13个），36栋楼，105个单元。有专职工作者14名。社区自管党员375人，成立11个党支部（自管党支部7个、非公党支部4个），14个社会组织，志愿者千余人。低保户61人，残疾人126人，90岁以上老人36人。辖区内有原沈阳军区善后办、军区后勤史馆、水务集团自来水四水厂、沈阳市第一二四中学、和平区残联、和平区养老院、新华卫生服务中心、和平市政建设公司、和平区砂山体育场、和平区少年儿童业余体校、砂山公园等驻区单位。社区办公地址位于砂阳路150—4号院内。

城市管理。充分发挥社区党委领导核心作用，把党支部建在楼院，把党小组设进单元，把党组织建到各类新兴社会组织上。创建“12345”党建管理模式，即一核多元、二翼覆盖、三网融合、四轮驱动、五型管理。创建“三位一体”社会治理工作模式，构建“纵向到底、横向到边、协商共治”的城市管理体系。2017年、2018年丰泽社区分别作为“幸福沈阳、共同缔造”试点社区及和平区老旧小区治理“1+1+1”模式试点社区，开展老旧小区“6+1”改造工程。通过以点线带面、突出重点、因地制宜、分类整治、打造特色，逐步推进丰泽社区整体改造提升，实现网格化管理区域全覆盖。把昔日基础薄弱、环境脏乱差的旧社区，建设成为“环境悦泽民心，服务惠泽百姓，文化润泽生活，邻里亲泽家人，党建福泽家园，社区和泽发展”的“幸福丰泽”。

社会民生。管理在册退休人员1413人，为31名困难企业退休人员办理采暖费报销工作。实现实名制就业90人，办理就失业登记证98个，办理失业人员领取失业金20人，失业证年审27人，完成创业带头人6人，带动就业8人，完成率100%。办理城镇居民基本医疗保险167人，办理养老保险35人。为32名90岁以上老人申请高龄补贴，办理老年证22个，办理优待证11个。为8名低保户办理临时救助金。为2名残疾人办理燃油补贴，为61名困难残疾人办理残疾人两项补贴。辖区有食品经营单位约56家，药店2家，汽车维修、配件经营等6家。与市场监督管理局共同检查辖区内涉及食、药的经营单位营业执照、健康证持有及卫生情况，填表2000余家。上报产权单位负责的案件197件全部解决。无产权单位上报案件21件，其中运用惠民基金为居民解决民生问题17件，其中包括维修下水、清掏下水管道、维修居民感应灯、为树木喷药等。应群众需求为居民协调解决小区管道堵塞、地下管道维修、室外文化健身设施追加与维修、居家养老服务项目增设等民生项目约10余件。

【行善立德志愿者雷锋团】 4月，依据社区低保、老人、老党员等困难群众居多的情况，社区党委设立“心愿树”，成立行善立德志愿者雷锋团，制度化、常态化开展志愿服务帮扶活动。雷锋团对辖区近百名贫困群体提供阳光服务、精细服务、定制服务、延伸服务等一系列私人定制的帮扶，累积服务900余次，惠及百姓近千人次。（张秀兰）

沈河区大西街道涌泉社区

【概况】 涌泉社区位于沈河区望云寺路40—2号南侧，东至万寿寺街，西至奉天街，南至望云寺路，北至小西路，占地0.15平方千米，有居民3836户、10253人。涌泉社区划分4个网格，有46栋楼、194个单元、20个单体院。2019年办理城镇居民医疗保险310人、办理老年证68人、办理残疾证13人。完成全国第四次经济普查工作，完成133户企业、7户个体的普查。

城市管理。拆除小西路71—4号和小西路友爱东巷38号车棚，将其提升改造为“百姓乐园”。在公共事业服务中心的帮助下，解决小西路友爱东巷28号多年没有楼梯扶手的问题。配合区征收局做好万寿寺街68号棚户区征收工作。扎实开展环境整治、基础设施建设工作。社区与辖区内临街的单位签订门前市容环境责任区责任书。开展小街小巷清除小招贴活动。集中社区志愿者参加社区组织的义务劳动，为辖区的各个院落确立固定的清扫保洁人员，并对每条街巷路责任到人。

社会民生。完成社区一站式服务大厅提升改造，开展特色便民服务。整合辖区驻街单位资源，通过网格服务开展内容丰富的惠民、利民、便民工作。社区结合全新装修和打造的为老服务站，携手沈河区亿汐（兴丰）居家养老服务中心开展特色为老服务。为辖区老年人提供精神慰藉、助餐、助医、助浴等服务。

（臧绣宇）

【义诊活动】 3月1日，涌泉社区开展义诊活动。医生们为居民检测血压、号脉，为居民讲解定期检查身体的重要性，鼓励他们要树立积极乐观的生活态度，养成健康的生活习惯。义诊活动共接待居民百余人。

【燃气安全知识宣传活动】 10月15日，辽宁广播电视台经济频道《直播生活》栏目和燃气公司走进涌泉社区，开展燃气安全的宣传活动。工作人员讲解居民日常在家烧水、做饭、取暖时，正确使用燃气的基本知识，并入户指导居民安装燃气管和如何检验燃气泄漏。（志　闻）

大东区津桥街道荣乐社区

【概况】 津桥街道荣乐社区位于珠林路28—1北，东起珠林路96号，西至东边城街，南邻珠林路28号，北至边东街。总占地面积0.28平方千米，社区下辖3个老旧小区（荣乐、珠林、盲人大院），共计45栋楼，211个单元，常住居民4816户、12231人，有党员411名。驻街单位有北部战区联勤部、建新机床电器厂、珠林一小学、大东区公证处等，个体商户160余家。荣乐社区先后获沈阳市全民健康生活方式行动健康社区、健康教育示范基地、双拥模范社区、创建全国文明城市先进集体、充分就业示范社区、沈阳市基层就业工作先进单位、沈阳市百佳社区、沈阳市双拥示范社区等称号。

针对辖区老年人、残疾人所占比重较大的情况，荣乐社区倡导“心”文化服务理念。2019年，荣乐社区在原有幸福苑、手拉手为民公益团队、爱心义工联盟志愿者团队的基础上，引进爱心传递志愿者公益协会、付玉芹爱心公社等团体，与辖区事业单位、企业党组织建立“党建翼联”体系，探索“点餐式精准帮扶志愿服务”工作新模式，通过资源整合，信息共享，利用好各志愿者团队的资源优势，构建起“点餐、认领、帮扶、评价、反馈”的闭合式网络。年内解决老年人、残疾人身边的实际需求和困难600余件。

荣乐社区建立网格员和党员“访民生”工作体系，网格员和党员干部深入居民，下到网格，听取居民的意见，了解居民的需求，针对居民提出的民生问题记录在册，给予积极回应，能解决的问题马上解决，涉及棘手的问题，作为居民的代言人帮助居民协调沟通相关部门，实现对社区居民诉求的动态管理。

【社区协调议事厅】 1月，荣乐社区在党建工作室设立协调议事厅，建立网格调解服务体系，网格员准确及时掌握网格内矛盾纠纷，第一时间把有关人员请到协商议事厅共同商讨，社区从中调解，制定解决方案，全年解决居民急事、难事110余件。

【珠林小区改造】 8月，社区党委根据民生需求，汇集各方力量，实现珠林小区老旧小区改造提升，解决困扰居民的高空房檐掉落、楼顶漏雨、下水道堵塞等民生难题，惠及居民2130户。

【盲人大院实现保障型物业管理】 荣乐社区的建新小区有6栋楼，429户、1100余人。其中残疾人109人，一、二级盲残人员63名，故有“盲人大院”的俗称。10月，盲人大院实现保障型物业管理，增设门禁，实现开放式小区封闭，有序管理院内车辆按位停放，24小时全程监控，园区安全得到保障。同时，对小区进行长效管理，小区环境明显提升。

（陈　平）

皇姑区北塔街道晨报社区

【概况】 晨报社区位于皇姑区宁山东路12号5栋甲，隶属于北塔街道，东至松花江东街，西至北陵大街，南至宁山东路，北至新开河。管辖面积0.7平方千米，由宁山东路12号院、辽河街67号院、松花江街46号院、燕山路10号院、崇山东路56号院、崇山东路72—1号院、建信花园、新华园8个居民区组成，有33栋居民楼147个单元，居民3131户、8007人。晨报社区党委下设10个党支部，2个非公党支部，1个社会组织党支部，有党员350人。

2019年，晨报社区坚持“党建引领、区域共建、社会协商、群众参与”的工作思路，坚持“群众的事群众议，群众的家群众当”，搭建协商议事平台，完善居民决策制度，增加社区自治骨干，保障居民群众参与社区公共事务权利。社区党委组织牵头开展“红色管家团”自治家园党建项目，采取“红色引领，共建单位、社会组织参与”的“党建联盟”模式，通过整合社会各方资源，为居民排忧解难，引导社区居民树立主人翁意识，创建具有高度价值认同的“红色家园”。探索建立以社区党组织为圆心，驻区单位党组织为连心层，社区服务能力为半径的党建“同心圆”，加强党员教育管理，打造全新服务型党组织，着力构筑共治、共建、共享的社区治理“共同体”。积极打造党组织领导下的共建共享格局，促进共治、自治、法治“三个融合”，提高基层社会治理水平。以社区党组织为龙头，整合社区委员会、物业公司、业主委员会、派出所和辖区单位力量，建立“五位一体”的社区组织体系，共同参与社区治理，推动区域党建融合，共筑共建落实落细，打通服务群众“最后一公尺”。

【“红色管家团”自治家园项目启动仪式】 5月17日举行。共建单位童晖小学、沈阳市儿童医院、沈阳市天曲有限公司、锦州银行沈阳北塔支行、抚顺银行营业部以及业主委员会代表、社区党员代表、社区志愿者参加启动仪式。仪式上，为红色管家团成员颁发聘书，为红色管家团志愿者服务队授队旗。晨报社区将宁山东路12号院作为第一批红色管家团试点园区。

（王　茁）

铁西区凌空街道七社区

【概况】 七社区位于铁西区腾飞二街53—2号。东起腾飞一街，西至腾飞二街，与艳粉街道辖区毗邻，北起南滑翔路，南

▶晨报社区“红色管家团”志愿者服务队　（皇姑区供）

至揽军路，与于洪区汪家河子接壤。占地面积0.2平方千米。有50栋楼、4168户、10777人。2019年社区党委有基层党支部10个（其中1个非公党支部），447名在册党员。社区办公用房500平方米，设有“一站式”服务大厅、多功能厅、电子书屋、老年日间照料站、警务室等多项配套用房。

社区推出“全科社工、网格化管理”服务新模式，以打造“家”文化服务特色为品牌，开展“一进五送”管家式服务活动（一进，即“社区管家”进家庭；五送，即“送健康、送法律、送安全、送温暖、送服务”）。社区“管家式服务”基本解决百姓需求和难题。依托凌空卫生服务中心党组织、汇康医院等医疗机构开展为居民“送健康”服务；依托圣法律师事务所和街道司法所开展为居民“送法律”服务；依托滑翔应急消防中队党支部开展“送安全”服务；依托送变电党支部开展“送温暖”服务；依托社区志愿服务队开展送理发、零活、家电维修、电线老化更换等日常服务。社区先后获辽宁省爱国拥军模范单位、沈阳市双拥模范社区、沈阳市和谐社区建设“双十双百”先进社区、铁西区先进基层党组织、铁西区“平安社区”、铁西区“三八”红旗集体等称号。

【党员志愿服务队和义务巡逻队】 1月，社区成立党员志愿服务队和义务巡逻队。服务队每月20日为居民提供免费理发、量血压、缝纫零活、维修家电等志愿服务，受益人群达百余人次。义务巡逻队每周三下午开展巡逻，排除安全隐患，确保辖区安全。

【企业与社区共建活动】 3月，社区主动联系驻街单位和企业，发挥他们的特长和优势，鼓励驻街企业参与社区治理。与滑翔自来水营业所签订购买协议，低偿维修自来水管线；凌空卫生服务中心为居民免费义诊；铁西区征收办到社区开展点亮“微心愿”服务；滑翔应急消防中队为居民开展消防宣传；辽宁圣法律师事务所到社区开展免费法律咨询。

（七社区）

苏家屯区沙河街道三道岗子村

【概况】 苏家屯区沙河街道三道岗子村（含魏家楼子、后岗、前岗、朱家洼子、长胜堡5个自然村）位于苏家屯区东部8千米处，距沈阳市政府10.9千米，距桃仙机场7.7千米，东邻陈相街道胡老村，南界长岭村，西连沙河村，北与新立村相连。距四环线入口10分钟车程。土地总面积487公顷，其中耕地5117亩（341公顷），人均耕地3亩（0.2公顷），林地面积189亩（12.6公顷），鱼塘养殖面积140亩（9.3公顷）。有居民387户、1206人，常住人口750人。辖区内有魏家楼子汉城遗址、日俄战争奉天会战遗址。特色地产品有“添富”牌寒富苹果、焦家酒坊笨烧酒（沈阳市非物质文化遗产）、魏家楼子蜜瓜、原生态观光度假村曙光山庄和生态大棚九九草莓。

经济发展。有专业合作社4家，魏家楼子种植专业合作社74户222人，规模种植玉米；后岗种植专业合作社10户30人，规模种植玉米；天富长果树种植专业合作社10户45人，种植寒富苹果等水果；国辉种植专业合作社10户30人，规模种植香瓜等瓜类。深入推进三道岗子村特色农产品品牌化建设，完成“魏家楼子”商标注册。本村的寒富苹果、焦家酒坊的笨烧酒具有商标专用权，更新原包装。

社会民生。建立定期慰问走访制度，2019年春节慰问低保户和部分生活收入较低的残疾户，送去米、面、油。对8户低保户启动芦花鸡养殖扶贫示范项目。全面普及自来水、公厕建设、通电、有线电视、广播、通村道路硬化。运用“四议一审两公开”制度（“四议”：村党组织提议，村“两委”会商议，村党员大会审议，村民代表会议或村民会议决议；“一审”：乡镇党委、政府审核；“两公开”：决议公开、结果公开）。实施新生儿土地承包权确认、村集体经济组织成员确认等重大事务决策。

【获评“先进党支部”】 7月，三道岗子村党支部被苏家屯区委员会、沙河铺镇委员会，分别授予“先进党支部”荣誉称号。村民张永霞被评为“全国新型职业女农民”“辽宁省女创业带头人”，苏家屯区“三八红旗手”等。

【天富长果树种植专业合作社获评“农村科普惠农示范基地”】 天富长果树种植专业合作社带动村民栽培果树3000亩（200公顷），并为寒富苹果注册“添富”牌商标。2019年，被苏家屯区科协命名为“农村科普惠农示范基地”，年培训果农600人次。

（郝紫含）

浑南区五三街道嘉华社区

【概况】 嘉华社区位于浑南区文源街2号。成立于2008年12月，为浑南区典型农民回迁型社区，东起文淙街，西至文豪街，南起汇泉东路，北至远航中路，辖区面积60万平方米。包括嘉华新城及孤家子小区，有68栋楼、5270户、10056人。嘉华社区党总支下设3个社区党支部，有党员91名，在职党员10人。低保有42户，残疾人125人。公共设施数量65件，社会组织有20个。服务设施由主体办公楼、文体活动中心、社区卫生服务站和一个1万余平方米的文化广场组成。驻区单位有巨子产业园等。

社区文化。作为农民回迁社区，社区居民之间的纽带十分紧密，“家”文化特色服务应运而生。以“家”为中心，成立科普大学，开设烹饪、疾病预防等课程，满足社区广大居民的健康文化需求。社区登记备案的20个社会组织活动积极，开展各类“家”主题活动：迎新春联欢会、除夕夜吃团圆饭、元宵喜乐会、社区饺子宴等活动。持续开展“弘扬社区家文化”为主题的家风家教讲座，引导社区广大居民传承家风家教，培养家庭美德。嘉华社区先后获全国妇联基层组织建设示范社区、全国人口和计划生育基层群众自治示范村居、创建全国文明城市贡献单位、辽宁省先进妇女之家、辽宁省科普示范社区、辽宁省充分就业示范社区、辽宁省卫生社区、沈阳市和谐社区建设标兵社区、沈阳市家庭道德建设示范基地、沈阳市先进团支部、沈阳市人大常委会基层立法联系点、沈阳市家庭道德示范基地、浑南区先进基层党组织等荣誉称号。

社区建设。嘉华社区与多家共建单位沟通协调，为嘉华新城东区、西区种植树木。4月13日举办植树活动，沈阳市委机关工委提供树苗，社区党员群众与沈阳理工大学的志愿者共同开展植树活动。嘉华新城东区路面年久失修，严重影响居民出行，9月社区多方沟通进行整修，路面焕然一新。

【“快乐四点半”课堂】 2015年，为解决园区内双职工无暇照顾子女的问题，嘉华社区与共建单位源启公益事业发展中心、壹基金共同运营，为社区内4—13岁低保、单亲、低收入、流动、留守儿童和有需要的其他儿童、青少年提供免费、多元的“快乐四点半”课堂，联合理工大学志愿者为孩子进行辅导学习，并经常性开展青少年爱国主义教育讲座、读书月、儿童非遗手工艺品技能培训、皮影戏、手工制作等活动，丰富儿童课堂活动。2019年，由于学生数量增多，嘉华社区将乒乓室与活动室进行一室多用改造，最大限度满足“四点半”课堂学生们的需求。

（胡　涛）

沈北新区沈北街道新建社区

【概况】 沈北街道新建社区位于新城子街西北部，由新水湾、龙江鑫都、美伦湾、锦绣家园4个物业小区和辽煤住宅、铁路住宅及7栋无物业散楼组成。辖区面积约3.8平方千米，户数5790户，人口9707人，有汉、满、回、蒙古，锡伯、朝鲜、瑶、达翰尔等民族。社区办公面积420平方米，另有文化艺术活动中心320平方米。社区干部16人，其中全科社工16人。

社区治理。新建社区将辖区企事业单位、社会组织、个体业户、志愿者等全部纳入社区建设体系中，推进“三社联动”，完善社区服务体系，与7家辖区单位党组织签订共建协议，借力辖区机关、企事业单位的资源服务居民群众。培育各类艺术团、合唱团、摄影协会、义务巡逻队等社团组织12个，招募志愿者230余名，并为其搭建协商议事平台、活动平台，促进互相关注、互通合作，激发社会活力，形成全民参与社区治理新格局。

社区服务。经过整顿社区低保户22户，按照政策应保尽保。发动社会力量和政府救助困难群体，解决资金7000余元。社区有享受80周岁以上高龄补贴的老人149人，90周岁以上老人19人。办理就业失业证135本，提供就业信息80条，提供就业人数6人次。社区为居民办理居民和农合80余人。对辽煤住宅小区1000平方米广场进行改造，新铺黑色地面，维修健身器材16处。

【社区“微自治”】 新建社区以92栋居民楼作为自治单元设置楼长，探索以居民为主体的楼栋“微自治”管理模式。楼长作为“微自治”引导员，负责宣传共同缔造精神、引导居民改掉生活中的陈规陋习、反映居民诉求、理顺居民关系，调节邻里纠纷等，社区还专门设立议事厅，为"微自治"搭建议事平台，共同推进楼栋"微自治"工作的顺利开展。通过社区"微自治"，带动"微党建""微组织""微承诺""微讲堂"，解决楼栋"微服务"和"微管理"问题。开展社区微自治后，通过各种形式征集群众意见建议173条，解决群众身边的小事268件，开展垃圾分类宣传活动20余次。

【非公企业党建"一建三送"活动】 2019年，新建社区党委联合驻社区非公企业拓展"一建三送"活动，即在建立非公党支部的前提下，为支部送一面党旗、一批图书、一套电教光盘，不断加强非公企业党支部党员阵地建设，逐步提升非公企业党建工作制度化、规范化水平，激发非公企业党建工作活力。（付雪娇）

于洪区北陵街道上林湾社区

【概况】 于洪区北陵街道上林湾社区位于于洪区东北部，北陵街道中部，南邻北二环，北至赤山路，东起滨江街，西至汀江街，总占地面积53万平方米。社区成立于2010年4月。

辖区内有上林湾小区、丁香水岸小区、恒大御景湾小区、丁香湾小区（暂未入住）4个园区，楼宇160栋，建筑户数1.3万户，单元353个。辖区内商铺分布在白山路、绵山路、松山西路，共计347户。社区工作人员12名，社区办公用房两处，一处位于松山西路147—8栋三楼，有公共服务大厅、小型会议室、多功能活动室及档案室，共347平方米；一处位于白山路180—3栋负一层，有老年人活动室、棋牌室，共400平方米。

社区在实施网格化社会治理方面取得突出成绩。规范辖区内各小区概况明细表，按楼栋分布划分成9个小网格，每位工作人员担任网格长，负责网格内1000余户居民的政务服务和各类社会治理问题。加强网格信息建设，记录服务民生百情。网格长在入户走访、网格巡视中，记好每一次巡视笔记，预判解决网格内居民实际问题。并对民情日记中记录的居民信息，及时更新，录入微机，完成社区内的人、事、地、物、情等信息采集，完善社区居民基础信息数据库。对于社区居民反映的问题，网格长在周例会上提出，社区工作人员和居民共同商议，居民对社区网格服务产生信任。

加强网格平台建设。组建网格微信群，形成三层架构：第一层级为社区多方联动工作群，包括各职能部门与社区对接人员，负责工作部署，统筹规划；第二层级为小区工作群，包括各物业及驻社区单位对接人员，负责协调解决各类问题；第三层级为小区网格群和专项服务群，负责发现日常问题，发布通知、信息。全年微信群有居民5120名，发布培训就业信息、活动通知、事务信息等53次，反馈居民咨询和建议数百次，通过联动解决各类事务19次，利用网络平台即时即办，迅速有效，获得居民好评。

加强网格联动机制。网格长将日常走访、巡视内容及时记录，保证民情日记、巡查笔记、问题台账三情统一并同步。针对存在的疑难问题及时向有关部门上报，联合勤务大队、派出所及卫生扫保等部门，多方联动，确保高标准、高质量完成小区治理工作。2019年，社区多方联动疏导解决居民易群访群诉事件5起，提高居民的安全感和满意度。

【街路商圈党支部成立】 6月，社区党委对绵山路两侧的经营者进行摸底，了解到商铺经营者中有青年党员3名，经向街道党工委报批，成立街路商圈党支部，引导中青年经营者，以点带面，带动全体经营户签订"文明服务、文明创建"承诺书。104户商铺中，有5户评为五星优秀示范商铺，有37户商铺评为三星示范商铺。商圈党支部联合社区"蓝丝带"志愿服务队，定期开展理发、量血压、测血糖等各类志愿服务活动。（郭淑娟）

辽中区肖寨门镇肖北社区

【概况】 辽中区肖寨门镇肖北社区位于辽中区东南，距辽中城区15千米。唐朝薛礼征东时在此扎寨，因肖姓人居多，故取名肖寨门，又因本村坐落在肖寨门镇的北部，所以取名肖北村，2016年变为肖北社区。全村版图面积7.8平方千米，耕地面积8752亩（583.5公顷）。全村有户籍居民893户、2643人，常住人口3100人，以汉族为主，隶属肖寨门镇管辖。县级茨长线公路贯穿村内。社区地势高燥，土质肥沃，交通便利。肖北社区人居环境优美整洁，村民安居乐业。社区曾获县级文明标兵村，市级园林式村庄、文明单位、新农村示范村，省级文明村、环境优美村、文化活动示范点，国家级小康示范村等称号。

经济发展。肖北社区以白酒、肉牛生产为主导产业，以产业调整和农业增效、农民增收为主线。2019年，全村社会总产值6亿元，人均收入2万元。肖北社区坚持科学发展，不断调整农业结构，大力发展酒业生产和畜禽养殖业，走出一条适宜肖北发展的富民之路。肖北社区有棚菜种植小区3个，面积400亩（26.7公顷）；果园3个，面积100亩（6.7公顷）；种植中药材五味子小区1个，面积220亩（14.7公顷）。社区主导产业为白酒生产和肉牛养殖。以沈阳清王酒业有限公司为龙头的白酒产业园，有白酒生产企业8户，年产白酒1万吨，创产值1亿元；向农户流转土地，实行公司+农户的生产模式，总投资1.6亿元，完成基础设施投入资金9000多万元，建设规模化辽寨牧村养殖基地530亩（35.3公顷），基地内建成并投产的肉牛养殖小区38户。村有80个肉牛养殖小区，总占地面积900亩（60公顷）。年出栏肉牛3万头，产值5亿元。实现农业增效、农民增收。

社会民生。截至年末，村内53条街路全部铺设柏油路面，新安装路灯262盏，有路灯总计384盏；栽植风景树1500余株。全年投入资金8万元，进行环境治理。建自来水厂一座，使村民用上安全放心的自来水。村集体连续10多年为本社区户籍的60岁以上老人发放重阳节慰问金。修建一处占地面积2340平方米的文化广场。建成日处理能力200吨的污水处理厂。村文化宫院内有100平方米的肖北社区书画室，书画室实行常态化管理和常态化活动，全年肖北社区书画室成员近百人利用农闲时间不定期举行书画作品展及书画交流活动，曾获省市级书画展金、银奖等荣誉。辖区内有9栋居民住宅楼，建筑面积3.9万平方米，居住户526户，居民居住条件由民房向楼房改变。

【肖北书画室挂牌暨首届书画展】 4月19日，辽中区总工会文化基地肖北书画室挂牌暨首届书画展举办。首届书画展展出作品60多件，150余人次观展。肖北社区有28名书画爱好者，其中有中国书法协会1人、省农民书法协会1人、沈阳市书法协会3人、沈阳市美术协会3人，书画室的成立，为书画爱好者提供学习、创作、交流的平台。

（冯　妍）

新民市兴隆堡镇昂邦牛村

【概况】 昂邦牛村位于兴隆堡镇政府东2.4千米处。东与于洪区光辉街道门台村交界，南邻金太牛村，西接兴隆堡村，北连陶柴屯村。村域面积5.38平方千米，辖4个村民小组。户籍人口450户、1327人。其中，汉族1220人、满族82人、蒙古族16人、锡伯族4人、哈尼族2人、苗族2人、朝鲜族1人。村域内国道G304线穿越而过，交通建设完善。全村有耕地3800亩（253.3公顷），养殖水面110亩（7.3公顷），有专业合作社、家庭农场等3家。全年农业总产值3000万元，农民人均收入2.25万元，村集体收入28.3万元。种植水稻2000亩（133.3公顷）、玉米700亩（46.7公顷），粮食作物产量2000吨；果蔬大棚800亩（53.3

▶4月19日，肖北书画室挂牌暨首届书画展（辽中区供）

公顷）、寒富苹果300亩（20公顷），经济作物产量1700吨。开展村庄清洁行动、大棚房整治等工作。

【通过省环境优美村验收】 2019年，昂邦牛村通过辽宁省环境优美村验收，城乡生态建设进一步推进。同年，新民市通过辽宁省环境优美村验收的有7个村。

（丁 威）

康平县海洲窝堡乡王全窝堡村

【概况】 王全窝堡村地处海洲窝堡乡北部，与内蒙古自治区接壤。有陈昌窝堡、杨坤窝堡、王全窝堡、新发堡4个自然屯，5个居民组。有居民438户，1620人，党员64名。乡北环路贯穿全村，有集贸市场1个，商业网点齐全，文化广场1处。为市百强村，市、县文明村。区域面积1466.7公顷，其中耕地918.5公顷，林地533.3公顷，绿化覆盖率45%。区域内地势平坦，光照充足，土地肥沃，季节性河蚂螂河穿过本村，雨量温度适宜。

经济发展。王全窝堡村的产业以种植业为主，畜牧业为辅，花生种植面积占耕地面积的70%，其余以玉米、小杂粮为主，形成以花生为主导的种植模式。成立种植合作社1个，新建花生筛选厂正式运营。

社会民生。全村水质提升的安全饮水工程基本完成，自来水入户率达93%。街路全部硬化，有路灯54盏，景观墙2400米。有保洁员2名，保洁监督员5人，垃圾场1个，垃圾临时堆放场9个，垃圾箱50个。建立清扫保洁，垃圾收运等环卫机制，生活垃圾公共处理运行良好。农村改厕项目完成407户，危房改造完成15户。

【花生种植专业合作社】 2016年，海洲乡王全村创办花生种植专业合作社。合作社采取股份制集体领办企业的经营模式，吸纳村民入股，利益共享、风险共担，进行农产品种植、加工及销售。合作社按照法定程序提取公积金和公益金，剩余的利润按照所占股份分红，村集体和入股农户按照所占比例进行分红，村集体分红资金用于村基础设施建设、公益事业和维护合作社正常运转。至2019年末，合作社项目投资280万元，占地面积1.3万平方米，其中工作区面积1400平方米，生活区面积400平方米。

（王冲 盛德瑛）

法库县大孤家子镇半拉山子村

【概况】 半拉山子村位于法库县大孤家子镇西北部，辖前茨儿沟、詹家窝堡2个自然屯，区域面积20平方千米，耕地面积481.3公顷，林地面积166.7公顷，居民总户数326户、1124人。有300多年满族文化历史和“八旗”古井、古法“造纸”作坊等传统文化遗址。有AAA级景区一处，AAAA级景区一处，文化资源优势显著。村落成网格状布局，散落有传统古建筑，并有民间典故流传。

2019年，半拉山子村农业规模化发展，成立种植、养殖合作社3个，基地高粱达到120多公顷。打造旅游品牌，争取资金1000万元完善基础设施、景点改造和公共服务设施建设，并与酒厂联合开发荒山建采摘园。陆续举办农民丰收节、旅游产业推介会、地方品牌白酒联展、农村特色商品小吃集市开业、清文化民俗风情表演等系列活动，旅游年接待量30万人次，带动小磨香油、大豆油、地瓜、花生等特色地产品等销售。至年末，全村产值达3800万元，人均收入18216元。

在村庄发展上，通过宜居乡村建设，修筑公路20千米，栽植村路两侧风景树近千株，村文化广场安装健身器材15套。树立生态文明理念，有村民公约、常态化保洁制度，村容整洁，生态环境良好。2018年11月，半拉山子村被中国生态文化协会评为“全国生态文化村”。

【满族风情文化街】 满族风情文化街位于爱新觉罗皇家博物院内，全长2000余米，建筑面积3000余平方米。北起爱新觉罗御酒坊，途经御花园、御膳房、御宴房、大政阁、养心殿，所有建筑均为雕梁画栋、青墙飞檐的仿古建筑，地下有全长1.8千米的皇家酒窖，构筑独具满族特色的人文景观。2010年后，每年在满族风情文化街上表演声势浩大的皇家礼仪游行。2019年，相继举办萨满舞、满族旗袍秀、满族婚俗大礼游街等清文化民俗风情表演系列活动，并建成农村特色商品小吃集市，带动当地小磨香油、大豆油、地瓜、花生等特色产品的销售。

（李德才）

四十、企事业单位信息

【中国建设银行辽宁省分行】 2019年，中国建设银行辽宁省分行深入贯彻习近平总书记对建设银行做出的增强“三个能力”建设重要指示精神，全面践行国有金融的初心和使命，积极解决社会痛点、难点，以新金融实践为沈阳高质量发展、新时代振兴贡献金融力量。沈阳地区各项贷款余额2236亿元，新增217亿元，还原证券化、不良处置等因素后，各项贷款实际新增278亿元，稳居4大国有商业银行首位。

服务国家建设。全年对公贷款余额1217亿元，新增110亿元。培育壮大新动能，战略性新兴产业贷款、先进制造业贷款、绿色信贷分别增长134%、433.8%和5%。支持民营经济发展，新增民营企业贷款67.6亿元，增长65%。服务国资国企综合改革，以重组财务顾问服务破解沈阳五爱集团改革难题。发力普惠金融，依托供应链金融、大数据信贷等创新模式有效承接小微企业、个体工商户多元化融资需求，普惠贷款余额52.4亿元，增长23.3%；完善线上、线下服务渠道提供更加便捷服务，“惠懂你”App新增企业绑定1.4万户，“小微快贷”产品网点覆盖率提升至100%。发挥金融科技力量，支持数字政府建设，协助搭建省级政务平台“辽事通”App，沈阳地区首批上线“就业登记”等38项公共服务、21家建行网点升级为“政务服务驿站”。

防范金融风险。扎实推进全面主动风险管理，压降不良率0.35个百分点。发挥国有大行稳定器作用，配合政府化解重大金融风险，完成沈阳机床20.4亿元不良资产项目重整。落实信贷结构调整规划，压退高风险贷款4.5亿元。开展不良资产攻坚战，处置不良贷款9.6亿元。

参与国际竞争。依托建行集团全球布局优势，助力沈阳开放合作新前沿建设，通过国际商业转贷款、跨境风参等业务引入境外低成本资金108.8亿元。升级跨境普惠金融服务，对接“单一窗口”，绑定客户144户，新签约“跨境e+”客户561户，新增“跨境快贷”客户21户，投放贷款275万元。

国家乡村振兴战略。培育乡村发展新动能，涉农贷款余额54.6亿元，认购专项地方债券置换县域存量债务54亿元。联合海尔、联通等社会力量在全市1538个行政村建设“裕农通”服务点，实现基础金融服务“村村通”。助力解决拖欠农民工工资问题，投放“民工惠”专项贷款6.7亿元，惠及2.7万人次。

网点综合服务。下辖沈阳铁西支行营业室入围中银协全国百佳网点。提升客户体验，平均等候时间、业务处理时间分别缩短20%和8%。

推进转型创新。配合国家公

路收费制度改革，新增ETC签约26.7万台，累计签约46.8万台。金融生态建设迭代升级，打造“8+N”场景商户营销体系，贯通48个民生场景，个人商户总量7.1万户，新增1.5万户。积极培育大型行业商户及带动能力强的核心企业，通过定制“辽叶云贷”等综合金融服务、升级收银机具，协助烟草公司精准管控销售资金、更好服务烟草商户；研发专用智能POS，在沈阳地区率先将省公安厅“机动车修理业治安管理信息系统”与机修商户直接连接，助力强化监管。

履行社会责任。做好脱贫攻坚，新增金融精准扶贫贷款1.45亿元；加大消费扶贫，“善融商务”电商平台扶贫交易额456万元，增长78%。深化产教融合，依托建行大学资源，推进“金智惠民”工程，培训8136人，向社会普及金融知识；配合沈阳市委组织部，在浙江大学培训40名优秀“驻村第一书记”。在全市178个网点建立“劳动者港湾”，向快递员、环卫工人等不同群体提供便民惠民服务；组织各级“青年文明号”集体走进“劳动者港湾”，开展公益及宣讲活动118次。（建行辽宁分行）

【盛京银行】 2019年，盛京银行围绕“做一家好银行”的发展愿景，全力推进改革发展，开创性完成增资扩股工作，平稳渡过“包商银行”事件流动性冲击，加快推进市场化体制机制改革，经营管理工作取得重大突破，资产规模站稳万亿大关，业务结构持续优化，资产质量显著提升，营业收入和净利润均实现两位数增长，为盛京银行新一轮发展奠定坚实基础，实现良好开局，为辽沈实现全面振兴作出积极贡献。推进结构调整，持续聚焦基础客户经营，强根基、提质量、抓化解、控风险，盈利水平持续提升，综合服务能力不断增强，经营模式转型取得阶段性成就，品牌形象和市场核心竞争能力逐步有效树立，实现质量、规模、效益的协同发展。截至年末，全行总资产1.02万亿元，较年初增长3.7%；各项贷款余额4572.02亿元，较年初增长21.4%；营业收入210.07亿元，增加51.22亿元，增幅32.2%；拨备前利润163.76亿元，增加44.36亿元，增幅37.1%；净利润54.38亿元，增加3.12亿元，增幅6.1%。在北京、上海、天津、长春4个中心城市及辽宁省内14个城市设立18家分行，实现省内城市机构网点全覆盖，全辖机构网点206家。

体制完善。盛京银行充分发挥市场化优势和政府资源整合能力，确立高度市场化的管理体制，形成多元化的股权结构。通过构建符合现代企业治理要求和未来经营发展需要的公司治理模式，发展动力更加强劲，管理体制更加顺畅，成为盛京银行稳健发展的助推器，合规经营的压舱石。盛京银行形成董事会、监事会、高管层各司其职、各负其责、协调运转、相互制衡的良好局面，决策、执行、监督运行机制更加科学高效。

增资扩股。在省市政府的大力支持和监管机构的指导帮助下，盛京银行增资扩股工作取得成功，通过境内外同步增发30亿股股份，募集资金180亿元，全部用于补充核心一级资本。此次增资扩股的顺利完成，是盛京银行自2014年香港上市以后，突破性地对核心一级资本的又一次巨大补充，募集资金是2014年IPO的两倍多，使盛京银行资本充足率大幅提升，位居城商行前列，配合其他资本补充方式，将为盛京银行未来3—5年的发展奠定坚实基础，进一步释放改革发展的空间与活力。

转型发展。深入推进“轻资产、轻资本”战略实施，多元化盈利格局初步建立。逐步构建以公司银行、零售银行、投资银行、贸易金融、资产管理、机构业务、财富管理、金融市场中心、信用卡中心和小企业中心为主的十大利润中心经营体系，不断拓展非息收入来源渠道，实现盈利模式转型，产能和盈利贡献度不断提升。积极履行社会责任，与行业和区域龙头企业、优质民营企业及核心客户上下游小微企业的合作不断加深，为实体经济提供优质高效的金融服务。盛京银行强化“存款立行”的经营理念，核心负债实现快速增长，对公存款和储蓄存款都呈现良好的增长态势，同业负债依存度不断降低，优质流动性资产储备充足，负债来源稳定性不断增强，期限匹配和定价管理不断强化，流动性风险管理成效显著，为全行健康发展奠定坚实基础。

资产质量风险管控。完善各分行、各资产条线风险总监派驻制度，与业务模式转型升级相融合的全面风险防控体系更加完善，风险管理的独立性、专业性、及时性和有效性显著提升，存量问题资产清收加速推进，资产质量不断夯实。合规创造价值的理念在全行得到进一步树立，内控制度的引领保障作用有效发挥，合规、审计、监察全链条运作更加顺畅。

科技平台建设。持续加强信息系统建设，不断完善金融服务功能，完成企业服务总线、柜面综合服务平台、人脸识别平台、新手机银行等423个业务需求，提高信息系统服务能力；加强信息系统基础环境建设，引进“云平台”技术，扩充虚拟化技术应用范围，进一步优化信息科技运维管理机制，提升科技保障能力；加强信息系统安全管理，完善信息科技风险监控、检查、整改机制，不断提升信息科技风险管理水平，严守安全生产底线。

（孙亚男）

【招商银行沈阳分行】 2019年，招行银行沈阳分行实现业绩稳健增长，资产质量进一步提升。分行拥有1家营业部、36家同城支行、12家社区／小微支行，省内下辖丹东分行、鞍山分行、抚顺分行和盘锦分行4家异地机构，有24小时自助银行66家，有员工1550人。截至年末，招商银行沈阳分行全折人民币自营存款时点余额801.4亿元，比年初增长28.8亿元。不良贷款余额4.25亿元，较年初下降1.01亿元。分行建立以一卡通、一卡通金卡、金葵花卡、钻石卡、私人银行卡、信用卡、“摩羯智投”和“生意贷”为主的零售金融品牌体系，形成以“点金理财”“抵押贷”为龙头的公司金融品牌体系，实现品牌形象和内涵的双重提升。分行获2019年度最佳创新服务银行、2019年度最佳手机银行、2019年度沈阳榜样企业领袖大奖、2019年度最具品牌价值银行、2019年度最具品牌价值奖。分行坚持以质论优、风险收益综合平衡的风险把控原则，强化授信管理，建立贷前、贷中和贷后管理风险预警机制，提高风险控制水平，将不良贷款率控制在总行预算范围内。分行树立“合规优先、合规人人有责”等合规经营理念，强化干部员工日常行为管理，构建内部控制长效机制，连续14年获监管评级一级，连续19年未发生案件和重大责任事故。

（招商银行沈阳分行）

【中国人保财险沈阳市分公司】 中国人保财险沈阳市分公司下辖19个支公司，有1074人，保险服务网络覆盖所有县区和大部分乡镇，是沈阳市成立最早、规模最大、网点最多的财险公司。公司经营机动车辆保险、财产保险、工程保险、船舶保险、货运保险、责任保险、信用保险、意外伤害保险、健康保险、农业保险等业务，为全市110.9万辆机动车提供车险服务，为120万名工会会员提供组合保险服务，为450余万亩（30万公顷）农田提供农险服务，为313余万城镇职工提供补充医疗保险服务。2019年，公司为社会提供风险保障额度2.1万亿元，是全市同期地区生产总值3倍以上；支付赔款20.9亿元，支付赔款占行业比重34%。

参与社会应急救援体系建设，开展5次“空中救援”服务宣传，积极应对暴雨暴雪灾害，持续推动警保联动落地，创建“两站两员”（道路交通安全工作联席会议并设立交通管理站；重要路段、关口设立交通安全劝导站；乡镇专职交通安全员；行政村聘用交通安全协管员）服务点9个，17家“车驾管”服务站铺设完毕，累计办理业务473笔。

强化理赔科技支持，启动理赔线上一体化处理中心。车险优化渠道布局，推动转型升级。公司从业务资源配置等环节强化过程管理，进一步提升车险精细化管理能力。强化自有销售力量，推动电商一号工程建设。

夯实过程管理，推动车险存量管理转型，强化续保团队与直营销、车商及专代各渠道的融合发展，政策配置设立优先级，制定内部交叉管理办法，严控内耗。商业非车险实行倍增计划，在行业车险动能减弱的大背景下，商业非车险常规业务增量贡献度达到49.4%。

夯实项目管理，沈阳地铁等招标项目全部实现首席承保，财产损失保险、特险首台套实现新突破。推动民生项目，大健康、政府民生治理类业务发展迅速。推动助贷险发展，细化承保管控政策，强化销售、风控、追偿3支队伍建设。农险固土拓疆，推动县域业务稳健发展。市县联动、对位公关，巩固种植险原有区域份额，构筑竞争壁垒。在沈北新区实现种植险破冰、在康平县实现全县生猪统保，生猪统保保费近千万元。落实乡村振兴战略，加大产品创新，业务获取模式创新。

（中国人保财险沈阳市分公司）

【中国人寿保险股份有限公司沈阳市分公司】 2019年，公司总保费完成23.97亿元，增长1.39%；续期保费17.4亿元，增长10.61%。长期险首年标准保费1.76亿元，完成率74%，增长

22.45%。首年期交保费4.12亿元，完成率78.16%，其中10年期及以上首年期交保费2亿元，完成率88.15%，增长70.69%。保障型产品保费9364.43万元，完成率61.82%，增长21.11%。新农合大病保险保费9792.16万元，达成率115.2%。国寿大健康注册1.87万人，达成率109%。国寿大健康使用2.3万人次。服务群众，拓展承保面，推进新农合补充意外险试点村项目开发，新民、辽中等公司取得初步成效。业务管理水平提高，个人长险无纸化投保审核平均时长3.05小时/件，时效居全省第二；股份保全作业e化率达成89.67%，增长40.28%；理赔申请支付时效1.38天，提升62.9%；服务单9793件占全省的46.34%，平均结案时长2.38天，比同期缩短1.1天。风险防控能力提升，坚持常态监督。紧盯元旦、春节和国庆等重要时间节点，开展日常监督。开展风险排查，推动重点领域问题整治。落实银保监会要求，重点开展“保险中介市场乱象整治”“巩固治乱象成果，促进合规建设”“侵害消费者权益乱象整治”等8项自查工作。建立风控联系人（联络员）队伍，强化前端风险源头管控。建立四级风控工作群，分层级传达落实各项风控工作，网格化管理，实现风控横向到边、纵向到底。

（中国人寿保险沈阳分公司）

【沈阳水务集团有限公司】 2019年，沈阳水务集团有限公司完成供水量6.35亿立方米，日均供水量174万立方米，主城区单位耗电量完成0.276千瓦时/立方米。售水量4.18亿立方米，城区漏损率14.72%，水费收入12.39亿元。污水处理量1680.8万立方米，用户投诉率0.097%，水质综合合格率99.99%，市街管网总长度3884.4千米，供水面积734.6平方千米。在装水表333.9万块，供水人口732.4万人，用水户330万户。实际运行泵站2092处，泵站运行率达到99.81%，全市基本实现全天24小时供水。主城区北部水源仍为地下水，其他区域水源基本置换为地表水为主的供水水源，地表水供水总量2/3以上。科学组织，精心安排，确保供水生产安全稳定，集团完成维修漏水6853件，其中内网漏水5714件，外网漏水1139件，管网维修及时率达到98%，保障城市供水大局的稳定。完成元旦、春节、省市两会以及国庆70周年期间的供水安全保障工作，特别在春节极高峰供水期间，大部分市区实现“零”投诉，创十年最好成绩，得到市领导及市民的好评。

营商环境建设。集团先后制定《水务集团2019年继续优化营商环境工作实施方案》《水务集团2019年至2020年进一步优化营商环境行动计划》，召开“水务集团营商环境工作会议”，签订《营商环境责任状》。严格执行新建给水工程设计费、监理费下降10%标准，全年累计为企业节约资金361.95万元，受益企业280户。“三供一业”项目涉及31户企业的34个项目（包括66个泵站），完成总体进度92%。集团签订的用户发展工程协议均符合政府规定，协议金额合计8.5亿元。创新“互联网+服务”手段，用水报装ERP内部审批系统正式运行，开通给水排水网上受理业务，新建给水、新建排水、新装水表等11项业务通过网上办理，实现“一次不用跑”。积极开展“企业服务日”活动，共计47期，参与人数1641人次，服务对象396个，受理企业提出问题38件，办结率100%。

国企改革。按照市长姜有为到水务集团进行现场办公提出的关于水务集团企业改革重要指示精神，结合《沈阳市加快推进全市国资国企重点领域和关键环节改革专项工作方案》要求，水务集团全面推进国有企业综合改革工作，完成改革组织机构确定和聘请第三方机构等相关工作，并完成诊断分析、工作路线图制定等相关工作，并基本形成《综合改革总体方案》。

民生改善。集团完成雨污混摘项目241处，铺设管网25.8千米；完成广业路管网工程7.721千米。制定《水源井一级保护区整改实施方案》，并积极配合相关区政府，协调各单位推进整改工作，环保督察涉及118眼水源井整治工作全部完成。开展水质检测技术培训，提高水质检测能力；完成283项农村饮水工程的项目移交工作。

内网改造。2019年是居民小区供水内网改造工程的第三年，总投资3亿元，资金来源采取市、区政府各半原则，计划改造600千米管线。改造分2年实施，即2019年及2020年各实施300千米。2019年，水务集团完成改造200处居民小区336千米管线，完成城建计划改造任务。

重点工程建设。集团以“补齐制约城市供、排水基础设施短板，提升供、排水社会服务功能”为宗旨，开展新水源建设、供水管网、二次供水、城市排水防涝、污水治理等方面建设。大伙房水库输水配套工程西部净水厂（二期）工程进入带水调试阶段，工程累计完成投资8.43亿元。全面启动沈阳市辽西北供水工程建设，其中北部净水厂、配水厂工程于6月陆续开工建设，累计完成投资1.94亿元；法库县净水厂建设工程3月开工建设，土建全部完成，进行设备安装调试，累计完成投资5750万元；康平净水厂工程完成土建工程并进行通水调试，累计完成投资8097万元。完成12.6千米综合管廊（南运河段）供水管线工程建设，完成投资3400万元。小区供水内网改造工程改造201个小区，336千米小区内网，完成投资1.65亿元。全面开展排水防涝补短板二期工程建设，开展项目建设30个，完工16项，在建及工程收尾12项，跨年项目2项，累计完成投资1.71亿元。完成沈阳市东部污水处理厂（一期）工程建设并进入试运行，累计完成投资1.51亿元。（何　璐）

▶市水务集团组织劳动竞赛和技术创新活动　（沈阳水务集团供）

【沈阳优尼斯智能装备有限公司】 2007年，沈阳机床股份有限公司中捷立式加工中心事业部成立。2015年1月，沈阳机床股份有限公司中捷立加分公司（简称“立加分公司”）成立，主要产品为立式五大系列及卧式机床，是国内立式加工中心最大的研发制造商之一。2017年，为配合沈阳机床股份有限公司I5智能板块转型，由原立加分公司变更为一级法人公司，2017年8月21日沈阳优尼斯智能装备有限公司（简称“优装备”）正式成立，是沈阳机床股份有限公司全资子公司，是集专业设计、生产制造智能立式加工中心，智能卧式车床、智能多轴立式加工中心，立式、卧式加工中心，五轴加工中心的有限责任公司。公司主营业务为智能机械设备、机床制造；机械加工；机械电子设备及配件销售；设备租赁；软件开发、销售及技术服务；智能制造技术咨询、技术服务、技术成果转让；自营和代理各类商品和技术的进出口等。2018年11月30日，公司被授予“高新技术企业”证书。截至2019年末，公司有员工1500人，建筑面积101644平方米。公司产品广泛服务于航空航天、国防军工、仪表、汽车、铁路、IT、模具、消费电子、教育、刹车盘、医疗健康、体育运动等行业领域。I5产品产销2万余台，服务用户3800余家。2019年，公司总产值19486万元，产销率133%，资产负债率45%。（优装备）

【航空工业沈阳飞机工业（集团）有限公司】 2019年，航空工业沈阳飞机工业（集团）有限公司（简称“航空工业沈飞”）全面完成各项工作任务。经营业绩持续向好，营业收入、考核净利润、利润总额等指标均超额完成年计划目标，实现同比增长；航空产品生产交付满足客户合同履约要求，各项经营指标全面符合上市公司发展要求及航空工业考核要求。军机研制快速发展，质量管理稳步提升。持续加强质量管理体系建设，推进质量综合提升工程，各方专项审核顺利通过。民机实现稳步推进，国际转包和国内合作项目均按计划完成客户订单交付；A220项目超额完成年度计划任务，增长60%。积极推进扭亏减亏专项整治工作，经营绩效下滑趋势有效止控。先进技术应用成效显著，大力推广自动制孔、铣边设备应用等先进技术，复合材料制造技术取得新突破；飞机钛合金尾段制造关键成套装备、高压电子束焊接装备在生产线交付应用。完成沈阳沈飞电子科技发展有限公司股权转让，沈阳沈飞巴士制造有限公司清算注销，沈阳沈飞广告有限公司减资退出等工作。“三供一业”（国有企业职工家属区供水、供电、供热及物业管理）分离移交项目基本完成。上市公司运营更加规范，股东会、董事会、监事会和管理层运作规范。公司首次在沪市上市公司年度评价中晋升A级。年末，航空工业沈飞在册职工14469人。

“国企开放日”活动。7月4日，以由航空工业沈飞制造的中国自主研制的第一架高空高速歼击机歼8飞机首飞50周年、中国自主研制的第一架舰载战斗机歼15飞机首飞10周年为契机，在沈飞航空博览园举办“国企开放日——媒体走进大国顶梁柱之沈阳”活动。航空工业党组副书记李本正、原航空航天工业部副部长王昂、歼15舰载机着舰第一人戴明盟、中国工程院院士杨凤田和中国工程院院士、中国航空研究院院长孙聪，沈阳市委宣传部、相关单位领导和职工代表300余人，以及由新华社、《人民日报》、中央广播电视总台等媒体近20位记者组成的新闻媒体采访团参加活动开幕式。现场发布反映歼8飞机和歼15飞机型号研制历程的纪录片《奋飞》，以及由航空工业与中国邮政联合推出的“纪念歼8首飞50周年”“歼15首飞10周年”首日封和邮册。

辽宁国庆彩车参加国庆70周年花车展示。10月1日，由航空工业沈飞制造的辽宁彩车，在庆祝中华人民共和国成立70周年天安门广场花车游行队伍中展示。彩车长15米，宽6米，高10米，主车身呈船型，载有一个近7米高带着翅膀的机器人模型，整车由彩色LED屏及灯带包围，成为全场最引人注目的彩车，受到社会各界的好评和媒体的广泛关注。经庆祝大会服务保障和群众游行指挥部评选，辽宁彩车专项工作领导小组获国庆70周年群众游行地方彩车“匠心奖”。（沈飞公司）

【中国航发沈阳黎明航空发动机有限责任公司】 2019年，中国航发沈阳黎明航空发动机有限责任公司（简称中国航发黎明）依托“透平机械制造技术”核心技术专长，形成较为完整的航空发动机技术体系和工业制造体系，满足先进航空发动机批产与科研。公司大力推进AEOS体系建设，强化运营管理能力，不断优化组织机构，建立流程管理机制，逐步推动公司由职能型管理向流程型管理转变。按照“小核心、大协作、专业化、开放式”原则，强化供应商管控。大力推进信息化建设，形成基于架构的信息化治理体系。持续推进PDM、ERP、MES等系统的深入应用，推动公司向行业标杆型企业迈进。2月，中国航发黎明在罗罗全球供应商大会上首次获“年度最佳供应商”奖。7月，中国航发黎明发动机装配厂党委获由国务院国资委党委颁发的“中央企业先进基层党组织”称号。中国航发黎明获由国家知识产权局组织评审的“2019年度国家知识产权优势示范企业称号。（中国航发黎明）

【沈阳鼓风机集团有限公司】 2019年，沈鼓集团主要经济指标保持稳定增长。全年累计完成工业总产值100亿元，增长1.9%；利润4837万元，增长19.1%；工业增加值19亿元，增长4.2%；全员劳动生产率151万元，增长14.3%；集团综合经济效益指数为244.6，增加30.4%；集团产销率96.9%，集团总资产贡献率2.2%。截至年末，集团从业人员5626人。

技术创新。开发新产品219种373台，完成科研项目113项，科技成果转化率94%，申报专利118项，市级以上科技立项64项，获科技拨款到账5015万元。获市级以上科技奖励11项，“10万等级制氧量空分装置用压缩机组及成套装备研制和产业化应用”获辽宁省科技进步一等奖。全新一代压缩机组、新一代乙烯“三机”、新一代管线机组获较好反响。推进三维数字化设计和数字化交付，设计周期缩短50%；新一代MCO、重整循环氢、LNG、合成气、CO_2、氨冰机等机组通过技术升级与开发。

市场开拓。主导产品市场占有率和认可度进一步提高。三大油乙烯“三机”实现100%国产化，先后签订镇海炼化、广东石化等一系列百万吨级机组订单，其中，广东石化140万吨/年乙烯“三机”合同的签订，使沈鼓集团在乙烯装置压缩机市场上跻身世界前列。民营炼化市场方面，浙江石化炼化一体化二期、盛虹石化炼化一体化等一批重大项目签订合同。管线市场占有率达到100%，中俄东线管道项目用压缩机全部采用沈鼓设备。煤化工市场占有率显著提升，合成氨订货达到近3年最好成绩，签订国内最大的180万吨/年乙二醇项目等一批代表性订单。签订陕煤集团榆林化学乙二醇装置核心压缩机组、中煤鄂尔多斯能源化工百万吨甲醇联产LNG项目、中沙（天津）130万吨乙烯改扩建项目等重大订单。为宁夏宝丰集团承制的两台10.5万空分压缩机组试车成

功。集团主办战略客户高峰论坛暨品牌战略发布会，承办2019轻烃与芳烃产业发展大会等品牌宣传活动。（沈鼓集团）

【中车沈阳机车车辆有限公司】 截至年末，沈阳公司员工总数3431人，其中高级职称197人、中级职称353人，高级技师73人、技师115人。公司下设23个职能部室、8个生产分厂、5个参股公司、1个全资子公司、3个分公司。厂区占地面积86万平方米，建筑面积29万平方米，固定资产原值17.14亿元，净值9.45亿元。全年实现营业收入21.07亿元，考核净利润7555万元。

改革改制。全面试行全员绩效考核制度，完善分配机制。全面实施大班组改革试点，将安全管控、质量管控、成本管控纳入最小管理单元进行全面管理。启动实施厂办大集体改制工作，改制企业完成新公司注册成立，成为面向市场的独立法人实体和市场主体。启动退休人员社会化管理工作，持续推进档案资料整理等前期工作。

经营管理。形成常态化物资采购对标管理，平台上网采购率达到97.12%，实现降采3281万元。总成本费用降低12.3%，其间费用增幅低于利润增幅63.69个百分点。货车产品毛利率达到18.6%，提升4.92个百分点，完成中车下达的指标任务。持续优化18项对标指标，指标改善率达到61%，经营品质持续改善。扎实开展制度对规对标专项整治工作，评审制度340余项，新增管理制度18项，修订管理制度56项，废止管理制度6项。持续推进精益载体建设，建成精益示范线16条，建设标准工位247个，建成中车精益车间4个。

科技创新。公司坚持“聚焦主业、稳中求进”战略主基调，扎实推进长钢轨运输车组智能化升级项目，自动收轨装置等5大类19项升级改造项目通过中国国家铁路集团有限公司技术方案评审，进入样车试制试验阶段。澳大利亚力拓钢轨车项目完成联合设计相关工作，进入样车生产阶段。英国路网公司长轨车一体化项目、广州地铁纵向换轨车项目设计方案初步形成。申请专利23件，其中发明专利17件。

市场营销。签订新造货车订单3120辆（其中国铁C70E型敞车2400辆、NX70型平车600辆，企业自备GHA70A型对二甲苯罐车70辆、GQ70型轻油罐车50辆），签订检修货车订单10181辆（其中国铁车10019辆，BX1K车162辆），签订货车改造订单212辆。实现销售国内新造货车4209辆、检修货车10173辆。外销车轴10277根、交叉杆9764根。秉持协同发展理念，主动融入齐车集团，采取优势互补、联合出海模式，与齐车公司共同中标澳大利亚力拓公司400米钢轨车组项目，推动铁路换轨装备打入国际市场。澳大利亚塔铁市场再获7辆水泥车订单。非标设备市场取得突破，自主研制的五联冲床瓦背自动输送线、制动杠杆自动识别涂打装备，以及镁渣机械手成套设备投入市场应用。

工艺质量。完成GHA70A型对二甲苯罐车罐体自制、C70E-A型敞车工艺开发，保障生产稳定推进。攻克水性预涂底漆喷涂工艺瓶颈问题，实现水性漆进一步推广运用。开展质量“大反思、大检查、大整改”等11项专项活动，源头质量问题减少22%。坚持正向激励与责任考核相结合，全年实施质量奖励28.1万元，质量扣罚20.3万元。公司未发生一般D类及以上质量责任事故；行车设备故障数量下降20%。

安全环保。建立安全包保制度，压实各级领导安全主体责任。持续推进安全网格化管理，并推广到齐车集团下属子企业和沈阳市部分制造企业。在全公司范围内开展安全生产大检查、大整治工作，成立5个专业组，全系统、全覆盖排查整改安全隐患，检查整改各类安全隐患1561项，整车打砂线、车体组装胎等安全改造项目全部实施完成。持续做好安全投入，安全资金投入同比提升42.4%。（刘 琦）

【东北制药集团公司】 2019年，公司员工总数7800余人，公司资产总额125.40亿元。在行业整体下行的外部环境压力下，公司营业收入82.2亿元，增长10.09%；实现归属于上市公司股东的净利润1.74亿元，下降10.87%；实现归属于上市公司股东的扣非净利润1.21亿元，增长185.8%。“混改”使东北制药形成快速发展新格局。东北制药深化“混改”的成功实践受到党中央、省市各级党委、政府和社会各界的广泛关注。中办督查室、中央组织部及省市各级领导先后走进公司调研，对方大集团和东北制药给予充分肯定。

打造人才聚集高地，创新发展系统布局。制定《东北制药研发规划》，引进30余名中高端人才，有效提升研发能力。实施13

个原料药产品技术创新项目，双环内酯工艺改进、麦角甾醇试生产等一批项目实现现场应用。内外部协同推进仿制药质量和疗效一致性评价，完成8个品规产品的资料上报，15个品规产品工艺验证，0.5克对乙酰氨基酚片率先通过评价，全面加速东北制药产品质量、疗效向原研药看齐。左卡口服溶液成功进入2019版医保目录。加快仿制药研发，完成卡前列素氨丁三醇、左乙拉西坦等4个品种注册申报，完成新产品中试及工艺验证11项。实现37个品种盘活，恢复生产，逐步上市销售。启动布局干细胞领域，与沈阳高新技术产业开发区管委会签订项目合作框架协议，着手建立"东北制药干细胞药物研发产业化基地"，加快打造未来生物创新药的人才聚集高地。

深入开展精细化管理，强化安全质量管控。坚持依法依规，强化制度管理，修订完善东北制药《制度体系管理办法》，全面对标集团管理标准和各专业体系规范。财务管理形成日成本、日损益和日经营数据体系，对资金使用、财务状况、合同执行严密监控。简化采购付款流程并上线运行，提高审批效率。合同示范文本达到32类，覆盖重点业务领域。加强生产监管和质量管控，实现产品出厂检验合格率和市场抽检合格率双100%。不断强化安全管理，安全投入1300万元，开展安全检查799次，组织应急演练120余次，整改消除196项重点安全隐患，有力保障了安全生产大局。

创造分享干到给到，员工福祉大幅提升。完善以效益、成本为中心的绩效体系。修订、新建考核奖励制度32项，累计提奖9000余万元。建立专业线、工段、班组赛马方案超百项，执行奖罚机制。2019年初，首次为员工发放万元红包。在原有6项福利政策基础上，执行基本工资增长、孝敬父母金两项新增福利，全年仅员工福利支出超过1.1亿元。为2576人次员工及员工配偶、子女、父母报销医疗资助费用220余万元；发放基本工资增长福利6500余万元；"孝敬父母金"2500余万元；10名员工子女获"方威励志奖学金"。

发展上线智能制造，推进产业有力升级。原料药国家级医药智能制造示范项目建成一个中心、三个平台、五大系统，实现生产全流程穿透式监控和管理，成功通过国家验收，获3000万元后续补助资金。全球最大吡拉西坦原料药智能工厂完成系统验证及项目验收，正式投入运行，并通过欧盟高端质量体系认证。维生素C搬迁一期土建、安装工程全面完成，实现一次开车成功，维生素C、维生素B1产品顺利取得生产许可。丙炔醇高水平投产，氯霉素、黄连素取得GMP证书。坚持绿色、高质量发展，高分通过国家绿色工厂复审，顺利完成17项国内外质量认证和100余次质量审计，获评辽宁省省长质量奖。践行"取之于社会，回报于社会"的企业宗旨，东北制药牵头组建的联合体经国家工信部等四部委认定，成为第二批小品种药（短缺药）集中生产基地建设单位。公司中药贴膏产业扶贫项目在甘肃东乡落地，其他项目加速推进。（胡　盈）

【沈阳化工股份有限公司】 沈阳化工股份有限公司（简称"沈阳化工"）新厂区位于沈阳市经济技术开发区化学工业园，占地面积88万平方米，在岗职工1059名。采用世界先进技术生产离子膜烧碱和聚氯乙烯糊树脂，两种产品年生产规模均达到20万吨水平。其中，特种PVC糊树脂产能位列亚洲第一、世界前三。2019年，沈阳化工营业收入20.3亿元，增长11.4%；利润4218万元；税息折旧及摊销前利润2.26亿元。主导产品烧碱产量20.7万吨，增长2.9%；销量19.3万吨，增长2.5%；产销率100%（扣除自用量）。糊树脂产量19.8万吨，降低2.4%；销量20.3万吨，增长3.2%；产销率103%。公司万元产值综合能耗（当量）0.78吨标煤，下降2.5%，定额费用进一步降低。

公司生产经营平稳有序。深入拓展市场营销，主导产品聚氯乙烯糊树脂销售价格增长17%，国内市场占有率达22%以上，提高两个百分点。持续加大科技创新，研发8个糊树脂高端新牌号，获专利授权8项，完成降低聚合蒸汽单耗等持续改进项目10项。加强智能化工厂建设，深化企业资源计划、商业智能、办公自动化等信息系统应用。与中科院沈阳分院、沈阳化工大学等高校及科研院所落实科研对接项目。狠抓安全环保管理，进一步夯实安全管理体系，实施盐酸尾气治理等环保改造，全年无重大安全环保事故。（沈阳化工）

【沈阳采油厂】 中国石油天然气股份有限公司辽河油田分公司沈阳采油厂（以下称上市业

务），距沈阳市西北35千米，总占地面积1154.78公顷，驻地占地面积134.90公顷。用工总量4637人，其中工人3378人，干部1259人（高级技术人员121人）。机关设14个科室，直属单位13个，基层单位23个，其中直接从事油气生产单位8个。上市业务资产原值235.11亿元，净值57.78亿元，大型联合站5座，轻烃站1座，在册设备12328台套；2019年末油井总数1991口，开井1579口；水井总数575口，开井463口；气井总数168口，开井12口；观察井69口。未上市业务资产原值3.27亿元，净值0.77亿元，在册设备925台套。沈阳油区包含静安堡油田、边台油田、大民屯油田、法哈牛油田4个油田，勘探面积800平方千米，探明石油地质储量35459万吨（含科尔康油田）。26个油藏（其中高凝油15个）投入开发，动用地质储量28037万吨（其中高凝油21799万吨）。23个区块投入注水开发，地质储量27202万吨。综合递减率3.8%，自然递减率9.3%，含水上升率0.69%。2019年，承担各类科技项目9项，经费投入1950万元。获辽河油田公司科技进步奖6项，国家专利授权1项。

业绩水平创新高。超额完成生产经营任务，各项考核指标达到6年间最好值。生产原油98万吨，比计划超产3万吨，比上年增产3.46万吨；完成原油商品量98万吨，比计划增加3万吨，增长3.46万吨；完成天然气产量8942万立方米，比计划超产3442万立方米，增长642万立方米；完成天然气商品量5082万立方米，比计划增加4132万立方米，增长837万立方米；完成油气综合商品量102.05万吨，重上100万吨台阶，比计划增加6.29万吨，增长4.13万吨；完成油田注水985万立方米，比计划增注65万立方米，增注92万立方米。基本建设投资上市计划137241.59万元，实际发生133612.45万元；未上市计划2693.3万元，实际发生2224.27万元。建成油气水井井口装置142套，铺设油气水井管线52.8千米，架设6千伏电力线17.7千米。上市业务营业收入328846万元，对比预算增收35049万元，比上年减少4273万元。其中油气主营业务收入325182万元，对比预算增收34205万元，减少5392万元。发生总成本300633万元，对比预算超支19245万元，减少10999万元。实现账面利润28212万元，同比增加利润29745万元。未上市业务全年实现收入33887万元，累计发生成本38967万元，账面实现控亏5079万元。

资源接替取得新突破。精心组织勘探增储工作，坚持老区扩边展沿、新区精查细找。以胜601周边沙四段及沈67南沙三段为主要目标区，部署探井12口，完钻探井6口，投产4口，获得工业油流，年产油0.61万吨，上报探明石油地质储量434.7万吨。以安130井测井资料再评价为突破口，重组构造格局、重识储层特征，在沈95块南部署滚动探井静37—39，日产油在10吨以上，上报探明储量123万吨；以水平井体积压裂技术为依托，以含油砂体精细刻画为突破口，部署滚动探井2口，试采日产油均在15吨以上，上报探明储量246万吨，胜601井区沙四段取得勘探新发现；在大民屯油田北段整体统筹研究的基础上，对潜力目标区分块解剖，开展精细评价，落实沈67南块沙三段2个潜力圈闭，采取“整体部署、分批实施”的方式，部署井位47口，其中滚动探井4口，老井试油2口，新增探明地质储量200万吨，资源实现有效接替。

措施挖潜实现效益增产。加强油藏研究，突出效益导向，优化措施结构，实施补层、压裂、侧钻、长停恢复、堵水等各类措施261井次，增油5.25万吨，增加1.92万吨，平均单井年增油量增加41吨，吨油成本下降274元。精准剩余油研究，利用套损井、报废井、低效井侧钻挖潜，以“侧高点、换井底、挖井间、钻新层”为原则，在边部井距大、断裂发育部位实施侧钻井15口，初期日产油62吨，年增油8149吨，平均单井年增油543吨；强化注水培植工程，静北潜山油井停产后加大对应注水井的注水量，逐步恢复地层压力，在基质与裂缝间产生压差，通过渗析作用驱替基质中的原油，长停复产4井次，年增油6981吨，措施贡献率得到新提高。（孙金昌）

【中兴—沈阳商业大厦（集团）股份有限公司】 4月10日，按照党中央关于实施国企混改精神和省市党委、政府的决策部署，辽宁方大集团依法依规成为中兴商业第一大股东，公司顺利实现混改，中兴商业进入新的历史发展时期。方大集团为公司输入先进的市场化管理模式、商业模式和创效模式，中兴商业与方大集团快速融合。2019年，公司实现营业收入27.02亿元，上升5.91%；

净利润1.54亿元，上升70.92%；净资产收益率10.91%，提高4.04%。2019年末，公司总资产22.93亿元，净资产14.79亿元，主要指标均超同期，呈现出较为强劲的发展势头。

管理升级。中兴商业混改后，内部管理、监督、考核更加严格规范，财务预算与合同管理更加精细精准。简政放权，实现卖区对人货场的统一管理。加强大数据技术应用管理，搭建“中台”系统，整合ERP、CRM及财务软件等系统资源，实现线上线下互融互通，信息共享。推动人才市场化，实施总裁、董事会秘书、连锁超市总部经理岗位公开竞聘。外部招聘副总裁、连锁超市副总裁、工程造价师等。推动人才内循环，实施卖区业务助理、服务助理等52个岗位内部招聘，调岗78人。

经营升级。安全有序实施总店升级改造。方城7楼8楼主题餐饮、特色餐饮，9楼10楼影院全线升级，经营品质、环境氛围得到提升。

营销升级。策划开展厦级活动17档，实现引流到店，扩销增效。“中兴低价扫货节”销售突破1.5亿元，刷新淡季销售新高；“中兴双11 省钱大作战”实现销售8858.8万元，增长87.1%。“中兴大厦+”小程序正式上线运行，实现线上线下资源共享、一体化运营、全渠道发展。继续推动“名品名人名店”活动，邀请演绎明星到店参与活动。

品牌升级。实施品类调整与品牌调改，年度调整率27%。引进汤姆·福特、纪梵希、祖·玛珑、中国李宁等一批重点知名品牌，提升经营级次。与资生堂、欧莱雅、雅诗兰黛、安踏集团、宝胜集团、新宇集团、世界中餐联合会及其他品牌公司建立深层互信，实现战略合作。培育超级次供应商，与安踏集团达成并实施“亿元店铺”计划，品牌组合、店铺形象、卖场货品、导购配备、营销推广、明星签售等支持全面升级。　　（谷　宇）

【沈阳市产业转型升级促进中心】 2019年，沈阳市举办第十八届中国国际装备制造业博览会、第十六届中国沈阳韩国周、2019工业互联网全球峰会、第八届沈阳法库国际飞行大会暨2019沈阳国际航空产业发展大会等15项活动。全面推进沈阳市中小企业服务体系平台建设工作，开展系列公益培训和企业服务日活动，成立沈阳市转型升级服务联盟，进一步完善中小企业服务体系。

第十六届中国沈阳韩国周。5月23—27日举行。举办开幕式、未来汽车产业发展论坛、中韩跨境电商论坛、中韩汽车产业对接交流会、韩国商品展示会、沈阳西塔美食节、中韩联合音乐演出等主体活动，有5万余名中韩群众参与活动。韩国周期间签署2项跨境电商合作协议，沈阳汽车产业与韩国汽车零部件企业对接会企业间签约8114.3万美元。其中，近期意向供货金额1757.5万美元和远期意向供货金额6356.8万美元。

多种形式的中小企业服务日活动。举办中小企业转型发展论坛、中小企业政策宣讲服务日活动、高新技术企业贷款贴息辅导和中小企业银企对接会、校企用工合作对接等服务日活动4次，462户企业参加了活动。其中，4月23日，举办《企业财务风险防范》专题讲座，181人参加讲座；8月28日，与市营商局共同举办《财税政策解读与应用》营商讲堂讲座，269人参加培训。

沈阳市产业转型升级服务联盟成立。9月20日，市产业转型中心组织召开沈阳市产业转型升级服务联盟成立大会暨“转型驱动·创新发展”主题论坛，工信部中小企业发展促进中心主任助理周平军、沈阳市政府副秘书长孙明、辽宁省社科院副院长梁启东、沈阳新松机器人自动化股份公司总裁曲道奎及北京、上海有关机构的专家出席大会并发表演讲。“沈阳市产业转型升级服务联盟”成员单位60余家，成为全国第十九个省、市级联盟，填补辽宁省企业服务联盟的空白。服务联盟开创性地采用多元化、专业化组织架构，由上海转型发展研究院、辽商总会任协作指导单位，市产业转型中心任主任单位，各商会协会任副主任单位，各区县转型升级中心任理事单位，资深专业服务机构为成员单位，使得联盟拥有高效能的服务基因，可以全方位地开展培训、人才、融资、管理、技术、认证、检测等专业服务。

（市产业转型升级促进中心）

【沈阳市信息中心】 2018年8月，沈阳市信息中心（市信用中心）在整合全市19个部门的22个事业单位的基础上组建而成。2019年，信息中心围绕政务信息化、大数据和智慧城市建设开展工作。

电子政务项目技术评审和运维管理。2019年完成新建电子政务联评联审210个，审核运维项目349个，实施集中运维项目197个，节省预算资金2193万元。策划推进政务外网IPV6应用升级、视频会议融合系统、智慧城市运行管理平台等一批基础性项目，创新开发具有政务、商务、公共服务等功能的市民卡项目，开通东北地区首条量子安全政务外网测试线路。

信息化基础支撑能力建设。对政务外网主干线路进行IPV6升级改造，互联网出口带宽从4.5G提升至10.5G。推动各部门政务应用系统上云，市政务云承载49个部门119个系统。妥善迁移东网云政务应用系统。持续推动数据交换共享，梳理信息资源目录3958条。归集全市32个部门的8.2亿条数据。提供16个国家部委45个数据库接口查询服务。累计发放数字证书3万个、电子证照18.2万个。

公共信用信息平台建设。市公共信用信息平台累计归集公示信息90余万条、红黑名单信息7万条，累计征集市区两级180个部门信用数据3.88亿条。与市商事主体综合服务平台、行政审批平台、市场监管局业务系统、沈阳中院业务系统、城乡建设局业务系统等进行技术对接，实现信用记录跨部门可查询。为中小微企业融资、稳岗补贴发放、优秀企业评选等活动提供信用状况背景查询。基于信用平台开发的“信用沈阳”网站获电子政务理事会“政府网站精品栏目”奖。

政务数据交换共享。以市政务数据共享交换平台为核心，依托市政务外网链接，全市各部门之间政务数据交换共享硬件体系搭建完成。机构改革后政府部门信息资源目录得到重新梳理，归集3958条、发布3778条。全市政务数据归集总量持续增长，2019年新增1.2亿条，累计归集32个部门8.2亿条数据。率先完成与省政务数据共享交换平台级联，实现省市政务数据互联互通。开通16个国家部委45个专业数据库接口查询服务。为市纪委监委、市金融局、市应急局等19个部门24个政务应用系统提供数据服务，推送数据2500万条。

政务信息化服务保障。全市办公“一张网”实现市委、市政府、市人大、市政协办公系统互联互通，完成64家单位电子印章的采集、制作和下发。完成31个部门网站向市政府网站集约化平台迁移工作。配合相关部门完成第四次全国经济普查技术保障、市国库支付电子化管理项目建设、商品房网上备案系统升级改造、沈阳市企业信息库维护、社区综合便民服务平台建设、不动产统一登记平台和时空信息云平台上线运行等工作。

政务信息化安全防护。研究起草《政务信息化安全保障管理制度汇编》等规范文件。制定《关于加强我市政务信息化网络安全防护的实施方案》并推动落实。完成市委市政府门户网站等重要系统三级等保测评。开展针对“两会”、新中国成立70周年等重要时间节点安全防护保障。每天阻断各类恶意攻击4500万次。完成法库国际飞行大会、沈阳国际马拉松赛等重大活动及40余次重大考试无线电安全保障工作。

重点问题研究及经济预测监测。研究提出《关于打破信息壁垒加快推动政务信息资源整合共享的报告》，起草《加快推进数字政府建设工作方案》。与东北大学、沈阳大学合作研究提出《宏观经济监测景气指数研究报告》《数字经济评价指数研究报告》。成功引进CIO时代学院，共同承办辽宁省数字政府专题培训班，承办2019工业互联网全球峰会CIO专题会议。指导成立沈阳市信息协会。创办《沈阳信息化》内刊。　　（市信息中心）

【沈阳日报社】 2019年，沈阳日报社围绕市委、市政府中心工作，坚持守正创新、推进深度融合、加速改革转型、提升管理服务，各方面工作取得重要进展和成效。

主责主业。报社各媒体特别是“三报一网”，围绕贯彻落实习近平新时代中国特色社会主义思想、新中国成立70周年、“不忘初心、牢记使命”主题教育、十九届四中全会精神等重大主题，围绕解放思想大讨论、万人进万企、持续优化营商环境、三资并进、重大项目落地等全市中心工作，以日报为统领，结合各个媒体特点，推出“壮丽70年，奋斗新时代”等一批专栏专版，连续策划推出初心·使命、庆祝新中国成立70周年、与大项目同行、沈阳年度新闻报告等一批有影响力的特刊，以及《我给金卫东当一天助理》《法库有个“王公正”》等一批报道。做好主题宣传工作，为推动习近平新时代中国特色社会主义思想在辽沈大地落地生根，推动沈阳高质量发展新时代振兴营造浓厚氛围。《沈阳日报》自主策划推出“飞阅大沈阳”“一城双赛”等一批大型主题报道，受到市领导以及社会各界的好评和肯定。《沈阳晚报》推出的《救火孤胆英雄苗钰》报道被《人民日报》、新华社等央媒转载，主人公苗钰获市长奖；《沈阳这对烧伤小夫妻引网友狂赞，遇见你爱情最美好》《快递小哥“地毯式搜索”助老人回家》等报道被《人民日报》、新华社等官微转发。地铁报征集九号线开通祝福语和微笑照片，增强编读互动。《晚晴报》策划《我和我的祖国 辽宁劳模系列报道》，宣传尉凤英、李素文等一批劳模典型人物，献礼新中国成立70周年。《人生十六七》杂志策划的《沈阳60余万学生同唱〈我和我的祖国〉》《沈阳市第二十届成人礼》等活动报道，用独特视角展示青春沈阳魅力。以沈报内参为抓手，创新舆论引导和监督方式。沈报内参出版13期，获批示18件次。《打造赛艇之都 发展赛事经济——2019沈阳赛艇马拉松“一城双赛”影响分析报告》获市领导批示，相关建议纳入政府决策。《关于大力发展沈阳“夜经济”的调研报告》《2019沈阳“十一”黄金周旅游分析报告》《关于促进沈阳消费与产业“双升级”的调研报告》等一批高质量内参，充分发挥咨政建言的党报智库功能，以独特的渠道和丰富真实的信息，体现党报的影响力和引导力。

深入融合。报社加大全媒体工作室推进力度，先后在市交通局、市委老干部局、市文旅局、浑南区、市城市综合执法局、市公安局、市总工会、康平县、市医保局、和平区等14个地区、单位挂牌，全媒体工作室总数达20家。驻市纪委全媒体工作室积极参与筹办的《大数据监督》杂志，填补国内纪检监察监督专业杂志的空白。报社着力打造的旗舰级综合类App——指尖沈阳，于9月上线，通过沈阳“夜八景”评选、“双十二指尖节”等系列活动，吸引粉丝20余万。“帅正新闻”与“指尖沈阳”实现精准定位，“帅正新闻”专注党政领域，“指尖沈阳”重点关注民生，服务百姓、服务社群、服务企业。《沈阳晚报》上线国内首个与阿里巴巴天猫精灵合作的AI语音头条。数字联播网新增20个点位。报社形成“报、刊、网、端、微、屏”全媒体联动矩阵。报社坚持策采编发一体化、报网端微一盘棋，设立全媒体总编室，增强内部采编资源的统筹调度能力，加大传统媒体与新媒体互动，全媒体效能凸显。在迎战“利奇马”“金秋十月来沈北”等大型主题策划报道中，报纸、网络、微信、微博、客户端、视频、直播齐上阵，发挥出各媒介之间的协同效应，实现传播效益最大化。

深化改革。报社整合分散在各个子媒体的新媒体资源，成立新媒体中心，统筹管理两微一端和直播间等新媒体平台，强化日常指挥调度。日报整合总编室、时事部，成立新闻编辑中心；整合县区部、经济部，成立经济新闻部。晚报进行垂直化专刊化改革，整合若干部门建立采访中心和编辑中心，一线记者统一纳入采访中心；设立6大垂直事业部，深耕经济（金融）、教育、健康、旅游等市场。报社整合物业部与安保部组建后勤保障部，报社办公室与经管办合署办公，党委工作部与老干办合署办公，成立纪检监察室，强化日常监督工作。

市场拓展。报社先后主办或承办首届全媒体用户节、“创新·信用·服务”2019中国（沈阳）金融服务民营企业论坛及银税企对接大会活动、“空气英雄障碍跑”“第二届最美接待人（单位）”评选、辽宁省庆祝新中国成立70周年成就展沈阳分展区展陈设计、第三届沈阳创意设计周、“2019全国百家媒体沈阳行”大型系列采访活动、辽宁网络安全周展览、沈阳国际机器人挑战赛、“消费升级与产业变革——2019沈阳促进城市发展”论坛、英雄联盟特权网吧城市赛全国总决赛等。以成功运营2019中国赛艇大师赛·沈阳站比赛为标志，沈报与文旅体产业的融合取得新突破。驻市文旅局全媒体工作室出版《沈阳文旅》杂志，并与驻在单位共建沈阳文旅产业研发中心。5月，在意大利举行的第三届和平之声国际合唱节上，沈阳日报童声合唱团再获国际金奖和最佳指挥奖。8月，由沈阳日报童声合唱团发起的“和平之声”首届中国·沈阳童声合唱节上，中国童声合唱基地落户沈阳市和平区，推动沈阳“北方合唱之都”的城市品牌建设。地铁传媒公司参与九号线纪念邮票、纪念地铁卡、非遗主题站厅改造、全包车设计施工等多个项目。沈抚传媒进军户外广告经营，设计推出“玄菟”系列文创产品。《沈阳日报》发行数量逆势增长，连续两年累计增加4万余份。

发行公司推行减员和车改，降低成本，在做好新增投递任务和常态发行的基础上，推动牛奶配送等项目。印务中心严控成本，全力做好《中国电视报》《辽宁教育工作报》等外活印刷。《晚晴报》变周三刊为周二刊，增加月末版，在节省成本的基础上进行改版，向“专深透短”转变，拓展广告电商平台，报纸步入良性发展轨道。此外，报社还加大与中国移动、中国联通等战略合作，推进直播间建设。

（孔令华）

【沈阳出版发行集团有限公司】 2019年，集团紧跟沈阳高质量发展、新时代振兴的坚实脚步，扎实开展“不忘初心、牢记使命”主题教育，坚持“两个效益”正导向，顶住风险压力，保持发展定力，一以贯之推进核心主业创新，持续用力推进重点项目建设，与时俱进推进企业综合治理。“一城八店”展现沈阳文化与文明窗口形象，主力承办沈阳第十一届全民读书节，高效落实文化惠民“双百万”工程，积极参与沈阳全国文明城市创建活动，社会效益再获新成果；创新利润考核奖励形式，倒逼开拓新的盈利空间，实现经营净收入4.5亿元，较上年增长7000万元，增长率18%，主业实现利润1100万元，经营效益实现新突破，企业稳定性、成长性和活跃性不断增强，日趋呈现向上向好、高质量发展态势。玖伍文化城获评“欧洲设计界奥斯卡”之称的意大利A’Design Award设计奖银奖，被共青团辽宁省委、省商务厅授予“辽宁省青年文明号”，获辽宁省第八届全民读书节“最美阅读空间”；新华购书中心团支部被团中央评为全国五四红旗团支部。

机构改革。1月，集团出资人变更为市国有资产监督管理委员会，按法定程度完成产权划转、产权和工商变更登记。4月，集团进行内部资源整合，开展划小核算单位工作，沈阳市新华书店下属各门店（除朝鲜文书店）划转给玖伍文化城。集团下属沈阳出版社、沈阳市新华书店和原市委市政府印刷厂进行公司化改制，分别成立沈阳出版社有限公司、沈阳市新华书店有限公司和沈阳机要印务公司。

重点图书。《来自森林与草原的文化记忆》作为东北三省出版单位唯一项目入选国家新闻出版署“2019年中华民族音乐传承出版工程精品出版项目”；《在刺刀和藩篱下——日本731部队的秘密》获国家新闻出版署第二届全国新闻出版行业平面设计大赛二等奖；《盛京赋》《函可传》获2018年度全国城市社一等奖；《太空游民》获2019中国图书海外馆藏影响力中文图书20强；《动物印象》被评为生态环境部公众最喜爱十本生态环境好书。

（孙东辉）

【东北大学】 东北大学是国家首批“211工程”和“985工程”重点建设的高校，2017年9月，经国务院批准，进入世界一流大学建设高校行列。截至年末，学校占地总面积255万平方米，建筑面积179万平方米。学校学科涵盖哲学、经济学、法学、教育学、文学、理学、工学、管理学、艺术学等门类。工程学学科进入ESI世界前1‰。设有73个本科专业，其中国家级特色专业15个；拥有24个一级学科博士点，121个二级学科博士点，35个一级学科硕士点，182个二级学科硕士点，4个工程博士专业学位类别和15个硕士专业学位类别；有19个博士后流动站；3个一级学科国家重点学科，4个二级学科国家重点学科，1个国家重点（培育）学科，涵盖16个二级学科。学校有教职工4470人，其中专任教师2741人。有中国科学院和中国工程院院士5人，海外院士4人。国家“高层次人才特殊支持计划”入选者13人，教育部“长江学者奖励计划”特聘教授25人、讲座教授9人，青年学者3人，国家杰出青年基金获得者22人，教育部新世纪优秀人才102人，国家“百千万人才工程”入选者16人。国家自然科学基金创新群体4个。学校设有100余个研究机构，其中国家重点实验室，国家工程（技术）研究中心等国家级科技基地10个。设有国家级协同创新中心2个，辽宁省协同创新中心3个。学校全日制在校生4.8万人，其中本科生3万余人，硕士研究生1.3万人，博士研究生4176人。

人才培养。新增省级教学名师2人，新建慕课38门，建设校内各类示范性、前沿性、融合型、交叉型等“金课”55门。深化研究生招生和培养机制改革，着力提升研究生创新能力。新增博士专业学位授权点4个、硕士学位授权点1个，博士研究生毕业前发表SCI论文数人均达到3篇，获批教育部学位与研究生教育中心专业学位教学案例中心单位。

学科建设。完成“双一流”建设中期自评，重点建设控制科学与工程、冶金工业流程两大学科群，围绕“绿色”“智能”两大主题，引领国际科技前沿，破解“卡脖子”关键技术。成立东北大学工业人工智能研究院，实施多学院、多学科大跨度交叉融合，培育新的学科增长点。4个ESI前1%学科排名均大幅提升，计算机科学学科首次进入全球前100。14个学科进入软科世界大学学科排名前400，7个学科进入全球前200，4个学科进入全球前50。新增物理学、艺术学理论两个博士后流动站，总数增至19个。

队伍建设。新增两院院士2人，国家“千人计划”3人、“长江学者”6人、“万人计划”8人、优青3人、国家百千万人才工程1人、“兴辽英才计划”43人；引进特聘院士1人、“海外百人”特聘教授7人、“双百计划”教授2人。

科学研究。学校牵头4项、参与2项成果获国家科学技术奖励，其中，以第一完成单位和第一完成人获科技进步一等奖和自然科学二等奖各一项，实现“从0到1”的历史性突破。获得省部级科技一等奖13项，联合国世界知识产权组织特别大奖1项。发表SCI论文2364篇，较上年增长26%。共建国家级科技基地1个，获批教育部重点实验室2个。获批国家重大科技和社科项目9项，到校科研经费9.3亿元，增长17.7%，其中国防科研经费获批额首次突破1亿元，年度授权发明专利840项，同比增长77%。

合作交流。新增校企合作单位35家，与16所境外高校新签或续签校际协议。选派530余名师生赴境外留学和培训交流。获批“111”基地2.0项目1项，中外合作办学项目1项。学校获得外事审批权，自2020年1月1日起，师生因公出国可以自主审批。学校在全球校友会数量增至98个。基金会年度捐赠收入2700万元，获国家捐赠配比1630万元。

社会服务。新建校企共建研究中心6个，签订横向合同近1000项，到账金额4.62亿元。26个科技成果转化项目落地实施，科技成果转化交易额达8417万元，进款额是上年的7倍。与华晨集团和鞍钢集团共同组建汽车未来用钢技术联合实验室，与河钢、华为公司共建工业互联网赋能钢铁智能制造联合创新中心。成立东北大学佛山研究生院、举办“打造对外开放新前沿”东北振兴主题论坛，服务国家“粤港澳大湾区”和“东北全面振兴”战略取得实质性进展。（于　聪）

【辽宁大学】 辽宁大学是具备文、史、哲、经、法、理、工、管、医、艺等学科门类的省属综合性大学。学校有3个校区，占地面积2190亩（146公顷），校舍建筑面积65.4万平方米。有教职工2411人，其中专任教师1385人。2019年，招生6981人，毕业6395人。学校有全日制在校学生2.5万人。有本科专业72个，一级学科博士学位授权点12个，一级学科硕士学位授权点27个，开设课程2646门，使用教材1030余种。学校有各类实验室（中心）39个，实习基地208个。公共服务体系建设较为完善，图书馆总面积4.2万平方米，馆藏文献476万册（件）。

科学研究。2019年，辽宁大学获3项国家社科基金重大项目立项资助，并列全国第29位、世界一流学科建设高校第9位、东三省第2位、辽宁省第1位。入选项目分别为：以国际关系学院教授孙丽为首席专家投标的国家社科基金重大项目“构建人类命运共同体进程中国际经贸规则重构博弈与中国的战略选择”，以文学院教授高楠（高凯征）为首席专家投标的国家社科基金重大项目“文学理论中国范式研究”，以新闻与传播学院教授程丽红为首席专家投标的国家社科基金重大项目“清代新闻传播史料整理与史料学建构”。辽宁大学环境学院院长教授宋有涛入选第一批辽宁省学术头雁。在全省高校中率先开设习近平新时代中国特色社会主义思想“三进工程”，思政课教师配比率先达到1：350的指标。省委书记、省人大常委会主任陈求发到辽宁大学为部分高校师生代表讲授思政课。

学科建设。通过“双一流”建设中期自评，16项成果获评2018年重大标志性成果。持续优化本科专业设置，落实本科专业“双万计划”和“金课工程”，9个专业入选国家一流专业。科学研究和服务社会成果丰富，获批国家社科基金立项20项。学校正式入选全国重点马克思主义学院，成为全国37所重点马克思主义学院之一。成立公共管理学院、国研经济研究院东北（辽宁）分院和辽宁大学国家发展研究院、辽宁大学民政部政策理论研究基地、辽宁大学马可·穆勒电影艺术研究中心。召开辽宁大学理工科振兴大会，要求各学院、各学科要深入分析外部环境和内部条件，发扬学科优势特色。成立辽宁大学书画研究院，学校聘请8位书画界兼职教授。

合作交流。举行辽宁大学与营口市首届科技合作与发展大会，签署辽宁大学与辽宁省自由贸易试验区营口片区共建研究生实习基地、辽宁大学与营口理工学院战略合作等4个合作项目和6个意向合作项目。承办纪念中俄建交70周年座谈会和辽宁中俄青年友好交流会。辽宁省人大财经委员会与辽宁大学签署战略合作框架协议，双方联合发起的地方人大预算审查监督研究院在辽宁大学挂牌成立。研究院作为地方非营利性学术机构，主要从事地方人大预算审查监督领域的决策咨询、政策评估、学术交流并受托开展课题研究和专业培训。举行辽宁大学书画研究院第一批创新创业基地授牌仪式和辽宁大学中国中东欧人文交流中心揭牌仪式。举办振兴东北与深化社会保障改革——2019年全国社会保障青年学者专题研讨会，中国人民大学等25所高校的青年学者和研究生代表共70余人参加会议，研讨会设置主题报告和养老保险与养老服务、社会公平与社会救助、人口与社会保障综合热点、研究生论坛分论坛。学校举办中国老龄政策法律（第五届）高端论坛、“双一流”战略下学科融合与高校学术期刊创新发展论坛、第八届全面振兴辽宁老工业基地高峰论坛、创新 合作 共享——中英经济管理论坛。举办辽宁大学第四届国学节，其间举行“国风古韵”国粹赏析、“明德讲堂”国学沙龙、“翰墨瑰宝”书画展、国学图书古籍展、“品读经典”读书分享、“国学经典”赏析等8项主体活动。举办“辽大讲堂”开班仪式、“同升国旗 共唱国歌”师生开学第一课活动、辽宁大学第七届杏坛乐府银杏节暨第四届银勺子国际美食节、辽宁大学庆祝新中国成立70周年暨天地交响乐团成立音乐会、“爱我辽大”新年音乐会。

竞赛活动。在2019年国际刑事法院中文模拟法庭比赛（ICC中文赛）中，辽宁大学法学院师生组成的代表队夺得比赛一等奖，并获最佳书状奖和最佳检方律师奖。在由司法部、《人民日报》等共同主办的评选中，辽宁大学司法鉴定中心主任侯德福获评“新时代司法为民好榜样”。学校举办辽宁省第八届高校思想政治理论课教学大赛决赛。

（吴济龙　陆辉　刘蕙　马心竹）

【中国医科大学】 中国医科大学是中国共产党最早创建的院校，是唯一一所以学校名义走完红军两万五千里长征全程并在长征中继续办学的院校，是中国最早进行西医学学院式教育的医学高校之一，2015年获批为辽宁省人民政府、国家卫生健康委、教育部共建高校。截至2019年末，中国医科大学总占地面积129.9万平方米，建筑面积为69.7万平方米。学校有沈北、和平2个校区，设有15个学院（学部）、4个研究院。设有一级学科博士学位授予权学科（专业）7个、博士学位授权学科（专业）70个、硕士学位授权学科（专业）75个。国家重点学科5个，国家重点（培育）学科1个；国家临床重点专科建设项目40个；省级临床重点专科59个，省级临床重点专科建设项目7个，辽宁省高等学校一流学科A类7个；博士后流动站7个；普通本科专业21个。学校在职教职工9052人，其中专任教师840人。教授级821人，副教授级1137人，研究生指导教师1633人，其中博士生指导教师471人。2019年，学校录取本科生2009人，研究生2580人，其中招收博士研究生705人、硕士研究生1875人，招收国际学生177人，在校留学生总数达1140人。学校有中国工程院院士2人；全国杰出专业技术人才1人；高等学校国家级教学名师1人；国家海外高层次人才引进计划（“千人计划”）长期项目专家2人、青年项目专家2人；国家高层次人才特殊支持计划（“万人计划”）领军人才4人（其中科技创新领军人才3人、教学名师1人）、青年拔尖人才人选1人；教育部“长江学者奖励计划”特聘教授4人、讲座教授1人、青年学者1人；国家自然科学基金委杰出青年科学基金项目获得者1人；教育部“长江学者和创新团队发展计划”团队3个；全国高校黄大年式教师团队1个；创新人才推进计划中青年科技创新领军人才人选1人、重点领域创新团队2个；“百千万人才工程”国家级人选8人；国家有突出贡献的中青年专家2人，国家卫生计生突出贡献中青年专家14人；国务院特殊津贴获得者50人。

师资队伍。教授尚红当选中国工程院院士；新增国家“万人计划”领军人才科技创新领军人才1人，教育部长江学者特聘教授1人、长江学者青年学者1人，百千万人才工程国家级人选1人。全职引进高端人才3人，青年拔尖人才3人，青年骨干3人。聘任荣誉教授3人（院士1人、国外院士2

人），客座教授23人。获批中国博士后科学基金面上项目42项，特别资助项目5项，国际交流计划引进项目1项，累计资助经费470万元。

人才培养。学校有5个学科稳定进入世界排名前1%，2019年11月ESI国际排名1040位，国内排名68位，居辽宁省第3位；8个本科专业入选首批国家一流本科专业建设点，2个本科专业入选辽宁省一流本科专业建设点；完成口腔医学、预防医学、护理学3个专业的省级评估工作；新增国家精品在线开放课程2门，新增国家级示范性虚拟仿真实验教学项目1项。获批国家级“大创项目”22项，省级项目44项；大学生创新创业孵化基地入驻企业7户、创业项目团队46支。召开第三届国际高等医学教育论坛，承办中华医学会教育技术分会2019年学术大会、2019年医学教育研究与改革专题研讨会。博士论文抽检合格率100%，有2篇博士学位论文、1篇硕士学位论文获评辽宁省优秀学位论文。

科技创新。获批国家医学检验临床医学研究中心、皮肤病诊治技术国家地方联合工程研究中心；新增教育部胃肠肿瘤精准诊疗重点实验室、国家卫健委甲状腺疾病诊治重点实验室及辽宁省发改委骨科生物材料工程研究中心。获批纵向科研项目751项，其中，国家科技重大专项1项，国家自然科学基金国际（地区）合作研究与交流项目2项，NSFC-辽宁联合资助重点计划项目2项，国家自然科学基金133项。2019年，发表SCI收录论文1721篇，SSCI收录论文74篇，CSSCI收录论文6篇。其中分别在《自然免疫学》《科学进展》发表1篇论文。附属第一医院教授谭文斐在《柳叶刀》发表的“给父亲的一封信”获威克利——伍连德奖论文奖。学校获各级各类科学技术奖23项，其中辽宁省科技进步奖一等奖3项，中华医学科技奖二等奖1项、三等奖2项；获专利授权646项，其中发明专利24项、实用新型622项；实现专利转化2项，总金额101万元。新增1位中华医学会专业分会主任委员。中国医科大学沈阳科技成果转化基地在浑南区正式签约揭牌，搭建科技成果转移转化新平台。

社会服务。与沈阳市教育局签署《儿童健康社会服务战略合作框架协议》；与中国电子投资控股有限公司签署战略合作协议，合作共建健康医疗大数据中心、医学诊断中心；与中科院大连化学物理研究所、沈阳自动化研究所、金属研究所、沈阳应用生态研究所等签署全面合作框架协议；与省残联联合开展助残康复救助行动并签署战略合作协议；与生态环境部华南环境科学研究所签署战略合作协议。与延安市人民政府签署《合作共建延安市人民医院框架协议》，与延安市人民医院签署《业务帮扶托管框架协议》；继续援助新疆塔城地区人民医院，选派第四批20名、第五批20名专家作为“组团式”援疆医疗人才，以及20名柔性帮扶专家。出台《完善对民营企业家健康医疗服务工作实施方案》，支持省市营造良好的营商环境。学校附属第一医院、附属盛京医院成为首批委省共建国家区域医疗中心；附属第一医院和附属盛京医院获批辽宁首批互联网医院；附属第四医院神经内科成为东北地区唯一溶栓取栓示范中心；中国医科大学附属生殖医院正式挂牌运营。附属第一医院获批国家卫生健康委质子放射治疗系统准予许可。学校法医司法鉴定中心更名为司法鉴定中心，入选司法部公民非正常死亡法医鉴定机构，开展法医司法鉴定工作3685例。

文化传承。学校牵头全国33所高等院校共同发起红医联盟；在吴起县举行中国工农红军卫生学校长征胜利落脚点揭牌仪式；《红医精神研究》正式出版，红医精神理论研究获批“教育部高校思想政治工作文化精品项目”；举行“不忘初心、牢记使命”万人赞颂祖国活动；依托校史馆与辽宁电视台、沈阳市青少年记者协会联合举办“我和我的祖国”主题社会实践活动，进一步提升红医文化在国内教育界的影像力。

国际交流。获批国家留学基金管理委员会“高等学校青年骨干教师出国研修项目”签约院校。召开“一带一路”国际医学教育联盟（BRIMEA）理事大会暨第三届国际高等医学教育论坛，作为创始成员院校加入南亚东南亚医学教育与医疗卫生联盟。获教育部批准，学校扩大中英联合办学规模至480人；开展学生国际交流项目75个、派出学生205人，首次开展赴美全球本科生交换项目，首次在欧洲国家开展临床实习、科学研究项目；接收美国、西班牙等10个国家的41名学生到校交流。与美国芝加哥大学开展国际医学教育教师培训项目；与加拿大阿尔伯塔大学签署《国际教师发展项目服务协议》。选派6名队员接力承担第3批援助冈比亚任务，组织两批眼科专家赴冈比亚开展“光明行”眼科义诊活动。（张　萱）

【沈阳市勘察测绘研究院有限公司】 2019年，公司完成数字化地形图供图任务5381件次，累计完成坐标测量、建筑物放线、规划核实、不动产测绘等15大类一般测绘工程任务2693件次。公司继续完善各种大比例尺数字化地形图的修测更新机制，完成沈阳市1:500航测数字化成图300平方千米、沈阳市1:1000航测数字化成图825平方千米、沈阳市宜居乡村建设项目航测数字化成图1400平方千米、沈抚新城1:500航测数字化成图125平方千米、辽中地区1:500航测数字化成图63平方千米。公司为配合城市建设，优质高效的为沈阳市排水防涝补短板项目、辉山明渠拓宽改造工程、辽西北配套管网工程（法库、康平、沈北新区）、长青街、浑南大道快速路等工程测绘及地形图服务工作。完成“两区划定”项目暨沈阳市粮食生产功能区和重要农产品保护区划定市级验收汇总和成果汇总、2019走遍沈阳系列地图更新出版印刷、沈阳文化名片《沈阳城市地图集》的出版印刷，继续加强生态修复业务工作，逐步建立生态修复工作体系。在“4·17”棋盘山森林大火应急保障测绘中，完成过火区域地理信息数据整理、统计，以及专题图编制出图，实地火灾林斑确认，过火范围的测量，配合林业部门进行灾害评估，以及生态修复等工作；完成苏家屯南部地区火灾测绘应急保障服务，完成火灾现场测绘保障服务、白清寨区域影像图、白清寨区域地图、沈阳东南部影像图、苏家屯浑南山区影像图编制出图工作。完成康法山区影像图、各区县市影像地图、康平县西北部影像图、棋盘山水库西南部影像图、法库部分地区影像图等编制出图工作，为沈阳市应急救援提供了及时有效的测绘服务保障。完成岩土工程勘察项目89项，钻孔数2697个，总进尺50274米；地质灾害评估3项；压覆矿产评估3项；地质灾害点排查工作1项；完成岩土工程设计2项；水文地质勘察1项；水文地质勘察劳务1项；地基基础检测6项；基坑监测3项；尾矿坝稳定性分析4项。公司在岗职工371人，技术人员222人，其中：高级职称71人（正高30、副高41）、中级职称100人、初级职称51人；注册测绘师62人，注册岩土工程师8人，注册一级建造师3人，注册二级建造师2人，注册造价工程师1人。业务范围包括摄影测量与遥感、历史影像查询服务、控制测量、地形测量、建筑工程测量等服务。

沈阳市百村美丽千村整洁基础测绘工作。依托沈阳市卫星导航定位基准站网、无人机航空摄影等高新技术手段，完成覆盖全市138个乡镇（街道）、1503个行政村、417个城中村、城边村和规划撤并拆迁村的1:1000比例尺地形图的测绘工作。依托该成果，相关部门陆续开展生态治理、道路改造等工程。

2018年度沈阳市地理市情分项指标监测项目。以2018年高分辨率遥感影像数据以及基础测绘成果为主要数据源，结合已有的地理市情监测成果，以及地理市情各类专题数据，对以沈阳四环为中心的3037平方千米范围内监测区的2018年度现状及变化情况进行动态监测、统计分析，完成监测区的绿地和绿化覆盖、城镇化发展、植被覆盖三项指标的监测任务。

《沈阳城市地图集》编制出版。图集沿袭系列图集整体设计风格，全方位、多角度的展现沈阳市的区域地理、历史文化和城市特色，图集为16开本、300余页，由序图、区域图、街区详图以及索引四部分组成。

（刘志强）

【中国移动通信集团辽宁有限公司沈阳分公司】 2019年，公司持续发挥建设网络强国、数字中国的主力军作用，在企业自身不断深化改革的同时，不断助力沈阳地方信息化建设和经济发展，实现营收超50亿元。

市场运营。移动市场继续领跑，通信客户份额保持行业领先。家庭市场量质双提，市内家宽覆盖超过90%。政企市场贡献显著，集团专线持续增长，收入份额提升1.4个百分点；IDC业务收入首年突破亿元；重点行业发展得到较大突破。新业务市场持续发力，以提升全业务融合率为主线，通过线上线下协同运营，聚焦和爱车、视频彩铃等业务办理，全业务融合率达到10.64%，个人新业务产品付费客户超百万户。

能力提升。新建4G宏站基站3525个，完善基础传输网络资源，使4G网络覆盖更深、更广，网络质量得到进一步提升，客户网络满意度同业中持续保持领先；优化专线开通流程，开通时长缩短至4.7天；提升专线售后维护能力，故障率下降9%；持续提升网络感知，家客装维满意度保持在99%以上。

5G发展。高度重视5G建设工作，积极投身于5G网络基础设施建设，新建5G基站790个，实现沈阳核心城区连片覆盖；在5G商用后，沈阳移动面对工业制造业、交通、医疗、教育、媒体、智慧城市等重点行业和应用场景，开展5G应用创新，并先后与新松机器人公司、华晨宝马汽车公司、沈阳医大一院、沈阳广播电视台等单位合作5G项目，加快5G应用在沈阳快速落地。

企业管理。健全党组织把方向、管大局的制度体系，规范公司党委前置研究工作项目，理清党委会、总经理办公会权责界面，确保公司治理更加规范高效；实施职位重构，优化用工结构，推进人员"能上能下、能进能出"；开展网格化运营，试行网格量化薪酬，调动一线网格人员能动性；推进降本增效，节约各类成本超2000万元，全面提高资产效能；严格落实安全生产责任制，加强舆情管控和保密管理，全年未出现重大安全生产责任事故、重大负面舆情、重大失泄密事件。

责任履行。深化网络提速降费，手机上网流量资费下降22.9%。精简资费体系，资费透明度、账单清晰度改善明显，让百姓看得懂资费、理得清账单。坚决落实携号转网工作部署和要求，推出携号转网惠民服务举措。对不良信息持续保持高压态势，建立不良信息违规用户惩治清单，依法关停骚扰电话、垃圾短信用户。完成新中国成立70周年系列庆祝活动、2019年工业互联网全球峰会、沈阳国际马拉松等应急通信和重大活动通讯保障工作，赢得市政府的高度认可、人民群众的交口称赞。

（移动沈阳分公司）

【中国联合网络通信有限公司沈阳市分公司】 2019年，中国联合网络通信有限公司沈阳市分公司集团公司深化机制体制改革，转变发展模式，提高客户感知，提升资源效能，推动沈阳联通逐步迈入健康发展之路。全年主营收入增幅全国可比城市排名第2；利润增长全国可比城市排名第1，固网和移网NPS（客户满意度）首次双领先。

经营发展。创新领域成果显著，以5G为契机，实现顶层布局；开展大规模5G宣讲及展厅参观，挖掘商机85条，签约战略合作协议10项，打造宝马智能工厂、陆总智慧医院等5G灯塔标杆；聚焦重点行业，落地标杆项目；专项推进的17个集团、省级标杆项目签约6个，其中河长制取得东北地区自有平台在生态环境领域首个突破。渠道转型初显成效，自营厅坚持融合主推、推进终端连锁化运营，由"等客"变"引客"，将"引进来提价值"与"走出去，拓发展"结合起来，开展"内购会"1368场、现场营销1461场；社会渠道开展以"以收定支"、战略专营等稳定核心渠道规模，通过金融赋能、工具赋能、异业合作等提高发展质量，社会渠道高价值发展占比21.2%；直销渠道转变营销模式，通过"深耕驻地网""大村整转"等活动，融合业务发展提升12.11%，直销渠道收入增幅2.05%；线上渠道狠抓本地引流、转化及二次营销，收入预算完成、转化率及二次营销率均位列全省前3。

能力提升。深入实施网络强国战略，聚焦NPS改善，全面提升网络、业务、服务的能力水平。持续整治短板问题，建立对标复盘体系，持续提升服务口碑。在三季度成为全省唯一移网、固网NPS各项指标领先的本地网公司，竞争优势全省排名第一。推进建维优联动，网络能力进一步提升。开通L900基站2552个，完成低频打底网部署，人口覆盖率提升0.8%，达到99.3%；面积覆盖率提升0.3%，达到95.3%；实施建维优联动，聚焦短板问题，精准定位，强化调度，小区可用率达到99.07%；质量投诉下降14.25%，万户投诉率降至12件以下。聚焦短板推动专项攻坚，网络质量进一步提升。聚焦NPS短板问题，实施住宅小区深度覆盖和浑南弱覆盖专项攻坚。通过党员谈址、摘牌等方式，解决226个难点住宅小区深度覆盖。开通106个3／4G基站，解决71个高价值住宅小区弱覆盖，浑南区域通信质量得到本质改善。聚焦热点区域，推进扩容和小区分裂，进一步释放流量。坚持差异化容量保障策略，强化流量吸收能力，累计扩容1509个载扇，完成16个校园分裂。全网日均流量从年初的800TB增长到1100TB，增幅38%，进入全国本地网第一梯队。

企业管理。优化组织机构，强化组织保障。以"做精本部、配强一线"为原则，本部增设大客户服务中心，物资采购中心等4个部门并入其他部门，本部机构数量减少3个；基层增设浑南、于洪、沈北、苏家屯、沈抚5个郊区分公司，配置总经理和本部支撑人员；划小单元增设医卫、军警、教育3个行业大客户单元，撤销合并其他专业单元11个。坚持强化业绩激励，提升员工获得感。以划小改革为抓手，坚持薪酬分配与业绩贡献同向，并逐步向以收入为核心的考核导向转变，一线员工薪酬提升18.64%；坚持薪酬分配规则和结果公开、透明，充分赋予小CEO薪酬分配权力，按业绩贡献加大薪酬分配力度，单元内绩效分配差距最大达10倍；提高非合同制员工归属感，9月起为全体非合同制员工缴纳住房公积金，开展非合同制员工定向录用，有17名优秀小CEO、2名员工获集团公司荣誉员工转签。（张　睿）

【中国电信股份有限公司沈阳分公司】 2019年，公司以建设网络强国、打造一流企业、共筑美好生活为目标，在加强信息基础设施建设的同时，不断加快网络智能化、业务生态化、运营智慧化的发展步伐，助力沈阳地方信息化建设，营业收入11亿元。

市场拓展。面向个人客户，初步建立“5G+权益+应用”的销售模式；面向家庭客户，积极推广全屋WiFi、天翼看家等智慧家庭服务；面向政企客户，聚焦智慧城市、数字政府、工业互联网等重点领域，与多家政府部门在原有合作基础上不断升级改革，取得明显成效。

网络建设。移动和宽带接入网实现城市、市县、农村全覆盖，4G覆盖率95%以上。推进与联通的共建共享，新增5G网络覆盖正在逐步建设完善。持续推进光纤宽带网建设，光网100%支持300兆。全面完成网络质量双提升任务，以用户感知为牵引的网络质量建设体系逐步成型。通过对用户投诉集中区域进行专项整治，无线网覆盖率平均提升35.7%，速率提升39%。固网脱网率降至2%，宽带报障数量月均下降84%。在万科鹿特丹小区开通千兆宽带，推进有线与无线的衔接。

运营管理。优化渠道布局，推动核心厅店连锁化运营，积极探索5G+智慧家庭的场景化销售模式。全面上线新一代BSS3.0，以数据驱动的营销服务支撑能力和基础运营能力进一步提升。持续完善全面预算管理制度，通过强化管理制度，科学配置，大力推进降本增效，节约各类成本近千万元。

履行责任。全面完成手机流量平均资费降低20%以上的要求，完成中小企业专线与宽带资费双降15%的目标。垃圾短信、骚扰电话、不明扣费整治效果明显。坚持“携得了、转得快、用得好”标准，携号转网工作稳步推进，携转用户申诉量行业最低。完成国庆70周年等重大活动通信保障和棋盘山大火应急通信保障等任务。（彭丽洺悦）

法 规

沈阳市居家养老服务条例

（2019年6月21日沈阳市第十六届人民代表大会常务委员会第十二次会议通过；2019年7月30日辽宁省第十三届人民代表大会常务委员会第十二次会议批准）

第一章 总 则

第一条 为了促进居家养老服务事业健康发展，提高老年人生活质量，根据《中华人民共和国老年人权益保障法》等有关法律、法规，结合本市实际，制定本条例。

第二条 本市行政区域内居家养老服务及其监督管理工作，适用本条例。

第三条 本条例所称居家养老服务，是指为满足老年人居家养老基本需求，以政府为主导，由政府及其有关部门、企业事业单位、基层群众性自治组织、社会组织和个人协助家庭，提供的社会服务。

本条例所称居家养老服务设施，是指区域性居家养老服务中心、社区养老服务站、农村互助幸福院等为老年人提供居家养老服务的场所及其附属设施。

本条例所称计划生育特殊家庭，是指独生子女发生三级以上伤残或者死亡、且未再生育或者收养子女的家庭。

第四条 居家养老服务主要包括以下内容：

（一）全托、日托、助餐、助洁、助浴、助行及代购代缴等生活照料服务；

（二）健康管理、疾病防治、医疗康复等医疗卫生服务；

（三）关怀访视、生活陪伴、心理咨询、情绪疏导、临终关怀等精神慰藉服务；

（四）紧急救援服务；

（五）文化教育、体育健身服务；

（六）维权法律服务。

第五条 市和区、县（市）人民政府应当履行下列职责：

（一）将居家养老服务工作纳入国民经济和社会发展规划；

（二）建立与老年人口增长和经济社会发展水平相适应的财政保障机制，在地方留成的福利彩票公益金中安排不低于百分之五十五的资金用于养老服务业，并随着老年人口的增加逐步提高投入比例；

（三）完善与养老相关的基本养老保险、基本医疗保险、最低生活保障等社会保障制度，并根据国民经济和社会发展情况，逐步提高老年人的社会保障水平；

（四）在符合国土空间总体规划的前提下，统筹编制居家养老服务设施建设规划，按标准设置养老服务设施；

（五）逐步将居家养老服务纳入政府购买服务指导性目录；

（六）制定居家养老服务规

范、标准，加强养老服务市场综合监管和养老服务信息化建设；

（七）完善扶持政策，引导、鼓励社会力量开展居家养老服务；

（八）培育养老服务产业集群，扶持发展龙头企业，实施品牌战略；

（九）加强对养老服务人才培养，并将其纳入人才教育培训规划，开展职业化教育和培训；

（十）探索实施长期护理保险制度，鼓励商业保险公司开发长期护理保险产品，满足老年人居家养老护理保障需求；

（十一）明确各部门职责，制定工作标准，将居家养老服务工作落实情况纳入绩效考核，并建立责任追究制度。

第六条 市和区、县（市）民政部门是居家养老服务工作的主管部门，负责居家养老服务的统筹推进、督促指导、监督管理工作。

发展和改革、财政、人力资源和社会保障、城乡建设、自然资源、房产、文化旅游广电、卫生健康、市场监督、医疗保障等主管部门，应当按照各自职责做好居家养老服务工作。

工会、共青团、妇联、残联等人民团体应当充分发挥自身优势，在各自职责范围内做好居家养老服务工作。

第七条 街道办事处和乡（镇）人民政府应当履行下列职责：

（一）协助民政部门监督、管理居家养老服务设施；

（二）组织、指导社区居民委员会、村民委员会、企业事业单位、社会组织和个人为老年人服务；

（三）落实政府购买服务、经费补贴等养老服务扶持政策；

（四）推行城乡社区为老志愿服务登记制度；

（五）其他应当履行的职责。

第八条 社区居民委员会、村民委员会应当做好下列工作：

（一）登记老年人基本信息，调查老年人服务需求，建立老年人基本信息档案；

（二）配合社会力量运营、维护居家养老服务设施，保障其正常运行；

（三）协助政府对居家养老服务设施的运营方进行监督和评议，收集社区居民、村民对居家养老服务的意见、建议；

（四）组织开展互助养老等活动；

（五）定期走访探视高龄、独居、空巢、残疾等老年人；

（六）支持基层老年人协会等社区社会组织，开展适合老年人的文化教育、体育健身等活动；

（七）开展其他居家养老服务工作。

第九条 居家养老服务坚持政府主导、社会参与、家庭尽责、市场运作、保障基本、就近便利的原则。

第十条 鼓励建立和发展居家养老服务行业协会。居家养老服务行业协会应当依照章程建立健全自律制度，认真履行社会责任，加强行业自律，指导成员规范经营、诚信经营。

第十一条 扶持和发展各类居家养老服务志愿组织，加强志愿服务人员专业培训。探索建立为老志愿服务时间储蓄机制和其他激励机制。

倡导国家机关工作人员、企业事业单位职工和在校学生参加居家养老志愿服务活动。

倡导邻里互助养老，鼓励低龄、健康老年人为高龄、独居、空巢老年人服务。

第二章 服务设施规划与建设

第十二条 市和区、县（市）民政部门应当会同自然资源主管部门组织编制居家养老服务设施专项规划，分区分级规划设置居家养老服务设施。

现有控制性详细规划未明确或者不能满足有关居家养老服务设施标准的，应当按照标准将居家养老服务设施作为规划条件纳入土地出让合同。

第十三条 新建居住区应当以每百户建筑面积不低于三十五平方米的标准，配套建设居家养老服务设施，与住宅同步规划、同步建设、同步验收、同步交付使用。

第十四条 已建成的居住区应当按照每百户建筑面积不低于二十五平方米的标准，配套建设居家养老服务设施；未达到标准的，由区、县（市）人民政府通过资源整合、购置、租赁、腾退、置换等方式予以解决。

第十五条 市和区、县（市）人民政府调整属于国有、集体所有的公共服务设施用途的，调整后的公共服务设施应当优先用于居家养老服务；对政府、企业事业单位腾退的用地用房，符合条件的应当优先用于居家养老服务。

政府投资的居家养老服务设施未经市或者区、县（市）人民政府批准，不得擅自拆除或者改变用途。因建设需要，经批准拆除或者改变用途的，应当不少于原建筑面积优先原地重建或者就近建设、置换。

第十六条 市和区、县（市）人民政府应当加快推进已建成住宅小区的坡道、公厕、楼梯扶手等与老年人日常生活密切相关的公共设施的无障碍改造。

鼓励和支持符合条件的住宅加装电梯。

对纳入特困供养、建档立卡范围的高龄、失能、残疾老年人家庭，进行家庭无障碍设施改造的，市和区、县（市）人民政府可以给予适当补贴。

第三章 服务供给与保障

第十七条 市和区、县（市）人民政府应当向具有本市户籍并居住在本市的居家老年人提供下列居家养老服务：

（一）为特困人员中的老年人和城乡低保、低保边缘户家庭中的老年人参加居民基本医疗保险提供个人缴费补贴；

（二）为特困人员中的老年人，城乡低保、低保边缘户和计划生育特殊家庭中的老年人购买意外伤害保险；

（三）为城乡低保、低保边缘户和计划生育特殊家庭中的失能失智老年人，每人每月提供三十至四十五小时的免费居家养老服务；

（四）为六十五周岁以上老年人提供每年一次的免费常规体检；

（五）为八十周岁以上老年人和计划生育特殊家庭中七十周岁以上老年人，每人每月提供三小时的免费居家养老服务；

（六）国家和省规定的其他居家养老服务。

第十八条 市和区、县（市）人民政府应当制定和完善居家养老服务扶持政策，通过设施保障、财政补贴、购买服务、委托管理等方式，引导社会力量参与居家养老服务。

居家养老服务机构享受政府给予的政策扶持，按照规定享受水、电、燃气、供暖等收费优惠政策，依法享受税费优惠。

鼓励建立物业服务与居家养老服务相融合的服务模式，支持物业服务企业开展老年供餐、定期巡访等居家养老服务。

鼓励发展农村幸福院、养老大院等互助式农村养老服务模式。

第十九条 市和区、县（市）卫生健康主管部门应当完善基层医疗卫生服务网络。

基层医疗卫生机构应当为居家老年人提供下列服务：

（一）建立健康档案，加强健康管理，提供疾病预防和常见病、慢性病医疗以及健康指导、护理、康复等服务；

（二）开展家庭医生签约服务；

（三）与居家养老服务机构开展合作，推动医养结合发展；

（四）提供优先就诊和与其他医疗机构之间的双向转诊。

第二十条 市和区、县（市）人力资源和社会保障主管部门应当为长期在家照顾失能老年人的赡养人、扶养人或者雇用人员，提供护理培训。

市和区、县（市）人力资源和社会保障主管部门应当逐步完善居家养老服务专业人才的评价和激励机制。

第二十一条 市和区、县（市）民政部门应当建立养老服务综合信息平台，定期公布和更新政府提供的居家养老服务项目目录、居家养老服务机构名录等信息，为社会公众免费提供政策咨询、信息查询等服务。

鼓励、引导、规范企业和社会组织借助云计算、人工智能、互联网、物联网等技术，建设智慧养老服务平台，提供紧急呼叫、远程健康监护、紧急援助、居家安防、家政预约、助餐助浴、辅助出行、代缴代购等服务。

第二十二条 市和区、县（市）文化旅游主管部门应当完善覆盖城乡的公共文化设施网络，在基层公共文化设施内设置适宜老年人的文化娱乐场所，增加适合老年人的特色文化服务项目。

公共文化服务设施应当向老年人免费或者优惠开放，为老年人开展文化活动提供便利。

第二十三条 居家养老服务机构应当根据市人民政府制定的居家养老服务规范制定具体的服务细则，明确服务项目、服务内容以及收费标准等，并在机构显著位置进行公示，接受社会公众的监督。

居家养老服务机构应当与接受有偿服务的老年人或者其赡养人、扶养人签订服务协议，明确双方的权利和义务，并建立服务档案。

居家养老服务机构应当加强对居家养老服务人员的职业道德教

育，提高服务队伍的整体素质。

居家养老服务机构及其从业人员应当维护老年人的尊严，保护老年人的隐私，不得侮辱、虐待老年人，或者以其他方式侵害老年人的权益。

第二十四条 鼓励和支持有条件的大中专院校和职业培训机构设立与养老服务业相关的专业和培训项目，建立居家养老服务研发和实训基地，完善养老服务专业人才的培养机制。

第四章 监督管理

第二十五条 市和区、县（市）民政部门应当制定居家养老服务行业的相关制度；指导和督促居家养老服务机构完善管理规范、改善服务质量；确定老年人居家养老服务需求类型、照料护理等级和养老服务补贴标准以及居家养老服务组织享受的相关优惠待遇。

第二十六条 市民政、卫生健康等有关主管部门应当按照各自职责，建立居家养老服务标准、评估制度和居家养老服务机构等级评定制度。

评估可以委托第三方专业机构进行。

第二十七条 市和区、县（市）民政部门应当建立居家养老服务机构的诚信档案，记录其设立与变更、日常监督检查、违法行为查处、综合评估结果等情况，接受社会查询；对有不良信用记录的居家养老服务机构，应当增加监督检查频次，加强整改指导。

第二十八条 市和区、县（市）自然资源、民政等部门应当及时对居家养老服务用房的配置及利用状况、政府提供居家养老服务项目的绩效状况、社会满意度等进行全面监督检查，监督检查结果应当向本级人民政府报告并向社会公示。

第二十九条 享受政府补助或者政策优惠的居家养老服务机构没有履行相应义务的，由民政部门收回补贴，取消其享受优惠的资格，并纳入本市信用信息系统。

第五章 法律责任

第三十条 违反本条例第十五条第二款规定，未经批准擅自拆除居家养老服务设施或者改变其用途的，由民政部门责令限期改正；造成损害的，依法承担民事责任。

第三十一条 违反本条例第二十三条规定，居家养老服务机构及其从业人员侵害老年人人身和财产权益，或者未按照约定提供服务的，依法承担民事责任；民政部门可以对居家养老服务机构处以二千元以上一万元以下罚款；情节严重的，处以一万元以上三万元以下罚款；构成犯罪的，依法追究刑事责任。

第三十二条 市和区、县（市）相关主管部门及其工作人员违反本条例规定，滥用职权、玩忽职守、徇私舞弊的，对直接负责的主管人员和其他直接责任人员依法给予处分；构成犯罪的，依法追究刑事责任。

第六章 附 则

第三十三条 本条例自2019年10月1日起施行。

沈阳市城市供水用水管理条例

（2006年6月21日沈阳市第十三届人民代表大会常务委员会第三十次会议通过；2006年7月28日辽宁省第十届人民代表大会常务委员会第二十六次会议批准 2012年6月14日沈阳市第十四届人民代表大会常务委员会第三十八次会议修订；2012年7月27日辽宁省第十一届人民代表大会常务委员会第三十一次会议批准 2019年6月21日沈阳市第十六届人民代表大会常务委员会第十二次会议修订；2019年7月30日辽宁省第十三届人民代表大会常务委员会第十二次会议批准）

第一章 总 则

第一条 为了加强城市供水、用水、节水管理，保障供水用水安全和质量，满足生活、生产以及其他用水需求，促进经济社会可持续发展，根据《中华人民共和国水法》《中华人民共和国水污染防治法》、国务院《城市供水条例》等有关法律、法规的规定，结合本市实际，制定本条例。

第二条 本条例所称城市供水，包括城市公共供水和自建设施供水。

本条例所称城市供水单位，包括城市公共供水单位和自建设施供水单位。

本条例所称城市公共供水单位，是指以城市公共供水管道及其附属设施向单位和居民的生活、生产和其他各项建设提供用水的供水企业。

本条例所称自建设施供水单位，是指通过自行建设的供水管道及其附属设施向本单位的生产和其他各项建设提供用水的单位。

本条例所称二次供水，是指对超过城市公共供水管网正常服务压力要求的建筑物，在入户之前再次通过储存、加压等设施向用户提供用水的方式。

本条例所称城市用水，是指城市的用水单位或者个人通过城市公共供水管道及其附属设施或者通过自行建设的取水设施用水。

本条例所称再生水是指对经过或者未经过污水处理厂处理的集纳雨水、工业排水、生活排水进行适当处理，达到规定水质标准，可以被再次利用的水。

第三条　本市行政区域内城市供水、使用城市供水、节约用水及其监督管理活动，适用本条例。

第四条　市城市供水主管部门负责本市行政区域内的城市供水、用水、节水监督管理工作。

区、县（市）有关主管部门按照职责分工，负责本行政区域内的供水、用水和节水监督管理工作。

发展改革、财政、自然资源、生态环境、城乡建设、卫生健康、市场监督、城市管理综合行政执法等主管部门按照各自职责，做好城市供水、用水、节水的相关工作。

第五条　城市供水依法实行特许经营制度和卫生许可制度。

第六条　实行开发水源、保护水源、计划用水、节约用水、保障水质安全的原则。优先保证居民生活用水，统筹工业和其他用水。

第七条　对在城市供水、节水工作中作出显著成绩的单位和个人，给予奖励。

第二章　规划与建设

第八条　市城市供水主管部门应当会同其他有关部门按照城市总体规划，合理编制城市供水、节约用水规划，经市人民政府批准后实施。

城市总体规划确定的城市公共供水设施建设用地，未经法定程序调整，不得改变用途。

第九条　城市供水应当合理规划、统筹建设应急备用水源。

城市规划区域内原有的地下水井或者其他自建水源，符合条件的，应当适时改造成为应急备用水源，并与现有城市公共供水管网连接。应急备用水源由城市公共供水单位负责改造、运行和维护，费用计入运行成本。

没有应急备用水源的地区，应当采取建设地下水井或者与相邻地区联网等应急供水措施。

第十条　新建、改建、扩建建设项目应当根据需要同时配套建设相应规模的城市公共供水设施；对水压要求超过城市公共供水管网水压标准的，应当配套建设二次供水设施。

新建居民住宅的二次供水设施应当由城市公共供水单位参与设计，其选址、设计应当符合国家卫生标准和环境保护要求。鼓励建设单位委托城市公共供水单位统一建设居民住宅的二次供水设施。

新建的二次供水设施应当具有水量计量、水质监测、防止污染、运行安全保障、智能远程监控等装置。计量器具的安装位置应当便于读数、维修和更换。

第十一条　新建居民住宅及商业用房的城市公共供水设施应当按照一户一表、计量出户的要求进行设计和建设，计量设备优先采用智能远传设备；已建成居民住宅和商业用房的城市公共供水设施可以按照一户一表、计量出户和智能远传的要求逐步进行更新改造。

第十二条　城市公共供水设施工程竣工后，建设单位应当依法组织验收，工程验收应当有城市公共供水单位和卫生健康主管部门参加。未经验收或者验收不合格的，城市公共供水设施工程不得投入使用。

城市公共供水设施工程验收合格后，建设单位应当按照有关档案管理的规定，向城乡建设主管部门移交建设项目档案。

第十三条　新建、改建、扩建的建设项目（包括技改项目），应当配套建设节水设施，并与主体工程同时设计、同时施工、同时投入使用。

第十四条　有下列情形之一的，应当按照相关规范和标准，配套建设再生水利用设施：

（一）新建、改建、扩建的污水处理厂；

（二）单体建筑面积两万平方米以上的新建公共建筑；

（三）建筑面积十万平方米以上的住宅小区；

（四）建筑面积三万平方米以上的机关、科研单位、大专院校和大型综合性文化、体育设施等社会事业设施；

（五）其他应当配套建设再生水利用设施的情形。

第三章 供水水源与水质监管

第十五条 依法划定的饮用水水源保护区，市或者区、县（市）人民政府应当及时公布，设置保护标识，并采取措施，防止水源枯竭和水体污染，保证饮用水安全。

第十六条 在城市公共供水管网覆盖范围内，供水能力能够满足需要的，禁止新建除应急备用水源以外的其他自备水源。

已有自备水源有下列情形之一的，由市或者区、县（市）人民政府依法限期关闭：

（一）城市公共供水能够满足需要；

（二）自备水源位于城市地下水禁止取水区域或者超采区域；

（三）自备水源所在地因开采地下水过度导致地面出现沉降、塌陷。

第十七条 生态环境主管部门应当加强饮用水水源地的环境质量监测和监督检查，并及时通报水环境相关信息。

生态环境主管部门在水源水质发生重大污染时，应当立即向市人民政府报告并通知城市供水单位，由城市供水单位按照应急预案级别启动城市供水预案。

第十八条 城市公共供水单位及城市公共供水设施管理单位应当建立健全水质检测制度，完善水质检测设施，按照国家规定的检测项目和要求对水质进行检测，并每日向市城市供水主管部门、卫生健康主管部门报送水质检测资料；不能自行进行水质检测的，应当委托具有相应资质的水质检测机构进行检测。

新建、改建、扩建的城市公共供水设施，在投入使用或者与城市公共供水管网系统连接通水前，应当清洗、消毒，水质经具有资质的水质检测机构检测合格后，方可投入使用。

卫生健康主管部门应当加强对城市公共供水单位供水和用户水龙头出水水质的卫生监督监测，并至少每季度在市人民政府网站和主要新闻媒体上向社会发布一次监测信息。

第十九条 企业事业单位发生事故或者其他突发性事件，造成或者可能造成城市供水污染事故的，应当立即采取应急措施，停止污染行为，立即通告受到或者可能受到供水污染危害的单位和个人，并向市城市供水主管部门、生态环境主管部门、卫生健康主管部门报告并告知城市供水单位。

任何单位和个人不得瞒报、谎报、阻碍他人报告水污染情况。

第二十条 发现用水设施中水质受污染的，应当及时向市城市供水主管部门、卫生健康主管部门、城市供水单位及相关用户报告或者告知。城市供水单位应当立即停止供水，及时对用水设施进行清洗、消毒，经具有资质的水质检测机构检测合格后，恢复供水。

第四章 供水管理

第二十一条 未依法登记、未取得经营特许及未取得卫生许可，任何单位和个人不得从事城市供水。

直接取用地表水和地下水的城市供水单位还应当依法取得取水许可证。

第二十二条 新建居民住宅的二次供水设施，经验收合格后，应当依法移交给城市公共供水单位，由城市公共供水单位负责运行、维护和管理。

已建成居民住宅的二次供水设施，市城市供水主管部门应当制定计划，采取措施，依法限期移交，由城市公共供水单位负责运行、维护和管理；不符合有关建设标准和技术规范的，应当实施改造，经验收合格后移交。

居民住宅以外其他建筑物的二次供水设施，可以依法由城市公共供水单位负责运行、维护和管理。

二次供水设施移交、运行、维护和管理的具体办法由市人民政府按照国家有关规定制定。

第二十三条 城市公共供水设施以结算水表为界，结算水表用水端以前的城市公共供水设施（含水表），由城市公共供水单位负责维护；结算水表用水端以后的城市公共供水设施，由产权人或者用户负责维护。

市政、园林、环卫、绿化、消防等专用供水设施应当安装计量设施，由专用供水设施使用单位负责管理维护。

第二十四条 对具备连续供水条件的区域，城市公共供水单位应当保持连续供水，水压符合国家标准，不得擅自停止供水。因工程施工、城市公共供水设施维修等原因需暂停供水的，应当经市城市供水主管部门或者区、县（市）有关主管部门批准，并应当至少提前二十四小时通知用户，紧急抢修的除外。

城市公共供水设施发生故障造成停水的，城市公共供水单位接到报告后应当及时到达现场组织抢修，尽快恢复供水，并及时通知用水户和受影响群众，同时报告市城市供水主管部门；超过二十四小时不能恢复供水的，应当采取应急供水措施。

城市公共供水设施抢修时，有关单位和个人应当给予配合，不得无理阻挠、干扰抢修的进行。

第二十五条　因自然灾害、突发事故等特殊原因影响正常供水时，经市人民政府批准，市城市供水主管部门可以对用水单位采取措施限制用水，保障城市居民生活必需用水。

第二十六条　城市公共供水设施设置下列安全保护区：

（一）水源供电架空线路垂直投影五米以内、地下电缆一点五米以内；

（二）城市建成区公共供水管道及其附属设施两侧各一点五米以内；

（三）城市建成区之外城市公共供水管道及其附属设施两侧各四米以内。

城市公共供水管道穿越河床、堤坝，应当于所在位置设立明显标志。在其上游三百米至下游五百米河段管线的区域内，禁止从事爆破、打井、采石、取土等活动；河道疏浚、堤防整修施工时，其建设单位应当提前通知城市公共供水单位，并采取有效保护措施，避免城市公共供水设施受到损坏。

第二十七条　禁止下列妨害保障供水、安全供水的行为：

（一）在城市公共供水设施安全保护区内，挖坑取土、采沙，建造建筑物和构筑物，打桩或者顶进作业，埋设线杆，种植深根树木，倾倒垃圾，堆放杂物；

（二）故意损毁城市公共供水设施；

（三）占压、掩埋城市公共供水设施；

（四）将非供水管网与城市公共供水管网连接；

（五）在城市公共供水管网上擅自设泵；

（六）其他危害城市公共供水的行为。

第二十八条　因工程建设确需改建、拆除或者迁移城市公共供水设施的，建设单位应当报自然资源主管部门和市城市供水主管部门批准。建设单位应当会同城市公共供水单位和施工单位采取相应补救措施，所需费用由建设单位承担，造成城市公共供水单位损失的，应当依法赔偿。

第二十九条　在城市公共供水设施安全保护区内进行施工作业的，施工单位应当及时通知城市公共供水单位。施工时，施工单位应当按照要求采取安全防护措施，确保城市公共供水设施安全。因施工不当造成城市公共供水设施损坏的，由责任人依法赔偿，并按照实际水量的损失，向城市公共供水单位赔付水费。

赔付水费的计算方法为：单位时间管径流量×损坏时间×水价。

第三十条　市城市供水主管部门、城市管理综合行政执法部门和城市公共供水单位，应当建立日常巡查制度，对危害城市供水安全的行为，及时制止和纠正。

第五章　用水管理

第三十一条　使用城市公共供水的用户，应当与城市公共供水单位签订城市供水用水合同，双方依法履行合同规定的权利义务。

城市供水用水合同范本由市城市供水主管部门会同市市场监督管理部门制定。

需要办理临时性用水的非居民用户，应当向城市公共供水单位提出申请，在城市公共供水单位指定的位置，安装临时性用水管道和水表。

第三十二条　制定城市供水价格应当遵循补偿成本、合理收益、节约用水的原则。

城市供水价格实行政府定价，并按照国家和省的有关规定进行调整。

第三十三条　用户应当按照城市公共供水单位查表周期缴纳水费，城市公共供水单位应当按期查验水表，收缴水费。

用户逾期未缴水费的，城市公共供水单位应当向欠费用户发出缴费通知并送达到户。欠费用户收到催缴水费通知后，应当于收到通知之日起十五日内缴纳水费。欠费用户无正当理由仍未能按照时限缴纳水费的，应当按照合同约定依法承担违约责任。

非居民用户用水实行分类计费，按照实际用水性质和用水量缴纳水费。用水性质没有分类计量的，按照其中用水类别最高价计收水费。

第三十四条　用户对水表准确度有异议的，可以向法定检测机构申请检测。计量误差超过规定标准的，城市公共供水单位应当更换水表，并承担检测费用；计量误差符合规定标准的，检测费用由用户承担。

第三十五条　因迁出、迁入、分户、并户等原因改变用户登记名称的，用户应当到城市公共供水单位办理变更手续，并结清水费。

用户改变用水性质的，应当到城市公共供水单位办理变更手续。

用户要求停止供水的，应当到城市公共供水单位办理注销手续，并结清水费。

第三十六条　禁止下列违法用水行为：

（一）擅自在城市公共供水管道上取水；

（二）擅自改变用水性质；

（三）采用更换、绕过、干扰、破坏水表等手段窃水；

（四）采用各种形式转供水；

（五）其他违法用水行为。

第三十七条　任何单位和个人不得擅自启用公共消防供水设施。

第三十八条　城市公共供水单位应当保证结算水表的计量准确，用户如发现结算水表损坏的，应当及时报告城市公共供水单位；城市公共供水单位应当及时维修或者更换，因城市公共供水单位未及时维修、更换造成水表计量数据增加或者无法计算水量的，由城市公共供水单位负担有关水费。

双方应当按照结算水表计量结算水费。用水不能依表计量的，按照下列规定收费：

（一）水表自然损坏的，按照用户前三个月的平均用水量收费；

（二）因特殊原因不能安装水表的，按照供用双方约定水量收费；

（三）用户采取改装或者损坏水表、私自开启水表封印、私自拆卸水表、私自更换水表、倒装水表、表前接管、对预付费充值类计量器具进行非法充值、非消防需要擅自启用公共消防供水设施等方式窃水的，按照技术推定的方式赔偿损失。

技术推定的方法为：单位时间管径流量×时间×水价。在对窃水时间无法认定时，按照不少于一百八十日不多于三百六十日计算；居民用水户每日不少于六小时不多于十小时；非居民用户按照每日营业时间或者工作时间的二倍计算。

第六章　节约用水管理

第三十九条　城市供水按照国家用水性质分类，实行计划用水和定额用水管理制度。

计划用水单位超计划、超定额用水的，对超计划、超定额部分实行累进加价。具体办法由市人民政府按照国家有关规定制定。

第四十条　对使用由供水工程设施直接供水的非农业用水单位、使用城市公共供水管网供水且日用水量在二十立方米以上的单位、自建设施供水单位，实行用水计划管理。

用水单位应当每年12月底前向市城市供水主管部门提出下一年度的用水计划，市城市供水主管部门应当于下一年度1月底前下达用水计划。

新建、扩建、改建建设项目用水，建设单位应当在开工前向市城市供水主管部门申报临时用水计划，单独装表计量。

第四十一条　市城市供水主管部门应当加强对计划用水单位的用水监控管理，在计划用水单位中确定本市行政区域内工业企业、自建设施供水单位、服务业及公共机构等计划用水重点监控单位并制作名录。

计划用水单位和城市公共供水单位应当每月向市城市供水主管部门报送上月供、用水资料。

计划用水重点监控单位应当每五年开展一次水量平衡测试；产品结构发生变化时，应当及时复测；对不合理用水设备和工艺，应当及时采取改进措施。

第四十二条　禁止生产、销售不符合节水标准的用水器具。

建设单位应当安装符合国家规定标准的节水型用水器具。

国家机关、事业单位、社会团体等公共机构应当率先安装、使用节水型设备和用水器具。

鼓励居民家庭使用节水型用水器具。

第四十三条　在具备再生水使用条件的前提下，有下列情形之一的，应当优先使用再生水：

（一）钢铁、火电、化工、制浆造纸、印染等工业用水；

（二）城市绿化、道路清洗作业、消防等市政用水；

（三）生态景观、人工湿地等生态用水；

（四）建筑施工、工地降尘、车辆冲洗等用水；

（五）大型集中供热设施用水；

（六）其他应当优先使用再生水的情形。

第四十四条　城市供水单位应当对其供水管网进行日常维护保养，保证管网漏损率符合国家和行业标准；发现漏损或者接到漏损报告后应当及时抢修。

城市供水单位应当建立漏损台账，台账保存期限不得少于三年。

第七章　法律责任

第四十五条　违反本条例第十三条规定，新建、改建、扩建建设项目的节水设施，未与主体工程同时设计、同时施工、同时投入使用的，由市城市供水主管部门责令限期改正，逾期未改正的，处以五万元以上十万元以下罚款。

第四十六条　违反本条例第十四条规定，建设项目的配套再生水利用设施没有建成或者没有达到规定的要求，擅自投入使用的，由市城市供水主管部门责令停止使用，限期改正，并处以五万元以上十万元以下罚款。

第四十七条　违反本条例第十五条规定，在城市饮用水水源保护区内擅自迁移、拆除、损毁保护标识的，由城市管理综合行政执法部门责令限期改正，并处以五千元以上二万元以下罚款。

第四十八条　违反本条例第十九条规定，企业事业单位在水污染事故发生后，未及时启动水污染事故应急方案，采取有关应急措施的，由生态环境主管部门责令改正；情节严重的，处以二万元以上十万元以下罚款；构成犯罪的，依法追究刑事责任。

第四十九条　违反本条例第十八条、第二十四条规定，有下列行为之一的，由城市管理综合行政执法部门责令改正，并处以二千元以上二万元以下罚款；情节严重的，对负有直接责任的主管人员和其他直接责任人员，其所在单位或者上级机关可以给予处分：

（一）供水水质、水压不符合国家规定的标准；

（二）擅自停止供水；

（三）停水未履行通知义务；

（四）未能按照规定及时抢修供水设施故障；

（五）未能按照规定时限恢复供水；

（六）未能按照规定进行水质检测；

（七）未能按照规定定期清洗贮水池造成水质不符合国家标准；

（八）其他未履行法定义务的行为。

第五十条　违反本条例第二十一条规定，未取得卫生许可擅自供水的，由卫生健康主管部门责令改正，没收违法所得，并处以一万元以上三万元以下罚款；情节严重的，并处以三万元以上五万元以下罚款。

第五十一条　违反本条例第二十六条第二款规定，在城市公共供水管道保护范围内从事爆破、打井、采石、取土等活动的，由市城市供水主管部门责令停止违法行为，采取补救措施，处以一万元以上五万元以下罚款；违反治安管理处罚法的，由公安机关依法给予治安管理处罚；给他人造成损失的，依法承担赔偿责任；构成犯罪的，依法追究刑事责任。

第五十二条　违反本条例第二十七条第一项、第三项、第五项规定，有下列行为之一的，由城市管理综合行政执法部门责令限期改正，并处以五千元以上五万元以下罚款；构成犯罪的，依法追究刑事责任：

（一）在城市公共供水设施安全保护区内挖坑取土、采沙，修建建筑物和构筑物，打桩或者顶进作业，埋设线杆，种植深根树木，倾倒垃圾，堆放杂物；

（二）占压、掩埋城市公共供水设施；

（三）在城市公共供水管网上擅自设泵。

第五十三条　违反本条例第二十七条第二项、第四项和第二十八条规定，有下列行为之一的，除赔偿损失外，由城市管理综合行政执法部门责令限期改正，并处以一万元以上五万元以下罚款；构成犯罪的，依法追究刑事责任：

（一）故意损毁城市公共供水设施；

（二）将非供水管网与城市公共供水管网连接；

（三）擅自改建、拆除或者迁移城市公共供水设施。

第五十四条　违反本条例第三十六条规定，有下列行为之一的，除补交水费外，由城市管理综合行政执法部门责令限期改正，逾期未改正的，处以五千元以上五万元以下罚款；构成犯罪的，依法追究刑事责任：

（一）擅自在城市公共供水

管道上取水；

（二）擅自改变用水性质；

（三）采用更换、绕过、干扰、破坏水表等手段窃水；

（四）采用各种形式转供水。

有前款所列行为之一，情节严重的，可以按照国家规定的程序停止供水。

第五十五条 违反本条例第四十一条规定，未按照规定进行水量平衡测试的，由市城市供水主管部门责令限期改正；逾期未改正的，处以五万元以上二十万元以下罚款。

计划用水单位或者城市公共供水单位未按照规定报送供、用水资料的，由市城市供水主管部门责令限期改正；逾期未改正的，处以一万元以上三万元以下罚款。

第五十六条 违反本条例第四十三条规定，在具备再生水使用条件的前提下，未优先使用再生水的，由市城市供水主管部门责令限期改正，并处以五万元以上十万元以下罚款；逾期未改正的，处以十万元以上五十万元以下罚款。

第五十七条 违反本条例第四十四条规定，城市供水单位发现漏损或者接到报告后未及时抢修的，由市城市供水主管部门责令改正，并处以二万元以上五万元以下罚款；情节严重的，报经市人民政府批准，可以责令停业整顿。

第五十八条 市城市供水主管部门和执法部门的工作人员，玩忽职守、滥用职权、徇私舞弊的，由其所在单位或者上级主管部门给予处分；构成犯罪的，依法追究刑事责任。

第八章 附 则

第五十九条 本条例自2019年10月1日起施行。

沈阳市道路货运市场管理条例

（1997年8月1日沈阳市第十一届人民代表大会常务委员会第三十次会议通过；1997年9月27日辽宁省第八届人民代表大会常务委员会第三十次会议批准；2006年11月16日沈阳市第十三届人民代表大会常务委员会第三十三次会议修订；2007年1月12日辽宁省第十届人民代表大会常务委员会第二十九次会议批准根据2019年6月21日沈阳市第十六届人民代表大会常务委员会第十二次会议通过，2019年7月30日辽宁省第十三届人民代表大会常务委员会第十二次会议批准《沈阳市人民代表大会常务委员会关于修改〈沈阳市道路货运市场管理条例〉〈沈阳市环境噪声污染防治条例〉的决定》修正）

第一章 总 则

第一条 为了加强道路货运市场管理，维护道路货运市场秩序，保障道路货运当事人合法权益，根据《中华人民共和国道路运输条例》等有关法律、法规的规定，结合本市实际，制定本条例。

第二条 在本市行政区域内从事道路货运、货运服务的经营者、从业人员、货物托运人和道路货运市场管理人员，应当遵守本条例。

第三条 本条例所称道路货运包括普通货物运输、道路货物专用运输、道路大型物件运输、道路危险货物运输等。

货运服务包括货运场（站）经营、货物联运、商品车发送、货物中转、包装、汽车租赁、营业性货运车辆停车场经营等业务。

货运场（站）经营包括仓储保管、搬运装卸、货运信息、道路物流、货物集散、货运配载、集装箱中转和货运代理等经营活动。

第四条 市人民政府交通主管部门主管全市道路货运市场工作，负责全市道路货运市场的统一管理和监督。

区、县（市）交通主管部门，按照管理权限，负责本行政区域内的道路货运市场管理工作。

市和区、县（市）道路运输管理机构负责具体组织实施道路货运市场的日常管理工作。

发展改革、市场监督管理、公安、税务、自然资源等部门，应当按照各自的职责分工，对道路货运市场进行监督管理。

第五条 道路货运市场应当坚持统一管理、依法经营、统筹规划、公平竞争、公开便民、促进发展的原则。

第二章 经营者及从业人员

第六条 申请从事道路货运经营的，应当依法向市场监督管理部门办理有关登记手续后，按照规定取得中华人民共和国道路运输经营许可证（以下简称经营许可证），方可从事经营活动。

使用总质量4500千克及以下普通货运车辆从事普通货运经营的，无须按照本条规定申请取得经营许可证。

第七条 从事道路货运、货运服务的经营者应当接受道路运输管理机构年度质量信誉考核；货运车辆应当按照规定参加年度审验。

第八条 从事道路货运、货运服务的经营者及从业人员应当接受交通行政管理人员的检查，并如实反映情况，提供有关资料。

道路货运经营者应当使用道路运输管理机构印制的货运车辆技术档案文本，并如实填写。

第九条 从事道路货运、货运服务的经营者应当在经营场所明码标价，公布收费项目和标准，并向道路运输管理机构备案。

第十条 从事道路货运、货运服务的从业人员，应当遵守下列规定：

（一）接受有关交通道路运输方面的法律、法规、职业道德和业务技术培训；

（二）按照规定接受年度质量信誉考核；

（三）随车携带车辆营运证件（使用总质量4500千克及以下普通货运车辆从事普通货运经营的除外）；

（四）按照国家有关规定持从业资格证件上岗作业；

（五）法律法规规定的其他事项。

第三章 道路货运

第十一条 从事道路货运的车辆（使用总质量4500千克及以下普通货运车辆从事普通货运经营的除外），应当具有道路运输管理机构配发的道路运输证。机动车辆应当按照规定进行综合性能检测，合格后方可营运。

道路货运经营者应当根据车型和综合技术条件承运货物，不得违反国家有关规定超限、超载运输。

第十二条 重型货运车辆、牵引车、集装箱车辆、危险货物运输车辆应当安装安全监控装置并实时监控。

道路货运经营者新增危险货物运输车辆，必须到交通主管部门办理登记手续，并保证车辆符合安全要求。

第十三条 道路货运经营者应当按照托运单承运，不得在普通货物中夹带危险、易腐、易溢漏货物；不得将性质相抵触的危险货物同车运输。

托运人不得将危险货物按照普通货物办理托运。

第十四条 道路货运经营者应当按照国家规定，进行机动车辆二级维护和综合性能检测，保持车况良好、车容整洁、设施齐全，符合车辆技术标准。

第十五条 运输易扬尘、易溢漏或者其他易污染环境货物的车辆，必须有必要的防护设施。

第十六条 从事道路货运的车辆转籍，车辆所有者应当到道路运输管理机构办理转籍手续。

第十七条 道路货运经营者设立分公司的，应当向交通主管部门备案。

外埠货运车辆，在本市从事经营活动超过30日的，应当到道路运输管理机构登记。

第十八条 道路货运承、托双方应当依法订立运输合同，并严格履行合同。

第四章 货运服务

第十九条 货运场（站）、营业性停车场（站）的设置和建设，应当符合城市规划和国家规定的建设标准。

第二十条 营业性货运停车场，必须设置消防器材、安全标志，保证车辆出入方便。

载有危险货物的运输车辆，必须按照规定到指定地点停放。

第二十一条 货运场（站）经营者不得为无经营手续或者经营手续不全的货运代理、货运信息、货运配载、搬运装卸等经营者提供货运服务。

第二十二条 从事搬运装卸的经营者应当按照交通主管部门核定的范围作业，遵守安全操作规程，保证作业质量。

危险货物、大型特种物件运输的搬运、装卸，应当备有专用工具和防护设施。

第二十三条 货运信息服务单位，提供的信息必须真实、准确、可靠。各类货运信息服务单位应当与市货运信息服务中心联网，市货运信息服务中心应当为各类货运信息服务单位做好服务。

第二十四条 从事道路货运服务的经营者受理或者经营限运、凭证运输货物业务时，承、托双方的有关手续、证照必须齐全、有效。

未经市交通主管部门批准，货运服务经营者不得受理危险货物的运输业务。

货运服务经营者不得为无道路运输证的车辆提供配载服务（使用总质量4500千克及以下普通货运车辆从事普通货运经营的除外）。

第五章　监督管理

第二十五条　各级交通主管部门应当对从事道路货运、货运服务的经营者和从业人员的经营资格、经营行为等有关情况实施监督检查，纠正和处理违法行为，依法保护经营者和从业人员的合法权益。

第二十六条　交通行政管理人员应当忠于职守、秉公办事、文明执法，在进行监督检查时应当出示执法证件。

运输稽查专用车辆应当装置统一的标志和示警灯。

第二十七条　交通行政管理人员不得利用行政手段为道路货运经营者、货运服务经营者谋取不当利益。

第二十八条　交通主管部门及其执法人员在执行职务时，应当建立投诉举报制度，公开投诉举报电话、通信地址或者电子信箱，依法受理并及时查处投诉举报的具体行政执法行为，自觉接受社会和公民的监督。

第六章　法律责任

第二十九条　违反本条例第六条规定，无经营许可证或者持无效经营许可证擅自从事道路货运经营的，由市或者区、县（市）道路运输管理机构责令停止经营，有违法所得的，没收违法所得，处违法所得2倍以上10倍以下的罚款，没有违法所得或者违法所得不足2万元的，处3万元以上10万元以下罚款。

第三十条　违反本条例第九条规定，未按照规定将公布的收费项目和收费标准备案的，由市或者区、县（市）道路运输管理机构责令改正。

对不公布收费项目和收费标准的货运场（站）经营者，可以处3000元罚款。

第三十一条　违反本条例第十条第三项规定，未随车携带道路运输证从事经营活动的，由市或者区、县（市）道路运输管理机构责令改正，并处100元以上200元以下罚款。

第三十二条　违反本条例第十一条规定，由市或者区、县（市）道路运输管理机构责令停止经营，并按照下列规定处罚：

（一）无道路运输证从事除危险货物运输以外的道路货运的，有违法所得的，没收违法所得，处违法所得2倍以上10倍以下的罚款，没有违法所得或者违法所得不足两万元的，处3万元以上10万元以下罚款；

（二）无道路运输证从事危险货物运输的，有违法所得的，没收违法所得，处违法所得2倍以上10倍以下的罚款，没有违法所得或者违法所得不足2万元的，处5万元以上10万元以下罚款。

第三十三条　违反本条例第十五条规定，运输易溢漏或者其他易污染环境货物的车辆，无防护设施的，由市或者区、县（市）道路运输管理机构责令改正，处1000元以上3000元以下罚款。

第三十四条　当事人对行政处罚决定不服的，可以依法申请行政复议或者提起行政诉讼；逾期不申请行政复议也不提起行政诉讼又不履行行政处罚决定的，由作出处罚决定的行政机关申请人民法院强制执行。

第三十五条　交通行政管理人员在执行职务中滥用职权、徇私舞弊、玩忽职守的，由所在单位或者上级机关给予行政处分；构成犯罪的，依法追究刑事责任。

第七章　附　则

第三十六条　本条例自2007年2月15日起施行。

沈阳市环境噪声污染防治条例

（2006年11月16日沈阳市第十三届人民代表大会常务委员会第三十三次会议通过；2007年1月12日辽宁省第十届人民代表大会常务委员会第二十九次会议批准 根据2019年6月21日沈阳市第十六届人民代表大会常务委员会第十二次会议通过，2019年7月30日辽宁省第十三届人民代表大会常务委员会第十二次会议批准《沈阳市人民代表大会常务委员会关于修改〈沈阳市道路货运市场管理条例〉〈沈阳市环境噪声污染防治条例〉的决定》修正）

第一章　总　则

第一条　为防治环境噪声污染，保护和改善生活环境，保障人体健康，构建和谐社会，促进经济和社会发展，根据《中华人民共和国环境噪声污染防治法》等有关法律法规，结合本市实际，制定本条例。

第二条　本条例所称环境噪声污染，是指在工业生产、建筑施工、交通运输和社会生活中所产生的环境噪声超过国家规定的环境噪声排放标准，并干扰他人正常生活、工作和学习的现象。

第三条　本条例适用于本市行政区域内环境噪声污染的防治及其监督管理。

第四条　市生态环境主管部门是本市环境噪声污染防治工作的主管部门，对本行政区域内的环境噪声污染防治实施统一监督管理。

区、县（市）生态环境主管部门对本行政区域内的环境噪声污染防治实施统一监督管理。

公安、交通、城乡建设、自然资源、市场监督管理、文化旅游广电等有关部门，应当按照各自职责，依法做好环境噪声污染防治的监督管理工作。

第五条　市和区、县（市）人民政府在编制城乡建设规划时，应当充分考虑声环境质量的要求，科学划分城市功能区，合理安排道路、交通、建筑物、绿化带等建设布局。

市和区、县（市）人民政府应当鼓励环境噪声污染防治的科学研究，支持先进技术、工艺、设备和产品的推广。

第六条　任何单位和个人都有保护声环境质量的义务，并有权向有关环境噪声污染防治的监督管理部门举报和投诉环境噪声污染行为。

第二章　环境噪声污染的监督管理

第七条　市和区、县（市）人民政府应当根据国家城市区域环境噪声标准，划定本行政区域内各类声环境质量标准的适用区域，制定实施标准的措施，防止和控制环境噪声污染。

市和区、县（市）人民政府应当对本行政区域内的声环境质量负责，并定期进行检查。

第八条　市生态环境主管部门，对本行政区域内环境噪声污染防治实施统一监督管理，履行下列职责：

（一）拟定环境噪声污染防治规划，经市人民政府批准后，负责组织实施；

（二）督促、指导、协调其他负有环境噪声污染防治监督管理职权的部门履行其职责；

（三）会同有关部门建立环境噪声监测网络，组织对环境噪声情况的监测和检查；

（四）统计分析本行政区域内的声环境质量状况，并定期向社会公布；

（五）法律、法规规定的其他职责。

第九条　市和区、县（市）生态环境主管部门按照管理权限，负责对工业生产、建筑施工和商业经营中使用固定设备产生的环境噪声污染实施监督管理。

公安机关负责对机动车辆噪声污染和商业经营等社会生活中产生的环境噪声污染实施监督管理。

市和区、县（市）交通主管部门按照管理权限，负责对道路、城市轨道交通的环境噪声污染实施监督管理。

市和区、县（市）城乡建设主管部门按照管理权限，负责对建设项目的隔声质量实施监督管理。

第十条　居民委员会（社区）应当协助人民政府加强居民住宅区的声环境管理，协调解决居民住宅区的环境噪声污染问题。

第十一条　物业管理企业应当对管理区域内的环境噪声污染行为予以制止，并及时向有关环境噪声污染防治的监督管理部门报告。

第十二条　生态环境、公安、交通、城乡建设等有关部门，应当设置、公开环境噪声污染举报电话、电子信箱等，并在接到有关环境噪声污染的举报、投诉后，依法作出处理。

第十三条　自然资源主管部门应当根据城市总体规划，按照国家和本市城市区域声环境质量标准及民用建筑隔声设计规范要求，合理划定医院、学校、机关、科研单位和住宅区等需要保持安静的建筑物与可能产生环境噪声污染的企业事业单位和公路、城市道路、地铁、高架桥、轻轨道路等市政基础设施的防噪声距离，并提出相应的规划设计要求。

第十四条　建设医院、学校、机关、科研单位和住宅等需要保持安静的建筑物时，建设单位应当考虑周围噪声源对建设项目本身的影响，在已经存在噪声源的环境进行建设的，应当同时建设相应的噪声污染防护设施。

第十五条　新建娱乐、餐饮、加工、维修、健身、洗浴、批发市场、客货运输场（站）及其他可能产生环境噪声污染的项目，建设单位必须依法进行环境影响评价。

第十六条　工业、商业企业使用固定设备和建筑施工单位使用机械设备，可能造成环境噪声污染的，必须依法向市或者区、县（市）生态环境主管部门申报登记。

第十七条　任何单位和个人对于造成环境噪声污染的设施，应当按照市或者区、县（市）生态环境主管部门规定的期限，进行治理。

第十八条　市生态环境主管部门应当会同有关部门，在城市市区的主要交通要道、商业区和人口集中区域，合理设置环境噪声自动监测设施，加强环境噪声监控。

第十九条　在中、高考期间，市生态环境主管部门应当会同市公安机关，对建筑施工和住宅楼室内装修等产生环境噪声污染的活动，作出作业区域、时间的限制性规定，并提前7日向社会公布。

第三章　工业噪声污染防治

第二十条 从事工业生产的单位和个人，应当对生产设施合理布局，采取隔声、消声、减震等环境噪声污染防治措施，减轻环境噪声对周围生活环境的影响。

第二十一条　在城市范围内设置工业设施或者从事机械加工金属、石材、木材等工业生产活动，产生的环境噪声，不得超过国家规定的工业企业厂界环境噪声排放标准。

第二十二条　因工程爆破等生产活动，确需排放偶发性强烈噪声的单位，按照管理权限，必须提前5日向所在地公安机关提出申请，经批准后方可进行。

公安机关应当提前将拟发生偶发性强烈噪声的时间、地点以及联系人向社会公告。

第二十三条　任何单位和个人不得生产、销售、进口国家禁止的产生环境噪声污染的设备。

第四章　建筑施工噪声污染防治

第二十四条　建筑施工单位，应当采取安装隔声、消声设施等防治环境噪声污染的措施，在建筑施工中产生的环境噪声，不得超过国家规定的建筑施工场界噪声限值。

第二十五条　在下列区域内，22时至次日6时，不得进行产生环境噪声污染的建筑施工作业：

（一）居住区和其他人口密集区；

（二）医院、疗养院、学校、图书馆、幼儿园、老年公寓、机关、科研单位所在的区域；

（三）法律、法规规定的其他重点保护区域。

确因抢修、抢险作业和生产工艺上要求或者特殊需要必须连续作业的，必须有市或者区、县（市）生态环境主管部门的证明，并将连续作业的原因、内容、时间及联系方式、投诉渠道予以公告。

第二十六条　建设单位应当对建设项目施工作业期间的环境噪声污染防治措施提出要求，并对其落实措施情况进行跟踪检查。

第五章　交通运输噪声污染防治

第二十七条　建设公路、城市道路、高架桥和轻轨道路等交通工程项目，确需经过医院、学校、机关、科研单位和住宅等噪声敏感建筑物集中区域，可能造成环境噪声污染的，建设单位应当采取设置隔声屏、建设生态隔离带等措施。

第二十八条　在交通干线两侧新建住宅的，建设单位应当采取安装隔声设施等防止交通噪声污染的措施。

第二十九条　在用机动车辆噪声排放，不得超过国家规定的噪声限值。

在用机动车辆消声器及其他防治噪声污染的设备必须保证正常、有效使用，不得改装、拆除或者闲置。除警车、消防车、工程抢险车、救护车等特种车辆外，其他车辆不得自行安装报警器。

第三十条　市生态环境主管部门应当根据国家规定的汽车定置噪声限值标准，定期公布需要进行噪声检测的机动车车型种类。

机动车检测机构应当按照生态环境主管部门公布的车型种类，依法对机动车辆排放噪声情况进行检测。

机动车噪声检测不合格的，公安机关不予颁发定期检验合格证。

第三十一条　除警车、消防车、工程抢险车、救护车等特种车辆外，凡在市区内行驶的机动车，不得使用气喇叭等高噪声的声响装置。

第三十二条 市公安机关应当根据本市声环境保护的需要，在城市市区内划定机动车辆禁鸣区域、路段和汽车、摩托车等机动车辆禁行的路段、时间，并设置禁鸣警示标识，向社会公告。

第三十三条 设置机动车停车场、公交车候车站、客货运输场（站），应当合理选择位置或者采取有效措施，防止环境噪声污染。

各类营运车辆不得采用发出高噪声的方法招揽乘客。

第六章 商业经营等社会生活噪声污染防治

第三十四条 在住宅楼内和楼下开办的娱乐、餐饮、加工、维修、健身、洗浴等经营项目，经营单位必须采取有效措施，对产生的环境噪声污染进行治理，其排放的环境噪声不得超过国家规定的标准。对于造成严重环境噪声污染的经营单位，依法限期治理。

第三十五条 新建营业性文化娱乐场所的边界噪声必须符合国家规定的环境噪声排放标准；不符合国家规定的环境噪声排放标准的，市和区、县（市）文化旅游广电主管部门不得核发文化经营许可证，市场监督管理部门不得核发营业执照。

第三十六条 设置在住宅楼内的电梯、供水、供热、空调、通风等公用设备，其排放的噪声超过国家和省规定标准的，开发商、建设单位或者公用设备管理单位应当采取有效措施进行治理。

第三十七条 位于住宅区内的娱乐、餐饮、加工、维修等产生环境噪声的单位，应当按照国家法律、法规规定的时间营业，并采取有效措施防止经营活动中产生噪声影响周围环境。

第三十八条 18时至次日8时，在已竣工交付使用的住宅楼内，不得进行可能产生噪声的室内装修活动。在其他时间内进行室内装修作业的，应当采取噪声控制措施，避免对周围造成环境噪声污染。

第三十九条 任何单位和个人在商业宣传、礼仪庆典等商业活动中，不得使用高音广播喇叭或者采用其他发出高噪声的方法招揽顾客。

任何单位和个人在医院、学校、机关、科研单位、住宅等噪声敏感建筑物集中区域内，使用各类扬声器、音响器材时，应当控制音量，不得产生扰民噪声。

在公共场所进行文体等活动，使用音响器材或者实施产生噪声的行为，必须遵守公安机关的规定，避免造成环境噪声污染。

第四十条 商场、超市、餐饮、娱乐等经营性场所，应当采取有效措施控制室内噪声，防止环境噪声污染。

第七章 法律责任

第四十一条 违反本条例第十六条规定，工业、商业企业使用固定设备和建筑施工单位使用机械设备可能造成环境噪声污染，拒报或者谎报规定的环境噪声排放事项的，按照管理权限，市或者区、县（市）生态环境主管部门可以根据不同情节，给予警告或者处以1000元以上5万元以下罚款。

第四十二条 违反本条例第十九条规定，中、高考期间未按照规定在住宅楼室内进行装修作业，产生环境噪声污染的，由公安机关给予警告，可以并处500元罚款。

第四十三条 违反本条例第二十二条规定，未经公安机关批准，擅自进行工程爆破等产生偶发性强烈噪声活动的，由公安机关根据不同情节给予警告或者处以500元罚款。

第四十四条 违反本条例第二十三条规定，生产、销售、进口国家禁止的产生环境噪声污染设备的，由市或者区、县（市）人民政府有关部门按照职能分工责令改正；情节严重的，报请同级人民政府按照国务院规定的权限责令生产经营单位停业、关闭。

第四十五条 违反本条例第二十五条规定，在禁止的时间和区域内，进行产生环境噪声污染的建筑施工作业的，按照管理权限，由市或者区、县（市）生态环境主管部门责令停止施工，可以并处2000元以上5万元以下罚款。

第四十六条 违反本条例第二十九条、第三十一条规定，机动车辆擅自安装报警器或者在市区内使用气喇叭等高噪声声响装置的，由公安机关根据不同情节，给予警告或者处以200元罚款。

第四十七条 违反本条例第

三十三条规定，营运车辆采用发出高噪声的方法招揽乘客的，由公安机关责令改正，可以并处100元罚款。

第四十八条 违反本条例第三十八条规定，18时至次日8时，在已竣工交付使用的住宅楼内进行产生环境噪声的室内装修活动的，由公安机关给予警告，可以并处500元罚款。

第四十九条 违反本条例第三十九条第一款规定，单位和个人在商业宣传、礼仪庆典等商业活动中，使用高音广播喇叭或者采用其他发出高噪声的方法招揽顾客的，由公安机关责令改正，可以并处200元以上500元以下罚款。

违反第二款、第三款规定，单位和个人在医院、学校、机关、科研单位、住宅等噪声敏感建筑物集中区域内，使用高音广播喇叭和未遵守规定，在公共场所进行文体活动使用音响器材或者实施产生噪声行为的，由公安机关给予警告，可以并处200元罚款。

第五十条 当事人对行政处罚决定不服的，可以依法申请行政复议或者提起行政诉讼；逾期不申请行政复议也不提起行政诉讼又不履行行政处罚决定的，由作出处罚决定的行政机关申请人民法院强制执行。

第五十一条 环境噪声污染防治监督管理部门，未按照本条例规定履行监督管理职责的，有关部门应当依法作出处理；环境噪声污染防治监督管理人员滥用职权、玩忽职守、徇私舞弊的，由其所在单位或者上级行政机关给予行政处分；构成犯罪的，依法追究刑事责任。

沈阳市大气污染防治条例

（1995年12月21日沈阳市第十一届人民代表大会常务委员会第二十次会议通过；1996年1月19日辽宁省第八届人民代表大会常务委员会第十九次会议批准2003年6月26日沈阳市第十三届人民代表大会常务委员会第三次会议修订；2003年8月1日辽宁省第十届人民代表大会常务委员会第三次会议批准2019年10月24日沈阳市第十六届人民代表大会常务委员会第十四次会议修订；2019年11月28日辽宁省第十三届人民代表大会常务委员会第十四次会议批准）

第一章 总 则

第一条 为了防治大气污染，保护和改善环境，保障公众健康，推动生态文明建设，促进经济社会可持续发展，根据《中华人民共和国大气污染防治法》《辽宁省大气污染防治条例》等法律法规，结合本市实际，制定本条例。

第二条 本条例适用于本市行政区域内的大气污染防治及其监督管理活动。

第三条 大气污染防治应当以改善大气环境质量为目标，坚持预防为主、防治结合、源头控制、损害担责的原则。

第四条 市和区、县（市）人民政府对本行政区域内的大气环境质量负责。

市和区、县（市）人民政府应当将大气污染防治工作纳入国民经济和社会发展规划，优化调整产业结构、能源结构、运输结构和用地结构，建立政府监管、企业尽责、公众参与、共同治理、联防联控的防治机制，保障对大气污染防治的财政投入。

乡（镇）人民政府和街道办事处应当按照区、县（市）人民政府的要求，做好大气污染防治相关工作。

第五条 市生态环境主管部门对大气污染防治实施统一监督管理。

发展改革、工业和信息化、公安、自然资源、房产、城乡建设、交通、水务、农业农村、商务、应急、市场监督、城市管理行政执法、园林、市政等主管部门应当在各自职责范围内，对大气污染防治实施监督管理。

第六条 鼓励和支持大气污染防治科学技术研究，推广先进适用的大气污染防治技术和装备。

市和区、县（市）人民政府应当对因执行严于国家和省规定的大气污染物排放和控制标准而主动开展技术改造、设备更新、能源替代的企业事业单位，给予政策扶持；对在防治大气污染、保护和改善大气环境方面做出显著成绩的单位和个人给予表彰和奖励。

第七条 机关、企业事业单位、社会团体、基层群众性自治组织等，应当加强大气环境保护法律、法规和科学知识的宣传，提高公众大气环境保护意识。

新闻媒体应当加强政策解读和舆论引导，及时报道群众反映强烈的大气污染问题。

第八条 企业事业单位和其他生产经营者应当履行防治大气

污染的法定义务，依法如实向社会公开大气污染物排放信息，自觉接受监督，加强清洁生产管理，采取有效措施，防止、减少大气污染，对所造成的损害依法承担责任。

公民应当增强大气环境保护意识，采取低碳、环保的生活方式，自觉履行大气环境保护义务。

第九条 任何单位和个人都有权对污染大气环境的违法行为进行投诉、举报。

市生态环境主管部门应当公布投诉、举报电话，对举报污染大气环境的违法行为查证属实的，按照规定给予奖励。

第二章 达标规划与监督管理

第十条 市人民政府应当根据国家大气环境质量标准、要求和本市大气环境质量现状，确定本市大气环境质量改善目标，依法编制大气环境质量限期达标规划。

市人民政府应当根据国家、省大气污染防治要求，制定大气污染防治计划，确定大气环境质量改善的重点任务并组织实施。

第十一条 市生态环境主管部门应当按照国家、省大气环境质量要求，划定大气环境质量功能区，报市人民政府批准后实施。

第十二条 市人民政府应当结合经济社会发展水平、环境质量状况、产业结构，逐步削减重点大气污染物排放总量。

市生态环境主管部门应当根据本市行政区域重点大气污染物排放总量控制指标，制定年度重点大气污染物排放总量削减计划。

市和区、县（市）人民政府应当根据年度重点大气污染物排放总量削减计划，将本行政区域重点大气污染物排放总量控制指标分解落实到排放大气污染物的企业事业单位。

根据国家和省有关规定，本市可以实行重点大气污染物排污权交易制度。

探索建立碳排放权交易制度。

第十三条 本市实行大气污染防治网格化监督管理制度，按照属地管理、分级负责、条块结合、无缝对接的原则，科学划分网格单元，明确网格管理对象、管理标准和责任人，实施大气污染防治常态化、精细化、制度化管理。

第十四条 本市实行大气污染排污许可制度。

依法取得排污许可证的企业事业单位、生产运营单位和其他单位，应当按照排污许可证规定的排放方式、去向、浓度、种类、数量等要求排放大气污染物，落实排污许可证载明的各项环境管理要求；纳入排污许可管理未取得排污许可证的，不得排放大气污染物。

第十五条 企业事业单位和其他生产经营者排放大气污染物的，应当依照法律法规和市生态环境主管部门的规定安装大气污染防治设施并保证正常使用，或者采取其他防护措施控制、减少大气污染物排放。

大气污染防治设施因维修、故障等原因不能正常使用的，企业事业单位和其他生产经营者应当立即采取限产或者停产等措施，并报告市生态环境主管部门。

企业事业单位和其他生产经营者可以依法委托具有相应资质的第三方，代其运营大气污染防治设施或者实施大气污染治理。

第十六条 市生态环境主管部门应当建立大气环境质量和大气污染源监测网络，组织开展大气环境质量和大气污染源监测，发布大气环境质量状况信息，每年向社会公布本市行政区域内重点排污单位名录。

列入名录的重点排污单位应当及时或者定期公布排放污染物名称、排放数据、排放方式、污染治理措施、重污染天气应对、环境保护违法处罚及整改情况，以及执行排污许可情况的报告等信息。

第十七条 重点排污单位应当按照规定安装大气污染物排放自动监测设备，与市生态环境主管部门的自动监测监控系统联网，保证正常运行，并按照规定公开重点污染源在线监测数据。原始监测记录保存期限不得少于三年。

自动监测设备因故障不能正常运行的，重点排污单位应当在十二小时内向市生态环境主管部门报告，并在五个工作日内恢复正常运行。停运期间，重点排污单位应当采用人工监测等方式对大气污染物排放状况进行监测，并向市生态环境主管部门报送监测数据。

其他企业事业单位和生产经营者应当按照国家有关规定和监测规范自行或者委托有资质的监

测机构开展监测工作。

第十八条 企业事业单位和其他生产经营者违反法律法规规定排放大气污染物，造成或者可能造成严重大气污染，或者有关证据可能灭失或者被隐匿的，市生态环境主管部门和其他负有大气环境保护监督管理职责的部门可以依法对有关设施、设备、物品进行查封、扣押。

第十九条 市生态环境主管部门和其他负有大气环境保护监督管理职责的部门应当建立健全监督检查制度，及时查处违法行为，将排放大气污染物的企业事业单位及其主要负责人的重大违法行为及处理情况记入社会诚信档案，通过公共信用信息服务平台及时公布。

第二十条 市和区、县（市）人民政府应当将重点大气污染物排放总量控制指标和大气环境质量改善目标完成情况纳入考核内容，对本级人民政府负有大气环境保护监督管理职责的部门及其负责人和下级人民政府及其负责人进行考核。

第三章 防治措施

第二十一条 本市实行煤炭消费总量控制制度。市人民政府应当制定煤炭消费总量控制方案，明确控制目标和实施步骤，逐步降低煤炭在一次能源消费中的比重。

区、县（市）人民政府应当根据煤炭消费总量控制方案制定煤炭削减和清洁能源改造计划，并组织实施。

第二十二条 市人民政府应当划定和公布高污染燃料禁燃区，并报省生态环境主管部门备案。

高污染燃料禁燃区内，禁止销售、燃用高污染燃料；禁止新建、扩建燃用高污染燃料的设施。现有燃用高污染燃料的设施应当在规定的期限内逐步停止使用或者改用天然气、液化石油气、管道煤气、电等清洁能源。

第二十三条 市人民政府应当依据国土空间总体规划组织编制供热专项规划或者热电发展规划，鼓励大型热电联产项目和大型区域热源项目建设，推进热电联产和集中供热。

集中供热管网未覆盖的区域，应当因地制宜优先选用清洁能源供热。

第二十四条 市人民政府应当根据国家和省的有关规定，制定燃煤锅炉（设施）整治计划，限期淘汰、拆除燃煤小锅炉、分散燃煤锅炉和不能达标排放的其他燃煤设施。

新建、扩建和改建燃煤锅炉应当符合国家和省有关规定和相关规划。

第二十五条 市人民政府应当制定民用散煤替代和补贴政策，推广使用太阳能、风能、电能、燃气、沼气、地热能等清洁能源。

市和区、县（市）人民政府应当采取措施，推广使用洁净型煤、优质煤炭和民用清洁燃烧炉具。

第二十六条 严格按照国家高能耗、高污染行业准入条件规定，控制煤炭、钢铁、水泥等重点产能过剩行业新增项目，改建、扩建项目应当实行产能等量或者减量置换。

第二十七条 严格控制新建、扩建排放恶臭污染物的工业类建设项目。现有排放恶臭污染物的化工、石化、制药、制革、骨胶炼制、生物发酵、饲料加工等行业的企业单位，应当在市生态环境主管部门规定的期限内进行技术改造和工艺更新，防止恶臭污染物排放。

第二十八条 市人民政府应当优先发展以地铁、公共汽车为主的公共交通，推广智能交通管理，鼓励公民使用非机动车和以清洁能源为动力的机动车。

鼓励和支持企业投资建设机动车天然气加气站、充换电站。

第二十九条 市人民政府可以根据大气环境质量状况和机动车污染物排放程度，划定并公布禁止或者限制机动车行驶的区域、时段和车型以及禁止使用高排放非道路移动机械的区域，设置显著警示标志，向社会公告。

在市人民政府划定的禁行、禁用区域，禁止驶入高排放车辆或者使用高排放非道路移动机械。

第三十条 超标排放机动车不得上路行驶。市生态环境主管部门可以在机动车集中停放地、维修地对在用机动车的大气污染物排放状况进行监督抽测；在不影响正常通行的情况下，可以通过遥感监测等技术手段对在道路上行驶的机动车的大气污染物排放状况进行监督抽测，公安机关交通管理部门予以配合。

超标排放包括排放黑烟等可视污染物或者其他超过排放标准的污染物。

第三十一条 市和区、县（市）人民政府应当建立实施非道路移动机械编码登记制度，依法对需要重点监控的在用非道路移动机械进行登记，并对其大气污染物排放状况进行监督检查。

第三十二条　建设单位应当在招标文件和施工承包合同中明确施工单位防治扬尘污染的责任，将防治扬尘污染的费用列入工程造价。

从事房屋建筑、市政基础设施建设、河道整治以及建筑物拆除等活动的施工单位，应当向负责监督管理扬尘污染防治的主管部门备案，并制定扬尘污染防治实施方案，保证扬尘排放达到国家和省规定的标准。

在城市市区内，主要施工工地出口、物料堆等易产生扬尘的位置，应当按照规定安装视频监控设施。

第三十三条　建筑工程施工应当遵守下列防尘规定：

（一）施工工地出入口应当公示施工扬尘防治措施、负责人、投诉举报电话等信息。

（二）施工工地周围应当按照有关规定设置连续、密闭的围挡。

（三）施工工地地面、车行道路应当进行硬化等降尘处理。

（四）易产生扬尘的土方工程等施工时，应当采取洒水等抑尘措施。

（五）建筑垃圾、工程渣土等在四十八小时内未能清运的，应当在施工工地内设置临时堆放场并采取围挡、遮盖等防尘措施。

（六）运输车辆在除泥、冲洗干净后方可驶出施工工地，不得使用空气压缩机等易产生扬尘的设备清理车辆、设备和物料的尘埃。

（七）需使用混凝土的，应当使用预拌混凝土或者进行密闭搅拌并采取相应的扬尘防治措施，禁止现场露天搅拌。

（八）对工程材料、砂石、土方等易产生扬尘的物料应当密闭处理；在施工工地内堆放的，应当采取覆盖防尘网或者防尘布，定期采取喷洒粉尘抑制剂、洒水等措施。

（九）在建筑物、构筑物上运送散装物料、建筑垃圾和渣土的，应当采用密闭方式清运，禁止高空抛掷、扬撒。

第三十四条　道路与管线施工，除遵守本条例第三十三条的规定外，还应当遵守下列防尘规定：

（一）施工机械在挖土、装土、堆土、路面切割、破碎等作业时，应当采取洒水等措施；

（二）对已回填后的沟槽，应当采取洒水、覆盖等措施；

（三）使用风钻挖掘地面或者清扫施工现场时，应当向地面洒水。

第三十五条　绿化建设和养护作业应当遵守下列防尘规定：

（一）在大风、霾等扬尘污染天气预警期间，应当停止平整土地、换土、原土过筛等作业。

（二）行道树栽植时，所挖树穴在四十八小时内不能栽植的，对树穴和栽种土应当采取覆盖等防尘措施。行道树栽植后，应当当天完成余土及其他物料清运；不能完成清运的，应当进行遮盖。

（三）三千平方米以上的成片绿化建设作业，应当在绿化用地周围设置不低于1.8米的硬质密闭围挡，在施工工地内设置车辆清洗设施以及配套的排水、泥浆沉淀设施；运输车辆应当在除泥、冲洗干净后方可驶出施工工地。

第三十六条　装卸、运输可能产生扬尘污染的散装、流体物料的车辆，应当采取密闭或者其他措施防止物料遗撒，并按照规定的时间、路线行驶，清运到指定场所处理。

在人口集中地区存放煤炭、煤矸石、煤渣、煤灰、砂石和灰土等物料，应当采取封闭储存或者覆盖等防尘措施，防止扬尘污染。

第三十七条　裸露地面应当按照下列规定进行绿化或者透水铺装：

（一）待开发的建设用地，由责任单位或者建设单位负责对裸露地面进行覆盖；超过三个月的，应当进行临时绿化或者透水铺装。

（二）市政道路以及河道沿线、公共绿地的裸露地面，分别由市政、水务、园林等主管部门按照规划进行绿化或者透水铺装。

（三）其他裸露地面由使用权人或者管理单位负责进行绿化或者透水铺装，并采取防尘措施。

第三十八条　在划定的禁烧区域和时段内，禁止露天焚烧秸秆、枯草、落叶等物质。

禁止露天焚烧沥青、油毡、橡胶、塑料、垃圾、皮革、电子废弃物等产生有毒有害烟尘和恶臭气体的物质。

乡（镇）人民政府、街道办事处应当组织巡查，发现露天焚烧行为后及时制止，并按照网格化管理的要求向有关部门报告。

第三十九条 排放油烟的餐饮服务业经营者和单位食堂应当安装和使用油烟净化设施，并定期对油烟净化设施进行清洗维护，保持正常运行，排放的油烟、烟尘等污染物不得超过规定的标准。

排放油烟的餐饮服务业经营者和单位食堂应当将油烟通过专用烟道达标排放，不得将油烟通过私挖地沟、下水管道等方式排放，防止对附近居民的生活环境造成污染。

市生态环境主管部门应当对餐饮服务业经营场所的油烟排放状况进行监督检查。

第四十条 市和区、县（市）人民政府应当合理布局餐饮服务业。禁止在居民住宅楼、未配套设立专用烟道的商住综合楼以及商住综合楼内与居住层相邻的商业楼层内新建、改建、扩建产生油烟、异味、废气的餐饮服务项目。

第四十一条 市人民政府应当根据大气污染防治的需要划定露天烧烤区域和时段并向社会公布；任何单位和个人不得在禁止区域内为露天烧烤食品提供场地。在禁止区域外露天烧烤食品的餐饮服务业经营者，应当采取油烟净化措施。

第四十二条 从事畜禽养殖生产经营活动的单位和个人，应当按照国家有关规定采取措施对养殖过程中产生的畜禽粪污进行无害化处理和资源化利用，防止排放恶臭气体。

从事屠宰生产经营活动的单位和个人，应当采取有效措施，防止周边环境受到污染。

第四十三条 建筑装饰装修行业应当推广使用符合环境标志产品技术要求的建筑涂料及产品，减少挥发性有机物排放。

鼓励民用建筑内外墙体涂料使用水性涂料，倡导家庭装修使用水性涂料。

汽车维修企业不得违法从事露天喷涂、补漆等产生挥发性有机物污染的作业。

第四章 重污染天气应对

第四十四条 市人民政府应当依据重污染天气预报信息，确定预警等级，并及时通过报纸、广播、电视、政府网站等主流媒体发出预警；预警情形消失后，应当在主流媒体发出解除预警信息。

市生态环境主管部门应当会同气象等有关部门，建立重污染天气监测预警机制和会商机制，对大气环境质量进行预报，可能发生重污染天气情况时，应当及时向本级人民政府报告。

任何单位和个人不得擅自向社会发布重污染天气预报预警信息。

第四十五条 市和区、县（市）人民政府应当将重污染天气应急响应纳入突发事件应急管理体系，制定重污染天气应急预案，建立防范和应急处理机制。

市和区、县（市）人民政府应当根据不同污染预警等级，及时启动应急预案，向社会发布预警信息、公众健康提示，并采取下列相应的应急措施：

（一）责令有关企业立即停产或者限产、限排；

（二）规定限制部分机动车行驶的区域和时段；

（三）禁止燃放烟花爆竹；

（四）禁止露天焚烧秸秆、落叶；

（五）停止工地土石方作业和建筑物拆除施工；

（六）停止露天烧烤食品；

（七）停止幼儿园和学校组织的户外活动；

（八）组织开展人工影响天气作业等应急措施；

（九）国家和省规定的其他应急措施。

有关企业事业单位应当根据重污染天气应急预案的要求编制重污染天气应急响应操作方案，并按照规定执行相应的应急措施。

第四十六条 市生态环境主管部门应当按照市人民政府的统一要求，将大气突发环境事件风险评估纳入本市行政区域突发环境事件风险评估工作体系，适时分析可能发生的大气突发环境事件，提高区域环境风险防范能力。

第四十七条 市人民政府应当根据省人民政府的有关规定，积极推进大气污染联防联控协调机制，定期协商区域内大气污染防治重大事项，强化区域内合作，建立环境质量信息公开制度和区域内环境质量信息共享机制。

第五章 法律责任

第四十八条 违反本条例规定，有下列行为之一的，由市生态环境主管部门责令改正或者限制生产、停产整治，并处十万元以上一百万元以下的罚款;情节严重的，报经有批准权的人民政府批准，责令停业、关闭：

（一）未依法取得排污许可证排放大气污染物的；

（二）超过大气污染物排放标准或者超过重点大气污染物排放总量控制指标排放大气污染物的;

（三）通过逃避监管的方式排放大气污染物的。

第四十九条 违反本条例规定，在禁燃区内销售高污染燃料的，由市场监督管理部门责令改正，没收原材料、产品和违法所得，并处货值金额一倍以上三倍以下的罚款；在禁燃区内燃用高污染燃料，或者在禁燃区内新建、扩建燃用高污染燃料设施的，由市生态环境主管部门没收燃用高污染燃料的设施，并处二万元以上二十万元以下的罚款。

第五十条 违反本条例规定，未采取措施防止排放恶臭气体的，由市生态环境主管部门责令改正，处一万元以上十万元以下的罚款；拒不改正的，责令停工整治或者停业整治。

第五十一条 违反本条例规定，在禁止使用高排放非道路移动机械的区域使用高排放非道路移动机械的，由市生态环境等主管部门依法予以处罚。

第五十二条 违反本条例规定，建筑工程施工、道路与管线施工、绿化建设和养护作业未采取相应防尘措施的，由城乡建设等相关职能部门责令改正，处一万元罚款；情节较重的，处五万元罚款；情节严重的，处十万元罚款；逾期不改正的，责令停工整治。

第五十三条 违反本条例规定，未采取密闭或者其他措施防止物料遗撒的，由城市管理行政执法主管部门责令改正，处二千元以上二万元以下的罚款；拒不改正的，公安机关交通管理部门禁止车辆上路行驶。

第五十四条 违反本条例规定，在划定的禁烧区域和时段内，露天焚烧秸秆的，由市生态环境主管部门责令改正，并可以处五百元以上二千元以下的罚款；露天焚烧枯草、落叶等产生烟尘污染物质的，由城市管理行政执法主管部门责令改正，并可以处五百元以上二千元以下的罚款。

违反本条例规定，露天焚烧产生有毒有害烟尘和恶臭气体物质的，由城市管理行政执法主管部门或者市生态环境主管部门责令改正，对单位处一万元以上十万元以下的罚款，对个人处五百元以上二千元以下的罚款。

第五十五条 违反本条例规定，餐饮服务业经营者和单位食堂将油烟排入私挖地沟、下水管道的，由市生态环境主管部门责令改正，处二万元罚款；情节严重的，处五万元罚款；逾期不改正的，责令停业整治。

第五十六条 违反本条例规定，在禁止区域内露天烧烤食品或者为露天烧烤食品提供场地的，由城市管理行政执法主管部门责令改正，没收烧烤工具和违法所得，并处五百元以上二万元以下的罚款。

违反本条例规定，在禁止区域外露天烧烤食品的餐饮服务业经营者未采取油烟净化措施的，由市生态环境主管部门责令限期改正，没收烧烤工具和违法所得，处五千元罚款；情节严重的，处二万元罚款；逾期不改正的，责令停业整治。

第五十七条 违反本条例规定，因排放大气污染物造成损害的，应当依法承担侵权责任；构成犯罪的，依法追究刑事责任。

第五十八条 市和区、县（市）人民政府，市生态环境主管部门和其他负有大气环境保护监督管理职责的部门，有下列情形之一的，由上级主管机关或者监察机关责令改正，对直接负责的主管人员和其他直接责任人员依法给予处分；构成犯罪的，依法追究刑事责任：

（一）未按照规定制定、实施大气环境质量限期达标规划的；

（二）违反规定核发排污许可证的；

（三）应当依法公开大气环境信息而未公开的；

（四）对大气环境违法行为包庇的；

（五）对重大大气环境违法案件或者突出的大气污染问题查处不力，导致严重后果的；

（六）对举报不及时处理或者泄露举报人相关信息的；

（七）应当移送公安机关立案侦查的大气污染案件不移送的；

（八）其他滥用职权、玩忽职守、徇私舞弊的。

第五十九条 违反本条例规定的其他行为，法律、法规已有法律责任规定的，从其规定。

第六章 附则

第六十条 本条例自2020年1月1日起施行。

沈阳市烟花爆竹安全管理规定

第一条 为了加强烟花爆竹安全管理，减少燃放烟花爆竹对大气环境的危害，保障公共安全和人身、财产安全，维护社会公共安全秩序，根据《烟花爆竹安全管理条例》和有关法律、法规的规定，结合本市实际，制定本规定。

第二条 在本市行政区域内从事烟花爆竹经营（含储存）、运输、燃放的，适用本规定。

第三条 本规定由市和区、县（市）人民政府组织实施。应急管理部门是本市烟花爆竹安全管理的行政主管部门，负责烟花爆竹的安全监督管理工作；公安机关负责运输、燃放烟花爆竹的公共安全管理工作；市场监督管理部门负责烟花爆竹的产品质量监督。

市和区、县（市）人民政府应当建立烟花爆竹安全管理协调工作机制，应急管理、公安、生态环境、房产、市场监管、交通运输、城市管理等部门和社会文教、宣传及公共事业管理的单位，按照职责分工，各负其责。

第四条 机关、团体、企事业单位和其他组织，社区居民委员会、村民委员会，应当开展依法、文明、安全燃放烟花爆竹的宣传教育活动。

中小学校应当对学生进行安全燃放烟花爆竹的教育。

报刊、广播、电视、网络等媒体，应当做好烟花爆竹安全管理的宣传教育工作。

第五条 市和区、县（市）人民政府对举报违法生产、经营、储存、运输、燃放烟花爆竹的案件，经查证属实的，应当给予举报人奖励，具体办法由市应急管理部门制定。

第六条 本市对生产、经营（含储存）、运输烟花爆竹和举办焰火晚会及其他大型焰火燃放活动，依法实行许可证制度。

第七条 本市下列区域禁止经营、储存、运输和燃放烟花爆竹（以下简称“禁止区域”），经市人民政府批准的重要节日、重大庆典等活动除外：

（一）本市三环绕城高速公路环线以内区域（含绕城高速公路）；

（二）大东区四环路以内行政区域；

（三）浑南区沈丹高速公路以西、四环路以内的行政区域；

（四）沈北新区京哈高速公路以西、四环路以内的行政区域。

空气重污染橙色和红色预警期间本市行政区域内禁止燃放烟花爆竹。

第八条 禁止在下列地点和区域销售、燃放烟花爆竹：

（一）文物保护单位、博物馆、档案馆安全保护区内；

（二）重要军事设施；

（三）广播电台、电视台、报社等新闻单位；

（四）电信、邮政、金融单位；

（五）大型能源动力设施，水利设施，水、电、燃气、热力供应设施及输变电设施安全保护区内；

（六）火车站、客（货）运站、机场、地铁站、主次干道的机动车道、桥梁（含立交桥、过街天桥）、隧道等交通枢纽以及铁路线路安全保护区内；

（七）生产、销售、储存易燃易爆物品的场所以及周边距离100米范围内；

（八）医疗机构、幼儿园、中小学校、敬老院、教学科研单位、大型文化体育场所、集贸市场、商场、超市、影（剧）院、商业步行街等人员密集的公共场所；

（九）10层以上或者高于24米的建筑物周边距离10米范围内；

（十）实行物业管理的小区，在物业企业划定燃放区域以外；尚未实行物业管理区域，在街道办事处指定社区居民委员会划定燃放区域以外；

（十一）城市绿地；

（十二）山林等重点防火区；

（十三）区、县（市）人民政府规定的禁止燃放烟花爆竹的其他地点。

规定禁止燃放烟花爆竹的地点及周边具体范围，由产权单位或者管理部门设置明显的禁止燃放烟花爆竹警示标志，并负责管护。

第九条 重大庆典活动和重要节日举办的焰火晚会及其他大型焰火燃放活动，主办单位应当按照分级管理的规定，向公安机关提出申请，受理申请的公安机关应当自受理申请之日起5日内对提交的有关材料进行审查，对符合条件的，核发焰火燃放许可证，并由主办单位负责向社会发布公告。

第十条 燃放烟花爆竹的单位和个人，燃放时应当按照燃放说明正确、安全燃放。不得在居民棚户区、居民楼的阳台、窗户、楼道、屋顶燃放烟花爆竹；不得向行人、车辆、建筑物投掷燃放烟花爆竹；不得妨碍行人、车辆安全通行。

14周岁以下未成年人燃放烟花爆竹的，由监护人或者成年近亲属陪同看护。

第十一条 从事烟花爆竹的批发企业、零售经营者，应当依法办理相关手续，取得烟花爆竹经营许可证后，方可从事烟花爆竹经营活动。

第十二条 烟花爆竹批发企业销售烟花爆竹应当符合国家和行业规定的质量标准，产品包装应当符合国家有关标准要求。

第十三条 烟花爆竹批发企业，不得向从事烟花爆竹零售经营者供应国家标准规定的规格和品种以外的烟花爆竹产品；从事烟花爆竹零售经营者应当到本地取得烟花爆竹经营（批发）许可证的批发企业采购烟花爆竹，不得销售国家标准规定以外的烟花爆竹产品。

第十四条 烟花爆竹批发企业和零售店，应当按照保障安全、总量控制、统一规划、合理布局的原则设置，严格控制禁止区域以外烟花爆竹零售店数量，全市禁止设置烟花爆竹临时零售点。烟花爆竹储存仓库的设置，应当符合国家有关法规规范标准。

第十五条 设置烟花爆竹零售店，应当符合有关规定，不得存在“下店上宅”“前店后宅”等形式以及与办公楼、居民居住场所设置在同一建筑物内的零售店。春节期间零售店实行专人看护、专店销售。乡村长期零售店在淡季实行专柜销售时，安排专人销售，专柜相对独立，并与其他柜台保持一定的距离，保证安全通道畅通，零售店的面积不小于10平方米，每个零售店的最大储量（总药量）不得超过300千克，并配备消防器材，设置明显的安全警示标志。

第十六条 取得烟花爆竹经营（批发）许可证的批发企业从外埠购货时，凭订货合同到公安机关办理烟花爆竹道路运输许可证，方可从事烟花爆竹运输活动。

按照就近的原则，批发企业应当向零售经营者提供烟花爆竹配送服务，零售经营者应当接受批发企业配送服务、不得到批发企业自行提取烟花爆竹。

批发企业运输（配送）烟花爆竹的车辆，须向交通运输主管部门提交危险货物运输车辆的运输证明，到公安机关办理烟花爆竹道路运输相关手续。运输烟花爆竹车辆上路行驶应当派专人押运，并悬挂危险物品标志。

经由道路跨县（市）运输烟花爆竹的，由运往地县（市）级公安机关开具烟花爆竹道路运输许可证。

第十七条 禁止携带烟花爆竹搭乘公共交通工具和进入车站、影剧院等人员密集的公共场所；禁止邮寄烟花爆竹；禁止在托运的行李、包裹、邮件中夹带烟花爆竹。

第十八条 烟花爆竹批发企业和零售经营者应当遵守安全管理规定，在销售场所明显位置悬挂经营许可证，并按照经营许可证规定的许可范围、时间和地点储存、销售烟花爆竹；批发企业应当使用烟花爆竹流向管理信息系统、零售经营者应当建立零售台账，如实记录烟花爆竹流向。

除依法经营、储存、运输烟花爆竹的单位和个人外，其他单位和个人不得存放重量超过10公斤的烟花爆竹。

第十九条 对未经许可生产、经营烟花爆竹制品，或者向未取得烟花爆竹安全生产许可的单位或者个人销售黑火药、烟火药、引火线的，由应急管理部门责令停止非法生产、经营活动，处2万元以上10万元以下的罚款，并没收非法生产、经营的物品及违法所得。

非法生产、经营、运输烟花爆竹，构成违反治安管理行为的，依法给予治安管理处罚；构成犯罪的，依法追究刑事责任。

第二十条 对未经许可举办焰火晚会以及其他大型焰火燃放活动，或者焰火晚会以及其他大型焰火燃放活动燃放作业单位和作业人员违反焰火燃放安全规程、燃放作业方案进行燃放作业的，由公安机关责令停止燃放，对责任单位处1万元以上5万元以下的罚款。

第二十一条 在禁止燃放烟花爆竹的时间、地点和区域燃放烟花爆竹，或者以危害公共安全和人身、财产安全的方式燃放烟花爆竹的，由公安机关责令停止燃放，处100元以上500元以下的罚款；构成违反治安管理行为的，依法给予治安管理处罚。

第二十二条 从事烟花爆竹批发的企业向从事烟花爆竹零售的经营者供应非法生产、经营的烟花爆竹，或者供应按照国家标准规定应由专业燃放人员燃放的烟花爆竹的，由应急管理部门责令停止违法行为，处2万元以上10万元以下的罚款，并没收非法经营的物品及违法所得；情节严重的，吊销烟花爆竹经营许可证。

从事烟花爆竹零售的经营者销售非法生产、经营的烟花爆竹，或者销售按照国家标准规定应由专业燃放人员燃放的烟花爆竹的，由应急管理部门责令停止违法行为，处1000元以上5000元以下的罚款，并没收非法经营的物品及违法所得；情节严重的，吊销烟花爆竹经营许可证。

第二十三条　对未经许可经由道路运输烟花爆竹的，由公安机关责令停止非法运输活动，处1万元以上5万元以下的罚款，并没收非法运输的物品及违法所得。

第二十四条　经由道路运输烟花爆竹，有下列行为之一的，由公安机关责令改正，处200元以上2000元以下的罚款：

（一）违反运输许可事项的；

（二）未随车携带烟花爆竹道路运输许可证的；

（三）运输车辆没有悬挂或者安装符合国家标准的易燃易爆危险物品警示标志的；

（四）烟花爆竹的装载不符合国家有关标准和规范的；

（五）装载烟花爆竹的车厢载人的；

（六）超过危险物品运输车辆规定时速行驶的；

（七）运输车辆途中经停没有专人看守的；

（八）法律、法规规定的其他行为。

第二十五条　对携带烟花爆竹搭乘公共交通工具，或者邮寄烟花爆竹以及在托运的行李、包裹、邮件中夹带烟花爆竹的，由公安机关没收非法携带、邮寄、夹带的烟花爆竹，可以并处200元以上1000元以下的罚款。

第二十六条　行政执法人员在烟花爆竹安全监督管理工作中滥用职权、玩忽职守、徇私舞弊的，给予政务处分；构成犯罪的，依法追究刑事责任。

第二十七条　本规定自2020年3月1日起施行。原《沈阳市烟花爆竹安全管理规定》（沈政令〔2018〕71号）同时废止。

附　录

沈阳市国民经济和社会发展主要指标（2014—2019）

表43

指标	单位	2014年	2015年	2016年	2017年	2018年	2019年
常住人口	万人	828.7	829.1	829.2	829.4	831.6	832.2
年末总人口（户籍人口）	万人	730.8	730.4	734.4	737.0	746.0	756.4
城镇非私营单位从业人员年末人数	万人	153.7	146.7	129.3	121.1	118.2	119.6
地区生产总值	亿元	7102.6	7269.2	5525.7	5784.7	6101.9	6470.3
#工业	亿元	3230.9	3143.3	1746.0	1756.0	—	—
第一产业	亿元	239.3	259.3	246.4	249.6	260.1	284.0
第二产业	亿元	3610.9	3528.6	2151.6	2194.2	2085.5	2178.6
第三产业	亿元	3252.4	3481.3	3127.7	3340.9	3756.3	4007.6
人均地区生产总值	元	85864	87697	66663	69754	73473	77777
规模以上工业总产值	亿元	13759.1	9239.3	5337.2	5272.7	5746.1	5347.3
#高新技术产品产值	亿元	5757.4	3362.5	2446.1	2648.0	2948.0	3033.6
规模以上工业增加值	亿元	3614.9	2620.7	1208.3	1276.4	1348.0	1380.5
固定资产投资	亿元	6564.1	5326.0	1631.6	1484.0	—	—

续表43

指标	单位	2014年	2015年	2016年	2017年	2018年	2019年
社会消费品零售总额	亿元	3570.1	3883.2	3985.9	3989.8	4051.2	4479.6
进出口总额	亿美元	158.0	140.8	113.3	128.5	149.5	155.6
#出口总额	亿美元	71.4	67.9	42.5	46.9	52.0	45.9
进出口总额	亿元		874.3	748.6	867.6	984.3	1072.8
#出口总额	亿元		419.9	280.1	317.7	342.1	315.9
实际利用外资	亿美元	22.7	10.6	8.2	10.1	14.3	16.5
金融机构本外币存款余额	亿元	12458.0	14035.4	14446.3	15752.9	17746.2	18869.5
#人民币存款余额	亿元	12309.6	13867.9	14242.8	15559.2	17553.6	18691.3
金融机构本外币贷款余额	亿元	10267.2	11581.0	12798.2	13160.6	14911.6	16811.9
#人民币贷款余额	亿元	10026.9	11343.8	12569.6	12952.5	14726.8	16619.2
一般公共预算收入	亿元	785.5	606.2	620.9	656.2	720.6	730.3
一般公共预算支出	亿元	914.4	808.6	825.4	855.0	965.4	1048.2
城镇居民人均可支配收入	元	31720	36643	38995	41359	44054	46786
农村居民人均可支配收入	元	15945	13486	14385	15461	16530	18124
居民消费价格指数	%	102.2	101.2	101.7	101.4	103.0	102.4
全社会用电量	亿千瓦时	296.3	307.2	325.6	338.6	357.4	366.1
货运总量	万吨	23489	21362	22069	22889	23491	19388
客运总量	万人次	25397	20643	20636	20320	20141	19848
一般公共预算收入	亿元	785.5	606.2	620.9	656.2	720.6	730.3
一般公共预算支出	亿元	914.4	808.6	825.4	855.0	965.4	1048.2
金融机构本外币存款余额	亿元	12458.0	14035.4	14446.3	15752.9	17746.2	18869.5
金融机构本外币贷款余额	亿元	10267.2	11581.0	12798.2	13160.6	14911.6	16811.9
在校学生总数	万人	112.1	113.3	113.4	114.4	116.0	121.3
#高等教育院校	万人	40.0	40.4	40.4	39.8	39.1	42.4
中专	万人	5.1	5.7	5.2	5.6	5.5	4.7
普通中学	万人	27.5	26.7	26.7	27.1	27.9	29.1

续表43

指标	单位	2014年	2015年	2016年	2017年	2018年	2019年
各种卫生机构床位数	万张	5.6	5.9	6.4	6.9	7.0	7.2
执业（助理）医师数	万人	2.4	2.5	2.7	2.8	3.0	3.2
居民消费价格指数	%	102.2	101.2	101.7	101.4	103.0	102.4
商品零售价格总指数	%	101.3	100.0	100.6	101.0	101.7	101.4

沈阳市国民经济和社会发展结构（2014—2019）

表44　　单位：%

指标	2014年	2015年	2016年	2017年	2018年	2019年
人口结构						
男性	49.6	49.5	49.4	49.3	49.3	49.2
女性	50.4	50.5	50.6	50.7	50.7	50.8
地区生产总值结构						
#工业	45.5	43.2	31.6	30.4	—	—
第一产业	3.4	3.6	4.5	4.3	4.3	4.4
第二产业	50.8	48.5	38.9	37.9	34.2	33.7
第三产业	45.8	47.9	56.6	57.8	61.5	61.9
规模以上工业总产值结构						
轻工业	25.3	23.9	18.6	17.0	19.5	21.6
重工业	74.7	76.1	81.4	83.0	80.5	78.4
固定资产投资结构						
#房地产开发	30.1	25.1	43.5	54.9	58.2	60.6
第一产业	1.6	1.2	0.8	1.4	1.1	1.4
第二产业	38.6	39.7	26.7	20.6	18.0	18.5
第三产业	59.9	59.1	72.5	78.0	80.8	80.1
农林牧渔业总产值结构						
农业	43.7	43.5	45.6	46.4	46.5	46.5

续表44

指标	2014年	2015年	2016年	2017年	2018年	2019年
林业	1.9	1.9	1.8	1.9	1.8	1.6
牧业	45.8	46.1	43.2	42.2	42.2	42.8
渔业	4.4	4.2	4.7	4.9	4.8	4.6
农林牧渔服务业	4.2	4.4	4.6	4.7	4.7	4.5

沈阳市农业基本情况（2014—2019）

表45

指标	单位	2014年	2015年	2016年	2017年	2018年	2019年
农林牧渔业产值	亿元	483.8	523.6	498.5	504.8	525.9	572.7
农业	亿元	211.3	227.5	227.6	234.1	244.2	266.4
林业	亿元	9.2	9.7	9.1	9.4	9.6	9.4
牧业	亿元	221.6	241.2	215.6	213.0	222.0	245.0
渔业	亿元	21.2	22.2	23.6	24.8	25.3	26.1
农林牧渔服务业	亿元	20.5	23.0	22.7	23.5	24.7	25.9
农林牧渔业总产值指数（上年=100）	%	103.8	103.7	98.2	103.5	103.2	103.5
乡村从业人员	万人	140.7	141.3	141.0	140.8	141.1	134.1
农作物总播种面积	万公顷	64.8	65.2	67.0	67.0	67.8	68.0
粮食总产量	万吨	338.7	369.2	381.8	382.3	369.1	418.3
粮食单位面积产量	（千克／公顷）	6740	6919	7036	7034	6744	7661
蔬菜总产量	万吨	312	317	329.5	348.1	362.0	373.5

沈阳市规模以上工业企业经济指标（2014—2019）

表46

单位：亿元、%

指标	2014年	2015年	2016年	2017年	2018年	2019年
企业单位数（个）	3635	3284	2371	1379	1416	1475
#亏损企业	240	353	371	351	370	392

续表46

指标	2014年	2015年	2016年	2017年	2018年	2019年
工业增加值	3614.9	2620.7	1208.3	1276.4	1348.0	1380.5
资产合计	8371.3	8393.8	8200.6	8274.9	8634.4	7773.8
流动资产	3836.2	4056.9	4292.3	4782.7	5029.9	4300.3
营业收入	13596.1	9181.3	5484.6	5352.1	5685.7	5456.6
税金及附加	165.2	138.4	120.1	126.7	142.9	153.6
利润总额	747.1	446.6	274.6	312.9	338.1	310.4
亏损企业亏损额	44.4	76.1	90.1	88.6	92.9	143.0
利税总额	1173.3	751.0	540.5	588.3	649.8	595.9
指数（上年为100）						
企业单位数	93.2	90.3	72.2	—	—	—
#亏损企业	94.9	147.1	105.1	—	—	—
工业增加值	104.9	97.1	80.3	102.8	107.6	102.8
资产合计	102.7	100.3	97.7	100.9	104.3	90.0
流动资产	102.4	105.8	105.8	111.4	105.2	85.5
营业收入	101.3	67.5	59.7	97.6	106.2	96.0
税金及附加	102.2	83.8	86.8	105.5	112.8	107.5
利润总额	96.7	59.8	61.5	113.9	108.1	91.8
亏损企业亏损额	112.7	171.4	118.4	98.3	104.5	154.4
利税总额	97.0	64.0	72.0	108.8	110.5	91.7

沈阳市房地产开发投资情况（2014—2019）

表47　　单位：亿元

指标	2014年	2015年	2016年	2017年	2018年	2019年
本年完成投资	1975.8	1337.7	709.7	814.2	996.7	1174.8
住宅	1416.3	935	490.4	620.5	775.1	956.2
办公楼	71.5	43.2	32.0	27.2	6.9	11.7
商业营业用房	399.1	289.0	125.8	104.1	102.8	111.2

沈阳市建筑业企业主要经济指标（2014—2019）

表48

指标	2014年	2015年	2016年	2017年	2018年	2019年
建筑业总产值（亿元）	2022.1	1601.1	1395.9	1339.7	1430.2	1445.5
房屋施工面积（万平方米）	12738.4	9928.8	8781.1	7318.5	6808.0	7976.5
房屋竣工面积（万平米）	3103.3	2342.8	1881.0	1465.8	1520.0	1652.6
竣工率（%）	24.4	23.6	21.4	20.0	22.3	20.7

沈阳市国有建筑安装企业主要经济指标（2014—2019）

表49

指标	2014年	2015年	2016年	2017年	2018年	2019年
建筑业总产值（亿元）	104.6	73.7	77.8	64.5	24.7	23.4
房屋施工面积（万平方米）	550.6	306.6	156.9	180.8	173.8	102.3
房屋竣工面积（万平方米）	198.5	110.7	85.8	55.0	60.0	52.3
竣工率（%）	36.1	36.1	54.7	30.4	34.5	51.2

沈阳市对外及港澳台经济贸易发展情况（2011—2019）

表50

年份	进出口总额（亿美元）	新签订协议（合同）		对外承包工程与劳务合作合同额（亿美元）	派出人数（人）
		项目（个）	外资额（亿美元）		
2011	106.2	221	54.2	14.7	23237
2012	127.4	158	29.9	19.4	11023
2013	143.3	155	27.3	15.2	4211
2014	158.0	145	25.9	11.4	4106
2015	140.8	137	19.3	16.6	4738
2016	113.3	132	6.8	12.7	5079
2017	128.4	178	105.8	9.4	4764
2018	149.5	162	36.6	12.9	4342
2019	155.6	218	16.6	24.2	4379

沈阳市旅游事业发展情况（2014—2019）

表51

指 标	单位	2014年	2015年	2016年	2017年	2018年	2019年
接待旅游者人数	万人次	8305.6	9219.2	6401.7	7234.5	8257.2	9510.0
接待国内旅游者人数	万人次	8246.6	9154.2	6333	7165.0	8175.6	9424.4
接待境外旅游者人数	万人次	59.1	65	68.7	69.5	81.9	85.6
旅游总收入	亿元	1065.6	1221.2	583.7	660.0	759.0	875.0

沈阳市人口基本情况（2014—2019）

表52

指标	2014年	2015年	2016年	2017年	2018年	2019年
总户数（万户）	**263**	**265.2**	**268.4**	**272.2**	**279.4**	**285.9**
市　区	**192.9**	**195.4**	**217.5**	**221.6**	**229.1**	**235.7**
和平区	23.1	23.7	24.3	25.3	27.0	27.9
沈河区	26.3	26.4	26.5	26.9	27.4	27.9
大东区	25.7	25.7	25.7	25.6	25.6	25.7
皇姑区	29.2	29.5	30	30.5	31.4	32.1
铁西区	33.7	34.1	34.5	34.8	36.6	39.0
苏家屯区	16	16	16	16	16.1	16.3
浑南区	11.7	12.1	12.8	13.8	15.5	17.0
沈北新区	11.3	11.4	11.5	11.7	12.0	12.6
于洪区	16	16.6	17.2	18.1	18.6	18.5
辽中区	19.2	19	19	18.9	18.8	18.7
市辖县（市）	**70**	**69.7**	**50.9**	**50.6**	**50.3**	**50.2**
新民市	25	24.8	24.9	24.8	24.6	24.5
康平县	12	12	12.1	12.1	12.1	12.0
法库县	13.8	13.8	13.8	13.7	13.7	13.6
总人口数（万人）	**730.8**	**730.4**	**734.4**	**737**	**746.0**	**756.4**
市　区	**528.4**	**529.9**	**586.5**	**591.1**	**601.4**	**612.6**

续表52

指标	2014年	2015年	2016年	2017年	2018年	2019年
和平区	64.5	65.2	66.3	68.1	72.0	74.4
沈河区	71.6	71.2	71	71.2	71.4	72.0
铁西区	90.7	90.9	91.1	90.9	93.9	63.8
皇姑区	81.7	81.8	82.4	83	83.8	84.6
大东区	69	68.2	67.3	66	64.6	98.7
苏家屯区	42.9	42.7	42.7	42.5	42.4	42.5
浑南区	32.4	33.4	35	37.2	40.9	44.6
沈北新区	32	32	35	32.4	33.0	34.3
于洪区	43.5	44.6	46.1	47.9	47.9	46.9
辽中区	53.3	52.6	52.3	51.9	51.4	51.0
市辖县（市）	**202.4**	**200.5**	**147.9**	**145.9**	**144.6**	**143.8**
新民市	69.1	68.3	68.1	67.5	66.6	66.1
康平县	35.2	34.9	35	34.4	34.2	34.1
法库县	44.8	44.8	44.8	44	43.8	43.6
男　性	**362.2**	**361.4**	**362.8**	**363.5**	**367.4**	**372.0**
女　性	**368.6**	**369**	**371.5**	**373.4**	**378.6**	**384.4**
出生人口（万人）	**7.2**	**4.9**	**6.9**	**6.5**	**5.9**	**6.3**
出生率（‰）	**9.87**	**6.7**	**9.48**	**8.79**	**8.00**	**8.35**
死亡人口（万人）	**5.8**	**6.1**	**6.1**	**8.3**	**6.4**	**6.2**
死亡率（‰）	**7.93**	**8.28**	**8.3**	**11.31**	**8.61**	**8.31**
自然增长率（‰）	**1.94**	**−1.58**	**1.18**	**−2.53**	**−0.61**	**0.04**
迁入人口（万人）	**5.4**	**4.8**	**5.8**	**7.4**	**13.4**	**13.8**
迁出人口（万人）	**3.1**	**3.7**	**2.7**	**2.9**	**3.7**	**3.5**
人均预期寿命（岁）	**80**	**79.9**	**80.07**	**80.25**	**80.37**	**80.85**

副省级城市及直辖市主要经济指标（2019）（一）

表53

城市	地区生产总值（亿元）	第一产业（亿元）	第二产业（亿元）	第三产业（亿元）	地区生产总值增速（%）	第一产业增速（%）	第二产业增速（%）	第三产业增速（%）	规模以上工业增加值增速（±%）
沈阳	6470.3	284.0	2178.6	4007.6	4.2	3.8	2.4	5.2	2.8
大连	7001.7	458.5	2799.8	3743.3	6.5	3.0	11.9	2.9	16.1
长春	5904.1	348.1	2495.4	3060.6	3.0	2.1	5.3	1.0	6.2
哈尔滨	5249.4	569.5	1127.3	3552.6	4.4	2.6	3.1	5.2	2.5
南京	14030.2	289.8	5040.9	8699.5	7.8	0.7	6.7	8.6	7.0
杭州	15373.0	326.0	4875.0	10172.0	6.8	1.9	5.0	8.0	5.1
宁波	11985.1	322.3	5782.9	5879.9	6.8	2.3	6.2	7.9	6.4
厦门	5995.0	26.5	2494.0	3474.6	7.9	0.7	9.7	6.6	8.6
济南	9443.4	343.1	3265.2	5835.1	7.0	1.3	7.8	7.0	4.2
青岛	11741.3	410.0	4182.8	7148.6	6.5	1.6	4.7	8.0	0.6
武汉	16223.0	379.0	5988.9	9855.3	7.4	3.0	6.5	8.2	4.4
广州	23628.6	251.4	6454.0	16923.2	6.8	3.9	5.5	7.5	5.1
深圳	26927.1	25.2	10495.8	16406.1	6.7	5.2	4.9	8.1	4.7
成都	17012.7	612.2	5244.6	11155.9	7.8	2.5	7.0	8.6	7.8
西安	9321.2	279.1	3167.4	5874.6	7.0	4.3	7.6	6.8	6.9
北京	35371.3	113.7	5715.1	29542.5	6.1	−2.5	4.5	6.4	3.1
天津	14104.3	185.2	4969.2	8949.9	4.8	0.2	3.2	5.9	3.4
上海	38155.3	103.9	10299.2	27752.3	6	−5	0.5	8.2	0.4
重庆	23605.8	1551.4	9496.8	12557.5	6.3	3.6	6.4	6.4	6.2

副省级城市及直辖市主要经济指标（2019）（二）

表54

城市	固定资产投资比上年增长（±%）	社会消费品零售额		出口总额		实际利用外资	
		（亿元）	比上年增长（±%）	（亿元）	比上年增长（±%）	（亿元）	比上年增长（±%）
沈阳	13.2	4479.6	10.6	315.9	–7.7	16.5	15.3
大连	–19.8	3948.7	1.8	1914.8	1.2	8.7	–67.5
长春	–19.0	—	3.9	148.6	–2.6	3.3	—
哈尔滨	7.3	—	5.6	119.8	15.7	3.3	—
南京	8.0	6135.7	5.2	3006.9	20.2	41.0	6.4
杭州	11.6	6215.0	8.8	3613.0	5.7	61.3	14.0
宁波	8.1	4473.7	7.7	5969.6	7.6	23.6	19.7
厦门	9.0	1731.9	12.2	3528.7	5.7	33.5	—
济南	12.6	5162.2	8.1	622.5	5.2	22.4	23.8
青岛	21.6	5234.2	8.1	3411.9	7.4	58.4	0.7
武汉	9.8	7449.6	8.9	1363.5	7.2	123.1	12.6
广州	16.5	—	7.8	5258.0	–6.2	71.4	8.1
深圳	18.8	6582.9	6.7	16709.0	2.7	78.1	0.2
成都	10.0	7478.4	9.9	3309.8	20.6	80.4	11.8
西安	1.1	—	6.0	1730.2	–11.6	70.6	11.1
北京	–2.4	12270.1	4.4	5167.8	6.1	142.1	–17.9
天津	13.9	5516.1	–0.3	3017.8	–5.9	47.3	3.0
上海	5.1	13497.2	6.5	13720.9	0.4	190.5	10.1
重庆	5.7	8667.3	8.7	3712.9	9.4	23.7	–27.2

副省级城市及直辖市主要经济指标（2019）（三）

表55

城市	预算收入		预算支出		城镇居民人均可支配收入		农村居民人均可支配收入		住户存款		居民消费价格指数(%)
	（亿元）	比上年增长（±%）	（亿元）	比上年增长（±%）	（元）	比上年增长（±%）	（元）	比上年增长（±%）	（元）	比上年增长（±%）	
沈阳	730.3	1.3	1048.2	8.6	46786	6.2	18124	9.6	8337.6	14.4	102.4
大连	692.8	–1.6	1016.3	1.5	46468	6.7	19974	10.3			102.4
长春	420.0	–12.1	896.0	0.2	37844	7.0	15455	8.6	5889.1	17.8	102.9
哈尔滨	370.9	–3.5	1101.1	14.4	40007	5.8	18238	7.7	6291.8	16.6	102.6
南京	1580.0	7.5	1658.6	8.2	64372	8.5	27636	9.4	8105.9	17.2	103.1
杭州	1966.0	7.7	1953.0	13.7	66068	8.0	36255	9.2			103.1
宁波	1468.5	6.4	1767.9	10.9	64886	7.9	36632	8.9	7475.5	13.9	103.0
厦门	768.3	1.8	914.7	2.5	59018	8.5	24802	10.7	2325.3	8.1	103.0
济南	874.2	7.2	1197.3	7.0	51913	7.3	19454	9.1			103.3
青岛	1241.7	0.8	1576.6	1.1	54484	7.2	22573	8.4	6755.0		103.3
武汉	1564.1	2.3	2237.1	15.9	51706	9.2	24776	9.4	8993.0	14.4	103.2
广州	1697.2	4.0	2865.1	14.3	65052	8.5	28868	10.9	17980.6	12.0	103.0
深圳	3773.2	6.5	4551.0	6.2	62522	8.7			16010.8	19.0	103.4
成都	1483.0	7.9	2006.8	9.2	45878	8.9	24357	10.0	14900.6	13.4	102.8
西安	702.6	2.6	1250.4	8.6	41850	8.1	14588	9.8	9653.3	14.0	102.7
北京	5817.1	0.5			73849	8.6	—	—	38865.0		102.3
天津	2410.3	14.4	3508.7	13.0	46119	7.3	24804	7.5	12639.6	17.6	102.7
上海	7165.1	0.8	8179.3	–2.1	73615	8.2	33195	9.3	33295.4	—	102.5
重庆	2134.9	–5.8	4847.8	6.8	28920	9.6	15133	9.8	17860.4	12.1	102.7

中国共产党沈阳市第十三届委员会第十一次全体会议决议

（2019年11月8日中国共产党沈阳市第十三届委员会第十一次全体会议通过）

中国共产党沈阳市第十三届委员会第十一次全体会议于2019年11月8日召开。

全会由市委常委会主持。会议以习近平新时代中国特色社会主义思想为指导，认真传达学习贯彻党的十九届四中全会精神，深入贯彻习近平总书记在辽宁考察和在深入推进东北振兴座谈会上的重要讲话精神，全面落实省委十二届十二次全会要求，审议通过了《中共沈阳市委贯彻落实

〈中共中央关于坚持和完善中国特色社会主义制度、推进国家治理体系和治理能力现代化若干重大问题的决定〉责任分工方案》《沈阳市贯彻落实〈中共中央、国务院关于支持东北地区深化改革创新推动高质量发展的意见〉的实施方案》，表决通过了关于辞去、免去市委委员、候补委员职务及递补委员的决定，决定递补市委候补委员赵斌、雷雨润、卢春风、孙明、李军、么汝兴、王晶莹为市委委员。

全会认真学习领会党的十九届四中全会精神。一致认为，在新中国成立70周年之际、在“两个一百年”奋斗目标历史交汇点上，党的十九届四中全会专题研究坚持和完善中国特色社会主义制度、推进国家治理体系和治理能力现代化问题并作出决定，这是以习近平同志为核心的党中央立足当前、着眼长远作出的重大决策部署，充分体现了习近平总书记高瞻远瞩的战略眼光和强烈的历史担当，对决胜全面建成小康社会、全面建设社会主义现代化国家，对巩固党的执政地位、确保党和国家长治久安，具有重大而深远的意义。习近平总书记代表中央政治局所作的工作报告和重要讲话，全面总结了党的十九届三中全会以来中央政治局的工作，深刻阐述了党中央对党和国家事业发展的战略思考和科学谋划，思想深邃、内涵丰富，鼓舞人心、催人奋进。《中共中央关于坚持和完善中国特色社会主义制度、推进国家治理体系和治理能力现代化若干重大问题的决定》，全面回答了“坚持和巩固什么、完善和发展什么”这个重大政治问题，是新中国成立70年来我们党治国理政经验的结晶，是具有里程碑意义的理论成果、实践成果和制度成果，是完善和发展我国国家制度和治理体系的纲领性文件。

全会强调，深入学习宣传贯彻党的十九届四中全会精神是当前和今后一个时期的重要政治任务。全市上下要从增强“四个意识”、坚定“四个自信”、做到“两个维护”的高度，按照责任分工，分兵把口、各负其责，不折不扣抓好贯彻落实。要着眼学懂弄通做实，结合深入开展“不忘初心、牢记使命”主题教育，认真学习、深刻领会，切实把思想和行动统一到党的十九届四中全会精神上来。要精心部署宣传宣讲工作，坚持全方位、多层次，推动党的十九届四中全会精神进企业、进农村、进机关、进校园、进社区，迅速掀起学习宣传贯彻热潮。要在党中央的集中统一领导下，按照省委要求部署，科学谋划、精心组织，远近结合、整体推进，确保党的十九届四中全会精神在沈阳落地落实。

全会指出，《中共中央、国务院关于支持东北地区深化改革创新推动高质量发展的意见》，是对习近平总书记在辽宁考察和在深入推进东北振兴座谈会上的重要讲话精神的具体部署，是中央对推动东北振兴作出的又一次全局性、战略性决策，进一步明确了高质量发展、新时代振兴的总体要求、主攻方向和政策措施。全市上下必须增强抓好贯彻落实的政治自觉、思想自觉和行动自觉，以更加强烈的机遇意识、使命意识和紧迫意识投身振兴发展实践。要层层压紧压实责任，坚持以上率下、以上促下，健全完善工作推进机制，研究制定项目化、工程化的具体举措。要树立重实干重实绩的鲜明导向，着力建设高素质专业化干部队伍，营造风清气正、干事创业的浓厚氛围。要建立完善考核评价机制，加大督促检查力度，确保各项工作一抓到底、抓出实效。

全会号召，全市上下要更加紧密地团结在以习近平同志为核心的党中央周围，在省委的坚强领导下，以党的十九届四中全会精神为指引，以深入贯彻习近平总书记在辽宁考察和在深入推进东北振兴座谈会上的重要讲话精神为动力，抢抓机遇、锐意进取、苦干实干，为实现沈阳高质量发展、新时代振兴作出更大贡献。

沈阳市2020年政府工作报告

——2020年1月5日在沈阳市第十六届人民代表大会第三次会议上

沈阳市人民政府市长　姜有为

各位代表：

现在，我代表市政府向大会报告工作，请予审议，并请市政协委员提出意见。

一、2019年工作回顾

过去一年，是沈阳积极应对风险挑战、不断夯实发展基础、加快集聚发展动能的一年。在市委坚强领导下，全市上下以习近平新时代中国特色社会主义思想为指导，深入贯彻党的十九大和十九届二中、三中、四中全会精神，全面落实习近平总书记在辽宁考察时和在深入推进东北振兴座谈会上的重要讲话精神，坚持稳中求进工作总基调，坚持新发展理念，以供给侧结构性改革为主线，按照市委“一二三四五”总体要求，顶住下行压力，保持发展定力，步步为营，稳扎稳打，推动沈阳高质量发展、新时代振兴取得重要进展。

经济运行向上向好。预计地区生产总值增长5%左右，连续8个季度稳定增长；固定资产投资增长11%，社会消费品零售总额增长10%，进出口总额增长7.2%；一般公共预算收入增长1.3%。产业结构不断优化。高端装备制造业产值占装备制造业产值比重提高到24.8%，战略性新兴产业产值占规模以上工业总产值比重提高到25%，高新技术产品产值占规模以上工业总产值比重保持在55%以上，现代服务业增加值占服务业增加值比重提高到54.5%。发展活力持续增强。重点领域改革提速增效，对外开放不断扩大，创新创业更加活跃，实际利用外资增长15%，引进内资增长21.8%，民间投资增长16%，实有市场主体增长10.3%。城市影响力日益彰显。首届工业互联网全球峰会备受瞩目，习近平总书记专门发来贺信。中德（沈阳）高端装备制造创新委员会揭牌成立。桃仙机场旅客吞吐量突破2000万人次，全市接待游客突破9000万人次。澳大利亚驻沈阳总领事馆开馆，国际友城和友好合作关系城市达到98个。人民生活稳步改善。预计城乡居民人均可支配收入分别增长7%和7.5%，城镇登记失业率低于控制目标0.66个百分点。人均住房面积、人均养老床位、人均预期寿命等指标不断提升。全面建成小康社会的基础更加坚实。

一年来，我们主要做了以下工作：

（一）持续优化营商环境。对标国家评价体系，出台85条政策措施，着力提升企业和群众的获得感。

深入推进放管服改革。统一规范市区两级政务服务事项。取消下放调整行政职权417项。“双随机、一公开”监管综合执法平台全面启用。一体化政务服务平台上线运行。工程建设项目审批时限压缩三分之一。109个便民服务事项在56个社区试点“全市通办”，136个高频事项实现“最多跑一次”，不动产登记实现5个工作日内办结。

扎实开展专项整治。清偿政府拖欠企业工程款144亿元，清理政府和国有企业拖欠民营企业、中小企业账款68.8亿元。解决招商承诺不兑现问题117个、企业基础设施不配套问题354个，压减涉企检查29%。群众办事难有所缓解，企业跨区迁移更加规范，出租车运营秩序明显改善。

全面落实减税降费政策。全口径减税167.7亿元，降低社保缴费52.2亿元，一般工商业电价、用水工程设计费和监理费下调10%以上。开通综合金融服务平台、企业征信平台。启动助保贷、融保通业务。应急转贷资金累计投放667.5亿元，知识产权、应收账款等质押融资规模超过30亿元，小微企业贷款余额同比增长16.3%。

加大民营经济扶持力度。构建民营经济“28+34”政策体系。非公领域高级职称实现单独评审。“准入不准营”问题进一步解决。深入开展“万人进万企”活动，办结企业诉求4674件。全年实现“个转企”2197户、“小升规”超过210户、“规升巨”25户。24户企业入选辽宁民企百强，3户企业成为国家首批“专精特新”小巨人。

（二）推动经济平稳健康发展。大力培育增量、做优存量，加快动能转换，新产业、新业态快速成长。

积极扩大有效投资。坚持大抓项目、抓大项目，全年开复工亿元以上项目1308个，比上年增加260个。华晨宝马新工厂土地整备提前完成，中航发燃气轮机公司投入运营，恒大新能源汽车、动力电池、轮毂电机三大基地同步建设，新松机器人未来城、布克哈德·远大压缩机等项目开工，恒大文旅城等项目加快推进，桃仙机场二跑道、沈白高铁、沈丹铁路外迁工程全面启动，沈飞局部搬迁、沈海热电厂搬迁取得重大突破。沈阳，已经成为央企、民企、外企纷至沓来的投资热土。

加快制造业转型升级。一批大国重器研制实现突破，无人驾驶宽体矿车、煤矿巷道全断面掘进机、跨音速风洞主压缩机等重大技术装备在沈问世，39种产品进入国家首台套推广应用目录。新兴产业不断壮大，机器人、新材料、航空、生物医药、新能源汽车产业产值分别增长9.5%、

10%、10.5%、16%和50%。产业数字化步伐加快，新增智能工厂5个、数字车间10个，支持259户智能制造企业上云用云，新松、格微成为全国制造业与互联网融合发展试点示范。

促进现代服务业提质增效。成功举办宝马供应商大会、韩国周等会展活动408项，交易额增长8%。五爱——阿里国际商贸城上线，韵达快递辽宁总部落户，唯品会东北物流中心、京东“亚洲一号”沈阳物流园等项目加快建设，全市限上单位网上商品零售额增长40.1%。塔湾兴顺夜市、中央公园音乐喷泉、莫子山炫彩跑道等成为网红打卡地。金融业增加值增长7.5%。软件和信息技术服务业营业收入增长19.6%。沈阳成为全国快递示范城市、夜间经济十佳城市、首批5G商用城市。

推进农业供给侧结构性改革。新建高标准农田20.7万亩、设施农业1.2万亩。粮食产量达到80亿斤，蔬菜产量达到375万吨。“两品一标”认证数量超过500个。新民市大民屯镇成为全国“一村一品”示范村镇，辽中区、康平县入选国家农产品质量安全县。非洲猪瘟疫情得到有效防控，生猪存栏呈恢复性增长。休闲农业接待游客550多万人次，农村电商主体突破1000家。

有效防控各类风险。全面完成省政府下达化债任务，支持县域财政“三保”支出。推动辉山乳业、兴隆集团、利源轨道等企业司法重整，帮助上市公司纾困。积极处置地方法人金融机构流动性风险，妥善处置非法集资案件。养老金按时足额发放。房地产市场平稳健康发展。各级政府切实增强风险防范意识、完善对策措施，守住了不发生系统性风险底线。

（三）深化重点领域和关键环节改革。坚持刀刃向内，改革共识在增强，改革力度在加大，改革成效在显现。

顺利完成全创改三年任务。27项国家授权先行先试任务全面落实，36条复制推广任务全部落地，国企增量型混改成为老工业基地国企改革新模式，沈阳工业大学5%黄金股激励等6项科技成果转化模式在全省推广，“三权”改革、军民融合等方面的6项举措入选全国第三批经验清单，居各试验区前列。

纵深推进国资国企改革。沈阳成为全国国资国企综合改革试点城市。集团层面混改实现新突破，北方重工、沈阳机床完成司法重整，中兴商业实现二次混改。法人治理结构不断完善，外部董事制度、经营层市场化选聘加快推开。国有资本投资运营体系初步形成，“3+1+N”国资平台运营效能不断提升。解决历史遗留问题取得重大进展，182户“僵尸企业”处置完毕，201个“三供一业”维修改造项目基本结束，342户市属厂办大集体改革如期完成。

系统推进开发区改革。坚持向开发区放权与完善管理体制相结合，经开区与中德园合署办公，自贸区、高新区与浑南区融合发展。开发建设运营创新举措不断涌现，“管委会+平台公司”“开发区+主题园区”逐步推开，经开区率先打破体制“坚冰”，面向全国公开选聘人才。开发区产业定位更加清晰，开复工亿元以上项目数量占全市70%，经济发展的主阵地作用进一步增强。

不断深化投融资体制改革。已建和在建市级政府投资引导专项基金达到32只，私募基金管理机构达到83家、运作产品130只。盛京基金小镇投入运营。重构政策性担保体系，组建盛京、沈阳科技两家融资担保公司。辽股交辐射作用不断增强，累计挂牌企业1300多家。上市后备企业达到201家，11家企业进入上市程序，芯源微成为科创板辽宁“第一股”。

稳步实施农村综合改革。土地确权登记颁证实现应颁尽颁，土地流转率达到39%。家庭农场、农民合作社等新型农业经营主体突破1万家。1855个村集体经济组织产权制度改革基本完成，沈北新区创新集体建设用地入股模式发展文化旅游、大东区利用集体建设用地开展住房租赁取得突破。市农村产权交易中心成为省级平台。供销社改革走在全国前列。沈北新区获批国家级乡村治理示范区。

（四）强化开放创新双轮驱动。注重发挥重大平台作用，聚集国内外创新资源，为高质量发展提供新动力。

完善开放平台通道。自贸区形成40项制度创新成果，综保区桃仙园区封关运行。跨境电商公共服务平台上线运营，1210、9610模式开通，整体通关时间大幅压缩。中德园“一个平台、五大体系”架构初步形成，新落地项目120个，东北首个德制学校开学。

中欧班列运行数量占东北地区50%以上，国际航线持续增加，物流枢纽和口岸功能不断完善。

加强国际合作交流。新增国际产能合作项目20个，东软医疗肯尼亚项目入选第二届“一带一路”国际合作高峰论坛成果清单。全市服务外包执行额增长23.4%。举办俄罗斯工业技术展、国际基因组学第二届眼科大会、“一带一路”高等医学教育论坛、沈阳“国际友好之夜”等一系列交流活动，开放触角向产业、科技、医疗、教育、文化等各领域延伸。

深化区域开放合作。京沈对口合作取得新进展，中科北方高性能碳纤维等266个项目有序推进，中关村创新中心即将投入运营，园区共建、文化交流等成果更加丰硕。沈阳经济区产业协作配套体系不断完善，生态环境联防联治积极推进，公共服务共建共享范围逐步扩大。飞地经济成为统筹城乡发展的新引擎，全市落地项目158个、总投资271亿元。

增强技术创新能力。全市承担国家和省科研项目1574项，实施“卡脖子”技术攻关137项。新松双臂协作机器人亮相新中国成立70周年庆祝大会，拓荆科技PE-ALD等关键技术取得突破，自动化所边缘计算技术等成果填补国内空白，金属所超长寿命疲劳领域研究等7个项目荣获国家科学技术奖。全市企业研发投入占全社会研发投入比重首次突破50%，高新技术企业达到1836家，独角兽企业、瞪羚企业达到48家，一大批隐形冠军企业在加速成长。

提高协同创新水平。产学研用结合更加紧密，产业技术联盟达到56家，世界腐蚀组织等7个协会、学会落户沈阳。材料科学国家研究中心加快建设，国家机器人创新中心、机器人与智能制造创新研究院投入使用。东软集团获批辽宁省区块链技术创新中心，微软（中国）、阿里巴巴、华为、腾讯、紫光等企业纷纷在沈设立创新机构，各类新型研发机构达到21家。

优化创新创业环境。中国（沈阳）知识产权保护中心、科技金融服务中心揭牌。中国青年创业社区等双创机构落地运营，企业“内创业”等新模式不断涌现。全市孵化载体面积达到505万平方米，集聚创新创业人员15.4万人。新设院士工作站10个，新增两院院士3人，引进“千人计划”9人、“万人计划”20人，培育专业技术人才4.5万人，人才规模和结构呈现出积极变化。

（五）着力推进城市内涵式发展。注重完善城市功能，改善城市管理，城市承载力进一步增强。

完善综合交通体系。地铁九号线投入运营，十号线试运行，二号线南延线、三号线开工，地铁运营里程达到90公里。东一环、沈辽路快速路全面通车，长青街快速路主线通车。四环棋盘山隧道、沈康高速连接线等工程有序推进，中央大街、王家湾跨浑河连接线工程竣工。改造城市慢道100公里。建设“四好农村路”1005公里。新建盘活停车泊位16.4万个。新开调整公交线路27条。国家综合运输服务示范城市创建通过验收。

补齐城市运行短板。盛京500千伏电力枢纽工程、7座220千伏电力节点工程加快建设。新建改造供水管网310公里、供热管网110公里、燃气管网316公里。完成排水防涝工程23项，城市内河泄洪能力提升2.3倍。辽中、经开区危废处理项目主体完工，固废综合利用产业园项目落地。以大辛、西部、老虎冲3座生活垃圾焚烧发电项目投运为标志，沈阳城市生活垃圾告别了“填埋”处置的历史！

强力推进污染防治。淘汰燃煤锅炉190台，整治“散乱污”工业企业1653户，重拳治理VOCs排放，空气质量优良天数达到284天。实施47项水体治理工程，提标改造6座污水处理厂，累计摘除437处雨污混接点，11个国考断面水质全部达到考核标准。祝家90万吨污泥完成清运，大辛、老虎冲146万吨积存垃圾渗沥液完成处置。农村人居环境得到改善，1538个村实现“三清一改”，建成美丽示范村135个，完成无害化改厕2.2万个，饮水安全设施改造惠及12.5万人。

提高城市管理水平。编制国土空间总体规划和水源地、地下空间等专项规划。加大存量土地攻坚力度，3年累计解除资金占压328亿元。完成城管、交通、农业、生态环境、市场监管综合行政执法改革。构建创卫长效机制，坚持“五个不变”，深化网格化管理，市容环境主要指标保持稳定。居民小区生活垃圾分类投放覆盖率达到51.8%。

提升城市文化品位。实施历史文化名城保护行动，启动堂子庙巷、老北市等一批文化项目建设。新增中共满洲省委旧址、北大营营房旧址等4处全国重点文物保护单位。盛京皇城入选国家5A级景区创建名单，沈阳植物园整改通过国家验收，红梅文创园、故宫文创体验馆建成开放。推出评剧《黄显声》、话剧《国徽》等一批精品剧目，《炫彩车技》荣获第17届吴桥国际杂技艺术节金奖。

（六）切实保障和改善民生。将财政支出的80%以上投向民生领域，振兴发展成果更多惠及人民群众。

巩固精准脱贫成果。坚持摘帽不摘政策，投入扶贫资金7.8亿元。实施产业扶贫项目85个，选派375名科技特派员下乡帮扶，42支工作队坚守扶贫一线。贫困家庭大学毕业生全部实现就业安置，贫困户基本医保、大病保险、医疗救助实现全覆盖，危房改造全部完成。开展脱贫质量大普查大排查大督查，建档立卡贫困人口保持动态为零。

抓好就业和社会保障。城镇新增就业11.9万人，超额完成年度目标。企业退休职工基本养老金上涨5.3%，城乡低保标准分别提高4.6%和6.7%。施行现役军人、消防救援人员免费乘坐公共交通工具政策。新建区域性居家养老服务中心100个，改造社区养老服务站300个。改造棚户区1.1万套、老旧小区100个，配租公租房1万套，完成已售商品房解遗办证10万余户，首批既有住宅加装电梯投入使用。

改善基本公共服务。治理城镇小区配套幼儿园384个，普惠幼儿园覆盖率达到80%。749个义务教育大班额全面消除，弹性离校经验在全国推广。职业学校招生规模增长10%。城乡医保政府补助标准、大病报销标准持续提高。国家药品集中采购试点、DRGs付费试点成效明显。首批国家区域专科医疗中心落户沈阳，急诊急救体系不断完善。成功举办全国田径锦标赛、国际赛艇公开赛，沈阳国际马拉松连续两年荣膺中国田协金牌赛事。我市成为2021年足球世俱杯承办城市。

提升社会治理水平。完成全市街道区划调整，基层服务资源配置更加均衡。推进信访矛盾减存控增，累计化解积案8445件。成功扑救“4・17”棋盘山山火，政府挂牌督办安全生产隐患全部销号，食品药品监管不断加强。深入推进扫黑除恶专项斗争，打掉涉嫌黑社会性质组织24个、涉恶集团33个、涉恶团伙65个。圆满完成新中国成立70周年大庆安保维稳任务，社会大局持续稳定。

退役军人服务保障体系建设全面完成，双拥共建、国防动员、人防和民兵预备役工作进一步加强。国家安全、民族宗教、防震减灾、保密、审计、仲裁、档案等工作取得新成绩，广播电视、新闻出版、贸促、侨务、文史、修志、公积金、残疾人、红十字、慈善等事业实现新进步。

一年来，我们坚决贯彻党中央、国务院重大决策部署，认真落实中央巡视、中央生态环保督察、国务院大督查等整改任务，大棚房、违建别墅、高铁沿线隐患等问题整治取得扎实成效。我们积极开展“不忘初心、牢记使命”主题教育，切实推进“8+2+1”专项整治，干部队伍的政治素养、宗旨意识、精神面貌、工作作风全面加强。我们坚持依法行政，自觉接受市人大及其常委会法律监督、工作监督和市政协民主监督，努力提升行政决策、行政执行、行政组织、行政监督能力，积极回应人大代表和政协委员关切，912件人大代表建议和545件政协提案全部办复。我们深入推进政府机构改革，加强基础工作和专业能力建设，强化过紧日子措施，一般性支出压减10%。我们坚持以“重强抓”专项行动为载体，倡导现场办公，实施挂图作战，强调跟踪问效，解决了一批积久、积深、积难、积重的问题。沈阳老工业基地调整改造获国务院通报表扬，产业转型升级示范区建设、第四次全国经济普查等工作获国家部委表彰。

各位代表，回首刚刚过去的2019年，大家最深切的感受是，我们沈阳人敢闯敢试、敢为人先的精神在迸发，不甘落后、唯旗是夺的斗志在增强，直面矛盾、破解难题的本领在提升。这是沈阳实现高质量发展、新时代振兴的底气所在、力量所在、信心所在！

成绩来之不易，应当倍加珍惜。这是以习近平同志为核心的党中央掌舵领航、亲切关怀的结果，是省委、省政府和市委坚强领导的结果，是全市干部群众共同拼搏的结果。在此，我谨代表市政府，向全市人民，向人大代表、政协委员，向各民主党派、各人民团体、社会各界人士以及离退休老同志，向驻沈部队官兵、消防救援队伍和中省直各单位，向关心支持沈阳振兴发展的港澳台同胞、海外侨胞和国际友人，致以崇高的敬意和衷心的感谢！

各位代表，去年全市地区生产总值增速未能实现预期，主要是部分重点企业生产大幅下滑，造成规模以上工业增加值增幅回落，进而影响了地区生产总值增长；一般公共预算收入增速明显回落，主要是受大规模减税降费影响，如扣除政策性因素，可比增长13.3%。同时，我们也认真查找、分析了制约振兴发展的问题，主要是：结构性矛盾仍很突出，新兴产业规模较小，产业链水平不高，创新能力还不强，开放合作、县域经济、民营经济仍是短板。潜在风险不容忽视，个别地区财政“三保”压力大，企业流动性风险、供应链风险有所增加，地方法人金融机构风险、非法集资风险还需防范化解。城市运行还有短板，交通拥堵、停车难、汛期内涝、电网薄弱等问题仍很突出，污染治理任务依然艰巨。民生保障还需加强，教育、医疗、养老等公共服务供给不平衡不充分，困难群众的住房条件、居住环境亟待改善。政府效能存在差距，一些干部还不同程度存在思想解放不够、紧迫感不强、创新办法不多、能力不适应等问题。对此，我们要采取措施，加大力度解决。

二、2020年重点工作安排

今年是实现全面建成小康社会和“十三五”规划的收官之年，也是谋划“十四五”、推动沈阳高质量发展的关键之年。当前，世界经济增长持续放缓，国内“三期”叠加影响继续深化、经济下行压力加大，但我国经济稳中向好、长期向好的基本趋势没有改变。我们更要看到，沈阳经济发展的稳定性、成长性在增强，沈阳的营商环境在优化，各方面对沈阳的预期也在改善，特别是党中央、国务院出台了一系列支持东北振兴的政策措施，更为沈阳振兴发展带来了重大机遇。我们要积极落实国家战略，着力提升城市发展能级，加快推动沈阳从区域中心城市向国家中心城市迈进，争取早日纳入国家中心城市体系，不断开创振兴发展新局面！

今年政府工作总的要求是：以习近平新时代中国特色社会主义思想为指导，全面贯彻党的十九大和十九届二中、三中、四中全会精神，深入落实习近平总书记关于东北、辽宁振兴发展的重要讲话和指示批示精神，认真落实中发37号文件精神，按照中央及省委、市委经济工作会议部署要求，紧扣全面建成小康社会目标任务，坚持稳中求进工作总基调，坚持新发展理念，坚持以供给侧结构性改革为主线，坚持以改革开放为动力，牢牢抓住高质量发展这个根本要求，大力解放思想，提升治理能力，全面做好“六稳”工作，统筹推进稳增长、促改革、调结构、惠民生、防风险、保稳定，抓重点带全局，补短板强弱项，确保全面建成小康社会和“十三五”规划圆满收官，迈出全面振兴、全方位振兴的坚实步伐。

今年经济社会发展主要预期目标是：地区生产总值增长6%左右，一般公共预算收入增长2%，固定资产投资增长10%，社会消费品零售总额增长7%，城乡居民收入增长与经济增长同步；城镇登记失业率控制在3.6%以内；全社会研发投入强度达到3%；单位地区生产总值能耗下降3%左右，主要污染物排放进一步下降。

各位代表，完成全年任务、实现预期目标，压力不小、挑战很大。我们必须大胆解放思想，打破思维定式，克服路径依赖，勇于自我革命，在深化改革创新上不断取得新突破。我们必须保持战略定力，着力培育比较优势，加快转变经济发展方式，加快转变城市发展方式，坚定不移推动高质量发展。我们必须保持奋斗姿态，树立干成事的鲜明导向，以排除万难的决心，以舍我其谁的担当，咬定目标，倍道兼程。我们必须增强风险意识，准确识变，科学应变，主动求变，继续把住基本盘，稳住基本面，巩固好势头。我们必须恪守为民职责，不忘初心使命，着力兜住底线民生，保障基本民生，解决热点民生，让全市人民有更多获得感、幸福感和安全感。

今年，重点做好以下几方面工作：

（一）坚持不懈改善营商环境。全面落实国家和省优化营商环境条例，深入开展“万人进万企”活动，努力建设稳定公开透明、可预期的营商环境。

持续优化政务服务。抓住简政放权这个关键，大幅取消下放调整行政审批事项。深化工程建设项目审批制度改革，全面推行“清单制+告知承诺制”，审批时限压缩到50个工作日以内。深化商事制度改革，推进市场准入便利化，企业开办时限压缩到0.5个工作日以内。深化“一事一网一窗一次”改革，不动产登记压缩到3个工作日以内，“最多跑一次”高频事项要突破150个，网上可办率要达到100%。全面推开社区便民服务事项“全市通办”。

不断改善市场监管。完善“双随机、一公开”监管机制，健全“互联网+监管”体系，推行信用监管和大数据监管。注重包容审慎监管，制定免罚事项清单，推行轻微违法行为告知承诺制。深入排查清理各类显性和隐性壁垒，全面落实外商投资准入前国民待遇加负面清单管理制度，大幅放宽民营企业市场准入，努力营造公平竞争的市场环境。

积极推进以评促改。实施优化营商环境提升计划，系统加强政务、市场、开放、要素、设施、社会、法治、创新环境建设。继续整治办事难，将招投标不透明、营商投诉解决难等问题纳入整治范围。精准对标国家营商环境评价体系，在企业获得电力、用水用气、融资及纳税等方面加快补齐短板。建立政务服务“好差评”制度，自觉接受企业、群众和社会各方面监督。

大力支持民营经济发展。全面落实中央支持民营企业改革发展28条意见，在全社会营造重商、亲商、安商、富商的浓厚氛围。注重解决企业融资难问题，开展供应链金融试点，运营好综合金融服务平台和企业征信平台。壮大政府引导基金规模，加大力度引入一批私募基金。健全辽股交信息披露制度，加快上市后备企业培育。坚决落实减税降费政策，减轻企业负担。完善中小企业公共服务平台，提升金融、科技、检验检测、工业设计等综合服务能力。建立龙头企业产品配套、研发信息发布平台，促进大中小企业融通发展。全年实现“个转企”2000户、“小升规”200户、“规升巨”20户，省级以上“专精特新”企业达到80家，再培育一批隐形冠军，努力让民营经济发展驶向快车道！

（二）加快培育壮大新动能。提升产业基础能力和产业链水平，推动产业多元发展、集群发展、特色发展。

持续扩大有效投资。把项目紧紧抓在手上，推行工作专班、现场指挥部、红黄绿灯管理等工作机制，加快投资落地，全年推进亿元以上项目1600个。抓好华晨宝马新工厂、恒大新能源汽车、华晨雷诺整车等重大产业项目建设，推动沈白高铁、沈丹铁路外迁项目开工建设，力争桃仙机场二跑道开工建设，确保沈飞局部搬迁、沈海热电厂搬迁项目取得新进展。强化以商招商、产业链招商、小分队招商，吸引更多海内外企业投资沈阳，全年实际利用外资、引进内资要增长10%，民间投资、制造业投资要力争增长15%。

着力促进制造业转型升级。推动产业链与创新链深度融合，抓好21个国家重大专项项目实施。落实首台套装备、首批次新材料研发应用政策，支持100个重大新产品规模化生产，实施100个重大技改项目。加强交通、电力、医疗等优势装备建链、延链、补链、强链，提升沈鼓、沈飞、特变沈变等重点企业本地配套比例。实施智能工厂项目40个、数字车间项目40个、数字化生产线项目70个，新培育省级以上绿色制造示范企业30户。支持企业开展精益管理，今年再实施50个精益管理咨询项目，沈阳要打造精益管理样板城市。

加快新兴产业集群化发展。强化以科技创新支撑产业创新，培育产业技术联盟，支持高成长性企业做大做强。深入实施“电动沈阳”计划，建设铁西、大东智能网联汽车测试区，新能源汽车产量要达到3.3万辆。加快机器人未来城建设，发展医疗、智能、服务等高价值机器人项目，构建机器人产业生态圈。启动国产燃机技术研发、科研试验、产业化基地建设。推进IC装备及零部件产业基地建设。支持基因工程、再生医学、精准医疗产品技术研发，抓好光明小镇、东软健康医疗产业园、北方生物医药科技园等项目。鼓励储能技术、非晶材料等一批硬科技、黑科技研发应用转化。抓紧布局区块链、人工智能、量子技术等未来产业。

大力发展数字经济。深入落实习近平总书记贺信精神，加快数字产业化、产业数字化步伐。推进数字基础设施升级，建设区域性、行业性标识解析节点，力争中国工业互联网研究院、国家工业互联网大数据中心在沈设立分支机构。完善工业互联网平台体系，发展华为、阿里、腾讯、紫光等云服务中心，建好微软共性技术服务、SAP智慧企业赋能、麦克奥迪智慧能源等跨行业跨领域平台，培育工业App，带动1000家企业上云上平台。开展“5G+工业互联网”试点示范，支持中德园建设5G标杆示范区。

繁荣发展服务业。不断壮大会展经济，推进市场化办展，全年举办法库国际飞行大会等各类会展活动410项。提升改造冰雪运动、冰雪旅游基础设施，办好国际冰雪节、卧龙湖冬捕节等冰雪活动，推动百万市民上冰雪。大力培育夜旅游、夜演艺、夜餐饮等夜经济品牌，打造8个夜经济示范街区。完成中街高品质步行街改造提升，实施泛太原街商圈改造升级，加快五爱千亿市场建设，促进“老字号”传承创新发展，推动品牌连锁店、便利店进社区。鼓励发展电商快递物流、冷链物流，完善城乡配送体系，降低社会综合物流成本。

（三）强力推进改革攻坚。突出重点领域和关键环节，主动改、大胆改、抓紧改，不断释放市场活力。

深化国资国企综合改革。加快混改进程，推动沈鼓、燃气、副食、物资、中城、中沈国际、盛京能源等企业引入战略投资者，竞争类国有企业要基本完成混改。规范董事会建设，健全市场化经营机制，全面实现国有独资全资企业外部董事占多数，全面推行经营层市场化选聘、契约化管理、差异化薪酬和市场化退出。扩大国有资本授权经营范围，增强国资平台行权能力，提高国有资本运营效率。全面完成“僵尸企业”处置、央企厂办大集体改革，全面完成企业退休人员社会化管理。加快区县（市）国资国企改革步伐。

深化开发区体制机制创新。聚焦开发区产业定位，完善控详规划和水、电、气、热等专项规划，开展区域能评、环评和文物勘探。继续向开发区放权，全面推行市场化选人用人机制，支持开发区建设研发中心、设计中心、创业中心等公共服务平台。鼓励开发区组建开发建设和产业投资公司，放大资产规模，提高信用水平。制定实施“标准地”政策，加强土地整备，建设标准化厂房，提升“亩产效益”。要擦亮经开区、高新区金字招牌，加快各类开发区升级晋位。

深化农村综合改革。推进土地“三权分置”改革，扩大承包地流转规模。全面完成农村集体产权制度改革国家试点任务。推广沈北腰长河“村企合作”模式、浑南东湖街道“三变改革”经验，盘活村集体资产资源，壮大村集体经济实力。用好用活城乡建设用地增减挂钩政策，提高土地复垦质量。积极发展新型农业经营主体，新培育农民合作社、家庭农场300家，组建村级供销合作社100个。推动涉农区县（市）综合产权交易市场体系全覆盖，让农村生产要素加快流动起来。

深化人才体制机制改革。支持大型企业开展职称自主评审和职业技能认定，扩大用人主体招聘自主权。坚持需求导向，精准引才育才，优化人才服务，完善人才驿站、人才公寓等配套设施，创建国家级人力资源产业园。建设“候鸟型”人才工作站，鼓励高层次人才柔性流动。实施中青年科技英才培养工程，要不惜重金延揽产业领军人才、科技创新团队。大力弘扬企业家精神、工匠精神，培育职业经理人队伍，壮大技术工人队伍。要让优秀人才在沈阳尽展才华、大有作为、“名利双收”！

（四）积极建设开放合作新前沿。主动对接国际规则，构建开放型经济新体制，不断拓展对外开放的深度广度。

着力打造自贸区升级版。组织实施自贸区沈阳片区2.0方案。以制度创新引领产业形态，在维修再制造、数字贸易、服务贸易、国际化医疗等领域形成一批创新案例，开展合格境外有限合伙人、跨境电商企业信用融资等金融创新试点。落实“证照分离”改革全覆盖试点，对528项涉企许可经营事项实行“照后减证”。加快综保区桃仙园区建设，大力发展研发、医疗、物流等“保税+”业态。复制推广自贸区创新举措，促进自贸区与重点园区协同发展。

持续拓展开放平台通道。加快推进中德园建设，在高端装备、智能制造等领域加强与德国对接，支持在沈高校院所与弗劳恩霍夫研究院等德国科研机构开展交流合作，争取德国在华汽车供应商总裁圆桌会议来沈举办。高标准建设中日产业园、中韩科技园，办好中日“对话辽宁”活动，积极申办中韩投资贸易博览会。完善跨境电商公共服务平台，扩大跨境电商1210、9610运营规模，跨境电商企业数量要翻一番。全面提升口岸功能，争取设立进口药品指定口岸，推进东北冷鲜港等项目建设。开行中欧班列200列以上，继续开辟和加密国际航线。

主动融入共建“一带一路”。积极参与构建辽宁“一体两翼”对外开放新格局，承办好第五次中国—中东欧国家地方领导人会议。支持机械装备、电力设备、现代建筑、现代医疗等企业稳健“走出去”，引进外向型龙头企业，培育民营中小贸易企业。组织企业参加中国国际进口博览会、辽宁出口商品展览会等境内外展会，积极扩大先进技术装备、关键零部件等产品进口，促进机电、机械设备等产品出口，推动外贸提质升级。

不断提高对内合作水平。围绕建立“两个机制”、推进“三个一批”，进一步加强对接，深化京沈对口合作。下力气引入首都创新资源，建设好铁西中关村科技园、于洪京沈合作产业园、新民京沈合作园区等重大合作平台，实施好精合航空航天增材制造、京东“互联网+医疗健康”等320个重点合作项目。主动对接长江经济带、粤港澳大湾区等国家战略，在项目建设、产业合作等方面形成一批新成果。

（五）加快提升科技实力和创新能力。启动新一轮全面创新改革试验，实施新一轮自创区建设三年行动，完善区域创新体系，努力建设创新沈阳。

提高自主创新能力。加强产业技术创新，坚持以产为主，实施100项“卡脖子”技术联合攻关。紧跟辽宁实验室建设步伐，集中资源要素建设浑南科技城，完善科、创、产、融功能，重点打造材料科学和智能制造研发创新“国家队”。支持高校院所和企业建设重点实验室、技术创新中心，新增省级以上创新平台30个。加强创新主体培育，高新技术企业要达到2300家，独角兽企业、瞪羚企业要超过70家。

完善协同创新体系。深化沈阳与中科院系统全面合作，与中科大、国科大联合办学，支持中科院青年科学家参与沈阳科技计划，组织50场以上市校（院）协同创新活动。坚持应用导向，鼓励高校院所与企业共建协同创新中心，组建沈阳产业技术研究院。瞄准产业细分领域，集聚更多国内外先进研发机构，新型研发机构达到30家。

推进科技成果转化。制定实施高校院所科技成果转化促进方案，深化科技评价改革、科技成果“三权”改革，支持科技人员兼职兼薪、创新创业。建立常态化对接机制，建设一批院地、校地科技成果转化示范基地，转化成果争取达到900项。完善东北科技大市场科技成果、科技人才、科技金融集散功能，全市技术合同成交额要力争突破300亿元。

不断活跃创新创业。大力推行“双创+骨干企业”“双创+产业园区”“双创+楼宇经济”等新模式，将创新与创业更加紧密地结合起来。实施100家双创载体提标升级行动，增强孵化、熟化和转化能力。鼓励学会、协会发挥作用，办好国际眼基因组学大会、国际智创师大赛、全国传感器学术大会等科技交流活动，举办国家级双创大赛，打造“盛菁汇”等沈阳双创品牌。

（六）着力推动城乡区域协调发展。深入实施乡村振兴战略和区域协调发展战略，加快形成产业融合、城乡统筹、区域互动新格局。

坚持农业农村优先发展。稳定粮食生产，恢复生猪生产，抓好“菜篮子”工程，建设高标准农田41万亩、设施农业1.27万亩，推进新希望生猪全产业链、恒大高科农业基地等龙头项目建设。积极推广“公司+基地+农户”模式，建设中化MAP技术服务中心，发展200个基层服务站。完善供销快线、农博网等电商平台，发展50个“淘宝村”，持续培育沈阳大米等十大农产品品牌。扎实推进“百村美丽、千村整洁”工程，加强畜禽养殖及农业废弃物资源化利用，完成无害化改厕6.5万个，新建改造农村公路500公里，建设10个省级以上美丽休闲乡村，再创建135个美丽示范村。

推动城区县域协同发展。大力发展飞地经济，抓好“项目飞地”，进一步落实“以奖代补”政策，全市推进飞地项目不少于300个；抓好“总部飞地”，推动中心城区以楼宇为载体，集聚发展金融、科技、新经济等总部业态；抓好“园区飞地”，支持各地区引入品牌运营商，建设跨区域合作园区，与境外合作共建产业园区。制定实施中心镇建设三年行动计划，加快发展茨榆坨、十间房、胡台、张强等一批中心镇，积极培育基金小镇、机床小镇等一批特色小镇。

促进沈阳经济区一体化发展。完善经济区联席会议制度，落实好70个合作项目和事项。加快释放自贸区、自创区溢出效应，推动科技创新、金融服务等平台资源区域共享。加强基础设施互联互通、大气污染联防联控，协同开展辽河、浑河、太子河干支流综合整治。实施优质教育、医疗资源共同开发计划，探索旅游、养老等合作新模式，共建共享智慧城市群。

（七）坚决打好三大攻坚战。聚焦短板弱项，突破重点难点，精准发力、一鼓作气，务求决战决胜。

持续巩固脱贫攻坚成果。加大投入，加强力量，做好返贫人口和新发生贫困人口监测和帮扶，保持建档立卡贫困人口动态为零。建立健全解决相对贫困的长效机制，强化产业扶贫措施，依托飞地园区发展扶贫农产品加工项目，支持龙头企业与相对贫困村结对帮扶。要坚决兜住“两不愁、三保障”底线，特别重视解决好因病致贫、返贫问题，决不让一名困难群众在小康路上掉队！

全面完成污染防治攻坚任务。扎实推进中央生态环保督察反馈问题整改。持续强化VOCs、“散乱污”企业、散煤、扬尘、秸秆焚烧治理，大力实施清洁供暖工程，天然气采暖面积要达到600万平方米，电采暖面积要达到3700万平方米。开展碳排放权交易试点，控制能源消费总量和强度。空气质量优良天数比率提高1至2个百分点。重点实施污水收集处理设施补短板工程，新建扩建南部三期、北部二期等7座污水处理厂，新建改造污水管网85公里，推进“厂、站、网、控、安、运”有效衔接，确保省考以上断面水质稳定达标，提升辽河流域沈阳段综合治理水平。加强土壤污染防治，全面完成祝家污泥整改，推进危废焚烧、污泥处置等项目建设，污泥无害化处置率要达到90%以上。

牢牢守住不发生系统性风险底线。深化财政预算管理制度改革，加强重点支出、重大投资项目管理。落实政府性债务化解三年行动计划，依法规范政府举债行为。各级政府要把过紧日子作为常态，以收定支、精打细算，一般性支出再压减15%，切实兜住“三保”支出底线，严禁建设形象工程、政绩工程。积极防范化解企业资金链、担保链风险，稳步推进农信社改制。加大力度处置非法集资案件，维护好群众合法权益。

（八）持续提升城市品质。开展城市体检试点，深化“治、改、提、创”，促进城市集约发展、绿色发展，努力让城市生活更美好。

加强重大基础设施建设。完善轨道交通体系，确保地铁十号线投入运营，加快建设二号线南延线、三号线和四号线，开工建设一号线东延线和六号线。完善快速路系统，推动浑南大道、胜利大街快速路主体完工，加快实施四环棋盘山隧道、大堤路等快速路工程。推进城市主次干道连接和节点改造，建成昆山路与304国道连接线，续建沈康高速连接线，改扩建西北连接线，实施广业路、丁香道口等铁路道口平改立。加快电力设施补短板，新建续建大东滂江、浑南远航、铁西小于等66项电力工程，构建坚强安全稳定的沈阳电网。

开展大规模国土绿化。实施林业生态建设三年行动，今年新增造林40万亩，修复棋盘山受灾林地5544亩，森林覆盖率达到14.1%。实施城区增绿补绿复绿工程，新增绿地3.9平方公里，绿地覆盖率达到37%。建立自然保护地体系，建设辽中蒲河、康平辽河、法库獾子洞国家湿地公园。确保完成违建别墅问题清查整治任务。加强沙化土地和黑土区侵蚀沟治理，促进黑土地有机质恢复提升。

提高精细化管理水平。强化存量土地攻坚，进一步抓好存量储备土地、净地不净、闲置土地处置，盘活停缓建工程。坚持建管并重治理行车难、停车难，开展道路交通文明畅通提升行动。持续巩固国家卫生城市创建成果，加强网格化管理，开展环境面貌提升、薄弱区域整治、绿化美化、城市运行保障专项行动，重点解决违规广告牌匾、占道经营等城市顽疾。积极推进生活垃圾分类，创建865个达标社区和270个示范村。

夯实“文化+”基础。加快历史文化名城建设，启动满铁奉天公所旧址等文物和历史建筑修缮工程，推进中山路、大东路等文化街区改造提升。注重保护利用工业遗存，盘活改造老旧厂房，拓展文化发展空间。加快发展文化产业，大力引育文化领军企业，推进恒大文旅城、苏宁文创小镇、万科工人村等重点项目，引导文化产业园区特色化发展，积极培育数字音乐、动漫电竞、网络直播等新业态。全面落实盛京皇城国家5A级景区创建任务，全面升级A级以上景区配套服务。鼓励“沈阳”系列艺术精品创作，组织开展国际合唱节、中国旗袍文化节、沈阳艺术节、浑河之夏等文化惠民活动，市博物馆年内要建成开放。抓好沈阳国际马拉松等“一河两岸”精品赛事，办好中国青少年滑雪大奖赛、国际象棋争霸赛等体育活动，做好世俱杯筹备工作。积极创建第六届全国文明城市，确保实现“三连冠”。

（九）不断增进人民福祉。坚持尽力而为、量力而行，加强普惠性、基础性、兜底性民生建设，确保民生投入只增不减。

促进高质量就业。加大援企稳岗力度，开发更多就业岗位，扶持创业带动就业，突出抓好高校毕业生、农民工、退役军人等重点群体就业，城镇新增就业10万人以上。大力开展职业技能提升行动，加强职业培训基础能力建设。实施就业困难群体精准帮扶工程，确保困难家庭高校毕业生全部就业，零就业家庭动态为零。严格落实“三金三制”，坚决根治拖欠农民工工资问题。

提高社会保障水平。实施全民参保计划，确保养老金按时足额发放。完善养老服务体系，发展城企联动普惠养老，推广农村居家养老服务试点，提升养老服务设施功能和服务质量。提高城乡低保、特困人员等困难群体救助标准，完善孤儿、农村留守儿童、困境儿童关爱服务体系，加大对残疾人等群体帮扶力度。继续提高供暖质量。推进既有住宅加装电梯试点。全面完成已售商品房解遗办证。彻底解决“回迁难”问题。新增公租房住房补贴8000户、实物配租3000套。抓好房地产调控“一城一策”试点，保持房地产市场平稳健康发展。

推动教育优质化发展。加快义务教育城乡一体化，创建100所优质均衡示范学校。开展普通高中“四校一社”建设。推动中德跨企业实训中心、宝马培训中心投入使用。支持驻沈高校“双一流”建设。加强师德师风建设，落实义务教育教师工资待遇，严厉查处在职教师校外违规补课。依法惩治校园欺凌行为，切实保障学校及周边安全，让孩子们安心学业、健康成长。

实施健康沈阳行动。促进优质医疗资源向基层、向县域延伸，全域实施“大病不出县”，要落实乡村医生待遇，稳定乡村医生队伍。市公共卫生服务中心要投入使用，市五院肿瘤防治中心、市六院综合楼项目要如期竣工。推进药品和高值耗材集中采购试点，DRGs付费试点要形成可复制推广经验，进一步减轻百姓医疗负担。支持中医药事业发展。做好青少年近视防治和儿童口腔疾病防治，提高疾病防控能力。完善城乡全民健身设施，办好国际徒步节、社区运动会等全民健身主题活动。

加强和创新社会治理。坚持共建共治共享，发展新时代“枫桥经验”，加快社会治理和服务重心下移，推进沈北新区国家级乡村治理示范区建设。要坚决打赢信访矛盾减存控增攻坚战。组织好第七次全国人口普查。积极创建全国安全发展示范城市，加强食品药品安全监管，深化交通运输、消防安全等重点领域专项治理，提高应急救援处置能力。积极创建全国治安防控体系建设示范城市、全国禁毒示范城市，确保扫黑除恶专项斗争取得决定性胜利，推动平安沈阳建设再上新台阶。

各位代表，围绕百姓所急所需所盼，今年我们要着力办好12件民生实事：一是完成小区配套幼儿园治理，新增城乡普惠幼儿园150所；二是基本完成1439个城乡中小学厕所新建、改造、提质任务；三是实施265个电力弃管小区用电设施改造；四是改造老旧小区63个、棚户区6499套、农村危房255户；五是新建区域性居家养老服务中心100个，改造社区养老服务站300个；六是为20个体育公园、100个乡村文化广场配建健身器材；七是实施“暖房子”工程200万平方米，新建改造供热管网50公里、小区供水内网300公里、燃气管网200公里；八是实施89项排水防涝工程，新建改造雨水管渠80公里，改造积水点位84处；九是解决15万个停车泊位，在主次干路涉及学校路段新增5000个临时停车泊位；十是推行绿色便民公交，新增纯电动公交车1128台，新开调整公交线路20条；十一是解决7.69万农村人口安全饮水问题，开展100个行政村生活污水治理，新改建村内道路430公里，安装路灯8700盏；十二是维护提升公园5座，新建公园7座，新增绿地27块，打通浑北环城水系慢道系统。

三、着力提高政府治理效能

面对新形势新任务新挑战，全市政府系统必须自觉增强“四个意识”、坚定“四个自信”、做到“两个维护”，深入贯彻落实党的十九届四中全会精神，认真履行推动经济社会发展、管理社会事务、服务人民群众的重大职责，全力推进政府治理体系和治理能力现代化。

加快建设数字政府。要建立政务大数据平台，理顺政府行权体系，整合数据资源，实现全系统入网、全过程可控、全方位监管。完善全市一体化在线政务服务平台，定岗、定责、定流程，不断提升政府服务效能，推动企业和群众办事“最多跑一次”。建设在线监督治理平台，让行政权力公开透明运行，促进从严治党主体责任的有效落实。

加快建设诚信政府。要全面完成拖欠企业工程款、拖欠民营企业、中小企业账款两年清偿任务，坚决杜绝新官不理旧账等现象。加强政府采购、知识产权、招商引资等重点领域诚信建设，完善失信惩戒和责任追究机制，切实提升政府工作人员诚信意识，营造诚实守信的社会信用环境。

加快建设法治政府。要增强法治思维，自觉接受人大法律监督、工作监督和政协民主监督，进一步拓宽接受监督渠道，认真办好人大代表建议和政协提案。严格执行公众参与、专家论证、风险评估、合法性审查、集体讨论决定等法定程序，使政府决策更加科学、更合民意。深化综合执法改革，规范行政执法程序和执法自由裁量权，做到严格规范公正文明执法。

加快建设服务型政府。要巩固“不忘初心、牢记使命”主题教育成果，坚持问计于民、问需于民，加强基层基础工作，提升专业服务能力。进一步加强作风建设，坚决反对形形色色的形式主义、官僚主义。各级政府工作人员要切实增强紧迫感和责任感，直面矛盾，主动作为，继续重实干、强执行、抓落实，努力交出让人民群众满意的答卷。

各位代表，唯有初心不变方能砥砺奋进，唯有自强不息才能重振雄风。让我们更加紧密地团结在以习近平同志为核心的党中央周围，在市委坚强领导下，解放思想，振奋精神，只争朝夕，笃定前行，为全面建成小康社会，推动沈阳高质量发展、新时代振兴而不懈奋斗！

索 引

说明：

1. 本类目采用主题分析索引方法，中文标目按汉语拼音字母顺序排列，同音字按笔画数从少到多排列。第一字相同，按第二字音序排列，依次类推。数字开头的标目则按数字0—9顺序排列。
2. 分目标题采用原称。条目索引一般采用中心词简称。
3. 标目后的阿拉伯数字表示内容所在页码。数字后的a、b、c分别表示版面的左、中、右栏。标目后有多个页码的，则表示相关信息在这些页码中均出现。
4. 本卷的特载、重点聚焦、营商环境、民生关注、大事记、法规、附录未作索引。

C

D

E

F

G

K

L

M

N

T

W

X

Y

Z

图书在版编目（CIP）数据

沈阳年鉴．2020 / 中共沈阳市委党史研究室（沈阳市人民政府地方志办公室）编．-- 沈阳 ：沈阳出版社，2020.6
ISBN 978-7-5716-1422-5

Ⅰ．①沈…　Ⅱ．①中…　Ⅲ．①沈阳－ 2020 －年鉴　Ⅳ．① Z523.11

中国版本图书馆CIP数据核字（2020）第185258号

出版发行：沈阳出版发行集团｜沈阳出版社
（地址：沈阳市沈河区南翰林路10号　邮编：110011）
网　　址：http：//www.sycbs.com
印　　刷：辽宁泰阳广告彩色印刷有限公司
幅面尺寸：210mm × 285mm
印　　张：34.5
插　　页：22
字　　数：1100千字
出版时间：2020年10月第1版
印刷时间：2020年10月第1次印刷
责任编辑：姚德军　毕玉良
封面设计：刘冰宇
版式设计：冰宇设计工作室
责任校对：周　阳
责任监印：杨　旭

书　　号：ISBN 978-7-5716-1422-5
审 图 号：辽AS（2020）10号
定　　价：280.00元

联系电话：024-24112447

E-mail：sy24112447@163.com

本书若有印装质量问题，影响阅读，请与出版社联系调换。

ISBN 978-7-5716-1422-5
9 787571 614225